正編

家禮

鄉禮

學禮

邦國禮

王朝禮

国家古籍整理出版專項經費資助項目

圖書在版編目(CIP)數據

儀禮經傳通解正續編/(宋)朱熹著;黄榦編. —北京: 北京大學出版社, 2012.6
(重歸文獻——影印經學要籍善本叢刊)
ISBN 978-7-301-20605-8
I. 儀… II. ① 朱… ② 黄… III. ① 儀禮—中國—古代 ②《儀禮》—研究 IV. K892.9

中國版本圖書館CIP數據核字(2012)第086156號

書　　名: 儀禮經傳通解正續編
著作責任者: (宋)朱 熹 著 黄 榦 編
責 任 編 輯: 馬辛民
標 準 書 號: ISBN 978-7-301-20605-8/K·0863
出 版 發 行: 北京大學出版社
地　　址: 北京市海淀區成府路205號 100871
網　　址: http://www.pup.cn
電　　話: 郵購部 62752015 發行部 62750672 編輯部 62758190 出版部 62754962
電 子 郵 箱: dianjiwenhua@163.com
印 刷 者: 北京中科印刷有限公司
經 銷 者: 新華書店
730毫米×980毫米 16開本 166.25印張 1700千字
2012年6月第1版 2012年6月第1次印刷
定　　價: 680.00元(全三册)

重歸文獻——影印經學要籍善本叢刊

影印宋刊元明遞修本

儀禮經傳通解正續編

第一册

（宋）朱熹 著　黄榦 編

北京大學出版社
PEKING UNIVERSITY PRESS

【出版説明】

儀禮經傳通解是朱熹晚年組織門人編纂的禮經學基本資料彙編。

朱熹生前僅成家、鄉、學、邦國四禮，後經黄榦、楊復等弟子長年不懈的努力，始成完書。此書重新編排儀禮、周禮、禮記經文，附以注、音、疏，又以相關古籍記載爲輔，規模宏大，條理清晰，爲後之學禮者所宗。又，所引經、注、疏文，歷來爲學者校勘之重要依據，書中引用尚書大傳等古典及宋人呂大臨的論説等，皆後世所佚，爲學者所重。

然欲以此書爲校勘、輯佚之具，則舍嘉定南康刊本莫由，因其爲所有版本之唯一祖本。東京大學東洋文化研究所藏傅增湘舊藏本，可謂足本，僅缺數葉；臺北「國圖」所藏張鈞衡舊藏本，續編缺兩卷，又有少許缺葉，而大體完好。此二本，宋、元、明版三分居一，宋版留存之多，遠非南監正史之比，元版質量尚佳，不必以三朝遞修爲嫌。本社幸獲兩家藏書單位的全面配合，就全書五千多葉一一比對，凡有不同版之葉，無不兼採並存，使讀者得以仔細體察歷代補版變遷之跡。東京大學東洋文化研究所又藏市橋長昭舊藏本，雖僅存一卷，乃是未經補修之純真原版，版本價值極高，今一併收錄。本書採用的掃描技術標準較以往同類影印本高出許多，實現了令人滿意的清晰度。

本書不僅爲禮學、經學研究者提供最重要的基本資料，也是觀察、體味一套版本經數百年逐漸變化的絶佳材料。

謹此對兩家藏書單位的熱情支持，表示由衷的感謝。

影印宋刊元明遞修本儀禮經傳通解正續編　目次

第一冊

卷首

版本解題彙錄

張鈞衡舊藏本 中國訪書志 …… 一

傅增湘舊藏本 日本國見在宋元版本志 …… 四

市橋長昭舊藏本 經籍訪古志 …… 一一

影印凡例 …… 一三

影印正文

續刊喪祭禮序 …… 張虙　一

儀禮經傳目錄 乞修三禮劄子附 …… 朱熹　二

刊行正編識語 …… 朱在　一五

【儀禮經傳通解】

卷第一

士冠禮第一　家禮一之上 …… 一七

冠義第二　家禮一之下 …… 三九

卷第二

士昏禮第三　家禮二之上 …… 四八

昏義第四　家禮二之下 …… 七二

卷第三

內則第五　家禮三 …… 九〇

卷第四

內治第六　家禮四 …… 一一三

卷第五

五宗第七　家禮五 …… 一四一

親屬記第八　家禮六 …… 一六四

卷第六

士相見禮第九　鄉禮一之上 …… 一六九

士相見義第十 鄉禮一之下……一八一
投壺禮第十一 鄉禮二……一八二

卷第七

鄉飲酒禮第十二 鄉禮三之上……一八九
鄉飲酒義第十三 鄉禮三之下……二一五

卷第八

鄉射禮第十四 鄉禮四之上……二二四
鄉射義第十五 鄉禮四之下……二七一

卷第九

學制第十六 學禮一之上……二七六
學義第十七 學禮一之下……二九二

卷第十

弟子職第十八 學禮二……二九八
少儀第十九 學禮三……三〇一

卷第十一

曲禮第二十 學禮四……三一〇

卷第十二

臣禮第二十一 學禮五……三三八

卷第十三

鍾律第二十二 學禮六之上……三五七
鍾律義第二十三 學禮六之下……三六七

卷第十四

詩樂第二十四 學禮七……三八〇
禮樂記第二十五 學禮八……三八五

卷第十五

書數第二十六 學禮九（原闕）……三九二

卷第十六

學記第二十七 學禮十……三九三
大學第二十八 學禮十一……三九九

卷第十七

中庸第二十九 學禮十二……四一一

卷第十八

保傅第三十 學禮十三……四五六
踐阼第三十一 學禮十四……四六四

卷第十九
五學第三十二　學禮十五……四七一
卷第二十
燕禮第三十三　邦國禮一之上……四八五
燕義第三十四　邦國禮一之下……五一二
卷第二十一
大射儀第三十五　邦國禮二之上……五一四
大射義第三十六　邦國禮二之下……五五八
卷第二十二
聘禮第三十七　邦國禮三之上……五六一
聘義第三十八　邦國禮三之下……六二五
卷第二十三
公食大夫禮第三十九　邦國禮四之上……六三四
公食大夫義第四十　邦國禮四之下……六五三
諸侯相朝禮第四十一　邦國禮五之上……六五五
諸侯相朝義第四十二　邦國禮五之下……六六六

【儀禮集傳集注】
卷第二十四
覲禮　王朝禮一之上……六六八
朝事義　王朝禮一之下……六八五
卷第二十五
歷數　王朝禮二之上……六八八
卜筮　王朝禮二之下（原闕）……七〇二
卷第二十六
夏小正　王朝禮三之上……七〇三
月令　王朝禮三之下……七一四
卷第二十七
樂制　王朝禮四之上……七五〇
樂記　王朝禮四之下……七六四
卷第二十八
王制之甲 分土　王朝禮五……七八五

卷第二十九
王制之乙 制國 王朝禮六……七九四
卷第三十
王制之丙 王禮 王朝禮七……八一三
卷第三十一
王制之丁 王事 王朝禮八……八二二
卷第三十二
王制之戊 設官 王朝禮九……八四一
卷第三十三
王制之己 建侯 王朝禮十……八五八
卷第三十四
王制之庚 名器上 王朝禮十一……八七二
卷第三十五
王制之辛 名器下 王朝禮十二……八八四
卷第三十六
王制之壬 師田 王朝禮十三……九〇四
卷第三十七
王制之癸 刑辟 王朝禮十四……九三七

第二冊

【儀禮經傳通解續】

儀禮經傳通解續目錄 元統新附……九五五
元統刊補銜名……九七一
卷第一
喪服一 喪禮一……九七二
卷第二
士喪禮上 喪禮二之上……一〇五三
卷第三
士喪禮下 喪禮二之下……一一三一
卷第四
士虞禮 喪禮三……一一八二
卷第五
喪大記上 喪禮四之上……一二〇八

卷第六

喪大記下　喪禮四之下……一二八四

卷第七

卒哭祔練祥禫記　喪禮五……一三三一

卷第八

補服　喪禮六……一三六二

卷第九

喪服變除　喪禮七……一三七六

卷第十

喪服制度　喪禮八……一四二四

卷第十一

喪服義　喪禮九……一四五二

卷第十二

喪通禮　喪禮十……一四七四

卷第十三

喪變禮　喪禮十一……一五一五

卷第十四

弔禮　喪禮十二……一五五六

卷第十五

喪禮義　喪禮十三……一五八一

卷第十六

儀禮喪服圖式……一六三〇

校定喪禮後序……楊　復　一七〇〇

第三冊

卷第十七

特牲饋食禮　祭禮一……一七〇三

卷第十八

少牢饋食禮　祭禮二……一七四四

卷第十九

有司徹　祭禮三……一七七一

卷第二十
諸侯遷廟　祭禮四……一八一一
卷第二十一
祭法　祭禮五……一八一四
卷第二十二
天神　祭禮六……一八三六
卷第二十三
地示　祭禮七……一九一四
卷第二十四
百神　祭禮八……一九五八
卷第二十五
宗廟　祭禮九……二〇〇二
卷第二十六
因事之祭　祭禮十……二一六四
卷第二十七
祭統　祭禮十一……二二〇二
卷第二十八
祭物　祭禮十二……二四〇九
卷第二十九
祭義　祭禮十三……二五四四

附　錄

序跋補錄
校定祭禮後序……楊復　二六〇九
送歸喪祭禮識語……陳宓　二六一一
編次祭禮識語……楊復　二六一一
影印宋刊元明遞修本儀禮經傳通解正續編
編後記……二六一二

版本解題彙録

一、張鈞衡舊藏本

阿部隆一 國立中央圖書館藏宋金元版解題

（原日文，今由編者翻譯。原文始發表於斯道文庫論集第一三輯，一九七六年七月。後收録於東京汲古書院同年一一月結集出版的中國訪書志。今據汲古書院一九八三年三月出版增訂中國訪書志，頁三九八—四〇〇。）

儀禮經傳通解三十七卷（缺第二七樂制樂記第一、第二八王制甲凡二卷）續二十九卷（譯者按：原文著録缺卷「二七」誤「二六」，「二八」誤「二七」，今正。）

宋朱熹撰（續）黄榦撰 楊復重訂

宋嘉定一〇、一六年刊（南康學宮），〔元元統三年、明〕遞修 七十七册

後補褐色書衣（二三·八×一六·五釐米），襯紙裝。首儀禮經傳目録（缺首三葉）、儀禮集傳集注目録、乞修三禮劄子。次朱熹子朱在「嘉定丁丑八月甲子日孤在泣血謹記」序。續卷一六喪服圖首有儀禮喪服圖式目録，圖式卷末有楊復序，署「嘉定辛巳七月日門□三山楊復謹序」。續卷二九至第一二九葉止，以下均缺。此本卷首缺「嘉定癸未孟秋四明張虙」序，又缺續卷首儀禮經傳通解續目録及卷尾「嘉定癸未」楊復、陳宓二跋。

正文卷首題「儀禮卷第一」，次行題「士冠禮第一（空三格）家禮一之上」。卷二以下題「儀禮經傳通解卷第幾」，卷二四王朝禮一之上以下題「儀禮集傳集注卷第幾」，續編題「儀禮經傳通解續卷第幾」。此本卷一大題作「儀禮卷第一」，而東大東洋文化研究所藏本作「儀禮經傳通解卷第一」。此本標題疑經後修，且刪削「經傳」以下文字。左右雙邊（一八·三×一三·五釐米），有界七行，行十五字，注小字雙行。版心線黑口，雙黑魚尾，題「仪礼卷幾（續編題「仪某礼幾」）（葉次）」，上象鼻記大小字數，下象鼻記刻工名。元修的版心是線黑口或白口，有些是單魚尾；明修為粗黑口，有少許的白口。元、明修的正編版心也作「儀禮卷幾」。刻工有：

【原刻】弓万、万、弓友、弓、方得時、王文、王圭、王全、王啟、啟、王、戊(?)丙、沈壽、沈允、均佐、李成、成、吳元、元、吳、肖浩、余千、邵德昭、阮才、才、阮明、金有、胡杲、杲、胡圭、胡桂、胡慶、馬忠、馬、范宗海、范生、范仁、范淮、范金、范圭、范、翁定、定、翁遂、遂、章信、信、陳元、陳永、陳申、申、陳生、生、陳有、有、陳全、陳昌、陳金、金、游忠、尤忠、彭達、楊明、葉正、虞万全、虞丙、丙、虞生、虞全、虞辛、辛、虞庠、蔡延、蔡祥、祥、劉才、劉方(?)、劉元、劉立、劉永、劉生、劉伸、劉申、劉明、劉斌、劉森、森、錢弼、藍(?)万、龔友、共友，才、文、元、永、正、田、申、吉、伸、昌、采、延、桂。

【元修】于辛、子信、子晟、弓華、方景明、王夫、王付、王細孫、王細、王榮、友山、毛文、毛輝、毛、輝、圭之、因三秀、任亮、仲珍、务陳秀、沈一、辛文、李嵩、李盛、盛、李興、李、杜良臣、杜良、肖昊、吳仁、吳宜、宜、吳輔、輔、吳、余才、才、何九万、何宗十七、何宗十四、何建、何、芦垚、明遠、季辛一、秀發、洪阿來、胡文宗、文宗、胡宗、胡明之、明之、胡明、胡昶、胡興、興、胡、范寅、寅、范堅、范、茅化龙、俞榮、孫甫、高謙、謙、类正、袁仲珍、袁仲、袁珍、袁忠、忠、除（譯者按：應作徐）文、徐立、徐良、徐泳、章文郁、章文一、章亞明、章演、章霖、霖、章、盛久、張三、陳文玉、陳日、陳日裕、陳仁、陳正、正、陳明、陳明二、陳琇、陳慶、陳、彭杰、惠新、惠榮、單呂、黃允中、允中、黃允、黃宥、黃、葛文、建安虞吉父、吉父、虞成父、成父、楊十三、楊春、齊明、熊子、熊、潘用、潘佑、蔡中、蔡秀、蔣七、蔣蚕、滕太初、滕慶、劉炤、炤、劉桂、劉、應重三秀、應三秀、應子華、蕭漢杰、新吳蕭杰、蕭漢賢、漢賢、賢、謬珍、元、友、中、仁、生、成、昌、明、杲、杰、金、亮、祐、珍、柳、英、信、桂、啟、彬、渚、盛、琇、秀、逵、達、興、蘇。

【明修】監生秦淳、秦、監生留成、監生孫欽、孫、監生陳浚、監生廖賓、監生寥、寥、監生鄧志昂、監生戴彝、戴。人、志、郭。

避諱字，玄、殷、筐、恒、徵、樹、讓、桓、慎、敦等缺筆。

各卷皆有缺葉或補抄葉。有「錢印／謙益」（白文）、「牧翁／蒙叟」、「任栢川萬卷／樓書畫之印」（白文）、「栢川／道人」（白文）、「張印／鈞衡」（白文）、「石銘／收藏」、「吳興張氏適園收藏圖書」、「擇是居」、「莛圃」朱印。適園藏書志、莛圃善本書目著錄。

根據序跋，本書最初題名作「儀禮集傳集注」，朱子晚年更定為今名。朱子死後，其子在於嘉定一〇年南康道院（江西省）刊刻此書正編三十七卷，其中家禮、鄉禮、學禮、邦國禮共二十三卷為朱子晚年親定本，用「儀禮經傳通解」的書名；卷二四以下的王朝禮為未定草創本，則沿襲舊名刊刻。

續編的喪、祭二禮，朱子屬託門人黄榦編纂。嘉定一二年，黄榦完成喪禮，接著要著手編纂的祭禮卻没有完成，稿本傳授給門人楊復就去世了。楊復致力於重修工作。嘉定一六年，張虙來守南康，刊刻喪禮及祭禮稿本，與前三十七卷合併為正續編全書。正如元西湖書院重整書目著錄，元代這些版片移管西湖書院，並加以修補。東京大學東洋文化研究所藏本儀禮經傳通解目錄後有「元統三年六月日刊補完成　後學葉□／儒司該吏高德懋樊道佑／所委監工鎮江路丹徒縣儒學楊□龍／江浙等處儒學提舉司吏目阿里仁美／登仕郎江浙等處儒學副提舉陳旅／承事郎江浙等處儒學提舉佘謙」的補刊記與銜名，此本的元修刻工名與移管於西湖書院的其他宋版諸本的修補刻工名一致。版片傳到明代南監，並且經過多次的修補與印行。明南雍經籍考著錄有「儀禮經傳通解二十三卷好版三百二十面 壞版四百六十面」、「儀禮經傳續通解二十九卷」。同版其他傳本有東京大學東洋文化研究所（雙鑑樓善本書目著錄）、北京圖書館（一存卷一至五、二二至二七，鐵琴銅劍樓藏書目錄、鐵琴銅劍樓宋金元本書影著錄；一存王朝禮四、五，續祭禮九，涵芬樓燼餘書錄著錄）、南京圖書館（善本書室藏書志、盋山書影著錄）藏本，又有北平圖書館舊藏本（沒有移管於臺灣，舊京書影八一著錄。〔譯者按：書影所見實為楊復重定本，作者後來糾正此處敍述之失，見傅增湘舊藏本解題。〕），皆為明修本。靜嘉堂文庫藏存續祭禮十四卷（皕宋樓藏書志、儀顧堂續跋著錄），往往被誤認為與此同版，實際上是不同版。如陸心源指出，本版祭禮為未定稿，靜嘉堂本是楊復重定本。然而靜嘉堂本的字體、行款與本版元修相同，刻工也多與本版的元修刻工共通，以前被認為是宋版，這樣看來，恐怕是元刊。

一、傳增湘舊藏本

阿部隆一日本國見在宋元版本志經部（原日文，今由編者翻譯。原文發表於斯道文庫論集第一八輯，一九八二年三月。後收錄於東京汲古書院一九九三年一月出版的阿部隆一遺稿集第一卷，頁三一三—三一八。）

儀禮經傳通解三十七卷　續二十九卷　宋朱熹撰（續）黃榦撰　楊復重訂

宋嘉定一〇年（一二一七）刊（南康道院），（續）嘉定一六年（一二二三）刊（南康），〔寶祐二（一二五四）年（南康白鹿洞書院）〕、元元統三年（一三三五）、〔明〕遞修。

東京大學東洋文化研究所藏，八十五冊，雙鑑樓善本書目著錄。新補褐色書衣（二五×一六·五釐米），夾有襯紙。首有「嘉定癸未孟秋上澣四明張虙識」的跋語（版心題作「跋」），次為儀禮經傳目錄、儀禮集傳集注目錄，次為朱熹乞修三禮劄子，接著低二格，有「嘉定丁丑八月甲子日孤在泣血謹記」朱熹子在的後記。通解續卷首為儀禮經傳通解續目錄（第一行有「喪祭二禮元本未有目錄／今集為一卷庶易檢閱耳」的雙邊木記）。目錄後刻有元統二年六月日刊補完成的修補紀年與校刊列銜。卷一六喪服圖首有儀禮喪服圖式目錄，圖式末尾有題「嘉定辛巳七月日門□（人）三山楊復謹序」的楊復序。

正文卷首題「儀禮經傳通解卷第一／上冠禮第一(距三格)家禮一之上」。朱子未定稿的卷二四王朝禮一之上以下題「儀禮集傳集注卷第幾」，續編題「儀禮經傳通解續卷第幾」。左右雙邊(一八・三釐米×一三・五釐米)，有界七行，行十五字，注小字雙行。版心線黑口，雙黑魚尾，有「仪礼卷幾(或續卷「仪某礼幾」)(葉次)」，上象鼻記大小字數，下象鼻記刻工名。元修的版心是線黑口或白口，有些是單魚尾；明修為粗黑口，有些是白口。元、明補版，正編的版心都題「儀礼卷幾」。元修的字體大致上接近原刻的覆刻，可是其中也有優劣的差別，有的幾乎可以亂真，有的則相當走樣。刻工有：

【宋刻】弓万、万、弓友、弓、子信、王文、王圭、王全、王啟、啟、王、戊(?)丙、沈允、李正、李成、成、吳元、元、吳、吳輔、輔、肖浩、肖昊、余千、邵德昭、阮才、才、阮明、金有、胡杲、杲、胡圭、胡桂、馬忠、馬、范宗海、范生、范仁、范淮、范金、范圭、范、高謙、謙、翁定、定、翁遂、遂、章信、信、陳元、陳永、陳申、申、陳生、生、陳有、有、陳全、陳昌、陳金、金、陳新、陳正、正、游忠、尤忠、彭達、楊明、葉正、葛文、虞丙、丙、虞生、虞全、虞辛、辛、虞庠、蔡延、蔡祥、祥、劉才、劉方(?)、劉元、劉立、劉永、劉生、劉伸、劉申、劉明、劉斌、錢弼、藍(?)万、龔友、共友、才、文、元、永、田、申、吉、伸、昌、采、延、桂。

【元修】于辛、子晟、弓華、方景明、王夫、王付、王細孫、王細、王榮、友山、毛文、毛輝、毛、輝、任亮、仲珍、务陳秀、圭之、因三秀、沈一、沈壽、辛文、均佐、李峕、李盛、盛、李興、李、杜良臣、杜良、吳仁、吳宜、宜、吳、余才、才、何九万、何宗十七、何宗十四、何建、何、芦垚、季辛一、秀發、洪阿來、胡文宗、文宗、胡宗、胡明之、明之、胡明、胡昶、胡慶、胡興、興、胡、范寅、寅、范堅、范、茅化龙、俞榮、孫再、类正、袁仲珍、袁仲、袁珍、袁忠、忠、徐文、徐立、徐良、徐泳、章文郁、章文一、章明遠、明遠、章亞明、章演、章霖、霖、章、盛久、張三、陳文玉、陳日、陳日裕、陳仁、陳明、陳明二、陳琇、琇、陳慶、陳、彭杰、惠新、惠榮、單呂、黃允中、允中、黃允、黃宥、黃、虞万全、建安虞吉父、吉父、虞成父、成父、楊十三、楊春、齊明、熊子、熊、潘用、潘佑、蔡中、蔡秀、蔣七、蔣蚕、滕太初、滕慶、劉炤、炤、劉桂、劉森、劉、應重三秀、應三秀、應子華、蕭漢杰、新吳蕭杰、蕭漢賢、漢賢、賢、謬珍、元、友、中、仁、生、成、昌、明、杲、杰、金、亮、祐、珍、柳、英、信、桂、啟、彬、渚、盛、秀、逵、達、興、蘇。

此本明修版心下象鼻往往被剪去，以其他的紙張襯補，或塗墨成粗黑口，剩餘的地方，可以看到有廖賓、廖、戴彝、秦淳、孫欽、孫、留成等的名字。根據中央圖書館藏本（較此本稍後印），這些明修葉的版心題名為監生秦淳、秦、監生孫欽、孫、監生留成、監生陳浚、監生廖賓、寥、監生廖志、監生鄧志昂、監生戴彝、戴、（志、人、郭）等。

缺筆的字有玄、朗、殷、匡、筐、恒、貞、禎、徵、樹、讓、桓、慎、惇、敦，而寧宗嫌名郭、椁等字則沒有迴避。

卷五第一五、一六葉，卷七第三三葉，卷八第三八葉，卷二一第二七葉，卷二三第一六葉，卷三五第二六葉，卷三六首；續目第一七、一八葉，續卷一第一一、三六、五〇、五一、五八、一五三葉，卷二第三五、五九葉，卷三第三〇葉，卷六第七一葉，卷七首，卷一一第三二、三六葉，卷一四第一六、一七葉，卷一五第四八葉，卷一六第一〇七、一四一葉，卷一九第六一、六八葉，卷二〇第一三、二三葉，卷二四第五九、八六葉，卷二五第一三、三〇五、三一〇葉，卷二七第一四六葉，卷二八第一一七葉，卷二九第二八葉為缺葉。卷二六（譯者按：卷二六無補抄，疑有訛脫），續卷五第一〇二、一〇四葉，卷二九第三四葉為補抄。卷中往往葉序錯亂。紙背多處鈐有大方形的朱印（恐怕是官印）。雖然只有極少數，但有墨筆校語。

有「任栢川萬卷／樓書畫之印」（白文）、「雙鑑／樓」、「雙鑑／樓藏／書記」（白文）、「江安傅／沅叔攷／藏善本」、「沅／叔」、「藏園／秘笈」、「增湘／私印」（白文）、「龍龕精舍」、「沅叔／金石文字」、「傅增湘／讀書」、「長春／室主」、「傅沅叔／藏書記」、「沅叔／審定」、「雙鑑／樓主／人」（白文）的藏印。

根據序跋，本書最初題「儀禮集傳集注」，朱子晚年更定為今名。朱子死後，其子在於嘉定一〇年南康道院（江西省）刊刻此書，其中家禮、鄉禮、學禮、邦國禮共二十三卷為朱子晚年親定本；卷二四至三七王朝禮為未定草創本，則沿襲舊名刊刻。續編的喪、祭二禮，朱子屬託給門人黃榦。黃榦在嘉定一二年完成喪禮，接著要著手編纂祭禮，沒有完成，稿本託付給門人楊復即去世。楊復致力於重修工作。嘉定一六年張虙來守南康，從南劍陳宓處得到喪禮及祭禮的稿本，將此刊刻，使其與正編合為完書。

正如元西湖書院重整書目著錄，元代這些版片保管於西湖書院，並加以修補。在續目錄後有補刊記及銜名：「元統三年六月日刊補完成後學葉森書／儒司該吏高德懋樊道佑／所委監工鎮江路丹徒縣儒學教諭楊文龍／江浙等處儒學提舉司吏目阿里仁美／登仕郎江浙等處儒學副提舉陳旅／承事郎江浙等處儒學提舉余謙。」據此可見元代的修補是元統三年江浙等處儒學所為。入明之後，版片被移到南監，又多次加以修補印行。明南雍經籍考著錄有「儀禮經傳通解二十三卷好版三百二十面壞版四百六十面」、「儀禮經傳續通解二十九卷」。同版其他傳本有中央圖書館（拙著中國訪書志著錄）、北京圖書館（一存卷一至五、二二至二七，鐵琴銅劍樓藏書目錄、鐵琴銅劍樓宋金元本書影著錄；一存王朝禮四、五，續祭禮九，涵芬樓燼餘書錄著錄）、南京圖書館（無續卷，善本書室藏書志、盋山書影著錄）等藏本，都是明修本。天祿琳琅書目續卷八，「元版經部」著錄有「儀禮經傳通解二函十二冊」、「儀禮經傳續二函十二冊」，現在存佚的情形不太清楚，只是中央圖書館藏正編零本六卷二冊（卷六至卷八、二七至二九，靜盦漢籍解題長編著錄），從藏書印可以判斷本來與天祿琳琅藏本為同一套。今按此中央藏本知道天祿琳琅本並非如天祿琳琅書目續所記載的「元翻宋槧」本，實際上是明正德年間杭郡刊本。

據正德六年劉瑞的序可知，正德杭郡刊本是因南京國子監刊本（亦即南康道院刊本）時久漫漶，令杭郡教授等讎校付刻的。正德刊本附有嘉定一六年張虙跋、同年楊復祭禮後序、同年陳宓喪祭二禮後書、楊復喪祭二禮目錄後序。然而，其中楊復的兩跋與陳宓的跋語，在今日僅存二部的南康版續編足本（東大以及中央圖書館藏本）中，都看不到。（順帶一提，中央圖書館藏本缺卷二九後半，且與此東大本比較，有更晚時間的修補，又缺續目錄後的元統列銜。）從內容考慮，這三篇跋文（三跋亦見乾隆一八年梁萬方校刊本），應當是本版原本所有。今兩本俱不見，不知兩本均丟失，抑或是元明遞修時被刪除。

清張金吾愛日精廬藏書志卷四著錄「儀禮經傳通解續二十九卷影寫元刊本」，云：「宋黃榦撰。卷十六至末則楊復所重修也。此本從元元統補刊本影寫，中多闕文。（中略）目錄後有『元統三年六月日刊補完成』一行，後列銜名五行。」據此描述，似乎與此本同版。但是張志又備載該書所附「寶祐癸丑冬日南至後學金華王佖端拜敬書」、「是年（寶祐二年）閏月旦日門人迪功郎南康軍軍學教授丁抑端拜敬書」、「是歲重九日後學昆山謝章拜手謹書」三跋的全文。此三跋不論在本書現存本的哪一部中都沒有，只在此志中出現。王佖

（號敬巖）的跋敘述重刻的經過云：

嘉定間，嗣子侍郎公在方刻之南康郡學，後來勉齋黃公續成喪、祭二禮，亦併刻焉，而書監竟取之以去。曾幾何年，字畫漫漶，幾不可讀，識者病之，蓋懼此書之無傳也。佖乘軺東江，因敂本司發下之券尚存，遂即籌度命工重刻。爰首諮於堂長饒伯輿甫，愜契所懷，議以允協，且輟餐供餘鏹以助。遂屬其事於教官丁君抑，而任其讐校於洞學之善士，邦侯傃軒趙公希悅亦佐其費，復斡旋本司所有以添給之。志意既同，始克有成。迺就置其板於書院，庶幾藏之名山，或免湮墜。其經之營之，亦甚艱矣。然朱子所成三禮止二十餘秩，而勉齋所續則又倍之。厥後信齋楊君始刪其祭禮之繁複，稍爲明淨。今喪禮則用勉齋所纂，祭禮則用信齋所修。且使六藝之廢缺者庶乎可備，朱子平日之盛心庶乎可伸矣。

丁抑跋又云：

敬巖王先生詳刑江左，簿書獄訟之暇，首以是書爲急。豈非以刑者輔治之法，禮者出治之本。刑能使人遠罪而已，禮有以使民日遷善而不自知。三復朱子之言，此敬巖所以拳拳而不容已。一日，貽書囑抑曰：「儀禮一書，文公平生精力盡在於此。雖喪、祭二禮成於門弟子之手，然昔定於師友平日之講論，昔板康廬，今歸秘府，吾欲掇餐供之餘，補遺書之闕，子其為我程督之。」抑雖晚學，奚敢不力，於是擇鄉國之通儒，讐校其舛訛，命庠術之端士，董正其工。役始於癸丑之仲春，成於甲寅之季夏。綱目詳備，篇帙整明，使一代鉅典復為藏山之秘寶，自非羽翼斯文，惠顧後學，心考亭之心者，念不到此。

兩跋的意思是說，嘉定一〇年、一六年由南康學宮刊刻，之後被移管於中央政府機關的本書版片，因為年久的關係而導致識讀上的困難，由王佖提議，南康軍學教官丁抑與白鹿洞書院諸士共同參與讎校，得到郡中及有心人的捐款，於寶祐元年癸丑起雕，到翌年甲寅刻成，將這些版片放置在朱熹任南康軍守時重建的白鹿洞書院中，希望此書流傳後世。

這裡有一個問題，（一）寶祐重刻本是全卷新刻的，還是（二）從秘府取回南康舊版，將漫漶的版面進行改刻修補呢？如果是（一）的情況，那麽現存的「嘉定刊本」跟寶祐重刻本之間的關係如何，我們可以考慮兩種可能性：（甲）現存「嘉定刊本」其實不是真正的嘉定刊本，而是寶祐二年白鹿洞書院所刊的版片，到了元代，從白鹿洞書院移管至西湖書院，再經過元、明遞修的印本。(乙)現存的「嘉定刊本」，就是嘉定刊刻的舊版片，由秘府被移到西湖書院，再到明南監，加以遞修後的印本，與寶祐白鹿洞書院新刻的版片是兩套完全不同的版。元統三年的補刊記及列銜不可能同時出現在兩套版片上，所以在假設(一)的前提下，只有(甲)、(乙)兩種可能性。如果是(二)的情況，那麼放在白鹿洞書院的版片，入元移管到西湖書院，現存的印本應該認為是嘉定刊，寶祐、元、明遞修本。

實際情況到底如何，由於不存在能夠確認白鹿洞書院刊或修的傳本，暫時無法解決。無論如何，從以上三跋可以確定，寶祐年間，本書在南康有重刻或修刻之舉。白鹿洞書院版現在無法得見，而康熙年間禦兒呂留良寶誥堂刊本（儀禮經傳通解流傳較廣的清代版本有兩種，另一是乾隆一八年梁氏聚錦堂刊本）號稱重刻白鹿洞原本。然該本卷首有題「舊序」的嘉定十六年的張虙序，王佖等三跋則沒有，內容是與嘉定刊本屬於一類的，只是封面有「禦兒呂氏寶誥堂／重刻白鹿洞原本」兩行木記。懷疑寶誥堂版的早印本有呂留良的序跋涉及白鹿洞本的情況，或許因為留良在雍正時期全家遭到禍害，著述皆被毀壞，此書序跋被刪除也未可知。

此版元修的字體也幾乎照原刻覆刻，而且儘管有部分漫漶之處，但大部分磨損程度不那麼明顯，因而判定原版與補版、宋刻與元刻，相當困難。經過仔細觀察，看似宋刻的字體，也存在微妙的差異。但這些差異，是原版與補版的差異，還是寫版樣的巧拙的差異，很難辨別。我們先通過分析刻工，討論刊年和修年。從正編的嘉定一〇年到續編的嘉定一六年，只有六年的差距，因此兩者的刻工大體上是共通的。下面列舉這些刻工從事刊刻的其他宋刊本(加「·」號的出現在該書補版)。

乾道九年高郵軍學刊紹熙修淮海集(劉明，也許是修補刻工)。淳熙間撫州刊禮記(翁定)。淳熙間撫州刊嘉定修春秋經傳集解(王全、翁定、劉永、劉明)。淳熙八年尤延之刊文選(金有、葉定)。淳熙九年江西漕台刊呂氏家塾讀詩記(彭達、劉永)。孝宗朝刊聖宋文選合集(劉武)。孝宗朝刊單疏本周易正義(李正)。孝宗朝贛州刊文選(弓友、龔友、阮明、陳新、葉正)。孝宗朝刊蘇文定公文集(劉申、李正)。孝宗朝刊東坡先生奏議(陳正)。孝宗朝兩淮江東轉運司刊史記(王全、楊明)。孝宗朝鄂州刊資治通鑑(吳輔、劉才)。孝宗朝刊所謂眉山七史(李成、李正)。孝宗朝刊史記集解(阮明)。紹興刊劉賓客文集(王文、楊明)。紹興刊資治通鑑目錄(王文、阮明、陳新、楊明)。紹興刊史記集解(陳全)。紹興刊通典(李正、陳新)。紹興刊國語(楊明)。紹興明州刊文選(陳元)。紹興乾道間越刊周禮疏(王全、楊明)。紹興乾道間越刊尚書正義(王圭)。乾道刊豫章黄先生文集(彭達)。紹熙三年越刊禮記正義(王全、陳新、楊明、李正)。嘉泰四年新安郡齋刊皇朝文鑑(共友)。嘉定六年淮東倉司刊景定三年修註東坡先生詩(阮明)。嘉定九年興國軍學刊春秋經傳集解(胡桂、陳金、陳正、蔡祥)。嘉定九年興國軍學刊春秋左氏音義(范仁、劉元、劉永)。嘉定十二年溫陵郡齋刊資治通鑑綱目(共友、虞丙、高謙)。寧宗朝刊晦庵先生文集(翁定、陳生、陳元、陳正、陳新、余千、葉正、李成、劉永)。寧宗朝刊晦庵先生朱文公語錄(陳新、葉正)。寧宗朝刊武經七書(王文)。寧宗朝刊歐陽文忠公集(陳全、陳元)。寧宗朝刊周易玩辭(劉生)。寧宗朝刊育德堂外制(劉生)。寧宗朝刊東坡先生和陶淵明詩(吳輔)。寧宗朝福唐郡刊兩漢書(葛文)。寧宗朝臨安府陳宅書籍舖刊碧雲集(范仁、劉生)。寶慶三年刊南華真經注疏(吳元、陳新、劉生)。淳祐十年福州刊國朝諸臣奏議(陳元、葛文)。寶祐五年湖州刊通鑑紀事本末(方得時)。葉正也見於淳祐九年刊毛詩要義，可是初次出現是在淳熙年間，年代跨越過長，所以與阮明一樣，葉正只能看做是同名異人。嘉定年間的葉正則看做是哪一個都可以。

右表顯示，本版刻工出現的時間，分布在孝宗中期到理宗景定年間，其中紹興、淳熙年間刊行諸書的修補，主要在寧宗、理宗朝。可見本版刻工活動的時間集中在寧宗朝到理宗朝前期。因而我們可以推斷本版是嘉定一〇年、一六年刊本。即便是孝宗朝後期的刻工，基本上不可能到寶祐年間一直從事刻書活動，因此不能認為本版是寶祐二年白鹿洞書院所刊刻的。右表中刻工出現最晚的明確時間是景定三年(一二六二)，嘉定一〇年(一二一七)、一六年(一二二三)兩版的刻工參與景定三年刻版並非不可能，而不如認為是參加寶祐修補的刻工較為自然。嘉定刊本之外，另外存在一套寶祐白鹿洞書院重刊本，理論上是有可能性，但既然張金吾藏影寫本和此本皆俱有元統補刊記及列銜，除非認為其中一者的補刊記後來竄入，否則是有矛盾的。因此，從現有的材料上綜合地推論，只能將本版看做是嘉定刊、寶祐修，才是最穩妥的解釋。為避免煩瑣，在此不列舉本版元修刻工出現的其他諸書，實際上都與其他移管在西湖書院的宋版公使庫諸本的修版刻工是共通的。

一、市橋長昭舊藏本

森立之 海保元備 經籍訪古志（據一九八一年七月臺北廣文書局出版書目叢編所收一九三五年日本書志學會影印稿本移錄。）

儀禮經傳通解卷第十七一卷　宋槧零本　昌平學藏

宋朱熹撰，原二十三卷，今存中庸一篇。注與今章句本全同，但首章注為小異，蓋未定本也。此本行款格寬裕，字殆錢大，每半葉七行，行十五字，界長六寸三分，幅四寸六分，左右雙邊。字畫端勁，頗有歐、柳筆意，板心上方草書記大小字數，下方有刻工名氏。鐫手精良，紙墨共佳，信為宋槧中最清絕者。（編者按：排印本末後多出「卷中慎樹等字缺筆，中間有後人補刊」十五字。）

【影印凡例】

一、本書影印底本有三，書中皆用簡稱：

一、傅增湘舊藏本，簡稱「傅本」。

一、張鈞衡舊藏本，簡稱「張本」。

一、市橋長昭舊藏本，簡稱「市橋本」。

一、本書在編輯過程中參考再造善本影印南京圖書館藏丁丙舊藏本，書中簡稱「丁本」。

一、本書以傅本爲主體，配用張本、市橋本。凡用張本、市橋本，則於書葉圖像左旁出注説明。左旁無注者，皆傅本。

一、本書所用圖像，皆兩家藏書單位所拍攝。拍攝時未拆線，故今將每張圖像由中間裁斷，按原書一葉重新拼接。

一、傅本據膠捲掃描數字化，每一張電子圖像均有流水號，今皆標注於圖像上方。末位1、2代表裁斷後之左右半。

一、傅本裝訂順序混亂，今悉加訂正。底本裝訂順序之實情，可借圖像上方流水號復原。

一、傅本若有缺葉、描改、剪去版心、漫漶等情況，不如張本，則換用張本。

一、傅本、張本全書中，有同葉不同版者，皆兼採並録，出旁注説明情況。

一、市橋本僅存第一七卷，而版本價值極高。故第一七卷採用特例，上欄收市橋本全葉，下欄收傅本，上下對照，即傅本同版亦不省略。

一、傅本、市橋本爲東京大學東洋文化研究所藏品，張本爲臺北「國圖」藏品。本書所有書影皆經兩家藏書單位授權，由本社影印出版。非另得兩家藏書單位許可，不得複製。嚴禁翻印本書全部或一部份内容。個人爲教學目的的複製不在此限。

南康舊刊　朱文公儀禮經傳通
與集傳集註而喪祭二禮獨缺
焉蓋以屬門人勉齋黃幹俾之
續次而未成也嘉定來南康聞勉
齋已下世深恨　文公之志不
終士友間有言勉齋固嘗脫藁
今在南劍陳史君觀欲全此書

索之南劍可也南劍知之果以
其書來且併遣刻者數輩至於
是鋟木更一年而後畢是雖
喪祭二門而卷秩多前書三之
一以是刋迄之日長熙勘之功
鄉貢進士楊用爲多又助以王
鎮圭童居欽黃嵩高三君披閱

精邇錯簡脫字往往無之矣書
不爲晚而不能一識　文公
文公不可得而見得見勉齋者
斯可矣又復失之分符星渚乃
文公遺愛之地高山仰止惓惓
興懷茲又得全其所欲述之書
以畢其平日傳受之志豈非

幸歟第閑習禮度不如式瞻儀
刑諷味遺言不如親承音旨識
者如古人之論撫卷爲之三歎
也嘉定癸未孟秋上澣四明張
虙識

0008_0004-2

儀禮經傳目錄

漢書藝文志禮古經五十六卷經十

七篇后氏戴氏曰今按此即今儀禮也十七本作七十誤劉

當作十七計其篇數則然今定從之嘉張淳曰漢初未有儀禮之名疑後

漢學者見十七篇中有儀有禮遂合而名之也記百三十一

篇七十子後學者所記也明堂陰陽三十三篇

古明堂之遺事王史氏二十一篇七十子後學者曲臺

0008_0005-1

后倉九篇如淳曰行禮射於曲臺后倉為記故名曰曲臺記

明堂陰陽說五篇周官經六篇周官傳

四篇王莽時劉歆置博士師古曰即今周官禮也亡其冬官以考工

記充之劉歆曰易曰有夫婦父子君臣

上下然後禮義有所錯而帝王質文

世有損益至周曲為之防事為之制

故曰禮經三百威儀

0008_0005-2

禮經禮曲禮而中庸以禮經為禮儀

之等皆曰經禮即屬禮王而云十

官曲禮即今儀禮冠昏吉凶其中事

儀三千以事言委曲威儀故有二名

臣瓚曰周禮三百特官名耳經禮

謂冠昏吉凶蓋以儀禮為經禮也而

近世括蒼葉夢得曰經禮制之凡也

曲禮文之目也先王之世二者蓋皆

有書藏於有司祭祀朝覲會同則大

史執之以涖事小史讀之以喻眾而

鄉大夫受之以教萬民保氏掌之以

教國子者亦此書也愚意禮篇三

禮器為勝諸儒之說瓚葉為長蓋

禮乃制治立法設官分職之書於天

仪礼目録　二

0008_0006-1

下事無不該攝禮典固在其中而非

專為禮設也故此志列其經傳之目

但曰周官而不曰周禮自不應指其

官曰以當禮篇之目又況其中或以

一官兼掌眾禮或以數官通行一事

亦難計其官數以充禮篇之數至於

儀禮則其中冠昏喪祭燕射朝聘自

為經禮大目亦不容專以曲禮名之

也但曲禮之篇未見於今何書為近

而三百三千之數又將何以充之耳

又嘗考之經禮固今之儀禮其存者

十七篇而其逸見於它書者猶有投

壺奔喪遷廟釁廟中霤等篇其不可

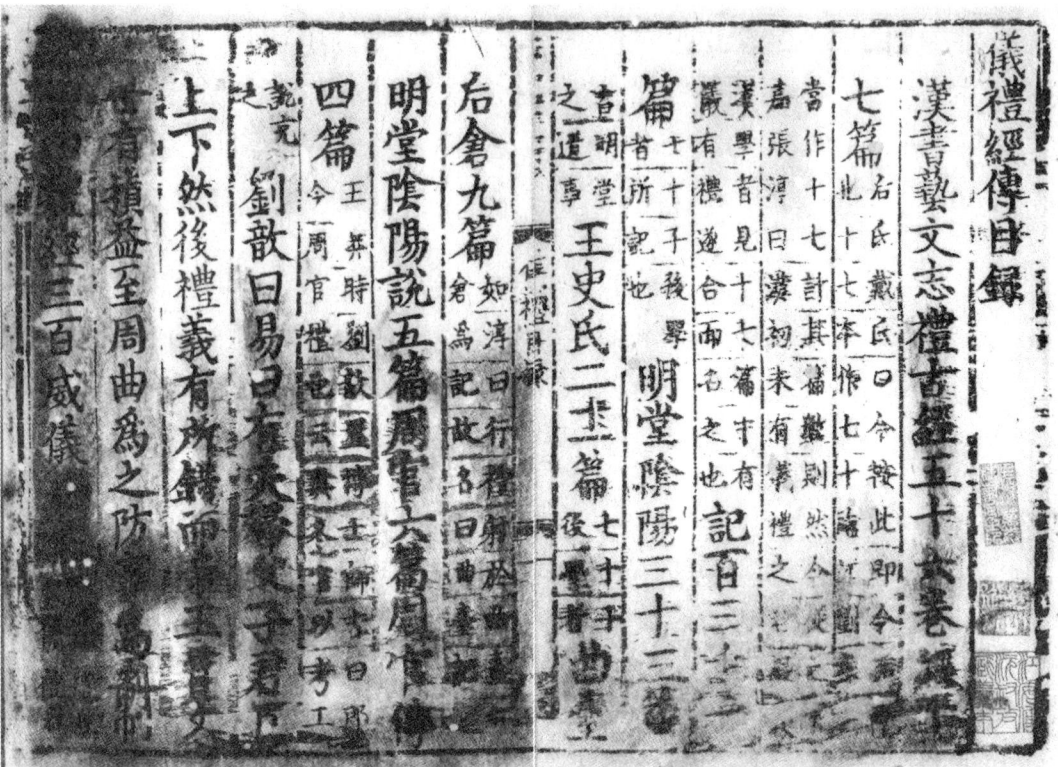

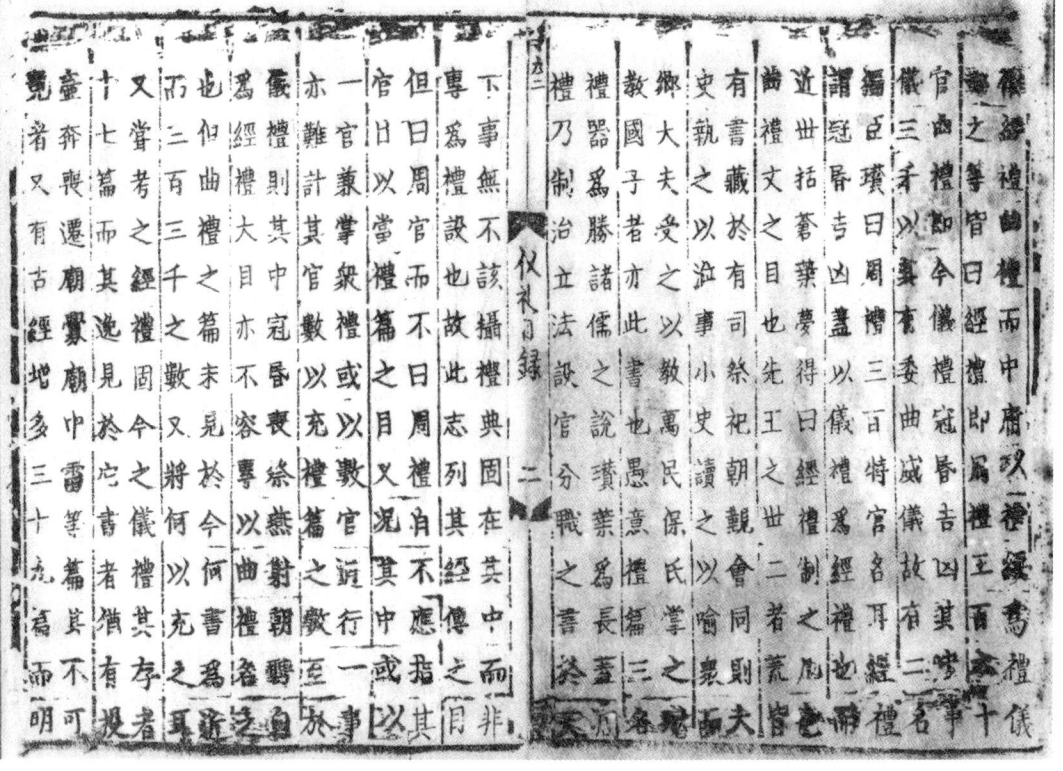

見者又有古經增多三十九篇而明

而明堂陰陽王史氏記數十篇及河間獻王所輯禮樂古事多至五百餘篇儻或猶有逸在其間者大率且以春官所領五禮之目約之則其初固當有三百餘篇亡疑矣所謂曲禮則皆禮之微文小節如今曲禮少儀內則玉藻弟子職篇所記事親事長起居飲食容貌辭氣之法制器備物宗廟宮室衣冠車旗之等凡所以行乎經禮之中者其篇之全數雖不可知然條而析之亦應不下三千有餘矣若或者專以經禮爲常禮曲禮爲變禮則如冠禮之不醴而醮用酒殺牲而有折俎若孤子冠母不在之類皆

禮之變而未嘗不在經禮篇中坐如尸立如齊毋放飯毋流歠之類雖在曲禮之中而不得謂之變禮其說誤也 及周之衰諸侯將踰法度惡其害己皆滅去其籍自孔子時而不具至秦大壞漢興魯高堂生傳士禮十七篇訖孝宣世后倉最明戴德戴聖慶普皆其弟子三家立於學官今按此即上文誤作七十篇者 禮古經者

出於魯淹中及孔氏蘇林曰淹中里名也○今按及孔氏舊註屬下句劉歆云孔氏安國所得壁中書也當屬上句今按此即上文五十六卷者其讀當從劉氏 與十七篇文相似多三十九篇今按與本作學十七本作七十劉歆云學當作與七十當作十七五十六卷除十七正多三十九其說是也蓋上文經七十篇本註后氏戴氏又言高堂生傳士禮十七篇后倉二戴皆其弟子則彼所謂后戴之禮即是傳此高堂生之所得而今號儀禮者也況劉氏所

考於所增多篇數適合而上文經目又別無高堂生十七篇之禮其證甚明賈公彥疏亦云古文十七篇與高堂生所傳相似是唐初時漢志猶未誤也故知此誤錯三字皆當從劉氏說 及明堂陰陽王史氏記所見多天子諸侯卿大夫之制雖不能備猶瘉倉等推士禮而致於天子之說也師古曰瘉與愈同愈勝也○今按諸記自一百三十一篇以下與經文本不相雜疑今亦多見於本篇後記及二戴之記

兩本均缺第五葉今錄傳本補抄丁本有此葉刻工釆

0008_0008-2

孔子家語等書物不可考其所自
耳又張淳云如歆所言則高堂生所
得獨爲士禮居其儀禮乃兼天子諸侯大
夫之禮居其太半疑今儀禮非高堂生之
書但篇數偶同耳此則不深考於劉說所
訂之誤又不察其曰謂士禮者特畧舉首
篇以名之其曰推而致於天子者蓋專指
冠昏喪祭而言若燕射朝聘則士豈有是禮
而可推耶○賈公彦曰戴德戴聖與劉向
別録十七篇次第皆冠禮第一昏禮
第二士相見第三自兹已下大戴即

0008_0009-1

以士喪既夕士虞特牲少牢有司鄉
飲鄉射燕禮大射聘禮公食覲禮喪服
爲次小戴則以鄉飲鄉射燕禮大射
士虞喪服特牲少牢有司士喪既夕
聘禮公食覲禮爲次皆尊卑吉凶先
後雜亂故鄭皆不從之唯劉向別録
大射以上七篇與小戴同而其下乃

0008_0009-2

小戴同而其下乃以聘食覲禮喪服
士喪既夕士虞特牲少牢有司爲次
皆尊卑吉凶次第倫叙故鄭用之也
又曰儀禮之次賤者爲先故以士冠
爲先無大夫冠禮諸侯冠次之天子
冠又次之其昏禮亦士爲先大夫次
之諸侯次之天子爲後諸侯鄉飲酒

儀礼目録　六

0008_0010-1

爲先天子鄉飲酒次之鄉射燕禮已
下皆然又以冠昏士相見爲先後者
以二十而冠三十而娶四十強而仕
即有摯見鄉大夫見國君之等又爲
鄉大夫州長行鄉飲酒鄉射之事已
下先吉後凶凶盡則又行祭祀吉禮
也

0008_0011-1　　0008_0010-2

士冠禮第一 陸德明釋文曰冠古亂反下以意求之

家禮一之上

鄭玄目録曰童子任職居士位年二十而冠 疏曰言童子居士位者據下昏禮相見禮皆士身所行故知此是士身自加冠也又據曲禮云二十曰弱冠故知年二十而冠也孔穎達云冠之所起案略説云古人冒而句領註云謂三皇時以冒覆頭句領繞項世本云黃帝造旒冕蓋前此以羽皮爲冠至是乃用布也 主

儀禮目録　七

人玄冠朝服則是仕於諸侯 句 天子之士朝服皮弁素積 今按諸侯朝服以日視朝天子皮弁以日視朝皆君臣同服故言此篇言主人玄冠朝服則是仕於諸侯而爲士者若天子之士則其朝服當用皮弁素積不得言玄冠朝服也歟民本文如此今見疏義而釋文乃以天子二字加於諸侯之上則舛謬而無文理矣溫本亦誤今定從疏 古者四民世事士之子恒爲士 疏曰四民世事見齊語引之者見此爲士自加冠陸

0008_0012-1　　0008_0011-2

若上之子四十強而仕何得有二十爲士自加冠也○今按此説不可曉竊詳鄭意似謂士之子弱未仕然亦得用此禮爾疏恐誤也 冠於五禮爲嘉禮大小戴及別録皆此爲第一 疏曰周禮春官五禮之目曰吉凶賓軍嘉其以嘉禮親萬民之一曰以昏冠之禮親成男女是冠屬嘉禮也 今仍舊次而於其文頗有所釐析云 如取三醮以合於陳器服章之次諸辭冬附於本章之下增女笄一節自雜記而來出後記以入後篇之類

儀禮目録　八

冠義第二

家禮一之下

此小戴記第四十三篇蓋漢儒所造以釋冠禮之義者也家語冠頌篇略見天子諸侯大夫之禮小戴曾子問中有變禮春秋内外傳有事證今皆以附于後定爲第一而遞改下篇之

0008_0012-2

次云

士昏禮第三　家禮二之上

鄭目録云士娶妻之禮以昏爲期因而名焉必以昏者陽往而陰來日入三商爲昏 疏曰商謂商量是漏刻之名案馬氏云日未出日沒後皆云二刻半前後共五刻今云三商者據整數而言譙周云太昊制嫁娶儷皮爲禮是昏禮所起也○今按昏禮媒氏凡男女自成名以上皆書

0008_0013-1

年月日名焉令男二十而娶女二十而嫁又按孔子曰霜降逆女冰泮殺止而媒氏又言中春之月令會男女是昏昏禮之大期也左傳云國君十五而生子是人君早昏所以重繼嗣也 昏於五禮屬嘉禮大小戴及別録此皆第二今頗整折而定爲第三 後皆放此不復重出

昏義第四　家禮二之下

此小戴第四十四篇蓋漢儒所造以

0008_0013-2

釋昏禮之義者也今以郊特牲坊記曾子問及詩春秋内外傳白虎通義說苑所說昏禮之義及其變節合之以爲此篇

内則第五　家禮三

此小戴第十二篇蓋古經也鄭氏以爲記男女居室事父母舅姑之法以閨門之内禮儀可則故曰内則今按

0008_0014-1

此必古者學校教民之書宜以次於昏禮故取以補經而附以傳記之說云

内治第六　家禮四

古無此篇今取小戴昏義哀公問文王世子内則篇及周禮大戴禮春秋

內外傳孟子書大傳新序列女傳前
漢書賈誼新書孔叢子之言人君內
治之法者創爲此記以補經闕

五宗第七　家禮五

古無此篇今取小戴喪服小記大傳
曾子問內則文王世子檀弓曲禮篇
及此經喪服傳春秋內外傳家語白
虎通義書大傳孔叢子等書之言宗

子之法以治族人者創爲此篇

親屬記第八　家禮六

此即爾雅之釋親篇白虎通義所謂
親屬記者也以其具載閨門三族親
戚之名號故列於此而通義所釋亦
因以附焉

士相見禮第九　鄉禮一之上

鄭目録曰士以職位相親始承摯相
見之禮雜記會葬禮曰相見也反哭
而退朋友虞祔而退 疏曰經亦有大夫及庶人見君之禮亦有士見大夫之法而以士相見爲首故以名篇其天子之孤卿大夫士與諸侯之孤卿大夫士執摯既同相見之禮亦無別又云送葬之禮恩厚者退遲恩薄者退疾引之者證有執摯相見之義也 士相見

於五禮屬賓禮大小戴及別録皆第
三 疏曰案周禮大宗伯五禮賓禮之別有八春朝夏宗秋覲冬遇時會殷同六者是五等諸侯見天子兼有自相朝覲之禮時聘曰問殷覜曰視二者是諸侯使臣出聘天子及自相聘之禮並執玉帛而行無執禽摯之法此屬直新升爲士大夫之等同國執禽摯相見及見君之禮亦是賓主相見之法故屬賓禮也 今出其見君者數條入
臣禮篇而取曲禮少儀玉藻諸篇言

相見飲食之禮者附之

士相見義第十　鄉禮一之下

古無此篇劉敞補亡今以白虎通義

附其後

投壺第十一　鄉禮二

此小戴第四十篇第記主人與客燕

飲投壺之禮鄭氏以爲實曲禮之正

篇其事與射爲類於五禮宜屬嘉禮

疏曰案周禮大宗伯云以嘉禮親萬民下有以賓射之禮親故舊朋友故知屬嘉禮也今取大戴及少儀合之以繼

士相見禮之後

鄉飲酒禮第十二　鄉禮三之上

鄭目録云諸侯之鄉大夫三年大比

獻賢者能者於其君以禮賓之與之飲

酒疏曰凡鄉飲酒之禮其名有四案賓賢能一也六十者坐五十者立侍是黨正蜡祭飲酒二也州長春秋習射於序先行鄉飲酒三也又有鄉王大夫士飲國中賢者用鄉飲酒四也其王制云習鄉尚齒即是黨正飲酒法◯呂大臨曰鄉〻凡有會聚皆當行此禮恐不止四事論語載鄉人飲酒杖者出斯出矣亦指鄉人而言之鄉飲酒於五禮

屬嘉禮大戴此乃第十小戴及別録

此皆第四今略取少儀一二附記下

云

鄉飲酒義第十三　鄉禮三之下

此小戴第四十五篇亦漢儒所造以

釋鄉飲酒之義者也上篇所陳乃鄉

大夫將興其賢能而賓之之禮此義

中第五章兼有黨正正齒位之事鄭

説已見上篇孔穎達以爲吉禮非也

今以周禮考之惟祭祀爲吉禮其飲食賓射燕饗皆屬嘉禮則上篇鄭云嘉禮爲是而孔說誤也射義放此今附于本篇之次

鄉射禮第十四　　鄉禮四之上

鄭目録云州長春秋以禮會民而射於州序之禮謂之鄉者州鄉之屬鄉大夫或在焉不改其禮疏曰鄭註州長以下周禮州長職文也周禮又云五州爲鄉是州屬鄉也一鄉雖管五州然鄉大夫或宅居一州之内則當來臨此射禮故州長所行而名鄉射也又鄉大夫既與賢者能者而以鄉射之禮五物詢衆庶亦如此禮故亦名爲鄉射云不改其禮者雖鄉大夫在其禮仍依州長射禮也然此經鄉大夫射於庠云堂則由楹外又云堂則物當楣又云大夫用兕中其禮與士射於序别而云不改者大射鄉大夫士射先行鄉飲酒禮及未旅而射爲不改耳其實亦有少異也射於五禮屬嘉禮大戴十一小戴及别録皆第五今按此篇與上篇戒宿飲燕之

節略同他經之註以出者多不重出而鄭於此註各詳具之是後諸篇亦復放此蓋恐後人因事檢閱者不能一一通貫故不憚其繁複耳至於疏家復詳言之則爲冗長故今獨存註又而疏無異義者不復載也

鄉射義第十五　　鄉禮四之下

此小戴第四十六篇亦漢儒所造以釋鄉射之義者也今取其言鄉黨習射詢衆庶者爲此篇而出其言天子諸侯將祭選士者爲大射義見後篇

學制第十六　　學禮一之上

古無此篇此類今以家塾黨庠遂序皆爲鄉學則其禮之次宜有以見其設教導民之法故集諸經傳創立此篇以爲此類之首

學義第十七　　學禮一之下

0008_0020-2

此篇亦古所無今集諸經傳凡言教法之意者補之以釋上篇之義

弟子職第十八　學禮二

此管子之全篇言童子入學受業事師之法今分章句參以衆說補其註文以附于經

少儀第十九　學禮三

0008_0021-1

此小戴記之第十七篇言少者事長之節註疏以爲細小威儀非也今釐其雜亂而別取它篇及諸書以補之

曲禮第二十　學禮四

此小戴記之第一篇言委曲禮儀之事所謂曲禮三千者也其可隨事而見者已包在經禮三百篇之内矣此

0008_0021-2

篇乃其雜碎首尾出入諸篇不可隨事而見者故合而記之自爲一篇而又多爲韻語使受者得以諷於口而存諸心葢曲禮之記也戴氏編禮時已亡逸故特因其首章之幸存者而雜取諸書所引與它記之相似者以補續之然其文亦多錯亂不甚倫貫今頗釐而析之

臣禮第二十一　學禮五

古無此篇今按事親事長隆師親友治家居室之法各有成篇獨臣事君三綱之大其法尤嚴乃獨無所聚而散出於諸書學者無所考焉今掇其語創爲此篇

0008_0022-1

鍾律第二十二　學禮六之上

古無此篇今以六藝次之凡禮之通行者已略見上諸篇矣此後當繼以樂而樂經久已亡逸故取周禮鄭註太史公淮南子前後漢志杜佑通典之言律呂相生長短均調之法創爲此篇以補其闕

鍾律義第二十三　學禮六之下

古亦無此篇今取　闕

詩樂第二十四　學禮七

古亦無此篇而大樂遺聲其絕久矣今取世傳唐開元十二詩譜補之以粗見其彷彿然亦未知其果有以合於古之遺聲否也

禮樂記第二十五　學禮八

古無此篇今取諸記中通論禮樂大指者合爲此篇以通釋禮樂之義

書數第二十六　今闕　學禮九

古無此篇今按六藝之射已略見上鄉射及下大射篇御法則廢不可考矣唯書數日用所須不可不講故取許氏說文解字序說及九章筭經爲此篇以補其闕然亦不能詳也

學記第二十七　學禮十

小戴第十八篇言古者學校教人傳道授業之次序與其得失興廢之所由蓋兼大小學而言之舊註多失其指今考橫渠張氏之說并附己意以

傳本剪去下象鼻今改用張本

補其誼云

大學第二十八　學禮十一

小戴第四十二篇專言古者大學教人之次第河南程氏以爲孔氏之遺書者也秦漢以來儒者旣失其傳故其舊文舛錯爲甚而訓說亦多不能得其微意今推本程氏旣緒正之仍別爲之章句讀者宜盡心焉則聖賢之學可漸而進矣

中庸第二十九　學禮十二

小戴第三十一篇程氏以爲孔門傳授心法而其書成於子思而其言大抵與大學相發明故熹聞之先君子常以爲大學者此篇之戶庭而此篇

0008_0026-1　　0008_0025-2

則大學之閫奧也然道旣失傳說者類皆不能得其微指今亦本程氏別爲章句讀者孰復而深味之則聖賢傳付之密旨庶乎其有以自得之矣

保傅傳第三十　學禮十三

漢昭帝詔曰通保傅傳文穎以爲賈誼所作即此篇也今在大戴禮爲第四十八篇其詞與誼本傳疏語正同其言教太子輔少主之道至詳悉而極懇切矣故自當時即以列於孝經論語尚書之等而進之於君蓋已有識其言之要者矣後之君子有愛君憂國之深慮者其可以不之省哉

踐阼第三十一　學禮十四

此大戴第三篇 自此以下臣題並闕

五學第三十二　學禮十五

燕禮第三十三　邦國禮一之上

燕義第三十四　邦國禮一之下

大射禮第三十五　邦國禮二之上

大射義第三十六　邦國禮二之下

聘禮第三十七　邦國禮三之上

聘義第三十八　邦國禮三之下

公食大夫禮第三十九　邦國禮四之上

公食大夫義第四十　邦國禮四之下

諸侯相朝禮第四十一　邦國禮五之上

諸侯相朝義第四十二　邦國禮五之下

儀禮集傳集註目録

覲禮　王朝禮一之上

朝事義　王朝禮一之下

歷數　王朝禮二之上

卜筮 缺

夏小正　王朝禮三之上

月令　王朝禮三之下

樂制　王朝禮四之上

樂記　王朝禮四之下

王制之甲 分土　王朝禮五

王制之乙 制國　王朝禮六

王制之丙 王禮　王朝禮七

王制之丁 王事　王朝禮八

王制之戊 設官　王朝禮九

傳本剪去下象鼻今改用張本

0008_0028-2

王制之己　建侯　王朝禮十
王制之庚　名器上　王朝禮十一
王制之辛　名器下　王朝禮十二
王制之壬　師田　王朝禮十三
王制之癸　刑辟　王朝禮十四

0008_0029-1

乞修三禮劄子

臣聞之六經之道同歸而禮樂之用爲急遭秦滅學禮樂先壞漢晉以來諸儒補緝竟無全書其頗存者三禮而已周官一書固爲禮之綱領至其儀法度數則儀禮乃其本經而禮記郊特牲冠義等篇乃其義疏耳前此猶有三禮通禮學究諸科禮雖不行而士猶得以誦習

0008_0029-2

而知其說熙寧以來王安石變亂舊制廢罷儀禮而獨存禮記之科棄經任傳遺本宗末其失已甚而博士諸生又不過誦其虛文以供應舉至於其間亦有因儀法度數之實而立文者則咸幽冥而莫知其源一有大議率用耳學臆斷而已若乃樂之爲教則又絕無師授律

0008_0030-1

尺短長聲音清濁學士大夫莫有知其說者而不知其爲闕也故臣頃在山林嘗與一二學者考訂其說欲以儀禮爲經而取禮記及諸經史雜書所載有及於禮者皆以附於本經之下具列註疏諸儒之說略有端緒而私家無書檢閱無人抄寫久之未或會蒙除用學徒分散

0008_0030-2

遂不能就而鐘律之制則士友間亦有
得其遺意者竊欲更加參考別爲一書以
補六藝之闕而亦未能具也欲望
聖明特詔有司許臣就秘書省關借禮
樂諸書自行招致舊日學徒十餘人踏
逐空閑官屋數間與之居處令其編類
雖有官人亦不繫銜請俸但乞逐月量

儀禮目錄　二十七　刘木林

0008_0031-1

支錢米以給飲食紙札油燭之費其抄
寫人即乞下臨安府差撥貼書二十餘
名候結局日量支犒設別無推恩則於
公家無甚費用而可以興起廢墜垂之
永久使士知實學異時可爲
聖朝制作之助則斯文幸甚取　進止

右先君所著家禮五卷鄉禮

0008_0031-2

三卷學禮十一卷邦國禮四
卷王朝禮十四卷今刊于南康
道院其曰經傳通解者凡二
十三卷蓋先君晚歲之所親
定是爲絕筆之書次序具見
於目錄惟書數一篇缺而
未補而大射禮聘禮公食大

儀禮目錄　二十八　刘木林

0008_0032-1

夫禮諸侯相朝禮八篇則
猶未脫藁也其曰集傳集注
者此書之舊名也凡十四卷爲
王朝禮而卜筮篇亦缺焉則
先君所草定而未暇刪改者也
今皆不敢有所增益悉從其
藁也抑嘗聞之孔則嘗以覩

纂次第屬之門人黃榦
之類次定其書，或當標修稱
此序云此書始末具備，顧念
先君晚歲即嘗有志於是
書，略已經延奏乞於清
朝，乞招致生徒，置局編次，而不
果上，然其著述之旨意，具存此

篇，今謹繕録，如右，讀者當有
以識其心之所存矣。禮缺樂壞
千有餘年，今幸詩論粗見諸
緒，而天不假之年，使不克究其
不全而所就者止此，嗚呼，已矣，其
可為千古之恨也夫。嘉定丁丑
八月甲子日，孤在泣血謹記。

0008_0036-2

儀禮經傳通解卷第一

士冠禮第一　家禮一之上

傳曰夫禮始於冠本於昏重於喪祭尊於朝聘和於射鄉此禮之大體也夫音扶朝直遥反○始猶根也本猶幹也鄉鄉飲酒

士冠禮○筮于廟門筮市例反廟古廟字○筮者以蓍問日吉凶於易也冠必筮日於廟門者重以成人之禮成子孫也廟謂禰廟不於

0008_0037-1

堂者嫌蓍之靈由廟神○蓍音尸禰乃禮反父廟也○疏曰蓍草之靈者易說卦云幽贊於神明而生蓍是也易者周禮太卜掌三易一曰連山二曰歸藏三曰周易筮得卦以易辭占吉凶也周易筮法用四十九蓍分之爲二而掛一揲之以四歸奇於扐再扐而爲一變合掛扐得五若四爲少得九若八爲多三變而成一爻三變皆少則爲九而謂之老陽三變皆多則爲六而謂之老陰兩多一少則爲七而謂之少陽兩少一多則爲八而謂之少陰皆畫地記之九重六交七單八拆至十八變則得六爻而成一卦老者變而少者不變也不[illegible]用者

0008_0037-2

夏小正云二月綏多士女冠子娶妻時也彼有常月故不筮也又曰經唯言父子兄弟不言祖孫鄭兼言孫者家事統於尊若祖在則爲冠主故兼孫也又曰凡儀禮之內單言廟者皆是禰廟若非禰廟則以廟名別之如聘禮言先君之祧又言祖廟是也若天子諸侯皆冠於始祖之廟故季武子云以先君之祧處之祧謂遷主所藏始祖廟也大夫雖無冠禮然有幼而冠者亦當與士同在禰廟也

主人玄冠朝服緇帶素韠即位于門東西面朝直遥反注同後朝服放此緇側其反韠音畢蔽膝也○主人

0008_0038-1

將冠者之父兄也玄冠委貌也朝服者十五升布衣而素裳也衣不言色者衣與冠同也筮必朝服尊蓍龜之道也緇帶黑繒帶也士帶博二寸再繚四寸屈垂三尺素韠白韋韠也長三尺上廣一尺下廣二尺其頸五寸肩革帶博二寸天子與其臣玄冕以視朔皮弁以日視朝諸侯與其臣皮弁以視朔朝服以日視朝凡染黑五入爲緅七入爲緇玄則六入與又曰古者田漁而食其肉衣其皮先以兩皮如韠以蔽前後及後世聖人易之以布帛猶存其蔽前示不忘古尊祭服異其名曰黻○緇側其反繚音了長直亮反廣古曠反凡度長短廣狹

0008_0038-2

昔皆放此視一作眂音同弁皮彥反纁
側留反與音餘○疏曰云素裳者雖經
不言裳然裳與韠同色既云素韠故知
裳亦積白素絹爲之也又云衣不言色
者禮之通例衣冠同色其色異者總與
别言之下云爵弁服純衣是也又云筮
必朝服尊蓍龜之道者此决冠時主人
入廟服玄端爵韠此筮於廟門亦當服
玄端而不服之乃服朝服是尊蓍也然
下文宿賓爲期亦朝服者自是尋常相
見所服耳非特以此相尊敬也其特牲
少牢筮日與祭同服者蓍龜不可尊於
先祖也又云士黑繒帶者謂以黑飾白
繒帶也玉藻曰士練帶率下裨又言士

小四三 儀礼卷一 三 浩

0008_0039-1

繒裨率與緯同謂緶緝也裨飾也並以
練孰白繒單作帶體其廣二寸而緶緝
其兩邊又以繒飾其垂下之兩末與兩
邊也再繚四寸屈垂三尺者帶之垂者
必反屈向上又垂而下大夫則裨其屈
與垂者士則惟裨其向下垂者而不裨
其屈者也又云頸五寸亦謂廣也頸中
央肩兩角皆上接革帶肩與革帶廣同
此韠即韍也祭服謂之韍朝服謂之韠
也韠舊同色此素韠則白舊也又引天
子諸侯視朔視朝之服者以在朝君臣
同服故以此證玄冠朝服是諸侯之士
也又云染黑以下周禮鍾氏文
無六入之文故云與以疑之

有司如

0008_0039-2

主人服即位于西方東面北上 有司羣吏有事
者謂主人之吏所自辟除府史以下也
今時卒吏及假吏皆是也○辟必亦反
卒子忽反假古雅反○疏曰士雖無臣
皆有屬吏胥徒及僕隸故云羣吏也府
史以下謂周禮三百六十官之下皆有
府史胥徒不得君命主人自辟除去役
賦補置之者卒史假
吏又舉漢法爲證也 **筮與席所卦者具**
饌于西塾 饌直轉反塾音孰○筮所以
問吉凶謂蓍也所卦者所以
畫地記爻易曰六畫而成卦饌陳也具
俱也西塾門外西堂也○畫音獲爻户

大三四 小三四夕 儀礼卷一 四 浩

0008_0040-1

交反○疏曰畫地記爻者依七八九六
之爻用木畫地記之少牢云卦者在左
卦用木是也今則
用錢其法同耳 **布席于門中闑西閾**
外西面 闑魚列反閾音域○闑門橛也
閾閾也古文闑爲㮤閾爲蹙○
橛其月反閾苦本反㮤魚列反蹙子六
反○疏曰漢書云高堂生傳儀禮十七
篇是今文也至武帝之末魯恭王壞孔
子宅得古儀禮五十六篇其字皆以篆
書是爲古文也古文十七篇與高堂生
所傳者同而字多不同鄭注禮之時以
今古二字並之從其强者以所從者在
經而於注内疊出其所不從者若二字

0008_0041-1　0008_0040-2

俱合則兩從而互見之也筮人執筴抽上韇兼執之進受命於主人筴初革反韇音獨○筮人有司主三易者也韇藏筮之器也今府藏弓矢者謂之韇丸也兼并也進前也自西方而前受命者當知所筮也○疏曰筴即蓍也曲禮曰筴爲筮是也按少牢云史左執筮右抽上韇兼與筮執之東面受命于主人與此同也又云今時謂之韇丸者見以皮爲之也言上韇者其制有上下下者從下向上承之上者從上向下韜之也宰自右少退贊命宰有司主政教者也自由也贊佐也命告

也佐主人告所以筮也少儀曰贊幣自左詔辭自右○今按所贊之辭未聞下疏云文不具也蓋當云某有子某將以來日某加冠於其首庶幾從之筮人許諾右還即席坐西面卦者在左還音旋後放此○即就也東西面受命右還北行就席卦者有司主畫地識爻者也○識音志○疏曰筮法已見上按少牢得主人命訖史曰諾西面于門西抽下韇左執筮右兼執韇以擊筮遂述命乃釋韇立筮此亦宜然但彼卿大夫禮有述命此士禮略故不述命耳又按三正記大夫蓍五尺故立筮士之蓍三尺當坐

0008_0042-1　0008_0041-2

筮亦與彼異也卒筮書卦執以示主人卒[illegible]書卦者筮人以方寫所得之卦也○疏曰方版也主人受眡反之反還也○還音環筮人還東面旅占卒進告吉旅衆也還與其屬共占之古文旅作臚○臚力居反○疏曰卜筮之法洪範七稽疑云擇建立卜筮人三人占從二人之言又金縢云乃卜三龜一習吉則天子諸侯卜時三龜並用於玉瓦原三人各占一兆也筮將連山歸藏周易亦三易並用夏殷以不變爲占周易以變者爲占亦三人各占一易卜筮皆三占從二三

吉爲大吉一凶爲小吉三凶爲大凶一吉爲小凶又喪禮亦云與其屬共占彼註云其屬謂掌連山歸藏周易者又卜葬日云占者三人註云占者三人掌玉兆瓦兆原兆者也少牢大夫禮亦云三人占則鄭意大夫卜筮同用一龜一易三人共占之矣○今按少牢禮無此文未詳何據若不吉則筮遠日如初儀遠日旬之外○疏曰曲禮云旬之內曰近某日旬之外曰遠某日彼據吉禮士旬內筮故云近某日特牲旬內筮日是也大夫以上禮旬外筮故言遠某日少年筮旬有一日是也少牢又云若不吉則及遠日又

筮日如初鄭注云及至也遠日後月[illegible]

後已言至遠日又筮日如初明不並筮

則前月卜來月之上旬上旬不吉至上

旬又筮中旬中旬不吉至中旬又筮下

旬下旬不吉則止不祭祀也特牲不言

及則可上旬之內筮不吉則預筮中旬

中旬不吉則又預筮下旬又不吉則上

若此冠禮亦先近日士冠禮亦於上旬

之內預筮三旬不吉則更筮後月之上

旬以其祭祀用孟月不容入他月若冠

子則年已二十不可不冠故容入後月

也此注所云遠日旬之外自是當月上

旬之內筮不吉更筮中旬與曲禮文意

小不同也○橫渠張載曰祭之筮曰若

再不吉則止諏日而祭更不筮搢儀禮

唯有筮遠日之文不云三筮筮日之禮

只是二筮先筮近日後筮遠日不從則

直諏用下旬遠日蓋亦足以致聽於鬼

神之意而祀則不可廢　徹筮席　徹去也斂也○去起呂反　宗人

告事畢　宗人有司主禮者也

右筮日

主人戒賓賓禮辭許　戒警也告也賓主人之僚友古者有

吉事則樂與賢者歡成之有凶事則欲與賢者哀戚之今將冠行故戒告僚友

使來禮辭一辭而許也再辭而許曰固

辭三辭曰終辭不許也○疏曰同官爲

僚同志爲友賓戒僚友使來觀禮也　主人再拜賓荅拜主

人退賓拜送　退去也歸也○疏曰按鄉飲酒主人戒賓賓拜辱主

人荅拜乃請賓賓禮辭許主人再拜賓荅拜主人退賓拜辱鄉射亦然皆與此

文不同此經文不具當依彼文爲正但此不言拜辱者亦是不爲賓已故也

右戒賓○辭戒賓曰某有子某將加

布於其首願吾子之教之也　吾子相親之辭

吾我也子男子之美稱古文其爲諆○稱尺證反下之稱美稱同○疏曰

布謂緇布冠也　賓對曰某不敏恐不能共事

以病吾子敢辭　共音恭○病猶辱也古文病爲秉　主

人曰某猶願吾子之終教之也賓對

曰吾子重有命某敢不從　重直用反下同○[illegible]

不從許之辭○疏曰周公設經直言行事恐失次第不言其辭今行事既

終乃總見之也○今按諸辭本總見經後故疏云亦今悉分附本章之左

以從、
簡便

前期三日筮賓如求日之儀 前期三日空二日也筮賓筮其可使冠子者賢者恒吉冠義曰古者冠禮筮日筮賓所以敬冠事敬冠事所以重禮重禮所以爲國本○疏曰前期三日謂正加冠日之前空二日之外也筮賓者謂於前所戒賓之中筮取吉者爲加冠之正賓也凡取人之法宜先筮之今以其將恒日吉故先戒而後筮然旣知其賢又必筮之者取其愼重冠禮事故鄭引冠義爲證也又命筮雖無文宰贊蓋云主人某爲適子某加

冠筮某爲賓庶幾從之上章筮日與此皆不言命辭者文不具也○今按前已廣戒衆賓此又擇其賢者筮之吉則宿之以爲正賓不吉則仍爲衆賓不嫌於預戒也

右筮賓

乃宿賓賓如主人服出門左西面再拜主人東面荅拜 宿進也宿者必先戒戒官或悉來或否主人朝服○爲于僞反○疏曰此云乃宿賓謂擯者傳主人辭

入以告賓也又曰宿者必先戒若上文已戒賓今又宿之也戒不必宿卽所戒之賓除正賓及贊冠者外但戒使知之而已從更不宿也云不宿者爲衆賓或來或否者此決正賓與贊冠者戒而又宿不得不來也知朝服者自上章朝服云筮日至此無改服之文故也○今按此篇首言筮日于廟門後亦多有此例也主人方往宿時擯者固當入告然此言乃爲主人發不爲擯者發也又按不宿者爲衆賓或悉來或否鄭注本謂正賓或時不來則將不得成禮故雖已戒之而又宿之欲其必來其非正賓則不更

宿蓋但使爲衆賓雖不悉來亦無門事也疏與音皆非是爲只合作如字讀賓字句絶

乃宿賓賓許主人再拜賓荅拜主人退賓拜送 乃宿賓者親相見致其辭

賓贊冠者一人亦如之 贊冠者佐賓爲冠事者謂賓若他官之屬中士若下士也宿之以筮賓之明日○疏曰佐賓爲輕故不筮也言中士上士者據主人與賓皆是上士也贊者皆降一等取之若賓主皆是下士則亦取下士爲之禮窮則同也○今案佐賓雖輕亦必擇其賢而習禮者爲之不來則亦有闕故并宿之

0008_0047-1　0008_0046-2

使必來也。

右宿賓○辭宿曰某將加布於某之首吾子將莅之敢宿賓對曰某敢不夙興 莅音利○莅臨也今文無對

厥明夕爲期于廟門之外主人立于門東兄弟在其南少退西面北上有司皆如宿服立于西方東面北上 厥其也宿服朝服。

疏曰厥明夕謂宿賓之明日向莫時也爲期爲加冠之期也 擯者請期宰告曰質明行事 擯必刃反○擯者有司佐禮者在主人曰擯在客曰介質正也宰告曰旦日正明行冠事○介音界 告兄弟及有司 擯者告也○疏曰上文兄弟有司皆已在位此復告者禮取審愼之義也 告事畢 宗人告也 擯者告期于賓之家

右爲期

夙興設洗直于東榮南北以堂深水在

0008_0048-1　0008_0047-2

洗東 直音值深申鴆反乞度式深曰深後並放此○夙早也興起也洗承盥洗者棄水器也士用鐵榮屋翼也周制自卿大夫以下其室爲夏屋水器尊卑皆用金罍及大小異○盥音管夏戶雅反後同罍力回反○疏曰洗者盥手洗爵之時恐水穢地所用以承其棄水之器也士用鐵漢制也大夫則用銅諸侯用白銀天子用黃金也榮即今之博風謂之榮者言與屋爲榮飾又言翼者與屋爲翅翼也夏屋者匠人夏后氏世室殷人重屋四阿鄭云四阿四注殷人始爲四注則夏后重屋但兩下爲之不四注矣故兩下屋名爲夏屋而鄭注檀弓又曰夏屋今之門廡也兩下爲之亦擧漢制以况之也又曰卿大夫以下其室兩下而周之天子諸侯皆四注故燕禮之洗當東霤鄭以爲人君爲殿屋喪大記升自東榮鄭以爲天子諸侯當言東霤也金罍亦漢制然經直言水不言罍唯少牢云設罍水於洗東有枓鄭注云設水用罍沃盥用枓禮在此也此經之內或有尊無洗或尊洗皆有而又不言設之者文不具也○今詳注文罍下恐誤又字

陳服于房中西墉下東領北上 墉音容○墉墻○疏曰冠時先用卑服北上便也 爵弁服纁裳純衣緇

兩本均缺第十三葉今錄傳本補抄丁本有此葉刻工馬忠

0008_0048-2

帶韎韐縕許云反韎音妹又丑公反韐古洽反又音閤○此與君祭之服雜記曰士弁而祭於公爵弁者冕之次其色赤而微黑如爵頭然或謂之緅其布三十升纁裳淺絳裳凡染絳一入謂之縓再入謂之赬三入謂之纁朱則四入與純衣絲也餘衣皆用布唯冕與爵弁服用絲耳先裳後衣者欲令下近緇明衣與帶同色韎韐縕韍也士縕韍而幽衡合韋為之士染以茅蒐因以名焉今齊人名蒨為韎韐韍之制似韠冠弁者不與衣陳而言於上以冠名服耳今文纁皆作熏○縓七絹反染如琰反下二字同赬丑貞反令力呈反近附

0008_0049-1

近之近縕音溫又烏本反韍音弗幽於糾反茅莫交反又音妹蒐所留反蒨七見反○疏曰士禮玄端自祭以爵弁服助君祭故云與君祭之服也凡冕以木為體長尺六寸廣八寸以三十升麻布衣之上玄下纁前後有旒低前一寸二分故取其俛而謂之冕其爵弁制大同但為爵色而無旒又前後平故不得為冕而其尊卑則次於冕也用布升數蓋取冠倍之義朝服十五升故其冕為三十升也染絳之法見爾雅三染皆為淺絳四入為朱毛傳乃謂之深纁至五入為緅七八為緇為染黑法乃見於考工記蓋以纁入黑則為紺以紺入黑則為

緅是其色赤多而黑少故以爵頭為喻也朱則四入與者蓋言以纁入赤則為朱以無正文故與以疑之也鄭解純字或為絲或為緇者古緇字以才為聲故緇紂二字並行而紂多誤為純鄭皆望經為注也韐者韋旁着合故謂合韋為之又以韎染之故曰韎韐也韠制已見上注韍亦如之但有飾無飾為異耳明堂位云有虞氏服韍夏后氏山殷火周龍章鄭云後王彌飾天子備焉諸侯火而下卿大夫山士韎韋而已是士無飾不得單名韍一名韎韐一名縕韍故鄭云韍之制似韠也鄭詩注曰芾天子純朱諸侯黃朱士縕韍者玉藻文也皮

儀禮一　十四

弁服素積緇帶素韠此與君視朔之服也皮弁者以白鹿皮為冠象上古也積猶辟也以素為裳辟蹙其要中皮弁之衣用布亦十五升其色象焉○辟必亦反下同要一遥反○疏曰玉藻云諸侯皮弁聽朔於大廟象上古者謂三皇時以白鹿皮冒覆頭鉤領遶項所謂未有麻絲衣其羽皮者素白繒也與服注云祭服朝服辟積無數唯喪服裳幅三袧有數耳玄端玄裳黃裳雜裳可也緇帶爵韠此莫夕於朝之服玄端即朝服之衣易其裳耳上士玄裳中士黃裳下士雜裳雜裳者前玄後

傳本剪去下象鼻今改用張本

黃易曰天玄黃者天地之雜也天玄
地黃士皆爵韋爲韠其爵同不以玄
冕服者是爲緇布冠陳之玉藻曰韠君
朱大夫素士爵韋○莫音暮朝直遙反
天玄之夫亦扶○疏曰以其但正幅故
得端名言莫夕於朝之服者玉藻本
士朝玄端謂所以聽其家私朝之服也
士向莫之時又以此服夕於君於其寢
大夫之夕於君則自當朝服也然玄端
云百官承事朝而不夕則無事時亦
[illegible]文也朝服之衣者指上章日之
[illegible]其裳者彼素裳而此易以三[illegible]
[illegible]
緇布冠缺項青組[illegible]
[illegible]今詳注[illegible]
[illegible]未詳
[illegible]

此葉文字傳本多經描摹今改用張本

四綴以固冠也項中有繩亦由固頍爲
之耳今未冠笄者著卷幘頍象之所生
也滕薛名蔮爲頍屬猶著纚今之幘梁
也終充也纚一幅長六尺足以韜髮而
結之矣笄今之簪有笄者屈組爲紘垂
爲飾無笄者纓而結其條纁邊組側赤
也同篋謂此以上凡六物隋方曰篋○
著頍著卷之著丁略反綴丁衛反縰紀
屈反卷去圓反蔮古內反猶著之著直
略反韜本作㢮土刀反簪側金反上時
掌反隋他果反狹而長○疏曰頍項注
皆無正文約漢制及以義言之耳云結
項中謂於項上結之也云隅爲四綴以
固冠者旣武以下別有頍項明於首四

儀禮一　十六

隅爲綴上綴於武然後頍項得安穩也
云項中有繩亦由固頍爲之者頍之兩
頭皆爲繩別以繩穿繩中結之然後頍
得牢固也漢時卷幘之狀今不審知必
以布帛圍繞髮際爲之也云纚今之幘
梁亦舉漢法以況至今久遠亦未審其
狀也旣云韜髮乃云結之則是韜訖乃
爲紒也二弁之笄天子諸侯用玉大夫
士用象有笄謂之弁屈組爲紘者謂以
一條組於左笄上繫定遶頤下右相向
上仰屬於笄屈繫之有餘則因垂爲飾
必屈緊者擬解時易爲繫屬之也無笄
謂緇布冠纓而結其條者條即組也謂
以二條組爲纓兩相屬於頍而下垂乃

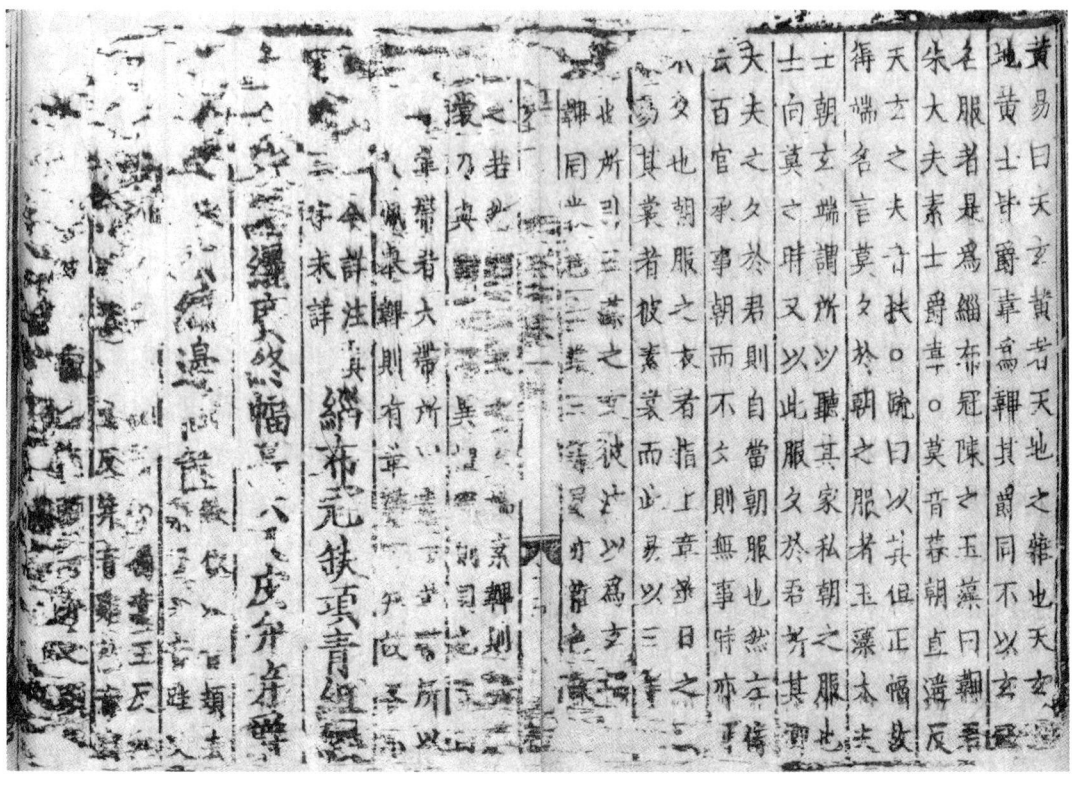

張本下象鼻題監生秦淳四字傳本剪去之

0008_0052-2

於頍下結之也組亦側者以緇爲中以纚爲邊側而纖之也六物謂頍項青組纓爲一物纚爲二物二笄紘各一通爲六物也隋謂橢而長也櫛實于簞櫛莊乙反簞音丹○簞笥也○笥息嗣○疏曰鄭注曲禮云圓曰簞方曰笥而此云一物者舉其類也蒲筵二在南筵席也○疏曰二者一冠一醴也側尊一甒醴在服北有篚實勺觶角柶脯醢南上甒亡甫反篚方尾反勺上若反觶之豉反柶音四醢音海○側猶特也無偶曰側置酒曰尊側者無玄酒服北者纁

仌甲小三之二　儀礼一　十七　馬

0008_0053-1

裳北也篚竹器如笭者勺尊升所以㪺酒也爵三升曰觶柶狀如匕以角爲之者欲滑也南上者篚次尊籩豆次篚古文甒作廡○笭力呈反㪺九于反又音拘挹也廡音武○疏曰勺即少牢所謂枓也韓詩外傳曰一升曰爵二升曰觚三升曰觶四升曰角五升曰散對文有異散文則通故鄭以爵名觶也爵弁皮弁緇布冠各一匴執以待于西坫南南面東上賓升則東面匴素管反坫丁念反○爵弁者制如冕黑色但無繅耳周禮上之皮弁會五采玉琪象邸玉笄諸侯及孤

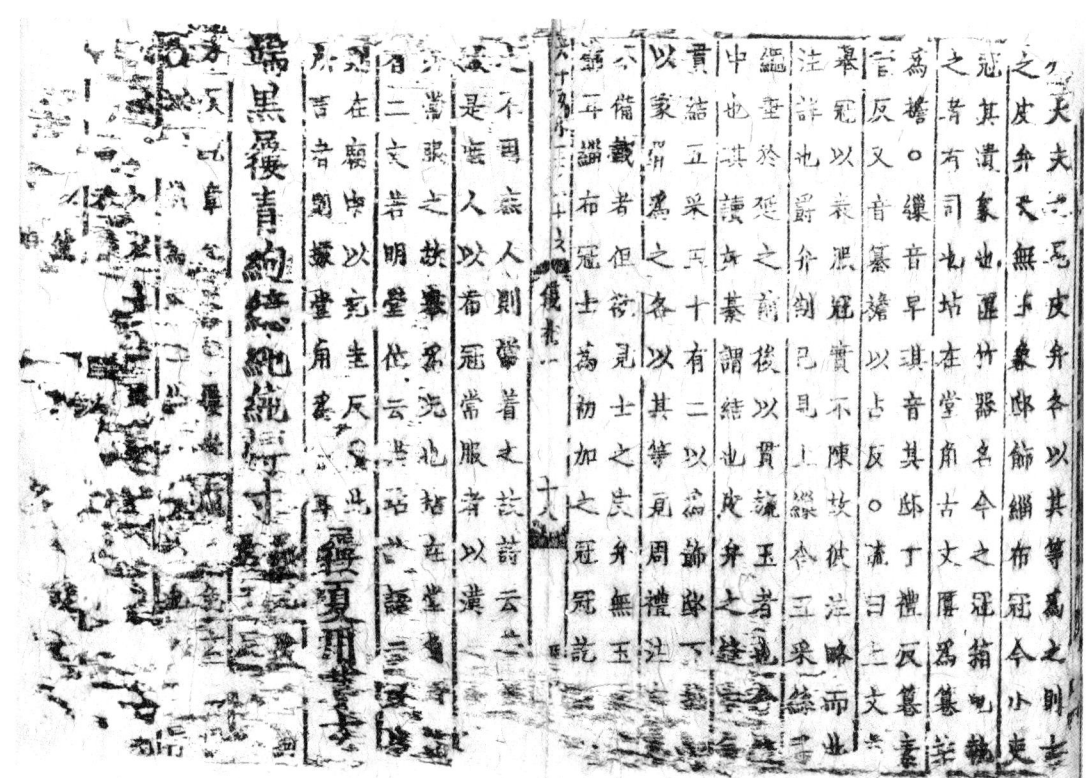

之大夫之冠皮弁各以其等爲之則士之皮弁又無玉象邸飾緇布冠今小吏冠其遺象也匴竹器名今之冠箱也執之者有司也坫在堂角古文匴爲篹笄爲篹○繅音早琪音其邸丁禮反篹素管反又音纂諸以占反○疏曰上文六冕冠以表爵冠實不陳故此注略而此注詳也爵弁制已見上繅今三采一綵緇垂於延之前後以貫旒玉者謂今中也琪讀如綦謂結也皮弁之縫[illegible]貫結五采玉十有二以爲飾謂之下綦以象骨爲之各以其等見周禮注[illegible]不備玉者但爵見士之皮弁無玉[illegible]緇布冠士爲初加之冠冠訖[illegible]

十八　儀礼一

不用恆人則當著之故詩云[illegible]是庶人以著冠常服者以漢[illegible]常服之故爲象先也韜在堂者[illegible]有二文皆明璧[illegible]云[illegible]冕在廟中以玄主反[illegible]所言者鄭據畫角[illegible]

緇黑屨青絇繶純純博寸[illegible]

[illegible]

爲正者以上士之服爲正不爲下三等也約爲行戒者以拘著自拘持之言也縫中紃謂牙底相接之縫中有條紃也綠謂繶口緣邊也博寸謂純之廣也

素積白屨以魁柎之緇絇繶純純博寸

魁苦回反柎方于反○魁蜃蛤柎注也○蜃上忍反蛤音閤○疏曰魁即蜃蛤一物也蝦爲炭灰用之柎注謂塗注於上使色白也

爵弁纁屨黑絇繶純純博寸

爵弁屨以黑爲飾爵弁尊其屨飾以繢次○繢户内反○案冬官畫繢之事云青與白相次赤與黑相次玄與黃相次鄭云此

言畫繢六色所象及布采之第次繢以爲衣又云青與赤謂之文赤與白謂之章白與黑謂之黼黑與青謂之黻鄭云此言刺繡采所用繡以爲裳此是對方爲繢次比方爲繡次按鄭注屨人云複下曰舄禪下曰屨又注云凡舄之飾如繢之次凡屨之飾如繡次也者即上黑屨以青爲絇繶純白屨以黑爲絇繶純則白與黑黑與青爲繡次之事也今文爵弁纁屨纁南方之色赤不以西方白爲絇繶純而以北方黑爲絇繶純者取對方繢次爲飾舉爲者尊爵弁是祭服故飾與爲同也

冬皮屨可也

疏曰冬時寒許用皮故曰可也春宜

從夏秋宜從冬舉冬夏者以寒暑極時爲言也

不屨繐屨

繐音歲○繐屨喪屨也繐不灰治曰繐○疏曰喪服有繐衰四升有半即繐屨亦是喪屨又斬衰冠六升傳曰鍛而勿灰則繐衰四升半不灰可知言此者見大功亦可以冠子恐人遂以冠子故於屨末因禁之也三屨不與服同陳者屨在下不宜與服同列也○今按此三屨以下本在辭後記前今移附此然經既不言屨所陳處注疏亦無明文疑亦在房中故既加冠而適房改服即得并易屨而出也但不知的在何處疑服既北上則或各在其裳之南也

右陳器服

主人玄端爵韠立于阼階下直東序西面

阼才故反○玄端士入廟之服也阼猶酢也東階所以荅酢賓客也堂東西牆謂之序○酢才各反○疏曰特牲士禮祭服用玄端此亦士之加冠在廟故與祭同服直當也謂當堂上東序牆也

兄弟畢袗玄立于洗東西面北上

袗之忍反又之慎反又音真○兄弟主人親戚也畢猶盡也袗同也玄者玄衣玄裳也緇帶韠位在洗東退於主人不爵韠者

降於主人也古文袗爲均也○疏曰玄
衣玄裳而緇帶韠是同玄也主人當東
序洗當東榮兄弟又在洗東是退於主
人也○今按袗古文作均而鄭注訓同
漢書字亦作袀則是當從均袀爲是矣
但疏乃云當讀如左傳均服振振一也
則未知其以袗字爲均耶抑以袗音爲
振也集韻又釋袀爲戎衣偏裻今亦未
詳其義姑記此以俟知者　**擯者玄端負東塾**　東塾門內東堂
負之北面○疏曰擯者是中士若下士
當服黃裳雜裳故別言玄端不言如主
人服也○今按二者玄端一也主人玄
裳爵韠兄弟玄裳緇韠擯者黃裳或雜
裳而同用爵韠也　**將冠者采衣紒在房中南面**
紒音界○采衣未冠者所服玉藻曰童
子緇布衣錦緣錦紳并紐錦束髮皆朱
錦也紒結髮古文紒爲結○緣以繒反
紐女九反○疏曰紳大帶之垂者并其
紐皆以錦飾之束髮總也童子尚華故
衣此○今按漢書髻亦作結又以上下
章考之則房戶宜當南壁東西之中而
將冠者宜在所陳器服之東當戶而立
也

右即位

賓如主人服贊者玄端從之立于外門之外　外門大門外○疏曰賓與主人尊卑同故得同服　**擯者告**　告者出請入告　**主人迎出門左西面再拜賓荅拜**　左東也出以東爲左入以東爲右　**主人揖贊者與賓揖先入**　贊者賤揖之而已又與賓揖先入道之贊者隨賓○道音導　**每曲揖**　周左宗廟入外門將東曲揖直廟將北曲又揖○疏曰周左宗廟者祭義與小宗伯俱有此文對殷右宗廟也入大門而東則主人在南賓在北俱東向爲一曲至廟門則主人在東賓在西俱北向爲一曲爲當將曲之時賓主皆相見故皆一揖　**至于廟門揖入三揖至于階三讓**　通下將入廟門揖爲三也　入門將右曲揖將北曲揖當碑揖○碑彼宜反○疏曰碑是庭中之大節故宜揖　**主人升立于序端西面賓西序東面**　主人賓俱升立相鄉○鄉許亮反又作嚮○疏曰不拜至者冠子非爲賓客故異於鄉飲酒之等也　**贊者盥于洗西升立于房中西面南上**　盥於洗西由賓

階升也立于房中近其事也南上尊於主人之贊者古文盥皆作浣○近附近之近浣户管反○疏曰盥於洗西者被飲酒主人盥於洗北南面賓盥於洗南北面各由其從來之便也贊亦從外來但取不可與賓並故在洗西東面又向賓階爲便注又以其與主贊並立于房中恐由阼階故明其同於賓客也知與主贊並立者以言南上則非一人又與主贊俱是執勞役之事者也近其事者以其物皆在房中故不立於堂上而先入房並立以近其事也又主人事者賓之贊者故位在南面而居上也○今詳贊者西面則負東墉而在將冠者之

東矣

右迎賓

主人之贊者筵于東序少北西面主人之贊者其屬中士若下士筵布席也東序主人位也適子冠於阼少也辟主人○適丁曆反辟音避

將冠者出房南面南面立于房外之西待賓命○疏曰知在房外之西者以房外之東南當阼階故也○今按此疏則阼階猶近東序之西正當房之之東壁矣

贊者奠纚笄櫛于筵

南端贊者賓之贊冠者也奠停也古文櫛爲節○疏曰前陳六物同篋今賓于箪今箭用之設取置席南不言及箴箪者皆事可知也又凡言主人之贊者即加主人字今此不言故知是賓之贊者也

賓揖將冠者

將冠者即筵坐贊者坐櫛設纚即就設施也

曰此二事皆勞役之事故贊者爲之也

賓降主人降賓辭

主人對主人降爲賓將盥不敢安位也辭對之辭未聞○爲于僞反

賓盥卒壹揖壹讓升主人升復初位揖讓皆壹者降於初古文壹皆作一○疏曰初位東序端也

賓筵前坐

正纚興降西階一等執冠者升一等東面授賓正纚者將加冠宜親之興起也降下也下一等升一等則中等相授冠緇布冠也○疏曰按匠人天子之堂九尺賈馬以爲傍九等爲階諸侯堂宜七尺則七等階大夫堂宜五尺則五等階士宜三尺則三等皆故鄭以中等辭之也

賓右手執項左手執前進容乃祝

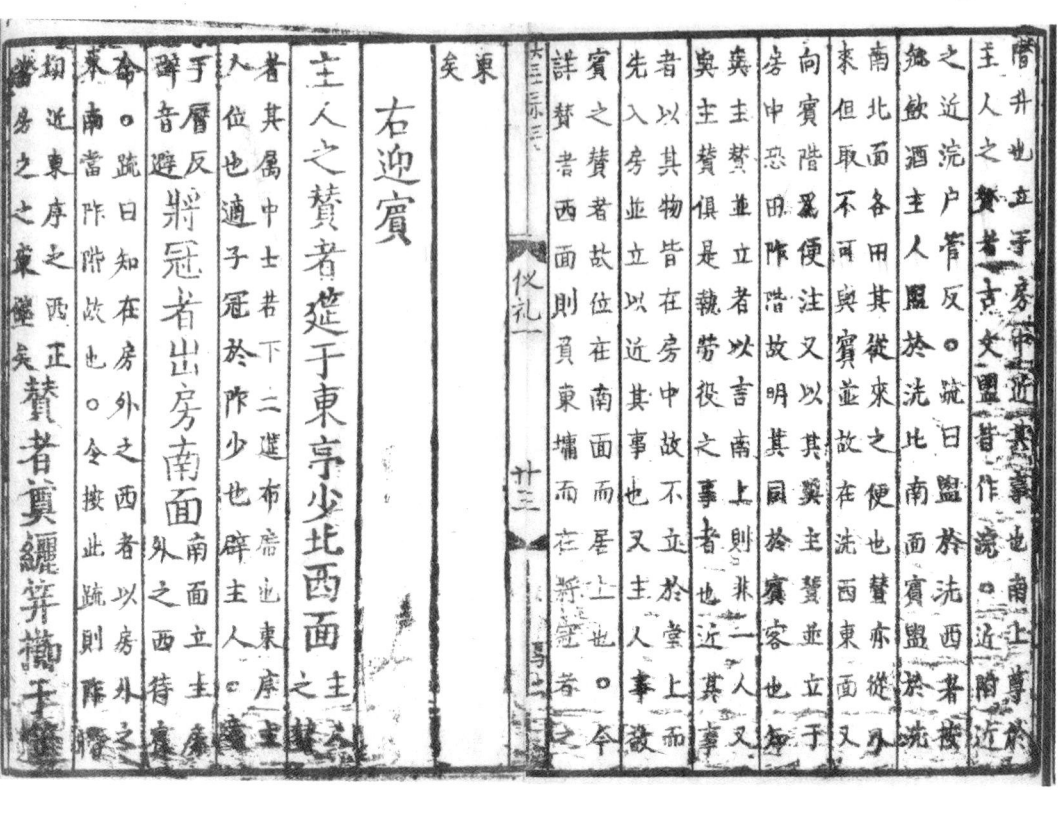

坐如初乃冠興復位贊者卒祝之又反○進容者

0008_0060-2

若翔而前鶬焉至則立祝坐如初坐𧨏前與起鶬復位西序東面卒謂設缺項
結纓也○纓七良反○疏曰左手執項謂冠後耳非項項也翔謂行而張拱也
纚爽踳同麥貌舒揚也冠者興賓揖之適房服玄
端爵韠出房南面復出房南面者一加禮成觀衆以容體○
復扶又反○疏曰以其去童子之服著成人之服使衆觀知也○今按觀示也
宜古喚反
右始加○辭始加祝曰令月吉日始

儀禮一　廿五

0008_0061-1

加元服今按諸辭皆當以古音讀之其韻乃叶服蒲北反○令吉
皆善也元首也棄爾幼志順爾成德今按順古與慎
通用壽考惟祺介爾景福祺音其福叶筆力反○爾
女也既冠爲成德祺祥也介景皆大也因冠而戒且勸之女如是則有壽
考之祥大女之大福也○女音汝下同
賓揖之即筵坐櫛設笄賓盥正纚如初
降二等受皮弁右執項左執前進祝加

0008_0061-2

之如初復位贊者卒紘如初爲不見者言也卒紘謂繫
屬之○見賢遍反屬音燭○疏曰冠者坐說當脫纚布冠乃更櫛也笄有二種
一是紒內安髮之笄一是皮弁爵弁之笄此未加冠而設笄明是安髮笄也纚
布冠亦宜有之而言設纚而不言設笄恐與上文兩弁之笄相亂又此章但言
設笄而不言設纚則亦可互見矣其皮弁固冠之笄則賓加弁時自設之可知
云不見者謂上章所有而此章不言者興賓揖之適房服
素積素韠容出房南面容者再加彌成其儀益繁

儀禮一　廿六

0008_0062-1

右再加○辭再加曰吉月令辰乃申
爾服服叶蒲北反○辰子丑也申重也敬爾威儀淑
慎爾德眉壽萬年永受胡福福叶筆勒反○
胡猶遐也遠也遠無窮古文眉作麋
賓降三等受爵弁加之服纁裳韎韐其
他如加皮弁之儀降三等下至地他謂卒紘容出徹皮
弁冠櫛筵入于房徹者贊冠者主人之贊者爲之○疏曰屈

0008_0062-2

緇布冠也爵弁則服之以受醴身加一等宜

弟姑姊故不徹也賓贊既徹櫛主贊宜

徹筵以其先設還徹之也

加三加○辭三加曰以歲之正以月之令咸加爾服服喫蒲北反○正猶善也咸皆也皆加女之三服謂緇布冠皮弁爵弁也兄弟具在以成厥德黃耇無疆受天之慶耇音苟慶叶音羌○黃其曆髮也耇凍梨也皆壽徵也疆竟○竟音敬又音景○疏曰黃黃髮白而後黃

0008_0063-1

也凍梨回如凍梨之色也

筵于戶西南面筵主人之贊者戶西室戶西○贊者洗于房中側酌醴加柶覆之面葉洗盥而洗爵者

昏禮曰房中之洗在北堂直室東隅篚在洗東北面盥側酌者言無爲之薦者面前也葉柶大端贊酌者賓尊不入房古文葉爲擖○疏曰凡洗爵者先盥此經不具故注明之又引昏禮者證房中有洗以洗爵也無爲之薦者言還是此贊者自薦脯醢無他人也面葉者贊者面葉授賓賓得西枋授冠者冠者得之

0008_0063-2

面葉授醴面枋受也

賓揖冠者就筵筵西南面賓枋授命反受醴于戶東加柶面枋筵前北面戶東室戶東今文枋爲柄○疏曰此冠者在室戶西賓自至房戶取醴贊者酌醴出向西授賓也冠者筵西拜受觶賓東面荅拜筵西拜南面拜也賓還荅拜於西序之位東面者明成人與爲禮異於荅主人○疏曰異於荅主人者按鄉飲酒賓於西階上北面荅主人拜薦脯醢贊冠者也冠者即筵坐左執觶右祭脯醢以

0008_0064-1

柶祭醴三興筵末坐啐醴捷柶興降筵坐奠觶拜執觶興賓荅拜啐七內反捷初洽反又作插又作扱○捷柶扱柶於醴中其拜皆如初古文啐爲呼○疏曰祭醴三者始昏禮始扱一祭又扱再祭也此啐醴不拜既爵者以其不卒爵故也

右醴冠者今按醴依下章注當作禮謂以醴禮之也

○醴辭曰甘醴惟厚嘉薦令芳嘉善也善薦謂脯醢芳香也拜受祭之以定爾祥承天之休

壽考不忘 休美也不忘長有令名

冠者奠觶于薦東降筵北面坐取脯降

自西階適東壁北面見于母 見賢遍反下及注入見如見見于君贄見與見姑見母同○薦東薦左凡奠爵將舉者於右不舉者於左適東壁者出闈門也時母在闈門之外婦人入廟由闈門○闈音韋宮中小門也○疏曰薦左據南面爲正也將舉者謂若鄉飲酒鄉射是也不舉者此章及昬禮醴婦是也闈門見雜記彼注云宮中之門曰闈門爲相通者是也

儀禮一　二九

母拜受子拜送母又拜 婦人於丈夫雖其子猶俠拜○俠古洽反

右冠者見母

賓降直西序東面主人降復初位 初位初至階讓升之位

冠者立于西階東南面賓字之

冠者對 對應也其辭未聞○應應對之應○疏曰冠義云冠而字之成人之道也見於母母拜之似字訖乃見母其實未字先見母既字乃見兄弟急於母緩於兄弟也記人以下有兄弟之等皆拜之故退見母於下使文略也○

右字冠者○字辭曰禮儀既備令月

吉日 備叶筆力反 昭告爾字爰字孔嘉 叶字音滋嘉叶居之反○昭明也爰於也孔甚也

髦士攸宜宜之于假 假古雅反叶音古○髦俊也攸所也于猶爲也假大也宜之是爲大矣○今按假恐與嘏同福也注說非是

永受保之

曰伯某甫仲叔季唯其所當 伯仲叔季長幼之稱甫是丈夫之美稱孔子爲尼甫周大夫有嘉甫宋大夫有孔甫是其

儀禮一　三十

類甫字或作父○長丁丈反父音甫○疏曰某甫者若云尼甫嘉甫也伯仲叔季若兄弟四人則依次稱之夏殷質則積仲周文則積叔若管叔蔡叔是也殷質二十造字之時便兼伯仲叔季稱之周文造字時未呼伯仲至五十乃加而呼之故檀弓云幼名冠字五十以伯仲周道也若孔子始冠但字尼甫至年五十乃稱仲尼是也○今按檀弓孔疏云人年二十冠而加字如曰伯某甫者年至五十耆艾轉尊則又舍其某字而直以伯仲別之與此賈疏不同疑孔說是

賓出主人送于廟門外不出外門將醴之請醴

賓禮辭許賓就次此醴當作禮禮賓者謝其自勤勞也次門外更衣處也以帷幕簟席爲之○疏曰此當爲上於下之禮不得以用醴之故便名曰醴如周禮天子禮諸侯用鬯亦不名爲鬯賓故鄭破醴爲禮也次者舍之者云更衣處者以行禮衣服或與常服不同故須入次更易也聘禮云以帷周禮注云帷以有爲之此士卑故或用簟席也○今按醴冠者章言醴者皆指其物而言故注不改字此醴與醴冠者之醴同義故改之

下章醴賓亦此義故不重出

右賓出就次

冠者見於兄弟兄弟再拜冠者荅拜見贊者西面拜亦如之見贊者西面拜則見兄弟東面拜贊者後賓出○後戶豆反○疏曰兄弟位在東方贊者則賓之類故東面也亦如之者言贊者先拜而冠者荅之也贊者後出亦當就次待禮也入見姑姊如見母入入寢門也廟在寢門外如見母者亦北面姑與姊亦俠拜

拜也不見妹妹卑

右冠者見兄弟姑姊疏曰不見父與賓者蓋冠畢則已見可知故不言

乃易服服玄冠玄端爵韠奠摯見于君遂以摯見於鄉大夫鄉先生摯亦作贄音至○易服不朝服者非朝事也摯雉也鄉先生鄉中老人爲鄉大夫致仕者○疏曰謂爵弁是助祭之服不可服見君與先生等故易服也玄端則兼玄冠矣今更言者以初冠時服玄端爲加緇布冠之服緇布冠冠而弊之故易玄冠以配玄端也鄉先生即鄉飲所謂先生書傳所謂父師也亦有士之少師鄭以經但言鄉大夫故略不言也

右奠摯於君及鄉大夫鄉先生

乃醴賓以壹獻之禮壹獻者主人獻賓而已即燕無亞獻者獻酢酬賓主人各兩爵而禮成特牲少牢饋食之禮獻尸此其類也士禮一獻卿大夫三獻禮賓不用柶者泲其醴內則曰飲重醴清糟稻醴清糟黍醴清

0008_0068-2

糟梁醴清糟凡醴事質者用糟文者用清○少詐照反泲子禮反糟子曹反○疏曰此醴亦當爲禮文不具也特牲少牢主人獻尸主婦亞獻爲二獻此則主人獻賓而已故無亞獻鄉飲酒未有燕故知獻後有燕主人獻賓賓酢主人主人將酬賓先自飲訖乃酬賓賓奠而不舉是賓主人各兩爵而禮成也昏禮舅姑饗婦以一獻之禮婦酢舅而奠酬是備有酬酢也特牲少牢各一爵而有亞獻此賓主各兩爵而無亞獻雖少不同義類同也士禮一獻者左傳季孫宿云得貺不過三獻又郊特牲云三獻之介亦謂卿大夫也大行人云上公九獻侯

儀禮一　三三

0008_0069-1

伯七獻子男五獻是以大夫三獻士一獻此其差也醴賓不用柶者泲其醴者醴子則不泲故用柶也飲目諸飲也重僋也糟醇也清泲也致飲有此二種皆重設之稻醴以下是也質者用糟謂若醴子之類是也○今按注不言改字說見上非丕具也

主人酬賓束帛儷皮儷音麗○飲賓客而從之以財貨曰酬所以申暢厚意也束帛十端也儷皮兩鹿皮也古文儷爲離○飲於鴆反○疏曰凡酬幣之法尊卑獻數多少不同及其酬幣雖於蒸酬之節一行而已春秋秦后子出奔晉享晉侯歸取酬幣終事八反杜注云備九獻

0008_0069-2

之儀始禮自齎其一故續送其八酬幣後充獻之間皆有幣春秋之代奢侈之法非正禮也

贊者皆與贊冠者爲介與音預○贊者衆賓也皆與亦飲酒爲衆賓介賓之輔以贊爲之尊之飲酒之禮賢者爲賓其次爲介○今詳贊者謂主人之贊者也恐字誤作衆賓耳

賓出主人送于外門外再拜歸賓俎一獻之禮有薦有俎其牲未聞使人歸諸賓家也

右醴賓今按此章以上正禮已具以下皆禮之變

大三十三　小三千二十

仪礼一　三四　馬岑

0008_0070-1

若不醴則醮用酒醮子召反○若不醴謂國有舊俗可行聖人用焉不改者也曲禮曰君子行禮不求變俗祭祀之禮居喪之服哭泣之位皆如其國之故謹脩其法而審行之是也酌而無酬酢曰醮醴亦當爲禮○疏曰上文適子冠於阼三加訖一醴於客位者周法也此不醴而醮用酒者夏殷法也酌無酬酢曰醮雖據此文而言醴亦無酬酢而不名醮者醴是太古之物質宜無酬酢酒則宜有酬酢故以其異酬酢而名醮取醮盡之義也○今按不醴而醮乃當時國俗不同有如此者如齊衰之幕有緣布衵有離合皆周禮自

不同未必夏殷法也記注所云若以杞
宋二代之後及它遠國未能純用周禮
者言之則或可通然亦未有明文可考
也此注又言政字者上下文異故須别
[illegible]也尊于房戸之間兩甒有禁玄酒在西
加勺南枋房戸間者房西室戸東也禁承尊之器也名之爲禁者因
爲酒戒也玄酒新水也雖今不用猶設之不忘古也○疏曰上文醴不言禁者
醴非飲醉之物故不設禁也此用酒酒是可飲之物恐醉因而禁之故云爲酒
酒戒上古無酒今雖有酒猶設之是不忘古也洗有篚在西南

順洗庭洗當東榮南北以堂深篚亦以盛勺觶陳於洗西南順北爲上也○
盛音成○疏曰用醴之時醴尊在房故洗亦在房今醮用酒與常飲酒同故洗
亦當在庭北爲上者席[illegible][illegible]之先後爲首尾此篚亦云上者應亦有[illegible][illegible]爲上
下也始加醮用脯醢賓降取爵于篚辭降
如初卒洗升酌始加者言一加一醮也加冠於東序醮之於戸
西同耳始醮亦薦脯醢賓降者爵在庭酒在堂將自酌也辭降如初如將冠時
降盥辭主人降也凡薦出自東房○疏曰將自酌者以前用醴時贊者酌以授

賓賓不親酌此則賓親酌酒洗爵故有升降也○今按始加二字乃疊見前始
加緇布冠一章之禮醮用脯醢乃題下事其賓賓荅拜後乃薦之也賓升酌時
冠者猶在出房南面之位冠者拜受賓荅拜如初贊者
筵於戸西賓升揖冠者就筵乃酌冠者南面拜受賓授爵東面荅拜如醴禮也
於賓荅拜贊者則亦薦之冠者升筵坐左執爵右祭
脯醢祭酒興筵末坐啐酒降筵拜賓荅
拜冠者奠爵于薦東立于筵西冠者立俟賓命

有揖之則就東序之筵○疏曰此與用醴行事一同但立於席西爲異耳俟賓
命者爲更加皮弁也○今按此正醮禮也下兩醮及後章三醮凡言如初者皆
謂如此禮也徹薦爵筵尊不徹徹薦與爵者辟後加也不
徹筵尊三加可相因由便也○便婢面反○疏曰下文云加皮弁如初儀再醮
攝酒其他皆如初是除酒相因外薦爵皆更設而後加卒設於席前故云辟後
加也加皮弁如初儀再醮攝酒其他皆如
初攝猶整也整酒謂撓之今文攝爲聶○撓奴高反聶女輒反○疏曰撓謂

故攬添益整頓示新也一醮徹脯醢爲
辭再醮之脯醢至再醮不言徹脯醢者
以三醮上唯加俎不加籩豆故不徹薦
直徹爵而已祝辭三醮不言嘉薦直言
籩豆是明文也○今按此如初儀者如
前再如一章之儀也下條放此再醮攝
酒其他皆如初言唯攝酒異
於始醮其他皆如之也
加爵弁如初儀三醮有乾肉折俎嚌之其他如初
折之設反嚌才計反○乾肉牲體之脯
也折其體以爲俎嚌嘗之○疏曰嚌謂
至齒嘗之按不若殺再醮不言攝此經
再醮言攝三醮不言攝則再醮之後皆

有攝互文以見義也又周禮腊人鄭注
云大物解肆乾之謂之乾肉若今梁州
烏翅矣薄析曰脯捶之而施薑桂曰腶
脩若然乾肉與脯脩別言之今梁州烏
翅者或爲豚解而七體以乾之謂之乾
肉及用之將升于俎則節折爲二十一
體故惣名乾肉折俎也○陳祥道曰肱
骨三肩臂臑也股骨三肫胳觳也脊骨
三正脊脡脊横脊也脅骨三代脅長脅
短脅也正脅之前則膉也肫之上則髀
也然則左右肱之肩臂臑與左右股之
肫胳觳而爲十有二脊骨三與左右脅
骨六而爲九二觳正祭不薦於神尸主
人之俎兩髀不升於主人主婦之俎膉

不升於吉祭之俎則祭之所用者去
髀膉而二十有一去二觳而爲十九
矣國語曰禘郊之事則有全脀王公
立飫有房脀親戚燕飲有殽脀則全
脀豚解也房脀體解也殽脀骨折也
士喪禮特豚四鬄去蹄兩胉脊既夕
鼎實羊左胖亦如之然則四鬄者殊
左右肩髀而爲四又兩胉一脊而爲
七此所謂豚解也若夫正祭則天子
諸侯有豚解體解禮運曰腥其俎熟
其殽體其犬豕牛羊腥其俎謂豚解
而腥之爲七體熟其殽謂解之爛之
爲二十一體是也大夫士有體解無
豚解以其無朝踐獻腥之禮故也○

今按豚解之義陳說得之二十一體
則折脊爲三曰正脊曰脡脊曰横脊
兩胉各三曰代脅曰長脅曰短脅凡
六兩肱各三曰肩曰臂曰臑凡六兩
股各三曰髀曰肫曰胳凡六通爲二
十一體凡牲與腊方解割時皆是如
此但牲則兩髀以賤而不升於正俎
耳故少牢禮具列自髀以下凡二十
一體但髀不升耳而鄭氏注云凡牲
體之數備於此初不及他體也況此
言腊則又不殊賤也而周禮内饔及
此經昏禮兩疏皆言二十一體乃不
數兩髀而不計其數之不足蓋其疏
略至少牢疏及陳祥道乃去髀而以兩

𪏭是之蓋見此經後篇猶有啞及兩穀可以充數然欲盡取之則又衍其一故獨取兩穀而謂脰非正體若果如此則穀亦非正體又何爲而取之耶此其爲説雖巧而近於穿鑿不可承用○又按初儀見上三醮唯㳺酒及有乾肉折俎齊之爲異其它皆如始醮也

北面取脯見于母

右醮。醮辭曰旨酒既清嘉薦亶時亶丁但反時一作旹○亶誠也古文亶爲瘅○瘅丁但反始加元服兄弟具來孝友時格永乃保之來叶力之反○善父母爲孝善兄弟爲友時是也格至也永長也保安也行此乃能保之今文格爲嘏凡醮者不祝○嘏古雅反○疏曰凡醮謂庶子冠者

再醮曰旨酒既湑嘉薦伊脯湑思呂反○湑清也伊惟也乃申爾服禮儀有序祭此嘉爵承天之祜祜音户與序並上聲○祜福也三醮曰旨酒令芳籩豆有楚旨美也楚陳列之貌咸加爾服肴升折俎肴升折俎亦謂豚承天之

慶受福無疆慶叶音羌

若殺則特豚載合升離肺實于鼎設扃鼏殺如字肺芳味反扃古螢反鼏亡歷反鼎扛也鼏鼎覆也○特豚一豚也凡牲皆用左胖煑於鑊曰亨在鼎曰升在俎曰載載合升者明亨與載皆合左右胖離割也割肺者使可祭也可嚌也今文扃爲鉉古文鼏爲密○胖普半反鑊户郭反亨普庚反鉉玄犬反○疏曰此論亨豚殺牲醮子之事也若者不定之辭也升載之法載在後升在前今先言載後言升又合字在載升之間考通言

之欲見在俎在鑊俱是合也鼏者以茅覆鼎長則束其本短則編其中扃牛鼎大扃長三尺豚鼎小扃長二尺皆依漢禮而知今此豚鼎當用小扃也周禮少牢特牲鄉飲鄉射皆用右胖唯虞禮喪祭反吉故用左此云用左胖或據夏殷之法也特牲云亨于門外注云亨以鑊是鑊爲亨也昏禮合升側載特牲卒載加匕少牢升羊實于一鼎是在鼎曰升在俎曰載也然在俎亦謂之升如云升羊載右胖是也○陳氏曰豚則吉凶皆合升用成牲則升其胖而去髀吉升右而凶升左脊脅六而肱股五爲十一體也○疏又曰凡肺有二種一者舉肺一者

祭肺就舉肺之中復有三稱一名舉肺爲食而䠞二名離肺少儀云三牲之肺離而不提心也三名嚌肺以齒嚌之此三者皆據生人爲食而有也就祭肺之中亦復有三稱一者謂之祭肺爲祭先而有之二者謂之忖肺切之使斷三者謂之切肺名雖與忖肺異實則同也三者皆爲祭而有○今按忖亦作刌疑即切字寫誤爲二耳

始醮如初 亦薦脯醢徹薦爵筵尊不徹矣○初謂前章之始醮也

再醮兩豆葵菹蠃醢兩籩栗脯 蠃力禾反○蠃醢蜱蝓醢今文蠃爲蝸○蜱音移蝓音俞一音由蝸力禾

反又古華反○䟽曰此增數者爲有殺牲故盛其饌也按鄭注周禮醢人云細切爲齏全物若牒爲菹作醢及臡者先膊乾其肉乃後莝之雜以粱麴及鹽漬以美酒塗置甀中百日則成矣是作醢及菹之法也○今按再醮唯攝酒加籩豆爲異不言如初者可知也

三醮攝酒如再醮加俎嚌之皆如初嚌肺 攝酒如再醮則再醮亦攝之矣加俎嚌之嚌當爲祭字之誤也祭俎如初如祭脯醢○䟽曰祭先之法祭乃嚌之又不宜有二嚌故注破加俎之嚌爲祭也○今按初醮無俎上章之離也上章及此三醮兩節但皆攝酒嚌俎受異而其他皆如初則祭已在其中矣故注於上章三醮初不改字於此蓋誤改之䟽又妄爲之說皆非也但上章之俎無肺而此有肺故又特言所嚌者肺而不嫌於複出則此嚌字當從本文爲是陸氏亦云嚌讀如字嚌肺釋上嚌之爲嚌肺也凡言之法多此類

卒醮取籩脯以降如初

右殺

若孤子則父兄戒宿 父兄諸父諸兄○䟽曰諸父諸兄非

己之親父兄也

冠之日主人紒而迎賓拜揖讓立于序端皆如冠主禮於阼 冠主冠者親父若宗兄也古文紒爲結今文禮作醴

乃拜北面于阼階上賓亦北面于西階上荅拜若殺則舉鼎陳于門外直東塾北面 孤子得申禮盛之父在有鼎不陳於門外○䟽曰凡陳鼎在外者賓客之禮也在內者家私之禮也是在外者爲盛也

右孤子冠疏曰周公作文於此乃見之者欲見周與夏殷孤子冠禮皆同其與上異者乃記之耳

若庶子則冠于房外南面遂醮焉房外謂尊東也不於阼階非代也不醮於客位成而不尊。疏曰適子周冠一醴夏殷三醮庶子無文周當一醮夏殷當三醮又庶子醮不見祝辭即前注云凡醮者不祝也。今詳疏說恐非蓋一醮以酒者正也其用醴與三醮爲適而加耳庶子則皆一醮以酒足矣

右庶子冠

冠者母不在則使人受脯于西階下疏曰按內則云舅沒則姑老若死當云沒不得云不在且母死則不得使人受脯今言不在者或歸寧或疾病也使人受脯爲母生在於後見之也。今詳經云不在恐兼存沒而言若被出而嫁亦是也蓋主人若非宗子則固有無主婦者此云使人未必母使之也又昏禮使者授人脯之後又執以反命則此使人受脯之後亦必更有禮節但文不具不可考耳

右母不在

女子十有五年許嫁笄而字雖未許嫁年二十而笄禮之婦人執其禮雖未許嫁年二十亦爲成人矣禮之酌以成人言婦人執其禮明非許嫁之笄。疏曰賀瑒云十五許嫁而笄則主婦及女賓爲笄禮主婦爲之著笄而女賓以醴禮之也未許嫁而笄則婦人禮之無女賓不備儀也。今按賀說得之然有未盡許嫁笄則主婦當戒外姻爲女賓使之著笄而遂禮之未許嫁而笄則不戒女賓而自以家之諸婦行笄禮也

燕則鬈首鬈音權。既笄之後去之猶若女有鬌紒也。鬌丁果反。疏曰既未許嫁雖已笄猶以少者處之故既笄之後尋常在家燕居則復去笄而分髮爲鬌紒也

右女子笄雜記補。此篇之末本有記一章今考之皆見於家語邾隱公篇而彼詳此略故今於此刪去而取彼文修潤以附冠義記諡見昏禮篇

0008_0080-2

冠義第二　家禮一之下

傳曰禮之所尊尊其義也言禮所以尊尊其有義也失其義陳其數祝史之事也故其數可陳也其義難知也知其義而敬守之天子之所以治天下也言政之要盡於禮之義○今按此蓋秦火之前典籍具備之時之語固爲至論然非得其數則其義亦不可得而知矣況今亡逸之餘數之存者不能什一則尤不

六百四十九　儀礼卷一　四十五　刻手

0008_0081-1

可以爲祝史之事而忽之也

凡人之所以爲人者禮義也禮義之始在於正容體齊顏色順辭令言人爲禮以此三者爲始容體正顏色齊辭令順而后禮義備以正君臣親父子和長幼言三始既備乃可求以二行也君臣正父子親長幼和而后禮義立立禮成也故冠而后服備服備而后容體正

0008_0081-2

顏色齊辭令順言服未備者未可求以三始也童子之服采衣紒故曰冠者禮之始也是故古者聖王重冠古者冠禮筮日筮賓所以敬冠事敬冠事所以重禮重禮所以爲國本也國以禮爲本故適子冠於阼以著代也醮於客位加有成也三加彌尊喻其志也冠而字之敬其名也著張慮反○阼謂東序少北近主位也適

六百五十　儀礼卷一　四十六　刻手

0008_0082-1

子冠於阼若不醴則醮用酒於客位敬而成之也户西爲客位庶子冠於房户外又因醮焉不代父也冠者初加緇布冠次加皮弁次加爵弁每加益尊則志益大也敬其名者重以未成人之時呼之也○今按此本無適子字加有成也在彌尊字下冠而上有已字敬其名作成人之道蓋傳誦之訛也家語以爲孔子之言亦有誤字今以後記郊特牲文更定後因不復重出見於母母拜之見於兄弟兄弟拜之成人而與爲禮也玄冠玄端奠摯於君遂以摯見

0008_0083-1　0008_0082-2

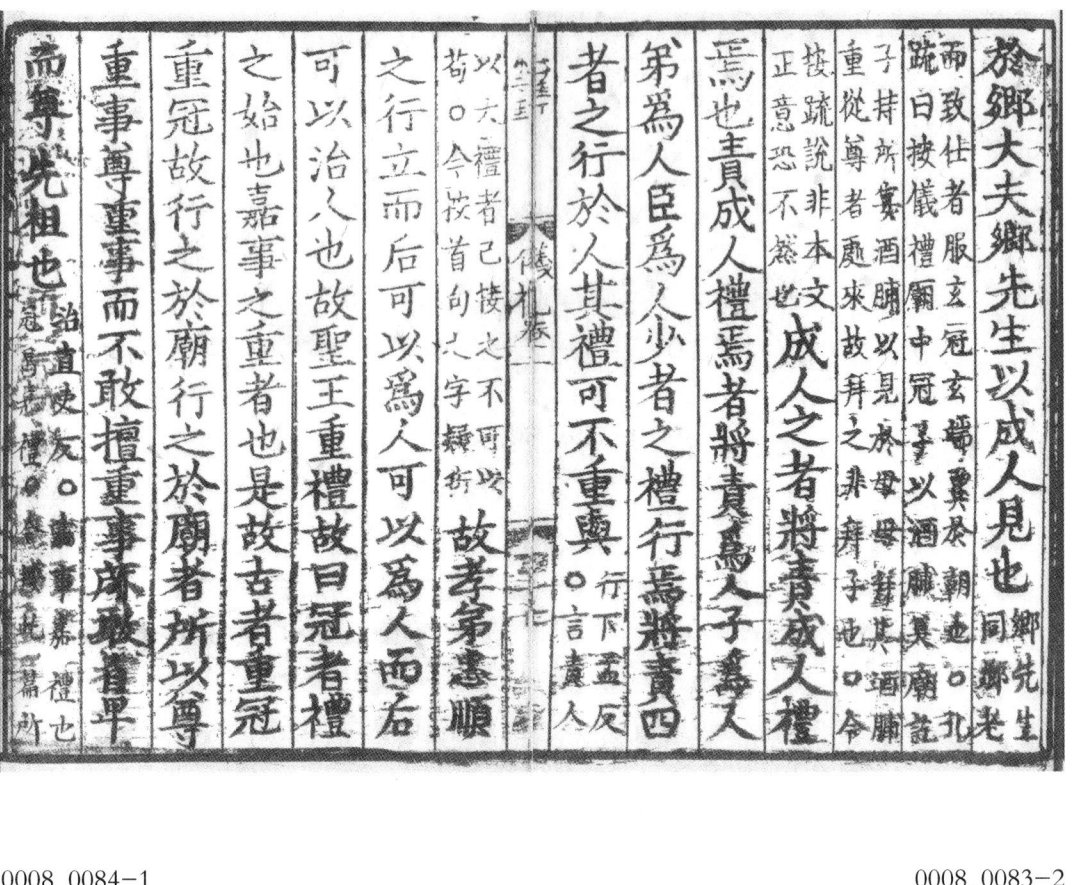

於鄉大夫鄉先生以成人見也鄉先生同鄉老而致仕者服玄冠玄端奠摯於朝遂○孔疏曰按儀禮醮中冠子以酒醮其廟記子拜所實酒醮以見於母母拜其酒醮重從尊者處來故拜之非拜子也○今按疏說非本文正意恐不然也成人之者將責成人禮焉也責成人禮焉者將責爲人子爲人弟爲人臣爲人少者之禮行焉將責四者之行於人其禮可不重與○行下孟反言責人以大禮者己接之不可以苟○今按首句之字疑衍故孝弟忠順之行立而后可以爲人可以爲人而后可以治人也故聖王重禮故曰冠者禮之始也嘉事之重者也是故古者重冠重冠故行之於廟行之於廟者所以尊重事尊重事而不敢擅重事所以自卑而尊先祖也治直吏反○冠爲嘉禮[illegible]

0008_0084-1　0008_0083-2

[illegible]禮大夫冠禮見於前[illegible]一段已具今復出後篇於此○邾隱公既即位將冠使大夫因孟懿子問禮於孔子子曰其禮如世之冠○今按此下本有冠於阼以下四句與上章同而有誤字又與上下文無所屬疑記者妄附益之今刪去雖天子之元子猶士也其禮無變天下無生而貴者故也[illegible]○今按此明世子之冠猶士禮也然疑句上有懿子問世子之冠如何一節經子曰字今亡句下有無大夫冠禮而有[illegible]今錯在後記及郊特牲篇中然亦有[illegible]文此下舊有行冠事必於祖廟以祼享之禮將之以金石之樂節之[illegible]又有所以自卑而尊先祖示不敢擅[illegible]節已見上文皆與此上下文不相屬亦記者妄附必損益之然後下文意乃相屬懿子曰天子未冠即位長亦冠乎孔子曰古者王世子雖幼其即位則尊爲人君人君治成人之事者何冠之有懿子曰然則諸侯之冠

0008_0084-2

冀天子與王肅曰將天侯之冠如世冠禮而冠故問之

孔子曰君薨而世子主亦冠也已

人君無所殊也王曰諸人君與天異懿子曰

令郲君之冠非禮也王子言諸侯無郲君之冠

非世孔子曰諸侯之有冠禮也夏之末造

也鄭曰造作也自夏初諸侯雖父死子繼年未滿五十亦服士服行士禮五十乃命也至其衰末上下相亂篡弒所由生故作公侯冠禮以正君臣

儀禮卷一　四十九

0008_0085-1

也坊記曰君不與同姓同車與異姓同車不同服示民不嫌也以此坊民民猶得同姓以殺其君有自來矣今無譏焉王曰言有所譏來故今無所譏天子冠者武王崩成王年十有

三而嗣立周公居冢宰攝政以治天下

明年夏六月既葬王曰周書曰歲十有二月武王崩元年六月葬冠成王而朝于祖以見諸侯示有君

也周公命祝雍作頌曰達而勿多也本篇

0008_0085-2

作達而未幼今從大戴記○鄭曰辭多則史少則不達祝雍辭曰

使王近於民王曰常得民之心也遠於年王曰言壽長

嗇於時嗇愛也愛於時不以無事棄日也惠於財施舍不吝

也親賢而任能其頌曰令月吉日王始

加元服去王幼志心是袞職袞天子之盛服袞職

謂天子之職業也是字本闕今補或曰當作一心欽若昊天王曰欽敬若順六合是式王曰天地四方謂之六合言為之法式率

儀禮卷一　五十

0008_0086-1

爾祖考永永無極此周公之制也今按天子冠者至此一節懿子不問而夫子自言疑非本文懿子曰諸侯

之冠其所以為賓主何也孔子曰公冠

則以卿為賓公自為主迎賓揖升自阼

立于席北入堂深異於士今按大戴無北字其醴也則

如士饗之以三獻之禮鄭曰饗賓也士於賓以一獻之

禮○今按大戴禮無其醴也三字無介鄭曰於饗而贊冠者退為衆賓

者君禮於臣本無介無樂鄭曰亦饗時也冠者成人代父始宜盡孝子之感不可以歡樂取之孔子曰取婦之家三日不舉樂思嗣親也然則冠禮一舉樂可也春秋左氏傳曰以金石之樂節之謂冠時爲節也皆玄端鄭曰君臣同服旣醴降自阼諸侯非公而自爲主者其所以異皆降自西階今按大戴作其餘自爲主者其降也自西階以異其餘皆公同也但爲主而降西階未詳其義玄端與皮弁王曰玄端緇布冠之服皮弁白服其服也○今按大戴作公玄

儀禮卷一　五十一　蔡祥

端與皮弁皆韠異朝服素韠王曰朝服素韠示不忘古○今按大戴無異字疑或是皆字公冠四加玄冕祭王曰公冠四加玄冕祭服鄭注大戴禮曰四當爲三玄當爲衮字之誤孔疏曰諸侯尚四加則天子當五加衮冕也○今按本文但言玄端皮弁玄冕而不言爵弁則三加鄭說爲是而諸侯玄冕以祭則當從本文唯天子三加其衮冕與其酬幣于賓則束帛乘馬王曰已冠而饗既饗與賓幣謂之酬幣○今按大戴作朱錦采四馬其慶也鄭注云其慶賓也如是天子擬焉

太子與庶子其冠皆自爲主其禮與士無變饗食賓也皆同王曰擬諸侯禮○今按此一節見於大戴記者與此文小異今從其長者無介乃饗時事本篇在卿爲賓之下又無無樂皆玄端五字及注又天子以下至冠皆十二字本篇作三太子庶子之冠擬焉皆天子今悉從大戴蓋如此即略與上文天子之冠相應但亦非懿子所問爲可疑耳懿子曰始冠必加緇布之冠何也孔子曰示不忘古太古冠布齊則緇之

儀禮卷一　五十二　蔡祥

其緌也吾未之聞緌如誰反下同○唐虞以上曰太古重古始冠冠其齊冠雜記曰大白緇布之冠不緌大白即白布冠今喪冠也齊則緇之者鬼神尚幽闇也緌纓飾太古質蓋亦無飾非時人緌故云未聞之於古○上時掌反○疏曰皇氏云齊則緇之亦謂祭前若祭時自著祭服則有虞氏皇而祭是也太古吉凶同服三代改制齊冠有牟追之等則以白布爲喪冠當自憂爲以下也今則冠而弊之可也孔疏曰後世不復用之以爲齊冠但初加暫用冠罷則弊棄之也○賈疏曰冠而弊之據士而言若

0008_0088-2

庶人則猶著之故詩云彼都人士臺笠緇撮是庶人用緇布冠籠其髮以爲常服也懿子曰三王之冠其異何也孔子曰周弁殷冔夏收一也冔況甫反○弁名出於槃槃大也言所以自光大也冔名出於幠幠覆也言所以自覆飾也收言所以收斂髮也齊所服而祭也其制之異未聞○槃畔干反幠火吳反○疏曰此條蓋論第三所加之冠指爵弁而言也槃幠收斂之義無正文皆鄭以意解之○孔疏曰齊及祭時所服也若三命以下齊祭同冠四命以上齊祭則異三王共皮

六四十七 小三二三五 仪礼卷二 一五十三

0008_0089-1

弁素積質不變○疏曰此條論第二所加之冠自天子達於士以其質素故三王同之無所改易也委貌周道也章甫殷道也毋追夏后氏之道也冠或謂委貌爲玄冠委猶安也言所以安正容貌章明也殷質言以表明丈夫也甫或爲父今文爲斧毋發聲也追猶堆也夏后氏質以其形名之三冠皆所常服以行道也其制之異同未之聞○孔疏曰此一條論始加之冠三代常所服者皆用緇布但周爲委貌之形殷爲章甫之形夏爲毋追之形爲不同耳此云委貌而儀禮記稱玄冠故云或

0008_0089-2

也行道謂養老燕飲燕居之服○家語冠頌○今按此章與儀禮後記郊特牲公冠篇多同今從其長者○始冠緇布冠自諸侯下達冠而敝之可也疏曰從諸侯達諸士始冠皆用之玄冠朱組纓天子之冠也緇布冠繢緌諸侯之冠也繢戶內反注繪同○皆始冠之冠也玄冠委貌也諸侯緇布冠有緌尊者飾也繢或作繪緌或作蕤○疏曰諸侯緇布冠唯繢緌爲異其頍項青組纓等皆與士同○玉藻○無大夫冠禮而有

六五十八 小二二九六 仪礼卷二 一五十四

0008_0090-1

其昏禮古者五十而后爵何大夫冠禮之有據時有未冠而命爲大夫者周之初禮年未五十而有賢才者試以大夫之事猶服士服行士禮二十而冠急成人也五十乃爵重官人也大夫或時改取有昏禮是也○疏曰大夫始仕者二十已冠訖五十乃爵命爲大夫故大夫無冠禮然按喪服大夫爲兄弟之長殤降服小功鄭云謂爲士若不仕者明其或亦爲大夫則不爲殤而降也蓋小記云丈夫冠而不爲殤此兄殤若既有德行年未二十而得爲大夫則是大夫亦不以二十而始冠也若諸侯則禮

襄公年十二而冠事見左傳若天子則尚書啓金縢時成王年十五而云王與大夫盡弁則知天子亦十二而冠矣若天子之子則祭法有天子下祭殤五之文是年十九以下尚爲殤故知二十乃冠也○後說○今按此一節疑本亦鄭隱公章內語說已見上疏引喪服之文見大夫而有兄殤又其兄若爲大夫則不降服則知其與兄皆未二十矣是不必五十乃爲大夫也蓋其得爲大夫之時已治成人之事或已因喪而冠如家語所說人君之例故不待二十而冠也賈意當是如此而詞不別白故爲刪潤而發明之然此亦爲繼世爲大夫者

言耳非謂以賢才而選者也孔穎達云天子之子皆早冠以其有下祭殤五等謂若不早冠則無玄孫之殤也諸侯之子則二十而冠以其有適長殤之文也與賈說不同○繼世以立諸侯象賢也未知孰是

象法也爲子孫能法先祖之賢故使之繼世也以官爵人德之殺也殺猶衰也德大者爵以大官德小者爵以小官死而謚今也古者生無爵死無謚今謂周衰記之時也古謂殷士生不爲爵死不爲謚周制以士爲爵死猶不爲謚耳下大夫也今記之時士

死則謚之非也謚之由魯莊公始也○疏今按此於冠義無所當疑錯簡也然其義亦非是此蓋老子不尚賢貴因任之意言上古之時民各推其賢者舉以爲君沒則復奉其子以繼之其後遂以爲諸侯然其子之立也但象似其賢而已非故擇賢而立之也至於中古乃在上者擇人任官而爲之爵等此則德之衰殺不及上古之時矣又至於周而有謚法則生而有爵者死又加謚此則又其殺也上古民自立君故生無爵中古未有謚法故須有爵而無謚又以申言古今之變也○曾子問曰將冠子冠者至揖讓

而入聞齊衰大功之喪如之何齊音咨衰七雷反○冠者賓及贊者孔子曰內喪則廢外喪則冠而不醴徹饌而埽即位而哭如冠者未至則廢饌士變反埽悉報反○內喪同門也不醴不醴子也其廢者喪成服因喪而冠○疏曰內喪謂同門內之喪加冠在廟廟在大門之內吉凶不可同處故聞喪則廢外喪謂大門外之喪喪在它處可以加冠也但平常吉時三加之後設醴以禮冠者之身今既有喪故直三加而已醴及饌具未聞喪

0008_0093-1　0008_0092-2

之先既已陳設今皆徹去又埽除冠之舊位使清潔更新乃即位而奠如筵又贊者未至則廢而不冠也如將冠子而未及期日而有齊衰大功小功之喪則因喪服而冠廢吉禮而因喪冠俱成人之服及至也〇疏曰吉冠是吉時成人之服喪冠是喪時成人之服今既有凶廢吉禮而因喪冠故云俱成人之服也除喪不改冠乎疏曰曾子疑除喪之後更改易而行吉冠之禮孔子曰天子賜諸侯大夫冕弁服於太廟歸設奠服賜服於斯乎有冠醮無冠醴酒爲醮冠禮醴重而醮輕此服賜服酌用酒尊賜也不醴明不爲改冠改冠當醴之〇疏曰諸侯大夫幼弱未冠總角從事至當冠之年因朝天子天子賜之或弁或冕之服於太廟之中歸設奠祭於己宗廟但服所賜之服更不改冠但使人酌酒以飲已而無酬酢皆以榮君之賜更不用醴以禮受服者之身言因喪而冠不可除喪更改爲吉冠也又曰醴是古之酒故爲重醮用酒是後代之法故爲輕〇曾子問〇父沒而冠則已冠埽地而祭

儀禮卷二　五十七

0008_0094-1　0008_0093-2

於禰已祭而見伯父叔父而后饗冠者饗謂禮之〇曾子問〇以喪冠者雖三年之喪可也既冠於次入哭踊三者三乃出冠古亂反三者之三息暫反〇疏曰每哭一節而三踊如此者三凡爲九踊知非其冠月待變除卒哭而冠者二月綏多士女是冠用二月假令正月遭喪則二月不得因喪而冠必待變除受服之節乃可冠矣大功之末可以冠子可以嫁子父小功之末可以冠子可以嫁子可以取婦已雖小功既卒哭可以冠取妻下殤之小功則不可取七住反又如字〇此皆謂可用吉禮之時父大功卒哭而可以冠子嫁子小功卒哭而可以取婦已大功卒哭而可以冠子小功卒哭而可以取妻必偕祭乃行也下殤小功齊衰之親除喪而後可爲昏禮凡冠者其特當冠則因喪而冠之〇雜記

〇魯襄公九年十二月晉悼公以諸侯之師伐鄭而還公送晉侯晉侯以公宴

儀禮卷一　五十八

0008_0094-2

于河上問公年季武子對曰會于沙隨之歲寡君以生沙隨在成十六年晉侯曰十二年矣是謂一終一星終也歲星十二歲而一周天國君十五而生子冠而生子禮也冠成人之服故必冠而後生子君可以冠矣大夫盍爲冠具武子對曰君冠必以祼享之禮行之祼謂灌鬯酒也享祭先君行將也以金石之樂節之以鐘磬爲舉動之節以先君之祧處之諸侯以始祖之廟爲祧今

大口四十八 小口沵 儀礼卷一 五十九 刘本

0008_0095-1

寡君在行未可具也請及兄弟之國而假備焉晉侯曰諾公還及衞冠于成公之廟成公今衞獻公之曾祖從衞所處假鐘磬焉禮也春秋左代傳○晉趙文子冠韋昭注文子趙盾之孫趙朔之子趙武也冠謂以士禮始冠見欒武子武子曰美哉昔武子欒書也禮既冠贄贄于君遂以贄見卿大夫先生美哉美成人也

0008_0095-2

吾逮事莊主莊莊子趙朔之謚大夫稱主趙朔嘗將下軍欒書佐之華則榮矣實之不知請務實乎榮者有色貌實之不知華而不實也見范文子文子范燮文子曰而今可以戒矣夫賢者寵至而益戒不足者爲寵驕智不足者得寵而驕故興王賞諫臣逸王罰之先王疾是驕也見韓獻子獻子晉卿韓厥獻子曰戒之此謂成人成人在始與

大口六十八 小口七十五 儀礼卷一 六十 刘南林

0008_0096-1

善始與善善進善不善蔑由至矣蔑無也始與不善不善進不善善亦蔑由至矣如草木之產也各以其物物類也人之有冠猶宮室之有牆屋也糞除而已又何加焉糞除自脩潔見智武子武子曰吾子勉之武子晉卿荀首之子荀罃成子之文宣子之忠其可忘乎吾子勉之有宣子之忠而納之

以成子之文事君必濟（濟成也）見張老而語之（張老晉大夫張孟）張老曰善矣從欒伯之言可以滋（滋益也）范叔之教可以大韓子之戒可以成物備矣志在子（物事也人事已備能行與否在子之志）智子之道善矣（道訓也）是先主覆露子也（先主謂成宣露潤也○國語）

儀禮經傳通解卷第一

儀禮經傳通解卷第二

士昏禮第三　家禮二之上

昏禮○下達納采用鴈采七在反○達通達也將欲與以今昏姻必先使媒氏下通其言女氏許之乃後使人納其采擇之禮詩云取妻如之何匪媒不得昏必由媒交接設紹介皆所以養廉恥納采而用鴈爲摯者取其順陰陽往來○疏曰下達者男爲先下女爲下取陽唱陰和之義謂以言辭下通於女氏也納采言始相采擇也周禮六摯大夫執鴈士執雉此昏禮無

問尊卑皆用鴈者取其木落南翔冰泮北徂能順陰陽往來以明婦人從夫之義也○陸佃曰若逆女之類自天子達是也大夫有昏禮而無冠禮則冠禮不下達矣○今按下達之說注疏迂晦不通陸氏說爲近是蓋大夫執鴈士執雉而士昏下達納采用鴈如大夫乘墨車士乘棧車而士昏親迎乘墨車此注疏知其墨車爲攝盛而不知下達二字本爲用鴈一事而發言昏士以下至於庶人皆得用鴈亦攝盛之意也蓋昏姻之則雖庶人亦得用匹又昏禮事不用死故不得不越禮而用鴈爾今許其一概夫貴者降於下達之義雖近得之然會

女其與用鴈通爲一義則亦未得盡善也主人筵于戶西西上右几主人女父也筵爲神布席也戶西者尊處將以先祖之遺體許人故受其禮於禰廟也席西上右設几神不統於人席有首尾○爲于僞反處昌慮反○疏曰戶西是賓客之位故爲尊處記云凡行事受諸禰廟鄉射燕禮之等設席皆東上神尊不統於人取地道尊右之義故席西上而几在右○公食記蒲筵萑席皆卷自末是席有首尾也使者玄端至使所注使者同○使者夫家之屬若羣吏使往來者玄端士莫夕之服又服以事其

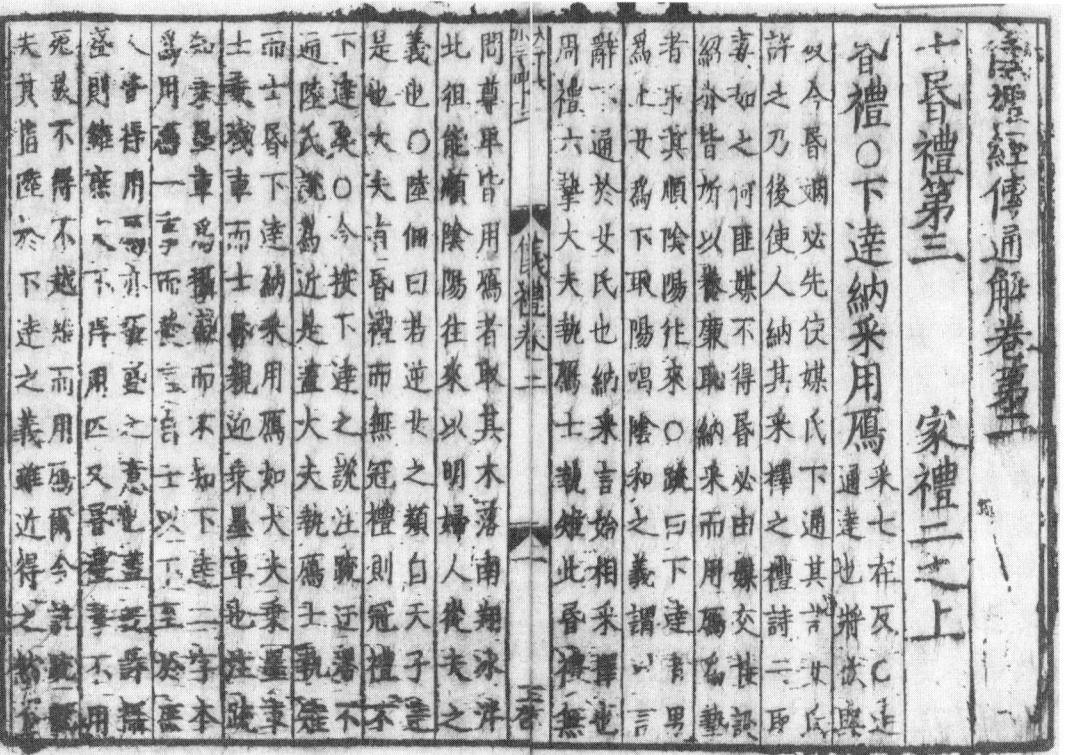

廟有司緇裳○莫音暮○疏曰案士冠贊者於中下士差次爲之此云夫家之屬亦當然如主人是上士則屬是中士主人是中士則屬是下士主人是下士則屬亦當是下士禮窮則同也士冠禮玄端士莫夕於朝之服又以玄端祭廟今使者亦於主人廟中行事故云又服以事其廟也上士玄裳中士黃裳下士雜裳此緇裳即玄裳乃據主人是上士而言蓋士冠云有司如主人服則三等玄之有司亦主人屬也擯者出請事入告擯者有司佐禮者請猶問也禮不必事雖知猶問之重愼也○疏曰案士冠禮有司並是主人

0008_0102-2

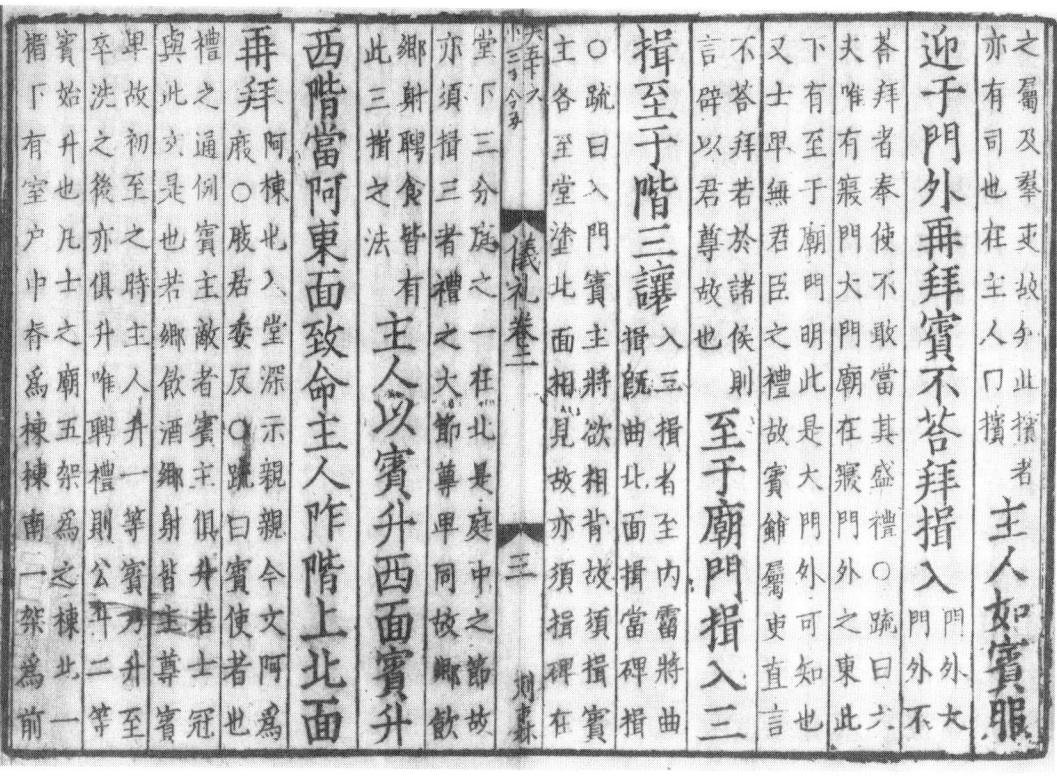

之屬及羣吏故分止擯者亦有司也在主人門擯 主人如賓服

迎于門外再拜賓不荅拜揖入 門外大門外不

荅拜者奉使不敢當其盛禮○疏曰大夫唯有寢門大門廟在寢門外之東此下有至于廟門明此是大門外可知也又士卑無君臣之禮故賓飾屬吏直言不荅拜若於諸侯則言辟以君尊故也 至于廟門揖入三

揖至于階三讓 入三揖者至內霤將曲揖既曲北面揖當碑揖○疏曰入門賓主將欲相背故須揖賓主各至堂塗北面相見故亦須揖碑在

儀礼卷二　三

0008_0103-1

堂下三分庭之一在北是庭中之節故亦須揖三者禮之大節尊卑同故鄉飲鄉射聘食皆有此三揖之法 主人以賓升西面賓升

西階當阿東面致命主人阼階上北面

再拜 阿棟也入堂深示親親今文阿爲庪○庪居委反○疏曰賓使者也禮之通例賓主敵者賓主俱升若士冠與此文是也若鄉飲酒鄉射皆主尊賓卑故初至之時主人升一等賓乃升至卒洗之後亦俱升唯聘禮則公升二等賓始升也凡士之廟五架爲之棟北一楣下有室戶中脊爲棟棟南一架爲前

0008_0103-2

楣楣前接簷爲庪棟在室外故賓得深入當之也 授于楹間南

面 授於楹間明爲合好其節同也並面並授也○疏曰楹間謂兩楹之間賓以鴈授主人於楹間者明和合親好令其賓主遠近節同也凡賓主敵者授於楹間不敵者不於楹間是以聘禮賓覿大夫云受幣于楹間敵也公受玉於中堂與東楹之間至禮賓及賓私覿皆云當東楹是尊卑不敵故不於楹間也今使者不敵而於楹間故云明合好也 賓降出主人降授老

鴈 老羣吏之尊者○疏曰大夫家臣稱老喪服公士大夫以貴臣爲室老

儀礼卷二　四

0008_0104-1

右納采○記 疏曰凡言記者皆是記經不備兼記經外遠古之言鄭注燕禮云後世衰微幽厲尤甚禮樂之書稍稍廢棄蓋自爾之後有記乎未知定誰所錄也○今按記文本附全經之後今依辭例分以附于本章之左 士昏禮凡行事必用昏昕受

諸禰廟 用昕使者用昏壻也○壻悉計反從士從胥俗作壻女之夫○疏曰用昕使者謂男氏使向女家納采問名納吉納徵請期五者皆用昕即詩所謂旭日始旦也昏親迎時也經但言[illegible]

0008_0104-2

宗子無父母命之親皆没己躬
命之宗子者適長子也命之命使者母命之在春秋紀裂繻來逆女
是也躬猶親也親命之則宋公使公孫壽來納幣是也言宗子無父是有
有父者禮七十老而傳八十齊喪之事不及若是者子代其父爲宗子其
取也父命之○適丁狄反長丁丈反繻音須齊側皆反○疏曰喪服小記
云繼別爲宗繼禰者爲小宗大宗小宗皆是適妻所生長子也命使者謂
納采已下五者之使者也公羊傳曰紀履繻紀大夫昏禮不稱主人何休云

儀禮卷二　五　蔡祥

0008_0105-1

爲養廉遠恥也又云然則曷稱稱諸父兄師友宋公使公孫壽來納幣則
其稱主人何辭窮也辭窮者無母也休注云禮有母母當命諸父兄師友
稱諸父兄師友以行宋公無母莫使命之辭窮故自命之自命之則不得
不稱使又云然則紀有母乎曰有有則何以不稱母母不通也休又云禮
婦人無外事但得命諸父兄師友以行耳母命不得達故不得稱母通使
文所以遠別也此注之文似母親命蓋略言之其實但使子之父兄師友
命之也○今按言宗子無父則是有[illegible]之宗子如老而傳齊喪不及者

0008_0105-2

其子猶代父主家至於遣使定昏則猶父命之無父然後母命之也支
子則稱其宗支子庶昆弟也稱其宗子命使者○疏曰稱其
宗者謂命使者當稱宗子以命之以大小宗皆然也弟則稱其
兄弟宗子母弟○疏曰以上文支子謂庶昆弟故知此弟宗子同母弟
也○辭無不腆無辱腆善也賓不稱幣不善主人不
謝來辱摯不用死摯鴈也○疏曰死謂雉今禮用鴈故云不
用死昏辭曰吾子有惠貺室某也昏辭

儀禮卷二　六　蔡祥

0008_0106-1

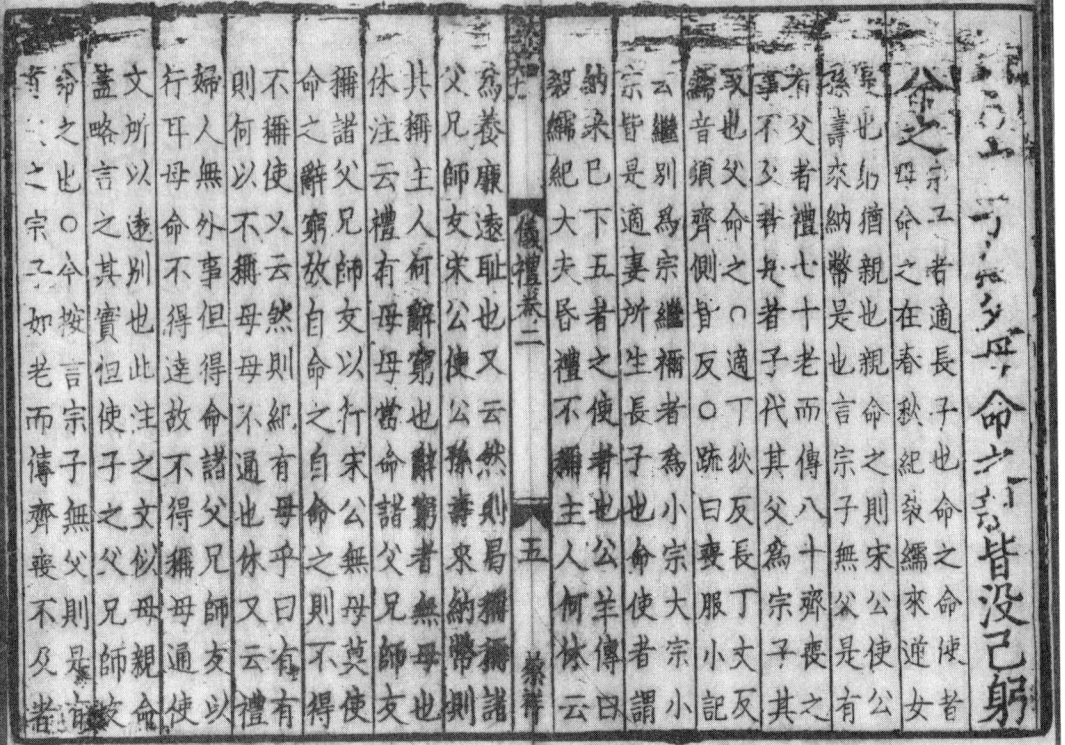

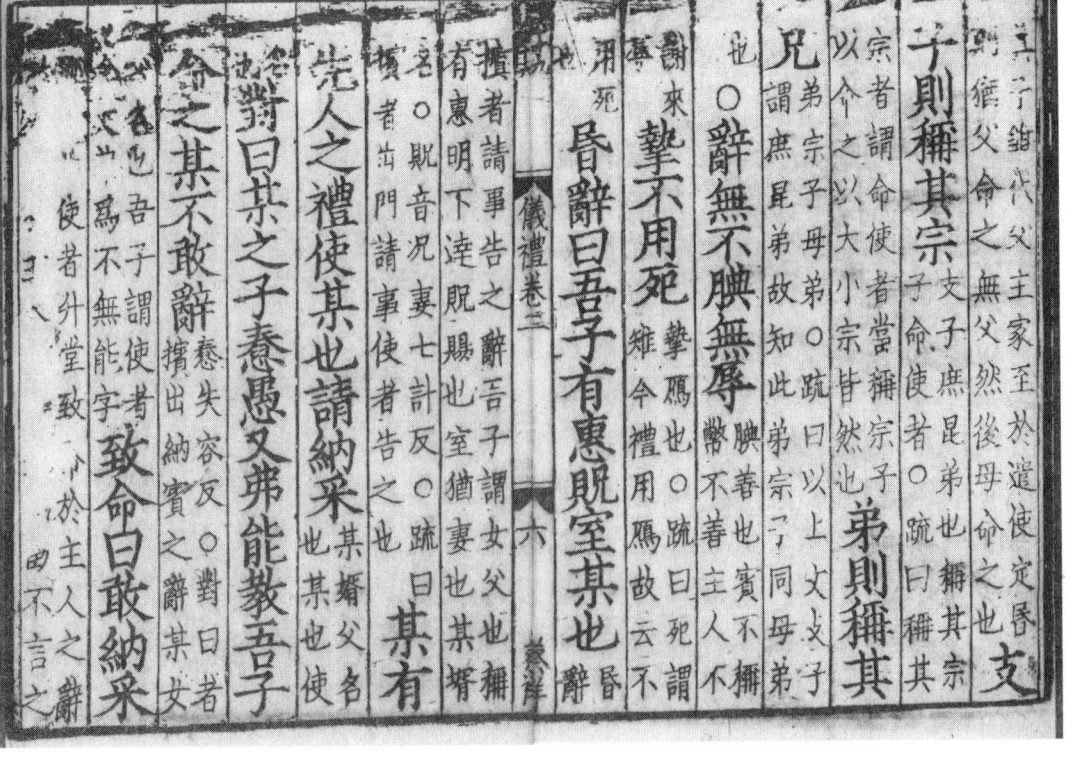

擯者請事告之辭吾子謂女父也稱有惠明下逮貺賜也室猶妻也某壻
名○貺音況妻七計反○疏曰擯者出門請事使者告之也某有
先人之禮使某也請納采某壻父名也某也使
[illegible]對曰某之子惷愚又弗能教吾子
命之某不敢辭惷失容反○對曰者擯出納賓之辭某女
[illegible]吾子謂使者[illegible]爲不無能字致命曰敢納采
[illegible]使者升堂致命於主人之辭[illegible]不言之

0008_0106-2

孝文不具此問名賓在門外問名主人許無辭者納采問名同使故略不言也此下納吉納徵請期之等皆有門外賓與擯者傳辭及升堂致命主人對辭而或不言者文不具耳

擯者出請不必賓之事有無○疏曰主人不知賓有事無事故使擯出請也

賓執鴈請問名主人許賓入授如初禮問名者將歸卜其吉凶古文禮爲醴○疏曰此一使兼行納采問名二事相因也入門升堂授鴈與納采禮同故云如初禮也

儀礼二　七

0008_0107-1

右問名○記問名主人受鴈還西面對賓受命乃降受鴈于兩楹間南面還于阼階上對賓以女名○疏曰先阼階上北面再拜進南面受鴈于兩楹間還于阼階上對賓以女名也

○辭問名曰某既受命將加諸卜敢請女爲誰氏某使者名也誰氏者謙也不必其主人之女○疏曰納采則知女之姓云今問爲誰氏者謙不敢必其主人之女或是所收養外人之女也蓋室婦二種一者是名字之名三月之

0008_0107-2

名是也一者是名號之名若以姓氏爲名之類也故本云問名而云誰氏者婦人不以名行不問三月之名也

對曰吾子有命且以備數而擇之某不敢辭卒曰某氏不記之者明爲主人之女○疏曰若他女主人終卒對客之辭當云某氏主人之女舊知之故不對也

擯者出請賓告事畢入告出請醴賓此醴亦當爲禮禮賓者欲厚之○疏曰士冠禮賓醴已從禮故此云亦也

賓禮

儀礼二　八

0008_0108-1

辭許禮辭一辭○疏曰以已行納采問名之禮賓主之情已通故畧行一辭而已

主人徹几改筵東上側尊甒醴于房中筵云声反○徹几改筵者鄉爲神今爲人側尊亦言無玄酒側尊於房中亦有篚有籩豆如冠禮之設○鄉許亮反爲于僞反○疏曰禮神坐徹去其几改設其進將以授賓東上者統於主人也下云爵醴加角柶明有篚盛之又云薦脯醢則有籩豆可知冠禮尊南上則此尊與篚等亦南上可知也

主人迎賓于廟門外揖讓如初升主人

0008_0108-2

北面再拜賓西階上北面荅拜主人[illegible]
几授校拜送賓以几辟北面設于坐左
之西階上荅拜拂芳弗反校胡飽反辟房益反注同○拂拭也拭
几者尊賓新之也校几足辟逡遁古文校爲枝○拭音式逡七旬反遁音句○
疏曰如物升者如納采時三揖三讓也主人再拜者拜賓至此堂也鄉射食燕
皆云拜至是也案有司徹主人西面左手執几縮之以右袂推拂几三二手横
執几進授尸于筵前注云此外拂之也凡行禮敵者皆若此卑於尊者則內拂

大四八 小三廿三 儀禮卷二 九 信

0008_0109-1

之鄭云內拂几不欲塵坋尊者是也凡有几者賓重也其無几者賓輕也云以
几辟者賓卑也不云者賓尊也聘禮云宰夫奉兩端以進有司徹云尸進二手
受于手間故此授几設几之法卑者以兩手執几兩端尊者則以兩手於几間
執之或受其足皆横受之及其設之皆旋几縱執乃設之於坐南北面陳之位
爲神則右之爲人則左之爲異不坐設之者几輕故也贊者酌醴
加角柶面葉出于房柶音四○贊佐也佐主人酌事也贊
者亦洗酌加角柶覆之如冠禮案出房南面待主人迎受古文葉作擖○疏曰

0008_0109-2

冠禮云贊者洗于房中側酌醴加柶覆之主人受醴面枋筵
前西北面賓拜受醴復位主人阼階上
拜送枋彼命反○主人西北面疑立待賓即筵也賓復位於西階上北面
明相尊敬此筵不主爲飲食起○疑魚乙反爲于僞反下巾爲蓋爲同○疏曰
此主人將授酒醴於筵前待賓即筵前乃授之與下賓即筵別也不主爲飲食
莚者但此筵爲行禮故拜及啐皆於西階也贊者薦脯醢薦進
賓即筵坐左執觶祭脯醢以柶祭醴三

大廿 小廿廿 儀禮卷二 十 信

0008_0110-1

西階上北面坐啐醴建柶興坐奠觶遂
拜主人荅拜觶之豉反啐七內反○即就也左執觶則祭以右手
也凡祭於脯醢之豆閒必所爲祭者謙敬示有所先也啐嘗也嘗之者成主人
意建猶扱也興起也奠停也○扱初洽反○疏曰因事曰遂因建柶興坐奠觶
不復興遂因坐而拜祭以右手鄉射篇文也冠禮等篇脯醢在籩豆之閒此注
不言籩者省文示有所先謂先世造此食者也賓即筵奠于薦
左降筵北面坐取脯主人辭薦左籩豆之東[illegible]

0008_0110-2

□曰脯者與□□將歸執以
辭者辭其親徹○䟽曰下贊禮婦與
于薦東注云升席奠之明升席南面奠
此亦然也必南面奠者取席之正也
賓降授人脯出主人送于門外再拜謂人
使者從者授於階下西面然後出去○
從才用反後從者皆同○䟽曰鄭以賓
位在西授脯文在出上故知
西階下西面授之然後出也
右醴賓○辭醴曰子爲事故至於某
之室某有先人之禮請醴從者爲于偽反

儀礼卷二　十一

0008_0111-1

○言從者謙不敢
斥也今文於爲于
對曰某既得將事
矣敢辭將行先人之禮敢固以請主人辭固
如故其辭不得命敢不從也賓辭也不得命者不
得許已之命○記祭醴始扱壹祭又扱再
祭賓右取脯左奉之乃歸執以反命
奉芳勇反○反命謂使者問名納吉
納徵請期還報于壻父○䟽曰禮成
於三故祭醴之時始扱壹祭又扱
□□分爲兩祭是爲三也又先用右□

0008_0111-2

而得脯乃用左手兼奉之以降授從
者於西階下乃歸執以反命納采與
問名同使親迎又無使
者故據此四者而言○辭凡使者
歸反命曰某既得將事矣敢以禮告
告禮所執脯主人曰聞命矣
納吉用鴈如納采禮歸卜於廟得吉兆復使使者往告婚
姻之事於是定○復扶又反○䟽曰不
云如問名者問名賓不出大門故此云
如納采也又云凡卜筮皆於禰廟未卜
時恐有不吉婚姻不定故納吉乃定也

儀礼卷二　十二

0008_0112-1

右納吉○辭納吉曰吾子有貺命某
加諸卜占曰吉使某也敢告貺賜也賜命謂
許以女名也某壻父名對曰某之子不教唯恐
弗堪子有吉我與在某不敢辭與音預注
同○與猶兼也古文與爲豫○䟽曰
夫婦一體夫既得吉婦吉可知故云
我兼在吉中也
納徵玄纁束帛儷皮如納吉禮纁許云反儷力計

0008_0112-2

儷○儷成也使使者納幣以成昏禮用
玄纁者象陰陽備也束帛十端也周禮
曰凡嫁子娶妻入幣純帛無過五兩儷
兩也執束帛以致命兩皮爲庭實皮鹿
皮今文纁皆作熏○紃側其反○疏曰
納幣不用鴈以其自有幣帛可執故也
周禮注云納幣用緇婦人陰也凡娶禮
必用其類五兩十端也必言兩者蓋取
配合之義士大夫以玄纁束帛天子加
以穀圭諸侯加以大璋庶人用緇故云
陰也此兼玄纁束帛故云象陰陽備陽
奇而陰偶三玄而二纁也其大夫無冠
禮而有昏禮若試爲大夫及幼爲大夫
者依士禮若五十而爵改娶者大夫昏

0008_0113-1

禮玄纁及鹿皮則同於士
餘有異者無文以言也

右納徵○記納徵執皮攝之內文兼

執足左首隨入西上參分庭一在南

攝之涉反注及下同○攝猶辟也兼
執足者左手執前兩足右手執後兩
足左首象生曲禮曰執禽者左首隨
入爲門中阨狹西上中庭位并○阨
於革反爲于僞反阨於賣反狹音洽
○疏曰案經有云納徵如授鴈之禮
至於庭實之皮無可如者故此特記
之又云攝皮者二人相隨而入至庭

0008_0113-2

北面皆以西爲上一云執兩足之云
內故云內文執生禽者左其首此云
之同故云象生亦取歸人生息之義
也匠人云天子廟門容大扃七个注
云扃長三尺七个二丈一尺此士廟
門降殺甚小故云門中阨狹而執皮
者又橫執之故二人相隨乃可以入
不得並行也至中庭則稍寬故得俱
西面

賓致命釋外足見文主人受

幣士受皮者自東出于後自左受遂

坐攝皮逆退適東壁

見賢遍反下注
婦見皆同○賓

0008_0114-1

致命主人受幣庭實所用爲節士謂
若中士下士不命者以主人爲官長
自由也○長丁丈反○疏曰經云釋
外足者據人北面以足向上執之足
遠身爲外受之則文見也又云士受
皮者取皮自東方出于後自左受者
謂自東方出於執皮者之後至於左
北面受之也又云逆退者二人相隨
自東而西今以後者先向東行也注
又言賓堂上致命時庭中執皮者北
面釋外足見文主人堂上受幣時主
人之士於堂下受取皮也○按此疏
引經文皮者下有取皮二字今本無
之未詳孰是○疏又曰諸侯之士國

0008_0114-2

首二十七人按周禮典命侯伯之士一命子男之士不命國皆分為三等上九中九下九周禮官皆有官長下皆有屬官今言士謂若中士下士不命者據上士為官長者言也若主人是中士則士是下士若主之是下士則士是不命之士府史之屬此不命與子男之士不命者亦異彼雖不得君簡策之命仍得人君口命為士此則不得君命是官長自辟除者也案既夕宰舉幣是士之府史則庭實胥徒為之○皮帛必可

制皮帛儷皮束帛也○疏曰必可制者可制為衣物此亦是教婦以誠

小六十三　儀禮卷二　十五　蔡祥

0008_0115-1

信之義也○納幣一束束五兩兩五尋納幣謂昏禮納徵也十个為束貴成數兩兩者合其卷是謂五兩八尺曰尋一兩五尋則每卷二丈也合之則四十尺今謂之匹猶匹偶之云與○卷音眷與音餘○此一節撫雜記補○辭納徵曰吾子有

嘉命貺〻某也某有先人之禮儷皮

束帛使某也請納徵致命曰某敢納

徵對曰吾子順先典貺某重禮某不

0008_0115-2

敢辭敢不承命典常也法也○疏曰吾子有命以下至請納徵是門外向擯者辭也某敢納徵者是升堂致命辭也對曰者是堂上主人對辭也○餘見納采○女子許嫁笄而醴之

稱字許嫁已受納徵禮也笄女之禮猶冠男也使主婦女賓執其禮○疏曰女子許嫁謂年十五已上至十九已下案曲禮女子許嫁纓此文不具也雜記云女雖未許嫁年二十而笄禮之婦人執其禮以其禮輕故無主婦女賓使婦人而已又許嫁者用醴禮之不許嫁者當用酒醮之故

小三十　儀禮卷二　十六　蔡祥

0008_0116-1

其早得禮也醴之稱字與男子冠醴之稱字同祖廟未毀教

于公宮三月若祖廟已毀則教于宗

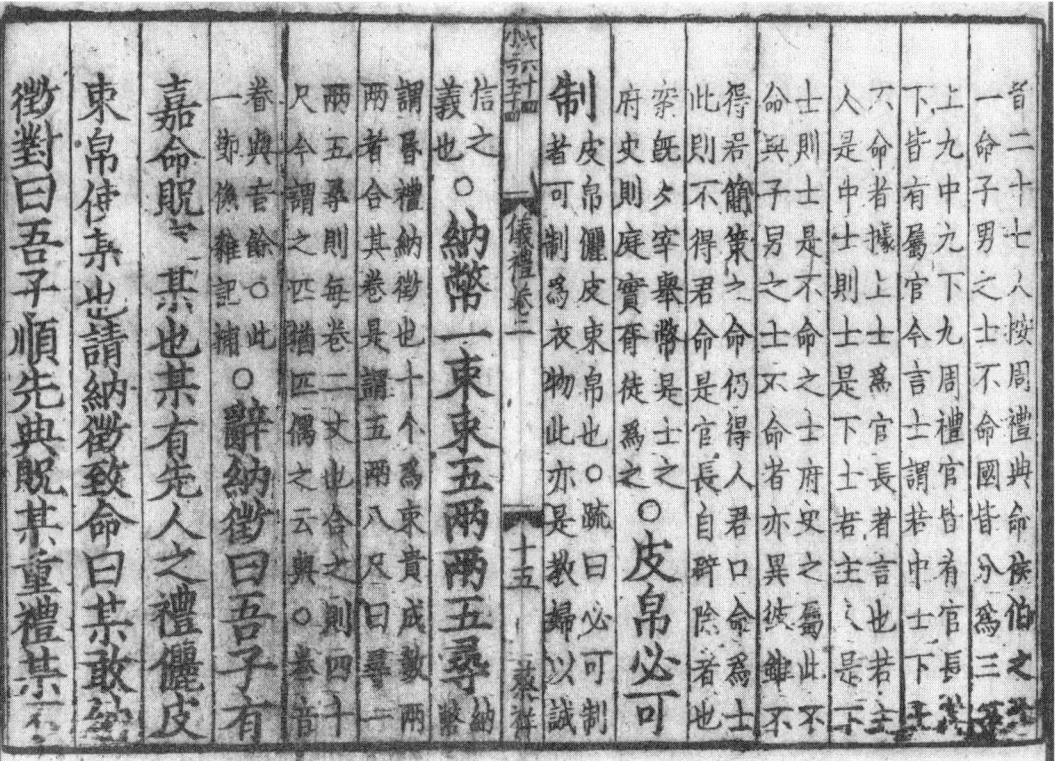

室祖廟女高祖為君者之廟也以有緦麻之親就尊者之宮教以婦德婦言婦容婦功宗室大宗之家○疏曰此謂諸侯同族之女將嫁之前教成之法經直云祖廟鄭知女高祖為君者之廟也以有緦麻之親者以其諸侯立五廟大祖之廟不毀親廟四以次毀之經故云未毀與已毀是據高祖之廟而言故云祖廟女高祖為君者之廟也其承高祖

0008_0116-2

麻之親若三世共曾祖是小功之親若共祖是大功之親若共禰廟是齊衰之親則皆教於公宮今直言緦麻者舉最䟽而言親者自然教於宮可知也婦德婦言婦容婦功説見昏義記云別子爲祖繼別爲宗謂別子之世適長子族人來宗事之者謂之宗者收族者也高祖之廟既毁與君緦服者則皆於大宗之家教之又小宗有四或繼禰或繼祖或繼曾祖或繼高祖此等至五代皆遷不就之教者小宗卑故也○張子曰祖廟未毁教于公宫則知諸侯於有服族人亦引而親之如家人然

0008_0117-1

請期用鴈主人辭賓許告期如納徵禮

請音情又七井反○主人辭者陽倡陰和期日宜由夫家來也夫家必先卜之得吉日乃使使者往辭即告之○和户卧反○疏曰婿之父使使納徵訖乃卜婚日得吉日仍使使往女家告男家辭讓故遣使者請若云期由女氏女氏知陽唱陰和當由男家出故主人辭之使者既見主人辭遂告主人期日也

右請期○辭請期曰吾子有賜命某既申受命矣惟是三族之不虞使某

0008_0117-2

也請吉日 三族謂父昆弟己昆弟子昆弟虞度也不億度謂卒有死喪此三族者己及子皆爲服期期服則踰年欲及今之吉也雜記曰大功之末可以冠子嫁子○度大各反億於力反卒七忽反期音基○適曰大功之喪服内不廢成禮若期親内則廢故舉合廢者而言父昆弟則伯叔及伯叔母己昆弟則己之親兄弟子昆弟則己之適子庶子皆己之齊衰期服之内親也 對曰某既前受命矣唯命是聽 前受命者申前事也 曰某命某聽命于吾子 曰某婿父名也 對曰某固惟命是聽使者曰某使某受命吾子不許某敢不告期曰某日 某吉日之甲乙 對曰某敢不敬須

須待也

0008_0118-1

期初昏陳三鼎于寢門外東方北面北上其實特豚合升去蹄舉肺脊二祭肺二魚十有四腊一肫髀不升皆飪設扃

0008_0119-1

密苦节反扛音江髀必爾反又毗支反鉉胡畎反○疏曰東方北面是禮之正
此及少牢禮所云是也特牲陳鼎於門外當門而不在東方者辟大夫也此不
辟者重昏禮攝盛也命士以上父子異宮故壻別有寢若不命之士父子同宮
雖大院同居其中亦隔別各有門戶故經摠云寢門外也合升以夫婦各一故
左右胖俱升若祭則升右也去蹄甲者以其踐地穢惡也云舉肺脊祭肺者下
文祭薦黍稷肺即祭肺也授肺脊者食以湆醬皆祭舉食舉也即舉肺脊也祭
時二肺俱有生人唯有舉肺皆祭今此得有祭肺者記論娶婦之冕齊戒鬼神

0008_0118-2

鼏去莚吕反注同朼音純又之桼反步米反柶而甚反扃古營反鼏二字
亦反○期取妻之日鼎三者升豚魚腊也寢壻之室也北面鄉內也特猶一也合
升合左右胖升於鼎也去蹄蹄甲不用也舉肺脊者食時所先舉也肺者氣之
主也周人尚焉脊者體之正也食時則祭之飯必舉之貴之也每皆二者夫婦
各一耳凡魚之正十五而鼎減一為十四者欲其敵偶也腊兎腊也肺或作純
純全也凡腊用全髀不升者近竅賤也飪熟也扃所以扛鼎鼏覆之古文純為
鈞髀為脾今文扃作鉉鼏皆作密、鄉許亮反胖音判飯扶晚反近附近之近

小四廿　仪礼卷三　十九　信

0008_0120-1

中醯醬二豆菹醢四豆兼巾之黍稷四
敦皆蓋 饌仕戀反醯呼西反敦音對○醯醬者以醯和醬生人尚褻味
兼巾之者六豆共巾也巾爲禦塵蓋爲尚溫周禮曰食齊視春時○食音嗣齊
才計反不同 大羹湆在爨 大羹並如字湆去急反爨七亂反○
大羹湆煮肉汁也大古之羹無鹽菜爨火上周禮曰羹齊視夏時今文湆皆作
汁○大音泰○疏曰湆與汁一也云云大羹不致意云大羹不和謂不致五
味不和鹽菜也唐虞以上曰大羹三王以來更有鉶羹則致以五味雖有鉶羹

0008_0119-2

陰陽也故與祭祀同二肺也又云脊體之正者一身之上體揔有二十一節前
有肩臂臑後有肫胳脊在中央有三脊正脡横脊而取中央正脊故云特牲少
牢魚皆十五此欲其敵偶故減其一而夫婦各有七也又此鬼神陰陽故同祭
禮若生人則公食大夫一命者七魚再命者九魚三命者十有一魚天子諸侯
無文或諸侯十三魚天子十五魚也腊少牢用麋則士用兎可知凡牲體用一
胖腊則左右體脅相配共為一體故特牲少牢曰腊用全也 設洗于
阼階東南 洗所以承盥洗之器棄水者○盥音管 饌于房

大三 小三四六　仪礼卷三　二十　信

猶存大羹不忘古也引周禮者證大羹須熱故在爨□食乃取也尊于
室中北墉下有禁玄酒在西綌冪加勺
皆南枋墉音容綌去逆反勺上灼反○墉墻也禁所以庪甒者玄酒不
忘古也綌麤葛今文枋作柄○疏曰甒見上冠禮庪承之也名禁者因爲酒戒
也神農時雖有黍稷未有酒醴以水爲玄酒而已記又云後聖有作以爲醴酪
據黄帝以後而言也尊于房戶之東無玄酒篚在
南實四爵合卺卺音謹○無玄酒者畧之也夫婦酳於內尊其

餘酳於外尊合卺破匏也四爵兩卺凡六爲夫婦各三酳一升曰爵○匏白交
反酳以刃反○疏曰上文大夫婦之尊有玄酒此尊酳賛賸御故無玄酒畧之也
韓詩外傳云一升曰爵二升曰觚三升曰觶四升曰角五升曰散
右陳器饌○記腊必用鮮魚用鮒必
殽全鮒音附○殽全者不餒敗不剝傷○餒奴罪反○疏曰鮮取夫
婦日新之義鮒取夫婦相依附也全取夫婦全節無虧之理此並據同牢
時也○父醮子醮子召反○子壻也○疏曰女父禮女用醴又

在廟父醮子用酒又在寢不同者父禮女以先祖遺體許人以適他族婦
人外成故重之男子直取婦入室無不反之故輕之知醮子不在廟者若
在廟則應莚於戶西以布神位今不言則在寢可知也命之辭
曰往迎爾相承我宗事相息亮反○相助也宗事
宗廟之事勗帥以敬先妣之嗣若則有常
勗許王反○勗勉也若猶女也勉帥婦道以敬其爲先妣之嗣女之行則
當有常深戒之詩云大姒嗣徽音○女音汝下同大音泰○疏曰爲先妣

之嗣者謂婦入室使代姑祭也子曰諾唯恐弗堪不
敢忘命
主人爵弁纁裳緇袘從者畢玄端乘墨
車從車二乘執燭前馬袘以豉反乘繩證反○主人壻
也壻爲婦主爵弁而纁裳玄冕之次大夫以上親迎冕服冕服迎者鬼神之鬼神之
者所以重之親之纁裳者衣緇衣不言衣與帶而言袘者空其文明其與袘俱用緇
袘謂緣袘之言施以緇緣裳象陽氣下施從者有司也乘貳車從行者也畢猶皆

[illegible]時斷[illegible]

[illegible]兩年[illegible]

[illegible]言[illegible]向[illegible]安[illegible]父

人[illegible]拜[illegible]至[illegible]家仍[illegible]男家而

[illegible]主人[illegible]主[illegible]下親迎至壻

[illegible]周禮[illegible]弁[illegible]云

文大[illegible]天[illegible]士[illegible]弁是

[illegible]大夫[illegible]天[illegible]以上自祭用[illegible]助

[illegible]玄[illegible]士[illegible]祭用[illegible]端[illegible]祭用爵

[illegible]士[illegible]爵弁是[illegible]助祭之服以

[illegible]則[illegible]大夫[illegible]迎[illegible]用[illegible]盛

[illegible]若上公[illegible]孤之[illegible]孤絺

儀禮卷二　二十三

[illegible]大夫[illegible]侯伯子男[illegible]之國

[illegible]大夫[illegible]也孤卿大夫士爲臣

[illegible]故[illegible]動[illegible]之[illegible]以親迎者天

[illegible]諸侯則尊[illegible]不[illegible]宜用家祭之

[illegible]以迎則天子當[illegible]而五等諸侯

[illegible]以[illegible]公[illegible]冕[illegible]神陰陽

[illegible]主[illegible]社稷言之據諸侯

[illegible]孤卿[illegible]以助祭至於

[illegible]也[illegible]不得過[illegible]也○今按

[illegible]天[illegible]一[illegible]其[illegible]恐其説

[illegible]臣其[illegible]

[illegible]

[illegible]則自金路以下有差夏篆卿乘夏縵大夫乘墨車士乘棧車庶人乘役車墨車以革鞔之革上又有漆飾棧車則不革鞔而但漆之若也今士乘大夫墨車爲攝盛則庶人當乘棧車大夫當乘夏縵卿當乘夏篆已上皆不路賛而無飾不可使孤乘之禮窮則同還乘夏篆尊不攝盛也諸侯天子亦不假攝盛自乘本車然玉路祭祀不可以親迎當乘金路矣以攝言之士之子冠與父同則昏亦同但尊適子皆與父同庶子宜降一等也

婦車亦如之有裧

裧昌占反○亦如之者車同等士妻之車夫家共之大夫

儀禮卷二　二十四

以上嫁女則自以車送之裧車裳幃周禮謂之容車有容則固有蓋○共音恭○疏曰婦車之法自士以上至孤卿皆與夫同有裧爲異至于王后及三夫人諸侯三公夫人皆當乘翟車九嬪與孤妻同用夏篆世婦與卿大夫妻同用夏縵女御與士妻同用墨車也其諸侯夫人姪娣及二媵并姪娣依次下夫人以下一等爲差也巾車云有容蓋容蓋相配之物此既有裧之容明有蓋可知

至于門外

婦家大門之外○疏門下指入乃至廟廟在大門內故知大門也

主人筵于户西西上右几

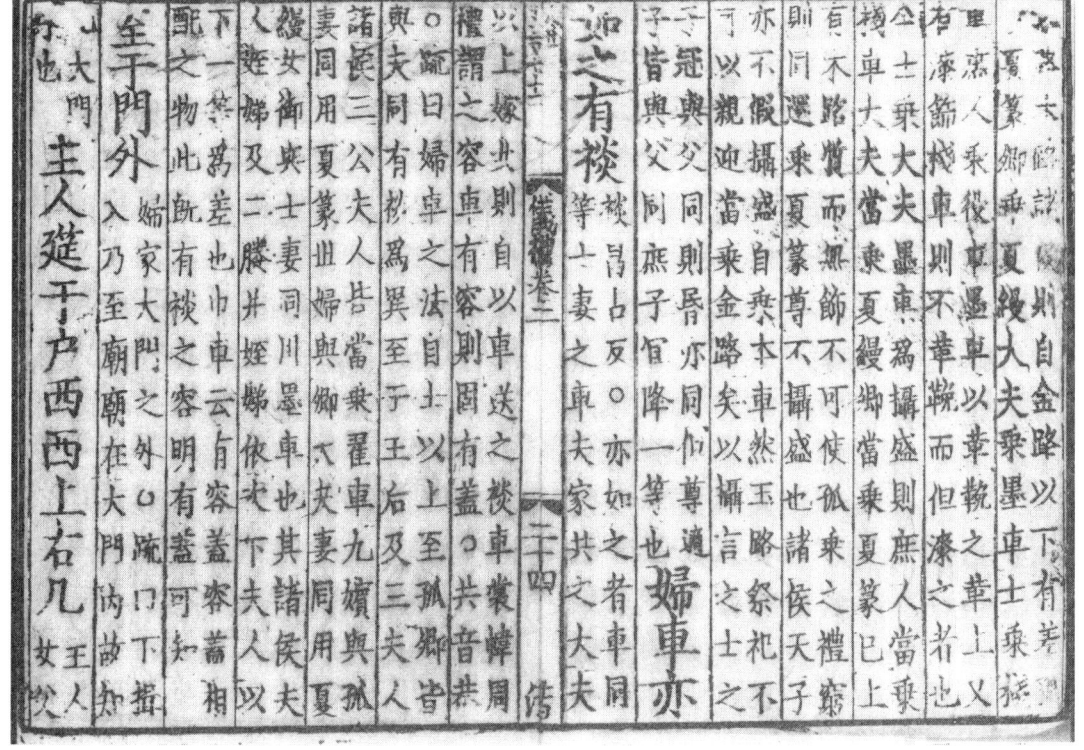

主人女父

0008_0124-2

也進爲神布席○爲于偽反○疏曰
先祖之遺體許人將告神故女父先於
廟設神席乃迎壻也
女次純衣纁袡立于房中南
面
神如占反○次首飾也今時髲也周
禮追師掌爲副編次純衣絲衣女從
者畢袗玄則此衣亦玄矣袡亦緣也袡
之言任也以纁緣其衣象陰氣上任也
凡婦人不常施袡之衣盛昏禮爲此服
喪大記曰復衣不以袡明非常○髲皮
義反追丁回反編必連反袗之忍反○
疏曰不言裳者以婦人之服不殊裳也
內司服注云婦人尚專一德無所兼連
衣裳不異其色是也褖衣是士妻助祭

仪礼卷二　二十五

0008_0125-1

之服尋常不用纁爲袡今用之故云盛
昏禮爲此服王后已下初嫁皆有袡也
姆纚笄宵衣在其右
姆亡候反又音母
纚山買反○姆婦
人年五十無子出而不復嫁能以婦道
教人者若今時乳母纚縚髮笄今時簪
也纚亦廣充幅長六尺宵讀爲詩素衣
朱綃之綃魯詩以綃爲綺屬也姆亦玄
衣以綃爲領因以爲名且相别耳姆在
女右當詔以婦禮○綃依刀反綃音消
别彼列反○疏曰婦人有七出其六則
無德行而不堪教人惟無子者不廢婦
道故使爲姆教女因從女之夫家也喪
服曰者大夫子有三母子師慈母保母

0008_0125-2

其慈母闕乃令有乳者養子謂之爲乳
母死爲之服緦麻師教之乳母直養之
而已漢時乳母則選德行有乳者爲之
幷使教子故引之以證也纚以縚爲之
以縚髮而紒之女有纚有次姆有纚而
無次也綃衣亦與純衣同是緣衣用綃
爲領故因得名綃衣也詩云朱綃又云
朱襮爾雅云黼領謂之襮襮既爲領明
綃亦領可知姆在女右者以儀
云詔辭自右地道尊右之義也
女從者
畢袗玄纚笄被穎黼在其後
穎苦迥反
黼音甫○
女從者謂姪娣也詩諸娣從之祁祁如
雲袗同也同玄者上下皆玄也穎禪也

仪礼卷二　二十六

0008_0126-1

詩云素衣朱襮爾雅云黼領謂之襮周
禮曰白與黑謂之黼天子諸侯后夫人
狄衣卿大夫之妻刺黼以爲領如今偃
領矣士妻始嫁施禪黼於領上假盛飾耳
言被明非常服○姪大結反又丈一反
娣大計反禪音丹襮音博刺七亦反○
疏曰姪娣者古者嫁女必姪娣從謂之
媵也袗讀從左氏均服振振一也故云
上下皆玄不殊裳也穎讀如詩褧衣之
褧故爲禪黼謂刺之在領爲黼文名謂
之襮也黼乃白黑色爲之於衣上則畫
之於領上則刺之男子冕服衣畫而裳
繡婦人領雖在衣亦刺之矣士妻於嫁
領上别刺黼文故謂之被大夫以上

0008_0127-1　0008_0126-2

剌之而不別被之矣○主人玄端迎于
今按衿字說見冠禮
門外西面再拜賓東面答拜賓壻○疏曰門外大
門外也主人揖入賓執鴈從至于廟門揖
入三揖至于階三讓主人升西面賓升
北面奠鴈再拜稽首降出婦從降自西
階主人不降送賓升奠鴈拜主人不答明主爲授女耳主人不
降送禮不參○爲于僞反○疏曰奠鴈再拜當在房外當楣北面何休云夏后
氏逆於庭殷人逆於堂周人逆於戶授代漸文迎於房者親親之義也納采問

大六八　二三十　儀礼卷二　二十七　刻手

名納吉納徵請期皆言主人拜獨於此不言明壻拜爲授女不爲主人故主人
不答也禮賓主宜各一人今婦既送故主人不參也壻御婦車授
綏姆辭不受壻御者親而下之綏所以引升車者曲禮曰僕人之
禮必授人綏○疏曰御車僕人禮姆辭不受謙也婦乘以几姆
加景乃驅御者代乘如字下記同○乘以几者尚安舒也景
[illegible]蓋如明衣加之以爲行道禦塵令[illegible]也景亦明也驅行也行車輪三

0008_0128-1　0008_0127-2

[illegible]乃代壻今文景作憬○令力呈[illegible]景音影○疏曰乘以几謂登車時也
[illegible]禮明衣裳用布袂屬幅長下膝景則無正文故云蓋如明衣此嫁時尚
飾不用布蓋以禪縠爲之詩云衣錦褧衣裳錦褧裳衣裳用錦而上加禪縠焉
爲其文之大著也此不用錦不爲文大著故云禦風塵也壻乘其車
先俟于門外壻車在大門外乘之先者道之也男率女女從男夫
婦剛柔之義自此始也俟待也門外壻家大門外○道音導○疏曰命士已上
父子異宮故云壻家大門外若不命之士父子同宮則大門父之大門外也

大字十七　二八十五　儀礼卷二　二十八　刻手

右親迎○辭賓至擯者請對曰吾子
命某以茲初昏使某將請承命賓壻也命
某某壻父名茲此也將行也使某行昏禮來迎對曰某固敬
具以須○記父醴女而俟迎者母南
面于房外女既次純衣父醴之于房中南面蓋母薦焉重昏禮
也女奠爵于薦東立于位而俟壻壻至父出使擯者請事母出南面房外
示親授壻且當戒女也○疏曰舅姑共饗婦姑薦脯醢故知父母醴女亦

母薦脯醢案士冠禮子與醮子及此篇禮賓禮婦皆奠爵于薦東明此亦奠薦東也女出于母左父西面戒之必有正焉若衣若笄母戒諸西階上不降必有正焉者以託戒之使不忘○疏曰母初立房西女出房母行至西階上乃戒之也託戒者謂託衣笄恒在身而不忘特戒亦然也○辭父送女命之曰戒之敬之夙夜毋違命夙早也早起夜卧命舅姑之教命古文毋爲無○疏曰父戒之使無

違舅命母戒之使無違姑命注有姑字傳寫誤也母施衿結帨曰勉之敬之夙夜無違宮事衿其鴆反帨舒銳反○帨佩巾○疏曰宮事謂姑命婦之事庶母及門內施鞶申之以父母之命命之曰敬恭聽宗爾父母之言夙夜無愆視諸衿鞶鞶步干反愆去連反○庶母父之妾也鞶鞶囊也男鞶革女鞶絲所以盛帨巾之屬爲謹敬申重也宗尊也愆過也諸之也示之以衿鞶

者音託戒使識之也不示之以衣笄者之戒不嫌忘之視乃正字今文作示俗誤行之○壻音成重直用反識申志反○壻授綏姆辭曰未教不足與爲禮也姆教人者○託婦乘以几從者二人坐持几相對持几者重慎之○疏曰此几謂將坐車而登若王后則履石夫人諸侯亦丈

婦至主人揖婦以入及寢門揖入升自

西階媵布席于奧夫入于室即席婦尊西南面媵御沃盥交媵以證反奧烏報反御依注音訝下並同○升自西階道婦入也媵送也謂女從者也御當爲訝訝迎也謂壻從者也媵沃壻盥於南洗御沃婦盥於北洗夫婦始接情有廉恥媵御交道其志○道音導○疏曰賓客常禮主人在東賓在西今主人與妻俱升西階故云道婦入也女從者姪娣也壻從者以其與壻人爲盥非男子之事謂夫家之賤者也盥交者南北有二洗夫婦與媵御南北交相沃盥也贊者徹

0008_0130-2

鼏舉者盥出除鼏舉鼎入陳于阼階南西面北上匕俎從設執匕者執俎者從鼎而入設之匕所以別出牲體也俎所以載也○別彼列反○疏曰執匕俎舉鼎各別人者皆禮尚威儀故也喪禮則舉者兼執之凶禮略也特牲禮右人於鼎北南面匕肉出之左人於鼎西俎南北面承取肉載於俎逆退執俎而立以待設此與之同也凡牲體有肩臂臑肫胳脊脅之等於鼎以次別匕出之載者依其體別以次載之於俎故云別出牲體也北面載執而俟執俎而立俟豆先設

儀禮二　卅一

0008_0131-1

匕者逆退復位于門東北面西上執匕者事畢逆退由便至此乃著其位略賤也○疏曰士冠禮未行事即言凡弟及擯者之位此陳鼎特不見執匕者位至此乃著其位也贊者設醬于席前菹醢在其北俎入設于豆東魚次腊特于俎北豆東菹醢之東○疏曰下文醬東有黍稷故知在菹醢東贊設黍于醬東稷在其東設湆于醬南饌要方也○疏曰豆東兩俎醬東黍稷是其要方也設對醬

0008_0131-2

于東對醬婦醬也設之當特俎○疏曰婿東面設醬亦南為右婦西面則醬在北為右皆以右手取之為便故知設之當特俎東也菹醢在其南北上設黍于腊北其西稷設湆于醬北御布對席贊啓會卻于敦南對敦于北會古外反卻去逆反○啓發也今文啓作開古文卻為綌○疏曰菹在醬南其南有菹有醢婿醢在菹北從南向北陳為南上此從北向南陳亦醢在菹南為北上也湆即大羹湆上設婿湆於醬南在醬黍之南特俎出於饌北此

儀禮二　卅二

0008_0132-1

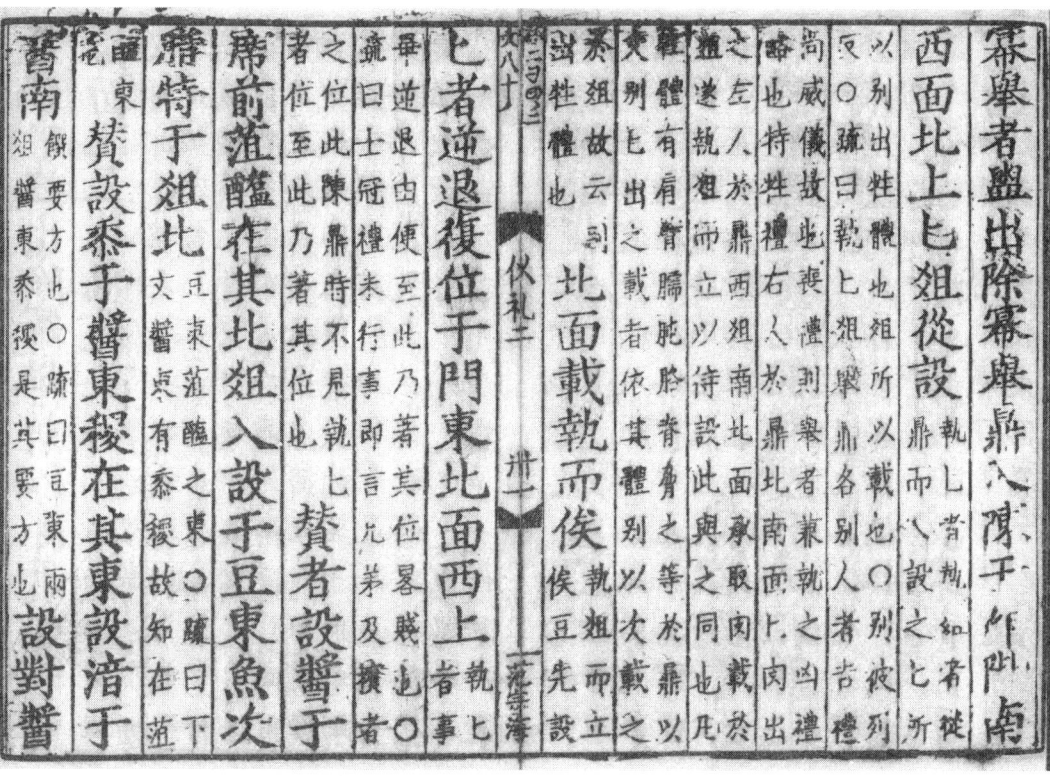

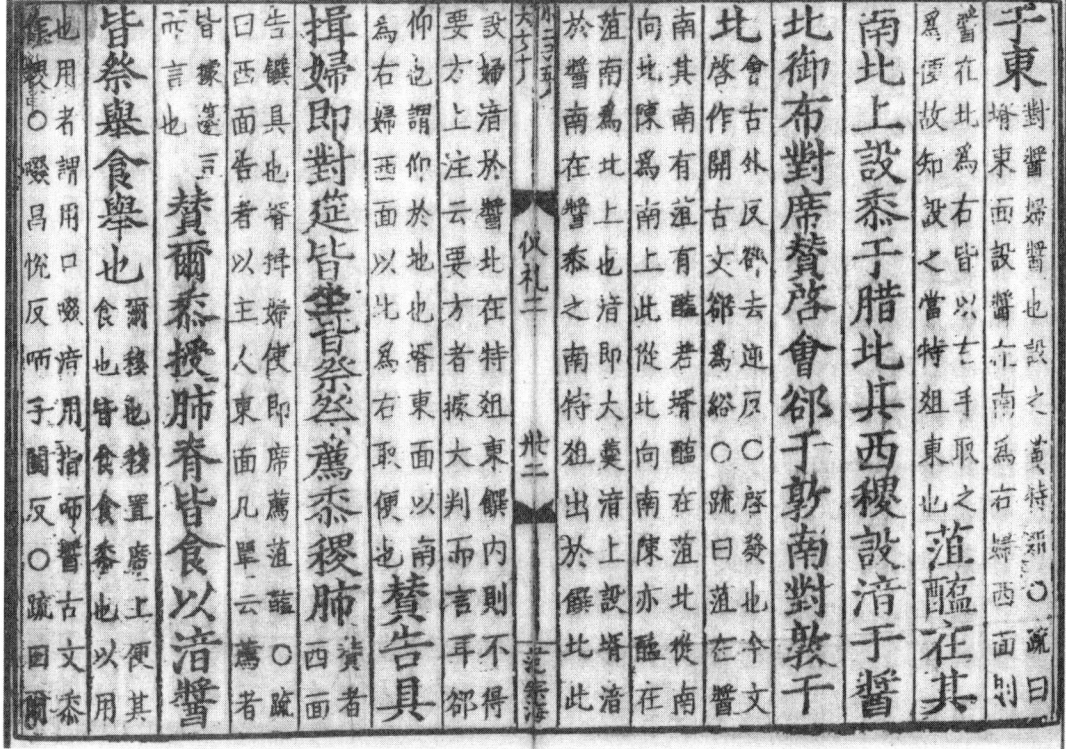

設婦湆於醬北在特俎東饌內則不得要方上注云要方者據大判而言耳卻仰也謂仰於地也婿東面以南為右婦西面以北為右取便也贊告具揖婦即對筵皆坐皆祭祭薦黍稷肺贊者西面告饌具也婿揖婦使即席薦菹醢○疏曰西面告者以主人東面凡畢云薦者皆據籩豆而言也贊爾黍授肺脊皆食以湆醬皆祭舉食舉也爾移也移置席上便其食也皆食食黍也以用也用者謂用口啜湆用指咂醬古文黍作稷○啜昌悅反咂子闔反○疏曰

0008_0132-2

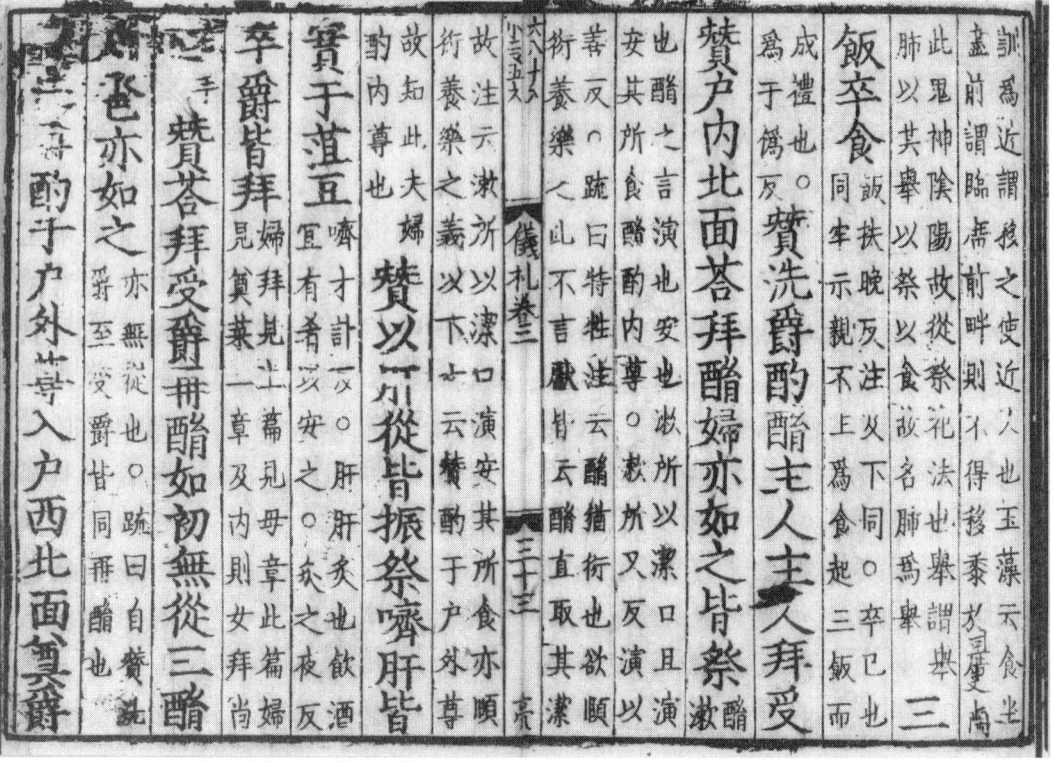

訓爲近謂移之使近人也玉藻云食坐盡前謂臨席前畔則不得移黍於[illegible]上此鬼神陰陽故從祭祀法也舉謂舉肺以其舉以祭以食故名肺爲舉

三飯卒食飯扶晩反注及下同○卒已也同牢示親不上爲食起三飯而成禮也○爲于僞反

贊洗爵酌酳主人主人拜受贊戶內北面荅拜酳婦亦如之皆祭酳漱也酳之言演也安也漱所以潔口且演安其所食酳酌內尊○漱所又反演以善反○疏曰特牲注云酳猶衍也欲頤衍養樂之也不言獻皆云酳直取其潔

儀礼卷二　三十三

0008_0133-1

故注云漱所以潔口演安其所食亦頤衍養樂之義以下亦云贊酌于戶外尊故知此夫婦酌內尊也

贊以肝從皆振祭嚌肝皆實于菹豆嚌才計反○肝肝炙也飲酒宜有肴以安之○炙之夜反

卒爵皆拜婦拜見士昏見母章此篇婦見舅姑一章及內則女拜尚手

贊荅拜受爵再酳如初無從三酳用巹亦如之亦無從也○疏曰自贊洗爵至受爵皆同再酳也[illegible]

[illegible]酌于戶外尊入戶西北面奠爵

0008_0133-2

拜皆荅拜坐祭卒爵拜皆荅拜興贊酌者自[illegible]也○疏曰言皆者夫婦也三酳乃酌尊自酢者略賤者也既合巹乃用爵不嫌相襲爵明更洗餘爵也

主人出婦復位復尊西南面之位○疏曰案下文云主人說服于房則此時亦向東房矣婦人不宜出復入故因舊位而止也

乃徹于房中如設于室尊否徹室中之饌設于房中爲媵御餕之徹尊不設有外尊也○爲于僞反

主人說服于房媵受婦說服于室御受姆授

0008_0134-1

巾說吐活反○巾所以自潔清今文說作稅○稅詩銳反○疏曰媵受御受與沃盥同亦交接有漸之義

御衽于奧媵衽良席在東皆有枕北止衽而甚反○衽臥席也婦人稱夫曰良孟子曰將閒良人之所之止足也古文止作趾○閒古莧反○疏曰衽于奧主于婦席使御布婦席使媵布夫席此亦示交接有漸之義曲禮云請衽何趾鄭云卧問趾明衽卧席也布同牢席夫在西婦在東今乃易處者前者示陰陽交會有漸今取陽往就陰也

主人入親說婦之纓說吐活反[illegible]入

儀礼卷二　三十四

0008_0134-2

還入室也婦人十五許嫁笄因著纓明有繫也蓋以五采

聞○音昭反○疏曰云女子許嫁纓注云繫纓

也謂此纓也內則云男女未冠笄者總角衿纓此幼時纓也

二纓異故纓未聞 燭出 昏禮畢將臥息 媵餕主人

餘御餕婦餘贊酌外尊酳之 外尊房戶外之

尊○疏曰賤不敢同酌內尊也 媵侍于戶外呼則

聞○尊者有所徵求古文侍作待○疏曰不使御侍于戶外者以女為主也

儀禮卷二　三十五

婦至○記婦入寢門贊者徹尊冪

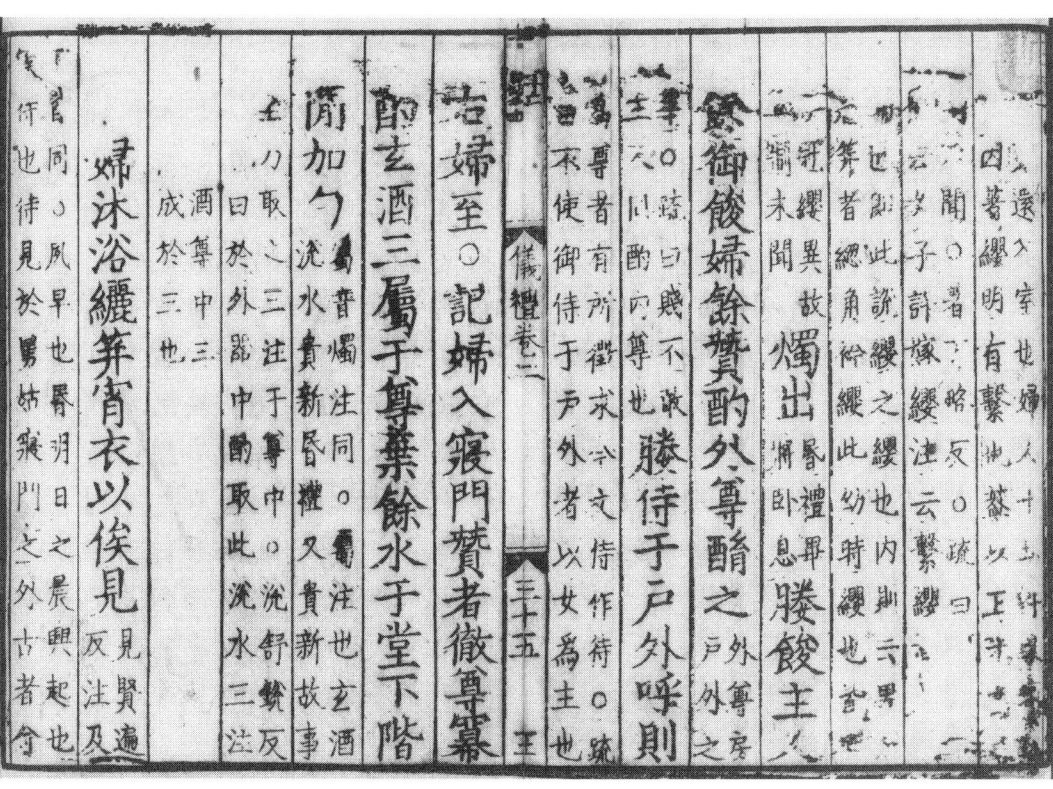

酌玄酒三屬于尊棄餘水于堂下階

間加勺 音灼注同○屬注也玄酒涗水貴新昏禮又貴新故事

少取之三注于尊中○涗舒銳反曰於外器中酌取此涗水三注

酒尊中三成於三也

婦沐浴纚笄宵衣以俟見 見賢遍反注及

同○夙早也昏明日之晨興起也侍也待見於舅姑寢門之外古者命

0008_0135-1

0008_0135-2

士以上年十五父子異宮○疏曰纚笄宵衣特牲主婦宵衣也不著纁衣纁袡

日以嫁特之盛服今已成昏故退從此命士以上十五以後乃異宮不命

父子同宮雖俟見言舅姑寢門之外 質明贊見婦于

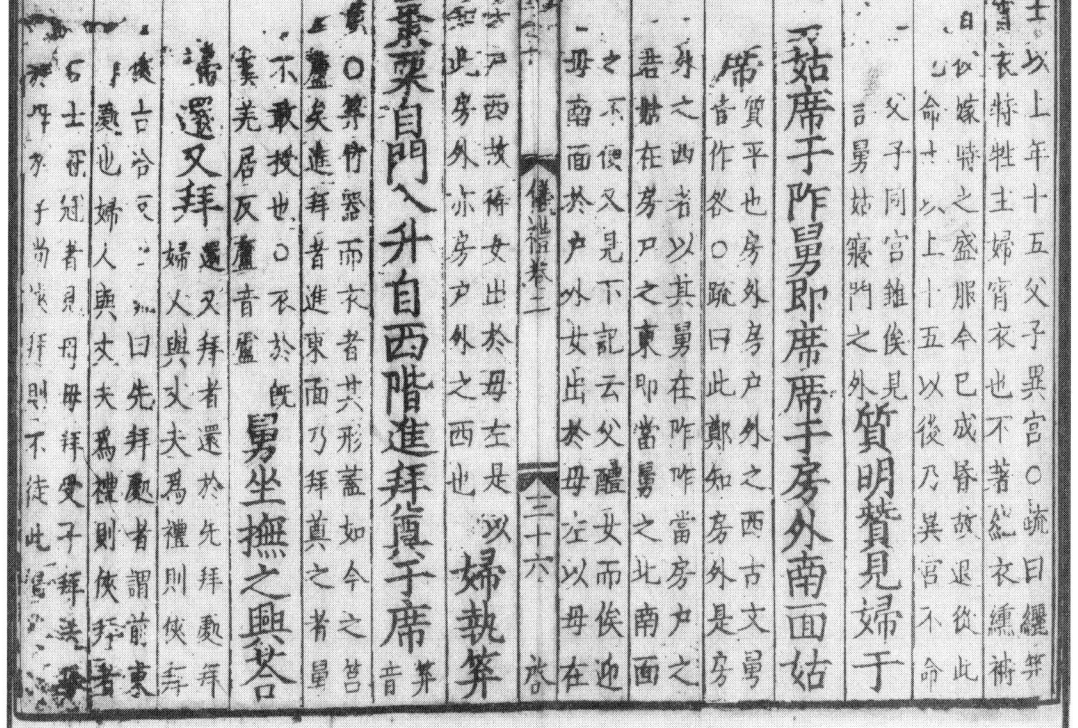

舅姑席于阼舅即席席于房外南面姑

席 質平也房外房戶外之西古文舅皆作咎○疏曰此鄭知房外是房

外之西者以其舅在阼阼當房戶之東即當舅之北南面君姑在房戶之東

之不使又見下記云父醴女而俟迎者母南面於戶外女出於母左以母在

房外亦房戶外之西也戶西故稱女出於母左是以 婦執笄

儀禮卷二　三十六

棗栗自門入升自西階進拜奠于席 笄音

煩○笄竹器而衣者其形蓋如今之筥𥫱盧矣進拜者進東面乃拜奠之者舅

尊不敢授也○衣於既反筥居呂反盧音盧 舅坐撫之興答

拜婦還又拜 還又拜者還於先拜處拜婦人與丈夫為禮則俠拜

撫安也婦人與丈夫為禮則俠拜還古協反曰先拜處者謂前東

士冠禮者見母母拜受子拜送拜則不徒此

0008_0136-1

0008_0136-2

□記言之。降階受笲腶脩，升進北面拜奠
于席。姑坐舉以興，拜授人。腶丁亂反。○人有司姑執
以起。荅婦拜，授有司徹舅則宰徹之。疏曰：必見舅用棗栗，見姑以腶脩者，
春秋夫人姜氏入，大夫宗婦覿用幣。公羊傳云：見用幣，非禮也。然則曷用棗
栗云乎，腶脩云乎？棗栗取其早自謹敬，腶脩取其斷斷自脩也。
若婦見。○記：笲，緇被纁裏，加于橋。舅
荅拜，宰徹笲。裏音里。○被，表也。笲有衣者，婦見舅姑以飾為

儀九卷二　三十七

0008_0137-1

敬。橋所以庪笲，其制未聞。□文橋為鐈。○鐈户老反。○婦見舅
姑，兄弟、姑姊妹皆立于堂下，西面北上，
是見已。見賢遍反，注同。○婦來為供養也，其見主於尊者，兄弟以
下注位，是為已見，不得特見。○供養，用反；養，羊尚反。○疏曰：堂下舅姑之
至下東濱西向，以北為上，近堂為尊。迹是見已者，舅姑在堂上，婦自南門
而入，入則從於夫之兄弟、姑姊妹，贊處因以是即為相見，不復更別詣其
□亦見也。見諸父，各就其寢。旁尊也，亦為時不來。○疏□□

0008_0137-2

諸父謂夫之伯叔也，既是旁尊，則婦於明日乃各往其寢而見之，不與舅
姑同日也。○雜記

贊醴婦。醴當為禮。贊禮婦者，以其婦道新成，親厚之。席于戶
牖間。室户西牖東，南面位。○疏曰：禮子、禮婦、禮賓客，皆於此尊之故也。
側尊甒醴于房中，婦疑立于席西。疑，□乙□。
○疑，正立自定之貌。○疏曰：以禮未至，故疑然自定而立以待事也。若行禮之
間而立，則云立，不云疑立也。贊者酌醴，加柶，面枋，出

儀禮卷二　三十八

0008_0138-1

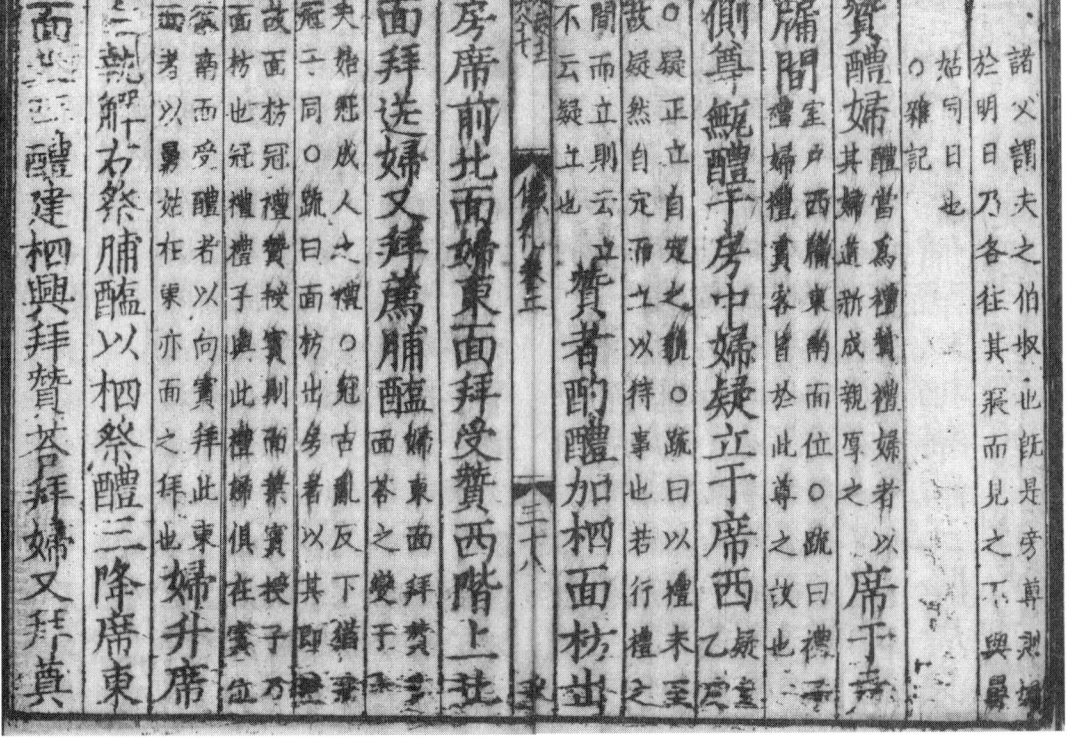

房，席前北面。婦東面拜受，贊西階上北
面拜送。婦又拜，薦脯醢。婦東面拜，贊北面荅之，變于丈
夫始冠成人之禮。○枋，古亂反，下猶冠子同。○疏曰：面枋出旁者，以其即
故面枋。冠禮贊授賓則面葉，賓授子乃面枋也。冠禮禮子與此禮婦俱在客位，
客南面受醴者，以向賓拜。此東面者，以舅姑在東，亦面之拜也。婦升席，
左執觶，右祭脯醢，以柶祭醴三，降席東
面坐，啐醴，建柶，興，拜。贊荅拜。婦又拜，奠

0008_0138-2

……降……

……帛與之……脯……祭得禮人謂婦氏……

婦○記婦席薦饌于房

……○疏曰醴婦特唯席與薦……

……婦并有俎俎則不饌于房……

……于俎入設于席前……

……禮婦時亦言也

姑入于室婦盥饋 饋其位反……

婦道既成……

特豚合升側載無魚腊無稷並……

儀禮卷二　三十九

0008_0139-1

南其他如取女禮……在……

……盥女謂婦也……

……南上以上……

……則無魚腊……

……席東面……

……也同人尚右故……

……之姑俎以異……

……卒食一酳無從……

0008_0139-2

……謂……於互……也席于北……

……牆下……疏曰婦徹設席……

……為婦餕之……

酳西上婦餕舅辭易醬 婦餕者……

……溍汙○溍七内反本或作……

……之汙○疏曰舅辭易醬者……

西上者亦以右為上也言將……

至下文婦餕姑之饌乃始餕耳

嫌溍汙者以其醬……

以指涉之溍汙也婦餕姑之饌御贊……

祭肺舉肺脊乃食卒姑酳之……

儀禮卷二　四十

0008_0140-1

姑拜送坐祭卒爵姑受奠之 奠之……

不餕舅餘者以舅尊嫌相褻……

婦餕也取女有雒此亦如之也……

于房中媵御餕姑酳之雖無娣媵先

……古者嫁女必姪娣從……

謂之媵姪兄之子娣……

……若或無娣猶先……

舅姑錯者媵餕舅御餕姑……

……始為婦……于用……○

……諸侯則……媵……

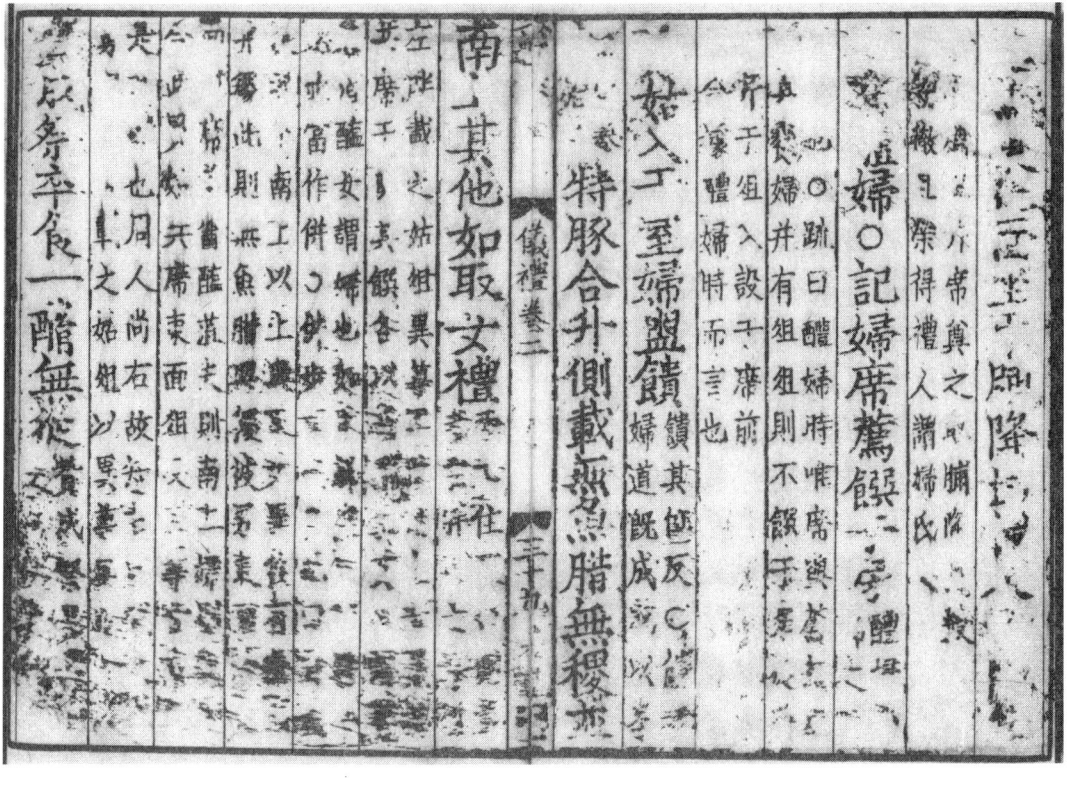

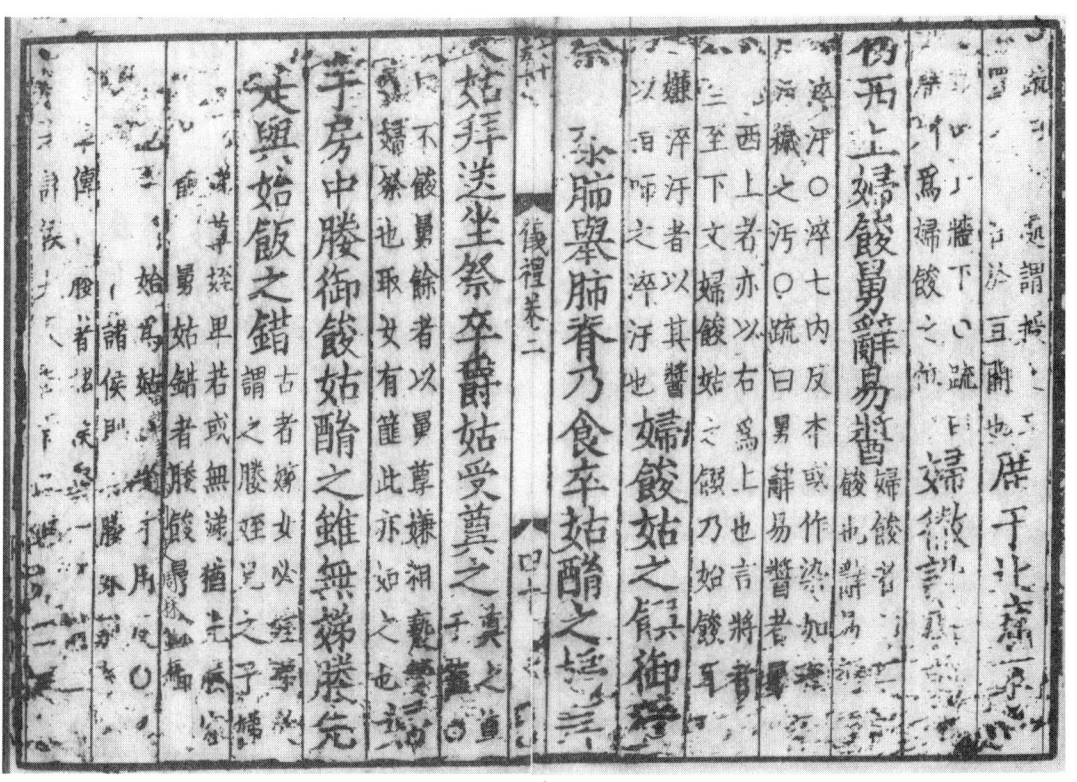

……傳……

0008_0141-1　　0008_0140-2

有姪娣則九女是媵與姪娣別也若大夫士無二媵卽以姪娣爲媵今言雖無娣者言雖無娣而唯有姪亦先酳此姪之爲媵者也舅姑餕飯而媵餕舅餘御餕姑餘交錯之義也

右婦饋

舅姑共饗婦以一獻之禮舅洗于南洗姑洗于北洗奠酬以酒食勞人曰饗南洗在庭北洗在北堂設兩洗者獻酬酢以絜清爲敬奠酬者明正禮成不復舉凡酬酒皆奠于薦左不舉其燕則更使人舉爵○勞功報反○疏曰此饗與上盥饋同日爲之以昏義云厥明是容大夫以上或異日故知此士同日也此亦於舅姑寢堂之上與禮婦同在客位也云共饗婦者舅獻而姑薦也姑無洗爵之事而設北洗爲姑洗則是舅獻姑酬共成一獻仍無妨姑薦脯醢也以鄉飲酒之禮約之席在室戶外西舅酌酒於阼階獻婦婦西階上受飲畢又酢舅乃先酌自飲畢更酌以以酬姑姑受爵奠於薦左不舉爵正禮畢也又云燕則更使人舉爵者案燕禮獻酬訖別有人舉旅行酬也

舅姑先降自西階婦降

小三十四　小三十五　儀禮二　四十一

0008_0142-1　　0008_0141-2

自阼階授之室使爲主明代已○疏曰曲禮云子事父母升降不由阼階阼階是主人尊者升降之處今舅姑降自西階婦降自阼階是授婦以室之義也授之室承義文

歸婦俎于婦氏人言俎則饗禮有牲矣婦氏人丈夫送婦者使有司歸以婦俎當以反命於女之父母明得其禮○疏曰案雜記云大饗卷三牲之俎歸于賓館是賓所當得也饗時設几而不倚爵盈而不飲肴乾而不食故歸俎此饗婦婦亦不食故歸之也經雖不言牲旣言俎俎所以盛肉故知有牲此婦氏人卽上婦所授脯者也

右饗婦

○記

婦席薦饌于房注疏已見醴婦

饗婦姑薦焉舅姑共饗婦舅獻爵姑薦脯醢

婦洗在北堂直室東隅篚在東北面盥洗在北堂所謂北洗北堂房中半以北洗南北直室東隅東西直房戶與隅間○疏曰房與室相連房無北壁故得北堂之名故云洗在北堂也云北堂房半以北者以其南堂是戶外半以南得堂名則堂是戶外之稱則知房半以北謂之北堂也知房無北戶者燕禮大射皆云羞膳者升自北階立于房

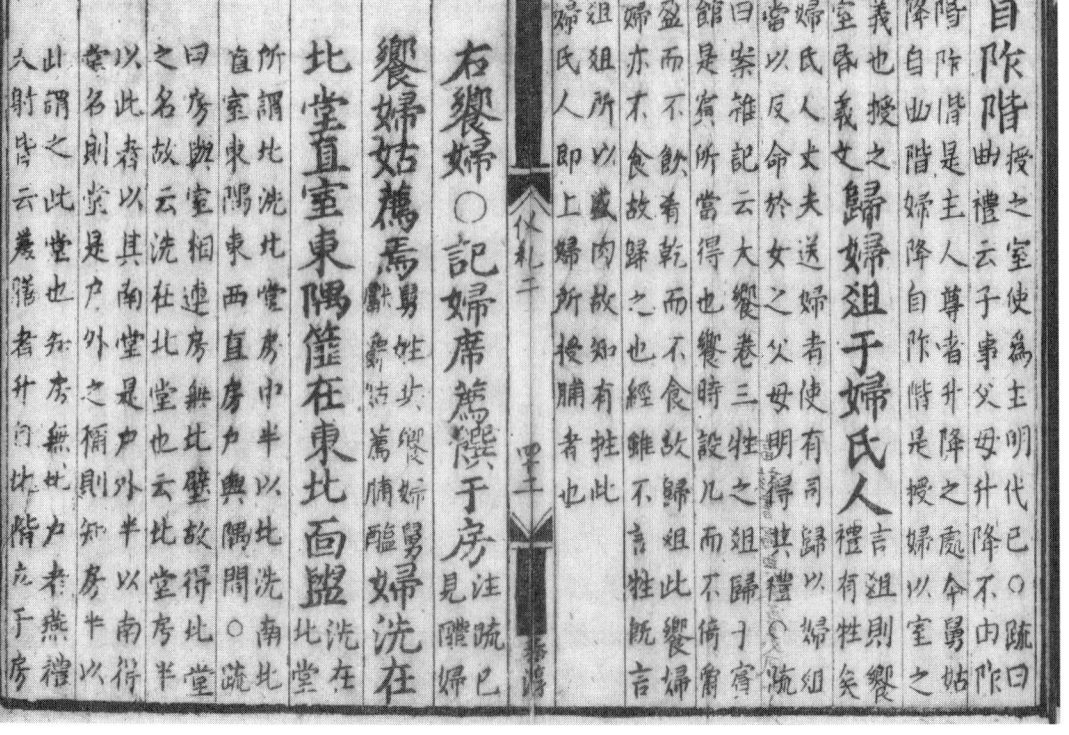

儀禮二　四十二

0008_0142-2

中不言入房是無北壁亦無[illegible]得設洗直室東隅也直室東隅者[illegible]北之節北直房户與隅間者東西之節也。婦酢舅更爵自薦更爵男女不相因也○疏曰謂舅姑饗婦時舅獻姑薦今婦酢舅婦自薦之也不敢辭洗舅降則辟于房不敢拜洗辟音避○不敢與尊者爲禮○疏曰此當在婦酢舅之上今在此者欲見酬酒洗降不辭故也凡婦人相饗無降[illegible]饗婦人送者于房無降者以北洗篚在上○疏曰婦人有事不下堂舅

0008_0143-1

[illegible]饗婦及姑饗婦人送者皆然○庶婦則使人醮之婦不饋醮子召反○庶婦庶子之婦也使人醮之不饗也酒不酬[illegible]曰醮亦有脯醢適婦酌之以醴尊[illegible]庶婦酌之以酒卑之其儀則同不[illegible]者共養統於適也○適丁狄反下[illegible]其九界反○疏曰其儀則同者[illegible]用醴於客位東面拜受醴贊者[illegible]拜送今庶婦雖於房外之西亦[illegible]拜受醮者亦北面拜送也庶婦[illegible]饋耳不言不見明亦以棗栗[illegible]

[illegible]

0008_0143-2

舅饗送者以一獻之禮酬以束錦送者女家有司也爵至酬賓又從之以束錦所以相厚古文錦皆作帛○疏曰此一獻液常饗賓客法尊無送卑之法大夫嫁女遣臣送之士無臣故有司送之也古文錦皆爲帛此不從者禮有玉錦非獨此文則禮有贈錦之事也姑饗婦人送者酬以束錦婦人送者隸子弟之妻妾凡饗速之○疏曰左氏傳云士有隸子弟士卑無臣自以其子弟爲僕隸尊無送卑故知婦人送者是隸子弟之妻妾也聘禮饗食速賓知此亦速之也凡速者皆就館召下

0008_0144-1

註云就賓館是賓自有館也婦人送者亦當有館男子則主人親速其婦送者則婦人迎客不出門當別遣人速之若異邦則贈丈夫送者以束錦贈送也就賓館○疏曰公羊傳云大夫越境逆女非禮也鄭註喪服亦云古者大夫不外娶今言異邦得外娶者以大夫尊外娶則外交故不許士卑不嫌容有外娶法故有異邦送客也贈賄之等皆就館故知此亦就館也

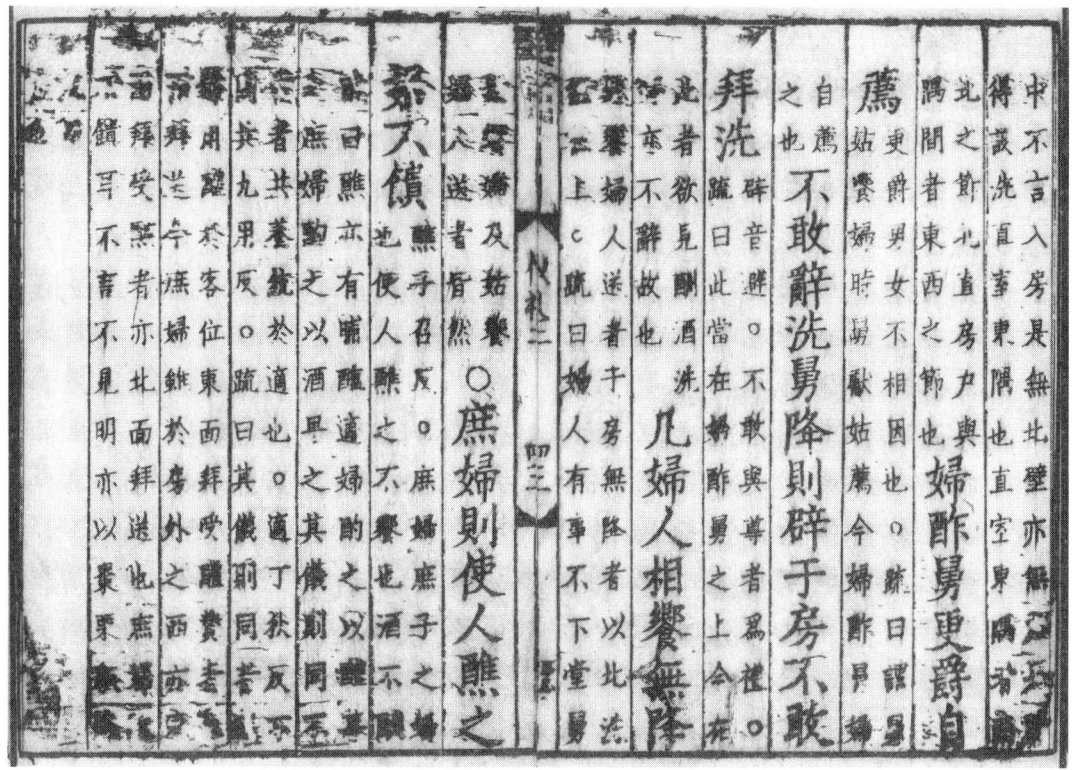

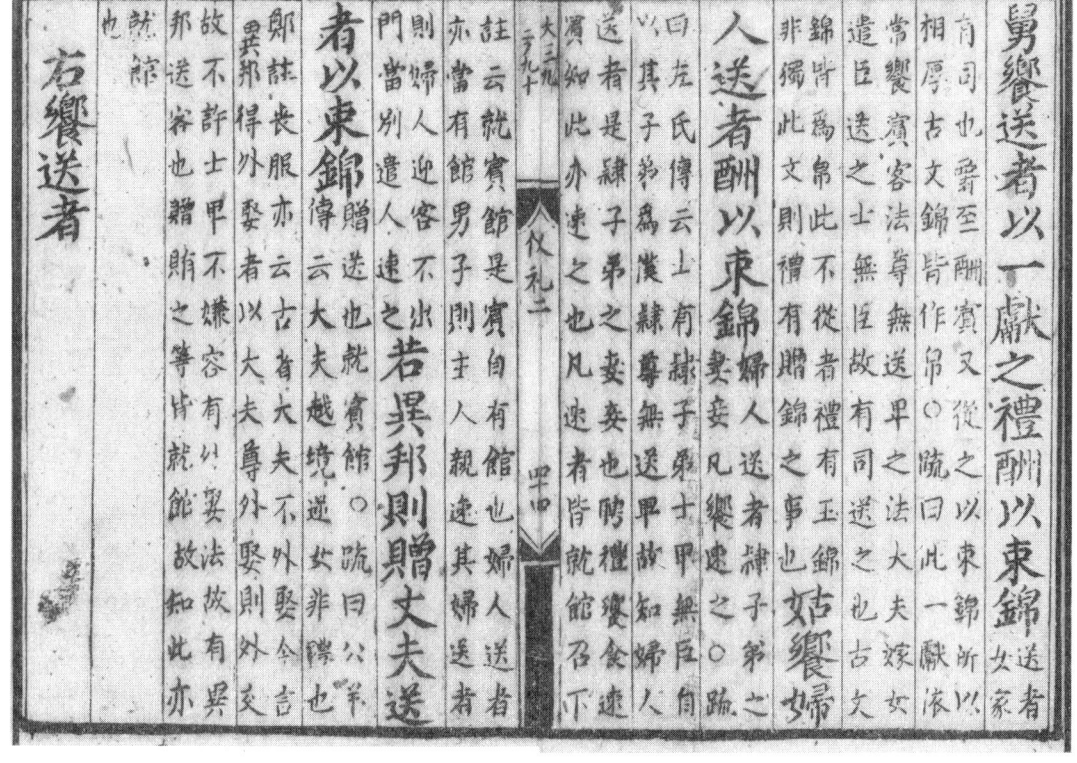

右饗送者

0008_0147-2

婦入三月然後祭行 入夫之室三月之後於祭乃行謂助祭也○疏曰此據舅在無姑或舅沒姑老者若舅在無姑三月不須廟見則助祭案內則云舅沒則姑老者謂姑六十亦傳家事任長婦婦入三月廟見祭菜之後亦得助祭也此亦謂適婦其庶婦無此事也

右祭行 補記

若舅姑既沒則婦入三月乃奠菜 没終也奠菜者以篚祭菜也蓋用菫○菫音謹○疏曰必三月者三月一時天氣變婦道可成也此言舅姑俱沒者若舅沒姑存則當時見姑三月亦廟見舅若舅存姑

0008_0148-1

没婦人無廟可見或更有繼姑自然如常禮也案曾子問云三月而廟見擇日而祭於禰鄭云謂舅姑沒者也婦有供養之禮猶舅姑存時盥饋特豚於室○言奠菜即彼祭於禰一也用菫者取謹敬亦因內則有菫荁枌榆供養故疑之也

席于廟奧東面右几席于北方南面 廟考妣之廟北方墉下○疏曰案司几筵云每敷一几鄭注云周禮雖合葬及時同在殯皆異几體實不同祭於廟同几精氣合又祭統云設同几[illegible]

0008_0148-2

而同席此祭於廟中而別席者[illegible]廟見者主爲見舅姑舅姑別席異面以今亦異席別面象生不與常祭同也

祝盥婦盥于門外

婦執笲菜祝帥婦以入祝告稱婦之姓曰某氏來婦敢奠嘉菜于皇舅某子 詩道也入入室也某氏者齊女則曰姜氏魯女則曰姬氏來婦言來爲婦嘉美也皇君也○疏曰洗在門外祝與婦就而盥之者此亦異於常祭象生見舅姑在外沐浴乃入舅姑之寢故洗在門外也祝帥婦以入者象特牲陰厭祝先主人入

0008_0149-1

室也某子者言若張子李子也

婦拜扱地坐奠菜于几東席上還又拜如初 扱地手至地也婦人扱地猶男子稽首○疏曰以手至地謂之扱地婦人肅拜爲正手不扱地今重其禮故扱地也蓋稽首者拜頭至地男子拜中之重今之扱地則婦人之重拜故以相況也鄭司農云稽首是臣拜君之拜肅拜但俯下手今時揖是也

婦降堂取笲菜入祝曰某氏來婦敢告于皇姑某氏奠菜于席如初禮 降堂階上也室事交

0008_0149-2

乎戶今降堂者敬也於姑言取告舅姑於姑○疏曰此爲設於北坐之前以見姑也降堂者在階上也室事交乎戶室事交乎階禮器文今此是室事當交於戶乃交於階故言敬也

婦出祝闔牖戶 凡廟無事則閉之○疏曰先牖後戶者先闔牖後闔戶也無事則閉之以鬼神尚幽闇也

老醴婦于房中南面如舅姑醴婦之禮 因於廟見禮之○疏曰舅姑生時見訖舅姑使贊醴婦於寢之戶牖之閒今舅姑沒者使老醴婦於廟之房中其禮則同使老及處所則別也

壻饗婦送者丈夫婦人如舅姑饗禮 疏曰舅姑存舅姑自饗送者如上文今舅姑沒故壻兼饗丈夫婦人如舅姑饗禮并有贈錦之等

0008_0150-1

右奠菜 補記

若不親迎則婦入三月然後壻見曰某以得爲外昏姻請覿 見賢遍反注下除相見並同覿音狄○女氏稱昏壻氏稱姻覿見也○疏曰必三月者亦如三月婦廟見一時天氣變婦道成故見外舅姑自此至敢不從主是壻在婦家大門外與擯者請問之辭男曰昏女曰姻者義取壻昏時往娶女則因之而來及其親則女氏稱昏男氏稱姻義取送女者昏時存男家因得見之故也

0008_0150-2

主人對曰某以得爲外婚姻之數某之子未得濯溉於祭祀是以未敢見今吾子辱請吾子之就宮某將走見 濯丈角反溉古代反○主人女父也以白造縞曰辱○造七報反○疏曰濯溉者前祭之夕濯溉祭器以其自此以前未廟見未得祭祀故未敢相見也就宮者使壻還就家也以潔白之物造置於縞色之中是汙白色猶今賓至已門亦是至辱也

0008_0151-1

對曰某以非它故不足以辱命請終賜見 非它故彌親之辭命謂將走見之言今文無終賜

對曰某得以爲昏姻之故不敢固辭敢不從 不言外亦彌親之辭古文曰外昏姻

主人出門左西面壻入門東面奠摯再拜出 出門出內門入門入大門出內門不出大門者異於賓客也壻見於寢奠摯者壻有子道不敢授也摯雉也○疏曰壻見於寢者禮凡見賓客以摯親授

0008_0151-2

入廟壻見外舅姑非賓非親迎故如適寢也凡執摯相見皆親授受此獨

象父子之道賓故不親授也擯者以摯出請受使

辭賓客禮相見○疏曰燕聘禮賓執摯入門右從臣禮辭之乃出由門左西向

北面從賓客禮此亦然也壻禮辭許受摯入主人再

拜受壻再拜送出出已見女父○疏曰受摯入者亦如聘禮

受摯乃更西入也又云出已見女父者以主相見訖擯出更與主婦相見也

見于主婦主婦闔扉立于其內扉音非○主婦亦人

0008_0152-1

之婦也見主婦者兄弟之道宜相親也闔扉者婦人無外事扉左扉○疏曰闔

壻母與妻之黨為兄弟故知主婦爲壻者兄弟之道也士喪禮云闔東扉主婦

立于其內東扉即左扉也壻立于門外東面主婦一

拜壻荅再拜主婦又拜壻出必先一拜者婦人於

丈夫必俠拜主人請醴及揖讓入醴以一獻

之禮主婦薦奠酬無幣及與也無幣異於賓客○疏曰

主人與壻揖讓而入寢門升堂醴壻也昏禮酬賓皆有幣故云異於賓

0008_0152-2

壻出主人送再拜

右壻見婦之父母補記

昏義第四　家禮二之下

天地合而后萬物興焉疏曰天氣下降地氣上騰天地

合配則萬物生焉若夫婦合配則子嗣生焉夫昏禮萬世之

始也取於異姓所以附遠厚別也取音娶遠

于萬反別兵列反下注皆同○同姓或則多相褻也○疏曰取異姓者所以依

0008_0153-1

附相疏遠之道厚重分別之義不欲相褻故不取同姓也幣必誠辭

無不腆誠信也腆猶善也○疏曰誠者謂勿令濫惡使可裁制貢之傳

辭無自謙退云幣不善不詐飾也告之以直信直猶正也此二

者所以教婦正直信也信事人也信婦德也事猶立也

○疏曰人有是身非信不立婦人之德尤在貞信壹與之齊終

身不改故夫死不嫁齊謂共牢而食同尊卑也齊或為醮

男子親迎男先於女剛柔之義也天先

0008_0153-2

一也君先乎臣其義一也迎魚敬一反 同先悉薦反

反注同○先謂倡道也○倡昌亮反道音導下先道同執摯以相

見敬章別也言不敢相褻也摯所奠鴈也○疏曰章明也昏親迎

先奠鴈後乃與婦相見是先行敬以明夫婦禮有分別不妾交親男女

有別然後父子親父子親然後義生義

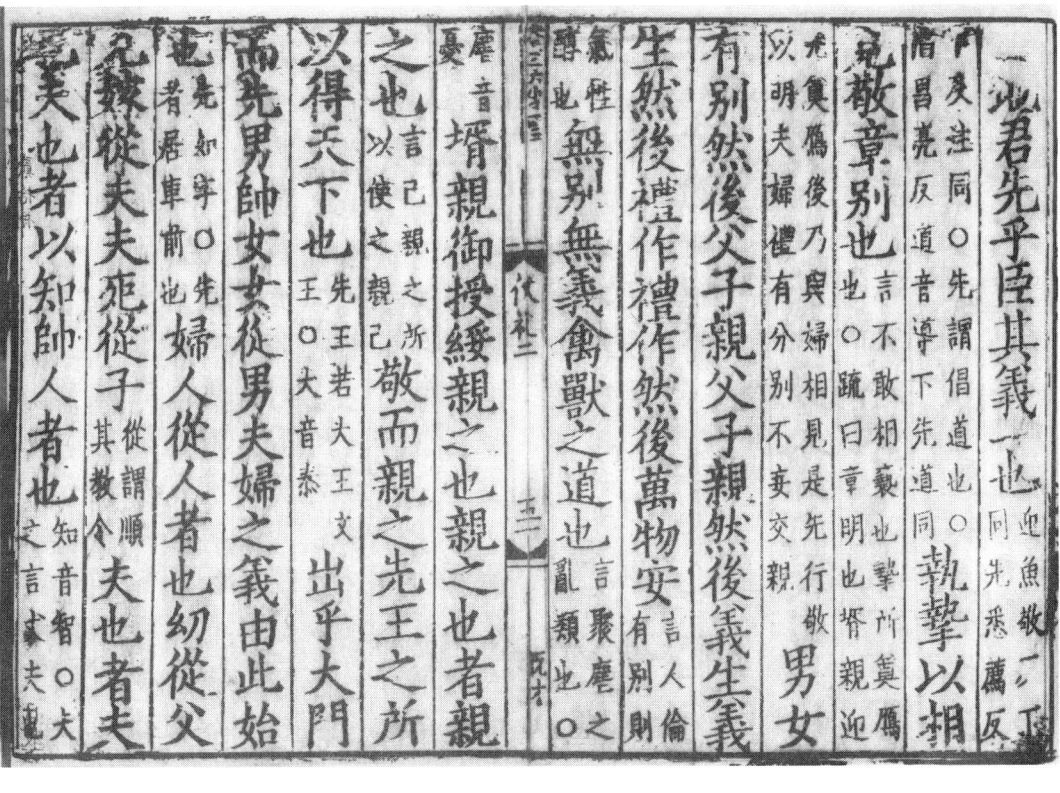

生然後禮作禮作然後萬物安言人倫有別則

氣性醇也無別無義禽獸之道也言聚麀之亂類也○

0008_0154-1

麀音憂壻親御授綏親之也親之也者親

之也言已親之所以使之親已敬而親之先王之所

以得天下也先王若大王文王○大音泰出乎大門

而先男帥女女從男夫婦之義由此始

也先知乎○先者居車前也婦人從人者也幼從父

兄嫁從夫夫死從子從謂順其教令夫也者夫

也夫也者以知帥人者也知音智○夫之言丈夫也

0008_0154-2

玄冕齊戒鬼神陰陽也將以爲社玄冕祭服

稷主爲先祖後而可以不致敬乎

也陰陽謂夫婦也○疏曰玄冕謂助祭服也著祭服而齊戒親迎是敬此夫婦

之道如事鬼神也妻爲內主故有國者是爲社稷內主也始此嗣廣後世故云

先祖後也士昏以爵弁是士服之上者則天子以下皆用上服共牢而

食同尊卑也故婦人無爵從夫之爵坐

以夫之齒爵謂夫命爲大夫則妻爲命婦器用陶匏尚

0008_0155-1

禮然也此謂大古之禮器也○大音泰○疏曰共牢之前俎以外其器

但用陶匏而已三王作牢用陶匏言大古無共牢之禮三王

之世作之而用大古之器重夫婦之始也厥明婦盥饋舅姑

舅姑卒食婦餕餘私之也私之猶言恩也○疏曰其明謂共牢

之明日也食餘曰餕謂舅姑食竟以餘食與之也舅姑降自西

階婦降自阼階授之室也明當爲家事之主也

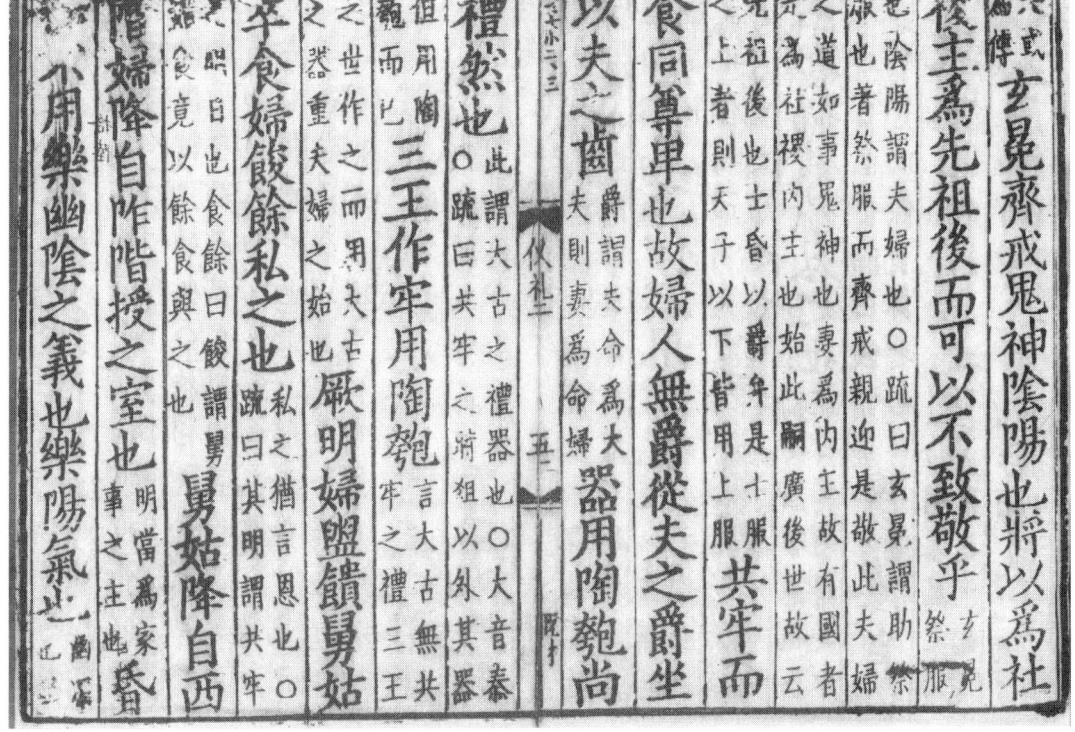

不用樂幽陰之義也樂陽氣也

0008_0155-2

使婦深思其義不以陽散之也○疏曰
陽是動散用樂則令婦志意動散故
深思陰静之義
以脩婦道也
昏禮不賀人之序也
序
猶
代也○鄭氏曰昏禮不用樂幽陰之義
此謚非是昏禮皆是幽陰但古人重此
大禮嚴肅其事不用樂也昏禮不
賀人之序也此則得之○郊特牲○
昏禮者將合二姓之好上以事宗廟而下
以繼後世也故君子重之是以昏禮納
采問名納吉納徵請期皆主人筵几於
廟而拜迎於門外入揖讓而升聽命於

0008_0156-1

廟所以敬慎重正昏禮也
好乎報反○
聽命謂主人
聽使者所傳壻家之命○疏曰問名者
問其女之所生母之姓名故昏禮云爲
誰氏言女之母何姓氏也○今按
此說與儀禮疏義不同未詳孰是
父親
醮子而命之迎男先於女也子承命以
迎主人筵几於廟而拜迎于門外壻執
鴈入揖讓升堂再拜奠鴈蓋親受之於父

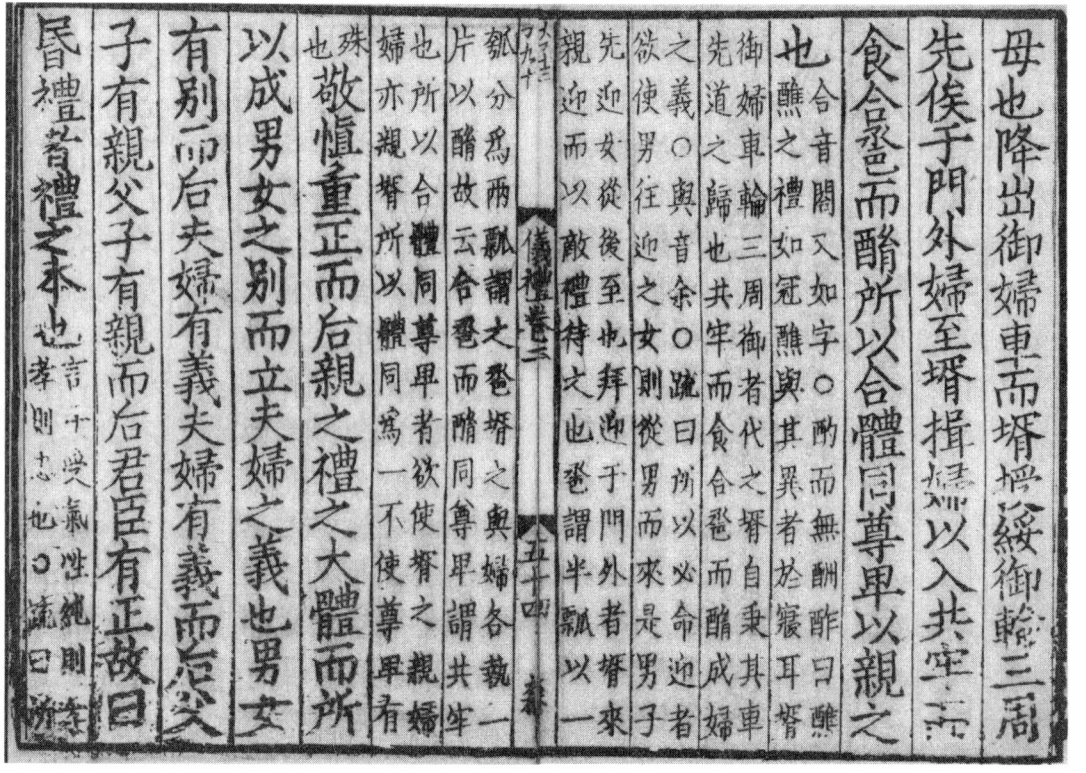

0008_0156-2

母也降出御婦車而壻授綏御輪三周
先俟于門外婦至壻揖婦以入共牢而
食合巹而酳所以合體同尊卑以親之
也
合音閤又如字○酳而無酬酢曰醮
醮之禮如冠醮與其異者於寢耳壻
御婦車輪三周御者代之壻自乘其車
先道之歸也共牢而食合巹而酳成婦
之義○與音余○疏曰所以必命迎者
欲使男往迎之女則從男而來是男子
先迎女從後至也拜迎于門外者壻來
親迎而以敵禮待之也巹謂半瓢以一

0008_0157-1

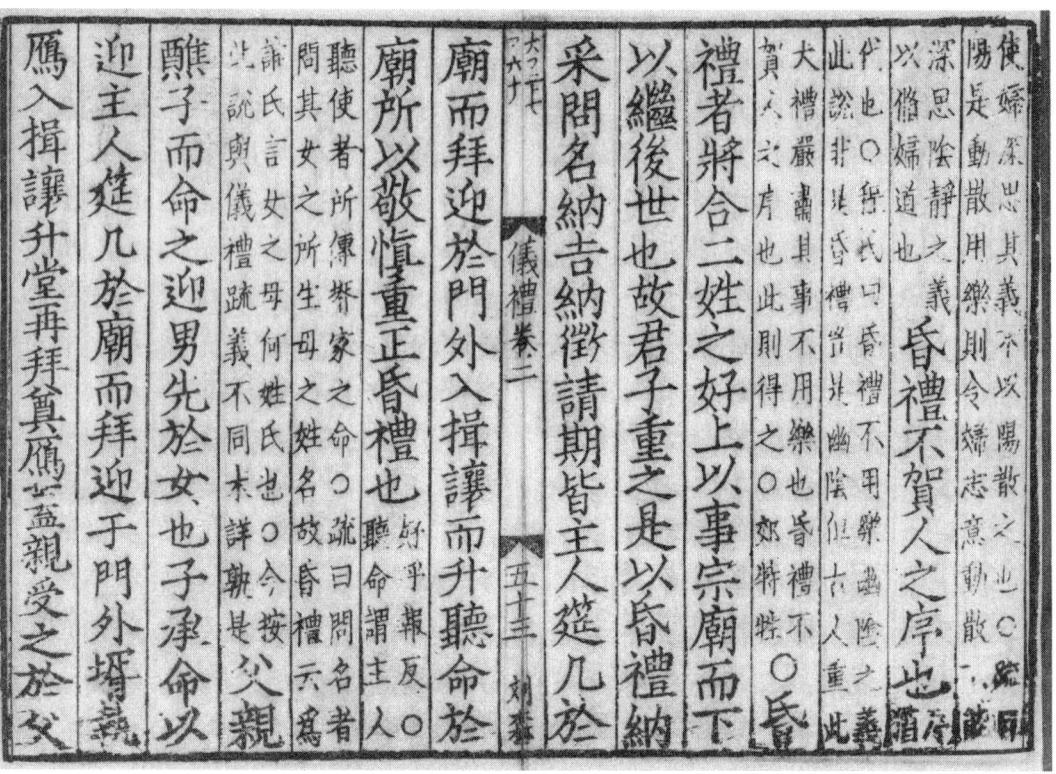

瓠分爲兩瓢謂之巹壻之與婦各執一
片以酳故云合巹而酳同尊卑謂共牢
也所以合體同尊卑者欲使壻之親婦
婦亦親壻所以體同爲一不使尊卑有
殊
也
敬慎重正而后親之禮之大體而所
以成男女之別而立夫婦之義也男女
有別而后夫婦有義夫婦有義而后父
子有親父子有親而后君臣有正故曰
昏禮者禮之本也
言子受氣性純則
孝則忠也○疏曰

以昏禮爲禮本者昏姻得所則受氣純和生子必孝事君必忠孝則父子親忠則朝廷正是昏禮爲諸禮之本也○今按此義已見首章夙興婦沐浴以俟見質明贊見婦於舅姑執笲棗栗腶脩以見贊醴婦婦祭脯醢祭醴成婦禮也成其爲婦之禮也贊醴婦當作禮聲之誤也舅姑入室婦以特豚饋明婦順也以饋明婦順者供養之禮主於孝順○疏曰士昏故有特豚饋於舅姑若大夫以上非唯特豚而已

厥明舅姑共饗婦以一獻之禮奠酬舅姑先降自西階婦降自阼階以著代也言獻之而授之以室事也降者各還其寢婦見及饋饗於適寢昏禮不言厥明此言之者容大夫以上禮多或異日○適丁歷反上時掌反[?]主亦兼明大夫故厥明饗婦若士婦見舅姑之日即舅姑饗婦不待厥明著代者謂阼階是舅姑所升之處今婦由阼階而降是著明代舅姑之事也適寢者謂舅姑之適寢也成婦禮明婦順又申之以著

代所以重責婦順焉也婦順者順於舅姑和於室人而后當於夫以成絲麻布帛之事以審守委積蓋藏當丁浪反下注同下注和當亦同委於僞反積子賜反藏才浪反○室人謂女妐女叔諸婦也當猶稱也後言稱夫者不順舅姑不和室人雖有善者猶不爲稱夫也○稱尺證反下同審保守家之所有委積掩蓋藏聚之物○疏曰以審守委積蓋藏者言以此詳審也室人是在室之人非男子也女妐謂壻之姊女叔謂壻之妹諸婦謂娣姒之屬

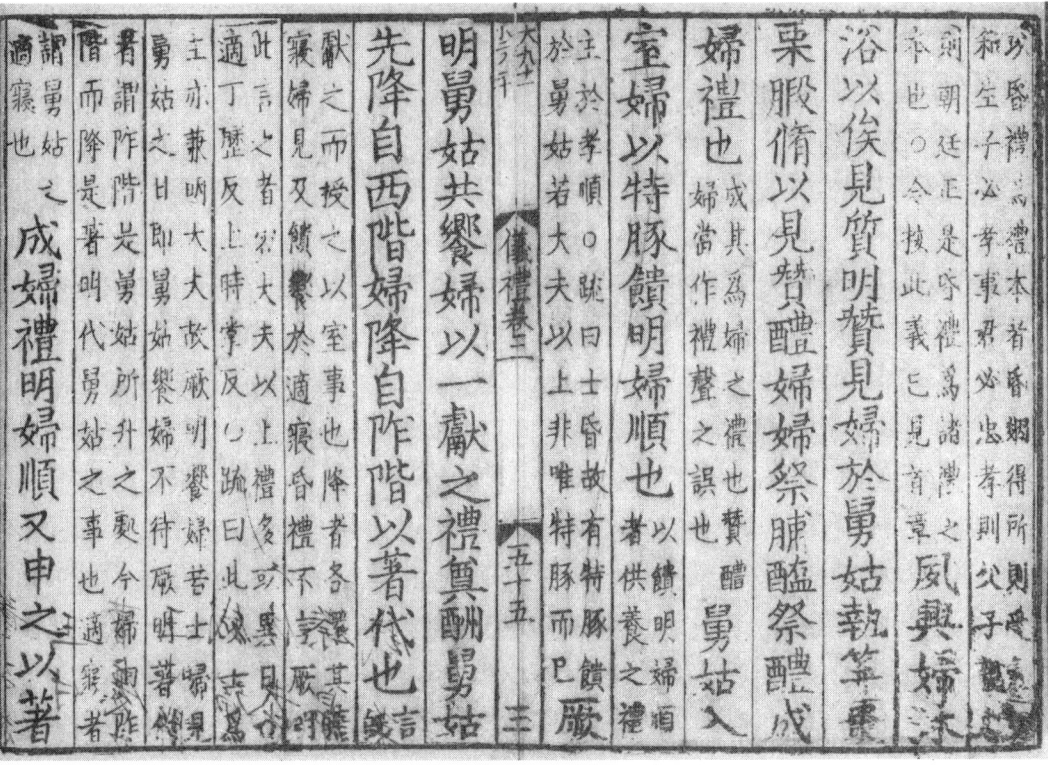

是故婦順備而后內和理內和理而后家可長久也故聖王重之順備者行和當事成審也○行下孟反○疏曰行是順於舅姑和謂和於室人當謂當於夫事成審者成絲麻布帛之事以審守委積蓋藏也是以古者婦人先嫁三月祖廟未毁教于公宮祖廟既毁教于宗室教以婦德婦言婦容婦功教成祭之牲用魚芼之以蘋藻所以成婦順

0008_0159-2

也○芼莫報反蘋音頻藻音早
謂天子諸侯同姓者也嫁女必就
尊者教成之教成之者女師也祖廟女
所出之祖也公君也宗室宗子之家也
婦德貞順也婦言辭令也婦容婉娩也
婦功絲麻也祭之祭其所出之祖也魚
蘋藻皆水物陰類也魚爲俎實蘋藻爲
羹菜祭無牲牢告事耳其齊盛用黍云
君使有司告之宗子之家若其祖廟已
毀則爲壇而告焉○婉紆免反娩音晚
齊音咨○疏曰祖廟公宮宗室說見上
篇教之三月其教已成祭女所出祖廟
而告之以爲來嫁之前先教四德又祭
而告欲使嫁而爲婦奉遵此教而成和

儀禮二　五十七

0008_0160-1

順也天子當言王言今經云公宮知兼
天子者若天子公邑官家之宮耳非專謂諸侯公宮
也謂公之宮也若天子公邑官家之宮耳此昏
禮雖記士昏禮之事自此以下廣明天子以下教女
成婦之義故此經教女舉貴者而言之注言女所出
祖謂高祖以下也天子[illegible]廟止自高
祖以下與諸侯同也云公君也[illegible]
諸侯皆稱君云宗室宗子之家[illegible]不云
大宗小宗則大宗小宗之家悉令教之
與大宗近者於大宗教之與小宗近者
於小宗教之此記謂君[illegible]同姓之
與始祖有大宗小宗[illegible]
[illegible]家也[illegible]

0008_0160-2

禰廟[illegible]祭特牲[illegible]故知[illegible]
于宗室者[illegible]告[illegible]若[illegible]
則女主之所宗子[illegible]其禮也[illegible]
者謂與宗子或同曾祖假令宗子爲士
只有父祖廟曾祖無廟則爲壇[illegible]
宗子之家而告焉此注或有作墠者[illegible]
也並祭法適士二廟一壇則曾祖爲壇
也大夫三廟二壇則高祖及高祖之父
爲壇唯宗子爲中士下士但有一廟無
壇則爲墠而告之耳○此以上係本文
疏言教於小宗之家亦以前篇義異故
下係
補　○魯哀公問於孔子曰禮男必三

儀禮二　五十八

0008_0161-1

十而有室女必二十而有夫也豈不晚
哉孔子曰夫禮言其極也不是過也男
子二十冠有爲人父之端女子十五許
嫁有適人之道於此而往則爲昏矣羣
生閉藏乎陰而爲化育之始陰謂冬也冬藏物而為化育始故聖人因時以合偶男女窮天數
也窮極也霜降而婦功成嫁娶者行焉季秋

0008_0161-2　0008_0162-1

霜降嫁娶者始於此詩云將子無怒秋以爲期也氷泮而農桑起婚禮而殺於此殺所界反○泮散也正月農事起蚕者採桑婚禮始殺言未止也至二月農事始起會男女之無夫家者奔者期盡此月故也詩云士如歸妻迨氷未泮言知欲使妻歸當及氷未泮散之盛時男子者任天道而長萬物者也知可爲知不可爲知可言知不可言知可行知不可行者也是故審其倫而明其別謂之知所以效匹夫之聽也任知語反長丁丈反別彼列反○聽宜爲德女子者順男子之教而長其理者也爲男子長養其理分是故無專制之義而有三從之道幼從父兄既嫁從夫夫死從子言無再醮之端始嫁言醮禮無再醮之端言不改事人首章有謂夫死不嫁也敎令不出於閨門事在供酒食而已無閫外之非儀也閫門限婦人貞淨無閫外

儀禮二　五九

0008_0162-2　0008_0163-1

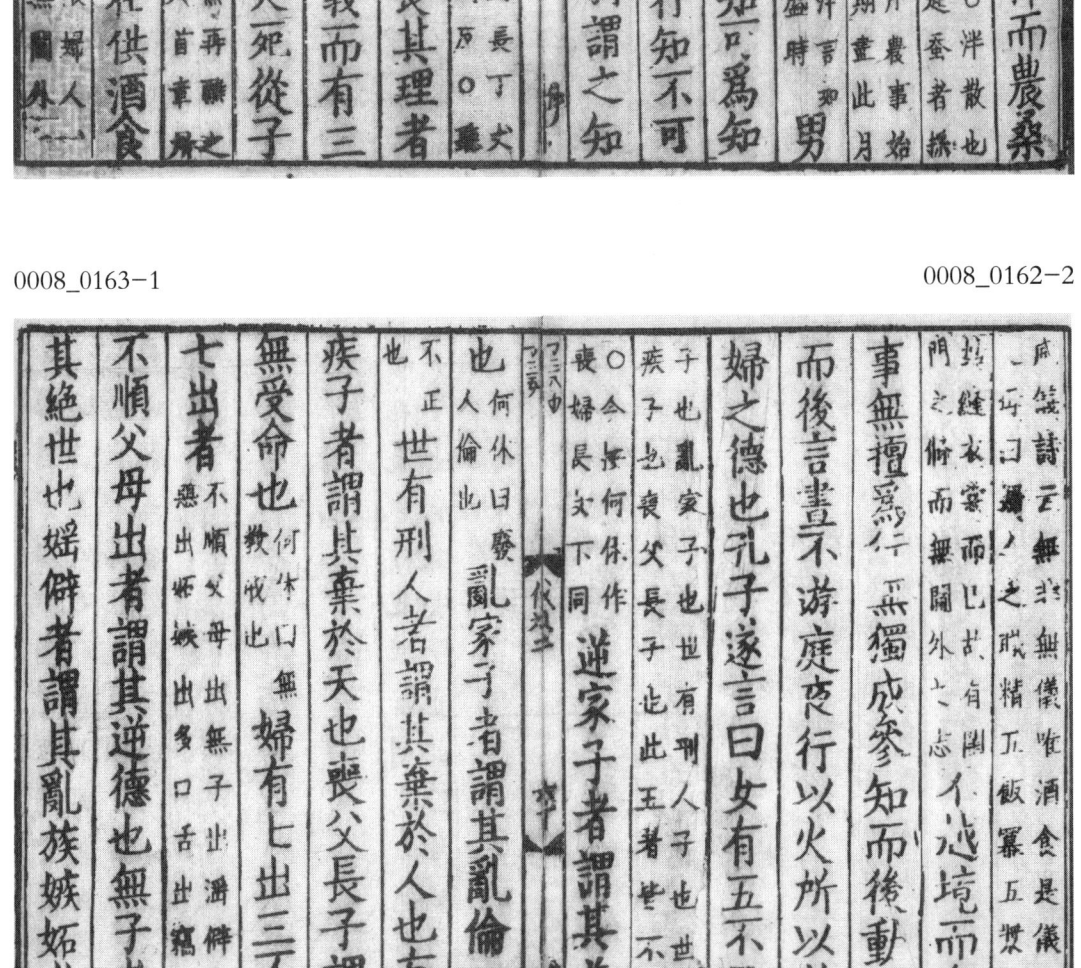

咸饋詩云無非無儀唯酒食是儀丟之辭曰飾人之職精五飯羃五醬養脩縫衣裳而已故有閫門之脩而無閫外之志不越境而奔喪事無擅爲行無獨成參知而後動可驗而後言晝不遊庭夜行以火所以效匹婦之德也孔子遂言曰女有五不取逆家子也亂家子也世有刑人子也世有惡疾子也喪父長子也此五者皆不取也○今按何休作喪婦長女下同逆家子者謂其逆德也何休曰廢人倫也亂家子者謂其亂倫何休曰類不正也世有刑人者謂其棄於人也有惡疾子者謂其棄於天也喪父長子謂其無受命也何休曰無教戒也婦有七出三不去七出者不順父母出無子出淫僻出疾惡出妬嫉出多口舌出竊盜出不順父母出者謂其逆德也無子者謂其絶世也淫僻者謂其亂族嫉妬者謂

0008_0163-2

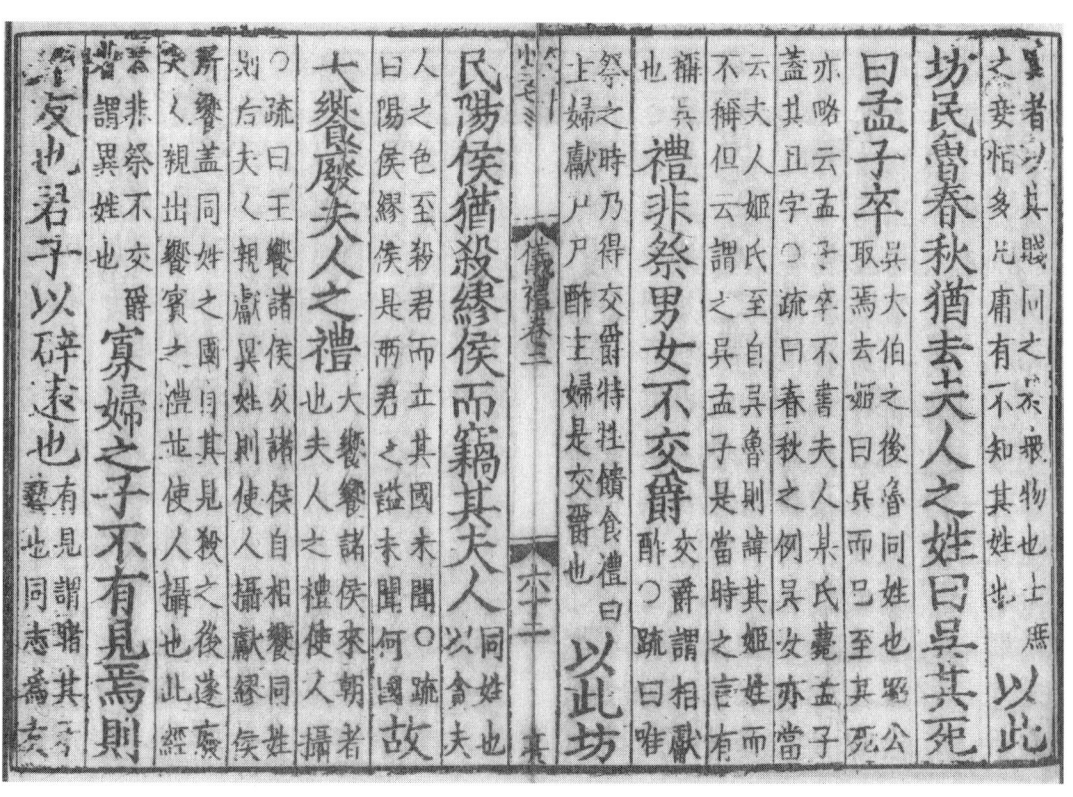

語言亂家惡疾者謂其不可供粢盛
多口舌者謂其離親竊盜者謂其反義
三不去者謂其有所取無所歸一也何休
取作娶又云不窮窮也與共更三年之喪二也更工
行反○何休曰不忘恩也先貧賤後富貴三也何休云賤
取貴不去不背德也凡此聖人所以順男女之際
重婚姻之始也家語○子云夫禮坊民所淫

0008_0164-1

章民之別使民無嫌以爲民紀者也淫猜
貧也章明也嫌嫌疑也故男女無媒不交無幣不
相見恐男女之無別也重男女之會所以遠別之訟會
獸也有幣者必有媒有媒者不必有幣仲春之月會男女之時不必待幣以
此坊民民猶有自獻其身獻猶進也○疏曰謂民之
女人猶有自進其身以求男者也取妻不取同姓以厚
別也厚猶遠也故買妾不知其姓則卜之妾賤

0008_0164-2

者多其賤同之衆物也士庶之妾恒多凡庸有不知其姓者以此
坊民魯春秋猶去夫人之姓曰吳其死
曰孟子卒吳大伯之後魯同姓也昭公取焉去姬曰吳而已至其死
亦略云孟子卒不書夫人某氏薨孟子蓋其且字○疏曰春秋之例吳女亦當
云夫人姬氏至自吳魯則諱其姬姓而不稱但云謂之吳孟子是當時之言有
稱吳也禮非祭男女不交爵交爵謂相獻酢○疏曰唯
祭之時乃得交爵特牲饋食禮曰主婦獻尸尸酢主婦是交爵也以此坊

0008_0165-1

民陽侯猶殺繆侯而竊其夫人同姓也以貪夫
人之色至殺君而立其國未聞○疏曰陽侯繆侯是兩君之謚未聞何國故
大饗廢夫人之禮大饗饗諸侯來朝者也夫人之禮使人攝
○疏曰王饗諸侯及諸侯自相饗同姓則后夫人親獻異姓則使人攝獻繆侯
所饗蓋同姓之國自其見殺之後遂廢夫人親出饗賓之禮並使人攝也此經
言非祭不交爵謂異姓也寡婦之子不有見焉則
弗友也君子以辟遠也有見謂奇其德也同志爲友

0008_0165-2

故朋友之交主人不在不有大故則不入其門 大故喪疾 以此坊民民猶以色厚於德子云好德如好色 此句似不足論語曰未見好德如好色疾時人厚於色之甚而薄於德也 諸侯不下漁色 謂不內取於國中也內取國中爲下漁色昏禮始納采謂采擇其可者也國君而內取象捕魚然中網取之是無所擇 故君子遠色以爲民紀故男女授受不親 不親者不以手相與也內則曰非祭非喪

大刀多 小刀文　儀禮卷二　六十三

0008_0166-1

不相授器其相授則女授以篚其無篚則皆坐奠之而後取之 御婦人則進左手 御者在右前左手則身微偕之○疏曰御者之禮婦人於車上左廂御者在婦人之右進左手謂左手在前轉身向右微偕婦人 姑姊妹女子子已嫁而反男子不與同席而坐 女子十年而不出也嫁及成人可以出矣猶不與男子共席而坐遠別 寡婦不夜哭 嫌思人道 婦人疾問之不問其疾 嫌媚略之也問增損而已 以此坊民民猶淫泆

0008_0166-2

而亂於族 亂族犯匹也 非 昏禮壻親迎見於舅姑舅姑承子以授壻恐事之違也 舅姑妻之父母也妻之父爲外舅妻之母爲外姑○戒女曰夙夜毋違命母戒女曰毋違宮事○疏曰恐此女人於昏事乖違故親以女授壻也 以此坊民婦猶有不至者 不至不親夫以孝舅姑也春秋成公九年春二月伯姬歸於宋夏五月季孫行父如宋致女是時宋共公不親迎恐其有違而致之也○坊記 ○衛公使其大夫求婚於季

大刀四十 小刀卅　儀禮卷二　六十四

0008_0167-1

氏桓子問禮於孔子子曰同姓爲宗有合族之義故繫之以姓而弗別綴之以食而弗殊 君有食族人之禮雖親盡不異之殊食多少也 雖百世婚姻不得通周道然也桓子曰魯衛之先雖寡兄弟今已絕遠矣可乎孔子曰固非禮也夫上治祖禰以尊尊也下治子孫以親親也旁治昆弟所以睦族

0008_0167-2

也此先王不易之教也家語○白虎通義
曰娶妻不先告廟者示不必安也昏禮
請期不敢必也遣女於禰廟者重先人
之遺支體也不敢自專故告禰也去不
辭誡不諾者蓋恥之重去也婦人三月
然後祭行舅姑既没亦婦入三月奠采
于廟三月一時物有成者人之善惡可

0008_0168-1

得知也然后可得事宗廟之禮未廟見
而死歸葬于女氏之黨示未成婦也夫
有惡行妻不得去者地無去天之義也
天子諸侯一娶九女何重國家廣繼嗣
也娶九女亦足以承君之施也九而無
子百亦無益也王度記曰天子諸侯一
娶九女娶一國則兩國媵之皆以姪娣

0008_0168-2

或曰天子娶十二女法天有十二月
萬物必生也必一娶何防淫泆也爲
其棄德嗜色故一娶而已人君無再娶
之義也備姪娣從者爲其不相嫉妬也
一人有子三人共之若己有之也不娶
兩娣何博異氣娶三國女何異類也
恐一國血脉相似俱無子也姪娣年少
猶從適人者明人君無再娶之義還待

0008_0169-1

年於父母之國未任答君子也娶妻卜之
之何卜女之德知相宜否人君及宗子
無父母自定娶者卑不主尊賤不主貴
也大夫功成受封得備八妾者重國家
廣繼嗣也不更聘大國者不忘本適也
天子諸侯之世子皆以諸侯禮娶與君

0008_0169-2

同宗無再娶之義也不娶同姓者重人倫防淫佚恥與禽獸同也外屬小功以上亦不得娶也王者嫁女必使同姓諸侯主之何婚禮貴和不可相答爲傷君臣之義亦欲使女不以天子尊乘諸侯也必使同姓者以其同宗共祖可以主親故使攝父事也卿大夫一妻二妾者何

0008_0170-1

尊賢重繼嗣也不備姪娣何北面之勢不足盡人骨肉之親士一妻一妾何下卿大夫也婦人所以有師何學事人之道也學一時足以成矣與君有緦麻之親者敎于公宮三月與君無親者各敎於宗廟宗婦之室國君取大夫之妾士之妻老無子而明於婦道者又祿之[illegible]

0008_0170-2

宗室五屬之女大夫士皆有宗族自於宗子之室學事人也女必有傅姆何尊之也○魯師春姜曰夫婦人以順從爲務貞慤爲首故婦人事夫有五平旦纚笄而朝則有君臣之嚴沃盥饋食則有父子之敬報反而行則有兄弟之道受期必誠則有朋友之信寢席之交而後有夫婦之際列女傳○白虎通義作婦人學事舅姑不學事夫澣擀纚

0008_0171-1

笄緫而朝君臣之道也惻隱之恩父子之道也會計有無兄弟之道也閨閫之內衽席之上朋友之道也與此小異今並著之○司空季子曰昔少典娶于有蟜氏生黃帝炎帝蟜音喬○賈侍中曰少典黃帝之先有蟜諸侯也炎帝神農也虞唐云少典黃帝炎帝之先韋昭曰神農三皇也在黃帝前黃帝滅其子孫耳明非神農可知也言生者謂二帝本所出也內傳高陽高辛各一[illegible]賈君得之黃

0008_0171-2

帝以姬水成炎帝以姜水成姬姜水名成謂所生
言此成功也成而異德故黃帝爲姬炎帝爲
姜異姓則異類雖近男女相及以生民
也謂有釁名相及嫁娶也同姓雖遠男女不相及
畏黷敬也畏褻其類黷黷則生怨怨亂毓災
災毓滅性毓生也是故娶妻避其同姓畏
亂災也國語晉語○劉向曰親迎其禮奈

0008_0172-1

何曰諸侯以屨三兩加琮大夫庶人以
屨二兩加束脩二曰某國寡小君使寡
人奉不珍之琮不珍之屨禮夫人貞女
夫人曰有幽室數辱之產未諭於傳姆
之教得承執衣裳之事敢不敬拜祝祝
荅拜夫人受琮取一兩屨以屨女正笄
衣裳而命之曰往矣善事爾舅姑以順

0008_0172-2

爲宮室無二爾心無敢回也女拜乃親
引其手授夫于戶夫引手出戶夫行女
從拜辭父于堂拜諸母於大門夫先升
輿執轡女乃升輿轂三轉然後夫下先
行大夫士庶人稱其父曰某之父某之
師友使某執不珍之屨不珍之束脩敢
不敬禮某氏貞女母曰有草茅之產未

0008_0173-1

習於織紝紡績之事得奉箕帚之事敢
不敬拜說苑○周靈王求后于齊齊侯問
對於晏桓子桓子對曰先王之禮辭有
之天子求后於諸侯諸侯對曰夫婦所
生若而人不敢譽亦不敢斥故曰若如人妾婦之子若
而人言非適也無女而有姊妹及姑姊妹則
曰先守某公之遺女若而人疏曰釋親云父之姊

0008_0173-2

妹爲姑樊光曰春秋傳云姑爲姊妹爲
古人謂姑爲姑姊妹蓋父之姊爲姑姊
父之妹爲姑妹列女傳梁有節姑妹
火取其兄子是謂父妹爲姑妹也後人
從省故單稱爲姑也○襄
公十二年春秋左氏傳○國君取夫
人之辭曰請君之玉女與寡人共有敝
邑事宗廟社稷此求助之本也言玉女者美言
之也君子於玉比德焉○祭統○左氏曰凡公女嫁于
敵國姊妹則上卿送之以禮於先君公

大九十 小三百六十　儀禮卷三　七十一

0008_0174-1

子則下卿送之於大國雖公子亦上卿
送之於天子則諸卿皆行公不自送於
小國則上大夫送之疏曰昏以相敵爲稱先以敵國爲文
然後於大國小國辨其所異姊妹於敵
國猶上卿送之於大國則上卿必矣蓋
以禮於先君不以所嫁尊重雖小國
亦使上卿送也周禮序官唯有中大夫
無上大夫王制曰諸侯之上大夫卿下
大夫即卿也而此云上大夫者諸侯之
制三卿五大夫五人之中又有分爲上
下左傳曰次國之上卿當大國之下卿

0008_0174-2

當其下下當其上大夫小國之上卿當
大國之下卿中當其上大夫下當其下
大夫是也○桓公
三年春秋左氏傳○凡諸侯嫁女同姓
媵之異姓則否必以同姓者參骨肉重至親所以息陰訟○成
公八年春秋左氏傳○公羊子曰諸侯娶一國則
二國往媵之以姪娣從何休曰言往媵之者禮君不求
媵二國自往媵夫人所以一夫人之尊姪者何兄之子也
娣者何女弟也諸侯一聘九女諸侯不

大五十四 小三百二十　儀禮卷三　七十二

0008_0175-1

再娶必以姪娣從之者欲使一人有子
二人喜也所以防嫉妬令重繼嗣
也因以備尊尊親親也九者極陽數也
不再娶者所以節人情開媵路○莊公
十九年春秋公羊傳○鄭公子忽如陳逆婦嬀
陳鍼子送女先配而後祖鍼子曰是不
爲夫婦誣其祖矣非禮也何以能育
陳鍼○杜預曰鍼子陳大夫禮逆婦必
先告祖廟而後行故楚公子圍稱告莊
共之廟鄭忽先逆婦而後告廟故曰
配而後祖○疏曰先配後祖多有異

之嘉以既爲成夫婦□禮□□而未配三
月廟見然後配焉□□□□之夜往帝
禰道是上禮不待三月也禹娶塗山四
日即去而有啓生焉亦不三三月乃配是
貴之謂也鄭衆以配爲同牢食也案昏
禮婦既入明即設同牢之饌其間無祭
之之尊是鄭之妻也鄭玄以祖爲載道
之祭也先爲配匹而後祖道言未去而
行非禮案傳先言入于鄭乃云先配而後
祖則是亦去之事者未去陳鍼子亦不
必待送女而後識之也此三說皆滯故
孫引楚公子圍事以爲先逆婦而後告
廟然此時怨父見在告廟當是莊公之
事而議怨者圍亦人臣而自告廟不言

寡君之命如逆者雖受父命當自告於
廟故怨從祖亦自告也或曰公子圍告廟
者專權自由耳非正也○隱公八年春秋
左氏傳○今按諸說與儀禮不合自虎
通義不同鍼左氏不足信或所譏者
當時之俗禮而言耳未至正法也○
春秋魯莊公夫人姜氏入大夫宗婦覿
用幣○御孫曰男贄大者玉帛小者禽鳥
以章物也女贄不過榛栗棗脩以告虔
也今男女同贄是無別也男女之別國

之大節也而由夫人亂之無乃不可乎
莊公二十四年春秋左氏傳○白虎通義曰婦人之
贄以棗栗腶脩者婦人無專制之義御
衆之任交接辭讓之禮職在供養饋食
之間其義一也故后夫人以棗栗腶脩
者凡內脩陰也棗取其朝早起栗戰慄
自正也○曾子問曰昏禮既納幣有吉

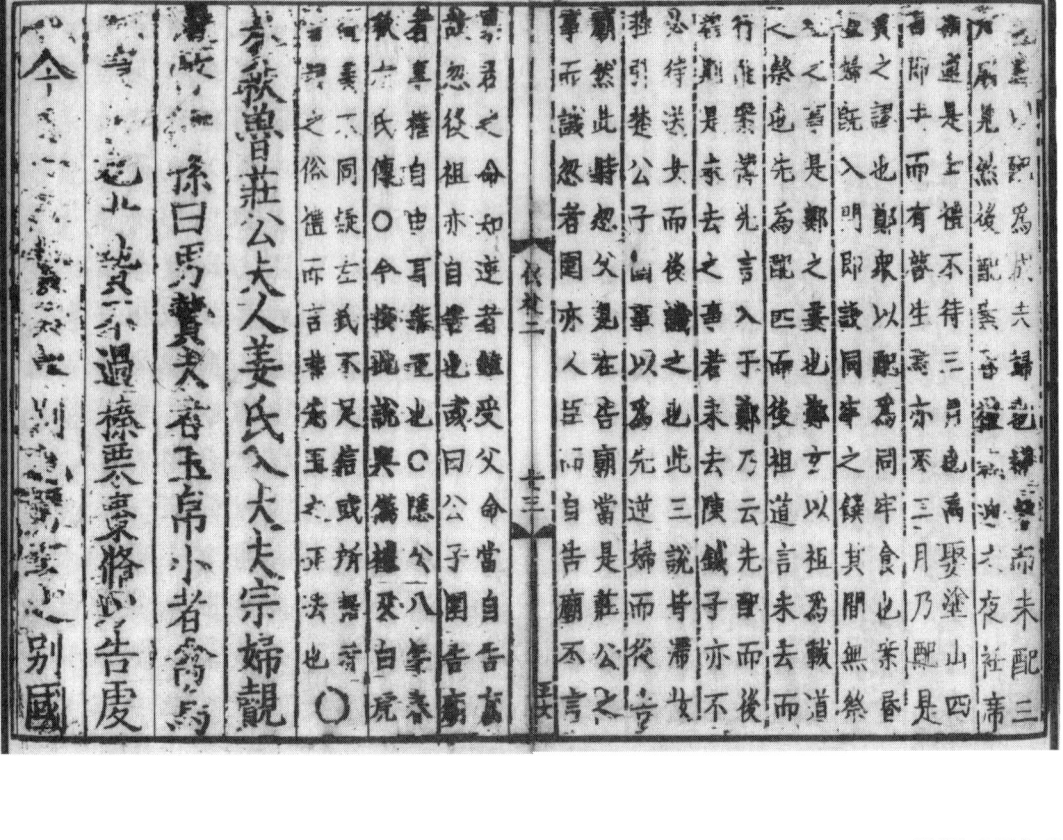

日女之父母死則如之何吉日取妻之吉日也取一
生友下取女同孔子曰壻使人弔如壻之父
母死則女之家亦使人弔必使人弔者未成兄弟○
疏曰以夫婦有兄弟之義故下云不得嗣爲兄弟式據壻於妻之父母有緦服
故得謂之父喪稱父母喪稱母禮宜各以其敵
者也父使人弔之辭云某子聞某之喪某子使某如何不淑母則若云宋蕩伯
姬聞姜氏之喪伯姬使某如何不淑凡弔辭一耳父母不在則稱

0008_0177-2

伯父世母 弔者不可廢也伯父母…又不在則稱叔父母…嫂…

壻之伯父致命曰某之子有父母之

喪不得嗣爲兄弟使某致命女氏許諾

而弗取嫁禮也 必致命者不敢以累年之喪使人失嘉會之時

○疏曰壻之伯父致命女氏必待已葬者後哀情稍殺始兼他事不待踰年者不可曠年歲入昏嫁也

壻免喪女之父母使人請

壻弗取而后嫁之禮也 請請成昏○疏曰壻免喪之後

仪礼二　十五

0008_0178-1

則應迎婦必須女之父母請者以壻家既葬致命於已壻既免喪所以須請也

女之父母死壻亦如之 女免喪壻之父母亦使人請其

已葬時亦致命○疏曰男氏許諾而不敢娶女家不許壻而後別娶陽唱陰和壻之父母使人請昏而女家得有不許者亦以彼初葬許致命於已故也

曾子問曰親迎女在塗而壻之父母死如

之何孔子曰女改服布深衣縞總以趨

…反下同縞古老反○布深…人始喪未成服…○疏曰

0008_0178-2

…以白縞也…寸…死婦人…

…

…不備也 …而女之父母死則

女反 奔喪服期、期者…○疏…曰女子子在室爲…

…今記在塗非復在室故知室之女父卒爲母亦三年今既…

爲父母同昔期也於時女亦改服布深衣縞總反而奔喪

如壻親迎

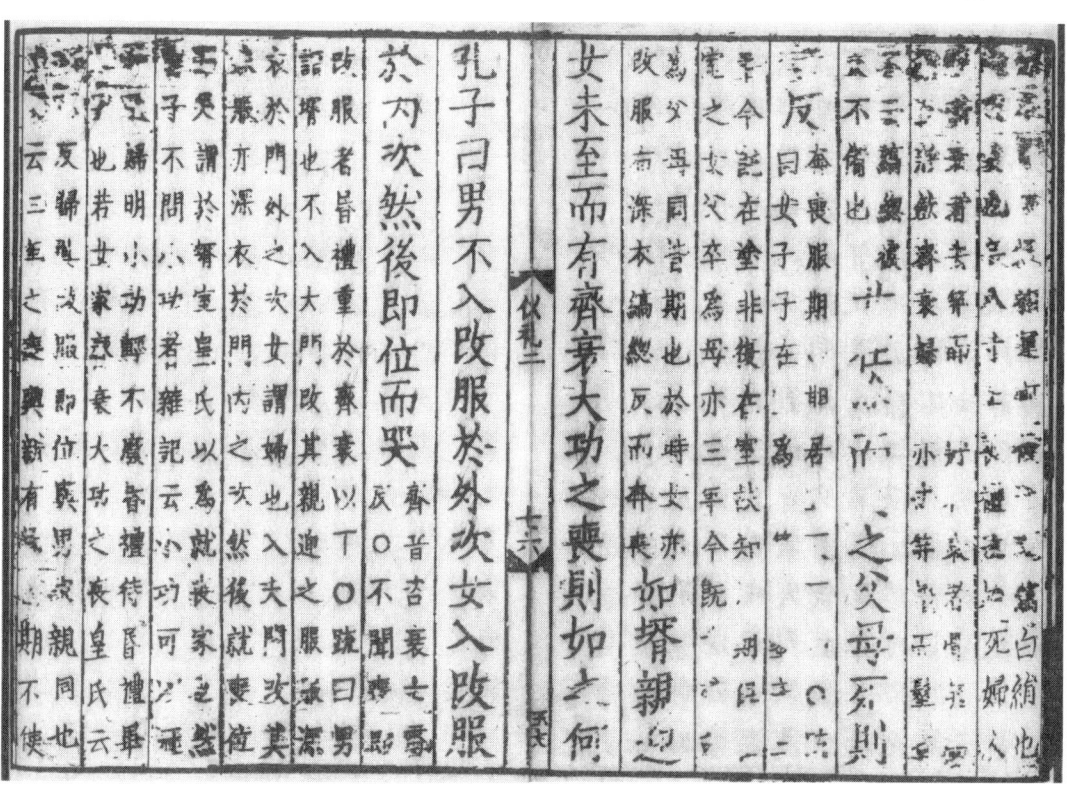

女未至而有齊衰大功之喪則如之何

仪礼二　十六

0008_0179-1

孔子曰男不入改服於外次女入改服

於內次然後即位而哭 齊音咨衰七雷反○不聞喪…

改服者昏禮重於齊衰以下○疏曰男謂壻也不入大門改其親迎之服深衣於門外之次女謂婦也入夫門改其…服亦深衣於門內之次然後就喪位

…謂於壻室皇氏以爲就壻家之然…子不問小功者雜記云小功可以冠…婦明小功輕不廢昏禮待昏禮畢…也若女家有齊衰大功之喪皇氏云

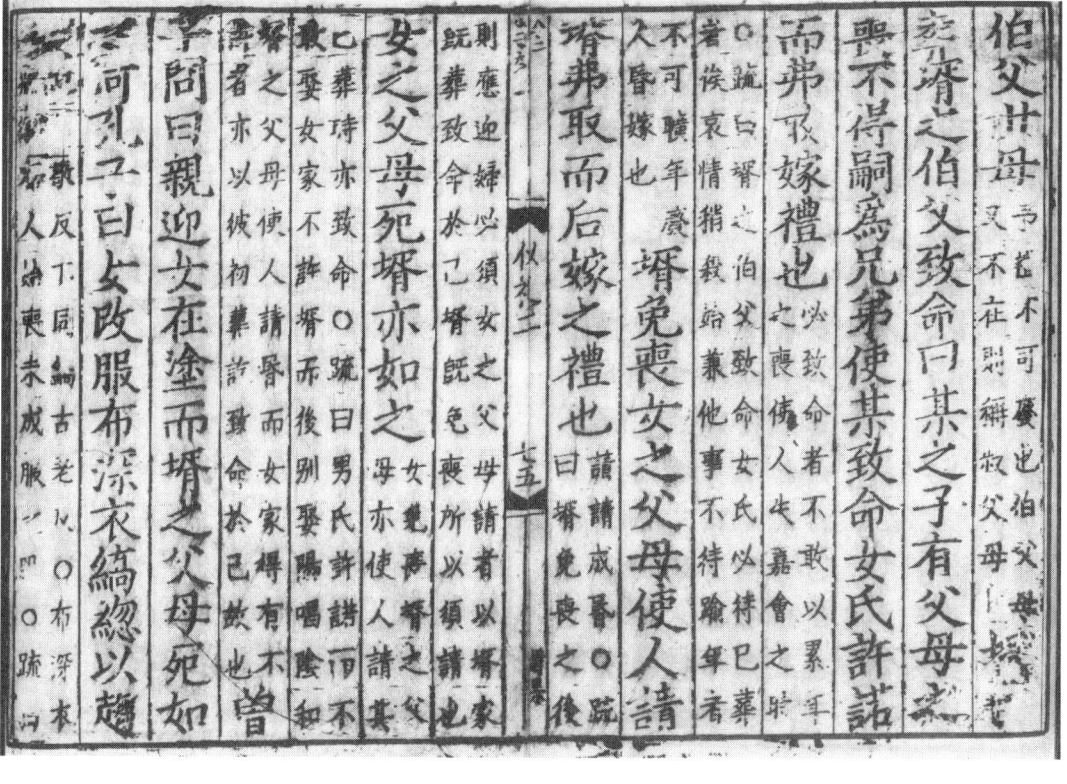

…反歸…改服即位與男家親同也云三年之喪與齊有…期不使

0008_0179-2

又王制云齊衰大功三月不從政是禮疏於齊衰以下也此謂在塗聞齊衰大功發昏禮若婦已揖遜入門內喪則廢外喪則行昏禮約上冠禮之文然昏禮重於冠故雜記云大功之末可以冠子小功之末可以取妻也曾子問曰除喪則不復昏禮乎復猶償也○償音尚○疏曰復是反覆之義故為償也曾子以初昏遭喪不得成禮除喪之後豈不酬償更為昏禮乎孔子曰祭過時不祭禮也又何反於初重喻輕也同牢及饋饗相飲食之道○飲於鴆反食音寺○疏

0008_0180-1

曰過時不祭謂四時當祭也講祭重而昏輕重者過時尚廢輕者不復可知○孔子曰嫁女之家三夜不息燭思相離也離力智反○親骨肉也取婦之家三日不舉樂思嗣親也重世變也○疏曰所以不舉樂者思念己之取妻嗣續其親則是親之代謝所以悲哀感傷重世之改變也三月而廟見稱來婦也擇日而祭於禰成婦之義也謂舅姑沒者也必祭成婦義者婦有共養之禮備舅姑存時盥饋特

0008_0180-2

豚○疏曰昏禮奠菜之後更無祭舅姑之事此云祭於禰者正謂奠菜也則廟見奠菜祭禰共一事也若舅姑偏有沒者庾氏云昏夕既明即見其存者以行盥饋之禮至三月不須廟見亡者崔氏云厥明盥饋於其存者三月又廟見於其亡者未知孰是○曾子問曰女未廟見而死則如之何孔子曰不遷於祖不祔於皇姑壻不杖不菲不次歸葬于女氏之黨示未成婦也遷朝廟也壻雖不備喪禮猶為之服齊衰也○疏曰

0008_0181-1

將反葬於女之黨故其柩不遷移朝於壻之祖廟附祭之時又不得祔於皇姑廟也皇大也君也稱皇者尊之也菲草屨也不次謂不別處止哀次也壻為妻合服齊衰杖而菲屨及止哀次今未廟見而死致以未得舅姑之命而殺其禮示若未成婦然其實已成婦但以示其不敢自專耳其女之父母則為之降服大功以其非齊家壻已為之服齊衰期非無主也○曾子問曰取女有吉日而女死如之何孔子曰壻齊衰而弔既葬而除之夫死亦如之未[illegible]

0008_0181-2

[illegible]之恩也女服衰○疏曰所以
[illegible]服者婿於女家有期之恩女於婿
衰者三年之恩以婿服斬衰故知女服斬衰○衛世子共伯
蚤死其妻守義父母欲奪而嫁之誓而
弗許故作詩以絶之共伯僖侯之世子其詩曰
汎彼栢舟在彼中河髧彼兩髦實維我
儀之死矢靡它母也天只不諒人只髧徒
坎反髧音毛它湯河反只音紙○興也中河河中髧兩髦之貌髦者髮至眉子

0008_0182-1

事父母之飾儀匹也之至矢誓靡無也至己之死信無它心只語助諒信也
毛云兩髦之人謂共伯也實是為之匹故我不嫁也禮世子昧爽而朝亦櫛纚
笄總拂髦冠緌纓言栢舟則在彼中河兩髦則實我之匹雖至於死誓無他心
母之於我覆育之恩如天罔極而何嘗不諒我之心乎不及父者疑時獨母在
或非父意耳汎彼柏舟在彼河側髧彼兩髦
實維我特之死矢靡慝母也天只不諒
人只慝他得反○興也特亦匹也慝邪也○魯寡陶嬰者

0008_0182-2

魯門之女也少寡養幼孤無強昆弟紡
績爲產魯人或聞其義將求焉嬰聞之
恐不得免作歌明已之不更二也其歌
曰悲夫黄鵠之早寡兮七年不雙宛頸
獨宿兮不與衆同夜半悲鳴兮想其故
雄天命早寡兮獨宿何傷寡婦念此兮
泣下數行嗚呼哀哉兮死者不可忘飛
鳥尚然兮況於貞良雖有賢雄兮終不

0008_0183-1

重行魯人聞之曰斯女不可得已遂不
敢復求嬰寡終身不改列女傳○梁寡高
行者梁之寡婦也其爲人榮於色而美
於行夫死早寡不嫁梁貴人多爭欲娶
之者不能得梁王聞之使相娉焉高行
曰妾聞婦人之義壹往而不改以全貞

信之節今忘死而趨生是不信也貪貴
而忘賤是不貞也弃義而從利無以爲
人乃援鏡持刀以割其鼻曰妾已刑矣
所以不死者不忍幼弱之重孤也於是
相以報王大其義而高其行乃復其身
尊其號曰高行列女傳○陳寡孝婦者陳

之少寡婦也年十六而嫁未有子其夫
當行戍夫且行時屬孝婦曰我生死未
可知幸有老母無他兄弟儻吾不還汝
肯養吾母乎婦應曰諾夫果死不還婦
養姑不衰慈愛愈固紡績以爲家業終
無嫁意居喪三年其父母哀其年少無
子而早寡也將取而嫁之孝婦曰妾聞
之信者人之幹也義者行之節也妾幸

得離繈褓受嚴命而事夫夫且行時屬
妾以其老母既許諾之夫受人之託豈
可棄哉棄託不信背死不義不可也母
固欲嫁之孝婦不從因欲自殺其父母
懼而不敢嫁也遂使養其姑二十八
年姑死葬之終奉祭祀淮陽太守以聞

漢孝文皇帝高其義貴其信美其行使
使者賜之黃金四十斤復之終身無所
與號曰孝婦列女傳○諸侯出夫人夫人
比至于其國以夫人之禮行至以夫人
入比必吏反○行道以夫人之禮者棄妻致命其家乃義絕不用此爲始○
疏曰出夫人謂夫人有罪諸侯出之令歸本國使者將命曰寡
君不敏不能從而事社稷宗廟使使臣
某敢告於執事主人對曰寡君固前辭

0008_0186-1　　0008_0185-2

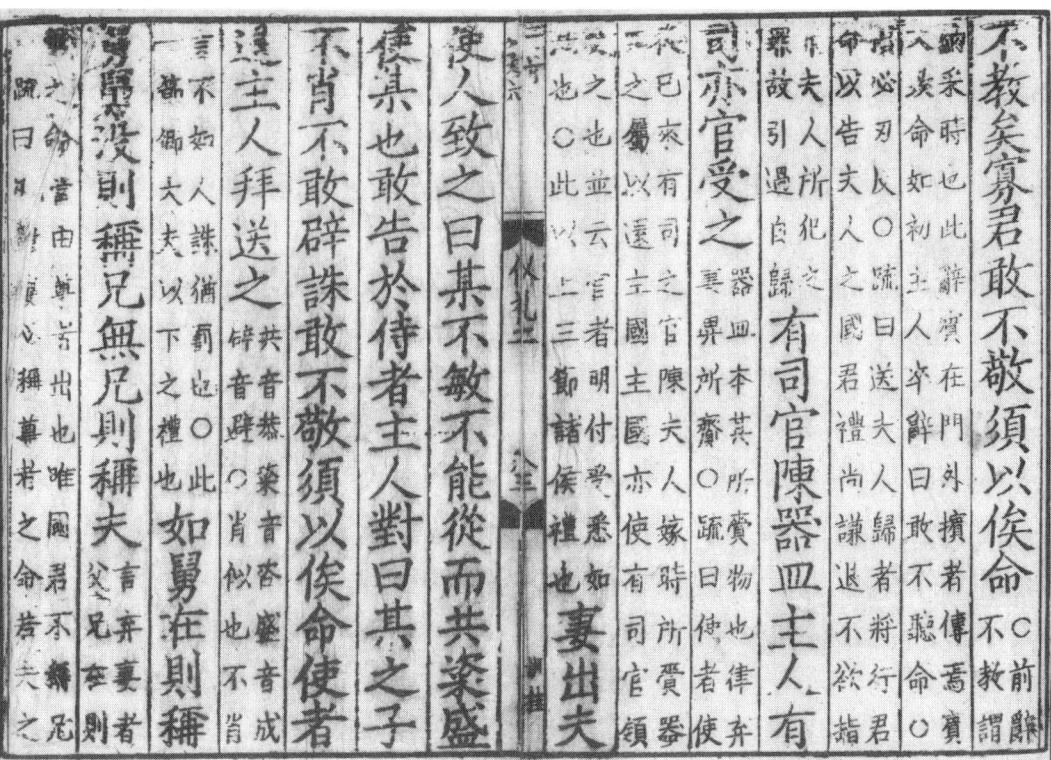

不教矣寡君敢不敬須以俟命　○前辭不教謂
納采時也此辭賓在門外擯者傳焉賓入受命如初主人卒辭曰敢不聽命○
皆必刃反○疏曰送夫人歸者將行君命以告夫人之國君禮尚謙退不欲指
斥夫人所犯之罪故引過自歸　有司官陳器皿主人有
司亦官受之　器皿本其所賫物也律弃妻畀所賫○疏曰使者使
從已來有司之官陳夫人嫁時所賫器物之屬以還主國主國亦使有司官領
受之也並云官者明付受悉如法也○此以上三節諸侯禮也　妻出夫
使人致之曰某不敏不能從而共粢盛
也使某也敢告於侍者主人對曰某之子
不肖不敢辟誅敢不敬須以俟命使者
退主人拜送之　共音恭粢音咨盛音成辟音避○肖似也不肖
言不如人誅猶罰也○此一節卿大夫以下之禮也　如舅在則稱
舅舅沒則稱兄無兄則稱夫　言弃妻者父兄在則
稱之命當由尊者出也唯國君不稱兄疏曰有尊者必稱尊者之命若夫之

0008_0187-1　　0008_0186-2

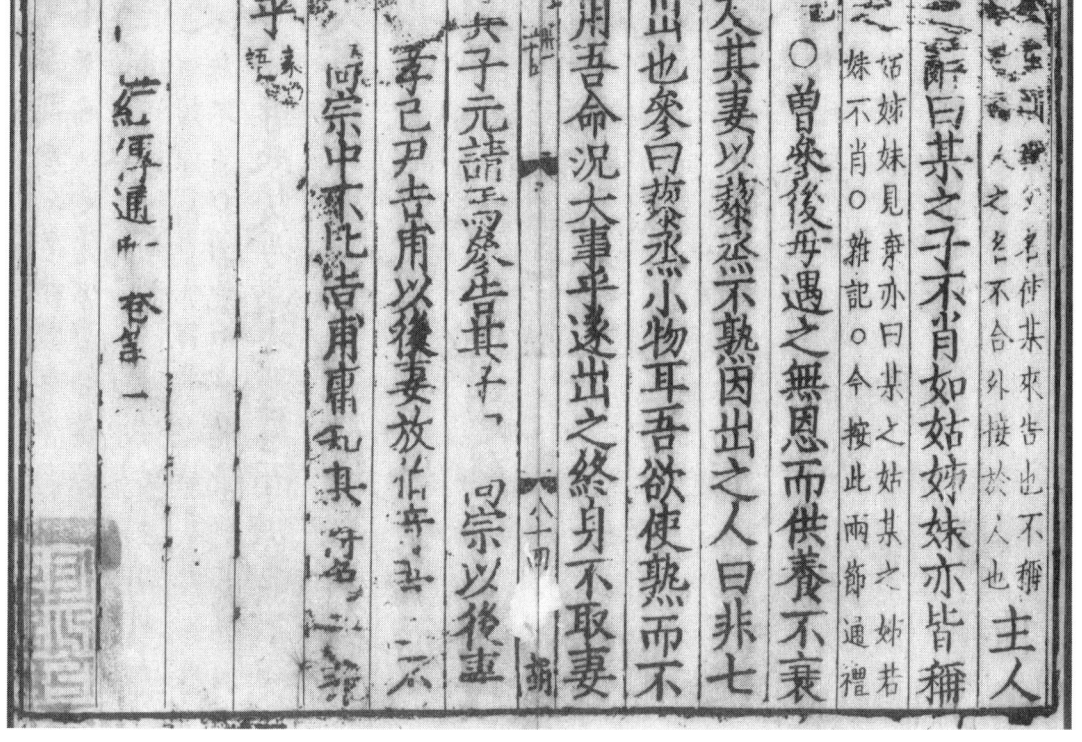

[illegible]使某來告也不稱[illegible]人之名不合外接於人也　主人
辭曰某之子不肖如姑姊妹亦皆稱
之　姑姊妹見弃亦曰某之姑某之姊若妹不肖○雜記○今按此兩節通禮
○曾參後母遇之無恩而供養不衰
及其妻以蒸不熟因出之人曰非七
出也參曰蒸小物耳吾欲使熟而不
用吾命況大事乎遂出之終身不取妻
其子元請焉參告其子曰高宗以後妻
殺孝己尹吉甫以後妻放伯奇吾上不
及高宗中不比吉甫庸知其得免於非
乎　家語

經傳通解卷第一

0008_0190-2

儀禮經傳通解卷第三

内則第五　家禮三

后王命冢宰降德于衆兆民 后君也。德猶教也。萬億曰兆。天子曰兆民，諸侯曰萬民。周禮冢宰掌飲食，司徒掌十二教，今一云冢宰，記者據諸侯也。諸侯并六卿爲三，或兼職焉。○疏曰：君謂諸侯，王謂天子。蓋雖以諸侯爲主，而雜以天子言之，故又稱王及兆民也。飲食教令所掌各有別官，今此篇内既有飲食，又有教令，則當首當云命冢宰司徒，今惟一云冢宰，不

0008_0191-1

言司徒者，是記者據諸侯并六卿爲三，司徒或兼冢宰之事也。意疑而不定，故稱或焉。○今按：注疏言諸侯司徒兼冢宰，是也。但此上言后王之命，則冢宰寔天子之冢宰耳。蓋周禮太宰掌建邦之六典，而二曰教典，則教民雖司徒之分職，而冢宰無所不統，故以其重者言之。其在諸侯，則亦天子之宰施典於邦國，而諸侯承之以教其民，自不害於冢宰爲司徒之兼官也。

子事父母，雞初鳴，咸盥漱，櫛縰笄總，拂髦，冠緌纓，端韠紳，搢笏。 盥音管。漱所救反，徐素遘反。櫛則乙反。縰所買反，徐

0008_0191-2

所綺反。笄古兮反。總子孔反。髦音毛。緌耳佳反。韠音必。紳音申。搢徐音晉，又音晉。笏音忽。○咸，皆也。縰，韜髮者也。總，束髮也，垂後爲飾。拂髦，振去塵著之。髦用髮爲之，象幼時鬌，其制未聞。緌，纓之飾也。端，玄端，士服也。庶人深衣。紳，大帶，所以自紳約也。搢，猶扱也，扱笏於紳。笏，所以記事也。○韜，吐刀反。去，起呂反。著，丁畧反。下及注同。鬌，多果反。扱，本又作插，又作捷，初洽反，徐采協反。○疏曰：盥謂洗手，漱謂漱口。此據年稍長者也。縰者，冠禮云：緇纚長六尺。盧云所以裹髻承冠，以全幅疊而用之。笄者，熊氏謂此安髻之笄，以纚韜髮作髻，既訖，橫施此笄

0008_0192-1

於髻中，以固髻也。故士冠禮云：笄用桑，長四寸，纋中是也。纋中謂殺其中使細。非固冠之笄，故文在冠上也。總者，裂練繒爲之，束髮之本，垂餘於髻後，以爲飾也。冠，玄冠也。緌纓者，結之頷下以固冠，緌則其結之餘者散而下垂，以爲飾也。玄端，士祭服，見特牲禮。又云深衣，則是服之最下者，庶人亦是人之賤者，故知一深衣也。韠見冠禮。紳笏之制，則備於玉藻矣。此經所陳，皆依事先後，櫛訖加縰，縰訖加笄，笄訖加總，總訖然後加髦，著冠，冠畢然後服[illegible]

左[illegible]佩用 [illegible]

0008_0192-2

力呈反左佩紛帨刀礪小觿金燧紛芳云反帨始
銳反觿許規反本或作鐫音[illegible]燧音遂○紛帨拭物之巾也今[illegible]言紛者
刀礪小刀及礪礱也小觿[illegible]之觿貌如錐以象骨爲之金燧[illegible]於日
○礱力工反○疏曰皇氏云[illegible]方不便故佩小物與小刀者與小觿遂文
也右佩玦捍管遰大觿木燧捍[illegible]旦反遰[illegible]反
捺作滯○捍謂拾也言可以捍弦也管筆彄也遰刀鞞也木燧鑽火也○彄苦
侯反鞞必頂反○疏曰皇氏云以一兩用力爲便故佩大物玦當作決以象骨

0008_0193-1

爲之著於右[illegible]闓體拾以皮爲之[illegible]亦名遂
也刀鞞之[illegible]也皇氏云[illegible]則以金[illegible]則以木燧鑽火
也偪偪本亦作[illegible]○[illegible]徒登反○屨著綦綦其記反
注及下同○綦屨繫也○疏曰皇氏云屨頭施繫以爲行戒或云屨上有繫以結
於足也○按或說是爲行戒者似見冠禮注婦事舅姑如
事父母雞初鳴咸[illegible]漱櫛縰笄總衣紳
笄今簪也[illegible]著紳○簪側林反又作𣎳反○疏[illegible]論女事父母婦

0008_0193-2

事舅姑之事也婦人之笄喪服所謂女子吉笄尺二寸者也但婦人之笄與男
子同髻之笄不同乃冠禮皮弁爵弁之笄故鄭以簪解之也不謂玄綃衣○今
按婦人不冠則所謂吉笄即爲固髻之用亦名爲簪而非如二弁之簪矣左
佩紛帨刀礪小觿金燧右佩箴管線纊
施縏袠大觿木燧箴之林反線又作綫纊息賤反纊音曠縏字
又作鞶同步干反袠陳乙反又作帙○鞶小囊也縏袠言施明爲箴管線纊有
之○囊奴郎反又作橐徐音託爲于偽反○疏曰熊氏云袠刺也以鍼刺袠而

儀禮三　四

0008_0194-1

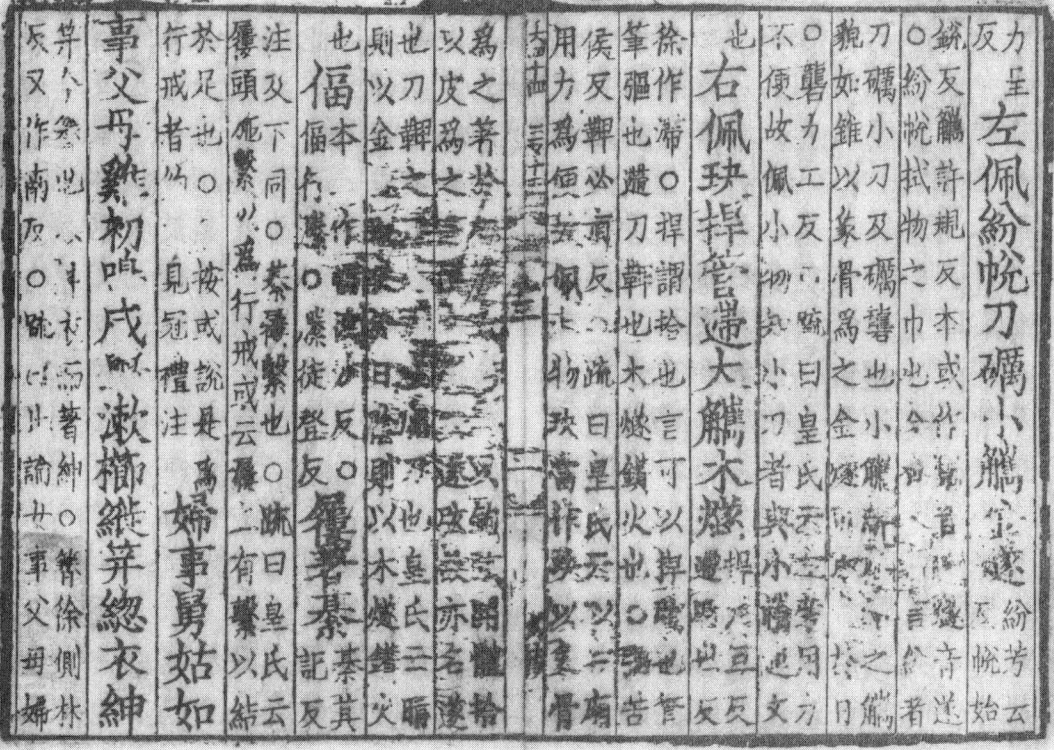

爲縏囊故云縏袠也餘物皆不言施獨於箴管線纊之下而言施縏袠明爲四
物而施矣衿纓綦屨衿其鴆反○衿猶結也婦人有纓示繫屬也○
疏曰昏禮注云婦人十五許嫁笄而禮之因著纓是也以適父母
舅姑之所適之及所下氣怡聲問衣燠寒
疾痛苛癢而敬抑搔之燠於六反苛音何癢以想反搔
素刀反○怡說也苛疥也抑按搔摩也○說音悅疥音界○疏曰苛疥者以[illegible]
苛與癢共文故知苛疥也出入則或先或後而敬扶

0008_0194-2

持之先後之隨時便也○便婢面反進盥少者奉槃長者奉水請沃盥盥卒授巾少詩召反後皆同奉芳勇反本或作捧長丁丈反後皆同○槃承盥水者巾以帨手問所欲而敬進之柔色以溫之溫又作蘊又作慍同於運反○溫藉也承尊者必和顏色○藉字夜反○疏曰藉者所以承藉於物言子事父母當和柔顏色承藉父母若藻藉承玉然饘酏酒醴芼羹菽麥蕡稻黍粱秫唯所欲饘之然反酏羊支反芼毛報反蕡又

大七十 小三八十 儀禮卷三 五 祥

0008_0195-1

作賁扶云反徐扶畏反粱音良秫音述○酏粥也芼菜也蕡熬枲實○鬻之六反又羊六反熬五羔反枲思里反○疏曰酏既爲粥粥是薄者則饘爲厚者公食禮三牲皆有芼牛藿羊苦豕薇用菜雜肉爲羹也棗栗飴蜜以甘之堇荁枌榆免薧滫瀡以滑之脂膏以膏之飴羊之反堇音謹荁音丸枌扶云反免音問薧又作槀苦老反滫思酒反瀡音髓滑胡八反膏之古報反○謂用調和飲食也荁堇類也冬用堇夏用荁榆白曰枌免新生者薧乾也秦溲曰滫齊人滑曰瀡也○謂如字又

0008_0195-2

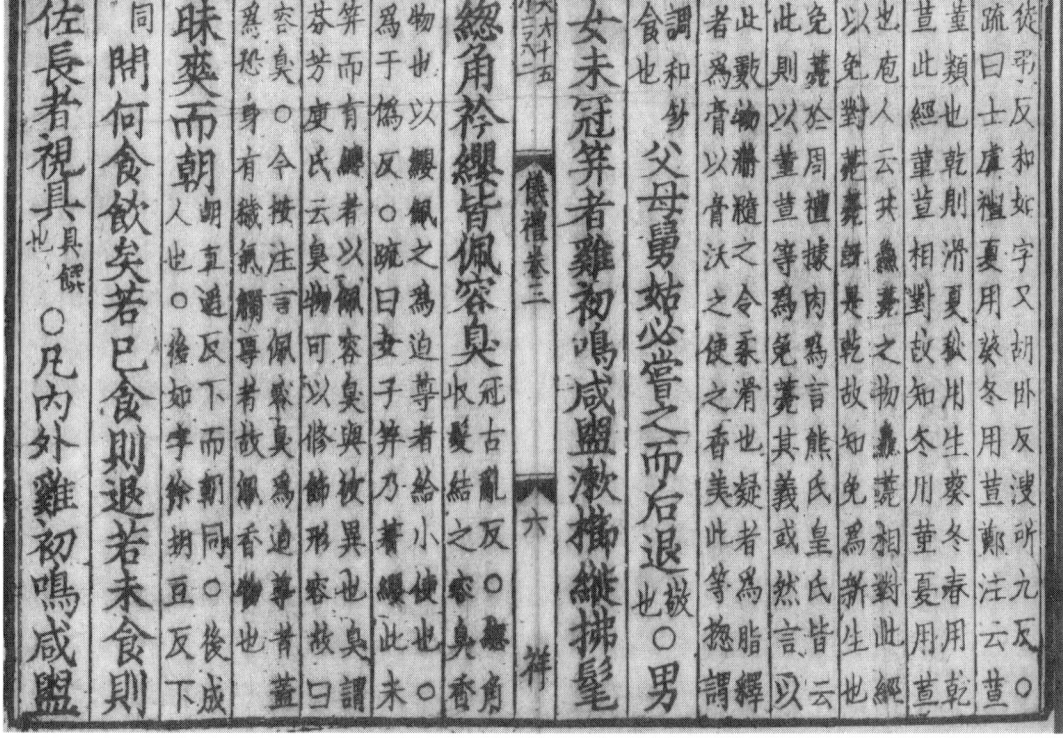

徒刀反和如字又胡卧反溲所九反○疏曰士虞禮夏用葵冬用荁鄭注云荁堇類也乾則滑夏秋用生葵冬春用乾荁此經堇荁相對故知冬用堇夏用荁也庖人云共鱻薨之物鱻薨相對此經以免對薨明是乾故知免爲新生也免薨於周禮據肉爲言熊氏皇氏皆云此則以堇荁等爲免薨其義或然言以此數物瀡之令柔滑也疑者爲脂釋者爲膏以膏沃之使之香美此等總謂調和抄食也父母舅姑必嘗之而后退敬也○男女未冠笄者雞初鳴咸盥漱櫛縰拂髦

大六十五 小三八二 儀禮卷三 六 祥

0008_0196-1

總角衿纓皆佩容臭冠古亂反○總角收髮結之容臭香物也以纓佩之爲迫尊者給小使也○爲于僞反○疏曰女子笄乃著纓此未笄而有纓者以佩容臭與彼異也臭謂芬芳庾氏云臭物可以修飾形容故曰容臭○今按注言佩容臭爲迫尊者蓋爲恐身有穢氣觸尊者故佩香物也昧爽而朝朝直遙反下而朝同○後成人也○後如字徐胡豆反下同問何食飲矣若已食則退若未食則佐長者視具具饌也○凡內外雞初鳴咸盥

0008_0197-1　　0008_0196-2

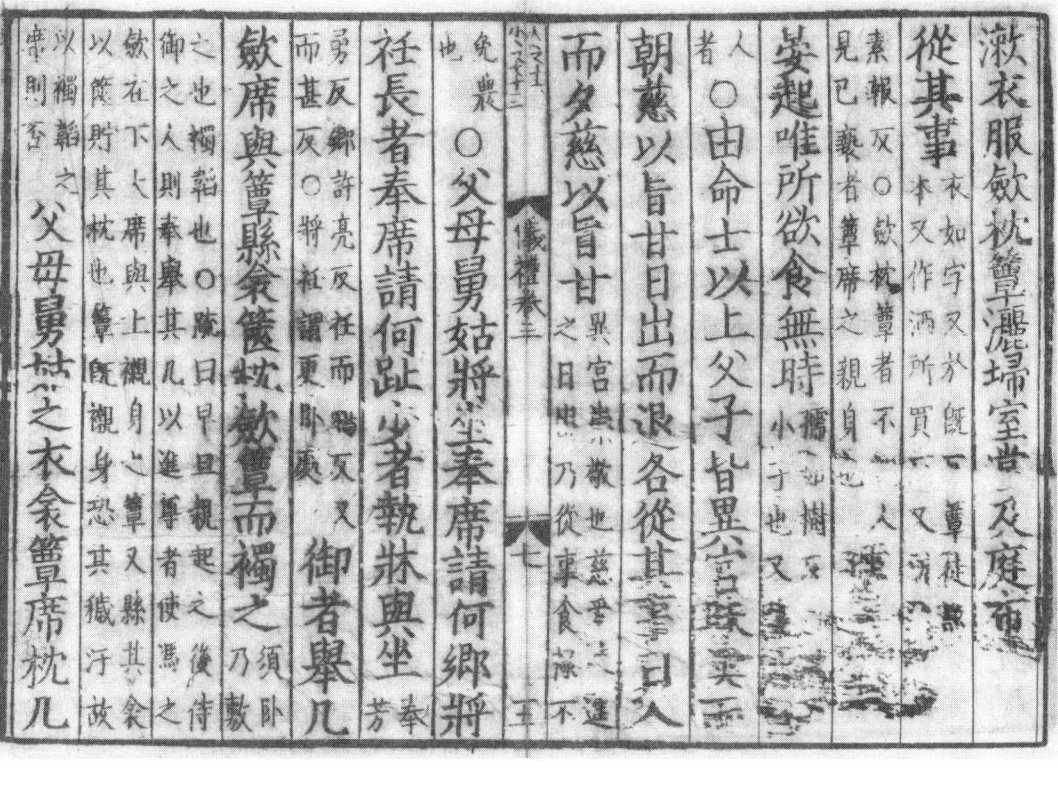

漱衣服歛枕簟灑埽室堂及庭布席

從其事 衣如字又於旣反簟徒點反

素報反○歛枕簟者不使人見己褻者簟席之親身者也

妾趨唯所欲食無時 小子也又

人者 ○由命士以上父子皆異宮昧爽而

朝慈以旨甘日出而退各從其事日入

而夕慈以旨甘 異宮崇敬也慈愛也之日出乃從事食祿不

儀禮卷三　七

免喪也 ○父母舅姑將坐奉席請何鄉將

衽長者奉席請何趾少者執牀與坐 奉芳

勇反鄉許亮反衽而審反又而甚反○將衽謂更卧處 御者舉几

歛席與簟縣衾篋枕歛簟而襡之 須卧乃數

之也襡韜也○䟽曰早旦親起之後侍

御之人則奉舉其几以進尊者使憑之

歛在下大席與上襯身之簟又縣其衾

以篋貯其枕也簟旣襯身恐其穢汙故

以襡韜之柰則否 父母舅姑之衣衾簟席枕几

0008_0198-1　　0008_0197-2

不傳杖屨祗敬之勿敢近 傳丈專反○傳移也○䟽

曰學者服御之重猶須祗敬故祗敬之勿敢偪近也 敦牟卮匜非

餕莫敢用 敦音對又丁雷反牟本作卮音支匜羊支反又以氏反

餕音俊○餕乃用之牟讀曰鍪也卮匜酒漿器鍪牟黍稷器也○鍪字又作鍪

木侯反○䟽曰敦今之杅盂也隱義曰鍪土釜也今以木為器象土釜之形卮

酒器也匜盛水漿之器 與恒食飲非餕莫之敢飲

食 餕乃食之恒常也旦夕之常食○䟽曰父母舅姑所服用之物子婦不得

儀禮卷三　八

輒用所恒飲食之饌不得輒食衣衾簟席枕几所御之人得貯常處子婦不得

輒更傳移令嚮他處○ 父母在朝夕恒食子婦佐

餕 婦皆與夫餕也○䟽曰子婦謂長子及長子之婦佐餕者食必須盡以父

母食不能盡故子婦佐助餕食之使盡勿使有餘恐再進 旣食恒餕

每食餕而盡之末有原○䟽曰末無也原再也無使有餘而再設也

沒母存冢子御食羣子婦佐餕如初

也謂長子侍母食也侍食者不敢餕旨適者餕也○䟽曰冢子無父故得

0008_0198-2

件負改云餚此飴也旨甘柔滑孺子餰◎

在父母舅姑之所有命之應唯敬對進

退周旋慎齊雖于癸反徐伊水反齊側皆反○齊莊也升降

出入揖遊不敢噦噫嚏咳欠伸跛倚睇

視不敢唾洟噦於月反噫於界反嚏音帝咳苦愛反欠丘劒反伸

音申跛彼義反倚於義反又其寄反睇大計反視如字徐市志反唾吐臥反洟

本又作涕同吐細反○睇傾視也易曰明夷睇于左股○疏曰睇為旁視也

0008_0199-1

寒不敢襲癢不敢搔襲謂重衣不有敬事不

敢袒裼袒音但裼思歷反○今按此言必有敬事乃敢袒裼無故而然

則反為不敬故不敢也與下句為一例不涉不撅撅居衛反○撅

揭衣也○揭起例反又起列反一音起言反○疏曰言於尊所不因涉水不敢

揭衣褻衣衾不見裏見賢遍反下同○為其可穢○為于僞反

父母唾洟不見輒刷去之刷色劣反○冠帶垢和

灰請漱衣裳垢和灰請澣漱悉侯反澣本又作浣戶

0008_0199-2

管切○手曰漱足曰澣和潰也○潰彌賜反○疏曰冠帶尊故以手漱之用力

淺也衣裳卑故以足澣之用力深也此漱澣對文為例耳散則通也衣裳

綻裂紉箴請補綴綻字或作袒直莧反裂又作列紉女陳反

徐而陳反箴之林反綴丁劣反又丁衛反○綻猶解也五日則燂

湯請浴三日具沐其閒面垢燂潘請靧

足垢燂湯請洗燂詳廉反潘芳煩反靧音誨○潘米瀾也○瀾

力旦反少事長賤事貴共帥時共猶皆也帥循也時

0008_0200-1

是也禮皆如此也○子婦孝者敬者父母舅姑

之命勿逆勿怠今按此謂不可變節以傷尊者平日慈愛之心

也若飲食之雖不耆必嘗而待飲於鴆反食音

嗣耆市志反○待後命而去也○去起呂反又作而食之加之衣服

雖不欲必服而待待後命釋藏也○曰尊者加己衣服

雖不欲必且服之而待後命而藏去也加之事人代之己

雖弗欲姑與之而姑使之而后復之

0008_0201-1　0008_0200-2

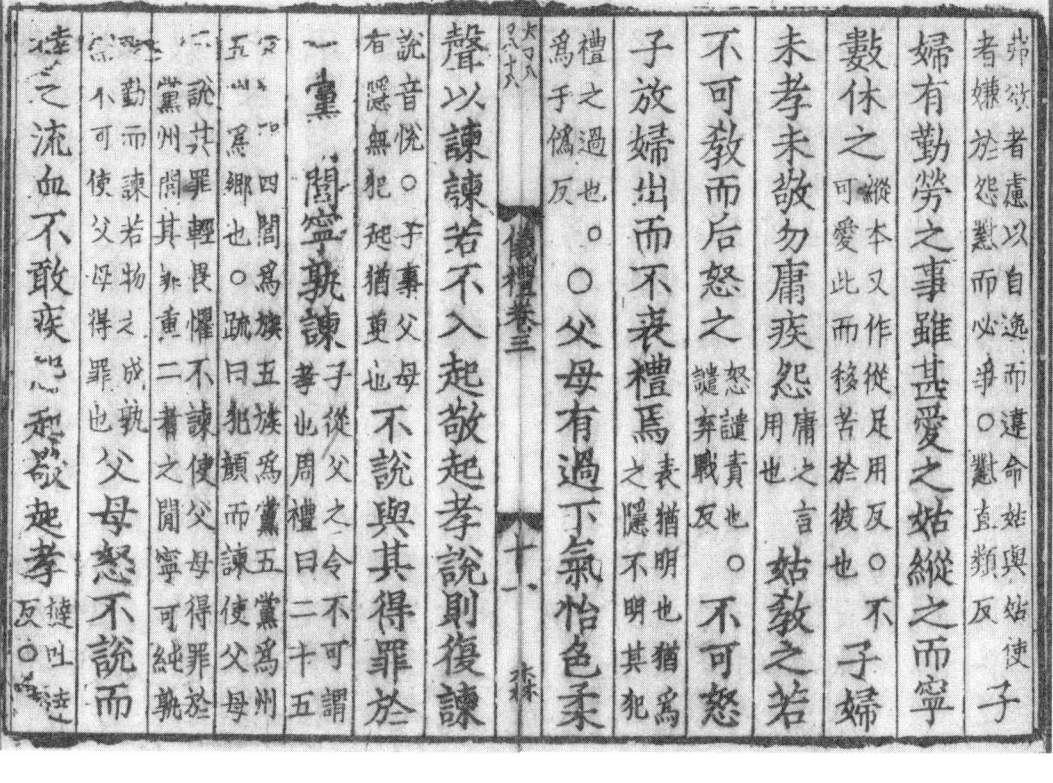

弗欲者慮以自逸而違命姑與姑使子者嫌於怨懟而必爭○懟直類反婦有勤勞之事雖甚愛之姑縱之而寧數休之縱本又作從足用反○可愛此而移若於彼也不子婦未孝未敬勿庸疾怨庸之言用也姑教之若不可教而后怒之怒譴責也○譴弃戰反不可怒子放婦出而不表禮焉表猶明也猶爲之隱不明其犯禮之過也○爲手僞反○父母有過下氣怡色柔

儀禮卷三　十一

聲以諫諫若不入起敬起孝說則復諫說音悅○子事父母有隱無犯起猶更也不說與其得罪於鄉黨州閭寧孰諫子從父之令不可謂孝也周禮曰二十五家爲閭四閭爲族五族爲黨五黨爲州五州爲鄉也○疏曰犯顔而諫使父母不說其罪輕畏懼不諫使父母得罪於鄉黨州閭其罪重二者之間寧可孰諫孰諫若物之成孰不可使父母得罪也父母怒不說而撻之流血不敢疾怨起敬起孝撻吐達反○

0008_0202-1　0008_0201-2

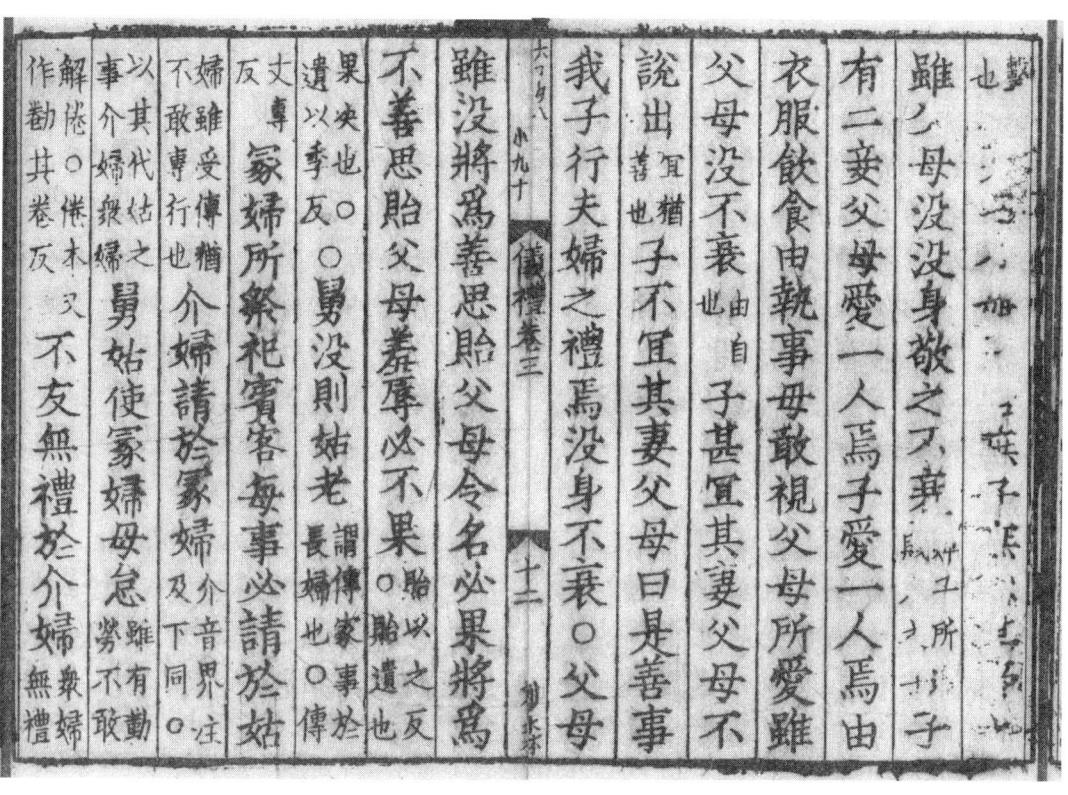

繫也……雖父母沒沒身敬之不衰……子有二妾父母愛一人焉子愛一人焉由衣服飲食由執事毋敢視父母所愛雖父母沒不衰由自也子甚宜其妻父母不說出宜猶善也子不宜其妻父母曰是善事我子行夫婦之禮焉沒身不衰○父母

儀禮卷三　十二

雖沒將爲善思貽父母令名必果將爲不善思貽父母羞辱必不果貽以之反遺也果決也○遺以季反○舅沒則姑老謂傳家事於長婦也○傳丈專反冢婦所祭祀賓客每事必請於姑婦雖受傳猶不敢專行也介婦請於冢婦介音界注及下同○以其代姑之事介婦衆婦舅姑使冢婦毋怠雖有勤勞不敢解倦○倦本又作勸其卷反不友無禮於介婦衆婦無禮

0008_0202-2

冢婦不友之也善兄弟爲友姊姒婦兄弟也○今按此句之義未詳注説恐未然也或疑友當作敢舅姑若使介婦毋敢敵耦於冢婦雖有勤勞不敢掉磬○掉徒弔反○陸氏曰隱義云齊人以相絞許爲掉磬崔云北海人謂相激事爲掉磬也不敢並行不敢並命不敢並坐下冢婦也命爲使令○下戶嫁反令力呈反○凡婦不命適私室不敢退婦侍舅姑者也婦將有事大小必請於舅姑不敢專行子婦無私

大六廿七 小一六五十六 儀禮卷三 十三 信

0008_0203-1

貨無私畜無私器不敢私假不敢私與畜許六反又許又反又救六反○家事統於尊也婦或賜之飲食衣服布帛佩帨茝蘭則受而獻諸舅姑舅姑受之則喜如新受賜茝昌改反香草也又作芷昌以反○或賜之謂私親兄弟若反賜之則辭不得命如更受賜藏以待乏待舅姑之乏也不得命者不見許也婦若有私親兄弟將與之則必復請

0008_0203-2

其故賜而后與之復扶又反

右事親事長○記凡爲人子之禮冬溫而夏清昏定而晨省定安其牀衽也省問其安否何如○疏曰冬溫夏清四時之法也昏定晨省一日之法也定安也晨旦也應卧當齊整牀衽使親體安定之後退至明旦既隱夜早來視親之安否何如先昏後晨兼示經宿之禮熊氏云晨省者同宮則雞初鳴異宮則昧爽而朝○今按此二句雖有四時一日之異然一日之間正當遵時

大二百五 三八二 儀禮卷三 二十四 信

0008_0204-1

安處省察其或溫或凊之宜也在醜夷不爭醜衆也夷猶儕也四皓曰陛下之等夷○疏曰貴賤相臨則有畏懼朋儕等輩喜爭勝負亡身及親故誡之以不爭○夫爲人子者三賜不及車馬三賜三命也凡仕者一命而受爵再命而受衣服三命而受車馬車馬而身所以尊者備矣卿大夫士之子不受不敢以成尊比踰於父天子諸侯之子不受自卑遠於君○疏曰言爲人子雖受三命之尊終不敢受車馬命是榮美光顯祖父故受也車馬是安身身安不關先祖

0008_0204-2

[illegible]跡而
[illegible]
秉疑此[illegible]又車馬亦謂受之而
取用耳若少丁之賜又辭秩所當
[illegible]儀容獨辭
不受耶
故州閭鄉黨稱其孝也
兄弟親戚稱其慈也僚友稱其弟也
執友稱其仁也交遊稱其信也不敢
愛重
賜者心也如此而五者備有焉○疏
曰親言族內戚言族外慈者篤愛之
名兄弟內外通稱弟者事長次弟之名
僚友同官者也執友執志同者也交遊

儀禮卷三　十五　胡

0008_0205-1

況交也結交遊縱本
交信合故稱信也
○夫爲人子者出
必告反必面告古毒反○告面同耳反
言面者從外來宜知親之
顏色
安否
所遊必有常所習必有業緣親
之意
欲知
之
恒言不稱老廣敬○疏曰老是
尊稱稱老是自尊
大非孝子卑退之情或云子若自稱
老則明父母爲甚老而感動之也
○爲人子者居不主奧坐不中席行
不中道立不中門謂與父同宮者也
不敢當其尊處室

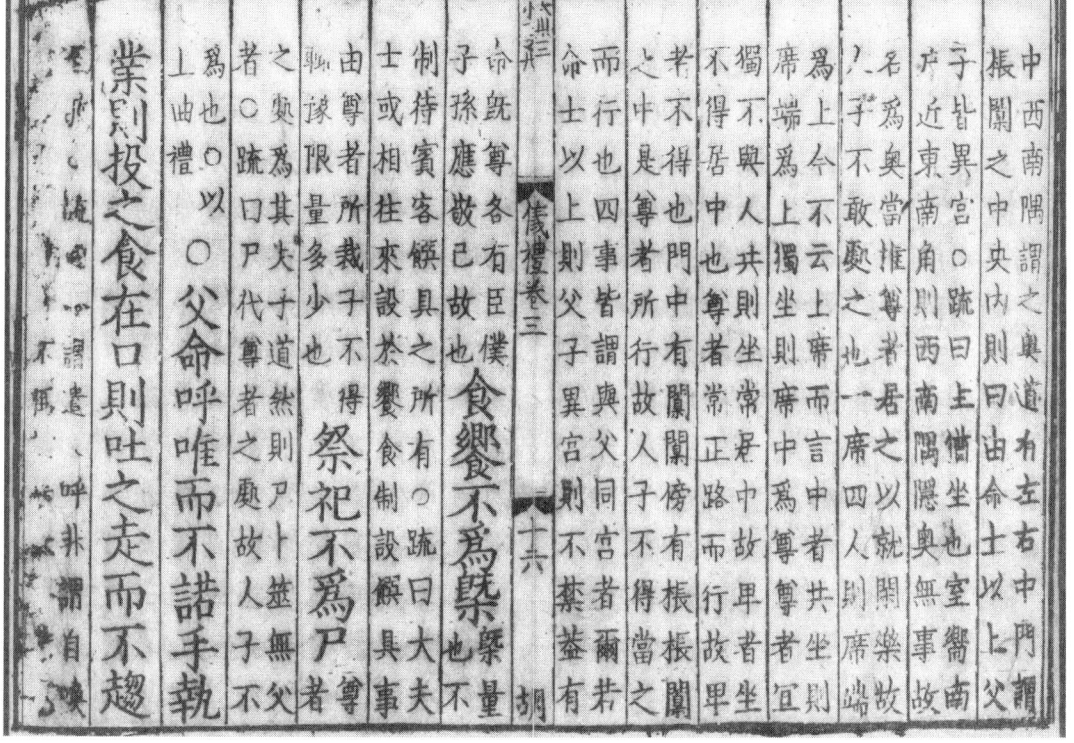

0008_0205-2

中西南隅謂之奧道有左右中門謂
振闑之中央內則曰由命士以上父
子皆異宮○疏曰上借坐也室嚮南
戶近東南角則西南隅隱奧無事故
名爲奧常推尊者居之以就閑樂故
人子不敢處之也一席四人則席端
爲上今不云上席而言中者共坐則
席端爲上獨坐則席中爲尊尊者宜
獨不與人共則坐常居中故卑者坐
不得居中也尊者常正路而行故卑
者不得也門中有闑闑傍有振振闑
之中是尊者所行故人子不得當之
而行也四事皆謂與父同宮者爾若
命士以上則父子異宮則不禁崇有

儀禮卷三　十六　胡

0008_0206-1

命既尊各有臣僕
子孫應敬已故也
食饗不爲槩槩量
也不
制待賓客饌具之所有○疏曰大夫
士或相往來設於饗食制設饌具事
由尊者所裁子不得
[illegible]豫限量多少也
祭祀不爲尸尊
者
之處爲其失子道然則尸卜筮無父
者○疏曰尸代尊者之處故人子不
爲也○以
上曲禮
○父命呼唯而不諾手執
業則投之食在口則吐之走而不趨
[illegible]謂遺呼非謂自嗔
[illegible]不稱[illegible]

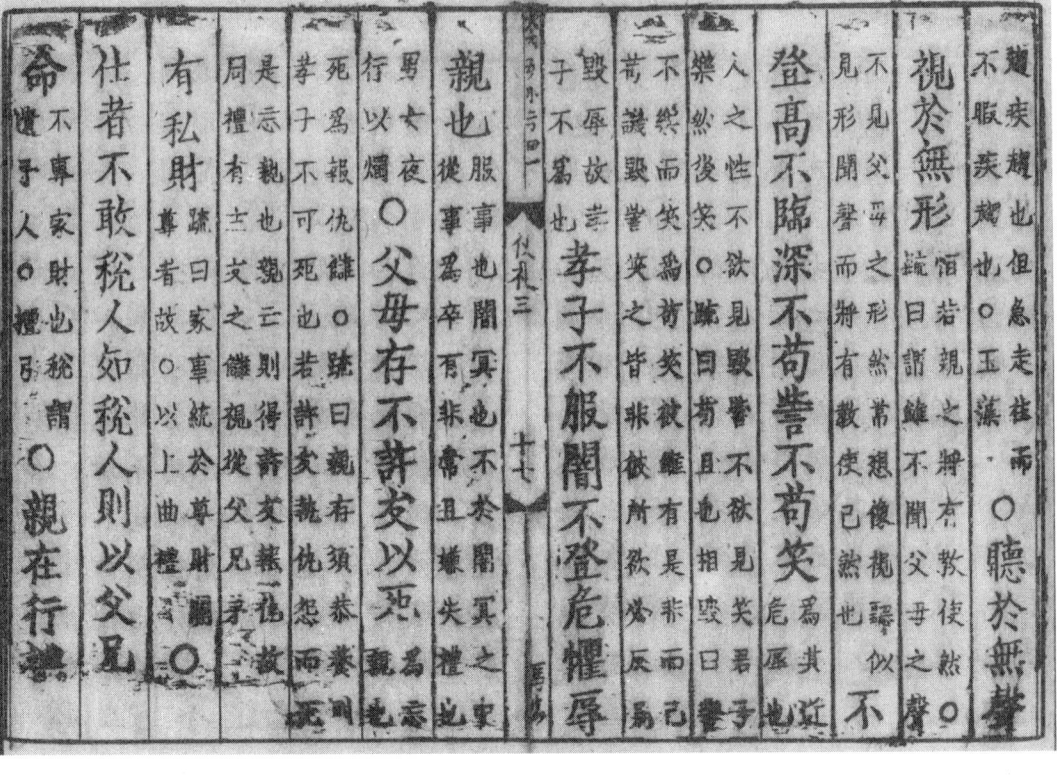

趨疾趨也但急走往而不暇疾趨也○玉藻○聽於無聲視於無形恒若親之將有教使然○疏曰雖不聞父母之聲不見父母之形然常想像髣髴似見形聞聲而將有教使已然也不登高不臨深不苟訾不苟笑爲其近危辱也人之性不欲見毀訾不欲見笑君子樂然後笑○疏曰苟且也相毀曰訾不樂而笑爲苟笑彼雖有是非而己苟譏毀訾笑之皆非彼所欲必反爲毀辱故孝子不爲也孝子不服闇不登危懼辱

儀禮三　十七

親也服事也闇冥也不於闇冥之中從事爲卒有非常且嫌失禮也男女夜行以燭○父母存不許友以死爲忘親也死爲報仇讎○疏曰親有須恭養則孝子不可死也若許友報仇怨而死是忘親也親亡則得許友報仇故周禮有主友之讎視從父兄弟有私財疏曰家事統於尊財關尊者故○以上曲禮○仕者不敢稅人如稅人則以父兄命不專家財也稅謂遺予人○禮記○親在行禮

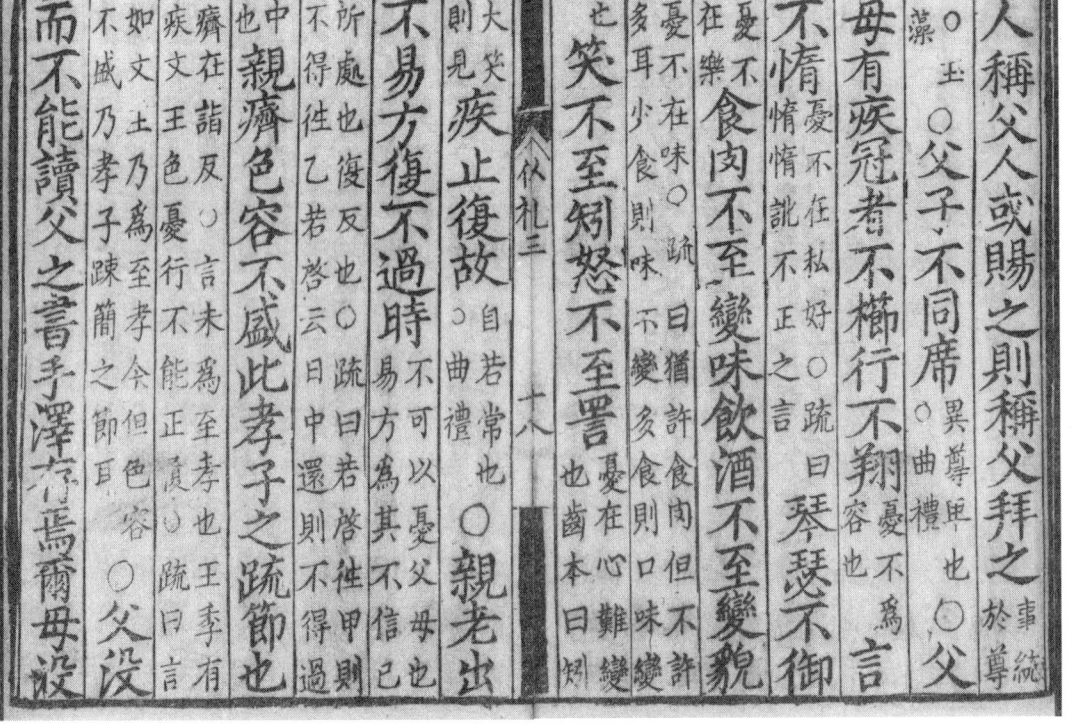

人稱父人或賜之則稱父拜之事統於尊○玉藻○父子不同席異尊卑也○曲禮○父母有疾冠者不櫛行不翔憂不爲容也言不惰憂不在私好○疏曰惰惰訛不正之言琴瑟不御憂不在樂食肉不至變味飲酒不至變貌憂不在味○疏曰猶許食肉但不許多耳少食則味不變多食則口味變也笑不至矧怒不至詈憂在心難變也齒本曰矧

儀禮三　十八

大笑則見疾止復故自若常也○曲禮○親老出不易方復不過時不可以憂父母也易方爲其不信已所處也復反也○疏曰若啓往甲則不得往乙若啓云日中還則不得過中也親齊色容不盛此孝子之疏節也齊在詣反○言未爲至孝也王季有疾文王色憂行不能正履○疏曰言如文王乃爲至孝今但色容不盛乃孝子疏簡之節耳○父沒而不能讀父之書手澤存焉爾母沒

0008_0208-2

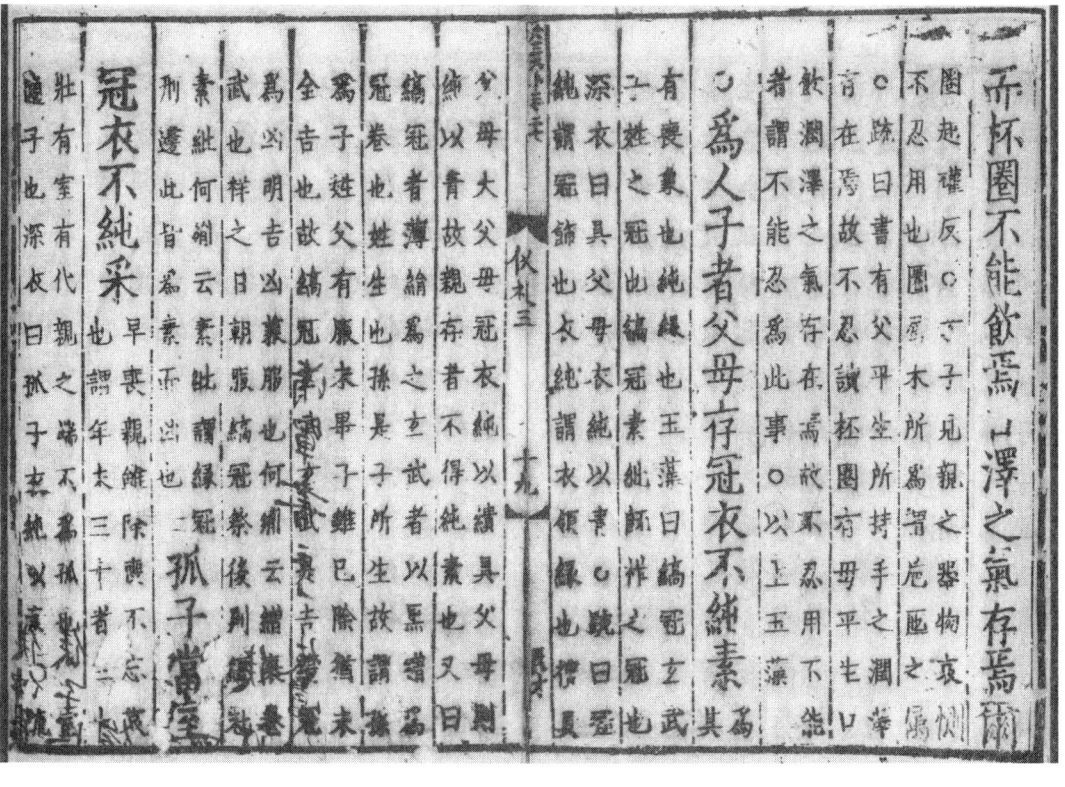

而杯圈不能飲焉口澤之氣存焉爾
圈起權反○子見親之器物哀惻不忍用也圈屈木所爲謂巵匜之屬
○疏曰書有父平生所持手之潤澤言在焉故不忍讀杯圈有母平生口
飲潤澤之氣存在焉故不忍用下能者謂不能忍爲此事○以上玉藻
○爲人子者父母存冠衣不純素爲其
有喪象也純緣也玉藻曰縞冠玄武子姓之冠也縞冠素紕既祥之冠也
深衣曰具父母衣純以青○疏曰冠純謂冠飾也衣純謂衣領緣也禮具

0008_0209-1

父母大父母冠衣純以繢具父母則純以青故親存者不得純素也又曰
縞冠者薄絹爲之玄武者以黑繒爲冠卷也姓生也孫是子所生故謂孫
爲子姓父有服未畢子雖已除猶未全吉也故縞冠素[illegible]吉[illegible]冠
爲凶明吉凶兼服也何胤云[illegible]卷武也祥之日朝服縞冠祭後則[illegible]冠
素紕何胤云素紕謂緣冠刑邊此皆爲素而凶也○孤子當室
冠衣不純采早喪親雖除喪不忘哀也謂年未三十者[illegible]
壯有室有代親之端不爲孤也[illegible]適子也深衣曰孤子衣純以素[illegible]

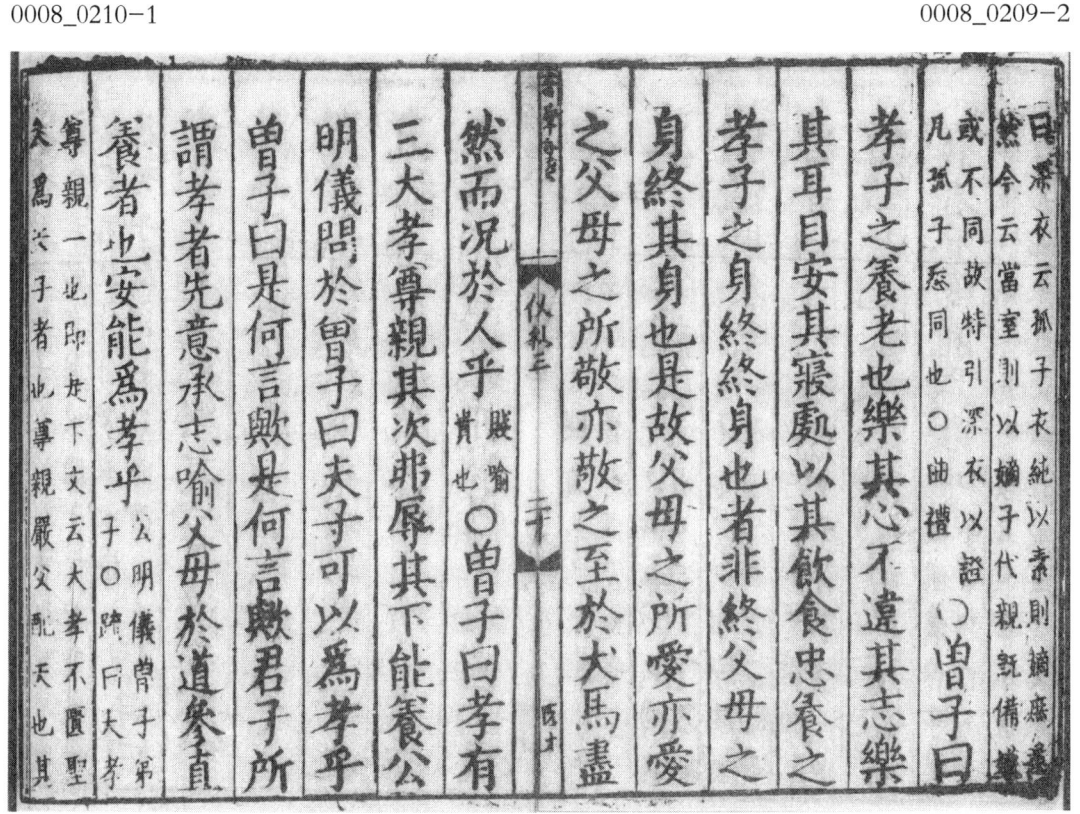

0008_0209-2

曰深衣云孤子衣純以素則嫡庶[illegible]然今云當室則以嫡子代親既備[illegible]
或不同故特引深衣以證凡孤子悉同也○曲禮○曾子曰
孝子之養老也樂其心不違其志樂
其耳目安其寢處以其飲食忠養之
孝子之身終終身也者非終父母之
身終其身也是故父母之所愛亦愛
之父母之所敬亦敬之至於犬馬盡

0008_0210-1

然而況於人乎[illegible]驗貴也○曾子曰孝有
三大孝尊親其次弗辱其下能養公
明儀問於曾子曰夫子可以爲孝乎
曾子曰是何言歟是何言歟君子所
謂孝者先意承志喻父母於道參直
養者也安能爲孝乎公明儀曾子弟子○疏曰大孝
尊親一也即是下文云大孝不匱聖人爲天子者也尊親嚴父配天也其

大卿二也謂賢人爲諸侯及鄉大
夫士也各保社稷宗廟祭祀不使傾
危以尊親也即與下文中孝用勞亦
爲一也其下能養三也謂庶人也與
下文云小孝用力爲一能養謂用天
分地以養父母也先意謂父母將欲
發意孝子則預前逆知父母之意而
爲之是先意也承志謂父母已有志三
當奉承而行之諭父母於道者或在
父母意先或在父母意後皆曉諭父
母將歸於正道也○曾子曰身也者父母之
遺體也行父母之遺體敢不敬乎居

處不莊非孝也事君不忠非孝也涖
官不敬非孝也朋友不信非孝也戰
陳無勇非孝也五者不遂烖及於親
敢不敬乎遂猶成也亨孰羶薌嘗而薦之
非孝也養也今按亨即享亨之字俗加火作烹非是君
子之所謂孝也者國人稱願然曰幸
哉有子如此所謂孝也已然猶而也衆之

本教曰孝其行曰養養可能也敬爲
難敬可能也安爲難安可能也卒爲
難父母既没愼行其身不遺父母惡
名可謂能終矣仁者仁此者也禮者
履此者也義者宜此者也信者信此
者也強者強此者也樂自順此生刑
自反此作○曾子曰夫孝置之而塞

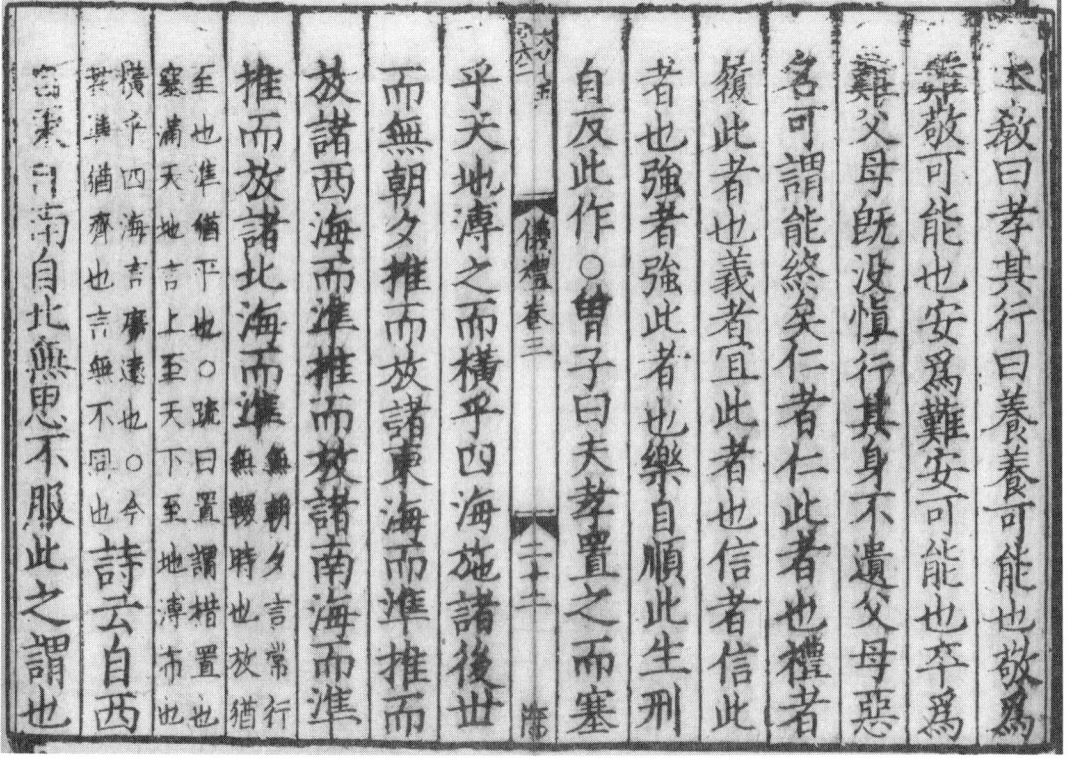

乎天地溥之而横乎四海施諸後世
而無朝夕推而放諸東海而準推而
放諸西海而準推而放諸南海而準
推而放諸北海而準無朝夕言常行無輟時也放猶
至也準猶平也○疏曰置謂措置也
塞滿天地言上至天下至地溥布也
横乎四海言廣遠也○今按準猶齊也言無不同也詩云自西
自東自南自北無思不服此之謂也

0008_0212-2　0008_0213-1

○曾子曰樹木以時伐焉禽獸以時殺焉夫子曰斷一樹殺一獸不以其時非孝也夫子孔子也曾子述其言以云孝有三小孝用力中孝用勞大孝不匱勞猶功也思慈愛忘勞可謂用力矣尊仁安義可謂用勞矣博施備物可謂不匱矣思慈愛忘勞思父母之慈愛己而自忘己之勞苦父母愛之嘉

而弗忘父母惡之懼而無怨無怨無怨於父母之心父母有過諫而不逆順而諫之父母既没必求仁者之粟以祀之此之謂禮終貧困猶不取惡人物以事亡親○樂正子春下堂而傷其足數月不出猶有憂色門弟子曰夫子之足瘳矣數月不出猶有憂色何也樂正子曰善如爾

0008_0213-2　0008_0214-1

曰善如爾之問也吾聞諸曾子曾子聞諸夫子曰天之所生地之所養無人為大疏曰言天地生養萬物之中無如人最為大故孝經云天地之性人為貴是也父母全而生之子全而歸之可謂孝矣不虧其體不辱其身可謂全矣曾子聞諸夫子述曾子所聞於夫子之言○疏曰非直體全又須善名得全不虧損形體得全不損辱其身是善名得

全也故君子頃步而弗敢忘孝也今予忘孝之道予是以有憂色也頃當為跬聲之誤也予我也○疏曰跬也謂一舉足君子於一舉足之間不敢忘父母也言念之恐有損傷壹舉足而不敢忘父母壹出言而不敢忘父母壹舉足而不敢忘父母是故道而不徑舟而不游不敢以先父母之遺體行殆壹出言而

0008_0214-2

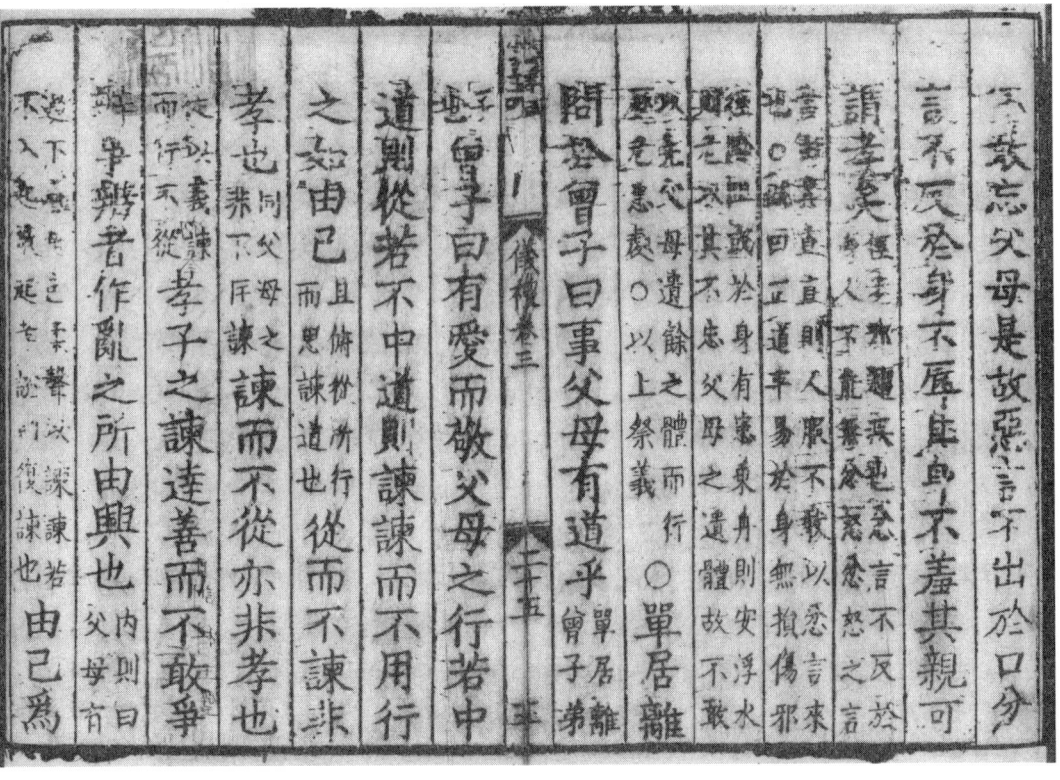

不敢忘父母是故惡言不出於口忿言不反於身不辱其身不羞其親可謂孝矣惡言遷其過也忿言不反於身人不能譽忿怒之言善言直則人服不敢以忿言來也○鄭氏曰正道平易於身無損傷邪徑險阻於身有害舟則安浮水則危以其不忘父母之遺體故不敢以危父母遺餘之體而行○單居離遊危患難○以上祭義

0008_0215-1

問於曾子曰事父母有道乎曾子弟子單居離子也曾子曰有愛而敬父母之行若中道則從若不中道則諫諫而不用行之如由己且偷惰所行而思諫道也從而不諫非孝也同父母之非不斥諫諫而不從亦非孝也從諫義而行不從孝子之諫達善而不敢爭辨爭辨者作亂之所由興也內則曰父母有過下氣怡色柔聲以諫諫若不入起敬起孝說則復諫也由己為

0008_0215-2

為無咎則寧謂順由己為賢人則亂謂孝辨賢與無咎二相反孝子無私樂父母所憂憂之父母所樂樂之孝子唯巧變故父母安之若夫坐如尸立如齊弗訊不言齊謂祭祀時訊問也言必齊色嚴敬其色此成人之善者也未得為人子之道也為人父之事單居離問曰事兄有道乎曾子

0216_0216-1

曰有尊事之以為己望也謂儀象也兄事之不遺其言奉其所令兄之行若中道則兄事之兄之行若不中道則養之養猶隱也養之內不養於外則是越之也養之外不養於內則是疏之也是故君子內外養之也單居離問曰使弟有道乎曾子曰有嘉事不失時也謂冠娶也

0008_0216-2

弟之行若中道則正以使之正以使之以弟道弟之行若不中道則兄事之且以只禅

敬之詘事兄之道若不可然后舍之矣毋事兄之道然猶不變則愁罰之曾子曰夫禮大之

由也不與小之自也言大者得自由也飲食

以齒以長幼也力事不讓辱事不齒執觴

觚杯豆而不醉和歌而不哀觚器也賣之曰

仪禮三　二十七

0008_0217-1

觴杯豐盎盆盎之總名也豆醬器以木曰登夫弟者不衡

坐不苟越不干逆色趨翔周旋俛仰

從命不見於顏色未成於弟也大戴

飯目諸飯也黍稷稻粱白黍黃粱稰穛稰思呂反

穛側角反○孰穫曰稰生穫曰穛黍黃黍也○疏曰下云白黍則上黍是黃黍也下言黃粱則上粱是白粱也案玉藻諸侯朔食四簋黍稷稻粱天子則加以麥苽為六又曰穛是斂縮之名以生穫故其物縮斂也稰既對穛故為熟穫

0008_0217-2

膳目諸膷也膷臐膮醢牛炙醢牛胾醢牛膾

羊炙羊胾醢豕炙醢豕胾芥醬魚膾雉

兔鶉鷃膷音香臐許云反膮許堯反牛炙章夜反芥徐姬邁反○此上

大夫之禮庶羞二十豆也以公食大夫禮饌校之則膮牛炙間不得有醢醢衍字也又以鷃為鴽也○疏曰公食禮云膷一謂牛臛也臐一謂羊臛也膮三謂豕臛也牛炙四炙牛肉也此四物共為一行最在於北從西為始醢五謂肉醬也牛胾六謂切牛肉也醢七牛膾八此四物又為第二行陳之從東為始羊炙

仪禮三　二十八

0008_0218-1

九羊胾十醢十一豕炙十二此四物為第三行陳之從西為始醢十三豕胾十四芥醬十五魚膾十六此四物為第四行陳之從東為始以上十六豆是下大夫之禮也進十七兔十八鶉十九鷃二十此四物為第五行陳之從西為始此是上大夫所加釋鳥云鴽鴾母某氏云謂鶉皇氏賀氏云鴽鴾蝙蝠其義未聞飲

目諸飲也重醴稻醴清糟黍醴清糟粱醴清

糟重直龍反清糟子曹反徐祖到反○重陪也糟醇也清泲也致飲有醇者有泲者陪設之也○泲子禮反○疏曰此稻黍粱三醴各有清糟以清糟相配

0008_0218-2

重設故云壹醴周禮漿人云清醴醫酏糟注云三物有清有糟是也或以
酏爲醴釀粥爲醴黍酏酏粥漿酢截〇酢七故反截才載反
水清新醷梅漿〇醷本又作臆於紀反徐於力反濫濫力暫反〇以
諸和水也以周禮六飲校之則濫涼也紀莒之間名諸爲濫〇疏曰漿人有涼
注云涼今寒粥若糗飯雜水也諸者衆雜之辭謂以諸雜糗飯之屬和水也〇
又曰案漿人六飲一曰水則此經水一也二曰漿則此經漿一也三曰醴則此
經重醴一也但用清耳四曰涼則此經濫一也五曰醫則此經或以酏爲醴一

儀禮三　二九

0008_0219-1

也六曰酏則此經黍酏一也六飲之外此經有醷鄭司農之意醷與醫爲一物
康成以醷爲梅漿者見下文云調之以醯醢及若醯醷則醷是醯之類也又云
獸用梅故知梅漿也酒目諸酒也清白白事酒昔酒也〇疏曰事酒昔
酒二者俱白故以一白標之配清酒則三酒也此無五齊者五齊是祭祀獻神
所飲非人常用故也羞目諸羞也糗餌粉酏糗起九反又昌紹反
餌音二酏讀曰餈又作餎之然反又之善反〇糗擣熬穀也以爲粉餌與餈此
記似脫周禮羞籩之實糗餌粉餈羞豆之實酏食糝食此酏當爲餰以稻米與

0008_0219-2

諸[illegible]爲餰是[illegible]〇[illegible]丁[illegible]音又作[illegible]音[illegible]反[illegible]面[illegible]反[illegible]呂六反
餘乃書糒乚疏曰羞籩糗餌粉餈注云合蒸曰餌餠之曰餈此二物皆粉稻米黍米
爲之餌者擣粉熬大豆也爲餌餈之黏著故以粉糗傅餌以粉擣餈也周禮之粉
下有餈今無者記人脫漏更以酏益之酏者周禮羞豆之實自當作餈若羞酏
則是粥非膳羞之用此酏與糝食文連則是糝類八珎內作糝與餰其事亦相
連故云此酏當爲餰且餰雖食雜以狼臅膏亦粥之般類也食食音嗣下同〇
食飯也目人君燕食所用也蝸醢而苽食雉羹絕句麥

儀禮三　卅

0008_0220-1

食脯羹雞羹絕句折稌犬羹兎羹和糝不
蓼蝸力戈反苽音孤又作菰折之列反稌音杜徐他古反和胡卧反糝三敢
反蓼音了〇苽彫胡也稌稻也羹齊宜五味之和米屑之糝蓼則不矣此脯
所謂析乾牛羊肉也〇齊才計反下文同折星曆反下同〇疏曰以蝸爲醢苽
米爲飯雉爲羹三者味相宜其餘皆然折稌謂細折稻米爲飯此等之羹只宜
以五味調和米屑爲糝下須加蓼濡豚包苦實蓼濡雞
醢醬實蓼濡魚卵醬實蓼濡鼈醢醬實

0008_0220-2

蓼濡音而下同包伯交反醢音海一非醯呼兮反次下句同卵依注音鯤古門反○凡濡謂亨之以汁和也苦苦荼也以包豚殺其氣卵讀爲鯤鯤魚子或作䱎也○疏曰言濡豚之時包裹豚肉以苦菜殺其惡氣又實之以蓼魚則以子爲醬濡雞濡鱉加醢及醬而皆實之以蓼凡言實蓼者皇氏云謂破開其腹實蓼於其腹中又更縫而合之腶脩蚳醢腶丁亂反蚳直其反○腶脩捶脯施薑桂也蚳蚍蜉子也○捶徐之蘂反蚍音毗蜉又作蜉音浮○疏曰言食腶脩之時以蚳醢配之脯羹兔醢麋膚魚醢魚

0008_0221-1

膾芥醬麋腥醢醬桃諸梅諸卵鹽卵力管切○自蝸醢至此二十六物似皆人君燕所食也其饌則亂膚切肉也膚或爲胖卵鹽大鹽也○胖音判○疏曰膚美即上析脯爲羹以兔醢配之麋膚謂麋肉外膚食之以魚醢配之麋腥謂生肉食麋生肉之時還以麋醢配之此云麋腥即上麋膚謂孰也食桃諸梅諸之時以卵鹽和之王肅云諸菹也即今之藏桃藏梅也欲藏之時必先稍乾之故周禮謂之乾䕩○自蝸醢至此二十六物若皇氏云膳一也其食二也雉羹三也麥食四也脯羹五也雞羹六也折稌七也

0008_0221-2

犬羹八也兔羹九也濡豚十也濡雞十一也濡魚十二也濡鱉十三也自此以上醢之與醬皆和調濡漬雞豚之屬爲他物而設之故不數耳自此以下醢及醬各自爲物但相配而食故數之腶脩十四也蚳醢十五也脯羹重出兔醢十六也麋膚十七也魚醢十八也魚膾十九也芥醬二十也麋腥二十一也醢二十二也醬二十三也桃諸二十四也梅諸二十五也卵鹽二十六也案周禮云諸侯相食皆鼎簋十有二其正饌與此不同其食臣下則公食大夫禮與此又異故疑是人君燕食也案上陳庶羞有膷臐膮依牲大小先後而陳此則不依

0008_0222-1

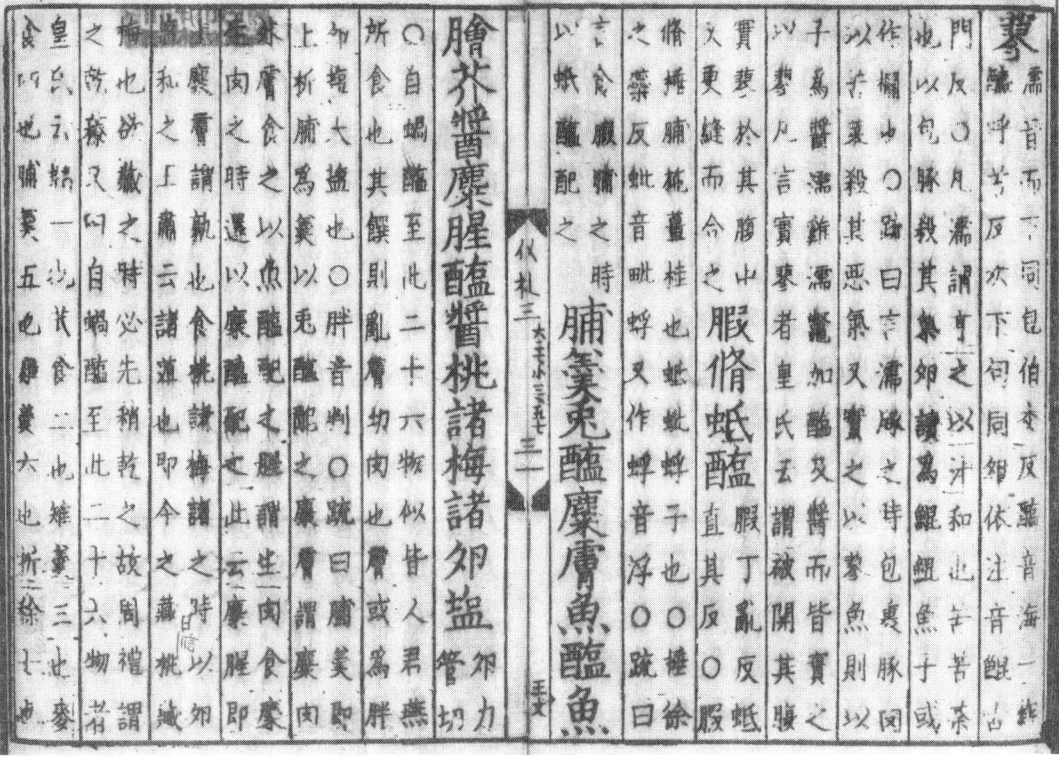

牲之次第入飯食庶羞醢羹之屬在豆是上下雜亂故云其饌則亂也云膚切肉者以其與醢醬俱在豆故爲切肉若其正膚則在俎也卵鹽形似鳥卵故云大鹽也凡食齊視春時飯宜溫也羹齊視夏時夏戶嫁反下放此○羹宜熱也醬齊視秋時醬宜凉也飲齊視冬時飲宜寒也凡和春多酸夏多苦秋多辛冬多鹹調以滑甘多其時味以養氣也○疏曰按經方云春不宜食酸夏不用食苦四時各減其味與此不同者經方所云謂減其味

□者截其時味以殺盛氣□云食
以養人恐氣虛羸故多其時味以養氣
也牛宜稌羊宜黍豕宜稷犬宜粱鴈宜
麥魚宜苽言宜者味相成○疏曰此經
與上文訢稌犬羹等側不同
者出據尊者正食主據人
君燕食以滋味爲美也春宜羔豚膳膏
膏薌夏宜腒鱐膳膏臊秋宜犢麛膳膏
腥冬宜鮮羽膳膏羶薌音香腒其居反
鱐又作臐所求反
臊素刀反麛音迷腥音星羶升然反○
此八物四時肥美也爲其大盛煎以休

三三

廢之膏節其氣也牛膏薌犬膏臊雞膏
腥羊膏羶腒乾雉也鱐乾魚也鮮生魚
也羽鴈也○爲于僞反大音泰○疏曰
上文食齊視春時皆周禮食醫文大之
文牛中央土畜春東方木木尅土春盛
則土休廢犬屬西方金夏南方火火盛
金次盛則金休廢雞屬東方木秋西方
金金尅木金盛則木休廢羊屬南方火
冬水王水尅火水盛則火休廢周禮鄭
注云羔豚物生而肥犢與麛物成而充
腯鱐膜熱而乾魚鴈水涸而性定此八
物者得四時之氣尤盛爲人食之弗勝
是以用休廢之脂膏煎和膳之□□此
□□□見禮云冬執雉夏執腒故知□

鶚乾雉□禮遠人云膴鮑魚鱐鱅與鮑
相對鮑爲濕魚故知鱅是乾魚也鱅既
爲乾魚故鮮爲生魚也月令云季冬命
魚又王制云獺祭魚然後魚人入澤梁
是冬魚成也羽族就南而冬來可食者
唯鴈故知羽鴈也宜謂禮作行謂行用
此天宜謂氣味
相宜其事同也牛脩鹿脯田豕脯麋脯
麕脯麋鹿田豕麕皆有軒雉兔皆有芼麕九
倫反
又作麇又作麏下田豕麕同軒依注音
憲下同○脯音斧乾其肉也軒讀爲憲
謂藿葉切也芼謂菜釀也軒讀爲藩○
疏曰麋鹿田豕麕等并爲醢又可腥

三四

食麕食之時皆以藿葉起之而不細切
謂云皆有軒牛肉可細切爲膾不宜大
切爲軒故不言之雉兔
羹皆有芼菜以和之也爵鷃蜩范
蜩蟬也范音範○蜩蟬也范蜂
也○蜂又作蠭蠭芳凶反芝栭菱椇棗
栗榛柿瓜桃李梅杏楂梨薑桂芝音之
栭音而
又作薾菱音陵椇音矩栭側而反椇齊
侯楛與加反○菱芰也椇枳椇也楂棗
之不藏者自牛脩至此三十一物皆人
君燕食所加庶羞也周禮天子羞用百
二十品記者不能次錄○□其寄反
□□式反○疏曰庶羞云無□□而□

0008_0224-2

反○疏曰度莳云無華莩而生者曰芝栭盧氏云芝木芝也王肅云無華而實者名栭皆芝屬也庾又云鄭云凡三十一物則芝栭應是一物也今春夏生者木可用爲菹其有白者不堪食也賀氏云栭軟棗芝木椹也以爲二物與鄭注不同祖是梨屬其味不善故云不臧也云三十一物者牛脩一鹿脯二田豕脯三麋脯四麇脯五麇軒六麛軒七田豕軒八麕軒九雉臡十兎羹十一醫十二鶉十三鴽十四范十五芝栭十六蔆十七椇十八棗十九栗二十榛二十一柹二十二瓜二十三桃二十四李二十五梅二十六杏二十七柤二十八棃二十九薑三十桂三十一以下

大二十一　小三十三　儀禮卷三　三十五　群

0008_0225-1

文云大夫燕食有膾無脯周禮正羞唯有棗栗榛桃故知此是人君燕食所加庶羞也天子無羞則不止此作記之人不能依次條錄也

大夫燕食有膾無脯有脯無膾士不貳羹胾庶人耆老不徒食 差也 膾春用蔥秋用芥豚春用韭秋用蓼 芥芥醬也 脂用蔥膏用薤 薤戶界反俗本多作薤非也○ 肥凝者曰脂釋者曰膏 三牲用藙和用醯 藙魚氣反和戶臥反注皆同又如字○疏[illegible]藙煎茱萸也漢律會稽獻藙[illegible]種[illegible]者蕃與家

0008_0225-2

物自相和也○會古外反膾古兮反稷急八反畜許又反又許六反○疏曰賀氏云今蜀郡以之九月九日取茱萸折其枝連其實廣長四五寸一升實可和十升膏名之藙也

麇用梅 亦野物自相和

鶉羹雞羹鴽釀之蓼 釀謂切雜之也鴽在羹下烝之下羹也

魴鱮烝 絕句一讀魴鱮烝雛爲句

雛燒 絕句○疏曰雛鳥之小者火中燒之然後調和

雉 絕句一讀雉薌爲句○疏曰雉文在下或烝或燒或羹無定

或薌無蓼 魴音房鱮音敘雛字又作鶵仕俱反又匠俱反燒如字一音焦○薌蘇荏之屬也燒煙於火中也自膾用蔥至

大六十七　小三十四　儀禮卷三　三十六　淸

0008_0226-1

此言調和菜釀之宜也○荏而甚反調徒弔反○疏曰魴鱮雛雉二者調和惟以蘇荏之屬無用蓼

不食雛鱉狼去腸狗去腎狸去正脊兔去尻狐去首豚去腦魚去乙鱉去醜

云尻苦刀反下並同尻苦刀反腦奴老反○[illegible]爲不利人也雛鱉伏乳者乙魚體中害人者名也今東海鰫魚有骨名乙在目旁狀如篆乙食之鯁人不可出醜謂鱉竅也爲于偽反下皆爲同伏扶又反乳而樹反鰫音容篆直轉反鯁又作哽古猛反又[illegible]反竅

肉曰脫之魚曰作之棗曰新之

0008_0227-1　　0008_0226-2

栗曰撰之，桃曰膽之，注棃曰攢之。膽丁敢反。攢再官反，本又作鑽，皆治擇之名也。○疏曰：皇氏云：皖謂治肉除其筋膜，取好處。李巡云：去其骨。孫炎云：剝其皮也。作之，爾雅作新之，郭注云：謂削鐫也。棗易有塵埃，恒治拭之，使新栗蟲好食，數數布陳撰省視之。桃多毛，拭治去毛令色青滑，如膽也。或曰：膽謂苦桃，有苦如膽者，擇去之。攢之者，恐有蟲，故一一攢看其蟲孔也。牛夜鳴則庮，羊泠毛而毳羶，狗赤股而躁，臊。鳥皫色而沙鳴，鬱。豕望視而

交睫，腥。馬黑脊而般臂，漏。雛尾不盈握弗食。舒鴈翠，鵠鴞胖，舒鳧翠，雞肝，鴈腎，鴇奧，鹿胃。庮音由。泠音零。毳昌銳反。躁早報反。皫字又作瘭，劉昌宗音普保反，徐芳表反，又普表反。沙如字，一音所嫁反，注同。睫音接。腥依注作星，字林音先定反。般音班。臂必避反，徐方避反。漏依注音螻，力侯反。鴇胡篤反。鴞吁驕反。胖音判。鴇音保。奧於六反。胃音謂，字又作腸，同。○亦皆爲不利人也。庮，惡臭也。春秋傳曰：一薰一庮。泠毛，毳毛別聚於不解者也。赤股，股裏無

0008_0228-1　　0008_0227-2

毛也。皫色，毛變色也。沙，猶嘶也。鬱，腐臭也。望視，視遠也。腥，當爲星，聲之誤也。星肉中如米者。般臂，前脛般般然也。漏，當爲螻，如螻蛄臭也。舒鴈，鵝也。翠，尾肉也。舒鳧，鶩也。鴇，奧脾肶也。胖謂脅側薄肉也。鵠，或爲鴇也。○薰，許云反，或作熏，又作葷。解胡買反。嘶音西，字又作斯。腐音同，扶甫反。脛胡定反。蛄音姑。鵝五何反。鶩音木。脾扶移反。肶昌私反。○疏曰：此一節與周禮文同。牛好夜鳴，則其肉庮臭。泠謂毛本稀，泠毳謂毛頭毳結。羊若如此，其肉羶氣。躁謂舉動急躁，狗若如此，其肉臊惡。皫謂色變無潤澤，沙謂鳴而聲嘶，鳥若如此，其肉腐臭。腥謂

豕結如星。望視謂豕視望揚，交睫謂目睫毛交。豕若如此，則其肉似星也。黑謂脊黑。般臂謂前脛色般般然。馬若如此，則其肉如螻蛄臭也。雛謂小鳥，凡鳥尾盈一握，然後堪食，若其過小，不堪食也。鶩，鴨也。脾肶謂臟之深奧處。鵝尾至鹿胃八物亦不可食者，爲不利人也。肉腥細者爲膾，大者爲軒。腥音星，字林作胜，云不熟也。先丁反。○言大切細切異名也。膾者必先軒之，所謂聶而切之也。○聶本又作攝，又作牒，皆之涉反。下同。或曰：麋鹿魚爲菹，麕爲辟雞，野豕爲軒，兔爲

0008_0229-1　0008_0228-2

宛脾切葱若薤實諸醯以柔之䕩九倫反辟必
益反徐芳益反宛于晚反脾婢支反醯余呼兮反本或作醢○此軒辟雞宛脾
皆菹類也釀菜而柔之以醯殺腥肉及其氣今益州有鹿㮕者近由此為之矣
菹軒聶而不切辟雞宛脾聶而切之軒或為胖死或作饕○㮕於偽反昔州人
取鹿殺而埋之地中令臭乃出食之名㮕是也近附近之近○疏曰凡大切
者全物為菹細切者為齏其牲體大者齏之其牲體小者齏之用此麋鹿魚野
家為菹麕兔為齏也故鄭注醢人云細切為齏全物若牒為菹少儀曰麋鹿為

儀禮卷三　三十九　胡

菹野豕為軒皆牒而不切麕為辟雞兔為宛脾皆牒而切之是菹大而齏小所
以儀不云魚此云魚者記者異聞也羞若薤䪥諸醢中悉皆濡軟故云柔之

右飲食

為宮室辨外内男子居外女子居内深
宮固門閽寺守之男不入女不出此節
卓謹夫婦下移入○閽掌中之禁也寺掌内人之禁令也男不
内女不言外謂事業之次序非祭非喪不相

0008_0230-1　0008_0229-2

器○祭嚴喪遽不嫌也○疏曰祭得相授器者祭是嚴敬之處喪是
嫌之所絶止之時又恐男女有淫邪之意其相授則女
受以篚其無篚則皆坐奠之而后取之篚竹器
○奠停地也外内不共井不共湢浴不通寢
席不通乞假男女不通衣裳内言不出
外言不入湢彼力反湢浴室也○男子入内不嘯
不指夜行以燭無燭則止嘯依注音叱尺失反○嘯

儀禮卷三　四十

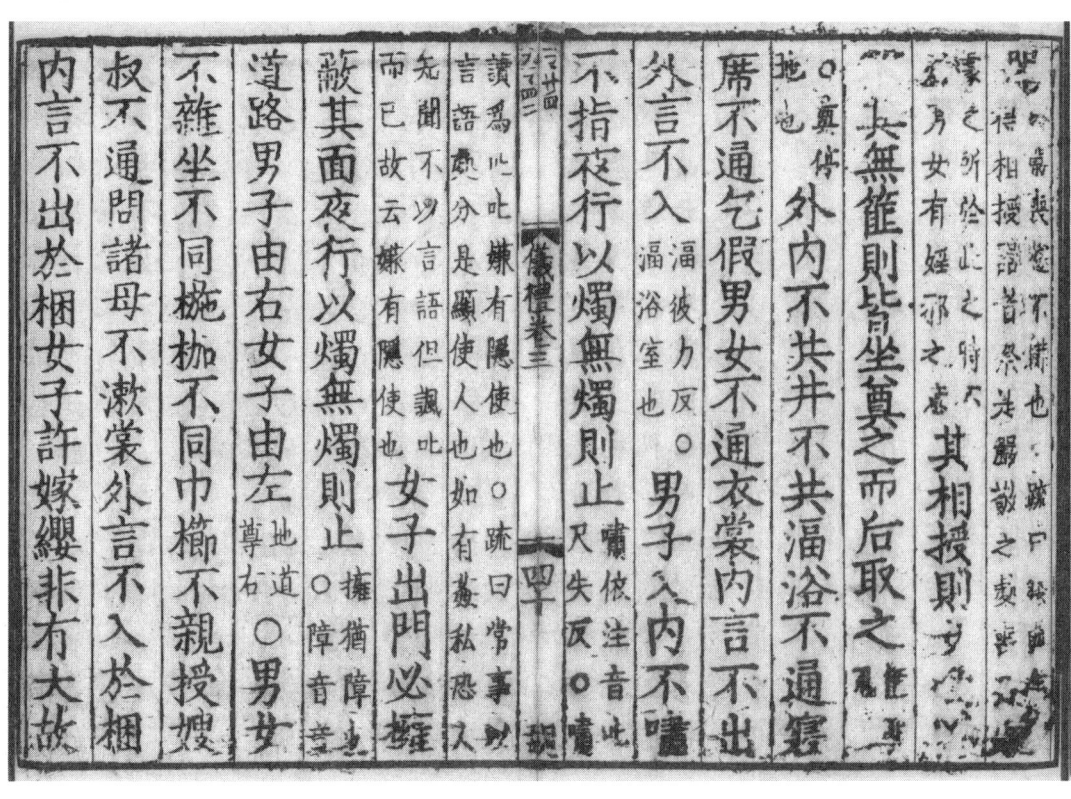

讀為叱叱嫌有隱使也○疏曰常事言語分分是顯使人也如有私恐人
知聞不以言語但諷叱而已故云嫌有隱使也女子出門必擁
蔽其面夜行以燭無燭則止擁猶障也○障音章
道路男子由右女子由左地道尊右○男女
不雜坐不同椸枷不同巾櫛不親授嫂
叔不通問諸母不漱裳外言不入於梱
内言不出於梱女子許嫁纓非有大故

0008_0230-2

不入其門姑姊妹女子子已嫁而反兄
弟弗與同席而坐弗與同器而食椸羊支反
枷又作架徐音稼古本無此字櫛側乙反嫂又作嫂素早反漱悉侯反棝又作
閫苦本反○昔為重別防淫亂不雜坐疏男子在堂女子在房也椸可以枷衣
者適閽謂相稱謝也諸母庶母也漱澣也庶母賤可使漱衣不可使漱裳裳賤
尊之者亦所以遠別外言內言男女之職也不出入者不以相問也梱門限也
女子許嫁繫纓有從人之端也大故宮中有災變若疾病乃後入也女子有宮

0008_0231-1

者亦謂由命士以上也春秋傳曰羣公子之舍則已卑矣女子十年而不出嫁
者成人可以出矣猶不與男子共席而坐亦遠別也○別彼列反下及注同澣
戶管反○疏曰諸母謂父之諸妾有子者衣謂盛服裳卑褻也欲尊崇於兄弟
之母故不可使漱裳耳又欲遠別也男子與稱子女子重言子者案鄭注喪服
云重言女子子別於男子也○曲禮
右男女之別○傳孔子適季氏康子
晝居內寢孔子問其所疾康子出見

0008_0231-2

之言終孔子退子貢問曰季孫不疾
而問諸疾禮與孔子曰夫禮君子不
有大故則不宿於外大故謂喪憂非致齊
也非疾也則不晝夜處於內是故夜
居於外雖弔之可也晝居於內雖問其
疾可也家語○公父文伯之母敬姜者
季康子之從祖叔母也康子往焉闖

0008_0232-1

門而與之言闖闔也門寢門也皆不踰閾閾門
限也皆二人也敬姜不踰閾而出康子不踰閾而入傳曰婦人送迎不出
門見兄弟不踰閾是也祭悼子康子與焉悼子穆伯
之父敬姜先舅子與與祭也酢不受徹俎不宴禮祭
主人獻賓賓酢主人不受敬姜不親受也祭畢徹俎又不與康子宴飲
宗不具不繹繹又祭也唐尚書云祭之明日也昭謂天子諸
侯曰繹以祭之明日卿大夫曰賓尸與祭同日此言繹通言之也賈侍中

0008_0232-2

云宗宗臣主祭祀之禮不具謂
宗臣不具在則敬姜不與繹也繹不
盡飫則退說云飫宴安私飲也昭謂
立曰飫坐曰宴言宗具則
與繹繹畢而飲不盡飫禮而還
恐有醉飽之失皆所以遠嫌也孔子
聞之曰男女之別禮之大經公父氏
之婦動中禮趣度於禮矣國語魯語
禮始於謹夫婦不敢縣於夫之楎椸不
敢藏於夫之篋笥不敢共湢浴縣音玄楎音暉

儀禮三　四十三

0008_0233-1

椸以支反○竿謂之椸楎椸也○竿音
干椸音弋○疏曰爾雅云椸謂之椸李
巡曰椸謂襬椸也又云在牆者
謂之楎郭云植曰楎橫曰椸夫不在
斂枕篋簟席襡器而藏之不敢褻也少事長
賤事貴咸如之咸皆也
右夫婦之別○傳曰季使過冀見冀
缺耨其妻饁之饁域輒反○臼季晉臣也冀晉邑耨鋤也
野饋曰饁○疏曰耨芸苗也
饁饋也孫炎曰饁野之饋也敬相

0008_0233-2

如賓與之歸言諸文公曰敬德之聚
也能敬必有德德以治民請用之臣
聞之出門如賓承事如祭如大賓常謹敬也
仁之則也僖公三十四年春秋左氏傳
夫婦之禮唯及七十同藏無間間間廁之閒盡
如字○衰老無
嫌及猶至也故妾雖老年未滿五十
必與五日之御與音預復扶又反○五
十始衰不能孕也妾閉

儀禮三　四十四

0008_0234-1

房不復出御矣此御謂視夜勸息也五
日一御諸侯制也諸侯取九女姪娣兩
媵而御則三日也次兩媵則四日也次
夫人專夜則五日也天子十五日一
御○姪大結反娣大計反媵羊證反又
繩證反○疏曰此經據妾言之至五十以
上則不與無則妻雖五十以上猶得與
也夫人及二媵各有姪娣凡六人幷三
日也夫人姪娣畢於兩媵若望前畢者
在前尊者在後望後乃反之天子御法
昔九嬪注云女御八十一人當九夕世
婦二十七人當三夕九嬪九人當一夕
三夫人當一夕后當一夕亦
十五日而徧云自望後反之將御者齊

漱澣慎衣服櫛縰笄總角拂髦衿纓綦

屨齊爭皆反下皆同澣音浣○其往如朝也角衍字也拂髦或爲縿髮也○

朝直遙反縿居蚪反雖婢妾衣服飲食必後長者

後胡豆反○人貴賤不可以無禮妻不在妾御莫敢當

夕辟女君之御日也○辟音避

右御妻妾○傳荀子曰霜降逆女冰

泮殺內十日一御楊倞曰此蓋誤耳當爲冰泮逆女霜

仪礼三　四五

降殺內故詩曰士如歸妻迨冰未泮
殺減也內謂妻御也十日一御即殺
內之義冰泮逆女謂發生之時合男
女也霜降殺內謂閉藏之時禁嗜慾
也月令在十一月此云霜降荀卿與
呂氏所聞異也鄭云歸妻謂請期也
冰未泮正月中以前二月可成昏矣
故曰冰泮逆女○今按荀子本文與
上篇孔子對哀公語同楊氏之說恐
未必然然其言霜降閉藏十日一御
者似亦有理故特存之()晉平公有疾叔向問

於子產子產曰僑聞之君子有四時

朝以聽政聽國政晝以訪問問可否夕以

脩令念所施夜以安身於是乎節宣其

氣宣散也○疏曰以時節宣散其氣也節即四時是也凡人形神有限
不可久用神久用則竭形大勞則敝
不可以久勞也神不用則鈍形不用
則痿不可以久逸也固當勞逸更遞
以宣散其氣朝以聽政聽政久則疲
疲則易之以訪問訪問久則倦倦則
易之以脩令脩令久則息息則易之
以安身安身久則滯滯則又易之以
聽政以後事改前心則亦所以散其

氣也勿使有所壅閉湫底以露其體湫子

仪礼三　四六

小反條音秋又在酒反底丁禮反○
湫集也底滯也露羸也壹之則血氣
集滯而體羸露○羸劣危反○疏曰
壅謂障而不使行若土壅水也閉謂
塞而不得出若閉門戶也湫謂氣聚
底謂氣止服虔云湫著也正也言人
之養身當須宣散其氣勿使氣有壅
閉集滯以羸露其形體也若其壹之
則血氣集滯使不得宣散氣不散則
體羸露也肥則膚肉厚骨不見瘦則
肌膚薄故體羸露羸露是露骨之名
其義與倮袒近倮露形也羸露骨也

0008_0236-2

茲心不爽而昏亂百度　茲此也爽明也百度百事之節○疏曰形之與神相隨而有形以神爲主神以形爲宅形彊則神彊形弱則神弱神常隨形而盛衰也既羸其體則神識亦弱致使此心不明昭察失宜而昏亂百事之節度也　今無乃壹之時也則生疾矣叔向曰善哉肸未之聞也此皆然矣晉侯求醫於秦秦伯使醫和視之曰疾不可爲也是謂近女室

儀禮三　四十七

0008_0237-1

疾如蠱　近附近之地蠱音古○蠱惑疾○疏曰蠱者心志惑亂之疾若今昏狂失性其疾名之爲蠱公惑於女色失其常性如彼惑蠱之疾也　非鬼非食惑以喪志　喪息浪反○惑女色而失志　良臣將死天命不祐　祐音又○良臣不匡救君過故將死而不爲天所祐　公曰女不可近乎對曰節之先王之樂所以節百事也故有五節　五聲之節　遲速本末以相及中聲以

0008_0237-2

降五降之後不容彈矣　降音絳下及注同或音戶江反彈徒丹反又徒旦反○此謂先王之樂得中聲聲成五降而息也降罷退○疏曰劉炫云言五降而息者退者五聲一周聲下而息前聲罷退以待後聲非作樂息也　於是有煩手淫聲慆堙心耳乃忘平和君子弗聽也　慆吐刀反下同堙音因○五降而不息則雜聲並奏所謂鄭衛之聲○疏曰劉炫云五聲皆降則聲一成曲既未成當更從上如不以後聲來接前聲而煩手雜彈擊是爲煩手所擊非復正聲是爲淫聲　物亦如之　言百事皆

儀禮三　四十八

0008_0238-1

如樂不可失節　至於煩乃舍也已無以生疾　舍音捨注同○煩不舍則生疾　君子之近琴瑟以儀節也非以慆心也　爲心之節儀使動不過度　天有六氣　謂陰陽風雨晦明也　降生五味　謂金味辛木味酸水味鹹火味苦土味甘皆由陰陽風雨而生○疏曰杜解以爲五味是五行之味六氣共生五行一氣生一行……以爲雨爲木味風爲土味晦爲

0008_0239-1　　0008_0238-2

味明爲火味陽爲金味而陰氣屬發天而不爲五味之主非杜意也爲五色辛色白酸色青鹹色黑苦色赤甘色黄發見也○見賢遍反徵爲五聲白聲商青聲角黑聲羽赤聲徵黄聲宮徵驗也○聲徵之淫生六疾淫過也滋味聲徵張里反色所以養人然過則生害六氣曰陰陽風雨晦明也分爲四時序爲五節六氣之化分而序之則成四時得五行之節○疏曰六氣並行無時止息但氣有温暑涼寒分爲四時春夏秋冬也

大五千六　三万五千六　儀禮卷三　四十九

序此四時以爲五行之節計一年有三百六十五日序之爲五行每行七十二日有餘土無定方分主四季每季之末有十八日爲土王之日也過則爲菑陰淫寒疾菑音災下同○寒過則爲冷陽淫熱疾熱過則喘渴○喘昌兗反風淫末疾末四支也風爲緩急○疏曰人之身體心腹爲本四支爲末故以末爲四支謂手足也風疾入身則四支有緩急雨淫腹疾雨濕之氣爲洩注○洩息列反晦淫惑疾晦夜也爲宴寢過節則心惑亂明淫

0008_0240-1　　0008_0239-2

心疾明晝也思慮煩多心勞生疾○思息利反○疏曰過即淫也陰陽風雨有多時有少時晦明則天有常度無多少時也今言淫者謂人受用此氣有過度者也陰陽風雨雖各以其氣與人爲病若其能自防護受之不多則得無此病也其晦明天氣不以病人但人用之過度則亦爲病晦是夜也夜當安身女以宣氣近女過度則心惑亂也明是晝也晝以營務營務當用心思慮煩多則心勞敝也陰陽風雨當受之有節晦明當用之有限無節無限必爲菑害故其過則爲菑也女陽物而晦

大八千六　三万十二　儀禮卷三　五十

時淫則生内熱惑蠱之疾女常隨男故言陽物家道常在夜故言晦時今君不節不時能無及此乎出告趙孟趙孟曰誰當良臣對曰主是謂矣主相晉國於今八年晉國無亂諸侯無闕可謂良矣和聞之國之大臣榮其寵祿任其大節有菑禍興而無改焉相息亮反○改改行以救菑○行下孟反

0008_0240-2

少受其咎今右至於淫以生疾將不
能圖恤社稷禍孰大焉注不能禦吾
是以云也咎其九反禦本亦作御魚呂反○云主將死趙
孟曰何謂蠱對曰淫溺惑亂之所生
也溺乃狄反○溺沈没於嗜慾○嗜時志反於文皿蟲爲
蠱皿命景反說文讀若猛字林音猛○文字也皿器也器受蟲害者爲蠱
穀之飛亦爲蠱穀久積則變爲飛蟲名曰蠱在周

儀禮卷三　五十一

0008_0241-1

易女惑男風落山謂之蠱䷑巽下艮上
蠱巽爲長女爲風艮爲少男爲山少男而說長女非匹故惑山木得風而
落○巽音遜艮古恨反長丁丈反下同少詩照反下同說音悅皆同
物也物謂類也趙孟曰良醫也厚其禮而
歸之贈賄之禮○昭公元年春秋左氏傳
妊子者寢不側坐不邊立不蹕不食邪
味割不正不食席不正不坐目不視邪

0008_0241-2

色耳不聽淫聲夜則令瞽誦詩道正事
右胎教列女傳○傳曰妊子之時必謹
所感心感於物則其子形音肖之故
妊者能謹於此則生子形容端正才
識必過人矣此之謂胎教
妻將生子及月辰居側室側室謂夾之室次燕寢也
○夾古洽反又古協反○疏曰夫正寢之室在前燕寢在後側室又次燕寢之

儀禮卷三　五十二

0008_0242-1

旁故謂之側室妻既居側室則妾亦當然也故春秋傳云趙有側室曰穿是妻
之子也生子不於夫正室及妻之燕寢必於側室者以正室燕寢尊故也及月
辰謂生月之辰初朔之日也夫使人日再問之作而
自問之妻不敢見使姆衣服而對至于
子生夫復使人日再問之見賢遍反下及注同姆音
茂字林云又反一音母亡久反○作有感動夫齊則不入側
室之門若姊時使人問子生男子設弧於門左

0008_0242-2

女子設帨於門右表男女也弧者示有事於武也帨事人之佩巾也三日接子大夫少牢士特豕庶人特豚其非冢子則皆降一等接依注音捷字妾反下同○接讀爲捷捷勝也謂食其母使補虛強氣也○食音嗣下注食子食乳皆同○疏曰接王肅杜預並以爲接待之義鄭讀爲捷爲補虛強氣者以婦人初産必困病虛羸當産三日之內以未能以禮相接應待負子之後今三日而爲之故知補虛強氣宜速故也始負子男射女否始有事也

大八十
小三卅八
儀禮卷三
五十三
寀

0008_0243-1

負之謂抱之而使鄉前也○鄉許亮反○今按射謂以桑弧蓬矢六射天地四方鄭云桑弧蓬矢本大古也天地四方男子之所有事也○大音泰餘義見內治篇異爲孺子室於宮中特埽一處以處之擇於諸母與可者必求其寬裕慈惠溫良恭敬慎而寡言者使爲子師其次爲慈母其次爲保母皆居子室諸母衆妾也可者傅御之屬也子師敎示以善道者慈母知其嗜慾者保母安其居處者○疏曰此人君養子

0008_0243-2

之禮兼大夫士也大夫之子有食母食音嗣○選於傅御之中喪服所謂乳母也士之妻自養其子賤不敢使人也它人無事不往爲兒精氣微弱將驚○動也○爲于僞反凡接子擇日雖三日之內尊卑必皆筮其吉焉○今按此與上章不同或別記異聞也○三月之末擇日翦髮爲鬌男角女羈否則男左女右鬌丁果反徐大果反○鬌所遺髮也夾囟曰角午達曰羈○囟音信夾思忍反○疏曰三月翦髮所留不

大八八
小三廿五
儀禮卷三
五十四
采

0008_0244-1

翦者謂之鬌云囟者是首腦之上縫故說文云十其字象小兒腦不合也夾囟兩旁當角之處留髮不翦也儀禮注云一縱一橫曰午翦髮留其頂上縱橫各一交相通達故云午達羈者隻也文雖據大夫士天子諸侯之子亦當然也是日也妻以子見於父貴人則爲衣服由命士以下皆漱澣見賢遍反○貴人大夫以上也由自也男女夙興沐浴衣服具視朔食朔食天子太牢諸侯少牢大夫特豕士特豚也夫入門升自阼階[illegible]

0008_0244-2　0008_0245-1

三月……西鄉妻抱子出自房當楣立面

鄉音嚮○入門者入側室之門也夫以下見子就側室見妻子於內寢辟君也○疏曰上文云妻將生子居側室此亦有妻出之文則如此謂入側室之門但側室在燕寢之旁亦南鄉故云阼階西嚮但卿大夫之室唯有東房抱子出東房當楣北東面與夫相[illegible]見適妻子就側室則此文是也云見子於內寢者見下文內寢適妻寢也[illegible]君則見適子於路寢見庶子於側室[illegible]君也云辟人[illegible]

姆先相曰某敢用時日祗見孺子

相息亮反○某妻姓若言姜氏也祗敬也或作振○疏曰姆先相者傅姆在母之前而相佐也獨雅也

夫對曰欽有帥父執子之右手咳而名之

咳戶才反字又作孩○欽敬也帥[illegible]也言教之敬使有循也執子手[illegible]之事也○疏曰咳謂以手承子之頤[illegible]

妻對曰記有成遂左還授師

還音旋[illegible]識夫之言使有成也師子師也○[illegible]妻對辭說遂左向迴還轉身西面[illegible]

子師辯告諸婦諸母名

[illegible]

0008_0245-2　0008_0246-1

君名成於尊○疏曰[illegible]者之妻諸母同在[illegible]平成於尊

妻遂適寢

復其燕寢

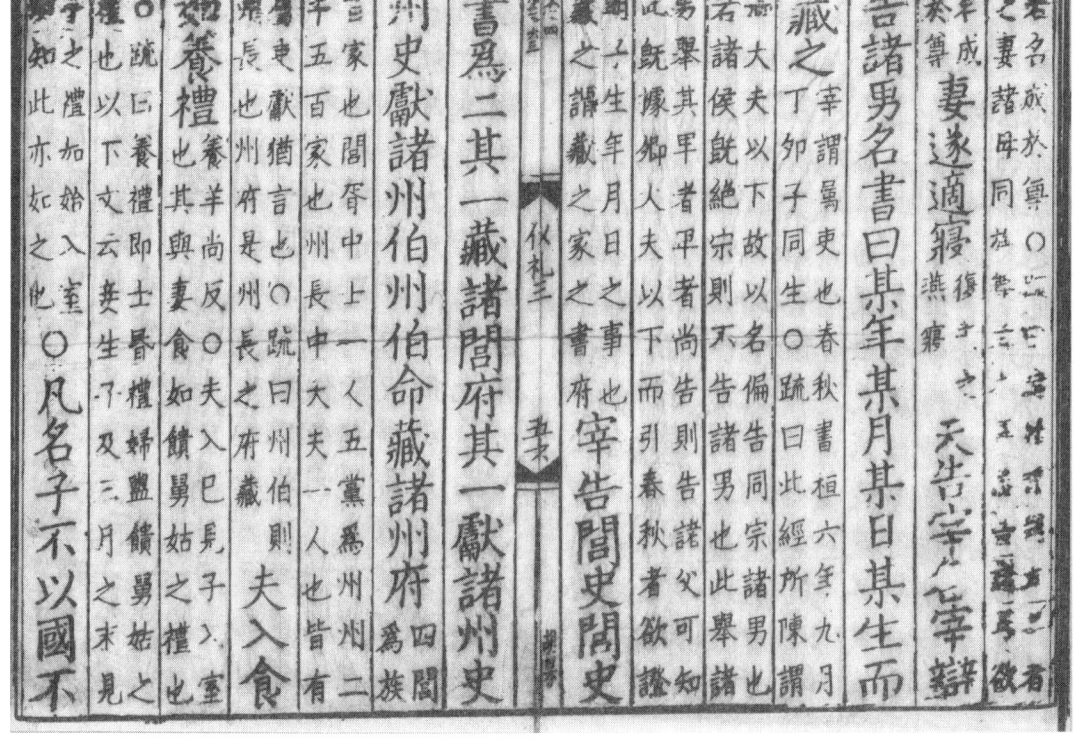

夫告宰名宰辯告諸男名書曰某年某月某日某生而藏之

宰謂屬吏也春秋書桓六年九月丁卯子同生○疏曰此經所陳謂卿大夫以下故以名遍告同宗諸男也若諸侯既絕宗則不告諸男也此舉諸男舉其卑者卑者尚告則告諸父可知此既據卿大夫以下而引春秋者欲證明子生年月日之事也

宰告閭史閭史書為二其一藏諸閭府其一獻諸州史

藏之謂藏之家之書府閭家也閭胥中上一人五黨為州州二千五百家也州長中大夫一人也皆有屬吏獻猶言也○疏曰州伯則[illegible]州長也州府是州長之府藏

州史獻諸州伯州伯命藏諸州府

四閭為族

夫入食如養禮

養羊尚反○夫入已見子入室也其與妻食如饋舅姑之禮也○疏曰養禮即士昏禮婦盥饋舅姑之禮也以下文云妾生子及三月之末見子之禮如始入室○

凡名子不以國不

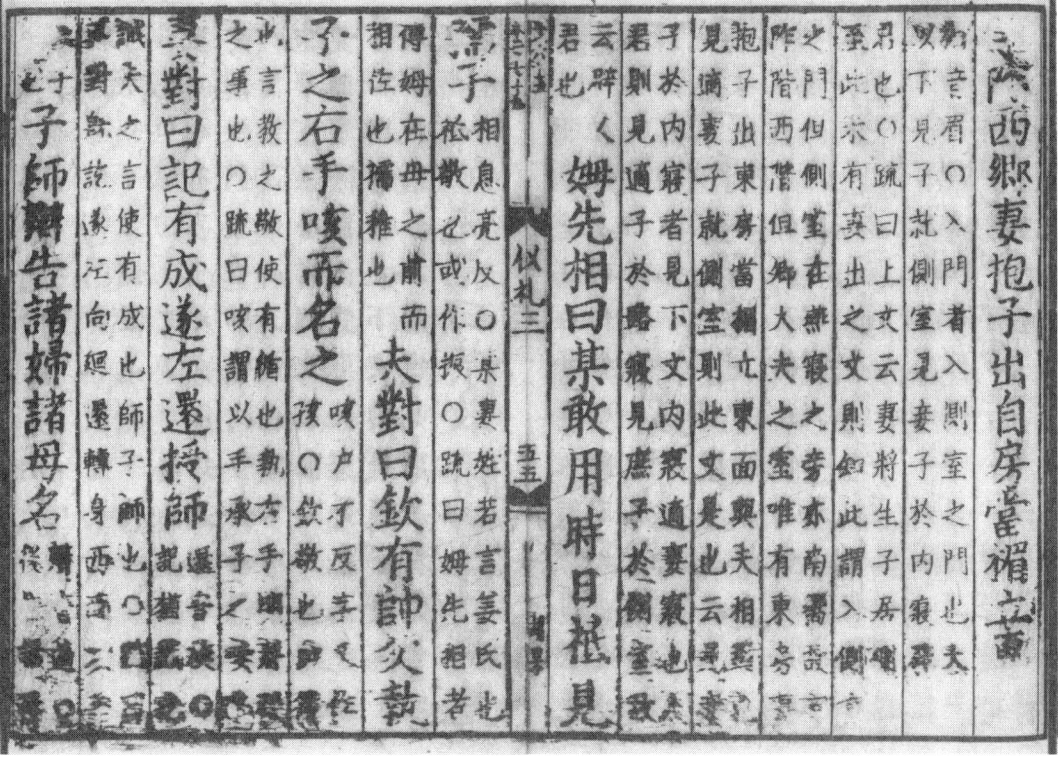

[illegible]如此亦如之也

0008_0246-2

不以日月不以隱疾不以山川此一節文不見

令取由禮移入○此在常語之中爲後難諱也春秋傳曰身終將諱之隱疾衣中之疾也謂黃凚黑胈矣疾在外者猶不得言尚可指擿此則無時可辟俗語云隱疾難爲醫也○疏曰杜氏春秋注云不以本國爲名也國即得爲名如衞侯晉晉侯周是也日月申乙丙丁也殺宋得以爲名者殺質不諱名殺無春秋魯傳公名申蔡莊公名甲午鄭厲世不能知禮也案傳又云不以官不以畜牲不以器幣此記文略耳傳云以官則廢職以山川則廢主以畜牲則廢祀以器幣

儀禮卷三　五十七

0008_0247-1

則廢禮晉以僖侯廢司徒宋以武公廢司空先君獻武廢二山是也

大夫士之子不敢與世子同名尊世子也其先世子生亦勿爲改○疏曰衞襄公名惡其大夫有齊惡是先生者不改也

○妾將生子及月辰夫使人日一問之子生三月之末漱澣夙齊見於內寢禮之如始入室君已食徹焉使之特餕遂入御內寢適妻寢也禮謂已見子夫食而使獨餕進如始入室始來嫁時妾餕夫婦之餘

0008_0247-2

如之餘見子可以御此謂大夫上之也凡妾稱夫曰君○疏曰凡宮室之前有路寢次有燕寢次夫人正寢卿大夫以下前有適室次有燕寢次有適之寢但夫之燕寢在外亦名外寢適寢在內故名內寢也昏禮未婦同牢後勝餕夫餘御餕婦餘彼謂正妻若始來夫婦同食初來之妻特餕其餘妾已見子之後夫婦共食今生子之後餕其餘亦如始來時也大夫之妾子之後夫入食乃進御此文云

○庶子遂入御妾禮異於正妻也

人無側室者及月辰夫出居羣室其問

儀禮卷三　五十八

0008_0248-1

之也與子見父之禮無以異也夫雖辟之至問又見子禮同也亦人或無妻○疏曰無側室妻在夫羣室側室夫出故夫出之若有側室則妻在側室夫至卫寢不須出居羣室也

○凡父在孫見於祖祖亦名之禮如子見父無見子於祖家統於尊也父在則無有適子者無適孫與見子同也父而有適孫則有辭與見冢子同父雖而庶孫猶無辭也○適丁歷反下及注同○疏曰適子既在其孫猶爲庶孫所傳重故也若所生適子其父既在

0008_0248-2

則適孫與長子相似謂有傳重之者
有告戒之辭也若庶孫父卒見祖亦[illegible]
辭也○由命士以上及大夫之子旬而
旬依注音均○旬當爲均聲之誤也
時適妾同時生子子均而見者以[illegible]
後見之既見乃食亦辟人君也易說
坤爲均今亦或作旬也○疏曰均謂[illegible]
齊也雖先生者先見後生者後見然
是未食之前故云均而見○今按此[illegible]
疑鄭失之旬如字謂十日也別記異聞或不待三月也冢子未食
而見必執其右手適子庶子已食而見

大四十五　小三百八十八　儀禮卷三　五十九　梓

0008_0249-1

必循其首天子諸侯尊別世子雖同母禮則異矣未食已食急正緩
庶之義也○別彼列反下同○疏曰此謂天子諸侯未與后夫人禮食而先見
冢子是急於正也先與后夫人禮食之後然後始見適子庶子是緩於庶也然
以手撫循其頭首示恩愛之情也○今按此承上文記大夫禮而又別其冢適
庶子之異同也冢子之禮仍與前章同唯適子庶子爲異耳

右生子

幼子常視毋誑誑九況反○視今之示字小未有所知常示以

0008_0249-2

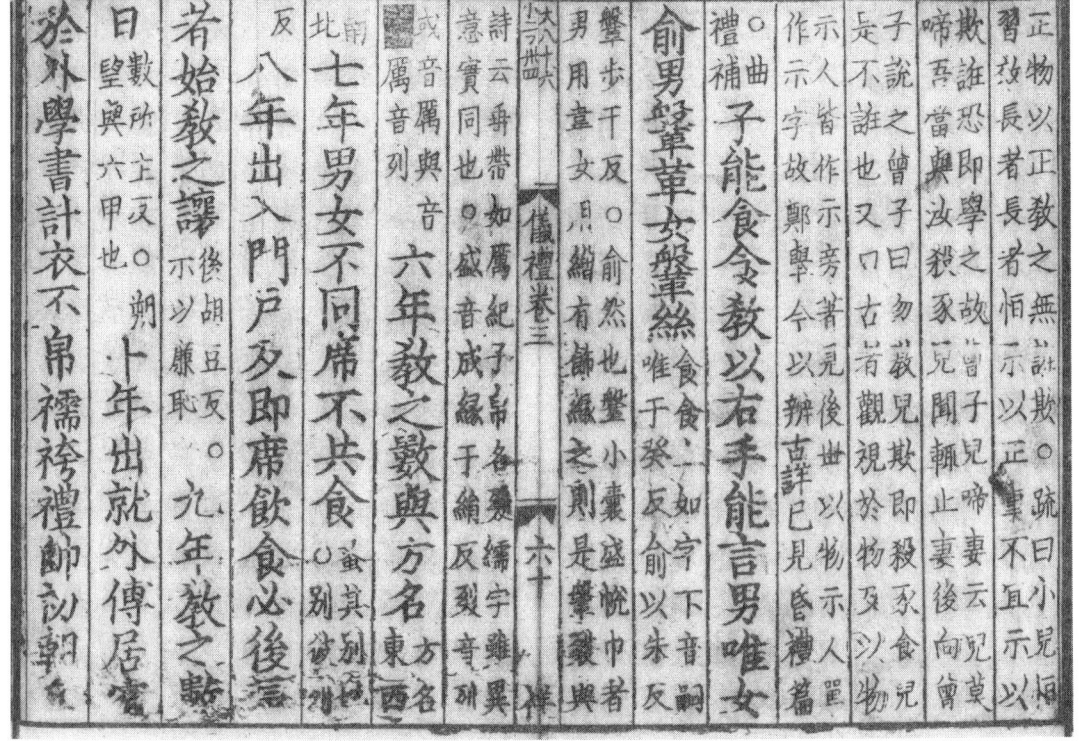

正物以正教之無誑欺○疏曰小兒恒
習效長者長者恒示以正事不宜示以
欺誑恐即學之故曾子兒啼妻云兒莫
啼吾當與汝殺豕兒聞輒止妻後向曾
子說之曾子曰勿教兒欺即殺豕食兒
是不誑也又曰古者觀視於物及以物
示人皆作示旁著見後世以物示人單
作示字故鄭舉今以辨古詳已見昏禮篇
○曲禮補子能食食教以右手能言男唯女
俞男鞶革女鞶絲食食上如字下音嗣唯于癸反俞以朱反
鞶步干反○俞然也鞶小囊盛帨巾者男用韋女用繒有飾緣之則是鞶裂與
詩云垂帶如厲紀子帛名裂繻字雖異意實同也○盛音成緣于絹反裂音列

大八十六　小三百卌四　儀禮卷三　六十　梓

0008_0250-1

或音厲與音厲音列六年教之數與方名方名東西
南北七年男女不同席不共食蚤其別[illegible]○別彼列反
八年出入門戶及即席飲食必後長
者始教之讓後胡豆反○示以廉恥九年教之數
日數所主反○朔望與六甲也十年出就外傅居宿
於外學書計衣不帛襦袴禮帥初朝[illegible]

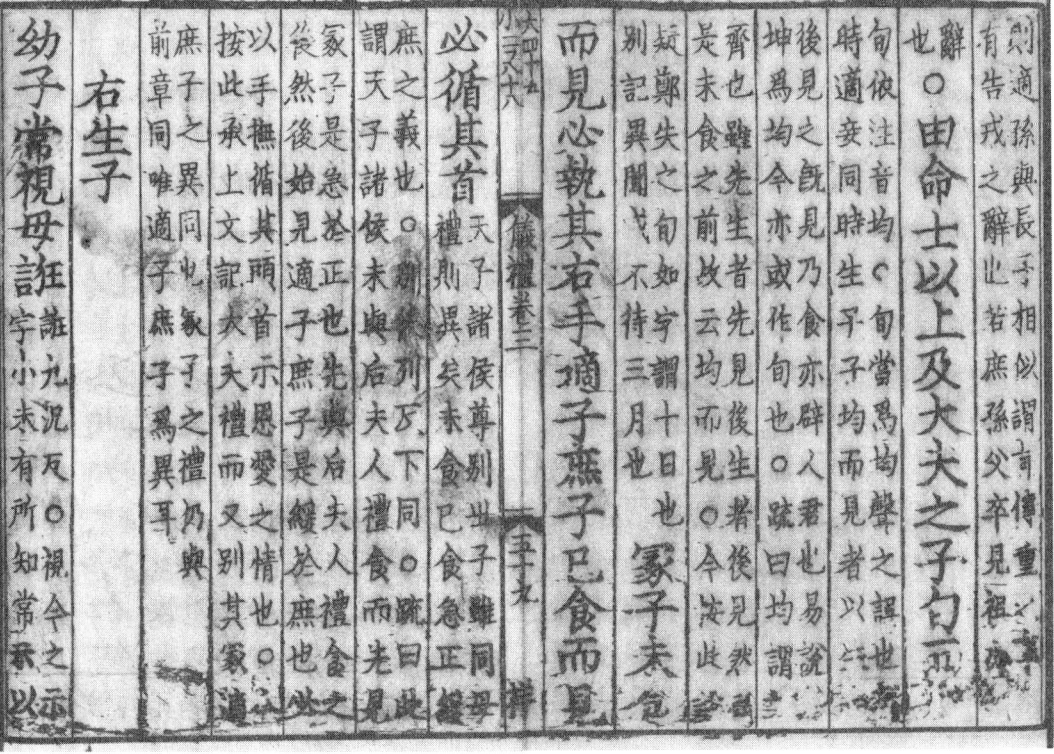

0008_0250-2

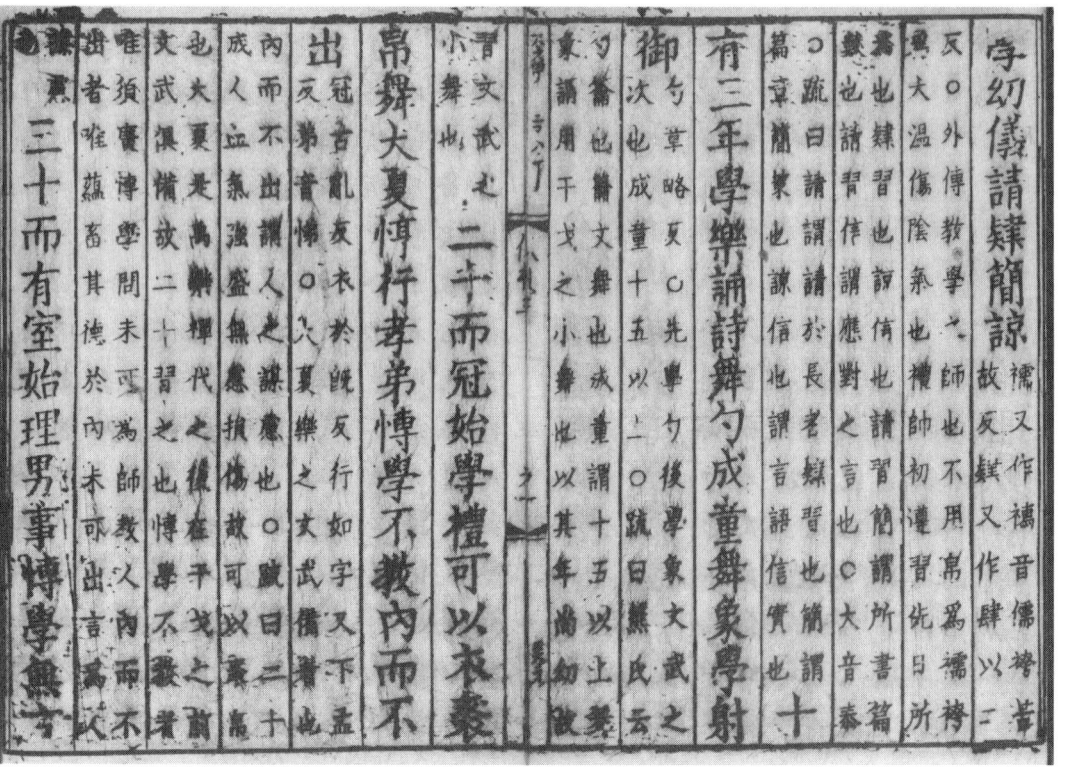

守幼儀請肄簡諒 襦又作襦音儒袴苦故反肄又作肆以二反○外傳教學之師也不用帛爲襦袴爲大溫傷陰氣也禮帥初遵習先日所肄也肄習也諒信也請習簡謂所書篇數也請習傳謂應對之言也○大音泰○疏曰請請請於長者肄習也簡謂篇章簡策也諒信也謂言語信實也 十有三年學樂誦詩舞勺成童舞象學射御 勺草略反○先學勺後學象文武之次也成童十五以上○疏曰熊氏云勺籥也籥文舞也成童謂十五以上舞象謂用干戈之小舞也以其年尚幼故

小學之二

0008_0251-1

習文武也小舞也 二十而冠始學禮可以衣裘帛舞大夏惇行孝弟博學不教內而不出 冠古亂反衣於既反行如字又下孟反弟音悌○大夏樂之文武備者也內而不出謂人之謀慮也○疏曰二十成人血氣強盛無慮損傷故可以衣裘帛也大夏是禹樂禪代之後在干戈之前文武俱備故二十習之也博學不教者唯須賓博學問未可爲師教人內而不出者唯蘊畜其德於內未可出言爲人謀慮 三十而有室始理男事博學無方

0008_0251-2

孫友視志 孫音遜○室猶妻也男事受田給政役也方猶常也至此無常在志所好也孫順也順於友視其所志也○好呼報反 四十始仕方物出謀發慮道合則服從不可則去 去如字○方猶常也物猶事也○疏曰言年壯仕官令其常事無所謙遜出其謀計發其思慮以爲國也○今按方猶比也 五十命爲大夫服官政 統一官之政也 七十致事 致其事於君而告老 凡男拜尚左手 左陽○ 女子十年不出 恒居

儀禮三 十三

0008_0252-1

內也 姆教婉娩聽從 婉紆晚反徐紆願反娩音晚徐音萬○婉謂言語也婉之言婉也娩謂容貌也 執麻枲治絲繭織紝組紃學女事以共衣服 枲思里反繭古典反紝女金反又如林反組音祖紃音巡共音恭○紃絛也○絛他刀反○疏曰組紃俱爲絛也皇氏云組紘也然則薄闊爲組似繩者爲紃 觀於祭祀納酒漿籩豆菹醢禮相助奠 相息亮反○當及女時而知○今按納謂奉而入之 十有五年而笄 笄古兮反○謂應年許嫁○

0008_0252-2

者女子許嫁笄而字之其未許嫁二十則笄○應應對之應　二十而嫁有故二十三而嫁　故謂父母之喪　聘則爲妻　聘問也妻之言齊也以禮見問則得與夫敵體　奔則爲妾　妾之言接也聞彼有禮走而往焉以得接見於君子也奔或爲衒○見賢遍反衒古縣字亦又作御魚據反　凡女拜尚右手　右陰也

右教子○記

婦人吉事雖有君賜肅拜爲尸坐則不手拜肅拜爲喪主則

儀禮三

0008_0253-1

不手拜　肅拜拜低頭也手拜手至地也婦人以肅拜爲正凶事乃手拜耳爲尸爲祖姑之尸也士虞禮曰男男尸女女尸爲喪主不手拜者爲夫與長子當稽顙也其餘亦手拜而已雖或爲唯或曰爲喪主則不手拜肅拜也○少儀○[illegible]禮奠菜扱地與此說不同

男女異長　各自爲伯季也　男子二十冠而字　冠古亂反○成人矣敬其名　女子許嫁笄而字　以許嫁爲成人

男女非有行媒不相知名　謂媒往來傳昏姻之言

0008_0253-2

姻知姓名　非受幣不交不親　重別有禮乃相纏固○別彼列反○疏曰幣謂聘之玄纁束帛也　故日月以告君　周禮凡取判妻入子者媒氏書之以告君謂此也○疏曰妻是判合故云判也入子者謂容媵及姪娣不聘者也既非判合但廣於子姪而已故云入子　齊戒以告鬼神　齊側皆反○昏禮凡受女之禮皆於廟爲神席以告鬼神謂此也○疏曰昏禮注云將以祖已之遺體許人不敢不告也　爲酒食以召鄉黨僚友　會賓客也　以厚其別也　別彼列反○厚重也

取妻不取同姓故買妾不知其姓則卜之　取七住反本亦作娶○爲其近禽獸也妾賤或時非媵取之於賤者世無本繫○繫音計又戶計反

寡婦之子非有見焉弗與爲友　見賢遍反○辟嫌也有見謂有奇才卓然衆人所知○辟音避本亦作避○此一節曲禮補

儀禮三

0008_0254-1

右冠笄嫁取

儀禮經傳通解卷第三

儀禮經傳通解卷第四

内治第六　家禮四

古者天子后立六宮三夫人九嬪二十七世婦八十一御妻以聽天下之内治以明章婦順故天下内和而家理天子立六官三公九卿二十七大夫八十一元士以聽天下之外治以明章天下之男教故外和而國治故曰天子聽男教后聽女順天子理陽道后治陰德天子聽外治后聽内職教順成俗外内和順國家理治此之謂盛德　嬪毗人反治直吏反下及注除后治陰德皆同○天子六寢而六宮在後六官在前所以承副施外内之政也三夫人以下百二十人周制也三公以下百二十人似夏時也合而言之取其相應有象天數也内治婦學之法也陰德謂主陰事陰令也○應如字音應對之應○疏曰案宫人云掌王之六寢之脩注云路寢一小寢五是天子六寢也六宮在王之六寢之後亦大寢一小寢五其九嬪以下亦分居之其三夫人雖不分居六宮亦分主六宮之事或二宮則一人也或猶如三公分主六卿之類也六卿之官在王大寢之前其三孤亦分主六官之職德謂之九卿故考工記云外有九室九卿朝焉是也九嬪掌婦學之法内宰掌王之陰事陰令注云陰事謂羣妃御見之事陰令爲王所求爲於北宫也若縫人女御掌王宫縫線及絲枲織絍之等皆是王之所求所爲者云北宫者以王六寢在南后六宮在北故也

是故男教不脩陽事不得適見於天日爲之食婦順不脩陰事不得適見於天月爲之食是故日食則天子素服而脩六官之職蕩天下之陽事月食則后素服而脩六宮之職蕩天下之陰事故天子之與后猶日之與月陰之與陽相須而后成者也　適音責下注同見賢遍反下注同爲于僞反下

又皆同蕩徒浪反○適之言責也食者
見道有虧傷也蕩蕩滌去穢惡也○滌
直歷反又杜亦反去起呂反穢紆廢反
○今按歷法周天三百六十五度四分
度之一左旋於地一晝一夜則其行一
周而又過一度日月皆右行於天一晝
一夜則日行一度月行十三度十九分
度之七故日一歲而一周天月二十九
日有奇而一周天又逐及於日而與之
會一歲凡十二會會則月光都盡而爲
晦已會則月光復蘇而爲朔朔後晦前
各十五日日月相對則月光正滿而爲
望晦朔而日月之合東西同度南北同
道則月揜日而日爲之食望而日月之

對同度同道則月亢日而月爲之食是
皆有常度矣然王者脩德行政用賢去
姦能使陽盛足以勝陰陰衰不能侵陽
則日月之行雖或當食而月常避日故
其遲速高下必有參差而不正相合不
正相對者所以當食而不食也若國無
政不用善使臣子背君父妾婦乘其夫
小人陵君子夷狄侵中國則陰盛陽微
當食必食雖曰行有常度而實爲非常之變矣天子脩男教父
道也后脩女順母道也故曰天子之與
后猶父之與母也故爲天王服斬衰服

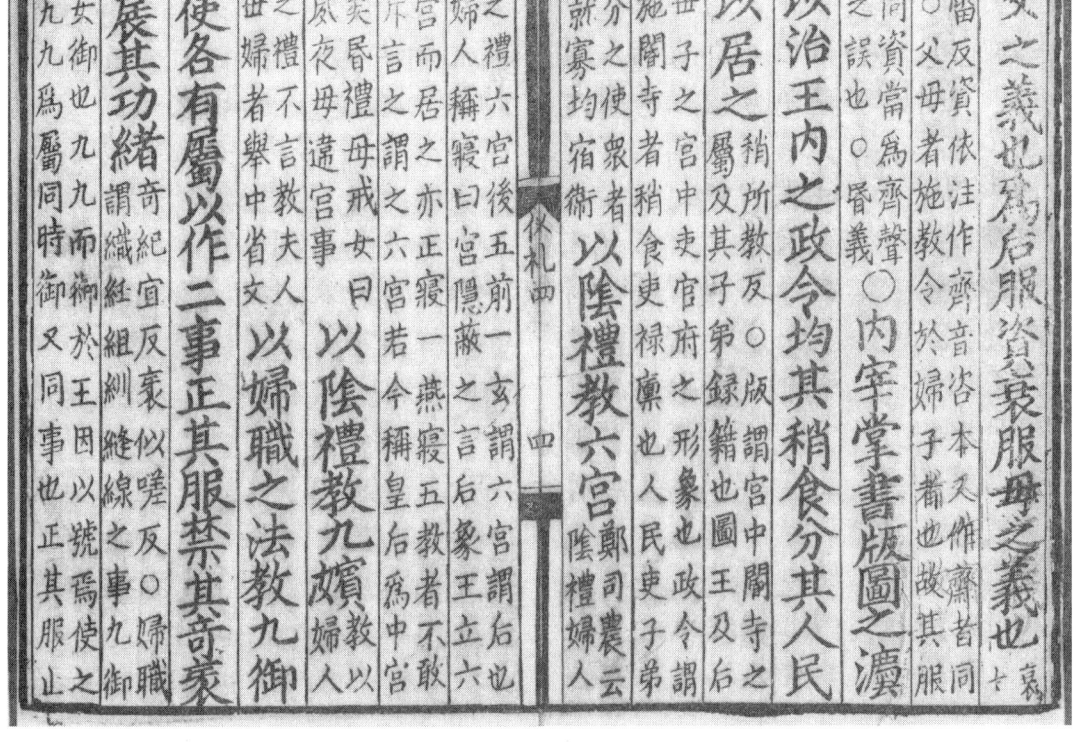

父之義也爲后服資衰服母之義也衰七
雷反資依注作齊音咨本又作齋咨同
○父母者施教令於婦子者也故其服
同資當爲齊聲之誤也○昏義○內宰掌書版圖之灋
以治王內之政令均其稍食分其人民
以居之稍所教反○版謂宮中閽寺之屬及其子弟録籍也圖王及后
世子之宮中吏官府之形象也政令謂
施閽寺者稍食吏禄廩也人民吏子弟
分之使衆者就寡均宿衛以陰禮教六宮鄭司農云陰禮婦人

之禮六宮後五前一玄謂六宮謂后也
婦人稱寢曰宮隱蔽之言后象王立六
宮而居之亦正寢一燕寢五教者不敢
斥言之謂之六宮若今稱皇后爲中宮
矣昏禮母戒女曰夙夜毋違宮事以陰禮教九嬪教以婦人
之禮不言教夫人世婦者舉中省文以婦職之法教九御
使各有屬以作二事正其服禁其奇袤
展其功緒奇紀宜反袤似嗟反○婦職謂織紝組紃縫線之事九御
女御也九九而御於王因以號焉使之
九九爲屬同時御又同事也正其服止

0008_0261-2

踰侈奇衺若今媚道 㬥猶錄也緒業也 ○九嬪掌婦學之灋以教九御婦德婦言婦容婦功各帥其屬而以時御敘于王所 婦德謂貞順 婦言謂辭令 婦容謂婉娩婦功謂絲枲自九嬪以下九九而御於王所九嬪者既習於四事又備於從人之道是以教女御也教各帥其屬者使亦九九相與從於王所息之燕寢御猶進也勸也進勸三息亦相次敘凡羣妃御見之法月與后妃其象也卑者宜先尊者宜後女御八十一人當九夕世婦二十七人當三夕九嬪九人

0008_0262-1

當一夕三夫人當一夕后當一夕亦十五日而徧云自望後反之○疏於阮反娩音晚○按鄭注引孝經援神契疏以爲孔子所作者妄矣歐陽子嘗請於朝欲於疏義中悉行刪去而不果從今遵用之○已上周禮

右内職

易曰正其本萬物理失之毫釐差之千里故君子慎始也春秋之元詩之關雎禮之冠婚易之乾𫢲皆慎始敬終云爾

0008_0262-2

素誠繁成 今按四字未詳恐有闕誤 賈誼新書無誠繁二字 謹爲子孫娶婦 賈誼新書作 娶妻嫁女 必擇孝悌世世有行義者如是則其子孫慈孝不敢婬暴黨無不善三族輔之故曰鳳皇生而有仁義之意虎狼生而有貪戾之心兩者不等各以其母嗚呼戒之哉無養乳虎將傷天下故曰素成胎教之道書

0008_0263-1

之玉板藏之金匱置之宗廟以爲後世戒 大戴禮記

右謹始○傳周襄王將以翟女爲后富辰諫曰不可夫婚姻禍福之階也 階梯也 利内則福由之利外則取禍今王外利矣 謂利於翟 其無乃階禍乎昔摯疇之國也由大任 摯疇二國任姓奚仲仲虺之後大任

之家也大任王季之妃文王之母詩云摯仲氏任又曰思齊大任文王之母

杞繒由大姒 杞繒二國姒姓夏禹之後大姒之家也大姒文王之妃武王之母也

齊許申呂由大姜 四國皆姜姓四岳之後大姜之家也大姜大王之妃王季之母

陳由大姬 陳嬀姓舜後大姬周武王之女成王之姊傳曰以元女大姬配虞胡公而封諸陳

是皆能內利親親者也 內利內行七德親親以申固其家

昔鄢之亡也由仲任 鄢妘姓之國仲任氏之女爲鄢夫人

仪礼四　七

唐尚書云鄢爲鄭武公所滅非取任氏而亡也昭謂幽王爲西戎所殺而詩言褒姒滅之明禍有所由也

密須由伯姞 伯姞密須之女也傳曰密須之鼓闕鞏之甲此則文王所滅而獲鼓甲也大雅云密人不恭敢拒大邦不由嫁女而亡世本云密須姞姓

鄶由叔妘 鄶妘姓之國叔妘同姓之女爲鄶夫人昭謂公羊傳曰先鄭伯有善乎鄶公者通于夫人以取其國此之謂也

聃由鄭姬 聃姬姓文王之子聃季之國鄭女爲聃夫人同姓相娶猶魯公娶於吳亦其瀆姓所以亡也

張本下象鼻題監生鄧志昂五字傅本剪去之

息由陳嬀 息姬姓之國陳嬀陳女爲息侯夫人蔡哀侯亦娶於陳息嬀將歸過蔡蔡哀侯立而見之弗賓嬀以告息侯息侯導楚伐蔡蔡侯怨因稱息嬀之美於楚子楚子遂滅息以息嬀歸

鄧由楚曼 楚曼姓楚曼鄧女爲楚武王夫人文王過鄧而利其國遂滅鄧而兼之

羅由季姬 羅熊姓之國季姬姬氏之女爲羅夫人

盧由荊嬀 盧嬀姓之國荊嬀女爲荊夫人荊楚也

是皆外利離親者也 外利行滛辟求利於外不能親親以亡其國

夫翟

仪礼四　八

隗姓也無列於王室 列位次也 豺狼之德不可厭也禮新不間舊 間代也間去聲 ○王以翟女間姜任非禮且棄舊也 姜氏任氏之女世爲王妃嬪今以翟女代之爲棄舊也 其無乃階禍乎王弗聽 國語周語

○孔子侍坐於哀公哀公曰敢問人道誰爲大孔子愀然作色而對曰君之及此言也百姓之

張本下象鼻題監生鄧志昂五字傅本剪去之

0008_0265-2

德也固臣敢無辭而對人道政爲大禮器變動已也作猶變也德猶福也辭讓也公曰敢問何謂爲政孔子對曰政者正也君爲正則百姓從政矣君之所爲百姓之所從也君所不爲百姓何從言君當務於正公曰敢問爲政如之何孔子對曰夫婦別父子親君臣嚴三者正則庶物從

大字十五 小卅八 儀禮卷四 九 壽

0008_0266-1

之矣別彼列反。庶物猶衆事也公曰寡人雖無似也願聞所以行三言之道可得聞乎無似猶言不肖孔子對曰古之爲政愛人爲大所以治愛人禮爲大所以治禮敬爲大敬之至矣大昏爲大大昏至矣大昏既至冕而親迎親之也親之也者親之也是故君子興敬爲親舍

0008_0266-2

敬是遺親也弗愛不親弗敬不正愛與敬其政之本與迎魚敬反下同爲于僞反舍音捨與音餘下同。大昏國君娶禮也至矣言至大也興敬爲親言相敬則親。疏曰人爲國本是以爲政之道愛人爲大人有禮則生而所以治理愛人非禮不可故禮爲大禮以敬爲主故治禮者敬爲大也敬有大小若敬至極大昏爲大上親猶自也下親親愛也冕服自迎者欲親此婦也故云親之也與起敬心爲欲相親也若捨去敬心是遺棄相親之道也孔子

大七八 小三言卅 儀禮卷四 十 壽

0008_0267-1

遂言曰內以治宗廟之禮足以配天地之神明出以治直言之禮足以立上下之敬物恥則足以振之國恥足以興之故爲政先乎禮禮其政之本與宗廟之禮祭宗廟也夫婦配天地有日月之象禮器曰君在阼夫人在房大明生於東月生於西此陰陽之分夫婦之位也直猶正也正言謂出政教也記曰天子聽外治后聽內職是也物猶事也事恥臣恥也振猶救

0008_0267-2

也國家君所也君臣之行有可恥禮足以救之足以興復之○分扶問反行下孟反　公曰寡人願有言然冕而親
迎不已重乎　已猶大也怪親迎乃服祭服○大音泰　孔
子愀然作色而對曰合二姓之好以
繼先聖之後以爲天地宗廟社稷之
主君何謂已重乎　好呼報反○今按夫地蓋通天子言
之　公曰寡人固　王肅云絕句　不固安得聞

儀禮卷四　十一　家

0008_0268-1

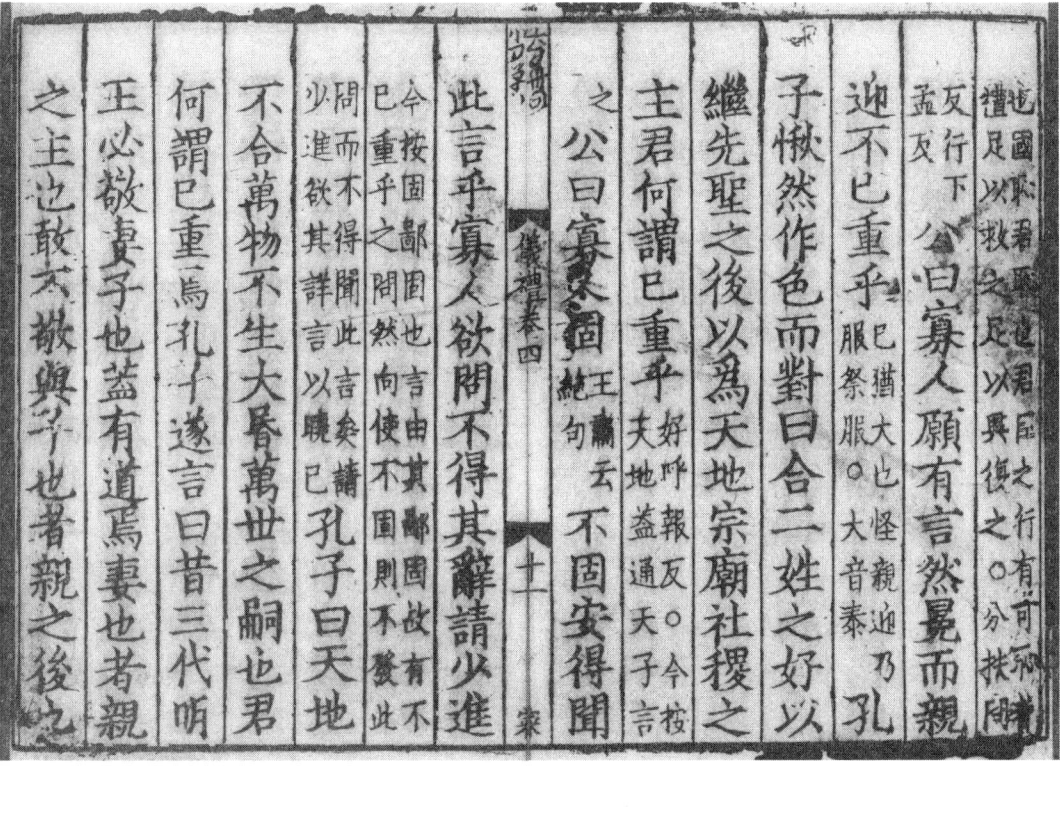

此言乎寡人欲問不得其辭請少進
今按固鄙固也言由其鄙固故有不已重乎之問然向使不固則不發此問而不得聞此言矣請少進欲其詳言以曉己　孔子曰天地
不合萬物不生大昏萬世之嗣也君
何謂已重焉　孔子遂言曰昔三代明
王必敬妻子也蓋有道焉妻也者親
之主也敢不敬與子也者親之後也

0008_0268-2

敢不敬與　與音歟○疏曰妻所以供盛奉祭祀與親爲主者也
是故君子無不敬也敬身爲大身也者
親之枝也敢不敬與不敬其身是傷其
親傷其親是傷其本傷其本枝從而亡
三者百姓之象也　王肅云言百姓所法而行　身以及
身子以及子妃以及妃君脩此三者則
大化愾乎天下矣　妃芳非反愾許乞反又許氣反鄭無大化二字王肅云愾滿　昔大王之道也如此國家順

儀禮卷四　十二　家

0008_0269-1

矣　大音泰注同○鄭曰大王居豳爲狄所伐乃曰土地所以養人也君子不以其所養害所養乃去之岐是言百姓之身猶吾身也百姓之妻子猶吾妻子也不忍以土地之故而害之去之岐而王迹興焉王肅云大王出亦姜女入亦妻女國無鰥民愛其身以及人之身愛其子以及人之子愛其妃以及人之妃故曰大王之道○今按一說皆通今兩存之○豳彼貧反　公曰敢問
何謂敬身　孔子對曰君子過言則民作

0008_0269-2

辭過動則民作則君子言不過辭動不過則百姓不命而敬恭若是則可謂能敬其身能敬其身則能成其親矣則法也民者化君者也君之言雖過民猶稱其辭君之行雖過民猶以為法故不可不謹公曰敢問何謂成親孔子對曰君子者人之成名也百姓歸之名謂之君子之子則是成其親為君子也是為成

0008_0270-1

其親之名也已疏曰言已若能敬身則百姓歸己善名謂己為君子所生之子是己之脩身使其親有君子之名也孔子遂言曰古之為政愛人為大不能愛人則不能有其身不能有其身則不能安土不能安土則不能樂天不能樂天則不能成其身樂音洛○王肅曰天道也○今按不能有其身謂不能持守其身而陷於非僻安土謂安其所處之位而無外求樂天謂樂循天理王說近之公

0008_0270-2

曰敢問何謂成身孔子對曰夫其行已不過乎物謂之成身不過乎物合天道也此依家語戴記作有不過乎物四字以下句推之家語為是○鄭曰物猶事也公曰君子何貴乎天道也孔子對曰貴其不已也如日月東西相從而不已也是天道也不閉而能久是天道也無為而物成是天道也已成而明之是天

0008_0271-1

道也此亦依家語而能二字戴記作其非是○王肅云不閉常通而能久言無極○今按戴本鄭說皆誤今不取公曰寡人惷愚冥煩子志之心也惷始容反冥莫亭反志依注音識徐音試○煩字王肅讀屬下句今從鄭○志讀為識識知也冥煩者言不能明理此事子之心所知也欲其要言使易行○易以豉反孔子蹴然辟席而對曰仁人不過乎物孝子不過乎物是故仁人之事親也如事天事天如事親

此謂孝子成身〔謂子六反又在斎反○謂然敬皃物猶事也事親事天孝敬同也孝經曰事父孝故事天明舉無過事以孝事親是所以成身〕公曰寡人旣聞此言也無如後罪何〔旣聞此言也者欲勤行之也無柰後日過於事之罪何爲謙辭〕孔子對曰君之及此言是臣之福也〔善哀公及此言此言善言也○哀公問○今按此一章與家語小異今從其長者〕

古者后夫人將侍君前息燭後舉燭至于房中釋朝服襲燕服然後入御於君〔朝服展衣君在堂〕雞鳴太師奏雞鳴于陛下〔奏白也陛階也〕然後夫人鳴佩玉于房中告去也然後應門擊柝告辟也〔應門朝門辟啓也〕然後少師奏質明于陛下〔質正也〕然後夫人入廷立君出朝〔尚書大傳〕

右后夫人侍君○傳曰自古聖王必

正妃匹妃匹正則興不正則亂昔夏之興也以塗山其亡也以末喜殷之興也以有㜪其亡也以妲己周之興也以大姒其亡也以褒姒此其著者也詩云關關雎鳩在河之洲窈窕淑女君子好逑言后妃說樂君子之德無不和諧又不淫其色慎固幽深若雎鳩之有別焉然後可以風化天下也夫雎鳩之鳥獊未嘗見其乘居而匹處也鳥獸尚然而況於人君乎故夫婦有別則父子親父子親則君臣敬君臣敬則朝廷正朝廷正則王化成君臣父子夫婦三者天下之大綱紀也三者治則治三者亂則亂此關

0008_0273-2

以爲詩首重人道之始於此也○周
宣姜后賢而有德事非禮不言行非
禮不動宣王嘗早卧而晏起后夫人
不出於房姜后既出乃脱簪珥待罪
於永巷使其傅母通言於王曰妾不
才妾之淫心見矣至使君王失禮而
晏朝以見君王之樂色而忘德也夫

小三 太乃五 仪礼四 十七

0008_0274-1

苟樂色必好奢好奢必窮樂窮樂者
亂之所興也原亂之興從婢子起婢
子生亂當服其辜敢請婢子之罪唯
君王之命王曰寡人不德寔自生過
從寡人起非夫人之罪也遂復姜后
而勤於政事早朝晏退繼文武之迹
興周室之業卒成中興之名爲周

0008_0274-2

宗列女傳○匡衡曰妃匹之際生民之
始萬福之原婚姻之禮正然後品物
遂而天命全遂成也孔子論詩以關雎
爲始言太上者民之父母太上尊君之位者
后夫人之行不侔乎天地則無以奉
神靈之統而理萬物之宜侔等也故詩
曰窈窕淑女君子好仇窕幽閒也仇匹也言

四十六大六三 仪礼四 十八

0008_0275-1

能致其貞淑不貳其操情欲之感無
介乎容儀介繫也言不以情欲繫心而著於容儀也宴私
之意不形乎動靜刑見也夫然後可以
配至尊而爲宗廟主此綱紀之首王
教之端也自上世以來三代興廢未
有不由此者也匡衡傳○宋伯姬者魯
宣公之女成公之妹也既嫁於恭公

0008_0275-2

十年恭公卒伯姬寡三十五年至景
公時伯姬之宮夜失火左右曰夫人
少避火伯姬曰婦人之義保傅不俱
夜不下堂待保傅來也保母至矣傅
母未至也左右又曰夫人少避火伯
姬曰婦人之義傅母不至夜不可下
堂越義求生不如守義而死遂逮於

0008_0276-1

火而死○楚昭貞姜者齊侯之女楚
昭王之夫人也王出遊留夫人者必
之上而去王聞江水大至使使者迎
夫人曰王與宮人約令召宮人必以
符今使者不持符妾不敢行使者曰
水方大至還而取符則恐後矣夫人
曰妾聞之貞女之義不犯約勇者也

0008_0276-2

畏死守一節而已妾知從使者必生
留必死也然棄約越義而求生不若
留而死耳於是使者反取符未還則
水大至臺崩夫人流而死○齊孝孟
姬者華氏之長女齊孝公之夫人也
公遊取琅邪華孟姬從車奔姬墮車
碎孝公使駟馬立車載姬以歸姬使

0008_0277-1

侍御者舒帷以自障蔽而使傅母應
使者曰妾聞妃后踰閾必乘安車輜
軿下堂必從傅母保阿進退則鳴玉
環珮內飾則結紐綢繆野處則帷裳
擁蔽所以正心壹意自斂制也今立
車無軿非所敢受命也野處無衛者
非敢久居也二者失禮多矣夫無禮

0008_0277-2

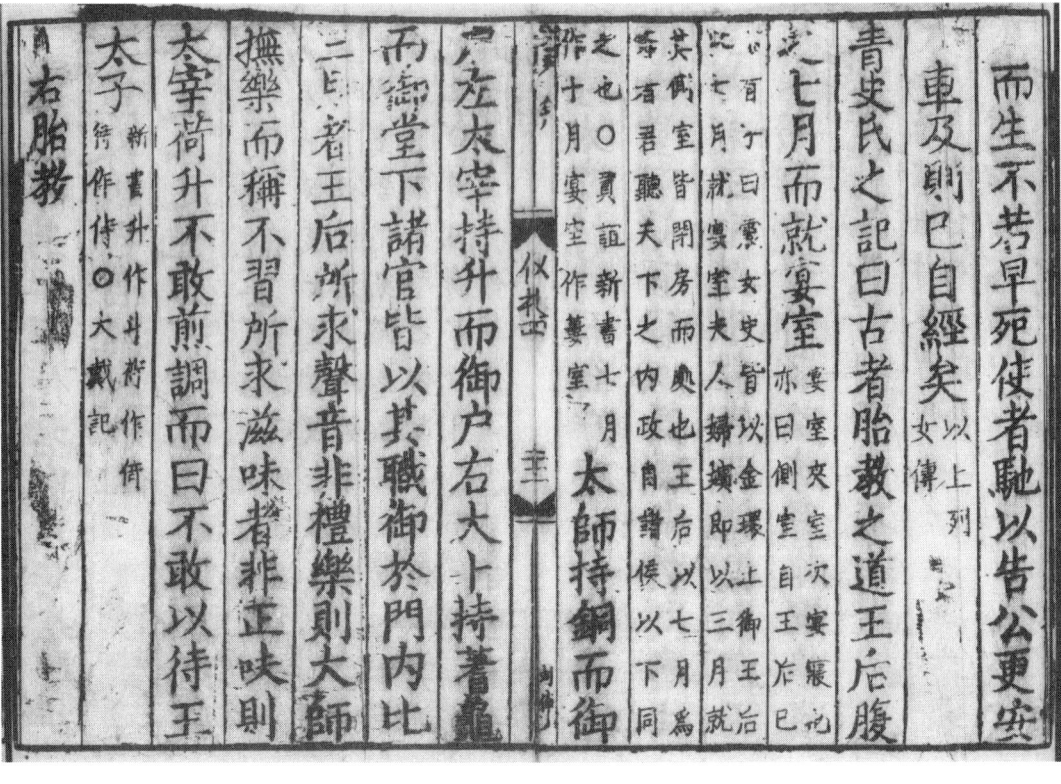

而生不若早死使者馳以告公更安車及則已自經矣以上列女傳

青史氏之記曰古者胎教之道王后腹之七月而就宴室宴室夾室次寢宴寢也亦曰側室自王后已下百官曰灋女史皆以金環止御王后以七月就宴室夫人婦嬪即以三月就其側室皆閉房而處也王后以七月爲得者君聽天下之内政自諸侯以下同之也○賈誼新書七月作十月宴室作宴室太師持銅而御

0008_0278-1

户左太宰持升而御户右太卜持蓍龜而御堂下諸官皆以其職御於門内比三月者王后所求聲音非禮樂則太師撫樂而稱不習所求滋味者非正味則太宰荷升不敢煎調而曰不敢以待王太子新書升作斗荷作倚待作侍○大戴記

右胎教

0008_0278-2

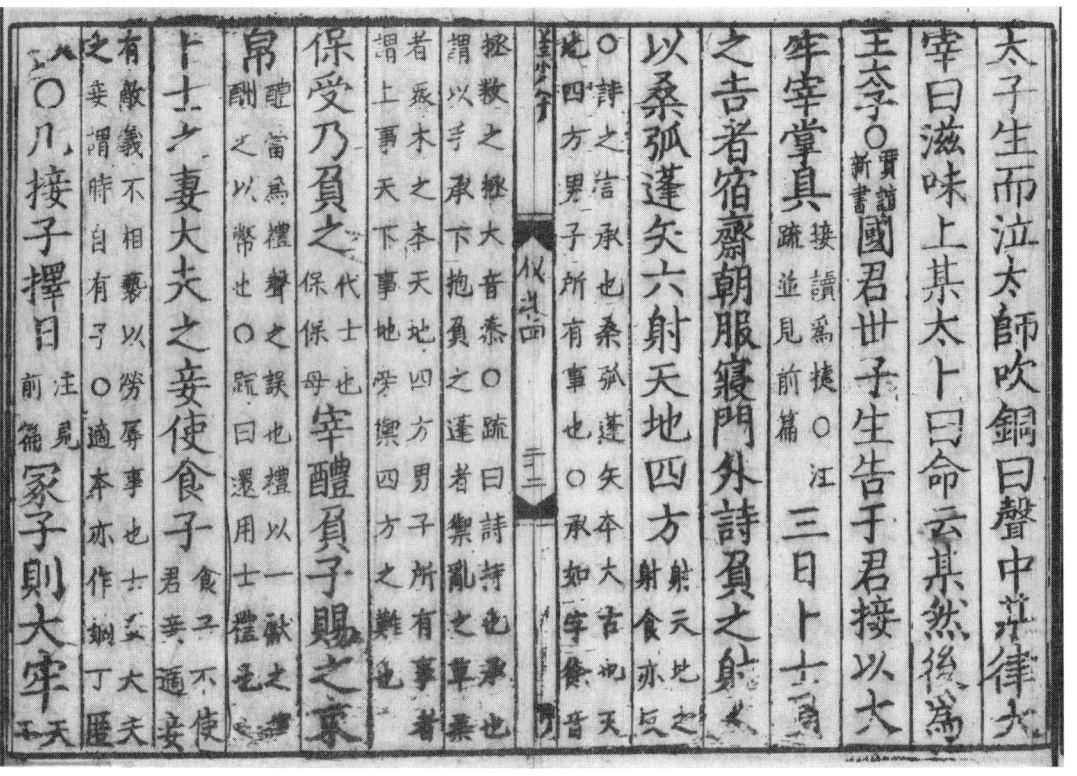

太子生而泣太師吹銅曰聲中某律太宰曰滋味上某太卜曰命云某然後爲王太子○賈誼新書國君世子生告于君接以太牢宰掌具接讀爲捷○注疏並見前篇三日卜士負之吉者宿齋朝服寢門外詩負之射人以桑弧蓬矢六射天地四方射天地之射食亦反○詩之言承也桑弧蓬矢本大古也天地四方男子所有事也○承如字餘音扱

0008_0279-1

保受乃負之代士也保保母宰醴負子賜之束帛醴當爲禮聲之誤也禮以一獻之禮酬之以幣也○疏曰還用士禮也卜士之妻大夫之妾使食子食子不使君妾適妾有敵義不相褻以勞辱事也士妻大夫之妾謂時自有子○適本亦作嫡丁歷反○凡接子擇日注見前篇冢子則大牢天子

0008_0279-2

冢大也冢子長子通於下也國君世子亦太牢長子其非冢子則皆降一等謂冢子之弟及衆妾之子生也天子諸侯少牢大夫特豕士特豚庶人猶特豚也○疏曰庶人猶特冢者蓋以禮窮與士同也異爲孺子室於宮中特婦一歲以處之擇於諸母與可者必求其寬裕慈惠温良恭敬愼而寡言者使爲子師其次爲慈母其次爲保母皆居子室此人

0008_0280-1

君養子之禮也諸母衆妾也可者傳御之屬也子師教示以善道者慈母知其嗜欲者保母安其居處者士妻食乳之而已○食音嗣○疏曰此文雖據諸侯其實兼大夫士也○今按列女傳可作阿即所謂阿保也後漢書有阿母詳此經文鄭作注時猶未誤也他人無事不往注已具前篇三月之末擇日剪髮爲鬌男角女羈否則男左女右音注已具前篇世子則君沐浴朝服夫人亦如之皆立于阼階西鄉世婦

0008_0280-2

升自西階君名之乃降子升自西階則人君見世子於路寢也見妾子就側室凡子皆就側室諸侯夫人朝於君次而褖衣也○褖通亂反○疏曰既著朝服又東西階相對故知路寢也御大夫妻將生子居側室比經云世婦抱子升自西階不出自旁而自外入是夫人將生子亦就側室也蓋內寢是君之常居之處夫人不可於此生子故也內司服注云展衣后以禮見王及賓客之服褖衣御于王之服諸侯夫人亦如之此既在路寢合服展衣云褖衣者此謂見子若託則當御故服進御之服異於尋常以禮

0008_0281-1

見君也次者首飾次第髮爲之少牢禮髮鬄是也○今按人君見世子之時其名子入食之禮應亦略與大夫士同但記文不具也適子庶子見於外寢撫其首咳而名之禮帥初無辭適丁歷反注及下同○此適子謂世子弟也庶子妾子也外寢君燕寢也無辭辭謂欲有帥記有成也○疏曰太子之弟見於外寢庶子則室但撫首咳名無辭之事與世子之弟同故與適子連文經云見於外寢其實庶子見於側室也燕寢當在內而云外寢者對側室而爲外耳禮儀與前文見世子同

0008_0281-2

也○今按下文方說庶子此庶子字宜爲衍字或是適子之次者名爲適子庶子也公庶子生就側室三月之末其母沐浴朝服見於君擯者以其子見君所有賜君名之衆子則使有司名之擯者傅姆之屬也人君尊雖妾不抱子有賜於君有恩惠也有司臣有事者也魯桓公名子問於申繻也○食子者三年而出見於公宫則劬食音嗣○劬勞也士妻大夫之妾食國君之子三年出歸其家君有以勞

0008_0282-1

闕之

右生子○傳周太姜者王季之母有吕氏之女也太王娶以爲妃生太伯仲雍王季至於成童靡有過失太王謀事必於太姜遷徙必與太姜君子謂太姜廣於德教太任者文王之母摯任氏之中女也王季娶以爲妃太

張本下象鼻題監生鄧志昂五字傳本剪去之

0008_0282-2

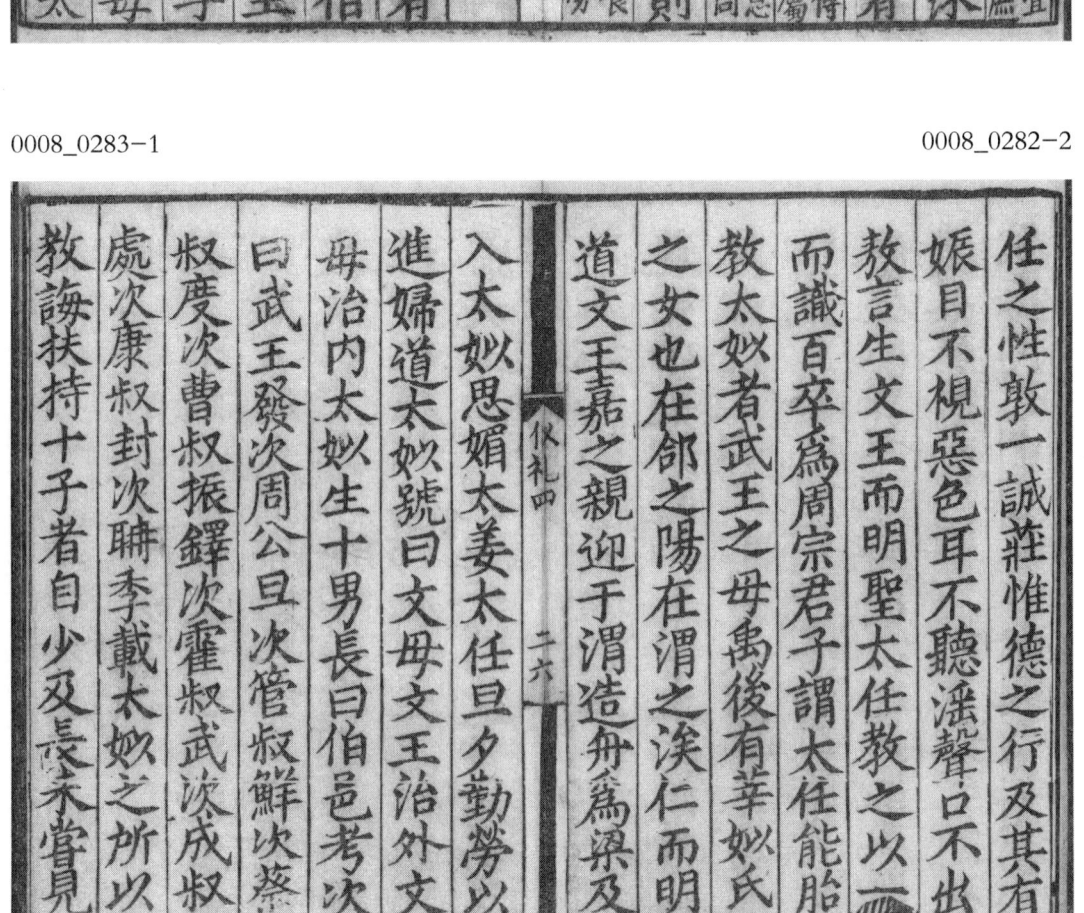

任之性敦一誠莊惟德之行及其有娠目不視惡色耳不聽淫聲口不出敖言生文王而明聖太任教之以一而識百卒爲周宗君子謂太任能胎教太姒者武王之母禹後有莘姒氏之女也在郃之陽在渭之涘仁而明道文王嘉之親迎于渭造舟爲梁及

0008_0283-1

入太姒思媚太姜太任旦夕勤勞以進婦道太姒號曰文母文王治外文母治内太姒生十男長曰伯邑考次曰武王發次周公旦次管叔鮮次蔡叔度次曹叔振鐸次霍叔武次成叔處次康叔封次聃季載太姒之所以教誨扶持十子者自少及長未嘗見

張本下象鼻題監生鄧志昂五字傳本剪去之

0008_0283-2

邪僻之事常以正道檢柙之及其長
文王繼而敎之卒成武王周公之德
武王后曰邑姜太公之女也妊成王
於身立而不跛坐而不差笑而不諠
獨處而不倨雖怒而不詈胎敎之謂
也
古之聖帝將立世子則帝自朝服昇自

儀禮卷四　二十七

0008_0284-1

阼階上西鄉妃抱世子自房出東鄉太
史奉書而上堂當兩階之間北面立曰
世子名曰某者三帝執禮稱辭命世子
曰授太祖太宗與社稷於子者三其命
也妃曰不敢者再於三命曰謹受命拜
而退太史以告太祝太祝以告太祖太
宗與社稷太史出以告太宰太宰以告

0008_0284-2

州伯州伯命藏之州府凡諸貴以下至
於百姓男女無敢與世子同者賈誼新書
右立世子○傳曰勢明則民定而出
於一道故人皆爭爲宰相而不姦爲
世子非宰相尊而世子卑也不可以
智求不可以力爭也今以爲知子莫
如父故疾死置後者恣父之所以此

儀禮卷四　二十八

0008_0285-1

使親戚不相親兄弟不相愛亂天下
之紀使天下之俗失開尊敬而不讓
其道莫經於此疾死置後復以嫡長
子如此則親戚相愛也兄弟不爭此
天下之至義也以此防民百姓猶有
爭爲君者賈誼新書○周王子朝曰先王
之命王后無適則擇立長年鈞以德

德鈞則卜王不立愛公卿無私古之制也（昭二十六年春秋左氏傳）○穆公問於子思曰立太子有常乎荅曰有之在周公之典（言周典有之）公曰昔文王舍適而立其次（文王舍其嫡長伯邑考而立次子武王發）微子舍孫而立其弟（微子舍其孫腯而立其弟衍微仲）是何法也子思曰殷人質而尊其尊故立弟

大四五二 八十二 儀禮卷四 二十九

周人文而親其親故立子亦各其禮也文質不同其禮則異文王舍適立次權也（以武王賢故用權而立之）公曰苟得行權豈唯聖人唯賢與愛立也子思曰聖人不以權教（權者見機而作非可爲常教）故立制垂法順之爲貴若必欲犯何有於異（脁不順其法違而犯之亦何有異於用權）公曰舍賢立聖

舍愚立賢何如（言或舍其賢子而立其聖子舍其愚子而立其賢子如何）子思曰唯聖立聖其文王乎不及文王者則各賢其所愛不殊於適何以限之（言有不及文王者能推其所愛之賢者而立之亦無殊於立嫡矣）必不能審賢愚之分請父兄羣臣卜於祖廟亦權之可也（脁不能審其賢愚則於廟卜其吉而立之亦權之義也）○孔叢子　○晉里

大日十八 子四十四 儀禮卷四 三十

克曰大子奉冢祀社稷之粢盛（粢音咨盛音成○冢大也）以朝夕視君膳者也（朝如字又張遙反膳市戰反○膳廚膳○號曰膳之言善也禮記曰文王之爲世子食上必在視寒煖之節食下問所膳命膳宰然後退）故曰冢子君行則守有守則從從曰撫軍守曰監國古之制也（守手又反從才用反○閔公二年春秋左氏傳）世子之記曰朝夕至于大寢之門外問

0008_0287-2

於內豎曰今日安否何如 朝直遙反舊如字下朝夕同豎上主反○朝夕朝朝暮夕也世子之禮亦此存其記○朝朝下直遙反● 內豎曰今日安世子乃有喜色其有不安節則內豎以告世子世子色憂不滿容內豎言復初然後亦復初朝夕之食上世子必在視寒煖之節食下問所膳羞必知所進以命膳宰然後退 上時掌反○羞

0008_0288-1

必知所進必知親所食 若內豎言疾則世子親齊玄而養 齊側皆反養羊尚反○親猶自也養疾者齊玄玄冠玄端也 膳宰之饌必敬視之 疾者之食齊和所欲或異○齊才細反和胡臥反 疾之藥必親嘗之 試毒味也 嘗饌善則世子亦能食 善謂多於前 嘗饌寡世子亦不能飽以至于復初然後亦復初

右世子之記○傳曰文王之為世子

0008_0288-2

朝於王季日三 朝直遙反三如字又息暫反○三皆曰朝以其禮同 雞初鳴而衣服至於寢門外問內豎之御者曰今日安否何如 衣於既反又如字○內豎小臣之屬掌外內之通命者御如今小史直日矣 內豎曰安文王乃喜 孝子恒兢兢 及日中又至亦如之 又復也○今按此文王之為非禮之制○復扶又反 及莫又至亦如之 莫音暮○莫夕也 其有不

0008_0289-1

安節則內豎以告文王文王色憂行不能正履 節謂居處故事履蹈地也言不但不滿容而已○蹈徒報反 王季復膳 飲食安也 然後亦復初 憂解 解胡賣反 食上必在視寒煖之節 上時掌反煖乃管反○在察也 食下問所膳 問所膳食者 命膳宰曰末有原應曰諾然後退 ○末亡曷反○末猶勿也原再也勿有所再進為其失飪臭味惡也退反末[illegible]○為于偽反飪而

0008_0289-2　0008_0290-1

審反○疏曰食上謂獻飲食下謂食畢徹餕而下文王問進食之人其父所膳何食膳宰荅畢文王又命戒膳宰云言在後進食之時皆須新好無得使前進之物而有再進失餁謂孰爛過節其褻私褻也武王帥而行之不敢有加焉帥循也文王有疾武王不説冠帶而養説它活反養羊尚反文王一飯亦一飯文王再飯亦再飯飯扶晚反○欲知氣力箴藥所勝亦言非但能食不能飽而已○箴本亦作鍼之林反勝音升○文王世子

儀禮卷四　三十三

齊桓公會諸侯于葵丘初命曰誅不孝毋易樹子毋以妾爲妻僖公九年葵丘之會陳牲而不殺讀書加於牲上明天子之禁樹立也巳立世子不得擅易初命三事所以崇身正家之要也○孟子

右齊家○傳宋文帝太子劭次子始興王濬並多過失數爲上所詰責

0008_0290-2　0008_0291-1

相與共爲巫蠱事覺上[illegible]責[illegible]待實尚未忍誅但遣使切責之劭濬不悛上乃欲廢劭而誅濬議久不決侍中王僧綽言於上曰當斷不斷反受其亂願以義割恩略小不忍毋使難生意表取笑千載上不能用劭濬[illegible]其謀逆弑帝於合殿仗主卜天與

儀禮卷四　三十四

死之荊州刺史武陵王駿起兵赴難誅劭及濬遂即帝位是爲孝武帝資治通鑑宋文帝元嘉三十年○晉獻公獲驪戎之女驪姬嬖將以爲夫人卜之不吉弗聽立之生奚齊其娣生卓子驪姬欲立奚齊乃使大子申生居曲沃既與中大夫成謀乃謂大子曰君夢齊姜必速

0008_0291-2

祭之大音泰驪力知反卓敎角反○齊姜大子母言求食大子

祭于曲沃歸胙于公胙才故反○胙祭之酒肉公

田姬寘諸宮六日公至毒而獻之寘

之豉反○毒酒經宿輒敗而經六日明公之惑也公祭之地地

墳與犬犬斃與小臣小臣亦斃墳扶粉反

斃婢世反○疏曰晉語云公田驪姬受胙乃寘鴆於酒寘堇於肉公至召

申生獻公祭地地墳申生恐而出驪姬與犬肉犬斃飲小臣酒亦斃此傳

大六十二　小五十七　儀禮卷四　三十五　祥

0008_0292-1

所略當如國語也堇烏頭也姬泣曰賊由大子大

子奔新城公子重耳謂之曰子盍言

子之志於公乎重直龍反盍戶臘反下同○盍何不也重

耳申生異母弟欲使言見譖之意世子曰不可君安

驪姬是我傷公之心也言其意則驪姬必誅也○

疏曰左傳云大子曰君非姬氏居不安食不飽君老矣吾又不樂謂我若

自理驪姬必誅姬死之後公無復歡樂也曰然則盍行乎

0008_0292-2

行猶去也世子曰不可君謂我欲弒君也

天下豈有無父之國哉吾何行如之

弒音試○言人有父則皆惡欲弒父者○惡烏路反使人辭於

狐突曰申生有罪不念伯氏之言也

以至于死申生不敢愛其死突徒忽反○辭

猶告也狐突申生之傅舅犯之父也前此者獻公使申生伐東山皐落氏

狐突謂申生欲使之行今言此者謝之伯氏狐突別氏○疏曰狐是摠氏

大[illegible]　小[illegible]　儀禮卷四　三十六　祥

0008_0293-1

伯仲者是兄弟之字雖然吾君老矣子少國家

多難少詩召反難乃旦反○子謂奚齊伯氏不出而

圖吾君圖猶謀也不出爲君謀國家之政然則自皐落氏反後狐

突懼乃稱疾○爲于僞反伯氏苟出而圖吾君申

生受賜而死賜猶惠也再拜稽首乃卒既告

狐突乃雉經○經如字徐古定反○疏曰雉牛鼻繩也周禮作綏言申生

以牛繩自縊也或謂雉性耿介被人所獲必自屈折其頭而死是以

爲恭世子也言行如此可以爲恭於孝則未之有○疏曰孝子不陷親於不義而申生不能自理遂陷父有殺子之惡雖心有孝而於理終非故不曰孝但謚爲恭謚法曰敬順事上曰恭○此章兼取左氏傳檀弓之語○漢高祖欲以趙王如意易太子太子太傅叔孫通諫曰昔者晉獻公以驪姬故廢太子立奚齊晉國亂者數十年爲天下笑秦以不早定扶

蘇胡亥詐立自使滅祀此陛下所親見今太子仁孝天下皆聞之吕后與陛下攻苦食啖啖當作淡謂無味之食也言共攻擊勤苦之事而食無味之食也其可背哉陛下必欲廢適而立少臣願先伏誅以頸血汙地高帝曰公罷矣吾特戲耳通曰太子天下本本壹搖天下震動柰何以天

下戲高帝曰吾聽公及上置酒見留侯所招客從太子入見遂無易太子志矣叔孫通傳○魯公子荆之母嬖嬖必計反○荆哀公庶子將以爲夫人使宗人釁夏獻其禮釁許覲反夏戶雅反○宗人禮官也對曰無之公怒曰女爲宗司立夫人國之大禮也何故無之對曰周公及武公娶於薛

女音汝○武公敖也○孝惠娶於商孝公稱惠公弗皇商宋也○稱尺證反又如字自桓以下娶於齊桓公始娶文姜此禮也則有若以妾爲夫人則固無其禮也哀公二十四年春秋左氏傳

儀禮經傳通解卷第四

儀禮經傳通解卷第五

五宗第七　家禮五

別子爲祖諸侯之庶子別爲後世爲始祖也謂之別子者公子不得禰先君又若始來在此國者後世亦以爲祖也○疏曰別子謂諸侯適子之弟蓋諸侯之適子適孫繼世爲君而第二子以下不得禰先君別於正適故稱別子也爲祖者謂此別子子孫爲卿大夫立此別子爲其後世之始祖也又云又若始來在此國者此謂非君之親或是異姓始來此國者故亦謂之別子以其

別於在本國不來者繼別爲宗別子之世長子爲其族人爲宗所謂百世不遷之宗又曰別子之世適也族人尊之謂之大宗是宗子也○長丁丈反下同爲其之爲于僞反下爲其同○疏曰謂別子之世世長子恒繼別子與族人爲百世不遷之大宗族人雖五世外與之絶族者皆爲之齊衰三月繼禰者爲小宗禰乃禮反○別子庶子之長子爲其昆弟爲宗也謂之小宗者以其將遷也又曰父之適也兄弟尊之謂之小宗又曰小宗有四或繼高祖或繼曾祖或繼祖或繼禰先言繼高者據別子子弟之子也○疏曰所

謂別子之庶子以庶子所生長子繼此庶子與兄弟爲小宗服之以本親之服以其五世則遷比大宗爲小故云小宗然則小宗所繼非一獨云繼禰者蓋小宗雖四初皆繼禰爲始據初爲元故云繼禰也有百世不遷之宗有五世則遷之宗遷猶變易也○疏曰百世不遷謂大宗也五世則遷謂小宗也○大傳

傳曰百世不遷者別子之後也宗其繼別子之所自出者百世不遷者也

五世而遷者繼高祖者也宗其繼高祖者五世則遷者也繼別子別子之世適也繼高祖者亦小宗也小宗有四皆至五世則遷與大宗凡五○今按之所自出四字疑衍遷中亦無其文至作疏時方誤爾今不取○適丁歷反下文及注皆同○疏曰別子之世適謂是別子適子適孫世世繼別子者也五世者謂上從高祖下至玄孫之子此玄孫之子則合遷徙不得與族人爲宗故云有五世則遷之宗但記文要畧唯云繼高祖其實是繼高祖者之子

0008_0300-2

[illegible]皆至五世則遷者是皆五世一人與[illegible]從兄弟爲宗各自隨近而禰宗也先云繼禰者文承上繼別爲大宗之下則從別子言之別子子者別子之適子弟之子者別子適子之身所生子也弟則是禰其長子是小宗故云繼禰爲小宗因別子而言也繼高祖者與三從兄弟爲宗或有繼曾祖者與再從兄弟爲宗或有繼祖者與同堂兄弟爲宗或有繼禰者與親兄弟爲宗族人一身凡事四宗與大宗爲五宗也○小記大傳互文

是故祖遷於上宗易於下尊祖故敬宗

0008_0301-1

敬宗所以尊祖禰也

宗者祖禰之正體○疏曰四世之時尚事高祖至五世之時謂高祖之父不爲加服是祖遷於上四世之時仍宗三從族人至五世不復宗四從族人各自隨近爲宗是宗易於下宗是先祖正體尊崇其祖故敬宗子所以敬宗子者尊崇祖禰之義也○小記

庶子不祭明其宗也

今按此依大傳文直謂非大宗則不得祭別子之爲祖者非小宗則各不得祭其四小宗所主之祖禰也其小記則云庶子不祭禰明其宗也又云庶子不祭祖明其宗也文

0008_0301-2

意重複似是衍字而鄭氏曲爲之說於不祭禰則曰謂宗子庶子俱爲下士得立禰廟也雖庶人亦然明其尊宗以爲本也於不祭祖則云禰則不祭矣言不祭祖者主謂宗子庶子俱爲適士得立祖禰廟者也凡正體在乎上者謂下正猶爲庶也族人上不戚君下又辟宗乃後能相序而疏亦從之上條云禰適故得立禰廟故祭禰禰庶故不得立禰廟故不得祭禰明其有所宗也下條云庶子適子俱是人子並宜供養而適子烝嘗庶子獨不祭者正是推本崇適明有所宗也又云父庶即不得祭父何假言祖

0008_0302-1

而言不祭祖故知最宗子庶子俱爲適士適士得立二廟自禰及祖是適宗子得立祖廟祭之而已是祖庶[illegible]俱爲適士得自立禰廟而不得立祖廟祭之也正體謂祖之適也下正謂禰之適也雖正爲禰適而於祖猶爲庶故禰適謂之爲庶也五宗悉然今姑存之然恐不如大傳語雖簡而事[illegible]也○張子曰宗子既祭其祖禰[illegible]不得別祭所以嚴宗廟合族[illegible]易說曰庶子不祭祖[illegible]明其宗也○大傳

庶子不得爲長子三年不繼祖與禰故也

爲于僞反[illegible]丁丈反○疏

0008_0302-2

字小記無之鄭字六字作三年義[illegible]
言未盡者今互取之○尊先祖之正[illegible]
體不二其統也言不繼禰則不得[illegible]
不必五世○疏曰馬季長注[illegible]
此爲五世之適父乃爲之斬也不[illegible]
注此云言不繼祖禰則長子不得[illegible]
毋矣庾氏云用恩則禰重用義則[illegible]
重父之與祖各有一重故至己承[illegible]
重而爲長子斬若不繼祖則不爲[illegible]
子斬也如庾氏此言則父適二世[illegible]
重則爲長子三年也鄭注喪服云[illegible]
言爲父後者然後爲長子三年則[illegible]
父之適子即得爲長子三年此經云
必爲父適祖適乃得爲長子斬者[illegible]

仪礼五　五

0008_0303-1

禮有適子者無適孫雖己是祖正[illegible]
父猶在則己未成適未成適則不得
重長重長必是父没後者故云爲父
後者然後爲長子三年也然己適[illegible]
是祖庶而是分適則應立廟立廟以
己長子傳重當祭而不爲斬者[illegible]
祖庶厭降故不敢服斬且死者[illegible]
父見在父自祭○永説之[illegible]

子不祭殤與無後者殤與無後者[illegible]

祔食殤音傷祔音附○[illegible]
父之庶也不祭殤者[illegible]
祭絶此二者當從祖祔[illegible]
庶所食之也共其[illegible]

0008_0303-2

其禮爲祖庶之殤[illegible]
殤者唯適子無後[illegible]
小宗子之諸父[illegible]
所食之食音嗣共其[illegible]
罪反○疏曰云不祭殤者父[illegible]
謂己是父之庶子及餘兄弟亦是[illegible]
之庶子庶子所生之適子[illegible]
者不得自祭之以己是父庶不合立[illegible]
父廟故不得自祭其子殤也[illegible]
祭成人無後不祭可知云不祭[illegible]
昔祖之庶也者己是祖庶不合立祖
廟故兄弟無後者不得祭之己若是
曾祖之庶亦不得祭諸父無後者當
父無後當於曾祖之廟而祭己是曾

仪礼五　六

0008_0304-1

祖庶不合立曾祖之廟故不祭之也
不云曾祖者兼之也此無後者[illegible]
是庶若在殤而死則不合祭於禰
無後者當從死者之祖而祔食祖廟
在宗子之家故己不得祭祖無後[illegible]
之故但令殤者之親共其牲物而宗
子掌其禮四時皆謹宗子之家而祭
但牲牢不同故曾子問注云凡殤與
殤從祖庶之殤者謂己於祖爲庶故
謂己子爲祖庶之殤己是父適得立
父廟故當祭子殤在於父廟也是
謂己之昆弟己是祖庶祭無後昆弟
當記禰廟己無祖廟故不祭諸父[illegible]
於曾祖之廟己是曾祖之廟[illegible]

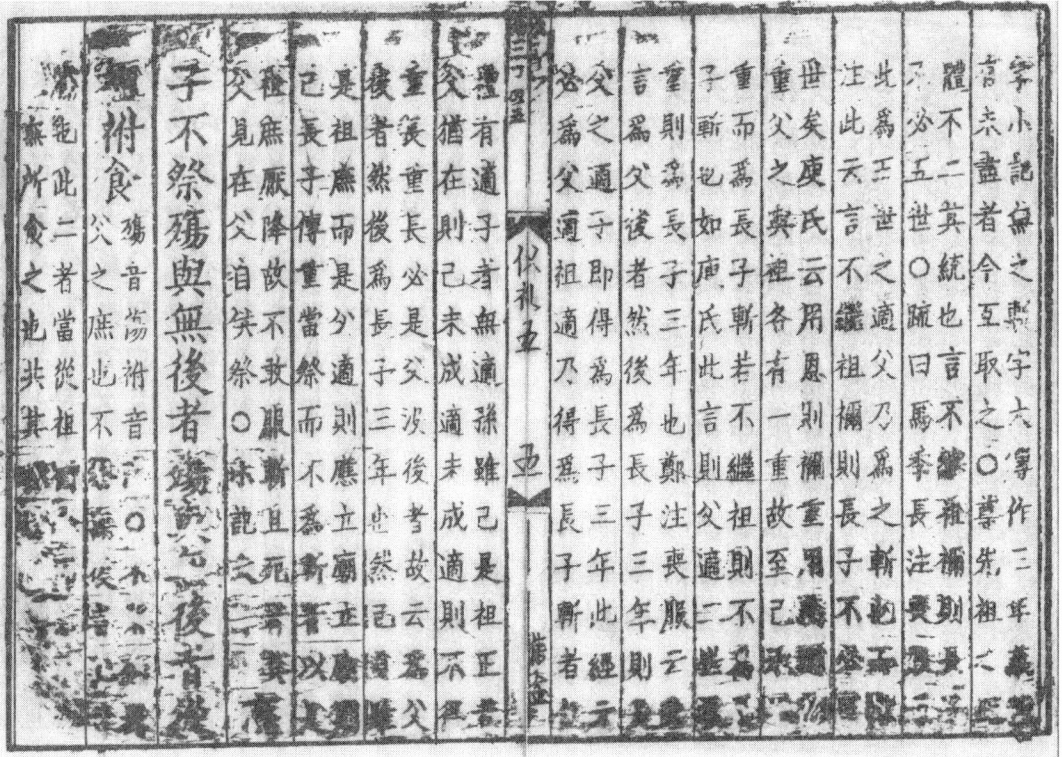

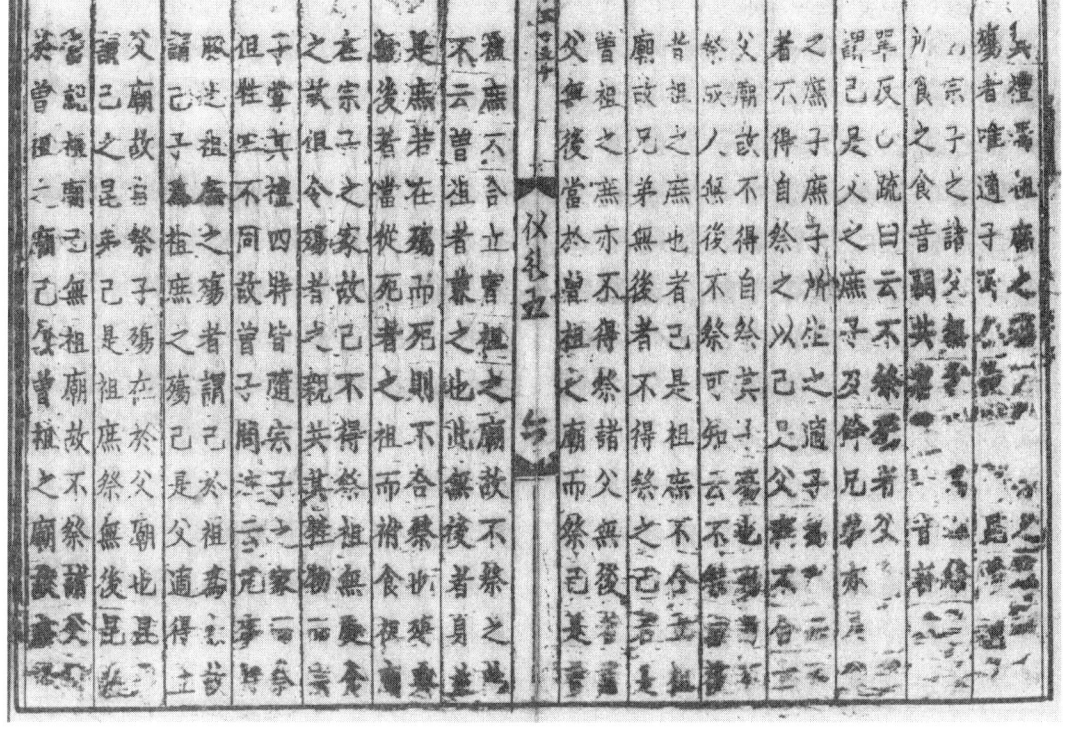

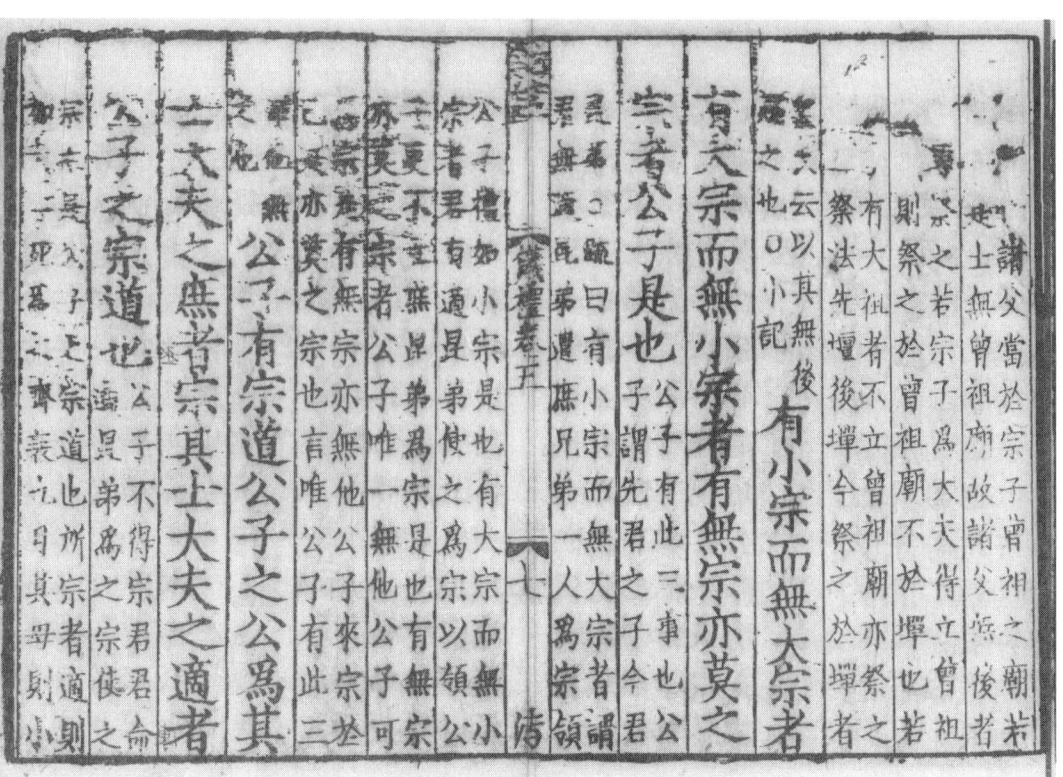

諸父當於宗子曾祖之廟若士無曾祖廟故諸父無後者宗之若宗子為大夫得立曾祖則祭之於曾祖廟不於墠也若有大祖者不立曾祖廟亦祭之一祭法先壇後墠今祭之於墠者鄭云以其無後之也○小記

有小宗而無大宗者有大宗而無小宗者有無宗亦莫之宗者公子是也公子有此三事也公子謂先君之子今君昆弟○疏曰有小宗而無大宗者謂君無適昆弟遣庶兄弟一人為宗領公子禮如小宗是也有大宗而無小宗者君有適昆弟使之為宗以領公子更不立庶昆弟為宗是也有無宗亦莫之宗者公子唯一無他公子可為宗是有無宗亦無他公子來宗於己是亦莫之宗也言唯公子有此三事也

公子有宗道公子之公為其士大夫之庶者宗其士大夫之適者公子之宗道也公子不得宗君君命適昆弟為之宗使之宗之是公子之宗道也所宗者適則如大宗死為之齊衰九月其母則小

[illegible]也為其妻齊衰三月無適而宗庶則如小宗死為之大功九月其母妻無服公子唯己而已則無所宗亦莫之宗○疏曰公子之公公君也是適昆弟為君者也為其士大夫之庶者謂君之庶兄弟為士大夫所宗者公子宗其士大夫之適者言之君適公子士大夫庶者立此公子之大夫適者為宗也此適者君之同母弟適夫人所生也○大傳○

白虎通義曰宗者何謂也宗尊也為先祖主也宗人之所尊也古者所以

必有宗何也所以長和睦也大宗能率小宗小宗能率羣弟通其有無所以紀理族人者也宗其為始祖後者為大宗此百世不遷者也宗其為高祖後者五世而遷者也高祖遷於上宗易於下宗其為曾祖後者為曾祖宗宗其為祖後者為祖宗宗其

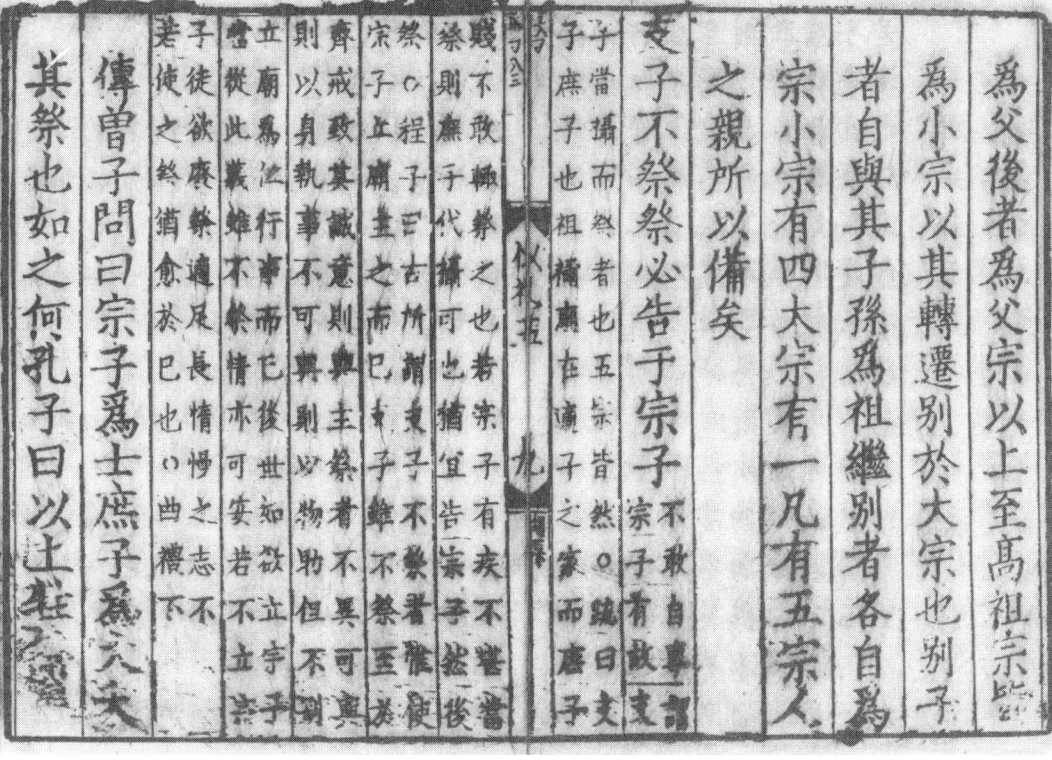

爲父後者爲父宗以上至高祖宗皆爲小宗以其轉遷別於大宗也別子者自與其子孫爲祖繼別者各自爲宗小宗有四大宗有一凡有五宗人之親所以備矣

支子不祭祭必告于宗子不敢自專謂宗子有故支子當攝而祭者也五宗皆然○疏曰支子庶子也祖禰廟在適子之家而庶子

似禮五　九

賤不敢輒祭之也若宗子有疾不堪當祭則庶子代攝可也猶宜告宗子然後祭○程子曰古所謂支子不祭者惟使宗子立廟主之而已支子雖不祭至於齊戒致其誠意則與主祭者不異可與則以身執事不可與則以物助但不別立廟爲位行事而已後世如欲立宗子當從此義雖不祭情亦可安若不立宗子徒欲廢祭適足長惰慢之志不若使之祭猶愈於已也○曲禮下

傳曾子問曰宗子爲士庶子爲大夫其祭也如之何孔子曰以上牲祭

於宗子之家貴祿重宗也上牲大夫少牢○疏曰宗子是士合禮牲今庶子爲大夫若祭祖禰當用少牢之牲就宗子之家而祭注云貴祿者謂用大夫之牲也重宗者謂廟在宗子之家也若庶子是宗子弟則與宗子同祖禰廟當以上牲[illegible]宗子之家而祭祖禰也若庶子是宗[illegible]夫得祭曾祖而不合立廟則權氏云當寄曾祖廟於宗子之家若己是[illegible]子從父庶子兄弟父之適子唯得[illegible]家自立禰廟其祖及曾祖亦於宗子之家寄立之若己是宗子從祖庶[illegible]弟父祖之適則立祖禰廟於己家[illegible]

似禮五　十

亦得立曾祖之廟於宗子之家曾祖供上牲宗子爲祭此大夫者謂諸侯大夫下文云宗子有罪居于他國則可見也

祝曰孝子某

爲介子某薦其常事爲于僞反○介副也不言庶使介若可以祭然○疏曰宗子祭時祝告神辭云孝子謂宗子也某是宗子之名者介子某介子謂庶子爲大夫者介副也某是庶子名也薦其歲之常事告神之辭宗子而庶子實在祭位故又曰庶子卑賤之稱介是副貳之稱[illegible]介副也

則若宗子有罪居于他國庶

0008_0308-2

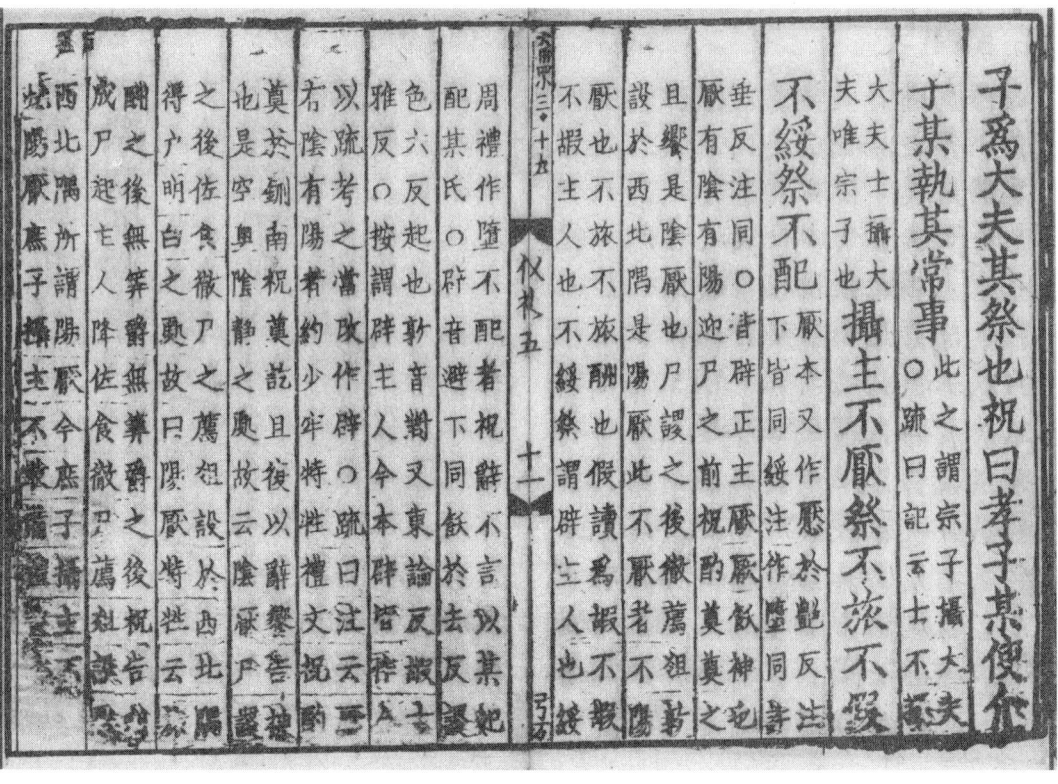

子爲大夫其祭也祝曰孝子某使介子某執其常事此之謂宗子攝大夫○疏曰記云士不攝大夫士攝大夫唯宗子也攝主不厭祭不旅不假不綏祭不配厭本又作饜於豔反注下皆同綏注作墮同許垂反注同○者辟正主厭厭飫神也厭有陰有陽迎尸之前祝酌奠奠之且饗是陰厭也尸謖之後徹薦俎敦設於西北隅是陽厭此不厭者不陽厭也不旅不旅酬也假讀爲嘏不嘏不嘏主人也不綏祭謂辟主人也綏

仪礼五　十一

0008_0309-1

周禮作墮不配者祝辭不言以某妃配其氏○辟音避下同飫於去反謖色六反起也敦音對又東論反嘏古雅反○按謂辟主人令本辟皆作入以疏考之當改作辟○疏曰注云厭有陰有陽者約少牢特牲禮文祝酌奠於鉶南祝奠訖且復以辭饗告神也是室奧陰靜之處故云陰厭尸謖之後佐食徹尸之薦俎設於西北隅得户明白之處故曰陽厭特牲云宗酬之後無筭爵無筭爵之後祝告利成尸起主人降佐食徹尸薦俎設於西北隅所謂陽厭今庶子攝主不[illegible]爲陽厭庶子攝主不[illegible]

0008_0309-2

亦不爲陽厭之祭謙退似若神未飫然也旅酬特牲禮云受嘏之後[illegible]子舉奠訖賓坐取薦南之爵酬長兄弟長兄弟酬衆賓衆賓酬衆兄弟將謂旅酬也嘏是主人受福綏是將欲受福先爲綏祭特牲少牢云祝出迎尸尸入即席坐而執祝前之觶而祝命尸尸綏祭尸取菹擩于醢祭于豆間父祭黍稷肺等是謂尸綏祭也尸酢主人主人拜受爵上佐食取黍稷肺授主人此所謂綏祭也又云主人左執爵祝與二佐食取黍以授尸尸執以命祝祝受以東北面嘏于主人曰皇尸命工祝承致多福無疆于女孝

仪礼五　十二

0008_0310-1

孫所謂嘏也不配者少牢禮云司宮筵于奧設饌酌奠主人再拜稽首祝曰孝孫某敢用柔毛剛鬣嘉薦普淖用薦歲事于皇祖伯某以某妃配某氏尚饗此所謂配也攝主不敢備禮畧言皇祖而已但據此次第凡祭皆先祝而配次綏祭次嘏次旅末乃厭祭今記文乃從末至初以攝主非正故逆陳之也布奠於賓賓奠而不舉布奠謂人醻賓奠觶於薦北賓奠謂取觶奠于薦南也此酬之始也奠之不舉止旅○觶之豉反字林音至支○疏曰特牲禮云受嘏之後主人獻賓賓酢主人主人又獻衆賓衆賓[illegible]

0008_0311-1　0008_0310-2

西方之尊以酬賓主人……北賓取爵東面奠于薦西……
……之以酬兄弟也今攝主故主……前奠實直奠之而後不復舉以酬兄
不此即不旅酬之事而別言者以上人是主人之事此論賓禮有闕也止
旅謂止旅酬之事而不為也　**不歸肉**　歸如字又其位反○因……
也諸與祭者留之共燕○與音預○疏曰歸饋也正祭諸助祭之賓客各使歸
俎今攝主不敢饋俎肉但留之共燕　**其辭于賓曰宗兄**
宗弟宗子在他國使某辭　辭猶告也宿賓之辭

儀禮五　十三

與宗子為列則曰宗兄若宗弟昭穆異者曰宗子而已其辭若云宗兄某
在他國使某執其常事使某告○疏曰宿讀為肅肅進也○曾子問○
曾子問曰宗子去在他國庶子無爵
而居者可以祭乎孔子曰祭哉　有子孫在
不可以乏先祖之祀○疏曰孔子既許其祭以無止文得祭故云祭哉[illegible]
者疑而問變之辭　**請問其祭如何孔子曰望**
墓而為壇以時祭　不祭于廟無爵者賤遠辟正主[illegible]

0008_0312-1　0008_0311-2

于墓反○疏曰宗子雖有廟在宗之家庶子無爵遠辟正主不得就
子之廟而祭唯可望所祭者之墓為壇以四時致祭也據鄭此言宗
去在他國謂有辟者以經云庶子無爵而居者宗子是有爵其去他國謂有罪者
其無罪則以廟從本國不得有廟喪服小記注云宗子去國乃以廟從
謂無罪也　**若宗子死告於墓而后祭於家**
言祭於家容無廟也○疏曰宗子無死庶子無所可辟當云告於墓而后祭
於宗子之家今直云祭於家是容宗子無爵其家無廟而祭於庶子之家

儀禮五　十四

或云祭於宗子之家一是庶子無爵不合立廟二是宗子無罪居他國以廟
從本家不復有廟也　**宗子死稱名不稱孝**　孝宗子之
稱不敢與之同其辭但言子某薦其常事○疏曰不言介者蓋宗子在[illegible]
言介子某今宗子既死身又無爵故下得稱介也　**身沒而已**
至子可以稱孝○疏曰其不稱孝者唯庶子之身終沒而已其庶子死[illegible]
其適子祭庶子之時可以稱孝也○呂大鈞曰此宗子死庶子尚在雖[illegible]
宗子之適子未得主祭故庶子主之祝辭止曰子某薦其常事而已不[illegible]

介明無所助也若庶子皆死則宗子之子乃主之故曰身沒而已今之無宗子者宜亦倣此子游之徒有庶子祭者以此以用也用此禮祭也若義也若順今之祭者不首其義故誣於祭也首本也誣猶妄也○孔子曰有陽厭有陰厭言祭殤之禮有於陰厭之者有於陽厭之者○疏曰有於陰厭之者謂迴殤也有於陽厭之者謂庶殤也曾子曰殤不祔祭何謂陰厭陽厭

祔依注音備本或作附同○附當爲備声之誤也言殤乃不成人祭之不備禮而云陰厭陽厭乎此失孔子指也祭成人始設奠於奥迎尸之前謂之陰厭尸謖之後改饌於西北隅謂之陽厭殤則不備○奥烏報反○疏曰曾子既問孔子云有陰厭有陽厭不解孔子之旨謂祭殤者一祭之中有此兩厭故問也注以祔當爲備者記云殤與無後者從祖祔食今云不祔與記文乖又備祔声相近故云誤也孔子曰宗子爲殤而死庶子弗爲後也族人以其倫代之名不序

昭穆立之廟○其祭之就其祖而已代之者主其禮○疏曰注以經云庶子既不爲後宗子理不可闕故知族人以其倫代之倫謂輩也謂與宗子昭穆同者則代之又以殤死無爲人父之道故不序昭穆不得與代之者爲父也但宗子存特族人凡殤死者宗子主其祭祀今宗子殤死明代爲宗子者主其禮也此宗子是大宗族人但是宗子兄弟行無限親疏皆得代之其吉祭特牲尊宗子從成人也凡殤則特豚自卒哭成事之後爲吉祭○疏曰士祭成人特牲今尊宗子于故從成人之禮也凡殤

則降宗子之殤故用特豚記曰卒哭曰成事以吉祭易喪祭熊氏曰殤與無後者唯祔與除服二祭則止此言吉祭者唯據二祭也庾云言祭通四時常祭然不知何時當止未有聞焉經云吉祭特牲則喪祭之時降用特豚也祭殤不舉無肵俎無玄酒不告利成肵音其○此其無尸及所降也其他如成人舉肺脊肵俎利成禮之施於尸者○疏曰特牲少牢之尸將食舉肺脊今此無尸故不舉肺脊也特牲少牢之上佐尸設肵俎初載心舌肵敬也主人敬尸之俎盖肵是

0008_0313-2

所食歸餘之俎以其無尸故無所俎也若祭成人則有玄酒今祭殤既略故無玄酒是降也特牲少牢之無筭爵祝東面告利成利猶養也謂供養之禮成也今無所司告故不告也**是謂陰厭**是宗子而殤祭之於奧之禮小宗爲殤其祭禮亦如之○疏曰注知此指大宗者以何休云小宗無子則絕大宗無子則不絕重適之本也唯在殤而死乃不得爲後若成人而死則得立子孫爲後若立兄弟爲後則不可故公羊譏仲嬰齊是公孫歸父之弟當云公孫嬰齊而云仲嬰齊者爲歸父之後譏其亂

仪礼五　十七　正

0008_0314-1

昭穆故云仲也

凡殤與無後者祭於宗子之家當室之白尊于東房是謂陽厭

凡殤謂庶子之適也或昆弟之子或從父昆弟無後者如有昆弟及諸父此則今死者皆宗子大功之內親共祖禰者言祭於宗子之家者爲有異居之道也無廟者爲墠祭之親者共其牲物宗子皆主其禮當室之白尊於東房異於宗子之爲殤當室之白謂西北隅得戶明者也明者曰陽○祖廟在小宗之家小宗祭之亦然宗子之適亦爲凡殤過此以往則不祭也祭

0008_0314-2

適者天子下祭五諸侯下祭三大夫下祭二士以下祭子而止○疏曰凡殤謂非宗子之殤無後者謂庶子或身無子孫爲後者不敢在成人之廟故於室之明處而設尊於東房以其是陽故爲陽厭也又注云庶子之適一句與下文昆弟之子從父昆弟二句爲總云昆弟之子者謂宗子親兄弟所生之適子也其昆弟是庶子昆弟所生者是適也云或從父昆弟者謂宗子之從父兄弟也宗子之父是適諸父是庶諸父所生之適子亦是庶子之適也如而也而有昆弟謂宗子之親兄弟與宗子同祖今既無

仪礼五　十八　正

0008_0315-1

後祭之當於宗子祖廟諸父謂宗子諸父並是庶子與宗子同曾祖祭之當於宗子曾祖之廟也凡殤者二一是昆弟之子祭之當於宗子父廟二是從父昆弟祭之當於宗子祖廟其無後者亦有二一是昆弟無後祭之當於宗子祖廟二是諸父無後祭之當於宗子曾祖之廟凡殤得祭者以其身是適故也無後者成人無後則禁若在殤而死則不祭以其身是庶故也從父兄弟是宗子大功親也昆弟諸父是宗子期親諸父及從兄弟共祖者也昆弟之子共禰者也據士禮適士二廟有祖有禰下士祖禰共廟故

0008_0315-2

故鄭限以祖禰同者唯大功之內親也禮大功以上同財命士以上則[illegible]子異宮故云有異居之道若祭諸父當於曾祖之廟宗子是士無曾祖廟故爲壇祭之推此亦言大夫立三廟無大祖者其祭諸父得於曾祖廟也其立大祖廟者其祭諸父當於曾祖廟曾祖無廟亦爲壇祭之大功有同財之義其[illegible]事牲牢之屬親者主爲之[illegible]牢[illegible]親[illegible]之品亦故二親者其[illegible]宗子之家故宗子[illegible]之[illegible]宗於室[illegible]祭之[illegible]禮事[illegible]宗子之[illegible]除不

十九

0008_0316-1

舉行[illegible]同聞異尊[illegible]凡[illegible]於東[illegible]宗子之[illegible]也宗子之適子父[illegible]子[illegible]死亦爲[illegible]以[illegible]義[illegible]同世謂宗子[illegible]宗子之子及[illegible]父[illegible]適子等唯庶[illegible]死祭之通[illegible]不祭也[illegible]以下宗祭法之義具彼注○曾子問

適子庶子祇事宗子宗婦 適[illegible]敬也[illegible]父宗○疏[illegible]適子謂父之適子是小宗[illegible]大宗

0008_0316-2

子宗婦謂大宗子之妻 雖貴富不敢以貴富入宗子之家雖衆車徒舍於外以寡約入 入謂入宗子家 子弟猶歸器衣服裘衾車馬則必獻其上而后敢服用其次也 猶若也子弟[illegible]德以物見饋賜當以善者與宗子也○疏曰歸謂歸遺也 若非所獻則不敢以入於宗子之門 謂非宗子之爵所當服也 不敢以貴富加於父兄宗族 加猶高也 若富

儀禮集傳集注卷五　二十

0008_0317-1

則具二牲獻其賢者於宗子 賢猶善也○疏曰善者獻宗子使祭之不善者私用自祭也 夫婦皆齊而宗敬焉 齊側皆反○當助祭於宗子之家 終事而后敢私祭 祭其祖禰○疏曰此文雖主事大宗子其大宗之外事小宗子者亦然○呂大臨曰宗子既祭其祖禰則支子不得別祭所以嚴宗廟合族屬故曰庶子不祭祖與禰明其宗也若已爲宗子而弟有子其弟既死其子欲祭其父必從祖祔食祭于宗子之家乎將就其宮而祭使其子[illegible]主之乎若祖祔食祭于宗子之

0008_0317-2

止謂殤與無後蓋殤與無後必宗子之爲可若有後者亦使宗子主之則是子有不得事其父矣傳曰子不私其父則不成爲子故兄弟生而異宮所以盡子之私養及其沒也反不得主其祭於義可乎蓋異宮者必祭于其宮使其子主祭其祭也必告于宗子而後行不得而專所以明其宗也宗子有祭必先與焉卒祭而後祭其分故曰支子不祭祭必告于宗子又曰終事而後敢私祭若非異宮則禮有所不得申禮不得申則雖祔食于祖廟亦可以安所謂不得已焉者也○内則

儀禮五

0008_0318-1

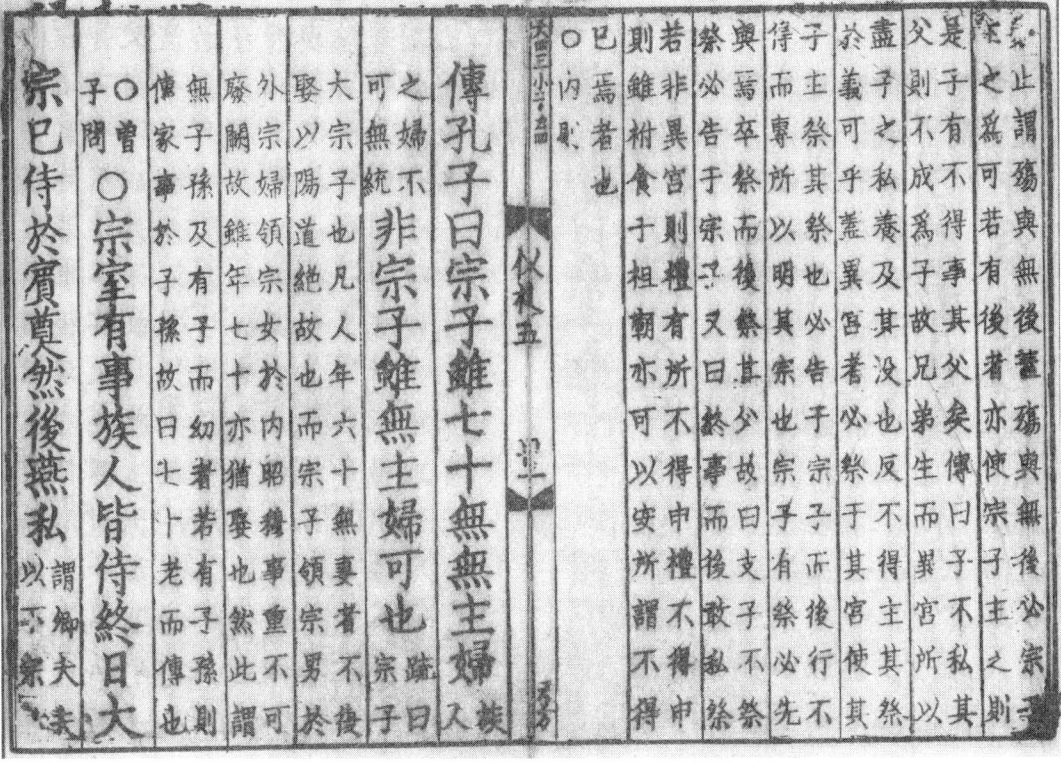

傳孔子曰宗子雖七十無無主婦族人之婦不可無統非宗子雖無主婦可也疏曰宗子大宗子也凡人年六十無妻者不復娶以陽道絕故也而宗子領宗男於外宗婦領宗女於內昭穆事重不可廢闕故雖年七十亦猶娶也然此謂無子孫及有子而幼者若有子孫則傳家事於子孫故曰七十老而傳也○曾子問○宗室有事族人皆侍終日大宗已侍於賓奠然後燕私謂卿大夫以下祭

0008_0318-2

大宗子之家也禮志云別子爲祖繼別爲大宗繼禰爲小宗賓僚友助祭也燕私者何也祭已而與族人飲不醉而出是不親也醉而不出是渫宗也出猶去也出而不止是不忠也忠厚親而甚敬忠而不倦若是則兄弟之道備備者成也成者成於宗室也故曰飲而醉者宗室之意也德將無醉族人

儀禮五

0008_0319-1

之志也是故祀禮有讓德施有復義之至也復反也○書大傳○上治祖禰尊尊也下治子孫親親也旁治昆弟合族以食序以昭繆別之以禮義人道竭矣繆音木○治猶三也繆讀爲穆聲之誤也竭盡也○繆莫候反○疏曰上主尊敬故云尊尊下主恩愛故云親親旁治昆弟之時合會族人以食之禮又次序族人以昭穆之事也言此三事皆分別之以禮義使人

0008_0319-2

道理喲盡於此矣○大傳 四世而緦服之窮也五世袒免殺同姓也六世親屬竭矣 殺色界反○四世共高祖五世高祖昆弟六世以外親盡無屬名○疏曰四世謂上至高祖下至已兄弟同承高祖之後爲族兄弟也爲親兄弟期一從兄弟大功再從兄弟小功三從兄弟緦麻而服盡也五世謂共承高祖之父者也服袒免而無正服減殺同姓也六世謂共承高祖之祖者也不復袒免同姓而已故云親屬竭矣○大傳 親親以三爲

0008_0320-1

五以五爲九上殺下殺旁殺而親畢矣 殺色界反○已上親父下親子三也以父親祖以子親孫五也以祖親高祖以孫親玄孫九也殺謂親益疏者服之則輕○疏曰上殺者服父以三年服祖期曾祖宜大功高祖宜小功以遠而恩疏故畧從三月一等又不可以大功小功旁親之服加至尊故爲齊衰也下殺者謂父服子宜報以三年而首足不宜一等故降服期而孫九月曾孫玄孫一等三月也旁殺者世父叔父宜九月以加而爲期也從世父叔父小功五月族世父叔

0008_0320-2

父緦麻三月也祖期而祖之兄弟小功九月族祖緦麻三月也又曾祖本應五月其兄弟爲族曾祖故三月也又兄弟期同堂兄弟九月從祖兄弟小功五月族之昆弟緦麻三月此外無服是發兄弟而旁殺也又父爲子期而兄弟之子以衆而加爲期同堂兄弟之子五月也族兄弟之子緦也又爲孫大功兄弟之孫小功同堂兄弟之孫緦麻其外無服矣曾祖爲曾孫三月爲兄弟曾孫亦爲三月皆旁也自此以外悉無服矣故云親畢五屬之親若同父則期同祖則大功同曾祖則小功同高祖則緦麻高祖

0008_0321-1

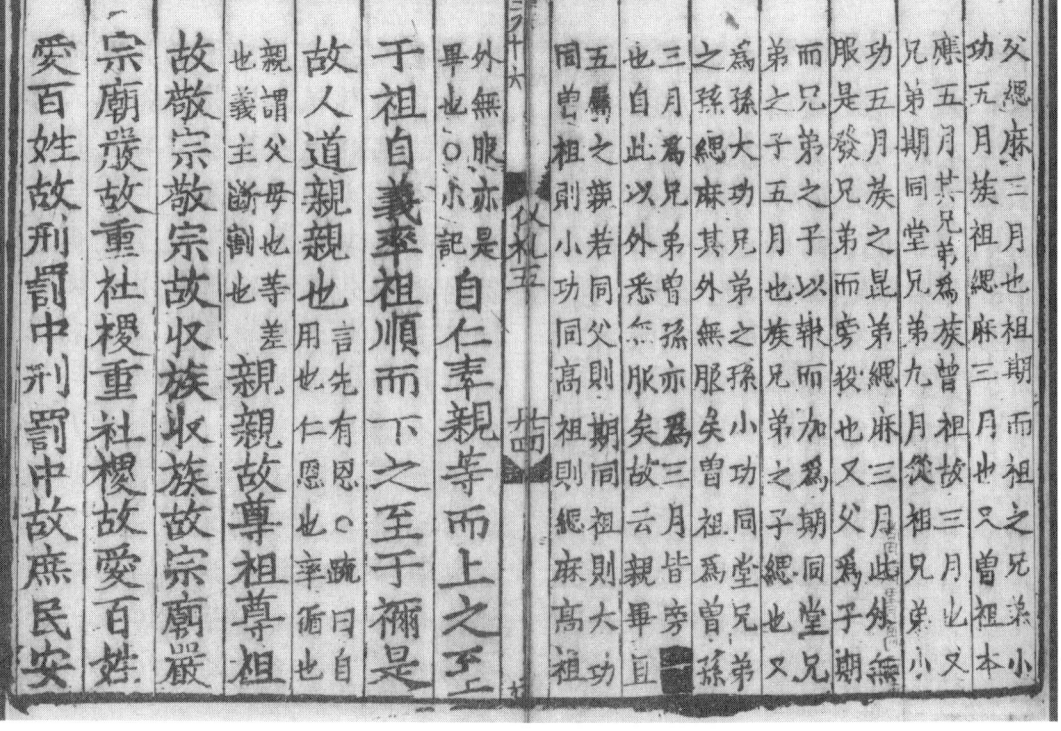

外無服亦是畢也○小記 自仁率親等而上之至于祖自義率祖順而下之至于禰是故人道親親也 言先有恩○疏曰自用也仁恩也率循也親謂父母也等差也義主斷割也 親親故尊祖尊祖故敬宗敬宗故收族收族故宗廟嚴宗廟嚴故重社稷重社稷故愛百姓愛百姓故刑罰中刑罰中故庶民安

0008_0322-1　0008_0321-2

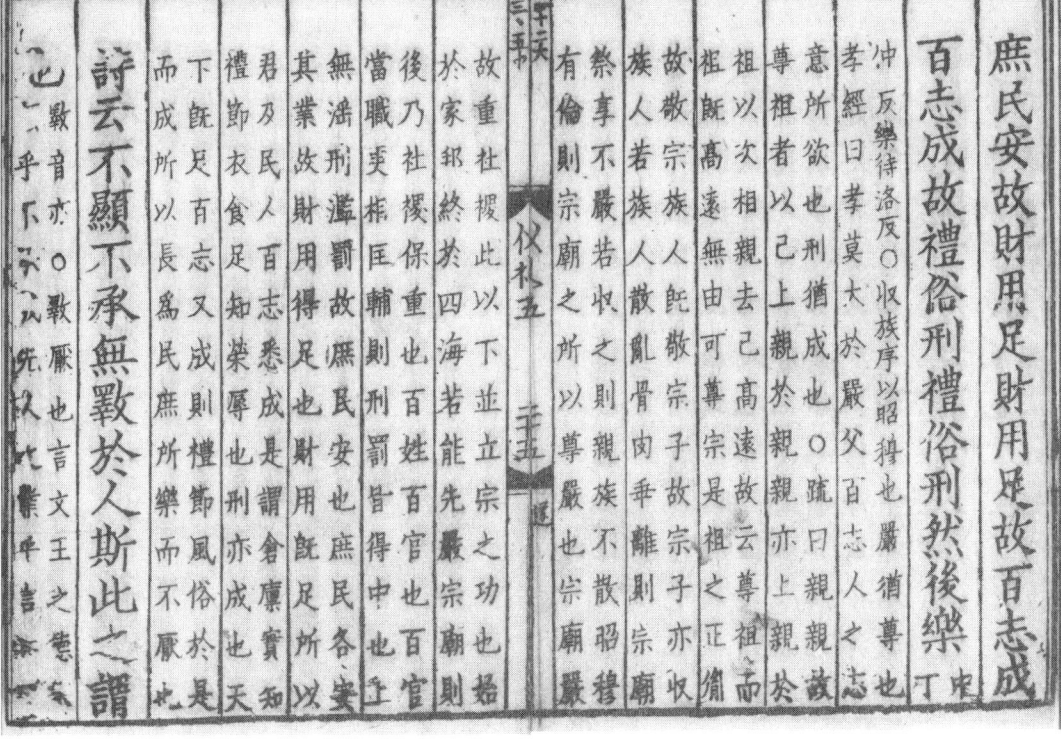

庶民安故財用足財用足故百志成
百志成故禮俗刑禮俗刑然後樂
中丁仲反樂待洛反○收族序以昭穆也嚴猶尊也
孝經曰孝莫大於嚴父百志人之志
意所欲也刑猶成也○疏曰親親故
尊祖者以己上親於親親亦上親於
祖以次相親去己高遠故云尊祖而
祖既高遠無由可尊宗是祖之正統
故敬宗族人既敬宗子故宗子亦收
族人若族人散亂骨肉乖離則宗廟
祭事不嚴若收之則親族不散昭穆
有倫則宗廟之所以尊嚴也宗廟嚴

仪礼五　二十五

故重社稷此以下並立宗之功也始
於家邦終於四海若能先嚴宗廟則
後乃社稷保重也百姓百官也百官
當職事無匡輔則刑罰皆得中也上
無濫刑濫罰故庶民安也庶民各安
其業故財用得足也財用既足所以
君及民人百志悉成是謂倉廩實知
禮節衣食足知榮辱也刑亦成也天
下既足百志又成則禮節風俗於是
而成所以長爲民庶所樂而不厭也
詩云不顯不承無斁於人斯此之謂
也斁音亦○斁厭也言文王之德豈[illegible]乎不承乎以先人之業乎言[illegible]

0008_0323-1　0008_0322-2

[illegible]厭也○厭於豔反[illegible]○疏[illegible]此明頌清廟之篇言今
尊祖敬宗人皆願樂亦無厭倦故云
此之謂也○今按尊奉也斯語辭
言文王之德豈不顯乎豈不承乎
信乎其無有厭斁於人也○大傳
庶子之正於公族者教之以孝悌睦友
子愛明父子之義長幼之序弟大計反又作悌下
孝弟同長丁丈反○正者政也庶子司
馬之屬掌國子之倅爲政於公族者○
倅七對反○疏曰政謂主其政令也周
禮諸子下大夫二人屬夏官司馬諸侯

仪礼五　二十六

謂之庶子職掌與諸子同故周禮注云
或曰庶子倅副也國子是公卿大夫士
之副貳也言副貳於父也其朝于公內朝則東面北
上臣有貴者以齒朝直遥反○內朝路寢庭○疏曰以下文
司士所掌爲外朝則知此內朝是路寢庭也其在外朝則以
官司士爲之外朝路寢門之外庭司士亦司馬之屬也掌羣臣之
班正朝儀之位也○疏曰公族在於外
朝與異姓同爲位次之時則以官之上
下不復以年齒也司士爲之者謂司士
之官主爲朝位之次外朝位既司士主

0008_0323-2

之則內朝庶子主之也其在宗廟之中則如外朝之
位宗人授事以爵以官宗人掌禮及宗廟也以爵貴賤異位
也以官各有所掌也若司徒奉牛司馬奉羊司空奉豕其登餕獻
受爵則以上嗣餕音俊○上嗣君之適長子以特牲饋食禮
之受爵謂上嗣舉奠也獻謂舉奠洗爵酌入也餕謂宗人遣舉奠盥祝命之餕
也大夫之嗣無此禮辟君也○盥音管○疏曰以特牲言之則先受爵而後獻
獻而後餕今此經先云餕者以餕爲重舉重者從後以衡先逆言之也登謂登

大四二 小三三十 儀禮卷五 二十七

0008_0324-1

堂無事之時嗣子在堂下餕時登堂獻時亦登堂受爵之時亦登堂此一登之
文包此三事又曰注言舉奠謂嗣子也名此嗣子爲舉奠也庶子治
之雖有三命不踰父兄治之治公族之禮也唯於內朝
則然其餘會聚之事則與庶姓同一命齒于鄉里再命齒于父族三命不齒
齒者特爲位不在父兄行列中○行戶剛反○疏曰庶子治之謂治此公族
於內朝之時也既不計官之大小亦三命之貴而列位不得踰越在
父兄之上也然此句應承前文臣者以齒之下其外朝既云司士爲

0008_0324-2

內朝自然庶子治之也所以在此者當長簡札遺脫鄭不言者略耳其公
大事則以其喪服之精麤爲序雖於公
族之喪亦如之以次主人大事謂死喪也其爲君雖
皆斬衰序之必以本親也主人主喪者次主人者主人猶在上主人雖有父兄
猶不得下齒○爲于僞反衰七雷反○疏曰精麤謂衰服布縷精麤也衰麤者
在前精者在後非但公喪如此雖於公族之內有死喪之事相爲亦如之以次
主人者謂雖有庶長父兄尊於主人亦必在於主人之下使主人從上居喪主

大六十五 小二百五十 儀禮卷五 二十八

0008_0325-1

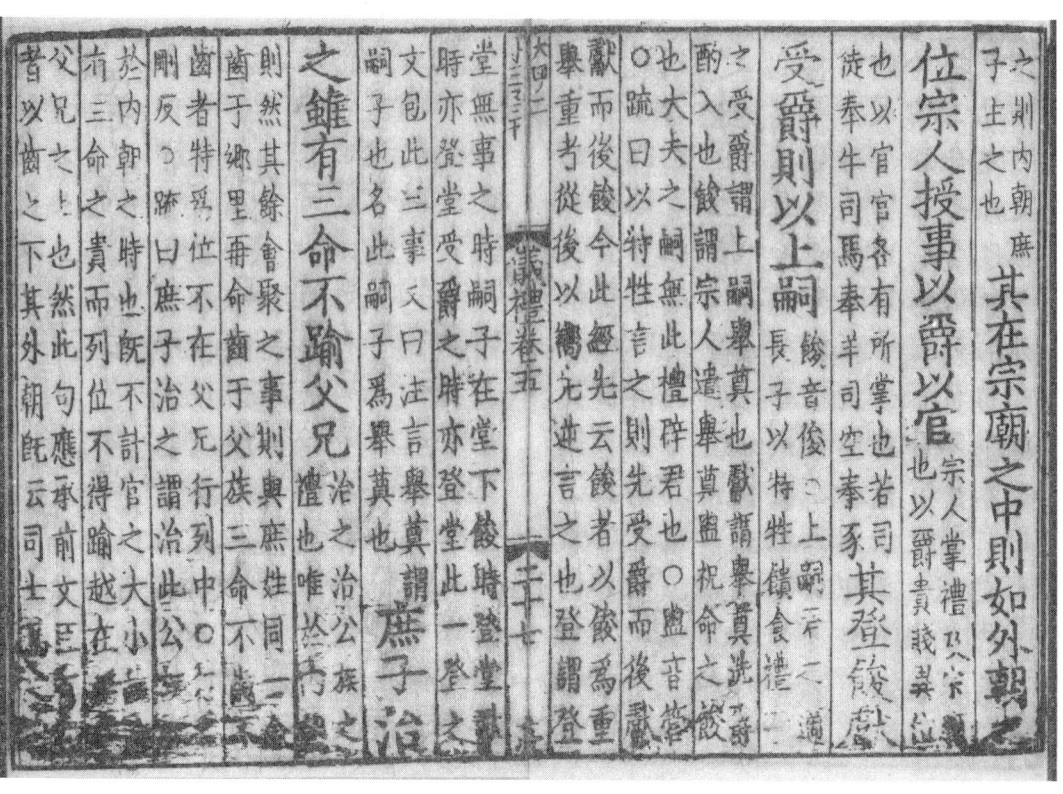

雖族人父兄尊然主人亦不得下而與之序齒列焉若公與族燕
則異姓爲賓同宗無相賓客之道膳宰爲主人君尊
不獻酒公與父兄齒也親親族食世降一等
親者稠疏者稀○稠直由反○疏云族食謂與族人燕食也族人既有親疏
食亦隨世降殺也假令本是齊衰一年四會食若大功則一年三會食小功則
一年二會食緦麻則一年一會食是世降一等也○其在軍則守
於公禰謂從軍者公禰行主也行以遷主言禰在外親也○疏曰公

0008_0326-1　0008_0325-2

猶秉圭戴書奉車隨公行者也庶子官
政從在軍藏符節公乘車之行主也遷
主而呼為標者隨在
國外欲依親親之辭
公若有出疆之政
編者良人○謂
親觀會同也
庶子以公族之無事者
守於公宮正室守太廟
守如字又手又
反○正室適子
也太廟太祖之廟○疏曰無事謂不從
行及無職事者適子謂公卿大夫之適
子也公羊傳云周公稱太廟周公
是宗之始[illegible]郊餘國皆然也
諸父
守貴宮貴室
下[illegible]守路寢○疏曰以下云
宮上云太廟此貴宮貴

儀禮經傳卷五　二十九　普

宮既非[illegible]又非下宮下室唯當路[illegible]
[illegible]之宮指其所居處謂之
[illegible]下宮下室
下宮親[illegible]
下室燕寢[illegible]
[illegible]語○疏曰親廟[illegible]
[illegible]則下宮也或言[illegible]
[illegible]云立武宮傳曰[illegible]
[illegible]公之廟武世室也
[illegible]室適于不云世室[illegible]
[illegible]而此諸父子孫亦[illegible]
[illegible]孫矣不云諸父[illegible]
[illegible]變諸弟從子孫也
[illegible]
未毀雖為庶人冠取[illegible]

0008_0327-1　0008_0326-2

[illegible]兄弟[illegible]則告
冠古亂反○赴告於
諭反
[illegible]冒[illegible]廟[illegible]而言五廟
顧考為[illegible]子也
族之相為也
[illegible]弟不宜[illegible]不免有司罰之
為于偽反
免音[illegible]
[illegible]注及下同○[illegible]謂
大[illegible]以袒免[illegible]五世
至于賵賻承含皆
有正焉
賵芳鳳反賻音附承依注音贈
含胡暗反○承讀為贈聲之誤
也正正禮也○疏曰賵賻含襚皆贈喪
之物賵車馬賻貨財含珠玉襚衣服總
謂之贈
贈送也
公族其有死罪則磬于甸人
甸

儀禮經傳卷五　三十

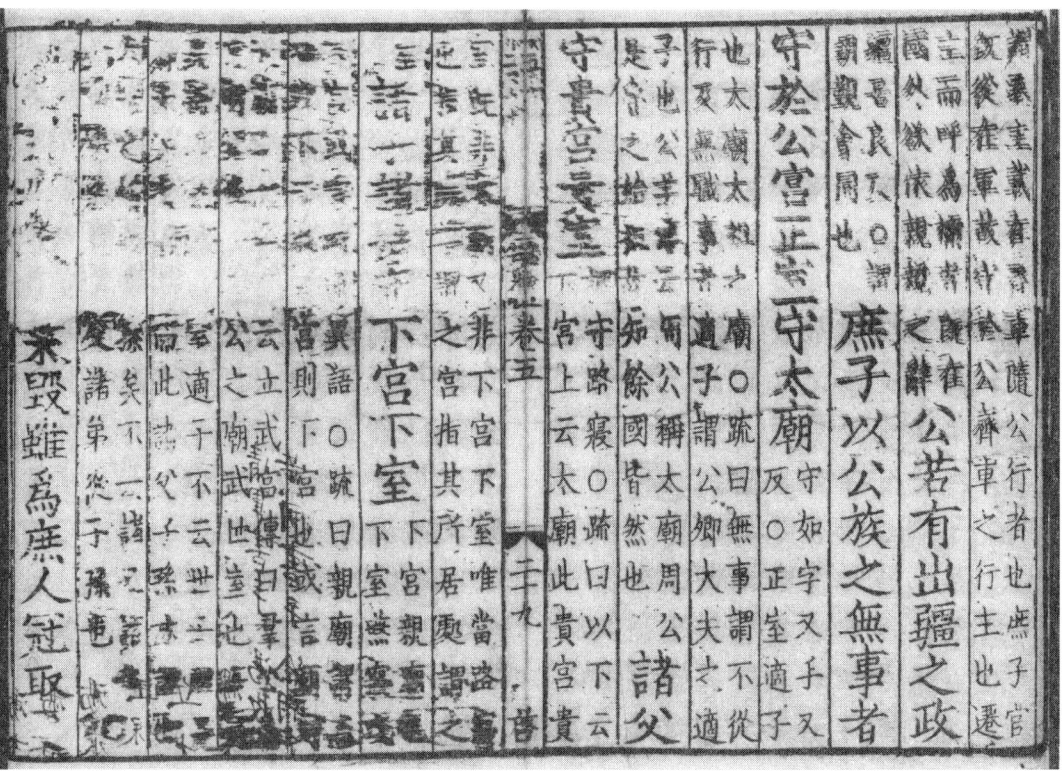

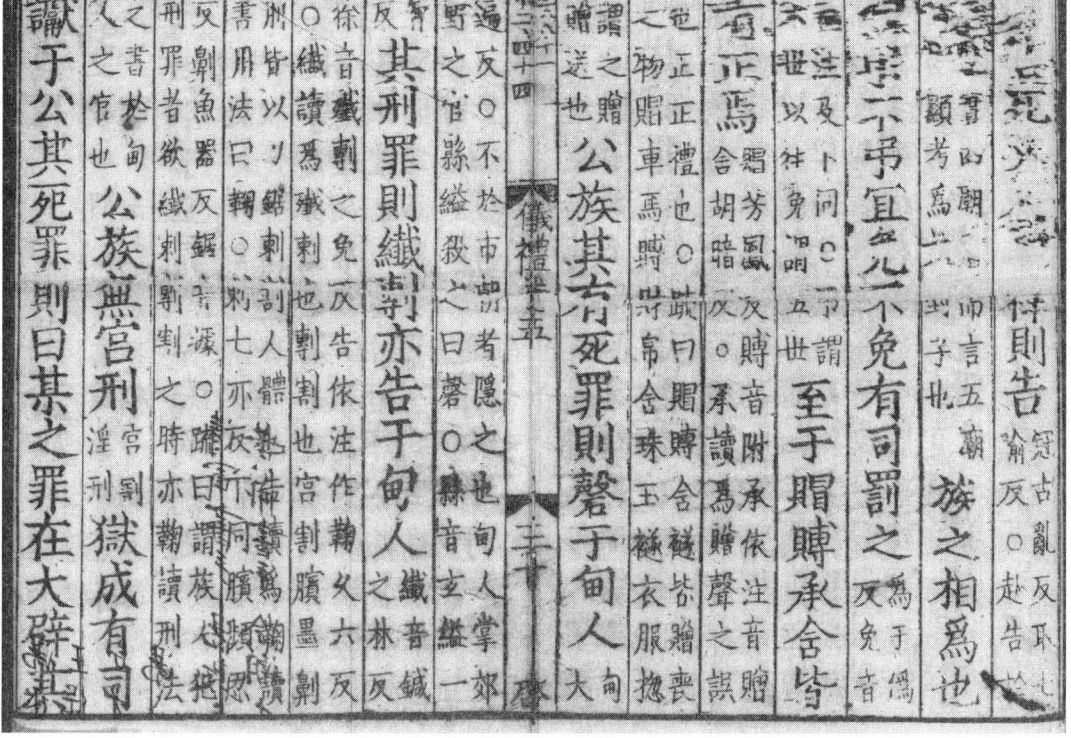

遍反○不於市朝者隱之也甸人掌郊
野之官縣縊殺之曰磬○縣音玄縊一
賜反
其刑罪則纖剸亦告于甸人
纖音鍼
之林反
徐音纖剸之兗反告依注作鞫九六反
○纖讀為殲刺也剸割也宮割臏墨劓
刖皆以刀鋸刺割人體也告讀為鞫
書用法曰鞫○刖七亦反刖同臏頻忍
反劓魚器反鋸音據○疏曰讀為鞫者
刑罪者欲纖刺割剸之時亦鞫讀刑法
之書於甸
人之官也
公族無宮刑
宮割
淫刑
獄成有司
讞于公其死罪則曰某之罪在大辟其

0008_0327-2

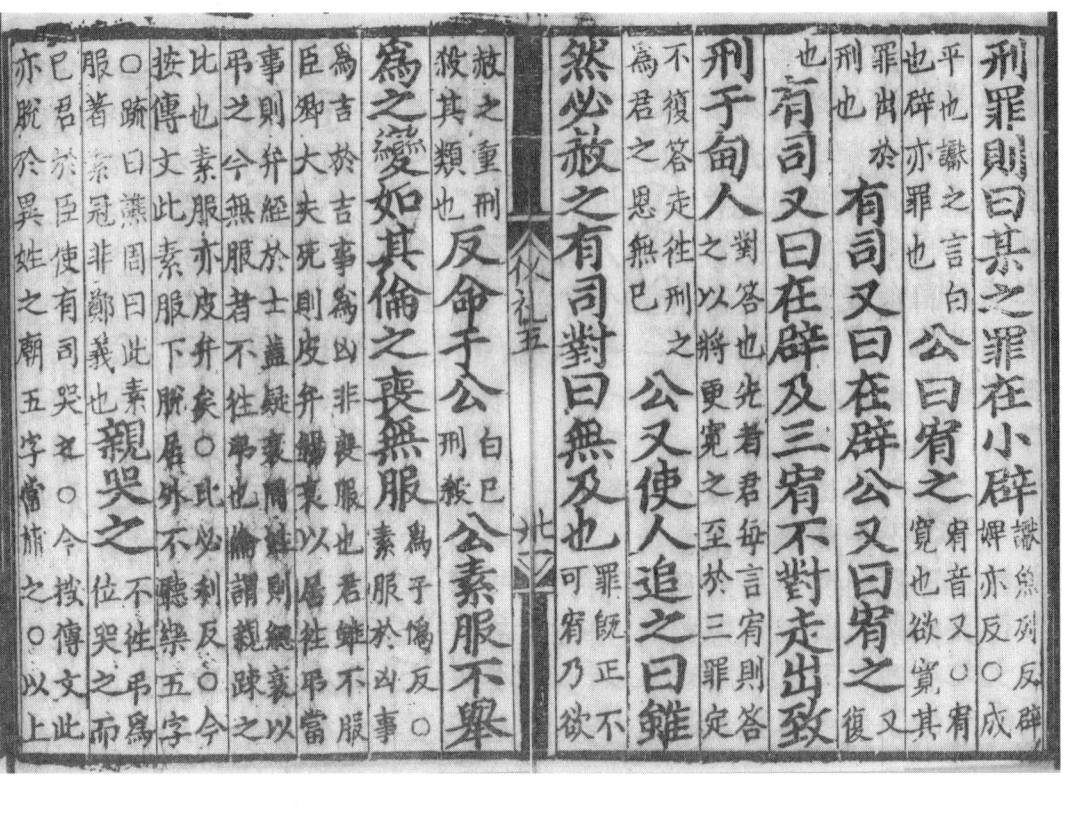

刑罪則曰某之罪在小辟讞魚列反辟婢亦反○成平也讞之言白也辟亦罪也公曰宥之宥音又○宥寬也欲寬其罪出於刑也有司又曰在辟公又曰宥之又復也有司又曰在辟及三宥不對走出致刑于甸人對答也先者君每言宥則答之以將更寬之至於三罪定不復答走往刑之爲君之恩無已公又使人追之曰雖然必赦之有司對曰無及也罪既正不可宥乃欲

0008_0328-1

赦之重刑殺其類也反命于公白已刑殺公素服不舉爲之變如其倫之喪無服爲于僞反○素服於凶事爲吉於吉事爲凶非喪服也君雖不服臣卿大夫死則皮弁錫衰以居往弔當事則弁絰於士蓋疑衰同姓則緦衰以弔之今無服者不往弔也倫謂親疏之比也素服亦皮弁矣○比必利反○今按傳文此素服下脫居外不聽樂五字○疏曰譙周曰此素服著素冠非鄭義也親哭之不往弔爲位哭之而已君於臣使有司哭之○今按傳文此亦脫於異姓之廟五字當補之○以上

0008_0328-2

並文王世子

傳曰公族朝於內朝內親也謂以宗族事會○疏曰此言公族所以朝于內朝者欲使親在其內也雖有貴者以齒明父子也疏曰欲明父子昭穆之本恩外朝以官體異姓也體猶連結也○疏曰外朝主尊別○不得以私恩爲異是欲與異姓相連結以爲體也宗廟之中以爵爲位崇德也崇高也○疏曰爵以德序而廟中行禮時是先祖尊嚴之所所主在德不可私恩故列爵爲位也宗人授

0008_0329-1

事以官尊賢也官各有能登餕受爵以上嗣尊祖之道也上嗣祖之正統喪紀以服之輕重爲序不奪人親也紀猶事也○不奪人本親之恩故輕重爲序也公與族燕則以齒而孝弟之道達矣以至尊不自異於親之列○疏曰君上存親而與族人燕會則民有親屬者豈得相遺棄此孝弟之道達於下也其族食

0008_0330-1　　0008_0329-2

世降一等親親之殺也殺色界反○殺差也○差初佳
反戰則守於公禰孝愛之深也行主君父
之象○疏曰軷主將行示不自專是孝也使守而尊之是愛也乃是孝愛之深
也正室守太廟尊宗室而君臣之道
著矣以其不敢以庶守君所重○疏曰用適子守大廟是尊於宗及
廟之室故也臣下不敢以庶賤之人守君所重是君臣之道著明也諸
父諸兄守貴室子弟守下室而讓道

儀禮卷五　三十三

達矣以其貴者守貴賤者守賤上言父子孫此言兄弟互相備也○
疏曰貴者守貴賤者守賤者讓於貴貴者不相陵犯是讓道達也五
廟之孫祖廟未毀雖及庶人冠取妻
必告死必赴不忘親也疏曰君不以貴仍統於親
故族人有事告赴是不忘親也親未絕而列於庶人
賤無能也疏曰既與君有親而有[illegible]人者賤其[illegible]
弔臨賻[illegible]之道也臨[illegible]鳩[illegible]

0008_0331-1　　0008_0330-2

[illegible]步者是君[illegible]之道也古者庶
子之官治而邦國有倫邦國有倫而
衆鄉方矣治直計反鄉許亮反○鄉方言知所鄉○疏曰此結
庶子官義也不待第九條而先在此結者第九是罪惡之事不宜與相連
也倫理也公族之罪雖親不以犯有司正
術也所以體百姓也犯猶干也術法也○疏曰有司
獄官也術法也公族之親有罪公宜赦之而猶在五刑者國立有司之官

儀禮卷五　三十四

以法齊治一切令不可以私親之罪而干壞有司之正法也刑于
隱者不與國人慮兄弟也疏曰隱隱僻之處謂
甸師也弗弔弗為服哭于異姓之廟為
忝祖遠之也為于偽反遠于萬反○疏曰為犯罪忝辱先祖於公法
合疏遠之也素服居外不聽樂私喪之也
骨肉之親無絕也疏曰骨肉之親雖犯刑戮無斷絕之
理也公族無宮刑不翦其類也翦割截也○文

王世子○魯人有同姓死而弗弔者人曰在禮當免不免當弔不弔有司罰之如之何子之無弔也荅曰吾以其疏遠也子思聞之曰無恩之甚也昔者季孫問於夫子曰季孫季康子肥百世之宗有絶道乎子曰繼之以姓義無絶也故同姓爲宗合族爲屬雖國子之

尊國子諸侯大夫之子不廢其親所以崇愛也是以綴之以食序列昭穆萬世婚姻不通忠篤之道然也孔叢子雜訓

君有合族之道族人不得以其戚戚君位也君恩可以下施而族人皆臣也不得以父兄子弟之親自戚於君位謂齒列也所以尊君別嫌也○別彼列反○疏曰合族者言設族食燕飲有合會族人之道也○大傳

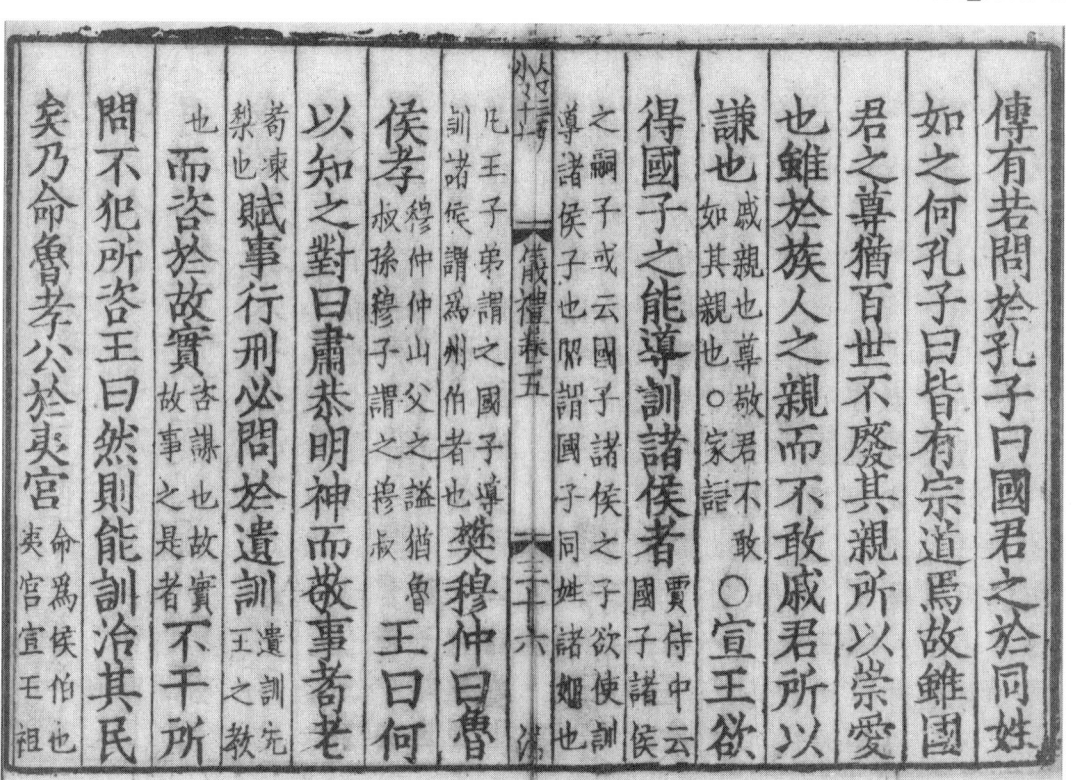

傳有若問於孔子曰國君之於同姓如之何孔子曰皆有宗道焉故雖國君之尊猶百世不廢其親所以崇愛也雖於族人之親而不敢戚君所以謙也戚親也尊敬君不敢如其親也○家語

○宣王欲得國子之能導訓諸侯者賈侍中云國子諸侯之嗣子或云國子諸侯之子欲使訓導諸侯子也○韋謂國子同姓諸姬也

凡王子弟謂之國子導訓諸侯謂爲州伯者也樊穆仲曰魯侯孝穆仲仲山父之謚猶魯叔孫穆子謂之穆叔王曰何以知之對曰肅恭明神而敬事耆老耆凍梨也賦事行刑必問於遺訓遺訓先王之教也而咨於故實咨謀也故實故事之是者不干所問不犯所咨王曰然則能訓治其民矣乃命魯孝公於夷宮命爲侯伯也夷宮宣王祖

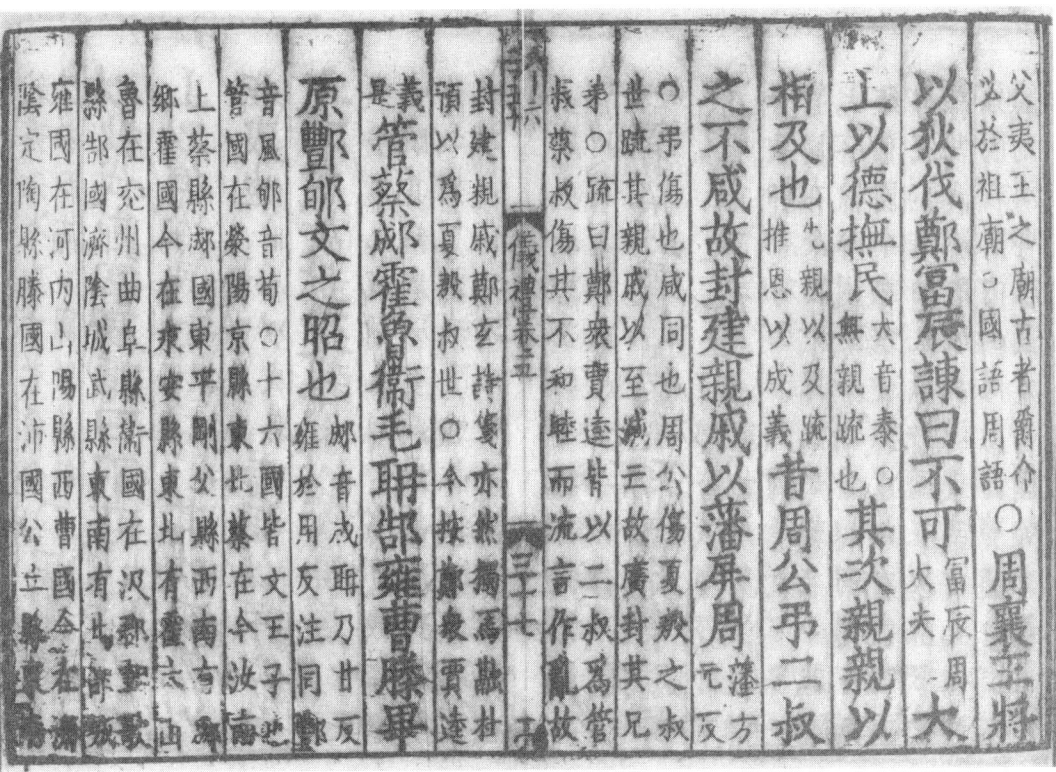

父夷王之廟古者爵命必於祖廟○國語周語○周襄王將
以狄伐鄭富辰諫曰不可富辰周大夫大
上以德撫民大音泰○無親疏也其次親親以
相及也先親以及疏推恩以成義昔周公弔二叔
之不咸故封建親戚以藩屏周藩方元反
○弔傷也咸同也周公傷夏殷之叔世疏其親戚以至滅亡故廣封其兄
弟○疏曰鄭衆賈逵皆以二叔爲管叔蔡叔傷其不和睦而流言作亂故

儀禮卷二十五　三十七

封建親戚鄭玄詩箋亦然獨馬融杜預以爲夏殷叔世○今按鄭衆賈逵
義是管蔡郕霍魯衛毛聃郜雍曹滕畢
原酆郇文之昭也郕音成聃乃甘反雍於用反注同酆
音風郇音荀○十六國皆文王子也管國在滎陽京縣東北蔡在今汝南
上蔡縣郕國東平剛父縣西南有郕鄉霍國今在永安縣東北有霍太山
魯在兗州曲阜縣衛國在汲郡朝歌縣郜國濟陰城武縣東南有北郜城
雍國在河內山陽縣西曹國今在濟陰定陶縣滕國在沛國公丘縣東南

畢國在長安縣西北原國在沁水縣西酆國在始平鄠縣東郇國在解縣西
北有郇城毛聃闕○沁七鴆反邘晉應韓武之穆也
邘音于○四國皆武王子河內野王縣西北有邘城晉國在太原晉陽縣
河東聞喜縣應國在襄陽城父縣西南韓國在河東郡界凡蔣邢
茅胙祭周公之胤也蔣將文反茅亡交反胙才故反
祭則界反○胤嗣也凡汲郡共縣東南有凡城蔣在弋陽期思縣邢國在
東平襄國縣高平昌邑縣西有茅鄉東郡燕縣西南有胙亭祭國闕召

儀禮卷二十五　三十八

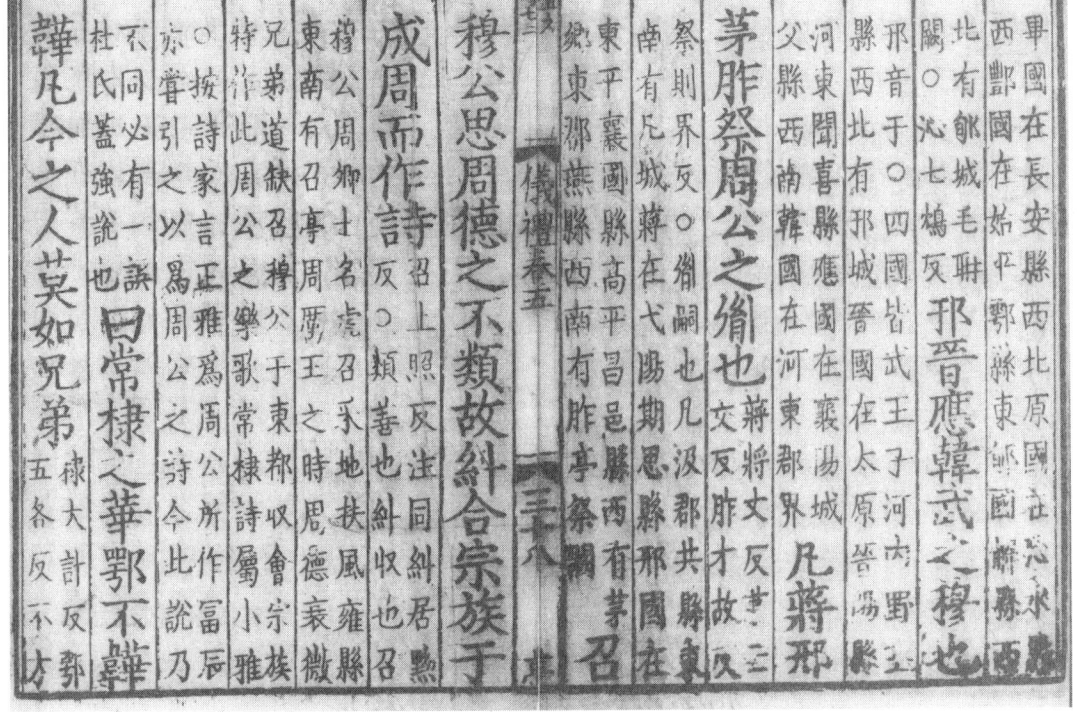

穆公思周德之不類故糾合宗族于
成周而作詩召上照反注同糾居黝反○類善也糾收也召
穆公周卿士名虎召采地扶風雍縣東南有召亭周厲王之時周德衰微
兄弟道缺召穆公于東都收會宗族特作此周公之樂歌常棣詩屬小雅
○按詩家言正雅爲周公所作富辰亦嘗引之以爲周公之詩今此說乃
不同必有一誤杜氏蓋強說也曰常棣之華鄂不韡
韡凡今之人莫如兄弟棣大計反鄂五各反不韡

0008_0335-2

乞反韡[illegible]鬼反○常[illegible]棣也[illegible]也鄂然韡韡然[illegible]明貌[illegible]

[illegible]兄弟之樂歌詩言[illegible]華[illegible]然而外見者也[illegible]平兄今之[illegible]

則曾有如兄弟者乎其四章曰兄弟鬩于牆外

禦其侮閱呼歷反禦魚呂反下同侮亡甫反詩作務○閱訟爭貌

言內雖不和若外有異族之侵則必同心禦之矣如是則兄

弟雖有小忿不廢懿親懿美也今天子

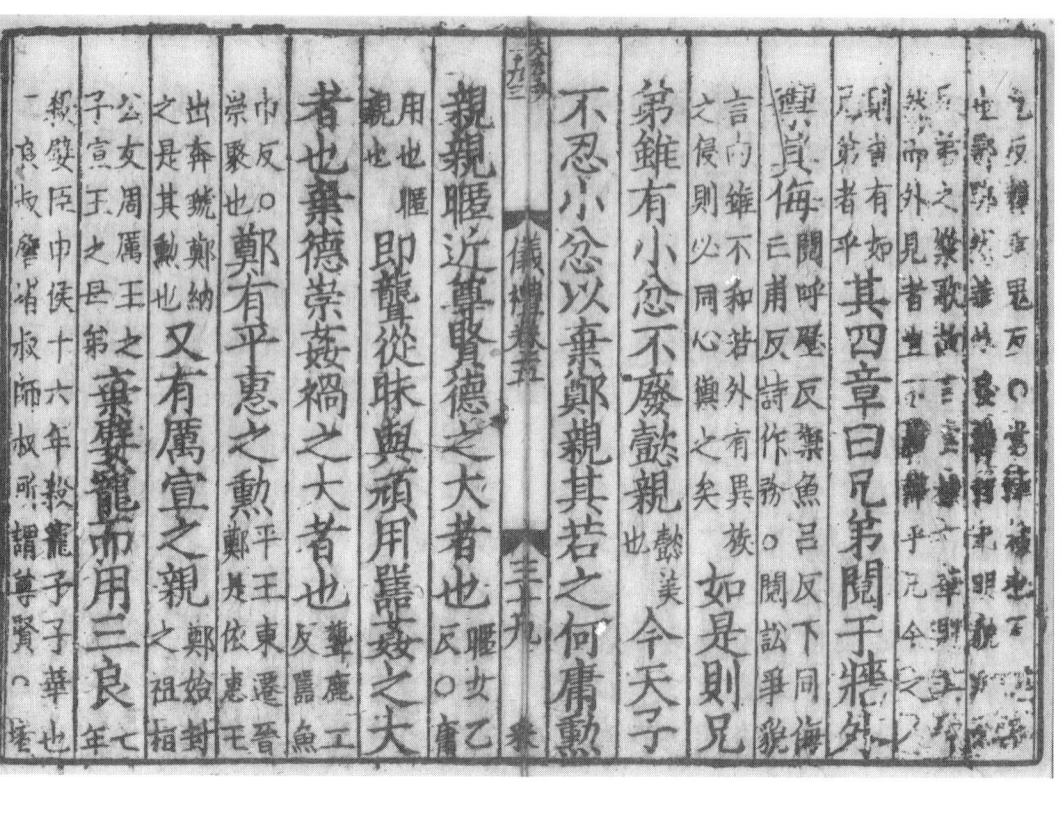

不忍小忿以棄鄭親其若之何庸勳

儀禮卷五　三十九

0008_0336-1

親親暱近尊賢德之大者也暱女乙反○庸

用也暱親也即聾從昧與頑用嚚姦之大

者也棄德崇姦禍之大者也聾鹿工反嚚魚

巾反○崇聚也鄭有平惠之勳平王東遷晉鄭是依惠王

出奔虢鄭納之是其勳也又有厲宣之親鄭始封之祖桓

公友周厲王之子宣王之母弟棄嬖寵而用三良七年

殺嬖臣申侯十六年殺寵子子華也三良叔詹堵叔師叔所謂尊賢○堵

0008_0336-2

丁古反又音者於諸姬為近道近當暱之四德具

矣耳不聽五聲之和為聾目不別五

色之章為昧心不則德義之經為頑

口不道忠信之言為嚚狄皆則之四

姦具矣周之有懿德也猶曰莫如兄

弟故封建之當周公時故言周之有懿德其懷柔

天下也猶懼有外侮扞禦侮者莫如

儀禮卷五　四十

0008_0337-1

親親故以親屏周召穆公亦云今周

德既衰於是乎又渝周召以從諸姦

無乃不可乎渝羊朱反○變周召親兄弟之道民未

忘禍王又興之前有子頹之亂中有叔帶召狄故曰民未

忘禍其若文武何言弃文武之功業○僖公二十四年春

秋左氏傳○晉麗姬之亂詛無畜羣公子

驪力知反詛則慮反○詛盟誓○[illegible]巳服虔云驪姬與獻公及諸大夫[illegible]

無晉羣公子欲令其二子專國杜輯不注義以示然昔驪姬爲此詛死卽疵復當何得比至於今國無公族蓋爲奚齊卓子以庶孽適晉國創其弟亂不用後裔公子繁檢傳文及國語文公之子雍在秦樂在陳黑臀在周襄公之孫談在周則非晉之公子悉皆出在他國是其因行而不改也**自是晉無公族**無公子故廢公族之官○疏曰公族之官掌教公之子弟孔晁注國語云公族大夫掌公族及卿大夫子弟之官是謂之適子屬公族也**及成公卽位乃宦卿之適**

儀禮卷五　四十一

而爲之田以爲公族適丁歷反本又作嫡○宦仕也爲置田邑以爲公族大夫○爲于僞反**又宦其餘子亦爲餘子**餘子適子之母弟也亦治餘子之政○疏曰庶子爲妾子有餘子則是適子之母弟也言亦爲餘子則知餘子之官亦治餘子之政令主教卿大夫適妻之次子也下云庶子爲公行不云教庶子然則卿大夫之妾子亦是餘子之官教之矣**其庶子爲公行**行戶郎反注及下同○庶子妾子也掌率公戎行○疏曰下文謂者自以庶爲

行率之族卽公行也**晉於是有公族餘子公行**晉官名○春秋宣公二年左氏傳**欒伯請公族大夫**欒伯欒武子公族大夫掌公族與卿之子弟**公曰荀家惇惠**荀家晉大夫**荀會文敏**荀會荀家之族**黶也果敢**黶欒書之子桓子**無忌鎮靜**無忌韓厥之子公族穆子鎮重也靜安也**使茲四人者爲之**茲此也**夫膏粱之性難正也**膏肉之肥者粱食之精者言食肥美

儀禮卷五　四十二

者率多驕放其性難正**故使惇惠者教之**教之道藝**使文敏者導之**導其志行**使果敢者諭之**諭告也告得失**使鎮靜者修之**修治其氣性**惇惠者教之則徧而不倦**倦懈也**文敏者導之則婉而入**婉順也**果敢者諭之則過不隱鎮靜者修之則壹**壹均一也**使茲四人者爲公族大夫**國語晉語○**宋昭公將**

0008_0339-2

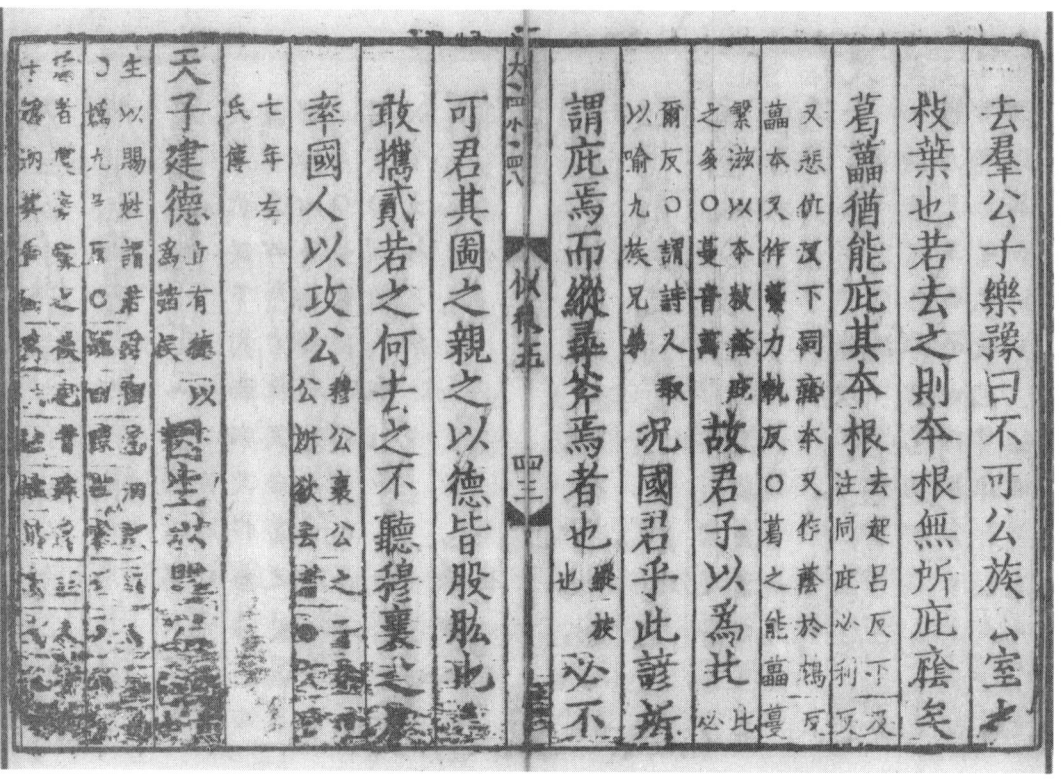

去羣公子樂豫曰不可公族公室之
枝葉也若去之則本根無所庇蔭矣
葛藟猶能庇其本根去起呂反下又注同庇必利反又
悲位反下同蔭本又作廕於鴆反藟本又作蘽力軌反○葛之能藟蔓
繁滋以本枝蔭庇之多○蔓音萬故君子以爲比比必
爾反○謂詩人取以喻九族兄弟況國君乎此諺所
謂庇焉而縱尋斧焉者也縱放也必不

0008_0340-1

可君其國之親之以德皆股肱也
敢攜貳若之何去之不聽穆襄之
率國人以攻公穆公襄公之子公所欲去者
七年左氏傳
天子建德立有德以爲諸侯因生以賜姓
生以賜姓謂若舜由嬀汭故陳爲嬀姓[illegible]
[illegible]

0008_0340-2

嬀得嬀封之於陳案世本帝舜姚姓
傳稱虞思妻少康以二姚又胡公不
故周賜之姓是胡公始姓嬀耳史
記以爲胡公之前已姓嬀非也胙之
土而命之氏報之以土而命氏曰陳○
疏曰胙訓報也有德之人
必有美報報之以土謂封之以國名以
爲之氏則國名是也周語曰帝嘉禹德
賜姓曰姒氏曰有夏胙四岳國賜姓曰
姜氏曰有呂亦與賜姓曰嬀命氏曰陳
同也其事諸侯以字爲謚因以爲族諸侯位卑不得
賜姓故其臣因氏其王父字○疏曰以
字爲族者謂公之曾孫以王父之字爲

0008_0341-1

族也諸侯之子稱公子公子之子稱公
孫公子公孫繫公之常言非族也公孫
之子不復得稱公曾孫如無駭之輩
以名行及其死也則賜之族而以其王
父之字爲族無駭公子展之孫故爲展氏也官有世功則有
官族邑亦如之謂取其舊官舊邑之稱以爲族皆稟之時君○
疏曰舊官謂若晉之士氏舊邑若韓趙
魏氏○隱公八年春秋左氏傳
傳曰黃帝之子二十五人其同姓者
二人而已唯青陽與夷鼓皆爲己姓

0008_0341-2

己居里反○此二人相與同德故皆為己姓青陽金天氏帝少皞也

陽方雷氏之甥也夷鼓彤魚氏之甥

也方雷西陵氏之姓彤魚國名帝繫曰黄帝娶於西陵氏之子曰嫘祖

賓生青陽姊妹之子曰甥聲雷嫘同嫘或作纍其同生而異

姓者四母之子別為十二姓凡黄帝

之子二十五宗唐尚書曰繼別為小宗并也繼別為大宗

別子之庶孫乃為小宗耳其得姓者十四人為十

二姓得姓以德居官而賜之姓也謂十四人而二人為姬二人為己

故十二姓姬酉祁己滕葴任荀僖姞儇依

是也唯青陽與蒼林氏同于黄帝故

皆為姬姓二十五宗唯青陽與蒼林德及黄帝同姓為姬也○

國語晉語○今按上言青陽與夷鼓皆為己姓後又言青陽與蒼林皆為

姬姓青陽一人而二姓殊不可曉疑蒼林即夷鼓己蓋指黄帝言與黄帝

同為姬姓與下文十二姓中之己氏也然與其後十四人之數又不同不

0008_0342-1

0008_0342-2

知何故抵牾如此要之此等傳記之言皆難盡信今存於此聊廣異聞耳

○衛公使其大夫求婚於季氏桓子

問禮於孔子子曰同姓為宗有合族

之義故繫之以姓而弗別綴之以食

而弗殊君有食族人之禮雖親盡不異之殊食多少也雖百

世婚姻不得通周道然也桓子曰魯

衛之先雖寡兄弟今巳絕遠矣可乎

孔子曰固非禮也夫上治祖禰以尊

尊也下治子孫以親親也旁治昆弟

所以教睦也此先王不易之教也家語

○白虎通義曰族所以九何九之為

言究也親疎恩愛究竟也人所以有

姓者何所以崇恩愛厚親親遠禽獸

別婚姻也故世別類使生相愛死相

0008_0343-1

0008_0344-1　0008_0343-2

哀同姓不得相娶者皆爲重人倫也姓生也人所禀天氣所以生者也所以有氏者何所以貴功德賤伎力或氏其官或氏其事聞其氏即可知其德所以勉人爲善也或氏王父字何所以别諸侯之後爲興滅國繼絶世也諸侯之子稱公子公子之子稱公孫公孫之子各以其王父字爲氏故魯有仲孫季孫叔孫楚有昭屈景齊有高國崔也人必有名何所以吐情自紀尊事人者也子生三月則父名之於祖廟於祖廟者謂子之親廟也明當爲宗廟主也一説名之於燕寢名者幼少卑賤之稱也質略故燕寢

0008_0345-1　0008_0344-2

人所以有字何冠德明功敬成人也所以五十乃稱伯仲者長幼之序也稱號所以有四何法四時用事先後長幼兄弟之象也故以時長幼號曰伯仲叔季也適長稱伯伯禽是也庶長稱孟魯大夫孟氏是也男女異長各自有伯仲法陰陽各自有終始也婦姓以配字何明不娶同姓也

親屬記第八　家禮六

雜補經一

父爲考母爲妣郭璞曰禮記云生曰父母妻死曰考妣嬪今世學者從之按書曰大傷厥考心事厥考歌長聰聽祖考之彝訓蒼頡篇曰考妣延年書曰嬪于虞詩曰聿嬪于京周禮有九嬪之官明此非死生之異稱矣其義猶今謂兄爲昆妹爲媦即是此例父之考爲王父父之

0008_0345-2　0008_0346-1

之妣爲王母加王者尊之王父之考爲曾祖
王父之妣爲曾祖王母曾猶重也曾祖
王父之考爲高祖王父曾祖王父之妣
爲高祖王母高者言最在上父之世父叔父爲
從祖祖父父之世母叔母爲從祖祖母
從祖而別世統異故父之晜弟先生爲世父後生
爲叔父晜公渾反○世有爲嫡者嗣世統故也○疏曰繼世以嫡長先

儀禮卷五　四十九

生於父則繼世者也故曰世父說文叔作尗許愼曰從上小亨尊行之小也
男子先生爲兄後生爲弟男子謂女子
先生爲姊後生爲妹父之姊妹爲姑此脫
一句在下文父之從父晜弟爲從祖父父之
從祖晜弟爲族父從祖父之子相謂爲
從祖晜弟今本皆脫此句族父之子相謂爲族
晜弟族晜弟之子相謂爲親同姓從才用反

0008_0346-2　0008_0347-1

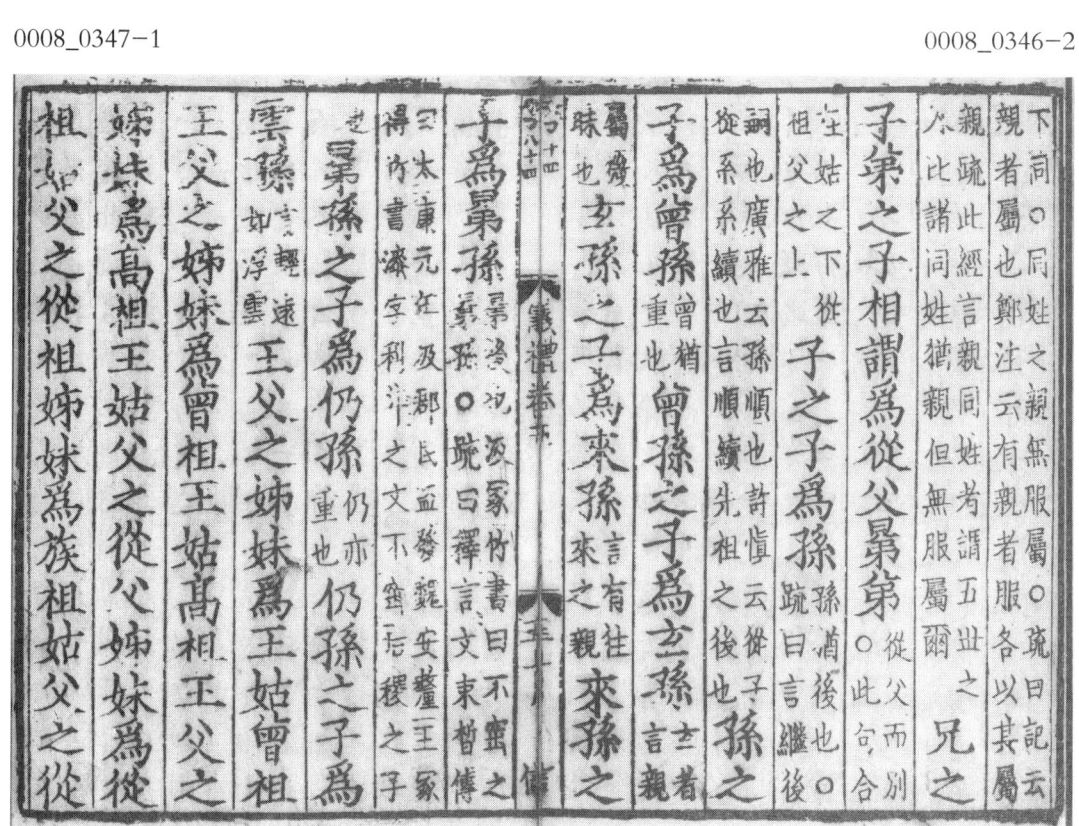

下同○同姓之親無服屬○疏曰記云親者屬也鄭注云有親者服各以其屬
親疏此經言親同姓者謂五世之外比諸同姓猶親但無服屬爾兄之
子弟之子相謂爲從父晜弟從父而別○此句合
在姑之下從祖父之上子之子爲孫孫猶後也○疏曰言繼後
嗣也廣雅云孫順也許愼云從子從系系續也言順續先祖之後也孫之
子爲曾孫曾猶重也曾孫之子爲玄孫玄者言親
屬微眛也玄孫之子爲來孫言有往來之親來孫之

儀禮卷五　五十

子爲晜孫晜後也汲冢竹書曰不窋之晜孫○疏曰釋言文東晳傳
曰太康元年汲郡民盜發魏安釐王冢得竹書漆字科斗之文不窋后稷之子
也晜孫之子爲仍孫仍亦重也仍孫之子爲
雲孫言輕遠如浮雲王父之姊妹爲王姑曾祖
王父之姊妹爲曾祖王姑高祖王父之
姊妹爲高祖王姑父之從父姊妹爲從
祖姑父之從祖姊妹爲族祖姑父之從

0008_0348-1　0008_0347-2

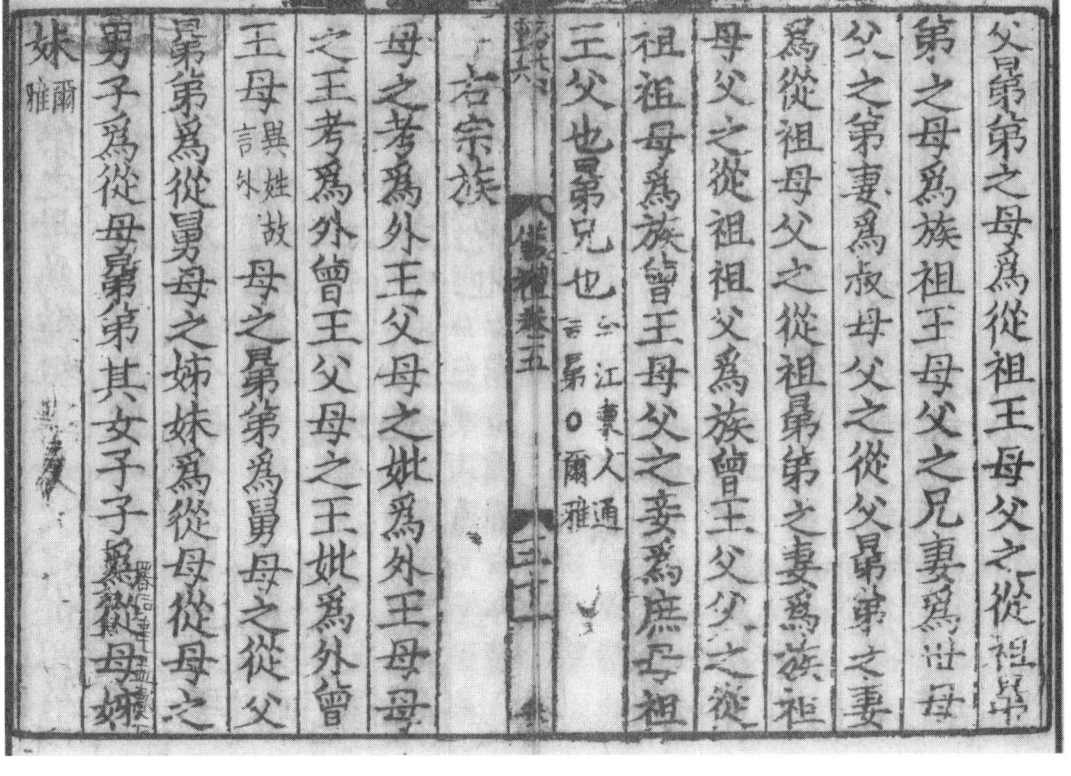

父昆弟之母爲從祖王母，父之從祖昆弟之母爲族祖王母。父之兄妻爲世母，父之弟妻爲叔母。父之從父昆弟之妻爲從祖母，父之從祖昆弟之妻爲族祖母。父之從祖祖父爲族曾王父，父之從祖祖母爲族曾王母。父之妾爲庶母。祖王父也。昆，兄也。江東人通言昆。○爾雅

右宗族

母之考爲外王父，母之妣爲外王母。母之王考爲外曾王父，母之王妣爲外曾王母。異姓，故言外。母之昆弟爲舅，母之從父昆弟爲從舅。母之姊妹爲從母，從母之男子爲從母昆弟，其女子子爲從母姊妹。爾雅

0008_0349-1　0008_0348-2

右母黨

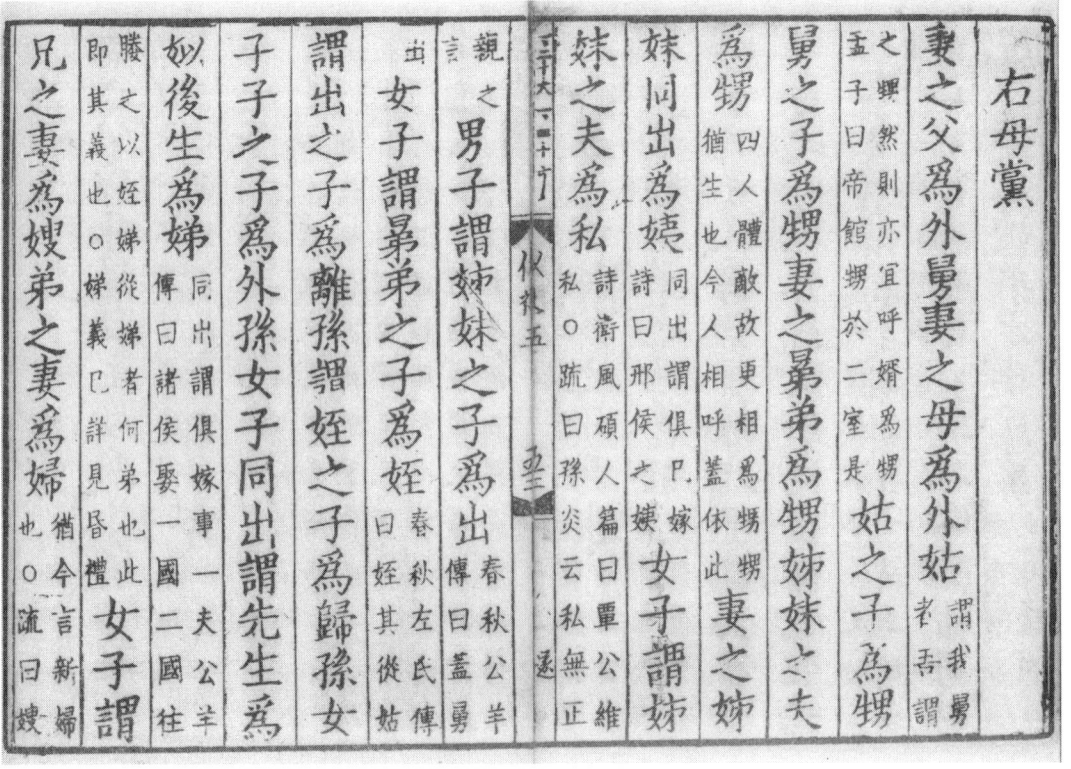

妻之父爲外舅，妻之母爲外姑。謂我舅者，吾謂之甥。然則亦宜呼壻爲甥。孟子曰帝館甥於二室是。姑之子爲甥，舅之子爲甥，妻之昆弟爲甥，姊妹之夫爲甥。四人體敵，故更相爲甥。甥猶生也。今人相呼蓋依此。妻之姊妹同出爲姨。同出謂俱已嫁。詩曰邢侯之姨。女子謂姊妹之夫爲私。詩衛風碩人篇曰覃公維私。○疏曰：孫炎云：私，無正親之言。男子謂姊妹之子爲出。春秋公羊傳曰蓋舅出。女子謂昆弟之子爲姪。春秋左氏傳曰姪其從姑。謂出之子爲離孫，謂姪之子爲歸孫，女子子之子爲外孫。女子同出，謂先生爲姒，後生爲娣。同出謂俱嫁事一夫。公羊傳曰諸侯娶一國，二國往媵之，以姪娣從。娣者何？弟也。此即其義也。○娣義已詳見昏禮。女子謂兄之妻爲嫂，弟之妻爲婦。猶今言新婦也。○疏曰：嫂

0008_0349-2

猶叟也老人之稱 長婦謂稚婦爲娣婦娣婦謂
長婦爲姒婦 今相呼先後或云妯娌○疏曰廣雅云娣姒妯娌婦
姒先後也世人多疑娣姒之名皆以爲兄妻呼弟妻爲娣弟妻呼兄妻爲姒喪
服娣姒婦報傳曰娣姒婦者弟長也以弟長解娣姒言娣是弟姒是長也公羊
傳亦云娣者何弟也是其以弟解娣自然以長解姒長謂身之年長非夫之年
長也此篇乃謂婦之長稚不言夫之大小左傳穆姜謂聲伯之母爲姒叔向之
嫂謂叔向之妻爲姒二者皆呼夫弟之妻爲姒豈計夫之長幼乎故賈逵鄭玄

儀禮五　五三

0008_0350-1

及杜預皆云兄弟之妻相謂謂長者爲姒知娣姒之名不計夫之長幼也○今
按此篇所指皆娣姒相對之定名同事一夫則以生之先後爲長少各事一夫
則以夫之長幼爲先後所謂從夫之爵坐以夫齒者是也單舉則可通謂之姒
蓋相推讓之意耳疏說恐非是○爾雅

右妻黨

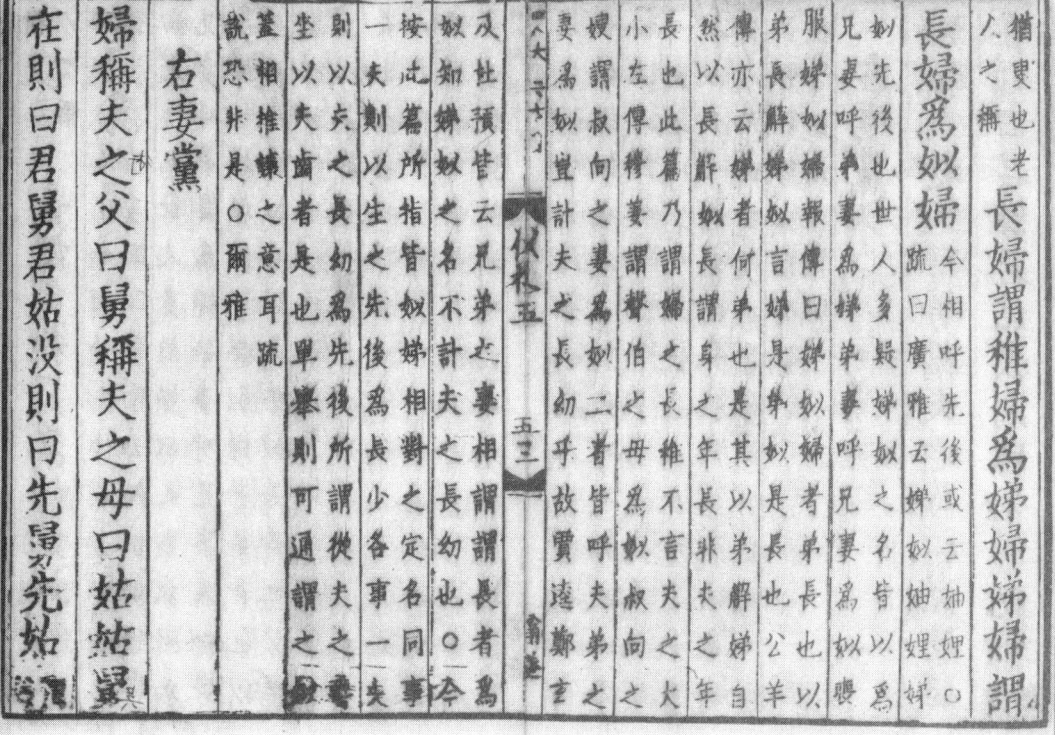

婦稱夫之父曰舅稱夫之母曰姑姑舅
在則曰君舅君姑沒則曰先舅先姑

0008_0350-2

[illegible]曰吾[illegible]之舍姑 謂夫之庶母爲少姑夫之兄
爲兄公 今俗呼兄鍾語之訛耳 夫之弟爲叔夫之
娣爲女公夫之女弟爲女妹 今謂之女妹是也
子之妻爲婦長婦爲嫡婦衆婦爲庶婦
女子之夫爲婿婿之父爲姻婦之父
爲婚父之黨爲宗族母與妻之黨爲兄
弟 妻之黨爲兄弟毛詩見昏義 婦之父母婿之父

儀禮五　五四

0008_0351-1

[illegible]謂爲婚姻兩婿相謂爲亞 詩曰瑣瑣姻亞
[illegible]人呼爲連婿 婦之黨爲婚兄弟婿之黨
[illegible]姻兄弟 吉者皆謂婚姻爲兄弟 嬪婦也 書曰嬪于虞
[illegible]者吾謂之甥也 爾雅
[illegible]○傳白虎通義曰三綱者[illegible]
[illegible]謂君臣父子夫婦也六紀者謂
[illegible]父兄弟族人諸舅師長[illegible]

友也故君爲臣綱父爲子綱夫爲妻綱又曰敬諸父兄六紀道行諸舅有義族人有序昆弟有親師長有尊朋友有舊何謂綱紀綱者張也紀者理也大者爲綱小者爲紀所以張理上下整齊人道也人皆懷五常之性有親愛之心是以綱紀爲化若羅網之有綱紀而萬目張也君臣父子夫婦六人也所以稱三綱何一陰一陽謂之道陽得陰而成陰得陽而序剛柔相配故六人爲三綱六紀者爲三綱之紀者也師長君臣之紀也以其皆成己也諸父兄弟父子之紀也以其有親恩連也諸舅朋友夫婦之紀也

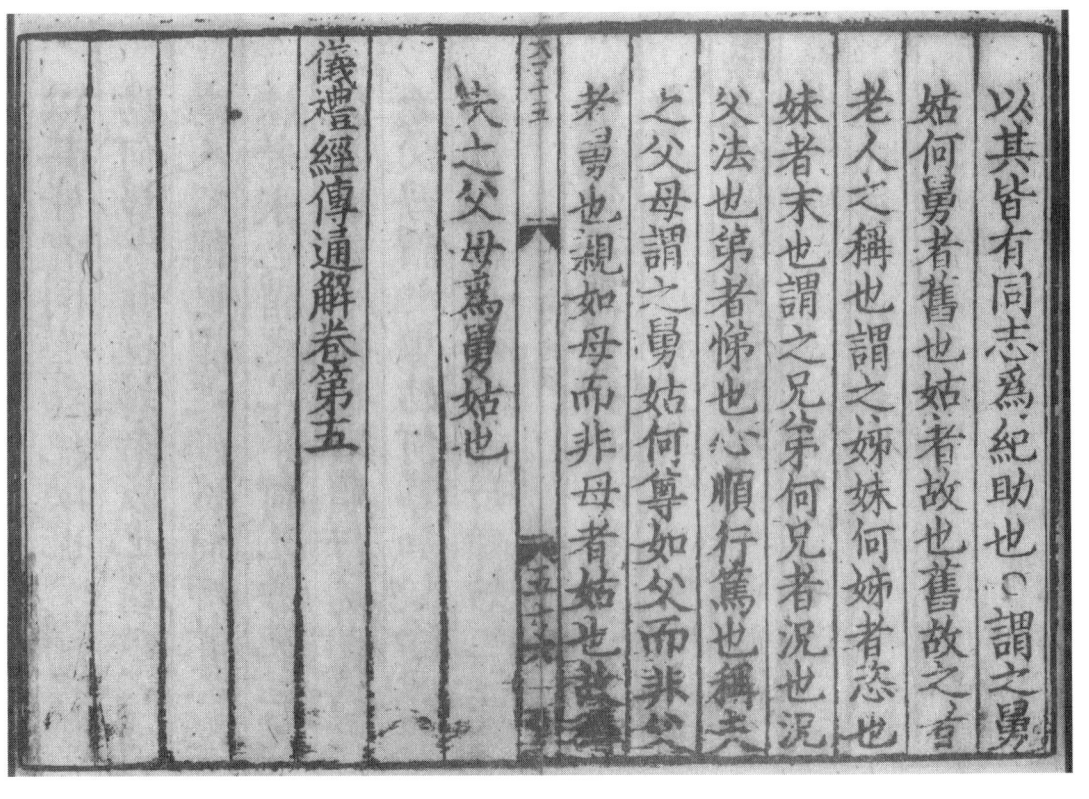

以其皆有同志爲紀助也○謂之舅姑何舅者舊也姑者故也舊故之者老人之稱也謂之姊妹何姊者恣也妹者末也謂之兄弟何兄者況也況父法也弟者悌也心順行篤也稱夫之父母謂之舅姑何尊如父而非父者舅也親如母而非母者姑也故稱夫之父母爲舅姑也

儀禮經傳通解卷第五

0008_0357-1　0008_0356-2

儀禮經傳通解卷第六

士相見禮第九　鄉禮一之上

士相見之禮○摯冬用雉夏用腒左頭奉之曰某也願見無由達某子以命命某見贄本又作摯音至腒其居反奉芳勇反下同見賢遍反凡卑於尊曰見敵而曰見謙敬之辭也下以意求之他皆倣此○贄所執以至者君子見於所尊敬必執贄以將其厚意也士贄用雉者取其耿介交有時別有倫也雉必用死者爲其不可生服也夏用腒備腐臭也左頭頭陽也無由達言久無因緣以自達也某子今所因緣之姓名也以命者稱述主人之意今文頭爲脰○耿古幸反介音界別彼列反爲于僞反脰音豆○疏曰倫類也交接有時至於別後則雉不雜謂春交秋別也上之義亦然又云雉必用死者尚書云一死贄云士執雉也義取耿介爲君致死也腒乾雉也周禮庖人云夏行腒鱐是也左以從陽也曲禮云執禽者左首是也云無由達者謂久無紹介中間之人達彼此之意雖願見無由得與主人通達相見也某子是紹介中間之人姓名命

儀禮六　一

0008_0358-1　0008_0357-2

某是賓之名命某來見士人也業少儀始見君子者辭曰某固願聞名於將命者謂以卑見尊云某固願見於將命者謂敵者此兩士相見亦是敵者之辭也○又曰凡執贄之禮唯有新升爲臣及聘朝及他國君來主國之臣見皆執贄相見常朝及條會聚皆執物無執贄之禮又執贄者或平敵或以卑見尊皆用贄尊無執贄見卑之法禮記云哀公執贄見己臣周禮者彼謂下賢非正法也○今按古者物以記事指畫而攜之禮間故漢魏以前不見有白執物者至晉始言執手版今號云朝會執笏未知何所考也主人對曰某子命某見吾子有辱請吾子之就家也某將走見有又也某子命某往見今吾子又自辱來序其意也走猶往也今文無走○疏曰走取急往之意非走驟也賓對曰某不足以辱命請終賜見命謂請吾子之就家主人對曰某不敢爲儀固請吾子之就家也某將走見不敢爲儀言不敢外貌爲威儀忠誠欲往也固如故也今文不爲非古文云固以請○疏曰固爲堅固堅固猶如故賓對曰某不

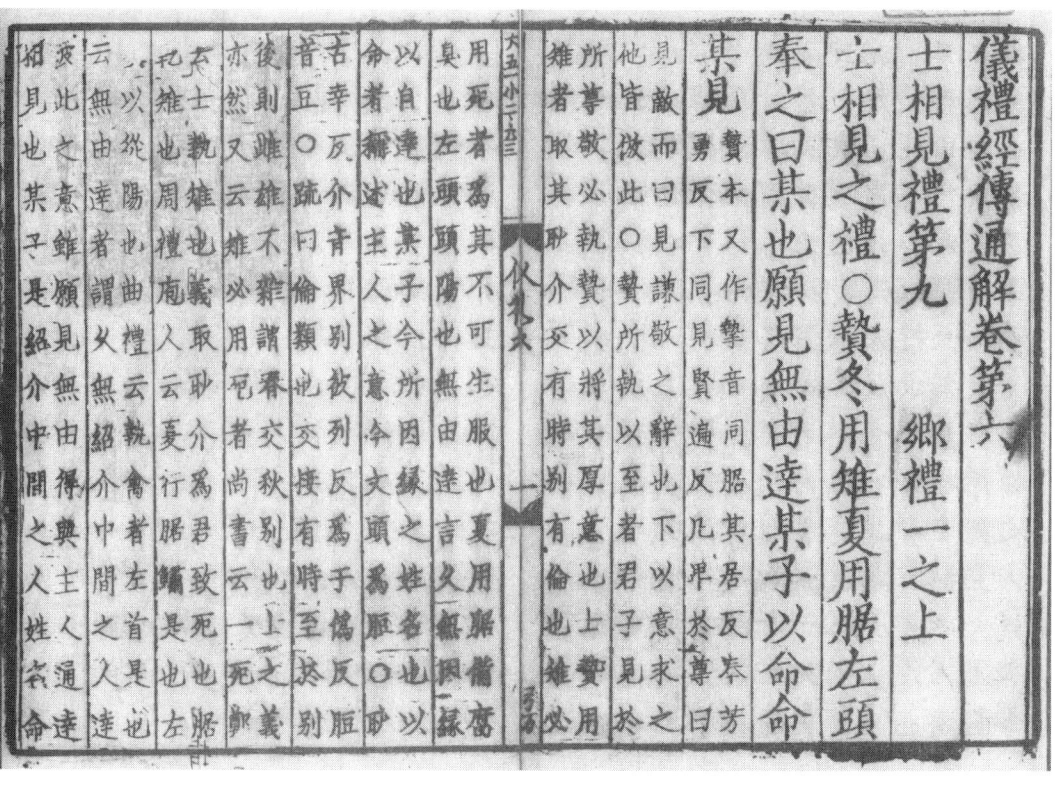

儀禮六　二

0008_0358-2

敢爲儀固以請言如固請終賜見也今文不爲非主人
對曰某也固辭不得命將走見聞吾子
稱贄敢辭贄不得命者不得見許之命也走猶出也稱舉也辭其
贄爲其大崇也古文曰某將走見○大音泰下同○疏曰凡賓主相見唯此新
升爲士有摯又本不相識故有摯爲重對重相見則無摯爲輕是以辭之也
賓對曰某不以贄不敢見見於所尊敬而無贄嫌大
簡○疏曰此士相見雖是平敵然不問爵之大小唯以相尊敬爲先後故雖兩

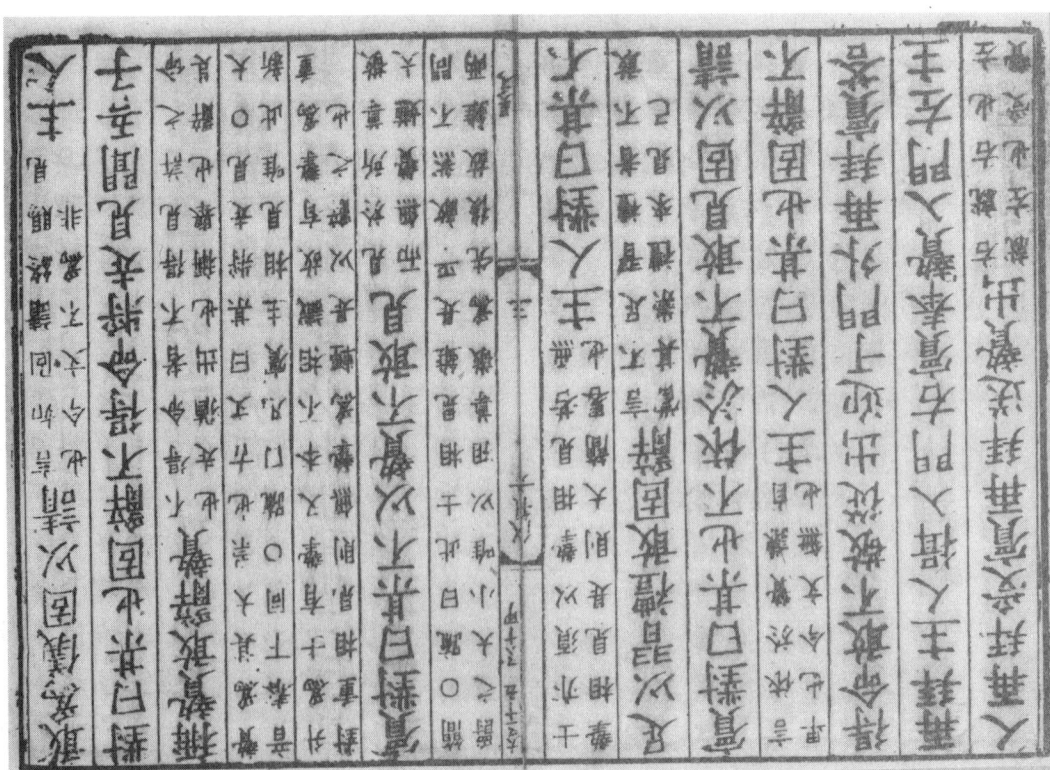

0008_0359-1

士亦須以摯相見若無摯相見是則大簡畧也主人對曰某不
足以習禮敢固辭言不足習禮者不敢當其崇禮來見己
賓對曰某也不依於贄不敢見固以請
言依於贄謙自卑也今文無也主人對曰某也固辭不
得命敢不敬從出迎于門外再拜賓荅
再拜主人揖入門右賓奉贄入門左主
人再拜受賓再拜送贄出右就右也左就左也受贄

0008_0359-2

於庭既拜受送則出矣不受贄於堂下人君也今文無也○下遐嫁反○疏曰
凡門出則以西爲右以東爲左入則以東爲右以西爲左依賓西主東之位也
以不言升故知在庭也主人請見賓反見退主人
送于門外再拜請見者爲賓崇禮來相接以矜莊歡心未交也
賓反見則燕矣下云凡燕見於君至凡侍坐於君子傳記反見之燕義臣初見
於君再拜奠贄而出○疏曰云賓反見則燕矣者上冠醴賓士昏納采之等皆
有禮賓饗賓之事明此行禮主人留必不虛宜有歡燕故云則燕矣諸文留賓

0008_0360-1

多升禮賓之事此不行禮賓而云燕者以其事畢故爲禮賓此宜當身親見其
事輕故直有燕矣凡燕見於君者或反見或本來侍坐非反見下注云此請將
見圖事非立賓主之燕是也侍坐於君子是侍坐後得燕見之禮也鄭欲見自
燕見于君以下皆反見燕法其中仍有臣見于君奠贄而出君亦當遣人留之
燕也若然下有他邦之人則還摯雖不見亦燕臣尚燕他邦有燕可但文不
具也○今按注云廣韻反燕義者凡四章本皆在此篇後一燕見於君今入臣
禮篇二凡言三凡視今在本見侍坐於君子今入少儀篇

0008_0361-1　　0008_0360-2

石請見○記凡執幣者不趨容彌蹙
以爲儀不趨主愼也以進而益恭爲威儀耳今文無容○疏曰案
小行人合六幣一玉馬皮圭璧帛皆稱幣下文別云執玉則此幣謂皮馬享
幣及禽贄皆是凡趨有二種有疾趨行而張足曰趨是也有徐趨則下文
舒武舉前曳踵是也此云不趨者不爲疾趨又不爲徐趨但徐疾之間爲
之故以進而益恭爲威儀也執玉者則唯舒武舉
前曳踵踵諸勇反○唯舒者重玉器尤愼也武迹也舉前曳踵備
儀禮卷六　十五
蹠路也今文無者古文曳作抴○蹠音致路其業反抴以制反○疏曰唯
舒者案玉藻云執龜玉不趨爲重玉器尤愼也此據直見以禽贄相見之
禮無執玉朝聘之事而云執玉者因執贄兼見之也○今按注疏以舒字
絕句陸佃曰容彌蹙同惟武則舒然則讀武字絕句矣其說近是此以上
本記以下補記○聞始見君子者辭曰某固
願聞名於將命者見賢遍反下文注除注二相見並同
聞如字徐音問注皆同○君子卿大夫若有異德者固如故也將猶奉也卽君

0008_0362-1　　0008_0361-2

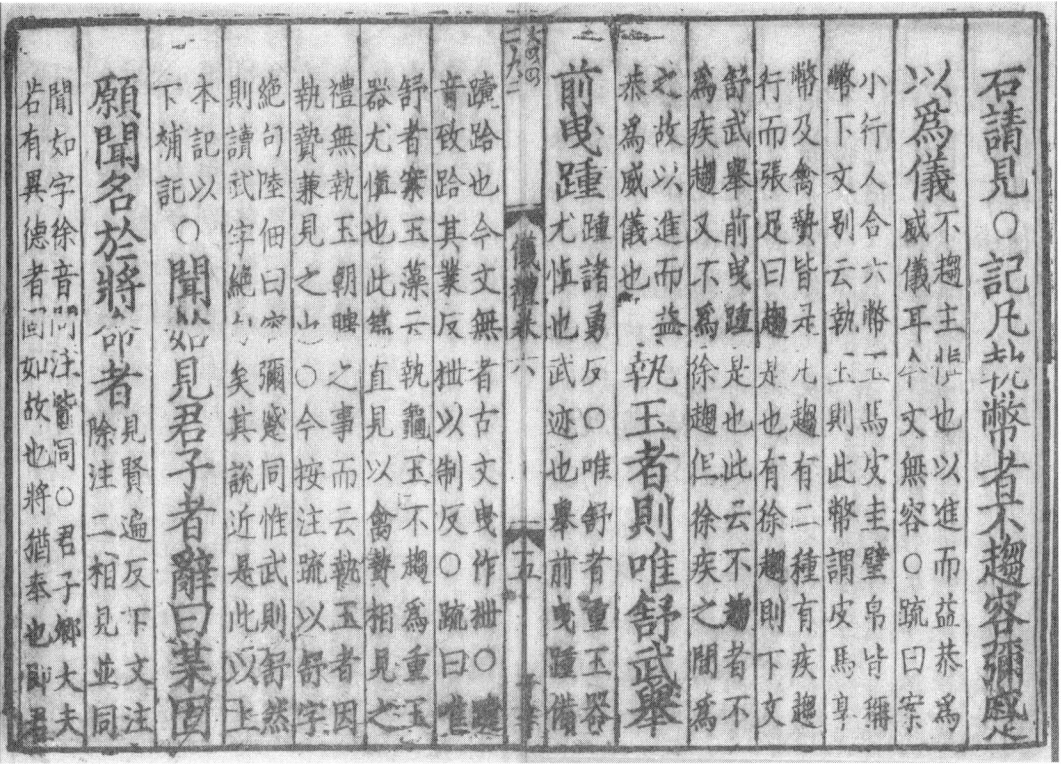

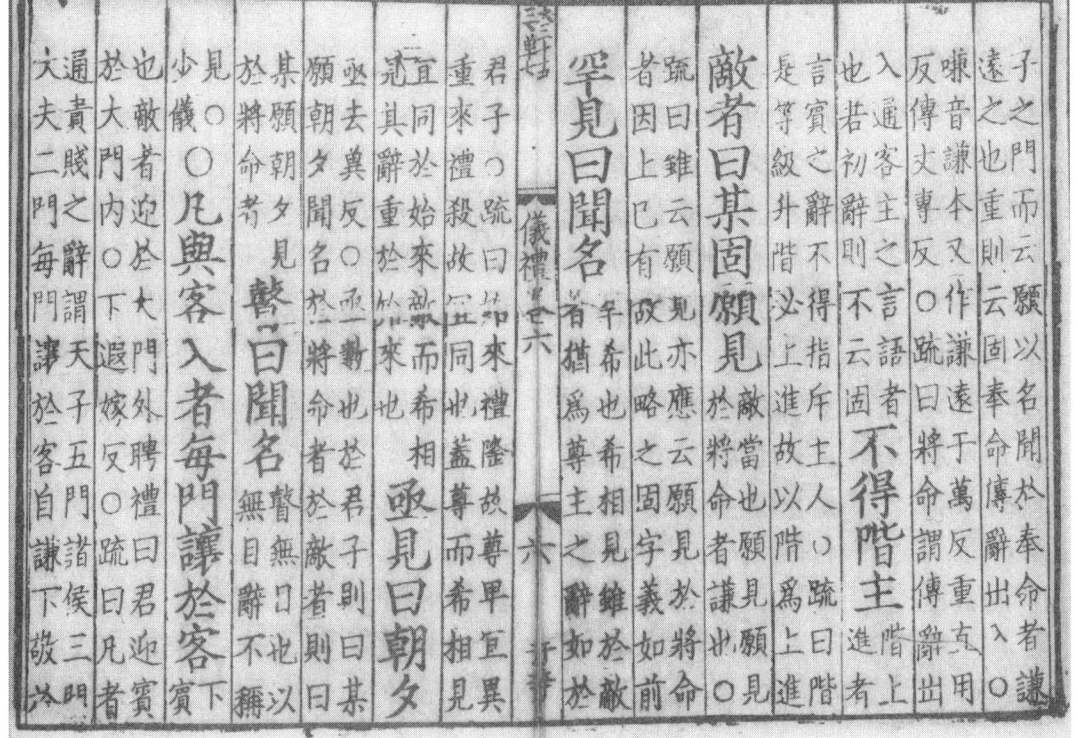

子之門而云願以名聞於奉命者謙遠之也重則云固奉命傳辭出入○
嚏音謙本又作謙遠于萬反重直用反傳丈專反○疏曰將命謂傳辭出
入通客主之言語者也若初辭則不云固不得階主階上進者
言賓之辭不得指斥主人○疏曰階是等級升階以上進故以階爲上進
敵者曰某固願見敵當也願見於將命者謙也○見
疏曰雖云願見亦應云願見於將命者因上已有故此略之固字義如前
罕見曰聞名罕希也希相見雖於敵者猶爲尊主之辭如於
儀禮卷六　六
君子○疏曰始來禮隆故尊卑宜異重來禮殺故宜同也蓋尊而希相見
宜同於始來敵而希相見其辭重於始來也亟見曰朝夕
亟去冀反○亟數也於君子則曰某願朝夕聞名於將命者於敵者則曰
某願朝夕見於將命者瞽曰聞名瞽無目也以無目辭不稱
見○少儀○凡與客入者每門讓於客賓下
也敵者迎於大門外聘禮曰君迎賓於大門內○下遐嫁反○疏曰凡者
通貴賤之辭謂天子五門諸侯三門大夫二門每門讓於客自謙下敬於

0008_0362-2

賓也客至於寢門則主人請入爲席爲猶
數也雖君亦然○疏曰寢門最内門也主人嚮已應正席今客至門方請
先入數席者一則自謙不敢逆設席以招賢一則重慎互更視之然
後出迎客客固辭又讓先入○疏曰鋪席竟然後出迎
客禮有三辭一曰禮辭再曰固辭三曰終辭固辭者客再辭不先入也
主人肅客而入肅進也進客謂道之○道音導○疏曰賓
以再辭故主人進導客也公食大夫禮曰公揖入賓從是也主人

大六 三十三 儀禮卷六 七

0008_0363-1

入門而右客入門而左右就其右左就其左主
人就東階客就西階客若降等則就
主人之階降下也謂大夫於君士於大夫也不敢輒由其階卑
統於尊不敢自專○疏曰降等則不敢亢禮故就主人階是繼屬於主人
案聘禮云公迎賓賓不就主人階以已奉君命不可苟下主人也若見主
國大夫則入門右鄭注云見私事雖敵猶謙爲若降等然也主人
固辭然後客復就西階復音服○復其正主人

0008_0363-2

與客讓登主人先登客從之拾級聚
足拾依注音涉級音急○拾當爲涉聲之誤也級等也涉等聚足謂前
足躡一等後足從之併○躡女攝反併步頂反○疏曰賓主至階各讓
先登必讓必以三三竟而客不從故主人先登客從之者言主人先升至
第二級客乃升中較一級故云從之公食禮云公升二等賓升是也連
步以上上時掌反下皆同○重蹉也連步謂足相隨不相過也
○蹉本亦作差同七河反跌大結反過古卧反○疏曰拾級聚足連步以

大五三 三十七 儀禮卷六 八

0008_0364-1

上此上階法也謂每階先舉一足而後足併之不得後過前也上上堂者
在級未在堂後足不相過故云連步而上堂也上於東階則
先右足上於西階則先左足近於相鄉敬○
鄉許亮反○席南鄉北鄉以西方爲上東鄉
西鄉以南方爲上鄉許亮反○布席無常此其順之也
上謂席端也坐在陽則上左坐在陰則上右○疏曰東西設席南鄉北鄉
則以西方爲上頭也南北設席東鄉西鄉則以南方爲上頭也蓋坐在

0008_0364-2

則賓左坐在陰則賓右南坐是陽其左在西北坐是陰其右亦在西東坐
是陽其左在南西坐是陰其右亦在南也然此乃据平常布席如此若禮
席則或不然也若非飲食之客則布席席間
函丈函胡南反丈如字丈人之丈○謂講問之客也函猶容也講問
宜相對容丈足以指畫也飲食之客布席於牖前丈或爲杖○畫胡麥反
牖前九反○疏曰函容也既來講說則所布兩席中間相去使容一丈之
地足以指畫也記云侍坐於大司成遠近閒三席席之制三尺三寸三分

0008_0365-1

寸之一則三席是丈故鄭云容丈也丈或爲杖者王肅以爲古人講說
用杖指畫故使容杖也主人跪正席雖來講問猶以客禮
待之異於弟子客跪撫席而辭撫之者荅主人之親正席
○疏曰撫謂以手按止之也辭不聽主人之正席也客徹重席
主人固辭重直龍反○徹去也去重席謙也再辭曰固○疏曰
禮器云席諸侯三重大夫再重又飲酒之禮公三重大夫再重是以
多卑者少故主人爲客設多重謙而自徹也尊卑有數而答以

0008_0365-2

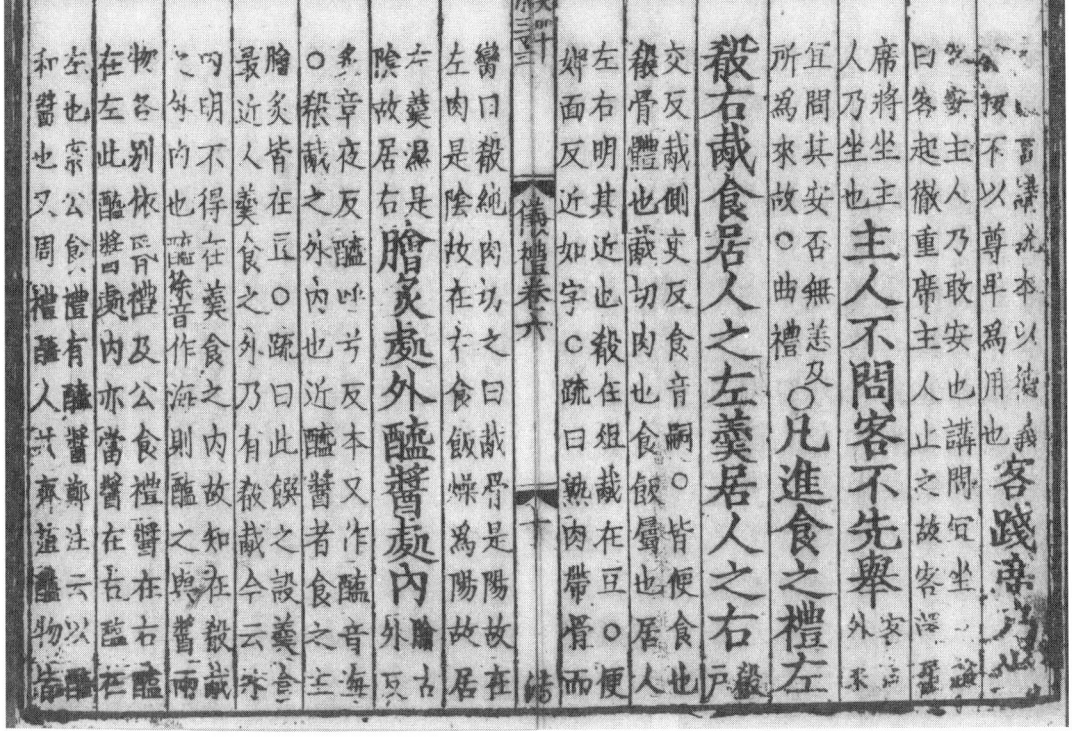

[illegible]謙疏本以德義按不以尊卑爲用也客踐席乃[illegible]
多安主人乃敢安也講問宜坐[illegible]曰客起徹重席主人止之故客踐[illegible]
席將坐主人乃坐也主人不問客不先舉客自外來
宜問其安否無恙及所爲來故○曲禮○凡進食之禮左
殽右胾食居人之左羹居人之右殽戶
交反胾側吏反食音嗣○皆便食也殽骨體也胾切肉也食飯饌也居人
左右明其近也殽在俎胾在豆○便婢面反近如字○疏曰熟肉帶骨而

0008_0366-1

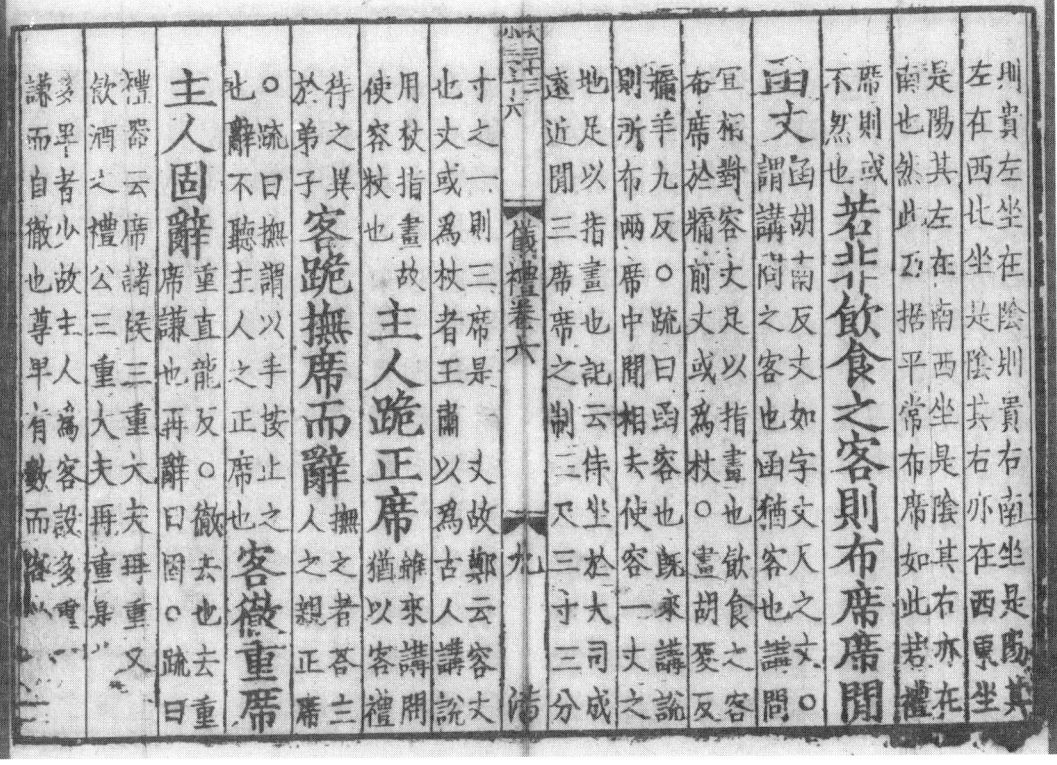

臠曰殽純肉切之曰胾骨是陽故在左肉是陰故在右食飯燥爲陽故居
左羹濕是陰故居右膾炙處外醯醬處內膾古外反
炙章夜反醯呼兮反本又作醯音海○殽胾之外內也近醯醬者食之主
膾炙皆在豆○疏曰此饌之設羹食最近人羹食之外乃有殽胾今云炙
內明不得在羹食之內故知在殽胾之外內也醯餘音作海則醯之與醬兩
物各別依昏禮及公食禮醬在右醯在左此醯醬處內亦當醬在右醯在
左也案公食大夫禮有醯醬鄭注云以和醬也又周禮醢人共齊菹醢物六十

0008_0366-2

以醢醬共爲一物也二義皆通未知孰是葱渫處末渫以列反○渫悉葱也處醢醬之左言末者殊加也渫在豆○悉之承反○疏曰地道尊右言處末則在醢醬之左矣正饌唯有菹醢無葱渫故知葱渫爲殊加也以其菹類故知在豆也酒漿處右漿子羊反字亦作漿○處羹之右此言若酒若漿二者兩有之則左酒右漿此大夫士與賓客燕食之禮其禮食則宜放公食大夫禮云○燕於遍反本亦作宴放方兩反食音嗣○疏曰卑客則或酒或漿若尊客則有酒有漿案公食禮云設酒

0008_0367-1

於豆東設漿飲於稻西鄭注云酒在東漿在西也以脯脩置者左朐右末朐其俱反○亦便食也屈中曰朐○疏曰脩亦脯也鄭注腊人云薄析曰脯捶而施薑桂曰鍛脩朐屈脯朐朐然也左朐朐置左也右末末邊際置右○羞濡右手取際擘之便也○曲禮○魚者進尾濡音儒○擬之由後鰓肉易離也乾魚近首擬之由前理易析也○擩補來[illegible]反下同鰓格猛反易以豉反下同析[illegible]正反○疏曰濡溼也鯁膄也冬右腴腴以朱反○陽氣在下腴[illegible]下也[illegible]

0008_0368-2

右鰭鰭音祁○陽氣在上鰭脊也○春子昔反○疏曰此進尾進首右腴右鰭之屬皆謂尋常燕食也若祭祀饗食正禮則少牢公食魚在俎皆縮載俎既橫設魚則隨俎而從於人爲橫無進首進尾之理祭膴舊火吳反依注音哻況紆反○膴大臠謂刳魚腹讀如哻○況甫反徐況孚反臠力轉反刳口胡反○疏曰食魚則取此肥美處以祭先也凡齊執之以右居之於左齊才細反下同○齊謂食羹醬飲有齊和者也居於左手之上右手執而正之由便也○食音嗣和戶卧

0008_0369-1

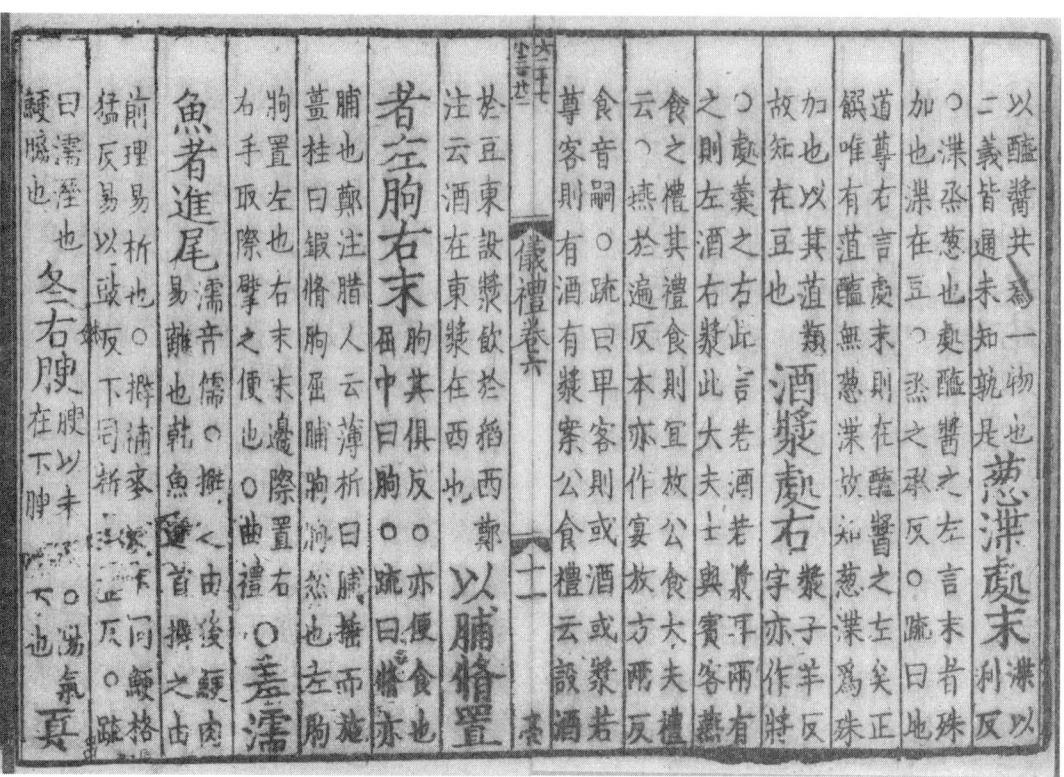

反○少儀○客若降等執食與辭食音嗣○辭者辭主人之臨己食若欲食於堂下然○疏曰降等謂若大夫爲卿之客也食飯也與起也客既卑故未食必執飯以辭謝飯爲食主故也若欲往堂下食者公食禮云賓左擁簋粱右執湆以降鄭云辭主人臨己食若欲食於堂下然是也此降等謂大夫於卿故欲降而不降也若敵者則公食禮云大夫相食賓執粱與湆之西序端無降法也主人興辭於客然後客坐復坐○復扶又反○疏曰主人起辭止之則客從辭

0008_0367-2

而止主人延客祭延道也祭祭先也君子有事不忘本也客不降等則先祭○道音導○疏曰祭者謂種種出少許置在豆閒之地以報先代造食之人也延客祭謂主人先祭客乃從之祭也若敵客則得自祭不須主人之延道矣祭食祭所先進主人所先進先祭之所後進後祭之如其次殽之序徧祭之徧音遍下汙同○謂殽炙膾也以其本出於牲體也公食禮魚腊湆醬不祭也○腊音昔湆音泣○疏曰序次序也謂炙胾之屬同出於牲疑若不必徧匝而

0008_0368-1

祭故特明之○曲禮○凡羹有俎者則於俎内祭疏曰若羹在豆則祭於豆閒俎於人則橫在前不得祭於俎外及兩俎閒也○少儀○唯水漿不祭若祭爲已偞卑偞虛涉反厭也○水漿非盛饌也已猶大也祭之爲大有所畏迫臣於君則祭之○大音泰○疏曰案公食禮宰夫執觶漿以進賓受坐祭遂飲故知於君祭之也○玉藻○三飯主人延客食胾然後辯殽飯符晚反殽字書食字作扶[illegible]反食旁作反○[illegible]

0008_0369-2

則混之故隨俗而音此字辯音遍○先食胾後食殽殽尊也凡食殽辯於有食肴則飽也○疏曰三飯謂三飧而告飽須勸乃更食故三飯竟主人乃道客食胾也三飧後乃食胾者案公食禮亦以胾爲加故客三飧前未食之也辯遍也謂先食胾乃徧殽特牲少牢云初食殽次食肴次食骼後食肴是辯於肴也主人未辯客不虛口後主人也虛口謂酳也客自敵以上其酳不待主人飽主人不先飽也○酳音胤又士覲反○疏曰虛謂食竟蕩口也以酒曰酳以水曰漱主人常讓客故客

0008_0370-1

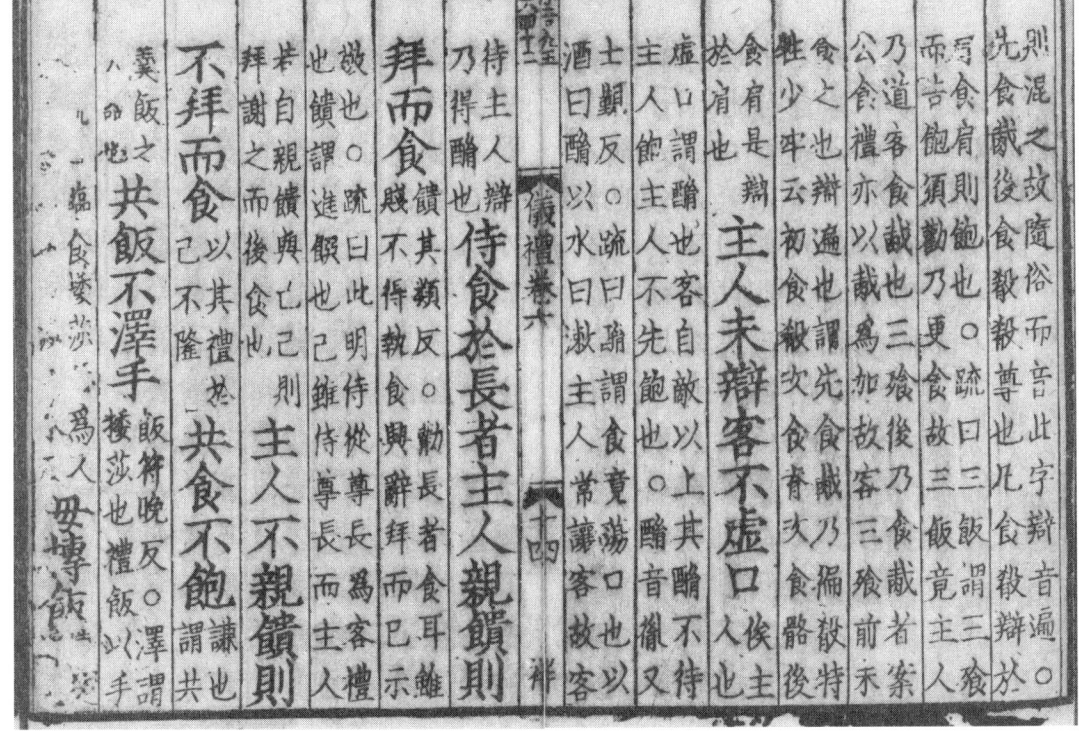

待主人辯乃得酳也侍食於長者主人親饋則拜而食饋其媿反○勸長者食耳雖餕不侍執食興辭拜而已示敬也○疏曰此明侍從尊長爲客禮也饋謂進饌也己雖侍尊長而主人若自親饋與己己則拜謝之而後食也主人不親饋則不拜而食以其禮於己不隆共食不飽謙也謂共羹飯之八命也共飯不澤手飯符晚反○澤謂捼莎也禮飯以手[illegible]一搖食捼莎[illegible]爲人毋摶飯[illegible]

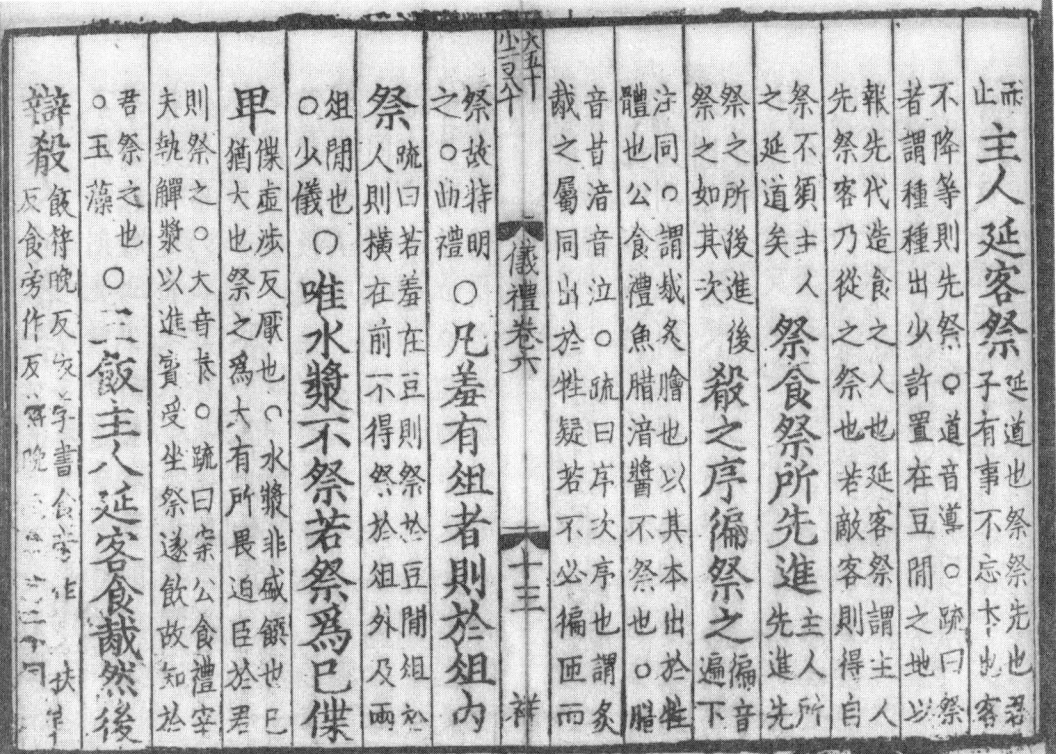

0008_0371-1　　0008_0370-2

□狀萬反後不音者同○爲欲致飽不詠○爲于偶反○疏曰共器若取飯作
摶是欲爭飽非謙也毋放飯今按放飯大飯也毋流歠
歠姝悅反○今按流歠長歠也毋咤食咤陟嫁反○嫌薄之○疏
曰咤謂以舌口中作聲若嫌主人之食毋齧骨齧五結反○爲
有聲響不敬毋反魚肉爲已歷口人所穢○疏曰同器而食
不可反還器中少牢禮尸所食餘肉皆別致於肵俎毋投與狗
骨爲其賤飲食之物毋固獲今按所有不獲不可固也毋

儀禮卷六　十五　吴仁

揚飯飯黍毋以箸毋嚃羹飯黍之飯扶晚反箸
直慮反嚃吐荅反○嫌欲疾也○疏曰揚去熱氣也飯黍當用匕嚃謂不
嚼菜○嚼疾略反毋絮羹絮敕慮反○爲其詳於味也絮猶調
也○疏曰絮謂就食器中加以鹽梅毋刺齒刺七亦反○爲其弄
口不敬毋歠醢醢音海○亦嫌詳於味也○疏曰醢肉醬也醬宜鹹
歠者爲其淡故客絮羹主人辭不能亨客歠醢
[illegible]以窶[illegible]反○

0008_0372-1　　0008_0371-2

也濡肉齒決疏曰濡肉斷也○斷[illegible]
齒決堅宜用手毋嘬炙嘬初怪反炙章夜反○爲其貪也
舉盡臠曰嘬○臠力轉反羹之有菜者用挾其無
菜者不用挾挾古協反○挾猶箸也今人或謂箸爲挾提○
疏曰有菜者爲鉶羹是也以其有菜交橫非挾不可無菜者謂大羹湆也
直歠之而已其有肉調者犬羹兔羹之屬或當用匕也卒食客
自前跪徹飯齊以授相者卒子恤反齊將兮反

儀禮卷六　十六　吴仁

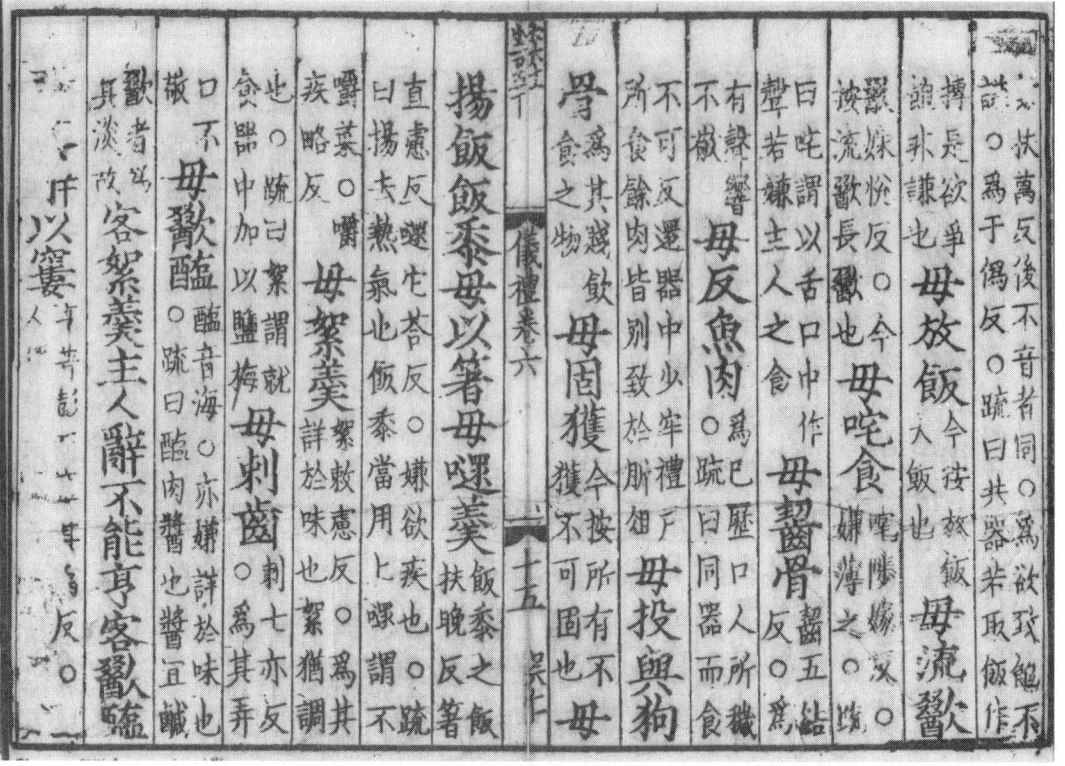

本又作齏相息亮反○謙也自從也齊醬屬也相者主人贊饌者公食禮
賓卒食北面取粱與醬以降也○疏曰食坐在前南鄉客食竟加于俎起
從坐前北面當已坐而跪自徹已所食飯與齊飯齊食主故荅主人初所
親饋者也此是卑者侍食之客耳若敵者則否相者謂佐助進食者主
人興辭於客然後客坐不聽親徹○疏曰主人起
辭不聽自徹則客亦止而坐也○曲禮○客祭主人辭
曰不足祭也祭者盛主人之饌也客飧主人辭

0008_0372-2

以踈飧音孫○飧者美主人之食也踈之言麤也主人自

置其醬則客自徹之敬主人也徹奠于序端○玉藻

主人復見之以其贄曰鄉者吾子辱使

其見請還贄於將命者復扶又反又音服鄉許亮反還

音旋○復見之者禮尚往來也以其贄謂鄉時所執來者也鄉曩也將猶傳也

傳命者謂擯相者○曩乃蕩反傳大專反擯必忍反相息亮反○踈曰五等諸

侯身自出朝及遣臣出聘圭璋重不可遂復朝聘訖即還之璧琮財輕故不還

儀禮六　十七

0008_0373-1

彼朝聘用玉自爲一禮有不還之義其在國之臣自執摯相見雖禽摯皆還之

臣見於君則不還義與朝聘異不可相決也出接賓曰擯入詔禮曰相一也故

聘禮與冠義皆云每一門止一相是謂擯介爲相也主人對曰某

也既得見矣敢辭讓其來荅已也○踈曰上言主人者據前

爲主人而言此云主人者謂前賓令在其家而說也賓對曰某也

非敢求見請還贄於將命者言不敢求見嫌褻主

人不敢當也今文無也○褻息列反○踈曰賓至頻見是褻故不敢當相見之

0008_0373-2

注直云還乎而已主人對曰某也既得見矣敢

固辭固如故也賓對曰某不敢以聞固以請

於將命者言不敢以聞又益不敢當○踈曰上云非敢求見此云不

敢以聞耳聞踈於目見故云又益不敢當也主人對曰某也

固辭不得命敢不從許受之異日則出迎同日則否○

踈曰賓奉摯入不言主人出迎又不言厤明是與前相見同日知異日出迎者

鄉飲酒禮云明日乃息司正主人出迎之司正猶迎之況同僚乎是知異日出

儀禮六　十八

0008_0374-1

迎也若然聘禮公迎于大門內至禮賓又出迎者彼是公迎彼君之命至禮賓

乃爲賓身故雖同日亦出迎之鄭注云己之禮更端是也皆禮賓爲使特及禮

賓有司徹前爲尸後爲賓將[illegible]同日亦出迎此亦更端之義也賓

賓入主人再拜受賓再拜送贄出主人

送于門外再拜

右復見

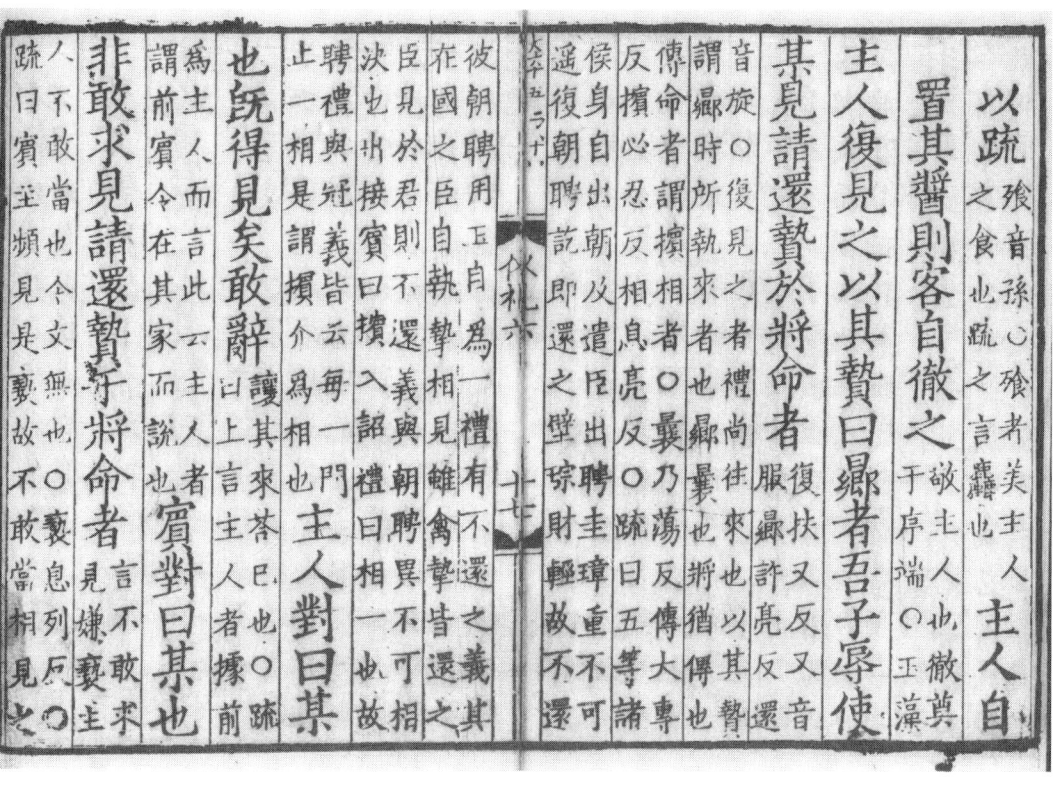

士見於大夫終辭其贄於其入也一拜

0008_0374-2

其厚也賓退送再拜終辭其贄以將不親答也凡不答而受其贄唯君於臣耳大夫於士不出迎入一拜正禮也送再拜尊賓○疏曰事未至謂之將如士相見後將親答則辭而受其摯此將不親答故終不受也

右士見大夫

若嘗爲臣者則禮辭其贄曰某也辭不得命不敢固辭禮辭一辭其贄而許也不答而聽其以贄入有臣道也賓入奠贄再拜主人荅壹拜奠贄尊卑

0008_0375-1

異不親授也古文壹爲一賓出使擯者還其贄于門外曰某也使某還贄還其贄者辟正君也○辟音避賓對曰某也既得見矣敢辭辭君還其贄也今文無也擯者對曰某也命某某非敢爲儀也敢以請還贄者請使受之○今按某也蓋士人之名賓對曰某也夫子之賤私不足以踐禮敢固辭家臣稱私踐行也言某臣也不足以行賓客禮賓客所不荅者不受贄擯者

0008_0375-2

對曰某也使某不敢爲儀也固以請言使某尊君也或言命某傳言耳賓對曰某固辭不得命敢不從再拜受受其贄而去之○疏曰以其嘗爲臣爲輕既不受其摯又相見無燕之禮故鄭云去之以絕之也

右嘗爲臣

下大夫相見以鴈飾之以布維之以索如執雉索悉各反注同○鴈取知時飛翔有行列也飾之以布謂裁縫

0008_0376-1

衣其身也維謂繫聯其足○行户郎反衣於既反聯音連○疏曰言下大夫者國皆有二卿五大夫六言上大夫據三卿則此下是五大夫也二十七士與五大夫轉相副貳則三卿宜有六大夫而五者何休云司馬事省闕一大夫上大夫相見以羔飾之以布四維之結于面左頭如麛執之麛莫兮反○上大夫卿也羔取其從帥羣而不黨也面前也繫聯四足交出背上於胷前結之也如麛執之者秋獻麛有成禮如之或曰麛孤之摯也其禮蓋謂左執前足右執後足今文頭爲脰○疏

0008_0376-2　0008_0377-1

曰父也老卽三卿也庖人云秋行犢麛則獻當在秋時也如士相見

之禮大夫雖贄異其儀猶如士

右大夫相見本文此下有始見於君若他邦之人

及燕見於君四節今並入臣禮篇

凡言非對也妥而後傳言妥他果反凡言謂己言

君言事也妥安坐也傳言猶出言也若問可對則對不待安坐也古文妥爲綏

變○爲于僞反與君言言使臣與大人言言

事與老者言言使弟子與幼者言言孝

弟于父兄與衆言言忠信慈祥與居

官者言言忠信孝弟之發音悌○傳直專反言語之儀也言使

使臣之禮也大人卿大夫也言事君以忠也祥善也居官謂士以下

者言○記士於君所言大夫沒矣則

稱謚若字名士與大夫言名士字大

夫言所大夫行亦名於大夫所有公諱無私

0008_0377-2　0008_0378-1

諱公諱若言謂所辟先君之名○玉藻

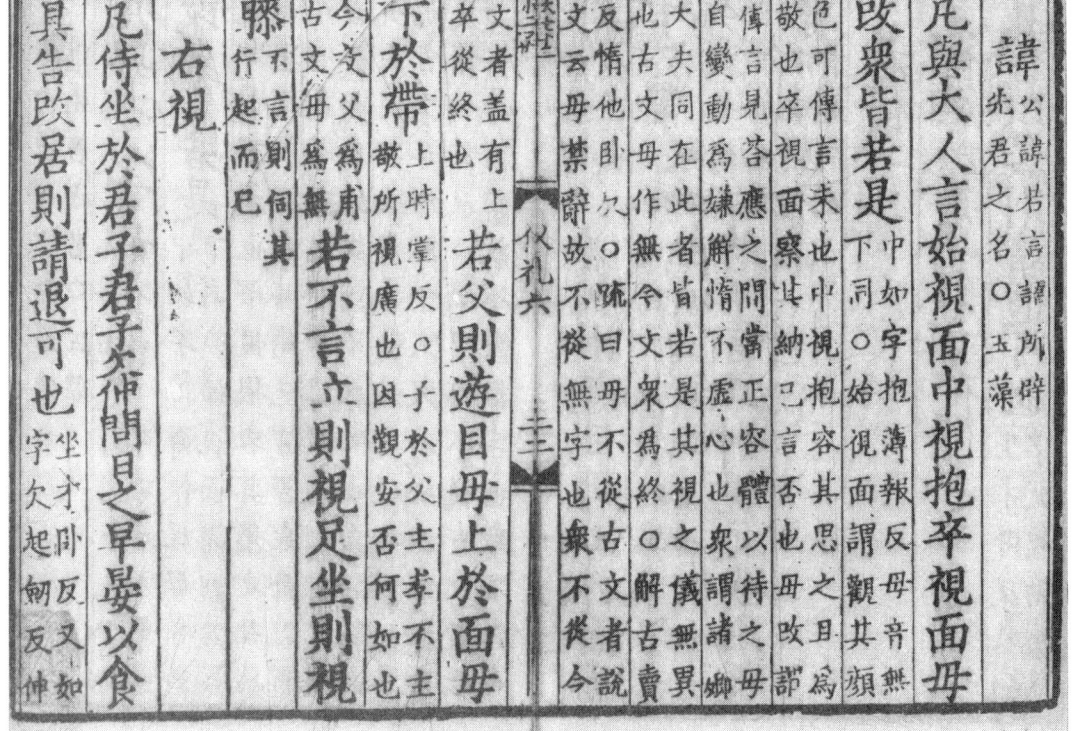

凡與大人言始視面中視抱卒視面毋

改衆皆若是中如字抱薄報反毋音無下同○始視面謂觀其顏

色可傳言未也中視抱容其思之且爲敬也卒視面察其納己言否也毋改謂

傳言見答應之間當正容體以待之毋自變動爲嫌解惰不虛心也衆謂諸卿

大夫同在此者皆若是其視之儀無異也古文毋作無今文衆爲終○解古賣

反惰他臥反○疏曰毋不從古文者說文云毋禁辭故不從無字也衆不從今

文者蓋有上卒從終也若父則遊目毋上於面毋

下於帶上時掌反○子於父主孝不主敬所視廣也因觀安否何如也

今文父爲甫古文毋爲無若不言立則視足坐則視

膝不言則伺其行起而已

右視

凡侍坐於君子君子欠伸問日之早晏以食

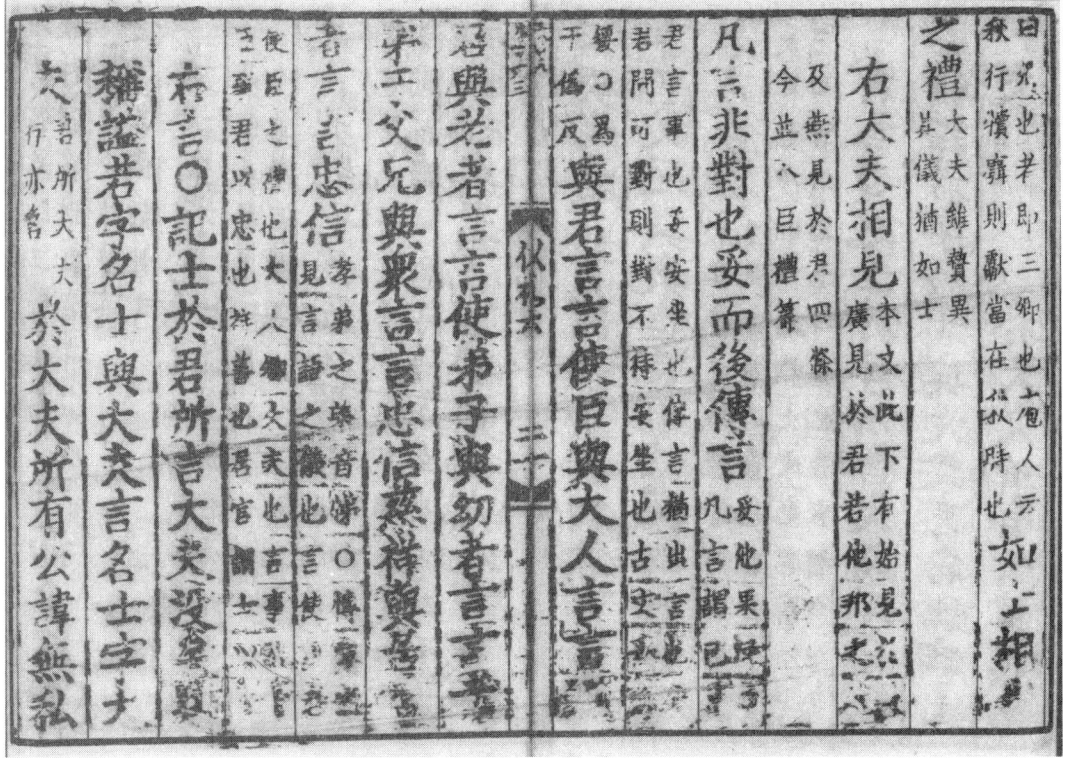

具告改居則請退可也坐才卧反又如字欠起劒反伸

0008_0378-2

伸○君子謂卿大夫及國中賢者也倦則欠體倦則伸問日晏近於夕也

撰猶辯也改居謂自變動也古文伸作信早作蚤○辯釋文作辦皮莧反蚤音早

夜侍坐問夜膳葷請退可也葷香云反○問夜問其時數也膳葷謂食之葷辛物葱薤之屬食之以止臥古文葷作薰○薤戶界反○疏曰問其時數者謂若鍾鼓刻漏之數也

右請退本文此下有君賜之食一條今入臣禮篇

若先生異爵者請見之則辭辭不得命

0008_0379-1

則曰某無以見辭不得命將走見先見之先生致仕者也異爵謂卿大夫也辭辭其自降而來走猶出也先見之者出先拜也曲禮曰主人敬賓則先拜賓○疏曰先生即鄉飲酒云就先生而謀賓介也異爵謂卿大夫也著此士相見本文是士故以卿大夫爲異爵也

右長者請見○記大夫士相見雖貴賤不敵主人敬客則先拜客客敬主人則先拜主人尊賢○疏曰此謂使臣行禮受勞已竟次

0008_0379-2

見彼國卿大夫而德劣亦先拜有德之士也謂異國則爾同國則否○今按此未有以見同國異國之辨更詳之下放此凡非弔喪非見國君無不荅拜者禮尚往來喪賓不荅拜不自賓客也國君見士不荅其拜士賤○疏曰手所以賓不荅拜者已本來爲助執於喪事非行賓主之禮故主人雖拜已已不荅也故士喪禮有賓則拜之賓不荅拜是也君不荅上者謂士見已君君尊不荅也大夫見於國君國君拜其辱自外來而拜拜見也自內來不

0008_0380-1

拜拜辱也○疏曰君謂見他國君也故聘禮云公在門左拜是拜其辱也鄭氏曰同國大夫見已君拜其尊者以其初爲大夫敬之也士見於大夫大夫拜其辱疏曰謂平常相荅拜非加敬也故聘禮賓問卿卿迎再拜士相見禮士見大夫於其入也宇人一拜賓退送又再拜同國始相見主人拜其辱疏曰主人必先拜辱不論有德也君於士不荅拜也非其臣則荅拜之不臣人之臣大夫於其臣雖

0008_0380-2

必荅拜之許正君○疏曰大夫爲君臣許正君故不辭已

臣有樂者荅拜送○亦禮下○士於大夫不敢拜

迎而拜送之禮不敵始來拜則士辟也○疏曰此謂大夫詣士謹

既不敵故不敢迎而先拜六更拜之則辟之亦拜送者案儀禮鄉飲

鄉飲酒公食聘禮但是主人送賓荅者主人再拜賓不荅拜鄭注云不荅

拜者禮有終於誅也士於尊者先拜進而荅之

拜則走士往見卿大夫卿大夫出迎荅拜亦辟也○疏曰謂士

儀禮卷六　二十五

0008_0381-1

詣卿大夫即先於門外拜之拜竟進面親相見者大夫出迎而荅其

外之拜則士走辟之也○玉藻○男女相荅拜也

別不相荅拜以明之○別彼列反○疏曰男女宜別或嫌其不相荅故

雖別必宜荅也俗本云男女不相拜禮男女拜悉相荅拜則有不

非○的禮

士相見義第十　鄉禮一之下

自天子至于庶人皆有摯摯者致也

0008_0381-2

以致其志也天子之摯鬯諸侯玉卿羔大夫鴈士雉鬯也者言德之遠聞也玉也者言一度不易也羔也者言柔而有禮也鴈也者言進退知時也雉也者言死其節也故天子以遠德爲志諸侯以一度爲志卿以有禮爲志大夫以進退爲志士以死節爲志明乎志之義而天

儀礼六　二十六

0008_0382-1

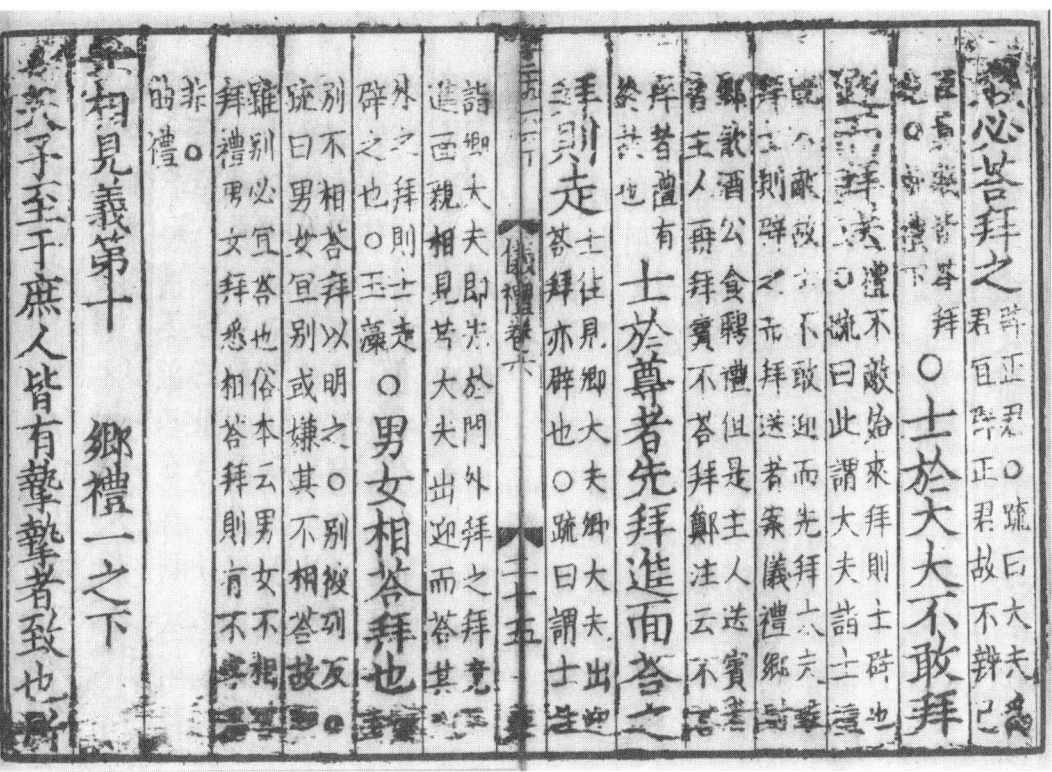

下治矣故執斯摯者致志者也君之摯以事神臣之摯以養人唯君受摯者唯君受養也非其君則辭摯不敢當養也古者非其君不仕非其師不學非其人不友非其大夫不見士相見之禮必依於介紹以言其不苟合者也必依於摯以言其道可親也苟而合唯小人無恥

0008_0382-2

者能之君子可見也不可屈也可親也不可狎也可遠也不可踈也賓至門主人三辭見賓稱摯主人三辭摯所以致尊嚴也大夫以禮相接士以禮相諭庶人以禮相同然而爭奪興於末者未之有也人苟悅而相若者未必爭苟簡而相親者未必怨是故士相見禮者人道

0008_0383-1

之大也所以使人重其身而毋遹於辱也所以使人愼其交而毋遹於禍也唯仕於君者召而往未仕而見於君者冠而莫摯在邦曰市井之臣在野曰草莽之臣君雖召不往也是故雖有南面之貴千乘之富士之所以結者禮義而已矣利不足稱焉刑罰行於國所誅者好

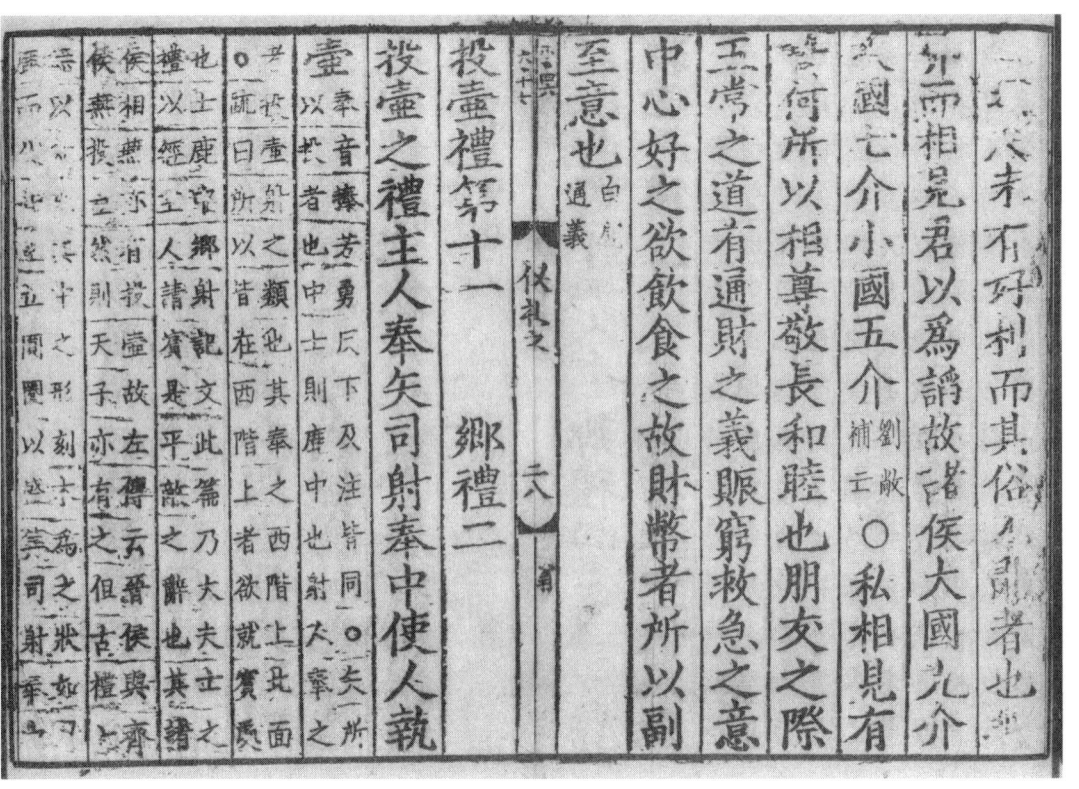

0008_0383-2

利之人未有好利而其俗不亂者也今而相見君以爲諂故諸侯大國九介次國七介小國五介 劉敞補亡 ○私相見有禮何所以相尊敬長和睦也朋友之際五常之道有通財之義賑窮救急之意中心好之欲飲食之故財幣者所以副至意也 白虎通義

0008_0384-1

投壺禮第十一　鄉禮二

投壺之禮主人奉矢司射奉中使人執壺 奉音捧芳勇反下及注皆同○矢所以投者也中士則庭中也射大寧之投壺射之類也其奉之西階上北面○疏曰所以告在西階上者欲就賓[illegible]也士庶宜鄉射記文此篇乃大夫士之禮以經云人請賓是平常之辭也其諸侯相燕亦有投壺故左傳云晉侯與齊侯燕投壺然則天子亦有之但古禮亡[illegible]

0008_0384-2

在西階上北面其執壺之人賤於司射故在司射之西以凡行禮統於主人雖俱在西階而當尊東故燕禮大射宰夫代公爲主人與賓俱升西階而主人在東也

主人請曰某有枉矢哨壺請以樂賓

賓曰子有旨酒嘉肴某既賜矣又重以樂敢辭　哨七笑反樂音洛肴户交反重直用反○燕飲酒既脫屨升堂

主人乃請投壺也否則或射所謂燕射也枉哨不正貌爲謙辭○脫吐活反本亦作捝○疏曰枉謂矢不正哨謂哨唆不正既賜言既受賜也

主人曰枉

儀禮六　廿五

0008_0385-1

矢哨壺不足辭也敢固以請賓曰某既賜矣又重以樂敢固辭　固之言如故也言如故辭者重辭也

主人曰枉矢哨壺不足辭也敢固以請

賓曰某固辭不得命敢不敬從　[illegible]以命見許

賓再拜受主人般還曰辟　般[illegible]

於○賓再拜受拜受矢也主人既辟進授矢兩楹之間也

主人阼階上拜送賓般還曰辟　拜送送矢也○[illegible]

0008_0385-2

鄉飲酒鄉射拜受爵送爵皆北面此亦當北面也

右請投○記司射庭長及冠士立者皆屬賓黨樂人及使者童子皆屬主黨　長丁丈反冠古亂反○庭長司正也使者主人所使薦羞者樂人[illegible]子能爲樂者此皆與於投壺○疏云須○司正見二篇○疏曰冠士謂成人來觀禮者尊之故令屬賓黨若童子幾則屬主黨也國子能爲樂者明非瞽人也

○降揖其阼階及樂事皆與射

儀禮六　廿六

0008_0386-1

同節　大戴記

○籌室中五扶堂上七扶庭下九扶　籌直由反扶方于反○籌矢也鋪四指曰扶一指案寸春秋傳曰膚寸而合投壺者或於室或於堂或於庭其禮隨晏之大宜無常處○鋪普烏反案[illegible]息列反處昌慮反○疏曰矢長隨地廣狹室中狹矢長五扶堂上廣矢長七扶庭中廣矢長九扶四指曰扶扶廣四寸五扶者則一尺二寸七扶者則二尺八寸也九扶者則三尺六寸也

算長尺二寸　長直亮反○[illegible]三扶可[illegible]

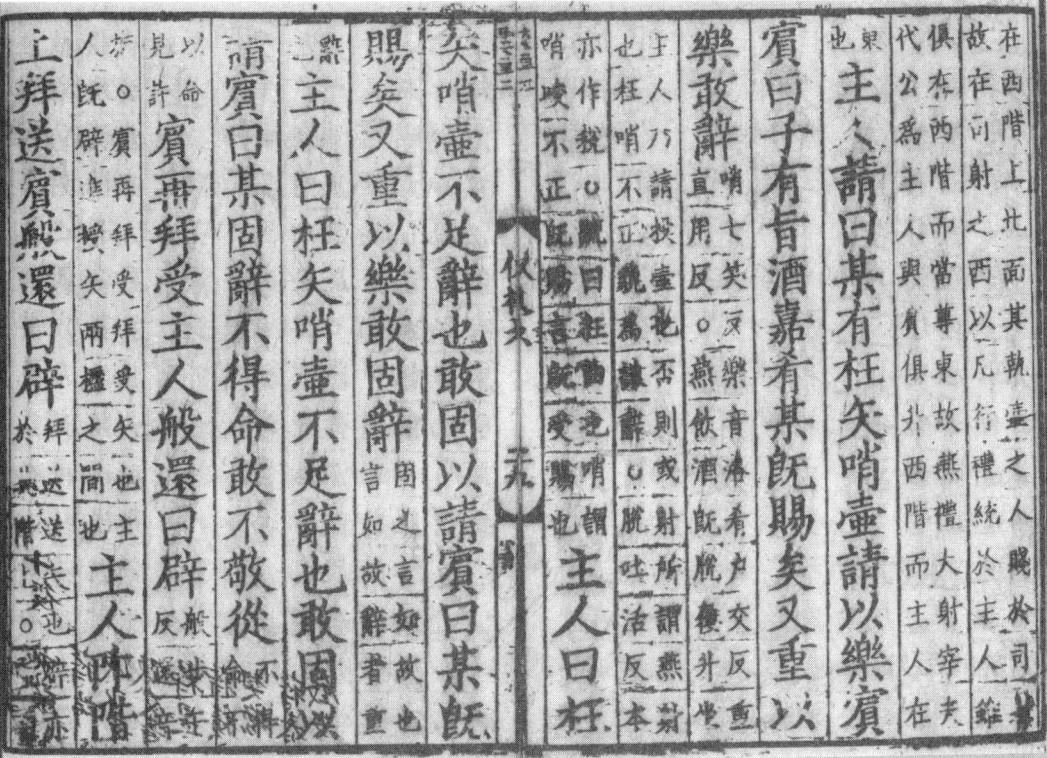

0008_0386-2

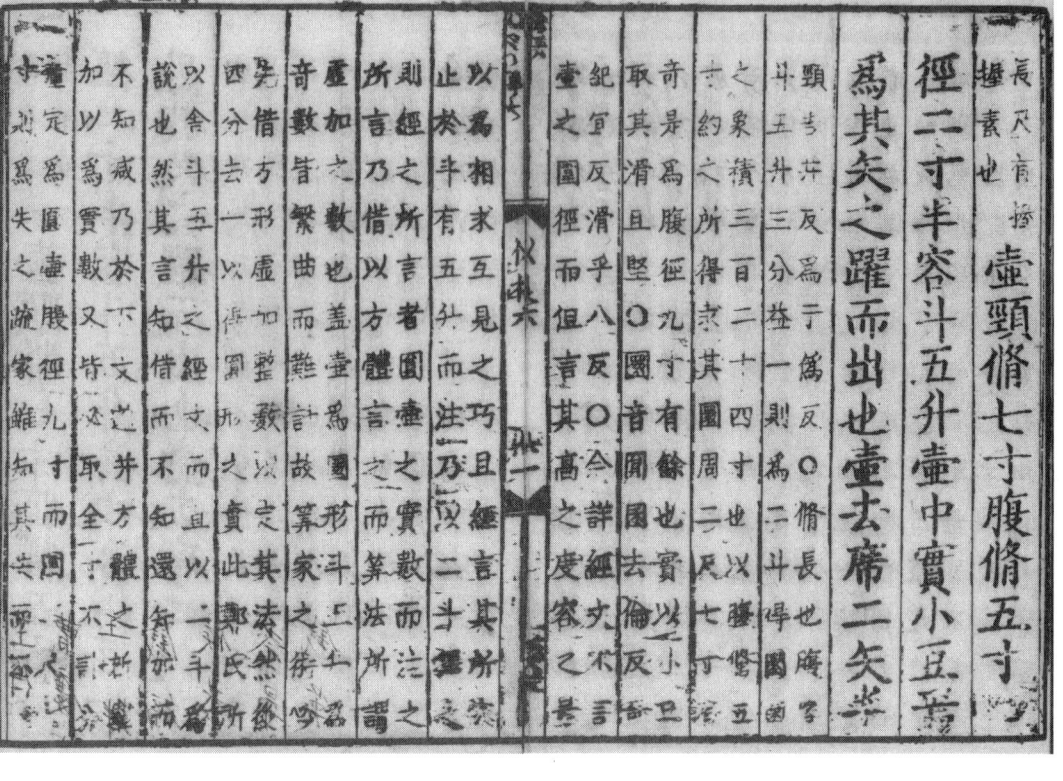

長尺有握握素也壺頸脩七寸腹脩五寸口徑二寸半容斗五升壺中實小豆焉爲其矢之躍而出也壺去席二矢半頸去并反爲于僞反○脩長也腹容斗五升三分益一則爲二斗得圜囷之象積三百二十四寸也以腹脩五寸約之所得求其圜周二尺七寸有奇是爲腹徑九寸有餘也實以小豆取其滑且堅○圜音圓囷去倫反奇紀宜反滑乎八反○今詳經文不言壺之圜徑而但言其高之度容之量

0008_0387-1

以爲相求互見之巧且經言其所容止於斗有五升而注乃以二斗釋之則經之所言者圜壺之實數而注之所言乃借以方體言之而筭法所謂虛加之數也蓋壺爲圜形斗二升爲奇數皆繁曲而難計故筭家之術必先借方形虛加整數以定其法然後四分去一以得圜形之實此鄭氏所以舍斗五升之經文而且以二斗爲說也然其言知借而不知還知加而不知減乃於下文竝并方體之折[illegible]加以爲實數又皆必取全寸不計分釐定爲圓壺腹徑九寸而圍二尺七寸之數爲失之疏家雖知其失而[illegible]

0008_0387-2

其所以失顧乃依違其間說無定說是以其者不能無疑今以筭法求之凡此言二斗之量者計其積實當爲三百二十四寸而以其高五寸者分之則每高一寸爲廣六十四寸八分此六十四寸者自爲正方又取其八分者割裂而加於正方之外則四面各得二釐五毫之數乃復合此六十四寸八分者五爲一方壺則其高五寸其廣八寸五釐而外方三尺二寸二分中受二斗如注之初說矣然此方形者筭術所行以爲虛加之數尒若欲得圓壺之實數則當就此方形規而圓之去其四角虛加之數四分

0008_0388-1

之一使六十四寸八分者但爲四十八寸六分三百二十四寸者但爲二百四十三寸則壺復之高雖不減於五寸其廣雖不減於八寸五釐而其外圍則僅爲二尺四寸一分五釐其中所受僅爲十有五升如經之云無不諧會矣矢以柘若棘毋去其皮柘止夜反毋音無去起呂反皮下大戴有大七分三字○取其堅重也舊說云矢大七分或言去其皮節

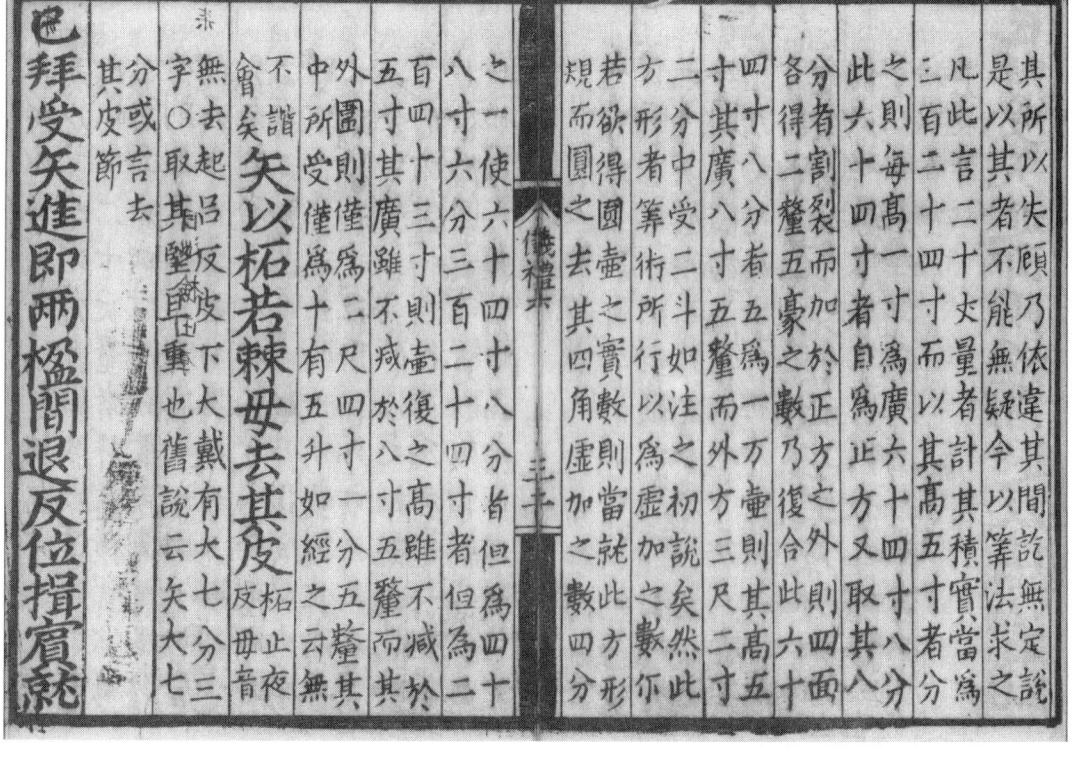

已拜受矢進即兩楹間退反位揖賓就

0008_0388-2

筵主人既拜送矢……進即……
階者言將有事於此也……揖賓……
席欲與賓進明爲禮也……主人……
南鄉明相去如射物○加許亮反……
曰主人受矢者主人亦辨者
拜矢授主人主人受之者
司射……
壺閒以二矢半反位設中東面執……
興
度徒洛反一本無以二矢半四字……
度壺變其所設之處也壺去……
半則堂上去賓席主人席……
也反位西階上位也設中東面……
亦實八算於中橫委其餘於……
而立以請賓俟投○處昌慮反……

儀禮卷六　三十三

0008_0389-1

反邪似嗟反○疏曰司射於執壺之……
鄭受壺乃東鄉來於士筵前進於量……
其壺置於賓主筵南閒以二矢半者……
壺有三處室中堂上及庭中也日中……
於室日晚則於堂太晚則於庭是……
光明故也雖矢有長短而量壺皆……
賓主之席各二矢半也室中去席……
堂上則去席七尺庭中則去席九……
面執八算興者既設中之後於……
西手執八算而興起其中裏亦……
右就筵○記算多少視其坐　坐……
反○算用當視坐投壺者之……
爲數也投壺者人四矢亦人四算……

0008_0389-2

請賓曰順投爲比投不釋勝……
者正爵既行請爲勝者立馬一……
馬三馬既立請慶多馬請主人亦……
比毗志反勝尸證反飲於鴆反爲于……
反請爲勝者立馬之下俗本有一……
二馬五字者誤○請猶告也順投……
入也比投不拾也勝欲不勝言以能……
不能也正爵所以正禮之爵也或以……
或以慶馬勝算也謂之馬者若云技……
如此任爲將帥乘馬也射投壺皆所……
習武因爲樂○拾其劫反扐其綺反任……

儀禮卷六　三十四

0008_0390-1

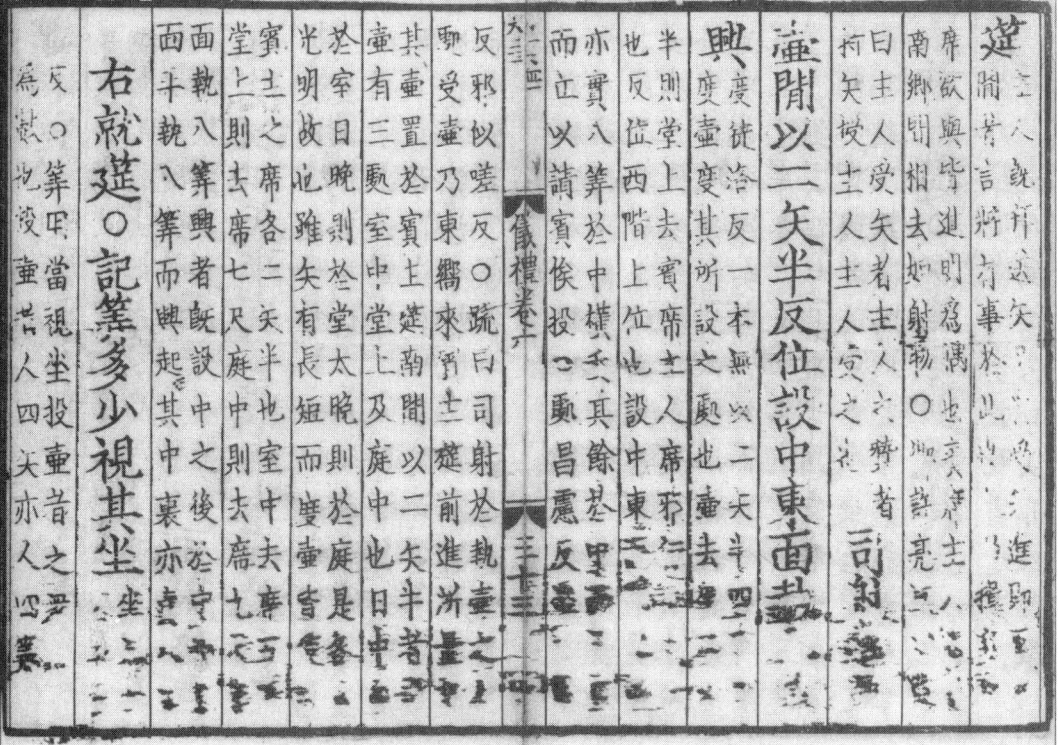

而林反將子匠反色類反樂音洛……
疏曰此司射告賓當爲投壺之法也……
本也言矢有本末投矢於壺以矢本……
者乃名爲入則爲之釋算也若矢……
入則不名爲入亦不爲之釋算也比投……
不釋者比類也又云……投壺法要更遞……
而投若不待後入者之而已順投則其……
投者入亦不爲之釋算也立馬謂取算……
以爲馬表勝數也一勝一馬從二馬者謂……
爲舞立一馬禮以三馬爲成若者……
馬則爲一成但勝偶未必得三若……
得二勝偶得一一既勝於二者徹取勝……
偶之一以足勝偶之二爲三故云一馬……
從二馬然定本無此一句三馬既立爲……

衰多馬者言其得三成或取彼足為三以足其勝已成又酌酒慶賀於多馬之偶也云亦如之者謂司射請賓之黨每事必應曰諾既竟則司射又悉以告賓者告諸主人主人應諾亦悉以告賓也

右請賓○記魯令弟子辭曰毋幠毋敖毋偝立毋踰言偝立踰言有常爵薛令弟子辭曰毋幠毋敖毋偝立毋踰言若是者浮幠好吾反下同敖五報反偝五蓋反注同

偝音佩浮縛謀反○弟子賓黨士之少年穉者也為其立堂下相褻慢司射戒令之記魯薛者禮衰乖異不知孰是也幠敖慢也偝立不正鄉前也踰言遠談語也常爵常所以罰人之爵也浮亦謂罰也晏子春秋曰酌者奉觴而進曰君令浮晏子時以罰某丘據浮或作匏或作符踰或為遙○釋直吏反為于僞反鄉許亮反匏薄交反

命弦者曰請奏貍首間若一大師曰諾貍吏持反間閒廁之間大音泰○弦鼓瑟者也貍首詩篇名也今逸射義所云

詩曰曾孫侯氏是也間若一者投壺當以為志取節焉○疏曰間若一者謂前後樂節中間疏數如似一也諾承領之辭也

右作樂○記鼓○□○○□□○□

○○□半○□○□○○○□□○

□○魯鼓○□○○○□□○□○

○□□○□○○□□○半○□○

○○□□○薛鼓此魯薛擊鼓之節也圜者擊鼙方者

擊鼓古者舉事鼓各有節聞其節則知其事矣○圜音圓鼙薄迷反其聲下其音揚揚然撅撅音吐臘反○鼓也其聲高其音鏜鏜然鏜音吐郎反○疏曰每一圜點則一擊鼙每一方點則一擊鼓頻有圜點則頻擊鼙頻有方點則頻擊鼓也

取半以下為投壺禮盡用之為射禮投壺之鼓半射節言投壺射之細也射謂燕射○疏曰射與投壺相對用半以前為投壺用全鼓節為射禮又投壺在室在堂是燕樂之事故知此射亦謂燕射非大射及鄉射也

魯鼓○

○○□□○○半○□○□○○○
○□○□○□○辟鼓○□○○○
○□○□○□○○○□○□○○
□○半○□○□○○○○□○二凡

者魯兩家之異故兼列之

右告矢具請拾投有入者則司射坐拾更也告

而釋一筭焉賓黨於右主黨於左

投壺　三十七

矢具請更投者司射也司射東面立釋筭則室以南爲右以北爲左也已投者退各反其位○更古衡反○跪曰左謂主人右謂賓客釋筭皆釋於地益左謂射之前稍南於左謂司射之前稍北也

卒投司射執餘筭

曰左右卒投請數二筭爲純一純以取

一筭爲奇遂以奇筭告曰其黨賢於其

黨若干純奇則曰奇鈞則曰左右鈞大戴

餘字衍色主反純音全奇紀宜反遂筭告一本無句上更有黨勝者曰

射五字誤鈞居旬反○卒已也賓主之黨畢已投司射又請數其所釋左右筭如數射筭一純以取實於左手十純則縮而委之每委異之有餘則橫諸純下一筭爲奇則縮諸純下兼斂筭實於左手一純以委十則異之其他如右獲畢則司射執奇筭以告於賓與主人也若告云某賢於某者未斤主黨勝與賓黨勝與以勝爲賢尚投藝也鈞猶等也等則左右手各執一筭以告○縮色六反它音他勝與之與音餘○跪曰投壺卒司射於壺西東面執筭請曰賓主之黨投壺卒請數筭純全也二筭合爲一全地上取筭之時一純則別而取之

儀礼六　三八

一筭謂不滿純者故云奇遂以奇筭告謂左右數鈞等之餘筭手執以告曰某賢於其若干勝者若雙數則曰若干純隻數則曰若干奇猶十筭則云五純九一筭則云九奇也鈞等也等則左右各執一筭以告曰左右鈞○今按此說差勝卿射賈跣然恐或是九筭則曰四純一奇也

右請投視筭○記侍投則擁矢法見少儀

儀節章

命酌曰請行觴酌者曰諾觴失羊反本或作觴大戴

無命酌至行觴六字別云舉手曰請識
勝者之弟子爲不勝者酌○司射又請
於賓與主人以行正爵酌者勝黨之弟
子○跪曰當酌者許酌乃於西階上南面
設豐洗觶升酌
坐奠於豐上也當飲者皆跪奉觴曰賜
灌勝者跪曰敬養大戴此上有以酌皆
請舉酒六字跪其委
反奉芳勇反灌古亂反養羊尚反○酌
者升酌奠於豐上不勝者坐取乃退而
跪飲之灌猶飲也言賜灌者服而爲尊
敬辭也周禮曰以灌賓客賜灌敬養各
與其偶於西階上如飲射
爵○猶飲之飲於鴆反

儀礼六　三十九

右卒投飲不勝者○記勝則洗而以
請客亦如之不角注見
曰儀
正爵既行請立馬馬各直其筭一馬從
二馬以慶慶禮曰三馬既備請慶多馬
賓主人皆曰諾大戴正上有司正曰三
字請下有爲勝者三字
直如字又持吏反○飲不勝者毋司射
又請爲勝者立馬當其所釋筭之前三
立馬者投壺如射亦三而止也三者一
黨不必三勝其一勝者并其馬於再勝

0008_0396-1　　0008_0395-2

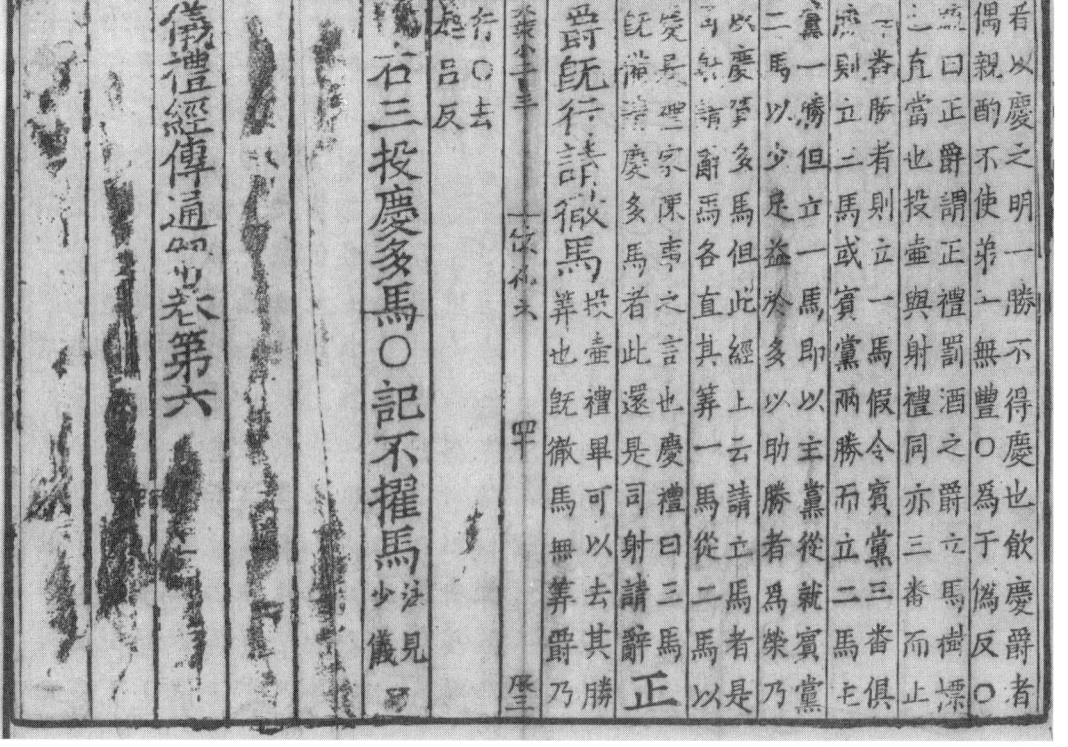

者以慶之明一勝不得慶也飲慶爵者
偶親酌不使弟子無豐○爲于僞反○
疏曰正爵謂正禮罰酒之爵立馬樹標
之直當也投壺與射禮同亦三番而止
一番勝者則立一馬假令賓黨三番俱
勝則立三馬或賓黨兩勝而立二馬主
黨一勝但立一馬即以主黨從就賓黨
二馬以少足益於多以助勝者爲榮乃
以慶筭多馬但此經上云請立馬者是
司射請爵馬各直其筭一馬從二馬以
慶是禮家陳事之言也慶禮曰三馬
既備請慶多馬者此還是司射請辭正
爵既行請徹馬投壺禮畢可以去其勝
筭也既徹馬無筭爵乃
行○去
起呂反
右三投慶多馬○記不擢馬注見
少儀

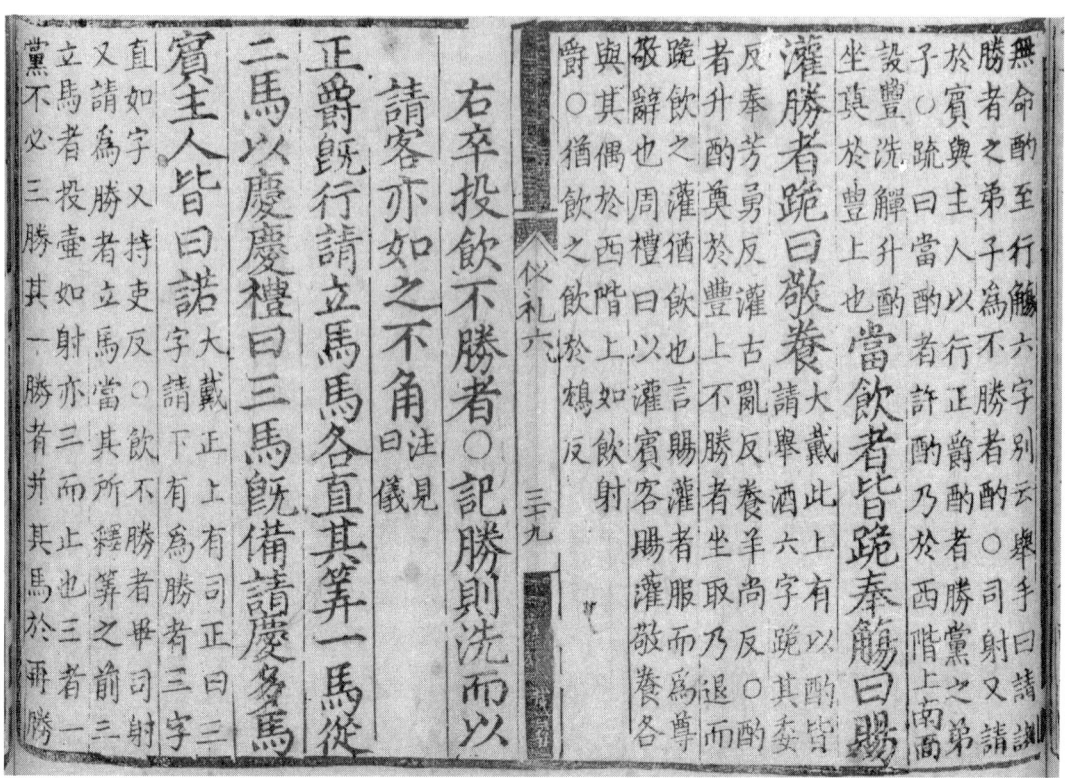

儀禮經傳通解卷第六

0008_0399-2　0008_0400-1

儀禮經傳通解卷第七

鄉飲酒禮第十二　鄉禮三之上

鄉飲酒之禮○主人就先生而謀賓介

介音界○主人謂諸侯之鄉大夫也先生鄉中致仕者賓介處士賢者周禮大司徒之職以鄉三物教萬民而賓興之一曰六德知仁聖義忠和二曰六行孝友睦婣任恤三曰六藝禮樂射御書數鄉大夫以正月之吉受法于司徒退而頒之于其鄉吏使各以教其所治以考其德行察其道藝及三年大比而興賢者能者鄉老及鄉大夫帥其吏與其衆寡以禮禮賓之厥明獻賢能之書於王是禮乃三年正月而一行也諸侯之鄉大夫貢士於其君蓋如此云古者年七十而致仕老於鄉里大夫名曰父師士名曰少師而教學焉恒知鄉人之賢者是以大夫就而謀之賢者爲賓其次爲介又其次爲衆賓而與之飲酒是亦將獻之以禮禮賓之也今郡國十月行此飲酒禮以黨正每歲邦索鬼神而祭祀則以禮屬民而飲酒于序以正齒位之說然此篇無正齒位之事焉凡鄉黨飲酒必於民聚之時欲其見化知尚賢尊長也孟子曰天下有達尊三爵也德也齒

0008_0400-2　0008_0401-1

也○知音智行下孟反頒音班比毗反少詩照反索色白反屬音燭長丁丈反○疏曰處士者有德行道藝而未仕者也賢者即德行者也能者即道藝也鄉老謂三公二鄉公一人也云諸侯之鄉大夫貢士於其君蓋亦如此者約王文故云蓋也又曰若據鄉貢一人其介與衆賓不貢之矣但立介與衆賓輔賓行鄉飲酒之禮待後年還以貢之耳案射義云古者天子之制諸侯歲獻貢士注引舊說大國三人次國二人小國一人大國三鄉次國二鄉小國一鄉所貢之士與鄉同則鄉送一人至君所其國有遂數亦同其鄉并有公邑采地皆有賢能貢之而貢亡與鄉數同不言遂與公邑采地所貢者蓋當鄉送一人至君所君又總校德之大小取以貢之繼取鄉外仍准鄉數爲定鄉大夫雖行飲酒禮賓之于君其簡試仍更行飲酒禮賓之於王又曰禮記云歲十二月合聚萬物而索饗之周謂之十二月即夏之十月農功畢而蜡祭是月黨正聚民於序學中以三時務農將闕於禮此時農隙故行正齒位之禮六十者坐五十者立侍六十者三豆七十者四豆八十者五豆九十者六豆年長者在上是正齒位之法也漢時十月飲酒禮取黨正之文此篇則無黨正正齒位法也民聚之時

儀禮卷七　二

0008_0401-2

大比大蜡之時尙賢據此爲鄉飲酒
黨長據黨正鄉飲酒也但黨正飲酒以
鄉大夫臨觀行禮或鄉大夫皆此黨內
亦名鄉飲酒也引孟子者以證鄉大
夫飲酒是尙德也黨正飲酒尙齒也爵
於此無所當遠引之耳或曰賓若有遠
者一章即尙
爵之義也

右謀賓介

主人戒賓賓拜辱主人荅拜乃請賓賓
禮辭許主人再拜賓荅拜戒警也告也拜辱出拜其

仪礼七 三

0008_0402-1

自屈辱至己門也請告以其所爲來之
事不固辭者素所有志○警音景爲于
僞反○疏曰如賓出門者見冠禮主人
戒賓賓出門左鄉射戒賓亦出門故也
主相見固辭此禮辭即許者賓已知欲
貢己又以學習德業情意相許也案冠
禮主人先拜賓荅拜此賓先拜主人荅
拜者彼冠禮主人戒同寮尊又使之加
冠於子尊重之故主人先拜此則鄉大
夫尊矣賓是鄉人卑矣又將貢己宜尊
主人故賓先拜辱也是以下注云
人拜辱者以送謝之也○今按學成行
[illegible]仕於朝上以致君下以
[illegible]志士之素所有志也主人退賓

0008_0402-2

拜辱退猶去也去又拜辱者以送謝之介亦如之如戒賓也
○疏曰不言衆賓衆賓德劣但謀介賓
亦當謀之故上注兼言其次爲衆賓至
於戒速之日必當遣人戒速使知但畧
而不言故下云賓及衆賓皆從之故鄉
飲酒義云主人親速賓
及介而衆賓自從之也

右戒賓介○記鄉朝服而謀賓介皆

使能不宿戒鄉鄉人謂鄉大夫也朝
服冠玄端緇帶素韠白
屨今郡國行鄉飲酒之禮玄冠而衣
皮弁服與禮異再戒爲宿戒禮將有

儀礼七 四

0008_0403-1

事先戒而後宿戒○
韠音畢衣於旣反

乃席賓主人介席數席也夙興往戒歸
而數席賓席牖前南面
主人席阼階上西面介席西
階上東面○數音手牖音酉衆賓之席
皆不屬焉席衆賓於賓席之西不屬者
不相續也皆獨坐明其德各
○疏曰鄉射云席賓南面東上衆賓
之席繼而西此衆賓之席亦當然但鄉
射言衆者兩欲習衆庶未有所殊別此
飲酒貢於君故衆賓之席皆不屬焉注
[illegible]猶統賓爲
[illegible]南面也尊兩壺于房戶間斯禁

0008_0404-1　0008_0403-2

有玄酒在西設篚于禁南東肆加二勺于兩壺斯如字又音賜勺上灼反○斯禁切地無足者玄酒在西上也

陳也○疏曰凡設尊之法醴尊見其皆在房內冠禮禮子昏禮禮婦是也其尊皆於顯處見其文此及醮子與鄉射特牲少牢有司徹是也言東肆以頭首爲記從西向東爲肆則大頭在西也斯斯也斯盡之名故知切地無足昏禮冠禮皆云禁者士禮以禁戒爲名是以玉藻云大夫側尊用棜士側尊用禁注云棜斯禁也大夫士禮之異也禮器云大夫士棜禁注云棜斯禁也謂之棜者特

牲禮云實獸於棜注云棜之制如今大木輿矣則棜是輿非承尊之物以禁與斯禁無足似輿故名爲棜若然士之棜禁大夫之斯禁名雖異其形同是以禮器同名棜禁也若天子諸侯承尊之物謂之豐上有舟也

設洗于阼階東南南北以堂深東西當東榮水在洗東篚在洗西南肆深申鴆反後皆放此更不音○榮屋翼○疏曰云南北以堂深者堂深謂從堂廉北至房室之壁堂下洗北去堂遠近深淺取於堂上深淺假令堂深二丈洗亦去堂二丈以此爲度云榮屋翼者

0008_0405-1　0008_0404-2

榮在屋棟兩頭與屋爲翼若鳥之有翼故斯干詩云如鳥斯革如翬斯飛與屋爲榮故云榮也

右設席○記蒲筵緇布純純之閏反或章允反○筵席也純緣也○緣以絹反○疏曰公食記云蒲筵常緇布純此不言常文不具也倍尋曰常文六尺也

尊綌冪賓至徹之綌葛也冪覆尊巾

羹定定丁佞反○肉謂之羹定猶孰也○疏曰肉孰即定止然故以定言

之不敢煩勞賓使之至而久俟故以羹定爲速賓時節之限也

主人速賓賓拜辱主人荅拜還賓拜辱速召也還猶退○疏曰聘禮云賓至近郊使下大夫至宵館遂以賓入公食禮使大夫戒賓賓皆不拜送遂從之鄭注云不拜送者爲從之不然事皆不拜送此獨拜送者亦是鄉大夫尊賓卑又擬貢故特拜辱而送之異於餘者

介亦如之如賓也

賓及眾賓皆從之從猶隨也言及衆賓介亦在其中

右速賓○記其牲狗也狗取擇人

0008_0405-2

東北 亨普庚反。祖陽氣之所始也陽氣主養易曰天地養萬物聖人養賢以及萬民。疏曰此據鄉飲酒義而言以正月三陽生之月萬物出地盛於東南故云祖陽氣之所始也引易頤彖辭者義取養賢能而賓舉之事也

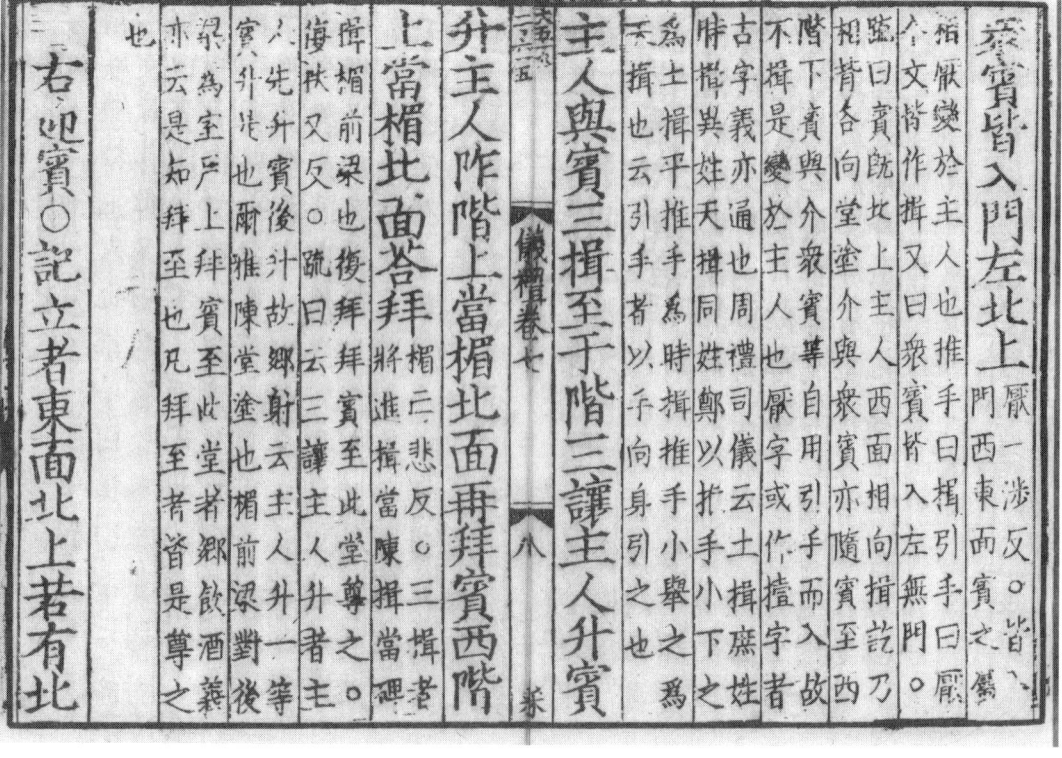

0008_0406-1

主人一相迎于門外再拜賓賓荅拜拜介介荅拜 相息亮反。相主人之吏擯贊傳命者。傳文專反。疏曰主人於羣吏中立一相使傳賓主之命主人乃自出迎賓於大門外鄉飲酒義云主人拜迎賓于庠門之外是也言一相者欲見使一相傳命乃迎也 揖衆賓 差益卑也拜介揖衆賓皆西南面。疏曰上文主人迎賓而拜介是介差卑於賓今於衆賓不拜直揖之而已故云差益卑也賓介衆賓立位在門外以北爲上主人與賓正東西相當則介與衆賓差在南故主人正西面拜賓則側身向西南拜介揖衆賓矣 主人揖先入 揖揖賓也先入門而西面。疏曰庠學唯有一門門向階門內既有三揖故主人導賓揖而先入門至內霤西向待賓也 賓厭介入門左介厭衆賓入

0008_0406-2

衆賓皆入門左北上 厭一涉反。皆入門西東面賓之屬相厭變於主人也推手曰揖引手曰厭今文皆作揖又曰衆賓皆入左無門。疏曰賓既北上主人西面相向揖訖乃相背各向堂塗介與衆賓亦隨賓至西階下賓與介衆賓等自用引手而入故不揖是變於主人也厭字或作撎字者古字義亦通也周禮司儀云土揖庶姓時揖異姓天揖同姓鄭以推手小下之爲土揖平推手爲時揖推手小舉之爲天揖也云引手者以手向身引之也

主人與賓三揖至于階三讓主人升賓

0008_0407-1

升主人阼階上當楣北面再拜賓西階上當楣北面荅拜 楣亡悲反。三揖者將進揖當陳揖當碑揖楣前梁也復拜拜賓至此堂尊之。復扶又反。疏曰云三讓主人升者主人先升賓後升故鄉射云主人升一等賓升是也爾雅陳堂塗也楣前梁對後梁爲室戶上拜賓至此堂者鄉飲酒義亦云是知拜至也凡拜至者皆是尊之也

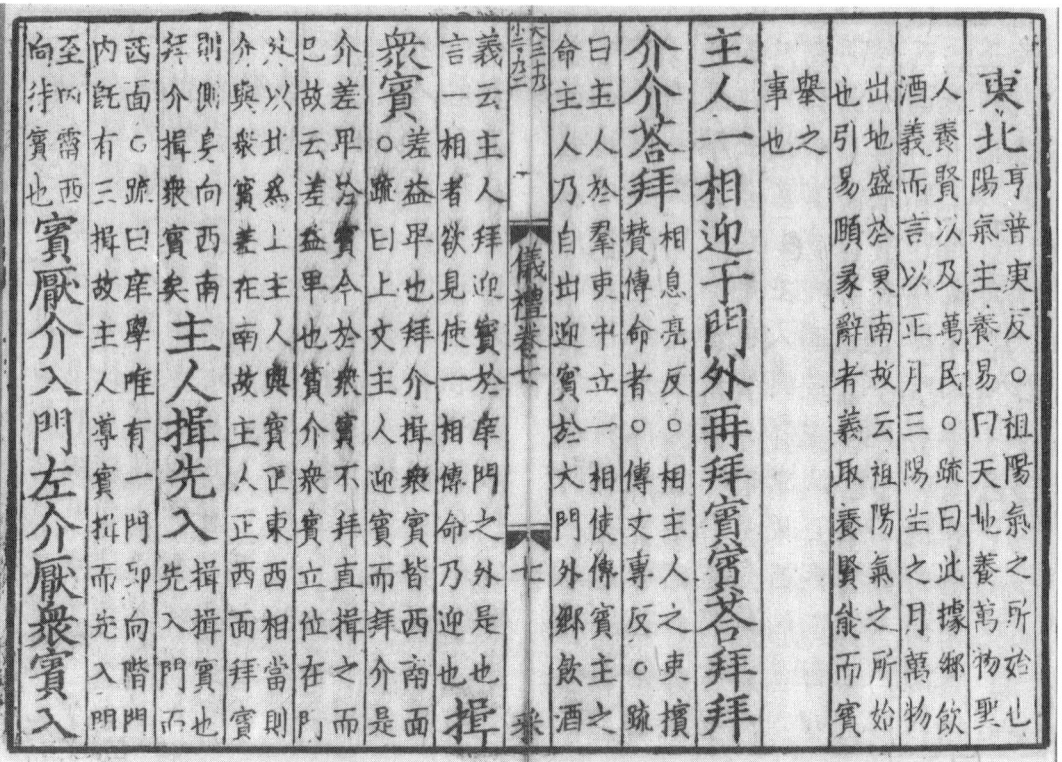

右迎賓○記立者東面北上若有北

0008_0407-2

面者則東上賢者衆寡無常也或統於堂或統於門○疏曰此謂堂下立者鄉人賢者或多或少若少則東面北上統於堂也若多東面立不盡即門西北面東上統於門也

主人坐取爵于篚降洗將獻賓也○疏曰篚在堂上尊南故取之乃降也

賓降從主人也○今按下文云賓復位當西序東面注云言復位者明始降時位在此○疏曰上始降時直云賓降不言處所於此見之是舉下以明上之義又按鄉射禮亦云賓降階西東面故此當取下文附見

儀禮七　九

0008_0408-1

以是之云

主人坐奠爵于階前辭重以己事煩賓也事同曰讓事異曰辭○疏曰獻賓是主人事故重以煩賓也事同謂若主人與賓俱升階而云三讓是也事異若此文主人有事賓無事則曰辭此對文為義若散文則通是以周禮司儀云主君郊勞交擯三辭車逆拜辱三揖三辭拜受是也

賓對對荅也賓主之辭未聞

主人坐取爵興

適洗南面坐奠爵于篚下盥洗已盥乃洗爵致潔敬也今文無奠○疏曰案鄉飲酒義云主人盥洗揚觶所以致絜也拜至拜

0008_0408-2

拜受拜送所以致敬也此止是致絜又言敬者鄭注兼拜至拜受而言耳○

賓進東北面辭洗必進東行示情○疏曰鄉射賓進東北面辭洗彼注云必進者方辭洗宜違其位也言東北面則位南於洗矣是其賓初降立至于序南東鄉至於主人洗爵乃東行故此得北面辭洗也云示情者賓進前就主人示謙下主人之情也

主人坐奠爵于篚興

對賓復位當西序東面言復位者明始降時位在此○疏曰上經奠爵于階前者主人來洗見賓降即奠爵故在階前奠此即至洗將洗爵見賓辭故奠爵於篚與對故不同也

儀禮七　十

0008_0409-1

主人坐取爵沃洗者西北面沃洗者主人之羣吏○疏曰下記主人之贊者注云贊佐也謂主人之屬佐助主人之禮事徹羃沃盥設薦俎是也

卒洗主人壹揖壹讓升俱升古文壹作一○疏曰鄉射云主人卒洗一揖一讓以賓升是俱升也上文主人先升賓乃升者以初至之時賓客之道進宜難故主人升事之至此以辭讓訖故略威儀而俱升也

賓拜洗主人坐奠爵遂拜降盥復盥為手坋汙○為于僞反坋步寸

0008_0409-2　0008_0410-1

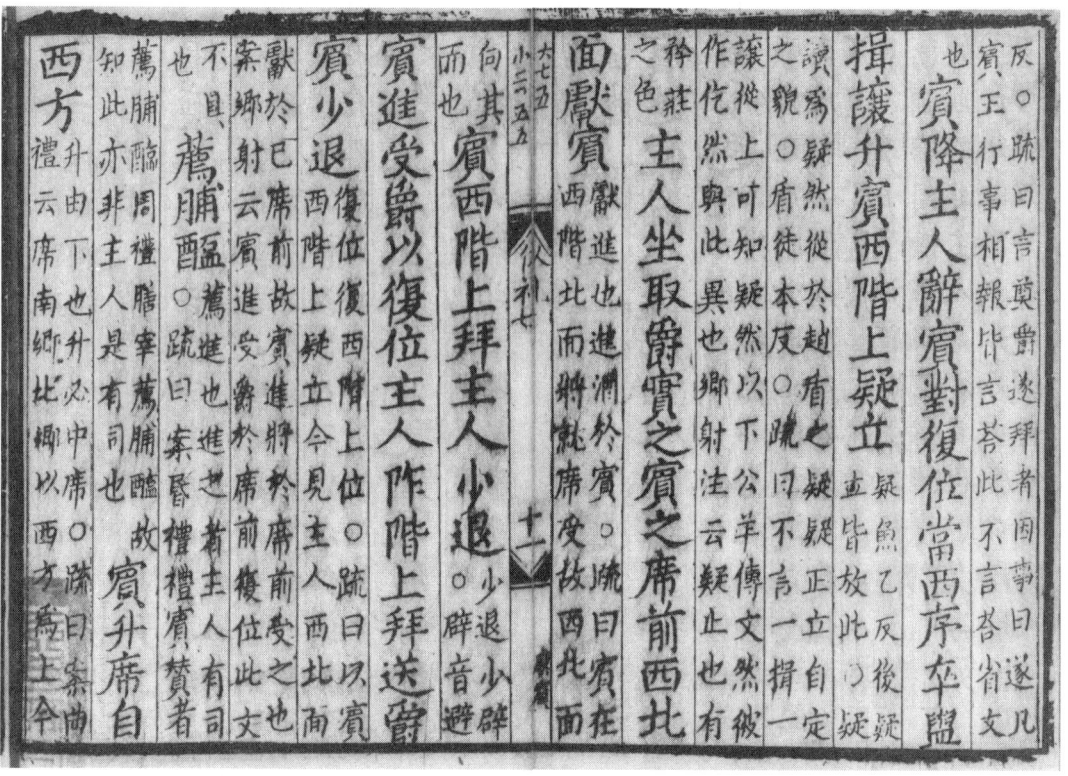

反○疏曰言奠爵遂拜者因事曰遂凡賓主行事相報皆言荅此不言荅省文也賓降主人辭賓對復位當西序卒盥揖讓升賓西階上疑立疑魚乙反後疑立皆放此○疑讀爲疑然從於趙盾之疑疑正立自定之貌○盾徒本反○疏曰不言一揖一讓從上可知疑然以下公羊傳文然彼作佗然與此異也鄉射注云疑止也有矜莊之色主人坐取爵實之賓之席前西北面獻賓獻進也進酒於賓○疏曰賓在西階北面將就席受故西北面向其而也

大七五　小二二五五　儀禮七　十一

賓西階上拜主人少退少退少辟○辟音避賓進受爵以復位主人作階上拜送爵賓少退復位復西階上位○疏曰以賓西階上疑立今見主人西北面獻於已席前故賓進將於席前受之也案鄉射云賓進受爵於席前復位此文不且、也薦脯醢薦進也進之者主人有司○疏曰案昏禮禮賓者薦脯醢周禮膳宰薦脯醢故知此亦非主人是有司也賓升席自西方升由下也升必中席○疏曰案曲禮云席南鄉北鄉以西方爲上今

0008_0410-2　0008_0411-1

升席自西方云升由下者以賓統於主人以東方爲上故以西方爲升由下也乃設折俎折之設反○牲體枝解節折在俎○疏曰凡解牲體之法有全蒸其豚解爲二十一體體解即此折俎是也是以下有賓俎脊脅有介俎脊脅肫胳是體解也主人作階東疑立賓坐左執爵祭脯醢坐坐於席祭脯醢者以右手○疏曰上文賓升席下文降席故知坐在席經云左執爵明祭用右手是以鄉射亦云右祭脯醢奠爵于薦西興右手取肺卻左手執本坐弗

大五、小三十三　儀禮七　十二　宗賓

繚右絶末以祭尚左手嚌之興加于俎繚音了嚌才計反○興起也肺離之本端厚大者繚猶紾也大夫以上威儀多紾絶之尚左手者明垂紾之乃絶其末嚌嘗也○紾音軫上時掌反○疏曰奠爵于薦右者爲取肺奠之將舉故奠於右記云取俎進俎不坐是以取時奠爵興至加于俎又興也云肺離之此是舉肺刲者本謂根本肺之大端此鄉飲酒大夫禮故云繚祭鄉射士禮云絶祭但云繚必兼絶言絶不得兼繚也言大夫以上則天子諸侯亦繚絶兼有但禮篇云無以知也周禮大祝辨九祭七曰絶

0008_0411-2

祭八曰繚祭注云繚祭以手從肺本循之至于末乃絶以祭絶祭不循其本直絶以祭二祭本同禮多者繚之禮略者絶則祭之亦據此與鄉射而言也嚌至齒則嘗之也

坐捝手遂祭酒 捝始兑反○捝拭也古文捝作説○疏曰內則士佩之中有帨則賓客自有帨巾以拭手也

興席末坐啐酒 啐七內反○啐亦嘗也○疏曰席末席之尾也鄉飲酒義云於席末言是席之正非專為飲食也此所以賓禮而賤財也祭薦祭酒嚌肺於席中唯啐酒於席末是賤財之義也云啐亦嘗者亦前肺云嚌是至齒為嘗此酒云啐謂入

大六十六　小二百八十七　儀禮卷七　十三

0008_0412-1

口為嘗

降席坐奠爵拜告旨執爵興主人阼階上荅拜 降席席西也旨美也

賓西階上北面坐卒爵興坐奠爵遂拜執爵興主人阼階上荅拜 卒盡也於此盡酒者明此席非專為飲食起○爲于僞反○疏曰非專為飲食鄉飲酒義文言遂拜者亦因奠爵不起因拜也征此席為賓賢能起故不在席盡爵於此西階上卒之然啐酒於席末亦兼為飲食故以不專言之也

右獻賓○記獻用爵其他用觶 觶之豉反

0008_0412-2

○爵尊不褻用之○疏曰獻賓介衆賓等皆用一升之爵至酬及旅酬之等皆用三升之觶以獻為初相敬故用爵以酬之等皆用為相歡故用觶也

凡舉爵三作而不徒爵 謂獻賓獻大夫獻工皆有薦○疏曰徒空也謂不空以爵獻之而已皆有薦脯醢

薦脯五挺橫祭于其上出自左房 挺大頂反本亦作脡同○挺猶膱也鄉射禮曰祭半膱膱長尺有二寸左在東陽也陽主養房饌陳處也冠禮之饌脯醢南上曲禮曰以脯脩置者左朐右末○膱

大四十七　小二千九十三　儀禮卷七　十四　祥

0008_0413-1

音職朐其于反○疏曰橫祭者於脯為橫於人為縮其挺有五通祭者六故鄉射記云薦脯用籩五膱祭半膱橫于上膱長尺二寸則祭半膱者長六寸此脯不言長短者記文不具也引冠禮者欲見此房中之饌亦南上也引曲禮者欲見此脯設之皆橫於人前也

俎由東壁自西階升 亨狗既熟載之俎饌於東方○疏曰亨狗於東方熟乃載之於俎饌陳於東壁恐由東階升故辨之云自西階升也

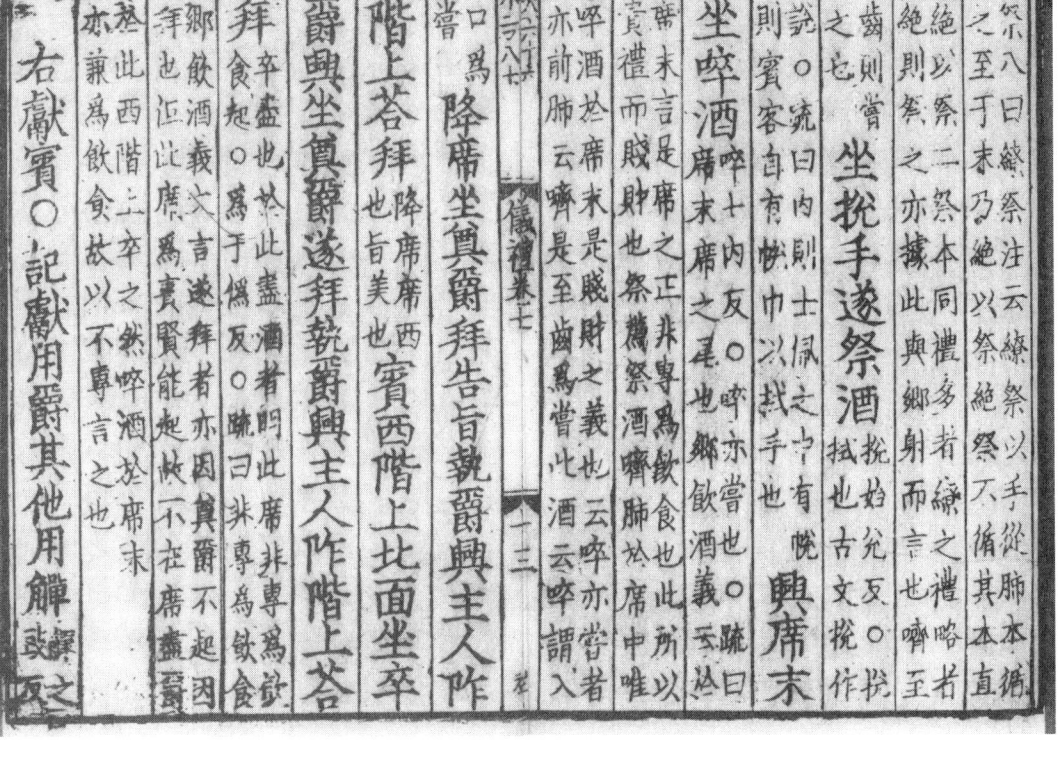

賓俎脊脅肩肺主人俎脊脅臂肺介俎脊脅

0008_0414-1　0008_0413-2

胳肺肺皆離皆右體進腠胳音各腠千

豆反○凡牲前脛骨三肩臂臑也後脛骨二膞胳也尊者俎尊骨卑者俎卑骨祭統曰凡為俎者以骨為主骨有貴賤凡前貴後賤離猶捘也腠理也進理謂前其本也今文胳作骼○脛戶定反臑乃報反膞劉音純捘苦圭反骼古白反○疏曰此序體實用肩主人用臂介用胳其間有臑肫在而介不用者蓋為大夫俎故此闕焉鄉射亦但記賓主之俎而不言介俎注云賓俎用肩主人用臂尊賓也若有尊者則俎其餘體是臑肫為大夫

明矣大夫雖尊不奪實主正禮故用體卑於主人與賓而尊於介也或有介俎肫胳不言者欲見用體無常若有一大夫即介用肫若有二大夫則介用胳故肫胳兩見亦是也云後脛二膞胳也者此皆如特牲少牢不取觳也云祭統者據祭祀歸俎之法先潔飲酒非人之禮引之者取一邊脛有貴賤之義以其賓用肩主人用臂介用胳前貴於後也○今按介俎齊音胳肺印本胳上有肫字然釋文疏音疏又云有臑肫而介不用明本無此字也或都不經亦誤今據音疏刪去

以爵拜者不徒

0008_0415-1　0008_0414-2

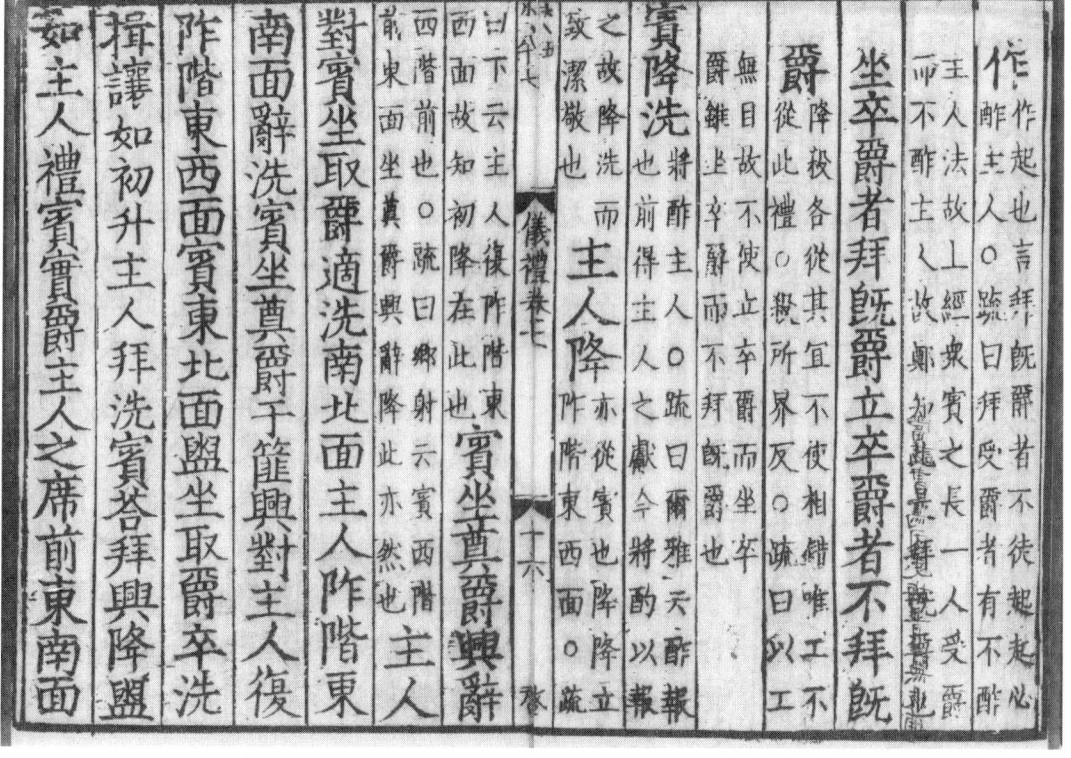

作作起也言拜既爵者不徒起起必酢主人○疏曰拜受爵者有不酢主人法故上經衆賓之長一人受爵而不酢主人故鄭知言起者嫌起必酢

坐卒爵者拜既爵立卒爵者不拜既

爵降殺各從其宜不使相錯唯工不從此禮○殺所界反○疏曰以工無目故不使立卒爵而坐卒爵雖坐卒爵而不拜既爵也

賓降洗將酢主人○疏曰爾雅云酢報也前得主人之獻今將酢以報之故降洗而致潔敬也

主人降亦從賓也降立阼階東西面○疏

曰下云主人復阼階東西面故知初降在此也

賓坐奠爵興辭西階前也○疏曰鄉射云賓西階前東面坐奠爵興辭降此亦然也

主人對賓坐取爵適洗南北面主人阼階東南面辭洗賓坐奠爵于篚興對主人復阼階東西面賓東北面盥坐取爵卒洗揖讓如初升主人拜洗賓荅拜興降盥如主人禮賓實爵主人之席前東南面

0008_0415-2

酢主人主人阼階上拜賓少退主人進

受爵復位賓西階上拜送爵薦脯醢主

人升席自北方設折俎祭如賓禮祭者祭薦俎及酒亦嚌啐○疏曰鄉射賓盥訖將洗主人乃辭洗禮之常也此將賓舉之故未盥而辭洗以重之也○今按此等恐或文有先後未必有此輕重之別也○疏又曰云揖讓如初升者謂前主人卒洗一揖一讓升也云降盥如主人禮者謂如主人降盥禮則此賓降主人亦降賓辭降主人對一與主人降辭已下

儀禮經傳卷七　十七

0008_0416-1

洞也云祭如賓禮者如上賓祭時坐左執爵右祭脯醢奠爵于薦西興右手取肺卻左手執本坐弗繚右絕末以祭尚左手嚌之興加于俎坐挩手遂祭酒興席末坐啐酒故云祭如賓禮云祭者祭薦俎及酒者薦謂脯醢俎即離肺也云亦嚌啐者亦嚌肺啐酒也不告旨酒已物也自席前適阼

階上北面坐卒爵興坐奠爵遂拜執爵

興賓西階上荅拜自席前者啐酒席末因從北方降由便也

○疏曰曲禮席東鄉西鄉以南方為上南鄉北鄉以西方為上凡升席必由下

0008_0416-2

降由上今主人當降自南方以啐酒於席末遂因從席北頭降又從北向南北面[illegible]升由便也主人坐奠爵于序端阼階上北

面再拜崇酒賓西階上荅拜東西牆謂之序崇充也言酒惡相充實○疏曰奠爵于序端者擬後酬賓訖取此爵以獻介也賓告旨甘主人之味故啐則拜之主人謙實以酒惡相充實故飲訖乃拜

右賓酢主人○記主人介凡升席自

北方降自南方席南上升由下降由上由便○疏曰主人

儀禮經傳卷七　十八

0008_0417-1

與介席南方為上故升由下降由上者便也介爵酢爵僎

爵皆居右三爵皆飲爵也介賓之輔也酢所以酢主人也遵謂鄉人為鄉大夫來觀禮者酢或為作僎或為遵古文禮僎作遵○疏曰三人既不被優故辭並居右示為飲之按鄉飲酒介爵及主人受酢之爵諸僎爵皆不明奠置之所故記者於此明之○少儀

主人坐取觶于篚降洗賓降主人辭降賓

不辭洗立當西序東面觶之豉反○不洗者以其將[illegible]

0008_0417-2

〇疏曰酬酒先自飲乃酬賓故云……亦盡洗者禮法宜潔故也主人……辭不言者文略也 卒洗揖讓升賓西階上疑立主人實觶酬賓阼階上北面坐奠觶遂拜執觶興賓西階上荅拜 酬勸酒也酬之言周忠信爲周〇疏曰賓疑立者待主人自飲故也主人將酬賓若不自先飲是不忠信恐賓不飲示忠信之道故先自飲乃飲賓爲酬也忠信爲周國語文 坐祭遂飲卒觶興坐奠觶遂拜執觶興賓西階上

0008_0418-1

荅拜主人降洗賓降辭如獻禮升不拜洗 不拜洗殺於獻〇殺所界反〇疏曰辭如獻禮者主人辭賓降賓辭主人爲己洗爵此與獻賓時同 賓西階上立主人實觶賓之席前北面賓西階上拜主人少退卒拜進坐奠觶于薦西 賓已拜主人奠其觶 賓辭坐取觶復位主人阼階上拜送賓北面坐奠觶于薦東復位 酬酒不舉君子不盡人之歡不竭人之忠……

0008_0418-2

以全交也〇疏曰賓辭者鄉射云一人舉觶于賓與大夫進坐奠于薦右賓與大夫辭坐受觶以興注云辭辭其坐奠觶鄉射注亦云辭主人復親酌己是也

右主人酬賓〇記凡奠者於左 不飲者不欲其妨〇疏曰謂主人酬賓之觶主人奠於薦右客不盡主人之歡奠之於左是不欲其妨後奠爵也 將舉於右 便也〇疏曰謂若下經一人舉觶爲旅酬始二人舉觶爲無算爵始皆奠於右是其將舉者於右以右舉〇 客爵居左其飲居右 客爵

0008_0419-1

謂主人所酬賓之爵也以優賓耳賓不舉奠于薦東是居左也〇疏曰其飲居右者下經一人舉觶于賓賓奠觶于薦西至旅酬賓取薦西之觶以酬主人是也〇少儀

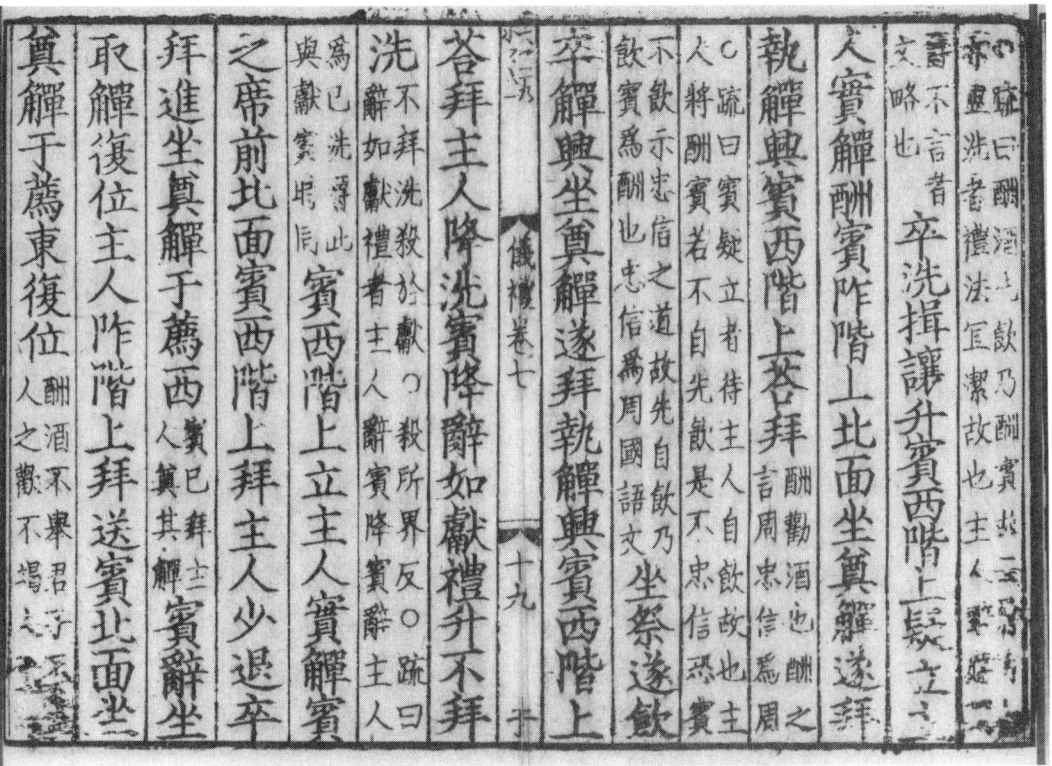

主人揖降賓降立于階西當序東面 主人之將與介爲禮賓謙不敢居堂上 主人以介揖讓升拜如賓禮主人坐取爵于東序端降洗介降主人辭降介辭洗如賓禮升不拜洗 介禮

[illegible]疏曰按上主人迎賓之時介與[illegible]入又主人與賓三揖至於階之[illegible]三讓升如賓禮則唯於升堂時揖[illegible]衆賓亦隨至西階下東面今此[illegible]無此三揖之事矣升堂而云拜者[illegible]云如賓矣云介禮殺也者謂不[illegible]洗是以鄉飲酒義云三讓以賓升拜[illegible]至獻酬辭讓之節繁及介省象是也

升西階上立不言疑者省文主人實爵介之席前西北面獻介介西階上北面拜主人少退介進北面受爵復位主人介右北面拜送爵介少退主人拜于介右降尊以就卑也今文無北面○疏曰云西南面獻介者以介席東面故也主人位在阼階今於獻[illegible]在西階介右是介卑故降主[illegible]西階介之東北面拜也至旅酬[illegible]殺也主人立于西階東薦脯醢介升席自北方設折俎祭如賓禮不嚌肺不啐酒不告旨自南方降席北面坐[illegible]卒爵遂拜執爵興主人介右

答拜不嚌啐下賓○疏曰云主人立于西階東者始獻介之時近西在介右今於設薦之時主人無事猶近東

右主人獻介

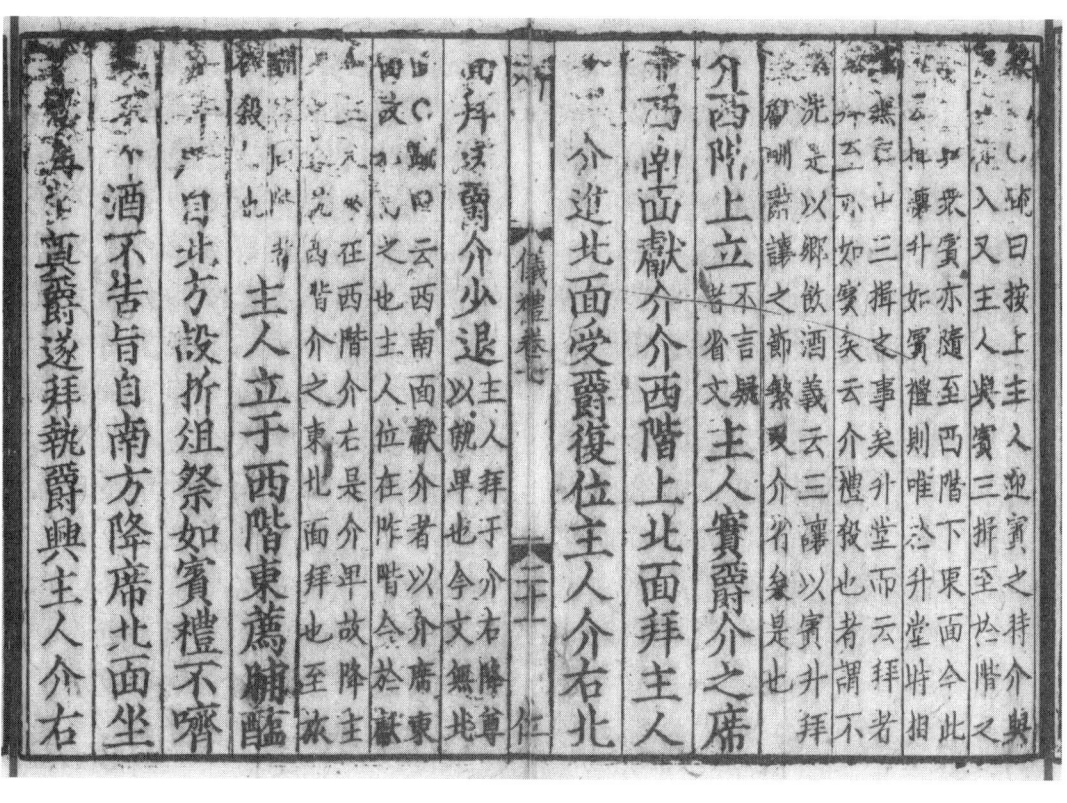

介降洗主人復阼階降辭如初如賓酢之時○疏曰云如初者如賓酢主人之時介辭主人從己降主人辭介為己洗也卒洗主人盥盥者當為介酌○疏曰此主人自飲而盥者尊介也是以鄉射注云盥者雖將酌自飲尊大夫不敢褻是其類也介揖讓升授主人爵于兩楹之閒就尊南授之介不自酌下賓酒者賓主共之○疏曰揖讓升者謂一揖一讓升也云授主人以爵授主人也[illegible]兩楹間是尊南者以上云尊於房戶間當兩楹之北也云下賓者以賓親酌以酢主人由不自酌也鄉飲酒義云尊於房戶之間賓主共之介西階上立主人實爵酢于西階上介右坐奠爵遂拜執爵興介答拜主人坐祭遂飲卒爵興坐奠爵遂拜執爵興介答

主人坐奠爵于西楹南介右再拜崇

酒介荅拜奠爵西楹南以當獻衆賓○疏曰主人既受爵介無事故

下西階上立知此奠爵爲衆賓者按下云主人揖升坐取爵于西楹下是也

主人復阼階揖降介降立于賓南疏曰向來

主人與介行禮於西階上事訖故復阼階揖讓降介降立于賓南者以將獻衆

賓故介無事就賓南也

右介酢主人

主人西南面三拜衆賓衆賓皆荅壹拜

三拜一拜示徧不備禮也不升拜賤也○徧音遍下同○疏曰主人在阼階下

衆賓在賓介之南故西南向拜之衆賓各得主人一拜主人亦徧得一拜是下

備禮鄉射少牢有司徹皆有此文大夫尊故也士則荅再拜故特牲云主人三

拜衆賓衆賓荅再拜鄭云衆賓再拜者士賤旅之得備禮是也○今按此疏云

衆賓各得主人一拜主人亦徧得一拜鄉射疏又云衆賓無問多少止爲三拜

是示徧也然則主人之拜衆賓不能一一拜之但爲三拜以示偏而衆賓之長

者三人各荅一拜也然經及注疏三言衆賓一一拜而無三人之文未詳其說鄉

射放此

主人揖升坐取爵于西楹下降洗

升實爵于西階上獻衆賓衆賓之長升

拜受者三人長丁丈反○長其老者言三人則衆賓多矣○疏曰

云主人揖升者從三人爲首一一揖之而升也云降洗升實爵者以下不更言

洗則以下因此不復洗矣云西階上獻衆賓者下別言衆賓之長三人則衆賓

之中兼言堂下衆賓故鄭云衆賓多矣自三人巳下於下便以次歷言之矣云

拜受者三人則堂下衆賓不拜受矣主人拜送於衆賓右○疏曰約

上文介右而知也坐祭立飲不拜既爵授主人

爵降復位既卒也卒爵不拜立飲立授賤者禮簡○疏曰賓賢能以

賢者爲賓其次爲介不問長幼其三賓德行于賓介則數年之長幼故此衆賓

之長坐祭興賓介同不拜既爵立飲立授則與賤故禮簡也衆賓獻

則不拜受爵坐祭立飲次三人以下也不拜禮彌簡○

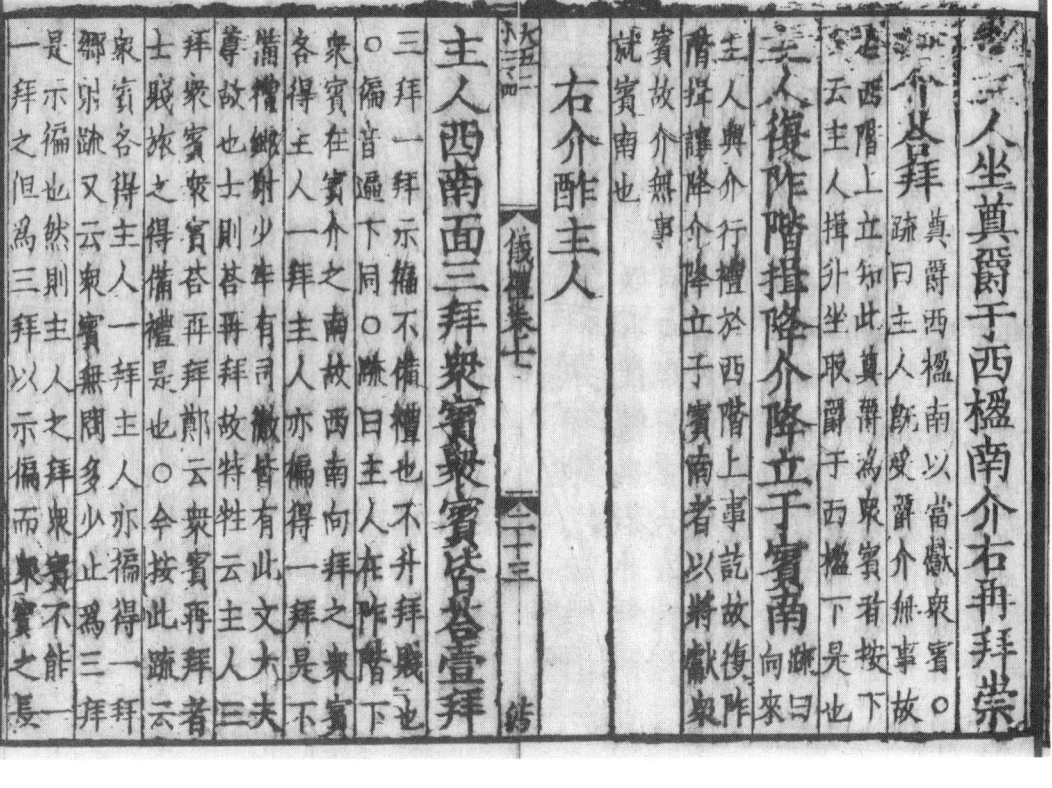

疏曰此堂下衆賓又蒙於三人也每一人獻則薦諸其

0008_0423-2

謂三人也○疏曰以其言席又衆賓下別言衆賓則此是三人也有脯醢辯音遍○亦每獻薦於其位位在下今文辯皆作遍○疏曰以其言堂下立侍不合有席故不言席而云位在下也不言其數者鄉人有學識者皆來觀禮皆入飲酒之內是以鄉射云旅酬堂上辯卒受者與以旅在下者明衆賓一堂下也主人以爵降奠于篚不復用也

右主人獻衆賓○記衆賓之長一人辭洗如賓禮於三人之中復差有尊者餘二人雖爲之洗不

儀禮卷七　二十五　宗

0008_0424-1

敢辭其下不洗○樂正與立者皆薦以齒與音預○謂其飲之次也尊樂正同於賓黨不言飲而言薦以明飲也既飲皆薦於其位樂正位西階東北面○主人之贊者西面北上不與與音預○贊佐也謂主人之屬佐助主人禮事徹冪沃盥設薦俎者西面北上統於堂也與又也不及謂不獻酒無算爵然後與燕乃及之

三揖讓升賓厭介升介厭衆賓升衆賓序

0008_0424-2

升即席序次也即就也今文厭皆爲揖○疏曰衆賓序升者謂三賓堂上有席者以年長爲首以次即席也云今文厭皆爲揖不從者以賓相引以手不得爲揖故也一人洗升舉觶于賓一人主人之吏發酒端曰舉○疏曰此一人舉觶爲旅酬也云發酒端曰舉者從上至下徧飲訖又從上而起也實觶西階上坐奠觶遂拜執觶興賓席末荅拜坐祭遂飲卒觶興坐奠觶遂拜執觶興賓荅拜降洗升實觶立

儀禮卷七　二十六　宗

0008_0425-1

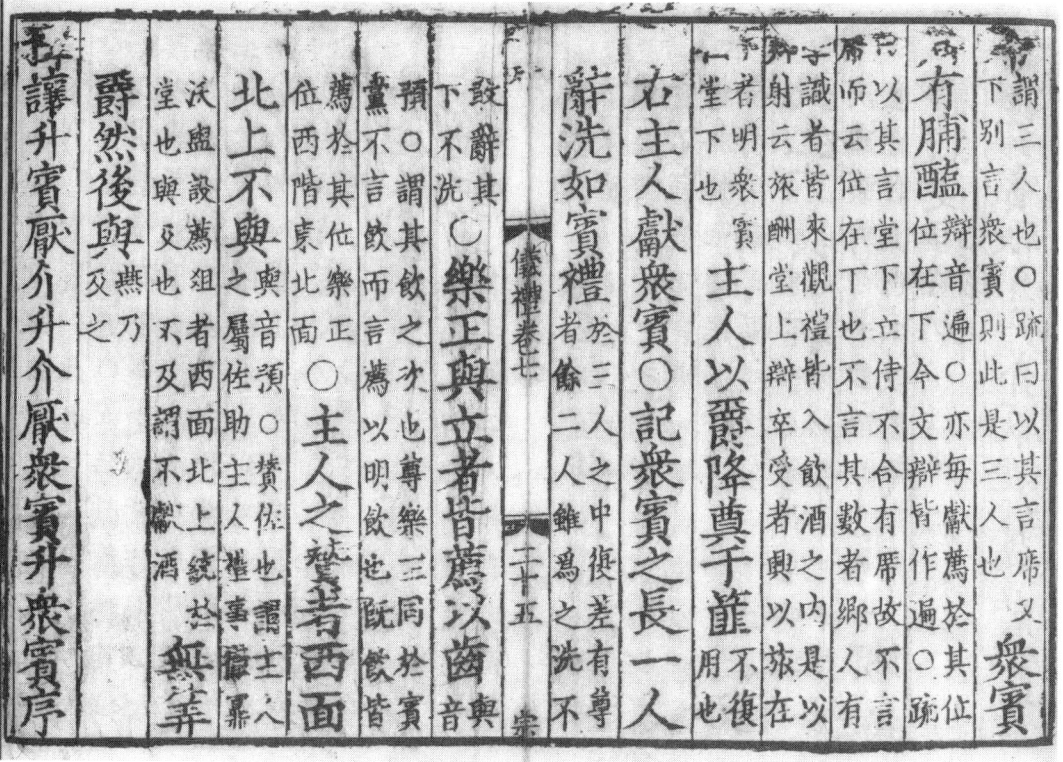

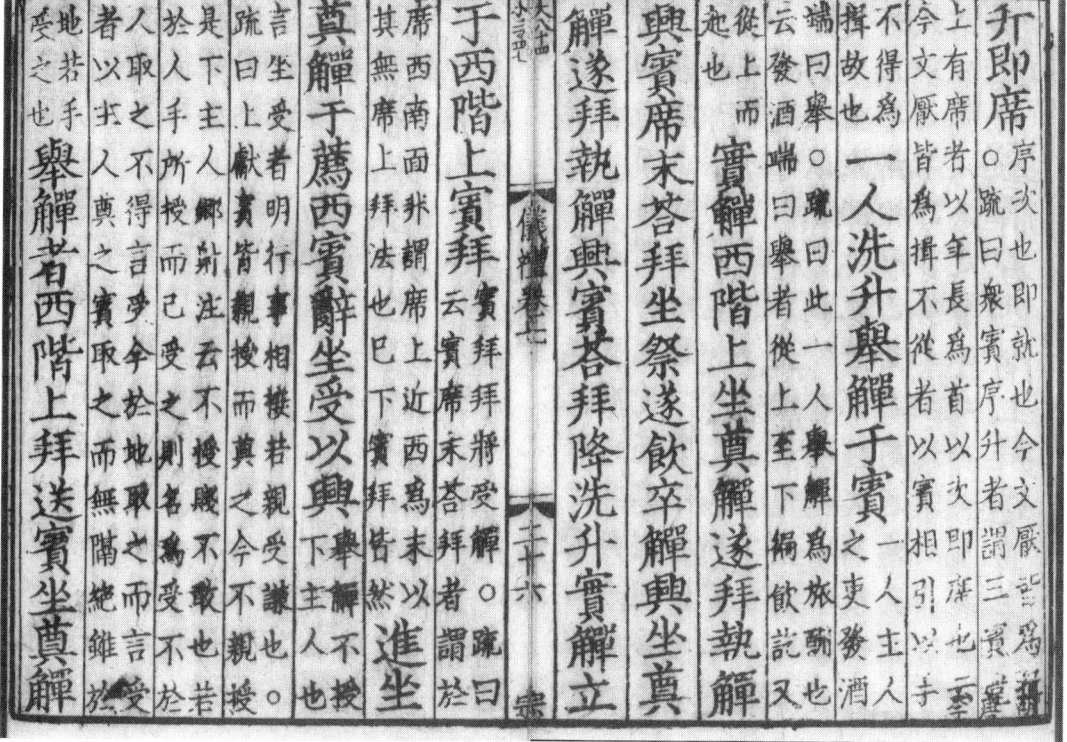

于西階上賓拜賓拜拜將受觶○疏曰云賓席末荅拜者謂於席西南面非謂席上近西爲末以其無席上拜法也已下賓拜皆然進坐奠觶于薦西賓辭坐受以興舉觶不授下主人也言坐受者明行事相接若親受謙也○疏曰上獻賓皆親授而奠之今不親授是下主人鄉射注云不授賤不敢也若於人手所授而已受之則名爲受不於人取之不得言受今於地取之而言受者以其人奠之賓取之而無隔絕雖於地若手受之也舉觶者西階上拜送賓坐奠觶

0008_0426-1　0008_0425-2

于其所 所薦西也○疏曰賓奠於其所者待作樂後立司正賓乃取此觶以酬主人以其將舉觶者降 事已○疏曰案鄉射舉觶者降後有大夫此不言者舉故且奠之於右也大夫觀禮之人或來或否故不言也

右一人舉觶○記樂作大夫不入 樂後賢者○疏曰大夫入當一人舉觶之後未樂作之前以助主人樂賢若樂作之後則後於樂賢者故不入也○今按賓若有遵者其禮詳見篇末及鄉射禮一人舉觶之後

大字 小字 儀禮卷十七 二十七

設席于堂廉東上 爲工布席也側邊曰廉燕禮曰席工於西階上少東樂正先升北面此言樂正先升立于西階東則工席在階東○疏曰引燕禮者欲證此席爲工又以此經云堂廉東上不言階東故取燕禮又此下文以見樂正於西階東而立在工西工則知工席更在階東北面可知也

四人二瑟瑟先相者二人皆左何瑟後首挎越內弦右手相 相息亮反何戶可反挎口孤反○四人大夫制也二瑟二人鼓瑟則二人歌也瑟先者將入序在前也挎持

0008_0427-1　0008_0426-2

賓之少者爲之每工一人鄉射禮曰弟子相工如初入天子相工使視瞭者凡工瞽矇也故有扶之者師冕見及階子曰階也及席子曰席也固相師之道首者變于君也挎持也相瑟者則爲之持瑟其相歌者徒相也越瑟下孔也內弦側擔之者○少申召反瞭音了瞽音古矇音蒙見賢遍反爲于僞反擔丁甘反○疏曰此鄉大夫飲酒而云四人大射諸侯禮而云六人若然士當二人天子當八人爲差次也工四人二人瑟相二人則工二人歌雖不言相亦二人可知以空手無事故不言也天子相工使眡瞭爲之者見周禮眡瞭職云凡樂事相瞽是

大字 小字 儀禮卷廿 二十八

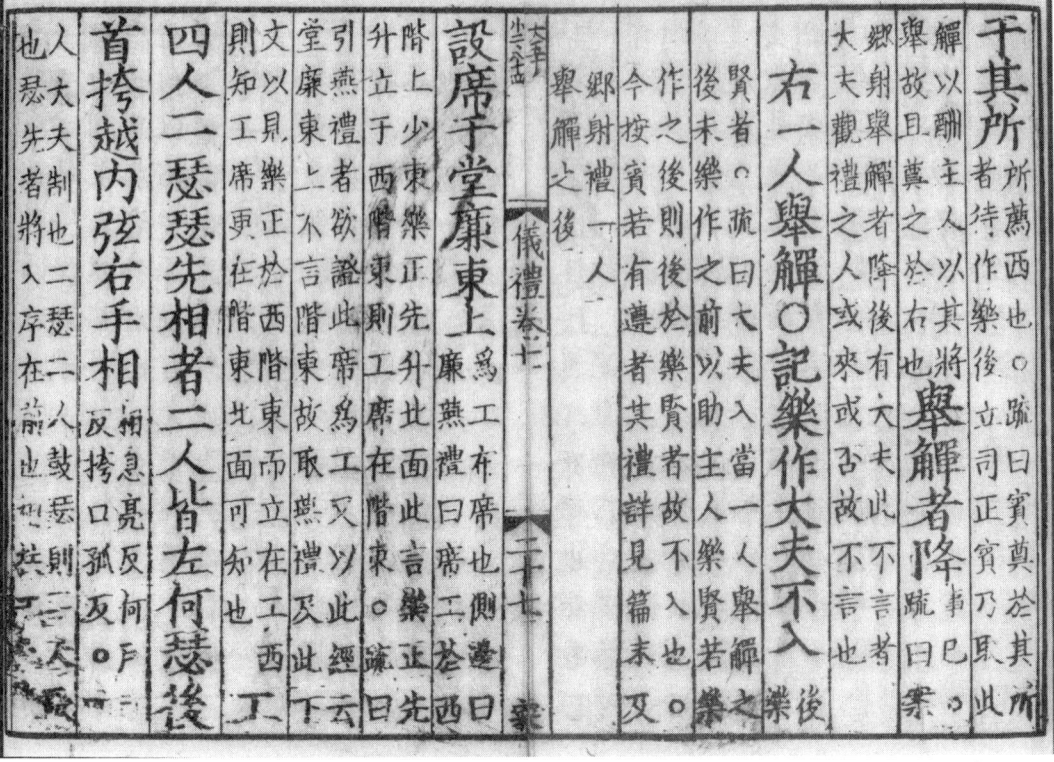

也鄭司農云無目眹謂之瞽有目眹而無見謂之矇有目無眸子謂之瞍燕禮云小臣左何瑟面鼓注云燕尚樂可鼓者在前也此不面鼓是變於君也挎者瑟底有孔越以指深入謂之挎也徒空也無可荷空以右手相側擔之者以左手於外側擔之使弦向內也 樂正先升立于西階東 正長也○疏曰案周禮有大司樂樂師天子之官此樂正者諸侯及大夫士之官當天子大司樂 工入升自西階北面坐相者東面坐遂授瑟乃降 降立于西方近其事○近附近之近○疏

0008_0427-2

曰少[illegible]于樂正適西方命弟子贊工遷樂二遷樂故知西方是近其事也

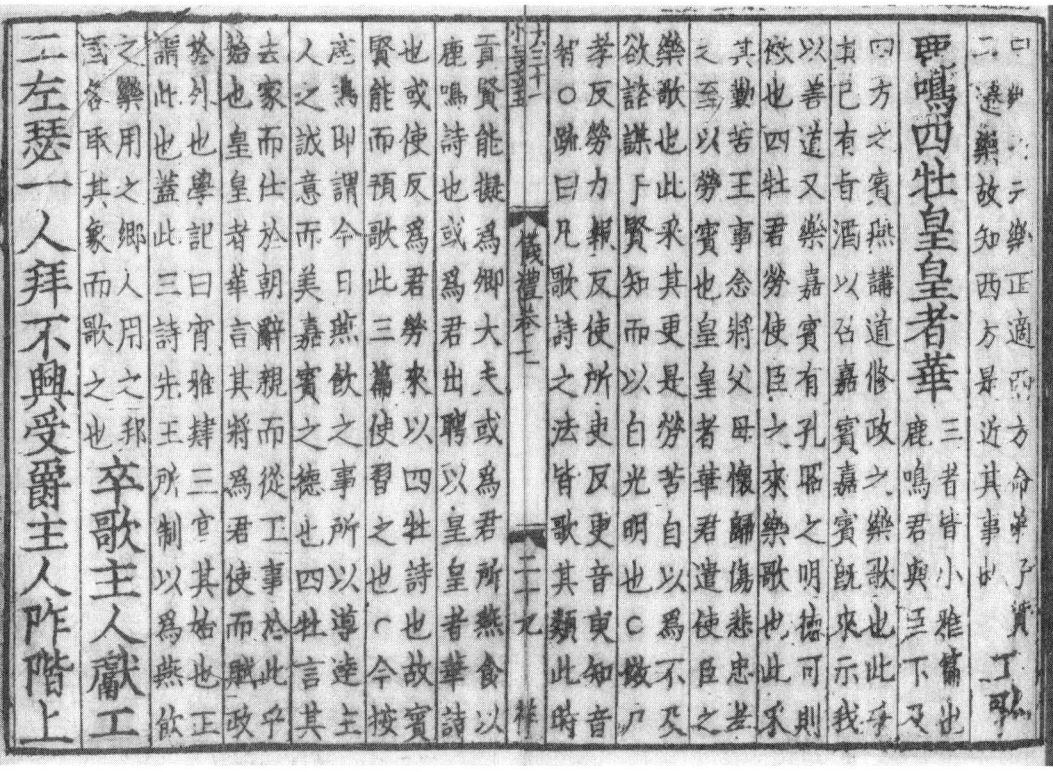

鹿鳴四牡皇皇者華　三者皆小雅篇也鹿鳴君與臣下及
四方之賓燕講道修政之樂歌也此采
其已有旨酒以召嘉賓嘉賓既來示我
以善道又樂嘉賓有孔昭之明德可則
傚也四牡君勞使臣之來樂歌也此采
其勤苦王事念將父母懷歸傷悲忠孝
之至以勞賓也皇皇者華君遣使臣之
樂歌也此采其更是勞苦自以爲不及
欲諮謀于賢知而以自光明也○敖氏
孝反勞力報反使所吏反更音庚知音
智○疏曰凡歌詩之法皆歌其類此時

大三十一　小三十五　儀禮卷七　二十九　祥

0008_0428-1

貢賢能擬爲卿大夫或爲君所燕食以
鹿鳴詩也或爲君出聘以皇皇者華詩
也或使反爲君勞來以四牡詩也故賓
賢能而預歌此三篇使習之也○今按
鹿鳴卽謂今日燕飲之事所以導達主
人之誠意而美嘉賓之德也四牡言其
去家而仕於朝辭親而從王事於此乎
始也皇皇者華言其將爲君使而職政
於外也學記曰宵雅肄三官其始也正
謂此也蓋此三詩先王所制以爲燕飲
之樂用之鄉人用之邦國各取其象而歌之也　**卒歌主人獻工**

工左瑟一人拜不興受爵主人阼階上

0008_0428-2

送爵　一人工之長也凡工或不爲之洗○疏曰工之長者謂就四人
入內爲首者也案此鄉飲酒及燕禮同
是主懽心尚樂之事故有升歌笙間合
樂及其獻工獻笙後間合不獻以前已
得獻故不復重獻鄉射主於射略於樂
無笙間唯有合樂笙工並爲至終總獻
之大射亦主於射略於樂但不間歌不
合樂故有升歌鹿鳴三終主人獻工乃
後下管新宮不復得獻此君禮異於鄉
射也大射不略升歌而略笙間合者二
南是鄉大夫之正小雅是諸侯之正鄉
射不略合樂而大射不略升歌者不可略其正也　**薦脯醢使人**

大五十二　小三十二　儀禮卷七　三十　祥

0008_0429-1

相祭　人相者相其祭酒祭薦　**工飲不拜既爵授主**
人爵　之坐授　**衆工則不拜受爵祭飲辯有**
脯醢不祭　祭飲獻酒重無不祭也今文辯爲徧○疏曰衆工諸事皆
不備前祭飲則知得獻酒無有不祭故
云獻酒重無不祭也其正酬亦祭至旅
酬以下則不祭故下記云凡旅不洗不
洗者不祭鄭注云敬禮殺也不甚潔也
大師則爲之洗賓介降主人辭降工不
辭洗　大[illegible]爲工[illegible]○大夫若君賜之樂器之大師[illegible]爲之洗[illegible]

0008_0429-2　0008_0430-1

賓介降從主人也工大師也上既言獻工矣乃言大師者大師或瑟或歌也其獻之瑟則先歌則後○疏曰天子諸侯有常官則有大師也大夫則無常官君君賜之樂并樂人與之則亦謂之大師賓介降鄉射注云大夫不降尊也此禮雖有大夫亦不降可知也**笙入堂下磬南北面立樂南陔白華華黍**陔古才反○笙吹笙者也以笙吹此詩以爲樂也南陔白華華黍小雅篇也今亡其義未聞昔周之興也周公制禮作樂采時世之詩以爲樂歌所以通情相風切也其有此篇明矣後世衰微幽厲尤甚禮

儀禮卷七　三十一

樂之書稍稍廢棄孔子曰吾自衛反魯然後樂正雅頌各得其所謂當時在者而復重雜亂者也惡能存其亡者乎且正考父校商之名頌十二篇于周大師歸以祀其先王至孔子二百年之間五篇而已此其信也○相如字風古鳳反重直用反父音甫**主人獻之于西階上一人拜盡階不升堂受爵主人拜送爵階前坐祭立飲不拜既爵升授主人爵**一人笙之長者也笙三人和一人凡四人鄉射禮曰笙一人拜于下○和胡卧反○疏曰案鄉射記云三笙一和而成聲注三人吹笙一人吹和凡四人爾雅曰笙小者謂之和是也獻工之時拜送在西階東以工在階東故也此拜送笙之時在西階上以其笙在階下故不同也**衆笙則不拜受爵坐祭立飲辯有脯醢不祭**亦受爵于西階上薦之皆於其位磬南今文辯爲徧○疏曰磬南者休前笙入立于磬南之處也**乃間歌魚麗笙由庚歌南有嘉魚笙崇丘歌南山有臺笙由儀**間間廁之間麗力知反本或作離○間代也謂一歌

儀禮卷七　三十二

則一吹六者皆小雅篇也魚麗言太平年豐物多也此采其物多酒旨所以優賓也南有嘉魚言太平君子有酒樂與賢者共之也此采其能以禮下賢者賢者纍蔓而歸之與之燕樂也南山有臺言太平之治以賢者爲本此采其愛友賢者爲邦家之基民之父母既欲其身之壽考又欲其名德之長也由庚崇丘由儀今亡其義未聞○纍力追反蔓音萬樂音洛治直吏反長如字○劉敞云此三篇皆笙詩也小序云有其義而亡其辭亡謂本無非亡逸之亡也鄉飲酒禮鼓瑟而歌鹿鳴四牡皇皇者華然後笙入堂下磬南北面立樂南陔白華華黍

傳本缺第三十二葉今用張本補

黍燕禮亦鼓瑟歌鹿鳴四牡皇皇者華
然後笙入立于縣中奏南陔白華華黍
南陔以下今無以考其名篇之義
笙曰樂曰奏而不言歌則有聲而無辭
明矣下由庚崇丘由儀放此○今按小
序於此六笙詩皆著其義蓋序者以意
言之令鄭此注亦其義未聞則亦不敢
信其說矣○疏曰此一經堂下吹笙堂
上升歌間代而作故謂之乃間也又云
謂一歌則一吹者謂堂上歌魚麗終堂
下笙中吹由庚
續之以下皆然 乃合樂周南關雎葛覃
卷耳召南鵲巢采蘩采蘋 雎七徐反覃大南反卷九

大十九 小十八七九　儀礼七　三十三　慶尚

轉反召音邵汪同蘋毗人反○合樂謂
歌樂與衆聲俱作周南召南國風篇也
王后國君夫人房中之樂歌也關雎言
后妃之德葛覃言后妃之職卷耳言后
妃之志鵲巢言國君夫人之德采蘩言
國君夫人不失職采蘋言卿大夫之妻
能循其法度昔大王王季居于岐山之
陽躬行召南之教以興王業及文王而
行周南之教以受命大雅云刑于寡妻
至于兄弟以御于家邦謂此也其始一
國耳文王作邑于豐以故地爲卿士之
采地乃分爲二國周周公所食召召公
所食於時文王三分天下有其二德化
被于南土是以其詩有仁賢之風者屬

之召南焉有聖人之風者屬之周南
教之所由民之本一政之端出以
著其教之原也故國君與其臣下及四
方之賓燕用之合樂也鄉樂者風也小
雅爲諸侯之樂大雅頌爲天子之樂鄉
飲酒升歌小雅禮盛者可以進取燕
合鄉樂禮輕者可以逮下也春秋傳曰
肆夏繁遏渠天子所以享元侯也文王
大明緜兩君相見之樂也然則諸侯相
與燕升歌大雅合小雅天子與次國小
國之君燕亦如之與大國之君燕升歌
頌合大雅其笙間之篇未聞○知若然
反岐其宜反采地之采七代反校爻盧
反夏戶雅反遏於葛反○疏曰歌樂衆

大二十八　儀礼一　二十四　慶尚

聲俱作者謂堂上有歌瑟堂下有笙磬
合奏此詩也燕禮記云有房中之樂注
云弦歌周南召南之詩而不用鐘磬之
節謂之房中者后夫人之所諷誦以事
其君子是也亦有用鐘鼓奏之者諸侯
卿大夫燕饗亦得用之故用鐘鼓婦人
用之乃不用鐘鼓則謂之房中之樂也
后妃夫人同是文王之化召南是文王
未受命已前之事諸侯之禮故繼夫人
爲方是文王受命稱王之後天子之禮
故稱后云國君與其臣下賓客燕之
合樂者據燕禮而言也云鄉樂者亦云
燕禮記云遂合鄉樂者也云小雅則升
歌鹿鳴之等是也云大雅頌肆夏繁遏

0008_0433-2

樂之事是也鄉飲酒爲[illegible]
諸侯之樂饗禮盛也[illegible]
以燕禮爲故可以逮下也鄭君[illegible]
下而言其實饗燕同樂知者[illegible]
晉侯饗之歌鹿鳴之三是與[illegible]
燕然小雅云饗或進取燕[illegible]
一奏爲穆亦逮下也穆叔對曰三夏天子[illegible]
以享元侯也文王兩君相見之[illegible]
爲所以嘉寡君也敢不拜嘉司[illegible]
肆夏繁遏渠是頌謂天子之樂[illegible]
師杜子春注引呂叔玉云肆[illegible]
繁遏執競也渠思文也鄭君不[illegible]
爲詩篇名頌之族類也此歌之大[illegible]
在樂章樂崩亦從而亡之是以[illegible]

儀禮卷七

0008_0434-1

貝也○今按二南之分注疏說[illegible]
唯程子曰以周公主內治故以[illegible]之
詩言文王太姒之化者屬之周南以召
公掌諸侯故以畿外之詩言列國諸侯
大夫之室家被文王太姒之化而成德
者屬之召南此爲得之謂之南者言其
化自岐雍之間被于江漢之域自北
而南也詩曰以雅以南即謂此也[illegible]

告于樂正曰正歌備樂正告于賓乃降

樂正降者以正歌備無事也降立西階
東北面○疏曰以其上堂時在西階之
東北面知降堂下亦然在笙磬之
西亦得臨堂下之樂知位在此也

0008_0434-2

右樂賓○記磬階間縮霤北面鼓之

縮所六反霤力又反○縮從也霤以
東西爲從故猶擊也大夫而特縣方
賓鄉人之賢者從士禮也射則磬亦
東古文縮爲蹙○從子容反縣音玄
蹙子六反○疏曰鄭知此是諸侯之
卿大夫者案春官小胥掌樂縣之法
而云凡縣鐘磬半爲堵全爲肆注云
鍾磬者編縣之二八十六枚而在一虡
謂之堵鐘一堵磬一堵謂之肆半之
者謂諸侯之卿大夫士也諸侯之卿
大夫半天子之卿大夫西縣鐘東縣
磬士半天子之士縣磬而已今不

儀禮卷七

0008_0435-1

唯縣磬而無鐘[illegible]賓鄉人之賢者又
從士禮也若天子卿大夫賓賢雖從
士禮亦鐘磬俱有矣○今案此所引
春官注文則全爲肆者天子之卿大
夫判縣二肆鐘磬各二堵也士特縣
一肆鐘磬各一堵也半之者諸侯之
卿大夫半天子之卿大夫判縣
西鐘東磬各一堵也士則縣磬一
而已射則磬在東者據鄉射而言
避射位故在東與此階間異也

工與笙取爵于上篚既獻奠于下篚

[illegible]也如是則獻大夫亦[illegible]
上篚三爵○疏曰上篚三爵者獻賓[illegible]

0008_0436-1　　0008_0435-2

[illegible]
以上能一[illegible]
笙升上笙二[illegible]
入以爵降洗獻
有三爵也
故知上能 其笙[illegible]
入拜送爵也於工拜於[illegible]坐于西階東也古文[illegible]
經上人獻笙於西階[illegible]又言之爲拜送爵也

降席自南方 不由北方由便 曰主人之席南面

下降由上其常而言由便者所以升由下降由上者是由便也

儀禮卷七　三十七

降 賓介不從疏曰則特也賓介不從故言州以方燕禮發故也 **作相**

爲司正司正禮辭許諾主人拜司正荅

拜相息亮反○作使也禮樂之正既成將留賓爲有解惰立司正以監之拜其許○爲于僞反解古賣反惰徒卧反臨古銜反○疏曰上經云一相迎于門外今將燕使爲司正監察賓主之事也主人與賓行獻酢之禮畢是禮成也六歌笙間合樂三終是樂成也故鄭據言禮樂之正既成也 **主人升**

復席

0008_0437-1　　0008_0436-2

右立司正

司正洗觶升自西階阼階上北面受命于主人主人曰請安于賓司正告于賓賓禮辭許 爲賓欲去留之告賓於西階○疏曰鄉射云司正升自西階由楹內適阼階上北不言由楹內者省文也鄉射云司正西階上請安于賓 **司正告于主人主人阼階上再拜賓階上荅拜司正立于楹間以相拜皆揖**

儀禮卷七　三十八

復席 再拜拜賓許也司正既以賓許告主人遂立楹間以相拜賓主既拜揖就席○疏曰凡相拜若當在一拜前今在賓拜下者以經云司正一主人因即拜賓賓即荅拜是禮之得先言相拜故退之在下也[illegible]正告于主人遂立楹間以相拜主人阼階上再拜賓西階上荅拜是以[illegible]

司正實觶降自西階階間北面坐奠觶退共少立 共拱也少立自正愼其位也[illegible]

[illegible]

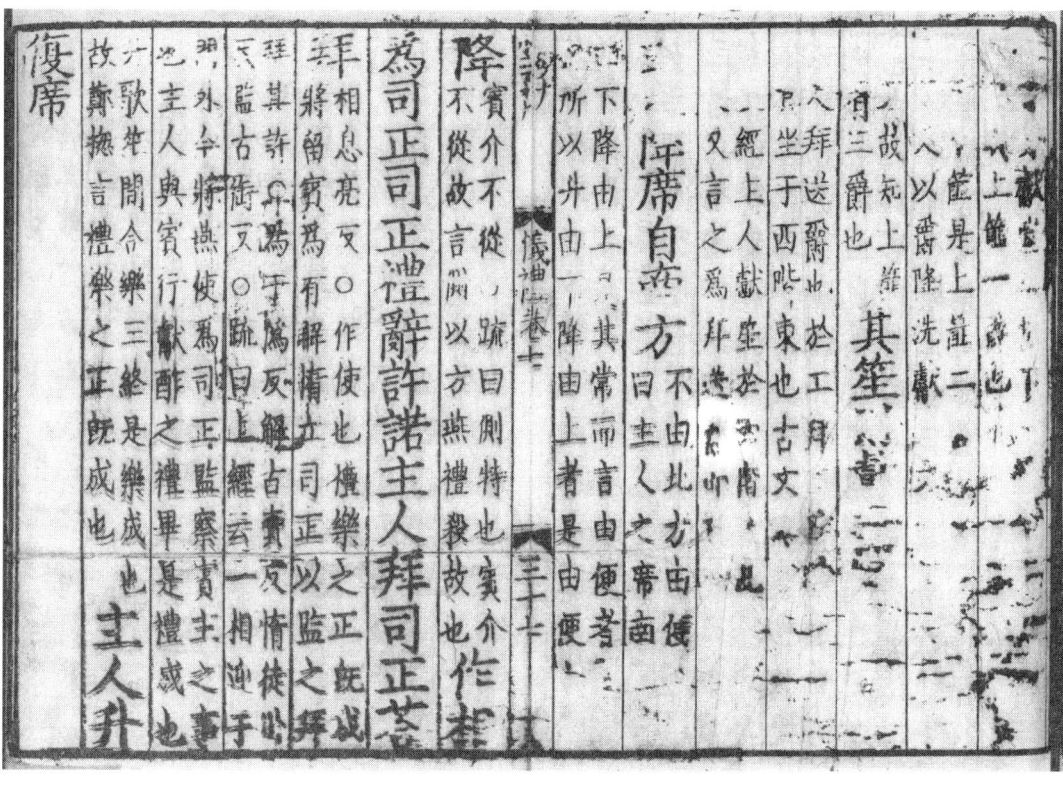

0008_0437-2

心疏云階間謂兩階之間東西等也鄉射云司正中庭北面坐奠觶曰正慎其位旣云賓主亦皆正慎其位也燕禮曰司正降自西階右還北面取不背其君此亦當右還北面取不背大夫也坐取觶不祭遂飲卒觶興坐奠觶遂拜執觶興洗北面坐奠觶于其所退立于觶南洗觶奠之示潔敬立於其南以察衆○疏曰鄉射大射皆直云取觶洗南面反奠於其所不云盥此經本有盥者誤今删去

儀禮卷七　三十九

0008_0438-1

右司正舉觶○記司正旣舉觶而薦諸其位司正主人之屬也無獻因其舉觶而薦之○疏曰記又云主人之贊者西面北上不與無筭爵然後與是無獻也

賓北面坐取俎西之觶阼階上北面酬主人主人降席立于賓東初起旅酬也凡旅酬者少長以齒終於沃盥者皆弟長而無遺矣○長丁丈反弟大計反○疏曰云取俎西之觶者謂前一人舉觶奠于薦右今旅酬而舉之前主人酬賓奠于薦東今

0008_0438-2

者不舉故言俎西以別之云主人降席云自南方北方者下記云主人介凡升席自北方降席自南方指此文也記云主人之贊者西面北上不與與又也不及謂不及獻酒也言不及獻酒旅酬亦不與矣旅酬所以酬正獻也記又云無筭爵然後與此旅酬得終於沃洗者鄉解酬之大法故連引無筭爵旅酬而言終沃洗也其實此解未及沃洗也賓坐奠觶遂拜執觶興主人荅拜不祭立飲不拜卒觶不洗實觶東南面授主人賓立飲卒觶因更酌以鄉主人將授○鄉許亮反主人阼階上拜賓少退主人

儀禮卷七　四十

0008_0439-1

受觶賓拜送于主人之西旅酬同階禮殺○疏曰正酬時不同階今同階故云禮殺也賓揖復席酬主人說主人西階上酬介介降席自南方立于主人之西如賓酬主人之禮主人揖復席其酌實觶西南面授介自此以下旅酬酌者亦如之○疏曰知西南面授介者案賓酬主人時於阼階上東南面向之則知凡主人酬介于西階上西南面可知云

0008_0439-2

賓北…下…酬者亦如之者…
入酬介其酬酌介賓觶西南面授之
一如其旅酬皆西階上故也○今按賓主
之相酬初皆北面但賓觶之後授觶之
時賓介則東南面授主人主人則西南
面授介已受之後即授者ㄱ還北面之
位賓介則拜送於主人之西主人則拜
送於介之東皆北面也故下文受介酬
者得由其東亦既受
乃還北面拜送也　**司正升相旅曰某**
子受酬受酬者降席相息亮反下注升相同○旅序也於
是介酬衆賓衆賓又以次序相酬某者
衆賓姓也同姓則以伯仲別之又同則

0008_0440-1

以且字別之○別彼列反○疏曰上文
作相爲司正爲有懈惰立司正以監之
今以賓主及介旅酬不監之至衆賓乃
監者以其主人與賓介習禮已久又各
一位不嫌失禮至於衆賓或不久習禮
又同在一位恐其失禮故須監之也
司正退立于序端東面辟受酬者又便其贊上贊下也
始升相西階西北面○辟音避○疏曰
司正初時在堂上西階西北面命受酬
者說退立于西序端東面者一則案此
下文衆受酬者受自左即是司正立處
故須辟之二則東面時贊上贊下便也
云始升相西階西北面者雖無正文以

儀禮卷七　四十一　信

0008_0440-2

衆賓之席在賓西南面介酬在西階上
司正升相旅當在西階西北面命賓故
知位如此也　**受酬者自介右**由介東也尊介使不失故位○
疏曰北面以東爲右故鄭云由介東
也凡授爵之法者授由其左受由其左
即下文衆授酬者是也此受介酬者應
自介左而自介右者介位在西故云尊
介使不失故位也　**衆受酬者受自左**後將受酬者皆由西
變於介也今文無衆酬者○疏曰言衆
受酬者謂上衆賓之內爲首者一人自
介右受之自第二以下升堂下衆賓皆
自左受之言變於介者即是授受之常

0008_0441-1

法也　**拜興飲皆如賓酬主人之禮**嫌賓以下異也
辯卒受者以觶降坐奠于篚辯辯衆賓之在下者
鄉射禮曰辯遂酬在下者皆升受酬于西階上○疏曰引鄉射者經直言辯文
不具故引以證也　**司正降復位**觶南之位○疏曰以相旅畢堂
上無事故降復觶南之位
右旅酬○記凡旅不洗敬禮殺也○疏曰云…
二人舉觶皆爲旅始不可不自潔…爲洗自此以後旅酬皆不洗…

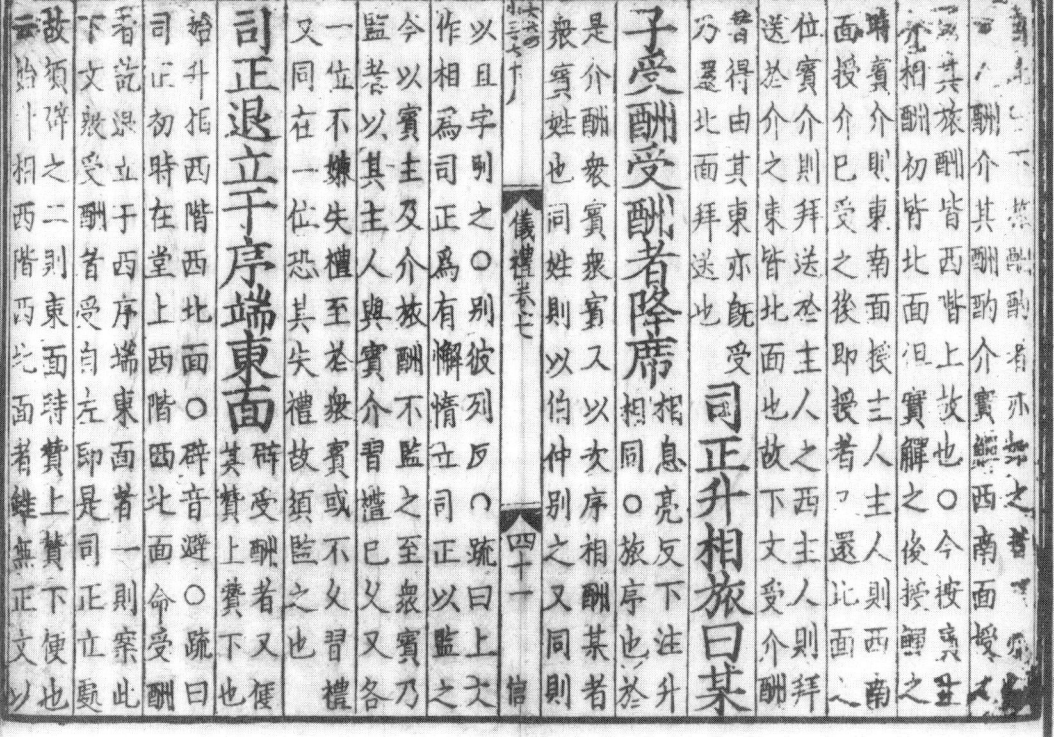

儀禮卷七　四十二　韋

0008_0441-2

洗者不祭不甚絜也○既旅士不入後正禮也

既旅則將燕矣○疏曰旅謂旅酬所酬獻皆拜受故云正禮既旅之後無算爵行燕飲之法非正禮故士不入後正禮故也

使二人舉觶于賓介洗升實觶于西階上皆坐奠觶遂拜執觶興賓介席末荅拜皆坐祭遂飲卒觶興坐奠觶遂拜執觶興賓介席末荅拜二人亦主人之吏若有大夫則舉觶

0008_0442-1

于賓與大夫燕禮曰媵爵者立于洗南西面北上序進盥洗○媵以證反○疏曰云賓介席末荅拜者賓於席西南面荅拜介於席南東面荅云若有大夫則舉觶于賓與大夫者以其大夫尊於介故也逆降洗升實觶皆立于西階上賓介皆拜於席末拜○疏曰賓在席西南面介在席南東面以其既旅荅拜故同前席末拜也皆進薦西奠之賓辭坐取觶以興介則薦南奠之介坐受以興退皆拜送降賓介奠于其

0008_0442-2

所賓言取介言受尊卑異文今文奠爲[illegible]設○疏曰一人之賓所奠觶于薦西一人之介所奠觶于薦南又云尊者尊卑者物言取是以家語云定公假馬於季氏孔子曰君於臣有取無與故賓尊言取介卑言受也

右二人舉觶

司正升自西階受命于主人主人曰請坐于賓賓辭以俎至此盛禮俱成酒清肴乾賓主百拜強有力者猶倦焉張而不弛弛而不張非文武之道請坐者將以賓燕也俎者肴之貴

0008_0443-1

者辭之者不敢以禮殺當貴者○弛式氏反○疏曰鄉射司正升自西階阼階上受命于主人適西階上北面請坐於賓亦是使司正傳語於賓也又云自此以上皆立行禮人皆勞倦故請坐於賓也云俎者肴之貴者謂骨體貴而肉賤坐自旅以前立行禮是盛自此後無算爵坐以禮謂之殺故今將坐辭以俎不敢以禮殺當貴者故燕禮司正奠觶于中庭請徹俎而坐此禮司正監旅訖二人舉觶後將行無算爵始請坐于賓燕禮司正之前云二人致爵三舉旅得爵多說司正奠時即坐燕此禮由來未行旅酬故使二人舉觶徹俎後乃坐也

0008_0443-2　0008_0444-1

告賓請徹俎賓許司正傳請告之○傳大專反

降階前命弟子俟徹俎西階前也弟子賓之少者俎者肴之貴者

主人之吏設之使弟子俟徹者明徹俎賓之義○少申召反○疏曰賓敬主人而使弟子徹俎故云賓之義也

司正升立于席端待事○疏曰司正已命即升立于席端弟子仍未徹也故云待事也

賓降席北面主人降席阼階上北面介降席西階上北面遵者降席席東南面皆立相須徹俎也遵者謂此鄉之人仕至大夫者也今來助主人樂賓主人所榮而遵法者也因以爲名或有無來不來用時事耳今文遵爲僎或爲全○疏曰皆立者將取俎須徹主人須待也待受俎之人至一時徹俎授人遵不北面者以其尊故席東南面設之也下文云賓若有遵者若諸公則大夫之辭故知或有或無來與不來事在當時故云用事耳

儀礼七　四五

賓取俎還授司正司正以降賓從之主人取俎還授弟子弟子以降自西階主人降自阼階介取俎還授弟

0008_0444-2　0008_0445-1

子弟子以降介從之若有諸公大夫則使人受俎如賓禮衆賓皆降取俎者皆鄉其席既授弟子皆降復初入之位○疏曰下云揖讓如初升故知此降時亦復初入之位位在東階西階相讓也

右徹俎○記徹俎賓介遵者之俎受者以降遂出授從者從才用反○送之○疏曰以上文無出之文故記之

主人之俎以東藏於東方○疏曰以上文不言以東故記人辨之

儀礼七　四六

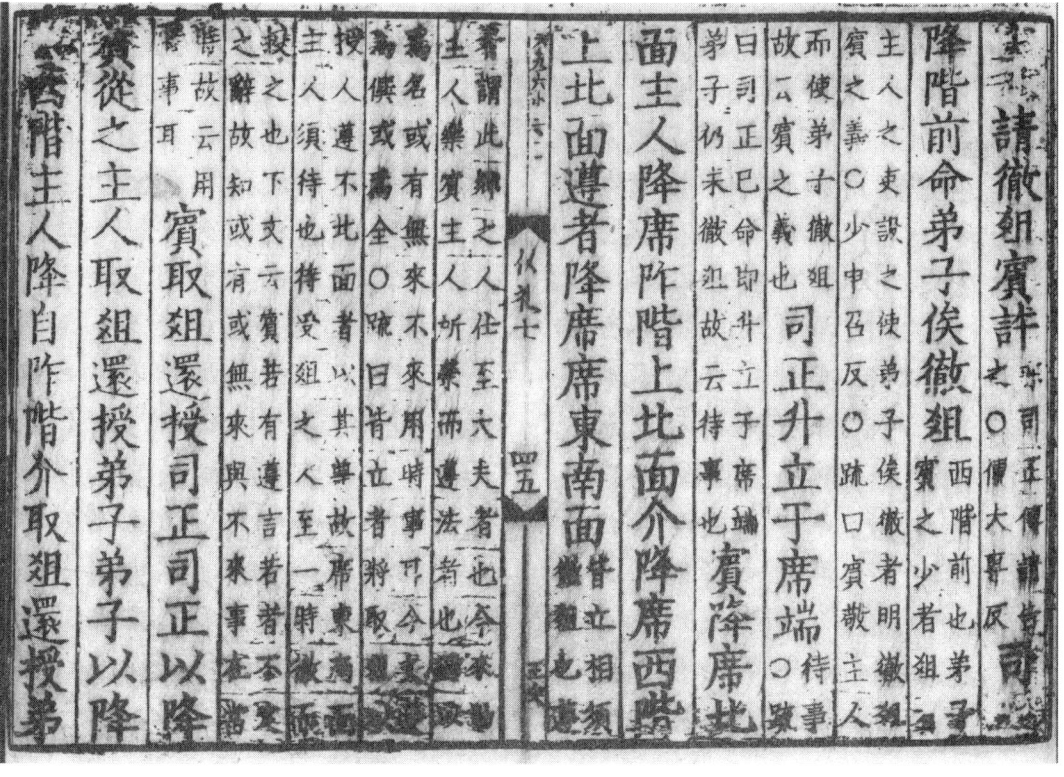

說屨揖讓如初升坐說吐活反○說屨者爲安燕當坐也必說於下者屨賤不空居堂說屨主人先左賓先右今文說爲稅○疏曰云初升坐者謂賓主初入揖讓而升堂也凡堂上行禮之法立行禮不說屨坐則說屨屨空則不宜陳於側故降說屨然後升坐也曲禮云上於東階則先右足上於西階則先左足鄭注云近於相鄉敬也玉藻著屨之法坐左納右坐右納左今說之亦北面鄉階主人先坐左賓乃先坐右亦取近於相鄉敬之義也

0008_0445-2

羞羞進也所進者狗胾醢[illegible]所以致敬也今進羞所以盡愛也敬之愛之所以厚賢也○胾壯吏反鄉許亮反作嚮同○疏曰知所進者狗胾醢者案下記云其牲狗禮記又云薦羞不踰牲則所羞者狗胾也但醢是舊作之牲諸經又不見以狗作醢則胾必狗也醢則當兼有餘牲也骨體貴人不食故云致敬胾醢賤人所食故云盡愛也

無筭爵筭數也賓主燕飲爵行無數醉而止也鄉射禮曰使二人舉觶于賓與大夫又曰執觶者洗升實觶反奠於賓與大夫皆是○疏曰引鄉射禮者此無筭爵從首至末更從上至下唯醉

0008_0446-1

乃止

無筭樂燕樂亦無數或間或合盡歡而止也春秋襄二十九年吳公子札來聘請觀于周樂此國君之無筭○札壯八切○疏曰上升歌笙間合樂皆三終言有數此即無也或間如上間歌用小雅也或合用二南也或用其一不並用也引春秋者彼是國君禮此是大夫禮見其異也但無筭之樂還依尊卑用之案春秋爲季札所歌大雅與頌者但季札請觀周樂魯爲之盡陳又魯周公之後歌樂得與元侯同故無筭之樂雅頌並作也

右燕

0008_0446-2

賓出奏陔陔陔夏也陔之言戒也終日燕飲酒罷以陔爲節明無失禮也周禮鍾師以鍾鼓奏九夏是奏陔夏則有鍾鼓矣鍾鼓者天子諸侯備用之大夫士鼓而已蓋建於阼階之西南鼓鄉射禮曰賓興樂正命奏陔賓降及階陔作賓出衆賓皆出○罷皮買反劉音皮○疏曰鍾師云凡樂事以鍾鼓奏九夏王夏肆夏昭夏納夏章夏齊夏族夏祴夏驁夏杜子春云王出入奏王夏尸出入奏肆夏牲出入奏昭夏四方賓來奏納夏臣有功奏章夏夫人祭奏齊夏族人侍奏族夏客醉而出奏陔夏公出入奏驁夏言以鍾鼓者庭中先擊鍾

0008_0447-1

却擊鼓而奏此九夏鍾師天子禮有鍾鼓大射諸侯禮亦具有鍾鼓鄉射云不鼓不釋明無鍾可知此且論鍾鼓者用九夏則尊卑不同天子則九夏俱作諸侯則不用王夏得奏其肆夏以下大夫以下據此文用陔夏其餘無文大射建鼓在阼階西南鼓此無正文故云蓋彼注云鼓不在東縣南爲君也此鄉大夫無東縣直有一鼓而已故縣在阼階之西南鄉主人也

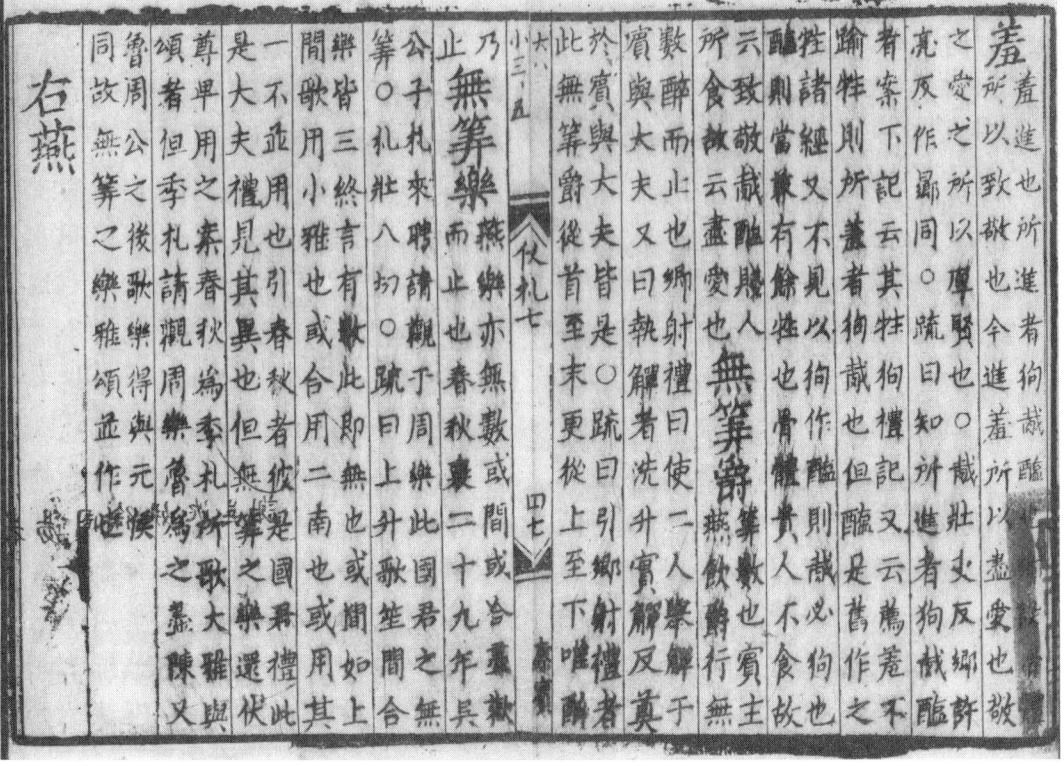

主人送于門外再拜門東西面拜也賓介不荅拜禮有終也○疏曰主人迎賓之時門東西面拜今送賓還依此位立也於迎賓介時賓介荅拜今送賓主人

而拜若賓介答拜是行禮無終畢故賓
介不答是禮有終也不言衆賓者䟽送
俱不拜故
不言也
右賓出○記樂正命奏陔賓出至于
階陔作 䟽曰賓降自西階恐賓醉失禮故至階奏之
賓若有遵者諸公大夫則既一人舉觶
乃入 不干主人正禮也遵者諸公大夫也謂之賓者同從外來耳大國有
孤四命謂之公○䟽曰正禮謂賓主獻酢是也是以一人舉觶爲旅酬始乃入

若然即是作樂前入而於此篇末乃言
之者以其無常或來或不來故於後言
之也孤只一人而言諸者案鄭注燕禮
云容牧下三監案王制云天子使其大
夫監於方伯之國國三人是設法罰公
曰而不改故云容也云大國有孤四命
者若周禮典命文謂之公 席于賓東公三
重大夫再重 重直龍反○席此二者於賓東尊之不與鄉人齒也
天子之國三命者不齒於諸侯之國爵
爲大夫則下齒矣不言遵者遵者亦鄉
之人○䟽曰賓在戶牖之間酒尊又在
戶東席此二者又在酒尊之東但繼賓

而言主鄉人謂衆賓之席在賓西故云
不與鄉人齒案上注云此篇無正齒位
之事謂無黨正飲酒之法此言齒者謂
士已上來觀禮乃有齒法云天子之國
三命者不齒者周禮黨正職文鄭引之
爲證者欲見此篇之禮與天子鄉飲酒
三命不齒同也云諸侯之國爵爲大夫
則不齒矣者以此篇及鄉射皆云若有
大夫不辨命數故知爵爲大夫即不齒
也黨正又云一命齒于鄉里再命齒於
父族三命不齒不齒者特爲位不在父
兄行列中一命齒於鄉里者公侯伯之
士一命與堂下鄉人齒以其士立堂下
故也子男之士不命與一命之士同齒

於階下子男之大夫一命坐於上與上
士已上齒於堂再命齒於父族者謂子
男之卿與公侯伯之大夫以父族爲賓
則與之齒異姓爲賓則不與之齒席於
尊東三命不齒者謂公侯伯之卿雖父
族爲賓亦不與之齒席於尊東也云不
言遵者亦鄉大夫者案上文
賓若有遵者即諸公大夫也 公如大夫
入主人降賓介降衆賓皆降復初位主
人迎揖讓升公升如賓禮辭一席使一
人去之 如音若出注去起呂反下同○如讀若今之若主人迎之於門

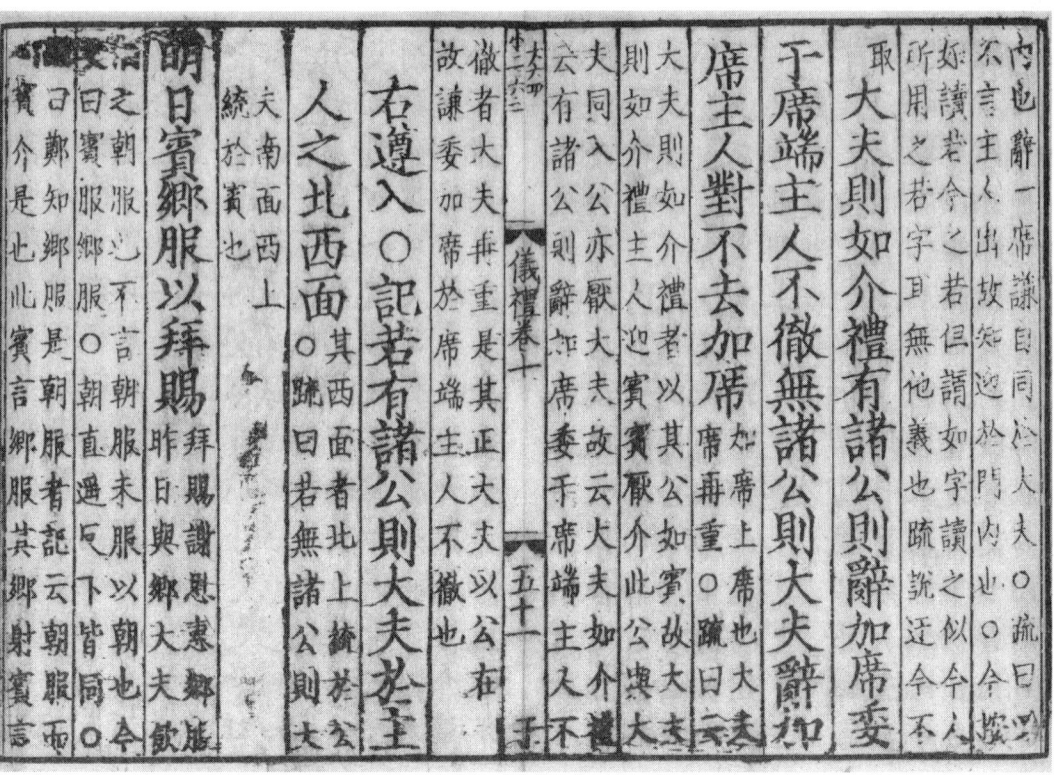

內也辭一席謙自同於大夫○疏曰此
不言主人出故知迎於門內也○今按
疏讀若令之若但讀如字讀之似今人
所用之若字耳無他義也疏說迂今不
取
大夫則如介禮有諸公則辭加席委
于席端主人不徹無諸公則大夫辭加
席主人對不去加席 加席上席也大夫席再重○疏曰云
大夫則如介禮者以其公如賓故大夫
則如介禮主人迎賓賓獻介此公與大
夫同入公亦獻大夫故云大夫如介禮
云有諸公則辭加席委于席端主人不

儀禮卷十　五十一

徹者大夫再重是其正大夫以公在
故謙委加席於席端主人不徹也
右遵入○記若有諸公則大夫於主
人之北西面 其西面者北上統於公○疏曰若無諸公則大
夫南面西上 統於賓也

明日賓鄉服以拜賜 拜賜謝恩惠鄉服昨日與鄉大夫飲
酒之朝服也不言朝服未服以朝也今
文曰賓服鄉服○朝直遥反下皆同○
疏曰鄭知鄉服是朝服者記云朝服而
禮賓介是也此賓言鄉服其鄉射賓言

朝服不同者按鄉射以公士爲賓謂在
朝者朝服是其常此賓是鄉人子弟未
仕雖著朝服仍以鄉服言之故也○今
按注云今文曰賓服鄉服明古經文無
服今有之後文也今刪去
主人如賓服以拜辱 拜賓復自
屈辱也鄉射禮曰賓朝服以拜賜于門
外主人不見如賓服遂從之拜辱於門
外乃退○復扶又反○疏曰此文不見
故引鄉射以爲證明彼此賓主皆不相
見造門外拜謝而已
右拜禮

儀禮卷七　五十二

主人釋服 釋朝服更服玄端也古文釋作舍○疏曰昨日正行賓舉
飲酒之禮相尊敬故朝服此乃燕私輕故玄端也 乃息司正 息勞
也勞賜昨日贊執事者獨云司正司正庭長也○勞力報反長丁丈反○疏曰
司正是庭長故獨言之也 無介 勞禮略也司正爲賓 不殺 殺爲
○市買若因所有可也不殺則無俎○疏曰市買無正文鄭以意言之又殺謂
俎以盛骨體既言不殺故知無俎也 薦脯醢 羞同也○醢臣與正行飲
酒同 羞唯所有 在有何物○疏曰上文正行飲酒之時用狗載今不

0008_0451-2

旅於言在有何物雜物皆昇也徹唯所欲徹彻召也○疏因昨日正行
飲酒不得與親友故令禮合之餘可別召知友也以告于先生注一
君子可也告請也先生不以筋力爲禮於是可以來君子國中有盛
德者可者召不召唯所欲○筋居勤反○疏曰先生老人教學者君子則曲禮
博聞強識敦善行而不殆者也云可者召不召唯所欲者上文云徹唯所欲上
下相成知也賓介不與與音預○禮瀆則褻古文與爲預○疏曰
賓介非曰正行禮令又召之則是數數則瀆瀆則不敬鄉樂唯欲

儀禮卷七　五十三

0008_0452-1

鄉樂周南召南六篇之中唯所欲作不從次也不歌鹿鳴魚麗者辟國君也○
疏曰二南爲鄉大夫之樂小雅爲諸侯之樂上正行飲酒歌小雅今燕不歌鹿
鳴魚麗是避國君也

右息司正

鄉飲酒義第十三　鄉禮三之下

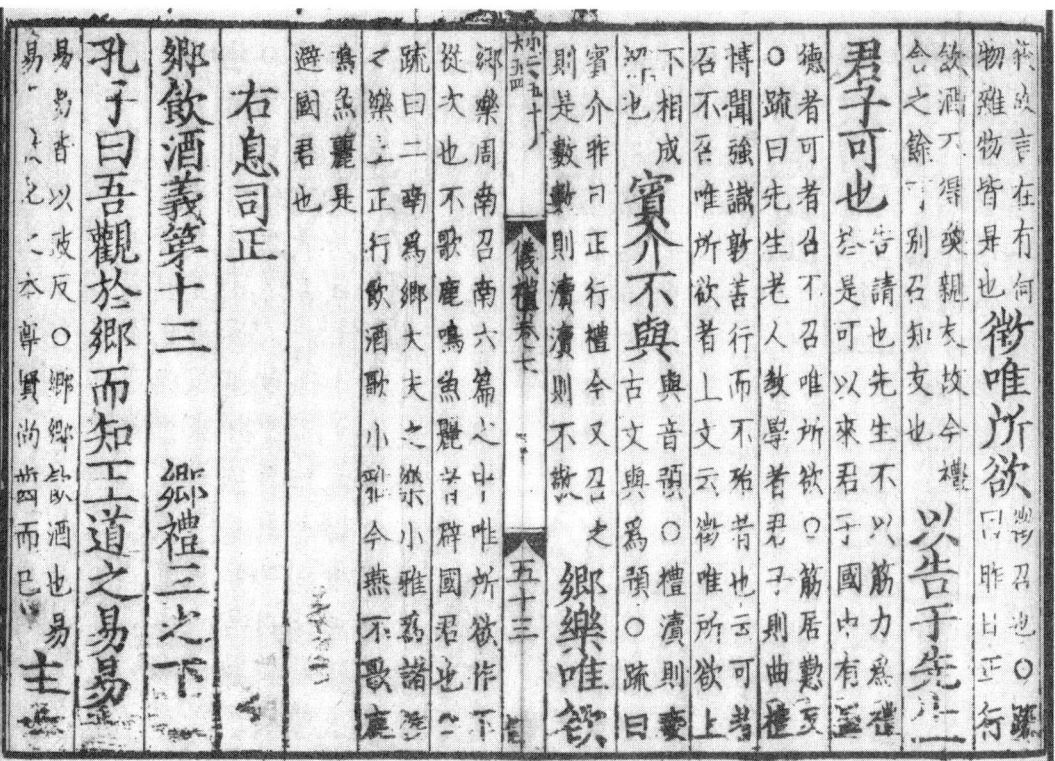

孔子曰吾觀於鄉而知王道之易易也
易易者以豉反○鄉鄉飲酒也易易易〻者言之本尊賢尚齒而已主

0008_0452-2

親速賓及介而衆賓自從之至于門外
主人拜賓及介而衆賓自入貴賤之義
別矣別彼列反○速謂邵家召之別猶明也三揖至于階
三讓以賓升拜至獻酬辭讓之節繁及
介省矣至于衆賓升受坐祭立飲不酢
而降隆殺之義辨矣省所領切酢音昨殺色界反○繁猶
盛也小藏曰省辨猶別也尊者禮隆卑者禮殺尊卑別也○呂大臨曰禮主乎

儀禮卷七　五十四

0008_0453-1

別節文繁而不可亂也因親疏長幼貴賤之差等以爲屈伸隆殺之節文明
著察然後盡乎制禮之意矣尊無二上非獨爲君臣言之國之所尊君也雖
父不得抗之家之所尊父也雖母不得抗之羣居五人長者必異席則羣居所
有尊也喪制燕飲皆有賓有衆賓則賓亦有尊也故飲酒之禮賓介與衆賓送
迎之節有等所以別貴賤也賓介與衆賓異矣及三揖三讓拜至獻酬辭讓之
獻則賓與介又有等矣故介之升也不三揖三讓不拜洗主人不之阼階拜洗
不嚌肺不啐酒不告旨不自酌酢於主人不與酬省於賓可知矣及衆賓則升

……所以辨隆殺也工入升歌三終

歌之笙入三終主人獻之間歌三終

合樂三終工告樂備遂出一人揚觶乃立

司正焉知其能和樂而不流也笙音生 間閒廁

閒 間合如字徐音閤和樂之樂音洛○疏曰 謂樂正也樂正既告備而降言遂出

自此至去不復升也流猶失禮也立

司正以正禮則禮不失可知一人或爲

人○復扶又反○疏曰工入升歌三

終者謂升堂歌鹿鳴四牡皇皇者華每

一篇而一終也笙入三終者謂吹笙之

入於堂下奏南陔白華華黍每一篇爲

一終也兩言主人獻之者謂獻工及笙

也間歌三終者間代也謂堂上與堂

下更代而作也堂上人先歌魚麗則堂

下笙由庚此爲一終又堂上歌南有嘉

魚則堂下笙崇丘此爲二終也又堂上

歌南山有臺則堂下笙由儀此爲三終

合樂三終者謂堂上下歌瑟及笙並

作者工歌關雎則笙吹鵲巢合之

葛覃則笙吹采蘩……

……合奏此六詩也言三終者三

賓酬主人主人酬介介酬衆賓

少長以齒終於沃洗者焉知其能弟長

而無遺矣少詩召反沃於木反弟音悌○遺猶脫也忘也○脫徒活

反○疏曰齒以次相旅至於執

爵者皆預酬不限此經雖據旅酬之時其終於沃

洗之人以水沃盥洗爵者皆預酬

是無算爵之節也禮見上篇弟少也

少之與長皆被恩澤而無遺棄也○

弟悌也敬順之意言能使少者皆

順以事長者無所遺棄也降說屨升坐脩爵無數

飲酒之節朝不廢朝莫不廢夕賓出主

人拜送節文終遂焉知其能安燕而不

亂也説吐活反廢朝之朝直遥反注朝

夕也夕既朝同莫音暮○朝夕朝暮聽

事也不廢之者既朝乃飲先夕則罷其

事也終遂猶充備也○先悉薦反○疏

曰謂説屨升坐者此謂無算爵之初也

前皆立而行禮未徹俎故未説屨至

脩爵之後乃説屨升堂坐也脩爵無

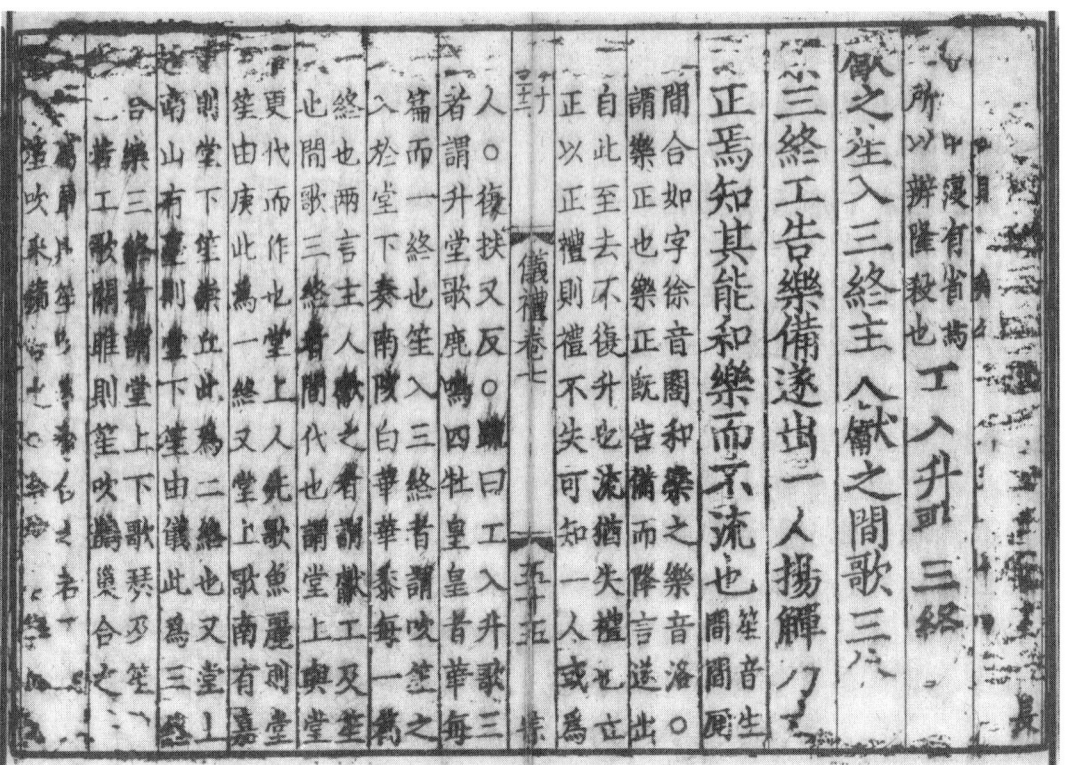

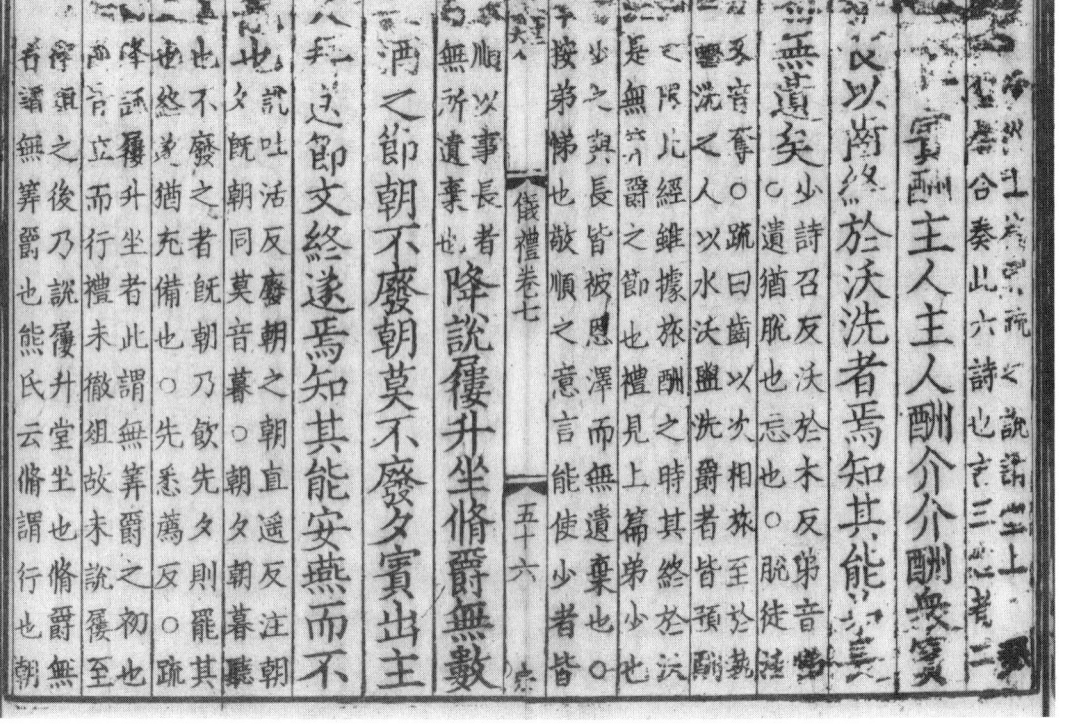

數者謂無算爵也熊氏云脩謂行也朝

0008_0456-1　0008_0455-2

不廢朝莫不廢夕此謂鄉飲酒之禮若黨正飲酒一國若狂無不醉也終謂竟而送賓節制文章終竟申遂不有闕少也遂謂申也言制至飲畢主人備禮拜也

貴賤明隆殺辨和樂而不流弟長而無遺安燕而不亂此五行者足以正身安國矣彼國安而天下安故曰吾觀於鄉而知王道之易易也行下孟反○呂大臨曰禮之所尊尊其義也其文則損相習之其義則君子知之修其文達其義然後可以化

儀禮七　五十

民成俗也貴賤明隆殺辨和樂而不流弟長而無遺安燕而不亂此五者皆見於飲酒之禮而足以化民成俗矣故曰吾觀於鄉而知王道之易易者所以甚言其易也有貴賤隆殺之義則有別矣有別有禮也和樂而不流燕安而不亂則有節矣有節義也弟長而無遺則均均則仁矣仁義凡有禮行乎一鄉達乎一國所謂正身安國矣舉斯術也達之於天下則天下安矣故由一鄉而知王道可行於天下此禮是也○

鄉飲酒之義主人拜迎賓于庠門之外入三揖而后至階三讓

0008_0457-1　0008_0456-2

而后升所以致尊讓也庠音詳○庠學也州黨曰序○疏曰此謂鄉大夫故迎賓于庠門若州長黨正則於序門外也州長職云春秋射于州序黨正云屬民飲酒于序是州黨曰序有室謂之庠無室謂之序鄉學爲庠州黨爲序學記云黨有庠者謂鄉人在州黨但於鄉之庠學不別立也

盥洗揚觶所以致絜也盥音管觶之豉反絜音結○揚舉也今禮皆作騰○疏曰盥洗謂獻賓時以水盥手而洗爵也揚觶謂酬賓時亦盥手而洗觶也

拜至拜洗拜受拜送拜既

儀禮卷七　五十八

所以致敬也○拜至謂始升時拜拜賓至○疏曰拜至者謂賓與主人升堂之後主人於阼階之上北面拜[illegible]也拜洗者謂獻酢者洗爵而升受者[illegible]拜也拜受者拜受爵也拜送者拜送[illegible]爵也拜既者飲酒既盡而拜也

尊讓絜敬也者君子之所以相接也君子尊讓則不爭絜敬則不慢不慢不爭則遠於鬭辨矣不鬭辨則無暴亂之禍矣斯君子之所以免於人禍也故聖人制

0008_0457-2

之道遠于萬反○道謂此禮○呂大臨曰學記云黨有庠遂有序對
而言則黨爲鄉之屬蓋指鄉庠而云有序也盥于洗爵始獻賓之節也既
之後舉觶酬賓亦盥洗而揚之不敢道吾子之相接尊讓絜敬如此其至
有慢之心無從生矣尊讓絜敬之行則尊讓絜敬之俗成禮行而至於
則天下之人皆將遠於鬬辨而免於則宗王制禮也有道非苟爲繁文縟
降之節也○鄉人士君子尊於房戶之閒
賓主共之也尊有玄酒貴其質也○共如字鄉人

儀禮卷七　五十九

0008_0458-1

大夫也士州長黨正也君子謂卿大士也卿大夫士飲國中賢者亦用此
也共尊者人臣卑不敢專大惠○卿京反飲於鴆反○疏曰卿大夫等唯
東房故設酒尊於東房之西室戶之東在賓主之間示賓主之共有此酒也
鄉飲主人之設賓亦以非主人也北面設尊玄酒在左謂在酒尊之西
貴其質業故也篚出自東房主人共之也
○蓋撫私可以自專也○疏曰共之謂供於賓也洗當東榮
之所以自絜而以事賓也榮

0008_0458-2

○如字才性反賓主象天地也介僎象陰陽
三賓象三光也讓之三也象月之三
日而成魄也四面之坐象四時也介音界僎
音遵魄普百反坐才臥反○陰陽助天地養成萬物之氣也三賓象天三光者
象於天也古文禮僎皆作遵○疏曰天則陰陽皆成爲天地故賓在西北天
嚴凝之氣者主在東南天地溫厚之者介坐在西南象陰之凝氣僎在東
象陽之微氣三賓謂衆賓之長三人四面之坐者亡人東南象夏始賓西

儀禮卷七　六十

0008_0459-1

象冬始僎東北象春始介西南象秋賓四時不離天地陰陽之內而坐也
○自此以下至禮以體長幼曰德立賓以象天以下至篇終皆
滯之說不足深究矣曰月魄亡爲朏朏說見篇末天
嚴凝之氣始於西南而盛於西北此
地之尊嚴氣也此天地之義氣也天
溫厚之氣始於東北而盛於東南此
地之盛德氣也此天地之仁氣也凝

主人者尊賓故坐賓於西北

而坐介於西南以輔賓賓者接人以義

者也故坐於西北 賓者接人以義言審來以成主人之德

主人者接人以仁以德厚者也故坐於

東南而坐僎於東北以輔主人也 以僎輔主

人以其仕存官也 仁義接賓主有事俎豆有數

曰聖聖立而將之以敬曰禮禮以體長

幼曰德 聖通也所以通賓主之意也將猶奉也 德也者得

於身也故曰古之學術道者將以得身

也是故聖人務焉 術猶藝也得身者謂成己令名免於刑戮

也言學術道則此說賓賢能之禮○大臨曰誠者天之道也不勉而中不思

而得從容中道聖人也誠之者人之所也擇善而固執之也誠者義理之所

人心之所同然者也是皆天之道聖人先得之動容周旋莫不中乎理義

以爲禮所以爲天下法也雖鄉飲之自出乎誠其理義皆可得而明也然

禮之節文雖見乎外莫非德之發也學者必以自得爲先學文爲後

質文而實不稱未有有其德而不者也鄉人士君子蓋鄉大夫士所飲酒

之主人者也尊於房戶之間戶室戶見房在東室戶居中房與室戶之間乃審

主位之間故曰賓主共之也酒主人之物而曰賓主共之者主人獻賓賓酢主

人皆酌此尊且明君子之財當與人共不自有也玄酒水也飲之始也飲始於

水極味於酒凡酒之設皆尚玄酒貴之爲貴不忘本也蓋出自東房主人致味

以養賓故曰主人共之而不與賓共也洗當東榮主人自絜以事賓賓雖亦就

此洗不曰賓主共之者明所以致絜者各自盡也立賓以象天尊之也立主以

象地所以養也介以輔賓僎以輔主人象陰陽之輔天地也三賓者衆賓之長

者也其所以輔賓也猶三光之輔于天也三光蓋星之大者有三也其名不可

得而考也先儒謂三大辰心爲大辰伐爲大辰北辰亦爲大辰亦莫知其所稽

也每三日而後明生於魄故曰成魄讓之二者取象成魄於三日也四面之坐

象四時者謂賓主介僎之坐冬也東北至于東南生氣也

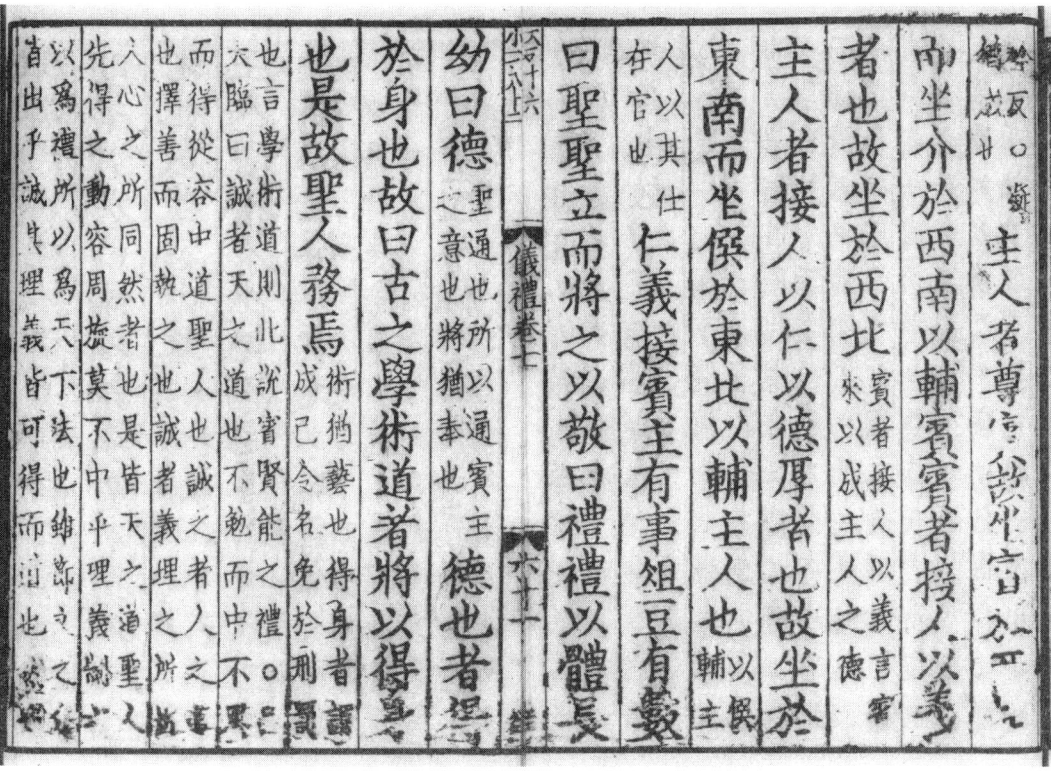

主於東北春天之盛德氣

0008_0461-2

於東南與坐於東北仁之序也西南至於西北殺氣也嚴凝而主義故自孟秋至於十孟冬殺氣之所行萬物所以收斂天之尊嚴氣也賓坐于西北介坐于西南所尊賓土以仁義接也仁義接賓主有義之序也飲酒之禮所以致主人之養尊俎豆有數天下之理義存焉天下理義無所不通聖人之謂也無所不通無所不敬禮之所由制也禮之行也不在乎他在乎長幼之分而已性之德也禮得於身之謂德由學然後得於身則與先得人心之所同然者同之故誠之而至于誠乃天道是亦聖人也○祭薦祭酒敬禮也嚌肺

六十六　儀禮卷七　六十三

0008_0462-1

嘗禮也啐酒成禮也於席末言是席之正非專爲飲食也爲行禮也此所以貴禮而賤財也卒觶致實於西階上言是席之上非專爲飲食也此先禮而後財之義也先禮而後財則民作敬讓而不爭矣　薦本亦作虀同齊才細反肺芳廢反啐七內反爲于僞反○非專爲飲食　言主於相敬以禮也致實謂盡酒疏曰皆祭薦祭酒嚌肺於席中唯

0008_0462-2

卒觶即席末也○疏曰祭薦者主人言敬重主人之禮也賓取俎上之肺嚌之所以嘗主人之禮也飲主人酒而言嘗此席專爲飲食應於席中啐酒今乃入口成主人禮也於席末謂席西頭也於席末啐酒此席之設本不爲飲食是上人敬重於賓故設席耳祭薦祭酒嚌肺敬主人之物故在席中啐酒入於已故在席末也於席上祭薦祭酒是貴禮席末啐酒是賤財也致實謂致盡其所實之酒也言此席之上非專爲飲酒故不於席所而卒觶也啐纔始入口猶在席末卒觶則盡爵故遠在西階上也○呂

四十八　儀禮卷七　六十四

0008_0463-1

大臨曰孔子曰吾食於少施氏而飽少施氏食我以禮吾祭作而辭曰疏食不足祭也吾食作而辭曰疏食也不敢以傷吾子然則君子之於飲食飽也於敬而不飽於味也飲酒之禮盡主人之敬以養賓盡賓之敬以荅主人者也主人獻賓賓受爵薦脯醢賓升席設折俎賓祭脯醢奠爵取肺嚌之坐祭酒興席末啐酒主人之禮賓不敢不荅故祭薦祭酒敬主人行此禮也賓敬主人在禮不在食故嚌以嘗之啐以成之也啐於席之末不於席之正主於行禮不可以飲食瀆也此貴敬而賤食也賓卒爵於西階之上不於席之上者明是席之上可以

0008_0463-2

成飲食之禮不可辛飲食之事是先敬
而後食也敬禮也食財也人之所以爭
者無禮而志於財也如知乎貴禮而賤
財先禮而後財之義則敬讓行矣一飲
食之間可以化民成俗則
升降之文不爲末節也○鄉飲酒之
禮六十者坐五十者立侍以聽政役所以
明尊長也六十者三豆七十者四豆八
十者五豆九十者六豆所以明養老也
民知尊長養老而后乃能入孝弟民入

大二十六　小二十六十四　儀禮卷七　六十五　信

0008_0464-1

孝弟出尊長養老而后成教成教而后
國可安也君子之所謂孝者非家至而
日見之也合諸鄉射教之鄉飲酒之禮
而孝弟之行立矣弟音悌下同行下孟反○此說鄉飲酒謂
黨正國索鬼神而祭祀則以禮屬民而
飲酒于序以正齒位之禮也其鄉射則
州長春秋以禮會民而射于州序之禮
也謂之鄉者州黨鄉之屬也或則鄉之
所居州黨鄉大夫親爲主人焉如今郡
國下令長於鄉射飲酒從太守相臨之禮

0008_0464-2

也○索色百反屬音燭大音泰守手又反
相息亮反○疏曰案鄉飲酒禮賓賢能則
用處士爲賓其次爲介其次爲衆賓皆以
年少者爲之此正齒位之禮其賓介等皆
用年老者爲之其餘爲衆賓賓內年六
十以上於堂上於賓席之西南面坐若
不盡則於介席之北東面北上其五十
者則立於西階下東面北上示有陪侍
之義非降在六十者旁同南面立也以
聽政役者所以在於階下示其聽受六
十以上或事役使也言欲明尊敬六十
之長老故立而聽政役也六十者三豆
至九十者六豆者以其每十年加一豆
非正禮故不得爲籩豆偶也其五十者

小四十三十　儀禮卷七　六十六　信

0008_0465-1

二豆而已則鄉飲酒禮衆賓立於堂下
者皆二豆其賓介之豆無正文當依衆
賓之年而加之也豆是供養之物故云
明養老立侍是陪侍之義故云明尊長
也入孝弟謂入門而能行孝弟出尊長
養老者謂出門而能尊長養老也鄉射
謂春秋二時州長會射鄉飲酒之禮謂
十月黨正飲酒郡治之下及王侯國治
之下滿萬戶以上之令不滿萬戶之長
於己縣或射或飲酒則從郡之太守及
王國之相來司行禮相監臨之儀不用
令長禮也州長黨正飲射而鄉大夫或
臨事亦類此故引以相證也○呂大臨曰
古之貴老也其政則導其妻子使養其老

0008_0465-2

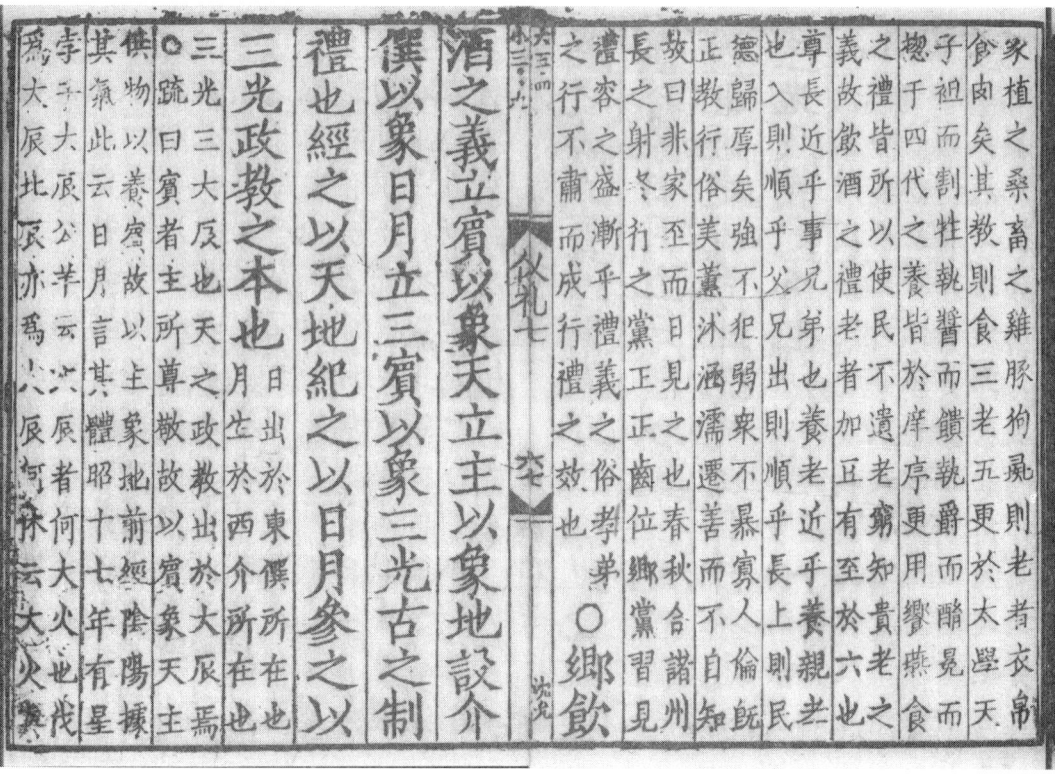

豕植之桑畜之雞豚狗彘則老者衣帛食肉矣其教則食三老五更於太學天子袒而割牲執醬而饋執爵而酳冕而揔于四代之養皆於庠序更用饗燕食之禮皆所以使民不遺老窮知貴老之義故飲酒之禮老者加豆有至於六也尊長近乎事兄弟也養老近乎養親老也入則順乎父兄出則順乎長上則民德歸厚矣強不犯弱衆不暴寡人倫既正教行俗美薫沐涵濡遷善而不自知故曰非家至而日見之也春秋合諸州長之射於州之黨正齒位鄉黨習見禮容之盛漸乎禮義之俗孝弟○鄉飲之行不肅而成行禮之效也

0008_0466-1

酒之義立賓以象天立主以象地設介僎以象日月立三賓以象三光古之制禮也經之以天地紀之以日月參之以三光政教之本也日出於東僎所在也月生於西介所在也三光三大辰也天之政教出於大辰焉○疏曰賓者主所尊敬故以賓象天主供物以養賓故以主象地前經陰陽據其氣此云日月言其體昭十七年有星孛于大辰公羊云大辰者何大火也伐爲大辰北辰亦爲大辰何休云大火與

0008_0466-2

天所以示民時早晚天下取以爲正故謂之大辰辰時也是天之政教出焉

辰○亨狗於東方祖陽氣之發於東方也亨普庚反○祖猶法也狗所以養賓陽氣生養萬物洗之在阼其水在洗東祖天地之左海也阼才路反海水之委也○委於偽反尊有玄酒教民不忘本也無酒用水而已○大音泰賓必南鄉東方者春春之爲言蠢也產萬物者聖也南方者夏夏之

0008_0467-1

爲言假也養之長之假之仁也西方者秋秋之爲言愁也愁之以時察守義者也北方者冬冬之爲言中也中者藏也是以天子之立也左聖鄉仁右義偝藏也鄉許亮反蠢尺允反夏戶嫁反戶雅反愁依注讀爲揫子留反偝如字偝音佩○春猶蠢也蠢動生之也聖之言生也假大也愁讀爲揫揫斂也察猶察察嚴殺之貌也南鄉鄉仁賓長大萬物也察或爲殺○殺如字

[illegible]介賓主也賓將南鄉[illegible]閱[illegible]閱音門主人必居東方東方者春[illegible]之間春之爲言蠢也產萬物者也主人者造之產萬物者也言禮之所由出也月者三日則成魄三月則成時是以禮有三讓建國必立三卿三賓者政教之本禮之大參也卿去京反參七南反○言禮者陰陽大數取法於月也○疏曰魄謂明

飲禮十　六九

生微光也此謂月體盡之後而生魄必以月三日也所以前月大則月二日生魄前月小則三日乃生魄樂既爲[illegible]禮爲陰用是陰精故禮之取於三也○今按魄者月之有體而無光者故書言哉生明旁死魄皆謂月三日月而生明時也凡言既生魄即謂月十六日月始闕時也今此篇兩言月三日成魄則是漢儒專門陋學未嘗讀書者之言耳疏知其繆而曲徇之甚[illegible]月明盡而生魄之說又言月一日而生魄何相戾之甚耶此其大義[illegible]定合而疏於例亦當刪去今存者[illegible]此義者之繆不足深[illegible]

儀禮經傳通解卷第十七

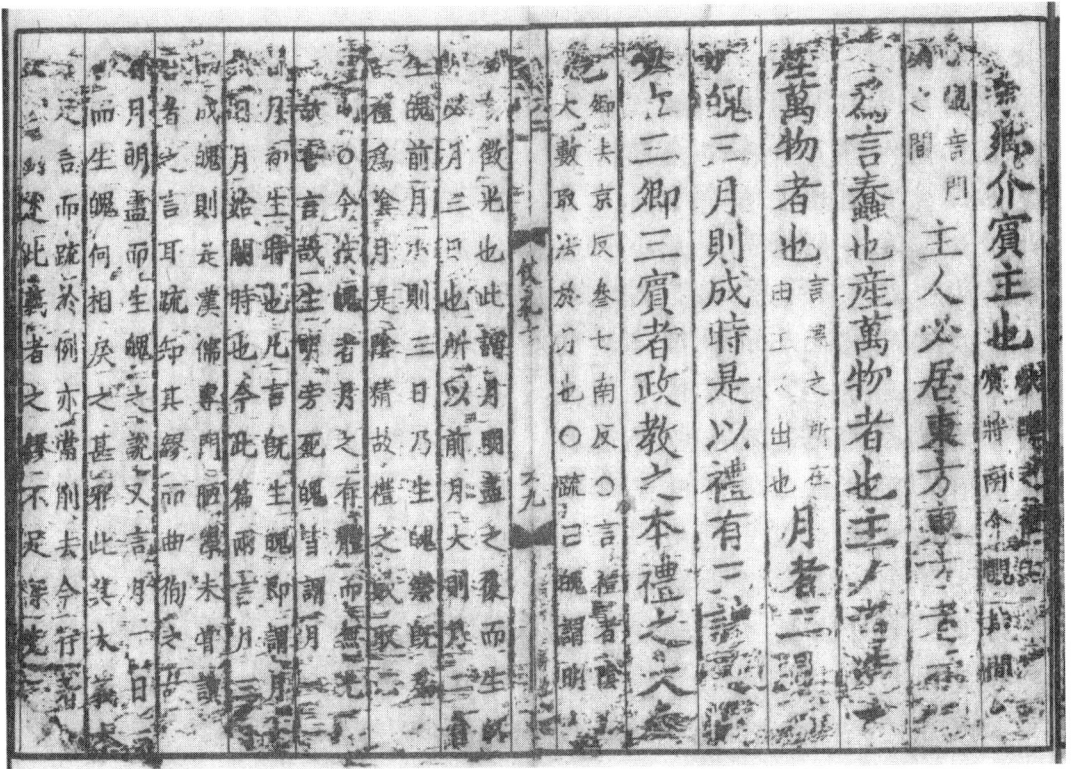

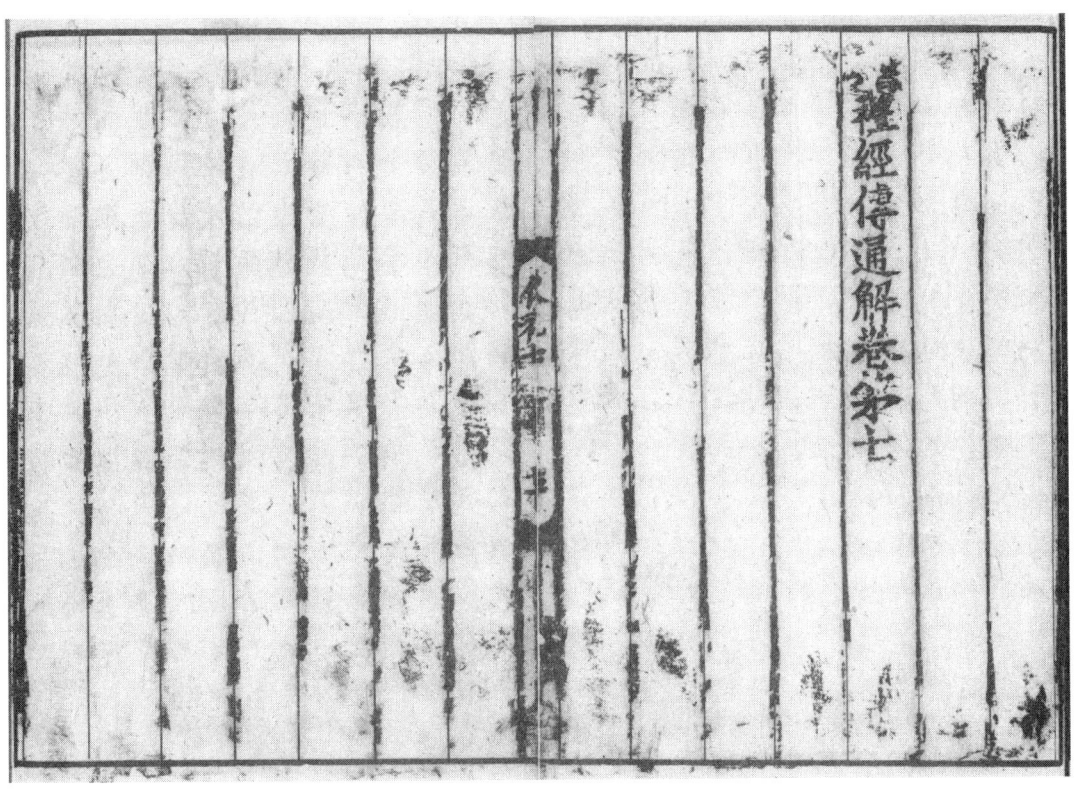

飲禮十

0008_0472-2

儀禮經傳通解卷第八

鄉射禮第十四　鄉禮四之上

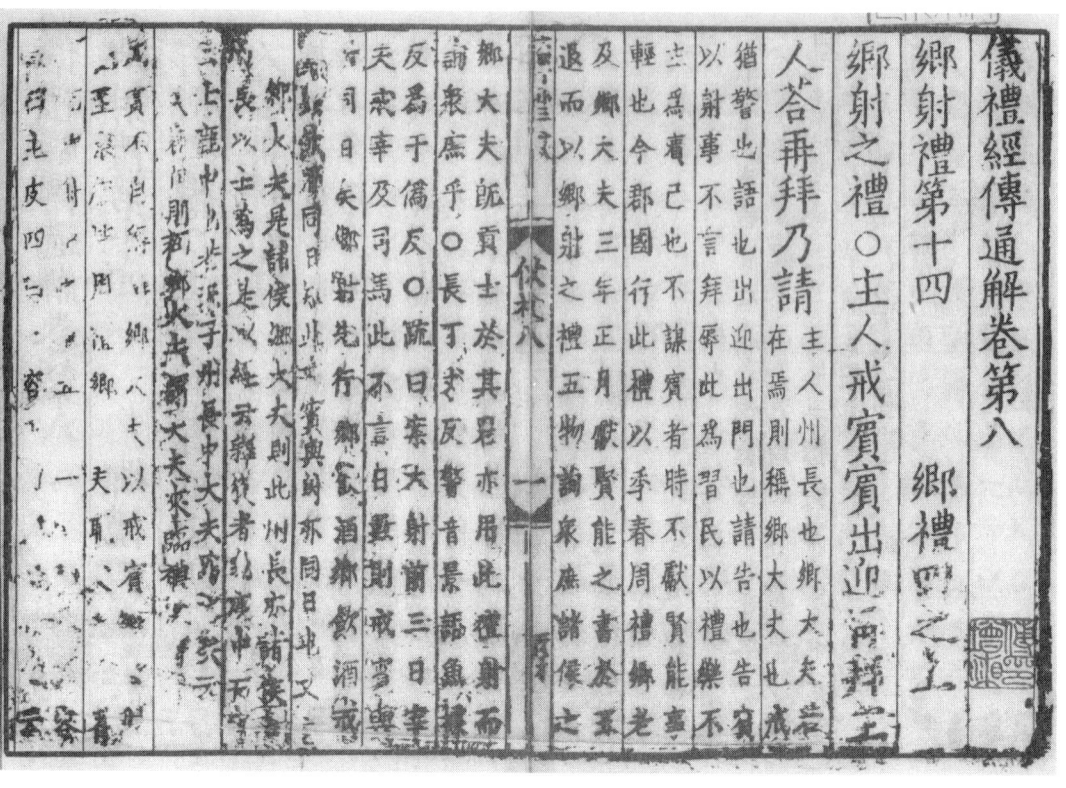

鄉射之禮○主人戒賓賓出迎再拜主人荅再拜乃請主人州長也鄉大夫若在焉則稱鄉大夫也戒猶警也語也出迎出門也請告也告賓以射事不言拜辱此爲習民以禮樂不主爲責己也不謀賓者時不獻賢能事輕也今郡國行此禮以季春周禮鄉老及鄉大夫三年正月獻賢能之書於王退而以鄉射之禮五物詢衆庶諸侯之

儀禮八　一

0008_0473-1

鄉大夫旣貢士於其君亦用此禮射而詢衆庶乎○長丁丈反警音景語魚據反爲于僞反○疏曰案天射前三日宰夫戒宰及司馬此不言自數則戒宰與有司日矣鄉射先行鄉飲酒鄉飲酒戒[illegible]同日[illegible]賓與射亦同日也又云鄉大夫是諸侯鄉大夫則此州長亦諸侯長以士爲之是以經云雖貢者[illegible]中下[illegible]之上士中[illegible]子州長中大夫[illegible]天[illegible]則[illegible]鄉大夫[illegible]大夫來臨[illegible]賓不自[illegible]鄉大夫以戒賓[illegible]至[illegible]周[illegible]鄉[illegible]夫[illegible]一[illegible]主皮四[illegible]

0008_0473-2

和載六德容包六行也庶民無射禮用樂分禽則有主皮主皮者張皮射無侯也主皮和容興舞則六藝之射禮鄉與當射之時民必觀焉因詢之也是也和載六德者和是六德之下舉下以載上也容包六行者容是有孝行則性行含容孝是六行中之大故舉上以包下也云主皮六藝之射者但六藝中射總言諸射其敎萬民射則唯有主皮此詢衆庶不兼士已上也以和容爲禮者禮之用和爲貴又行禮有容儀是以漢時謂禮爲容故以禮爲和容也以樂爲興舞者爲樂必與舞故興舞以表樂也但六藝之中御與書數三者於施化民

儀禮八　二

0008_0474-1

爲緩故特舉禮樂與射而言之也賓禮辭許主人再拜賓荅再拜主人退賓送再拜退還射宮省錄射事○疏曰射宮者鄉庠州序是也知省錄射事者即下文云張侯之等是也無介雖先飲酒主於射也其序賓之禮畧石戒賓○記大夫與則公士爲賓與音預○不敢使鄉人加尊於大夫也公士在官之士鄉賓主用處士○疏曰據此鄉射使處士無爵命者爲賓故有大夫來不以鄉人加尊於大夫故

0008_0474-2

但□□□書□酒貢士□□大來不爲去之以其實擬賓衆□義十□于者也　使能不宿戒　能者敏於事不待宿戒而習之

乃席賓南面東上　不言於戶牖之間者此射於序○疏曰此射於序鄉飲酒在庠以其序無室庠有室序無室則無戶牖設席亦當戶牖之處耳言東上亦主人在東故席端在東不得以由禮席南向北向西方爲上解之　衆賓之席繼而西　言繼者甫欲習衆庶未有所殊別○

0008_0475-1

別彼列反○疏曰鄉飲酒三賓之席席不屬殊別以與賢能故有殊別　席主人於阼階上西面　阼階東階　尊於賓席之東兩壺斯禁左玄酒皆加勺篚在其南東肆　斯禁禁切地無足者也設尊者北面西曰左尚之也肆陳也○斯如字劉音賜勺上灼反篚音匪○疏曰州長是士惡言禁不言其中兼有鄉大夫禮故舉大夫斯禁與鄉飲酒同經云左玄酒據人設尊北面故西爲左若據酒則以南面爲正地道尊右以西爲右故玄酒在右也　設洗於阼階

0008_0475-2

東南南北以堂深東西當東榮水在洗東篚在洗西南肆　□中鴆反○求匪翼也　縣于洗東北西面　縣音玄○此縣謂磬也縣於東大射位也但縣磬者半天子之士無鐘○辟音避○疏曰縣謂磬者對大射縣鐘磬鎛具有也辟射位者決鄉飲酒無射事縣于階間也諸侯之卿大夫半天子之卿大夫天子之卿大夫判縣者東西各有鐘磬爲肆諸侯之卿大夫判縣者分一肆於兩廂東縣磬西縣鐘若天子之士特縣者直東廂有鐘磬二虡爲一肆諸侯之士分取磬

0008_0476-1

而已縣於東方爲特縣此既兼鄉大夫詢衆庶當爲判縣而攄云無鐘者方以禮樂化民雖大夫亦同士特縣也其天子諸侯鐘磬鎛具卿大夫天子士已下亦無鎛蓋若有鎛添鍾磬爲三半不得也

右設位○記尊綌冪賓至徹之　綌去逆反○以綌爲冪取其堅潔○疏曰凡冪者皆爲塵埃加故設之但用冪不用冪不同者凡用醴皆不見有冪實故也即士冠禮子及昏禮禮賓贊禮婦聘禮禮賓此等用醴皆無冪是也○熊用亦無冪者從禮子賓也或以尊獻

0008_0476-2

罪亦無冪燕禮君尊有冪方圜壺則無冪昏禮尊於室內有冪尊於房戶外爲媵御賤故無冪鄉飲酒鄉射有冪者無所厭故也賓未至恐塵加賓至徹去不復用也燕禮君命徹冪則未命之前重用之者君尊久設恐塵故重覆之

蒲筵緇布純純之閏反又諸允反注同○筵席也純緣○緣以絹反○疏曰此與鄉人旨禮雖有公卿之尊無加席唯此一種鄭注周禮云鋪陳曰筵藉之曰席然其言之筵席通但在地者爲筵取鋪陳之義在上曰席取相承藉之義耳○今按鄭注周禮筵席二字但謂

儀禮卷八　五

0008_0477-1

一物而一名耳疏說非是**西序之席北上**衆賓統於賓○疏曰衆賓之席繼賓巳西南面東上令謂衆賓有東面者則北上非常故記之也此雖不言衆賓之數然上文云三拜衆賓則衆賓亦三人矣而復有東面者若公卿大夫多尊東不能受則於尊西賓近於西則三賓東面北上統於賓也

乃張侯下綱不及地武侯謂所射布也綱持舌繩也武迹也中人之迹尺二寸侯象人綱即其足也是以取數焉○射食亦反○疏曰

0008_0477-2

周禮梓人云上綱與下綱出舌尋縜寸焉注云綱所以繫侯於植者也中人之迹尺二寸者無正文漢禮云五武成步步六尺或據此而言也鄭注梓人云上下皆出舌一尋者亦人張手之節也以侯下舌半上舌而兩頭綱皆出一尋即是上廣下狹象人張足六尺張臂八尺而下綱象足是以取六尺之數也**不繫左下綱中掩束之**中丁仲反○事未至也○疏曰案下記云東方謂之右个注云侯以向堂爲面也則此左下綱以西畔而言也云中掩東之者案記云鄉侯一丈躬二丈上舌四丈左右各出一丈下舌三丈左右

儀禮卷八　六

0008_0478-1

各出五尺今將此五尺與下綱不繫者中掩左廂向東待將射乃解之也**乏參侯道居侯黨之一西五步**容謂之乏所以爲獲者御矢也侯道五十步此乏去侯北十丈西三丈○爲于僞反獲如字○疏曰乏參侯道者謂三分侯道云居侯黨之一者黨旁也謂在侯西北邪向之故以旁言之其居旁之一者謂侯道內三分之居一分之地十丈也云西五步者據侯之正北落西有五步即三丈也云容謂之乏者射人職王射三容蓋以革爲之可以容身者也云乏者謂矢於此匱乏不去也獲者謂唱獲者恐矢至其身

豉爲作川以御矢也記云鄉侯五十弓
之下制六尺與步相應故鄭云步也
二此乏去侯北十丈者五十步計之步
尺五十步則三十丈三分取一爲十丈云
三丈者經云西五步五六三十故云
丈也遠近如此者一得避矢二得去
二十丈聞唱
聲是其節也

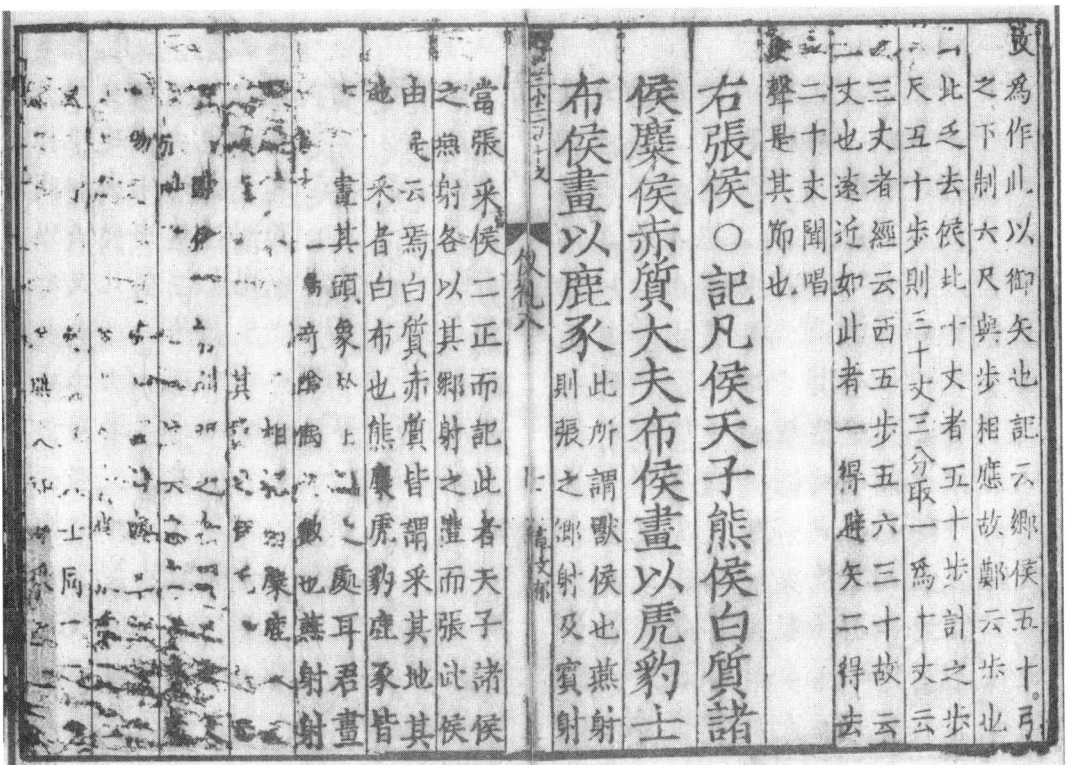

右張侯○記凡侯天子熊侯白質諸
侯麋侯赤質大夫布侯畫以虎豹士
布侯畫以鹿豕此所謂獸侯也燕射則張之鄉射及賓射

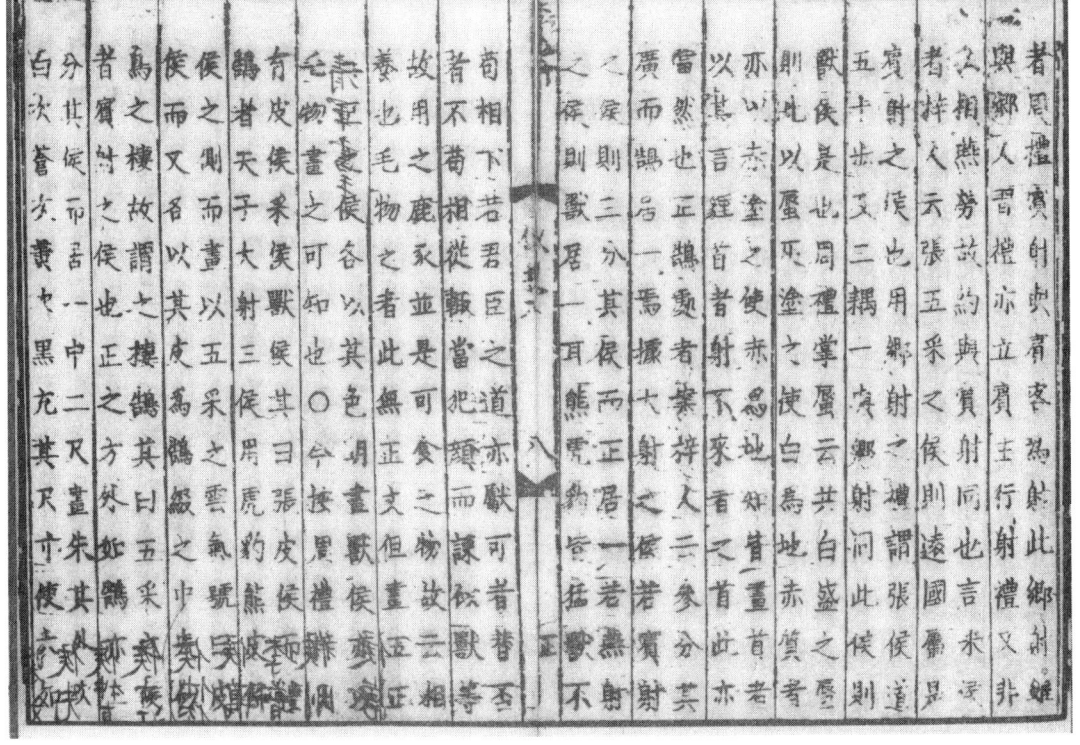

當張采侯二正而記此者天子諸侯
之燕射各以其鄉射之禮而張此侯
由是云焉白質赤質皆謂采其地其
地采者白布也熊麋虎豹鹿豕皆
畫其頭象於正鵠之處耳君畫
一[illegible]奇[illegible]數也燕射射
[illegible]

者周禮賓射與有客爲射此鄉射雖
與鄉人習禮亦立賓主行射禮又非
久相燕勞故約與賓射同也言采侯
者梓人云張五采之侯則遠國屬是
賓射之侯也用鄉射之禮謂張侯道
五十步又三耦一實鄉射同此侯則
獸侯是也周禮掌蜃云共白盛之蜃
則此以蜃灰塗之使白爲地赤質者
亦以赤塗之使赤爲地知皆畫首者
以其言經首者射下家者之首此亦
當然也正鵠處者案梓人云參分其
廣而鵠居一焉據大射之侯若賓射
之侯則三分其侯而正居一若燕射
之侯則獸居一耳熊虎豹皆猛獸不

苟相下若君臣之道亦獻可者替否
者不苟相從輒當把頭而謀欲獸等
故用之鹿豕並是可食之物故云相
養也毛物之者此無正文但畫五正
表記云侯各以其色明畫獸侯變[illegible]
毛物畫之可知也○今按周禮[illegible]
有皮侯采侯獸侯其曰張皮侯[illegible]
鵠者天子大射三侯用虎豹熊[illegible]
侯之側而畫以五采之雲氣號[illegible]
侯而又各以其皮爲鵠綴之中[illegible]
爲之棲故謂之棲鵠其曰五采[illegible]
者賓射之侯也正之方外如鵠[illegible]
分其侯而居一中二尺畫朱其[illegible]
白次蒼次黃也黑充其尺寸使[illegible]

0008_0481-1　0008_0480-2

鵠而亦畫其側爲王采雲氣三正之侯則去玄黄二王之侯則去青白直以朱緑也射義注所謂畫布曰正棲皮曰鵠是也其曰獸侯則燕射之侯此記所謂天子熊侯白質諸侯麋侯赤質大夫布侯畫以虎豹士布侯畫以鹿豕者是也然皆用布而皆畫獸頭於正鵠之處故名獸侯旦天子諸侯則以白土赤土塗其布以爲質士則用布而不塗其側所畫雲氣采色之數則亦如采侯之差等也但天子只云熊侯者此禮褻天子以下唯有五十步侯而已無尊卑之別也又按鄭注不忘上下相犯疏解忘爲苟然

儀禮卷八　九

則乃妄字也以文勢考之似皆未安或恐射此野獸止是取其服猛除害之義未必如鄭説也**凡畫者丹質**賓射之侯燕射之侯皆畫雲氣於側以爲飾必先以丹采其地丹淺於赤○疏曰鄉射以采侯二正是賓射之侯也此獸侯又是燕射之侯故鄭並言之云畫雲氣者鄭解經言畫者皆畫雲氣也若賓射之侯天子九十步侯朱白蒼黄玄五正者還畫此五色雲氣於其側七十步侯朱白蒼三正者還畫此三色雲氣於其側五十步侯朱緑二正者還畫此二色雲氣於其側也欲畫之時又

0008_0482-1　0008_0481-2

先用丹采其地乃於其上畫雲氣也天子侯九十步之内更有七十五十步侯畿内諸侯七十步侯内更有五十步侯畿外諸侯之九十步侯之内更有七十五十步侯其畫之采皆如其數也云丹淺於赤者案月令云乘路赤騮赤旗朱衣二色互言即爲一物又案冬官鍾氏云以朱湛丹秫四入爲朱色深而湛丹秫故知丹淺於赤鄭言此者欲見以丹爲地丹上得見赤色雲之義也**鄉侯上个五尋**上个謂最上幅也八尺曰尋上幅用布四丈○疏曰以五尋尋八尺五八四十故四丈也**中**

儀禮卷八　十

十尺方者也用布五丈今官布幅廣二尺二寸旁削一寸考工記曰梓人爲侯廣與崇方謂中也○疏曰方者謂侯中正方十尺也十尺用布五幅幅廣二尺二寸兩畔各削一寸爲縫幅各二尺故五幅爲一丈也漢法幅二尺二寸亦古制有焉**侯道五十弓弓二寸以爲侯中**言侯中所取數也量侯道以貍步而去弓者侯之所取數宜於射器也正二寸骹中之博也今文改弓爲肱也○骹苦交反肱古横反○疏曰周禮弓人云骹解中有變焉謂弓淵把中側骨之處博二

0008_0482-2

寸故於此麋取數焉**倍中以爲躬**躬身也謂中之上下幅也用布各二丈○疏曰身謂中上中下各𦆵接一幅布者故鄭云中之上下幅用布各二丈也**倍躬以爲左右舌**謂上个也居兩旁謂之个左右出謂之舌○疏曰言謂上个者對下个不得倍躬故也个舌一也在躬之兩傍則謂之个左右出則謂之舌謂此二个躬外兩相各出一丈若人舒舌故謂之舌攄出者而言也**下舌半上舌**半者半其出於躬者也用布三丈所以半上舌者侯人之形類也上个象

仪礼八　十二

0008_0483-1

臂下个象足中人張臂八尺張足六尺五八四十五六三十以此爲衰也凡鄉侯用布十六丈數起侯道五十弓以計道七十弓之侯用布二十五丈二尺道九十弓之侯用布三十六丈○疏曰上舌兩相各一丈今下舌兩相各五尺通躬二丈故云用布三丈也五八四十據上个四丈五六三十據下个三丈以此上下爲衰差也云凡鄉侯用布十六丈數起侯道五十弓以計者用布十六丈者中五幅幅一丈用布五大上下躬各二丈數四丈上个四丈下个三丈足據十六丈也六道七十弓之侯用布二十五

0008_0483-2

丈二尺者道七十弓弓取二寸二[illegible]寸四侯中丈四尺七幅幅有丈四尺中用布九丈八尺上下躬各用布二丈八尺上下攄用布五丈六尺上个倍躬爲五丈六尺下舌半上舌上舌出者兩相各出丈四尺下舌半之兩相各出七尺下舌用布一丈四尺通躬二丈八尺攄計用布四丈二尺也通計用布二十五丈二尺云道九十弓之侯用布三十六丈者弓取二寸九十弓侯中丈八尺侯中用布九幅幅別丈八尺中用布十六丈二尺倍中以爲躬上下躬各用布三丈六尺上下攄七丈二尺倍躬以爲左右舌

仪礼八　十三

0008_0484-1

上舌用布亦七丈二尺下舌亦半上舌上舌出者丈八尺下舌半之則下舌攄用布五丈四尺以此計之攄用布三十六丈也

羹定定多佞反○肉謂之羹定猶孰也謂狗孰可食**主人朝服**

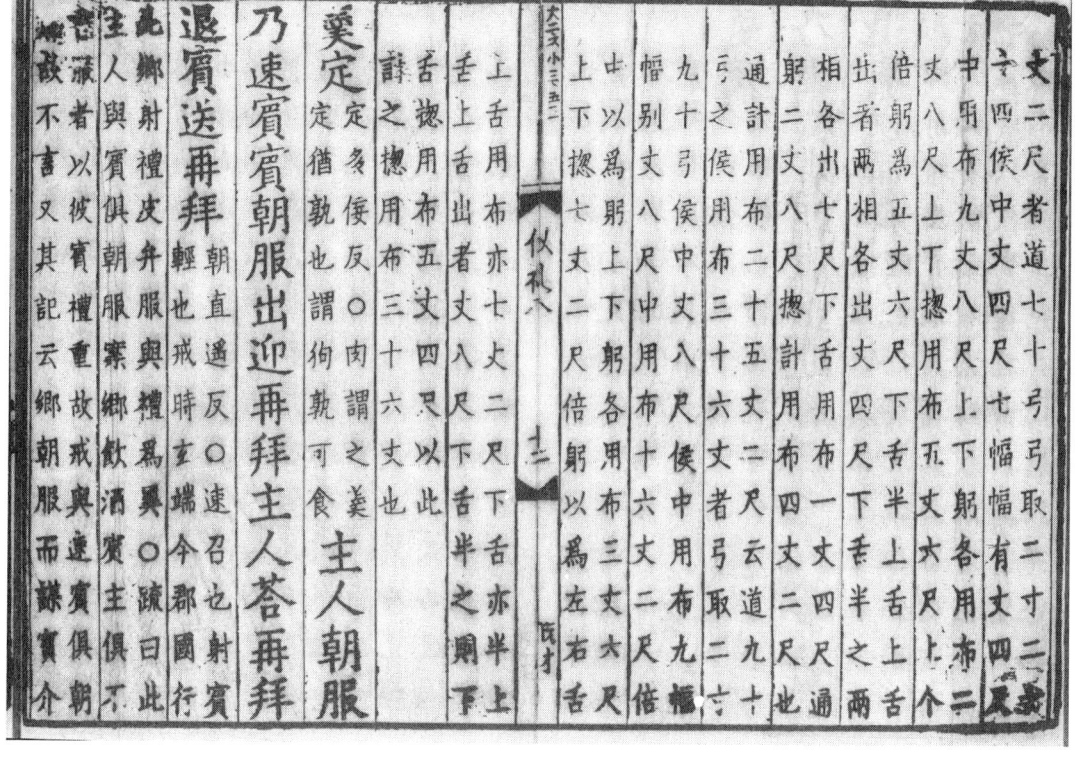

乃速賓賓朝服出迎再拜主人荅再拜

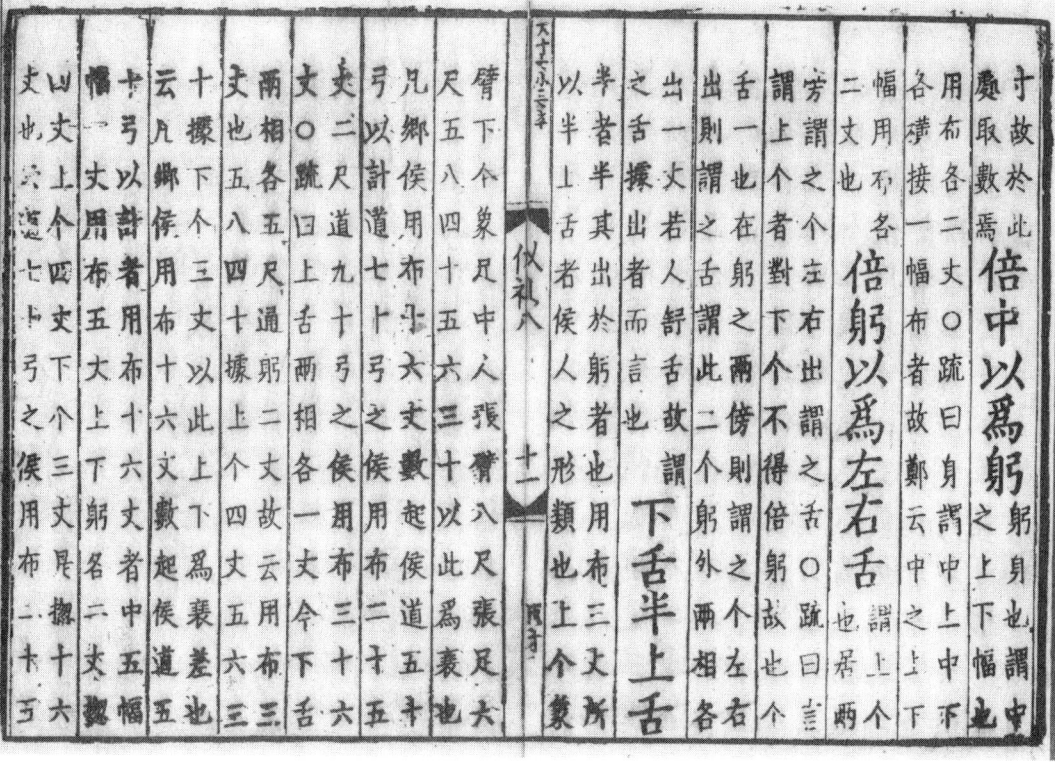

退賓送再拜朝直遥反○速召也射賓輕也戒時玄端今郡國行此鄉射禮皮弁服與禮爲異○疏曰此主人與賓俱朝服案鄉飲酒賓主俱不言朝服者以彼賓禮重故戒與速賓俱朝服故不言又其記云鄉朝服而謀賓介

0008_0484-2

亦可乃朝服故須言之也公食云賓朝服
卽位于大門外如聘注云於是朝服則
此時立端宜與彼同皆異戒宿不言服
後速時朝服故知此亦戒時玄端矣賓及衆賓遂從之
右速賓○記其牲狗也狗取擇人亨于堂
東北亨普庚反○鄉飲酒義曰祖陽氣之所發也
及門主人一相出迎于門外再拜賓答
再拜相息亮反○相主人家臣擯贊傳命者○傳丈專反下傳同揖

0008_0485-1

衆賓差卑禮宜異○疏曰此賓與衆賓
同是鄉人無爵者而云差卑者唯
據立爲賓者尊衆賓卽爲卑不論有爵無爵也主人以賓揖先
入以猶與也先入門右西面賓厭衆賓衆賓皆入
門左東面北上賓少進厭一涉反下同○引手曰
厭少進差在前也今文皆曰揖衆賓主人以賓三揖皆行
及階三讓主人升一等賓升三讓而主人先升
是主人先讓於賓不俱升者賓客之道進宜難也主人阼階

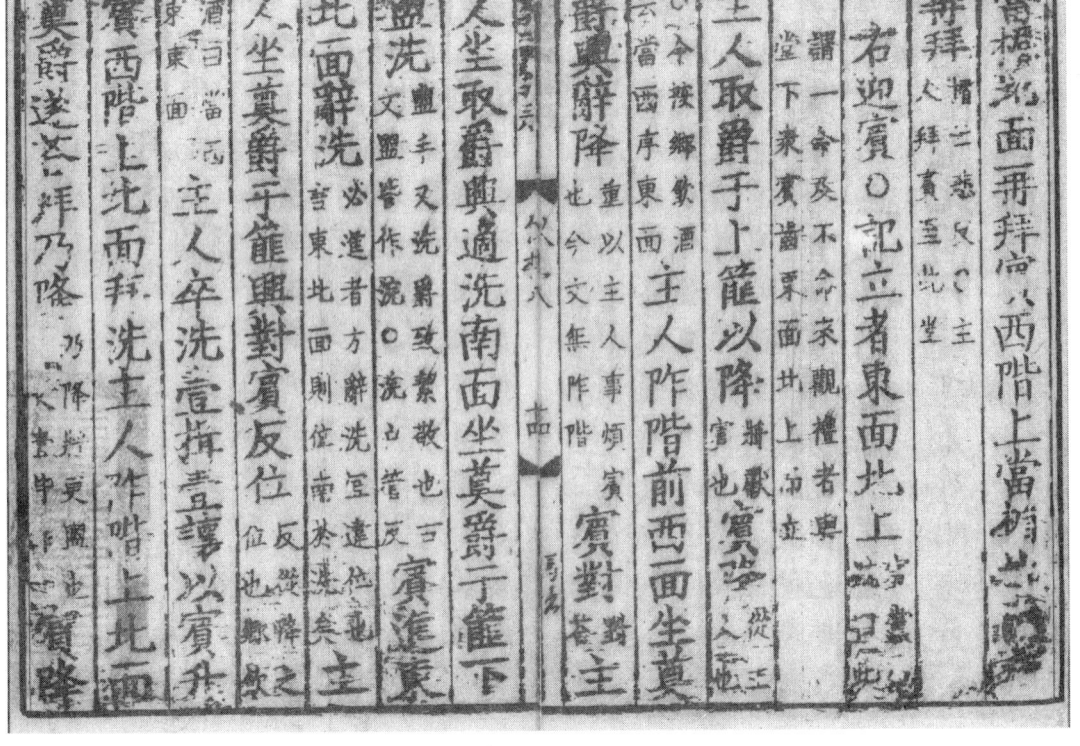

0008_0485-2

當楣北面再拜向西階上當楣北面答再拜
再拜揖之答反○主人拜賓至此堂
君迎賓○記立者東面北上
謂一命及不命來觀禮者與堂下衆賓當東面北上而立
主人取爵于上篚以降賓降從主人也
○今按鄉飲酒云當西序東面主人阼階前西面坐奠
爵興辭降重以主人事煩賓也今文無阼階賓對主

0008_0486-1

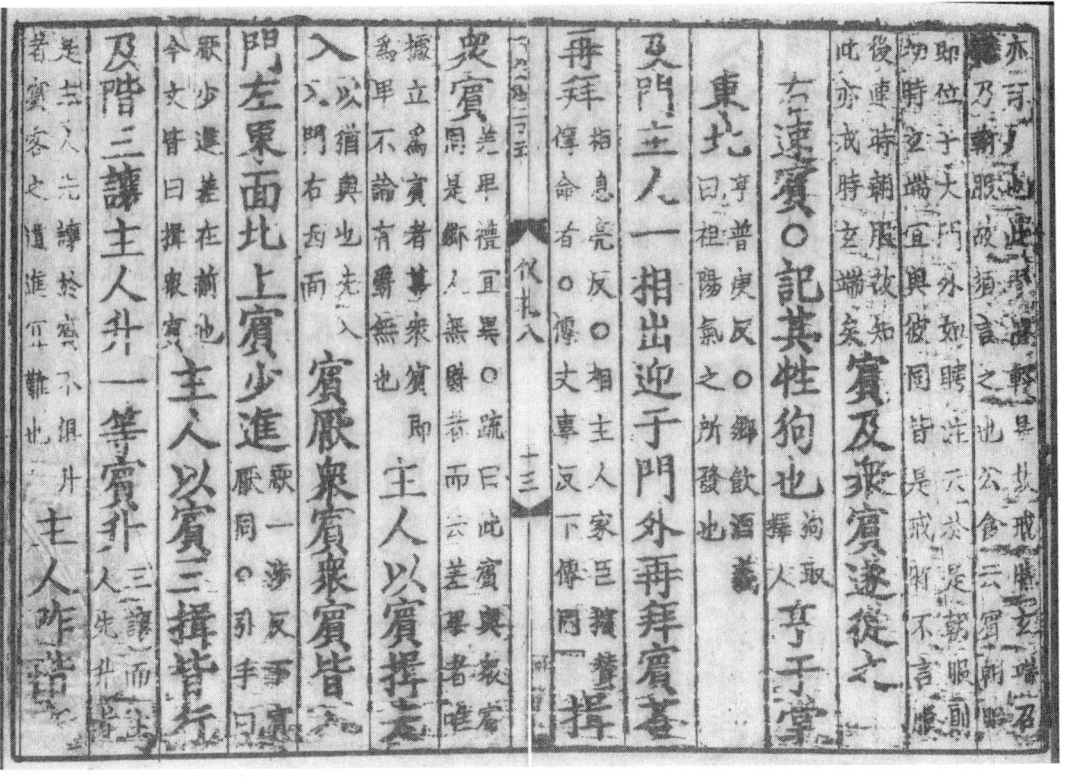

人坐取爵興適洗南面坐奠爵于篚下
盥洗盥手又洗爵致絜敬也○洗古典反○賓進東
北面辭洗必進者方辭洗宜違位也言東北面則位南於洗矣主
人坐奠爵于篚興對賓反位反從降之位也
酒曰當西序東面主人卒洗壹揖壹讓以賓升
賓西階上北面拜洗主人阼階上北面
奠爵遂答拜乃降乃降將更爵也[illegible]賓降

0008_0486-2

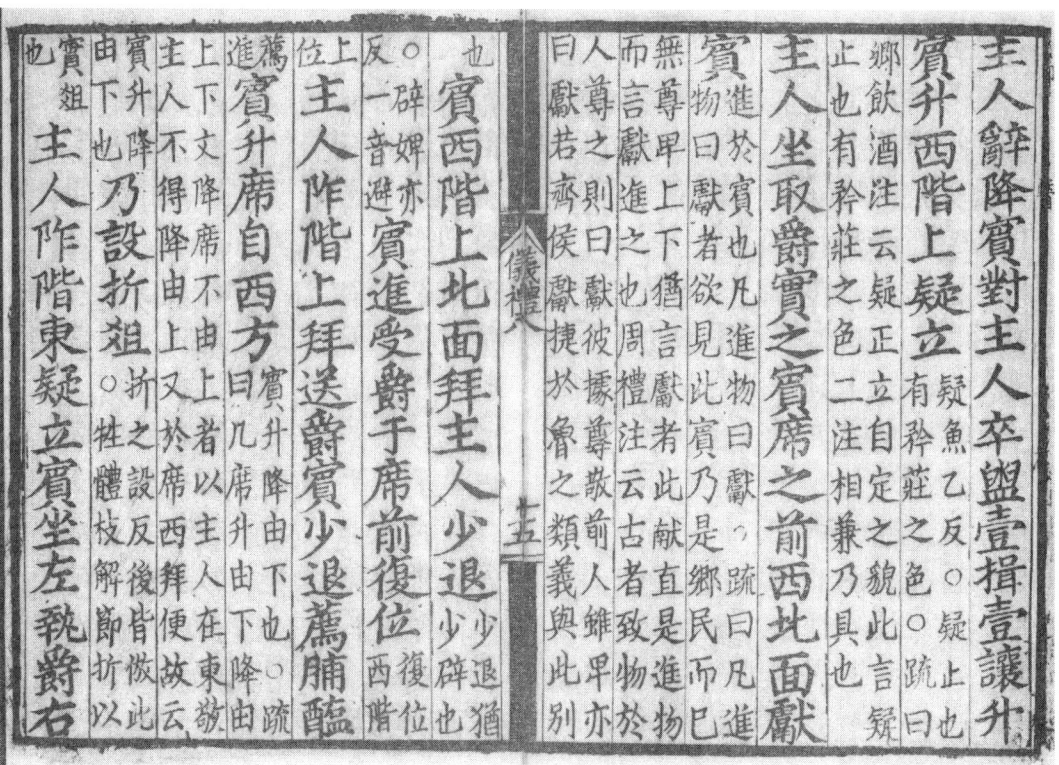

主人辭降賓對主人卒盥壹揖壹讓升
賓升西階上疑立疑魚乙反○疑止也有矜莊之色○疏曰鄉飲酒注云疑正立自定之貌此言疑止也有矜莊之色二注相兼乃具也
主人坐取爵實之賓席之前西北面獻
賓進於賓也凡進物曰獻○疏曰凡進物曰獻者欲見此賓乃是鄉民而已無尊卑上下猶言獻者此献直是進物而言獻進之也周禮注云古者致物於人尊之則曰獻彼據尊敬前人雖卑亦曰獻若齊侯獻捷於魯之類義與此別

0008_0487-1

也
賓西階上北面拜主人少退少退猶少辟也○辟婢亦反一音避
賓進受爵于席前復位復位西階上位
主人阼階上拜送爵賓少退薦脯醢薦進
賓升席自西方賓升降由下也○疏曰凡席升由下降由上下文降席不由上者以主人在東敬主人不得降由上又於席西拜便故云賓升降由下也
乃設折俎折之設反後皆倣此○牲體枝解節折以實俎也
主人阼階東疑立賓坐左執爵右

0008_0487-2

祭脯醢奠爵于薦西興取肺坐絕祭卻左手執本右手絕末以祭也肺離上為本下為末
尚左手嚌之嚌才計反○嚌嘗也右手在下絕以授口嘗之
興加于俎坐挩手
執爵遂祭酒興席末坐啐酒挩始銳反啐七內反○挩拭也啐嘗也古文挩作說○拭音式
降席坐奠爵拜告旨降席席西也旨美也
執爵興主人阼階上荅拜
賓西階上北面坐卒爵興坐奠爵遂拜

0008_0488-1

執爵興卒盡
主人阼階上荅拜
右主人獻賓○記凡獻用爵其他用觶爵尊不可褻也○凡舉爵三作而不徒爵謂獻賓獻大夫獻工皆有薦
薦脯用籩五膱祭半膱橫于上醢以豆出自東房膱長尺二寸膱音職○脯用籩籩宜乾物也醢以豆豆宜濡物也膱猶脡也為記者異耳祭橫于上殊之也於人為縮膱廣狹未聞也古文膱為胾今

0008_0489-1　0008_0488-2

一或作植○[illegible]
云一爲乾豆若[illegible]
醬者必先膊乾[illegible]
以梁麴及鹽漬以美酒[illegible]
日則成矣是乾
以爲豆實是也乾○**俎由東**[illegible]
升于狗既亨載于東方○疏[illegible]
堂東北實俎曰載載則[illegible]
東方東壁也既由東壁[illegible]
東階升此記人明之若祭[illegible]
升特牲少牢是也
尊神故由阼階升**賓俎脊脅**[illegible]
人俎脊脅臂肺肺皆離皆右體也進[illegible]

腠腠七豆反○以骨名肉貴骨[illegible]
俎用肩主人用臂尊賓也[illegible]
也腠膚理也進理謂前其本右[illegible]
所貴也若有尊者則俎其餘體[illegible]
腠音奏反○疏曰云以骨名肉者[illegible]
爲本骨名肉爲末無名於食即肉[illegible]
以骨名肉辨牲注云凡解體皆連[illegible]
是也賓用肩主人用臂此據前三[illegible]
而言有臂臑而周人貴肩也少牢[illegible]
云牛羊之肺離而不提心鄭云提[illegible]
絶也刌離之不絶中央少者中央[illegible]
者即是心也此牲食舉肺也前其大[illegible]
與公食同生人食法少牢進下者[illegible]
鬼神食法云右體周所貴[illegible]
一

0008_0490-1　0008_0489-2

所貴也若有尊者則俎其餘體[illegible]
有三肩臂臑以次用之賓亡已用[illegible]
臂有一大夫則用臑二大夫則用[illegible]
體用膊若有三大夫已上則用胳也
脊脅與賓主同故下文云獲者之俎
折脊脅肺臑注云臑若膊胳觳折之
以爲大夫之○**以爵拜者不徒作**拜謂
餘體是也
拜既爵徒猶空也作起也
不空起言起必酢主人
賓以虛爵降酢主人辭洗以**主人降**從賓也降
立阼階東
西面當
東序**賓西階前東面坐奠爵興辭降**
主人對賓坐取爵適洗北面坐奠爵于
篚下興盥洗賓北面盥洗自[illegible]
曰對主人自内出南面之[illegible]
主人阼階之東南面辭洗賓坐奠爵于
篚興對主人反位反位從降之位也
降之位即上東序之西南面位主[illegible]
人反位由前進乃反位故鄭知本之[illegible]
卒洗揖讓如初升主人拜洗賓答拜[illegible]
降盥如主人之禮賓升實爵主人之[illegible]

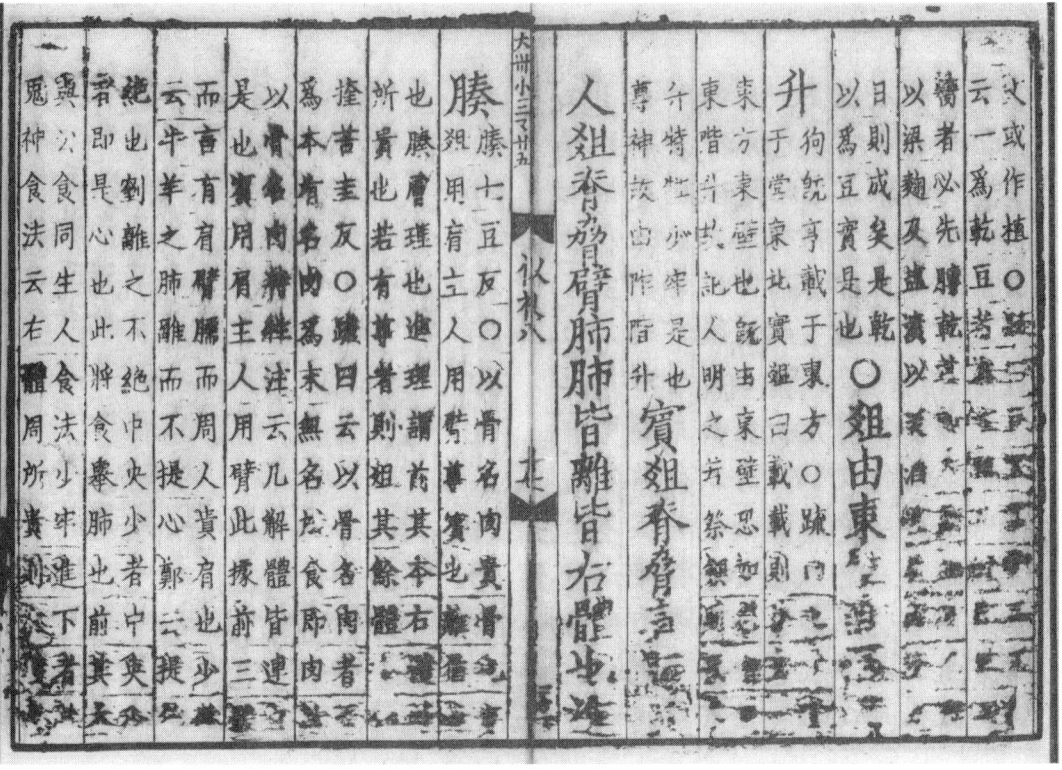

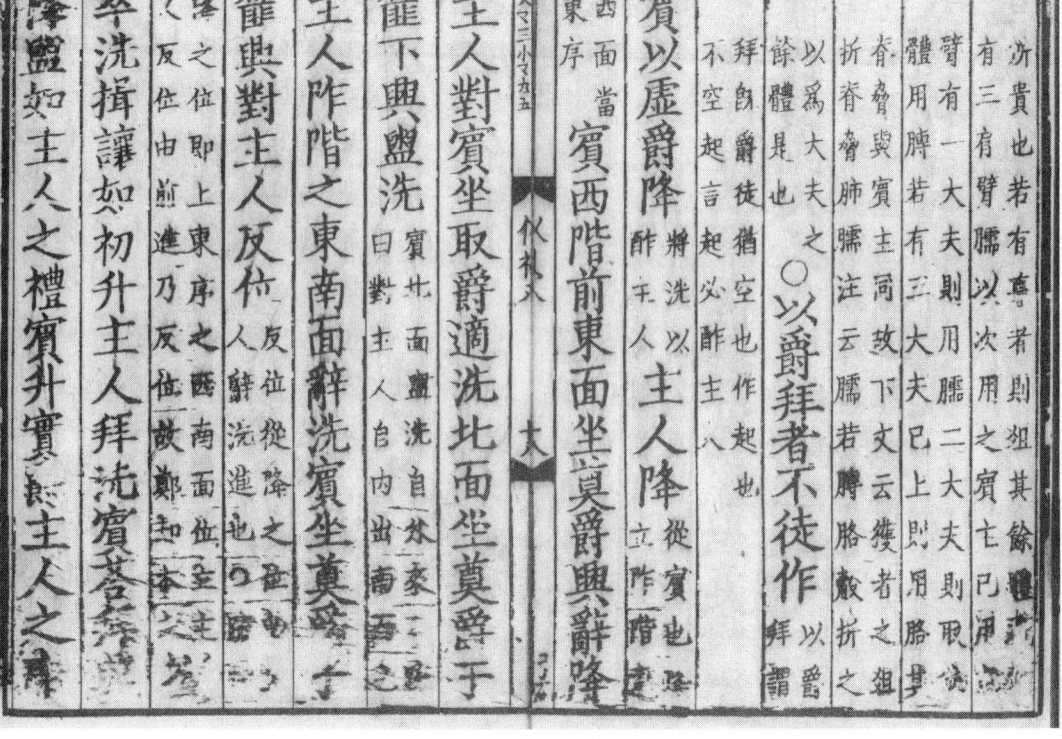

0008_0491-1　　0008_0490-2

前東南面酢主人（[illegible]如初則一揖一讓也）主
人阼階上拜賓少退主人進受爵復位
賓西階上拜送爵薦脯醢主人升席自
北方乃設折俎祭如賓禮（祭薦俎及酒亦齊啐）不
告旨（酒己物）自席前適阼階上北面坐卒
爵興坐奠爵遂拜執爵興賓西階上北
面荅拜（自由也。啐酒於席末由前降便也。○便婢面反後放此）主

大四二小九一　仪礼八　十九

人坐奠爵于序端阼階上再拜崇酒賓
西階上荅再拜（序端東序頭也。崇充也。謝酒惡相充滿也。○跳）
（曰奠爵于序端此擬下獻衆賓也）

右賓酢主人

主人坐取觶于篚以降（觶之豉反下同。○將酬賓）賓
降主人奠觶辭降賓對東面立主人坐
取觶洗賓不辭洗（不辭洗以其將自飲）卒洗揖讓

0008_0492-1　　0008_0491-2

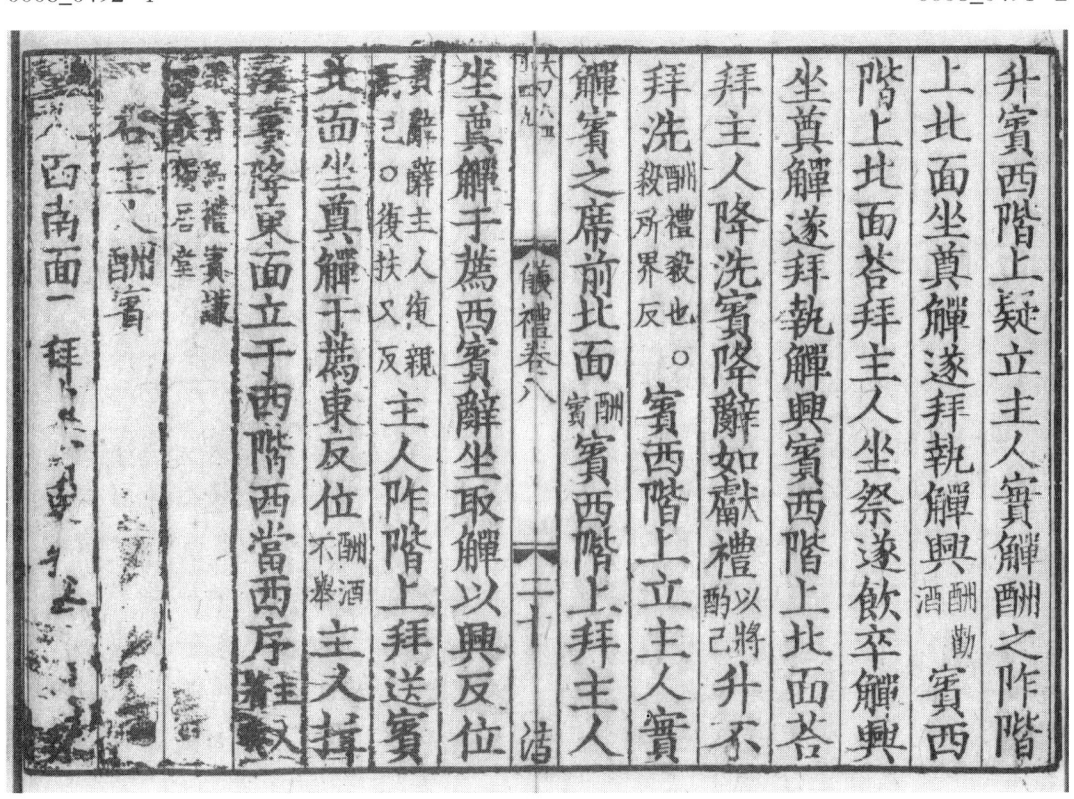

升賓西階上疑立主人實觶酬之阼階
上北面坐奠觶遂拜執觶興（酬勸酒）賓西
階上北面荅拜主人坐祭遂飲卒觶興
坐奠觶遂拜執觶興賓西階上北面荅
拜主人降洗賓降辭如獻禮（以將酌己）升不
拜洗（酬禮殺也。○殺所界反）賓西階上立主人實
觶賓之席前北面（酬賓）賓西階上拜主人

大四六　儀禮卷八　二十　浩

坐奠觶于薦西賓辭坐取觶以興反位
（賓辭辭主人復親酌己。○復扶又反）主人阼階上拜送賓
北面坐奠觶于薦東反位（酬酒不舉）主人揖
[illegible]賓降東面立于西階西當西序（主人[illegible]）
[illegible]（[illegible]爲禮賓讓獨居堂[illegible]）

右主人酬賓

[illegible]西南面一拜[illegible]

0008_0492-2

三拜示徧也壹拜不備禮也獻賓畢乃與衆賓拜敬不能並○徧音遍○疏曰衆賓無問多少止爲三拜而已是示徧也衆賓人皆一拜是不備禮此亦荅大夫拜法若荅士拜則亦再拜見於特牲也云獻賓畢乃與衆賓拜者自鄉來注與賓拜未與衆賓拜今始拜之故云敬不能並○今按衆賓荅一拜說見上篇

主人揖升坐取爵于序端降洗升實爵西階上獻衆賓衆賓之長升拜受者三人（長丁丈反○長其老者言三人則衆賓多矣國以多德行道藝爲榮何晝

0008_0493-1

數之有乎○行下孟反○疏曰此雖非賓賢能其衆亦三人在堂上與鄉飲酒數同其堂下衆賓無定數故鄭云衆賓多矣）主人拜送（拜送爵於衆賓右）衆賓坐祭立飲不拜既爵授主人爵降復位（既盡○疏曰此還上三人者降復賓南東面位）衆賓皆不拜受爵坐祭立飲（自第四以下又不拜受爵禮殺畧○疏曰此謂堂下衆賓無數者也）每一人獻則薦諸其席（諸於○疏曰此還撮堂上三人薦席者故云薦諸其席謂席前也）衆賓辯

0008_0493-2

有脯醢（辯音遍○薦於其位○疏曰還據堂下無席者故鄭云薦於其位不席也）主人以虛爵降奠于篚（不復用）

右獻衆賓○記衆賓之長一人辭洗如賓禮（長丁丈反○尊之於其黨）○凡奠者於左（不飲不欲其妨○疏曰謂若酬賓奠於右賓奠之於左）將舉者於右（便其舉也○疏曰謂若酬一人二人舉奠之於薦右後舉之者也）○樂正與立者齒（與音預○謂其飲之次也尊樂

0008_0494-1

正同於賓黨鄉飲酒記曰與立者皆薦以齒）

揖讓升賓厭衆賓升衆賓皆升就席一人洗舉觶於賓（一人主人之吏○疏曰主人之吏亦謂府史以下非屬官也）升實觶西階上坐奠觶拜執觶興賓席末荅拜舉觶者坐祭遂飲卒觶興坐奠觶拜執觶興賓荅拜降洗升實之西階上北面（將進奠觶）賓拜（拜受觶）舉觶者

0008_0494-2

北面坐奠觶于薦西不受賤不敢也賓辭坐取以興若親受然舉觶者西階上拜送賓反奠于其所舉觶者降疏曰云反奠于其所者還於薦西以其射後賓北面舉之爲旅酬故不奠于薦東也

右一人舉觶

大夫若有遵者則入門左謂此鄉之人爲大夫者也謂之遵者方以禮樂化民欲其遵法之也其士也於旅乃入鄉大夫士非鄉人

儀禮八　二三

0008_0495-1

禮亦然主於鄉人耳今文遵爲僎○僎音遵○疏曰言若者或無不定也鄭知是當鄉大夫者以其鄉射旣與鄉人行射禮而言大夫者當鄉大夫可知士於旅乃入下記云士旣旅不入明未旅間皆得入也非鄉人禮亦然者以其同是鄉大夫上禮無異故也徂異主人降迎大夫于門內也不出門鄉不助主人樂賓爲別也別彼列反賓及衆賓皆降復初位不敢居堂俟大夫入也初位門內東面○疏曰上文賓厭衆賓皆入門左東上主人揖讓以大夫升拜至大夫荅

0008_0495-2

拜主人以爵降大夫降主人辭降大夫辭洗如賓禮席于尊東尊東明與賓夾尊也不言東上統於尊也○疏曰上云尊於賓席之東則在尊西今大夫言席於尊東明爲賓夾尊可知統於尊者席於尊東擬尊而言是以下云大夫降席東南面酢由下故知西上也升不拜洗主人實爵席前獻于大夫大夫西階上拜進受爵反位主人大夫之右拜送大夫辭加席主人對

儀禮八　二四

0008_0496-1

不去加席去起呂反○辭之者謙不己尊加賢者也不去者大夫再重席正也賓一重席○重直恭反下同○疏曰云升不拜洗者以大夫尊故也云反位者大夫反西階上位鄉射之禮鄉人爲賓若大夫與則以公士爲賓亦賢者爲之故云不以己尊加賢者也鄉飲酒云公三重大夫再重禮之正也賢人之故一重樂公士爲賓亦一重也乃薦脯醢大夫升席設折俎祭如賓禮不嚌肺不啐酒西階上卒爵拜主人荅拜凡所不殺者

賓也大夫升席由東方○疏曰上云不拜洗亦是殺於賓之類也大夫席西上升由下故知大夫升席由東方也

右獻大夫○記若有諸公則如賓禮大夫如介禮無諸公則大夫如賓禮尊卑之差諸公大國之孤也

樂作大夫不入後樂賢也

大夫降洗將酢主人也大夫若衆則辯獻長乃酢○疏曰此經據一大夫而言故獻大夫即酢案有司徹主人洗爵獻長賓于西階上然後衆賓長升拜受爵宰夫贊主人酬若是以辯乃升長賓主人酬酢于長賓西階上北面賓在左注云主人酬自酢序賓意賓卑不敢酢是辯獻長乃酢也

主人復阼階降辭如初卒洗主人盥盥者雖將酌自飲尊大夫不敢褻揖讓升大夫授主人爵于兩楹間復位主人實爵以酢于西階上坐奠爵拜大夫荅拜坐祭卒爵拜大夫荅主人坐奠爵于西楹南再拜崇酒大

夫荅拜主人復阼階揖降將升賓○疏曰爲士於旅乃入擬獻士故奠爵于此也

大夫降立于賓南雖尊不奪人之正禮○疏曰大夫尊在堂則席一下尊東今降而在賓下者欲使賓主相變行禮若在其北則妨賓主揖讓之正禮

主人揖讓以賓升

大夫及衆賓皆升就席

右大夫酢

席工于西階上少東樂正先升北面立于其西言少東者明樂正西側階不欲大東辟射位○大音泰○疏曰既言席工于西階上少東則在西階東矣復云樂正立于其西則側近西階之東面不至於大東也燕禮注亦然者燕亦容有射法

工四人二瑟瑟先相者皆左何瑟面鼓執越內弦右手相入升自西階北面東上工坐相者坐授瑟乃降相息亮反何胡可反○瑟先賤者先就事也相扶工也面前也鼓在前變於君也執越內弦右手相由便也越瑟下孔所以發越其

0008_0498-2

前述言執者內有弦結手[illegible]
相者降立西方○䟽曰云四人二瑟
是二人歌可知亦不言相者以其空
故不言也云瑟賤者案大射太師少
歌衆工瑟是瑟賤也凡工皆先瑟後
是賤者先即事故得獻亦在前也鄉
與大射相對大射君禮而後首也臣
前首故云變於君燕禮與鄉飲酒相
燕禮面鼓又與鄉飲酒後首相變瑟
首寬尾狹內越孔雖長廣狹亦等但
居瑟上近首鼓處則寬近尾不鼓處
而狹側持之法近鼓持之入則近手
則深是以通與燕禮言面鼓則云執
手入淺也大射與鄉飲酒言後首則

儀禮八　二十七

0008_0499-1

挎越手入深故也相者是弟子位在
下文云樂正適西方命弟子贊工遷
于下故此降　縣
還於西方也　**笙入立于縣中西面**　音
○堂下樂相從也縣中磬東立西面
䟽曰上文云縣于洗東北西面此云
于縣中明是堂下相從皆在東方也
東當磬之東鄭知不在磬西者若磬
而西而則笙磬不可也　**乃合樂周南關雎葛覃**
召南鵲巢采蘩采蘋　合如字劉音閤○不歌不
不閒忘在射畧於樂也不畧合樂者
以召南之風鄉樂也不可畧其正也

0008_0499-2

昔太王王季文王始居岐山之陽躬行
以成王業至三分天下乃宣周南召南
之化本其德之初刑于寡妻至于兄弟
以御于家邦故謂之鄉樂用之房中以
及朝廷饗燕鄉射飲酒此六篇其風化
之原也是以合金石絲竹而歌之○閒
閒廁之閒太音泰○䟽曰據鄉飲酒燕
禮作樂四節今不歌不笙不閒唯有合
樂故云志在射畧於樂也二南是大夫
之鄉樂己之正樂故云不可畧其正
工不興告于樂正曰正歌備　不興者瞽矇禮
[illegible]也○矇音蒙○䟽曰言正歌者升歌
也升歌鹿鳴是上歌諸侯樂非己正樂

儀禮八　二十八

0008_0500-1

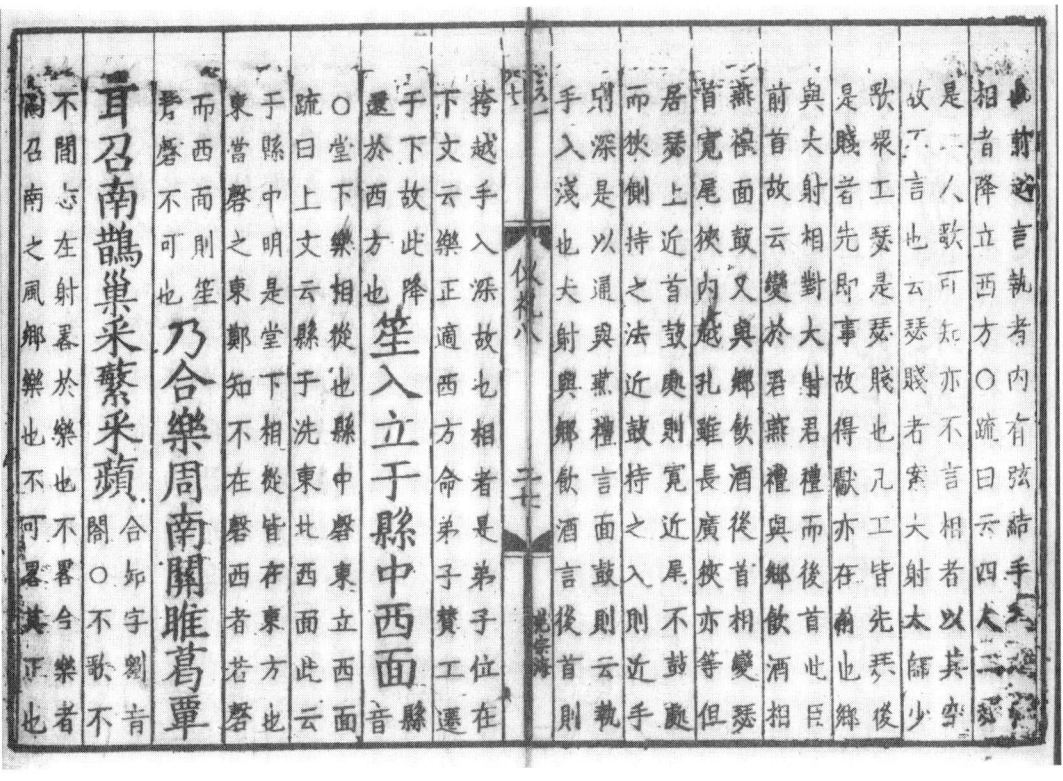

以二南為正歌也言備者凡
樂皆三終此備明亦三終也　**樂正告**
賓乃降　樂正降者堂上正樂畢也降立西階東北面○䟽曰作樂
為樂賓令歌備故告賓言歌備也云
樂者對後無笙樂非正樂也下射雖
鄉侯亦是堂下非堂上故以堂上決
之云降立西階東北面者此無正文
堂上樂正位在西階東北面　**主人取**
[illegible]亦當在西階東北面也
爵于上篚獻工大師則為之洗　為于僞反○䟽
曰鄉大夫樂又從之以其人習之
也○䟽曰天子諸侯官備有大師

0008_0500-2

[illegible]不合有[illegible]賢大夫士樂縣之法如春秋左氏[illegible]

後以歌鍾樂[illegible]縵繁縷是也 賓降主人辭降 降事[illegible]

工不辭洗卒洗升實爵工不與左瑟一

人拜受爵 左瑟一人授爵也一人大師工之長者○疏曰有大師則爲之洗[illegible]不辭[illegible]受爵故變言工與一人假令大師先獻者歌則後獻[illegible]先獻工一人是也云一人無大師[illegible]工之長者以鄉飲酒獻工時云一人不[illegible]與受爵注云一人笙之長者也大師[illegible]

儀禮八　三十九

0008_0501-1

歌者未得獻先獻瑟工一之長者也 主人阼階上拜送爵

薦脯醢使人相祭 相息亮反○人相者一相○疏云相者即𦕈子也

工飲不拜既爵授主人爵衆工不拜

受爵祭飲辯有脯醢不祭 祭飲不與[illegible]爵坐祭坐飲[illegible]

不洗遂獻笙于西階上 不洗者賤也[illegible]工而不洗異於[illegible]

[illegible]笙不洗者賤[illegible]工正者賤之[illegible]不辯[illegible]工在上貴[illegible]

[illegible]

0008_0501-2

拜于下盡階不升堂受爵主人拜送

爵階前坐祭立飲不拜既爵升授主人

爵衆笙不拜受爵坐祭立飲辯有脯醢

不祭主人以爵降奠于篚反升就席 亦

謂以賓升衆賓皆升○疏曰云亦者[illegible]共大夫行禮就主人揖讓以賓升[illegible]天及衆賓皆升就席也

右樂賓○記三笙一和而成聲 和戶臥反

○三人吹笙一人吹和凡四人也爾雅曰笙小者謂之和 ○獻工

與笙取爵于上篚既獻奠于下篚其

一笙則獻諸西階上 奠爵于下篚不復用也今文無與

○疏曰云奠爵于下篚不復用也者謂堂上不復用無妨堂下更入用之知者獻獲及釋獲者皆取而獻之是也大射獻服不氏用散不用爵者[illegible]君禮與此異也

儀禮八　三十

0008_0502-1

主人降席自南方 不由便○疏曰上[illegible]

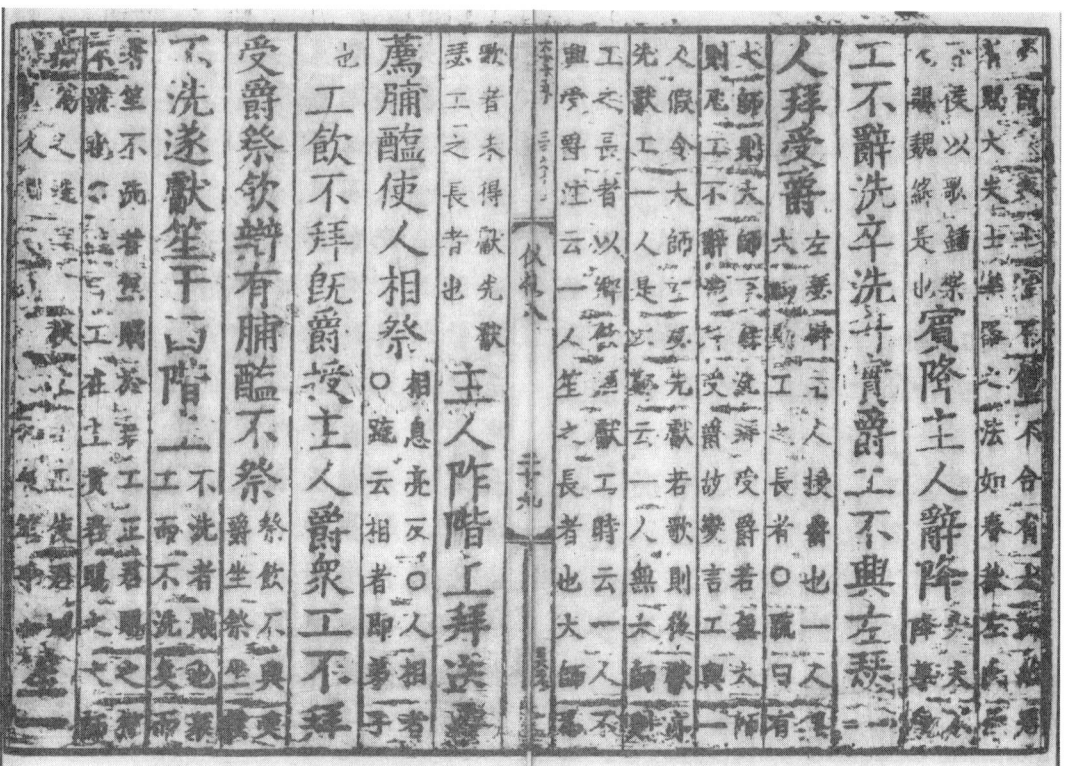

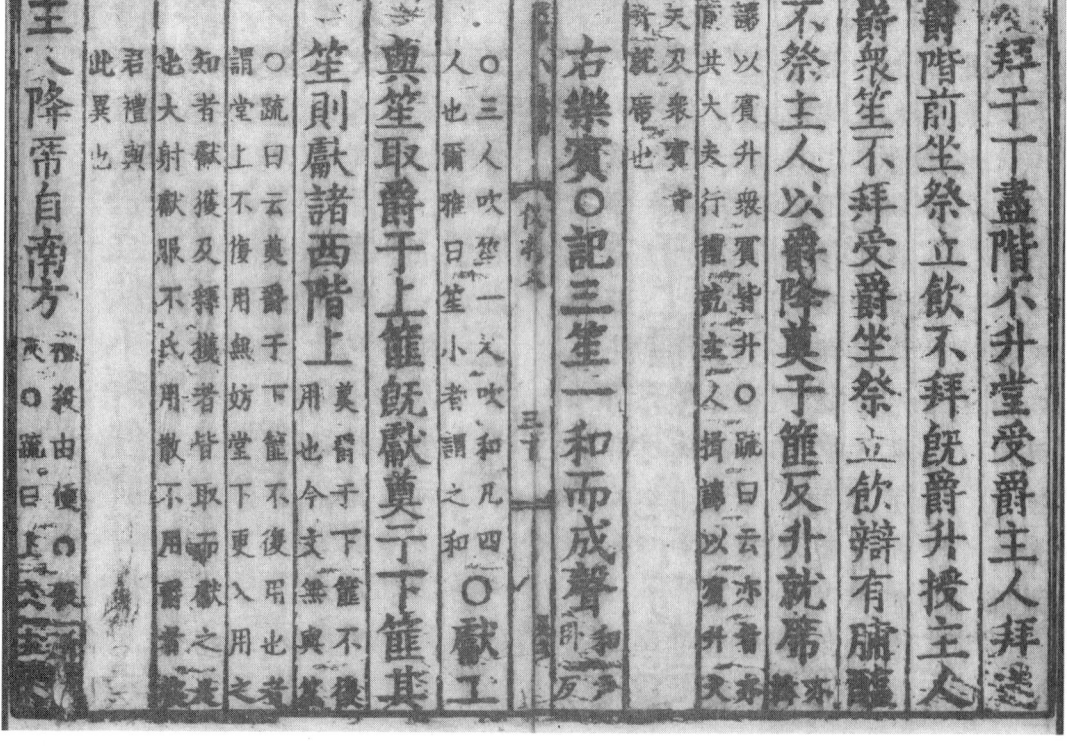

0008_0502-2

受酢爵時禮盛故主人降席自北方啐酒於席末亦然今此立司正禮殺故降席自南方由便也側降賓不從降作相爲司正司正禮辭許諾主人再拜司正答拜爵備樂畢將留賓以事爲有解倦失禮立司正以監之察儀法也詩云既立之監或佐之史○解古賣反監古銜反○疏曰爵備者謂賓及衆賓與尊者并工笙並得獻也云樂畢者合樂訖也事者下有射事旅無算之事也司正中間爲射變爲司馬射訖反爲司正以監察儀法也引詩者證監與正爲一物也主人升就

儀禮卷八　三十一

0008_0503-1

席

右立司正

司正洗觶升自西階由楹内適阼階上北面受命于主人洗觶者當酌以表其位顯其事也楹内楹北○疏曰受命謂受主人請安賓之命西階上北面請安于賓傳主人之命賓禮辭許司正告于主人遂立于楹間以相拜相謂贊主人及賓相拜之辭主

0008_0503-2

人阼階上再拜賓西階上答再拜皆揖就席爲已安也今文揖爲升司正實觶降自西階中庭北面坐奠觶興退少立奠觶表其位也少立自脩正慎其位也古文曰少退立○疏曰北面坐奠觶鄉飲酒亦然此二者皆臣禮威儀簡燕禮大射皆司正南面奠觶者彼是君禮威儀多也進坐取觶興反坐不祭遂卒觶興坐奠觶拜執觶興洗北面坐奠于其所今文坐取觶無進文

儀禮卷八　三十二

0008_0504-1

曰坐奠之拜興少退北面立于觶南立觶南亦其故擯位○疏曰案上未有擯位此立擯位者案射禮云擯者退中庭是擯者在中庭有位燕禮大射皆擯者爲司正而此鄉射飲酒皆云作相爲司正相即擯者是故知觶南者中庭故擯位也未旅旅序也未以次序相酬以將射也旅禮終也○疏曰旅衆也而言序者謂衆以次序相酬必於未旅而射者旅酬醉而禮終恐不得射也此大夫士禮將射後乃始行旅酬燕禮大射國君禮故先行燕禮樂行一獻以其辨尊卑故

0008_0504-2

四舉旅大射主爲射故再拜説即射燕
禮主爲燕故三舉旅乃射彼皆與此不
同
也

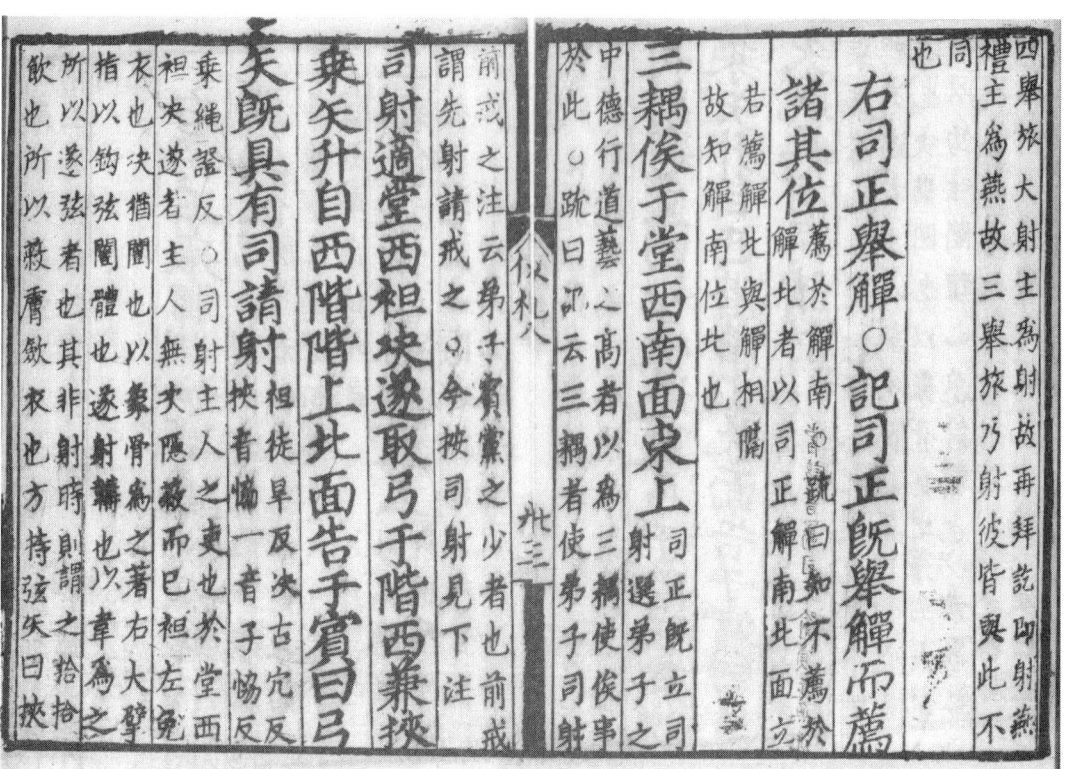

右司正舉觶○記司正既舉觶而薦
諸其位 薦於觶南○疏曰知不薦於
觶北者以司正觶南北面立
若薦觶北與觶相隔
故知觶南位北也

三耦俟于堂西南面東上 司正既立司射選弟子之
中德行道藝之高者以爲三耦使俟事
於此○疏曰卯云三耦者使弟子司射

0008_0505-1

前戒之注云弟子賓黨之少者也前戒
謂先射請戒之○今按司射見下注

司射適堂西袒決遂取弓于階西兼挾
乘矢升自西階階上北面告于賓曰弓
矢既具有司請射 袒徒旱反決古穴反
挾音協一音子協反
乘繩證反○司射主人之吏也於堂西
袒決遂者主人無次隱蔽而已袒左免
衣也決猶闓也以象骨爲之著右大擘
指以鉤弦闓體也遂射韝也以韋爲之
所以遂弦者也其非射時則謂之拾拾
歛也所以蔽膚歛衣也方持弦矢曰挾

0008_0505-2

乘矢四矢也大射曰挾乘矢於弓外見鏃
於弣右巨指鉤弦古文挾皆作接○闓音
開著丁畧反又直畧反擘補革反韝古侯
反見賢遍反鏃子木反又七木反弣芳甫
反○疏曰大射云司射自阼階前曰爲政請射
注爲政謂司馬司馬政官主射禮諸侯之州長
無司馬官直言有司請以此司馬也司射主人
之吏者大射諸侯禮有大射正爲長射人次之
司射又次之小射正次之皆是士爲之則此大
夫士禮不得用士故知是主人之吏爲之也主
人無次對大射人君禮有次在東方不須適堂
西也凡事無問吉凶皆袒左是以士喪及大射
皆袒左唯有受刑袒右故覲禮乃云右肉袒注
云刑宜施於右是也決猶闓也以象骨爲之蓋

0008_0506-1

取其滑也著右大擘指以鉤弦闓體者
以右巨指鉤弦故也射韝著左臂所以
遂弦也云其非射時則謂之拾者此篇
及大射將射云袒決遂射訖則云説決
拾於公雖射亦謂之拾故大射云矢乾
物小射正奉決拾以從彼亦臨時而云
拾以公射故變文以見義也下記云凡
挾矢於二指之間横之如大射所云是
其方也若側持弓矢則名執故下文云
司射猶袒決遂左執弓右執一个兼諸
弦面鏃注云側持弓矢曰執面猶尚也
并矢於弦尚其鏃是也云乘矢四矢也
者下云司射搢三挾一个又詩云四矢
反兮是四矢曰乘凡物四皆云乘也下

0008_0496-2

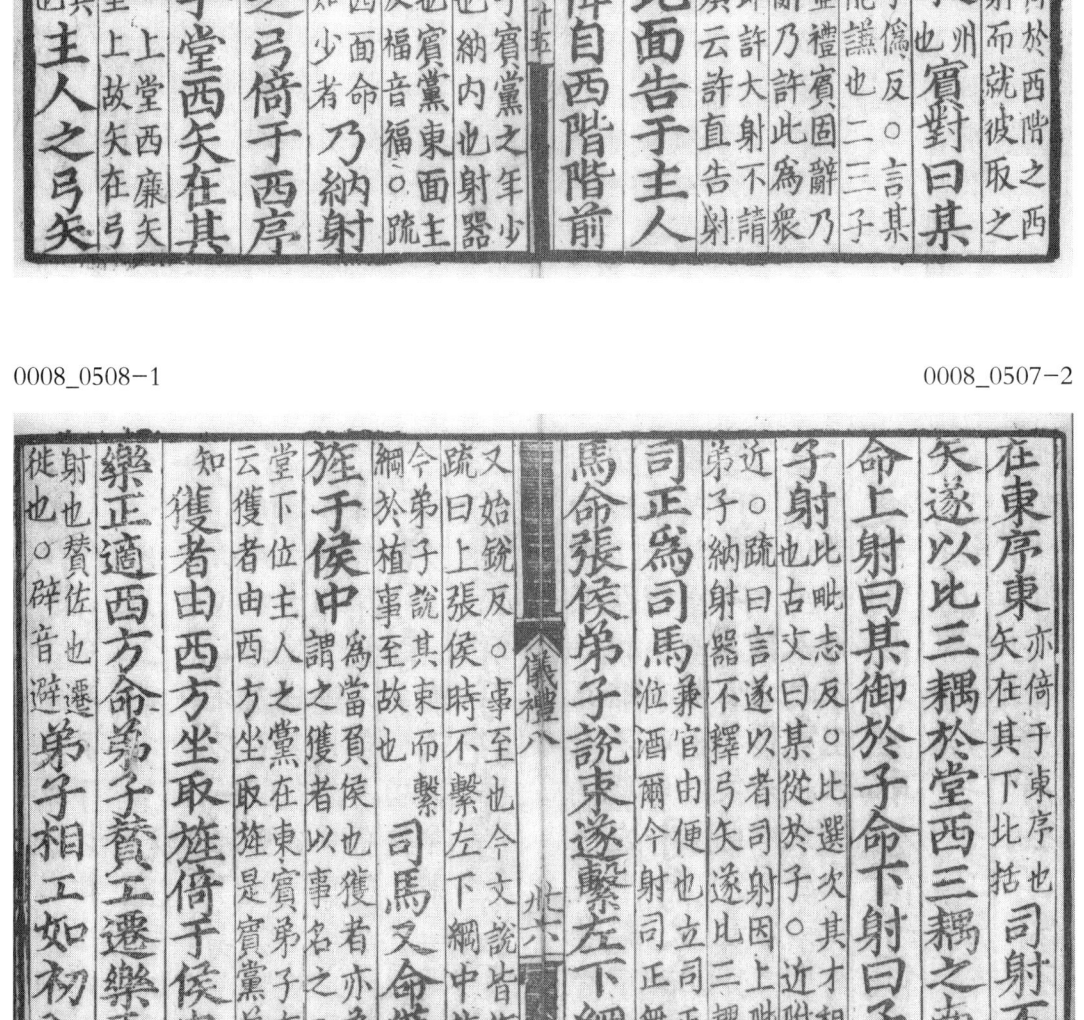

記云司射之弓矢與朴倚於西階之西
是豫陳之於彼故此誘射而就彼取之
也有司謂司馬也諸侯之州
長無司馬官故直言有司也賓對曰某
不能爲二三子許諾爲于僞反。言某不能讓也二三子
謂衆賓已下。疏曰投壺禮賓固辭乃
許者彼因燕而爲之再辭乃許此爲衆
習禮不專爲已故一辭即許大射不請
者彼爲擇士而射故不須云許直告射
節而
已司射適阼階上東北面告于主人
曰請射于賓賓許司射降自西階階前

0008_0497-1

西面命弟子納射器弟子賓黨之年少
者也納內也射器
弓矢決拾旌中籌楅豐也賓黨東面主
人之吏西面。少申召反楅音福。疏
曰賓黨西方東面今以西面命
之明是賓黨言弟子故知少者乃納射
器皆在堂西賓與大夫之弓倚于西序
矢在弓下北括衆弓倚于堂西矢在其
上倚於綺反括古活反。上堂西廉矢
亦北括。疏曰序在堂上故矢在弓
下堂西在堂下故矢隨其
弓而在堂西廉稜之上也主人之弓矢

0008_0507-2

在東序東矢在其下北括亦倚于東序也司射不釋弓
矢遂以比三耦於堂西三耦之南北面
命上射曰某御於子命下射曰子與某
子射比毗志反。比選次其才相近者
也古文曰某從於子。近附近之
近。疏曰言遂以者司射因上階前令
弟子納射器不釋弓矢遂比三耦也
司正爲司馬兼官由便也立司正爲
涖酒爾今射司正無事司
馬命張侯弟子說束遂繫左下綱說吐活反

0008_0508-1

又始銳反。事至也今文說皆作稅。
疏曰上張侯時不繫左下綱中掩束之
今弟子說其束而繫
綱於植事至故也司馬又命獲者倚
旌于侯中爲當負侯也獲者亦弟子也
謂之獲者以事名之。疏曰
堂下位主人之黨在東賓弟子在西下
云獲者由西方坐取旌是賓黨弟子可
知獲者由西方坐取旌倚于侯中乃退
樂正適西方命弟子贊工遷樂于下當
射也贊佐也遷
徙也。辟音避弟子相工如初入降自辟

0008_0508-2

為階阼階下之東南堂前三笴西面北上坐 相息亮反笴古可反○笴矢幹也今文無南○幹古但反○疏曰知初八者亦如上升堂時相者亦在左何瑟面鼓內弦右手相也衆矢入注矢幹長三尺是去堂九尺也 樂正北面立于其南 北面鄉堂 不與工序也○鄉許亮反○疏曰工西面北上以南北爲序樂正北面則東西爲列故云不與工序也

右請射○記三耦者使弟子司射前

夭大三小三四三 仪其八 三七

0008_0509-1

戒之 弟子賓黨之少者也前戒謂亦射請戒之 ○凡挾矢於二指之間橫之 二指謂左右手之第二指也以食指將指挾之○將子匠反○疏曰左右手皆挾之者以云二指之間橫之則知左右手也以左擘指拓弓右擘指鉤弦故知挾矢以第二第三指間第二指爲食指左傳云子公之食指動是也第三指爲將指左傳云吳王闔閭傷於將指是也知不以無名指者以無名指短與將指不相應故

司射之弓矢與扑倚于西階之西

十反○使其事也○疏曰司射適堂西袒決遂取弓矢于西階兼挾乘矢則誘射之弓矢在階西夫誘射訖適堂西改取一个挾之遂適階西取扑至視筭之時於西階西釋弓矢去扑獻釋獲者此亦在西階西故鄭云使其事也 司射在司馬之北司馬無事不執弓 以不主射故也○疏曰經不明言司射與司馬南北相當故明之也 司射既袒決遂而升司馬階前命張侯遂命倚旌 著並行也古文曰遂命獲者倚旌○疏曰衆上文將射適堂西袒決遂取弓矢告賓請射其時司馬即階前令倚旌此皆同時故鄭云著並行事如上經納射器及此三耦以前司射獨行事後及司正爲司馬與司射並行事故記入記之也 旌各以其物 旌總名也雜帛爲物大夫士之所建也言各者鄉射或於庠或於謝○疏曰云旌總名也者以周禮司常云九旗鄭夫通帛爲旜雜帛爲物全羽爲旞析羽爲旌各別今名物爲旌者散文通故云旌總名也云雜帛爲物大夫士之所建也者司常文通帛者通體並是絳帛周所尚赤也雜帛

兩本均缺第三十八葉今錄張本補抄丁本此卷皆補抄

傳本剪去下象鼻今改用張本

者中綪緣邊白也白殺之正色也鄉
射或於庠或於謝者諸侯鄉大夫是
大夫詢衆庶故射則於庠也諸侯州
長是士故春秋習射則于謝也大夫
士同建物而云各者大夫五仞士三仞也**無物則以白羽**
與朱羽糅杠長三仞以鴻脰韜上二
尋糅女又反杠音江仞音刃韜吐刀
反○無物者謂小國之州長也其
鄉大夫一命其州長士不命不命者
無物此翿旌也翿亦所以進退衆者
糅者雜也杠橦也七尺曰仞鴻鳥之
長脰者也八尺曰尋今文糅爲縮韜

儀禮八　廿九

爲翿○翿徒刀反橦直江反○疏曰
案典命子男之卿再命大夫一命士
不命大夫一命得建物士不命則無
物是以不得與上各以其物同别爲
此旌云此翿旌也者據下文士鹿中
翿旌也記云君國中射以翿旌獲此
不命士與國君同者士卑不嫌命士
以上尊卑自異也云亦所以進退衆
者喪大記君葬時執翿居前詔傾虧
也云七尺曰仞者無正文鄭案書傳
云雉長三丈高一丈則牆高一丈祭
義云繇宮仞有三尺牆高一丈云仞
有三尺除三尺之外只有七尺故知
七尺曰仞也王肅則依小爾雅四尺

0008_0511-2

曰仞孔君則八尺曰仞所見不同也
脰項也云八尺曰尋者亦無正文冬
官云車有六等之數云殳長尋有四
尺長丈二而云尋有四尺除四尺則
尋長八
尺矣
司射猶挾乘矢以命三耦各與其耦讓
取弓矢拾拾其劫反除決拾之外皆同
○猶有故之辭拾更也○更
音庚○疏曰大射有次三耦取弓矢於
次注云取弓矢不拾者次中隱蔽處則
此無次取弓矢拾者拾更也逆取弓矢
見威儀故也云猶有故之辭者前已云

0008_0512-1

司射兼挾乘矢此云猶挾欲
見司射恒執弓矢未改之意**三耦皆袒**
決遂有司左執弣右執弦而授弓有司
弟子
納射器者也凡納射器者皆執以俟事
○疏曰前有司請射爲司馬此有司爲
弟子者以有事者皆有司故鄭注解上
有司請射爲司馬此經以納射器使弟
子不見出文則弟子執射器入者即使
守之以授用者故知有司還是弟子
遂授矢受於納矢而授之○疏曰此授
矢者則上文有司授弓者以其
或執弓或執矢故授
弓訖後受矢而授之**三耦皆執弓搢三**

0008_0512-2

挾一个未違侯處也搢插也插於帶右○違初洽反下同○疏曰

上云三耦俟于堂西又云遂以比三耦堂西比云三耦皆執弓搢三而挾一

个前後皆因前位未違侯處下文乃云三耦皆進由司射之西立于其西南東

面北上是移本位也云插於帶右者以左手執弓右手抽矢而射故知插於帶

右詩云左旋右抽是也司射先立于所設中之西

南東面三耦皆進由司射之西立于其

西南東面北上而俟司射東面立于三

儀禮八　四一

0008_0513-1

耦之北搢三而挾一个爲當誘射也匪東面矣俟言之

音明御時還○俟其又反下俟言同○箋曰云司射先在中西序東面今三耦

立於其西南司射因卻來向三耦之北東面明司射卻時左還西南東面也

揖進注當階北面揖及階揖升堂揖豫則

鉤楹內堂則由楹外當左物北面揖

豫出注○鉤楹繞楹而東也序無室以淅也周立四代之學於國而又以[illegible]

虞氏之庠爲鄉學鄉飲酒義曰主人拜[illegible]于室門外是也庠之制有堂有[illegible]

0008_0513-2

今言豫者謂州學也讀如成周宣謝災之謝周禮作序凡屋無室曰謝宜從謝

州立謝者下鄉也立物下物也今文豫爲序序乃夏后氏之學亦非也○下退

豫反○今按下記云上射於右故此以左物爲下物也○疏曰凡行射禮耦耦

各相對揖故司射誘射發東面位揖進當西階北面揖及階揖升堂揖並東行

向西楹間物須過西楹是以豫則鉤楹內北過以記云序則物當棟物近北故

過由楹北也堂則由楹外過而東行以記云堂則物當楣物近南故過由楹南

也云當左物者以南面爲正東爲左物北面又揖也繞楹而東者北而東也云

儀禮八　四二

0008_0514-1

序無室者據州之序而言也云周立四代之學於國者案王制云有虞氏上庠

下庠夏后氏東序西序殷人左學右學周人東膠虞庠周立四代者通己爲四

代也故周之小學爲有虞氏之庠制而在西郊立殷之右學爲瞽宗亦在西郊

立夏后氏之東序爲東膠而在王宮之東而又以有虞氏之庠爲鄉學其制有

堂有室又以序爲州學則有堂無室也庠則鄉飲酒義所謂庠門外是也庠[illegible]

周禮州長職云會民而射于序是也讀如宣榭之榭者案春秋書成周宣榭

災以其無室與爾雅無室曰榭同故引爲證也云下鄉者以序在室謂[illegible]

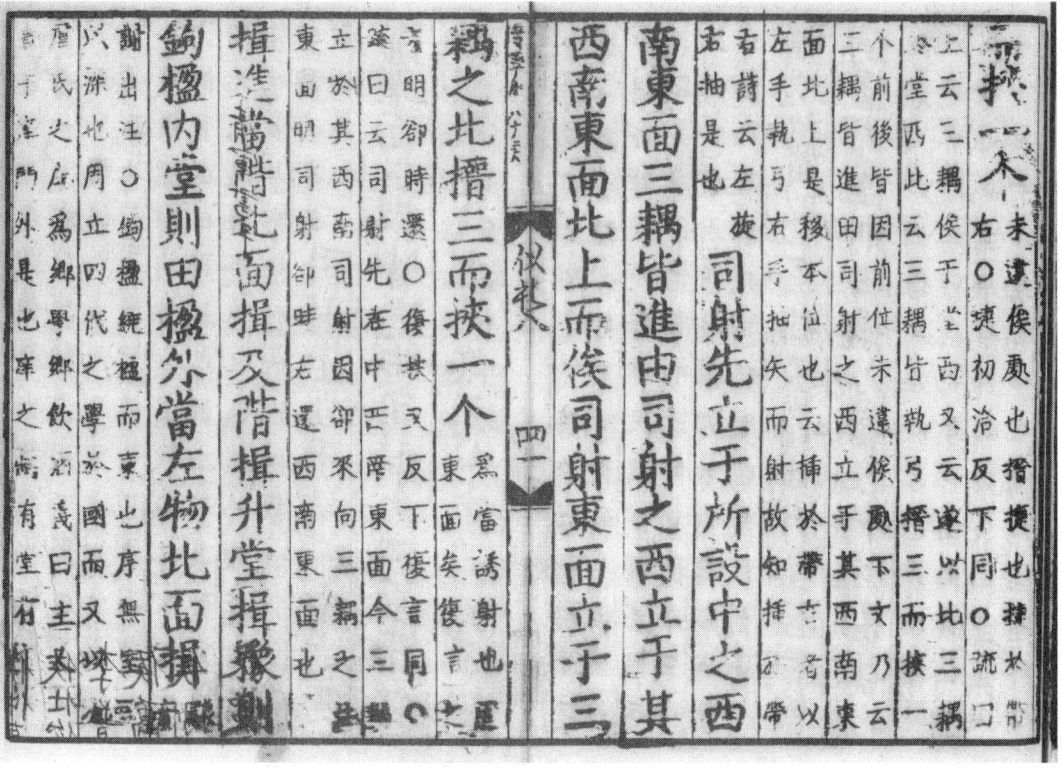

0008_0514-2

笑也不從今文爲序又不破學記州及下記者以夏序有室今州立夏序州去室而猶取序名是以鄭注州長亦云序爲州黨之學也○今按注疏所言四代之學未有以見其必然姑存其大畧而已但豫有室堂無室則粗可見蓋有室則四分其堂去一以爲室故淺無室則全得其四分以爲堂故深也及物揖左足履物不方足還視侯中俯正足方猶併也志在於射左足至右足還併足則是丁也未面視侯之中乃俯視併正其足○併步頂反○疏曰云履事於射音解足未正先視侯中之意當

0008_0515-1

事足至者解左足履物也右足還併是則是立也者解經不方足還及正足之言也若然還時兼視侯中也案大射納射器之下即言工人士與梓人升自北階兩楹間疏數容弓若丹若墨度尺而午此文畧亦當在納射器後即畫之也○今按此疏解注文不可曉恐有誤蓋注意者曰左足履物而右足不併便還足南面視侯之中也若便併右足則是立矣以志有相射故未暇立而先視侯既視侯而後俯併其足也不去旌去起呂反○以其不獲○疏曰旌擬唱獲今以誘射不唱獲故不去也誘射誘猶教也將乘矢

0008_0515-2

不行也行四矢象有事於四方執弓不挾右執弦不挾矢盡南面揖揖如升射降出于其位南適堂西改取一个挾之改更也不射而挾之示有事也今文曰適序西○疏曰上文司射位設于所設中之西南東面今乃適位南而北廻適堂西者取數乘耦威儀之法故也遂適階西取扑搢之以反位扑所以撻犯教者書云扑作教刑○撻他達反○疏曰書謂教學之刑此爲教射法教弊不同用扑是一故引爲證也

0008_0516-1

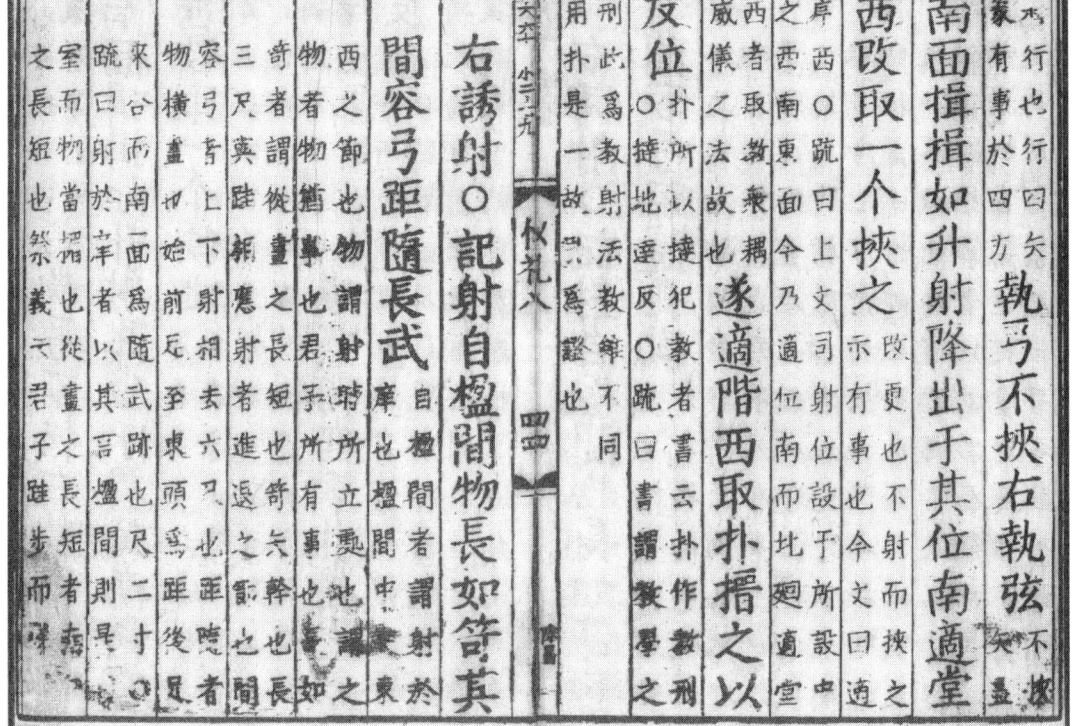

右誘射○記射自楹間物長如笴其間容弓距隨長武自楹間者謂射於庠也楹間中東西之節也物謂射時所立處也謂之物者物猶事也君子所有事也笴如奇者謂從畫之長短也笴矢幹也長三尺與跬相應射者進退之節也間容弓者上下射相去六尺也距隨者物橫畫也始前足至東頭爲距後足來合而南面爲隨武跡也尺二寸○疏曰射於庠者以其言楹間則是室而物當楣也從畫之長短者蓋之長短也祭義云君子跬步而弗

0008_0517-1　　0008_0516-2

差舉足謂之跬再舉足謂之步步射者獲物不過一跬故知以三尺爲限過尺二寸者中人之跡尺二寸謂據尺二寸也序則物當棟堂則物當楣是制五架之屋也正中曰棟次曰楣前曰庪○架音駕庪九偽反又九委反○疏曰云是制五架之屋也者庠序皆然但有室無室爲異餘見上鉤楹內由楹外下楚扑長如笴刊本尺刊其可持處射者有過則撻之過謂矢揚中人凡射時矢中人當刑之今鄉會衆賢以禮樂勸民而射者中人本意在侯去傷害之心遠是以輕之以扑撻於中庭而已書曰扑作教刑司馬命獲者執旌以負侯欲令射者見侯與旌深有奉於中○令力呈反中丁仲反○疏曰凡獲主欲中侯中則使獲者舉旌唱獲以是旗旗見之獲者適侯執旌負侯而俟俟待也今夫侯爲立○疏曰謂待司馬命去侯司射還當上耦西面作上耦射還左還也作使也○疏曰上耦位在司射之西南東面司射還當西面與上耦相當故左還向東面當上已取便也司射反位

0008_0518-1　　0008_0517-2

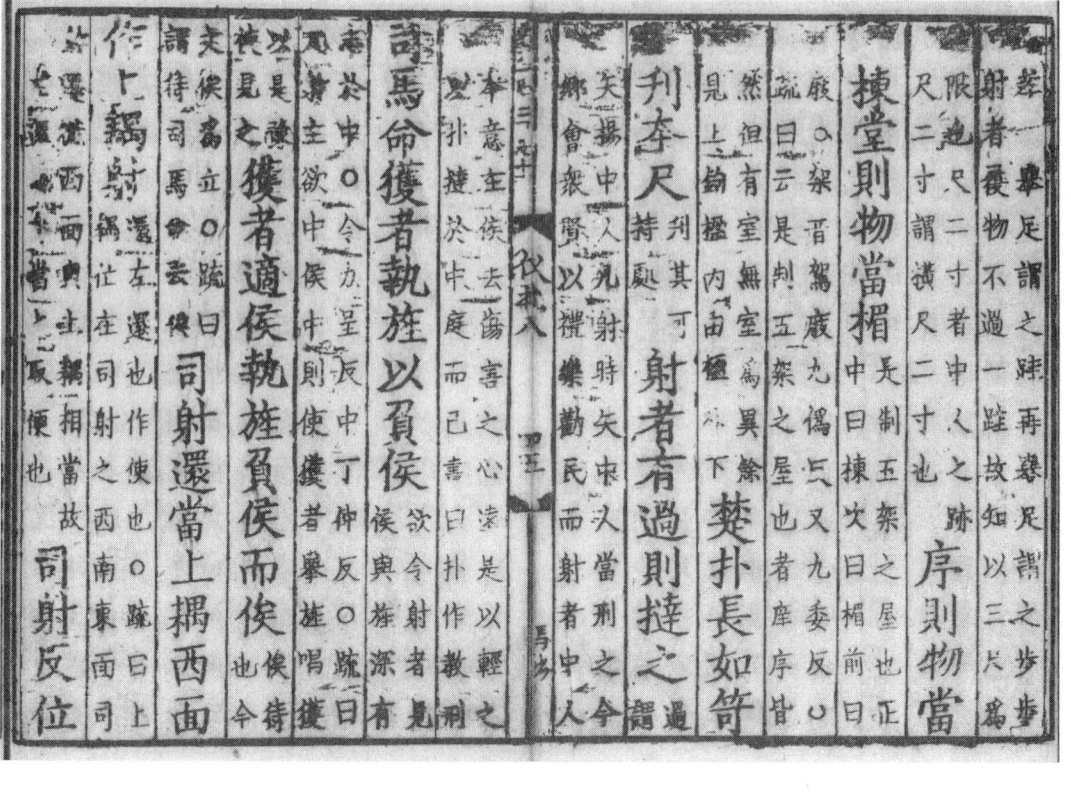

□□□上射在左並行當階北面揖階揖上射先升三等下射從之中等□間也○間間廁之間○疏反位者反中西南東面位也上射升堂少左下射升上射揖並行並併也併東行○疏曰併東行者向物也云少左者言上射先升少左避下射升階也皆當其物北面揖及物揖皆左足履物還視侯中合足而俟司馬適堂西不決遂袒執弓□□遂□不射不備○疏云司馬誘射行事袒即決遂袒弓挾矢今司馬不射故不備大射司馬正不決□□□決遂者彼大射忘於射□然后其不爲射仍不挾矢也出于司射之南升自西階鉤楹由上射之後西南面立于物間右執簫南揚弓命去侯鉤楹以當由上射者之後也簫弓末也大射曰左執弣揚猶舉也○疏曰鉤楹者於西楹西而北東行過於上射之後乃西南面立于物間者欲取南揚弓向侯便故也右執簫者不可一手揚弓故引大射曰左執□□□則右執簫者當覆手也獲者

0008_0518-2

執旌許諾聲不絶以至于乏坐東面偃旌興而俟聲不絶不以宮商不絶而已鄉射威儀省偃猶仆也○省所景反仆音赴○疏曰俟者待射者發矢也大射云負侯皆許諾以宮趨直西及乏南又諾以商至乏聲止是其威儀多此威儀省故不也司馬出于下射之南還其後降自西階反由司射之南適堂西釋弓襲反位立于司射之南還劉戶串反一音環○圜下射者明爲二人命去侯○疏曰司馬由

儀禮卷八　四十七　仁

0008_0519-1

上射之後立於物間命去侯說物間南行西向適階降是其順矣然若如此則似直爲上射命去侯是以東行圜繞下射而出其東乃南行西折而適西階明爲二人命去侯也司射進與司馬交于階前相左由堂下西階之東北面視上射命曰無射獲無獵獲上射揖司射退反位射食亦反○射獲謂矢中人也獵矢從○旁蒲郎反或作傍○疏曰相左在西階之西司馬由北而西行司南而東行各以左相近人謂獲者

0008_0519-2

近之也謂乃射上射既發挾弓矢而后下射射拾發以將乘矢后後也皆從后獲者坐而獲射者中則大言獲獲得也射講武田之類是以中爲獲也○疏詩云舍拔則獲謂射著禽獸爲獲戰得四俘亦曰獲射著正鵠亦曰獲舉旌以宮偃旌以商宮爲君商爲臣聲和律呂相生○疏曰舉旌以宮大言獲也偃旌以商小言獲也宮爲君商爲臣樂記文也獲而未釋獲但大言獲未釋其算卒射皆執弓不挾南面揖揖如升射不挾亦右執弦如司射上射降

儀禮卷八　四十八　仁

0008_0520-1

三等下射少右從之中等並行上射於左降下○疏曰此上射下射升與降皆上射爲先又上射升降皆在左與升射者相左交于階前相揖由司馬之南適堂西釋弓說決拾襲而俟于堂西南面東上三耦卒射亦如之司射去扑倚于西階之西升堂北面告于賓曰三

0008_0520-2

耦卒射誘吐活反又始銳反……弁不敢佩刑器即尊者之側……
疏曰大射司射不升堂亦去扑乃告卒射者國君尊也賓揖以揖然之
○疏曰大射不見公揖然之者公尊故也
右初射獲而未釋獲○記命負侯者
由其位於賤者禮畧○疏曰司馬自在己位而命之是於賤者畧也經無司馬命負侯之位故記之也
上射於右於右物射○
始射獲而未釋獲復釋獲復用樂行

0008_0521-1

之射食亦反又食夜反復用之後放此又反○君子取人以漸○疏曰始射獲而不釋獲據三耦射時云復釋獲者據第二番射時復用樂據第三番射時
○凡適堂西皆出入于司馬之
南唯賓與大夫降階遂西取弓矢尊者
宜遠由便也
司射降搢扑反位司馬適堂西袒執弓
由其位南進與司射交于階前相左升

0008_0521-2

自西階鉤楹自右物之後立于物間西
南面揖弓命取矢揖推之也○疏曰推手曰揖引手曰厭揖弓者向侯而推之以其命取矢故也推弓者向外而揚之以其命去侯故也
獲者執旌許諾聲不絕以旌負侯而俟
俟弟子取矢以旌指教之
司馬出于左物之南還其
後降自西階遂適堂前北面立于所設
楅之南命弟子設楅楅猶楅也所以承笴齊矢者○疏曰

0008_0522-1

訓楅爲幅者義取若布帛有邊幅整齊之意故云所以承笴齊矢大射云既拾取矢楅之注云楅猶幅等之也○今按注脫幅字據疏文補之
乃設
楅于中庭南當洗東肆東肆統於賓○疏曰大射云小臣師設楅司馬正東面以弓爲畢鄭注云畢所以教助執事者明此亦然記云楅龍首鄭注云兩端爲龍首若然則有首無尾而言西上者應有刻飾記之爲首尾也
司馬由司射之南退釋弓于堂西
襲反位弟子取矢北面坐委于楅北括

0008_0522-2

乃退司馬襲進當楅南北面坐左右撫矢而乘之乘成證反○撫拊之也就委矢左右手撫而四四數分之也上既言襲矣復言之者嫌有事即袒也凡事升堂乃袒○拊者甫反數所主反下俟數同○疏曰此括考順射時矢南行也撫者撫拍之義左右手撫而四四數分之者謂以右手撫四矢於東以左手撫四矢於西也云凡事升堂乃袒者堂下雖有事亦不袒若司射不問堂上堂下有事即袒司馬與司射遷行事恐同故明之也若矢不備則司馬又袒執弓如

仪礼八　五一

0008_0523-1

初升命曰取矢不索索悉各反○索猶盡也弟子自西方應曰諾乃復求矢加于楅應應對之應復扶又反○增故曰加𦆹獲者許諾至此弟子曰諾事同互相明○𦆹許亮反又作嚮○疏曰上言獲者許諾則弟子亦許諾此言弟子應曰諾則獲者亦應諾可知

右取矢○記楅長如笴博三寸厚寸有半龍首其中蛇交韋當厚户豆反○博廣也

0008_0526-2

巧端首中央爲蛇身相交也蛇龍君子之類也交者象君子取矢於楅丄也直心背之衣曰當以丹韋爲之司馬左右撫矢而乘之分委於當○直音值乘繩證反○疏曰直適身之言其楅兩頭爲龍首於背上適身著當言當心中央也丹韋爲之者周尚赤也分委於當者若未分時總在於當今則四四在一邊不謂分訖乃置於兩當也楅髤橫而奉之南面坐而奠之南北當洗髤虚求反○髤赤黑漆也○疏曰取向弟子持矢北面故南面奠之又恐南北不知

仪礼八　五二

0008_0527-1

遠近故祀言當洗以爲南北之節楅橫而拳之○今按拳當作奉字之誤也陸氏音拳亦非是今刪去

司射倚扑于階西升請射于賓如初賓許諾賓主人大夫若皆與射則遂告于賓適阼階上告于主人主人與賓爲耦與音預○言若者或射或否在時欲耳射者繁已之○君子務焉大夫遊者也告○因主人御于子告主人曰子與賓○○疏曰射禮三而止弟一番直司射

0008_0527-2

與三耦誘射不釋弁第二番三耦與衆耦俱射釋筭第三番兼有作樂爲射節賓主大夫則或射或否不定也告賓及主人皆約下大夫與士射之辭以賓比大夫以主人比士尊賓之義也 遂告于大夫大夫雖衆皆與士爲耦以耦告于大夫曰某御于子 大夫皆與士爲耦謙也來觀禮同爵自相與耦則嫌自尊別也大夫爲下射而云御於子尊大夫也士謂衆賓之在下者及羣士來觀禮者也禮一命已下齒於鄉里○別彼列反○疏曰上命三耦云命上射曰某御於子命下射曰

大卅五 三百六十八 仪礼八 五十三

0008_0528-1

子與某子射今命大夫云某御于子與上射同者尊大夫故雖爲下射其辭不與下射同也衆賓之內與賓俱至則得主人之所命者也其射而至者非主人之所命直來觀禮者也但是一命已下莫問先後而至皆齒于堂下故鄭據云士謂衆賓之在下者及羣士來觀禮者也周禮黨正十月行正齒位之禮云一命齒于鄉里再命齒于父族三命不齒鄉飲酒法云此篇無正齒位之禮則鄉射先行鄉飲酒之禮亦無正齒位之法而云一命以下齒于鄉里者士立于下與鄉里齒是其常法無使之士無再命以上若公卿大夫自在尊東爲遵也

0008_0528-2

言衆賓之在下者則堂上三賓不與大夫爲耦矣亦皆射故下文云衆賓與射者皆降是也 西階上北面作衆賓射 使作 司射降搢扑由司馬之南適堂西立比衆耦 比毗志反○衆耦大夫耦及衆賓也命大夫之耦曰子與某子射其命衆耦如三耦○疏曰言大夫之耦唯謂堂下之士言衆賓則兼堂上三賓命大夫耦之辭即上文命下射之辭也 衆賓將與射者皆降由司馬之南適堂西繼三耦而立東上大夫

大乃十 三百卅二 仪礼八 五十四

0008_0529-1

之耦爲上若有東面者則北上 言若有者大夫士來觀禮及衆賓多無數也○疏曰上文司馬位在司射之南東面衆賓若少以南面爲正若多不受則西邊東面北上大夫自在尊東爲遵不在此東面之位也 賓主人與大夫皆未降 言未降者見其志在射○見賢遍反○疏曰此時未降後三耦卒射乃降復與耦具升射也言志在射者以射在堂上故也 司射乃比衆耦辯 衆賓射者降比之耦乃徧○徧音遍 遂命三耦拾取矢司射反位 反位

命侯其袒決遂來

三耦拾取矢皆袒決遂執弓必袒決遂者明將有射事○疏曰案

進立于司馬之西南上司射位在卄西南司馬位在司射南今立于司馬之西南亦東面北上也○

今按此拾取矢亦疑衍

司射作上耦取矢作之者還當一耦如作射○疏曰案此文司射作射之時左還當上耦西面作上耦射

司射反位上耦揖進當福北面揖及福揖當福福正南之東西○疏曰此上耦發位東行時一南一北並行及將至福南

大六十三　小三百四十六　儀禮卷八　五十五　仁

下耦在南稍進當前福南俱北面揖其時上射稍西下射稍東東西相當也二

上射東面下射西面上射揖進坐橫弓

卻手自弓下取一个兼諸弣順羽且興

執弦而左還退反位東面揖卻去逆反○橫弓者南踏弓也卻手由弓下取矢者以左手在弓表右手從裏取之便也兼并矢於弣當順羽既又當執弦也順羽者手放而下備不整理也不言毋周在阼非君周可也○踏蒲北反毋亦作無周○疏曰云南踏弓也者覆左手以執弓…

手以取矢便也表弓弣也覆手以執背一手從裏取矢故云便也言順羽且興者謂以右手順羽之時則興故云且興也言左還者以左手向外而西回也東面揖者揖下射使取矢也大射云左旋毋周反而揖鄭注云左還反其位得周右還而反東面也君在阼還周則下射將背之此直云左還反位不言毋周明還周可也○今按燕禮云司正右還疏云以右手向外者以尊龥處爲内而言也鄉射云三耦左還疏云以左手向外者以所立處爲内而言也大射云毋周者既以左手向外繞其所立之處及至將匝之時乃復以右手向外而轉身還鄉射注云周可也則以左手向外繞身立處以至於匝乃不復以右手向外而即便轉身也燕禮則右還而一來至於匝故不言周與不周也

下射進

大六十三　小三百四十六　儀禮卷八　五十六　仁

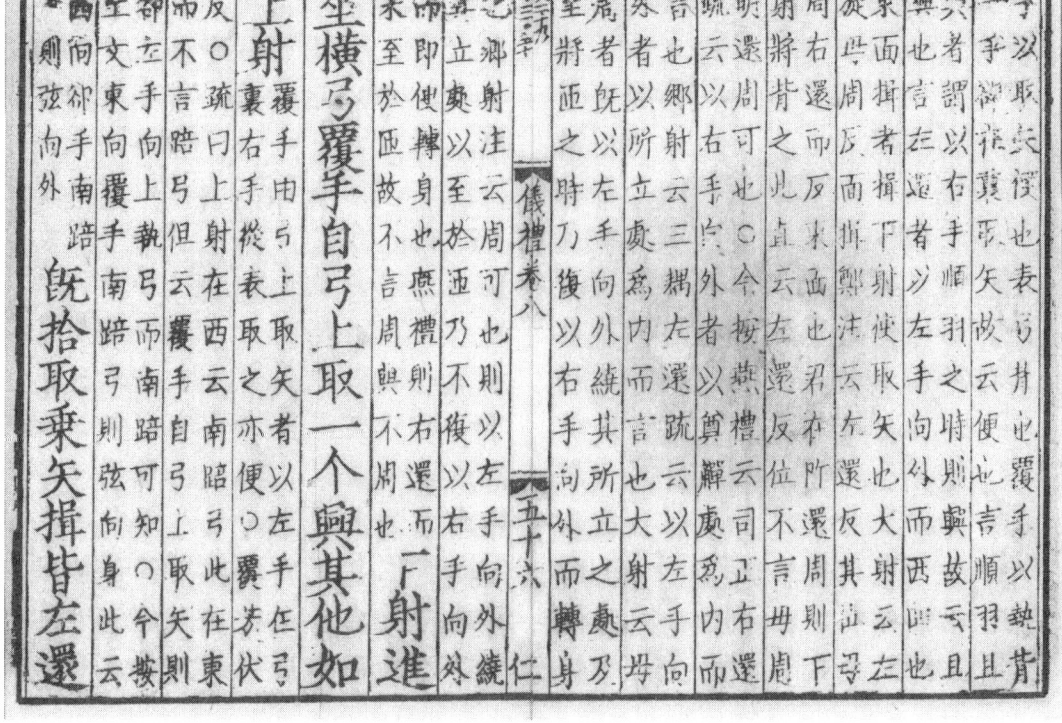

坐橫弓覆手自弓上取一个興其他如

上射覆手由弓上取矢者以左手在弓裏右手從表取之亦便○覆芳伏反○疏曰上射在西云南踏弓此在東而不言踏弓但云覆手自弓上取矢則卻左手向上執弓而南踏可知○今按上文東向覆手南踏弓則弦向身此云西向卻手南踏則弦向外

既拾取乘矢揖皆左還

0008_0531-2

南面揖皆少進當福南皆左還北面搢三挾一个福南鄉當福之位○疏曰上云進當福北面揖今至此位皆還北面也揖皆左還上射於右右上射轉居右便其反位也下射左還少南行乃西面○疏曰射時升降上射皆居左拔堂西不復庭位故也此復庭位故上射轉在右也左還少南行乃西面者以其初北面時東西相當今西行宜並故下射與進者少南行乃西面取並行故也相左相揖反位相左皆由進者之北○疏曰以其進取矢者東行此則西行由進者之北則得相左也三耦拾取矢亦如

大千九 七十九

儀禮卷八 五十七

0008_0532-1

之後者遂取誘射之矢兼乘矢而取之以授有司于西方而后反位取誘射之矢挾五个弟子逆受於東面位之後○疏曰上耦已取矢後云三耦者三耦之外除上耦外實二耦也挾五个者以前拾取矢皆搢三挾一个乃反位此則先取四矢亦搢三挾一个乃非取誘射四矢兼挾之故五个也有司即弟子納射器者因留之授受於堂西西方今見下耦揖司射以來向位仍西面弟子□□逆受之於

0008_0532-2

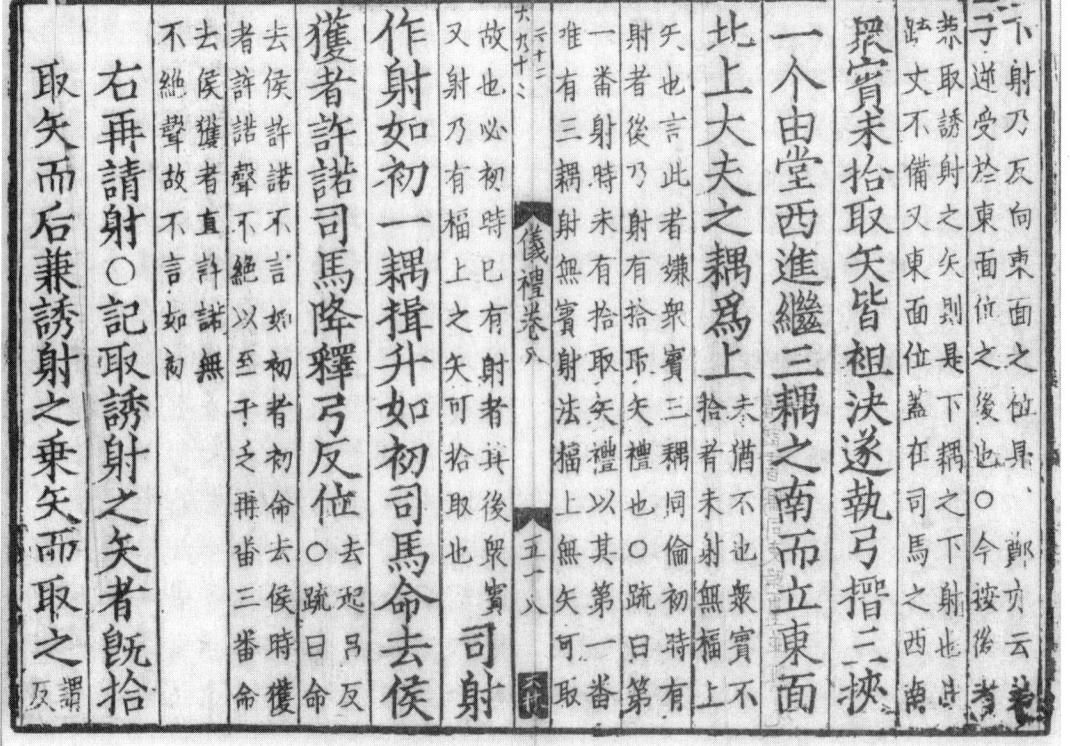

下射乃反向東面之位鄭注云弟子逆受於東面位之後也○今按後兼取誘射之矢則是下耦之下射也疏文不備又東面位蓋在司馬之西南眾賓未拾取矢皆袒決遂執弓搢三挾一个由堂西進繼三耦之南而立東面北上大夫之耦爲上未猶不也眾賓不拾者未射無福上矢也言此者嫌眾賓三耦同倫初時有射者後乃射有拾取矢禮也○疏曰第一番射時未有拾取矢禮以其第一番唯有三耦射無賓射法福上無矢可取

六十二 大九十三

儀禮卷八 五一八

0008_0533-1

故也必初時已有射者其後眾賓又射乃有福上之矢可拾取也司射作射如初一耦揖升如初司馬命去侯獲者許諾司馬降釋弓反位○去起呂反疏曰命去侯許諾不言如初者初命去侯時獲者許諾聲不絕以至于乏此番三番命去侯獲者直許諾無不絕聲故不言如初右再請射○記取誘射之矢者既拾取矢而后兼誘射之乘矢而取之謂反

0008_0533-2

位巳禮成乃更進取之不相因也○疏曰云不相因者既自拾取己之乘矢反位東西望訖上射乃更向前兼取誘射之矢禮以變為敬也○今按上經云後者遂取誘射之矢此注乃云反位禮成乃更進取之似相矛盾其上射字亦與後者二字不相應當作下耦之下射○侍射則約矢注見少儀儀節章

司射猶挾一个去扑與司馬交于階前升請釋獲于賓猶有故之辭司射既誘射恒執弓挾矢以掌射

0008_0534-1

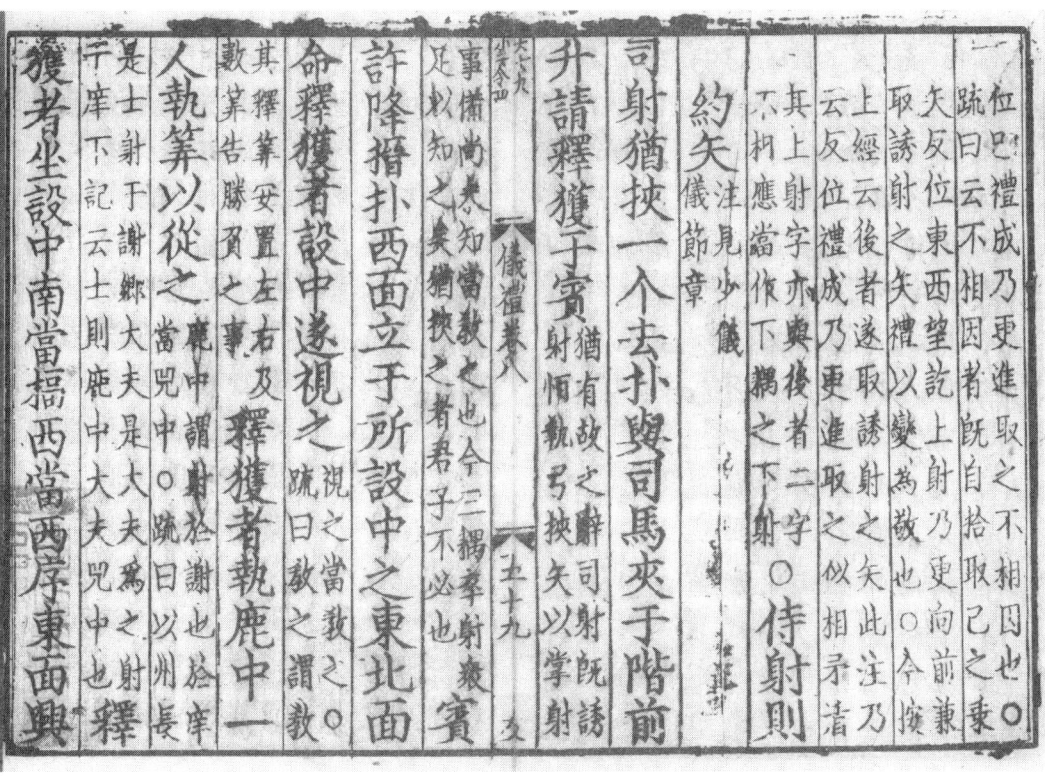

事備尚未知當教之也今三耦卒射衆賓足以知之矣猶挾之者君子不必也許降搢扑西面立于所設中之東北面命釋獲者設中遂視之視之當教之○疏曰教之謂教其釋筭安置左右及數筭告勝負之事釋獲者執鹿中一人執筭以從之鹿中謂射於榭也於庠當兕中○疏曰以州長是士射于榭鄉大夫是大夫爲之射釋于庠下記云士則鹿中大夫兕中也獲者坐設中南當楅西當西序東面興

0008_0534-2

受筭坐實八筭于中橫委其餘于中西南末與共而俟共九勇反○與還北面受筭反東面實之○疏曰南當楅北節西當西序東西節以其所納射器皆在堂西執中與筭皆從堂西來向西序之南南面故執中者既東面坐設訖與還向北面受筭迴向東面實之也司射遂進由堂下北面命曰不貫不釋貫古亂反○貫猶中也不中正不釋筭也古文貫作關○中丁仲反正音征○疏曰中者貫穿布侯故以中爲貫也上射揖司射退

0008_0535-1

反位釋獲者坐取中之八筭改實八筭于中興執而俟執所取筭○疏曰八筭者人四矢一耦八矢不知中否要須一矢則一筭改實八筭擬後來者用之乃射若中則釋獲者坐而釋獲每一个釋一筭上射於右下射於左若有餘筭則反委之中丁仲反○委餘筭禮尚異也委之合於中西又取中之八筭改實八筭于中興執而俟

0008_0535-2

右再射釋獲○記鹿中髤前足跪鑿背容八筭釋獲者奉之先首奉芳勇反○前足跪者象教擾之獸受負也○擾而小反○疏曰服不氏教擾猛獸其有合負物者教擾則屈前足以受負言今馳受負則四足俱屈之類也箭籌八十箭篠也籌筭也籌八十者略以十耦爲正貴全數其時衆寡從賓○篠息了反長尺有握握素握本所持處也素謂刋之也刋本一膚○刋苦干反○疏曰長尺復云有握則握在一尺之外此籌尺四寸矣公羊何休云側手爲膚又投壺云室中五扶注云鋪四指

儀礼八　六十一

0008_0536-1

曰扶一指案寸皆謂布四指一指一寸四指則四寸也○衆賓不與射者不降與音預○不以無事亂有事古文與爲豫遂大夫降立于堂西以俟射尊大夫不使久○射位○疏曰謂主人大夫降待賓主人射大夫則立于堂西其耦在司馬之西射位大夫立於堂西射至乃取其耦共升射三耦卒射賓主人大夫揖皆由其階降揖主人堂東袒決遂執弓搢三挾一个

0008_0536-2

於堂西亦如之皆由其階階下揖升堂揖主人爲下射皆當其物北面揖及物揖乃射卒南面揖皆由其階階上揖降階揖賓序西主人序東皆釋弓說決拾襲反位升及階揖升堂揖皆就席或言堂或言序亦爲序謝互言也賓主人射大夫止於堂西○疏曰上云樹則鉤楹內謂射於樹者也堂則由楹外謂射於序者也此當有鄉大夫射於序亦有州長射

儀礼八　六十二

0008_0537-1

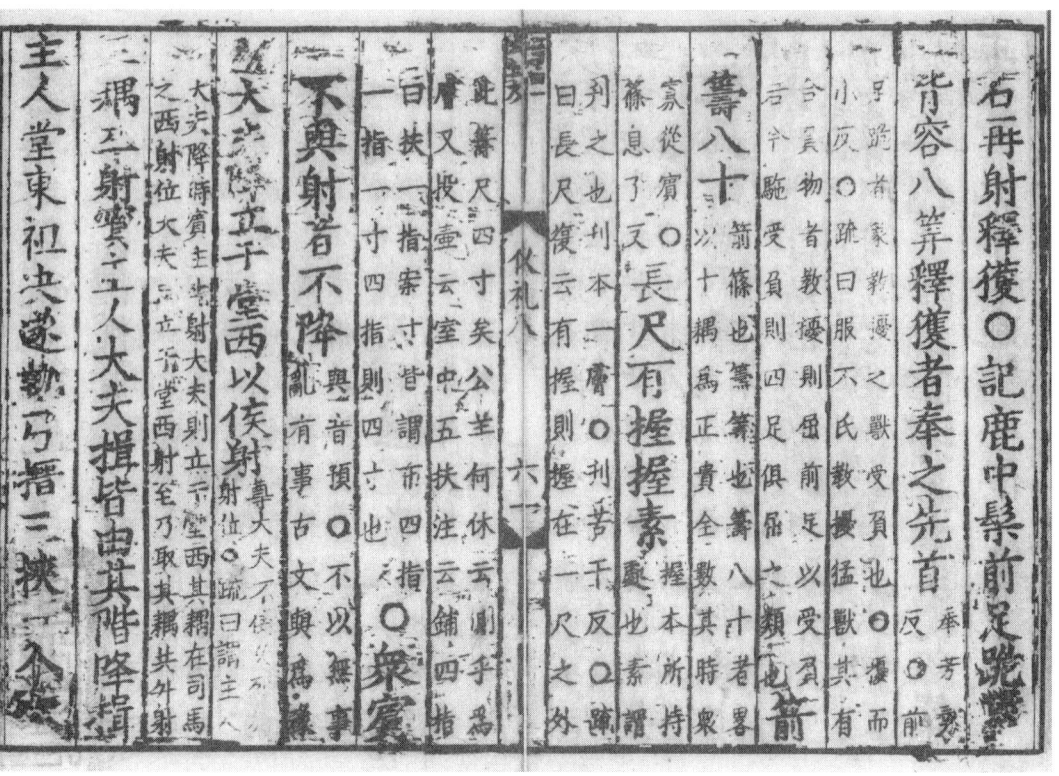

於序故今袒決遂則言堂東西見在序也在樹亦然釋弓說決拾則言序東序西序則樹也本序亦然皆互言之也云大夫止於堂西者記云大夫降立于堂西以俟射也○今按後記有君袒朱襦大夫袒纁襦君在大夫射則肉袒然則三射皆由袒與大夫袒決遂執弓搢三挾一个由堂西出于司射之西就其耦大夫爲下射揖進耦少退揖如三耦及階耦先升射揖如升射耦先降降階耦少退

0008_0537-2

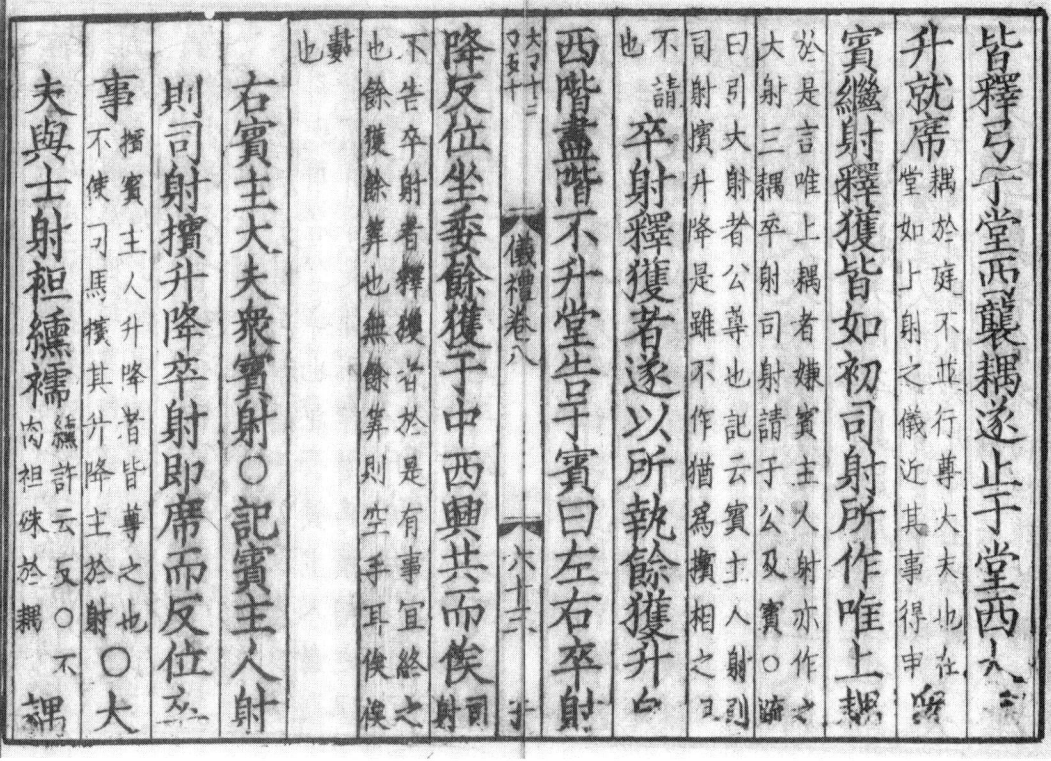

皆釋弓于堂西襲耦遂止于堂西大夫

升就席耦於庭不並行尊大夫也在堂如上射之儀近其事得申

賓繼射釋獲皆如初司射所作唯上耦

於是言唯上耦者嫌賓主人射亦作之大射三耦卒射司射請于公及賓○疏

曰引大射者公尊也記云賓主人射則司射擯升降是雖不作猶爲擯相之

不請也卒射釋獲者遂以所執餘獲升自

西階盡階不升堂告于賓曰左右卒射

大ㄱ十二　ㄱ五十　儀禮卷八　六十三

0008_0538-1

降反位坐委餘獲于中西興共而俟司射

不告卒射者釋獲者於是有事宜終之也餘獲餘算也無餘算則空手耳俟俟

數也

右賓主大夫衆賓射○記賓主人射

則司射擯升降卒射即席而反位卒

事揖賓主人升降者皆尊之也○大不使司馬擯其升降主於射

夫與士射袒纁襦纁許云反○不肉袒殊於耦

0008_0538-2

少退於物下大夫也既發則然

司馬袒決執弓升命取矢如初獲者許

諾以旌負侯如初司馬降釋弓反位弟

子委矢如初大夫之矢則兼束之以茅

上握焉兼束大夫矢優之是以不拾也束於握上則兼取之順羽便也

握謂中央也不東主人矢不可以殊於賓也言大夫之矢則矢有題識也肅慎

氏貢楛矢銘其括今文上作尚○題大兮反識申志反楛音戶字又作楛○疏

大八十一　小三卌八　儀禮卷八　六十四

0008_0539-1

曰握上則兼取之順持之處今東於握之上取持於中央握之向下順羽便也

主人鄉大夫則是大夫官當東之不敢殊別於賓若主人是州長則士自然不

東也○今按注疏上握之說未明疑東之之處當在中央手握處之下使握在

上則矢鏃近而去羽遠取之便易也司馬乘矢如初司射

遂適西階西釋弓去扑襲進由中東

于中南北面視筭釋弓去扑射事已疏曰云射事已

者射未已而言已者前不釋獲今釋獲之功成則爲已是以記注以釋弓

0008_0539-2

[illegible]

[illegible]若[illegible]

[illegible]獲[illegible]

[illegible]於右手[illegible]以少南說右[illegible]

[illegible]記言全○純猶[illegible]陰陽○疏曰陰

[illegible]合并二筭[illegible]一純以取實于左手十 [illegible]為陰陽也

純則縮而委之 縮從也於數者東西為從 從古文縮皆為蹙○從

0008_0540-1

[illegible]蹙子六反○疏曰凡言從橫者[illegible]為從東西為橫今釋筭者東面而

言[illegible]則據數筭之人東面為正[illegible]西者為從南北者為橫也 每委

異之[illegible]○有餘純則橫於下 又異之也

[illegible]一筭為奇 奇則又縮諸純下 奇居宜反

[illegible]興適左東面 起由中東就左

[illegible]之○鄉許亮反○[illegible]右筭也又從至

[illegible]坐兼斂筭實于左

0008_0540-2

手一純以委十則異之 變於右○疏曰右則一一取之

於地實于左手此則總斂於左手一一取之於左手委於地是變也必變一者

禮以變為敬也 其餘如右獲 謂所縮所橫 司射復位

釋獲者遂進取賢獲執以升自西階盡

階不升堂告于賓 賢獲勝黨之筭也齊之而取其餘○疏曰

以筭為獲者以其唱獲則釋筭故名筭為獲 若右勝則曰右

賢於左若左勝則曰左賢於右以純數

0008_0541-1

告若有奇者亦曰奇 賢猶勝也言賢者射之以中為雋也

假如右勝告曰右賢於左若干純若干奇○中丁仲反○疏曰若干者數不定

之辭凡數法一二已上得稱若干奇則一也一外無若干鄭亦言若干者因繼

言若干字而衍也○今按孔疏之說與此不同詳見下篇 若左右鈞

則左右皆執一筭以告曰左右鈞降復

位坐兼斂筭實八筭于中委其餘于[illegible]

西興共而俟 疏曰此將為第三番射豫設之或實[illegible]

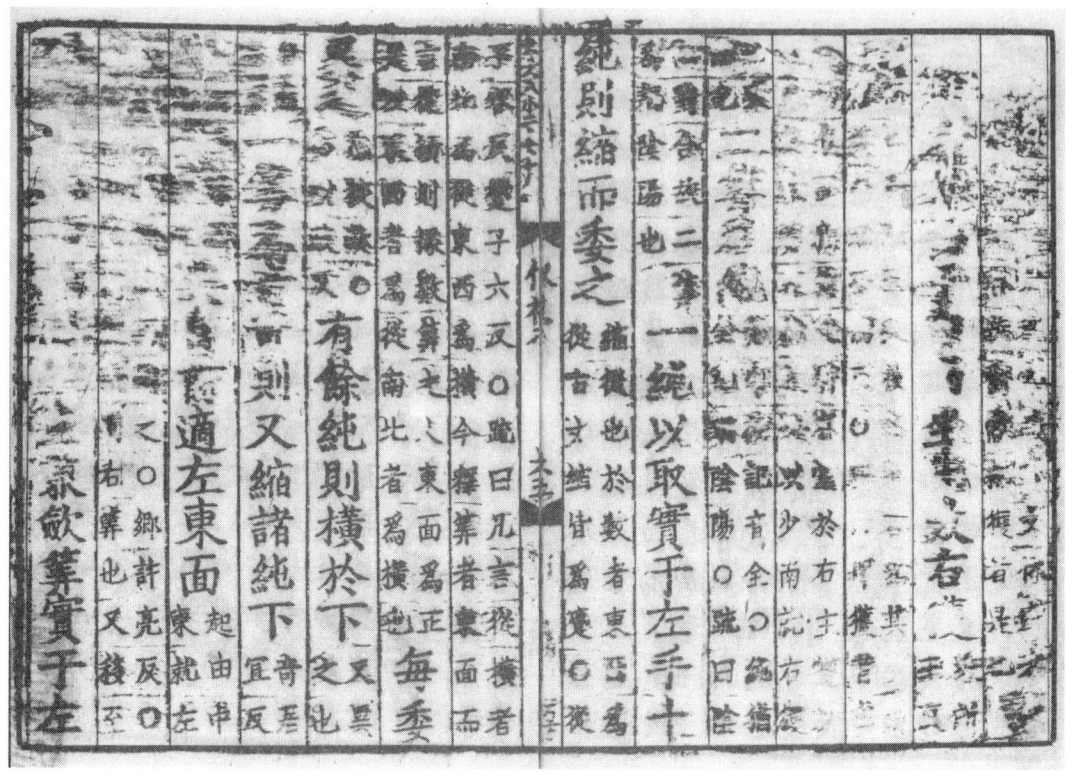

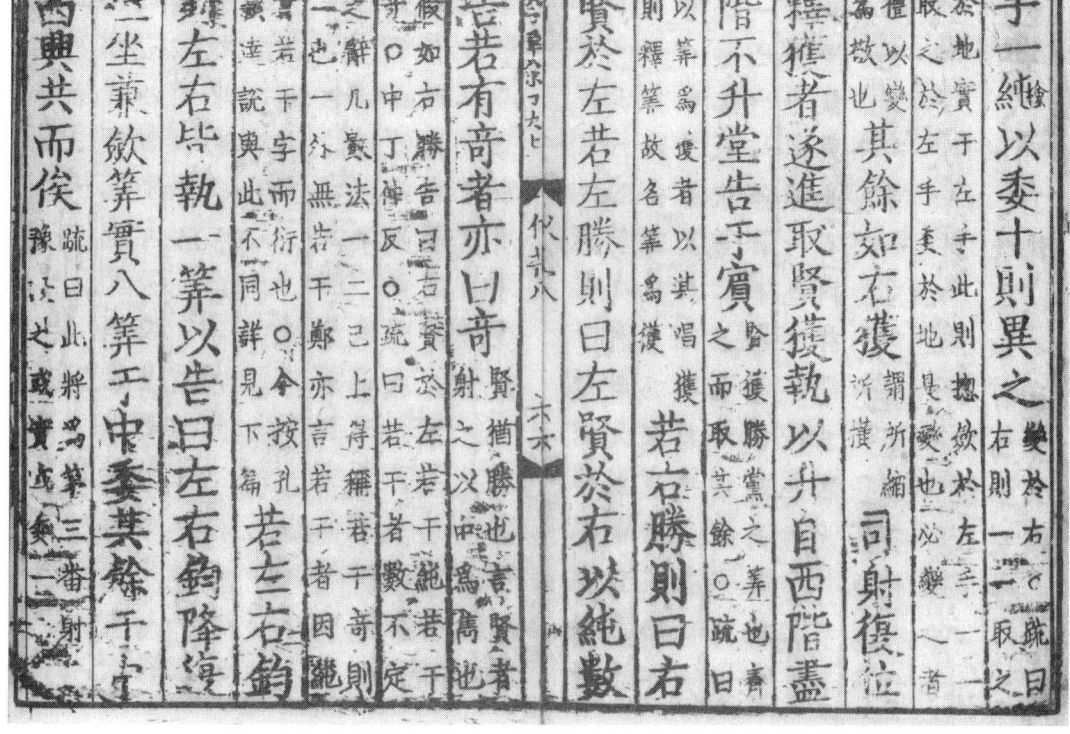

0008_0541-2　0008_0542-1

也

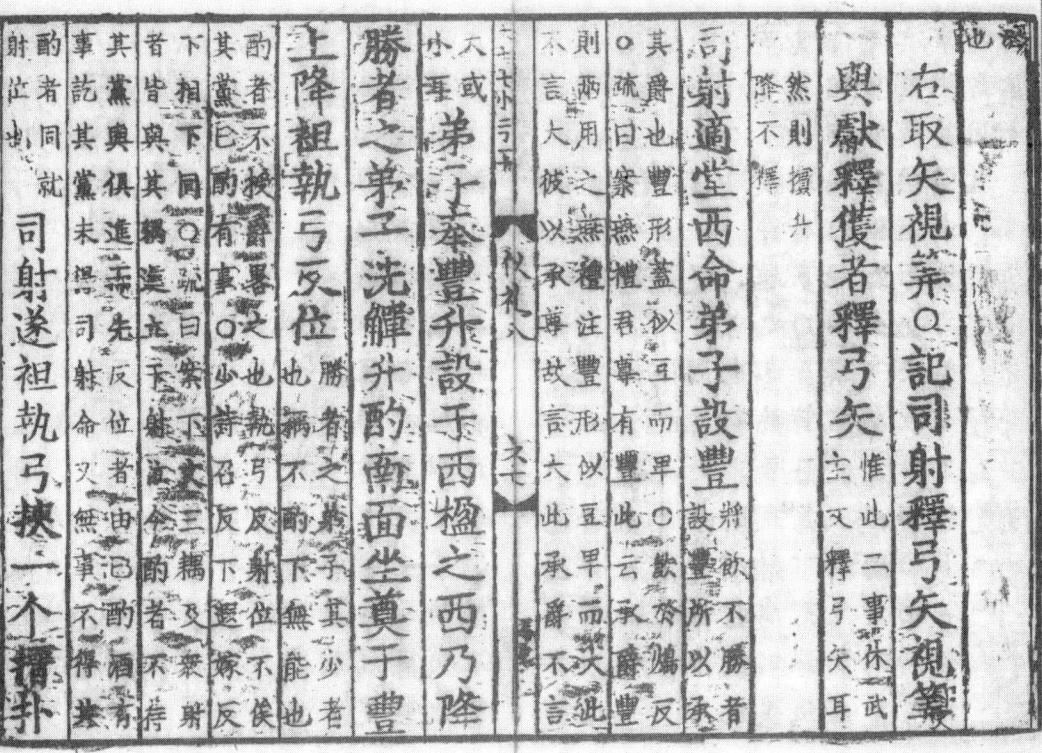

右取矢視筭○記司射釋弓矢視筭與獻釋獲者釋弓矢惟此二事休武主文釋弓矢耳然則擯升降不釋

司射適堂西命弟子設豐將飲不勝者設豐所以承其爵也豐形蓋似豆而卑○飲於鴆反○疏曰案燕禮君尊有豐此云承爵豐則兩用之燕禮注豐形似豆卑而大此不言大彼以承尊故言大此承爵不言大或小卑

弟子奉豐升設于西楹之西乃降

勝者之弟子洗觶升酌南面坐奠于豐上降袒執弓反位勝者之弟子其少者也耦不酌下無能也酌者不授爵略之也執弓反射位不俟其黨已酌有事○少詩召反下遲嫁反下相下同○疏曰案下文三耦及衆射者皆與其耦進立于射位今酌者不待其黨與俱進而先反位者由已酌酒有事訖其黨未得司射命又無事不得若酌者同就射位也

司射遂袒執弓挾一个搢扑

0008_0542-2　0008_0543-1

北面于三耦之南命三耦及衆賓勝者皆袒決遂執張弓執張弓言能用之也右手執弦如卒射○疏曰上文卒射執弓不挾右執弦

不勝者皆襲說決拾卻左手右加弛弓于其上遂以執弣弛尸紙反弣芳甫反○固襲說決拾矣復言之者起勝者也執弛弓言不能用之也兩手執弣又不得執弦○疏曰前降堂時既襲說決拾矣至此復言者以此起發勝者袒決遂能用也

司射先反位居前俟所命來○疏曰以

衆射者皆上於堂西未向射位而司射先反位於下文衆耦等乃來就位是得命即來

三耦及衆射者皆與其耦進立于射位北上司射作升飲者如作射一耦進揖如升射及階勝者先升堂少右先升尊賢也少右辟飲者也亦相飲之位○辟音避○今按右自北面而言則東也相飲謂飲之者亦於飲者之右也

不勝者進北面坐取豐上之觶興少退立

0008_0543-2

卒觶洗坐奠于豐下興揖立卒觶不祭不拜受罰爵
不備禮也右手執弓、疏曰立飲正文以祭禮皆左手執爵用右手
以祭故知之亦然也不勝者先降後升先降畧之不由次○疏曰
爲時升降皆上射在先今以差不勝畧之故不由次第也與升飲者
相左交于階前相揖出于司馬之南遂
適堂西釋弓襲而俟俟復射○疏曰謂俟第三番射也
有執爵者主人使贊者代弟子酌也於既升飲而升自西階立于序

仪礼八　六九

0008_0544-1

端○疏曰以初使勝黨弟子酌酒於豐上以發首故使弟子今云有執爵者明
主人使贊者代弟子酌於豐上以次至終也贊者謂主人之職不射者於上耦
既飲訖贊者乃升自西階酌訖奠於豐上而立于序端也立于序端文出大射
執爵者坐取觶實之反奠于豐上升飲
者如初無者輒酌以至於徧三耦卒飲賓主人大
夫不勝則不執弓執爵者取觶降洗升
實之以授于席前優尊也受觶以適西階

0008_0544-2

上北面立飲受罰爵者不宜自尊別卒觶授執爵
者反就席大夫飲則耦不升以賓主人飲耦在上
嫌其升若大夫之耦不勝則亦執弛弓特
升飲尊者可以孤無能衆賓繼飲射爵者辯乃
徹豐與觶徹猶除也設豐者反豐於堂西執爵者反觶於篚
右飲不勝者○記主人亦飲于西階
上就射爵而飲也已無俟才不可以辭爵○疏曰此謂主人在不勝之

仪礼八　七十

0008_0545-1

黨受罰爵之時也射爵西檻西豐上之爵也以主人尊恐不受罰爵故言
不可辭罰也○禮射不主皮主皮之射者
勝者又射不勝者降禮射謂以禮樂射也大射賓射
燕射是矣不主皮者貴其容體比於禮其節比於樂不待中爲雋也言不
勝者降則不復升射也主皮者無侯張獸皮而射之主於獲也尚書傳曰
戰鬬不可不習故於蒐狩以閑之也閑之者貫之也貫之者習之也凡祭
取餘獲陳於澤然後卿大夫相與射也中者雖不中也取不中者雖中也

0008_0545-2

不取何以然所以貴揖讓之取也而
賤勇力之取嚮之取也於圍中勇力
之取也今之取也於澤宮揖讓之取
也澤習禮之處非所於行禮其射又
主中此主皮之射與天子大射張皮
侯賓射張五采之侯燕射張獸侯○皮
耔及之射與平聲○疏曰云以禮樂
射者射時有禮兼作樂故連樂言之
不言鄉射者鄉射用采侯賓射中兼
之也其節比於樂者此即九節七節
五節應於樂節是也云言不勝者降
不復升射也者據主皮射者也禮射
二番不勝仍待後番復升射也○今
按書傳之文不具蓋曰取蒐狩之餘

大二十五　小三千六　儀禮卷八　十一　仁

0008_0546-1

獲陳於澤今之中者鄉雖不中亦取
也今之不中者鄉雖中亦不取也

○勝則洗而以請客亦如之注見少儀儀節
章

司馬洗爵升實之以降獻獲者于侯鄉人
獲者賤明其主於侯爲功得獻也○疏
曰案大射云司馬正洗散遂實爵獻服
不服不侯西北三步北面拜受爵注云
近其所爲獻彼爲君禮使服不士官唱
獲故就其所爲唱獲獻之此鄉人獲
者賤故獻於侯以侯爲功得獻也薦

0008_0546-2

脯醢設折俎俎與薦皆三祭皆三祭爲其將祭侯
也祭侯三處也○處昌慮反○疏
曰三處者下文右與左中是也獲者
負侯北面拜受爵司馬西面拜送爵負侯
負侯中也拜送爵不同面者辟正主也
其設薦俎西面錯以南爲上爲受爵于
侯薦之於位古文曰再拜受爵○疏曰
以下云適右个又適左个後言中明先
居中可知上文正主獻賓獻衆賓皆北
面與受獻者同面此不同面辟正主也
獲者據文東面而云西面錯據設人而
言也特牲少牢東面薦豆皆以南方爲

大四十六　小三千七　儀禮卷八　十二　仁

0008_0547-1

上此亦然也此云負侯北面拜受爵是
受爵于侯下云左个之西北三步東面
設薦是薦之於位也不爲於侯者以其
酒在人手可得就侯獻之薦不設之於
地若在侯所則是祭侯何名獻獲也若
大射則獻與薦俱在之乃適侯祭之君
禮與此
異也
獲者執爵使人執其薦與俎從
之適右个設薦俎个音幹○獲者以侯
爲功是以獻焉人謂
主人贊者上設薦俎者也爲設籩在東
豆在西俎當其北也言使設薪之○疏
曰此將祭侯也以獲者卑賤因長有功
乃得獻今還以得獻之酒獻侯故云獲

0008_0547-2

北西爲正在小
故知邊在東右南互在西
知此與意嫌更使人設之其實
乃前人而云使人設薦俎一一新
獲者南面坐左執爵祭脯醢執爵興
取肺坐祭遂祭酒爲侯祭也亦二手酒反注如大射○
曰此正於侯故其西南面鄉侯祭故云爲侯祭大射云者左執爵右
薦俎二祭酒鄉注云一手祭酒者面於北面侯祭於豆間爵反
爲一手此薦俎之設如於北面人祭亦然也興適左

儀禮卷八

0008_0548-1

个中亦如之先祭左个後中者以外即之至中若神在中也左
个之西北三步東面設薦俎獲者薦右
東面立飲不拜既爵不就乏者明其享侯之餘也立飲薦
右近司馬於是司馬北面○疏曰若就乏則己所當得今不就之而近侯者明
享侯之餘知於是司馬北面者此約獻釋獲者司射之位案下文司射獻釋獲
者釋獲者薦右東面拜受爵司射北面拜送爵故知此時司馬亦北面也若然
釋獲者在司射之西北面立飲此獲者不北面飲者案大射注此鄉受獻之位

0008_0548-2

也不北面者嫌爲侯卒爵此亦然故不北面也司馬受爵奠于
篚復位獲者執其薦使人執俎從之辟
設于乏南辟扶益反注辟之辟舉及下注辟爲同○遷設薦俎就乏
明己所得禮也言辟之者不使當位辟舉旌偃旌也設于南右之也凡他薦俎
皆當其位之前○疏曰前設近侯見享侯之餘此注之者乏者己所有事之處
遷近乏是明其己所得禮故也右之者以右取之便也生燕及食并祭祀之薦
俎皆當其位之前唯此與大射獲者與釋獲者薦俎辟設不當前也獲者

儀禮卷八

0008_0549-1

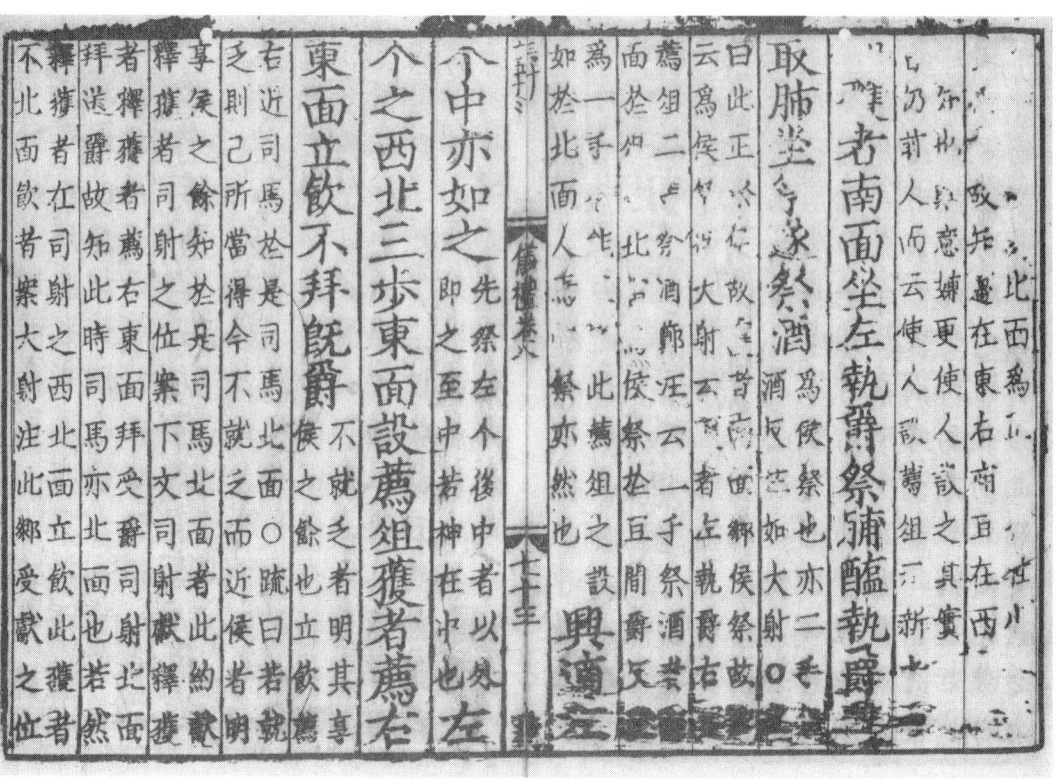

負侯而俟疏曰獲者既受獻負侯而俟第三番射也司射適
階西釋弓矢去扑說決拾襲適洗洗爵
升實之以降獻釋獲者于其位少南薦
脯醢折俎有祭不當其位辟中○疏曰祭者祭肺也俎有祭肺
以爲將食而祭故言有祭也辟中若以釋獲者位在中西故獻之於其位少南
以辟中也釋獲者薦右東面拜受爵司射北
面拜送爵釋獲者就其薦坐左執爵祭

脯醢興取肺坐祭遂祭酒興司射之西北面立飲不拜旣爵司射受爵奠于篚釋獲者少西辟薦反位辟薦少西之者爲復射妨司射視筭也亦辟俎○疏曰上獻獲者設獲者執其薦使人執俎從之設于乏南此亦當與彼同也

右獻獲者○記獲者之俎折脊脅肺臑臑奴報反○臑若膞胳觳之折以大夫之餘體○膞音純胳音格又

音各觳苦角反○疏曰上賓主人已用肩臂唯有臑及膞胳觳若脊脅骨多尊卑皆有自臑已下各得其一今鄭具言之欲見所取之不定若無大夫則獲者依經得臑若大夫一人則大夫得臑獲者得膞若大夫二人則獲者即得胳若大夫三人獲者即得觳若大夫公卿更多則折之不得整體或更取餘體也東方謂之右个个音幹○侯以鄉堂爲面也釋獲者之俎折脊脅肺皆有祭皆皆獲者也祭祭肺也以言肺謂刌肺不離嫌無祭肺○刌寸本反○疏

曰刌肺不離者即經中祭脅肺是切肺與祭肺同更不別有祭肺唯釋獲者與主獲者皆別有祭肺也然則上肺即舉肺案公食大夫有切肺與祭肺者優賓使賓祭此二者亦以舉肺爲祭肺者畧賤者之義

司射適堂西袒決遂取弓于階西挾一个搢扑以反位爲將復射司射去扑倚于階西升請射于賓如初賓許司射降搢扑由司馬之南適堂西命三耦及衆賓皆

袒決遂執弓就位位射位也不言射者以當序取矢○疏曰射位在司射之西南東面者也司射先反位言先三耦及衆賓也旣命之即反位不俟之也鄭不言先三耦未有拾取矢位無所先○先悉薦反下同○疏曰凡射大射與鄉射各有三位此鄉射無次有堂西取弓矢袒決遂又比耦之位又有三耦射位在司射位西南又有拾取矢及再番射位是三位大射有次次內有袒決遂取弓矢之位又有堂東次比耦之位又有射位并拾取矢之位是亦有三位但臣禮異故位事不同也三耦及衆賓

0008_0551-2

皆袒決遂執弓各以其耦進反于射位以猶與也今文以爲與司射作拾取矢三耦拾取矢如初反位賓主人大夫降揖如初主人堂東賓堂西皆袒決遂執弓皆進階前揖南面相俟而揖行也○疏曰言南面者謂賓主各於堂東西南面立相待言揖行者謂各於堂上北面相見而揖揖訖行向楅也及楅揖拾取矢如三耦及楅當楅東西也主人西面賓東面相揖拾取

儀禮八　七十七

0008_0552-1

矢不北面揖由便也○疏曰賓主出堂東西相見揖訖東西行至楅所三耦及衆賓皆於楅南北面揖及楅揖此則無楅南北面揖賓主各由便也卒北面搢三挾一个亦於三耦爲之位○疏曰此搢三挾一个不與上耦請射章三耦取矢說搢三挾一不揖同又同處故云亦於三耦爲之位也揖退皆已揖左還各由其塗反位○疏曰謂賓主北面揖退之特賓主皆左還相背各向堂塗反堂東西之位也賓堂西主人堂東皆釋弓矢襲及階揖升堂揖就席將袒先言主人

0008_0552-2

襲先言賓尊賓也○疏曰袒是盡敬之事襲是脩容之禮故上經將袒先言主人此經襲則先言賓是尊賓故也大夫袒決遂執弓就其耦降袒決遂於堂西就其耦於射位與之拾取矢○疏曰知於堂西者上章賓主人大夫降賓與大夫皆堂西袒決遂故也揖皆進如三耦耦東面大夫西面大夫進坐說矢束說吐活反又始銳反○說矢束者下耦以將拾取○疏曰云大夫西面者爲下射故也興反位而后耦揖進坐兼取乘矢

儀禮卷八　七十八

0008_0553-1

順羽而興反位揖兼取乘矢者尊大夫不敢與之拾也相下相尊君子之所以相接也○疏曰此大夫與耦取矢踣弓覆手仰手一如上三耦法其揖退之儀亦如上左還而西也大夫進坐亦兼取乘矢如其耦北面搢三挾一个亦於三耦爲之位揖退耦反位大夫遂適序西釋弓矢襲升即席大夫不序於下尊也衆賓繼拾取矢皆

衆三耦以反位

0008_0553-2

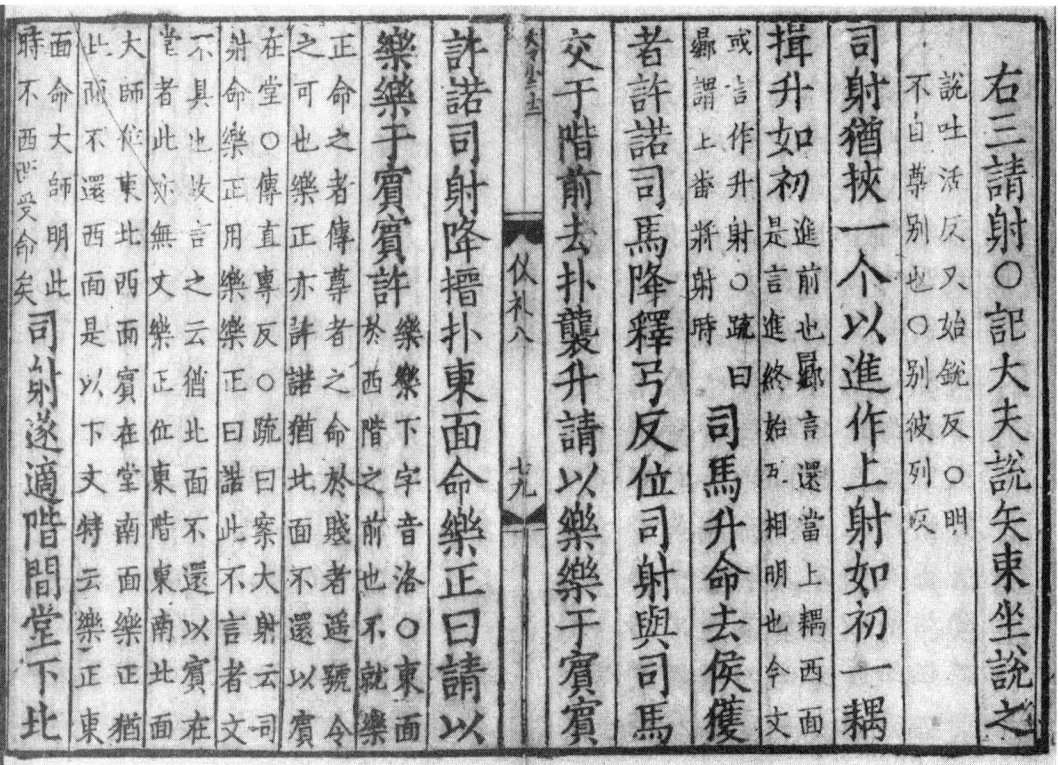

右三請射○記大夫說矢東坐說之說吐活反又始銳反○明不自尊別也○別彼列反

司射猶挾一个以進作上射如初一耦揖升如初進前也歸言還當上耦西面是言進終始互相明也今文或言作升射○疏曰歸謂上番將射時司馬升命去侯獲者許諾司馬降釋弓反位司射與司馬交于階前去扑襲升請以樂樂于賓賓

仪礼八　十九

0008_0554-1

許諾司射降搢扑東面命樂正曰請以樂樂于賓賓許樂樂下字音洛○東面於西階之前也不就樂正命之者傳尊者之命於賤者遥號令之可也樂正亦許諾猶北面不還以賓在堂○傳直專反○疏曰案大射云司射命樂正用樂樂正曰諾此不言者文不具也故言之云猶北面不還以賓在堂者此亦無文樂正位東階東南北面大師從東北西面賓在堂南面樂正猶此亦不還西面是以下文特云樂正東面命大師明此時不西面受命矣司射遂適階間堂下北

0008_0554-2

面命曰不鼓不釋不與鼓節相應不釋筭也鄉射之鼓五節歌五終所以將八矢一節之間當拾發四節四拾其一節先以聽也○疏曰射人云王以騶虞九節諸侯以貍首七節卿大夫以采蘋五節士以采蘩五節是卿大夫士同五節下記云歌騶虞若采蘋皆五終尊卑樂節雖多少不同四節以盡乘矢則同其餘外皆以聽以知樂節始長短也王九節者五節先以聽諸侯七節者三節先以聽卿大夫士五節者一節先以聽皆四節拾將乘矢但尊者先以聽則多卑者先以聽則少優至尊先知審故也又鄭注射人云言節者

大二十九　小三·五七　仪礼八　八十

0008_0555-1

容侯道之數也凡射皆與臣下共爲若與尊者同耦自與尊者同節若不與尊者同耦則各自用其節上射揖司射退反位樂正東面命大師曰奏騶虞間若一東面者進還鄉大師也騶虞國風召南之詩篇也射義曰騶虞者樂官備也其詩有一發五豝五豵于嗟騶虞之言樂得賢者衆多歎思至仁之人以充其官此天子之射節也而用之者方有樂賢之志取其宜也其他賓客鄉大夫則歌采蘋間若一者重節○豝音巴豵子工反○疏曰大師西面樂正北面故進身鄉大師乃命之

也采蘋是鄉大夫樂節其他謂賓射[illegible]燕射若州長他賓客自奏采蘩也此[illegible]有鄉大夫州長射法則同用騶虞以[illegible]同有樂賢之志也間若一謂五節之[illegible]長短希數皆如一則是重樂節也○今按據詩但取一發五豝之義耳騶虞[illegible]爲仁獸之名以庶類蕃殖美國君之仁如之也樂官備云者諸儒有以騶爲文王之囿虞爲主囿之官故立此義而鄭注因之與其詩箋自相違異今姑存之

大師不興許諾樂正退反位乃奏騶虞

以射三耦卒射賓主人大夫衆賓繼射

釋獲如初卒射降皆應鼓與歌之節乃釋算降者衆賓○疏[illegible]曰樂正退反工南北面位也次[illegible]時賓與主人大夫卒射皆升堂故[illegible]降者但衆賓也

釋獲者執餘獲升告左右卒射如初卒已也今文曰告于賓

右三射用樂○記

歌騶虞若采蘋皆五終射無筭謂衆賓繼射者衆賓無數也每一耦射歌五終也○疏曰皆五終者大夫士皆五節一節一終故云五終也堂下衆賓繼

射者無數若堂上衆賓則三人也

司馬升命取矢獲者許諾司馬降釋弓反位弟子委矢司馬乘之皆如初司射釋弓視筭如初筭獲筭也今文曰視數也釋獲者以賢獲與鈞告如初降復位

右取矢視筭

司射命設豐實觶如初遂命勝者執張

弓不勝者執弛弓升飲如初

右飲不勝者

司射猶袒決遂左執弓右執一个兼諸弦面鏃適堂西以命拾取矢如初側持弦矢曰執面猶尚也并矢於弦尚其鏃將止變於射也○疏曰云側持弦矢曰執者對方持弦矢曰挾并矢將止亦是對將射挾矢而言司射反位三耦及賓主人大夫衆賓皆袒決遂拾取

0008_0557-2

矢如初矢不挾兼諸弦弣以退不反位

遂授有司于堂西不挾亦謂執之如司射也下以反射位授有司者射禮畢○疏曰執之如司射兼諸弦弣則與司射異

矢揖皆升就席謂賓大夫及衆賓也相俟堂西進立于西階之前三人以賓揖升大夫及衆賓從升立時少退于大夫三耦及弟子自若留下○疏曰先取矢者皆相待堂西其主人則在堂東皆取矢訖乃揖而升堂就席也衆賓則三賓也皆依上文獻後升及留在下之法司射乃適堂

0008_0558-1

西釋弓去扑說決拾襲反位疏曰司射之升在階西今來去扑於堂西之等以其不復射故也司馬命弟子說

侯之左下綱而釋之說吐活反○說解也釋之不復射奄束之○疏扶又反○疏曰上初張侯時不繫左下綱中掩東之至將射時乃說東繫左下綱今說左下綱而釋之明未全去鄭下注又云諸所退皆俟於堂西備復射也故知此釋之爲三番射畢不復射若有射則行燕射旅酬以後乃爲之○命獲者以旌退命弟子退福司射命

0008_0558-2

釋獲者退中與筭而俟諸所退皆俟堂西備復射也旌言以者旌恒執也獲者釋獲者亦退其薦俎

右三射畢

司馬反爲司正退復觶南而立當監旅酬○監古銜反

樂正命弟子贊工即位弟子相工

如其降也升自西階反坐贊工遷樂也降時如初入樂正反自西階東北面○疏曰前爲將射遷工于東方西面樂正北面今將旅

0008_0559-1

酬作樂故遷升於堂上也初入則上工四人已下是也樂正初升立西階之東合樂訖降立于西階東北面遷樂于下又降自西階東北面今正樂畢上無告請於賓之事故不升而反其堂下之位也賓北面坐取俎西

之觶興作階上北面酬主人主人降席

立于賓東賓坐奠觶拜執觶興主人荅

拜賓不祭卒觶不拜不洗實之進東南

而所不者酬而禮殺也賓立飲○殺所界反○疏曰俎西之觶謂上二人舉

辭于賓賓奠于薦西者也鄉飲酒賓酬主人不祭立飲 主人阼階上北面拜賓少退 少退少逡遁也○逡七旬反遁音旬 主人進受觶賓主人之西北面拜送 旅酬同階禮殺也○疏曰獻酬之時賓主各於其階 賓揖就席主人以觶適西階上酬大夫大夫降席立于主人之西如賓酬主人之禮 其既實觶進西南面立鄉所酬 主人揖就席若無大夫則長受酬

儀禮八

亦如之 長丁丈反○長謂以長幼之次酬衆賓○疏曰若有大夫先酬之無大夫則酬長以鄉射無介直有三賓以長幼之次受酬衆賓則三賓也 司正升自西階相旅作受酬者曰某酬某子 某者字也某子者氏也稱酬者之字受酬者曰某子旅酬下爲上尊之也春秋傳曰字不若子此言某酬某子者射禮略於飲酒飲酒言某子受酬以飲酒爲主○疏曰云旅酬下爲上尊之也者以旅酬者少長以齒遠下之達受酬者雖卑於酬之者然司正命之皆謂酬之者爲某稱其字□□則謂酬之者爲某稱其字恐□□受

□□子稱其氏也是以稱謂某飲□□者也字不若子春秋公羊傳文 酬者降席司正退立于西序端東面 俟後酬者也始升相立階西北面疏曰司正升自西階與西階之酬者立故知始時在西階西北面也 衆受酬者拜興飲皆如賓酬主人之禮辯遂酬在下者皆升受酬于西階上 正下謂賓黨也鄉飲酒記曰主人之莫者西面北上不與無筭爵然後與此異於賓○與音頂○疏曰賓黨在西主黨在東主黨不與

儀禮八　八六

卒受者以觶降奠于篚司正降復位 酬疏曰云司正降復位者司正掌監旅酬訖故降使二人舉觶于賓矣大夫爲無筭始

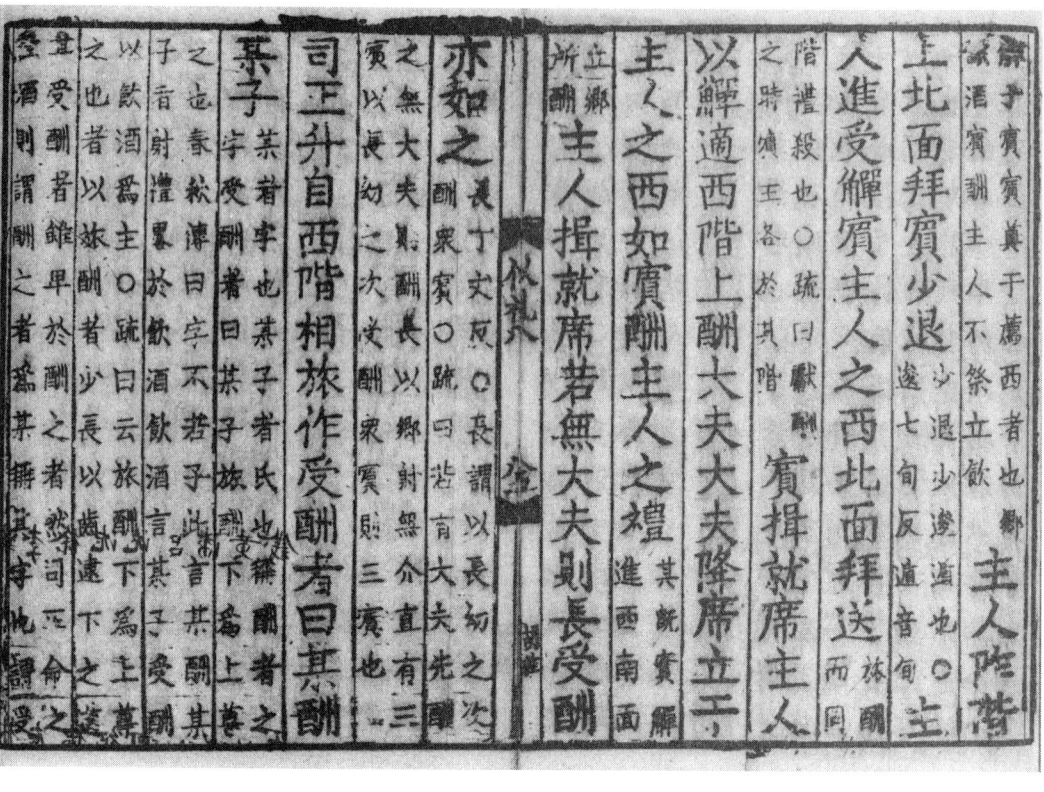

古旅酬○記古者於旅也語 種成樂億乃可 以言語先王禮樂之道也疾今人慢於禮樂之盛言語無節故追道古也 不洗 敬殺 不洗者不祭 不祭 既旅士□□從工禮也既旅則將燕矣七六□於鄉人○疏曰上立于下

鄉於鄉人也

徒二人舉觶于賓與大夫二人主人之贊者

舉觶者皆洗觶升實之西階上北面皆坐

奠觶拜執觶興賓與大夫皆席末荅拜

舉觶者皆坐祭遂飲卒觶興坐奠觶拜

執觶興賓與大夫皆荅拜舉觶者逆降

洗升實觶皆立于西階上北面東上賓

與大夫拜舉觶者皆進坐奠于薦右壁奠

之不敢授○疏曰賓與大夫皆席西南面荅拜奠于薦右者以將飲者於右也

奠者卑故不敢親授觶也賓與大夫辭坐受觶以興

辭辭非坐奠觶○疏曰必辭者賓者不敢親授賓與大夫不可自尊故辭之

言取而言受者亦是若親受之然也舉觶者退反位皆拜

送乃降賓與大夫反奠于其所興不舉者盛

禮已崇古文曰反坐○疏曰崇重也法飲酒禮成於酬前已旅酬所爲禮已大

大復舉觶爲無筭爵盡歡情客不人歡故且奠之未舉之故不奠薦

若無大夫則唯賓長一人舉觶如燕禮媵爵之爲○疏

曰鄉二人舉觶爲賓與大夫今若無大夫當闕一人故云則唯賓也長一人舉

觶如燕禮初二大夫媵觶至旅酬復使二人君命長媵一爵於君與此同彼旅

酬此爲無筭爵不同但一人是同故引爲證也

右二人舉觶

司正升自西階阼階上受命于主人適

西階上北面請坐于賓請坐欲與賓燕盡殷勤至此

盡禮以成酒清肴乾強有力者猶倦焉○疏曰聘義云強有力者將以行禮也

酒清人渴而不敢飲也肉乾人飢而不敢食也日莫人倦齊莊正齊而不敢解惰

引之者證此賓須坐之義賓辭以俎俎者肴之貴者也辭之者

不敢以燕坐褻貴肴反命于主人主人曰請徹俎

賓許司正降自西階階前命弟子俟[illegible]

[illegible]賓黨也俎者主人贊者設之[illegible]辭之使其黨俟[illegible]

請坐于賓此言主人曰互相備耳○疏
曰知弟子是賓黨者以司正降自西階
階前命之而賓黨弟子在西階東面也
必使賓黨弟子者徹俎是賓請之故鄭
云順賓意也凡辭皆司正請于主人主
人有命司正乃傳告賓今上文云司正
請坐于賓直見司正傳主人辭不見主
人曰請坐于賓之辭此經直見主人曰
請徹俎不見司正傳主
人以告賓是互相備也司正升立于序
端賓降席北面主人降席自南方阼階
上北面大夫降席席東南面俟弟子升受俎○疏

曰案下文賓俎授司正以出此
俟弟子受俎者大夫與主人也賓取俎
還授司正司正以降自西階賓從之降
遂立于階西東面司正以俎出授從者
從才用反注及下從者同○授賓家從
來者也古者與人飲食必歸其盛者所
以厚禮之○疏曰鄉飲酒燕禮大射公
食皆歸其俎以俎是肴之貴是故云歸
其盛者也主人取俎還授弟子弟子受俎降
自西階以東主人降自阼階西面立以盡

授主人侍者○疏曰弟子是賓黨非上
人之贊者故知徹主人俎還授主人侍
者歸入於內也大夫取俎還授弟子弟子以降
自西階遂出授從者大夫從之降立于
賓南凡言還者明取俎各自鄉其席衆賓皆降立于大
夫之南少退北上從降亦爲將燕○爲于僞反○疏曰賓主
人大夫有俎從俎而降三賓無
俎亦爲將燕故同降同升也

右徹俎

主人以賓揖讓說屨乃升大夫及衆賓
皆說屨升坐說吐活反○說屨者將坐空屨褻賤不宜在堂也說
屨則摳衣爲其被地○摳苦侯反被皮
義反○疏曰說屨俛身若不摳衣恐衣
被地屨之此衣即裳也對文則
上曰衣下曰裳散文衣裳通乃羞羞進
也所進者狗胾醢也燕設啗具所
以案酒○胾壯吏反啗徒覽反無筭
爵使二人舉觶賓與大夫不興取奠觶
飲卒觶不拜二人謂鄉者二人也使之升立于西階上賓與大夫

0008_0565-2

將旅當執觶也卒觶者固不拜矣著之
者嫌坐卒爵者拜既爵此坐于席禮既
殺不復崇○疏曰經賓上有于字者誤
以此二觶仍是前二人所舉者今以二
人升者舉發使行無算爵非新
觶故觶下屬賓下屬爲句也　執觶者
受觶遂實之賓觶以之主人大夫之觶
長受　長次賓長　而錯皆不拜　錯者實主人之觶以之次賓也
實賓長之觶以之次大夫其或多者迭
飲於坐而已皆不拜受禮又殺也○洪
大結反○疏曰衆賓之長在賓西者一
人大夫則席於賓東若大夫亦三人則

儀禮卷八　九十一

0008_0566-1

與衆賓等得交錯相酬言其或多者此
有一大夫則衆賓二人無所酬直二
迭飲而已皆大夫四人已上多於三
人之外亦無所酬則亦自相酬
而已上二人舉觶於賓與大夫皆
及飲卒不拜是殺今衆賓與人次
受酬故言　又殺也　辯卒受者興以旅在下
于西階上　衆賓之末飲而酬主人之
大夫之末飲而酬賓
爲不使觶者酌其將旅酬
其末衆賓則

0008_0566-2

執觶者謂
人者其堂上皆坐行酒于此立
旅在下也大夫或少或無具衆賓
飲或大夫多衆賓徧後二觶並酬
則大夫爲末飲也二人舉觶酌堂
賓已辯其堂下自酌相旅一人無
降復于東階西面北上位皆與旅
飲酒記所謂主人之贊者無算爵
與下文所謂執　長受酬酬者不拜
者皆與旅是也
卒觶以賓之下　酬者不拜者嫌堂
異位當拜也古文曰

儀禮卷八　九十二

0008_0567-1

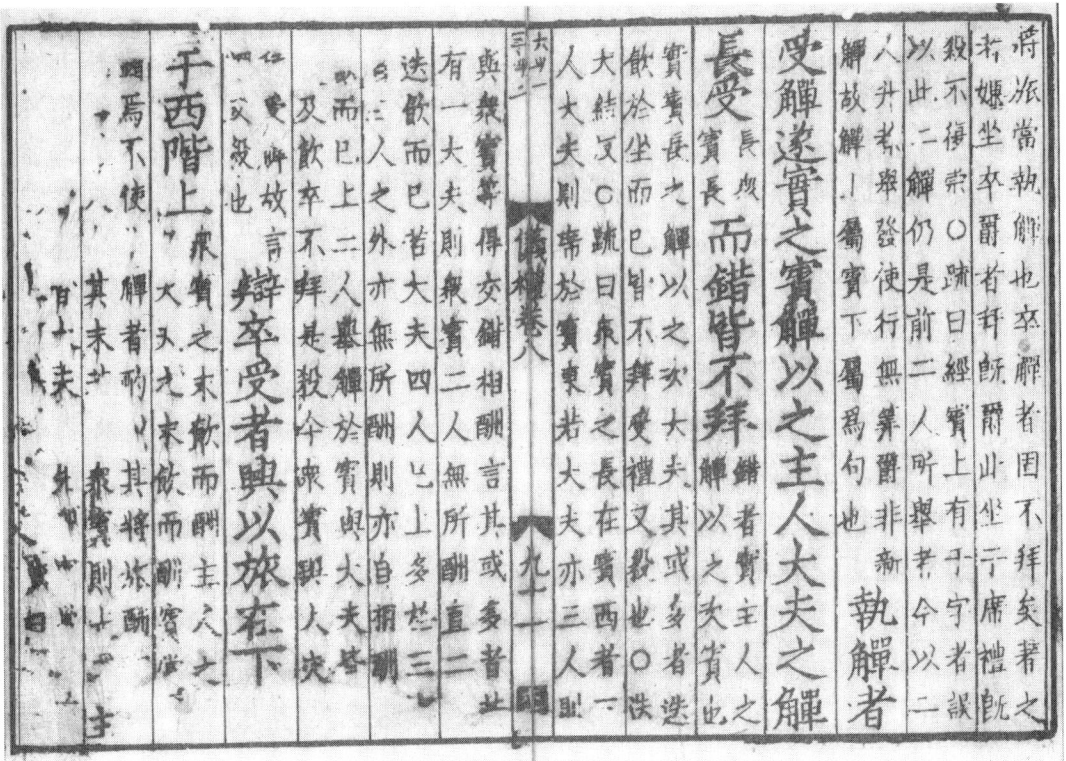

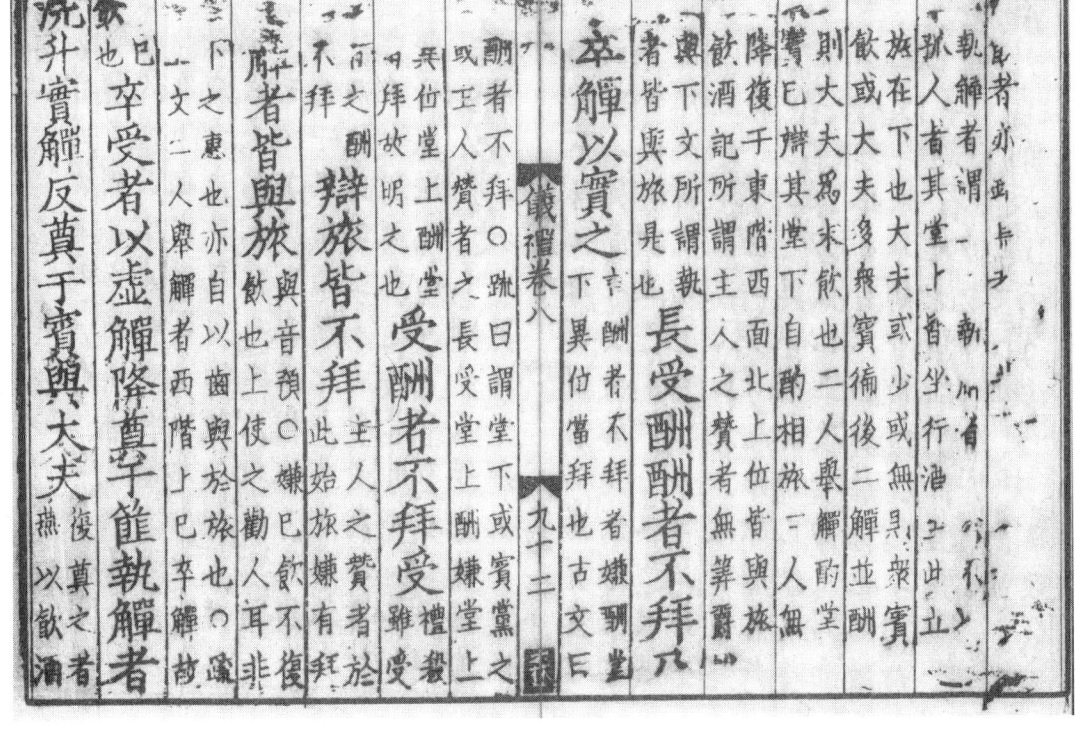

酬者不拜○疏曰謂堂下或賓黨之
或主人贊者之長受堂上酬嫌堂上
異位堂上酬堂　受酬者不拜受　禮殺
拜故明之也　雖受
之酬　辯旅皆不拜　主人之贊者於
不拜　此始旅嫌有拜
觶者皆與旅　與音預○嫌已飲不復
飲也上使之勸人耳非
下之惠也亦自以齒與於旅也○
文二人舉觶者西階上已卒觶故
已　卒受者以虛觶降奠于篚執觶者
也
洗升實觶反奠于賓與大夫　復奠之者
燕以飲酒

0008_0567-2

0008_0568-1

爲歡醉乃止主人之意也今文無執觶及賓觶大夫之觶皆爲爵實觶觶爲之

無筭樂合鄉樂無次數○疏曰知合鄉樂二南者約上正歌時不畧其正巳歌鄉樂但二南有次第皆三終今無次數任賓主所好也

右燕

賓興樂正命奏陔陔古才反○陔陔夏其詩亡周禮賓醉而出奏陔夏陔夏者天子諸侯以鍾鼓大夫士鼓而巳賓降及階陔作賓出衆賓皆出主人送于門外再拜

仪礼八　九十三

拜送賓于門東西面賓不荅拜禮有終

右賓出○記大夫後出下鄉人不干其賓主之禮

主人送于門外再拜拜送大夫尊之也主人送賓還入門揖大夫乃出送拜之○疏曰上文後出是大夫意此經拜送主人意

明日賓朝服以拜賜于門外○朝直遥反○拜賜謝恩惠也主人不見如賓服遂從之拜辱于門外乃退不見不褻禮也拜辱謝其自屈辱

0008_0568-2

0008_0569-1

右拜賜

主人釋服乃息司正釋服說朝服服玄端也息猶勞也勞司正謂賓之與之飲酒以其昨日尤勞倦也月令曰勞農以休息之○說吐活反勞力報反○疏曰上文乜人如賓服則主人亦朝服矣故此爲釋朝服玄端即朝服之次但易其裳爲異也無介介音界○勞禮畧貶於飲酒也此巳下皆記禮之異者○今按此鄉射禮本自無介不但勞禮無介疑此衍文也不殺殺如字○無俎故也使人速速召賓迎于門外

仪礼八　九十四

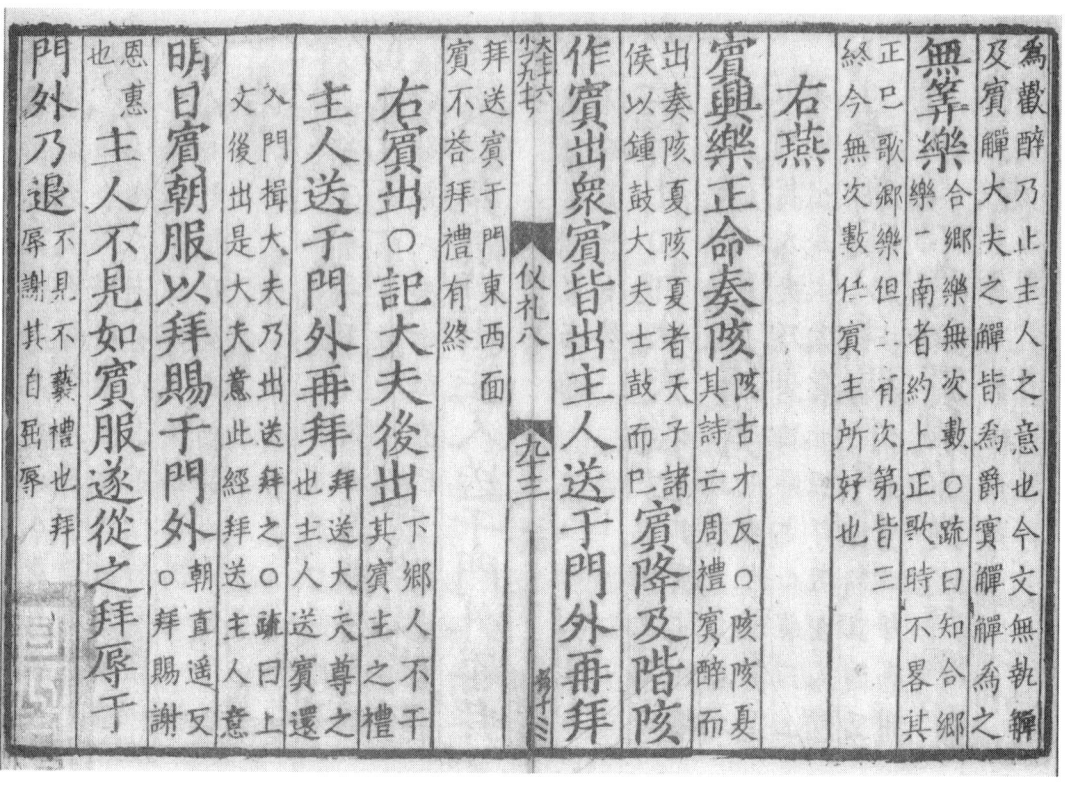

不拜入升不拜至不拜洗薦脯醢無俎賓酢主人主人不崇酒不拜衆賓旣獻衆賓一人舉觶遂無筭爵言遂者俎其間闕也賓坐奠觶于其所擯者遂受命于主人請坐于賓賓降說屨升坐矣不言遂請坐者請坐主於無筭爵○疏曰間闕謂間一人舉觶下有工升歌立司正旅酬及二人舉觶及徹俎之事此皆闕也不言遂請坐者言無筭爵自然請坐可知故不須言也無司正使擯者而已不立之賓不與○與音預昨日

0008_0570-1　0008_0569-2

至尊不可褻也古文與作豫　徵唯所欲　徵召也謂所欲請呼以

告於鄉先生君子可也　告請也鄉先生鄉大夫致仕者也君子有大德行不仕者○行下孟反

羞唯所有　用時見物○時見賢遍反

鄉樂唯欲　不歌雅頌取周召之詩在所好○好呼報反

右息司正

鄉射義第十五　鄉禮四之下

古者男子生桑弧蓬矢六以射天地四方天地四方者君子之所有事也故必先有志於其所有事然後敢用穀也飯食之謂也　弧音胡蓬步工反飯扶晩反食音嗣○男子生則設弧於門左三日負之人爲之射乃卜食子也○爲于僞反○呂大臨曰天地之性人爲貴人之類男子爲貴其配則大也陽也剛也可以服人而不服於人者也故天地四方之大皆吾之所有事不能則幾於非男子也故於其始生以桑弧蓬矢六以射天地四方也士無事而食不可也故君子窂功浮於食不欲食浮於

大全小字上　仪礼八　九五

0008_0571-1　0008_0570-2

功有事於天地四方而後敢用穀則功浮於食而無愧功無極於食是亦男子之事故因射義及之

○射者進退周還必中禮內志正外體直然後持弓矢審固持弓矢審固然後可以言中此可以觀德行矣　行下孟反中丁仲反○內正外直習於禮樂有德行者也正鵠之名出自此也○正音征鵠古毒反脩又如字○呂大臨曰孔子曰射不主皮爲力不同科古之道也蓋有禮射有主皮之射不主皮禮射也所謂大射鄉射是也爲力者主皮之射也主皮者主於獲而已尚力而不習禮故曰爲力不同科必禮許者必先此耦後一耦皆有上射下射皆執弓而搢挾矢其進也當階及階當物反物皆揖其退也亦如之其行有左右其升降有先後其射皆拾發其取矢于楅也始進揖當楅揖及楅揖取矢揖卒取矢揖既搢挾揖退與將進者揖及取矢也有橫弓卻手兼弣順羽拾取之節焉卒射而飲勝者袒決遂執張弓不勝者襲說決拾加弛弓升飲相揖如初則進退周還必中禮可見矣大先王制禮豈苟爲繁文末節使人難行哉亦曰以善養人而已蓋君子之於天下必慈所

大全三四　仪礼八　九六

0008_0571-2

不中節然後志德必乃行而爭相勸以
四支欲於安佚也苟恭敬之心不勝則
怠墮敖慢之氣生怠墮敖慢之氣生則
動容周旋不能中乎節體雖佚而心亦
爲之不安安其所不安則手足不知所
措故放辟邪侈踰分犯上將無所不至
天下之亂自此始矣聖人憂之故常謹
於繁文末節以養之於無所事之時使
其習之而不憚煩則不遜之行亦無自
而作至於久之而安之則非法不行無所
往而非義矣君子敬以直內義以方外
敬義立而德不孤則不疑其所行矣故
發而不中節者常生乎不敬所存乎內
者敬則所形乎外者莊矣內外交脩則

0008_0572-1

發乎事者中矣故曰內志正外體直然
後持弓矢審固持弓矢審固然後可以
言中也射一藝也容比於禮節比於樂
而不失正鵠者是必有樂於義理久於
恭敬用志不分之心然後可以得之則
其所以得之者其德可知矣故曰可以
觀德行矣○射者仁之道也射求正諸己己
正而后發發而不中則不怨勝己者反
求諸己而已矣諸猶於也○呂大臨曰仁者之道不怨天不尤
人行有不至反求諸己而已蓋以仁爲己任無待於外也射者求中有似於仁

0008_0572-2

故曰射者仁之道也射也者正己而後發發而不中知反求諸己而不怨勝己
者知所以中莫不在己非人之罪也至於人不親治人不治禮人不答則反求
諸人蓋不以仁爲己任不知其類者也君子無所不用其學故於射也得反己
之道焉○孔子曰君子無所爭必也射乎
揖讓而升下而飲其爭也君子爭爭鬬之爭○
必也射乎言君子至於射則有爭也下降也飲射爵者亦揖讓而升降勝者袒
決遂執張弓不勝者襲說決拾卻左手右加弛弓於其上而升飲君子恥之是

0008_0573-1

以射則爭中○袒音但決古穴反說吐活反拾音十卻丘逆反又羌略反弛式
氏反又始氏反中丁仲反○今按此言君子恭遜不與人爭惟於射
而後有爭然其爭也雍容揖遜乃如此則其爭也君子而非若小人之爭矣
○孔子曰射者何以射何以聽循聲而
發發而不失正鵠者其唯賢者乎若夫
不肖之人則彼將安能以中正音征夫音扶肖音
肖○何以言其難也聲謂樂節也畫布曰正棲皮曰鵠正之言正也鵠之言[illegible]

射者仁之道也射求正諸己己正而後發發而不中知反求諸己而不怨勝己者知所以中不中莫不在己非人之罪也至於愛人不親治人不治禮人不答則反尤諸人蓋不以仁爲己任不知其類者也君子無所不用其學故於射也得反己之道焉

○孔子曰君子無所爭必也射乎爭爭鬭揖讓而升下而飲其爭也君子之爭○必也射乎言君子至於射則有爭也下降也飲射爵者亦揖讓而升降勝者袒決遂執張弓不勝者襲說決拾卻左手右加弛弓於其上而升飲君子恥之是以射則爭中○袒音但決古穴反說吐活反拾音十卻去逆反又羌略反弛式氏反又始氏反中丁仲反下文注同○今按此言君子恭遜不與人爭惟於射而後有爭然其爭也雍容揖遜乃如此則其爭也君子而非若小人之爭矣

儀禮卷八　九十八　仁

○孔子曰射者何以射何以聽循聲而發發而不失正鵠者其唯賢者乎若夫不肖之人則彼將安能以中正音征夫音扶肖音肖○何以言其難也聲謂樂節也畫布曰正棲皮曰鵠正之言正也鵠之言較

0008_0574－1　0008_0573－2

也梏直也言人正直乃能中也發或爲晧○棲音西梏音角○晧口射者何以射者言爲射之人何以能使射中與樂節相應也何以聽者言何以能聽此樂節使與射中相合言射中樂節而相應會至極難矣○呂大臨曰射之爲藝非專心志則不得也射以樂爲節射者欲其容體比於禮而中多故曰何以射欲其節比於樂循聲而發發而不失正鵠故曰何以聽何以射者體之所動不在乎他處也何以聽者耳之所司不在乎它是謂用志不分不過乎物推是道也將無入而不自得況於射乎居是位也行是事也其心也或之乎彼也或之乎

儀禮卷八　九十九　義

此也一出焉一入焉將無所往而可也故射雖一藝也而可以分賢不肖者以此○詩云發彼有的以祈爾爵祈求也求中以辭爵也酒者所以養老也所以養病也求中以辭爵者辭養也呂大臨曰射禮勝飲不勝所以爭勝者辭乎飲也君子責己重而責人輕我之不中則反求諸己曰非病也不能也心平體正持弓矢審固循聲而發發而不失正鵠者惟賢者能之若不肖之人彼將安能以中此責己重也彼之不中則曰非不能也病也酒

0008_0574-2

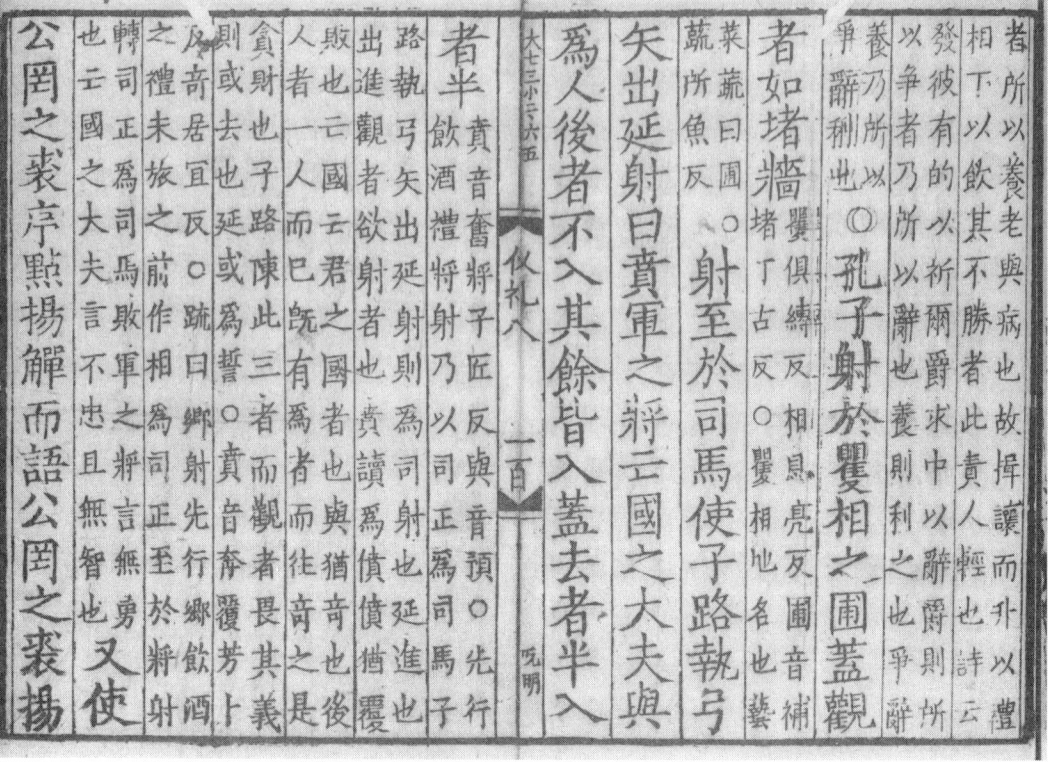

者所以養老與病也故揖讓而升以禮
相下以飲其不勝者此責人輕也詩云
發彼有的以祈爾爵求中以辭爵則所
以爭者乃所以辭也養則利之也爭辭
養乃所以爭辭和也◎孔子射於矍相之圃蓋觀
者如堵牆矍俱縛反相息亮反圃音補堵丁古反○矍相地名也藝
菜蔬曰圃○射至於司馬使子路執弓
蔬所魚反
矢出延射曰賁軍之將亡國之大夫與
爲人後者不入其餘皆入蓋去者半入

大七三小三六五　仪礼八　一百　呪明

0008_0575-1

者半賁音奮將子匠反與音預○先行
路執弓矢出延射則爲司射也延進也
出進觀者欲射者也賁讀爲僨僨猶覆
敗也亡國亡君之國者也與猶奇也後
人者一人而已既有爲者而往奇之是
貪財也子路陳此三者而觀者畏其義
則或去也延或爲誓○賁音奔覆芳卜
反奇居宜反○疏曰鄉射先行鄉飲酒
之禮未旅之前作相爲司正至於將射
轉司正爲司馬賁軍之將言無勇
也亡國之大夫言不忠且無智也又使
公罔之裘序點揚觶而語公罔之裘揚

0008_0575-2

[illegible]
[illegible]以俟死者不在此位也蓋去
者半處者半序點又揚觶而語曰好學不
倦好禮不變旄期稱道不亂者不在此
位也蓋廑有存者點多典反觶之豉反弟音悌耆巨支反耋
大結反好呼報反俟死絕句者亦二字一句下同旄又作耄莫報反期斯[illegible]其道
如字廑音勤又音覲○今按期當音基○之發聲也舁又使此二人舉觶者

大三七　二六九三　仪礼八　百二

0008_0576-1

古者於旅也語語謂說義理也三十曰
壯耆耋皆老也流俗失俗也處猶留也
八十九十曰耄百年曰期頤稱猶言也
道猶行也言行也者不言亦此行不可
以在此賓位也序或爲徐壯或爲將期
或爲勤今禮揚皆作騰○頤以支反行
下孟反○疏曰又使公罔之裘序點揚
觶而語者公罔爲氏也裘名也序氏也
點名也揚舉也至將旅之時使二人俱
舉觶普衆而說所誓之事此舉其目故
總舉二人於是公罔之裘先言問此衆
人之中有此上諸行不若有則可在此
賓位也至於序點所誓則陽精於前矣
但此記所陳亦約鄉射禮耳[illegible]出延

衆者是將射之前案鄉射司射比衆耦於堂西此出延者但觀者既多延中不容故出延之入乃比耦以初門外未入觀者既多未有賓主之禮故誓戒者令其不入以鄉飲酒禮差之射禮畢旅酬之時乃使二人舉觶故鄉射禮畢司馬反爲司正樂工升堂復位賓取俎西之觶酬主人主人酬大夫自相旅畢君使二人舉觶於賓與大夫則當此公罔之裘序點二人舉觶之節也但衆賓射事既了衆賓皆在賓位主人以禮接之不復斥言其惡於此但論其善公罔簡而尚賢序點簡而辭旋期之老不復能射得云在位者此據老之人本來觀射

儀禮八　百二

雖不能射與在賓中故知旅酬之時其人猶在也○呂大臨曰孔子溫良恭讓其於鄉黨似不能言未嘗非人知人之甚故誘相之事姑不爲於聖人所門人弟子述孔聖人之意而爲此說將以推尊聖人而不知非聖人之所當言如記稱孔子我戰則克祭則受福孔子固優爲之而謂孔子言之則非也○賁軍之將亡國之大夫與爲人後者皆有負於世非賢能者也爲人後者爲之子則爲所後斬衰爲其父母期舍其親而爲人後非人子之所欲特以大宗無後族人以支子後之迫於大宗族人之命不得已也有所利之而與求焉是與爲人後

者見利而忘親此君子之所不取也如壯孝弟耆耋好禮不從流俗脩身以俟死者德有立矣好學不倦好禮不變旄期稱道不亂者德有成矣蓋士之立於世無惡者寡矣無惡者有之有立者寡矣有立者有之成德者寡矣不在此位也者疑詞也蓋言在此位也衆之所會衰簡別賢不肖人所難言也故以疑詞示之猶言文不在茲乎蓋言在茲也不曰乎而曰也者蓋深示其不斥言也○今按鄭注陸音者不二字文義不通家語兩處並無不字亦非是當從呂說爲長云

儀禮八　百三

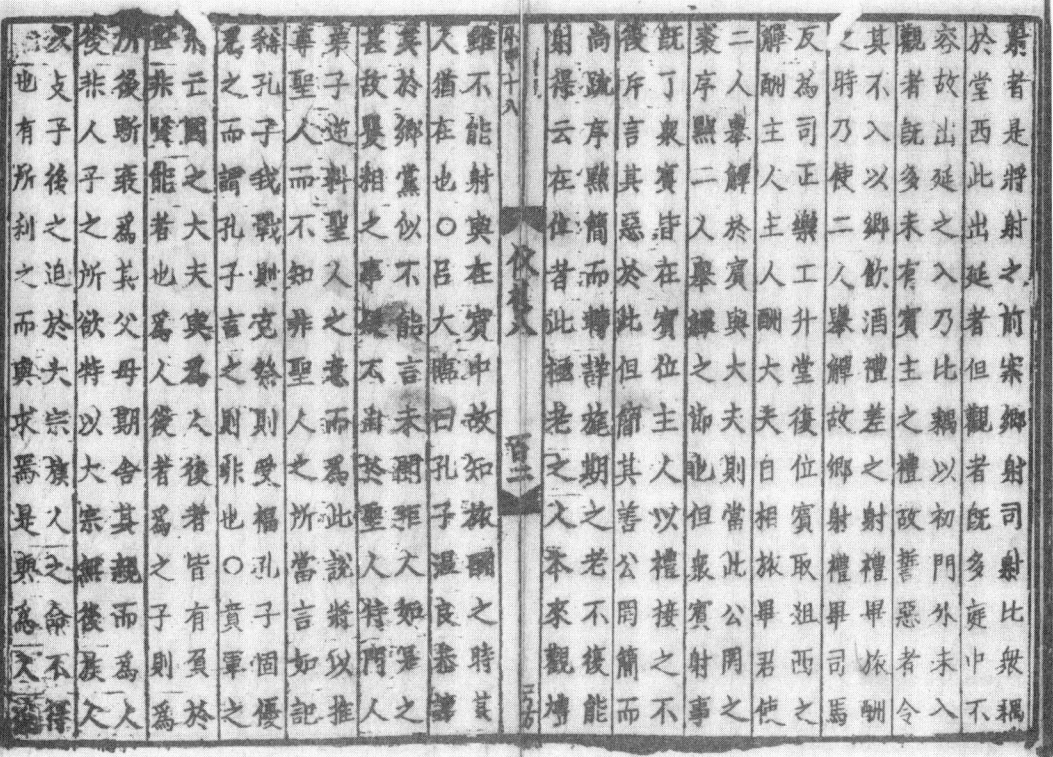

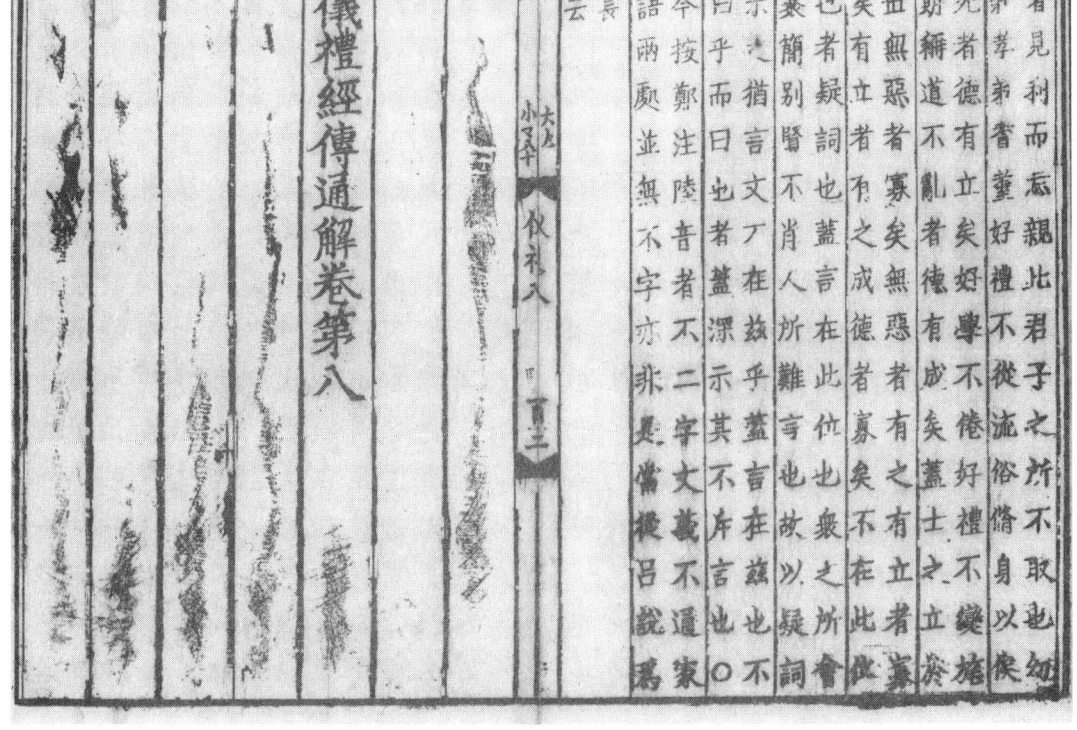

儀禮經傳通解卷第八

傳本印墨散開刻工名欠晰今改用張本

儀禮經傳通解卷第九

學制第十六　學禮一之上

古之王者建國君民教學爲先故舜命契曰百姓不親五品不遜契音薛○舜虞帝名契臣名五品謂父子君臣夫婦長幼朋友遜順也汝作司徒敬敷五教在寬五教謂父子有親君臣有義夫婦有別長幼有序朋友有信敷此五教以敬爲主而以寬濟之命夔曰命汝典樂教胄子夔求龜反胄直又反○胄長也謂元子以下至卿大夫子弟○長上聲○疏曰說文云胄胤也爾雅云胤繼也繼父世者謂長子也王制云樂正崇四術立四教王大子王子羣后之大子卿大夫元士之適子皆造焉直而溫寬而栗剛而無虐簡而無傲栗者嚴謹之意直恐其不足於和故教以溫寬恐其不足於敬故教以栗皆所以濟其美剛者或失之虐簡者或失之傲故教使防其過樂之爲教本於中和以養人之情性故先言此以濟[illegible]詩言志歌永言聲依永律和

0008_0583-1

0008_0582-2

聲心之所之謂之志永長也聲謂五聲宮商角徵羽律謂十二律黃鍾大蔟姑洗蕤賓夷則無射爲六陽律大呂應鍾南呂林鍾仲呂夾鍾爲六陰律言發之詩以宣其志歌詠之以長其言以五聲依其詠之上下以六律節其聲之清濁此爲樂之法也○徵張里反蔟七豆反蕤人誰反射音亦八音克諧無相奪倫神人以和八音金石土革絲木匏竹倫理也言既以上文四句之法爲樂則八音皆調不相陵奪而用之祭祀朝享神人皆和矣○小學在公宮南之左大學在郊學所以學士之宮尚書傳曰百里之國二十里之郊七十里之國九里之郊五十里之國三里之郊此小學大學殷之制○王制○使公卿之大子大音泰大夫元士之適子適丁歷反十有三年始入小學見小節焉踐小義焉二十入大學見大節焉踐大義焉故入小學知父子之道長幼之序入大學知君臣之義上下之位故爲君則君爲臣則臣

0008_0583-2

爲父則父爲子則子長丁丈反○尚書大傳○按入學之年諸説不同見後保傅篇注○程子曰古者八歲入小學十五入大學擇其才可教者聚之不肖者復之農畝蓋士農不易業既入學則不治農然後士農判古之士者自十五入學至四十方仕中間自有二十五年學又無利可趨則所志可知須去趨善便自此成德後之人自童稚間已有汲汲趨利之意何由得向善某古人必使四十而仕然後志定只營衣食却無害惟利祿之誘最害人

○家有塾黨有庠術有序國有學塾音孰術

儀禮卷九　三

0008_0584-1

讀爲遂○門側之堂謂之塾古者二十五家爲閭同共一巷巷首有門門邊有塾里中之老有道德者爲左右師坐於門塾民在家之時朝夕出入恒受教於塾五百家爲黨萬二千五百家爲遂遂在遠郊之外國謂天子所都及諸侯國中○學記○大夫七十而致仕老其鄉里大夫爲父師士爲少師所謂里庶尹也鄭曰古者仕焉而已音歸教於閭里耰鉏已藏祈樂已入歲事已畢耰音憂○祈樂當爲新穀餘子皆入學年十五始入

0008_0584-2

小學見小節踐小義焉年十八始入大學見大節踐大義焉餘子猶衆子也古者適子恒代父而仕也距冬至四十五日始出學傅農事立春學止上老平明坐於右塾庶老坐於左塾餘子畢出然後皆歸夕亦如之上老父師也庶老少師也餘子皆入父之齒隨行兄之齒鴈行朋友不相踰輕任并重任分行如字又戶郎反并必性反頒白者不提挈出入皆如之尚書

儀禮卷九　四

0008_0585-1

大傳○天子曰辟廱諸侯曰頖宮頖音判○王制○按辟與璧同廱和也天子之學水旋丘如璧故謂之辟廱頖亦作泮諸侯之學東西南方有水形如半璧以其半於辟廱故曰泮宮詩曰鎬京辟廱記曰泮宮周學也○有虞氏養國老於上庠養庶老於下庠夏后氏養國老於東序養庶老於西序殷人養國老於右學養庶老於

0008_0586-1　　0008_0585-2

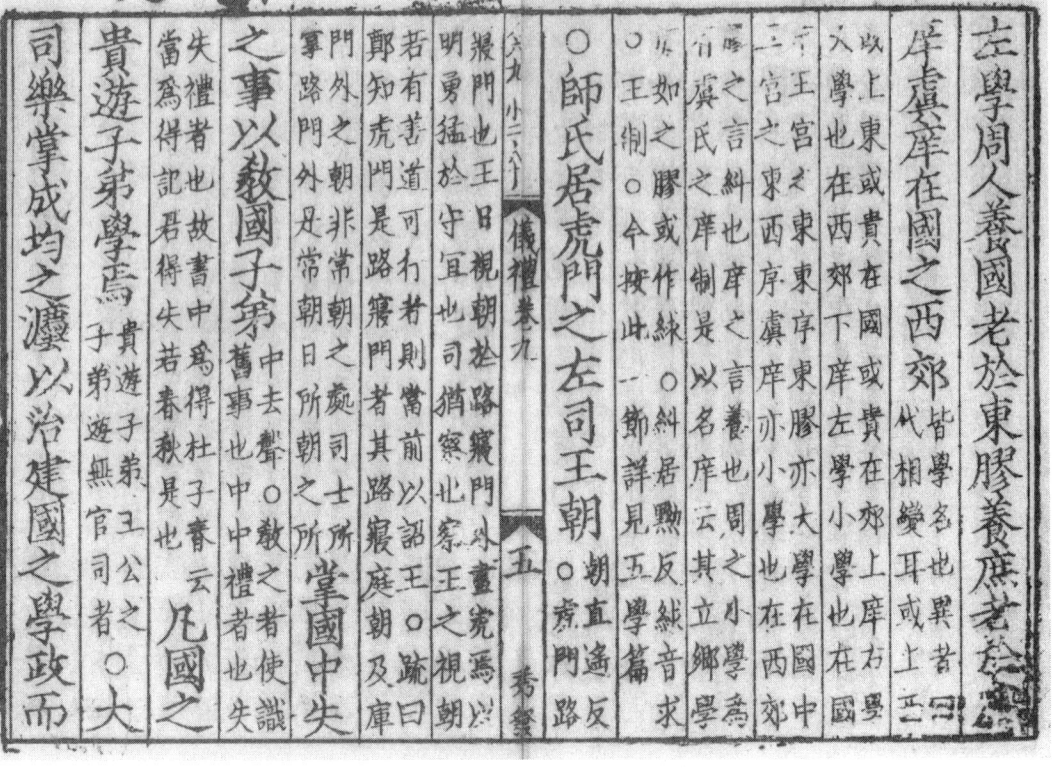

左學周人養國老於東膠養庶老於虞庠虞庠在國之西郊皆學名也異者四代相變耳或上西或上東或貴在國或貴在郊上庠右學大學也在西郊下庠左學小學也在國中王宮之東東序東膠亦大學在國中王宮之東西序虞庠亦小學也在西郊○膠之言糾也庠之言養也周之小學爲有虞氏之庠制是以名庠云其立鄉學亦如之膠或作絿○糾居黝反絿音求○王制○今按此一節詳見五學篇

儀禮卷九　五

○師氏居虎門之左司王朝朝直遙反○虎門路寢門也王日視朝於路寢門外畫虎焉以明勇猛於守宜也司猶察也察王之視朝若有善道可行者則當前以詔王○疏曰鄭知虎門是路寢門者其路寢庭朝及庫門外之朝非常朝之處司士所事路門外是常朝日所朝之所掌國中失之事以教國子弟中去聲○教之者使識舊事也中中禮者也失失禮者也故書中爲得杜子春云當爲得記君得失若春秋是也凡國之貴遊子弟學焉貴遊子弟王公之子弟遊無官司者○大司樂掌成均之灋以治建國之學政而

0008_0587-1　　0008_0586-2

合國之子弟焉鄭司農云均調也樂師主調其音大司樂主受此成事已調之樂玄謂董仲舒云成均五帝之學成均之法者其遺禮可法者國之子弟公卿大夫之子弟當學者謂之國子文王世子曰於成均以及取爵於上尊然則周人立此學之宮○疏曰案王制有虞氏名學爲上庠下庠至周立小學在西郊者曰虞庠五帝揔名成均當代則各有別稱若三代天子學揔曰辟廱當代各有異名但無文可知也凡有道者有德者使教焉死則以爲樂祖祭於瞽宗道多才藝者德能躬行者若舜命夔典樂教冑子是也死則以爲樂之祖神而祭之鄭司農云瞽樂人樂人所共宗也或曰祭於瞽宗祭於廟中明堂位曰瞽宗殷學也泮宮周學也以此觀之祭於學宮中○疏曰案記云春誦夏弦大師詔之瞽宗以其教樂在瞽宗故祭樂祖還在瞽宗然雖有學干戈在東序以誦弦爲正記又云禮在瞽宗書在上庠學禮樂在瞽宗祭禮先師亦在瞽宗矣若書在上庠書之先師亦祭於上庠其詩則春誦夏弦在東序則祭亦在東序也○已上周禮二○

儀禮卷九　六

夏曰校殷曰序周曰庠學則三代共之孟

0008_0588-1　　0008_0587-2

庠皆鄉學學國學也共之無異名也此孟子說與上下數條皆不合未詳其故

○滕文公

魯之米廩有虞氏之庠也序夏后氏之序也瞽宗殷學也頖宮周學也

庠庠亦學也庠之言詳也於以考禮詳事也魯謂之米廩虞帝上尊今藏粢盛之委焉序次王事也瞽宗樂師瞽矇之所宗也古者有道德者使教焉死則以為樂祖於此祭之頖之言班也於以班政教也○明堂位

右法制名號之畧 古者教人其立法大意皆萬世通行

仪礼九　七

不可得而變革者學者不可不知若其名號位置節文之詳則自經言之外出於諸儒之所記者今皆無以考其實矣然不敢有所取舍姑悉存之讀者亦不必深究也

周禮大司徒令五家為比五比為閭四閭為族五族為黨五黨為州五州為鄉以鄉三物教萬民而賓興之○比毗志反○物猶事也興猶舉也三事教成鄉大夫舉其賢者能者以飲酒之禮賓客之既則獻其

0008_0589-1　　0008_0588-2

書於王

一曰六德知仁聖義忠和○知音智知謂明於事仁謂愛人以及物聖謂通而先識義謂能斷時宜忠謂言以中心和謂不剛不柔

二曰六行孝友睦婣任恤 行下孟反婣音因○孝謂善事父母友謂善於兄弟睦謂親於九族婣謂親於外親任謂信於友道恤謂賑於憂貧○賑曰九族者上至高祖下至玄孫之及緦麻之內也

三曰六藝禮樂射御書數 禮謂五禮吉凶軍賓嘉也樂謂六樂雲門大咸大韶大夏大濩大武射謂五射一曰白矢謂矢貫侯過見

仪礼九　八

其鏃白也二曰參連謂前放一矢後三矢連續而去也三曰剡注謂羽頭高鏃低而去剡剡然也四曰襄尺謂臣與君射不與君並立襄君一尺而退也五曰井儀謂四矢貫侯如井之容儀也御謂五御一曰鳴和鸞謂和在式鸞在衡升車則馬動馬動則鸞鳴鸞鳴則和應也二曰逐水曲謂隨逐水勢之屈曲而不墜水也三曰過君表謂若毛詩傳云褐纏旃以為門裘纏質以為槸間容握驅而入擊則不得入君表則褐纏旃也四曰舞交衢衢道也謂在交道而車旋應於舞節五曰逐禽左謂御驅逆之車逆驅禽獸使左當人君以射之也書謂六

0008_0590-1　0008_0589-2

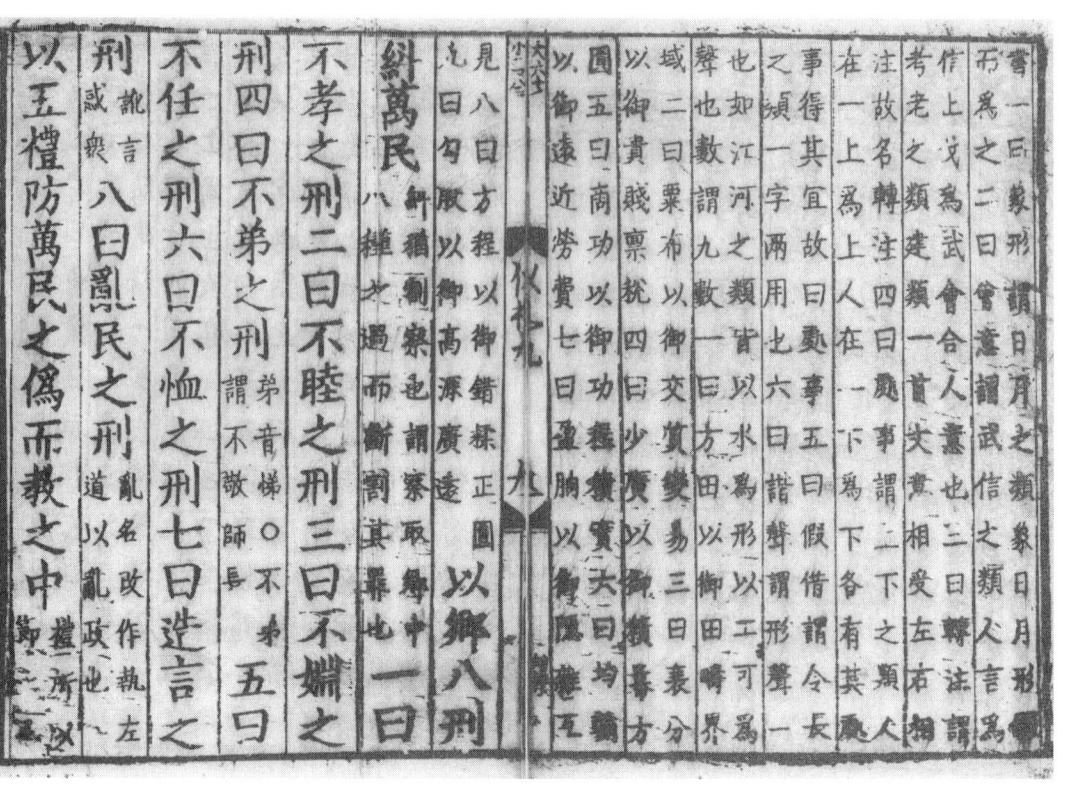

書一曰象形謂日月之類象日月形體而爲之二曰會意謂武信之類人言爲信止戈爲武會合人意也三曰轉注謂考老之類建類一首文意相受左右相注故名轉注四曰處事謂上下之類人在一上爲上人在一下爲下各有其處事得其宜故曰處事五曰假借謂令長之類一字兩用也六曰諧聲謂形聲一也如江河之類皆以水爲形以工可爲聲也數謂九數一曰方田以御田疇界域二曰粟布以御交質變易三曰衰分以御貴賤稟稅四曰少廣以御積冪方圜五曰商功以御功程積實六曰均輸以御遠近勞費七曰盈朒以御隱雜互

儀禮九　九

見八曰方程以御錯糅正負九曰句股以御高深廣遠以鄉八刑糾萬民糾猶割察也謂察取其中八種之過而斷割其罪也一曰不孝之刑二曰不睦之刑三曰不婣之刑四曰不弟之刑弟音悌○不弟謂不敬師長五曰不任之刑六曰不恤之刑七曰造言之刑訛言惑衆八曰亂民之刑亂名改作執左道以亂政也以五禮防萬民之僞而教之中禮所以節[illegible]

0008_0591-1　0008_0590-2

之僞使上不逼下下不僭上行得其中以六樂防萬民之情而教之和樂所以導正民之情性使乖戾不作血氣和平○鄉大夫正月之吉謂建子之月一日也受教灋于司徒退而頒之于其鄉吏使各以教其所治以攷其德行察其道藝其鄉吏州長以下○疏曰在身爲德施之爲行內外兼備即爲賢者也以歲時入其書入其書者言於大司徒三年則大比攷其德行

儀禮九　十

道藝而興賢者能者鄉老及鄉大夫帥其吏與其衆寡以禮禮賓之賢者有德行者能者有道藝者興賢者謂若今舉孝廉興能者謂若今舉茂才衆寡謂鄉人之善者無問多少賓敬也賓所舉賢者能者變擧言興者謂合衆而尊寵之以鄉飲酒之禮禮而賓之厥明鄉老及鄉大夫羣吏獻賢能之書于王王再拜受之登于天府內史貳之厥其也其賓之明日也獻猶進也王拜受之重得賢者王上其

0008_0592-1　0008_0591-2

書于天府天府掌祖廟之守藏者內史副寫書者當詔王爵祿之時○藏才浪反○疏曰內史職有筴命諸侯羣臣之事故使貳之退而以鄉射之禮五物詢衆庶一曰和二曰容三曰主皮四曰和容五曰興舞以用也行鄉射之禮而以五物詢於衆民鄭司農云詢謀也問於衆庶寧復有賢能者和謂閨門之內行也容謂容貌也主皮謂善射射所以觀士也故書舞爲無杜子春讀和容爲和頌謂能爲樂也無讀爲舞謂能爲六舞玄謂和載六德容包六行庶民無射禮因田獵分

大字八　小二十七　儀禮卷九　十一

禽則有主皮主皮者張皮射之無侯也主皮和容興舞則六藝之射與禮樂與當射之時民必觀焉因詢之也孔子射於矍相之圃蓋觀者如堵牆射至於司馬使子路執弓矢出誓射者又使公罔之裘序點揚觶而語詢衆庶之儀若是乎○今按五物之說未詳當闕○州長正月之吉各屬其州之民而讀灋以攷其德行道藝而勸之以糾其過惡而戒之長丁丈反屬音燭後並同○屬猶合也聚也因聚衆而勸戒之者欲其善若以歲時祭祀

0008_0593-1　0008_0592-2

州社則屬其民而讀灋亦如之春秋以禮會民而射于州序序州黨之學也會民而射所以正其志也○疏曰言以禮者亦謂先行鄉飲酒之禮而後射也正歲則讀教灋如初謂建寅之月雖以正月讀之至正歲猶復讀之因此四時之正重申之○黨正四時之孟月吉日則屬民而讀邦灋以糾戒之以四孟之月朔日讀法者彌親民者於教亦彌數○數音朔○疏曰鄉大夫管五州去民遠不讀法州長管五

儀禮卷九　十二

黨去民漸親故正月正歲春秋兩社四讀法黨正以下去民彌親故黨正加四月七月十月爲七讀法族師又加二月三月五月六月八月九月十二月爲十四讀法鄭於此揔釋之春秋祭禜亦如之禜榮敬反○禜謂雩禜水旱之神蓋亦爲壇位如祭社稷云國索鬼神而祭祀則以禮屬民而飲酒于序以正齒位壹命齒于鄉里再命齒于父族三命而不齒國索鬼神而祭祀謂歲十二月大蜡之時建亥之月也正齒位者鄉

飲酒義所謂六十者坐五十者立侍六十者三豆七十者四豆八十者五豆九十者六豆是也必正之者爲民三時務農將闕於禮至此農隙而教之尊長養老見孝弟之道也黨正飲酒禮亡以此事屬於鄉飲酒之義微失少矣凡射飲酒凡鄉民雖爲卿大夫必來觀禮鄉飲酒鄉射記大夫樂作不入凡既旅不入是也齒于鄉里者以年與衆賓相次也齒于父族者父族有爲賓者以年與之相次異姓雖有老者居於其上不齒者席于尊東所謂遵○疏曰儀禮亡之時篇內論正齒位之禮其義具悉今鄉飲酒義唯有五十已上豆數之言此經唯

儀禮卷九　十三

有壹命已下觀禮之事二處相兼比於儀禮篇中鄉飲酒法義理乃未足故云微失少矣云壹命齒于鄉里者謂天子之下士公侯伯之士皆在堂下與五十已下衆賓相次若子男之士不命則同在堂下矣云再命齒于父族者以其賓在戶牖之間南面若賓是同姓父族則與之齒也既言齒于父族明異姓非父族不齒可知云三命不齒者案鄉飲酒及鄉射皆酒尊在室戶東房戶西賓主夾之鄉人爲鄉大夫來觀禮爲鄉人所尊敬謂之爲遵席位在酒尊東公三重大[illegible]云注知不齒者席于尊東也鄭[illegible]鄉飲酒之遵也鄭

[illegible]云[illegible]爲無正齒位之事焉肯彼篇[illegible]貢士直行飲酒之禮無遵正正齒位之事案彼注又云天子之國三命之賜不齒諸侯之國爵爲大夫則不齒者尊得爲鄉大夫者其年必高於衆賓是以無問命數皆不齒以其爵尊故也

凡其黨之祭祀喪紀昏冠飲酒教其禮事掌其戒禁其黨之民正歲屬民讀灋而書其德行道藝之書記以歲時涖校比涖臨也鄭司農云校比族師職所謂以時屬民而校登其族之夫家衆寡辨其貴賤老幼癈疾可任者及其六畜車輦如今小案比○疏曰如今小案比者此舉漢法言小案比對三年大案比爲小耳及大比亦如之疏曰族師至三年大案比黨正亦涖之○族師月吉則屬民而讀

儀禮卷九　十四

邦灋書其孝弟睦婣有學者月吉每月朔日也春秋祭酺亦如之酺音步○酺者爲人物裁害之神也故書酺或爲步杜子春云當爲酺玄謂校人職又有冬祭馬步則未知此世所云蝝螟之酺與人鬼之步與蓋亦爲壇位如雩禜云族長無飲酒之禮因祭酺而與其

民以長幼相獻酬焉○校户教反蜡悦全反蝢兑緫反酬與音餘下步與同禜

禜敬反本亦作禜○閭胥凡春秋之祭祀役政

喪紀之數聚衆庶旣比則讀灋書其敬

敏任恤者祭祀謂州社黨禜族酺也役田役也政若州射黨飲酒也

喪紀大喪之事也四者及比皆會聚衆民因以讀法以勅戒之故書旣爲暨杜

子春讀政爲征暨爲旣○比長各掌其比之治五

家相受相和親有辠奇衺則相及辠本亦作

罪衺似嗟反○衺猶惡也○齊桓公內政之法正月

之朝鄉長復事君親問焉曰於子之鄉

有居處好學慈孝於父母聰慧質仁發

聞於鄉里者有則以告有而不以告謂

之蔽明其罪五有司已於事而竣竣音悛退

伏也公又問焉曰於子之鄉有拳勇股肱

之力秀出於衆者有則以告有而不以

告謂之蔽賢其罪五有司已於事而竣

公又問焉曰於子之鄉有不慈孝於父

母不長弟於鄉里驕躁淫暴不用上令

者有則以告有而不以告者謂之下比

其罪五有司已於事而竣是故鄉長退

而修德進賢公親見之遂使役官及五

屬大夫復事公問之如初五屬大夫於

是退而修屬屬退而修縣縣退而修鄉

鄉退而修卒卒退而修邑邑退而修家

是故匹夫有善可得而舉也匹夫有不

善可得而誅也國語齊語

右教民之法

周禮師氏掌以媺詔王以三德教國子

一曰至德以爲道本二曰敏德以爲行

儀……道藝……
二曰……
書……
存心……德……
三行之上德有……
子亦齒焉學君臣父子長幼之……
王子公卿大夫之子……
死曰鄭不言王大子及元士之適子……
言之其實皆有也○今按至德者……
意正心端本清原之事道則天人性……
之理事物當然之則修身齊家治國平……

儀禮卷九　二十七

天下之術也敏德者強志力行蓄德……
業之事行則理之所當為日可見之跡……
也孝德者尊祖愛親不忘其所由生之……
事知逆惡則以得於己者篤實深固有……
以眞知彼之逆惡
而自不忍為者也○保氏掌諫王惡而
養國子以道乃教之六藝一曰五禮二
曰六樂三曰五射四曰五馭五曰六書
六曰九數乃教之六儀一曰祭祀之容
二曰賓客之容三曰朝廷之容四曰喪

紀之容五曰軍旅之容六曰車馬之容
養國子以道者以師氏之德行審諭之
而後教之以藝儀也○祭祀之容穆穆
皇皇賓客之容嚴恪矜莊朝廷之容濟
濟蹌蹌喪紀之容涕涕翔翔軍旅之容
闞闞仰仰車馬之容顛顛堂堂玄謂祭
祀之容齊齊皇皇賓客之容穆穆皇皇
朝廷之容濟濟翔翔喪紀之容纍纍顛
顛軍旅之容暨暨詻詻車馬之容匪匪
翼翼○嚴如字又音儼齊子禮反蹌七
良反闞呼濫反仰本又作卬五剛反涕
濟皇皇濟子禮反又音齊皇于況反又
音往纍律悲反顛音田又如字暨其器

儀禮卷九　二十八

反詻五格反○大司樂以樂德教國子
匪芳非反
中[illegible]祗庸孝友中猶忠也和剛柔適也
祗敬庸有常也善父母……
善兄……以樂語教國子興道諷……
……諷方鳳反○興者以物……
道讀曰導導者……以剴今也……
……以聲節之曰誦發端曰言……
……語○……反……音……
……舞雲門大卷大咸大磬……
……皆……日……咸……字……

故反○此周所存六代之樂黄帝曰雲門大卷黄帝能成名萬物以明民共財言其德如雲之所出民得以有族類大咸咸池堯樂也堯能禪均刑法以儀民言其德無所不施大磬舜樂也言其德能紹堯之道也大夏禹樂也禹治水傅土言其德能大中國也大濩湯樂也湯以寛治民而除其邪言其德能使天下得其所也大武武王樂也武王伐紂以除其害言其德能成武功○共音恭禪時戰反傅音孚○䟽曰敷土敷布也布治九州之水土也濩者即救護也救護使天下得其所也案樂記云大章章之也注云堯樂名也周禮闕之或作大

仪礼九　十九　正

卷又云咸池備矣注云黄帝所作樂名也堯増脩而用之周禮曰大咸周公作樂更作大卷更與黄帝樂立名曰雲門則雲門大卷爲一故下文分樂而序之更不序大卷也

禁其淫聲過聲凶聲慢聲淫聲若鄭衛也過聲失哀樂之節凶聲亡國之聲若桑間濮上慢聲惰慢不恭○大

胥掌學士之版以待致諸子鄭司農云學士謂卿大夫諸子學舞者版籍也今時鄉戸籍世謂之戸版大胥主此籍以待當召聚學舞者卿大夫之諸子則案此籍以召之漢大樂律曰卑者之子不得舞宗廟

之酎除吏二千石到六百石及關内侯到五大夫子先取適子高七尺已上年二十到年三十顔色和順身體脩治者以爲舞人與古用卿大夫子同義

春入學舍采合舞舍音釋采音菜○春始以學士入學宮而學之舞等其進退使應節奏鄭司農云舍采謂舞者皆持芬香之采或曰古者士見於君以雉爲摯見於師以菜爲摯菜直謂疏食菜羹之菜月令仲春之月上丁命樂正習舞釋采仲丁又命樂正入學習樂玄謂舍即釋也采讀爲菜始入學必釋菜禮先師也菜蘋蘩之屬○䟽所居反○䟽曰先鄭解舍采三家之說後

仪礼九　二十　正

鄭皆不從者案記有釋菜奠幣又云始立學釋菜不舞不授器舍即釋也采菜也故以爲學子始入學釋采禮先師也釋菜禮輕故不及先聖

秋頒學合聲春使之學秋頒其才藝所爲合聲亦等其曲折使應節奏○

大師掌六律六同以合陰陽之聲陽聲黄鍾太蔟姑洗蕤賔夷則無射陰聲大呂應鍾南呂函鍾小呂夾鍾皆文之以五聲宮商角徵羽皆播之以八音金石

此葉傳本稍破損今改用張本

0008_0602-1　　0008_0601-2

土絲木匏竹匏胡瓠反詁自亥反○六律六同詳見後篇五

筠也竹簫管也絲琴瑟也木柷敔也匏笙也竹

[illegible]教六詩曰風曰賦曰比曰興曰雅

曰頌風雅頌者聲樂部分之名也風則十五國風雅則大小雅頌則三頌也賦比興則所以製作風雅頌之體也賦者直陳其事如葛覃卷耳之類是也比者以彼狀此如螽斯綠衣之類是也興者託物興詞如關雎兔罝之類是也蓋衆作雖多而其聲音之節製作之體不外乎此故大師之教國子必使之以

儀礼九　三十一

是六者爲之經而三緯之則凡詩之節奏指歸皆將不待講說而直可吟詠以得之

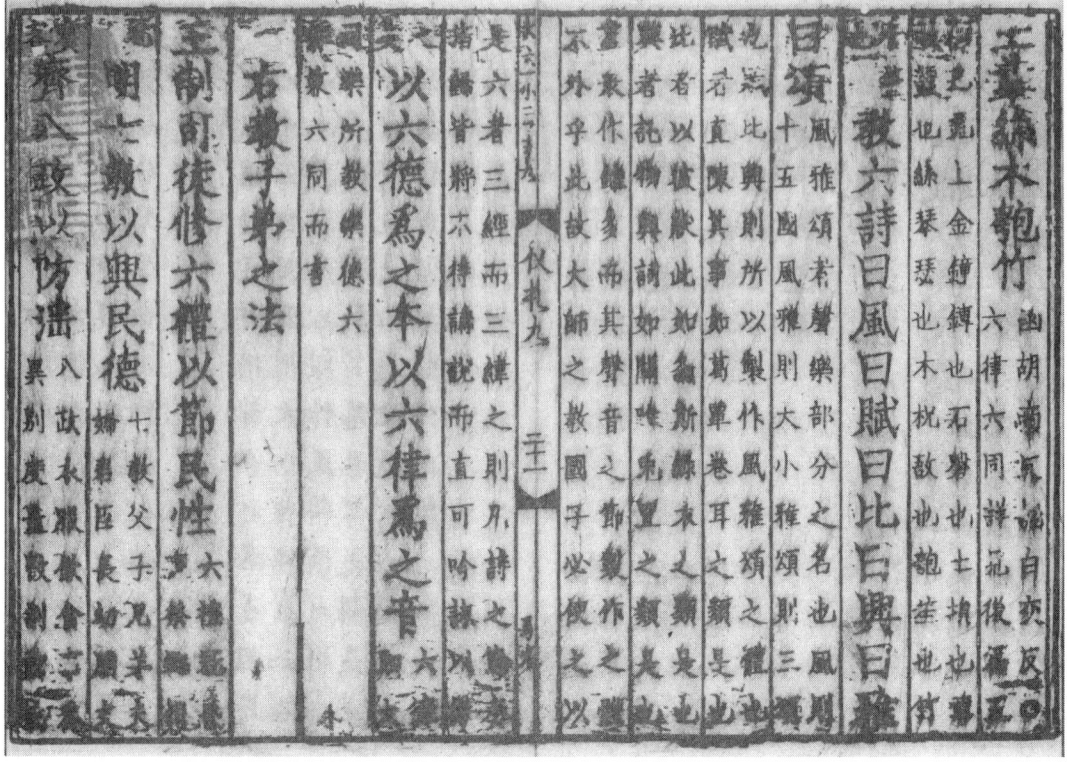

以六德爲之本以六律爲之音六德[illegible]樂所教樂德六[illegible]象六同而書

右教子弟之法

王制司徒脩六禮以節民性六禮冠昏喪祭鄉相見

明七教以興民德七教父子兄弟夫婦君臣長幼朋友賓客

齊八政以防淫八政飲食衣服事爲異別度量數制

0008_0603-1　　0008_0602-2

事爲百工技藝也異別五方用器不同也度丈尺也量斗斛也數百十也制布帛幅廣狹也

一道德以同俗養耆老以致孝

恤孤獨以逮不足上賢以崇德簡不肖

以絀惡絀勑律反○耆老致仕及鄉中老賢者逮及也簡差擇也

命鄉簡不帥教者以告帥音率下同○帥循也不循教謂不孝弟者司徒使鄉簡擇以告者司徒○疏曰周禮六鄉大夫皆司徒之屬

耆老皆朝于庠元日習射上功習鄉

儀礼九　三十二

上齒大司徒帥國之俊士與執事焉與去

○將習禮以化之使之觀焉朝猶會也此庠謂鄉學也鄉謂飲酒也鄉禮春秋射國蜡而飲酒養老○蜡仕詐反○疏曰初時者老衆會於庠學乃擇元日就州學習射就黨學上齒習射習鄉合一處不得同日州長職云春秋[illegible]射于州序然則射在州序而云鄉射禮者州黨於鄉雖存州序亦得謂之鄉鄉居其州更不立州學若州有事則就鄉學云周之七二月國家蜡祭之時黨正飲酒而養老以正齒位若正月鄉飲酒則黨正齒位之事

不變命國

0008_0603-2

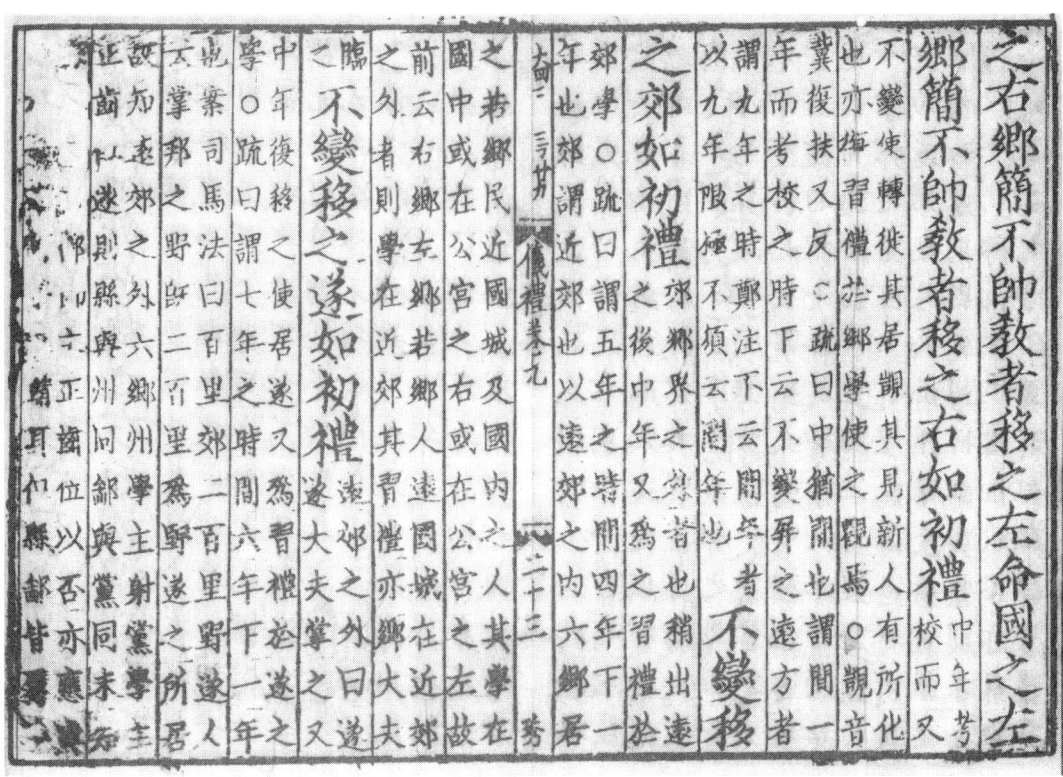

之右鄉簡不帥教者移之左命國之左

鄉簡不帥教者移之右如初禮中年考校而又

不變使轉徙其居觀其見新人有所化也亦令習禮於鄉學使之觀焉○觀音

冀復扶又反○疏曰中猶間也謂間一年而考校之時下云不變屏之遠方者

謂九年之時鄭注下云間年者以九年限極不須云間年也不變移

之郊如初禮郊鄉界之外者也稍出遠之後中年又爲之習禮於

郊學○疏曰謂五年之時間四年下一年也郊謂近郊也以遠郊之內六鄉居

大命三　三十廿　儀禮卷九　二十三

0008_0604-1

之若鄉民近國城及國內之人其學在國中或在公宮之右或在公宮之左故

前云右鄉左鄉若鄉人遠國城在近郊之外者則學在近郊其胥禮亦鄉大夫

臨之不變移之遂如初禮遠郊之外曰遂遂大夫掌之又

中年復移之使居遂又爲習禮於遂之學○疏曰謂七年之時間六年下一年

也案司馬法曰百里郊二百里野遂人云掌邦之野郊二百里爲野遂之所居

故知遠郊之外六鄉州學主射黨學主正齒作以遂則縣與州同鄙與黨同未知

□□□□正齒位以否亦應□□□□□□□□蹟耳但縣鄙皆□□

0008_0604-2

□各立學總□縣學或□之所居□立縣鄙之學有事則亦遂學與□

不變屏之遠方終身不齒屏必郢反遠方九州

之外蠻猶錄也○疏曰九州之外於周則夷鎮蕃也蓋隨罪之輕重而爲遠近

之差若王子公卿之子雖屏夷狄但居夷狄之內畔命鄉論秀士

升之司徒曰選士選宣戀反下皆同○移名於司徒也秀士

鄉大夫所考有德行道藝者○疏曰案鄉大夫云三年則大比攷其德行道藝

而興賢者能者謂鄉人有能有賢者以鄉飲酒之禮興之獻賢能之書於王名

大五十八　小三九　儀禮卷九　二十四

0008_0605-1

則升於天府身則任以官爵則下文云大樂正論造士之秀者以告於王而升

諸司馬曰進士彼據鄉人故三年一舉此據學者故中年考試殷周同也熊氏

以爲此中年舉者爲殷禮鄉大夫三年舉者爲周法司徒論選士

之秀者而升之學曰俊士可使習禮者學大學○疏

曰案內則云二十而冠始學禮此俊士年以二十可使習禮身升於大學非唯

升名而已升於司徒者不征於鄉升於學者

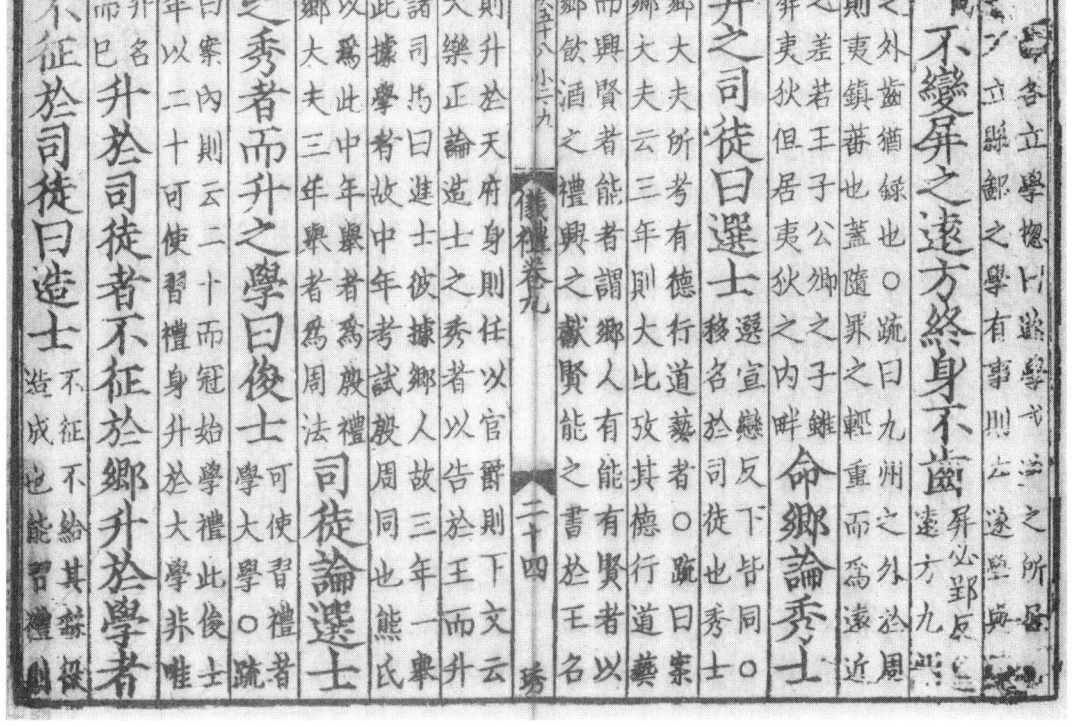

不征於司徒曰造士不征不給其繇役造成也能習禮則

0008_0606-1　0008_0605-2

爲成士○疏曰此繇役者佚學及司徒
細碎之繇役也二十習禮舉其大綱若
其性識聰明則亦早能習之樂正崇四術立四教樂正
樂官之長掌國子之教虞書曰夔命汝
典樂教胄子崇高也高尚其術以作教
也幼者教之於小學長者教之於大學
尚書傳曰年十五始入小學十八入大
學○疏曰崇謂數帷義理賛明旨趣使學者知之順先王詩書
禮樂以造士順此四術而教以成是士也春秋教以
禮樂冬夏教以詩書春夏陽也詩樂者聲聲亦陽也秋冬

大三千　小三千四　仪礼九　二五　昌

陰也書禮者事事亦陰也互言之者皆
以其術相成○疏曰鄭意以爲秋教禮
春教樂冬教書夏教詩也所以詩得爲
聲者詩是樂章詩之文義以樂聲播之
故爲聲若以聲對舞則聲爲安静舞爲
皷動舞爲陽聲爲陰故大胥云春釋采
合舞秋頒學合聲是也就舞之中奮動
者屬陽奮動静者屬陰故記云春夏
學干戈秋冬學羽籥是也書者言事之
經禮者行事之法事爲安静故云書禮
者事事亦陰也記云秋學禮冬讀書與
此同也若不互言而但云春夏教以樂
詩秋冬教以禮書則是春夏但教以樂
詩不教禮書秋冬但教以禮書不教以

0008_0607-1　0008_0606-2

樂詩也必互言之者以此四術不可暫時
而闕故令交互言之云春教樂明兼有
禮秋教禮明兼有樂夏教詩兼有書冬
教書兼有詩故云皆以其術相成但逐
其陰陽以爲偏主耳王大子王子羣后之大子卿
大夫元士之適子國之俊選皆造焉造才
早反徐七刻反○皆以四術成之王子王之庶子也羣后公及諸侯凡入
學以齒皆以長幼受學不用尊卑將出學小胥大胥
小樂正簡不帥教者以告于大樂正大

大七　小二　仪礼九　二六

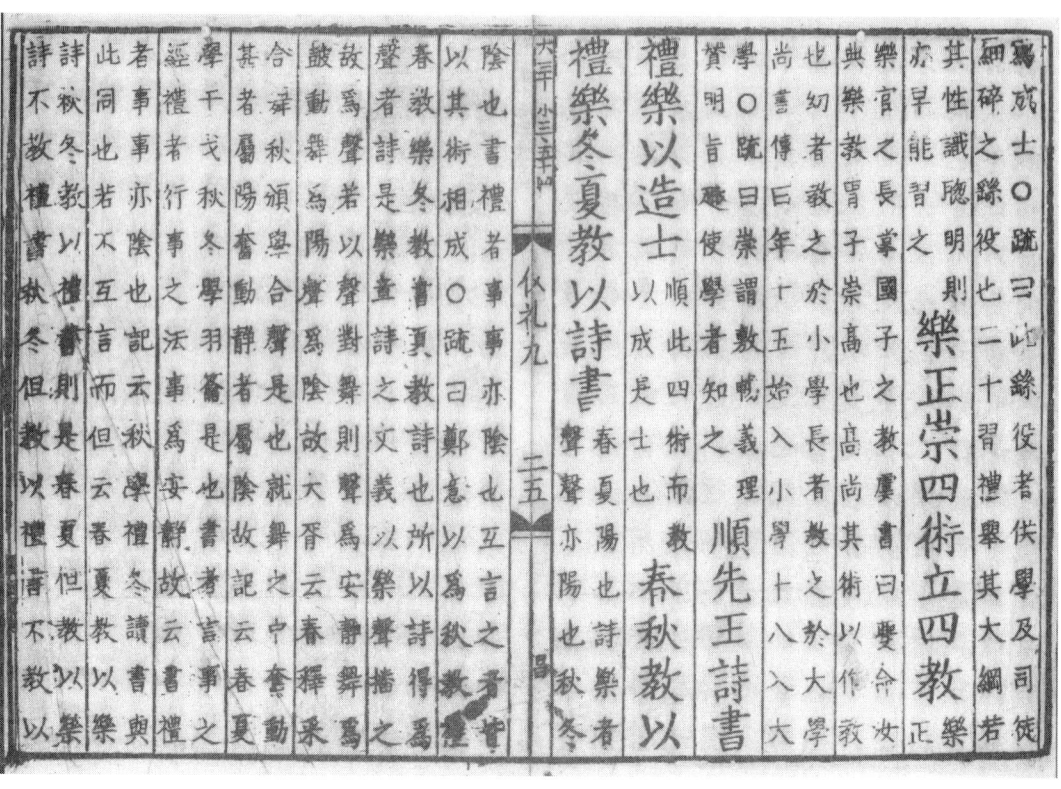

樂正以告于王出學謂九年大成而出也此所簡者謂王太子
王子羣后之大子卿大夫元士之適子也大胥小胥皆樂官屬也王命
三公九卿大夫元士皆入學不變王親
視學亦謂使習禮以化之不變王又親爲之臨視重棄賢者子孫此習禮
皆於大學也○疏曰若殷人習禮在於
入學如記云瞽宗殷學又云禮在瞽宗
殷之大學也若周則大學曰東膠故鄭
注鄉禮鄉射云周立四代之學於國而
又以有虞氏之庠爲鄉學則周之學常
習禮於殷學之中至九年爲王子不變

0008_0607-2

其習禮當於東膠大學然則餘子十八
入大學嫡子二十入大學者皆是殷法
也若周法亡當代大學在公宮左即東
膠也又立小學於西郊即有虞氏之庠
也其習書則於虞氏之學習禮樂則於
殷之學習舞則於夏后氏之學故云春
夏學干戈秋冬學羽籥皆於東序春誦
夏弦大師詔之瞽宗又云禮在瞽宗書
在上庠詩則無文鄭注云弦謂以絲播
詩則習詩亦在瞽宗然詩與禮樂雖各
在其學習之至二十入大學之時仍於
大學之中兼習四術故此注云習禮皆
於大學是周之大學亦習禮也禮既不
在瞽宗又在大學則其餘亦可知也

大論　小字二十八　仪礼九　二七

0008_0608-1

變王三日不舉去食樂重弃人屏之遠方西方
曰棘東方曰寄終身不齒棘依注音僰○棘當爲僰
僰之言偪使之偪寄於夷戎不屏於南
北爲其大遠○僰蒲北反○疏曰案漢
書云西南有僰夷又云南北萬三千里東西九千里大樂正論造
士之秀者以告于王而升諸司馬曰進
士移名於司馬司馬夏官卿主邦政者進士可進受爵祿也○疏曰此文承
王子公卿大夫之子下從東據王子等
其實鄉人入學爲進士者亦同於此其

0008_0608-2

鄉人不在學者及邦國所貢之士所貢
於王亦當升諸司馬以司馬掌爵祿
司馬辨論官材辨其論官其材觀其所長論進士之
賢者以告於王而定其論各署其所長論定
然後官之使之試守任官然後爵之命之位定
然後祿之有發則命大司徒教士以車
甲乘兵車衣甲之儀有發謂有軍師發卒○疏曰命司徒者以其主衆又主
教故使與司馬相參也○凡學世子及學士必時

大論　小字二十二　仪礼九　六

0008_0609-1

凡學戶教反教也下正學干師學戈學舞同○四時各有宜學士謂司徒論俊
選所升於學者春夏學干戈秋冬學羽籥皆於
東序干盾也戈句孑戟也干戈萬舞象武也用動作之時學之籥舞象文
也用安靜之時學之詩去左手執籥右手秉翟○肩食準反又音尸句古侯反
翟大歷反○疏曰案考工記戈廣二寸內倍之胡三之援四之以其形句曲有
孑刃也鄭云若今雞鳴戟也公羊傳萬者何干舞也以其用干故知象武也羽
翟羽也籥笛也公羊傳云籥者何籥舞也以其不用兵器故象文也小樂

0008_0609-2

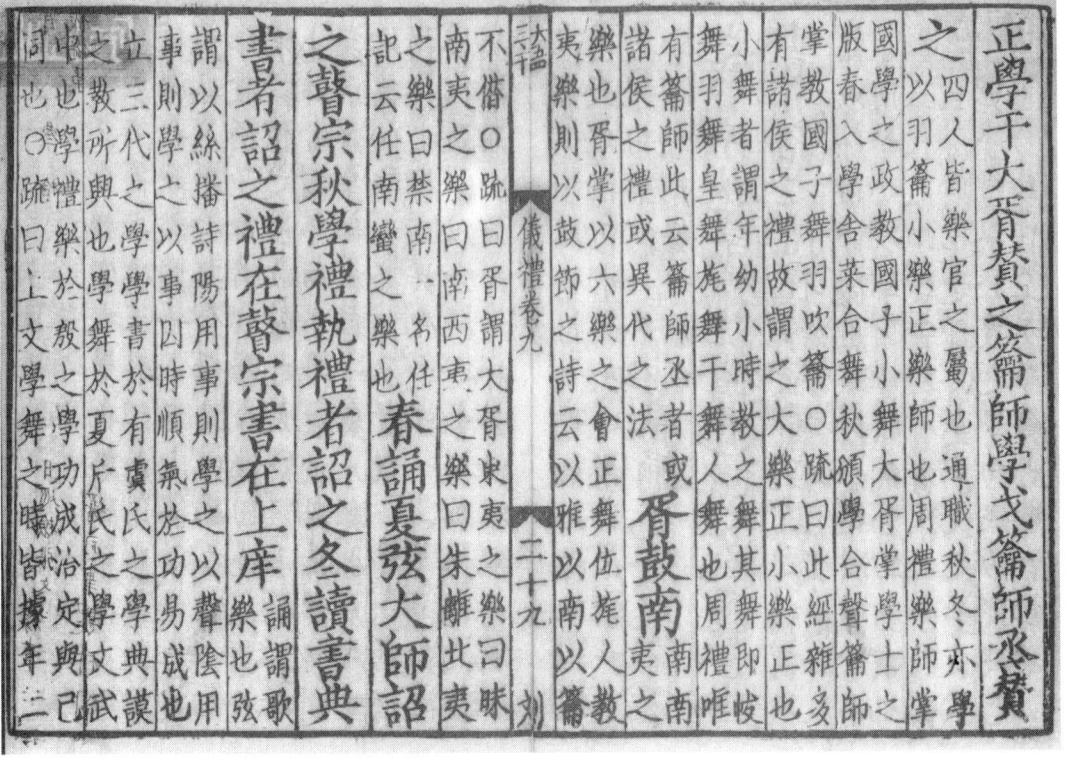

正學干大胥贊之籥師學戈籥師丞贊之四人皆樂官之屬也通職秋冬亦學以羽籥小樂正樂師也周禮樂師掌國學之政教國子小舞大胥掌學士之版春入學舍菜合舞秋頒學合聲籥師掌教國子舞羽吹籥○䟽曰此經雜多有諸侯之禮故謂之大樂正小樂正也小舞者謂年幼小時教之舞其舞即帗舞羽舞皇舞旄舞干舞人舞也周禮唯有籥師此云籥師丞者或諸侯之禮或異代之法胥鼓南南夷之樂也胥掌以六樂之會正舞位旄人教夷樂則以鼓節之詩云以雅以南以籥

0008_0610-1

不僭○䟽曰胥謂大胥東夷之樂曰昧南夷之樂曰任西夷之樂曰朱離北夷之樂曰禁南一名任記云任南蠻之樂也春誦夏弦大師詔之瞽宗秋學禮執禮者詔之冬讀書典書者詔之禮在瞽宗書在上庠誦謂歌樂也弦謂以絲播詩陽用事則學之以聲陰用事則學之以事因時順氣於功易成也立三代之學學書於有虞氏之學典謨之數所與也學舞於夏后氏之學文武中也學禮樂於殷之學功成治定與己同也○䟽曰上文學舞之時皆據年二

0008_0610-2

十升於大學者若其未升大學之時則如此文也春夏是陽陽主清輕故學聲秋冬屬陰陰主體質故學事云周立三代之學者謂立虞夏殷學也其虞之學制在國兼在西郊則周之小學也夏后氏之學在上庠即周之大學為夏之制也先師以為三代學皆立大學小學今案下養老於東序是周之大學夏之東序也又王制云養老於虞庠是周之小學為虞庠也凡祭與養老乞言合語之禮皆小樂正詔之於東序學以三者之威儀也養老乞言養老人之賢者因從乞善言可行者也合語謂

0008_0611-1

鄉射鄉飲酒大射燕射之屬也鄉射記曰古者於旅也語○䟽曰合語謂今會義理而語辯非為祭與養老而言也指謂鄉射鄉飲酒及大射燕射旅酬之時皆合語觀其實祭末及養老亦皆合語也故詩楚茨論祭祀之事云笑語卒獲箋云古者於旅也語是祭有合語也養老既乞言自然合語也大樂正學舞干戚語說命乞言皆大樂正授數說如字○學以三者之義也戚斧也語說合語之說也數篇數○䟽云舞干戚即前經祭祀也語說謂合語之說即前經合語也命乞言即前經養老也[illegible]

0008_0611-2

者謂干戚語說已言二者皆大樂正□
官授世子及學士等篇章之數爲之□
說使知
義理 大司成論說在東序 論力門反 徐力頓反
注同○論說評其義之深淺才能優劣
世云樂正司業父師司成則大司成司
徒之屬師氏也師氏掌以美詔王教
國子以三德三行及國中失之事也 凡
侍坐於大司成者遠近間三席可以問
還近間㧑如字間徐古辦反○間猶容
也容二席則得指畫相分別也席之制
廣三尺三寸三分 終則負牆 卻就後席相避
則是所謂函丈也 列

儀禮九　三一

0008_0612-1

事未盡不問 錯尊者之語不敬也 凡學春官釋奠
官謂禮樂詩書之官周禮曰凡
于其先師秋冬亦如之
有道者有德者使教焉死則以爲樂祖
祭於瞽宗此之謂先師之類也若漢禮
有高堂生樂有制氏詩有毛公書有伏
生意可以爲之也不言夏夏從春可知
也釋奠者設薦饌酌奠而已無迎尸以
下之事○疏云所教之官若春誦夏弦
則大師釋奠也教干戈則小樂正樂師
等釋奠也教禮者則執禮之官釋奠也
書官云其數各有時其釋奠則四時
合有其學□而行之可在學□□□

0008_0612-2

者教書之官春時於□之□□□於
時書之師四時皆然教禮之官秋時於
瞽宗之中釋奠於其先代明禮之師如
此之類是也○陳祥道云奠者陳而奠
之也賈公彥曰奠之
爲言停停饌具而已 凡始立學者必釋
奠于先聖先師及行事必以幣 謂天子命之教
始立學官者也先聖周公若孔子○疏
云立學爲重故及先聖常典爲輕故唯
先師○陳祥道云學之釋奠有常時者
有非時者春官釋奠常時之釋奠也凡
始立學天子視學出征執有罪反以
訊馘告必釋奠焉此非時之釋奠也 凡

儀禮九　三二

0008_0613-1

釋奠者必有合也 國無先聖先師則所釋奠者當與鄰國合
也○陳祥道云釋奠之禮有牲幣有合
樂有獻酬大祝造于廟宜于社過大山
川則用事反則釋奠此告祭也記曰凡
告必用牲幣又曰凡釋奠者必有合也
則釋奠有牲幣合樂之證也聘禮饗酒
席于阼薦脯醢之獻一人舉爵從者
禮乃出此釋奠有獻酬之證也○今
以下考之有合當爲合樂從陳說
有國故則否 若唐虞有夔伯夷周有公魯有孔子則各自奠之
不合也○今按國故 凡大合樂必遂養
書爲喪紀凶札之類

0008_0613-2

老合樂謂春入學舍菜合舞秋頒學合聲於是時也天子則視學焉遂養
老者謂用其明日也鄉飲酒鄉射之禮明日乃息司正徹唯所欲以告於先生
君子可也是養老之象類凡語于郊者語謂論說於郊學○疏云
郊西郊也周以虞庠爲小學在西郊天子親視學而考課論說也必取
賢斂才焉或以德進或以事舉或以言
揚大樂正論造士之秀者升諸司馬曰進士謂此矣曲藝皆誓
之曲藝爲小技能也誓謹也皆使謹習其事以待又語又語爲後

大六二 六八六 儀禮卷九 三十三

0008_0614-1

復論說也○復扶又反○疏曰令待後復論說之日如春待秋時也三而
一有焉三說之中有一善則取之以有曲藝不必盡善乃進其
等進於衆學者○疏曰等輩類也以其序又以其藝爲次謂之
郊人遠之遠于萬反○俟事官之缺者以代之遠之者不曰俟選曰
郊人技藝○疏云謂之郊人以其猶在郊學也於成均以及
取爵於上尊也董仲舒曰五帝名大學曰成均則虞庠近是也
天子飲酒於虞庠則郊人亦得酌于上尊以相旅○疏云上尊堂上之酒尊畢

0008_0614-2

者酌於堂下之尊郊雖賤亦得酌於堂上尊始立學者既
器用幣興當爲釁字之誤也禮樂之器成則釁之又用幣告先聖先師
以器成然後釋菜告先聖先師以器成有時將用也不舞
不授器釋菜禮輕也釋奠則舞舞則器司馬之屬司兵司戈司看
祀授舞者兵也乃退儐于東序一獻無介語
也儐必刃反本又作擯○言乃退者得立三代之學者釋菜于虞庠則
賓于東序魯之學有米廩東序瞽宗○疏云東序與虞庠相對東序在東

大七二 小二七 儀禮卷九 三十四

0008_0615-1

庠在西既退儐于東序明釋菜在庠○文王世子○今按語即前經
之等言可也明釋菜時未可語禮尚嚴也

右教學之通法

學義第十七　學禮一之

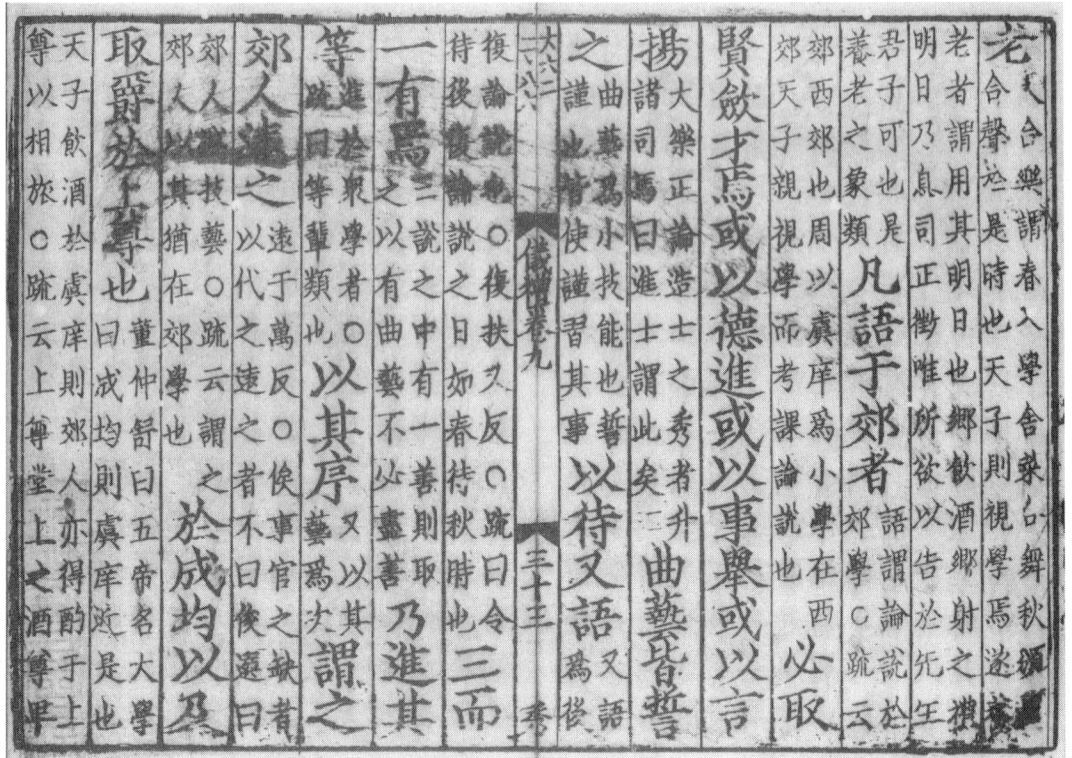

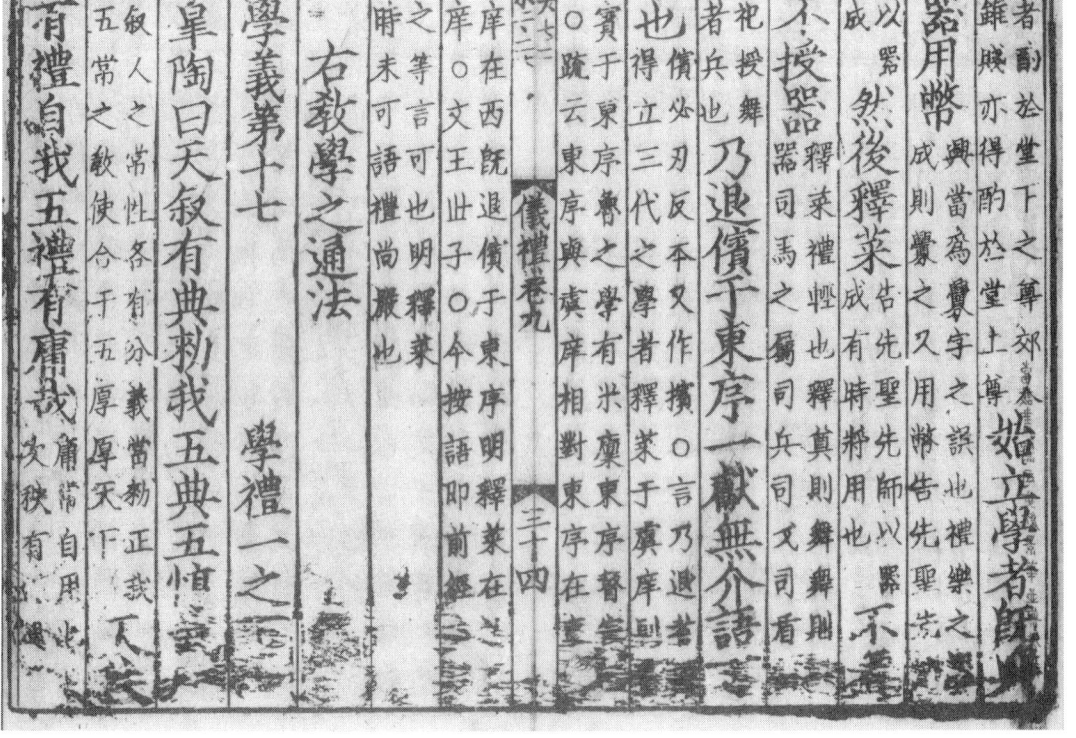

皐陶曰天叙有典勑我五典五惇
叙人之常性各有分義當勑正我五常之教使合于五厚厚天下
有禮自我五禮有庸哉庸常自用也次秩有

0008_0615-2

我吉凶軍賓嘉五者之禮以行之使有常　同寅協恭和衷哉　寅敬協合衷中也言厚典庸禮皆天之所爲君臣代天行事當同敬合恭而和順於中道也　天命有德五服五章哉　五服天子諸侯卿大夫士之服也尊卑采章各異所以命有德○令按五服恐是袞鷩毳希玄五等冕服　天討有罪五刑五用哉　五刑謂墨劓剕宮大辟　政事懋哉懋哉　言命德討罪無非天意故代天行事者制五服五刑以爲政事[illegible]可以不自勉○尚書　○孟子曰人之

0008_0616-1

有道也飽食煖衣逸居而無教則近於禽獸聖人有憂之使契爲司徒教以人倫父子有親君臣有義夫婦有別長幼有序朋友有信　人之有道言其皆有秉彝之性也然無教則亦放逸怠惰而失之故聖人設官而教以人倫亦因其固有者而道之耳書曰天敘有典勑我五典五惇哉此之謂也　○又曰庠者養也校者教也序者射也夏曰校殷曰序周曰

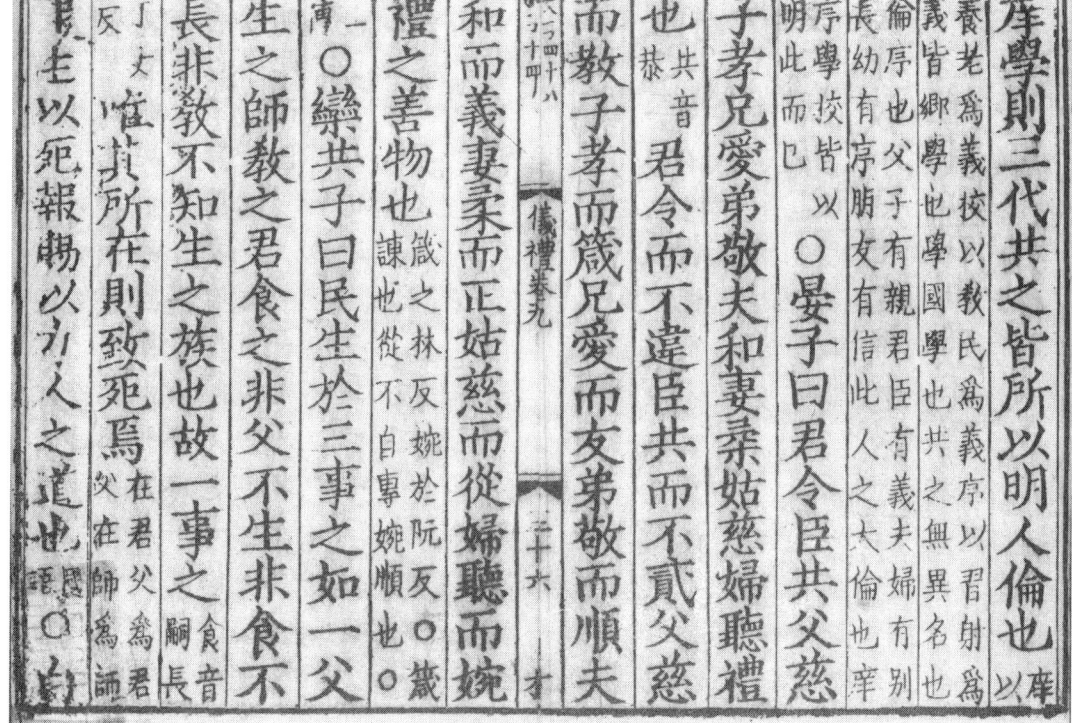

0008_0616-2

庠學則三代共之皆所以明人倫也　庠以養老爲義校以教民爲義序以習射爲義皆鄉學也學國學也共之無異名也倫序也父子有親君臣有義夫婦有別長幼有序朋友有信此人之大倫也庠序學校皆以明此而已　○晏子曰君令臣共父慈子孝兄愛弟敬夫和妻柔姑慈婦聽禮也　共音恭　君令而不違臣共而不貳父慈而教子孝而箴兄愛而友弟敬而順夫和而義妻柔而正姑慈而從婦聽而婉禮之善物也　箴之林反婉於阮反○箴諫也從不自專婉順也○一甯

0008_0617-1

○欒共子曰民生於三事之如一父生之師教之君食之非父不生非食不長非教不知生之族也故一事之　食音嗣長丁丈反　唯其所在則致死焉　在君父爲君父在師爲師　報生以死報賜以力人之道也　民語○對

0008_0617-2

□□曰三綱者何謂也謂君臣父子夫婦也君爲臣綱父爲子綱夫爲妻綱大者爲綱小者爲紀所以張理上下整齊人道也人皆懷五常之性有親愛之心是以綱紀爲化若羅綱之而百目張也□以謂三綱者何一陰一陽之謂道陽得陰而成陰得陽而序剛柔相配故人

儀禮卷九　三十七

爲三綱法天地人君臣法天取象日月屈伸歸功也父子法地取象五行轉相生也夫婦法人取象人合陰陽有施也君羣也羣下之所歸也臣牽也事君也□□□服之彩也父者矩也以度敎子也子者孳也孳孳無已也夫者扶也以道扶接也婦者服也以禮屈服也五性者

0008_0618-1

0008_0618-2

何謂仁義禮智信也仁者不忍好生愛人義者宜也斷決得中禮者履也履道成文智者知也見微知著信者誠也專一不移故人生而應八卦之體得五氣以爲常仁義禮智信是也

右明人倫之義

天高地下萬物散殊而禮制行矣禮爲異也

儀禮卷九　三十八

流而不息合同而化而樂興焉樂爲同也春作夏長仁也秋斂冬藏義也仁近於樂義近於禮長丁丈反近附近之近○言樂法陽而生禮法陰而成樂者敦和率神而從天禮者別宜居鬼而從地○敦音純別彼列反下以別之別同敦和樂貴同也率循也從順也別宜禮尚異也○今揔神陽也鬼陰也故聖人作樂以應天制禮以配地禮樂明備天地官矣官猶事也

0008_0619-1

0008_0619-2　0008_0620-1

各術其事○人生而靜天之性也感於物而動性之欲也言性不見物則無欲物至知知然後好惡形焉好呼報反惡烏路反下並同○至來也每知每物來則又有知也言見物多則欲益衆形猶見也好惡無節於內知誘於外不能反躬天理滅矣誘音酉○節法度也知猶欲也誘猶道也引也躬猶己也理猶性也夫物之感人無窮而人之好惡無節則是物至而人化

儀禮卷九　卅九

物也人化物也者滅天理而窮人欲者也窮人欲言無所不為於是有悖逆詐偽之心有淫泆作亂之事是故強者脅弱衆者暴寡知者詐愚勇者苦怯疾病不養老幼孤獨不得其所此大亂之道也知知義反故先王之制禮樂人為之節言為作法度以過其欲○疏曰人為猶為人也○今按人為之節言人人皆為之節也衰

0008_0620-2　0008_0621-1

哭泣所以節喪紀也鍾鼓干戚所以和安樂也昏姻冠笄所以別男女也射鄉食饗所以正交接也衰七雷反樂音洛下則樂樂則不樂之樂同冠古亂反笄音雞食音嗣○男二十而冠女許嫁而笄成人之禮射鄉大射鄉飲酒也禮節民心樂和民聲政以行之刑以防之禮樂刑政四達而不悖則王道備矣○君子曰禮樂不可斯須去身

儀禮卷九　四十

致樂以治心則易直子諒之心油然生矣易直子諒之心生則樂樂則安安則久久則天天則神天則不言而信神則不怒而威致樂以治心者也易以豉反下易慢之易同○致猶深審也子諒如不子之子油然新生好貌也善心生則寡於利欲寡於利欲則樂矣樂由中出故治心○今按韓詩外傳子諒作慈良近是天謂體性自然神謂神妙不測禮以治躬則莊敬莊敬則嚴威躬身也禮自外

0008_0621-2

故作治身心中斯須不和不樂而鄙詐之心入之矣鄙詐入之謂利欲生外貌斯須不莊不敬而易慢之心入之矣易輕易也故樂也者動於內者也禮也者動於外者也樂極和禮極順內和而外順則民瞻其顏色而弗與爭也望其容貌而民不生易慢焉故德輝動於內而民莫不承聽理發諸外而民莫不承順德輝顏色潤澤也理容貌之進止也故

0008_0622-1

曰致禮樂之道舉而錯之天下無難矣

以上樂記

右明禮樂之義

孔子曰弟子入則孝出則弟謹而信汎愛衆而親仁行有餘力則以學文則弟之弟大計反○謹者行之有常也信者言之有實也汎廣也衆謂衆人親近也仁謂

0008_0622-2

仁者餘力猶言暇日以用也文謂詩書六藝之文○程子曰爲弟子之職力有餘則學文不修其職而先文非爲己之學也尹氏曰德行本也文藝末也窮其本末知所先後可以入德矣洪氏曰未有餘力而學文則文滅其質有餘力而不學文則質勝而野○愚謂力行而不學文則無以考聖賢之成法識事理之當然而所行或出於私意非但失之於野而已○學而

○孔子曰興於詩興起也詩本性情有邪有正其爲言既易知而吟詠之閒抑揚反復其感人又易入故學者之初所以興起其好善惡惡之心而不能自已者必於是而得之立於禮禮以恭敬辭遜爲本而有節文度數之詳可以固人肌膚之會筋骸之束故學者之中所以能卓然自立而不爲事物之所搖

0008_0623-1

奪者必於此而得之成於樂樂有五聲十二律更唱迭和以爲歌舞八音之節可以養人之情性而蕩滌其邪穢消融其查滓故學者之終所以至於義精仁熟而自和順於道德者必於此而得之是學之成也○泰伯○按內則十歲學幼儀十三學樂誦詩二十而後學禮則此三者非小學傳授之次乃大學終身所得之難易先後淺深也程子曰天下之英才不爲少矣特以道學不

明故不得有所成就夫古人之詩如今之歌曲雖閭里童稚皆習聞之而知其說故能興起今雖老師宿儒尚不能曉其義况學者乎是不得興於詩也古人自洒掃應對以至冠昏喪祭莫不有禮今皆廢壞是以人倫不明治家無法是不得立於禮也古人之樂聲音所以養其耳采色所以養其目歌詠所以養其性情舞蹈所以養其血脉今皆無之是不得成於樂也是以古之成材也易今之成材也難

○子思曰夫子之教必始於詩書而終於禮樂雜說不與焉○君子曰

甘受和白受采忠信之人可以學禮苟無忠信之人則禮不虛道○和去聲 禮器

右明教學之序

儀禮經傳通解卷第九

儀禮經傳通解卷第十

弟子職第十八　學禮二

先生施教，弟子是則。温恭自虛，所受是極。（必虛其心，然後能有所容。極謂盡其本原也。）見善從之，聞義則服。温柔孝弟，毋驕恃力。（服叶蒲北反。○驕而恃力則[illegible]纈藩）志毋虛邪，行必正直。游居有常，必就有德。（行下孟反。○虛謂虛偽）顏色整齊，中心必式。夙興夜寐，衣帶必飭。（式，法也）朝益暮習，小心翼翼。一此不懈，是謂學則。

右學則

少者之事，夜寐蚤作。既拚盥漱，執事有恪。（拚弗運反。盥音管。漱素茂反。○埽席前曰拚，盥澡手，漱滌口）攝衣共盥，先生乃作。沃盥徹盥，汎拚正席。（共音恭。[illegible]反。共盥謂共先生之盥，既盥而徹盥器也。汎拚[illegible]

[illegible]席前也。）先生乃坐。出入恭敬，如見賓客。危坐鄉師，顏色毋作。（客叶音恪。○鄉音向。[illegible]）（[illegible]）

右蚤作

受業之紀，必由長始。一周則然，其餘則否。（長丁丈反。否叶音鄙。○謂先從長者教之，一周之外則不必然。）始誦必作，其次則已。（始誦而作，以敬事端也。至於次誦則不必然。）

凡言與行，思中以為紀。古之將興者，必由此始。（行下孟反。○中者無過無不及之名，以此為紀綱，然後可興也。）後至就席，狹坐則起。（狹坐之人見後至者則當起。）若有賓客，弟子駿作。對客無讓，應且遂行。趨進受命，所求雖不在，必以反命。（客見上。讓叶平聲。行叶音杭。○駿作，迅起也。對客無讓者，供給使令，不敢亡禮也。受命為先生命求，雖不得，必以反白。）反坐復業，若有所疑，捧

手問之師出皆起至於食時

而受業對客

先生將食弟子饌饋攝衽盥漱跪坐而

饋置醬錯食陳膳毋悖 錯七故反悖布內反○饋謂進食具其

凡置彼食鳥獸魚鱉必先菜羹 羹叶音郎○先菜後肉食之次也

羹胾中別胾在醬前其設要方 胾側吏反別彼列反要一遙反○胾謂肉而細者遠胾近醬食之便也其陳設食器要令成方也

飯是為卒 既飯而食則卒也

左酒右醬 醬當作漿○是謂胾也禮三飯乃食胾而辯殽皆畢又用酒以酳用漿以漱故言飯胾而食終乃言酒漿明在胾外也鄭注二禮兩引上文皆作漿字又此上文已云胾在醬前則此醬不應復在胾外矣今本誤也

告具而退捧手而立 二句用韻不叶未詳○

三飯二斗左執虛豆右執挾匕周還而貳唯嗛之視同噍以齒周則有始柄尺不跪

是謂貳紀 挾古協反還音旋噍咨笑反○三飯食必二斗也挾猶箸也匕所以載鼎實者貳謂再益也食盡曰嗛視有盡者則益之齒次序也如菜肉同盡則先益菜後益肉也豆有柄長尺則立而進之此是再益之綱紀也

○先生已食弟子乃徹趨走進漱拚前斂祭 漱祭未詳○既食畢掃席前并埋斂所祭也

右饌饋

先生有命弟子乃食以齒相要坐必盡席 要平聲○所謂食坐盡前恐污席也

飯必捧擥羹不以手亦有據膝無有隱肘既食乃飽循咡覆手 擥音覽隱於靳反飽叶補茍反咡音二○不以手當以挾也隱肘則太伏也咡口也覆手而循之所以拭其不潔也

振衽掃席已食者作摳衣而降旋而鄉席各徹其餽如於賓客既徹并器乃還而立 摳苦侯反鄉音向席客還並見上立未詳○振衽掃席謂振其底衽以拂席之污賓客食畢亦自徹

䙾并謂去也

右乃食

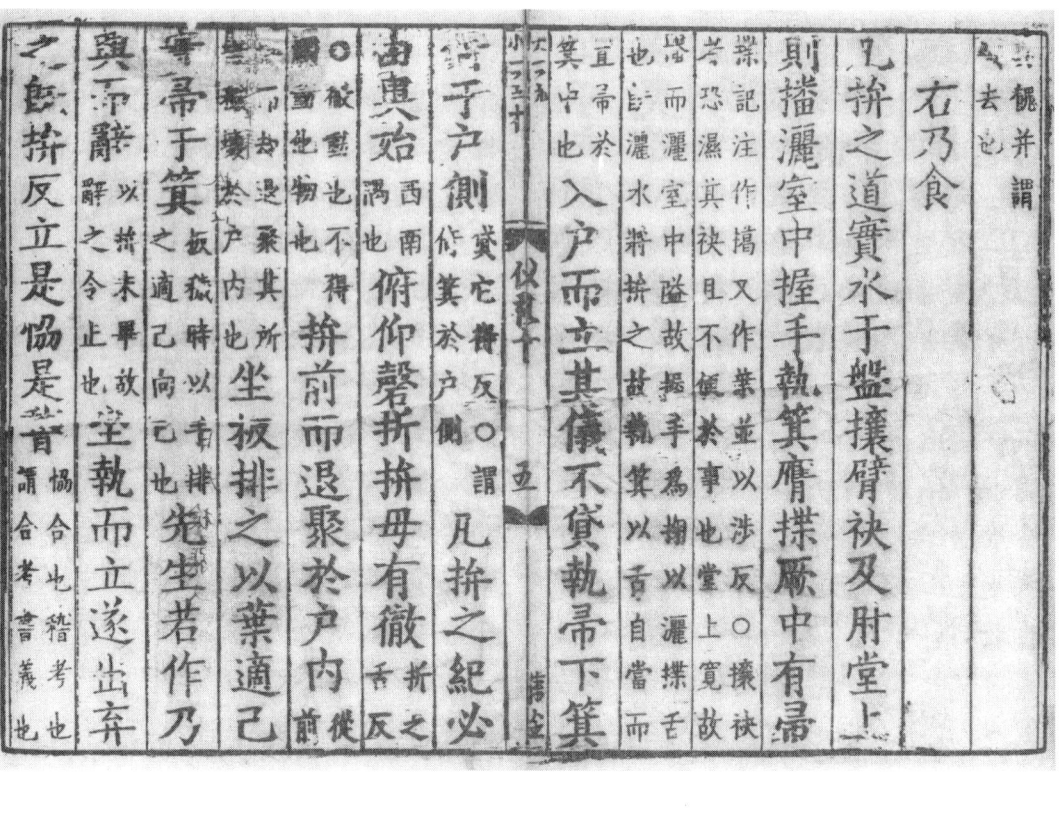

凡拚之道實水于盤攘臂袂及肘堂上則播灑室中握手執箕膺揲厭中有帚揲記注作擖又作葉並以涉反○攘袂者恐濕其袂且不便於事也堂上寬故播而灑室中隘故握手為掬以灑揲舌也前灑水將拚之故執箕以舌自當而直帚於箕中也入戶而立其儀不貸執帚下箕

倚于戶側箕它轉反○謂倚箕於戶側凡拚之紀必由奧始西南隅也俯仰磬折拚毋有徹折之舌反○徹毀也不得[illegible]動物也拚前而退聚於戶內從前[illegible]退聚其所[illegible]於戶內也坐板排之以葉適己實帚于箕板猶時以手排之適己向己也先生若作乃興而辭以拚未畢故辭之令止也坐執而立遂出弃之既拚反立是協是稽協合也稽考也謂合考書義也

右灑埽

暮食復禮謂復朝食之禮昏將舉火執燭隅坐錯總之法橫于坐所櫛之遠近乃承厥火坐上聲錯見上所叶疏果反櫛莊乙反○總束也古者束薪蒸以為燭謂之總其未然者則橫于坐之所也謂燭盡察其將盡之遠近乃更以燭承取火也居句如矩蒸間容蒸然者處下奉椀以為緒句古侯反下叶音戶○句曲也舊燭既盡則更使人以新

燭繼之一橫一直其兩端相接之奧勢當如矩則[illegible]不乖也蒸細薪也言稍寬其束使其蒸間可以各容一蒸以通火氣又使已然者居下未然者居上則火易然也緒燭燼也也椀所以貯緒也右手執燭左手正櫛有墮代燭交坐無倍尊者乃取厥櫛遂[illegible]是去者叶音渚去上聲○先執燭者既捧椀之餘緒遂以左[illegible]而投其燼於櫛中至其櫛[illegible][illegible]不可執者則使後燭者代之[illegible][illegible]前其燭者[illegible]

0008_0630-2

右執燭

先生將息弟子皆起敬奉枕席問所趾俶衽則請有常則否奉芳勇反俶昌六反否見上○俶始也變其衽席則當問其所趾若有常處則不請也

右請衽

先生既息各就其友相切相磋各長其儀周則復始是謂弟子之紀友叶音以叶上章長

0008_0631-1

丁丈反儀叶五何反

右退習

少儀第十九　學禮三

人生十歲曰幼學名曰幼時始可學也冠禮云棄爾幼志是未冠前為幼內則曰十年出就外傅居宿於外學書計○程子曰古人生子能食能言而教之大學之法以豫為先人之幼也知思未有所主便當以格言至論日陳於前雖未曉知且當薰聒盈耳充腹久自安習若固有之雖以他言惑

0008_0631-2

不能入也若為之不豫及乎稍長私意偏好生於內衆口辯言鑠於外欲其純全不可得也二十曰弱冠冠古亂反○始成人血氣猶未定故曰弱時可加冠於首也三十曰壯有室其時年壯可有室矣室謂妻也四十曰強而仕智慮氣力強可仕也五十曰艾服官政艾老也五十始衰髮之蒼白者如艾服官政謂為大夫六十曰耆指使耆者至也一云耆稽久也指事使人也六十不與服戎不親學七十曰老而傳傳家事任子孫是謂宗子之父

0008_0632-1

○疏曰庶子年老亦得傳付子孫而身嫌曰謂宗子之父者因此以體衆庶宗子有不孤者為父有廢疾若七十而老子代主宗事者耳非謂宗子乃傳家事而餘人不得也八十九十曰耄耄惛忘也春秋傳曰謂老將至耄又及之七年曰悼悼憐愛也悼與耄雖有罪不加刑焉愛幼而尊老百年曰期頤期猶要也頤養也不知衣服食味孝子要盡養道而已○今按期當音居宜反論語期可已矣與春字同周匝之義也期謂百年已周頤謂當養而已期如上句幼弱耄悼等字頤

0008_0633-1　0008_0632-2

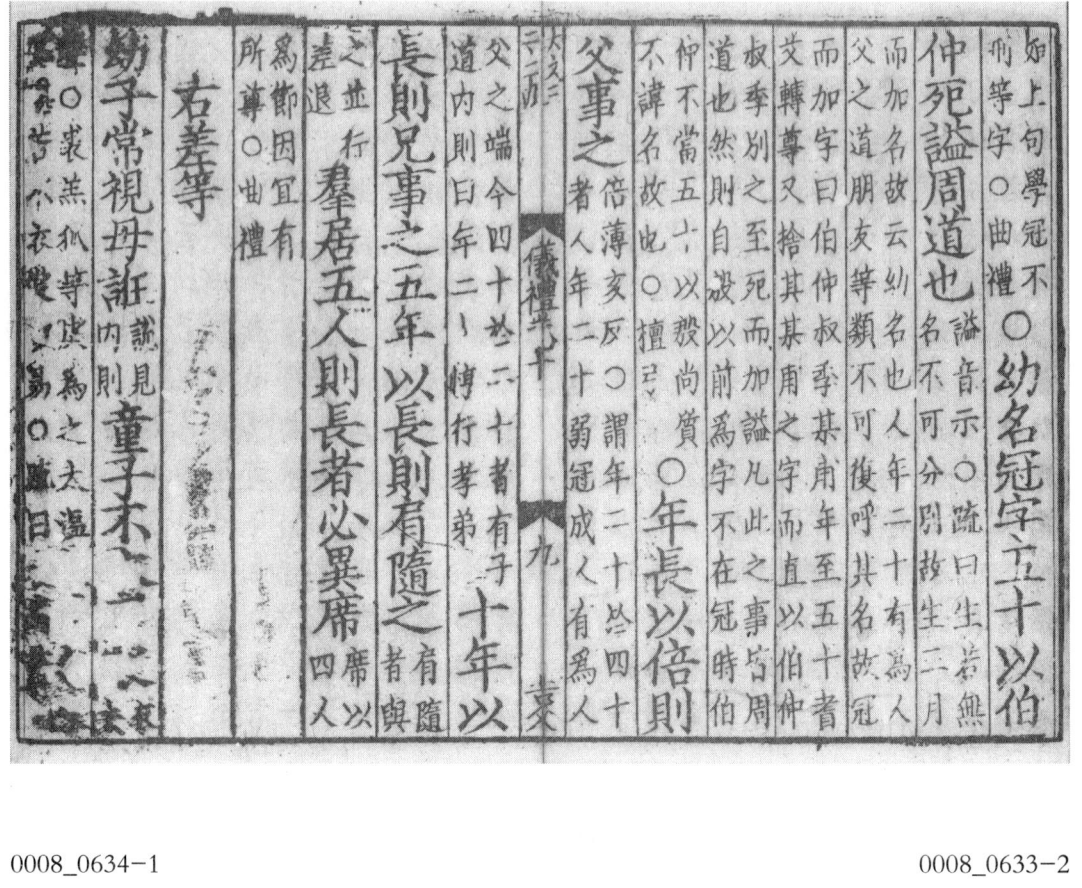

如上句學冠不刑等字○曲禮○幼名冠字五十以伯仲死謚周道也謚音示○疏曰生若無名不可分別故生三月而加名故云幼名也人年二十有爲人父之道朋友等類不可復呼其名故冠而加字曰伯仲叔季某甫年至五十耆艾轉尊又捨其某甫之字而直以伯仲叔季別之至死而加謚凡此之事皆周道也然則自殷以前爲字不在冠時伯仲不當五十以殷尚質○檀弓不諱名故也○年長以倍則父事之倍薄亥反○謂年二十於四十者人年二十弱冠成人有爲人父之端今四十於二十者有子道內則曰年二十博行孝弟十年以長則兄事之五年以長則肩隨之肩隨者與之並行差退羣居五人則長者必異席席以四人爲節因宜有所尊○曲禮

右差等

幼子常視毋誑誑見內則童子不[illegible]

[illegible]○裘羔狐等皆爲之太溫[illegible]

0008_0634-1　0008_0633-2

[illegible]

童子並緇布[illegible]毋也內則[illegible]

立不傾聽習[illegible]端正○疏曰立鄉方不得傾頭屬聽[illegible]

長者與之提攜則兩手奉長者之手奉芳勇反○習其扶持尊者提攜謂牽行○疏曰爲兒長大方當供養扶持長者故先使學之令習便也負劍辟咡詔之則掩口而對辟匹亦反咡如志反口耳之間曰咡○負謂置之於背劍謂挾之於旁辟咡詔之謂傾頭與語口旁曰咡使之掩口而對習其鄉尊者屏氣也○疏曰劍謂挾於脇下如帶劍也長者負兒之時傾頭與語必教之使掩口而對恐氣[illegible]人也○張子曰古之小兒便能[illegible]若與之提攜則兩手奉長者之手[illegible]掩口而對蓋稍不[illegible]事使不[illegible]如教小兒且先安詳恭敬○曲禮

[illegible]不裘不帛不屨絇無緦服聽事不麻[illegible]

[illegible]主人之北南面見先生[illegible]

[illegible]

0008_0635-1　　0008_0634-2

猶禮也雖不服緦猶免深衣無麻往會
哭也○少詩照反免音問○䟽曰童子
唯當室與族人爲禮有恩相接之義故
遂服本服之緦耳若不當室則情不能
至緦故不服也雖不緦然猶著免深衣
無經以往給緦喪使役也案問喪以童
子不當室則無免而此亦猶免者崔氏
熊氏並云不當室而免者謂未成服而
來也問喪云不當室不免者○小子走
謂據成服之後也○玉藻
而不趨舉爵則坐祭立飲小子弟子也卑不得與賓
備禮容也○䟽曰趨徐趨也弟子
卑不得與賓主參預禮但給役使故宜驅

儀禮十　十二

走不得趨爲容也○尊長於己踰等不敢問其
年踰等父兄黨也問年則己恭遜之心不全燕見不將命見賢
遍反○私燕而見不使擯者將傳其辭不敢用賓主之禮來則若子弟然遇
於道見則面尊者若見己已則面見者尊者不見己己則隱不敢
煩尊不請所之不問所往也喪俟事不犆
犆音特○亦不敢故動也事朝夕哭時侍坐弗使不執
琴瑟不畫地手無容不翣也畫胡麥反翣本又作

0008_0636-1　　0008_0635-2

□反○謂彼或鼓琴指畫則也手無容不弄手也翣扇也雖
不敢搖扇也此暑熱所以爲敬寢則坐而將命坐□也□
所傳辭若尊者臥而侍者傳當其前不可以立恐臨尊也侍射則
約矢矢箭也凡射必計耦先設箭在中庭上耦前取一次下耦又進取一
□是更進各得四箭而升堂搢三於要□手執一若卑者侍射則不敢更拾進
挾一但一時并取四矢故云約矢侍投則擁矢投投壺也擁抱也矢
矢投壺箭也尊者委四矢於地一一以投卑者不敢委於地悉執之勝則

儀禮十　十三

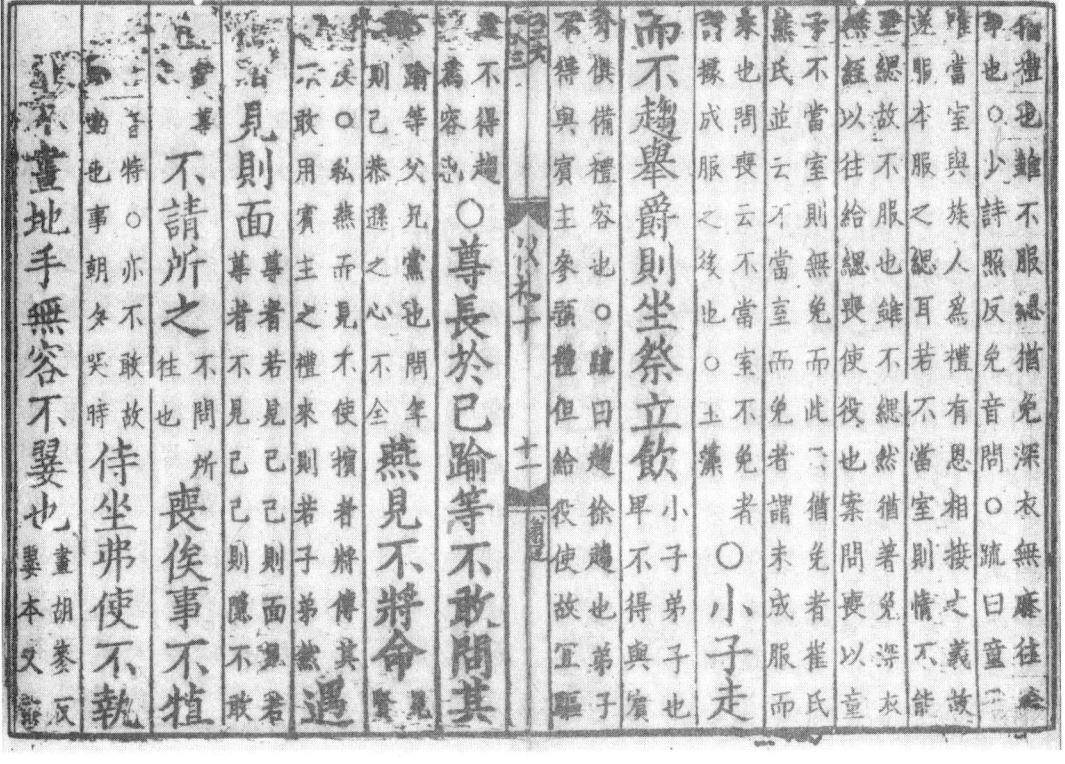

洗而以請若燕射及投壺竟司射命酌而勝者弟子酌酒不勝者飲
之若卑者得勝則不敢直酌但當洗爵而請問何所行觴也客亦如
之客射若投壺不勝主人亦洗而請之如卑侍之法所以優賓也○今按此
二句皆是卑者與尊者爲耦而射及投壺若己勝而司射命酌則不敢使它弟
子酌酒以罰尊者必自洗爵而請行觴者耦勝則亦不敢煩它弟子酌而飲己
爵自洗爵而請自飲之注疏說恐非是不角角謂觵罰爵也於尊長□
□飲如獻酬之爵不敢觵也○觵古横反不擢馬擢直角反○

0008_0637-1　　0008_0636-2

去也謂徹也已徹馬嫌勝故專之○寧
曰汜投壺每一勝輒立一馬至三馬而
成勝但頻勝三馬難得若一朋得二馬
一朋得一馬於是二馬之朋徹取一馬
并己以爲三馬以成其勝也今若早者
朋雖得一馬亦不敢徹尊長馬足成己
勝也○並少儀

右品節

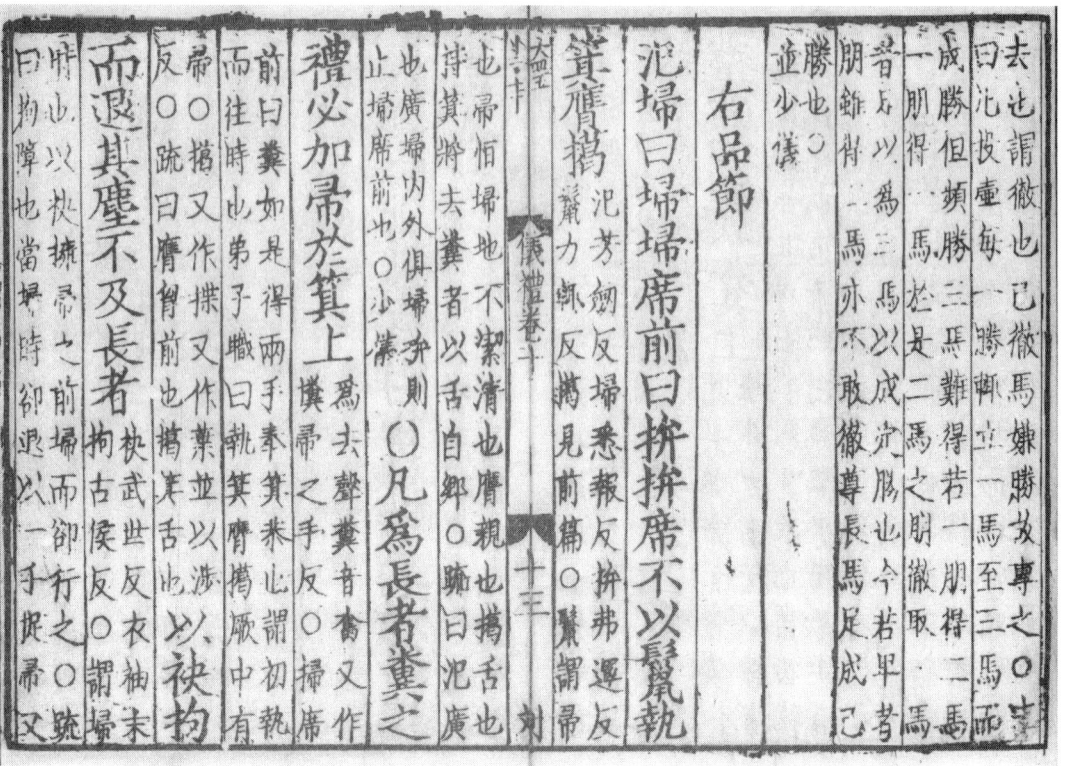

氾埽曰埽埽席前曰拚拚席不以鬣執
箕膺擖　氾芳劒反埽悉報反拚弗運反鬣力輒反擖見前篇○鬣謂帚

儀禮卷十　十三

也帚恒埽地不潔清也膺親也擖舌也
拚其辯去糞者以舌自鄉○疏曰氾廣
也廣埽內外俱埽拚則止埽席前也○少儀　○凡爲長者糞之
禮必加帚於箕上　爲去聲糞音奮又作糞帚之手反○埽席
前曰糞如是得兩手奉箕恭也謂初執而往時也弟子職曰執箕膺擖厥中有
帚○擖又作揲又作葉並以涉反○疏曰膺胷前也擖箕舌也　以袂拘
而退其塵不及長者　袂武世反衣袖末拘古侯反○謂埽
時也以袂擁帚之前埽而卻行之○疏曰拘障也當埽時卻退以一手捉帚又

0008_0638-1　　0008_0637-2

舉一手衣袂以拘障於帚前且埽且退故曰拘而退　以箕自鄉
扱之　鄉與嚮同扱音吸呂讀如昏禮從扱一祭之扱音初合反○扱讀
以謂收糞時也箕去棄物以鄉尊者則不恭　○奉席如橋衡
衡芳勇反橋居廟反○橋奉之令左昂右低如有首尾然橋井上桿槔衡上低
昂○桿又作桔音結槔古毫反○疏曰衡橫也如橋之槔也席舒則有首尾然
公食禮云卷自末末即尾也已卷則從首尾此奉之左昂右低故如有首尾也
請席何鄉請衽何趾　○衽而審反趾音止○顧尊者所安也

儀禮十　十四

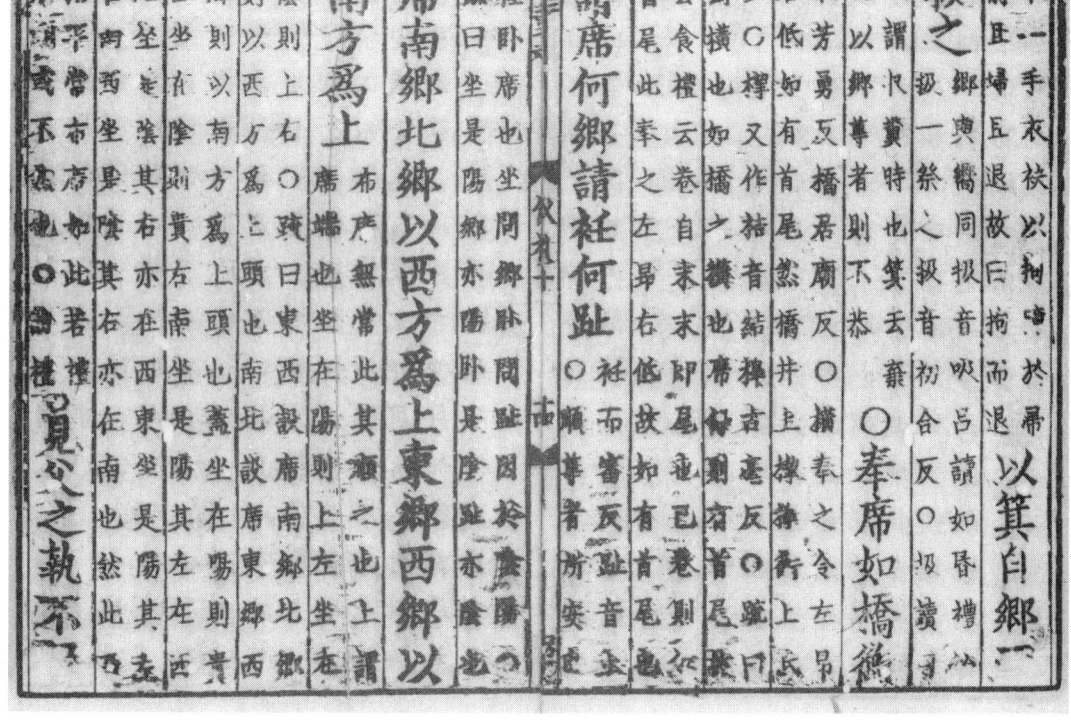

衽臥席也坐問鄉臥問趾因於陰陽○疏曰坐是陽鄉亦陽臥是陰趾亦陰也
席南鄉北鄉以西方爲上東鄉西鄉以
南方爲上　布席無常此其禮之也上謂席端也坐在陽則上左坐在
陰則上右○疏曰東西設席南鄉北鄉則以西方爲上頭也南北設席東鄉西
鄉則以南方爲上頭也蓋坐在陽則貴左坐在陰則貴右南坐是陽其左在西
北坐是陰其右亦在西東坐是陽其左在南西坐是陰其右亦在南也然此在
謂平常布席如此若禮事則不然也○曲禮　見父之執不

0008_0638-2

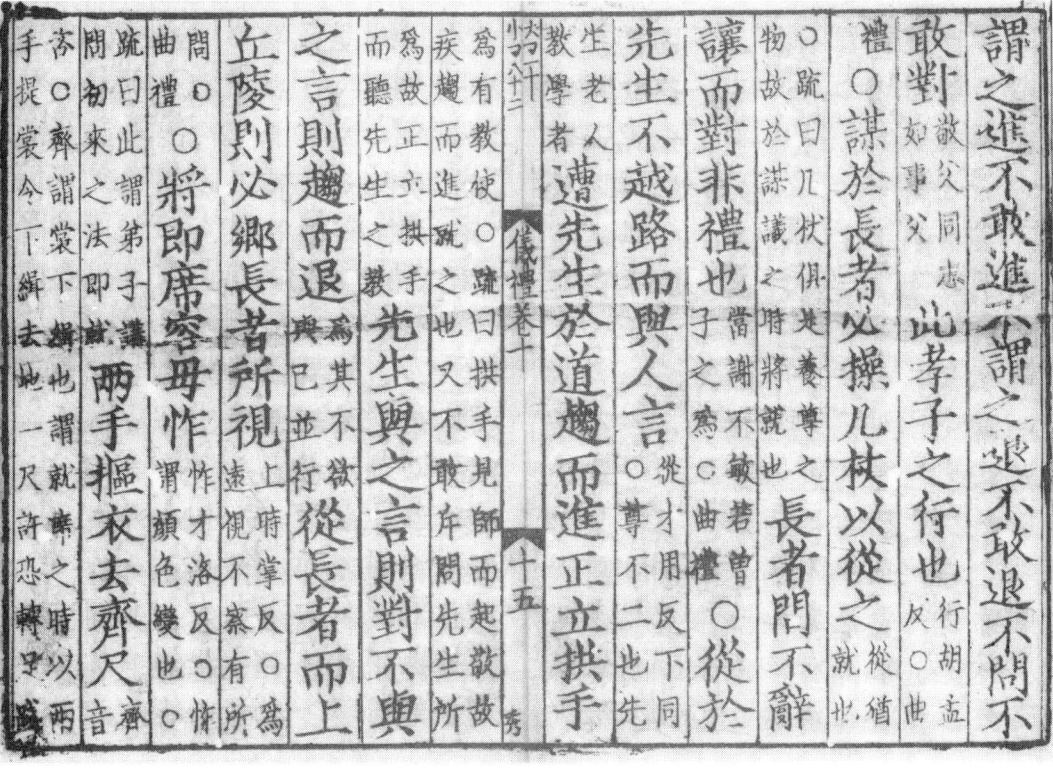

謂之進不敢進不謂之退不敢退不問不
敢對敬父同志如事父此孝子之行也行胡孟反○曲
禮○諫於長者必操几杖以從之從猶就也
○疏曰几杖俱是養尊之物故於諫議之時將就也長者問不辭
讓而對非禮也當謝不敏若曾子之爲○曲禮○從於
先生不越路而與人言從才用反下同○尊不二也先
生老人教學者遭先生於道趨而進正立拱手

儀禮卷十　十五　秀

爲有教使○疏曰拱手見師而起敬故疾趨而進就之也又不敢斥問先生所
爲故正立拱手而聽先生之敎先生與之言則對不與
之言則趨而退爲其不欲與已並行從長者而上
丘陵則必鄉長者所視上時掌反○爲遠視不察有所
問○○曲禮○將即席容毋怍作才洛反○怍謂顏色變也○
疏曰此謂弟子講問初來之法即就兩手摳衣去齊尺齊音
咨○齊謂裳下緝也謂就席之時以兩手提裳令下緝去地一尺許恐轉足蹴

0008_0639-1

0008_0639-2

之○緝七立反衣毋撥撥半末反○撥撥揚貌足毋蹶蹶
衛反○蹶行遽貌又作蹷求月反又居先生書策琴瑟在
前坐而遷之戒勿越廣敬也在前謂當行之前坐亦跪也遷移也越踰也○疏曰坐
通名跪跪名不通坐也虛坐盡後
忍反下同○謙也○疏曰虛空也空謂非飲食坐也玉藻云徒坐不盡席尺是
也食坐盡前爲汙席○汙音烏又一故反○疏曰古者地鋪席而
俎豆皆陳於席前之地若坐近後則滅汙席故盡前也玉藻云讀書食則齊豆
去席尺是也坐必安執爾顏安謂不動執猶守也久坐好異

儀禮卷十　十六　秀

長者不及毋儳言儳仕鑒反○儳猶暫也非類雜○疏曰長
者正論甲事未及乙事少者不得輒以乙事暫然雜之○今按說文云儳互不
齊也儳言儳長者之先而言也正爾容聽必恭正謂矜莊也聽
先生之言不然敬則心不存而易忘毋勦說勦初交反○勦說謂
取人之說以爲己說○擊力敢反毋雷同雷之發聲物無不同時應
者人之言當各由己不當然也孟子曰人無是非之心非人也必則古

0008_0640-1

0008_0640-2

者稱生于 雖不有同一足一蓋者專輒言必有依據○毋踐屨

毋踖席摳衣趨隅必慎唯諾 踖在昔反摳苦侯反

唯于癸反○趨隅升席必由下也慎唯諾者不先舉見問乃應○疏曰踐蹋也

後進者不得蹋先入者屨也踖猶躐也

謂就坐當從下而升當己位上不發初

從上也摳提也衣裳也趨猶向也隅猶

角也既不踖席當兩手提裳之前向席

之下角從下而升就己位也玉藻云升

席不由前為躐席自是不由席前升與

此別鄉飲酒云賓升席自西方注云升

由下也升必中席謂近主人為上謙

儀禮十 十七

0008_0641-1

以西為下與此同也○今按此是衆

賓坐一席既云當己位上即須立於席

後乃得當己位上蓋以前為上後為下

也正與玉藻義同鄉飲乃是特設賓席

一人之坐故以西為下而自席

下之中升而即席與此異也 侍坐於

先生先生問焉終則對 不敢錯亂尊長之言 請業

則起請益則起 尊師重道也起若今抠衣前請也業謂篇卷也

益謂受說不了欲師更明說之○疏

曰問政子曰先之勞之請益曰無倦

之 父召無諾先生召無諾唯而起 唯于癸反○

0008_0641-2

唯恭於諾○疏曰唯也諾則似緩慢 ○侍坐於所尊敬

毋餘席 言先生坐一席己坐一方必盡其近尊者之席端

蓋欲得親近若於持備顧問之處

論有後來者則其下以待之

不為私敬○疏曰同等後來者任其坐於下也 燭至起

食至起 為饌變 上客起 敬尊者○

侍者宜從之而起然食與燭至

是則尊者不起但侍者起也 燭不見

跋 跋步賢遍反謂燭將末○跋本也

剡去之嫌若燭多有厭倦意○

儀禮十 十八

0008_0642-1

本把處也古者未有 尊客之前不叱狗

蠟燭惟呼火炬為燭

記赤賈反狗古口反○主人於尊客之

前不敢倦嫌若風去之○

日尊客亦然 讓食不唾 以上曲禮

舉義為益

洗踐酬食飲者以氣有問焉則辟咡而

對 曰洗謂與尊者洗爵與尊者

罷手以讀一不從鼻嗅飲食氣也辟

聽者不敢以口氣及尊者也少儀 ○侍坐於

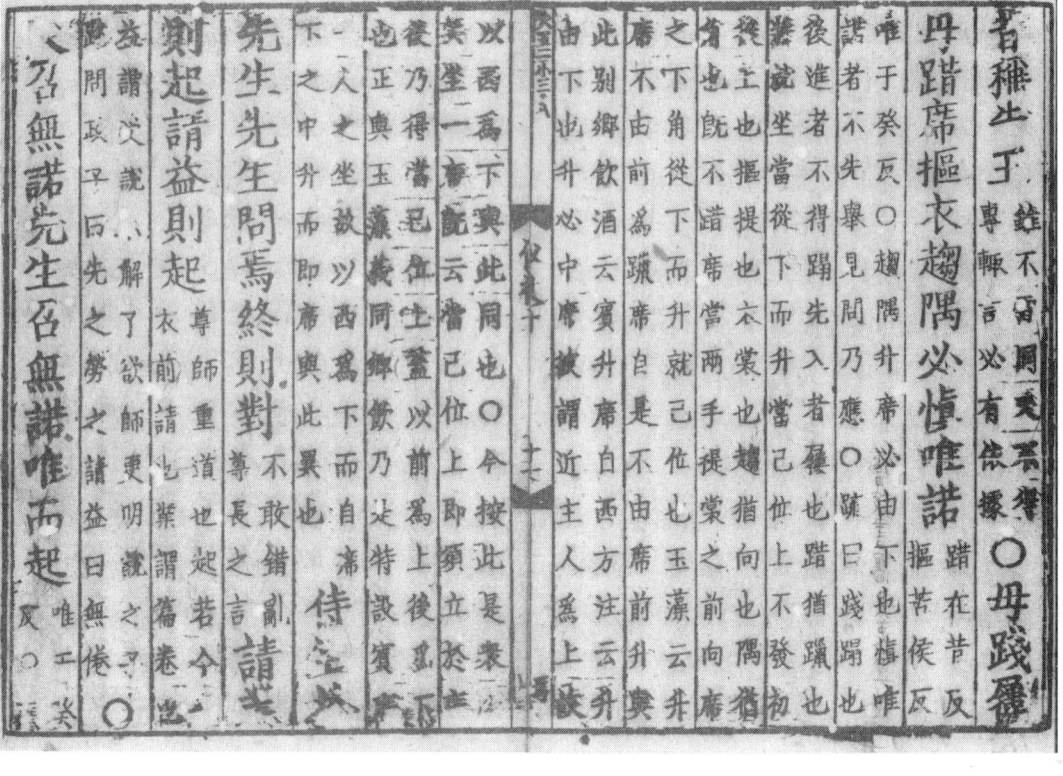

君子問更端則起而對 更音庚

0008_0642-2

對事也君子必令復坐○離去聲○疏曰更端謂鄉語已畢更問他事

侍於君子不顧望而對非禮也禮當也不

望若子路帥爾而對○疏曰若指問一人則一人直對若普問衆人則當顧望

坐中恐有勝己者不得帥爾先對也○長者賜少者賤者

不敢辭不敢亢禮也賤者僮僕之屬○侍坐於君子

若有告者曰少間願有復也則左右屏

而待間音閑注同○告曰指或告君子也復白也言欲須少空間有所白

0008_0643-1

也屏猶退也隱也○空去聲○疏曰屏者正侍君子而有人來告云欲待君子

少間無事時有所白則侍者當自退避之不得遠也毋側聽毋噭

應毋淫視毋怠荒遊毋倨立毋跛坐毋

箕寢毋伏斂髮毋髢冠毋免勞毋袒暑

毋褰裳噭古弔反倨音據跛彼義反髢徒細反免如字袒徒旱反褰起

連反○毋側聽嫌探人之私也側聽耳屬於垣毋噭應以下皆為其不敬噭號

呼之聲也淫視流動邪眄也怠荒身體放散不自拘斂也遊行倨慢也跛偏任

0008_0643-2

立當雙足並立不倚舉踞地也箕謂舒展兩足狀如箕舌也

覆也髢髲也毋垂餘如髲也免去褰袪也髢或爲鬄○爲于僞反號戶高反袒

莫遍反覆芳伏反髲皮義反袪去魚反辟以二反○以上皆禮○侍坐

於君子君子欠伸運笏澤

劒首還屨問日之蚤莫雖請退可也欠立

劒反伸音身還音旋蚤音早莫音暮○不請退者去止不敢自由欠伸以下皆

解倦之狀伸頻伸也運澤謂玩弄也金器弄之易以汙澤○疏曰運動也澤光

0008_0644-1

澤也玩弄劒首則生光澤旋轉也尊者脫屨於戶內屨常在側○然皆未通○

按此章重出者欠伸下但云撰杖屨視日蚤莫侍坐者請出矣注云撰猶持也

○撰仕轉反○少儀○侍坐於長者屨不上於堂

屨賤空則不陳於尊者之側○疏曰長者在堂則侍坐者脫屨於階下不得上

堂若長者在室則侍坐者得著屨上堂而不得入室解屨不敢當

階爲妨後升者○疏曰少儀則云屨著綦鄭云綦屨繫也將升堂則解之也

就屨跪而舉之屏於側謂偶退也就猶著也屏亦不當

0008_0644-2

附○著丁畧反屏必郢反鄉長者而屨跪而遷屨俯而納屨謂長者送之也不得屏遷就近而已俯俛也納內也遷或爲還○䟽曰不跪者非跪則足蹶後不便故俯也雖不並詭亦坐左納右坐右納左○今按注云長者送之恐非是但謂雖降階出户猶鄉長者不敢背耳○曲禮

○排闔說屨於户内者一人而已矣闔音合說吐活反○雖有尊長在則否在内也聚斂猶有所尊也後來之衆皆說屨於户外○少儀

大七八三十五　儀禮卷十　二十二

0008_0645-1

右酒掃應對進退

燕侍食於君子則先飯而後已飯須先小飯同○所以勸也○䟽曰先飯若嘗食然後已若勸食然毋放飯毋流歠小飯而亟之歠昌悅反亟紀力反注同○亟庚也備噦數噍毋爲口容數色角反噍在笑反又作嚼○數噍咭若見問也○噦於月反噫伊結反謂數數嚼之口容弄口客自徹辭焉則止主人辭其徹○䟽曰徹謂徹俎主人辭則客止○少儀○侍食

0008_0645-2

先生異爵者後祭先飯謙也○玉藻○侍食於長者主人親饋則拜而食饋其類反下同○勸長者食耳雖賤不得執食與辭拜而已示敬也主人不親饋則不拜而食以其禮於已不隆○曲禮○凡食果實者後君子陰陽所成非人事也火食者先君子備火齊不得故先嘗之○食棗桃李弗致于核核行也○玉藻陽反○恭也弗致瓜祭上環食中棄所者謂不置于地

仪礼十　二十三

0008_0646-1

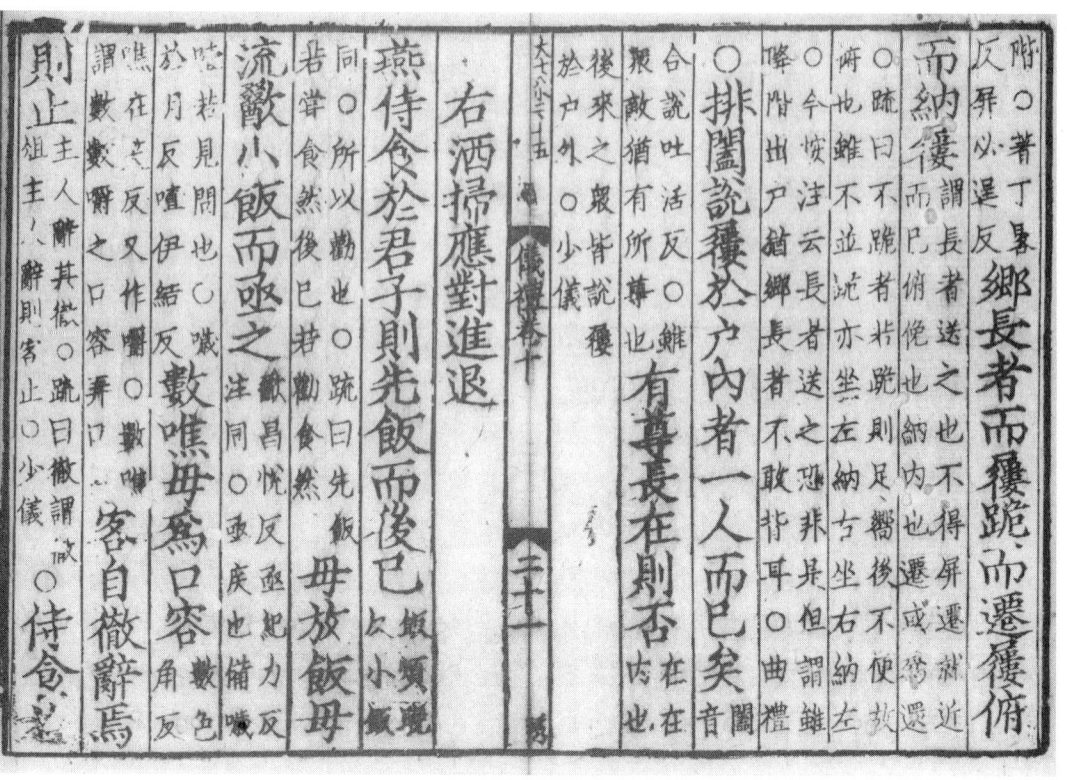

操操七刀反○上環頭忖也○忖亦作刌寸本反又取本反切也○䟽曰食瓜亦祭先圜也環者橫斷形如環也上環是疐閒下環是脫華處之○今按頭忖謂疐頭所切一環也以其所生之本味最並美又先斷而不汚故以爲祭中者中環也亦甘且潔故以奉尊者所操下環爲手所持處以其味薄而不潔故棄之而不食也○玉藻○侍飲於長者酒進則起拜受於尊所降席拜受敬也燕飲之禮鄉尊○䟽曰陳尊之所貴異不同君諸侯燕及大射卿飲酒及鄉大夫燕各見本篇今燕禮鄉飲酒皆無

0008_0646-2

拜受於尊所之亢正是文不具耳近尊鄉長者故往於尊所鄉長者而拜也

長者辭少者反席而飲長者舉未釂少者不敢飲 少式召反釂子妙反○不敢先尊者盡爵曰釂燕禮曰公卒爵而後飲也○疏曰飲酒尊卑異爵故燕禮公執膳爵受賜爵者執散爵又曰受賜爵者以爵就席坐公卒爵然後飲與此禮合而士相見禮云君賜之爵則下席再拜稽首受爵升席祭卒爵而俟君卒爵然後授虛爵玉藻云君若賜之爵則越席再拜稽首受登席祭之飲卒爵而俟君卒爵然後授虛爵皆先

儀禮十一　二十三

0008_0647-1

君卒爵者此據燕飲正禮玉藻又士相見禮謂私燕之禮故不同也○御同於長者雖貳不辭 謂侍食於長者饌具與之同也貳謂重殽膳也本爲長者設辭之爲長者嫌偶坐不辭 偶嫌也或彼爲客設饌所召己往嫌共食○以上曲禮

右侍食

儀禮經傳通解卷第十

0009_0002-2

儀禮經傳通解卷第十一

學禮四

曲禮第二十

曲禮曰記引正經之詞毋不敬毋音無後放此○禮主於敬[illegible]

儼若思儼矜莊貌人之坐思貌必儼然○疏曰若如也思計慮也言[illegible]

人心有所計慮則其形狀必端慤也安定辭審言語也安民哉[illegible]

言人能如此上三句者則可以安民[illegible]或問敬程子曰主一之謂敬無適[illegible]

之謂一又曰但整齊嚴肅則心便一一則自無非僻之干矣○呂大臨[illegible]

0009_0003-1

[illegible]不敬者正其心也儼若思者正其[illegible]安定辭者正其言也三者正矣則[illegible]

所[illegible]修己而非正所謂人正己而物正[illegible]敬我對彼我安則彼安此修己以安[illegible]

天[illegible]推我之所安而天下平矣[illegible]言推此天下至大取諸身而[illegible]

[illegible]曰安民哉此禮之[illegible]於曲禮首章之○敖不可長[illegible]

[illegible]欲不可從志不可滿樂不可極敖五報反長丁丈反下[illegible]

[illegible]長丁丈反樂音洛○四者[illegible]之道桀紂所以自禍○賢者[illegible]

[illegible]狎而敬之畏而愛之狎戶甲反○人[illegible]人親[illegible]

0009_0003-2

[illegible]唯賢者乃能狎而敬之是[illegible]而不慢畏而愛之是以貌恭而[illegible]

愛而知其惡憎而知其善[illegible]之愛[illegible]

[illegible]心而人之善惡自有公論唯賢[illegible]心中正乃能不以此而廢彼也[illegible]

而能散謂己有蓄積見貧窮者則[illegible]散以賙救之若宋樂氏○[illegible]

樂氏事見春秋[illegible]二十九年傳安安而能遷謂己今安此之[illegible]

[illegible]有害則當能遷易舅犯與姜氏[illegible]耳而行近之○疏曰咎犯事見春秋傳

二十三年傳○按此上六句文意大同[illegible]蒙賢者二字爲文言皆狎人所不能

儀禮卷十一　二

0009_0004-1

[illegible]賢者不能之耳舊注非是今不取○臨財毋苟得[illegible]廉也

○爲于僞反○疏曰苟謂不度義而苟取也廉隅也臨難毋苟免

難乃旦反○爲傷義也很毋求勝分毋求多很胡懇反

[illegible]鬩反分扶問反○爲傷平也很鬩也鬩爭訟也詩云兄弟鬩于牆○鬩呼[illegible]

曆反○脩身踐言謂之善行行下孟反下同○踐履也

言履而行之行脩言道禮之質也言道合於道質[illegible]

本也禮爲之文飾耳○禮不妄說人說音悅○[illegible]有禁度不可[illegible]

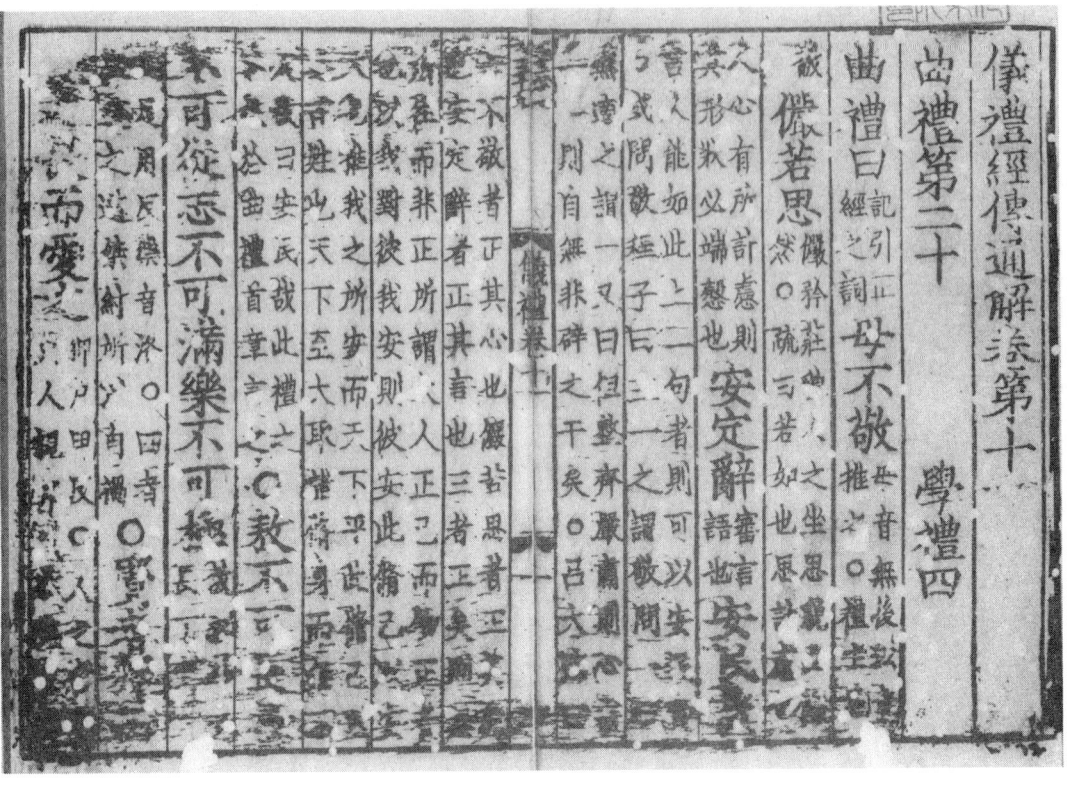

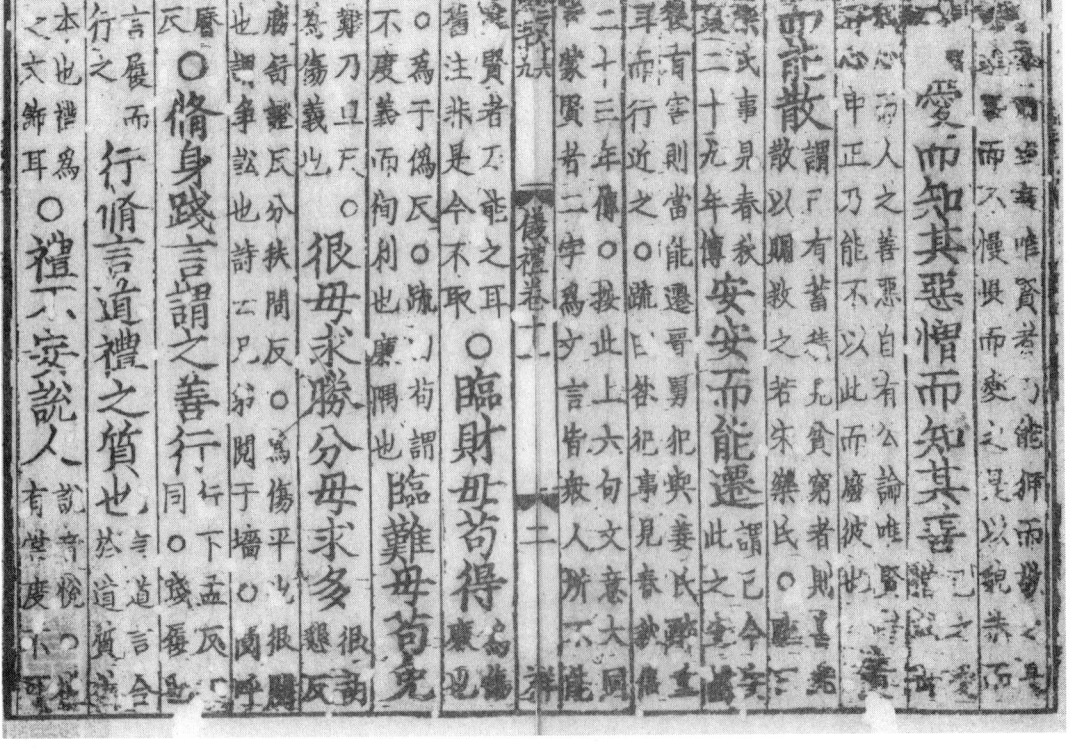

0009_0004-2

爲媚倿以求說於人也不辭費辭達則止不貴於多禮不踰

節不侵侮不好狎好去聲○爲倿敬也狎謂親褻禮聞

取於人不聞取人取於人舊十樹反○謂趣就師求道也

禮聞來學不聞往教尊道藝○今按此雖兩節其實互明

一事也取於人者童蒙求我朋自遠來也取人者好爲人師我求童蒙也禮有

取於人所以彼有來學無取人所以我無往教也○禮尚往來

注而不來非禮也來而不往亦非禮也

大七四小三方方　儀本十一　二十　馬出

0009_0005-1

○疑事毋質質成也彼己俱疑而己成言之終不然則傷知○知

音智○疏曰人多矜固未知而爲已知故戒之直而勿有直正也己

若不疑則當稱師友而正之謙也○不疑在躬躬身也不服行

所不知彼身冢也不度民械度人洛反械户戒反○械兵器也不

許度民家之器物爲不欲發人之強弱且嫌不審也不願於大家

大謂富之廣也嫌有貪欲汰侈之意不訾重器訾子思反○訾思也

重猶寶也○今按訾猶計度也下毋訾衣服成器字義同此國語云訾相其質

0009_0005-2

漢書云衆無訾者又云不貲之身貴重與此言不訾重器考謂不訾量物之貴

器亦避不審也不窺密窺苦規反○嫌伺人之私也密隱曲處也不

旁狎旁泛及也泛與人狎習不恭敬也不道舊故舊事既往

今日所急且或揭人宿過以取怡然如陳勝賓客言勝故情爲勝所殺之類也

不戲色戲色謂嗤笑侮慢之容○少儀○毋拔來毋報

往拔蒲末反報讀爲赴疾之赴○拔赴皆疾也人來往所之當有宿漸不可

卒也○卒音努卒才忽反毋瀆神瀆謂數而不敬○疏曰瀆慢也祈明

大七二小二方方八　儀本十一　四　馬出

0009_0006-1

正直當敬而遠之毋循枉前日之不正不可復遵行當求自伸毋

測未至測意度也孔子所謂逆詐億不信之類也毋訾衣服

成器與不訾重器之意同毋身質言語質成也聞疑則傳疑

若成之或有所誤耶上文疑事毋質之意也此三節十七事皆非謙遜謹厚之

道皆戒之少儀○博聞強識而讓敦善行而

不怠謂之君子識音志行下孟反○敦厚○君子不

盡人之歡不竭人之忠以全交也歡謂飲食

0009_0006-2　0009_0007-1

以竊衣服之物○呂大臨曰君子則自厚而薄責於人責人厚而莫之應此交之所以難全也歡謂好於我也忠謂盡心於我也好於我者望之不深則不至于倦而難繼也酬酒不舉三酌沚油而退是也盡心於我者不要其必力致則不至爭不能勉而絶也詩云每有良朋烝也無戎是也

右通言○傳曰禮者所以定親疏決嫌疑別同異明是非也別，必列反○道德仁義非禮不成教訓正俗非禮不備分爭辨訟非禮不決君臣上下父子兄弟非禮不定宦學事師非禮不親班朝治軍涖官行法非禮威嚴不行禱祠祭祀供給鬼神非禮不誠不莊別，彼列反辨，皮免反朝，直遥反宦音患○分辨皆別也仕也班次也涖臨也莊敬也學或爲御○疏曰熊氏云宦謂學仕官之事學謂習學六藝此二者俱是事師左傳靈輒云宦三年矣服虔云宦學也是學職事爲官也

0009_0007-2　0009_0008-1

是故君子恭敬撙節退讓以明禮撙，祖本反○在貌爲恭在心爲敬撙猶趨也○疏曰趨就也同也○鸚鵡能言不離飛鳥猩猩能言不離禽獸今人而無禮雖能言不亦禽獸之心乎夫唯禽獸無禮故父子聚麀鸚，厄耕反鵡音武離，力智反猩音生麀音憂○聚猶共也鹿牝曰麀○牝頻忍反是故聖人作爲禮以教人使人以有禮知自別於禽獸呂大臨曰夫人之血氣嗜欲視聽食息與禽獸異者幾希特禽獸之言與人異爾然猩猩鸚鵡亦或能之是則所以貴於萬物者蓋有理義存焉聖人因理義之同然而制爲之禮然後父子有親君臣有義男女有別人道所以立而與天地參也縱恣怠敖滅天理而窮人欲將與馬牛犬彘之無辨是果於自暴自弃而不欲齒於人類者乎○人有禮則安無禮則危故曰禮者不可不學也○夫禮者自卑

0009_0008-2

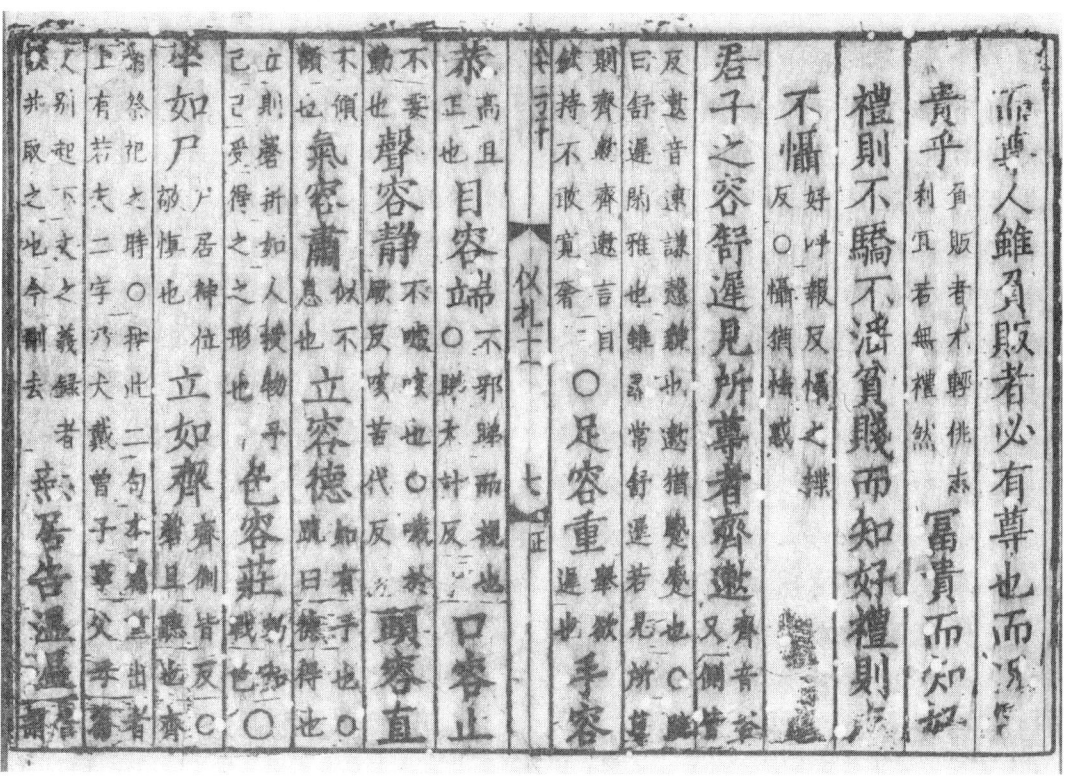

而將人雖負販者必有尊也而況[illegible]
富貴乎 負販者尤輕佻利賈若無禮然 富貴而知好
禮則不驕不淫貧賤而知好禮則[illegible]
不懾 好呼報反懾之涉反○懾猶怯惑 [illegible]
君子之容舒遲見所尊者齊遬 齊音咨又側皆
反遬音速謙愨貌也遬猶蹙蹙也○蹙 曰舒遲閑雅也蹙蹙常舒遲若見所尊
則齊遬齊遬言自斂持不敢寬奢 ○足容重 舉欲遲也 手容

儀禮十一　七　正

0009_0009-1

恭 高且正也 目容端 不邪睇而視也○睇大計反 口容止
不妄動也 聲容靜 不噦咳也○噦於月反咳苦代反 頭容直
不傾顧也 氣容肅 似不息也 立容德 如有予也 [illegible]曰德得也○
立則磬折如人授物予己己受得之之形也 色容莊 勃如戰色也○
坐如尸 尸居神位敬慎也 立如齊 齊側皆反○磬且聽也齊
謂祭祀之時○按此二句本篇上出者上有若夫二字乃大戴曾子事父母篇
人別起下文之義錄者誤并取之也今刪去 燕居告溫溫[illegible]

0009_0009-2

[illegible]使也 ○凡祭容貌顏色如見所祭者 如視
其人 奄此○ 喪容纍纍 纍力追反○羸備貌瘦羸也○羸力皮反
憊皮拜反 色容顛顛 顛又作顛音田○憂思貌不舒暢也○思悉嗣反
反 視容瞿瞿梅梅 瞿紀具反○不審貌也○疏曰瞿瞿驚遽
之貌梅梅猶微微謂微昧也 言容繭繭 繭古典反○聲氣微也○○
疏曰繭繭猶綿綿此上四句皆為喪容也 戎容暨暨 暨其記反○果
毅貌也 言容詻詻 詻五格反○教令嚴也 色容厲肅
義形貌也○疏曰厲嚴肅威也以義斷割故形於色 視容清明 察於

儀禮十一　八　正

0009_0010-1

事也此上四句皆為戎容也 立容辨卑毋諂 辨讀為貶自貶
卑謂磬折也調為傾身以下也○貶彼檢反諂音諂 頭頸必中 有
頭容 山立 不動摇也 時行 時而後行也 盛氣顛實
揚休 顛依注讀為闐音田○顛讀為闐揚讀為陽聲之誤也[illegible]
美之闐滿其息若陽氣之休物也 玉色 [illegible]
通言之小玉藻○ 古事尚尊[illegible]

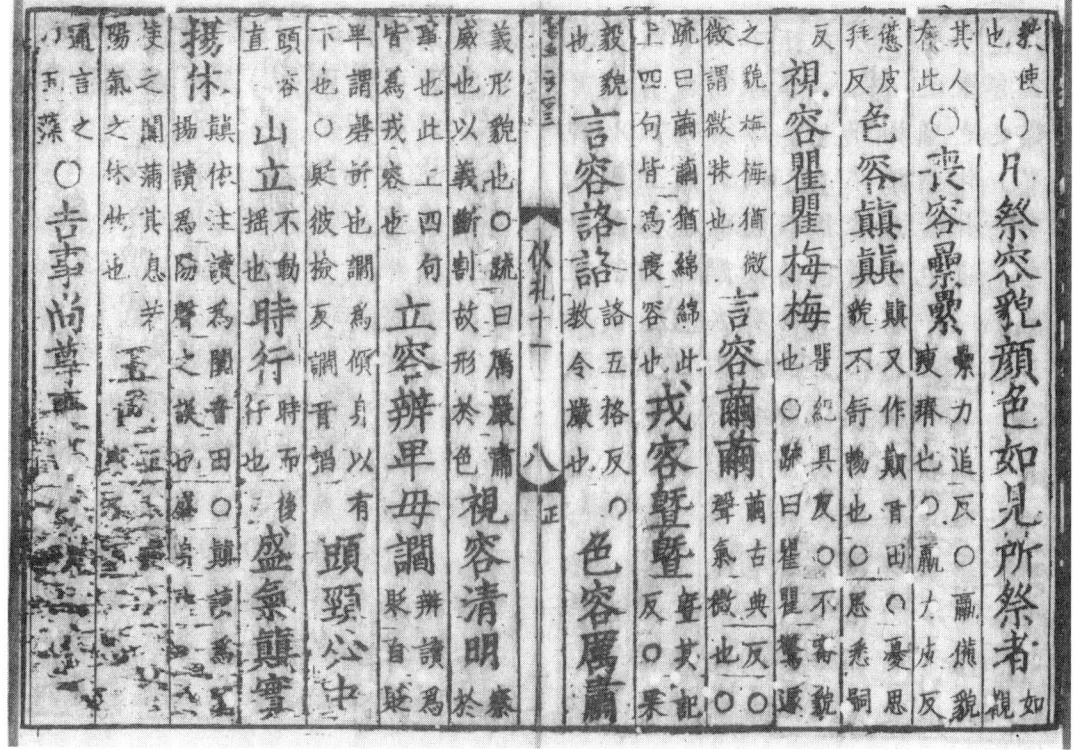

0009_0010-2

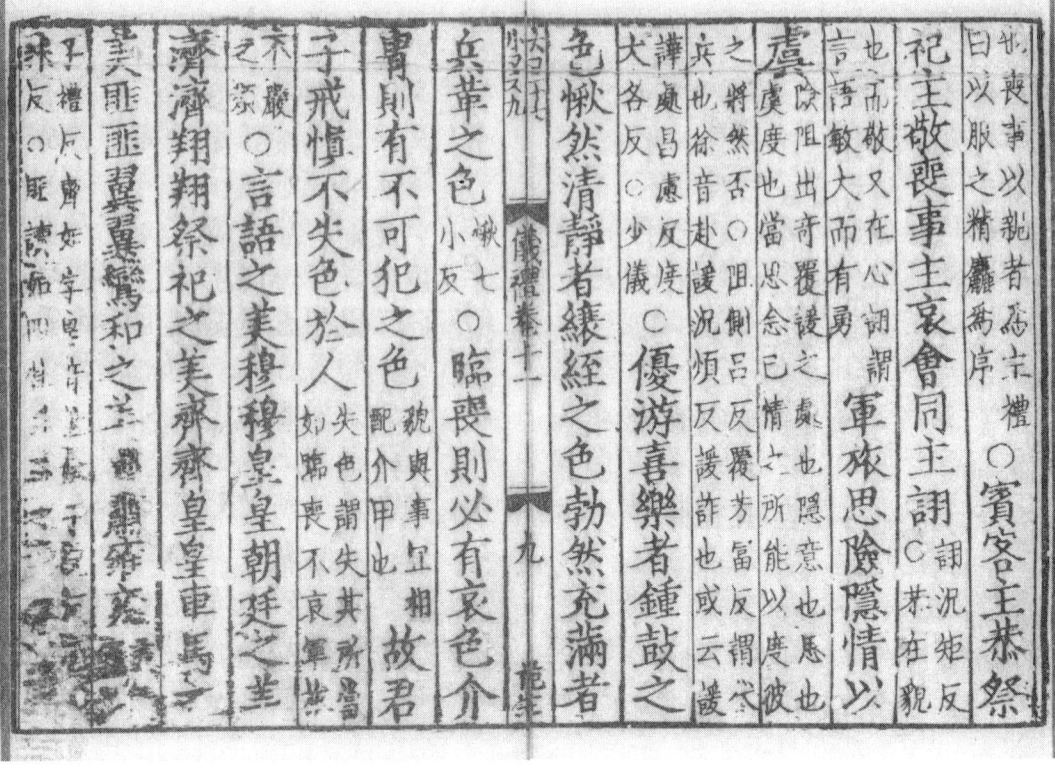

卹喪事以親者爲宗禮○賓客主恭祭
曰以服之精麤爲序
祀主敬喪事主哀會同主詡○詡況矩反○恭在貌
也而敬又在心詡謂軍旅思險隱情以
言語敏大而有勇
虞險阻出奇覆護之處也隱意也思也
虞度也當思念已情之所能以度彼
之將然否○阻側呂反覆芳富反謂伏
兵也徐音赴護況煩反護詐也或云護
譁處昌慮反度
大各反○少儀○優游喜樂者鍾鼓之
色愀然清靜者縗絰之色勃然充滿者

大字三百八十七 小字三百八十九 儀禮卷十一 九 龍生

0009_0011-1

兵革之色愀七小反○臨喪則必有哀色介
胄則有不可犯之色貌與事宜相配介甲也故君
子戒慎不失色於人失色謂失其所當如臨喪不哀軍旅
不嚴之容○言語之美穆穆皇皇朝廷之美
濟濟翔翔祭祀之美齊齊皇皇車馬之
美匪匪翼翼鸞和之美肅肅雍雍
子禮反齊如字[illegible]
非反○匪讀如四牡[illegible]

0009_0011-2

皇讀如歸往之往美皆當爲儀字之誤[illegible]
也周禮教國子六儀一曰祭祀之容
二曰賓客之容三曰朝廷之容四曰喪紀
之容五曰軍旅之容六曰車馬之容○
[illegible]臣穆穆皇皇美大之狀濟濟翔翔厚
重舒之狀皇皇如歸往之往者孝子祭
祀必有所繫往匪匪翼翼嚴正之○坐
狀肅肅敬也雍雍和也○少儀
視膝立視足應對言語視面士相見云子視父則
遊目無上於面無下於帶若不言立則
視足坐則視膝鄭云不言則伺其行起
而已立視前六尺而大之蓋臣於君前視也近視六尺自

大字三百八十三 小字三百八十八 儀禮卷十一 十 龍生

0009_0012-1

此而廣之觀遠視而不過三丈六尺曲
禮曰立視五巂彼在車上與此不同也
○九摯一曰稽首二曰頓首三曰空首
四曰振動五曰吉摯六曰凶摯七曰奇
摯八曰褒摯九曰肅摯以享右祭祀摯音
拜稽音啓振動如字李音董杜徒弄反
褒音報右音又○疏曰稽首者拜頭至
地稽留也頓首者拜頭叩地也稽首頓
首頭俱至地但稽首留地稍久頓首至
地即舉故以叩地爲別謂若以首叩物
也空首者拜頭至手即書所謂拜手也

0009_0012-2

動者杜子春云振讀爲振鐸之振動
讀爲哀慟之慟鄭大夫云動讀爲董書
亦或爲董振董以兩手相擊也康成不
然別云振動戰栗變動之拜書曰王動
色變是也陸德明從鄭氏說云今倭
人拜以兩手相擊蓋古之遺法也吉拜
拜而後稽顙謂先作頓首後作稽顙
稽顙雖頓首甚但觸地無容故謂之稽
顙齊衰不杖期以下之拜也此殺之凶
拜而周謂之吉拜者以其與頓首相類
而又比凶拜爲輕也凶拜者稽顙而後
拜謂先以首觸地無容而後稍伸叩
拜三年之喪拜是也又案孔子曰拜而
後稽顙頹乎其順也稽顙而後拜頎乎

儀禮卷十二　十二

0009_0013-1

其至也三年之喪吾從其至者鄭注云
言如殷可則是不杖期以下用殷之
喪拜也雜記又云三年之喪以喪拜非
三年之喪以吉拜是也奇拜杜子春云
奇讀如奇偶之奇謂先屈一膝即今之
雅拜鄭司農云奇讀曰倚謂持節持戟
拜身倚之以拜也康成不取別云奇拜者
一拜也臣禮曰君答壹拜當亦如前空
首是也褒拜者再拜也拜神與尸也褒
讀爲報鄭司農以爲今持節拜也肅拜
但俯下手即揖飲酒賓客入門揖也
春秋傳曰爲事故敢肅使者是也享獻
之謂酬酢獻口時也祭祀二灌後推有
祖賤獻獻獮獻古讀爲術謂術酬二食

0009_0013-2

此九拜非專爲祭祀而以祭祀結之
者祭祀禮最重也○又曰九拜之中四
拜是正拜一曰稽首二曰頓首三曰空
首九曰肅拜空首者先以兩手拱至地
乃頭至手也頓首者是空首之時引頭
少時即舉也稽首者稽是稽留之
義頭至地多時方舉也稽首拜中最重
臣拜君之拜若頓首則平敵自相拜之
拜也若空首者君答臣下之拜也其有
敬事則亦稽首也肅拜於拜中最輕唯
軍中有肅拜婦人亦以肅拜爲正其餘
五拜附此四種振動附稽首吉拜附頓
首奇拜附空首凶拜褒拜亦附稽首○
顙素黨反齊音咨期音基頎音墾又音

儀禮卷十二　十二

0009_0014-1

懇○鄭隱之貌揖於壼反即今之揖也○
今從九拜之說以注疏通修如此位振
動奇拜褒拜之未詳姑否耳○志有四興朝廷之志
濟然清以嚴祭祀之志諭然思以和軍
旅之志怫然愠然精以厲喪紀之志滲
然憂以湫四志形中四色發外維如志
色之經也怫符勿反愠紆粉反滲音聊清滲也湫即由反容有
恤朝廷之容師師然翼翼然整以敬

0009_0014-2

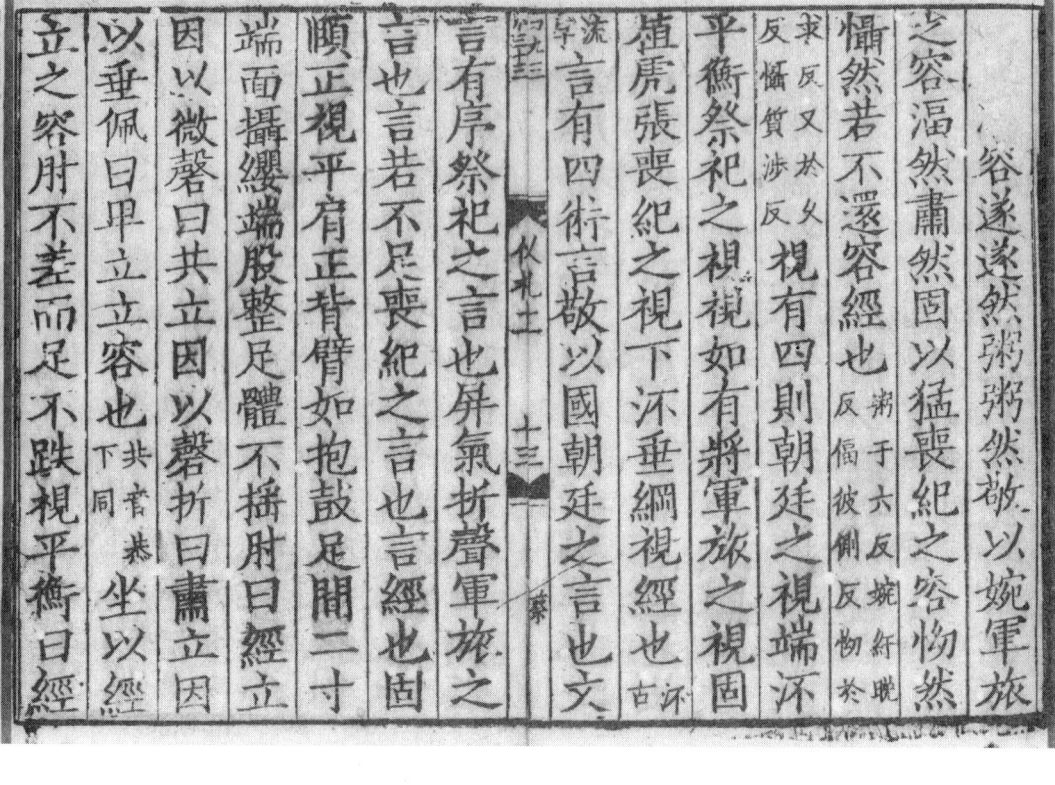

容遂遂然，粥粥然敬，以婉軍旅
之容溫然肅然固，以猛喪紀之容怮然
慯然若不還。容經也。粥于六反 婉紆晩反 偏彼側反 怮於
求反又於久反 慯賀涉反 視有四則，朝廷之視端沶
平衡，祭祀之視視如有將，軍旅之視固
植虎張，喪紀之視下沶垂綱。視經也。沶古

0009_0015-1

流字 言有四術，言敬以國，朝廷之言也；文

儀禮十一　十三　葉

言有序，祭祀之言也；屏氣折聲，軍旅之
言也；言若不足，喪紀之言也。言經也。固
頤正視，平肩正背，臂如抱鼓，足閒二寸，
端面攝纓，端股整足，體不搖肘，曰經立；
因以微磬曰共立，因以磬折曰肅立，因
以垂佩曰卑立。立容也。共音恭，下同 坐以經
立之容，肘不差而足不跌，視平衡曰經

0009_0015-2

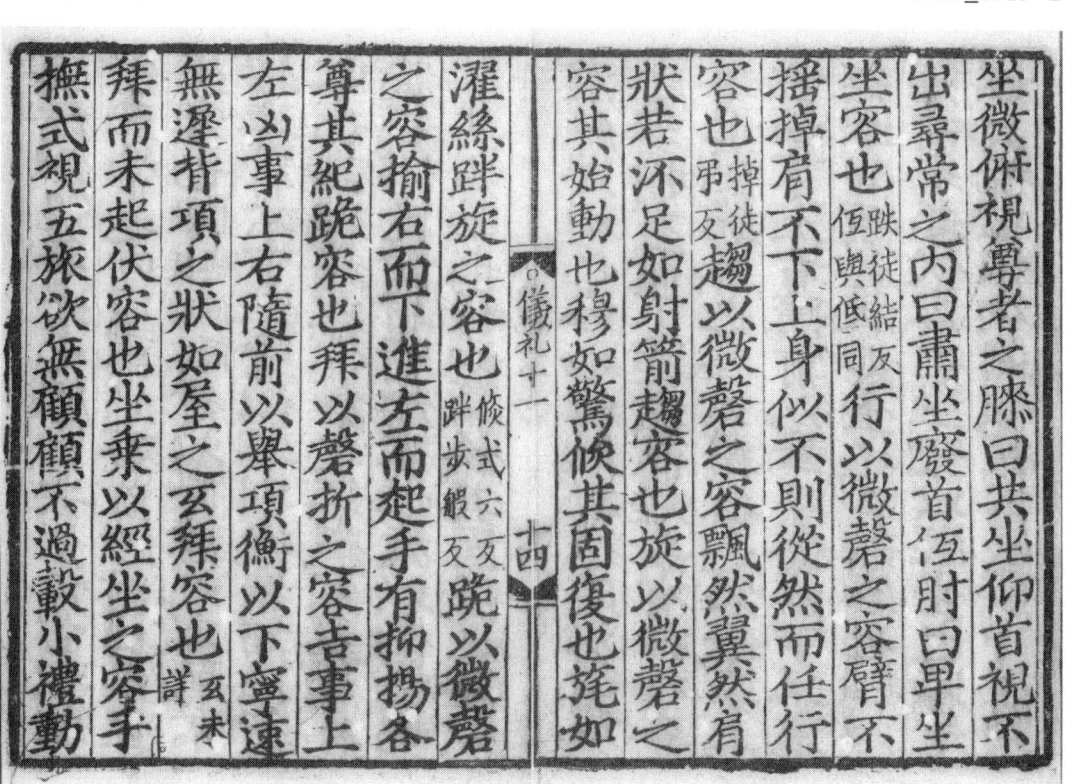

坐；微俯視尊者之膝曰共坐；仰首視不
出尋常之內曰肅坐；廢首低肘曰卑坐。
坐容也。跌徒結反 低與低同 行以微磬之容，臂不
搖掉，肩不下上，身似不則，從然而任。行
容也。掉徒弔反 趨以微磬之容，飄然翼然，肩
狀若沶，足如射箭。趨容也。旋以微磬之
容，其始動也穆如驚倐，其固復也旄如

儀禮十一　十四

0009_0016-1

濯絲，跘旋之容也。倐式六反 跘步般反 跪以微磬
之容，揄右而下，進左而起，手有抑揚，各
尊其紀。跪容也。拜以磬折之容，吉事上
左，凶事上右，隨前以舉，項衡以下，寧速
無遲，背項之狀如屋之丞。拜容也。丞未詳
拜而未起，伏容也。坐乘以經坐之容，手
撫式，視五旅，欲無顧，顧不過轂。小禮動

0009_0016-2

中禮式大禮下坐車之容也秉纔謡反下同立乘以經立之容右持綏而左臂詘存劒之緯欲無顧顧不過轂小禮據中禮式大禮下立車之容也禮介者不拜兵車不式不顧不言反抑式以應武容也兵車之容也若夫立而跛坐而蹁體怠懈志驕傲趍視數顧容色不比動靜不以

0009_0017-1

度妄咳唾疾言嗟氣不順皆禁也跛彼寄反又作跛去智反蹁蒲堅反足不正也趍七含反數音朔比毗志反咳音慨唾吐卧反○自志有四興至此並賈誼容經

右容節

君子之居恒當户恒胡登反○鄉明○鄉許亮反寢恒東首首生氣也○首手又反若有疾風迅雷甚雨則必變雖夜必興衣服冠而坐敬天之怒○迅

0009_0017-2

音峻又音信衣於旣反日五盥沐稷而靧粱櫛用樿櫛髮晞用象櫛進禨進羞工乃升歌盥音管靧音悔櫛側乙反樿章善反禨其旣反○晞乾也沐頮必進禨作樂盈氣也更言進羞明爲善邁至之實○疏曰沐沐髮也靧洗面也取稷粱之潘汁須滑故也然此大夫禮耳若君則以粱靧皆粱也樿白理木也櫛梳也沐髮爲除垢膩故用白理澁木以爲梳沐已燥則髮澁故用象牙滑櫛以通之也禨謂酒也少儀注云沐而飲酒曰禨是沐畢必進禨酒又進羞也羞邁羞了爲飲而設庶羞爲食而設今進禨則爲飲設故知非庶羞也樂工乃升堂以琴瑟而歌以其

0009_0018-1

新沐體虛補益氣也浴用二巾上絺下綌絺丑疑反綌去逆反○刷去垢也○刷所劣反出杅履蒯席連用湯杅音于○蒯苦怪反連力旦反○杅浴器也蒯席澁便於洗足也連猶釋也○疏曰蒯非草席澁踐之刷去垢也履蒲席衣布晞身乃履進飲進飲亦盈氣也○玉藻○齊必有明衣布齊側皆反○鄭必沐浴浴竟即著明衣所以明絜其體也以布爲之必有寢衣

0009_0018-2　0009_0019-1

長一身有半長去聲。○齊主於敬不可解衣而寢又不可著明衣而寢故別有寢衣其半蓋以覆足齊必變食居必遷坐變食謂不飲酒不茹葷遷坐易常處也楊氏曰齊所以交神故致潔變常以盡敬。○論語

右居處齊潔之事

步中武象趨中韶濩中丁仲反濩音護。○佩玉之聲疾則中武象遲則中韶濩也○君與尸行接武尊者尚徐蹈半迹。○蹈徒報反。○疏曰二足相躡每蹈於半不得各自成迹故云接武大夫繼武迹相及也士中武迹間容迹。○疏曰中猶間也每徙足間容足地徐趨皆用是君大夫士之徐行也皆如與尸行之節也疾趨則欲發而手足毋移疾趨謂直行也疏曰發謂起屨也移之言靡地也毋移欲其直且正不邪低搖動也欲或為數。○數色角反迆半遍反圈豚行不舉足齊如流圈舉遠反又求阮反豚大本反徐徒困反齊音咨本又作齎。○圈轉也豚之言若有

0009_0019-2　0009_0020-1

所循不舉足曳踵則衣之齊如水之流矣孔子執圭則然此徐趨也。○疏曰圈豚行者言徐趨法當轉足循地而行也齊如流者齊裳下緝也足既不舉身又俯俛則裳下委地如水流也席上亦然言處亦尚徐言未坐時也端行頤霤如矢弁行剡剡起屨頤音夷霤力救反弁皮彥反急也剡以漸反。○此疾趨也端直也頤或為遷也。○疏曰頤霤者行既疾身乃小抑而頭直俯臨前頤如屋霤之垂也如矢者身趨前進不斜如箭也弁急也剡剡身起貌也執龜玉舉前曳踵蹜蹜如也踵章勇反蹜色六反。○著徐趨之事踵足後根也。○疏曰謂將行之時初舉足前後曳足根行不離地舉足狹數也凡行容惕惕惕音傷。○惕惕直疾貌也凡行謂道路也廟中齊齊齊才兮反又在啓反。○恭慤嚴正貌也。○疏曰齊齊自收持嚴正之貌朝廷濟濟翔翔濟徐子禮反有威儀也翔本又作洋音詳。○莊敬貌也。○疏曰濟濟威儀翔翔行而張拱。○玉藻○帷薄之外不趨帷幔薄簾也不見尊者行自由不為容也入則容行而張足曰

0009_0020-2

趨○疏曰禮天子外屏諸侯內屏[illegible]
大夫以簾士以帷外屏門外爲之內屏
內爲之邪君樹塞門是也堂上不趨爲其迫也堂[illegible]則趨○[illegible]
反城上不趨於進狹無容執玉不趨[illegible]也[illegible]
曰上介授賓玉於廟門外○疏曰[illegible]進聘故上介授賓玉於主人廟門[illegible]
執玉進入門內不疾趨而爲徐趨執龜筴不趨於重[illegible]無容[illegible]
堂上接武武迹也迹相接謂每移足半躡之中人之迹尺二寸[illegible]堂
下布武布武謂每移足各自成迹不相躡室中不翔[illegible]

儀禮卷十一　十九

0009_0021-1

其迫也行而張拱曰翔○凡奉者當心提者當帶
奉芳勇反又作捧提徒兮反○高下之節○疏曰帶有二處朝服之屬其帶[illegible]
高於心深衣之類其帶則下於脇何知然玉藻說大帶云三分帶下紳居二
焉紳長三尺而居帶之下三分之二[illegible]帶之下去地四尺五寸矣人長八尺[illegible]
限若帶下四尺五寸則帶上所餘正三尺五寸故知朝服等帶則高也而深衣
之帶下毋厭髀上毋厭脇當無骨者[illegible]深衣之帶則下也今云提者當帶[illegible]
[illegible]文之帶且古人佩[illegible]深衣[illegible]須平常提奉故並可知也○曲禮

0009_0021-2

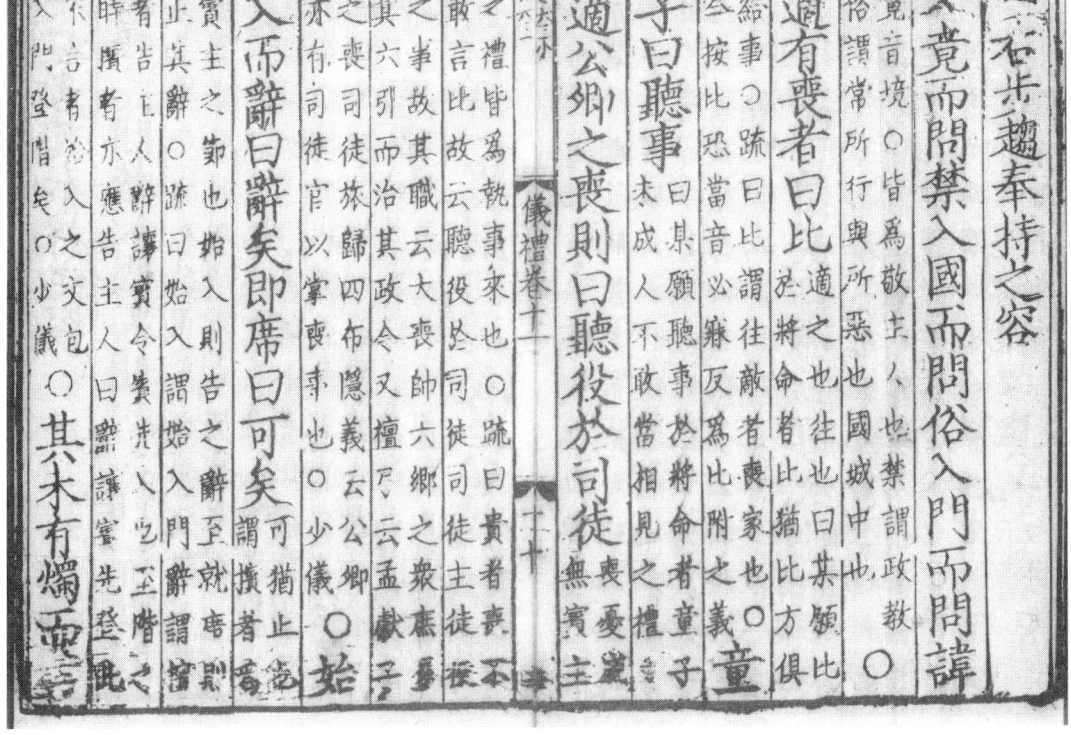

[illegible]不步趨奉持之容
竟而問禁入國而問俗入門而問諱
竟音境○皆爲敬主人也禁謂政教○俗謂常所行與所惡也國城中也
適有喪者曰比適之也往也曰其願比於將命者比猶比方俱
結事○疏曰比謂往敵者喪家也○今按比恐當音必寐反爲比附之義童
子曰聽事曰某願聽事於將命者童子未成人不敢當相見之禮[illegible]
適公卿之喪則曰聽役於司徒喪憂戚無賓主

儀禮卷十一　二十

0009_0022-1

之禮皆爲執事來也○疏曰貴者喪不敢言比故云聽役於司徒司徒主徒役
之事故其職云大喪帥六鄉之衆庶屬其六引而治其政令又檀弓云孟獻子
之喪司徒旅歸四布隱義云公卿亦有司徒官以掌喪事也○少儀○始
入而辭曰辭矣即席曰可矣可猶止也謂擯者[illegible]
賓主之節也始入則告之辭至就席則止其辭○疏曰始入謂始入門辭謂[illegible]
者告主人辭讓賓令集先入也至階之時擯者亦應告主人曰點讓客先登[illegible]
不言者從入之文包入門登階矣○少儀○其未有燭而有[illegible]

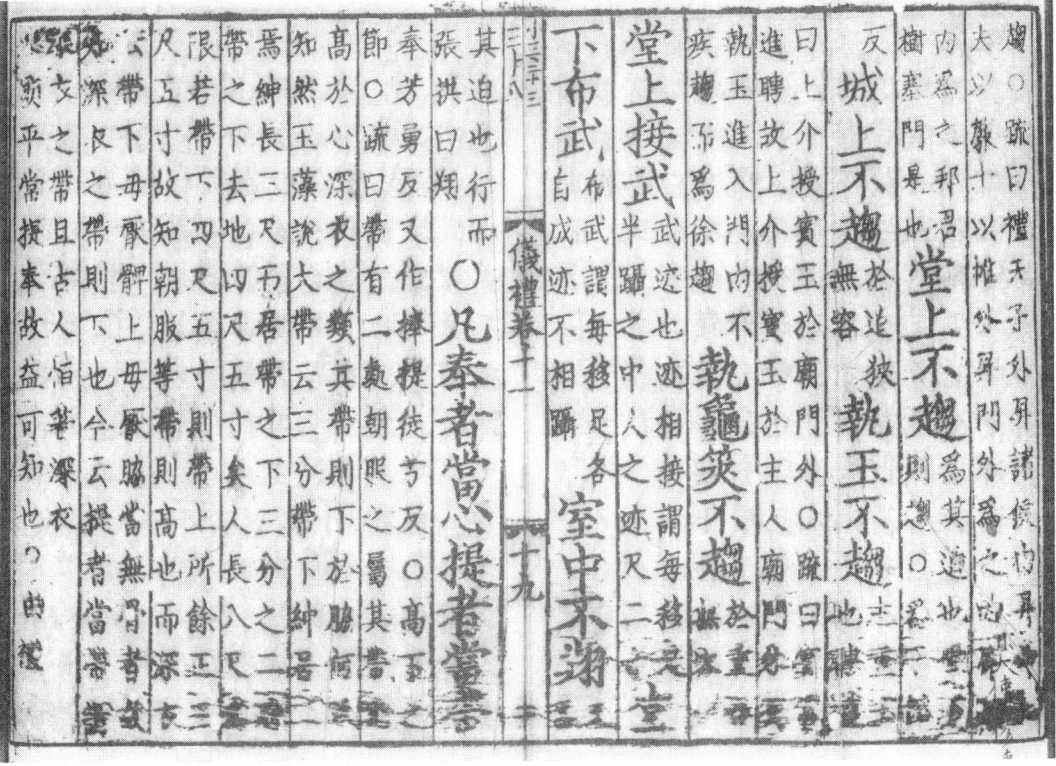

0009_0022-2

後至者則以在者告道者亦然道音導○爲其不見意欲知之也師冕見及階子曰階也及席子曰席也皆坐子告之曰某在斯某在斯○爲于僞反○少儀○問品味曰子亟食於其乎問道藝曰子習於某乎子善於某乎亟去冀反○亟數也猶常也不斥人諫也道三德三行也藝六藝○三德三行六藝並見學制○少儀○儗人必於其倫儗魚起反○儗猶比也倫猶類也比大夫當於大夫比士當於士不以其類則有所褻

儀禮卷十一　二十一

0009_0023-1

問天子之年疏曰此謂幼少新立之主或遠方異域至者問朝廷之臣下國君倣此對曰聞之始服衣若干尺矣既不敢言年又不敢斥至尊所能然又不言見但云聞之倣遜而不敢斥所以爲恭也問國君之年長曰能從宗廟社稷之事矣幼曰未能從宗廟社稷之事也問大夫之子長曰能御矣幼曰未能御也問士之子長曰能典謁矣幼曰未能

0009_0023-2

典謁也問庶人之子長曰能負薪矣幼曰未能負薪也長丁丈反下同○皆言其能則長幼可知御猶主也書曰越乃御事謂主事者謁請也謂能擯贊出入以事請告也禮四十強而仕五十命爲大夫○問國君之子長幼長則曰能從社稷之事矣幼則曰能御未能御御謂御事問大夫之子長幼長則曰能從樂人之事矣幼則曰能正於樂人未能正

儀禮卷十一　二十二

0009_0024-1

於樂人正樂政也謂幼者習樂未成但聽政令於樂人周禮大司樂以樂德樂舞教國子問士之子長幼長則曰能耕矣幼則曰能負薪未能負薪士祿薄子以農事爲業○少儀○君使士射不能則辭以疾言曰某有負薪之憂射者所以觀德唯有疾可以辭也使士射謂以備耦也憂或爲疾○疏曰射法每兩人爲耦對以決勝負名之曰耦負薪之憂言言疾病氣劣方恐不能負薪故不能射謙詞也○問國君之富

0009_0025-1　0009_0024-2

數地以對山澤之所出問大夫之富曰
有宰食力祭器衣服不假問士之富以
車數對問庶人之富數畜以對數色主反下數
畜同畜許六反始養曰畜○皆在其所
制以多少對天子尊無與敵奄有四海
故非所問也宰邑士也食力謂民之賦
稅上士三命則得賜車馬副車隨命中
士乘棧車無副車也○弔喪弗能賻不問其所費
問疾弗能遺不問其所欲見人弗能館

二三五八　仪礼十一　二十三　正

不問其所舍賜人者不曰來取與人者
不問其所欲賻音附公羊傳曰錢財曰賻穀梁傳曰歸生者曰賻
貴芳味反遺于季反○皆為傷恩也見
人見行人館舍也與人不問其所欲已
物或時非其所欲辦不與也○國君去其國止之曰
奈何去社稷也大夫曰奈何去宗廟也
士曰奈何去墳墓也皆民臣毅勵之言○跡曰大夫士之
去謂如三諫不從或以非見黜○在朝言禮問禮對以

0009_0026-1　0009_0025-2

禮朝直遙反下同○朝謂君臣謀政事之處於朝廷言無所不用禮輟
朝而顧不有異事必有異慮心不正志不在君輟
猶止也顧謂迴顧故輟朝而顧君子謂之固固謂
不達於禮在官言官在府言府在庫言庫在
朝言朝唯君命所在就展省之也官謂板圖文書之處府謂寶藏貨賄
之處庫謂車馬兵甲之處朝謂君臣謀政事之處也朝言不及犬
馬非公議也公庭不言婦女非其時也公事不私

八四二三八　仪礼十一　二十四　正

議嫌若姦也○朝廷曰退近君為進○言朝廷之中若欲散
還則稱曰退下句放此燕遊曰歸禮褻主於家也師役曰
罷罷音皮○罷之言罷勞也春秋傳曰師還曰罷○少儀○今按易曰或鼓
或罷與史記將軍罷休就舍之罷亦同注引春秋傳疏以為用何休注傳無此
文也○賀取妻者曰某子使某聞子有客
使某羞取七喻反○謂不在賓客之中使人往者羞進也言進於客古者
謂侯為進其禮羞壹酒束脩若犬也不斥主人○今按記曰昏禮不賀人之序

0009_0026-2

也而此云然者蓋娶妻而但稱有喪爾不言○望柩不歌入臨不翔臨如字翔力鳩反○哀傷之無容樂當食不歎食或以樂非歎所○疏曰人召吉食則有樂賤者則無故云或也適墓不歌非樂所哭日不歌哀未忘也執紼不笑臨樂不歎臨祭不惰爲無神也○爲去聲○今按無神謂不神在也

居喪不言樂祭事不言凶

右言語之禮○傳魏中山舍人倉唐

0009_0027-1

使文侯召倉唐而見之曰擊無恙使色吏反見賢遍反倉唐曰唯唯如是者三乃曰君出太子而封之國君名之非禮也文侯怵然爲之變容問曰子之君無恙乎怵尺律反爲于僞反倉唐曰臣來時拜送書於庭文侯指顧左右曰子之君長孰與是倉唐曰禮擬人必以其

0009_0027-2

倫諸侯無偶無所擬之曰長大孰與寡人倉唐曰君賜之外府之裘則能勝之賜之斥帶則不更其造勝音升更音庚

○晉獻文子成室晉大夫發焉文子趙武也作室成晉君獻之謂賀也諸大夫亦發禮以往張老曰美哉輪焉美哉奐焉輪起倫反奐本亦作煥○心譏其奢也輪輪囷言高大奐言衆多○疏曰春秋外傳曰趙文子爲室斲其椽而礱之張老諫之是也歌於斯哭於斯聚國族於斯言此者欲防其後復爲祭祀死喪燕會於此足矣文子曰武

0009_0028-1

也得歌於斯哭於斯聚國族於斯是全要領以從先大夫於九京也北面再拜稽首要一遥反○全要領者免於刑誅也晉卿大夫之墓地在九原京蓋字之誤當爲原君子謂之善頌善禱善頌謂張老之言善禱謂文子之言○禱求也○檀弓

0009_0028-2

飲酒爲獻主者執燭抱燋客作而辭然後以授人燋側角反又子約反或音在遥反○爲肯言也云人疏執燭敬賓示不倦也言獻主者容君使宰夫也未爇曰燋○爇人悦反()號曰凡飲酒主人自獻賓若尊卑不敵則使宰夫爲主人以獻賓故云爲獻主也執燭不讓不辭不歌以燭繼晝禮殺○殺色戒反○疏曰禮賓主有讓及更相辭謝及各歌詩相顯德今既夜莫所以殺於三事○凡羞有湇者不以齊湇起及反○齊和也○疏曰賀瑒云

儀禮卷十　二十七

0009_0029-1

凡湇皆謂大羹大羹不和也爲君子擇葱薤則絶其本末爲于僞反薤户戒反○爲有萎乾○萎於危反乾音干○疏曰擇不得去萎乾羞首者進喙祭耳喙許穢反○耳出見也○見賢遍反○疏曰若牲羞有牲頭者則進口以嚮尊者尊者若祭先取牲耳祭之也羊之肺離而不提心提丁禮反○提猶絶也刲離之不絶中央少者使易絶以祭耳尊者以酌者之左爲上尊尊者設尊者也酌者鄉尊其左則右尊也○疏曰人君燕尊在東楹之西

0009_0029-2

在南北列之設尊之人在尊西嚮東以右爲上則尊以南爲上也酌謂酌酒人也酌人在尊東西面以左爲上亦上南也二人俱以南爲上也庾云燕禮司宮尊于東楹之西兩方壺左玄酒南上注玉藻云唯君面尊玄酒在南順君之面也下云公席阼階上西鄉下又云執冪者升自西階立于尊南北面東上案左玄酒南上之言是設尊者東鄉酌者西鄉設者之右則酌者之左也○今按設尊之法鄉飲酒云玄酒在西鄉射云左玄酒而鄭注云設尊者北面西曰左即此所謂尊者以酌者之左爲上尊者蓋言設尊之人方其設時即須度酌酒人

儀禮卷十一　二十八

0009_0030-1

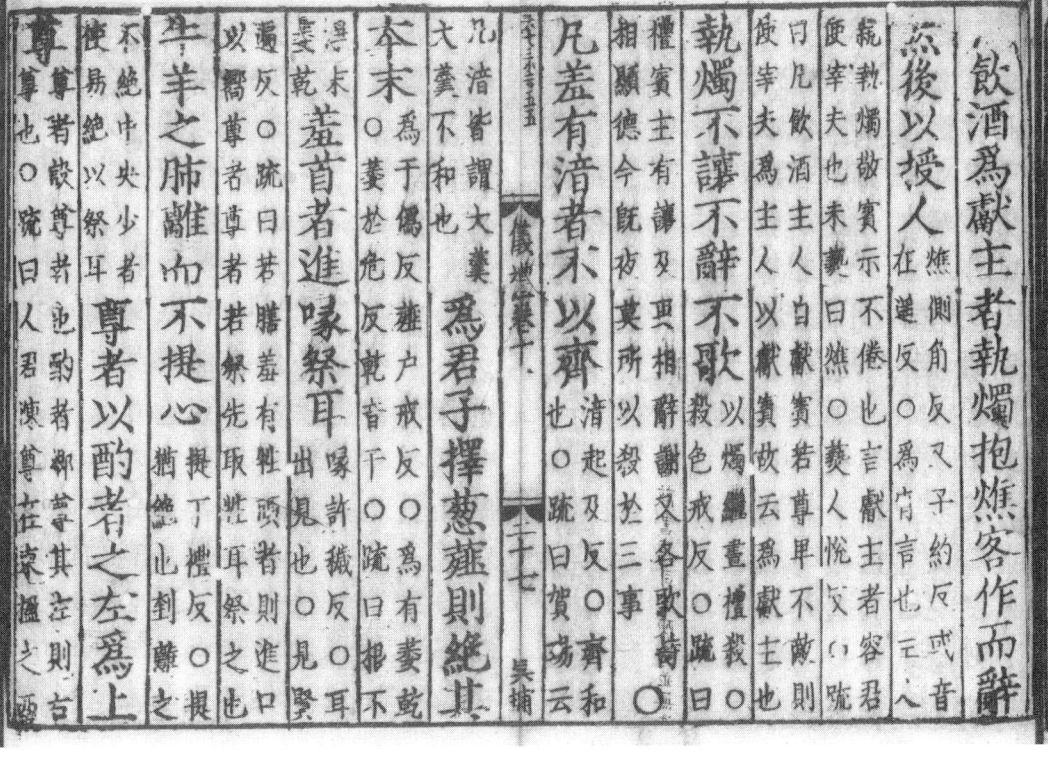

之左尊而實以玄酒也若據燕禮則設尊者西面而左玄酒南上公乃即位於阼階上則酌者不得背公自當東面以酌而上尊乃在其右矣故此經所云以爲爲鄉飲鄉射而言則可以爲爲燕禮而言則正與之反今鄭注既不分明庾孔又皆引燕禮而反謂酌者西面其辟矣甚矣惟賈疏以爲據君面以左爲尊者得之今詳見其本篇尊壺者面其鼻鼻在面中言鄉人也○凡洗必盥先盥乃洗爵允自潔也盥有不洗也○未步爵不嘗羞步行也○少儀○柄尺不跪互有柄長尺則

進之○掌子職○取俎進俎不坐以其有足亦柄大之
類○少儀○飲酒者機者醮者有折俎不坐
機其記反醮子笑反折之設反○折俎尊徹之乃坐也已沐飲曰機酌始冠曰
醮○疏曰案鄉飲酒燕禮有折俎者皆不坐然云機者醮者不坐者以二者綴
折俎之時則得坐嫌畏有折俎亦坐故特明之○少儀○其有折
俎者取祭反之不坐燔亦如之燔音煩○亦爲
有足柄尺之類折俎折骨於俎也燔炙也鄉射曰賓奠爵于薦西興取肺坐絶

六四六三　仪禮十一　二十九　馬光

祭左手嚌之興加于俎坐帨手○捝兵命反嚌才細反帨本又作捝始鋭反○
疏曰折俎謂折骨於俎既有足柄尺之類故就俎取所祭肺立而取之升席坐
祭訖反此所祭之物加之於俎皆立而爲之故云取祭反之不坐唯祭時坐耳
燔亦如之者燔謂燔肉雖非折骨其肉在俎其取及祭反時皆亦不坐故云燔
亦如之尸則坐尸尊也少牢禮曰尸左執爵右兼取肝擩于俎鹽
振祭嚌之加于菹豆○疏曰前所引鄉射云興則知不坐此引少牢不云興故
知尸則坐也○少儀一室之人非賓客一人徹同事

合居者一人則當少者事賓客則各徹其饌也壹食之人一人
徹壹猶聚也爲赴事聚食也凡燕食婦人不徹婦人質不
備禮○玉藻○餕餘不祭父不祭子夫不祭
妻餕子閭反○今按禮君賜腥則執而薦之以爲榮若賜孰食則恐是餕餘
敢不以祭妻子雖卑於己然既沒祭以神道接之故亦不以祭也○諸
侯無故不殺牛大夫無故不殺羊士無
故不殺犬豕庶人無故不食珍故謂祭饗○疏

仪禮十一　三十　陳金

曰案膳夫王日一舉鼎十有二物謂大牢也玉藻云天子食日少牢朔月大牢
諸侯食日特牲朔月少牢則知大夫食日特豚朔月特牲士日食無文朔月特
豚故內則曰見子具視朔食注云天子大牢諸侯少牢大夫特豕士特豚是常
食有限不得踰越而大行人掌客諸侯待賓皆用牛公食大夫禮大夫食賓禮
亦用牛是有故乃得殺也○王制○君子不食圂腴圂與
豢同音患○周禮圂作豢謂犬豕之屬食米穀者也腴有似於人穢○疏曰腴
謂腸胃故鼎闕二也○少儀

0009_0032-2

右飲食之禮凡言賓主之事附相見禮侍食於君者附此禮
事長者附少儀其雜者附此篇
爲人祭曰致福爲己祭而致膳於君子
曰膳祔練曰告爲于僞反○此皆致祭祀之餘於君子也攝主
言致福申其辭也自祭言膳謙也祔練言告不敢以爲福膳也凡膳告
於君子主人展之以授使者于阼階之
南南面再拜稽首送反命主人又再拜

0009_0033-1

稽首使色吏反稽音啓○展省具也其禮大牢則以牛
左肩臂臑折九个少牢則以羊左肩七
个犆豕則以豕左肩五个大音泰臂亦作辟必豉反
臑奴報反又人於反个古賀反犆大得反○折斷分之个猶段也皆用左者右
以祭也不言臂臑因牛序之可知○疏曰禮得太牢則用牛膳周人牲體尚左
右邊已祭所以獻左也周貴肩故用左肩也九个者取肩自上斷折之至蹄爲
九段以獻之也臂臑謂肩脚也若禮得少牢者則膳羊左肩折爲七个不云臂

0009_0033-2

臑從上可知然並用上牲不升備鱐特太牢者惟牛少牢者唯羊也若祭唯特
豕亦用豕左肩五个以爲膳也○其以乘壺酒束脩一
犬賜人若獻人則陳酒執脩以將命亦
曰乘壺酒束脩一犬乘繩證反○陳重者執輕者便也乘
壺四壺也酒謂清也糟也不言陳犬或無脩者牽犬以致命也於卑者曰賜於
尊者曰獻○便婢面反下同糟早勞反○疏曰四馬曰乘故知乘壺爲四壺案
脩十脡脯也泲酒曰清不泲曰糟陳列也酒重脯輕陳列重者於門外而執輕

0009_0034-1

者入以將命其以鼎肉則以將命鼎肉謂牲體已解可
升於鼎其禽加於一雙則執一雙以將命
委其餘加猶多也○疏曰委其餘陳於門外也犬則執緤
守犬田犬則授擯者既受乃問犬名牛
則執紖馬則執靮皆右緤息列反守手又反紖丈引反
靮丁曆反○緤紖靮皆可以繫制之者犬有三種一曰守犬二曰田犬三曰食
犬守犬田犬問名畜養者當呼之名謂若韓盧宋鵲之屬右之者執之右

0009_0034-2

便也臣則左之異於衆物臣謂囚俘車則說綏執以將命甲若有以前之則執以將命無以前之則袒櫜奉胄說又作脫又作稅同吐活反袒音但櫜音羔奉芳勇反胄直又反○甲鎧也有以前之謂它摯幣也櫜弢鎧衣也胄兜鍪也袒其衣出兜鍪以致命○鎧苦代反弢吐刀反兜丁侯反鍪莫侯反器則執蓋謂有表裏弓則以左手屈韣執拊韣音獨拊芳武反○韣弓衣也左手屈衣并於拊執之而右手執簫○并必政

0009_0035-1

反劍則啓櫝蓋襲之加夫襓與劍焉襲音襡夫音扶注同襓如遥反○櫝謂劍函也襲卻合之夫襓劍衣也加衣於函中而置劍於衣上夫或爲煩皆發聲○函音咸卻去畧反○疏曰蓋劍函之蓋也關函而以蓋卻合於函下底於蓋上加劍衣於函中而復以劍置衣上也○今按卻猶仰也笏書脩脯也苞苴弓茵席枕几熲杖琴瑟戈有刃者櫝句筴籥其執之皆尚左手苴子余反茵音因熲京領反又坰迥反○苞苴謂編束萑葦以

0009_0035-2

裹魚肉或它物也茵著褥也既夕禮云茵著用茶謂用茶著以著茵也須警枕也筴著也籥如笛三孔昔十六物也左手執上上陽也右手執下下陰也○編必綿反菅音姦葦于鬼反櫜音羔著音宁蓐音辱○疏曰皆尚左手往手而執之右手在下而承之刀卻刃授穎削授拊卻去畧反穎役頃反削音笑○卻仰也辟用時穎鐶也削曲刀也拊謂把○辟音避把音霸○疏曰授人以刀卻仰其刃授之以穎以削授人則以把授之凡有刺刃者以授人則辟刃刺七智七亦二反○辟刃不以正鄉

0009_0036-1

人也○辟匹亦反鄉許亮反○少儀○凡遺人弓者張弓尚筋弛弓尚角遺于季反○弓有往來體皆欲令其常由隤然順也遺人無時已定體則張之未定體則弛之○隤徒回反○疏曰弓之爲體以木爲身以角爲面筋在外面張之時曲來嚮內故遺人之時使筋在上弓身曲嚮其下其弛弓之時反張嚮外筋在曲內角在曲外今遺人之時角嚮其上弓形亦曲嚮下故鄭皆欲令其下曲隤然順也弓人云秋合三材冬定體此注云未定體則方合三材之時也右手執簫左手承弣弣音

0009_0036-2

撫○簫弭頭謂之簫簫邪也謂把中○弭亡婢反簫音蕭邪似嗟反把音霸
手執柎也○疏曰簫謂弓頭稍剡差邪似簫客羇之子執弓下頭以卻下左
手以承弓把弓把當中央而高兩頭頹下以授主人主人在左**尊卑垂**
帨帨佩巾也磬折則佩垂授受之儀尊卑一○今按此謂賓主雖或一尊一
卑然皆當磬折垂帨也**若主人拜**拜受也**則客還辟**
辟拜還音旋辟辟上扶亦反下音避○辟拜謙不敢當○疏曰還辟者逡
巡也不合拜者不執弓不得拜也**主人自受由客之左**

儀禮卷十一　三十五

0009_0037-1

接下承弣由從也從客之左若客尊之接下接客手下也承弣卻手
則執簫覆手與○覆芳服反○疏曰主人拜客既竟仍客左與客並以卻左手
接客左手之下而承弣又覆右手與弓下頭**鄉與客並然後**
受鄉云嚮○於堂上則俱南面禮敵者並授○疏曰言於堂上俱南面是嚮
明故也若不於堂上則未必南面當隨時便而俱嚮明云**進劍者左**
首左首尊也○疏曰進亦道也首劍拊環也不以末授人敬也嘗叔孫之圍
人欲殺公若僞不解禮而授之劍末以劍鋒末授之是不知禮也**進戈**

0009_0037-2

者前其鐏後其刃進矛戟者前其鐓在
困反舊子困反又作管反矛本也鐓又作錞徒對反○後刃敬也三兵鐏鐓雖
在下猶爲首銳底曰鐏取其鐏地平底曰鐓取其鐓地○疏曰戈鉤孑戟也如
戟而橫安刃但頭不嚮上爲鉤也直刃長八寸橫刃長六寸刃下接柄處長四
寸並廣二寸用以鉤害人也刃當頭而利者也鐏在尾而鈍者也矛如鋋而三
廉也戟今之戟也兩邊皆安橫刃長六寸中刃長七寸半橫刃下接柄處又長
四寸半並廣寸半鐓爲矛戟柄尾平底者也亦應並授不云左右而云前後者

儀禮卷十一　三十六

0009_0038-1

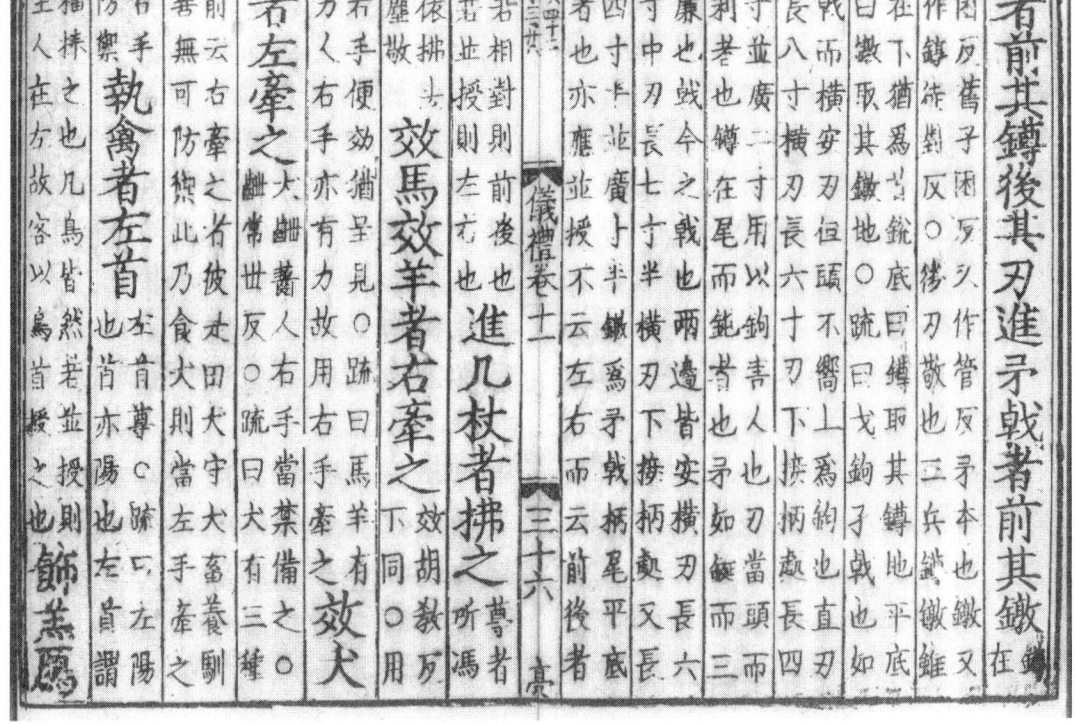

若相對則前後也若並授則左右也**進几杖者拂之**尊者所馮
依拂去塵敬**效馬效羊者右牽之**效胡教反下同○用
右手便防猶呈見○疏曰馬羊有力人右手亦有力故用右手牽之**效犬**
者左牽之犬齧齧人右手當禁備之○齧常世反○疏曰犬有三種
前云右牽之者彼是田犬守犬畜養馴善無可防禦此乃食犬則當左手牽之
右手防禦**執禽者左首**左首尊○疏曰左陽也首亦陽也左首謂
橫捧之也凡鳥皆然若並授則主人在左故客以鳥首授之也**飾羔鴈**

0009_0038-2

著以繢繢畫以布[illegible]
罿也畫[illegible]
見也士謂[illegible]云不大[illegible]
以其飾之以其不言繢者[illegible]
諸侯卿大夫畢故但用布也[illegible]
著以掬掬九六反○慎也掬手中[illegible]
曰珠玉寶重置在手中不以[illegible]
承之恐
墜落
受弓劒著以袂敬也○疏曰以
露手取之故用
衣袂
承接
○水潦降不獻魚鼈不饒
多也
獻鳥者佛其首爲其喙害人也佛戾也
蓋爲小竹籠以冒之
畜鳥者

大字五 小三四十 仪礼十一 三七 周景

0009_0039-1

則勿佛也畜養也
養則馴
獻車馬者執策綏獻甲者執胄獻杖者執末獻民虜者操右袂獻粟者執右契獻米者操量鼓獻孰食者操醬齊獻田宅者操書致胄直又
反操七
刀反契苦計反量音亮一音良斗斛也
齊一作齍同子兮反○凡操執者謂[illegible]
所舉以告者也設其大者率其小[illegible]
也甲鎧也胄兜鍪也民虜軍所獲也
契右袂劒之契要也右爲尊量鼓量
名○疏曰末者拄地頭也拄地不[illegible]

0009_0039-2

可觸人故執以自衛持頭以與人
渠豁之屬契謂兩書一札同而別之米
六米之等量是知斗斛之數鼓是量器
名也隱義云東海樂浪人呼容十二石
斛者爲鼓以量米故云量鼓獻米者執
器以呈之孰食蔥渫之屬醬齊爲食之
主若見芥醬必知獻魚鼈之屬也書致
謂圖書於板丈尺委曲書之而致於尊
者
也
凡以弓劒苞苴簞笥問人者簞音單
笥思嗣
反竹器也○問猶遺也簞笥
盛飲食者圓曰簞方曰笥
操以受命如使之容使色吏反
○謂使者
○酒肉之賜弗再

大字十二 小三百八十三 仪礼十一 三十八 吴元

0009_0040-1

拜輕也受重賜者拜受又拜於其室○
疏曰再猶重也酒肉輕故初賜至則
拜明日不重往拜
之○以上並曲禮

右問遺之禮

升車必正立執綏綏挽以上車之索也
范氏曰正立執綏則
心體無不正而誠意肅恭矣蓋君子莊
敬無所不在升車則見於此也
車中不內顧不疾言不親指內顧回視也
禮曰顧不過
轂三者皆失容且惑人此記
孔子升車之容也○論語
○國君不[illegible]

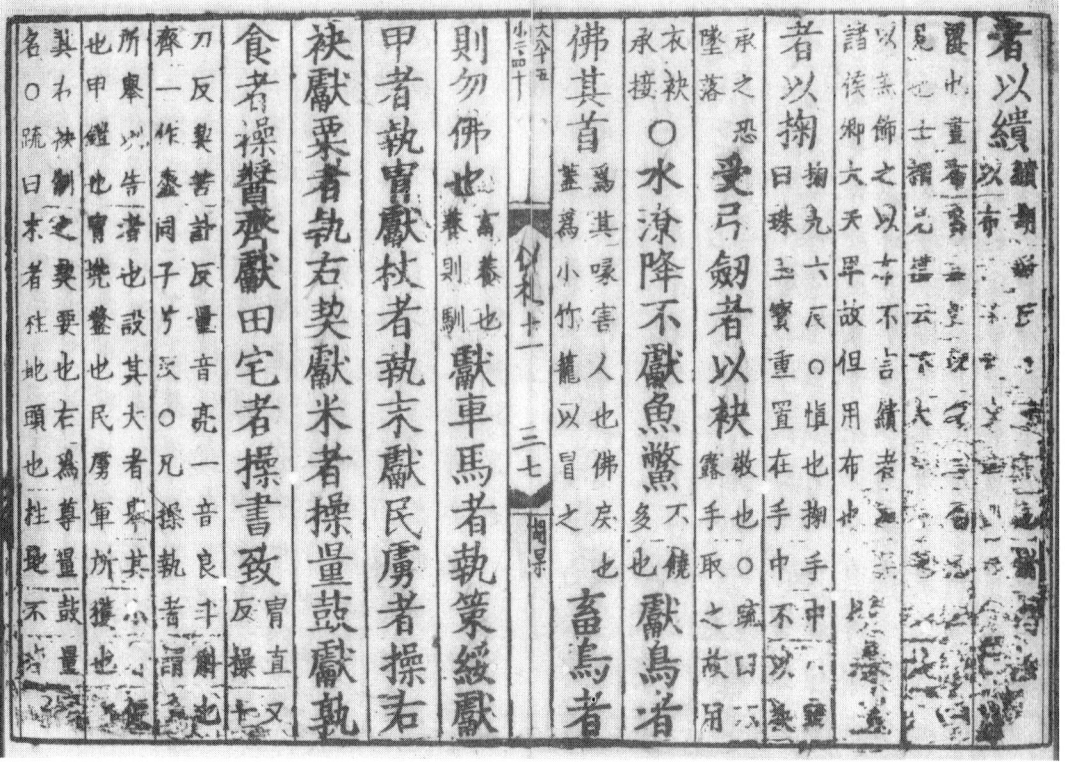

0009_0040-2

僕奇車奇居宜反奇邪不正之車何不如法之車○出入[illegible]也

衤捕衣之屬○疏曰擬車之形令之與疑是也衣車如鼈而長也漢揷帝之時

業臣下乘之車上不廣欬欬開代反○爲若自矜廣循弘也

不妄指爲惑衆立視五巂巂本又作嶲圭反○臣平切

也巂謂規也謂輪轉之度巂或爲槼○槼又作槼如揰反○疏曰車輪一周爲

一規乘車之輪高六尺六寸徑一圍三三六十八得一丈八尺又六寸爲一丈

八寸捴一規爲一丈九尺八寸五規爲九十九尺六尺爲步捴爲十六步半在

儀禮卷十一　三十九　吳仕

0009_0041-1

車上所視前十六步半也式視馬尾小俛顧不過轂爲掩

在後國中以策彗卹勿驅塵不出軌彗音遂卹

蘇沒反勿音沒驅如字又羌遇反○入國不馳彗竹帚卹勿搔摩也○搔素刀

反摩莫何反○疏曰入國不馳故不用鞭策但取竹帚帶葉者爲杖形如埽帚

故云策彗云卹勿者以策微近馬體不欲令疾也但僕搔摩之時其形狀卹勿

然○今按策彗疑謂策之彗若今時鞭末韋帶耳○鸞設於鑣

和設於軾馬動而鸞鳴鸞鳴而和應行

0009_0041-2

之節也鸞和皆鈴也○國君下齊牛式宗廟

齊側皆反○疏曰案齊右職注云王見牲則拱而式又引曲禮曰國君下宗廟

式齊牛與此大異熊氏云此文誤當以周禮注爲正大夫士下公

門式路馬○君子式黃髮自下齊牛以下皆敬考也髮白

變黃彌老下卿位尊賢也卿位卿之朝位也君出過之而上車入未至

而下車○疏曰卿位路門之內門東北面位出則過之而上車入則未到而下

車若迎賓客則樂師注云登車於大寢西階之前反降於阼階之前也或下卿

儀禮卷十一　四十　吳仕

0009_0042-1

位是諸侯禮樂師注是天子禮入國不馳愛人也馳善蘭人也○蘭

力丹反雷刺也一大蹴也○疏曰善猶好也蘭雷刺也若車馳則好雷刺人也

入里必式不誣十室○疏曰二十五家爲里里巷首有門十室之邑

必有忠信之人不可誣也故入里則必式而禮之爲敬也○國君撫

式大夫下之大夫撫式士下之撫猶據也據式

[illegible]俛崇敬也參車必正立

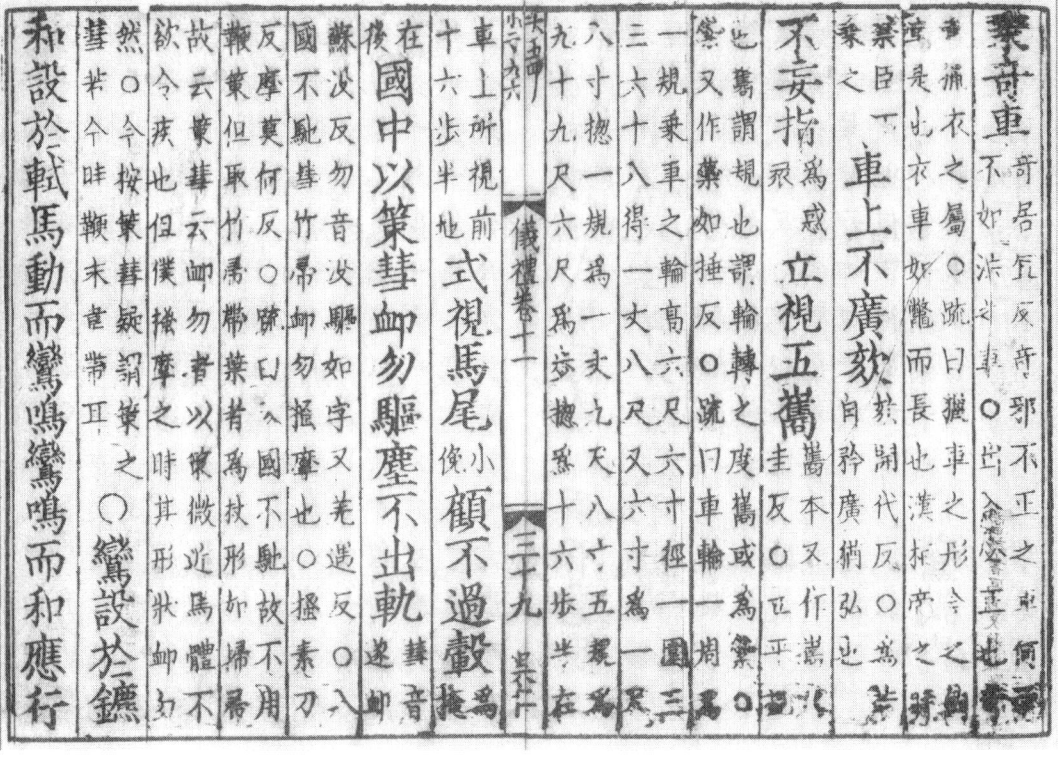

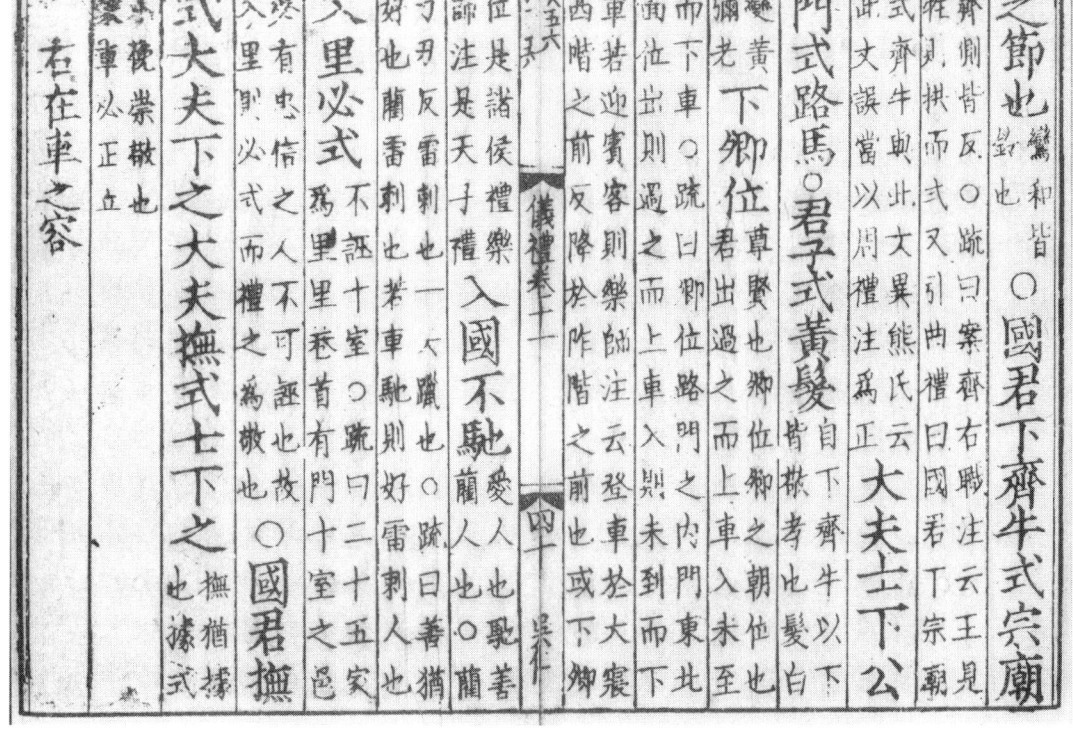

右在車之容

0009_0042-2

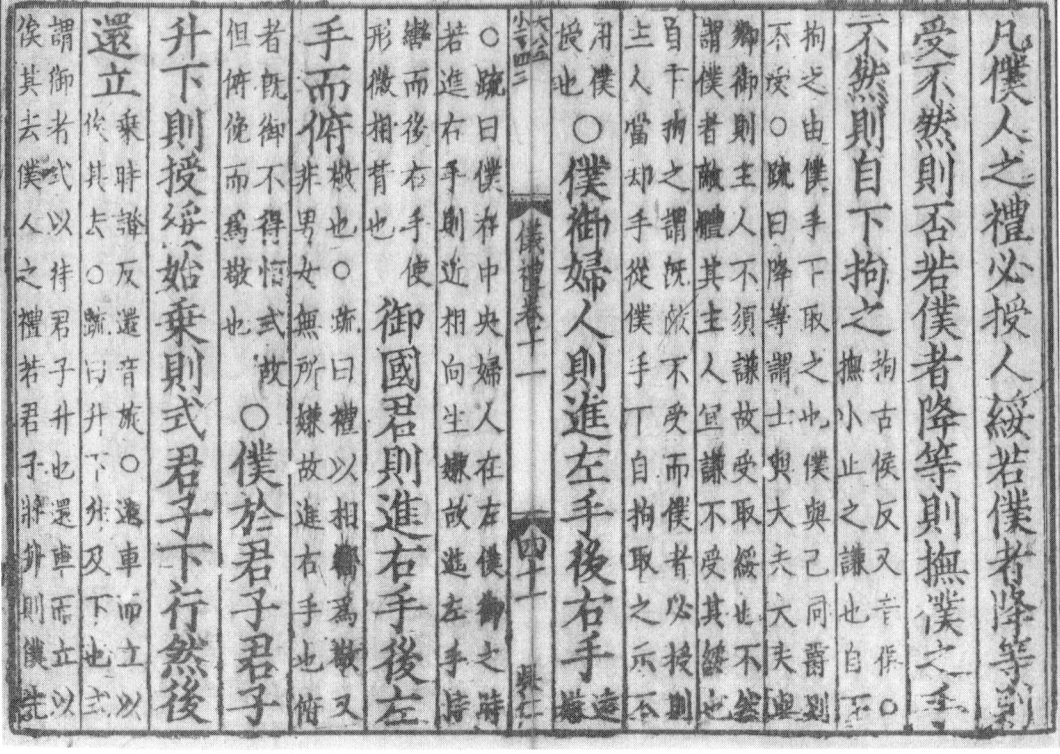

凡僕人之禮必授人綏若僕者降等則受不然則否若僕者降等則撫僕之手不然則自下拘之拘古侯反又音俱○撫小止之謙也自下拘之由僕手下取之也僕與己同爵則不受○疏曰降等謂士與大夫大夫與卿卿御則主人不須謙故受取綏也不答謂僕者敵體其主人宜謙不受其綏也自下拘之謂既敵不受而僕者必授則上人當却手從僕手下自拘取之示不用僕授也○僕御婦人則進左手後右手遠嫌

儀禮卷十一　四十一

0009_0043-1

○疏曰僕在中央婦人在左僕御之時若進右手則近相向生嫌故進左手持轡而後右手使形微相背也御國君則進右手後左手而俯敬也○疏曰禮以相變為敬又非男女無所嫌故進右手也俯者既御不得恒式故但俛俯而為敬也○僕於君子君子升下則授綏始乘則式君子下行然後還立乘時證反還音旋○進車而立以俟其去○疏曰升下升及下也式謂御者式以待君子升也還車而立以俟其去僕人之禮若君子將升則僕先

0009_0043-2

升君子下行則僕後下或曰君車將駕則僕執策立於馬前故君子將下車則僕亦下車立於馬前待君子下行乃更還車立以俟君去○少儀○君車將駕則僕執策立於馬前監駕且為馬行○疏曰周禮諸僕皆用大夫上為之策馬杖也別有人牽馬駕車而此僕則知車事者也恐馬奔走故自執馬杖立當馬前也已駕僕展軨軨歷丁反○展軨具視○疏曰展視也軨轄頭轊也駕竟僕則從車軨左右四面看視之也效駕白已駕奮衣由右上取貳綏上時掌反

儀禮卷十一　四十二

0009_0044-1

○奮振去塵也貳副也○疏曰綏登車索綏有二一是正綏擬君之升一是副綏擬僕右之升跪乘乘繩證反○未敢立敬也執策分轡驅之五步而立轡悲位反下同○調試之○疏曰轡御馬索也車有一轅而四馬駕之中央兩馬夾轅者名服馬兩邊名騑馬亦曰驂馬故詩曰兩服上襄兩驂鴈行每一馬有兩轡四馬八轡以驂馬內轡繫於軾前其驂馬外轡并夾轅兩服馬各二轡六轡在手登置兩手是各得三轡也分轡既竟驅之使行得五步止而僕倚立待君出也君出就車則僕并轡

0009_0044-2

授綬并必正反○車上僕所主○疏曰并轡授綬并六轡及策置一手中所餘一空手取正綬授與君令登車當右手并轡左手授綬轉身向後引君上也

左右攘辟辟音避又扶亦反○攘皇巨陪位侍駕者攘却也者攘古讓字○疏曰君已上車車欲進行左右侍者遷卻以避車使不妨車行也

車驅而騶至于大門君撫僕之手而顧命車右就車門閭溝渠必步騶仕救反○僕者執轡車行由僕故君欲駐車則抑止僕手也車右勇力之士備制非常者君

儀禮卷十一　四十三

0009_0045-1

行則陪乘君式則下步行○疏曰騶謂從者疾驅從車行也至大門車行至外門時也撫按止也君欲駐車故君抑止僕手顧回頭也就車謂君命勇力之士上車也車行有三人君在左僕在中央勇士在右初出門內未顧勇士勇士趨在車後今車行既至大門恐有非常故命車右上車門閭溝渠必步謂車右勇士之禮也步謂下車門閭下者以君式故也溝渠下者備傾覆也○執

君之乘車則坐執執轡謂爭之○君不在中坐示不行也○

僕者右帶劍負良綬申之面拖諸幦拖

0009_0445-2

[illegible]反司也又他佐反幦音覓○面前也[illegible]幦苓也良善也善綬君綏也負之由左[illegible]上入右腋下申之於前襮苓上也○力丁反腋音亦○疏曰僕即御者也者帶劍者帶之於腰右邊也帶劍之法在左以右手抽之便也今御者劍右帶者御人在中君在左若左帶劍則妨於君故右帶也君亦後升僕者在車背君而面向前取君綬由左腋下加右肩上綬從入右腋下申綬之末於面前拖猶引也苓車前蘭也亦名爲式綬申於面前而擲末於車前幦上也○今按下文始言以散綬升則是此時僕方在車下帶劍負綬而擲綬末於幦上君固未就

儀禮卷十一　四十四

0009_0446-1

車也及僕以散綬升之後君方出而就車此疏乃言君由後升僕者在車背君取綬而拖諸幦誤矣又疑綬制當是以索爲環而兩頭相屬故負之者得以[illegible]環於臂上君升則還身向後復以環繫幦和環處授君使君得以兩手執之而升者也處自左腋下過肩後各上至肩則合而出於右腋之中以繞於前而自垂下處

以散綬升執轡然後步[illegible]

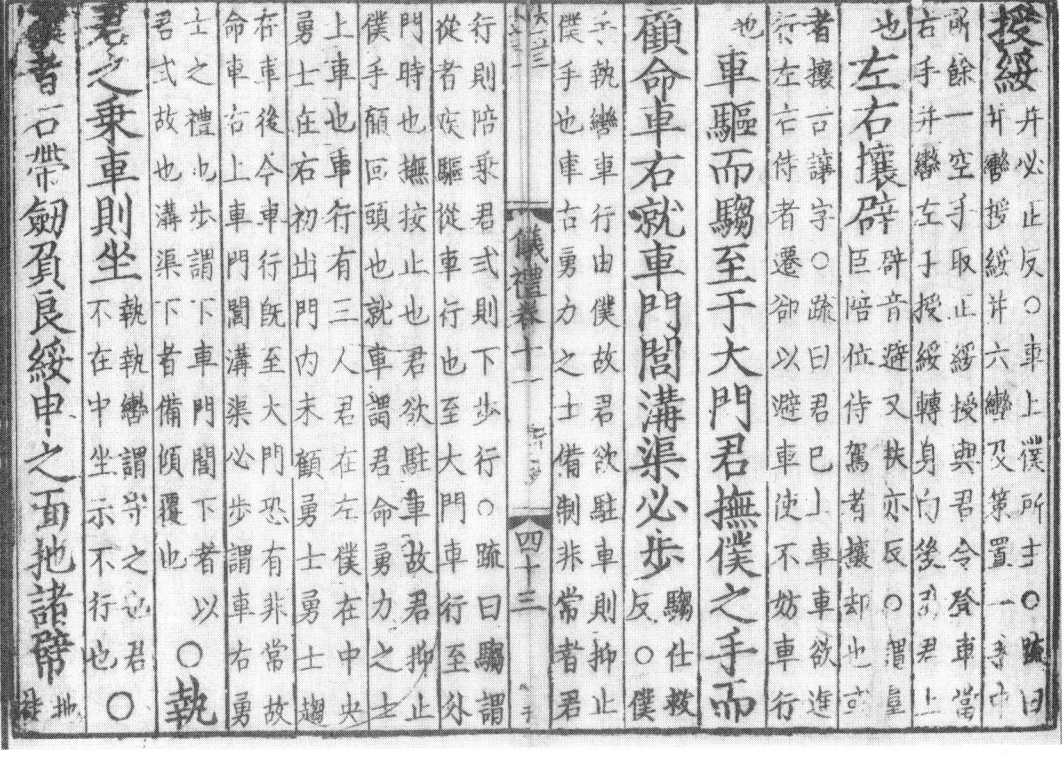

立待君至步行也○疏曰以散綬升謂初升時也散綬副綬也僕登車訖不得執君綬故執副綬而升也○以儀今按此與上條皆非專爲君御者之事

[illegible]鄉之人自當右帶綏欲授人自[illegible]
[illegible]之以升又當升時無人授己故但取
[illegible]綏以升乃僕之
[illegible]法汪疏皆誤
○酌尸之僕如君之
僕 當其爲尸則尊○疏曰尸之僕爲尸
御車之人將欲祭軾酌酒飲之如與
君之僕以其爲尸
則尊之似君也
其在車則左執轡右
受爵祭左右軌范乃飲 軌媿美反范音
犯○周禮大御
祭兩軹祭軌乃飲軌與軹於車同謂轊
頭也軌與范聲同謂軾前也○軹音旨
轊音衛軾音式○疏曰在車謂僕在車
中時也僕既主尸車故於車上執轡而

儀禮卷十一　四十五

受爵也尸位在左僕立在右故左執轡
右受爵祭酒也君僕亦然軌謂轂末范
亦作範僕受爵將飲則祭之於車左右
軌及前范也所以祭者爲其神助己不
使傾危故也乃飲者祭
遍乃自飲也○少儀

右僕御之禮

禮從宜 事不可常也○宜謂事之所宜
若男女授受不親爲禮而祭與
喪則相授 使從俗 亦事不可常也牲幣
器之類之屬則當從俗所出
禮器曰天不生地不養君子不以爲禮
鬼神不饗○使色吏反○俗謂彼國之

俗若魏李悝以吉服平齋齋裴
聦明以凶服弔魏蓋得此義 ○貧者
不以貨財爲禮老者不以筋力爲禮 禮
許
儉不非無也年五十始杖
八十拜君命一坐再至 ○介者不拜
爲其拜而蓌拜 爲于僞反蓌子卧反○
蓌則失容節蓌猶詐也
○疏曰蓌挫也戎容暨暨著甲而屈拜
則挫損其戎威之容也一云著鎧而拜
形容不足似詐也○今按蓌
猶言有所枝拄不利屈伸也 ○受立授
立不坐 由便○坐
亦跪也 性之直者則有之矣

儀禮卷十一　四十六

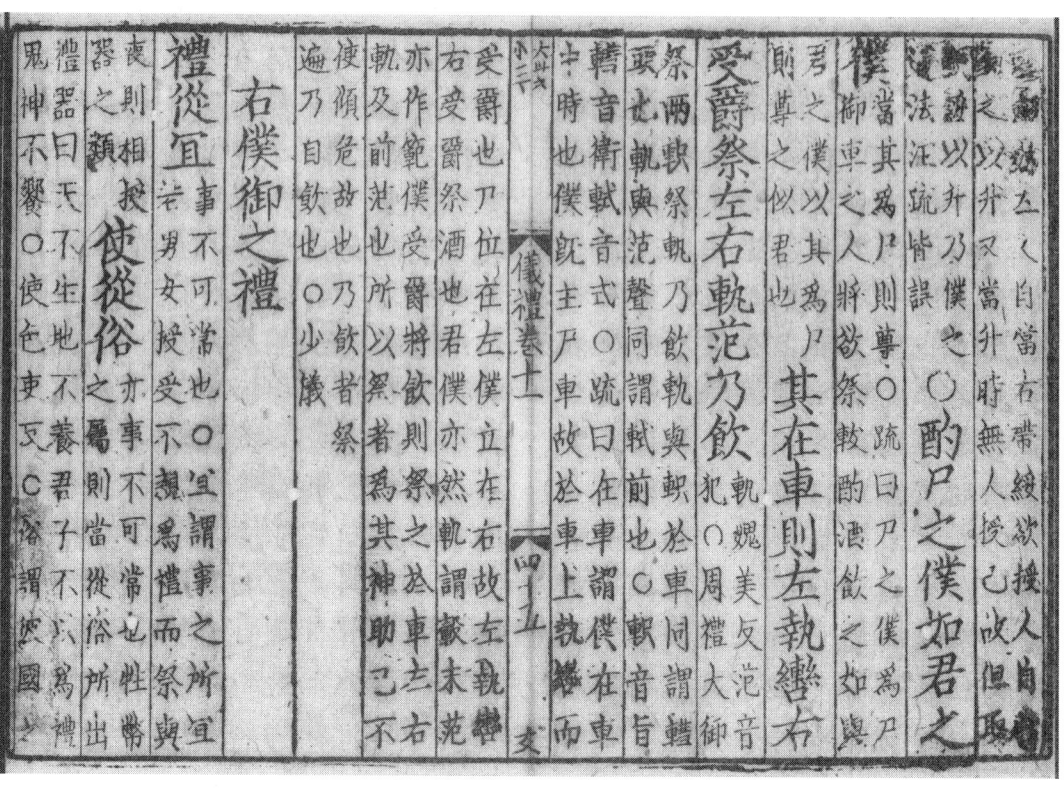

有之有跪者也謂受授於尊者而尊者
短則跪不敢以長臨之○少儀○按此
句文義皆未通恐是記失禮耳性
之直猶所謂直情而徑行者歟 ○凡
祭於室中堂上無跣燕則有之 跣悉典
反○祭
不跣者主敬也燕則有跣爲歡也天子
諸侯祭有坐尸於堂之禮祭所尊在室
[illegible]所尊在堂將燕降說屨乃升堂○疏
[illegible]凡祭謂天子至士悉然也天子諸侯
[illegible]有朝事延尸於戶外故坐尸於堂若
[illegible]大夫以下祭禮於室無坐尸於堂也
[illegible]燕禮也祭禮主敬故凡祭在室中者
[illegible]中不說屨堂上亦不敢說屨也

0009_0048-2

燕禮云賓及卿大夫皆說屨升就席則安坐而相親也○少儀
右從冝○晏子聘魯上堂則趨授玉
則跪上時掌反子貢怪之問孔子曰晏子
知禮乎孔子曰其有方矣我將問焉
俄而晏子至孔子問之晏子對曰夫
上堂之禮君行一臣行二今君行疾
臣敢不趨乎今君之受幣也卑臣敢

0009_0049-1

不跪乎孔子曰善禮中又有禮賜寡
使也何足以識禮使色吏反
登城不指城上不呼呼火故反號叫也○為惑人將
適舍求毋固謂行而就人館固猶常也求主人物不可以舊常或
將又無將入門問孰存存在也將上堂聲必
揚警內人也將入戶視必下戶外有二屨言
聞則入言不聞則不入○入戶奉扃視瞻

0009_0049-2

毋回下叶音虎闔音閉奉蒨孔反扃古螢反○瞻下干於人之私也視必
下不舉目也禮有鼎扃所以關鼎故關戶之木亦謂之扃奉扃謂以兩手當心
徐開戶如奉扃然不敢放手排闔也回猶轉廣有瞻視也戶開亦
開戶闔亦闔不以後來變先有後入者闔而勿
遂勿遂謂徐徐作闔勢示不拒人也離坐離立毋往參
焉離立者不出中間○離如字參倉含反離兩也參參與之
為三也非但不往參其坐立亦不行岀其中間皆為干人私也損人必

0009_0050-1

違其位禮以變為敬○跪曰撫禮君降揖爾卿大夫鄭注云爾近也是
君臣皆須然也○執虛如執盈入虛如有人重慎
儀○少○並坐不橫肱肱古弘反為害旁人○授立
不跪授坐不立為煩尊者俛仰受之
右雜記○傳孟子既娶將入私室其
婦袒而在內孟子不悅遂去不入婦
辭孟母而求去曰妾聞夫婦之道私

室不與焉今者妾竊墮在室而夫子
見妾勃然不悅是客妾也婦人之義
蓋不客宿請歸父母孟母召孟子而
謂之曰夫禮將入門問孰存所以致
敬也將上堂聲必揚所以戒人也將
入戶視必下恐見人過也今子不察
於禮而責禮於人不亦遠乎孟子謝
遂留其婦君子謂孟母知禮而明於姑

母之道列女傳

右曲禮凡十一章○傳正考父鼎曰家語云宋湣公熙生弗父何何生宋父周周生世子勝勝生正考父正考父生孔父嘉其後以孔為氏也孔父生木金父金父生皐夷父奚父生防叔防叔辟華氏之禍而奔魯生伯夏伯夏生梁紇梁紇即生孔子也佐戴武宣三人皆宋君三命茲益

共共音恭○三命上卿也言位高益共故其鼎銘云考父廟之鼎一命而僂再命而傴三命
而俯僂力主反傴紆甫反○俯共於傴傴共於僂循牆
而走走叶音祖○言不敢安行亦莫余敢侮侮亡甫反○其共如是人亦不敢侮慢之饘於是鬻於是
以糊余口饘之然反鬻之六反孫炎云淖糜也餬音胡口叶音苦○於是鼎中為饘鬻餬其口言至儉其共也如

是○諸侯從劉康公成肅公會晉
侯伐秦劉康公王季子成子受脤于社不
敬脤市軫反○脤宜社之肉也盛以脤器故曰脤宜出兵祭社之名○盛音成劉子曰吾聞之民受天地
之中以生所謂命也是以有動作
禮義威儀之則以定命也能者養
之以福養威儀以致福不能者敗以取禍

0009_0052-2　0009_0053-1

是故君子勤禮小人盡力勤禮莫
如致敬盡力莫如敦篤敬在養神
篤在守業國之大事在祀與戎祀
有執膰盡津忍反下同膰音煩○膰祭肉戎有受
脤神之大節也交神之大節今成子惰
弃其命矣惰則失中和之氣其不反乎既
行成肅公卒于瑕○柯陵之會柯陵
鄭西地名會在魯成十七年晉厲公視遠步高
厲公晉成公之孫景公之子州蒲也視遠望視遠步高舉足高單
襄公曰單音善○襄公王卿士單朝之謚也夫君子
目以定體足以從之體手足也是以觀
其容而知其心矣心不固則容不正目以
處義義宜也足以步目今晉侯視遠
而足高目不在體在存也而足不步

0009_0053-2　0009_0054-1

目其心必異矣目體不相從何以
能久夫合諸侯民之大事也於是
乎觀存亡故國將無咎其君在會
步言視聽必皆無謫則可以知德
矣明年晉弒厲公○晉孫談之子
周適周事單襄公談晉襄公之孫惠伯談也周者
談之子晉悼公之名晉自獻公用驪姬之譏詛不畜羣公子故孫周
適周事單襄公立無跛跛彼義反○跛偏任也視無
還還音旋○轉復反寫還聽無聳不聳耳而聽言
無遠遠謂非耳目所及也晉國有憂未嘗不
戚急其宗也有慶未嘗不怡慶福也怡悅也襄
公有疾召頃公而告之頃公襄公之子曰
必善晉周將得晉國其行也文行去
聲能文則得天地天地所胙小而

0009_0054-2

後國胙才素反○胙福也天之所福小則得國大則得天下且夫立無跛正也視無還端也聽無聳成也成竦也言無遠愼也爲晉休戚不背本也爲于僞反背音佩○休喜也被文相德非國何取相息亮反○被服文德又以四行輔助之非國何取言必得也及晉弑厲公迎而立之是爲悼公晉以復霸復扶又反○

0009_0055-1

衛侯在楚北宮文子見令尹圍之威儀言於衛侯曰令尹似君矣將有他志言語瞻視行步不常雖獲其志不能終也詩云靡不有初鮮克有終鮮上聲終之實難令尹其將不免公曰子何以知之對曰詩云敬慎威儀惟民之則令尹無威儀民無則焉

0009_0055-2

民所不則以在民上不可以終公曰善哉何謂威儀對曰有威而可畏謂之威有儀而可象謂之儀君有君之威儀其臣畏而愛之則而象之故能有其國家令聞長世聞音問臣有臣之威儀其下畏而愛之故能守其官職保族宜家順是以

0009_0056-1

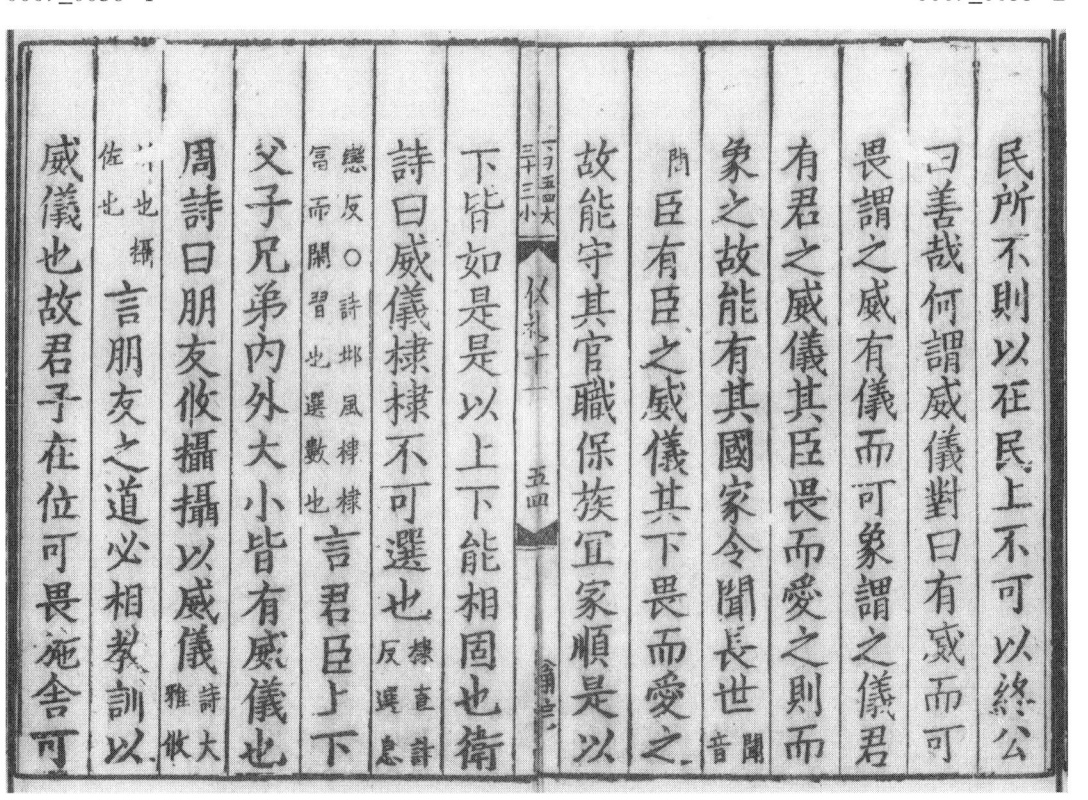

下皆如是是以上下能相固也衛詩曰威儀棣棣不可選也棣直計反選息戀反○詩邶風棣棣富而閑習也選數也言君臣上下父子兄弟內外大小皆有威儀也周詩曰朋友攸攝攝以威儀詩大雅攸所也攝佐也言朋友之道必相教訓以威儀也故君子在位可畏施舍可

愛進退可度周旋可則容止可觀
作事可法德行可象聲氣可樂動
作有文言語有章以臨其下謂之
有威儀也 樂音洛 明年令尹圍弑楚
子而自立是爲靈王後十三年楚
人弑之于乾谿○子贛由其家來
謁於孔子孔子正顔舉杖磬折而

立曰子之大親毋乃不寧乎放杖
而立曰子之兄弟亦得無恙乎曳
杖倍而行曰妻子家中得毋病乎
故身之倨佝手之高下顔色聲氣
各有宜稱所以明尊卑別疏戚也
贛之舌反 倨紀具反 佝公豆反 稱去聲 別彼列反

儀禮經傳通解卷第十一

0009_0060-2

0009_0061-1

儀禮經傳通解卷第十二

臣禮第二十一　學禮五

將適公所宿齊戒居外寢沐浴史進象笏書思對命齊側皆反○思所思念將以告君者也對所以對君者也命所受君命也書之於笏爲失忘也既服習容觀玉聲觀古亂反○玉佩乃出揖私朝煇如也登車則有光矣朝直遥反○私朝自大夫家之朝也揖其臣乃行○玉藻

右將朝○傳晉靈公不君趙宣子驟

諫公患之使鉏麑賊之晨往寢門闢矣盛服將朝尚早坐而假寐麑退歎而言曰不忘恭敬民之主也賊民之主不忠棄君之命不信有一於此不如死也觸槐而死麑五兮反朝直遥反○左氏宣公二年

0009_0061-2

0009_0062-1

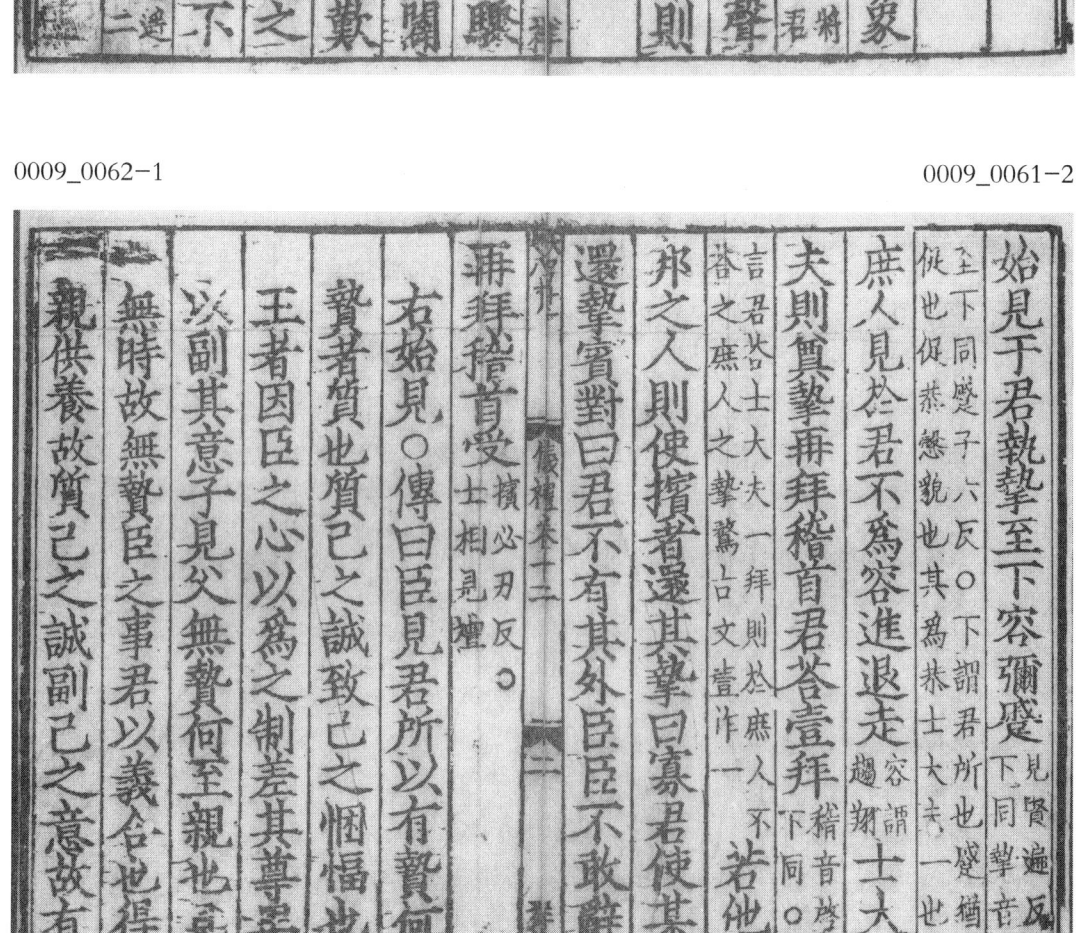

始見于君執摯至下容彌蹙見賢遍反下同摯音至下同蹙子六反○下謂君所也蹙猶促也促恭慤貌也其爲恭士大夫一也庶人見於君不爲容進退走容謂趨翔士大夫則奠摯再拜稽首君答壹拜稽音啓下同○言君答士大夫一拜則於庶人不答之庶人之摯鶩古文壹作一若他邦之人則使擯者還其摯曰寡君使某還摯賓對曰君不有其外臣臣不敢辭再拜稽首受擯必刃反○士相見禮

右始見○傳曰臣見君所以有贄何贄者質也質己之誠致己之悃愊也王者因臣之心以爲之制差其尊卑以副其意子見父無贄何至親也見無時故無贄臣之事君以義合也得親供養故質己之誠副己之意故有

0009_0063-1　0009_0062-2

一贄也贄音至烟苦本反愊拍逼反○白虎通

大夫士出入君門由闑右不踐閾臣統於君

闑門橛○曲禮上○入公門鞠躬如也如不容

鞠躬曲身也公門高大而若不容敬之至也立不中門行不

履閾閾于逼反○中門中於門也謂當棖闑之間君出入處也閾門限也

謝氏曰立中門則當尊行履閾則不恪過位色勃如也足

躩如也其言似不足者躩驅若反○位君之虛位謂門

大松汁沉　儀禮卷十二　三　葉

屏之間人君宁立之處所謂宁也君雖不在過之必敬不敢以虛位而慢之也

言似不足不敢肆也攝齊升堂鞠躬如也屏氣似

不息者齊音咨○攝摳也齊衣下縫也禮將升堂兩手摳衣使去地尺

恐躡之而傾跌失容也屏藏也息鼻息出入者也近至尊氣容肅也出降

一等逞顏色怡怡如也沒階趨翼如也

復其位踧踖如也陸氏曰趨下本無進字俗本有之誤也等

階之級也逞放也漸遠所尊舒氣解顏怡怡和悅也沒階下盡階也趨走就位

0009_0064-1　0009_0063-2

也復位踧踖敬之餘也○鄉黨○君命召雖賤人大夫

士必自御之御當為訝訝迎也君雖使賤人來必自出迎之尊君

命也春秋傳曰跛者御跛眇者御眇者訝也世人亂之○曲禮下○

凡君召以三節二節以走一節以趨節所

以明信輔君命也使使召臣急則持二緩則持一周禮曰鎮圭以徵守其餘未

聞也今漢使者擁節在官不俟屨在外不俟車趨君

命也必有執贄授之者官謂朝廷治事處也○疏曰在外謂其室及官者○玉

儀禮卷十二　四

藻○大夫士見於國君君若勞之則還

辟再拜稽首見賢遍反勞力報反還音旋辟婢亦反下同○謂見

君既拜矣而後見勞也聘禮曰君勞使者及介君皆荅拜君若迎拜

則還辟不敢荅拜迎拜謂君迎而先拜擁與君亢賓主之禮

之聘禮曰大夫入門再拜辟拜其辱○曲禮下

若朝禮○周襄王使宰孔賜齊侯胙

胙存故反○胙祭肉尊之比二王後曰天子有事于文

0009_0064-2

武有祭事也使孔賜伯舅胙天子謂異姓諸侯曰伯舅
齊侯將下拜孔曰且有後命天子使
孔曰以伯舅耋老加勞賜一級無下
拜耋從結反勞力報反○七十曰耋級等也對曰天威不
違顔咫尺咫諸氏反○言天監察不遠威嚴常在顔面之前八寸曰咫
小白余敢貪天子之命無下拜
小白齊侯名余身也恐隕越于下隕越顛墜也據天王居上

0009_0065-1

故言恐顛墜二下以遺天子羞敢不下拜下
拜登受遺于季反○拜堂下受於堂上○左氏傳公九年
孔子曰拜下禮也今拜乎上泰也雖
違衆吾從下○孔子曰事君盡禮人
以爲諂也論語
凡侍於君紳垂足如履齊頤霤垂拱視
下而聽上視帶以及祫聽鄉任左齊

0009_0065-2

音齊霤力救反袷居業反鄉許亮反○垂則磬折也齊裳下緝也祫交領也
疏曰紳大帶也身直則帶倚磬折則帶垂足如履齊者身折則裳前下緝委地
故行則足當如踐履裳下也頤霤者屋簷身俯故頭臨前垂頤如屋霤垂拱者
手抱身俯則宜手沓而下垂也視下者視高則傲故下瞻聽上謂聽尊者語宜
諦聽故仰頭而面鄉上以聽之視帶及祫視君之法下不過帶高不過祫聽鄉
任左鄭注少儀曰立者尊右則坐者尊左也侍君之時君坐故侍者在右是以
聽鄉皆以左爲任也此謂臣以左耳近君故云任左○玉藻○[illegible]

0009_0066-1

自左詔辭自右自由也謂爲君詔辭爲君傳命也立者尊右
少儀○凡燕見于君必辯君之南面若不
得則正方不疑君見賢遍反下同○辯猶正也君南面則臣
見王北面君或時不然當正東面若西面不得疑君所處邪鄉之此謂特
闕事非士賓主之燕也疑度之○疏曰此位言君之面位正南臣北面鄉之若
不得南面或君東西面則臣亦正方鄉之不可預度君之面位邪立度之與
燕義燕禮立賓主之燕則是特見圖事之辭并賓反見之燕故此面位無常

0009_0067-1　　0009_0066-2

法也君在堂升見無方階辯君所在升見升堂見於君也君近東則升東階君近西則升西階○疏曰此亦謂反燕及圖事之法若立賓主君升自阼階賓及主人升自西階燕禮所云是也○士相見禮

○侍坐則必退席不退則必引而去君之黨引卻也黨鄉之細者退謂旁側也辟君之親黨也○疏曰退席退就側席也不退謂旁無别席可退或雖有别席君不命之使退則必引而去離君之親黨在君之側黨之下而坐也登席不由前爲躐席

大公六 小二百七十五　儀禮卷十二　七

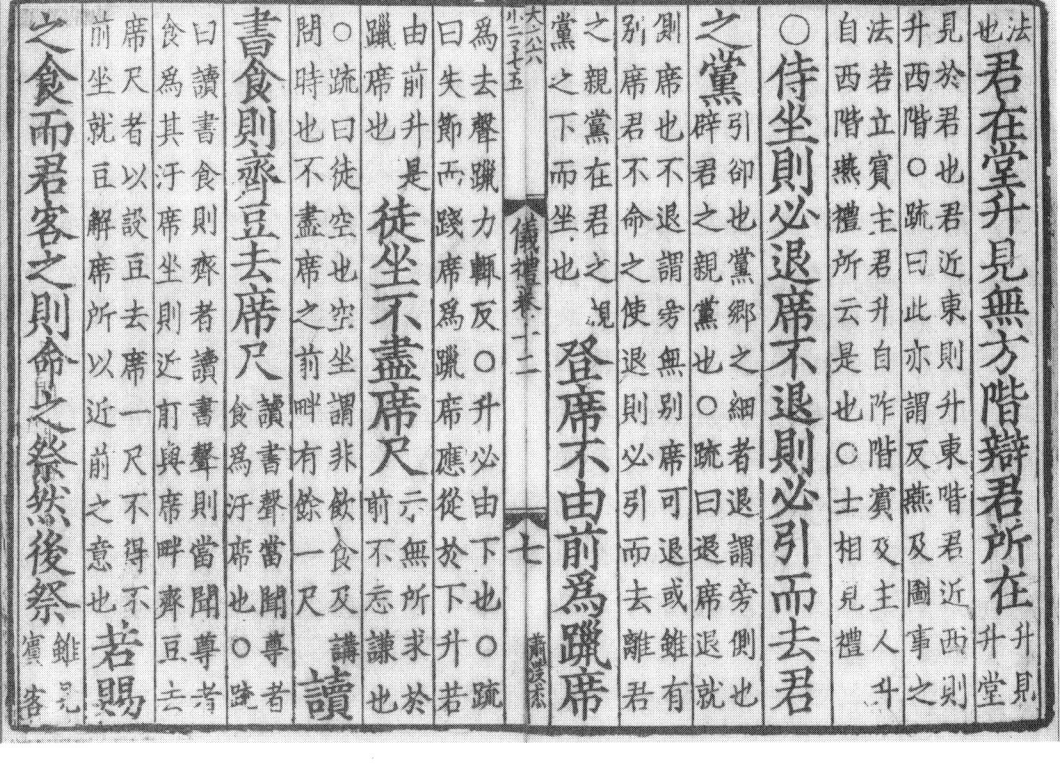

爲去聲躐力輒反○升必由下也○疏曰失節而踐席爲躐席應從於下升若由前升是躐席也徒坐不盡席尺示無所求於前不忘謙也○疏曰徒空也空坐謂非飲食及講問時也不盡席之前畔有餘一尺讀書食則齊豆去席尺讀書聲當聞尊者食爲汙席也○疏曰讀書食則齊者讀書聲則當聞尊者食爲其汙席坐則近前與席畔齊豆去席尺者以設豆去席一尺不得不前坐就豆解席所以近前之意也若賜之食而君客之則命之祭然後祭雖見賓客

0009_0068-1　　0009_0067-2

猶不敢備禮也侍食則正不祭○疏曰祭祭先也禮敵者共食則先祭若降等之客則後祭若臣侍君而賜之食則不祭若賜食而君以客禮待之則得祭雖得祭又先須君命之祭後乃敢祭也先飯辯嘗羞飲而俟飯扶晚反下同辯音遍○俟君食而後食也君將食臣先嘗之忠孝也○疏曰先飯辯嘗羞者飯食也謂君未食而臣先食徧嘗羞膳也飲而俟者禮食未飧必先啜飲以利滑喉中不令澁噎君既未飧故臣亦不敢飧而先嘗羞嘗羞畢而歠飲以俟君飧臣乃敢飧若有嘗羞者則俟君之

大四十二 小三百廿七　儀禮卷十二　八

食然後食飯飲而俟不祭侍食不敢備禮也不嘗羞膳宰存也飯飲利將食也○疏曰若有嘗羞者此謂臣侍食得賜食而非君所客者也既不得爲客故不得祭亦不得嘗羞則君使膳宰自嘗羞故云有嘗羞者也飯飲者飲之也雖不嘗羞亦先飲飲則利喉以俟君也君命之羞羞近者辟貪味也○疏曰雖君已食己乃後食而猶未敢食羞故又須君命雖得君命又猶未自專嘗先食近其前者一種而止也命之品嘗之然後唯所欲品猶遍也既未敢越必先徧嘗之○疏曰

爵多食故勞又命猶而已乃適嘗之後則隨己所欲不復以第也凡嘗
遠食必順近食從近始也○疏曰客與不客悉徧如此故云凡
順近食燈貪味也君未覆手不敢飧飧音孫下同○覆手
以循咀已食也飧勸食也○疏曰飧謂以飲澆飯於器中也禮食竟更作三飧
以勸助令飽實使不虛也君既食又飯飧不敢先君飽○疏曰
既循竟也君食竟而又飧則臣乃敢飧飯飧者三飯也臣勸
君食加是可也○疏曰三飯並謂飧也君既徹執飯與醬

大八十　二五八　儀禮卷十二　九

乃出授從者從才用反○食於尊者之前當親徹也○疏曰飯已
也徹徹饌也飯醬是食之主此食已之饌也君饌已徹則臣乃自徹己饌以授
從者若君與己禮食則但親徹之不敢授己之從者也凡侑食不盡
食食於人不飽謙也君若賜之爵則越席再
拜稽首受登席祭之飲卒爵而俟君卒爵
然後授虛爵不敢先君盡爵○疏曰飲卒爵而俟君卒爵然後授虛爵
者侯君飲盡已乃授虛爵與相者也必在君前先飲者亦示其驗者先即事後授虛

爵者示不敢先君盡爵然此謂朝夕者始得賜爵若其大禮則君先飲而
臣後飲此經先再拜稽首而後受燕受而後再拜與此不同者燕禮大飲
法故先受爵而後與爵再拜此經據朝夕侍君而得賜爵故再拜而後受君
子之飲酒也受一爵而色洒如也洒先典反
○洒如肅敬貌洒或為察二爵而言言斯言息斤反○言言和
敬貌斯猶耳也禮已三爵而油油油油說敬貌以退
禮飲過三爵則敬殺可以去矣○疏曰臣侍君小飲之禮唯止三爵故春秋傳

大十　二六九　儀禮卷十二　十

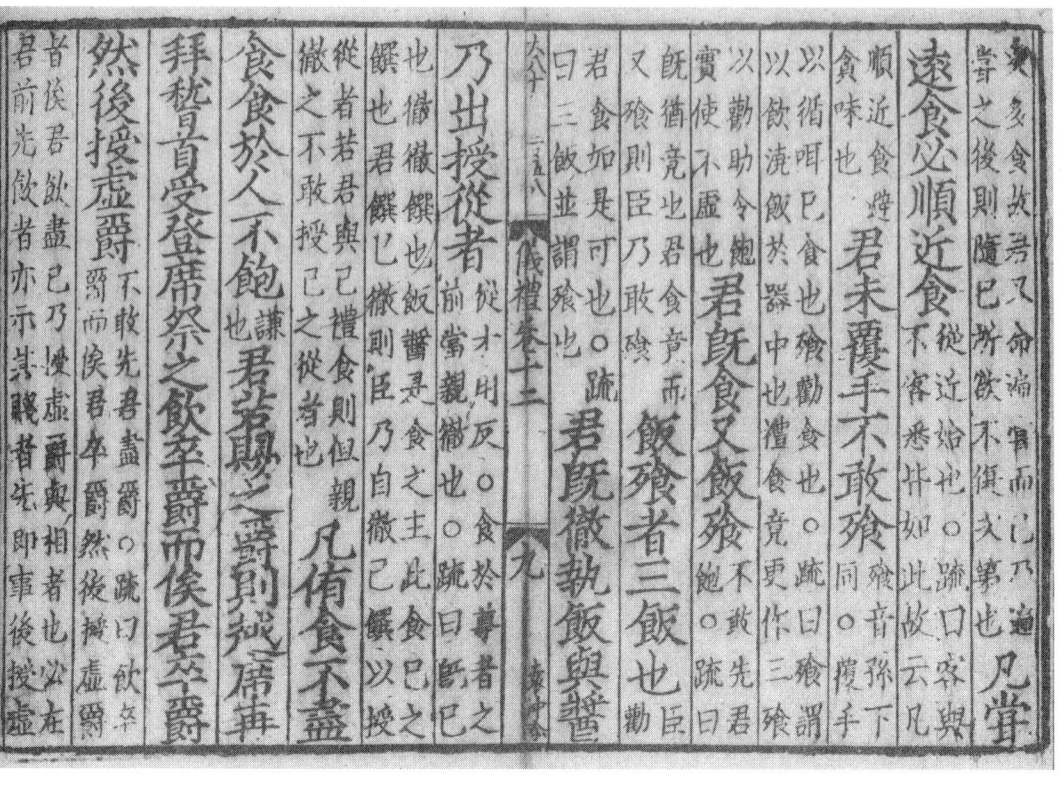

曰臣侍君燕過三爵非禮也退則坐取屨隱辟而后
屨坐左納右坐右納左辟匹亦反○隱辟俛逡巡而退
著屨也○疏曰坐跪也初跪說屨堂下為敬故逡而跪取屨起而逡巡隱辟而
著之納猶著也若在左足則著右足之屨若坐右則著左足之屨○玉藻
○若君賜之食則君祭先飯徧嘗膳飲
而俟君命之食然後食飯扶晚反○君祭先飯食其祭
食臣先飯示為君嘗食也此謂君與之禮食膳謂進庶羞既嘗庶羞則飲俟君

0009_0070-2

之䄄嘗也今云呫嘗膳○呫音貼他篋反若有將食者則俟君之食然後食將食猶進食謂膳宰也膳宰進食則臣不嘗食周禮膳夫授祭品嘗食于乃食若君賜之爵則下席再拜稽首受爵升席祭卒爵而俟君卒爵然後授虛爵受爵者於尊所至於授爵者坐授人耳必俟君卒爵者若欲其釂然也今文曰若賜之爵無君也退坐取屨隱辟而后屨君爲之興則曰君無爲興臣不敢

二百十五　大九八　儀禮十二　十一

0009_0071-1

辭君若降送之則不敢顧辭遂出爲于僞反○謂君若食之飲之而退也隱辟俛而逡巡興起也辭君興而不敢辭其降爲已大桀不敢嘗也大夫則辭退下比及門三辭比毗志反○下猶降也○疏曰大夫則辭退下者對上不敢辭是士士卑不敢辭降大夫之內兼三卿五大夫臣守尊者故得辭降也○今按此出士相見禮與前章玉藻所記互有詳畧故並列之不敢刪去讀者宜參考之○士相見禮

）凡祭於公者必自徹其俎臣不[illegible]爲[illegible]

0009_0071-2

夫以下或使人歸之祭於公助祭於君也○曲禮上○賜果於君前其有核者懷其核核戶華反○嫌棄尊者物也木實曰果御食於君君賜餘器之漑者不寫其餘皆寫漑古愛反○重於辱君之器也漑謂陶梓之器不漑謂萑竹之器也寫者傳己器中乃食之也勸侑曰御○曲禮上○君賜車馬乘以拜賜衣服服以拜敬君惠也賜君未有命弗敢即乘服也謂卿大夫受賜於天子者歸必致於其君

二百十四　儀禮十二　十二

0009_0072-1

君有命乃乘服之君賜稽首據掌致諸地致音於地據掌以左手覆案右手也○疏曰致至也謂頭及手俱至地左手案於右手之上至地也酒肉之賜弗再拜輕也受重賜者拜受又拜於其室也○疏曰再猶重也但初賜至時則拜至明日不重往拜○玉藻○有慶非君賜不賀唯君賜爲榮也○疏曰有慶謂或宗族親戚[illegible]飲聚會雖吉不相賀唯受君之賜爲榮故相拜賀○玉藻○大夫有獻弗親君有賜不面拜爲君之荅己也

0009_0072-2

爲于僞反○不面拜於外告小臣小臣復以入也小臣掌三公及孤卿之復逆也○疏曰大夫有獻弗親謂大夫有物獻君使人獻之不親來獻君有賜不面拜者謂君有物賜大夫大夫不面自來拜所以然者恐爲君之荅己故不自來不報而去○郊特牲○君賜食必正席先嘗之君賜腥必熟而薦之君賜生必畜之食恐或餕餘故不以薦正席先嘗如對君也言先嘗則餘當以頒賜矣腥生肉熟而薦之祖考榮君賜也畜之者仁君之惠無故不敢殺也○鄉黨

0009_0073-1

右侍坐賜食○傳晏子聘於楚楚王進橘置削晏子不削而并食之楚王曰橘當去剖晏子對曰臣聞之賜人主前者瓜桃不削橘柚不剖今王無教臣不敢剖臣非不知也說苑

凡爲君使者已受命君言不宿於家使色吏反下同○急君使也言謂有故所問也聘禮曰君有言則以束帛如享禮

0009_0073-2

君言至則主人出拜君言之辱使者歸則必拜送于門外敬君命也此謂國君問事於其臣若使人於君所則必朝服而命之使者反則必下堂而受命此臣有所告請於其君○曲禮上○凡自稱於君士大夫則曰下臣宅者在邦則曰市井之臣在野則曰草茅之臣庶人則曰刺草之臣他國之人則曰外

0009_0074-1

臣剌七亦反○宅者謂致仕者去官而居宅或在國中或在野周禮載師之職以宅田仕近郊之地剌猶剗除也今宅或爲託古文多作苗○剗初限反○士相見禮○疾君視之東首加朝服拖紳首去聲拖徒我反○東首以受生氣也病卧不能着衣束帶又不可以褻服見君故加朝服於身又引大帶於上也○鄉黨○執天子之器則上衡上時掌反○謂高於心彌敬也此衡謂與心平國君則平衡大夫則綏之士則提之綏湯果反○綏讀曰妥

0009_0075-1　　0009_0074-2

之謂下於心凡執主器執輕如不克重慎之也主君
也京勝也執主器操幣圭璧則尚左手行不
舉足車輪曳踵操七刀反曳以志反踵之勇反○垂恒也尚左
手尊右也車輪謂行不絶地立則磬折垂佩主佩倚
則臣佩垂主佩垂則臣佩委折之列反○君臣俛
仰之節倚謂附於身小俛則垂大俛則委於地○曲禮下○大夫士
下公門式路馬乘路馬必朝服載鞭策

仪礼十二　十五

不敢授綏左必式步路馬必中道以足
蹙路馬芻有誅齒路馬有誅蹙子六反芻初俱反
○皆廣敬也路馬君之馬載鞭策不敢執也齒欲年也誅罰也○曲禮上○
君車將駕則僕執策立於馬前監駕且爲馬行
○疏曰策馬杖也別有人牽馬駕車而此僕監駕也恐馬奔走故自執馬杖立
當馬前也已駕僕展軨軨歷丁反○展軨具視○疏曰展視也軨
轄頭轊也駕竟僕則從車軨左右四面看視之效駕白已駕奮衣

0009_0076-1　　0009_0075-2

由右上取貳綏上時掌反○奮振去塵也貳副也○疏曰綏登
車索也綏有二一是正綏擬君之升一是副綏擬僕右之升跪乘乘繩
證反○未敢立敬也執策分轡驅之五步而立轡悲
位反又下同○調試之○疏曰轡御馬索也車有一轅而四馬駕之中央兩馬
夾轅者名服馬兩邊名騑馬亦曰驂馬故詩曰兩服上驤兩驂鴈行每一馬有
兩轡四馬八轡以驂馬內轡繫於軾前其驂馬外轡并夾轅兩服馬各二轡六
轡在手分置兩手是各得三轡也分轡訖竟驅之使行得五步止而僕倚立待

仪礼十二　十六

君出也君出就車則僕并轡授綏并必正反○車
上僕所主○疏曰并轡授綏并六轡及策置一手中所餘一空手取正綏授與
君令登車當右手并轡左手授綏轉身向後引君上也左右攘辟
辟音避又扶亦反○謂羣臣陪位侍駕者攘却也或者攘古讓字○疏曰君已
上車欲進行左右侍者遷卻以避車使不妨車行也驅車而騶
至于大門君撫僕之手而顧命車右就
車門閭溝渠必步騶仕救反○車右勇力之士備制非常者

0009_0076-2

君行而陪乘君式則下○疏曰聊一從者疾驅從車行也至大門車行至外門乘也撫按止也君欲駐車故君弟上僕手顧而頑也就車謂君命勇力之士上車也六字行有三人君在左僕在中央勇士在右初出門內未顧勇士勇士趨在車右上車門閭溝渠必步謂車右勇士之也步謂下車也門閭下者以君式故也溝渠下者恐傾覆也○曲禮上

執君之乘車則坐 執執轡謂守之也君不在中坐示不行也

○少儀○祥車曠左 空神位也祥車葬之乘車 乘君之

0009_0077-1

乘車不敢曠左左必式 乘車之 反○君存惡空

共位。○乘貳車則式佐車則否 貳車佐車

曲禮

皆副車也朝祀之副曰貳戎獵之副曰佐魯莊公敗于乾時公喪戎路

少儀

傳衛靈公與夫人

雖 止過蘧伯玉有聲

公曰夫 人

0009_0077-2

此蘧伯玉 衛大夫

何以知之夫人曰妾聞禮

路馬所以廣敬也 路馬君所乘之馬也 下

忠臣與孝子不爲昭昭信節不爲冥冥惰行 信音申行下孟反 蘧伯玉衛之賢大夫也仁而有智敬於事上此其人必不以闇昧廢禮是以知之公使人視之果伯玉也 列女傳

0009_0078-1

事君者量而後入不入而后量凡乞假於人爲人從事者亦然故上無怨而下遠罪也 量音亮爲于僞反遠于萬反○言量其事意合否而後入

爲人臣者有諫而無訕有亡而無疾 訕所諫反○亡去也疾惡也

頌而無讇諫而無驕 ○讇勑檢反○頌謂將順其美也驕謂言行謀從恃知而慢

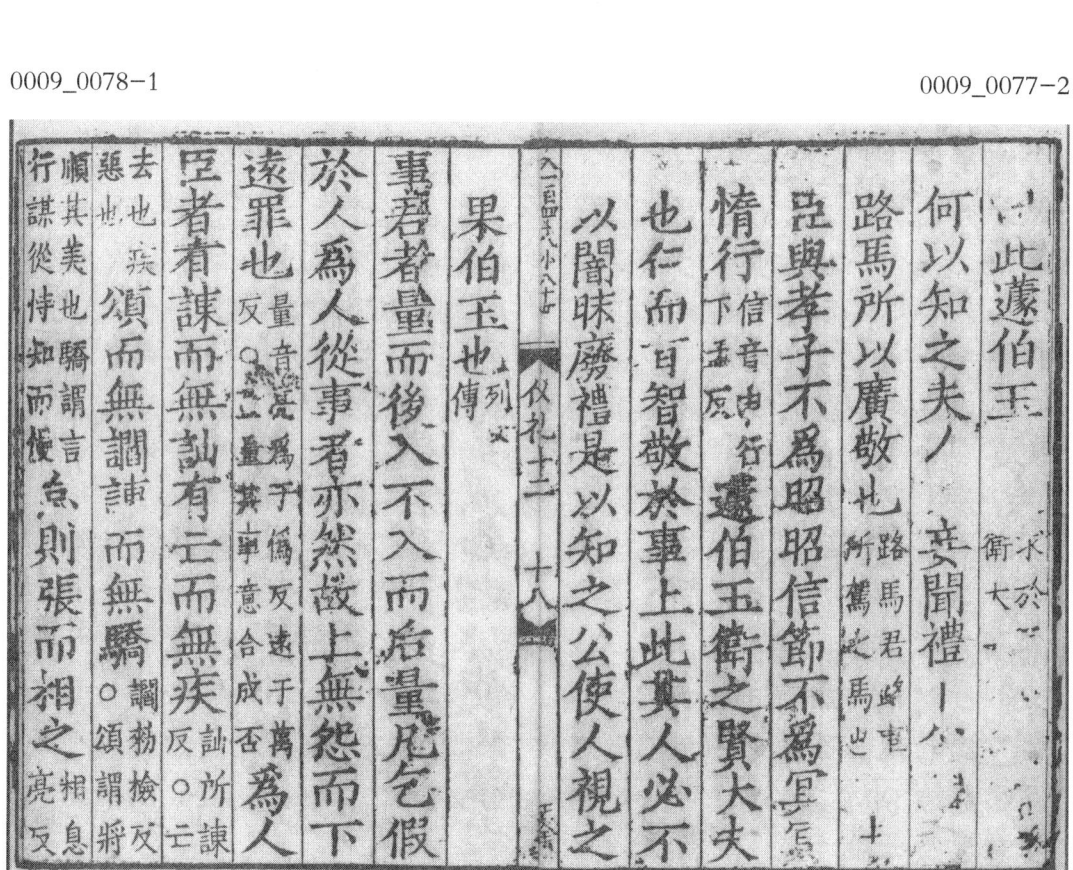

怠則張而相之 相息亮反

0009_0079-1　0009_0078-2

ㄱ急惰也抑叩也廢則掃而更之更音庚○廢政教壞亂不可因也謂之社稷之役役爲也○少儀○責難於君謂之恭陳善閉邪謂之敬吾君不能謂之賊孟子○進思盡忠退思補過將順其美匡救其惡故上下能相親孝經

右諫諍○傳箕子者紂親戚也箕國子爵紂商王帝辛紂始爲象箸箸直慮反箕子歎曰

彼爲象箸必爲玉桮爲玉桮則必思遠方珍怪之物而御之矣輿馬宮室之漸自此始不可振也紂爲淫泆箕子諫紂不聽而囚之人或曰可以去矣箕子曰爲人臣諫不聽而去是彰君之惡而自說於民吾不忍爲也說音悅乃被髮佯狂而爲奴遂隱而鼓琴

0009_0080-1　0009_0079-2

以自悲故傳之曰箕子操王子比干者亦紂之親戚也見箕子諫不聽而爲奴則曰君有過而不以死爭則百姓何辜乃直言諫紂爭側併反紂怒曰吾聞聖人之心有七竅信有諸乎竅古弔反乃遂殺王子比干刳視其心刳音枯○微子曰父子有骨肉而臣主以義屬微子

名啓帝乙之子紂庶兄故父有過子三諫不聽則隨而號之號胡刀反人臣三諫不聽則其義可以去矣於是遂行孔子曰殷有三仁焉史記微子世家○武王伐紂伯夷叔齊叩馬而諫左右欲兵之伯夷叔齊孤竹君之子兵謂殺之也太公曰此義人也扶而去之武王已平殷亂天下宗周而伯夷

叔齊耻之義不食周粟隱於首陽山
采薇而食之遂餓而死 史記伯夷傳 ○齊
景公至自田晏子侍于遄臺子猶馳
而造焉 遄淳緣反造七到反○子猶梁丘據 公曰唯據
與我和夫晏子對曰據亦同也焉得
爲和公曰和與同異乎對曰異和如
羹焉水火醯醢鹽梅以烹魚肉燀之
以薪 夫音扶醯馨兮反醢音海燀章善反○燀炊也 宰夫和

之齊之以味濟其不及以洩其過 齊才細反洩息列反○濟益也洩減也 君子食之以平其
心君臣亦然 亦如羹 君所謂可而有否
焉臣獻其否以成其可 獻君之否以成君可 君
所謂否而有可焉臣獻其可以去其
否是以政平而不干民無爭心故詩

曰亦有和羹既戒既平 詩頌殷中宗能與賢者和齊可否其政如羹敬戒且平和羹備五味異於大羹
時靡有爭鬷嘏無言 鬷子公反嘏古雅反○鬷總也嘏大也言總大成能使上下皆如和羹 先王之濟五味 濟成也 和五
聲也以平其心成其政也聲亦如味
一氣 須氣以動 二體 舞者有文武 三類 風雅頌 四
物 雜用四方之物 五聲 宮商角徵羽 六律 黃鐘太蔟姑洗

蕤賓夷則無射也陽聲爲律陰聲爲呂此十二月氣 七音 周武王伐紂自午及子凡七日王因此以數合之以聲昭之故以七同其數以律和其聲謂之七音 八風 八方之風 九歌 九功之德皆可歌也六府三事謂之九功 以相成也 言此九者合然後相成爲和樂 清
濁小大短長疾徐哀樂剛柔遲速高
下出入周疏以相濟也 樂音洛○周密也 君
子聽之以平其心心平德和故

0009_0082-2

德音不瑕 詩豳風也義取心平則德音無瑕闕 今據不然君所謂可據亦曰可君所謂否據亦曰否若以水濟水誰能食之若琴瑟之專壹誰能聽之同之不可也如是 昭公二十年左氏傳 ○史黯曰事君者諫過而賞善 諫過正救其惡賞善將順其美 薦可而替否 薦進也替去也傳曰君所謂可而有否焉臣獻其否以成其可君所謂否

0009_0083-1

而有可焉臣獻其可以去其否 獻能而進賢擇才而薦之朝夕誦善敗而納之道之以文行之以順勤之以力致之以死 死其難也 聽則進否則退 國語晉語 ○郤叔虎曰翟柤之君好專利而不忌 翟音迪好呼報反○忌難也 其臣競諂以求媚其進者壅塞 其臣競諂故進者則壅塞其上使不聞過也 其退者距違 其退

0009_0083-2

去者則距違其君也 其上貪以忍 忍忍爲不義也 其下偷以幸 偷苟且倖徼幸也 有縱君而無諫臣 縱放縱也 有冒上而無忠下 冒抵冒言貪也 君臣上下各厭其私以縱其回 厭足也回邪也 民各有心無所據依 據杖也 以是處國不亦難乎 晉語

國君死社稷 死其所受於天子也謂見侵伐也傳曰國滅君死之正也 大夫死衆 死其所受於君 士死制 謂軍師制謂君教令所使爲之 ○曲禮下

0009_0084-1

右死節 ○傳宋督將弒殤公孔父生而存則殤公不可得而弒也於是先攻孔父之家 父音甫下同○大夫稱家父者字也禮臣死君字之以君得字之知先攻孔父之家 殤公知孔父死己必死趨而救之皆死焉孔父正色而

臣莫敢過而致難於其君
者孔父可謂義形於色矣朝直遥反難乃旦反
○內有其義而外形見於顏色○公羊成二年○宋萬嘗與
魯莊公戰獲乎莊公莊公歸散舍諸
宫中數月然後歸之歸反爲大夫於
宋與閔公博婦人皆在側萬曰甚矣
魯侯之淑魯侯之美也天下諸侯宜

大三三　小五八　儀禮卷十二　二十五　輔

爲君者唯魯侯爾閔公矜此婦人妬
其言顧曰此虜也爾虜焉故魯侯之
美惡乎至萬怒搏閔公絕其脰仇牧
聞君弒趨而至遇之于門手劒而叱
之萬臂摋仇牧碎其首妬丁故反惡音烏脰音豆
[illegible]實反摋素葛[illegible]齒著乎門闔著直略反
[illegible]仇牧可謂不畏彊禦矣[illegible]

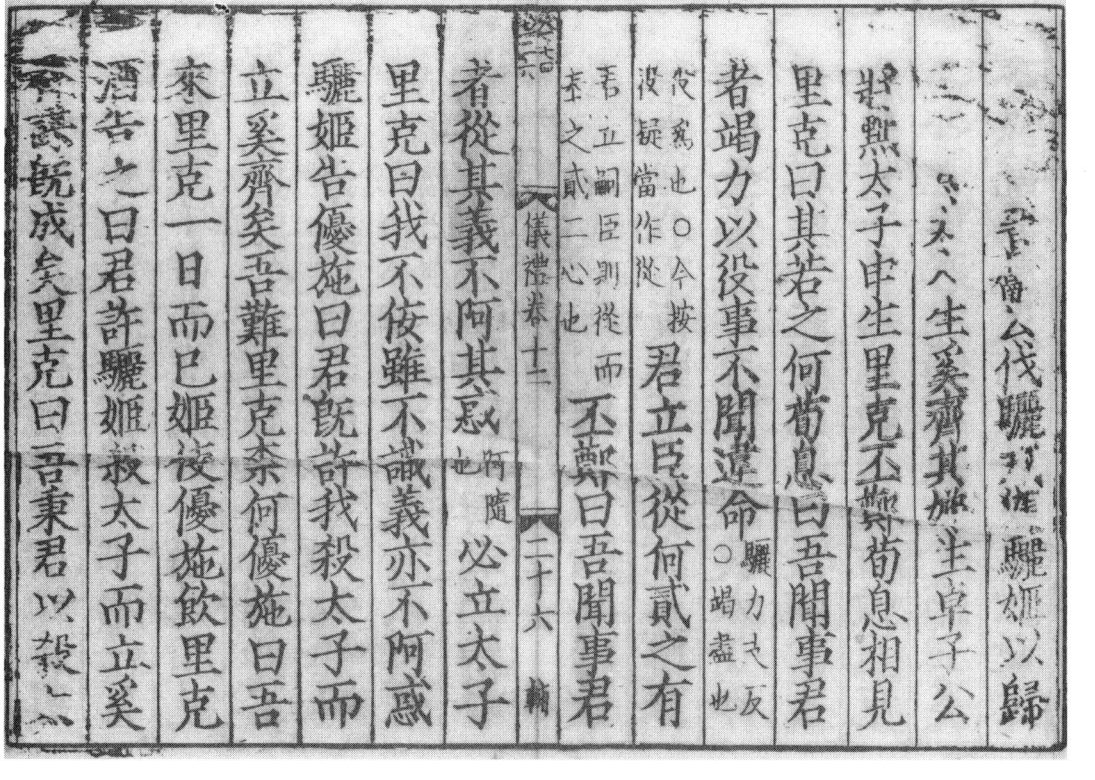

晉獻公伐驪戎得驪姬以歸
立以爲夫人生奚齊其娣生卓子公
將殺太子申生里克丕鄭荀息相見
里克曰其若之何荀息曰吾聞事君
者竭力以役事不聞違命驪力支反○竭盡也
役爲也○今按役疑當作從君立臣從何貳之有
君立嗣臣則從而奉之貳二心也丕鄭曰吾聞事君

大四三　小六六　儀禮卷十二　二十六　輔

者從其義不阿其惑阿隨也必立太子
里克曰我不佞雖不識義亦不阿惑
驪姬告優施曰君既許我殺太子而
立奚齊矣吾難里克柰何優施曰吾
來里克一日而已姬袒優施飲里克
酒告之曰君許驪姬殺太子而立奚
齊謀既成矣里克曰吾秉君以殺太

0009_0086-2　0009_0087-1

子吾不忍逼復故交吾不敢中立其免乎優施曰免里克稱疾不朝三旬難乃成太子雉經于新城之廟卒立奚齊爲太子使荀息傅之公疾召之曰以是藐諸孤辱在大夫其若之何稽首而對曰臣竭其股肱之力加之以忠貞其濟君之靈也不濟則以死

儀禮卷十二　二十七

繼之公曰何謂忠貞對曰公家之利知無不爲忠也送往事居耦俱無猜貞也難乃旦反飲於鴆反朝直遙反藐音眇猜七孩反○往死者居生者耦兩也送死事生兩無疑恨所謂正也公卒里克丕鄭以三公子之徒作亂將殺奚齊先告荀息曰三怨將作三公子之謀秦晉輔之子將何如荀息曰將死之里克曰

0009_0087-2　0009_0088-1

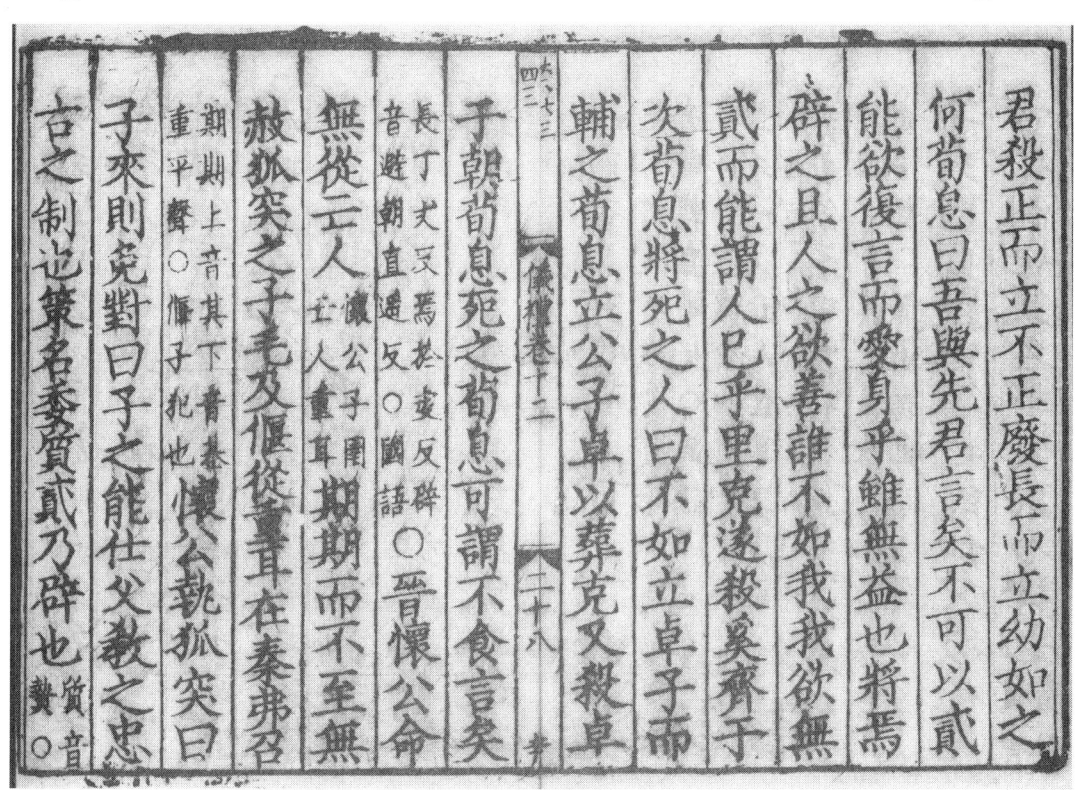

君殺正而立不正廢長而立幼如之何荀息曰吾與先君言矣不可以貳能欲復言而愛身乎雖無益也將焉辟之且人之欲善誰不如我我欲無貳而能謂人已乎里克遂殺奚齊于次荀息將死之人曰不如立卓子而輔之荀息立公子卓以葬克又殺卓

儀禮卷十二　二十八

于朝荀息死之荀息可謂不食言矣長丁丈反焉於虔反辟音避朝直遙反○國語○晉懷公命無從亡人懷公子圉亡人重耳期期而不至無赦狐突之子毛及偃從重耳在秦弗召期期上音其下音碁重平聲○偃子犯也懷公執狐突曰子來則免對曰子之能仕父教之忠古之制也策名委質貳乃辟也質音贄○

0009_0088-2

合專心所臣之寡屈膝而君事之則不可以貳辟罪也令臣之子名在重耳有年數矣若又召之教之貳也父教子貳何以事君刑之不濫君之明也臣之願也淫刑以逞誰則無罪臣聞命矣乃殺之左氏僖公二十三年

○楚子圍宋晉使解揚如宋使無降楚曰晉師悉起將至矣鄭人囚而獻

0009_0089-1

諸楚楚子厚賂之使反其言解音蟹降戶江反○反言音不教不許三而許之登諸樓車樓車車上望櫓使呼宋人而告之遂致其君命楚子將殺之使與之言曰爾旣許不穀而反之何故非我無信女則棄之速即爾刑對曰臣聞之君能制命爲義臣能承命爲信信載義而行之

0009_0089-2

爲利謀不失利以衛社稷民之主也義無二信女音汝○欲爲義者不行兩信信無二命欲行信者不受二命君之賂臣不知命也受命以出有死無霣霣于敏反○霣廢隊也又可賂乎臣之許君以成命也成其君命死而成命臣之禄也寡君有信臣已不廢命下臣獲考考成也死又何求楚子舍之以歸

0009_0090-1

左氏宣公十五年

○衛懿公有臣曰弘演遠使未還翟人攻衛及懿公於滎澤殺之盡食其肉獨捨其肝弘演至報使於肝畢呼天而啼盡哀而止曰臣請爲襮因自殺先出其腹内懿公之肝演于善反使色吏反襮通沃反内音納○襮表也納公之肝於其腹片故曰臣請爲襮也桓公聞之曰衛之亡也以爲

張本下象鼻題監生孫三字傳本剪去之

無道也今有臣若此不可不存於是復立衛於楚丘弘演可謂忠矣殺身出生以徇其君出去也去生就死以徇從其君非徒徇其君也又令衛之宗廟復立祭祀不絶可謂有功矣呂氏春秋○樂毅破齊聞畫邑人王蠋賢令軍中環畫邑三十里無入使人請蠋蠋謝不往燕人

曰不來吾且屠畫邑蠋曰忠臣不事二君烈女不更二夫齊王不用吾諫故退而耕於野國破君亡吾不能存而又欲刼之以兵吾與其不義而生不若死遂經其頸於樹枝自奮絶脰而死蠋音蜀燕平聲更音庚脰音豆○通鑑赧王三十一年○齊崔杼弑其君光晏子立於崔氏之

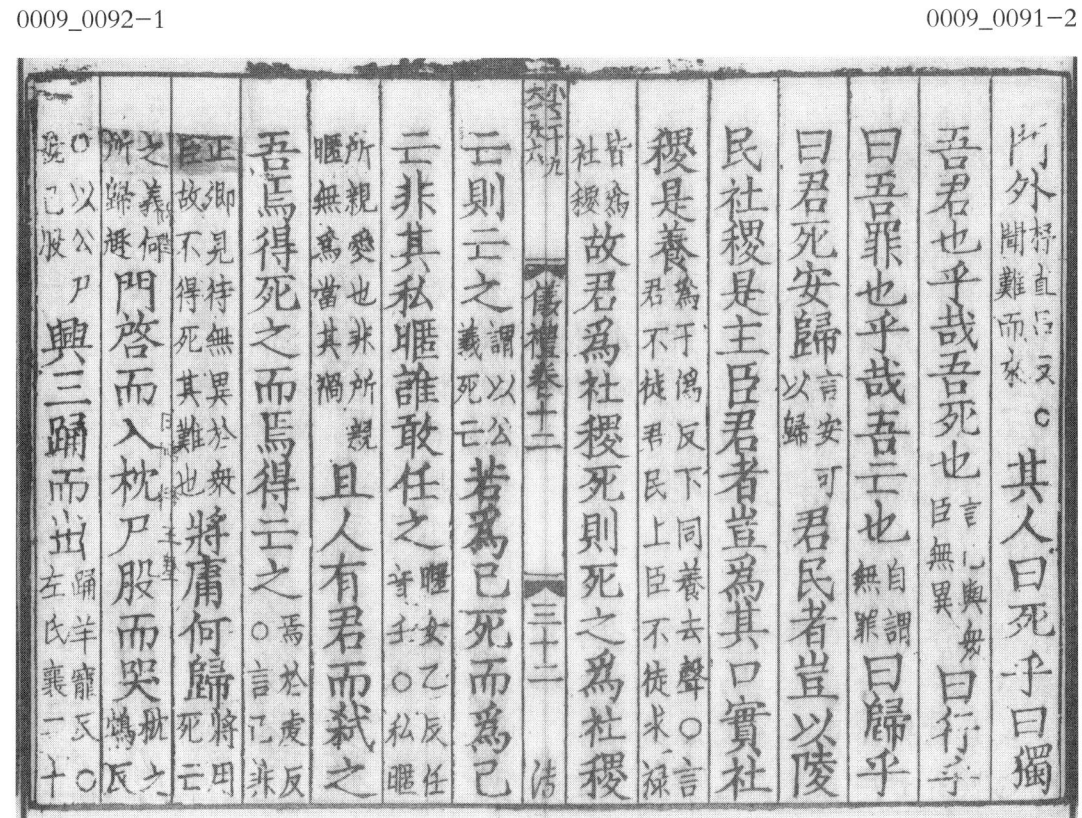

門外杼直呂反○閽難而來其人曰死乎曰獨吾君也乎哉吾死也言己與衆臣無異曰行乎曰吾罪也乎哉吾亡也自謂無罪曰歸乎曰君死安歸言安可以歸君民者豈以陵民社稷是主臣君者豈爲其口實社稷是養爲于僞反下同養去聲○言君不徒居民上臣不徒求祿皆爲社稷故君爲社稷死則死之爲社稷

亡則亡之謂以公義死亡若爲己死而爲己亡非其私暱誰敢任之暱女乙反任音壬○私暱所親愛也非所親愛無爲當其禍且人有君而弑之吾焉得死之而焉得亡之焉於虔反○言己非正卿見待無異於衆臣故不得死其難也將庸何歸將用死亡之義何所歸避門啓而入枕尸股而哭枕之鴆反○以公尸枕己股興三踊而出踊羊寵反○左氏襄二十

0009_0092-2

五年

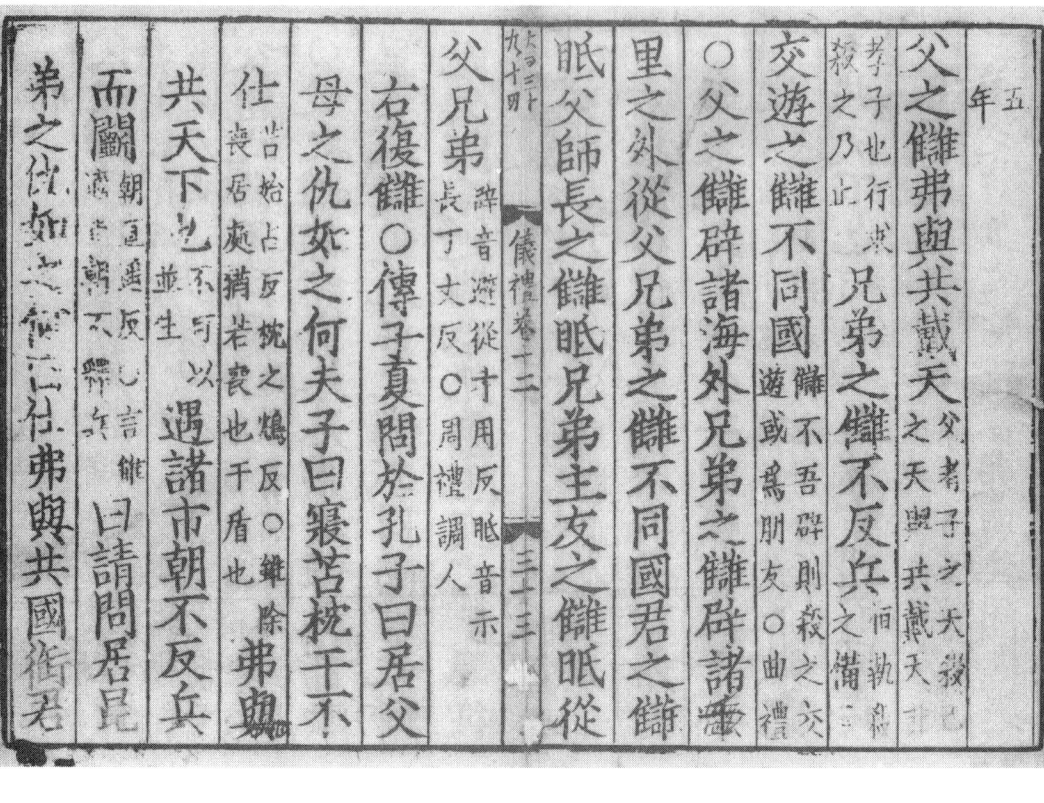

父之讎弗與共戴天（父者子之天殺己之天與共戴天非孝子也行求殺之乃止）兄弟之讎不反兵（恒執殺之備）

交遊之讎不同國（讎不吾辟則殺之交遊或爲朋友○曲禮）

○父之讎辟諸海外兄弟之讎辟諸千里之外從父兄弟之讎不同國君之讎眂父師長之讎眂兄弟主友之讎眂從父兄弟（辟音避從才用反眂音示長丁丈反○周禮調人）

儀禮卷十二　三十三

0009_0093-1

右復讎○傳子夏問於孔子曰居父母之仇如之何夫子曰寢苫枕干不仕（苫始占反枕之鴆反○雖除喪居處猶若喪也干盾也）弗與共天下也（不可以並生）遇諸市朝不反兵而鬭（朝直遙反○言雖適市朝不辟兵）曰請問居昆弟之仇如之何曰仕弗與共國銜君

0009_0093-2

命而使雖遇之不鬭（銜音咸使色吏反○爲負而廢君命）曰請問居從父昆弟之仇如之何曰不爲魁主人能則執兵而陪其後（從才用反○魁猶首也爲其負當成之○檀弓）○韓魏趙氏殺智伯分其田趙襄子漆智伯之頭以爲飲器智伯之臣豫讓欲爲之報仇乃詐爲刑人挾匕首入襄子宮中

儀禮卷十二　三十四

0009_0094-1

塗廁襄子如廁心動索之獲豫讓左右欲殺之襄子曰智伯死無後而此人欲爲報仇眞義士也吾謹避之耳乃舍之豫讓又漆身爲癩吞炭爲啞行乞於市其妻不識也行見其友其友識之爲之泣曰以子之才臣事趙孟必得近幸子乃爲所欲爲顧不易

0009_0094-2

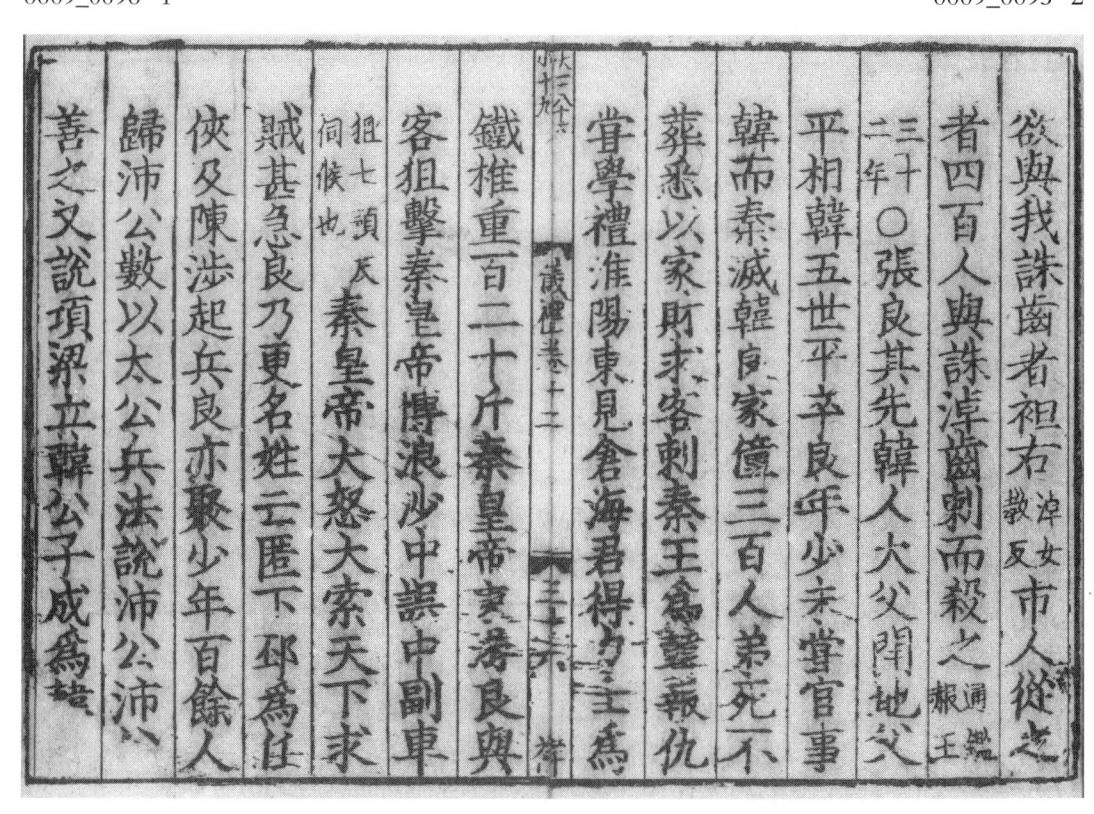

邪何乃自苦如此求以報讎不
亦難乎豫讓笑而應之曰不可旣已
爲臣而又求殺之是二心也且爲先
知報後知爲故君賊新君大亂君臣
之義吾弗爲之矣凡吾所以爲此者
所以明君臣之義雖難不避也襄子

儀禮卷十二　三十五　祥

0009_0095-1

出豫讓伏於橋下襄子至橋馬驚索
之得豫讓遂殺之 爲之欲爲之爲去聲難音頼易以豉
反質音至 史記通鑑 ○王孫賈事齊閔王王
出走賈失王之處其母曰女朝去而
晩來則吾倚門而望女莫出不還則
吾倚閭而望 女音汝下同 莫莫故反 女今事王
王出走女不知其處女尚何歸王孫
賈乃入市中曰淖齒亂齊國殺閔王

0009_0095-2

欲與我誅齒者袒右 淖女教反 市人從之
者四百人與誅淖齒刺而殺之 通鑑 赧王
三十二年 ○張良其先韓人大父開地父
平相韓五世平卒良年少未嘗官事
韓而秦滅韓良家僮三百人弟死不
葬悉以家財求客刺秦王爲韓報仇

儀禮卷十二　三十六　祥

0009_0096-1

嘗學禮淮陽東見倉海君得力士爲
鐵椎重百二十斤秦皇帝東游良與
客狙擊秦皇帝博浪沙中誤中副車
狙七預反 伺候也 秦皇帝大怒大索天下求
賊甚急良乃更名姓亡匿下邳爲任
俠及陳涉起兵良亦聚少年百餘人
歸沛公數以太公兵法說沛公沛公
善之又說項梁立韓公子成爲韓

0009_0096-2

梁從之以良爲韓申（徐廣曰即司徒耳）徒因從沛公入關畫策滅秦項羽立沛公爲漢王良乃歸韓項羽留韓王成不遣之國而殺之良遂亡間行歸漢從爲漢王畫策破殺項羽垓下漢王立爲皇帝封良爲留侯留侯乃稱曰家世相韓及韓滅不愛萬金之資爲韓

仪卷十二　三十七

0009_0097-1

報讎彊秦天下振動今以三寸舌爲帝者師封萬户位列侯此布衣之極於良足矣願棄人間事欲從赤松子游耳乃學辟穀道引輕身（徐廣曰一云乃學道欲輕舉也）高帝崩呂后強食之後八年卒

楊時曰張良破秦滅楚始終爲韓報仇耳非欲爲漢用也（史記）

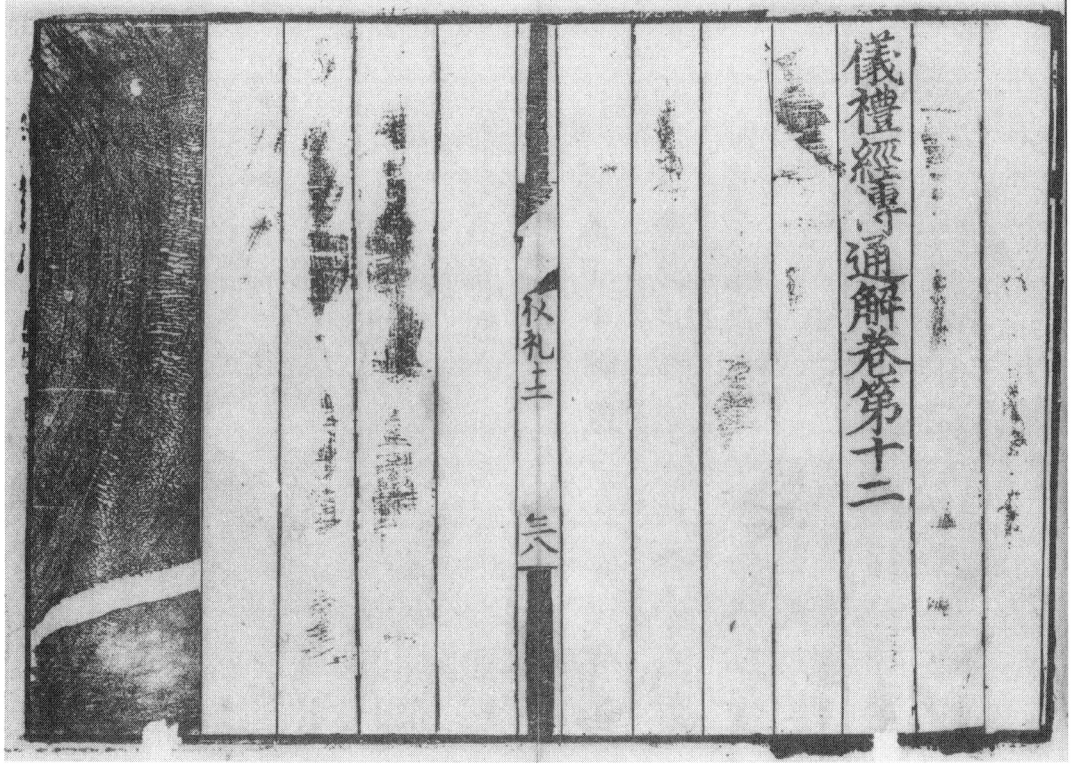

0009_0097-2

儀禮經傳通解卷第十二

仪礼十二　三十八

0009_0098-1

0009_0101-2

儀禮經傳通解卷第十三

鍾律第二十二　學禮六之上　此篇

凡數皆準令式借用大字

黄帝使泠綸自大夏之西昆侖之陰泠音零綸音倫侖盧昆反○應劭曰大夏西戎之國也取竹於嶰溪之谷以生而空竅厚薄均者斷兩節間而吹之以爲黄鍾之宫嶰胡買反斷音短○孟康曰嶰溪昆侖之北谷名也晉灼曰取谷中之竹生而肉孔外内厚薄自然均者截以爲籥不復加削刮也師古曰黄鍾之宫律之最長者○今按黄鍾之管長九寸圍九分徑三分四釐六毫制拾貳筩以聽鳳皇之鳴其雄鳴爲陸雌鳴亦陸以比黄鍾之宫而皆可以生之故曰黄鍾律呂之本篇大東反比頻寐反○師古曰以合也可以生之謂上下相生也拾、呂皆生於黄鍾之宫故曰律呂之本

0009_0102-1

其雄鳴[illegible]律曰黄鍾

0009_0102-2

太蔟姑洗蕤賓夷則無射其雌鳴者爲陸呂曰大呂夾鍾中呂林鍾南呂應鍾於是文之以伍聲曰宫商角徵羽播之以捌音曰金石土革絲木匏竹而大樂和矣蔟七豆反洗先典反蕤如佳反射音亦應去聲徵展理反匏步交反○陸呂周禮作陸同國語作陸間鄭康成曰此拾貳者以銅爲管轉而相生黄鍾爲首其長玖寸各因而參分之上生者益壹分下生者去壹焉國語曰律所以立均出度也古之神瞽考中聲而量之以制度律均鍾言以中聲定律以律立鍾之均大之者以調伍聲使之相次如錦繡之有文章播猶揚也揚之以捌音乃可得而觀之矣金鍾鎛也石磬也土塤也革鼓鼗也絲琴瑟也木柷敔也匏笙也竹管籥也以之候氣則埋之密室上與

0009_0103-1

地平實以葭灰覆以緹素以候拾有貳月之中氣冬至氣至則黄鍾之管飛灰衝素大寒以下各以其月隨而應焉而

0009_0104-1　　0009_0103-2

踐六八五六以之審度則以子穀秬黍中
者玖拾至黄鍾之長而以壹黍之廣爲
壹分拾分爲寸拾寸爲尺拾尺爲丈拾
丈爲引而伍度審矣 度居牙反緌他弟反應去聲秬曰許
與同 同度徒洛反○師古曰子穀猶言穀子秬即黑黍也中者不大不小也言
取黑黍穀子大小中者率爲分寸也 以之嘉量則以子穀
秬黍中者忓有貳伯實其龠以井水準

其槩合龠爲合拾合爲升拾升爲斗拾
斗爲斛而伍量嘉矣 量音亮龠弋灼反槩工代反合音閤
○孟康曰槩欲其直故以水平之井水清清則平也師古曰槩所以槩平斗斛
之上者也嘉善也 以之謹權衡則以黃鍾壹龠
忓貳伯黍之重爲拾貳銖兩之得貳拾
肆銖而爲兩拾陸兩爲斤叁拾斤爲鈞
肆鈞爲石而伍權謹矣 銖音殊 舜典曰協

0009_0105-1　　0009_0104-2

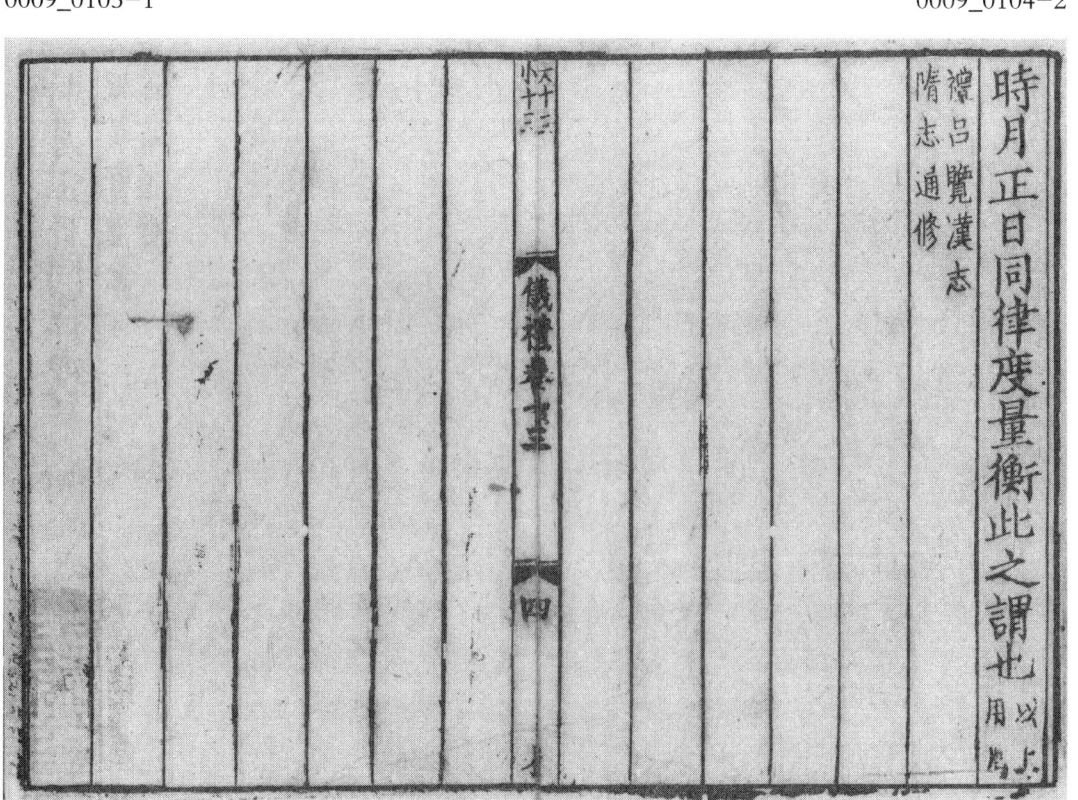

時月正日同律度量衡此之謂也 以上用
禮呂覽漢志
隋志通修

0009_0106-1　0009_0105-2

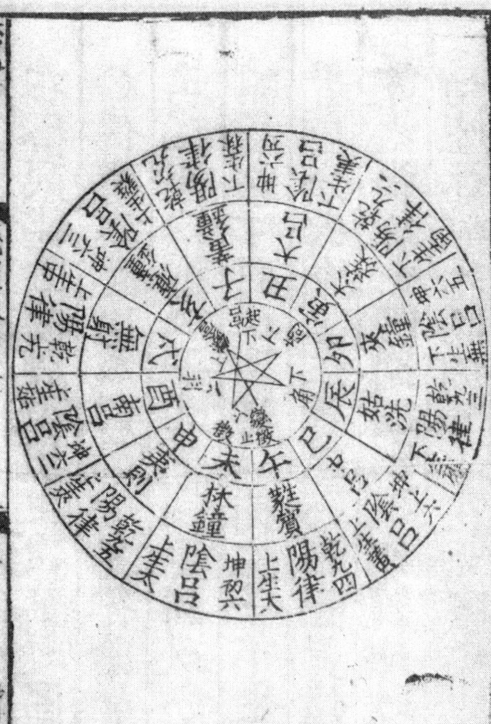

儀禮卷十三　五

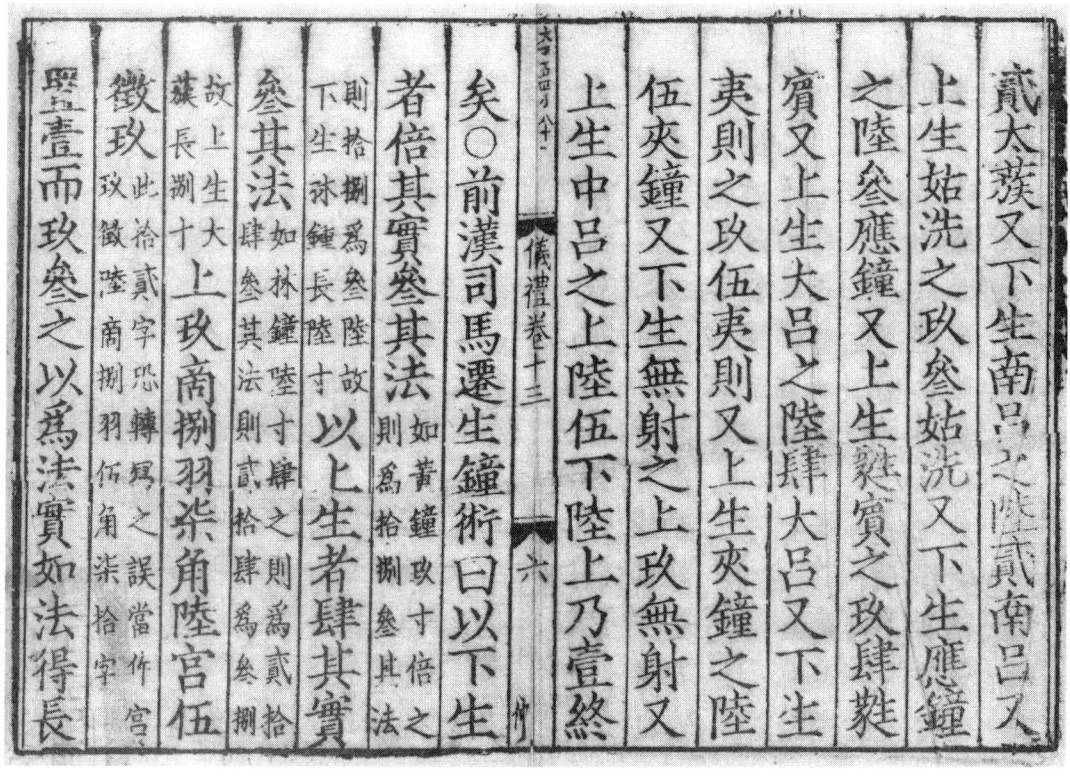

右拾貳律陰陽辰位相生次第之圖
○傳後漢鄭康成曰陽管爲律陰管爲呂布拾貳辰子爲黃鍾管圓玖分而長玖寸同位娶妻隔捌生子下生者參分去壹上生者參分益壹黃鍾乾之初玖也隔捌而下生林鍾坤之初陸林鍾又隔捌而上生太蔟之玖

0009_0107-1　0009_0106-2

貳太蔟又下生南呂之陸貳南呂又上生姑洗之玖參姑洗又下生應鍾之陸參應鍾又上生蕤賓之玖肆蕤賓又上生大呂之陸肆大呂又下生夷則之玖伍夷則又上生夾鍾之陸伍夾鍾又下生無射之上玖無射又上生中呂之上陸伍下陸上乃壹終

儀禮卷十三　六

矣○前漢司馬遷生鍾術曰以下生者倍其實參其法（如黃鍾玖寸倍之則爲拾捌參其法則拾捌爲參陸故下生林鍾長陸寸）以上生者肆其實參其法（如林鍾陸寸肆之則爲貳拾肆參其法則貳拾肆爲參捌故上生大蔟長捌寸）上玖商捌羽柒角陸宮伍徵玖（此拾貳字恐轉寫之誤當作宮玖徵陸商捌羽伍角柒拾字）置壹而玖參之以爲法實如法得長

0009_0107-2

壹寸凡得玖寸命曰黃鍾之宮（置子之壹而玖參之至酉則得壹萬玖阡陸伯捌拾參筭爲子之寸法矣置子之實拾柒萬柒阡壹伯肆拾柒筭而以寸法約之則壹萬玖阡陸伯捌拾參筭爲壹寸而通其實之全數得玖寸矣）故曰音始於宮窮於角數始於壹終於拾成於叁氣始於冬至周而復生（此諸儒無異說其論之不同者今譜如左覽者可以考其得失焉）

0009_0108-1

0009_0108-2

0009_0109-1

	黃鍾	大呂	太蔟	夾鍾	姑洗	中呂
鄭說十分正寸	玖寸	捌寸貳伯肆拾參分寸之壹伯肆	捌寸	柒寸貳阡壹伯捌拾柒分寸之阡柒拾伍	柒寸玖分寸之壹	陸寸萬玖阡陸伯捌拾參分寸之萬貳阡玖伯柒拾肆
史記生鍾分因正寸長新分	子壹分（黃鍾全律之數凡拾柒萬柒阡壹伯肆拾柒筭）	丑參分貳（以參乘子數得參爲子之絲法又參分子數而去壹得貳爲林鍾林鍾未律丑之衝也凡陰律放此凡壹拾壹萬捌阡○○一拾捌筭）	寅玖分捌（以參乘丑得玖爲子之寸數又參分貳而益壹得捌爲太蔟凡壹拾伍萬柒阡肆伯陸拾肆筭）	卯貳拾柒分拾陸（以參乘寅上數得貳拾柒爲子之毫法又參分寅下數而去壹得此下數爲南呂凡壹拾○萬肆阡玖伯柒拾陸筭）	辰捌拾壹分陸拾肆（以參乘卯上數得此上數爲子之分數又參分卯下數而益壹得此下數而爲姑洗凡壹拾參萬玖阡玖伯陸拾捌筭）	巳貳伯肆拾參分壹伯貳拾捌（以參乘辰上數得此上數爲子之釐法又參分辰下數而去壹得此下數爲應鍾凡玖萬參阡參伯壹拾貳筭）
史記律數計新分借舊寸	捌寸柒分壹（柒當作拾）	柒寸伍分參分壹（壹當作貳）	柒寸柒分貳（柒當作拾）	陸寸壹分參分壹（壹當作柒）	陸寸柒分肆（柒當作拾）	伍寸玖分參分貳
今依生鍾分法約定分釐毫絲忽皆以整數致而止	玖寸	捌寸參分柒釐陸毫	捌寸[illegible]	柒寸肆分參釐柒毫參絲	柒寸壹分	陸寸伍分捌釐參毫肆絲參分[illegible]

0009_0109-2

蕤賓

陸寸捌拾午柒伯貳拾玖分伍　伍寸陸分陸寸貳分

壹分寸之伯壹拾貳（以叁乘巳上數得此）　叁分壹（壹當作貳）捌釐

貳拾陸

上數爲子之實數又叁分巳下數而益壹得此下數爲蕤賓凡壹拾貳萬肆阡肆伯壹拾陸算

林鍾

陸寸

未貳阡壹伯捌拾柒　伍寸柒分陸寸

分壹阡貳拾肆（以叁乘午得此）　肆（柒當作捌）

上數得此上數爲子之分法又叁分午下數而去壹得此下數爲大呂凡壹拾陸萬伍阡捌伯捌拾捌算

仪礼十二　九

0009_0110-1

夷則

伍寸柒伯申陸阡伍伯陸拾壹　伍寸肆分伍寸伍分

貳拾玖分分肆阡玖拾陸（以叁乘未得此）　叁分貳（肆分）　伍釐壹毫

之肆伯

伍拾壹

上數得此上數爲子之實數又叁分未下數而益壹得此下數爲夷則凡壹拾壹萬〇〇伍伯玖拾貳算

大呂

酉壹萬玖阡陸伯捌　肆寸柒分伍寸叁分

拾叁分捌阡壹伯玖　捌拾（柒當作捌）

拾貳（以叁乘申上數得此上數爲子之分法又叁分申下數而益壹得此下數爲大呂凡壹拾肆萬柒阡肆伯伍拾陸算）

0009_0110-2

無射

肆寸陸阡戌伍萬玖阡肆拾玖　肆寸肆分肆寸捌分

伍伯叁拾分叁萬貳阡柒伯陸　叁分貳　捌釐

壹分寸之拾捌（以叁乘酉上數得此上數爲子）

陸阡伍伯

貳拾肆

之絲數又叁分酉下數而益壹得此下數爲無射凡玖萬捌阡叁伯〇〇肆算

應鍾

肆寸貳拾亥拾柒萬柒阡壹伯肆拾貳分　肆寸陸分

柒分寸之肆拾柒分陸萬伍阡伍阡　叁分貳　陸釐

貳拾

伍伯叁拾陸（以叁乘戌上數）

得此上數爲子之實又叁分戌下數而去壹得此下數爲中呂〇凡壹拾叁萬壹阡〇〇柒拾貳算

仪礼十三　十

0009_0111-1

右拾貳律寸分釐毫絲數　今按鄭氏與太史公說不同太史二說又自爲異而今皆取之且以鄭先於馬者鄭氏之言分寸審度之正法也太史之言欲其便於損益而爲假設之權制也蓋律管之長以玖爲本上下相生以叁爲法而鄭氏所用正法破壹寸以爲拾分而下破分爲釐破釐爲毫[illegible]

[illegible]絲爲忽皆必以拾爲數則[illegible]益之際皆有餘分雖有[illegible]能盡是以自分而下遂不可[illegible]壓拾貳管至[illegible]餘分而[illegible]

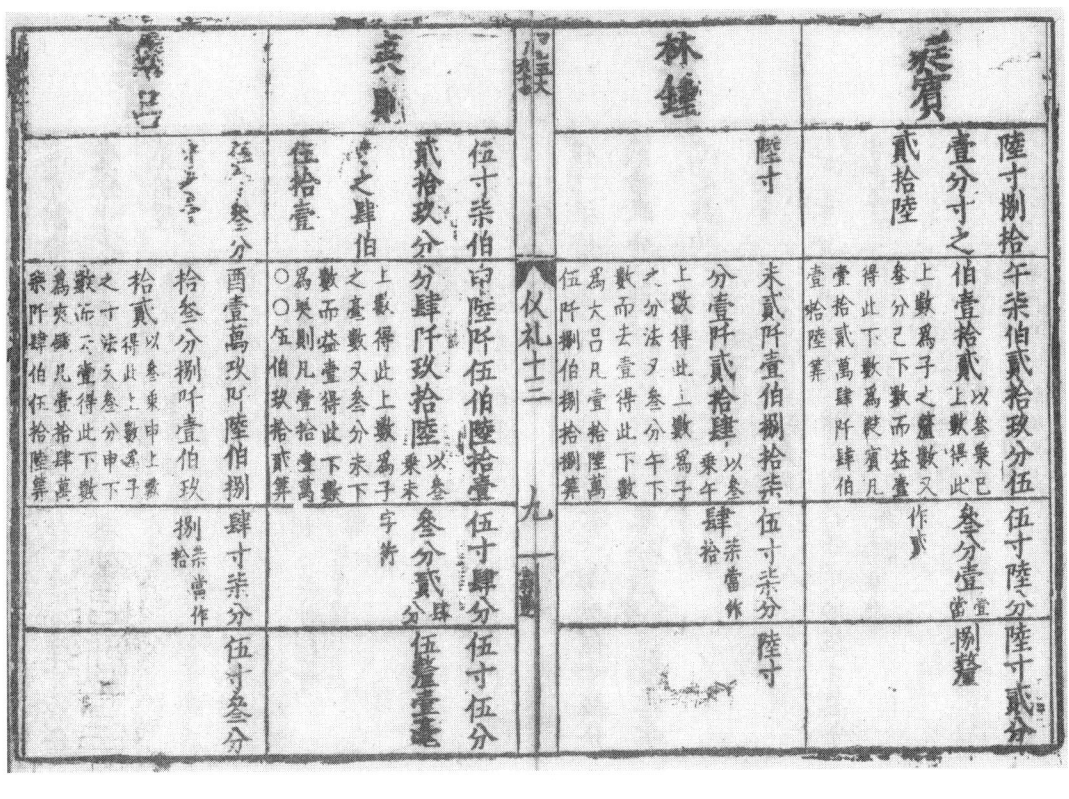

焉然亦苦於難記而易差絲不若太
史公之法爲得其要而易考也葢其
以子爲壹而拾壹叁之以至于亥則
得拾柒萬柒仟壹伯肆拾柒筭而子
爲全律之數亥爲全律之實可知矣
以寅爲子之寸數而酉爲寸法則其
律有九寸可知矣以辰爲子之分數
而未爲分法則其寸有九分可知矣
以午爲子之氂數而巳爲氂法則其
分有玖氂可知矣以申爲子之毫數
而卯爲毫法則其氂有玖毫可知矣
以戌爲絲數而丑爲絲法則毫有玖
絲可知矣下而爲忽亦因絲而玖之
雖出權宜而不害其得乎自然之數

以之損益則叁分之數整齊簡直易
記而不差也其曰黄鍾捌寸拾分壹
者亦放此意但以正法之數合其權
法之分故不同耳其實則不異也○
史記律數拾誤作柒者伍皆用本字
而誤箇其下垂之筆本司馬貞流誤
之說其夾鍾夷則二律
誤字則今以筭得之

宮	商	角	徵	羽
土	金	木	火	水
君	臣	民	事	物

最下最濁	次下次濁	高下清濁之間	次高次清	最高最清

右伍聲伍行之象清濁高下之次○
傳樂記宮爲君商爲臣角爲民徵爲
事羽爲物伍者不亂則無怗懘之音
矣宮亂則荒其君驕商亂則陂其官
壞角亂則憂其民怨徵亂則哀其事
勤羽亂則危其財匱伍者皆亂迭相
陵謂之慢如此則國之滅亡無日矣

凡聲濁者爲尊清者爲卑怗懘敝敗不和貌

宮	徵	商	羽	角
捌拾壹	伍拾肆	柒拾貳	肆拾捌	陸拾肆
下生徵	上生商	下生羽	上生角	下生變宮

右伍聲相生損益先後之次○史記
聲數曰玖玖捌拾壹以爲宮叁分去

0009_0113-2

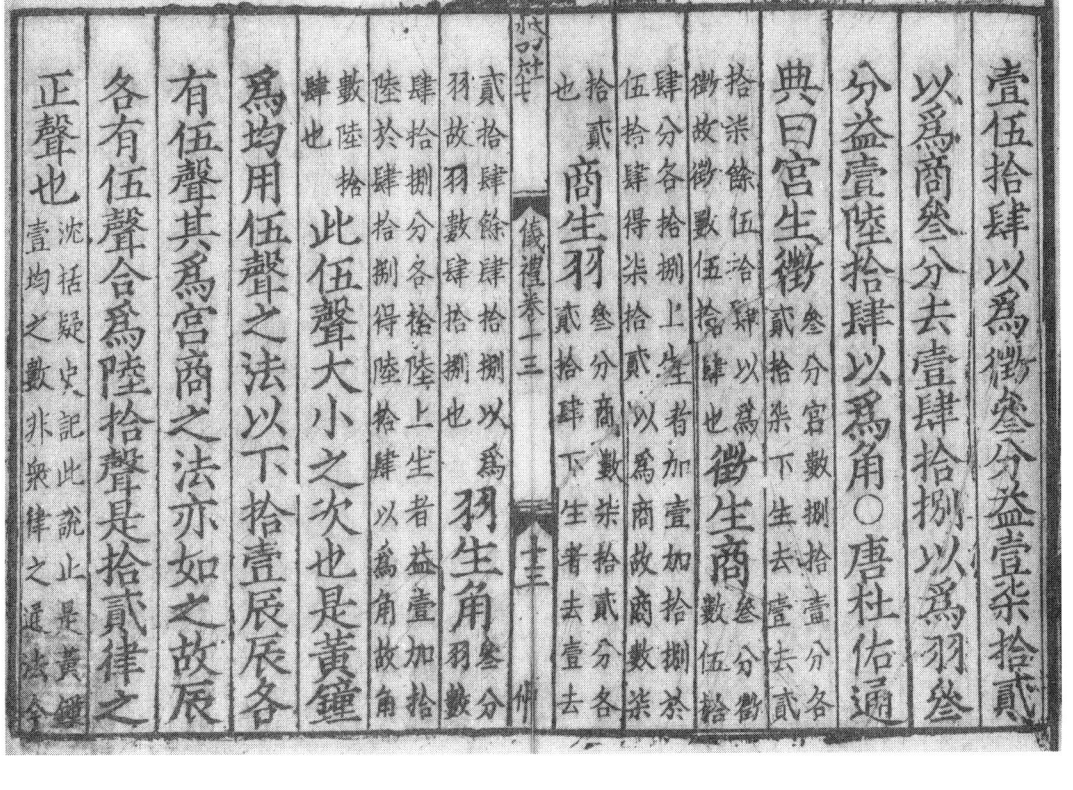

壹伍拾肆以爲徵叁分益壹柒拾貳以爲商叁分去壹肆拾捌以爲羽叁分益壹陸拾肆以爲角○唐杜佑通典曰宮生徵叁分宮數捌拾壹分各貳拾柒下生去壹去貳拾柒餘伍拾肆以爲徵故徵數伍拾肆也徵生商叁分徵數伍拾肆分各拾捌上生者加壹加拾捌爲柒伍拾肆得柒拾貳以爲商故商數柒拾貳也商生羽叁分商數柒拾貳分各貳拾肆下生者去壹去

0009_0114-1

貳拾肆餘肆拾捌以爲羽故羽數肆拾捌也羽生角叁分羽數肆拾捌分各拾陸上生者益壹加拾陸於肆拾捌得陸拾肆以爲角故角數陸拾肆也此伍聲大小之次也是黃鐘爲均用伍聲之法以下拾壹辰辰各有伍聲其爲宮商之法亦如之故辰各有伍聲合爲陸拾聲是拾貳律之正聲也沈括疑史記此說止是黃鐘壹均之數非衆律之通法今

0009_0114-2

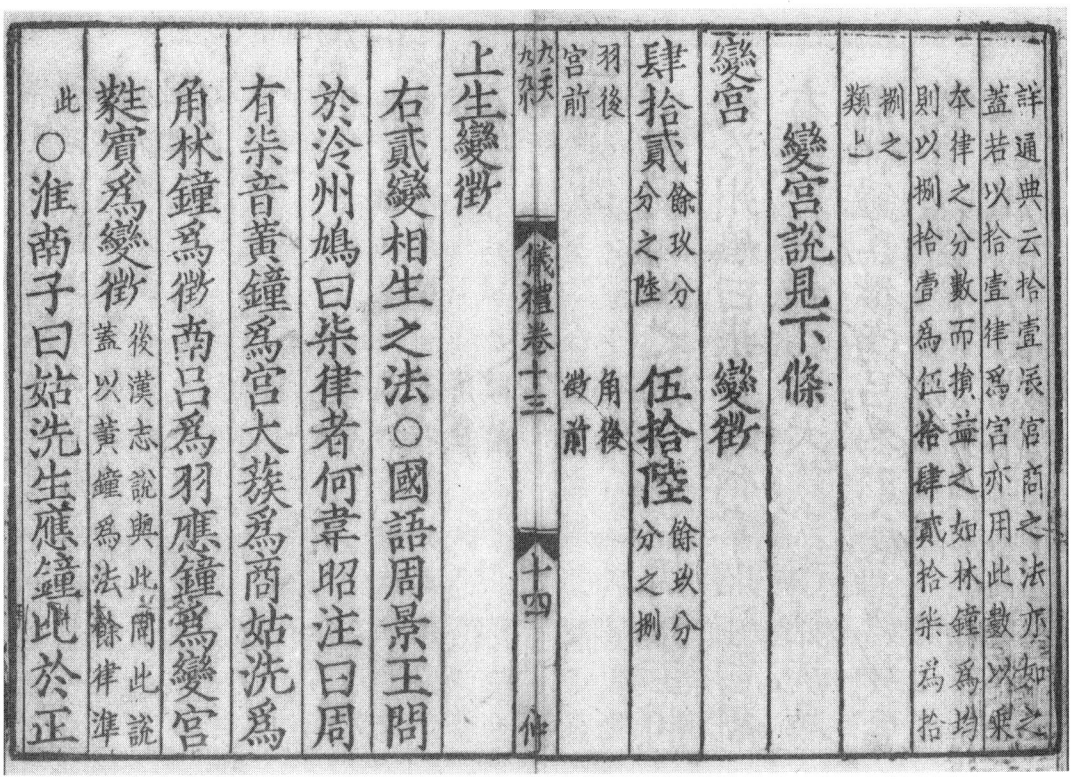

詳通典云拾壹辰宮商之法亦如之蓋若以拾壹律爲宮亦用此數以乘本律之分數而損益之如林鐘爲均則以捌拾壹爲伍拾肆貳拾柒爲拾捌之類也

變宮說見下條

變宮　變徵

肆拾貳餘玖分分之陸　伍拾陸餘玖分分之捌

羽後宮前　角後徵前

0009_0115-1

上生變徵

右貳變相生之法○國語周景王問於泠州鳩曰柒律者何韋昭注曰周有柒音黃鐘爲宮大蔟爲商姑洗爲角林鐘爲徵南呂爲羽應鐘爲變宮蕤賓爲變徵後漢志說與此同此說蓋以黃鐘爲法餘律準此○淮南子曰姑洗生應鐘比於正

0009_0116-1 0009_0115-2

音故爲和應鍾生蕤賓不比於正音故爲繆今按伍聲相生至於角位則其數陸拾有肆隔捌下生當得宫前壹位以爲變宫然其數叁分損壹每分各得貳拾有壹尚餘壹分不可損益故伍聲之正至此而窮若欲生之則須更以所餘壹分折而爲玖損其叁分之壹分乃得肆拾貳分餘玖分分之陸而後得成變宫之數又自變宫隔捌上生當得徵前壹位其數伍拾有陸餘玖分分之捌以爲變徵正合相生之法自此又當下生則又餘玖分不可損益而其數又窮故立均之法至於是而終焉然而貳變但爲和繆已不得爲正聲矣

儀禮卷十三　十五

	黃鐘	大呂
正	玖寸	捌寸叁分柒釐陸毫
半	無	肆寸壹分捌釐叁毫
變	捌寸柒分捌釐壹毫陸絲貳忽 不用	
變半	肆寸叁分捌釐伍毫叁絲壹忽	

0009_0117-1 0009_0116-2

	大蔟	夾鐘	姑洗	仲呂	蕤賓	林鐘
正	捌寸	柒寸肆分叁釐柒毫叁絲	柒寸壹分	陸寸伍分捌釐叁毫肆絲陸忽	陸寸貳分捌釐	陸寸
半	肆寸	叁寸陸分陸釐叁毫陸絲	叁寸伍分	叁寸貳分捌釐陸毫貳絲叁忽	叁寸壹分肆釐	叁寸 不用
變	柒寸捌分〇〇貳毫肆絲肆忽柒初 不用		柒寸〇〇壹釐貳毫貳絲〇〇貳初貳抄 不用			伍寸捌分貳釐肆毫壹絲壹忽叁初
變半	叁寸捌分肆釐伍毫陸絲陸忽捌初		叁寸肆分伍釐壹毫壹絲〇〇壹初壹抄			貳寸捌分伍釐陸毫伍絲〇〇陸初

儀禮卷十三　十六

0009_0117-2

夷則	伍寸伍分伍釐壹毫	貳寸柒分貳釐伍毫		
南呂	伍寸叁分	貳寸陸分不用	伍寸貳分叁釐壹毫陸絲○○壹初陸抄	貳寸伍分陸釐○○柒絲肆忽伍初叁抄
無射	肆寸捌分捌釐肆毫捌絲	貳寸肆分肆釐貳毫肆絲		
應鐘	肆寸陸分陸釐	貳寸叁分叁釐不用	肆寸陸分○○柒毫肆絲叁忽壹初肆抄叁分抄之壹	貳寸叁分○○叁毫陸絲陸忽陸抄叁分抄之貳不用

六ﾌ八十　儀禮卷十三　十七

0009_0118-1

右拾貳律正變倍半之法○傳通典曰以子聲比正聲則正聲爲倍以正聲比子聲則子聲爲半如黃鐘之管正聲玖寸子聲則肆寸半也拾貳正律各有

0009_0118-2

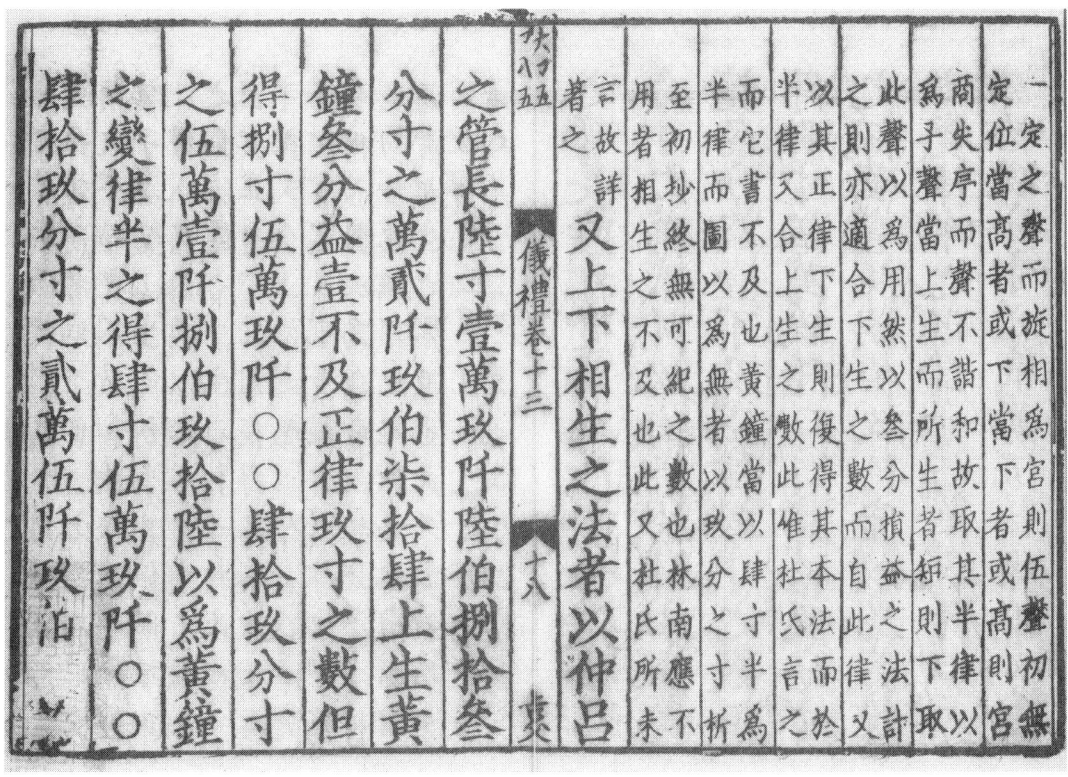

一定之聲而旋相爲宮則伍聲初無定位當高者或下當下者或高則宮商失序而聲不諧和故取其半律以爲子聲當上生而所生者短則下取此聲以爲用然以叁分損益之法計之則亦適合下生之數而自此律又以其正律下生則復得其本法而於半律又合上生之數此惟杜氏言之而它書不及也黃鐘當以肆寸半爲半律而圖以爲無者以玖分之寸析至初抄絲無可紀之數也林南應不用者相生之不及也此又杜氏所未言故詳者之又上下相生之法者以仲呂

扶ｿ八五　儀禮卷十三　十八

之管長陸寸壹萬玖阡陸伯捌拾叁分寸之萬貳阡玖伯柒拾肆上生黃鐘叁分益壹不及正律玖寸之數但得捌寸伍萬玖阡○○肆拾玖分寸之伍萬壹阡捌伯玖拾陸以爲黃鐘之變律半之得肆寸伍萬玖阡○○肆拾玖分寸之貳萬伍阡玖伯

0009_0119-1

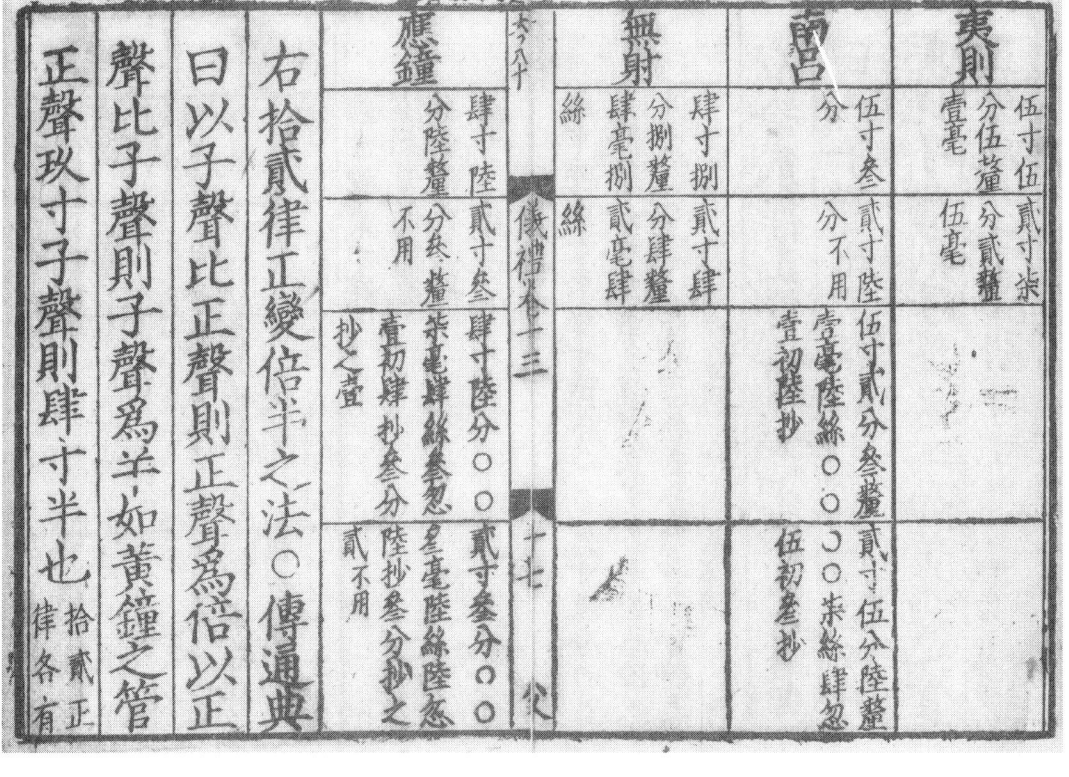

0009_0119-2

捌以爲黄鐘變律之子聲此依本文稍加詳潤其不及至數但致字以爲至之變律求字變律之子聲伍字皆今所增入本數備用拾分之寸計之尚爲繁究今以致分之寸更定見於圖内而於此存其本文又上下相生以至仲吕皆以相生所得之律寸數半之以爲子聲之律今按蕤賓以下仲吕上生之所不及故無變律而唯黄太姑林南應有之計正變通拾捌律各有半聲爲叄拾陸聲其間又有捌聲雖有

0009_0120-1

而無所用實計貳拾捌聲而已杜氏又言變律上下相生以至仲吕則是又當增拾貳聲而合爲肆拾捌聲似太過而無所用也今雅樂俗樂皆有四清聲其原蓋出於此然既欠捌聲且無變律則其法又太踈略而用有不同矣覽者詳之

○漢志曰黄鐘不復與它律爲役者黄鐘至尊無與並也此言黄鐘臨於本宫用正律若它律爲宫則黄鐘之爲商角徵羽二變者皆但用其變聲而正律不復與它爲役也此與通典[illegible]律[illegible]説相發[illegible]志[illegible]

0009_0120-2

[illegible]未盡者以[illegible]大要附於此云

	宫 下生	徵 上生	商 下生	羽 上生	角 下生	變宫 上生	變徵
第一宫	黄 正	林 正	太 正	南 正	姑 正	應 正	蕤 正
第二宫	林 正	太 半正	南 正	姑 半正	應 正	蕤 半正	大 半正
第三宫	太 正	南 正	姑 正	應 正	蕤 正	大 半正	夷 正
第四宫	南 正	姑 半正	應 正	蕤 半正	大 半正	夷 半正	夾 半正
第五宫	姑 正	應 正	蕤 正	大 半正	夷 正	夾 半正	無 正
第六宫	應 正	蕤 半正	大 半正	夷 半正	夾 半正	無 正	中 半正
第七宫	蕤 正	大 半正	夷 正	夾 半正	無 正	中 半正	黄 半變
第八宫	大 正	夷 正	夾 正	無 正	中 正	黄 半變	林 變
第九宫	夷 正	夾 半正	無 正	中 半正	黄 半變	林 半變	太 半變
第十宫	夾 正	無 正	中 正	黄 半變	林 變	太 半變	南 變
第十一宫	無 正	中 半正	黄 半變	林 半變	太 半變	南 半變	姑 半變
第十二宫	中 正	黄 半變	林 變	太 半變	南 變	姑 半變	應 變

0009_0121-1

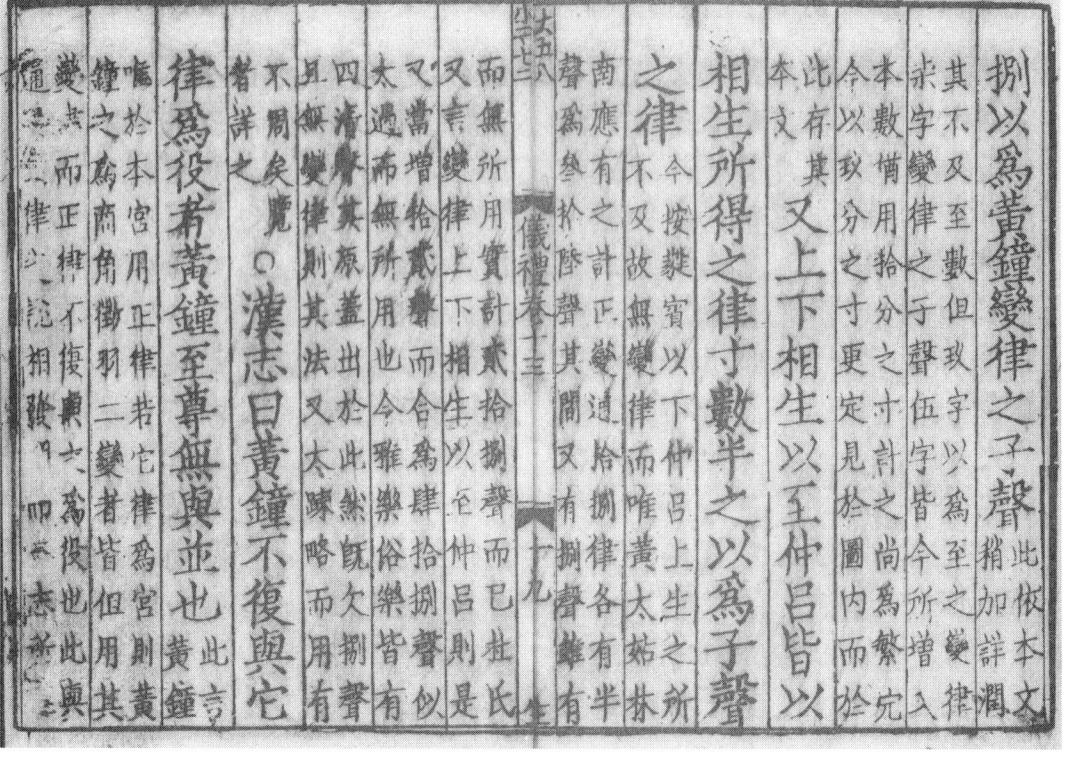

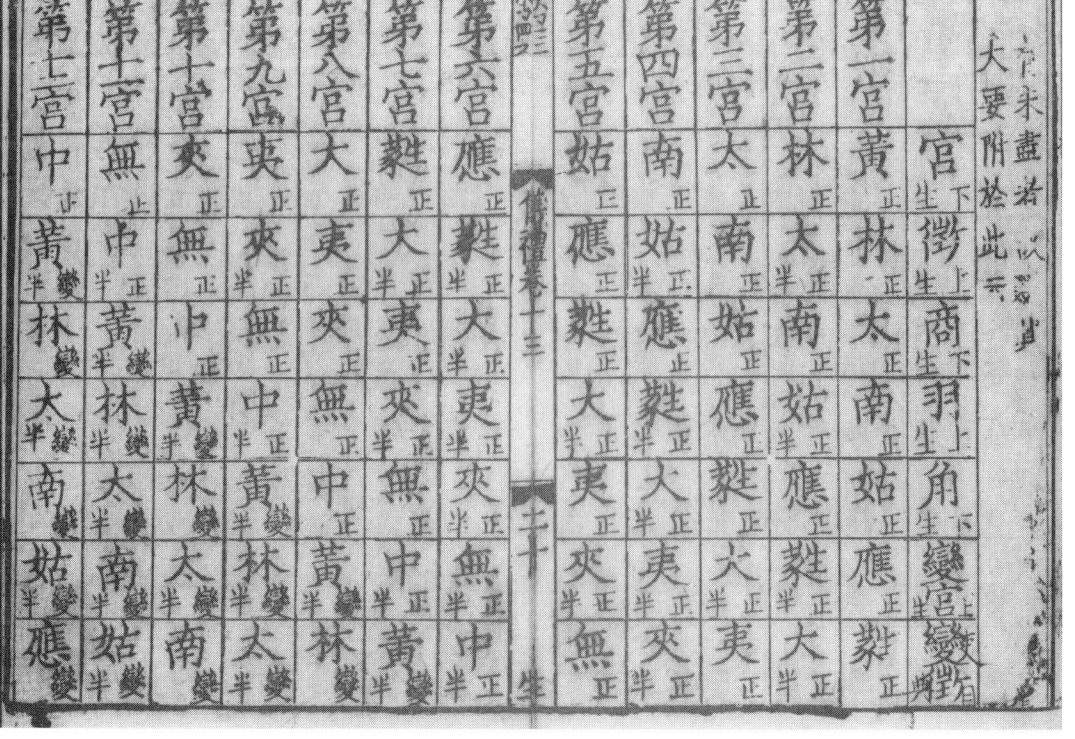

0009_0121-2

右旋宮揲拾肆聲之圖○傳禮運曰伍聲陸律拾貳管還相爲宮孔氏正義曰拾貳辰各自爲宮每宮各有伍聲拾貳管相生之次至中呂而帀凡陸拾聲○今按孔氏以本文但云伍聲拾貳管故不及貳變而止爲陸拾聲今增入貳變貳拾肆聲合爲揲拾肆聲自唐以來法皆如此云

	爲宮	爲商	爲角	爲徵	爲羽
黃	於本律	於無	於夷	於中	於夾

拾貳管自本律之外爲七律之肆聲者合其律爲調

以上黃宮伍調各用本均柒聲而以黃鐘起調黃鍾畢曲餘律放此

0009_0122-1

大	本律	應	南	蕤	姑
太	本律	黃	無	林	中
夾	本律	大	應	夷	蕤
姑	本律	太	黃	南	林
中	本律	夾	大	無	夷
蕤	本律	姑	太	應	南
林	本律	中	夾	黃	無

儀禮卷十三　二十一

0009_0122-2

夷	本律	蕤	姑	大	應
南	本律	林	中	太	黃
無	本律	夷	蕤	夾	大
應	本律	南	林	姑	太

右陸拾調之圖陸拾調即前旋宮圖內陸拾聲也其貳變貳拾肆聲非伍聲之正不可爲調故止於陸拾也

0009_0123-1

鍾律義第二十三　學禮六之下

管子曰凡聽徵如負豬豕覺而駭凡聽羽如鳴馬在樹馬疑當作鳥凡聽宮如牛鳴窌中窌居效反凡聽商如離羣羊凡聽角如雉登木以鳴音疾以清以鳴下六字疑衍凡將起五音凡首謂音之總先也先主一而三之四開以合九九一而三之即四也以是四開合於五音九也又九九之爲八十一也以是生黃鍾小素之首以成宮

儀禮卷十三　二十二

0009_0123-2

本宫八十一數生黄鍾之宫爲五音之本三分而益之以一爲百有八爲徵本八十一益以三分之一二十七通前百有八是爲徵數○今按百有八半之則爲五十四有三分而去其乘適足以是生商乘亦三分之一也三分百八而去一餘七十二是商之數也有三分而復於其所以是成羽三分七十二而益其一分二十四合爲九十六是羽之數也○今按九十六半之則爲四十八有三分而去其乘適足以

0009_0124-1

是成角三分九十六去其一分餘六十四是角之數○大史公曰音樂者所以動盪血脈通流精神而和正心也故宫動脾而和正聖商動肺而和正義角動肝而和正仁徵動心而和正禮羽動腎而和正智故聞宫使人溫舒而廣大聞商音使人方正好義聞角音使人惻[illegible]聞

0009_0124-2

使人樂善而好施聞羽音使人整齊而好禮○漢志曰商之爲言章也物成孰可章度也師古曰度音大各反角觸也物觸地而出戴芒角也宫中也居中央暢四方唱始施生爲四聲綱也徵祉也物盛大而緐祉也羽宇也物聚臧宇覆之也夫聲者中於宫觸於角祉於徵章於商宇於

0009_0125-1

羽故四聲爲宫紀也協之五行則角爲木五常爲仁五事爲貌商爲金爲義爲言徵爲火爲禮爲視羽爲水爲智爲聽宫爲土爲信爲思以君臣民事物言之則宫爲君商爲臣角爲民徵爲事羽爲物唱和有象故言君臣位事之體也五聲之本生於黄鍾之律九寸爲宫或損

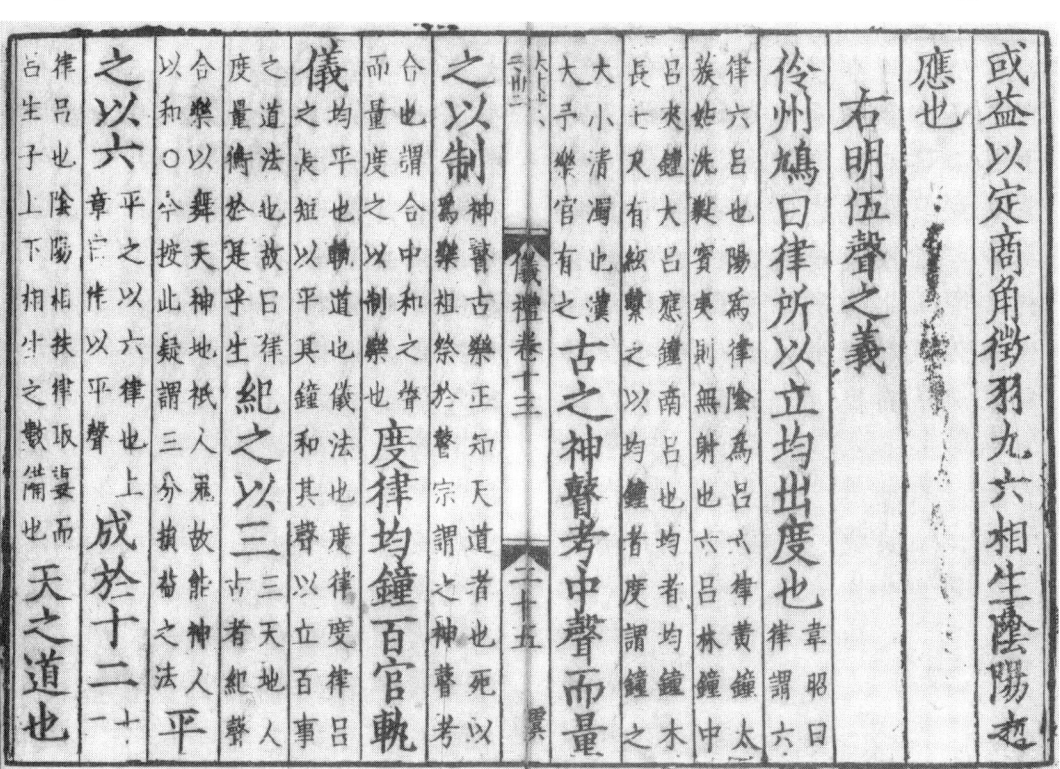

或益以定商角徵羽九六相生陰陽之

應也

右明伍聲之義

伶州鳩曰律所以立均出度也韋昭曰律謂六律六吕也陽爲律陰爲吕六律黄鍾太蔟姑洗蕤賓夷則無射也六吕林鍾中吕夾鍾大吕應鍾南吕也均者均鍾木長七尺有絃繫之以均鍾者度謂鍾之大小清濁也漢大予樂官有之古之神瞽考中聲而量

之以制神瞽古樂正知天道者也死以爲樂祖祭於瞽宗謂之神瞽考合也謂合中和之聲而量度之以制樂也度律均鍾百官軌儀均平也軌道也儀法也度律度律吕之長短以平其鍾和其聲以立百事之道法也故曰律度量衡於是乎生紀之以三三天地人古者紀聲合樂以舞天神地祇人鬼故能神人以和○今按此疑謂三分損益之法平之以六平之以六律也上章言作以平聲成於十二十一律吕也陰陽相扶律取妻而吕生子上下相生之數備也天之道也

天之上數不過十二夫六中之色也故名之曰黄鍾十一月黄鍾乾初九也六氣天地之中天有六氣降生五味天有六甲地有五子十一而天地畢矣而六爲中故六律六吕而成天道黄鍾初九六律之首故以六律正色爲黄鍾之名重元正始之義也黄鍾陽之變也管長九寸徑三分圍九分律長九寸因而九之九九八十一故黄鍾之數立焉爲宫法云九寸之一得林鍾初六大吕之首陰之變管長六寸六月之律坤之始也故九六陰陽夫婦子母之道是以初九爲黄鍾黄中之色也鍾之言陽氣鍾聚於下也

○今按六字之義注雖粗通然似亦太牽合矣下章漢志正作黄字而其它說亦多出此疑此六字本是黄字劉歆時尚未誤至韋昭作注時乃減其上之半而爲六耳又法云九寸之一一亦疑有誤當去其三分之一所以宣養六氣九德也宣徧也六氣陰陽風雨晦明也九德九功之德水火金木土穀正德利用厚生十一月陽伏於下物始萌於五聲爲宫含元處中所以徧養六氣九德之本也由是第之由從也第次也次其月也二曰大蔟正月大蔟乾九二也管長八寸法云九分之八太蔟言陽

氣太蔟達於上所以金奏贊陽出滯也贊佐也賈唐云
太蔟正聲爲商故爲金奏所以佐陽發
出滯伏也明堂月令正月蟄蟲始震

三曰姑洗所以修潔百物考神納賓也
三月姑洗乾九三也管長七寸壹分律
長七寸九分寸之壹姑潔也洗濯也考
合也言陽氣養生洗濯枯穢改柯易葉
也於正聲爲角是月百物修潔故用之
宗廟合致神人用之
享宴可以納賓也

四曰蕤賓所以安靖神人獻酬交酢也
五月蕤賓乾九四
也管長六寸三分

律長六寸八十一分寸之二十六蕤委
蕤柔貌也言陰氣爲主委蕤於下陽氣
盛長於上有似於賓主故可用之宗廟
賓客以安靜神人行酬酢也酬勸酢報
也

五曰夷則所以詠歌九則平民無貳也
七月夷則乾九五也管長五寸六分
律長五寸七百二十九分寸之四百
五十一夷平也則法也言萬物既成可
法則也故可以詠歌九功之則成民之
志使無疑貳也

六曰無射所以宣布哲人之令德示民軌儀也
九月無射乾上九也管
長四寸九分律長四寸

六千五百六十一分寸之六千五百二
十四宣徧也軌道也儀法也九月陽氣
上升陰氣收藏萬物無射見者故
可以徧布前哲之令德示民道法也

爲之六閒以揚沈伏而黜散越也
六閒六呂
在陽律之
閒沈滯也黜去也越揚也呂陰律所以
侶閒陽律成其功發揚滯伏之氣而去
散越者也伏則不宣散則不和陰
陽序次風雨時至所以生物者也

元閒大呂助宣物也
十二月大呂坤六四也管
長八寸八分法云三分之
二四寸二百四十三分寸之五十二倍之
爲八寸分寸之一百四下生律元一也

陰繫於陽以黃鍾爲主故曰元閒以陽
爲首不名其初臣歸功於上之義也大
呂助陽宣散物也天氣始於黃鍾萌而
赤地受之於大呂牙而白成黃鍾之功
也

二閒夾鍾出四隙之細也
二月夾鍾
坤六五也
管長七寸四分律長三寸二千一百八
十七分寸之一千六百三十二倍之爲
七寸分寸之一千七十五隙閒也夾鍾
助陽鍾聚曲細也四隙四時之閒氣微
細者春爲陽中萬物始生四時之氣皆始
於春春發而出之三時奉而成之故夾鍾
出四時之
微氣也

三閒中呂宣中氣也
四月中呂
坤上六也

0009_0129-2

管長六寸六分律長三寸萬九千六百
八十三分寸之六千四百八十七倍之
爲六寸分寸之萬二千九百七十四陽
氣起於中至四月宣散於外純乾用事
陰閒藏於内所以助陽成功
也故曰正月正陽之月也四閒林鐘
和展百事俾莫不任肅純恪也六月林鐘坤初
六也管長八寸律長六寸林衆盛也鐘
聚也於正聲爲徵展審也俾使也肅速
也純大也恪敬也言時務和審百事無
有偽詐使莫不任其職事速其功大敬
其職事也五閒南呂贊陽秀也八月南呂坤六二也管長

0009_0130-1

五寸三分律長五寸三分寸之一不榮
而實曰秀南任也陰任陽事助成萬物
贊佐也六閒應鐘均利器用俾應復也十月
應鐘坤六三也管長四寸七分律長四
寸二十七分寸之二十陰應陽用事
萬物鐘聚百嘉具備時務均利百官器
用程度庶品使皆應其禮復其常也月
令孟冬命工師效功陳祭器按程度
毋作淫巧以蕩上心必功致爲上也律
呂不易無姦物也律呂不變易其正各順其時則神無姦行
物無害生也國語○漢志曰律十有二陽六爲律

0009_0130-2

陰六爲呂律以統氣類物呂以旅陽宣
氣黃鐘黃者中之色君之服也鐘者種
也天之中數五韋昭曰壹參在上壹致在下五爲聲
聲上宮五聲莫大焉地之中數六韋昭曰貳
肆在上捌拾在下六爲律律有形有色色上黃
五色莫盛焉故陽氣施種於黃泉孳萌
萬物師古曰孳讀與滋同滋益也萌始生爲六氣元也以

0009_0131-1

黃色名元氣律者著宮聲也宮以九唱
六孟康曰黃鐘陽九林鐘陰六言陽唱陰和變動不居周流
六虛始於子在十一月大呂呂旅也言
陰大旅助黃鐘宣氣而牙物也位於丑
在十二月太族族奏也言陽氣大奏地
而達物也師古曰奏進也位於寅在正月夾鐘
言陰夾助太族宣四方之氣而出種物

也位於卯在二月姑洗洗絜也言陽氣洗物辜絜之也孟康曰辜必也必使之絜也位於辰在三月中呂言微陰始起未成著於其中旅助姑洗宣氣齊物也位於巳在四月蕤賓蕤繼也賓導也言陽始導陰氣使繼養物也位於午在五月林鐘林君也言陰氣受任助蕤賓君主種物使長大楙盛也師古曰種物種生之物楙古茂字也種音之勇反位於未在六月夷則則法也言陽氣正法度而使陰氣夷當傷之物也師古曰夷亦傷位於申在七月南呂南任也言陰氣旅助夷則任成萬物也位於酉在八月亡射射厭也言陽氣究物而使陰氣畢剝落之終而復始亡厭已也位於戌在九月

應鐘言陰氣應亡射該臧萬物而雜陽閡種也孟康曰閡臧塞也陰雜陽氣臧塞為萬物作種也晉灼曰外閉曰閡師古曰閡音胡待反下言該閡於亥音訓並同也位於亥在十月又曰黃鐘為宮則太蔟姑洗林鍾南呂皆以正聲應無有忽微不復與它律為役者同心壹統之義也非黃鍾而它律雖當其月自宮者則其和應之律有空積忽微不得其正此黃鍾至尊亡與並也孟康曰忽微若有若無細於髮者也謂正聲無有殘分也它律為言則有空積若鄭氏分壹寸為數千

右明十二律之義十二律之名必有深指然國語漢志所言如此支離附合恐非本真今姑存之不足深究也

黃鍾之實玖寸　下生者倍其實得拾捌以為法　參分其法得壹者陸為

0009_0134-1　　0009_0133-2

陸寸之爲林鐘

林鐘之實陸寸　上生者肆其實得貳

拾肆以爲法　叄分其法得壹者捌

爲捌寸以爲太蔟

太蔟之實捌寸　下生者倍其實得拾

陸以爲法　叄其壹得叄以分其法

用拾伍得叄者伍爲伍寸　餘壹

大呂五八小九　儀禮卷十三　三十三

爲叄分寸之壹　合之爲南呂

南呂之實伍寸叄分寸之壹計拾陸分　上

生者肆其實得陸拾肆以爲法　叄

其叄得玖以分其法　用陸拾叄得

玖者柒爲柒寸　餘壹爲玖分寸之

壹　合之爲姑洗

姑洗之實柒寸玖分寸之壹計陸拾肆分

0009_0135-1　　0009_0134-2

下生者倍其實得壹伯貳拾捌以爲

法　叄其玖得貳拾柒以分其法

用壹伯捌得貳拾柒者肆爲肆寸

餘貳拾爲貳拾柒分寸之貳拾　合

之爲應鐘

應鐘之實肆寸貳拾柒分寸之貳拾計壹

伯貳拾捌分　上生者肆其實得伍伯拾

大呂五八小十二　儀禮卷十三　三十四

貳以爲法　叄其貳拾柒得捌拾壹

以分其法　用肆伯捌拾陸得捌拾

壹者陸爲陸寸　餘貳拾陸爲捌拾

壹分寸之貳拾陸　合之爲蕤賓

蕤賓之實陸寸捌拾壹分寸之貳拾陸

計伍伯拾貳八　上生者肆其實得貳

以捌以爲法　叄其捌拾壹得貳

0009_0135-2

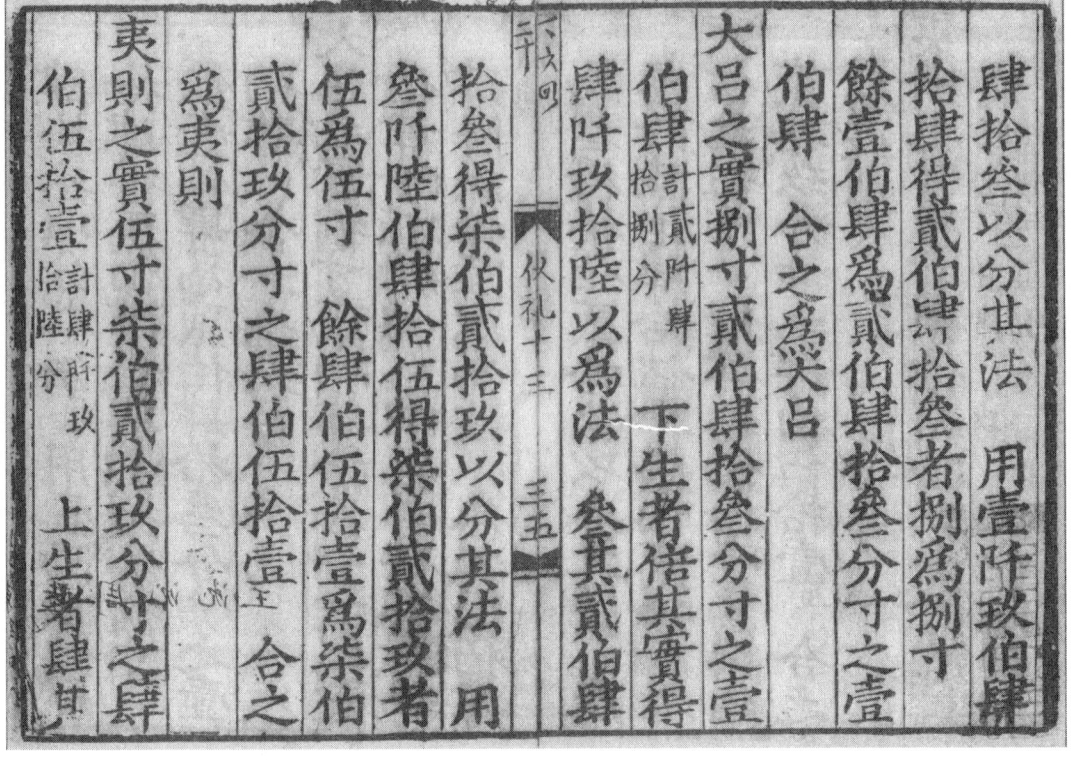

肆拾叁以分其法　用壹阡玖伯肆
拾肆得貳伯肆拾叁者捌爲捌寸
餘壹伯肆爲貳伯肆拾叁分寸之壹
伯肆　合之爲大呂
大呂之實捌寸貳伯肆拾叁分寸之壹
伯肆 計貳阡肆拾捌分　下生者倍其實得
肆阡玖拾陸以爲法　叁其貳伯肆

儀礼十三　三五

0009_0136-1

拾叁得柒伯貳拾玖以分其法　用
叁阡陸伯肆拾伍得柒伯貳拾玖者
伍爲伍寸　餘肆伯伍拾壹爲柒伯
貳拾玖分寸之肆伯伍拾壹　合之
爲夷則
夷則之實伍寸柒伯貳拾玖分寸之肆
伯伍拾壹 計肆阡玖拾陸分　上生者肆其

0009_0136-2

實得壹萬陸阡叁伯捌拾肆以爲法
叁其柒伯貳拾玖得貳阡壹伯捌
拾柒以分其法　用壹萬伍阡叁伯
玖得貳阡壹伯捌拾柒者柒爲柒寸
餘壹阡柒拾伍爲貳阡壹伯捌拾
柒分寸之壹阡柒拾伍　合之爲夾
鍾

儀禮十三　三六

0009_0137-1

夾鍾之實柒寸貳阡壹伯捌拾柒分寸
之壹阡柒拾伍 計壹萬陸阡叁伯捌拾肆分　下
生者倍其實得叁萬貳阡柒伯陸拾
捌以爲法　叁其貳阡壹伯捌拾柒
得陸阡伍伯陸拾壹以分其法　用
貳萬陸阡貳伯肆拾肆得陸阡伍伯
陸拾壹者肆爲肆寸　餘陸阡伍伯

貳拾肆爲陸阡伍伯陸拾壹分寸之
陸阡伍伯貳拾肆　合之爲無射
無射之實肆寸陸阡伍伯陸拾壹分寸
之陸阡伍伯貳拾肆計叄萬貳阡柒伯陸拾捌分
上生者肆其實得拾叄萬壹阡柒
拾貳以爲法　叄其陸阡伍伯陸拾
壹得壹萬玖阡陸伯捌拾叄以分其

法　用拾壹萬捌阡玖拾捌得壹萬
玖阡陸伯捌拾叄者陸爲陸寸　餘
壹萬貳阡玖伯柒拾肆爲壹萬玖阡
陸伯捌拾叄分寸之壹萬貳阡玖伯
柒拾肆　合之爲仲呂
仲呂之實陸寸壹萬玖阡陸伯捌拾叄
分寸之壹萬貳阡玖伯柒拾肆計拾叄萬

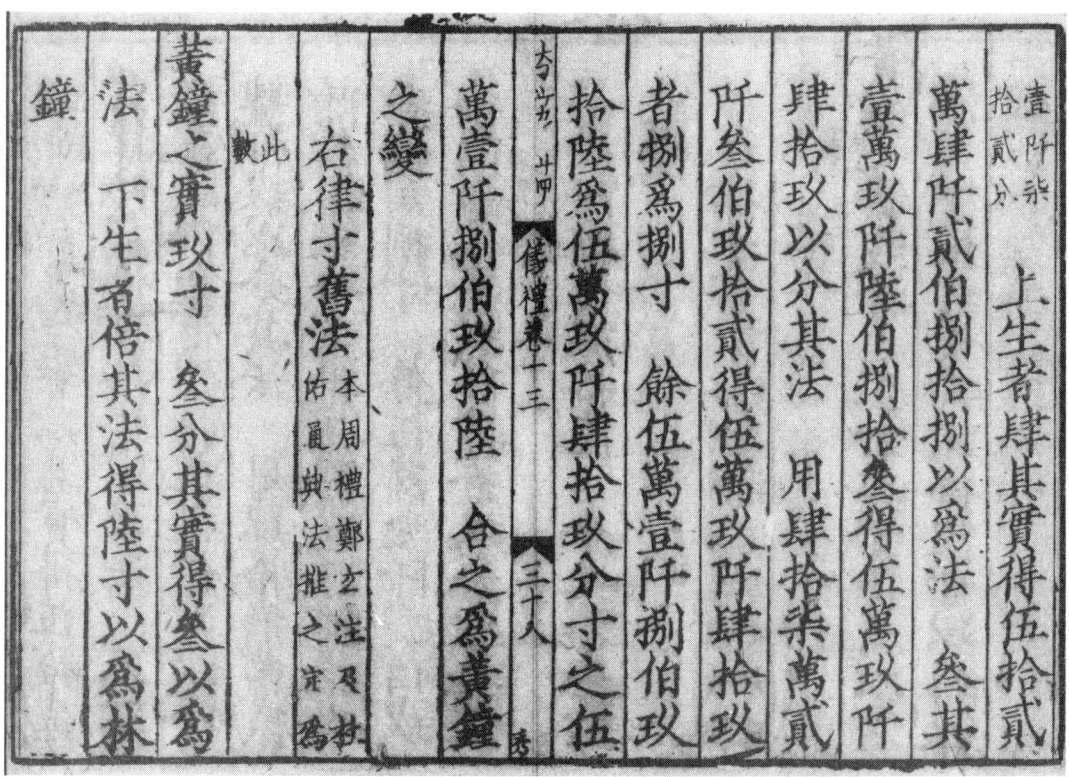

壹阡柒拾貳分　上生者肆其實得伍拾貳
萬肆阡貳伯捌拾捌以爲法　叄其
壹萬玖阡陸伯捌拾叄得伍萬玖阡
肆拾玖以分其法　用肆拾柒萬貳
阡叄伯玖拾貳得伍萬玖阡肆拾玖
者捌爲捌寸　餘伍萬壹阡捌伯玖
拾陸爲伍萬玖阡肆拾玖分寸之伍

萬壹阡捌伯玖拾陸　合之爲黃鐘
之變
右律寸舊法本周禮鄭玄注及杜佑通典法推之定爲
此數
黃鐘之實玖寸　叄分其實得叄以爲
法　下生者倍其法得陸寸以爲林
鐘

0009_0140-1　0009_0139-2

林鐘之實陸寸　參分其實得貳以爲
法　上生者肆其法得捌寸以爲太
蔟
太蔟之實捌寸　參分其實得貳寸陸
分以爲法　下生者倍其法得伍寸
參分以爲南呂　凡言分者皆玖分寸之壹
南呂之實伍寸參分　參分其實得壹

寸柒分以爲法　上生者肆其法得
肆寸貳拾捌分　內收貳拾柒分得參寸　合之
得柒寸壹分以爲姑洗
姑洗之實柒寸壹分　參分其實得
寸參分參釐以爲法　下生者倍
得肆寸陸分陸釐以爲應鐘
皆收分之積

0009_0141-1　0009_0140-2

應鐘之實肆寸陸分陸釐　參分
得壹寸伍分貳釐以爲法　上生者
肆其法得肆寸貳拾分捌釐　內收捌分
貳寸　合之得陸寸貳分捌釐以爲蕤
賓
蕤賓之實陸寸貳分捌釐　參分其實
得貳寸捌釐陸毫以爲法　上生者

肆其法得捌寸參拾貳釐貳拾肆毫
內收貳拾柒釐爲參分　又收拾捌毫爲貳釐　合之得捌
寸參分柒釐陸毫以爲大呂　凡言毫者皆玖
分釐之壹
大呂之實捌寸參分柒釐陸毫　參分
其實得貳寸柒分貳釐伍毫以爲法
下生者倍其法得肆寸拾肆分肆

0009_0141-2

釐拾毫（内收玖分爲壹寸又收玖毫爲壹釐）　合之
伍寸伍分伍釐壹毫以爲夷則
夷則之實伍寸伍分伍釐壹毫　參
其實得壹寸柒分柒釐陸毫參絲以
爲法　上生者肆其法得肆寸貳[illegible]
捌分貳拾捌釐貳拾肆毫拾貳絲[illegible]
（貳拾柒分爲參寸又收貳拾柒釐[illegible]參分又收拾捌毫爲貳釐又收玖[illegible]）

0009_0142-1

（爲壹毫）　合之得柒寸肆分參釐柒毫
參絲以爲夾鍾（凡言絲者皆玖分毫之壹）
夾鍾之實柒寸肆分參釐柒毫參絲
參分其實得貳寸肆分肆釐貳毫[illegible]
絲以爲法　下生者倍其法得肆[illegible]
捌分捌釐肆毫捌絲以爲無射
[illegible]射之實肆寸捌分捌釐肆毫捌[illegible]

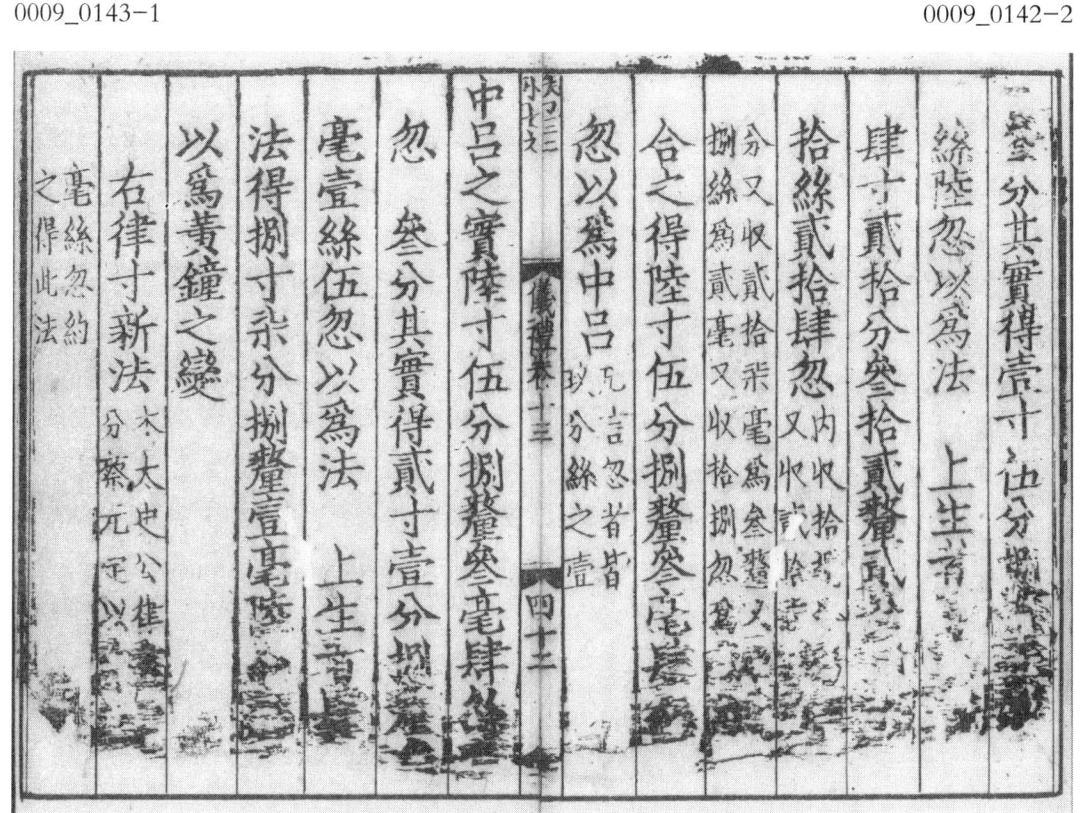

0009_0142-2

參分其實得壹寸伍分[illegible]
絲陸忽以爲法　上生者[illegible]
肆寸貳拾分參拾貳釐貳[illegible]
拾絲貳拾肆忽（内收拾[illegible]又收貳拾[illegible]分又收貳拾柒毫爲參釐又[illegible]捌絲爲貳毫又收拾捌忽爲[illegible]）
合之得陸寸伍分捌釐參毫[illegible]
忽以爲中呂（凡言忽者皆玖分絲之壹）

0009_0143-1

中呂之實陸寸伍分捌釐參毫肆[illegible]
忽　參分其實得貳寸壹分捌[illegible]
毫壹絲伍忽以爲法　上生者[illegible]
法得捌寸柒分捌釐壹毫陸[illegible]
以爲黃鍾之變
右律寸新法（本太史公律[illegible]分　蔡元定以[illegible]）
（毫絲忽約之得此法）

0009_0143-2

子一　黃鍾之律
丑三　爲絲法
寅九　爲寸數
卯二十七　爲毫法
辰八十一　爲分數
巳二百四十三　爲釐法
午七百二十九　爲釐數

0009_0144-1

未二千一百八十七　爲分法
申六千五百六十一　爲毫數
酉一萬九千六百八十三　爲寸法
戌五萬九千〇四十九　爲絲數
亥一十七萬七千一百四十七　黃鍾之實

右黃鍾寸分數法 蔡元定曰：按黃鍾九寸，以三分爲損益，故以三絫十二辰，得一十七萬七千一百四十七，爲黃鍾之實。其十二

0009_0144-2

辰所得之數，在子寅辰午申戌六陽辰爲黃鍾寸分釐毫絲之數，在亥酉未巳卯丑六陰辰爲黃鍾寸分釐毫絲之法。其寸分釐毫絲之法，皆用九數，故九絲爲毫，九毫爲釐，九釐爲分，九分爲寸，九寸爲黃鍾。蓋黃鍾之實一十七萬七千一百四十七之數，以三約之爲絲者五萬九千四十九，以二十七約之爲毫者六千五百六十一，以二百四十三約之爲釐者七百二十九，以二千一百八十七約之爲分者八十一，以一萬九千六百八十

0009_0145-1

三約之爲寸者九，由是三分損益以生十一律焉。或曰：徑圍之分以十爲法，而相生之分釐毫絲以九爲法，何也？曰：以十爲法者，天地之全數也；以九爲法者，因三分損益而立也。全數者即十而取九，相生者約十而爲九。即十而取九者，體之所以立；約十而爲九者，用之所以行。體者所以定中聲，用者所以生十一律也。

[illegible]

子一分　一爲九寸
丑三分二　一爲三寸
寅九分八　一爲一寸

卯二十七分十六 三爲一寸○一爲三分

辰八十一分六十四 九爲一寸○一爲一分

巳二百四十三分一百二十八 二十七爲一寸

○三爲一分○一爲三釐

午七百二十九分五百一十二 八十一爲一寸

○九爲一分○一爲一釐

未二千一百八十七分一千二十四 二百

四十三爲一寸○二十七爲一分○三爲一釐○一爲三毫

申六千五百六十一分四千九十六 七百

二十九爲一寸○八十一爲一分○九爲一釐○一爲一毫

酉一萬九千六百八十三分八千一百

九十二 二千一百八十七爲一寸○二百四十三爲一分○二十

七爲一釐○三爲一毫○一爲三絲

戌五萬九千四十九分三萬二千七百

六十八 六千五百六十一爲一寸○七百二十九爲一分○八十

一爲一釐○九爲一毫○一爲一絲

亥一十七萬七千一百四十七分六萬

五千五百三十六 一萬九千六百八十三爲一寸○二

千一百八十七爲一分○二百四十三爲一釐○二十七爲一毫○三爲

一絲○一爲三忽

右黃鍾生十一律數 十七萬七千一百四十七

之數見於漢前後志然未見其所用之實故今特存此以備轉寫之

誤而參考焉

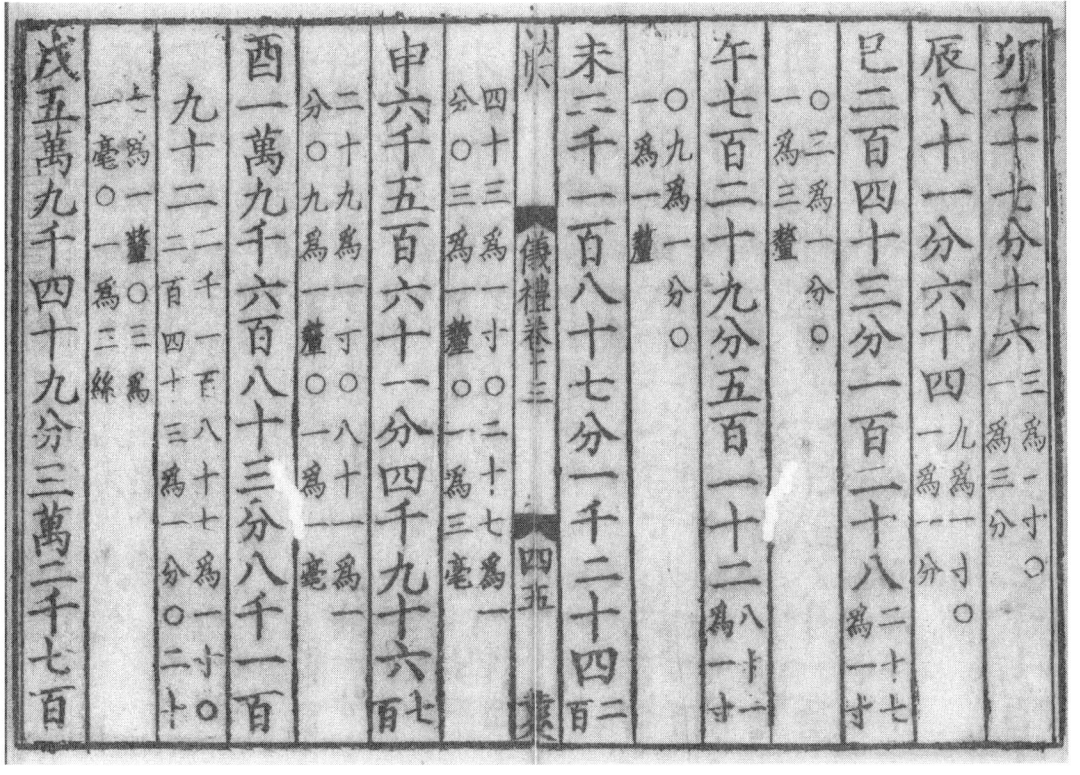

儀禮經傳通解卷第十三

0009_0150-2

儀禮經傳通解卷第十四

詩樂第二十四　學禮七

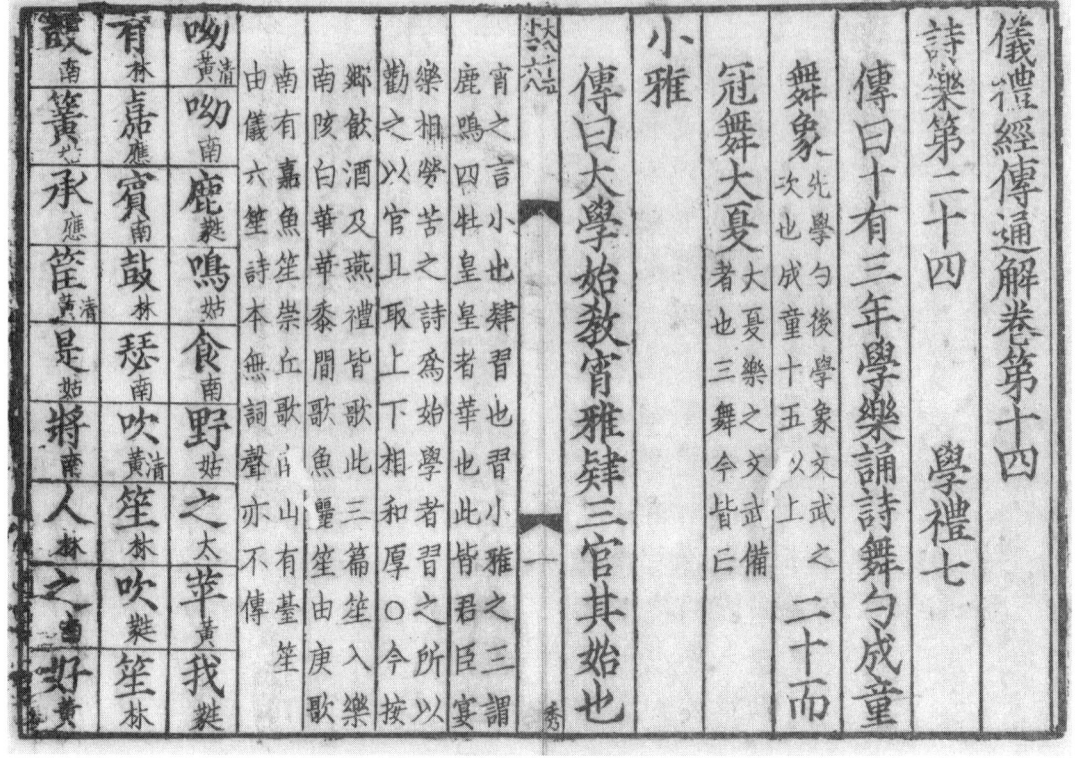

傳曰十有三年學樂誦詩舞勺成童舞象（先學勺後學象文武之次也成童十五以上）二十而冠舞大夏（大夏樂之文武備者也三舞今皆亡）

小雅

傳曰大學始教宵雅肄三官其始也

0009_0151-1

（宵之言小也肄習也習小雅之三謂鹿鳴四牡皇皇者華也此皆君臣宴樂相勞苦之詩爲始學者習之所以勸之以官且取上下相和厚○今按鄉飲酒及燕禮皆歌此三篇笙入樂南陔白華華黍閒歌魚麗笙由庚歌南有嘉魚笙崇丘歌南山有臺笙由儀六笙詩本無詞聲亦不傳）

呦黃清 呦南 鹿蕤 鳴姑 食南 野姑 之太 苹黃 我蕤

有林 嘉應 賓南 鼓林 瑟南 吹黃清 笙林 吹蕤 笙林

鼓南 簧姑 承應 筐黃清 是姑 將南 人林 之南 好黃

0009_0151-2

我姑 示林 我南 周太清 行黃清 ○ 呦黃 呦林 鹿

鳴姑 食林 野南 之太清 蒿黃清 我林 有南 嘉應 賓

德南 音蕤 孔姑 昭林 視姑 民南 不黃清 恌 君

子黃清 是姑 則蕤 是姑 傚南 我林 有南 旨黃 酒

嘉林 賓南 式應 燕南 以太清 敖黃清 ○ 呦黃 呦

鹿太 鳴黃 食太 野黃 之蕤 芩姑 我蕤 有 嘉

賓南 鼓林 瑟南 鼓黃清 琴林 鼓蕤 瑟林 鼓南 琴

0009_0152-1

和應 樂黃清 且姑 湛南 我林 有南 旨黃 酒姑 以

燕南 樂黃 嘉應 賓南 之太清 心黃清

鹿鳴三章章八句黃鍾清宮（俗呼正宮）

四黃 牡姑 騑蕤 騑姑 周太 道黃 倭蕤 遲姑 豈

不南 懷應 歸黃清 王蕤 事姑 靡林 盬南 我林 心

傷應 悲黃清 ○ 四黃 牡姑 騑林 騑南 嘽應 嘽

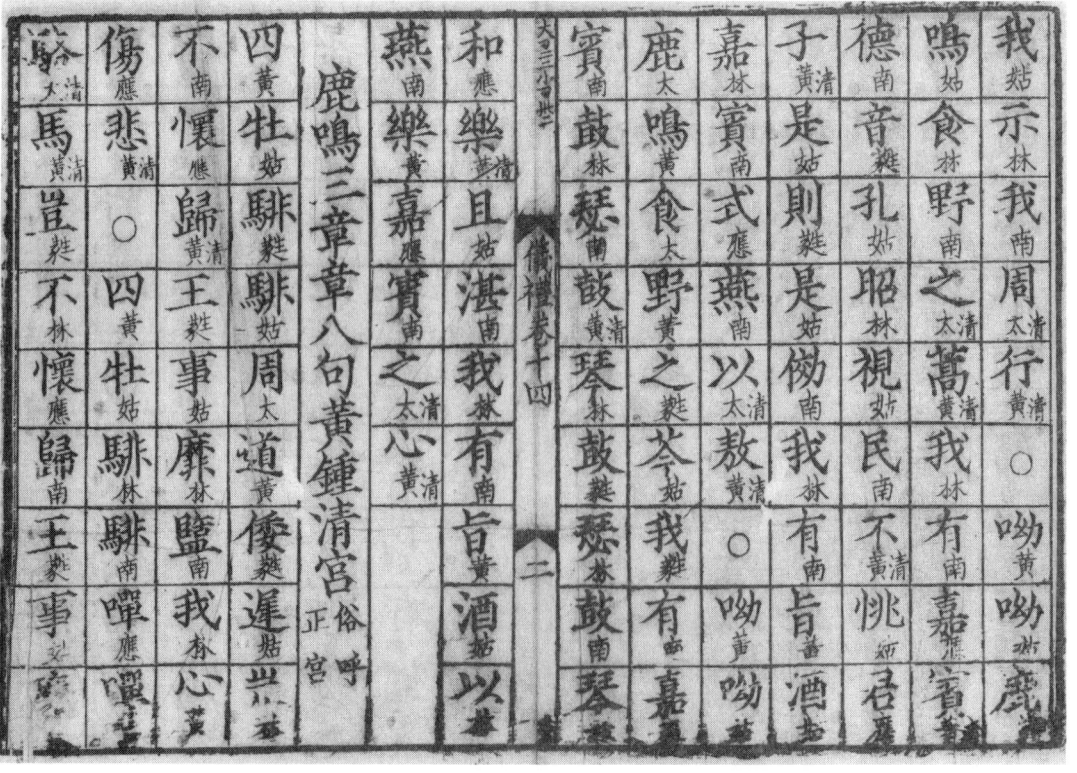

駱太清 馬黃清 豈蕤 不林 懷應 歸南 王蕤 事 靡

0009_0152-2

鹽黃 不林 遑姑 啓太 處黃 ○ 翩黃清 翩姑 者林
騅南 載姑 飛應 載林 下南 集蕤 于南 苞蕤 栩
王太 事黃 靡蕤 鹽姑 不林 遑南 將太清 父黃清 ○
翩黃清 翩姑 者蕤 騅姑 載林 飛應 載林 止南 集林
于南 苞蕤 杞姑 王蕤 事姑 靡林 鹽南 不黃 遑蕤
將太 母黃 ○ 駕黃 彼太 四黃 駱姑 載林 驟南
駸黃清 駸林 豈林 不南 懷應 歸黃 是太 用黃 作蕤
歌姑 將應 母黃 來太清 諗黃清

儀禮卷十四　三

0009_0153-1

四牡五章章五句黃鍾清宮 俗呼正宮

皇黃 皇南 者林 華南 于林 彼姑 原林 隰南 駪蕤
駪林 征蕤 夫姑 每應 懷南 靡太 及黃清 ○ 我黃
馬姑 維蕤 駒姑 六黃清 轡姑 如林 濡南 載林 馳應
載黃 驅姑 周蕤 爰姑 咨太 諏黃 ○ 我黃清 馬林
維應 騏黃清 六林 轡 如蕤 絲姑 載林 馳南 載

0009_0153-2

驅林 周應 爰黃 咨太清 謀黃清 ○ 我黃清 馬林 維應
駱南 六蕤 轡姑 沃林 若南 載蕤 馳南 載蕤 驅林
周黃 爰姑 咨太 度黃 ○ 我黃 馬南 維應 駰黃清
六黃清 轡姑 旣林 均南 載林 馳南 載黃 驅姑 周應
爰南 咨太清 詢黃清

皇皇者華五章章四句黃鍾清宮 俗呼正宮

儀禮卷十四　四

0009_0154-1

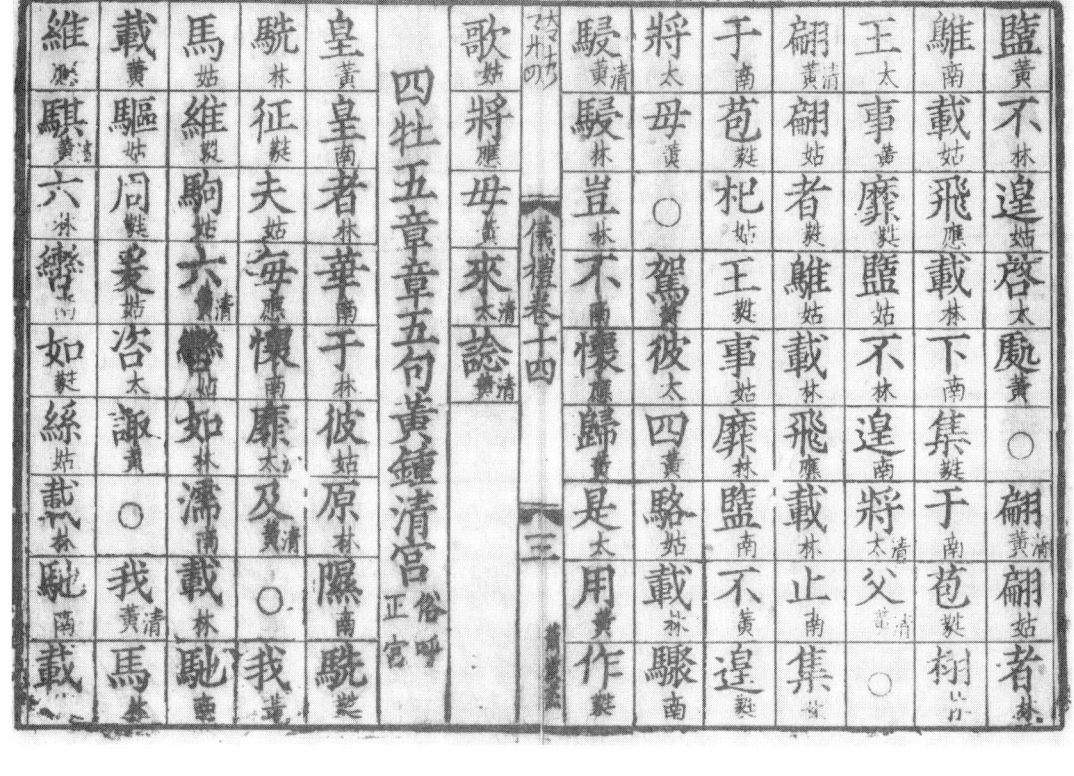

魚黃清 麗姑 于蕤 罶姑 鱨太 鯊黃 君蕤 子林 有
酒南 旨林 且南 多黃清 ○ 魚黃 麗姑 于太 罶
魴蕤 鱧姑 君蕤 子林 有蕤 酒姑 多蕤 且林 旨
○ 魚黃清 麗太清 于應 罶黃清 鰋林 鯉南 君蕤 子
有林 酒南 旨林 且南 有黃清 ○ 物黃清 其姑 多
矣南 維蕤 其姑 嘉林 矣南 ○ 物蕤 其林 旨
矣姑 維南 其蕤 偕姑 矣林 ○ 物黃 其太 有

0009_0154-2

矣姑 維應 其南 時太 矣黃清

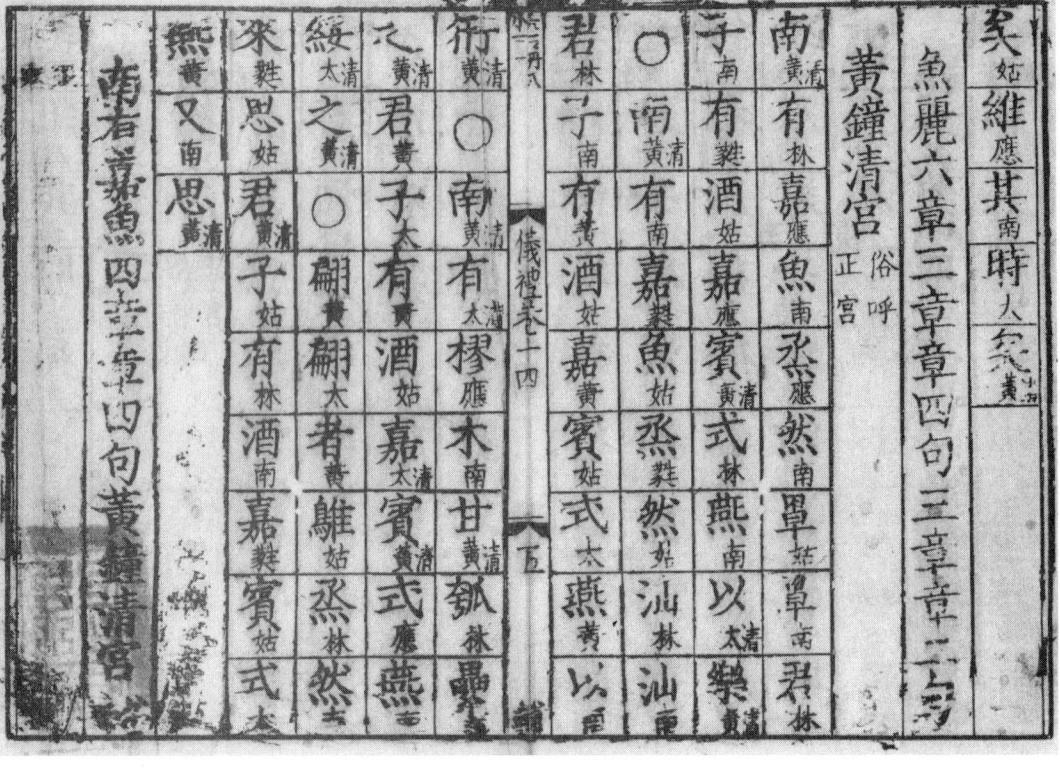

魚麗六章三章章四句三章章二句

黃鐘清宮 俗呼正宮

南黃清 有林 嘉應 魚南 烝應 然南 罩姑 罩南 君林

子南 有蕤 酒姑 嘉應 賓黃清 式林 燕南 以太清 樂黃清

○ 南黃清 有南 嘉蕤 魚姑 烝蕤 然姑 汕林 汕南

君林 子南 有黃 酒姑 嘉黃 賓姑 式太 燕黃 以南

儀禮卷十四 五

0009_0155-1

衎黃清 ○ 南黃清 有太清 樛應 木南 甘黃清 瓠林 纍南

之黃清 君黃 子太 有黃 酒姑 嘉太清 賓黃清 式應 燕南

綏太清 之黃清 ○ 翩黃 翩太 者黃 鵻姑 烝林 然太

來蕤 思姑 君黃清 子姑 有林 酒南 嘉蕤 賓姑 式太

燕黃 又南 思黃清

南有嘉魚四章章四句黃鐘清宮

[illegible]

0009_0155-2

南黃清 山太清 有應 臺南 北應 山南 有太清 萊黃清 樂應

只黃清 君應 子南 邦林 家南 之黃清 基林 樂蕤 只林

君南 子姑 萬黃 壽姑 無太 期黃 ○ 南黃 山

有蕤 桑姑 北黃 山姑 有太 楊黃 樂蕤 只林 君應

子南 邦林 家南 之黃 光林 樂應 只黃清 君蕤 子姑

萬林 壽南 無太清 疆黃清 ○ 南黃清 山林 有應 杞南

北林 山南 有太清 李黃清 樂應 只黃清 君應 子南 民南

儀禮卷十四 六

0009_0156-1

之蕤 父姑 母林 樂蕤 只林 君蕤 子姑 德蕤 音姑

不太 已黃 ○ 南黃 山太 有黃 栲姑 北南 山蕤

有姑 杻林 樂蕤 只林 君應 子南 遐林 不南 眉太清

壽黃清 樂應 只黃清 君蕤 子姑 德應 音南 是林 茂黃清

○ 南黃清 山姑 有蕤 枸姑 北應 山黃 有太清 楰黃清

樂應 只黃清 君應 子南 遐南 不蕤 黃姑 耇林 樂蕤

只林 君 子姑 保黃清 艾南 爾林 後黃清 [illegible]

南山有臺六章章六句黃鍾清宮

笙 正宮

周南國風

傳曰周南召南正始之道王化之基

故用之鄉人焉用之邦國焉 鄉飲酒及鄉射

禮合樂滿關雎葛覃卷耳召南鵲巢采蘩采蘋燕禮亦云遂歌鄉樂亦即此六篇也鄭氏云合樂謂歌樂與衆聲皆作周南召南國風篇也王后

國君夫人房中之樂歌也關雎言后妃之德葛覃言后妃之職卷耳言后妃之志鵲巢言國君夫人之德采蘩言國君夫人不失職采蘋言卿大夫之妻能修其法度夫婦之道生民之本王政之端此六篇者其教之原也故國君與其臣下及四方之賓燕用之合樂也鄉樂者風也小雅爲諸侯之樂大雅頌爲天子之樂

關 黃清	關 南	雎 林	鳩 南	在 黃	河 姑	之 太	洲 黃	窈 林
窕 南	淑 黃清	女 姑	君 黃清	子 林	好 南	逑 黃清	○	參 黃清

差 南	荇 林	菜 南	左 林	右 南	流 無	之 黃清	窈 中	窕 林
淑 無	女 姑	寤 太	寐 姑	求 太	之 黃	求 黃清	之 南	不 林
得 南	寤 姑	寐 中	思 南	服 林	悠 姑	哉 中	悠 姑	哉 太
輾 黃清	轉 南	反 無	側 黃清	○	參 黃清	差 無	荇 南	菜 林
左 太清	右 林	采 南	之 黃清	窈 姑	窕 中	淑 林	女 南	琴 林
瑟 姑	友 太	之 姑	參 太	差 黃	荇 姑	菜 林	左 林	右 姑
芼 林	之 南	窈 黃清	窕 南	淑 林	女 太清	鍾 黃	鼓 南	樂 無
之 黃清								

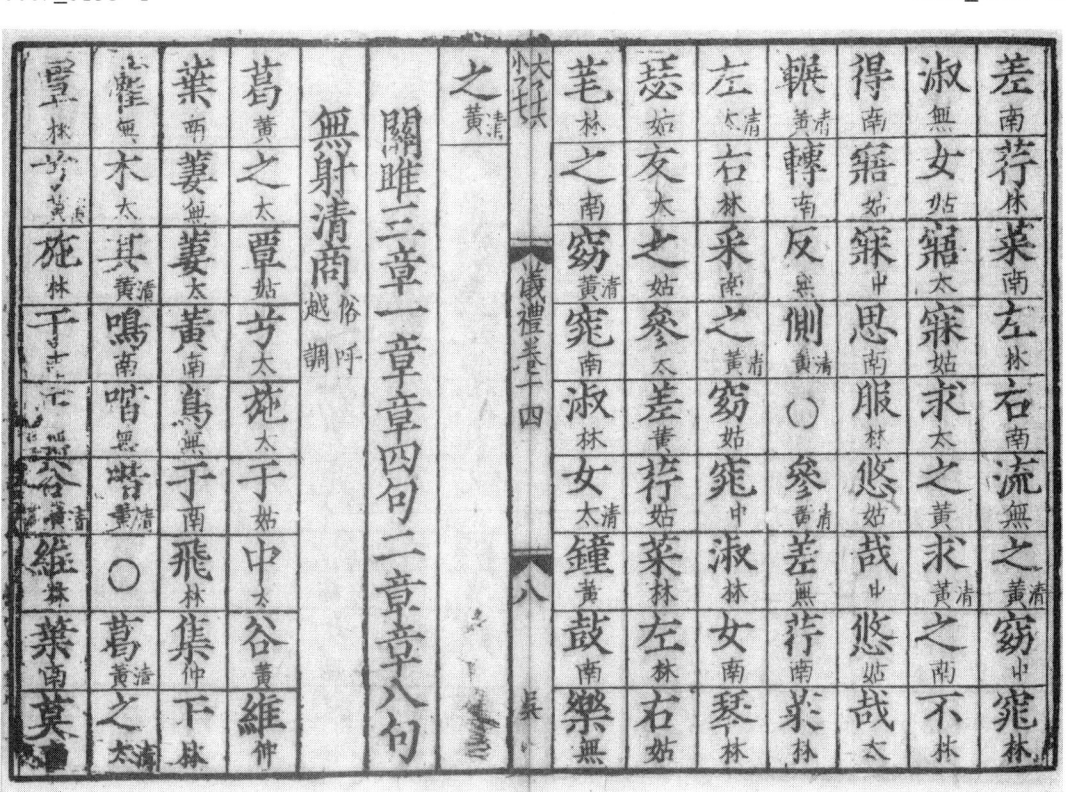

關雎三章一章章四句二章章八句

無射清商 俗呼越調

葛 黃	之 太	覃 姑	兮 太	施 太	于 姑	中 太	谷 黃	維 仲
葉 南	萋 無	萋 太	黃 南	鳥 無	于 南	飛 林	集 仲	下 林
灌 無	木 太	其 黃清	鳴 南	喈 無	喈 黃清	○	葛 黃清	之 太清
覃 林	兮 黃清	施 林	于 [illegible]	中 [illegible]	谷 黃清	維 林	葉 南	莫 黃

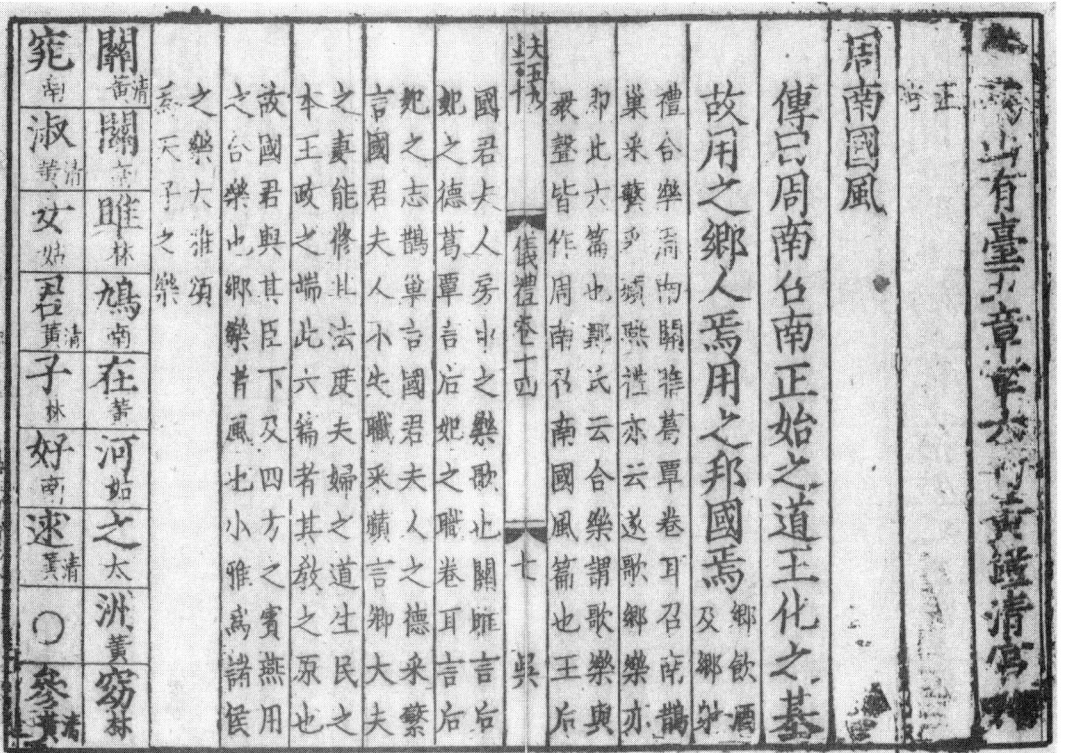

0009_0158-2

莫南 是黃 刈 是太 濩姑 爲林 絺姑 爲太 綌姑
服太 之姑 無太 斁黃 ○ 言黃清 告姑 師南 氏林
言林 告姑 言太 歸黃 薄黃 汙姑 我太 私姑 薄姑
澣中 我林 衣南 害南 澣林 害無 否太 歸黃清 寧南
父林 母黃

葛覃三章章六句無射清商 俗呼越調

0009_0159-1

采黃清 采姑 卷林 耳南 不林 盈姑 頃林 筐南 嗟中

大二ㄱ十七 小二ㄱ九一 儀禮卷十四 九 祥

我林 懷無 人太 寘黃 彼姑 周太 行黃 ○ 陟黃清
彼無 崔南 嵬林 我林 馬姑 虺南 隤林 我中 姑林
酌南 彼無 金姑 罍太 維太清 以林 不南 永無 懷黃清
○ 陟黃 彼姑 高南 岡林 我林 馬姑 玄南 黃林
我姑 姑太 酌姑 彼黃 兕太 觥姑 維黃清 以林 不南
永無 傷黃清 ○ 陟黃清 彼南 砠黃清 矣林 我黃 馬姑
瘏太 矣黃 我中 僕姑 痡林 矣南 云黃清 何南 吁無

0009_0159-2

矣黃清

卷耳四章章四句無射清商 俗呼越調

維黃 鵲姑 有中 巢林 維黃清 鳩無 居南 之林 之中
子林 于無 歸太 百黃清 兩林 御南 之黃清 ○ 維黃
鵲林 有南 巢林 維林 鳩姑 方太 之黃 之林 子黃
于林 歸姑 百太 兩黃 將太 之黃 ○ 維黃清 鵲無
有南 巢林 維南 鳩林 盈南 之黃清 之黃清 子南 于姑
歸林 百太清 兩林 成南 之黃清

大二ㄱ十四 小二ㄱ十八 儀禮卷十四 十 祥

0009_0160-1

鵲巢三章章四句無射清商 俗呼越調

于黃清 以南 采林 蘩南 于林 沼姑 于太 沚姑 于黃
以姑 用太 之姑 公黃清 侯南 之無 事黃 ○ 于黃清
以林 采黃 蘩南 于太 澗黃 之太 中姑 于姑 以南
用林 之南 公黃清 侯南 之太清 宮黃清 ○ 被黃清 之太
僮南 僮林 夙太清 夜 在南 公黃清 被黃 之姑 祁太

祁(姑)薄(林)言(南)還(無)歸(黃清)

采蘩三章章四句無射清商 俗呼越調

于(黃)以(南)采(林)蘋(南)南(姑)澗(林)之(南)濱(林)于(林)

以(姑)采(仲)藻(林)于(黃)彼(姑)行(太)潦(黃)○于(黃)

以(姑)盛(太)之(姑)維(黃清)筐(南)及(林)筥(南)于(林)以(姑)

湘(仲)之(林)維(林)錡(南)及(無)釜(黃)○于(黃清)以(南)

奠(黃)之(姑)宗(林)室(姑)牖(太)下(黃)誰(仲)其(南)尸(無)

儀禮十四　十一

之(林)有(黃清)齊(南)季(無)女(黃)

采蘋三章章四句無射清商 俗呼越調

右風雅拾貳詩譜 大戴禮云凡雅二十六篇其八

篇可歌歌鹿鳴貍首鵲巢采蘩采蘋伐檀白駒騶虞八篇廢不可歌

七篇商齊可歌也三篇間歌史辟史義史見史童史謗史賓十聲歡

按晉志云漢末杜夔傳舊雅樂四曲一曰鹿鳴二曰騶虞三曰伐檀

四曰文王皆古聲辭○今按大戴

禮頌有闕誤其篇目都數皆不可

考至漢末年止存三篇而[illegible]文王[illegible]

又不知其何自來也[illegible]

然舊曲逸亡[illegible]聞[illegible]

其所奏樂乃有此十二篇之目[illegible]

其譜今亦莫得聞矣此譜乃趙彥

肅所傳云即開元遺聲也古聲云

亦[illegible]久不知當時工師何所考而

爲此也竊疑古樂有唱有歎唱者

發歌句也和者繼其聲也詩詞之

外應更有疊字散聲以歎發其趣

故漢晉之間舊曲既失其傳則其

詞雖存而世莫能補爲此也若

但如此譜直以一聲叶一字則古

詩篇篇可歌無復樂崩之歎矣夫

儀禮十四　十二

豈然哉又其以清聲爲調似亦非

古法然古聲既不可考則姑存此

以見聲歌之彷彿俟

知樂者[illegible]其[illegible][illegible]云

禮樂記第二十五　學禮八

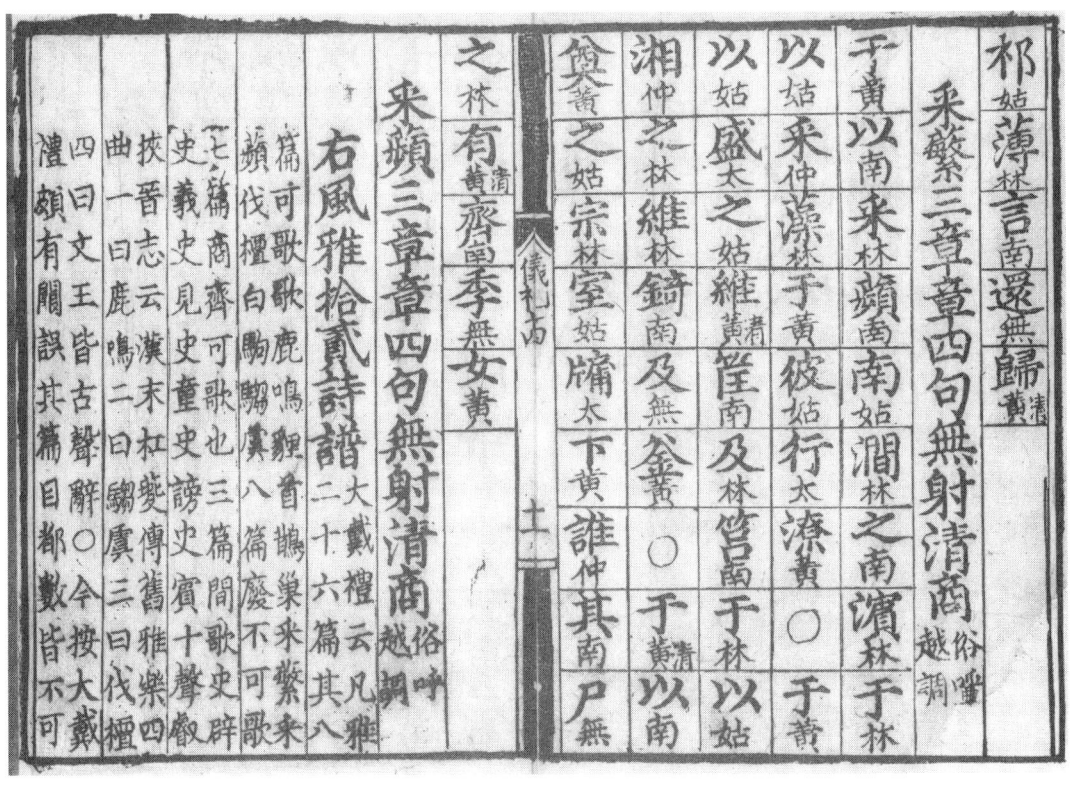

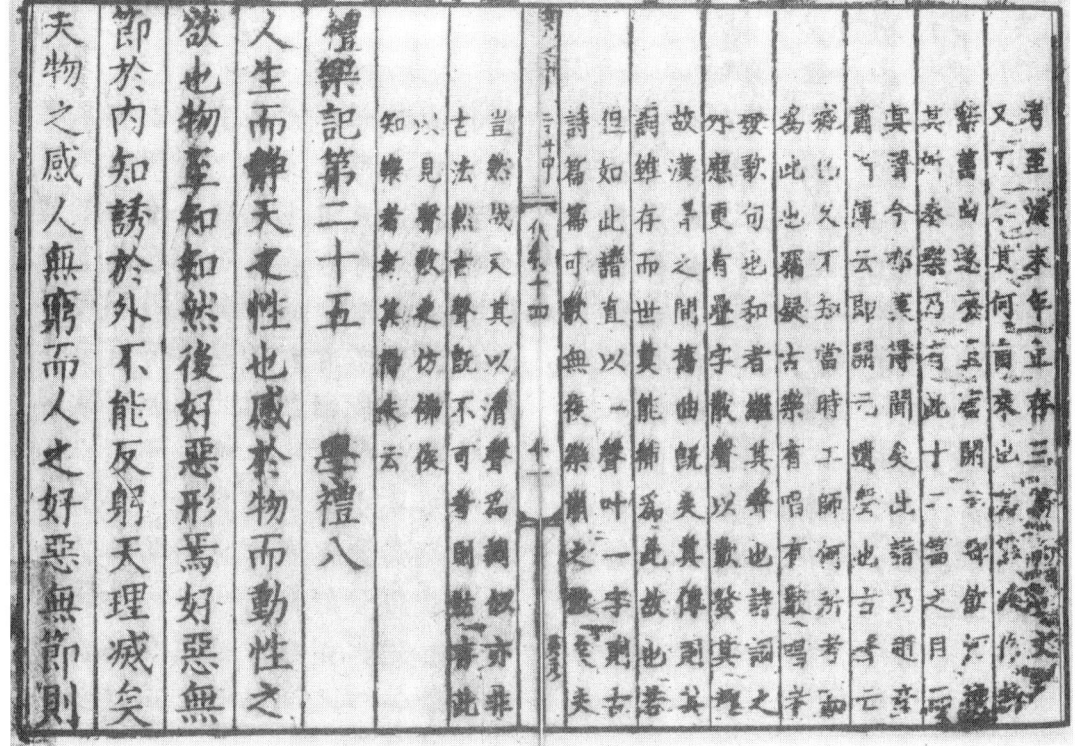

人生而靜天之性也感於物而動性之

欲也物至知知然後好惡形焉好惡無

節於內知誘於外不能反躬天理滅矣

夫物之感人無窮而人之好惡無節則

0009_0162-2

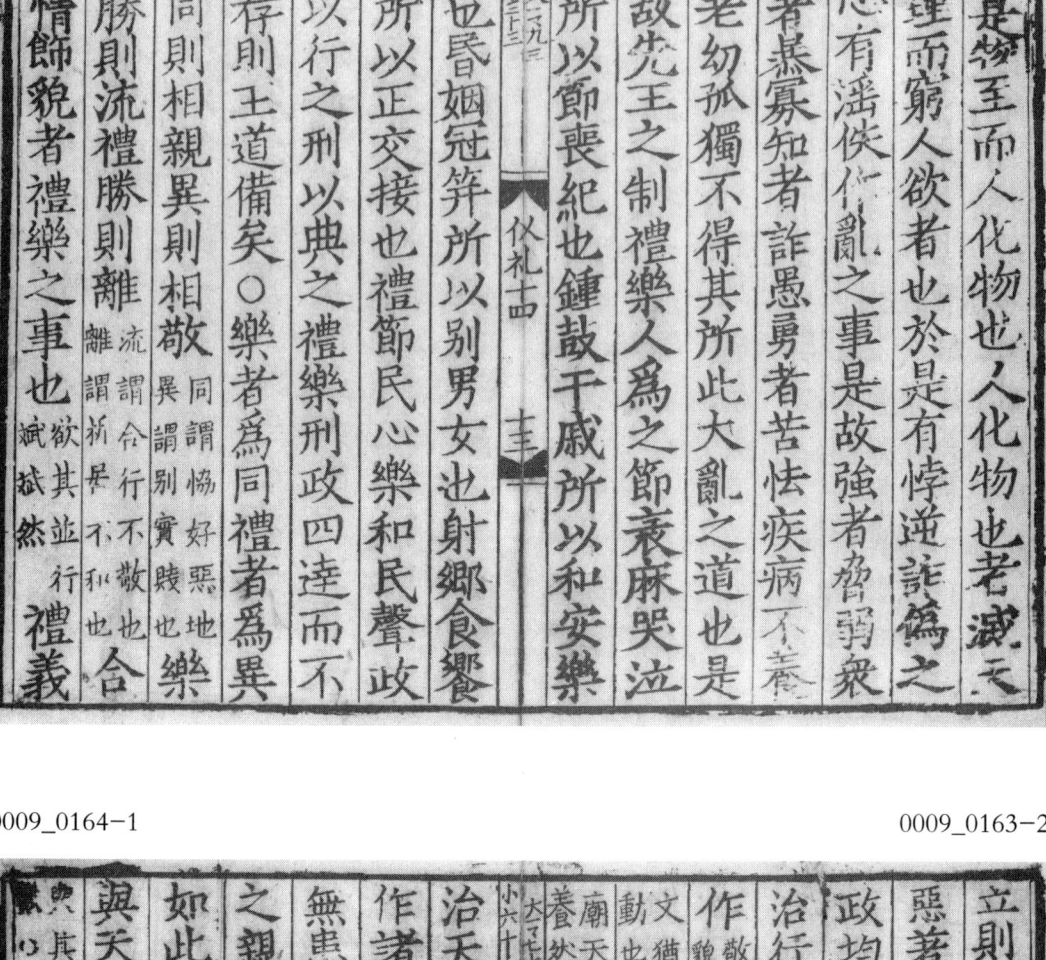

是物至而人化物也人化物也者滅天理而窮人欲者也於是有悖逆詐僞之心有淫泆作亂之事是故強者脅弱衆者暴寡知者詐愚勇者苦怯疾病不養老幼孤獨不得其所此大亂之道也是故先王之制禮樂人爲之節衰麻哭泣所以節喪紀也鍾鼓干戚所以和安樂

0009_0163-1

也昏姻冠笄所以別男女也射鄉食饗所以正交接也禮節民心樂和民聲政以行之刑以典之禮樂刑政四達而不存則王道備矣○樂者爲同禮者爲異同則相親異則相敬同謂恊好惡也異謂別貴賤也樂勝則流禮勝則離流謂合行不敬也離謂析居不和也合情飾貌者禮樂之事也欲其並行斌斌然禮義

0009_0163-2

立則貴賤等矣樂文同則上下和矣好惡著則賢不肖別矣刑禁暴爵舉賢則政均矣仁以愛之義以正之如此則民治行矣等階級也○樂由中出和在心也禮自外作敬在貌也樂由中出故靜禮自外作故文文猶動也大樂必易大禮必簡易以政反○易簡若於清廟大饗然樂至則無怨禮至則不爭揖讓而

0009_0164-1

治天下者禮樂之謂也至猶達也行也暴民不作諸侯賓服兵革不試五刑不用百姓無患天子不怒如此則樂達矣合父子之親明長幼之序以敬四海之内天子如此則禮行矣長丁丈反○恊也試用也○大樂與天地同和大禮與天地同節言順天地之氣與其數○和故百物不失不失其性節故祀天祭

0009_0164-2

地成物有功報焉明則有禮樂者教人幽則有鬼神助天地成物者也易曰其故知鬼神之情狀與天地相似五帝德說黃帝德曰死而民畏其神者百年春秋傳曰若敖氏之鬼然則聖人之精氣謂之神賢知之精氣謂之鬼如此則四海之內合敬同愛矣禮者殊事合敬者也樂者異文合愛者也禮樂之情同故明王以相沿也沿悅專反○沿猶因述也孔子曰殷因於夏禮所損益可知也周因於殷禮所損益

大又九八四六一　仪礼十四　十五　弓万

0009_0165-1

可知也沿或作綠故事與時並舉事在其時也禮器曰堯授舜舜授禹湯放桀武王伐紂時也名與功偕為名在其功也偕猶俱也堯作大章舜作大韶禹作大夏湯作大濩武王作大武各因其得天下之功故鍾鼓管磬羽籥干戚樂之器也屈伸俯仰綴兆舒疾樂之文也簠簋俎豆制度文章禮之器也升降上下周還裼襲禮之文也綴[illegible]

0009_0165-2

者之位也兆其外營域也故知禮樂之情者能作識禮樂之文者能述述謂訓其義也作者之謂聖述者之謂明明聖者述作之謂也○樂者天地之和也禮者天地之序也和故百物皆化序故羣物皆別化猶生也別謂形體異也樂由天作禮以地制言法天地也過制則亂過作則暴過猶誤也暴失文武之意明於天地然後

大又九八九一　仪礼十四　十六　弓万

0009_0166-1

能與禮樂也論倫無患樂之情也欣喜歡愛樂之官也倫猶類也患害也官猶事也中正無邪禮之質也莊敬恭順禮之制也質猶本也若夫禮樂之施於金石越於聲音用於宗廟社稷事乎山川鬼神則此所與民同也[illegible]○王者功成作樂治定制禮功成治定同時耳功主於王業治主於教民明堂位說周公曰

0009_0167-1　0009_0166-2

治天下六年朝諸侯於明堂制禮作樂其功大者其樂備其治辯者其禮具辯音遍○干戚之舞非備樂也樂以文德為備若咸池者孔子曰韶盡美矣又盡善也謂武盡美矣未盡善也孰亨而祀非達禮也亨普庚反○達具也郊特牲曰郊血大饗腥三獻爓一獻孰至敬不饗味而貴氣臭也五帝殊時不相沿樂三王異世不相襲禮言其有損益也樂極則憂禮粗則偏矣粗倉都反○樂人之所好也害在淫侉禮人之所勤也害在倦略及夫敦樂而無憂禮備而不偏者其唯大聖乎敦厚也

○天高地下萬物散殊而禮制行矣流而不息合同而化而樂興焉春作夏長仁也秋斂冬藏義也仁近於樂義近於禮樂者敦和率神而從天禮者別宜居鬼而從地故聖人作樂以應天制禮以

0009_0168-1　0009_0167-2

配地禮樂明備天地官矣天尊地卑君臣定矣卑高已陳貴賤位矣動靜有常小大殊矣方以類聚物以羣分則性命不同矣在天成象在地成形如此則禮者天地之別也卑高謂山澤也位矣尊卑之位象山澤也動靜陰陽用事小大萬物也大者常存小者隨陽出入方謂行蟲也物謂殖生者也性之言生也命生之長短也象光耀也形體貌也地氣上齊天氣下降陰陽相摩天地相蕩鼓之以雷霆奮之以風雨動之以四時煖之以日月而百化興焉如此則樂者天地之和也煖況遠反○齊讀為躋躋升也摩猶迫也蕩猶動也奮迅也百化百物化生也化不時則不生男女無辨則亂升天地之情也辨別也升成也樂失則害物禮失則亂人及夫禮樂之極乎天而蟠乎地行乎陰陽而通

0009_0168-2

乎鬼神窮高極遠而測深厚〔蟠步丹反○極至也〕〔蟠猶委也高遠三辰也深厚山川也言禮樂之道上至於天下委於地則其間無所不之〕樂著大始而禮居成物〔著直略反大音泰○著之言處也大始百物之始生也〕著不息者天也著不動者地也〔著猶明白也息猶休止也易曰天行健君子以自強不息〕一動一靜者天地之間也〔間謂百物也〕故聖人曰禮樂云〔言禮樂之法天地也樂象而禮動其並用事則亦天〕

伙禮十四　十九

0009_0169-1

〔訟之禍而〕○夫豢豕爲酒非以爲禍也而獄訟益繁則酒之流生禍也〔豢音患○以穀食犬豕曰豢〕是故〔豢爲作也言豢豕作酒本以享祀養賓而小人飲之善酗以致獄訟〕先王因爲酒禮壹獻之禮賓主百拜終日飲酒而不得醉焉此先王之所以備酒禍也〔壹獻士飲酒之禮百拜以喻多〕故酒食者所以合歡也樂者所以象德也禮者所以綴

0009_0169-2

淫也〔綴猶止也綴步劣反○〕是故先王有大事必有禮以哀之有大福必有禮以樂之哀樂之分皆以禮終〔樂音洛下所樂及樂其同分扶問反○大事謂死喪也〕樂也者聖人之所樂也而可以善民心其感人深其移風易俗故先王著其教焉〔著猶立也謂立司樂以下使教國子○今按漢書舊本俗下有易字新本亦無唯荀悅作移人疾恐當以舊本爲正〕○樂也者

伙禮十四　二十

0009_0170-1

施也禮也者報也〔言樂出而不反而禮有往來也〕樂樂其所自生而禮反其所自始樂章德禮報情反始也〔自由也〕樂也者情之不可變者也禮也者理之不可易者也〔理猶事也〕樂統同禮辨異〔統同同和合也辨異異尊卑也〕禮樂之說管乎人情矣〔管猶包也〕○窮本知變樂之情也著誠去僞禮之經也禮樂偩天地之

0009_0170-2

情達神明之德降興上下之神而凝是
精粗之體領父子君臣之節 偩音負粗七奴反○偩猶依象也降下也興猶出也凝成也精粗謂萬物大小也領猶理治也○
是故大人舉禮樂則天地將爲昭焉 言天地將爲之昭然明也
天地訢合陰陽相得煦嫗覆
育萬物然後草木茂區萌達羽翼奮角
觡生蟄蟲昭蘇羽者嫗伏毛者孕鬻胎

儀禮卷十四 二十一

0009_0171-1

生者不殰而卵生者不殈則樂之道歸
焉耳 訢許其反煦許具反嫗於具反區古侯反觡古伯反蟲直中反伏扶又反孕以證反鬻音育殰音獨殈況逼反○訢讀爲熹熹猶蒸也氣曰煦體曰嫗孕生曰區無鰓曰觡昭曉也蟄蟲以發出爲蘇更息曰蘇孕任也鬻生也內敗曰殰殈裂也今齊人語有殈者 ○樂者非謂黃鍾大
呂弦歌干揚也樂之末節也故童者舞
之鋪筵席陳尊俎列籩豆以升降爲禮

0009_0171-2

者禮之末節也故有司掌之 ○言禮樂之本由人君也禮本者末俯樂本窮本知變
樂師辨乎聲詩
故北面而弦宗祝辨乎宗廟之禮故後
尸商祝辨乎喪禮故後主人 辨猶別也正也弦謂鼓琴瑟也後尸居後贊禮儀此言知本者尊知末者卑
是故德成
而上藝成而下行成而先事成而後 行下孟反○德三德也行三行也藝才技也先謂位在上也後謂位在下也 是

儀禮卷十四 二十二

0009_0172-1

故先王有上有下有先有後然後可以
有制於天下也 言尊卑備乃可制作以爲治法 ○君子
曰禮樂不可斯須去身致樂以治心則
易直子諒之心油然生矣易直子諒之
心生則樂樂則安安則久久則天天則
神天則不言而信神則不怒而威致樂
以治心者也致禮以治躬則莊敬莊敬

0009_0173-1　0009_0172-2

則嚴威心中斯須不和不樂而鄙詐之心入之矣外貌斯須不莊不敬而易慢之心入之矣故樂也者動於內者也禮也者動於外者也樂極和禮極順內和而外順則民瞻其顏色而弗與爭也望其容貌而民不生易慢焉故德輝動於內而民莫不承聽理發諸外而民莫不

大六　小四十八　儀禮卷十四　二十三

承順故曰致禮樂之道舉而錯之天下無難矣樂也者動於內者也禮也者動於外者也故禮主其減樂主其盈禮主其減人所倦也樂主其盈人所欲也禮減而進以進爲文樂盈而反以反爲文進謂自勉強也反謂自抑止也文猶美也善也禮減而不進則銷樂盈而不反則放故禮有報而樂有反放淫於聲樂不能止也報讀曰褒猶

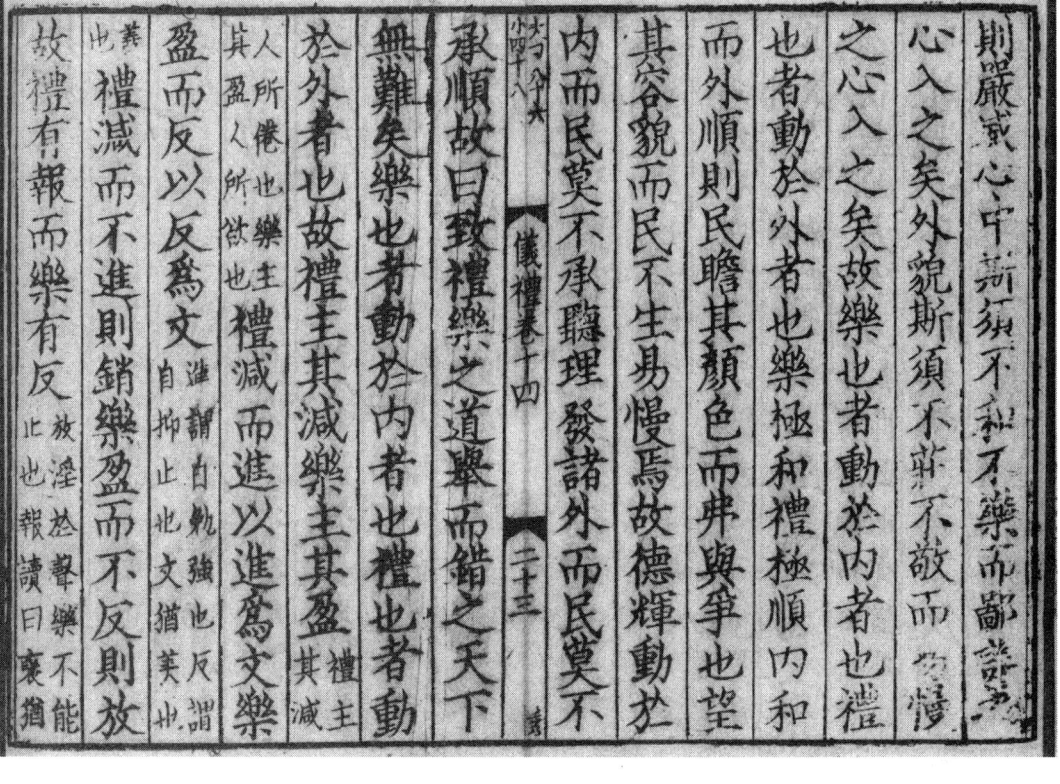

0009_0174-1　0009_0173-2

進也禮得其報則樂樂得其反則安得謂曉其義知其吉凶之歸禮之報樂之反其義一也俱趨立於中不銷不放也

儀禮經傳通解卷第十四

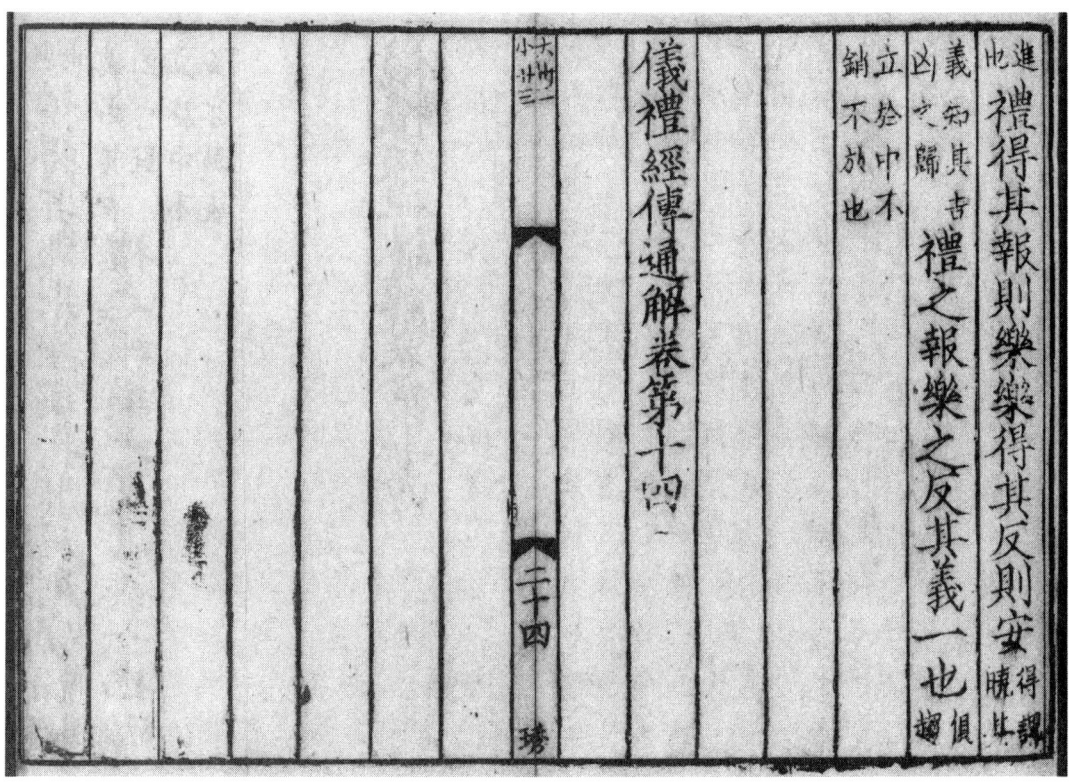

大卅二　小卅三　二十四

0009_0176-2

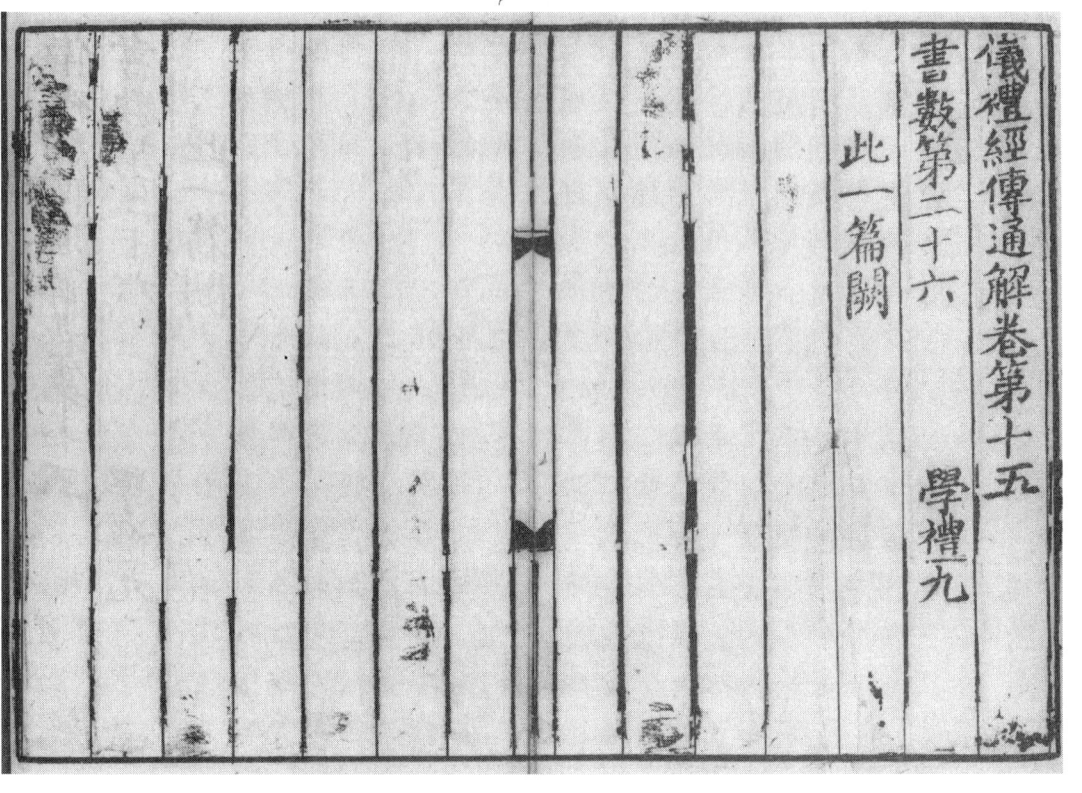

儀禮經傳通解卷第十五

書數第二十六　學禮十九

此一篇闕

0009_0177-1

0009_0174-2

儀禮經傳通解卷第十六

學記第二十七　學禮十

發慮憲求善良足以謏聞不足以動衆謏思了反聞音問○憲法也言發計慮當擬度於法式也謏之言小也○今按動衆謂聳動衆聽蓋守常法用中材其効不足以致大譽就賢體遠足以動衆未足以化民就謂躬下之體猶親也○今按遠謂踈遠之士下賢親遠足以聳動衆聽使知貴德而尊士然未有開導誘掖

仪礼十六　一

0009_0175-1

之方也故未足以化民君子如欲化民成俗其必由學乎所學者聖人之道在方冊○今按此言唯教學可以化民使成美俗玉不琢不成器人不學不知道是故古之王者建國君民教學爲先謂內則設師保以教使國子學焉外則有大學庠序之官兌命曰念終始典于學其此之謂乎典經也言學之不舍業也兌當爲說字之誤說也○雖有嘉肴弗食不知其旨也雖有

0009_0175-2

至道弗學不知其善也旨美也是故學然後知不足教然後知困學則睹己行之所短教則見己道之所未達知不足然後能自反也知困然後能自強也故曰教學相長也強其丈反又其良反長丁丈反○自反求諸己也自強修業不敢倦○張子曰困者益之基也學者之病正在於不知困矣自以爲足而問之不能荅用之不能行者多矣兌命曰學學半其此之謂乎學學上胡孝反○言

仪礼十六　二

0009_0176-1

學人乃益已之學半○古之教者家有塾黨有庠術有序國有學術當爲遂聲之誤也古者仕焉而已者歸教於閭里朝夕坐於門門側之堂謂之塾周禮五百家爲黨萬二千五百家爲遂黨屬於鄉遂在遠郊之外比年入學中比毗志反○學者每歲來入也年考校中丁仲反○中猶閒也鄉遂大夫閒歲則考學者之德行道藝周禮三歲大比乃考焉一年視離經辨志三年視敬業樂羣五年視博習親師七年視論

0009_0178-1 0009_0177-2

學取友謂之小成九年知類通達强立而不反謂之大成 樂五教反○離經斷句絶也辨志謂別其心意所趣向也知類知事義之類也强立臨事不惑也不反不違失師道○張子曰離經離析經之章句也事師而至於親敬則學之篤而信其道也論學取友能講論其學而取友必端也知類通達比物醜類是也九年者言其大略人資有遲敏氣有昏明豈可齊也强立而不反可與立也學至於立則自能不惑以至于聖人而教者可以無恨矣○今按鄭注張說皆是也辨志者自能分別

其心所趣向如爲善爲利爲君子爲小人也敬業者專心致志以事其業也樂羣者樂於取益以輔其仁也博習者積累精專之業也論學者知言而能論學之是非取友者知人而能識人之賢否也知類通達聞一知十而觸類貫通也强立不反知止有定而物不能移也蓋考校之法逐節之中先觀其學業之淺深徐察其志行之虛實讀者宜深味之不可以遽學 夫然後足以化民易俗近者說服而遠者懷之此大學之道也 說音悅

0009_0179-1 0009_0178-2

下同○悖也安也 記曰蛾子時術之其此之謂乎 蛾魚起反○蛾蚍蜉也蚍蜉之子微蟲耳時術蚍蜉之所爲其功乃復成大垤○疏曰蚍蜉爲識銜土也 ○大學始教皮弁祭菜示敬道也 皮弁天子之朝服也祭菜禮先聖先師菜謂芹藻之屬 宵雅肄三官其始也 肄以二反○宵音小肄習也宵之言小也肄習小雅之三謂鹿鳴四牡皇皇者華也此皆君臣宴樂相勞苦之詩爲始學者習之所以勸之以官且取上下相和厚 入學鼓篋孫其業

也 孫音遜下同○鼓篋擊鼓警衆乃發篋出所治經業也孫猶恭順也 夏楚二物收其威也 夏古雅反○夏稻也楚荆也二者所以扑撻犯禮者收謂收斂整齊之威威儀也○稻吐刀反 未卜禘不視學游其志也 禘大祭也天子諸侯既祭乃視學考校以游暇學者之志 時觀而弗語存其心也 ○語魚庶反○使之悱悱憤憤然後啓發也○今按觀示也謂示以所學之端緒語告也 幼者聽而弗問學不躐等也 躐里輒反○學胡教反○學教也

0009_0179-2

之長穉○疏曰幼者有疑但推者問而聽之不可躐等問其師此七

教之大倫也倫理也自大學始教至此其義七也記曰

學官先事士先志其此之謂乎官居官者

士學○大學之教也時教必有正業

退息必有居有居有常居也學今按上句鄭注孔疏讀時字居句絕而學字自為一句恐非文意當也字學字為句絕時教如春夏禮樂冬詩書之類居學謂居其所學如易言居業蓋常時所習如下文操縵博

0009_0180-1

藝藏修息遊之類所以能安其學而信其道不學操縵

不能安弦操七刀反縵末旦反○操縵雜弄○疏曰弦琴瑟之屬若先學調弦雜弄則手不便故不能安弦也不學博依不能

安詩博依廣譬喻也依或為衣○張子曰依永之依衣者也不學

雜服不能安禮雜服冕服皮弁之屬雜或為雜○張子曰服事

服洒埽應對投壺沃盥細碎之事只道本至樂亡之教人先使有以樂

如操縵博依雜服如此已心樂樂義生今無此以致樂事義理自得

儀禮卷十六　五　仁

0009_0180-2

為樂然學者太苦恐不從容恐進退速苦其難而不知其益莫能安樂

不興其藝不能樂學樂五孝反○興之言喜也歆也

謂禮樂射御書數○張子曰禮樂之如琴瑟笙磬古人皆能之以片制節

御亦必合於禮樂之文如不失其馳舍矢如破驅虞和鸞動必相應也書數

用雖小但施於簡策然莫不出於學久有倦時又用此以游其志所以使

樂也故君子之於學也藏焉脩焉息焉

游焉藏謂懷抱之脩習也息謂作勞休止於之息遊謂閒暇無事於之遊

儀禮卷十六　六　仁

0009_0181-1

夫然故安其學而親其師樂其友而信

其道是以雖離師輔而不反也兌命曰

敬孫務時敏厥修乃來其此之謂乎樂音

又五孝反離力智反○敬孫敬道孫遜敏疾也厥其也學者務及時而疾

所脩之業乃來○張子曰孫其志於仁則得仁孫其志於義則得義惟其敏

今之教者呻其佔畢多其訊呻音申佔勑沾

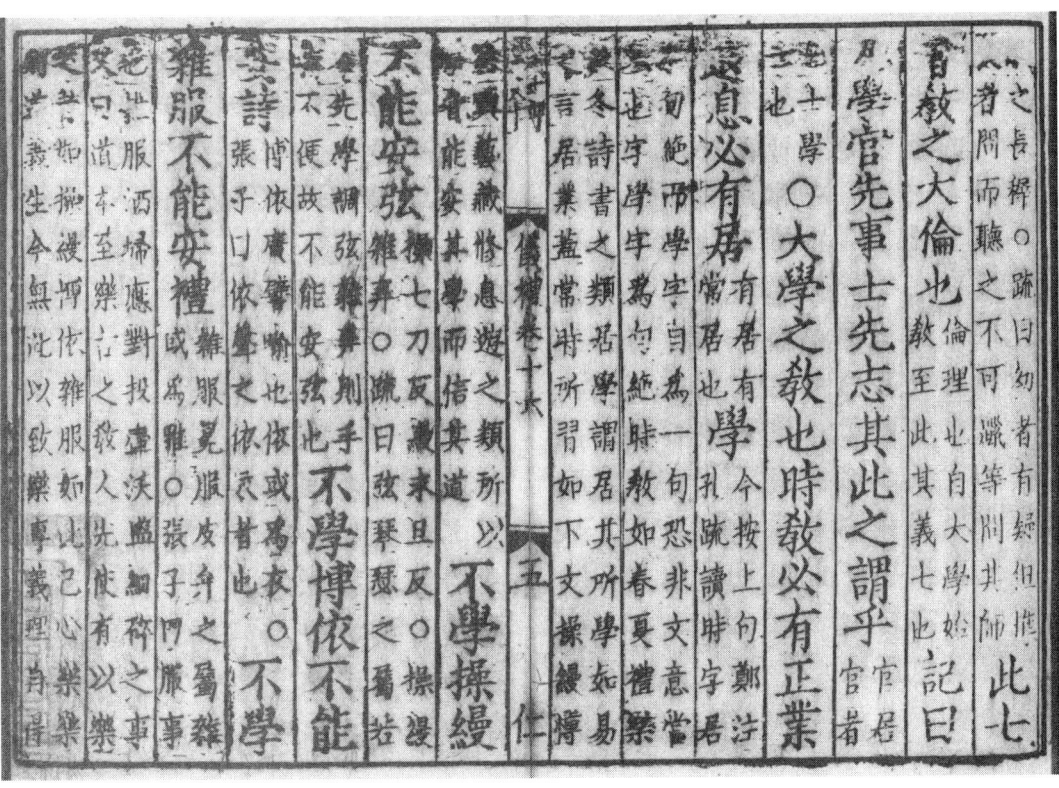

○呻吟也佔視也簡謂之畢訊猶問言今之師自不曉經之義但吟誦其

所視簡之文多其難問也呻或爲㬥訊或爲訾言及于數其發言出
說不首其義動云有所法象而已○疏曰詐稱有所法象也○今按數謂刑名度數
言及於數欲以是窮學者之未知非求其本也注疏法象之說恐非若小學之
數蓋將使之馴習乎掃灑應對之節與今之教言及于數者其意不同進
而不顧其安務其所誦多不惟其未曉使人不由其
誠由用也使學者誦之而爲之說不用其誠教人不盡其材
材道也謂師有所隱也易曰兼三材而兩之謂天地人之道○張子曰人未安

之又進之未喻之又告之徒使人生此節目不盡其材不顧安不由誠皆是施
之妄也學者至難必盡人之材乃不誤人觀可及處然後告之聖人之明直若
庖丁之解牛皆知其隙刃投餘地無全牛矣發蒙人必由其誠教人必盡其材
夫之才智不足爲但以其不由於誠則不盡其才云曰勉率而爲之則豈有由
其淺者哉其施之也悖其求之也佛教者言非則學
者失問夫然故隱其學而疾其師苦其難
而不知其益也隱不樂損也一云其益若然益者○今按隱苛

業誠其學爲幽隱而難知也曰二三子以我爲隱之意雖終其業
其去之必速課疾也學不心解則忘之易教之不刑
其此之由乎刑猶成也○大學之法禁於未
發之謂豫未發情慾未生謂年十五時○今按此但謂預爲之防其
事不一不必皆當十五時也當其可之謂時可謂年二十時
人時○今按此當其可謂適當其可事之時事亦不一不當以年爲限不
陵節而施之謂孫不陵節謂不教長者才者以小教幼者

會以大也施猶教也孫順也相觀而善之謂摩不並問則
教者思專也摩相切磋也○今按此但謂觀人之能而於己有益如以玉礪相
磨而各得其助也此四者教之所由興也興起也
發然後禁則扞格而不勝扞胡旦反格胡客反㾕音
升○教不能勝其情慾格讀如凍洛之洛扞堅不可入之貌○疏曰今人謂地
堅爲洛時過然後學則勤苦而難成時過則思
放也雜施而不孫則壞亂而不脩小者不達大者

0009_0184-1　0009_0183-2

難識學者所惑也○疏曰大才輕其小業故不達小才苦其大業故難識也

獨學無友則孤陋而寡聞不相見也燕朋逆其師燕猶褻也褻其朋友○今按大戴保傳篇作左右之習反其師明此燕明是私褻之友所謂損者三友之類注說非也燕辟廢其學辟音譬○褻師之譬喻○今以上文推之注亦非是燕譬但謂私褻之談無益於學而反害所害也此六者教之所由廢也廢滅君子既知教之所由興又知教之所由廢

乙三乙大日四十四中　儀禮十六　九　俞選

然後可以爲人師也故君子之教喻也道而弗牽強而弗抑開而弗達道音導下同○道示之以道塗也抑猶推也開爲發頭角道而弗牽則和弘而弗抑則易開而弗達則思和易以思可謂善喻矣易以豉反下同○思而得之則深○學者有四失教者必知之人之學也或失則多或失則寡或失則易或失則止此四

0009_0185-1　0009_0184-2

者心之莫同也失於多謂才少者失於寡謂才多者失於易謂好問不識者失於止謂好思不問者○張子曰爲人則多好高則寡不察則易苦難則止知其心然後能救其失也救其失者多與其則抑之寡則止則進之教也者長善而救其失也丁丈反下同善歌者使人繼其聲善教者使人繼其志言爲之善者則後人樂放傚○今按注說非是繼聲繼志皆謂微發其端而不究其說使人有所玩索而自得之也其言也約

乙二十八日八十九　儀禮十六　十　會

而達微而臧罕譬而喻可謂繼志矣師說之明則弟子好述之其言少而解臧善也○今按三者皆不務多言而使人自得之意○君子知至學之難易而知其美惡然後能博喻能博喻然後能爲師能爲師然後能爲長能爲長然後能爲君美惡說之是非也長達官之長○張子曰知學者至于學之難易又知其資質才性之美惡也故師也者所以學爲君也學於弟子

0009_0185-2

師學為君○今詳上文此但謂能為師以教人則能為君以治人耳是故擇師不可不慎也師善則善○今按此言能為師者其人難得故不可不擇也記曰三王四代唯其師此之謂乎四代虞夏商周○凡學之道嚴師為難嚴尊敬也師嚴然後道尊道尊然後民知敬學是故君之所不臣於其臣者二當其為尸則弗臣也當其為師則弗臣也尸主也為祭主

0009_0186-1

也大學之禮雖詔於天子無北面所以尊師也尊師重道焉不使處臣位也武王踐阼召師尚父而問焉曰昔黃帝顓頊之道存乎意亦忽不可得見與師尚父曰在丹書王欲聞之則齊矣王齊三日端冕師尚父亦端冕奉書而入負屏而立王下堂南面而立師尚父曰先王之道不北面王行西折而南東面而立師尚父西面道書之言○皇氏曰王在賓位師尚父在主位此王廷之位若尋常師徒之教則師東面弟子西面與此異也○善學者師逸而功倍又從而

0009_0186-2

庸之不善學者師勤而功半又從而怨之從隨也庸功也功之受其道有功於己善問者如攻堅木先其易者後其節目及其久也相說以解不善問者反此說音悅○言先易後難以漸入善待問者如撞鐘叩之以小者則小鳴叩之以大者則大鳴待其從容然後盡其聲不善荅問者反此撞丈江反叩音口○從讀如富父舂

0009_0187-1

戈之舂舂容謂重撞擊也始者一聲而已學者既開其端意進而復問乃極說之如撞鐘之成聲矣從或為松○今按注說非是從容正謂聲之餘韻從容而將盡者也言必荅盡所問之意然後止也此皆進學之道也此皆善問善荅也○記問之學不足以為人師記問謂豫誦雜難雜說至講時為學者論之此或時師不心解或學者所未能問必也其聽語乎必待其問乃說之力不能問然後語之語之而不知雖舍之可也語魚

0009_0187-2

擣反全音搶○合之須後良治之子必學爲裘仍見其家錮補穿鑿之器也補器者其金汞乃合有以於爲裘良弓之子必學爲箕仍見其家撓角幹也撓角歉者其材宜調調乃三體相勝有以於爲揚柳之箕始駕馬者反之車在馬前以言仍見則習即事易也○疏曰始駕者謂馬駒始學駕車之時前此既未駕車若忽駕之必當驚奔故以大馬牽車於前而繫駒於後使此駒日日見車之行後共慣習而後駕之乃不驚也君子察於此三者可以

儀禮卷十六　十三

0009_0188-1

有志於學矣仍讀先王之道則爲來事不惑○古之學者比物醜類以事相況而爲之醜猶比也醜或爲計○今詳文意此句合屬上章仍有闕文鼓無當於五聲五聲弗得不和水無當於五色五色弗得不章學無當於五官五官弗得不治師無當於五服五服弗得不親當丁浪反○當猶主也五服斬衰至緦麻之類君子曰大德不官謂君也○今按注說非是但言

0009_0188-2

夫德者不但能專一官[illegible]節子所謂猶爲道者[illegible]大道不器謂聖人之道如禮施於[illegible]大信不約[illegible]然○今按注說[illegible]天地四時[illegible]或得以生或得以死○[illegible]自生而蕃麥自死秋冬[illegible]麥自生故云不齊不[illegible]齊爲諸齊之本也[illegible]有志於本矣本立而道生[illegible]則其德於民無不[illegible]無下成三王之祭川也皆先河而後海[illegible]

儀禮卷十六　十四

源也或委也此之謂務本委也源[illegible]委流所聚也始出一勺卒成不測曰源則河也委則海也○明先河[illegible]之義也○今詳此言所以先河後海者以其或是源故先之或是委故後之[illegible]有二說此說是也

大學第二十八大舊音泰今讀如字學禮十一

子程子曰大學孔氏之遺書而初學入德之門也於今可見古人爲學次

0009_0189-1

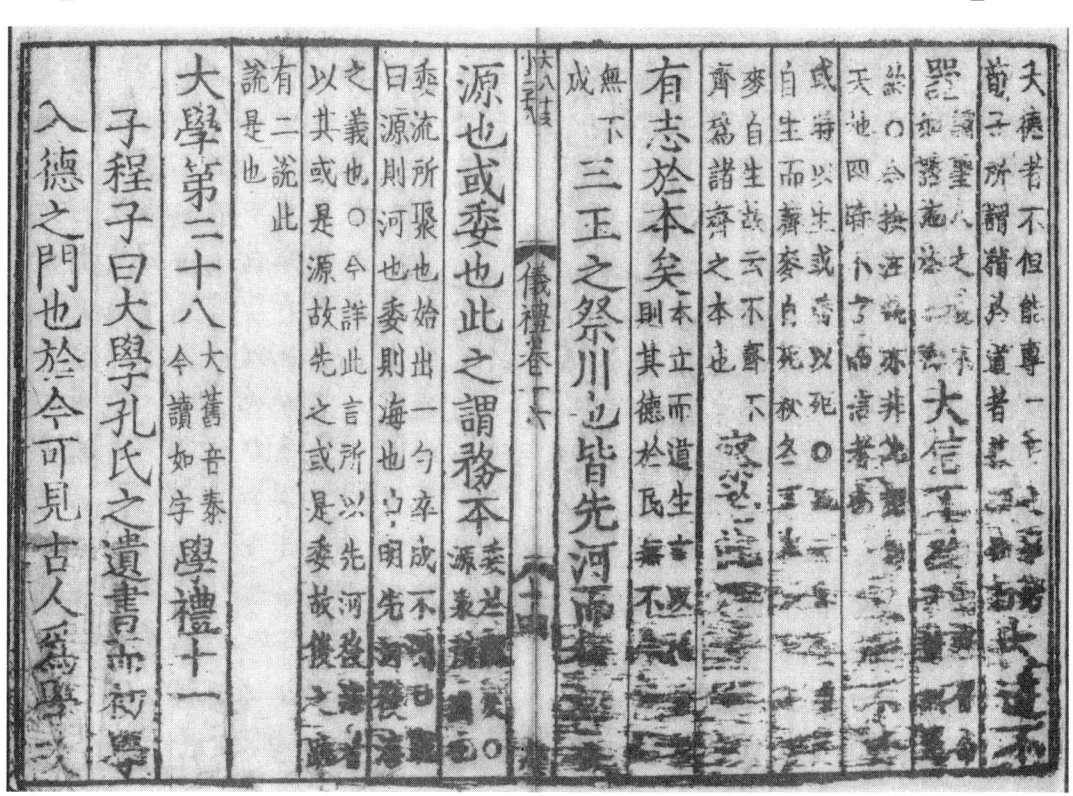

第者獨賴此篇之存而論孟次之學
者必由是而學焉則庶乎其不差矣
大學之道在明明德在親民在止於至
善程子曰親當作新○大學者大人之學也明明之也明德者人之所得乎
天而虛靈不昧以具衆理而應萬事者也但爲氣稟所拘人欲所蔽則有時而
昏然其本體之明則有未嘗息者故學者當因其所發而遂明之以復其初也
新者革其舊之謂也言旣自明其明德又當推以及人使之亦有以去其舊染

之汚也止者必至於是而不遷之意至善則事理當然之極也言明明德新民
皆當至於至善之地而不遷蓋必其有以盡夫天理之極而無一毫人欲之私
也此三者大學之綱領也知止而后有定定而后能
靜靜而后能安安而后能慮慮而后能
得后與後同後放此○止者所當止之地即至善之所在也知之則志有定
向靜謂心不妄動安謂所處而安慮謂處事精詳得謂得其所止物有
本末事有終始知所先後則近道矣明德

爲本新民爲末知止爲始能得爲終本始所先末終所後此結上文兩節之意
古之欲明明德於天下者先治其國欲
治其國者先齊其家欲齊其家者先脩
其身欲脩其身者先正其心欲正其心
者先誠其意欲誠其意者先致其知致
知在格物治平聲後放此○明明德於天下者使天下之人皆有以
明其明德也心者身之所主也誠實也意者心之所發也實其心之所發欲其

一於善而無自欺也致推極也知猶識也推極吾之知識欲其所知無不盡也
格至也物猶事也窮至事物之理欲其極處無不到也此八者大學之條目也
物格而后知至知至而后意誠意誠而
后心正心正而后身脩身脩而后家齊
家齊而后國治國治而后天下平治去聲後
放此○物格者物理之極處無不到也知至者吾心之所知無不盡也知旣盡
則意可得而實矣意旣實則心可得而正矣脩身以上明明德之事也齊家以

0009_0191-2

下齊民之事也物格知至則知所止矣意誠以下則皆得所止之序也

自天子以至於庶人壹是皆以脩身爲本壹是一切也正心以上皆所以脩身也齊家以下則舉此而錯之耳

其本亂而末治者否矣其所厚者薄而其所薄者厚未之有也本謂身也所厚謂家也此兩節結上文兩節之意

右經一章蓋孔子之言而曾子述之

0009_0192-1

凡二百五字其傳十章則曾子之意而門人記之也舊本頗有錯簡今因程子所定而更考經文別爲序次如左凡千五百四十六字○凡傳文雜引經傳若無統紀然文理接續血脈貫通深淺始終至爲精密熟讀詳味久當見之今不盡釋也

康誥曰克明德康誥周書克能也

大甲曰顧諟天之明命大讀作泰諟古是字○大甲商書顧謂常目在之也諟猶

0009_0192-2

此也或曰審也天之明命即天之所以與我而我之所以爲德者也常目在之則無時不明矣

帝典曰克明峻德峻書作俊○帝典堯典虞書峻大也

皆自明也結所引書皆言自明己德之意

右傳之首章釋明明德此通下三章至止於信舊本誤在沒世不忘之下

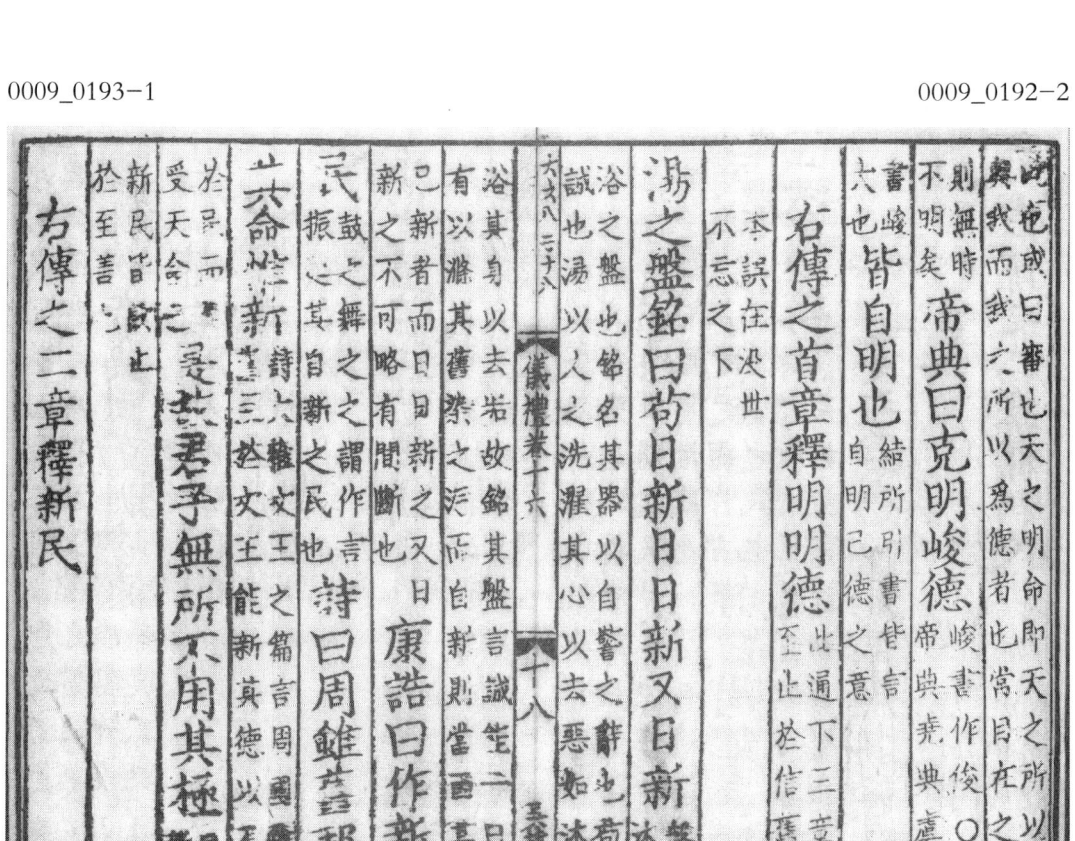

湯之盤銘曰苟日新日日新又日新盤沐浴之盤也銘名其器以自警之辭也苟誠也湯以人之洗濯其心以去惡如沐浴其身以去垢故銘其盤言誠能一日有以滌其舊染之汙而自新則當因其已新者而日日新之又日新之不可略有間斷也

0009_0193-1

康誥曰作新民鼓之舞之之謂作言振起其自新之民也

詩曰周雖舊邦其命維新詩大雅文王之篇言周國雖舊至於文王能新其德以及於民而始受天命也

是故君子無所不用其極自新新民皆欲止於至善也

右傳之二章釋新民

詩云邦畿千里惟民所止 詩商頌玄鳥之篇邦畿王者之都也止居也言物各有所當止之處也 詩云緡蠻黃鳥止于丘隅子曰於止知其所止可以人而不如鳥乎 詩小雅綿蠻之篇緡蠻鳥聲丘隅岑蔚之處子曰以下孔子說詩之辭言人當知所當止之處也 詩云穆穆文王於緝熙敬止爲人君止於仁爲人臣止於敬爲人子止於孝爲人父止於

慈與國人交止於信 於緝之於音烏○詩文王之篇穆穆深遠之意於歎美辭緝繼續也熙光明也敬止言其無不敬而安所止也引此而言聖人之止無非至善五者乃其目之大者也學者於此究其精微之蘊而又推類以盡其餘則於天下之事皆有以知其所止而無疑矣 詩云瞻彼淇澳菉竹猗猗有斐君子如切如磋如琢如磨瑟兮僩兮赫兮喧兮有斐君子終不可諠兮如切如磋者道學也如

琢如磨者自脩也瑟兮僩兮者恂慄也赫兮喧兮者威儀也有斐君子終不可諠兮者道盛德至善民之不能忘也 澳於六反菉詩作綠猗叶韻音阿僩下版反喧詩作咺諠詩作諼並況晚反恂鄭氏讀作峻○詩衛風淇澳之篇淇水名澳隈也猗猗美盛貌興也斐文貌切以刀鋸琢以椎鑿皆裁物使成形質也磋以鑢鐋磨以沙石皆治物使其滑澤也治骨角者既切而復磋之治玉石者既琢而復磨之皆言其治之有緒而益致其精也瑟嚴密之貌僩武毅之貌赫喧宣著盛大之貌諠忘也道言也學謂講習討論之事自脩者省察克治之功恂慄戰懼也威可畏也儀可象也引詩而釋之以明明明德者之止於至善道學自脩言其所以得之之由恂慄威儀言其德容表裏之盛卒乃指其實而歎美之也 詩云於戲前王不忘君子賢其賢而親其親小人樂其樂而

利其利此以沒世不忘也 於戲音嗚呼樂音洛○詩周頌烈文之篇於戲歎辭前王謂文武也君子謂其後賢後王小人謂後民也

0009_0195-2

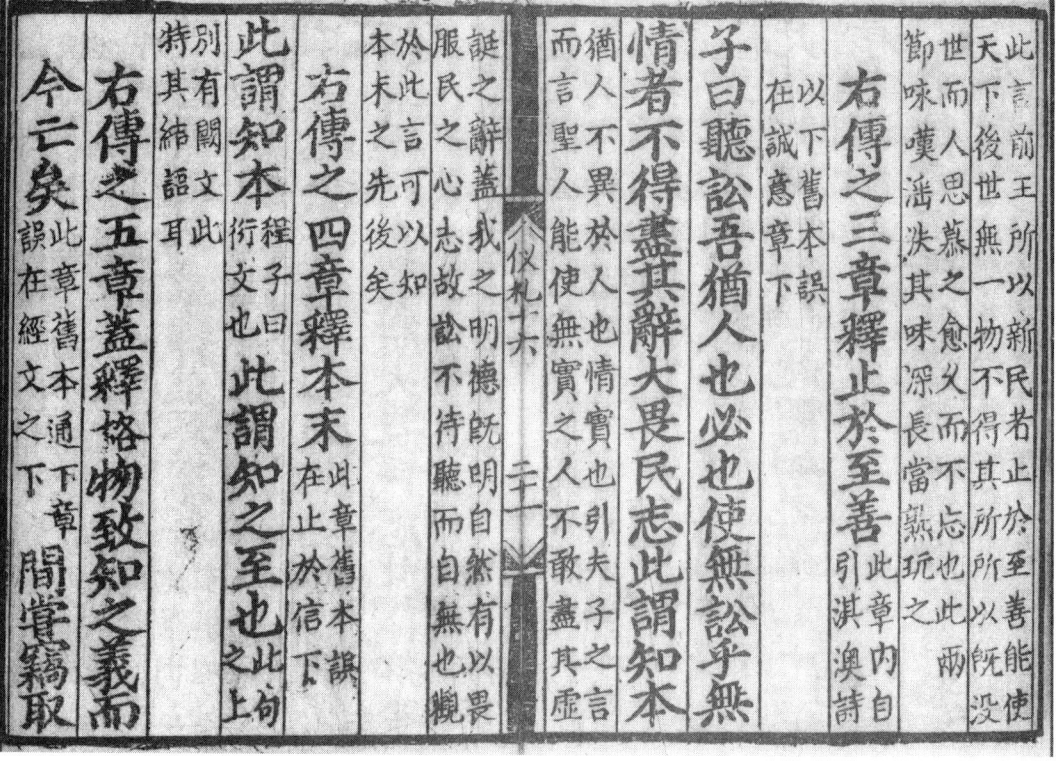

此言前王所以新民者止於至善能使
天下後世無一物不得其所所以既沒
世而人思慕之愈久而不忘也此兩
節咏嘆滛泆其味深長當熟玩之
右傳之三章釋止於至善 此章内自引淇澳詩
以下舊本誤在誠意章下
子曰聽訟吾猶人也必也使無訟乎無
情者不得盡其辭大畏民志此謂知本
猶人不異於人也情實也引夫子之言
而言聖人能使無實之人不敢盡其虛

仪礼十六　二十一

0009_0196-1

誕之辭蓋我之明德既明自然有以畏
服民之心志故訟不待聽而自無也觀
於此言可以知本末之先後矣
右傳之四章釋本末 此章舊本誤在止於信下
此謂知本 程子曰衍文也 此謂知之至也 此句之上
別有闕文此特其結語耳
右傳之五章蓋釋格物致知之義而
今亡矣 此章舊本通下章誤在經文之下 閒嘗竊取

0009_0196-2

程子之意以補之曰所謂致知在格
物者言欲致吾之知在即物而窮其
理也蓋人心之靈莫不有知而天下
之物莫不有理惟於理有未窮故其
知有不盡也是以大學始教必使學
者即凡天下之物莫不因其已知之
理而益窮之以求至乎其極至於用

仪礼十六　二十二

0009_0197-1

力之久而一旦豁然貫通焉則衆物
之表裏精粗無不到而吾心之全體
大用無不明矣此謂物格此謂知之
至也
所謂誠其意者毋自欺也如惡惡臭如
好好色此之謂自謙故君子必慎其獨
也 ○惡好之字皆去聲謙讀為慊苦劫反 誠其意者自脩之首也毋者禁止

0009_0198-1　0009_0197-2

[illegible]者知爲善[illegible]未實[illegible]慊快也[illegible]

而己所獨知之者[illegible]爲善以去其惡則當實[illegible]

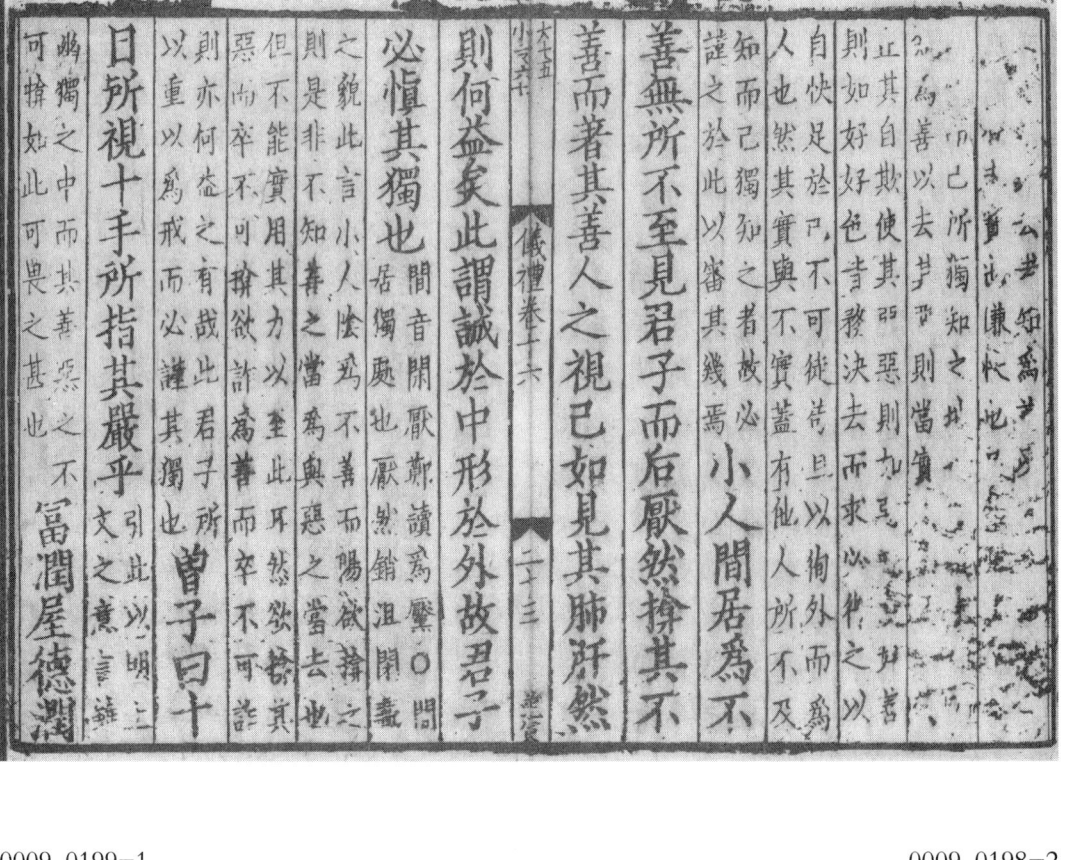

止其自欺使其惡惡則如惡惡臭好善則如好好色皆務決去而求必得之以自快足於己不可徒苟且以徇外而爲人也然其實與不實蓋有他人所不及知而己獨知之者故必謹之於此以審其幾焉**小人間居爲不善無所不至見君子而后厭然揜其不善而著其善人之視己如見其肺肝然**

大五　小字六十　儀禮卷十六　二十三　忠淦

則何益矣此謂誠於中形於外故君子必慎其獨也間音閑厭鄭讀爲黶○閒居獨處也厭然銷沮閉藏之貌此言小人陰爲不善而陽欲揜之則是非不知善之當爲與惡之當去也但不能實用其力以至此耳然欲揜其惡而卒不可揜欲詐爲善而卒不可詐則亦何益之有哉此君子所以重以爲戒而必謹其獨也**曾子曰十目所視十手所指其嚴乎**引此以明上文之意言雖幽獨之中而其善惡之不可揜如此可畏之甚也**富潤屋德潤**

0009_0199-1　0009_0198-2

身心廣體胖故君子必誠其意胖步丹反○胖安舒也言富則能潤屋矣德則能潤身矣故心無愧怍則廣大寬平而體常舒泰德之潤身者然也蓋善之實於中而形於外者如此故又言此以結之

右傳之六章釋誠意經曰欲誠其意先致其知又曰知至而后意誠蓋心體之明有所未盡則其所發必有不能實用其力而苟焉以自欺者然或已明而不謹乎此則其所明又非己有而無以爲進德之基故此章之指必承上章而通考之然後有以見其用力之始終其

大十五　小字四十　儀禮卷十六　二十四　章中

序不可亂而功不可闕如此云

所謂脩身在正其心者身有所忿懥則不得其正有所恐懼則不得其正有所好樂則不得其正有所憂患則不得其正程子曰身有之身當作心忿弗粉反懥敕值反好樂並去聲○忿懥怒也蓋是四者皆心之用而人所不能無者然一有之而不能察則欲動情勝而其用之所行或不能不失其正矣**心不在焉視而不**

0009_0199-2　0009_0200-1

聞食而不知其味心有不存則無以檢其身是以君子必察乎此而敬以直之然後此謂脩身在正其心

右傳之七章釋正心脩身此亦承上章以起下章蓋意誠則真無惡而實有善矣所以能存是心以檢其身然或但知誠意而不能密察此心之存否則又無以直內而脩身也○自此以下並以舊文爲正

仪礼十六　二十五

所謂齊其家在脩其身者人之其所親愛而辟焉之其所賤惡而辟焉之其所畏敬而辟焉之其所哀矜而辟焉之其所敖惰而辟焉故好而知其惡惡而知其美者天下鮮矣辟讀爲僻惡而之惡敖好並去聲鮮上聲○人謂衆人之猶於也辟猶偏也五者在人本有當然之則然常人之情惟其所向而不加審焉則必陷於一偏而身不脩矣故諺有之曰人

0009_0200-2　0009_0201-1

莫知其子之惡莫知其苗之碩諺音彥碩叶韻時若反○諺俗語也溺愛者不明貪得者無厭是則偏之爲害而家之所以不齊也此謂身不脩不可以齊其家

右傳之八章釋脩身齊家

所謂治國必先齊其家者其家不可教而能教人者無之故君子不出家而成教於國孝者所以事君也弟者所以事

仪礼十六

長也慈者所以使衆也弟去聲長上聲○身脩則家可教矣孝弟慈所以脩身而教於家者也然而國之所以事君事長使衆之道不外乎是此所以家齊於上而教成於下也康誥曰如保赤子心誠求之雖不中不遠矣未有學養子而后嫁者也中去聲○此引書而釋之又明立教之本不假強爲在識其端而推廣之耳一家仁一國興仁一家讓一國興讓一人貪戾一國作亂其機如

0009_0201-2

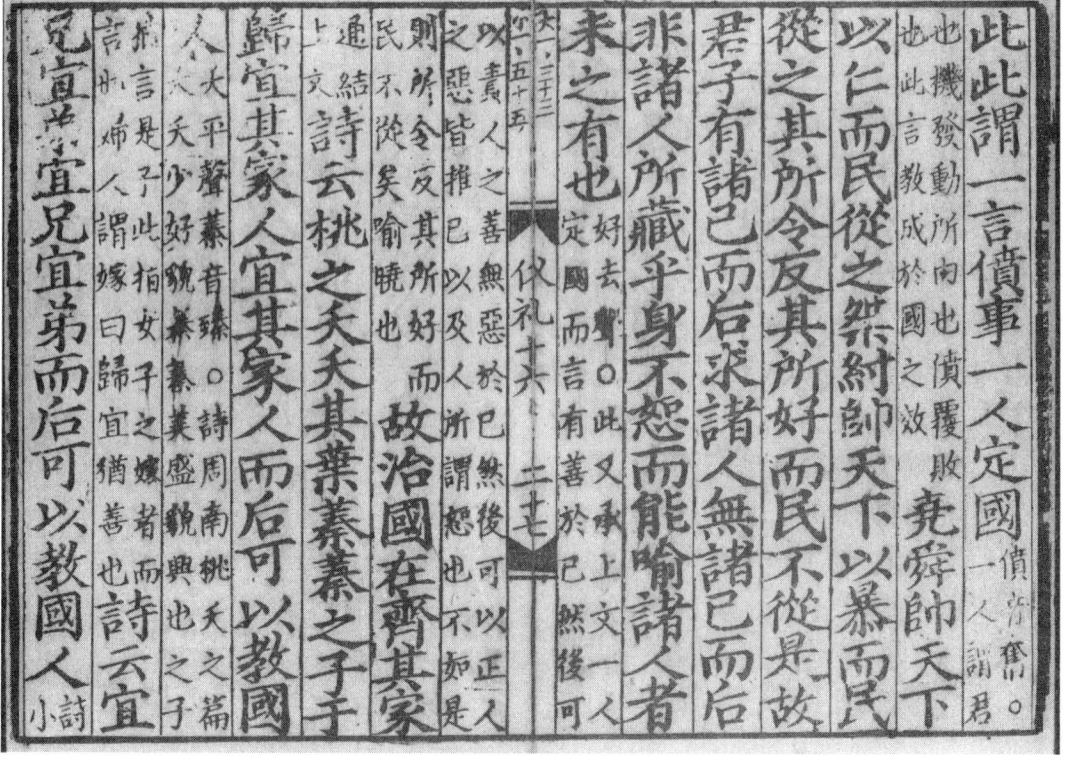

此謂一言僨事，一人定國。僨，方問反。○一人，謂君也。機，發動所由也。僨，覆敗也。此言教成於國之效。堯舜帥天下以仁，而民從之；桀紂帥天下以暴，而民從之。其所令反其所好，而民不從。是故君子有諸己而后求諸人，無諸己而后非諸人。所藏乎身不恕，而能喻諸人者，未之有也。好，去聲。○此又承上文一人定國而言。有善於己，然後可

0009_0202-1

以責人之善；無惡於己，然後可以正人之惡。皆推己以及人，所謂恕也。不如是，則所令反其所好，而民不從矣。喻，曉也。故治國在齊其家。通結上文。詩云：「桃之夭夭，其葉蓁蓁。之子于歸，宜其家人。」宜其家人，而后可以教國人。夭，平聲。蓁，音臻。○詩周南桃夭之篇。夭夭，少好貌。蓁蓁，美盛貌。興也。之子，猶言是子，此指女子之嫁者而言也。婦人謂嫁曰歸。宜，猶善也。詩云：「宜兄宜弟。」宜兄宜弟，而后可以教國人。詩小

0009_0202-2

雅蓼蕭篇。詩云：「其儀不忒，正是四國。」其為父子兄弟足法，而后民法之也。詩曹風鳲鳩篇。忒，差也。此謂治國在齊其家。此三引詩，皆以詠嘆上文之事，而又結之如此。其味深長，最宜潛玩。

右傳之九章，釋齊家治國。

所謂平天下在治其國者：上老老而民興孝，上長長而民興弟，上恤孤而民不倍。是以君子有絜矩之道也。長，上聲。弟，去聲。倍，與背同。絜，胡結反。○老老，所謂老吾老也。興，謂有所感發而興起也。孤者，幼而無

0009_0203-1

父之稱。絜，度也。矩，所以為方也。言此三者，上行下效，捷於影響，所謂家齊而國治也。亦可以見人心之所同，而不可使有一夫之不獲矣。是以君子必當因其所同，推以度物，使彼我之間各得分願，則上下四旁均齊方正，而天下平矣。所惡於上，毋以使下；所惡於下，毋以事上；所惡於前，毋以先後；所惡於後，毋以從

0009_0204-1　0009_0203-2

前所惡於右毋以交於左所惡於左毋以交於右此之謂絜矩之道 惡先並去聲○此章

新上文絜矩二字之義如不欲上之無禮於我則必以此度下之心而亦不敢以此無禮使之不欲下之不忠於我則必以此度上之心而亦不敢以此不忠事之至於前後左右無不皆然則身之所處上下四旁長短廣狹彼此如一而無不方矣彼同有是心而興起焉者又豈有一夫之不獲哉所操者約而所及者廣此平天下之要道也故章內之意皆自此而推之

詩云樂只

仪礼十六　二十九

君子民之父母民之所好好之民之所惡惡之此之謂民之父母 樂音洛只音紙好惡並去聲言能絜矩而以民心為己心則是愛民如子而民愛之如父母矣

詩云節彼南山維石 下並同○詩小雅節南山之篇

巖巖赫赫師尹民具爾瞻有國者不可以不慎辟則為天下僇矣 節讀為截辟讀為僻僇與戮同○詩小雅節南山之篇節截然高大貌師尹周太師尹氏也具俱也辟偏也

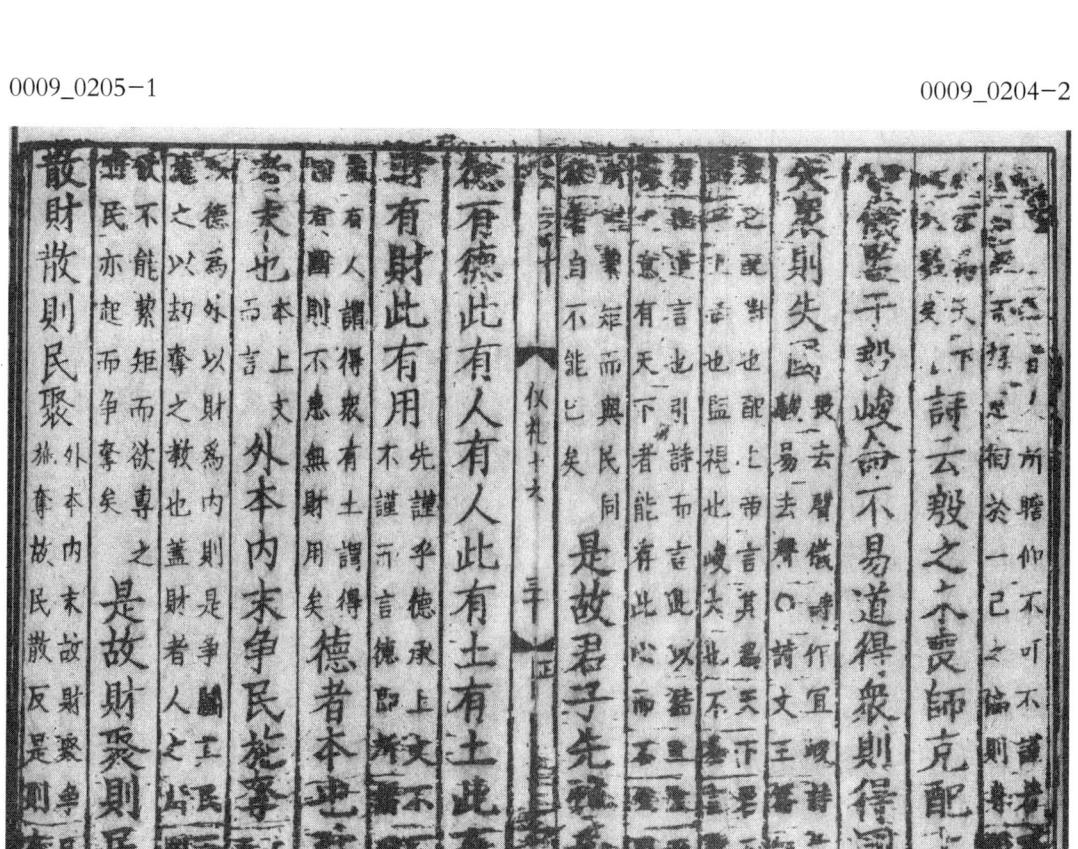

0009_0205-1　0009_0204-2

言在上者人所瞻仰不可不謹若不能絜矩而好惡狥於一己之偏則身弑國亡為天下之大戮矣

詩云殷之未喪師克配上帝儀監于殷峻命不易道得衆則得國失衆則失國 喪去聲儀詩作宜峻詩作駿易去聲○詩文王篇師衆也配對也配上帝言其為天下君而對乎上帝也監視也峻大也不易言難保也道言也引詩而言此以結上文兩節之意有天下者能存此心而不失則所以絜矩而與民同欲者自不能已矣

是故君子先慎乎

仪礼十六　三十

德有德此有人有人此有土有土此有財有財此有用 先謹乎德承上文不可不謹而言德即所謂明德有人謂得衆有土謂得國有國則不患無財用矣

德者本也財者末也 本上文而言

外本內末爭民施奪 人君以德為外以財為內則是爭鬬其民而施之以劫奪之教也蓋財者人之所同欲不能絜矩而欲專之則民亦起而爭奪矣

是故財聚則民散財散則民聚 外本內末故財聚爭奪故民散反是則有德而有人矣

0009_0206-1　0009_0205-2

而有是故言悖而出者亦悖而入貨悖
而入者亦悖而出悖布内反○楚辭也此以言之出入
貨之出入也自元謹乎德以下至此又因財貨以明能絜矩與不能者之得
失康誥曰惟命不于常道善則得之不
善則失之矣道言由因上文引文王詩之意而申言之其丁寧反
覆之意益切矣楚書曰楚國無以爲寶惟善
以爲寶楚書楚語言不寶金玉而寶善人也舅犯曰亡人
無以爲寶仁親以爲寶舅犯晉文公舅狐偃字子犯亡人
文公時爲公子出亡在外也仁愛也事見檀弓此兩節又明不外本而內末
之意秦誓曰若有一个臣斷斷兮無他技
其心休休焉其如有容焉人之有技若
己有之人之彥聖其心好之不啻若自
其口出寔能容之以能保我子孫黎民
尚亦有利哉人之有技媢疾以惡之人

0009_0207-1　0009_0206-2

之彥聖而違之俾不通寔不能容以不
能保我子孫黎民亦曰殆哉个古賀反書作介斷
丁亂反媢音冒○秦誓周書斷斷誠一之貌彥美士也聖通明也尚庶幾也媢
忌也違拂戾也殆危也唯仁人放流之迸諸四夷
不與同中國此謂唯仁人爲能愛人能
惡人迸讀爲屏古字通用○迸猶逐也言有此媢疾之人妨賢而病國則
仁人必深惡而痛絕之以其至公無私故能得好惡之正如此也見賢
而不能舉舉而不能先命也見不善而
不能退退而不能遠過也命鄭氏云當作慢程子云
當作怠未詳孰是遠去聲○若此者知所愛惡矣而未能盡愛惡之道蓋君子
而未仁者也好人之所惡惡人之所好是謂
拂人之性菑必逮夫身菑古灾字夫音扶○拂逆也好
善而惡惡人之性也至於拂人之性則不仁之甚者也自秦誓至此又皆以申
言好惡公私之極以明上文所引南山有臺節南山之意是故君子

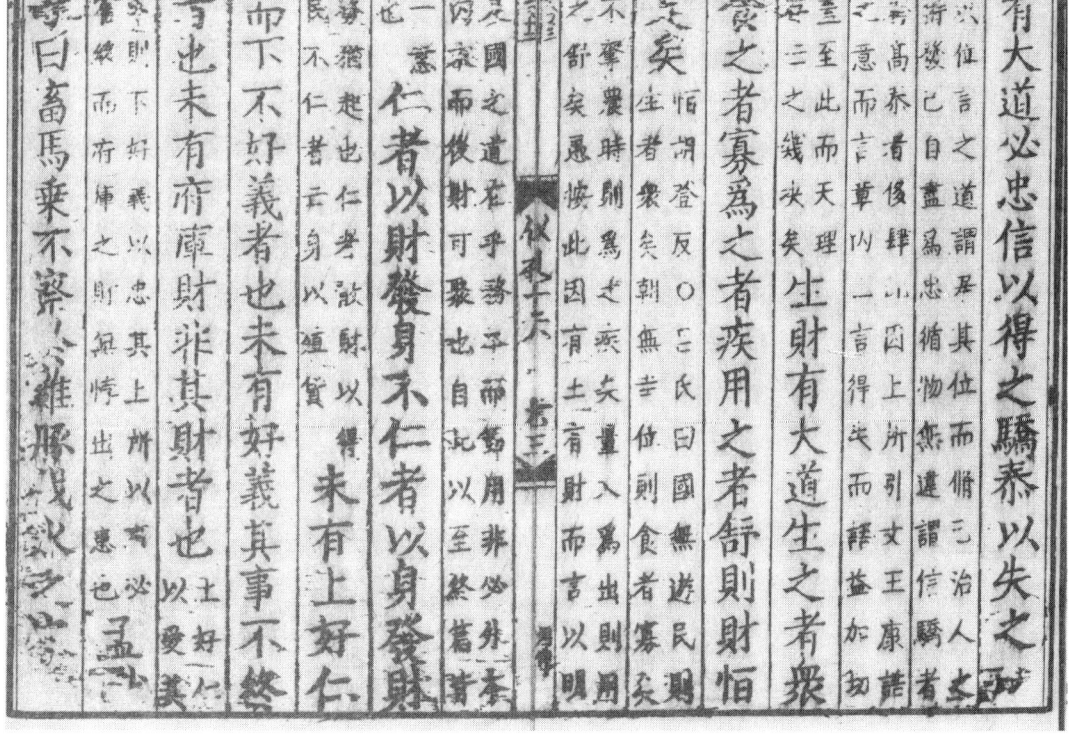

有大道必忠信以得之驕泰以失之以位言之道謂居其位而脩己治人之術發己自盡爲忠循物無違謂信驕者矜高泰者侈肆此因上所引文王康誥之意而言章內三言得失而語益加切蓋至此而天理存亡之幾決矣生財有大道生之者衆食之者寡爲之者疾用之者舒則財恒足矣恒胡登反○呂氏曰國無遊民則生者衆矣朝無幸位則食者寡矣不奪農時則爲之疾矣量入爲出則用之舒矣愚按此因有土有財而言以明

足國之道在乎務本而節用非必外本內末而後財可聚也自此以至終篇皆一意也仁者以財發身不仁者以身發財發猶起也仁者散財以得民不仁者亡身以殖貨未有上好仁而下不好義者也未有好義其事不終者也未有府庫財非其財者也上好仁以愛其下則下好義以忠其上所以事必有終而府庫之財無悖出之患也孟獻子曰畜馬乘不察於雞豚伐冰之家

不畜牛羊百乘之家不畜聚斂之臣與其有聚斂之臣寧有盜臣此謂國不以利爲利以義爲利也畜許六反乘斂並去聲○孟獻子魯之賢大夫仲孫蔑也畜馬乘士初試爲大夫者也伐冰之家卿大夫以上喪祭用冰者也百乘之家有采地者也君子寧亡己之財而不忍傷民之力故寧有盜臣而不畜聚斂之臣此謂以下釋獻子之言也長國家而務財用者必自小人矣彼爲善之小人之使爲國家菑害並至雖有善者亦無如之

何矣此謂國不以利爲利以義爲利也長上聲彼爲善之此句上下疑有闕文誤字○自由也言由小人導之也此一節深明以利爲利之害而重言以結之其丁寧之意切矣

右傳之十章釋治國平天下此章之義務在與民同好惡而不專其利皆推廣絜矩之意也能如是則親賢樂利各得其所而天下平矣

凡傳十章前四章統論綱

0009_0210-1　　0009_0209-2

指趣後六章細論條目工夫其第
五章乃明善之要第六章乃誠身之
本在初學尤爲當務之急讀者不可
以其近而忽之也

二十五

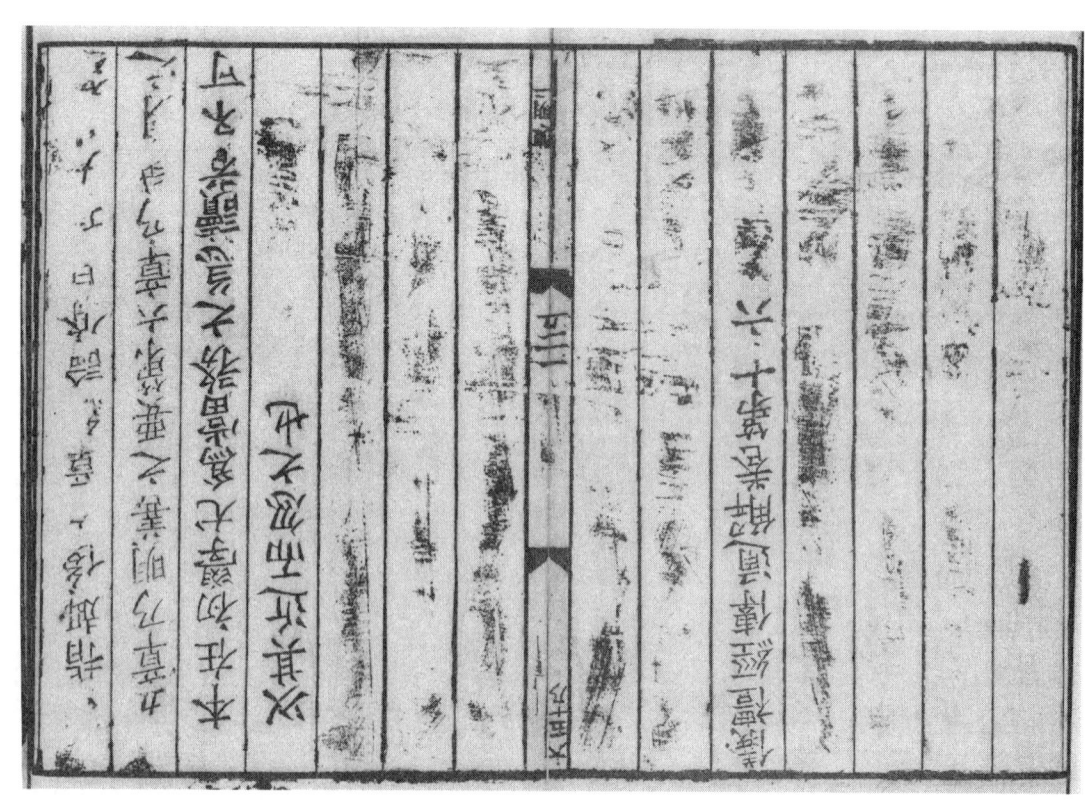

儀禮經傳通解卷第十六

儀禮經傳通解卷第十七

中庸第二十九　中者不偏不倚無過不及之名庸平常也

學禮十二

子程子曰不偏之謂中不易之謂庸中者天下之正道庸者天下之定理此篇乃孔門傳授心法子思恐其久而差也故筆之於書以授孟子其書始言一理中散爲萬事末復合爲一理放之則彌六合卷之則退藏於密其味無窮皆實學也善讀者玩索而有得焉則終身用之有不能盡者矣

天命之謂性率性之謂道脩道之謂教　命猶令也性即理也天以陰陽五行化生萬物氣以成形而理亦賦焉猶命令也於是人物之生因各得其所賦之理以爲健順五常之德所謂性也率循也

市橋本第一葉

0009_0214-1　　0009_0213-2

儀禮經傳通解卷第十七

中庸第二十九　中者不偏不倚無過不及之名庸平常也

學禮十二

子程子曰不偏之謂中不易之謂庸中者天下之正道庸者天下之定理此篇乃孔門傳授心法子思恐其久而差也故筆之於書以授孟子其書始言一理中散爲萬事末復合爲一理放之則彌六合卷之則退藏於密其味無窮皆實學也善讀者玩索而有得焉則終身用之有不能盡者矣

天命之謂性率性之謂道脩道之謂教　命猶令也性即理也天以陰陽五行化生萬物氣以成形而理亦賦焉猶命令也於是人物之生因各得其所賦之理以爲健順五常之德所謂性也率循也

傳本第一葉

市橋本第二葉

道猶路也人物各循其性之自然則其日用事物之間莫不各有當行之路是則所謂道也脩品節之也性道雖同而氣稟或異故不能無過不及之差聖人因人物之所當行者而品節之以爲法於天下則謂之教若禮樂刑政之屬是也蓋人之所以爲人道之所以爲道聖人之所以爲教原其所自無一不本於天而備於我學者知之則其於學知所用力而自不能已矣故子思於此首發明之讀者所宜深體而默識也

道也者不可須臾離也可離非道也是故君子戒慎乎其所不

大四十七 小三千二百

二

睹恐懼乎其所不聞 離去聲○道者日用事物當行之理皆性之德而具於心無物不有無時不然所以不可須臾離也若其可離則爲外物而非道矣是以君子之心常存敬畏雖不見聞亦不敢忽所以存天理之本然而不使離於須臾之頃也

莫見乎隱莫顯乎微故君子慎其獨也 見音現○隱暗處也微細事也獨者人所不知而己所獨知之地也言幽暗之中細微之事跡雖未形而幾則已動人雖不知而己獨知之則是天下之事無有著見明顯而過於此者是以君子既常戒懼

0009_0215-1　　0009_0214-2

道猶路也人物各循其性之自然則其日用事物之間莫不各有當行之路是則所謂道也脩品節之也性道雖同而氣稟或異故不能無過不及之差聖人因人物之所當行者而品節之以爲法於天下則謂之教若禮樂刑政之屬是也蓋人之所以爲人道之所以爲道聖人之所以爲教原其所自無一不本於天而備於我學者知之則其於學知所用力而自不能已矣故子思於此首發明之讀者所宜深體而默識也

道也者不可須臾離也可離非道也是故君子戒慎乎其所不

大四十七 小三千二百

儀禮卷十七　二

睹恐懼乎其所不聞 離去聲○道者日用事物當行之理皆性之德而具於心無物不有無時不然所以不可須臾離也若其可離則爲外物而非道矣是以君子之心常存敬畏雖不見聞亦不敢忽所以存天理之本然而不使離於須臾之頃也

莫見乎隱莫顯乎微故君子慎其獨也 見音現○隱暗處也微細事也獨者人所不知而己所獨知之地也言幽暗之中細微之事跡雖未形而幾則已動人雖不知而己獨知之則是天下之事無有著見明顯而過於此者是以君子既常戒懼

市橋本第三葉

而於此尤加謹焉所以遏人欲於將萌而不使其滋長於隱微之中以至離道之遠也

喜怒哀樂之未發謂之中發而皆中節謂之和中也者天下之大本也和也者天下之達道也

樂音洛中節之中去聲○喜怒哀樂情也其未發則性也無所偏倚故謂之中發皆中節情之正也無所乖戾故謂之和大本者天命之性天下之理皆由之此出道之體也達道者循性之謂天下古今之所共由道之用也此言性情之德以明道不可離之意

致中和

致推而極之也

天地位焉萬物育焉

位者安其所也育者遂其生也自戒懼而約之以至於至靜之中無少偏倚而其守不失則極其中而天地位矣自謹獨而精之以至於應物之處無少差謬而無適不然則極其和而萬物育矣蓋天地萬物本吾一體吾之心正則天地之心亦正矣吾之氣順則天地之氣亦順矣故其效驗至於如此此學問之極功聖人之能事初非有待於外而脩道之教亦在其中矣是其一體一用雖有動靜之殊然必其體立而後用有以行則其實亦非有兩事也故於此合而言之以結上文之意

第三葉傳本剪去下象鼻今改用張本

而於此尤加謹焉所以遏人欲於將萌而不使其滋長於隱微之中以至離道之遠也

喜怒哀樂之未發謂之中發而皆中節謂之和中也者天下之大本也和也者天下之達道也

樂音洛中節之中去聲○喜怒哀樂情也其未發則性也無所偏倚故謂之中發皆中節情之正也無所乖戾故謂之和大本者天命之性天下之理皆由之此出道之體也達道者循性之謂天下古今之所共由道之用也此言性情之德以明道不可離之意

致中和

致推而極之也位

天地位焉萬物育焉

者安其所也育者遂其生也自戒懼而約之以至於至靜之中無少偏倚而其守不失則極其中而天地位矣自謹獨而精之以至於應物之處無少差謬而無適不然則極其和而萬物育矣蓋天地萬物本吾一體吾之心正則天地之心亦正矣吾之氣順則天地之氣亦順矣故其效驗至於如此此學問之極功聖人之能事初非有待於外而脩道之教亦在其中矣是其一體一用雖有動靜之殊然必其體立而後用有以行則其實亦非有兩事也故於此合而言之以結上文之意

右第一章子思述所傳之意以立言首明道之本原出於天而不可易其實體備於己而不可離次言存養省察之要終言聖神功化之極蓋欲學者於此反求諸身而自得之以去夫外誘之私而充其本然之善楊氏所謂一篇之體要是也其下十章蓋子思引夫子之言以終此章之義

仲尼曰君子中庸小人反中庸

中庸者不偏不倚無過不及而平常之理乃天命所當然精微之極致也唯君子爲能體之小人反是

君子之中庸也君子而時中小人之中庸也小人而無忌憚也

王肅本作小人之反中庸也程子亦以爲然今從之○君子之所以爲中庸者以其有君子之德而又能隨時以處中也小人之所以反中庸者以其有小人之心而又無所忌憚

右第一章子思述所傳之意以立言首明道之本原出於天而不可易其實體備於己而不可離次言存養省察之要終言聖神功化之極蓋欲學者於此反求諸身而自得之以去夫外誘之私而充其本然之善楊氏所謂一篇之體要是也其下十章蓋子思引夫子之言以終此章之義

仲尼曰君子中庸小人反中庸

中庸者不偏不倚無過不及而平常之理乃天命所當然精微之極致也唯君子爲能體之小人反是

君子之中庸也君子而時中小人之中庸也小人而無忌憚也

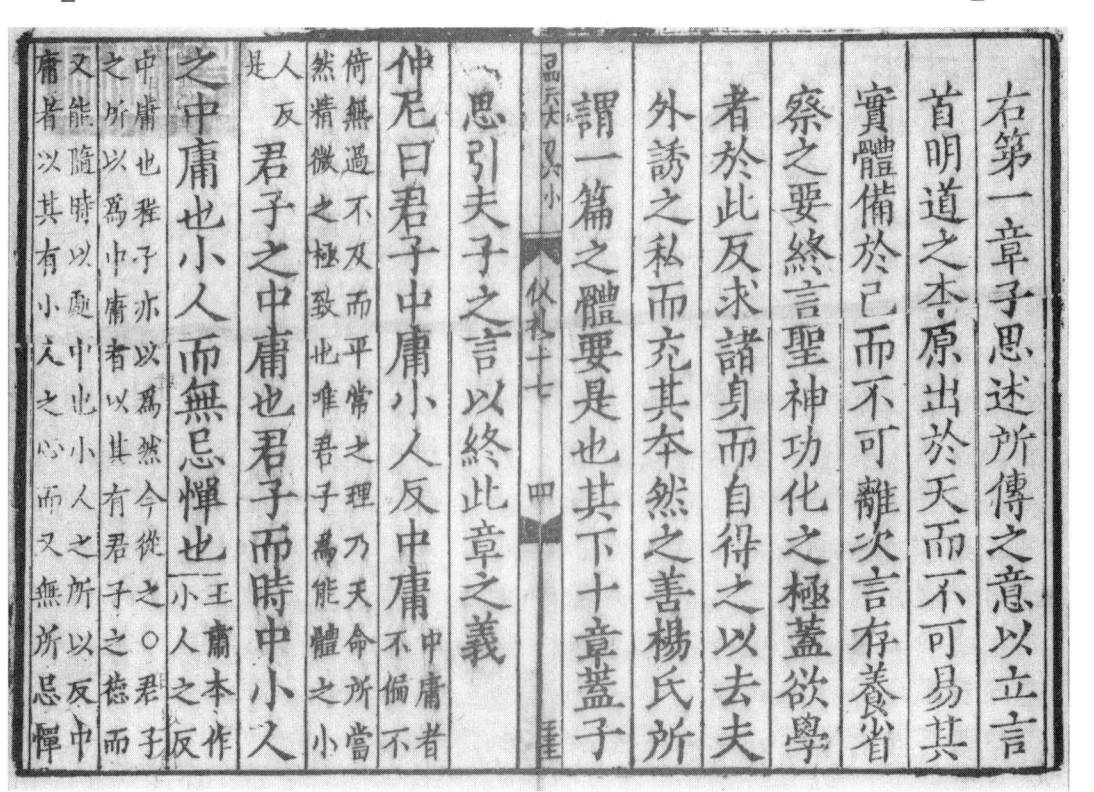

王肅本作小人之反中庸也程子亦以爲然今從之○君子之所以爲中庸者以其有君子之德而又能隨時以處中也小人之所以反中庸者以其有小人之心而又無所忌憚

也蓋中無定體隨時而在是乃平常之理也君子知其在我故能戒謹不睹恐懼不聞而無時不中小人不知有此則肆欲妄行而無所忌憚矣

右第二章　此下十章皆論中庸以釋首章之義文雖不屬而意實相承也變和言庸者游氏曰以性情言之則曰中和以德行言之則曰中庸是也然中庸之中實兼中和之義

子曰中庸其至矣乎民鮮能久矣　鮮上聲下同○過則失中不及則未至故惟中庸之德爲至然亦人所同得初無難事但世教衰民不興行故鮮能之今已久耳論語無能字

儀禮卷十七　五

右第三章

子曰道之不行也我知之矣知者過之愚者不及也道之不明也我知之矣賢者過之不肖者不及也　○知者之知去聲道者天理之當然中而已矣知愚賢不肖之過不及則生稟之異而失其中也知者知之過既以道爲不足行愚者不及知又不知所以行此道之所以常不行也賢者行

市橋本第五葉

0009_0218-1

0009_0217-2

也蓋中無定體隨時而在是乃平常之理也君子知其在我故能戒謹不睹恐懼不聞而無時不中小人不知有此則肆欲妄行而無所忌憚矣

右第二章　此下十章皆論中庸以釋首章之義文雖不屬而意實相承也變和言庸者游氏曰以性情言之則曰中和以德行言之則曰中庸是也然中庸之中實兼中和之義

子曰中庸其至矣乎民鮮能久矣　鮮上聲下同○過則失中不及則未至故惟中庸之德爲至然亦人所同得初無難事但世教衰民不興行故鮮能之今已久耳論語無能字

儀禮卷十七　五

右第三章

子曰道之不行也我知之矣知者過之愚者不及也道之不明也我知之矣賢者過之不肖者不及也　○知者之知去聲道者天理之當然中而已矣知愚賢不肖之過不及則生稟之異而失其中也知者知之過既以道爲不足行愚者不及知又不知所以行此道之所以常不行也賢者行

傳本第五葉

之過既以道爲不足知不肖者不及行又不求所以知此道之所以常不明也

人莫不飲食也鮮能知味也 道不可離人不自察是以有過不及之弊

右第四章

子曰道其不行矣夫 夫音扶○由不明故不行

右第五章 此章承上章而舉其不行之端以起下章之意

子曰舜其大知也與舜好問而好察邇言隱惡而揚善執其兩端用其中於民其斯以爲舜乎 知去聲與平聲好去聲○舜之所以爲大知者以其不自用而取諸人也邇言者淺近之言猶必察焉其無遺善可知然於其言之未善者則隱而不宣其善者則播而不匿其廣大光明又如此則人孰不樂告以善哉兩端謂衆論不同之極致蓋凡物皆有兩端如小大厚薄之類於善之中又執其兩端而量度以取中然後用之則其擇之審而行之至矣然非在我之權度精切不差何以與此此知之所以無過不及而道之所以行也

0216_0219-1

0009_0218-2

之過既以道爲不足知不肖者不及行又不求所以知此道之所以常不明也

人莫不飲食也鮮能知味也 道不可離人自不察是以有過不及之弊

右第四章

子曰道其不行矣夫 夫音扶○由不明故不行

右第五章 此章承上章而舉其不行之端以起下章之意

儀禮卷十七 六

子曰舜其大知也與舜好問而好察邇言隱惡而揚善執其兩端用其中於民其斯以爲舜乎 知去聲與平聲好去聲○舜之所以爲大知者以其不自用而取諸人也邇言者淺近之言猶必察焉其無遺善可知然於其言之未善者則隱而不宣其善者則播而不匿其廣大光明又如此則人孰不樂告以善哉兩端謂衆論不同之極致蓋凡物皆有兩端如小大厚薄之類於善之中又執其兩端而量度以取中然後用之則其擇之審而行之至矣然非在我之權度精切不差何以與此此知之所以無過不及而道之所以行也

市橋本第七葉

右第六章

子曰人皆曰予知驅而納諸罟擭陷阱之中而莫之知辟也人皆曰予知擇乎中庸而不能期月守也 予知之知去聲罟音古擭胡化反阱才性反辟避同期居之反○罟網也擭機檻也陷阱坑坎也皆所以揜取禽獸者也擇乎中庸辨別衆理以求所謂中庸即上章好問用中之事也期月匝一月也言知禍而不知辟以況能擇而不能守皆不得爲知也

十

右第七章 承上章大知而言又舉不明之端以起下章也

子曰回之爲人也擇乎中庸得一善則拳拳服膺而弗失之矣 回孔子弟子顏淵名拳拳奉持之貌服猶著也膺胷也奉持而著之心胷之間言能守也顏子蓋眞知之故能擇能守如此此行之所以無過不及而道之所以明也

右第八章

子曰天下國家可均也爵祿可辭也白

0009_0220-1

0009_0219-2

右第六章

子曰人皆曰予知驅而納諸罟擭陷阱之中而莫之知辟也人皆曰予知擇乎中庸而不能期月守也 予知之知去聲罟音古擭胡化反阱才性反辟避同期居之反○罟網也擭機檻也陷阱坑坎也皆所以揜取禽獸者也擇乎中庸辨別衆理以求所謂中庸即上章好問用中之事也期月匝一月也言知禍而不知辟以況能擇而不能守皆不得爲知也

七

右第七章 承上章大知而言又舉不明之端以起下章也

子曰回之爲人也擇乎中庸得一善則拳拳服膺而弗失之矣 回孔子弟子顏淵名拳拳奉持之貌服猶著也膺胷也奉持而著之心胷之間言能守也顏子蓋眞知之故能擇能守如此此行之所以無過不及而道之所以明也

右第八章

子曰天下國家可均也爵祿可辭也白

傳本第七葉

刃可蹈也中庸不可能也均平治也三者亦知仁勇之事天下之至難也然不必其合於中庸則雖不必皆如三者之難然非義精仁熟而無一豪人欲之私者不能及也三者難而易中庸易而難此民之所以鮮能也

右第九章亦承上章以起下章

子路問強子路孔子弟子仲由也子路好勇故問強子曰南方之強與北方之強與抑而強與與平聲○抑語辭而汝也寬柔以教不報無道南方之強也君子居之寬柔以教謂含容巽順以誨人之不及也不報無道謂橫逆之來直受之而不報也南方風氣柔弱故以含忍之力勝人爲強君子之道也衽金革死而不厭北方之強也而強者居之衽席也金戈兵之屬革甲冑之屬北方風氣剛勁故以果敢之力勝人爲強強者之事也故君子和而不流強哉矯中立而不倚強哉矯國有道不變塞

刃可蹈也中庸不可能也均平治也三者亦知仁勇之事天下之至難也然不必其合於中庸則雖不必皆如三者之難然非義精仁熟而無一豪人欲之私者不能及也三者難而易中庸易而難此民之所以鮮能也

右第九章亦承上章以起下章

子路問強子路孔子弟子仲由也子路好勇故問強子曰南方之強與北方之強與抑而強與與平聲○抑語辭而汝也寬柔以教不報無道南方之強也君子居之寬柔以教謂含容巽順以誨人之不及也不報無道謂橫逆之來直受之而不報也南方風氣柔弱故以含忍之力勝人爲強君子之道也衽金革死而不厭北方之強也而強者居之衽席也金戈兵之屬革甲冑之屬北方風氣剛勁故以果敢之力勝人爲強強者之事也故君子和而不流強哉矯中立而不倚強哉矯國有道不變塞

儀礼十七　八

市橋本第八葉

焉強哉矯國無道至死不變強哉矯此四者汝之所當強也矯強貌詩曰矯矯虎臣是也倚偏著也塞未達也國有道不變未達之所守國無道不變平生之所守也此則所謂中庸之不可能者非有以自勝其人欲之私不能擇而守也君子之強孰大於是夫子以是告子路者所以抑其血氣之剛而進之以德義之勇也

右第十章

子曰素隱行怪後世有述焉吾弗爲之矣素按漢書當作索蓋字之誤也索隱行怪言深求隱僻之理而過爲詭異之行也然以其足以欺世而盜名故後世或有稱述之者此知之過而不擇乎善行之過而不用其中不當強而強者也聖人豈爲之哉

君子遵道而行半塗而廢吾弗能已矣遵道而行則能擇乎善矣半塗而廢則力之不足也此其知雖足以及之而行有不逮當強而不強者也已止也聖人於此非勉焉而不敢廢蓋至誠無息自有所不能止也

子依乎中庸遯世不見知而不悔唯聖

九

市橋本第九葉

0009_0222-1　　0009_0221-2

焉強哉矯國無道至死不變強哉矯此四者汝之所當強也矯強貌詩曰矯矯虎臣是也倚偏著也塞未達也國有道不變未達之所守國無道不變平生之所守也此則所謂中庸之不可能者非有以自勝其人欲之私不能擇而守也君子之強孰大於是夫子以是告子路者所以抑其血氣之剛而進之以德義之勇也

右第十章

子曰素隱行怪後世有述焉吾弗爲之

儀禮卷十七　九

矣素按漢書當作索蓋字之誤也索隱行怪言深求隱僻之理而過爲詭異之行也然以其足以欺世而盜名故後世或有稱述之者此知之過而不擇乎善行之過而不用其中不當強而強者也聖人豈爲之哉

君子遵道而行半塗而廢吾弗能已矣遵道而行則能擇乎善矣半塗而廢則力之不足也此其知雖足以及之而行有不逮當強而不強者也已止也聖人於此非勉焉而不敢廢蓋至誠無息自有所不能止也

子依乎中庸遯世不見知而不悔

傳本第九葉

0009_0223-1

者能之 不爲索隱行怪則依乎中庸而已不能半塗而廢是以遯世不見知而不悔也此中庸之成德知之盡仁之至不賴勇而裕如者正吾夫子之事而猶不自居也故曰唯聖人能之而已

右第十一章 子思所引夫子之言以明首章之義者止此蓋此篇大旨以知仁勇三達德爲入道之門故於篇首即以大舜顏淵子路之事明之舜知也顏淵仁也子路勇也三者廢其一則無以造道而成德矣餘見第二十章

儀禮十七 十

君子之道費而隱 費符味反○費用之廣也隱體之微也

夫婦之愚可以與知焉及其至也雖聖人亦有所不知焉夫婦之不肖可以能行焉及其至也雖聖人亦有所不能焉天地之大也人猶有所憾故君子語大天下莫能載焉語小天下莫能破焉 與去聲○君子之道近自夫婦居室之間遠而至於聖人天地之所不能盡其大無

0009_0222-2

者能之 不爲索隱行怪則依乎中庸而已不能半塗而廢是以遯世不見知而不悔也此中庸之成德知之盡仁之至不賴勇而裕如者正吾夫子之事而猶不自居也故曰唯聖者能之而已

右第十一章 子思所引夫子之言以明首章之義者止此蓋此篇大旨以知仁勇三達德爲入道之門故於篇首即以大舜顏淵子路之事明之舜知也顏淵仁也子路勇也三者廢其一則無以造道而成德矣餘見第二十章

儀禮卷十七 十

君子之道費而隱 費符味反○費用之廣也隱體之微也

夫婦之愚可以與知焉及其至也雖聖人亦有所不知焉夫婦之不肖可以能行焉及其至也雖聖人亦有所不能焉天地之大也人猶有所憾故君子語大天下莫能載焉語小天下莫能破焉 與去聲○君子之道近自夫婦居室之間遠而至於聖人天地之所不能盡其大無

外其小無內可謂費矣然其理之所以然則隱而莫之見也蓋可知可能者道中之一事及其至而聖人不知不能則舉全體而言聖人固有所不能盡也侯氏曰聖人所不知如孔子問禮問官之類所不能如孔子不得位堯舜病博施之類愚謂人所憾於天地如覆載生成之偏及寒暑灾祥之不得其正者

詩云鳶飛戾天魚躍于淵言其上下察也

鳶余專反○詩大雅旱麓之篇鳶鴟類戾至也察著也子思引此詩以明化育流行上下昭著莫非此理之用所謂費也然其所以然者則非見聞所及所謂隱也故程子曰此一節子思喫緊爲人處活潑潑地讀者其致思焉

二之單六　大八三　攸礼十七　十二

君子之道造端乎夫婦及其至也察乎天地

結上文

右第十二章子思之言蓋以申明首章道不可離之意也其下八章雜引孔子之言以明之

子曰道不遠人人之爲道而遠人不可

0009_0224-1　0009_0223-2

以爲道道者率性而已固衆人之所能知能行者也故常不遠於人若爲道者厭其卑近以爲不足爲而反務爲高遠難行之事則非所以爲道矣

詩云伐柯伐柯其則不遠執柯以伐柯睨而視之猶以爲遠故君子以人治人改而止睨研計反○詩豳風伐柯之篇柯斧柄則法也睨邪視也言人執柯伐木以爲柯者彼柯長短之法在此柯耳然猶有彼此之別故伐者視之猶以爲遠也若以人治人則所以爲人之道各在當人之身初無彼此之別故

大五三小三一 仪礼十七 十二

君子之治人也即以其人之道還治其人之身其人能改即止不治蓋責之以其所能知能行非欲其遠人以爲道也張子所謂以衆人望人則易從是也

忠恕違道不遠施諸己而不願亦勿施於人盡己之心爲忠推己及人爲恕違去也如春秋傳齊師違穀七里之違言自此至彼相去不遠非背而去之之謂也道即其不遠人者是也施諸己而不願亦勿施於人忠恕之事也以己之心度人之心未嘗不同則道之不遠於人者可見故己之所不欲則勿以施之於人亦不遠人以爲道之事張子所

0009_0225-1 0009_0224-2

以爲道道者率性而已固衆人之所能知能行者也故常不遠於人若爲道者厭其卑近以爲不足爲而反務爲高遠難行之事則非所以爲道矣

詩云伐柯伐柯其則不遠執柯以伐柯睨而視之猶以爲遠故君子以人治人改而止睨研計反○詩豳風伐柯之篇柯斧柄則法也睨邪視也言人執柯伐木以爲柯者彼柯長短之法在此柯耳然猶有彼此之別故伐者視之猶以爲遠也若以人治人則所以爲人之道各在當人之身初無彼此之別故

大五三小三一 仪礼十七 十二

君子之治人也即以其人之道還治其人之身其人能改即止不治蓋責之以其所能知能行非欲其遠人以爲道也張子所謂以衆人望人則易從是也

忠恕違道不遠施諸己而不願亦勿施於人盡己之心爲忠推己及人爲恕違去也如春秋傳齊師違穀七里之違言自此至彼相去不遠非背而去之之謂也道即其不遠人者是也施諸己而不願亦勿施於人忠恕之事也以己之心度人之心未嘗不同則道之不遠於人者可見故己之所不欲則勿以施之於人亦不遠人以爲道之事張子所

謂以愛己之心愛人則盡仁是也

君子之道四丘未能一焉所求乎子以事父未能也所求乎臣以事君未能也所求乎弟以事兄未能也所求乎朋友先施之未能也庸德之行庸言之謹有所不足不敢不勉有餘不敢盡言顧行行顧言君子胡不慥慥爾

子臣弟友四字絕句○求猶責也道不遠人凡己之所以責人者皆道之所當然也故反之以自責而自脩焉庸平常也行者踐其實謹者擇其可德不足而勉則行益力言有餘而訒則謹益至謹之至則言顧行矣行之力則行顧言矣慥慥篤實貌言君子之言行如此豈不慥慥乎贊美之也凡此皆不遠人以為道之事張子所謂以責人之心責己則盡道是也

右第十三章

道不遠人者夫婦所能丘未能一者聖人所不能皆費也而其所以然者則至隱存焉下章放此

君子素其位而行不願乎其外

素猶見在也言

謂以愛己之心愛人則盡仁是也

君子之道四丘未能一焉所求乎子以事父未能也所求乎臣以事君未能也所求乎弟以事兄未能也所求乎朋友先施之未能也庸德之行庸言之謹有所不足不敢不勉有餘不敢盡言顧行行顧言君子胡不慥慥爾

子臣弟友四字絕句○求猶責也道不遠人凡己之所以責人者皆道之所當然也故反之以自責而自脩焉庸平常也行者踐其實謹者擇其可德不足而勉則行益力言有餘而訒則謹益至謹之至則言顧行矣行之力則行顧言矣慥慥篤實貌言君子之言行如此豈不慥慥乎贊美之也凡此皆不遠人以為道之事張子所謂以責人之心責己則盡道是也

右第十三章

道不遠人者夫婦所能丘未能一者聖人所不能皆費也而其所以然者則至隱存焉下章放此

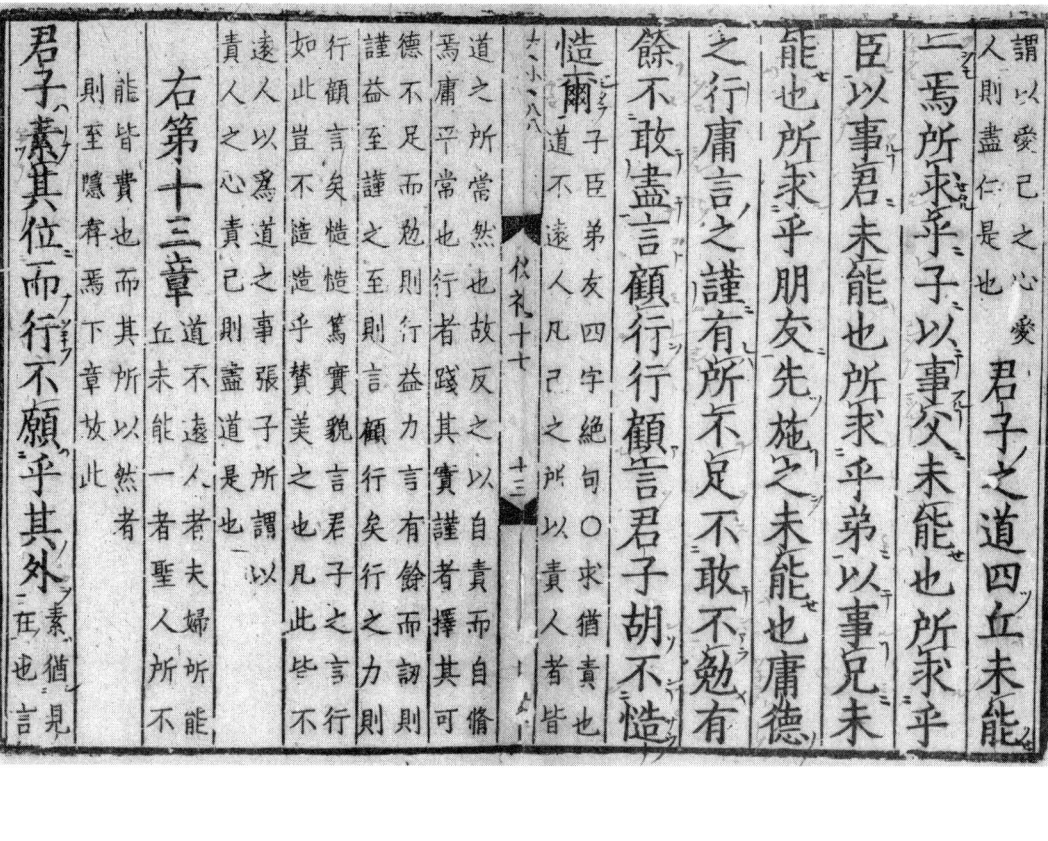

君子素其位而行不願乎其外

君子但因見在所居之位而爲其所當爲無慕乎其外之心也

素富貴行乎富貴素貧賤行乎貧賤素夷狄行乎夷狄素患難行乎患難君子無入而不自得焉 難去聲。此言素其位而行也

在上位不陵下在下位不援上正己而不求於人則無怨上不怨天下不尤人 援平聲。此言不願乎其外也

故君子居易以俟命小人行險以徼幸 易去聲。易平地也居易素位而行也俟命不願乎外也徼求也幸謂所不當得而得者

子曰射有似乎君子失諸正鵠反求諸其身 正音征鵠工毒反。畫布曰正棲皮曰鵠皆侯之中射之的也子思引此孔子之言以結上文之意

右第十四章 子思之言也凡章首無子曰字者放此

君子之道辟如行遠必自邇辟如登高必自卑 辟譬同

詩曰妻子好合如鼓瑟琴

大六卅三 小一卅四 仪礼十七 十四

市橋本第十四葉

0009_0227-1

0009_0226-2

君子但因見在所居之位而爲其所當爲無慕乎其外之心也素富貴行乎富貴素貧賤行乎貧賤素夷狄行乎夷狄素患難行乎患難君子無入而不自得焉 難去聲。此言素其位而行也在上位不陵下在下位不援上正己而不求於人則無怨上不怨天下不尤人 援平聲。此言不願乎其外也故君子居易以俟命小人行險以徼幸 易去聲。易平地也居易素位而行也俟命不願乎外也徼求也幸謂所不當得而得者子曰射有似乎君子失諸正鵠反求諸其身 正音征鵠工毒反。畫布曰正棲皮曰鵠皆侯之中射之的也子思引此孔子之言以結上文之意右第十四章 子思之言也凡章首無子曰字者放此君子之道辟如行遠必自邇辟如登高必自卑 辟譬同詩曰妻子好合如鼓瑟琴

兄弟既翕和樂且耽宜爾室家樂爾妻帑。好去聲耽詩作湛亦音耽樂音洛○詩小雅常棣之篇鼓瑟琴和也翕亦合也耽亦樂也帑子孫也

子曰父母其順矣乎。夫子誦此詩而贊之曰人能和於妻子宜於兄弟如此則父母其安樂之矣子思引詩及此語以明行遠自邇登高自卑之意

右第十五章

大八二　小二十九　仪礼十七　一五　胡果

子曰鬼神之為德其盛矣乎。程子曰鬼神天地之功用而造化之迹也張子曰鬼神者二氣之良能也愚謂以二氣言則鬼者陰之靈也神者陽之靈也以一氣言則至而伸者為神反而歸者為鬼其實一物而已為德猶言性情功效

視之而弗見聽之而弗聞體物而不可遺。鬼神無形與聲然物之終始莫非陰陽合散之所為是其為物之體而物所不能遺也其言體物猶易所謂幹事

使天下之人齊明盛服以承祭祀洋洋乎如在其上如在其左右。齊側皆反○齊之為言齊也所以齊

0009_0228-1　0009_0227-2

兄弟既翕和樂且耽宜爾室家樂爾妻帑。好去聲耽詩作湛亦音耽樂音洛○詩小雅常棣之篇鼓瑟琴和也翕亦合也耽亦樂也帑子孫也

子曰父母其順矣乎。夫子誦此詩而贊之曰人能和於妻子宜於兄弟如此則父母其安樂之矣子思引詩及此語以明行遠自邇登高自卑之意

右第十五章

大八十　六十九　儀禮卷十七　十五

子曰鬼神之為德其盛矣乎。程子曰鬼神天地之功用而造化之迹也張子曰鬼神者二氣之良能也愚謂以二氣言則鬼者陰之靈也神者陽之靈也以一氣言則至而伸者為神反而歸者為鬼其實一物而已為德猶言性情功效

視之而弗見聽之而弗聞體物而不可遺。鬼神無形與聲然物之終始莫非陰陽合散之所為是其為物之體而物所不能遺也其言體物猶易所謂幹事

使天下之人齊明盛服以承祭祀洋洋乎如在其上如在其左右。齊側皆反○齊之為言齊也所以齊

不齊而致其齊也明猶潔也洋洋流動充滿之意能使人畏敬奉承而發見昭著如此乃其體物而不可遺之驗也孔子曰其氣發揚于上爲昭明焄蒿悽愴此百物之精也神之著也正謂此爾

詩曰神之格思不可度思矧可射思度待洛反射音亦詩作斁○詩大雅抑之篇格來也矧况也射厭也言厭怠而不敬也思語辭夫微之顯誠之不可揜如此夫夫音扶○誠者真實無妄之謂陰陽合散無非實者故其發見之不可揜如此

儀禮卷十七　一六

右第十六章不見不聞隱也體物如在則亦費矣此前三章以其費之小者而言此後三章以其費之大者而言此一章兼費隱包大小而言

子曰舜其大孝也與德爲聖人尊爲天子富有四海之内宗廟饗之子孫保之與平聲○子孫謂虞思陳胡公之屬故大德必得其位必得其祿必得其名必得其壽舜年百有十歲故

市橋本第十六葉

0009_0229-1

0009_0228-2

不齊而致其齊也明猶潔也洋洋流動充滿之意能使人畏敬奉承而發見昭著如此乃其體物而不可遺之驗也孔子曰其氣發揚于上爲昭明焄蒿悽愴此百物之精也神之著也正謂此爾

詩曰神之格思不可度思矧可射思度待洛反射音亦詩作斁○詩大雅抑之篇格來也矧况也射厭也言厭怠而不敬也思語辭夫微之顯誠之不可揜如此夫夫音扶○誠者真實無妄之謂陰陽合散無非實者故其發見之不可揜如此

儀禮卷十七　十六

右第十六章不見不聞隱也體物如在則亦費矣此前三章以其費之小者而言此後三章以其費之大者而言此一章兼費隱包大小而言

子曰舜其大孝也與德爲聖人尊爲天子富有四海之内宗廟饗之子孫保之與平聲○子孫謂虞思陳胡公之屬故大德必得其位必得其祿必得其名必得其壽舜年百有十歲故

天之生物必因其材而篤焉故栽者培之傾者覆之 材質也篤厚也栽植也氣至而滋息爲培氣反而遊散則覆 詩曰嘉樂君子憲憲令德宜民宜人受祿于天保佑命之自天申之 詩大雅假樂之篇假當依此作嘉憲當依詩作顯申重也 故大德者必受命 受命者受天命爲天子也

右第十七章 此由庸行之常推之以極其至見道之用廣也而其所以然者則其爲體微矣後二章亦此意

子曰無憂者其惟文王乎以王季爲父以武王爲子父作之子述之 此言文王之事書言王季其勤王家蓋其所作亦積功累仁之事也 武王纘大王王季文王之緒壹戎衣而有天下身不失天下之顯名尊爲天子富有四海之内宗廟饗之子孫保之 大音泰下同○此言武王之事纘繼

天之生物必因其材而篤焉故栽者培之傾者覆之 材質也篤厚也栽植也氣至而滋息爲培氣反而遊散則覆 詩曰嘉樂君子憲憲令德宜民宜人受祿于天保佑命之自天申之 詩大雅假樂之篇假當依此作嘉憲當依詩作顯申重也 故大德者必受命 受命者受天命爲天子也

右第十七章 此由庸行之常推之以極其至見道之用廣也而其所以然者則其爲體微矣後二章亦此意

子曰無憂者其惟文王乎以王季爲父以武王爲子父作之子述之 此言文王之事書言王季其勤王家蓋其所作亦積功累仁之事也 武王纘大王王季文王之緒壹戎衣而有天下身不失天下之顯名尊爲天子富有四海之内宗廟饗之子孫保之 大音泰下同○此言武王之事纘繼

也大王王季之父也書云大王肇基王迹詩云至于大王實始翦商緒業也戎衣甲冑之屬壹戎衣武成文言一著戎衣以伐紂也武王末受命周公成文武之德追王大王王季上祀先公以天子之禮斯禮也達乎諸侯大夫及士庶人父爲大夫子爲士葬以大夫祭以士父爲士子爲大夫葬以士祭以大夫期之喪達乎大夫三年之喪達

儀禮十七　十八

乎天子父母之喪無貴賤一也追王之王去聲○此言周公之事末猶老也追王蓋推文武之意以及乎王迹之所起也先公組紺以上至后稷也上祀先公以天子之禮又推大王王季之意以及於無窮也制爲禮法以及天下使葬用死者之爵祭用生者之祿喪服自期以下諸侯絕大夫降而父母之喪上下同之推己以及人也

右第十八章

子曰武王周公其達孝矣乎達通也承上章而言

0009_0231-1　0009_0230-2

也大王王季之父也書云大王肇基王迹詩云至于大王實始翦商緒業也戎衣甲冑之屬壹戎衣武成文言一著戎衣以伐紂也武王末受命周公成文武之德追王大王王季上祀先公以天子之禮斯禮也達乎諸侯大夫及士庶人父爲大夫子爲士葬以大夫祭以士父爲士子爲大夫葬以士祭以大夫期之喪達乎大夫三年之喪達

儀禮卷十七　十八

乎天子父母之喪無貴賤一也追王之王去聲○此言周公之事末猶老也追王蓋推文武之意以及乎王迹之所起也先公組紺以上至后稷也上祀先公以天子之禮又推大王王季之意以及於無窮也制爲禮法以及天下使葬用死者之爵祭用生者之祿喪服自期以下諸侯絕大夫降而父母之喪上下同之推己以及人也

右第十八章

子曰武王周公其達孝矣乎達通也承上章而言

武王周公之孝乃天下之人通**夫孝者**
謂之孝猶孟子之言達尊也上章言武王纉
善繼人之志善述人之事者也
大王王季文王之緒以有天下而周公
成文武之德以追崇其先祖此繼志述
事之大者也下文又以其所制
祭祀之禮通于上下者言之**春秋脩**
其祖廟陳其宗器設其裳衣薦其時食
祖廟天子七諸侯五大夫三適士二官
師一宗器先世所藏之重器若周之赤
刀大訓天球河圖之屬也裳衣先祖之
遺衣服祭則設之以授尸也時食四時

大七朶二之年　仪礼十七　十九

之食各有其物如春行
羔豚膳膏香之類是也**宗廟之禮所以**
序昭穆也序爵所以辨貴賤也序事所
以辨賢也旅酬下爲上所以逮賤也燕
毛所以序齒也昭如字爲去聲○宗廟
之次左爲昭右爲穆而
子孫亦以爲序有事於大廟則子姓兄
弟羣昭羣穆咸在而不失其倫焉爵公
侯卿大夫也事宗祝有司之職事也旅
衆也酬導飲也旅酬之禮賓弟子兄弟
之子各舉觶於其長而衆相酬蓋宗廟
之中以有事爲榮故逮及賤者使亦得

武王周公之孝乃天下之人通**夫孝者**
謂之孝猶孟子之言達尊也上章言武王纉
善繼人之志善述人之事者也
大王王季文王之緒以有天下而周公
成文武之德以追崇其先祖此繼志述
事之大者也下文又以其所制
祭祀之禮通于上下者言之**春秋脩**
其祖廟陳其宗器設其裳衣薦其時食
祖廟天子七諸侯五大夫三適士二官
師一宗器先世所藏之重器若周之赤
刀大訓天球河圖之屬也裳衣先祖之
遺衣服祭則設之以授尸也時食四時
大七朶二之年　仪礼十七　十九
之食各有其物如春行
羔豚膳膏香之類是也**宗廟之禮所以**
序昭穆也序爵所以辨貴賤也序事所
以辨賢也旅酬下爲上所以逮賤也燕
毛所以序齒也昭如字爲去聲○宗廟
之次左爲昭右爲穆而
子孫亦以爲序有事於大廟則子姓兄
弟羣昭羣穆咸在而不失其倫焉爵公
侯卿大夫也事宗祝有司之職事也旅
衆也酬導飲也旅酬之禮賓弟子兄弟
之子各舉觶於其長而衆相酬蓋宗廟
之中以有事爲榮故逮及賤者使亦得

以申其敬也燕毛祭畢而燕則以毛髮之色別長幼爲坐次也齒年數也

踐其位行其禮奏其樂敬其所尊愛其所親事死如事生事亡如事存孝之至也

踐猶履也其指先王也所尊所親先王之祖考子孫臣庶也始死謂之死既葬則曰反而亡焉皆指先王也此結上文兩節皆繼志述事之意也

郊社之禮所以事上帝也宗廟之禮所以祀乎其先也明乎郊社之禮禘嘗之義治國其如示諸掌也

郊祀天社祭地不言后土者省文也禘天子宗廟之大祭追祭太祖之所自出於太廟而以太祖配之也嘗秋祭也四時皆祭舉其一耳禮必有義對舉之互文也示與視同視諸掌言易見也此與論語文意大同小異記有詳畧耳

右第十九章

哀公問政

哀公魯君名蔣

子曰文武之政布在方策其人存則其政舉其人亡則其政

以申其敬也燕毛祭畢而燕則以毛髮之色別長幼爲坐次也齒年數也

踐其位行其禮奏其樂敬其所尊愛其所親事死如事生事亡如事存孝之至也

踐猶履也其指先王也所尊所親先王之祖考子孫臣庶也始死謂之死既葬則曰反而亡焉皆指先王也此結上文兩節皆繼志述事之意也

郊社之禮所以事上帝也宗廟之禮所以祀乎其先也明乎郊社之禮禘嘗之義治國其如示諸掌也

郊祀天社祭地不言后土者省文也禘天子宗廟之大祭追祭太祖之所自出於太廟而以太祖配之也嘗秋祭也四時皆祭舉其一耳禮必有義對舉之互文也示與視同視諸掌言易見也此與論語文意大同小異記有詳畧耳

仪礼十七 二十

右第十九章

哀公問政

哀公魯君名蔣

子曰文武之政布在方策其人存則其政舉其人亡則其政

息。方版也。策，簡也。息，猶滅也。有是君有是臣，則有是政矣。人道敏政，地道敏樹。夫政也者，蒲盧也。○夫，音扶。敏，速也。蒲盧，沈括以爲蒲葦是也。以人立政，猶以地種樹，其成速矣。而蒲葦又易生之物，其成尤速也。言人存政舉，其易如此。故爲政在人，取人以身，脩身以道，脩道以仁。此承上文人道敏政而言也。爲政在人，家語作爲政在於得人，語意尤備。人，謂賢臣。身，指君身。道者，天下之達道。仁者，天地生物之心，而人得以生者，所謂元者善之長也。言人君爲政在於得人，而取人之則又在脩身。能仁其身，則有君有臣，而政無不舉矣。仁者人也，親親爲大；義者宜也，尊賢爲大。親親之殺，尊賢之等，禮所生也。○殺，去聲。○人，指人身而言。具此生理，自然便有惻怛慈愛之意，深體味之可見。宜者，分別事理，各有所宜也。禮，則節文斯二者而已。在下位不獲乎上，民不可得而治矣。鄭氏曰：此句在下，誤重在此。故君子不可以不脩身；思脩身，不可以不事親；

0009_0234-1　0009_0233-2

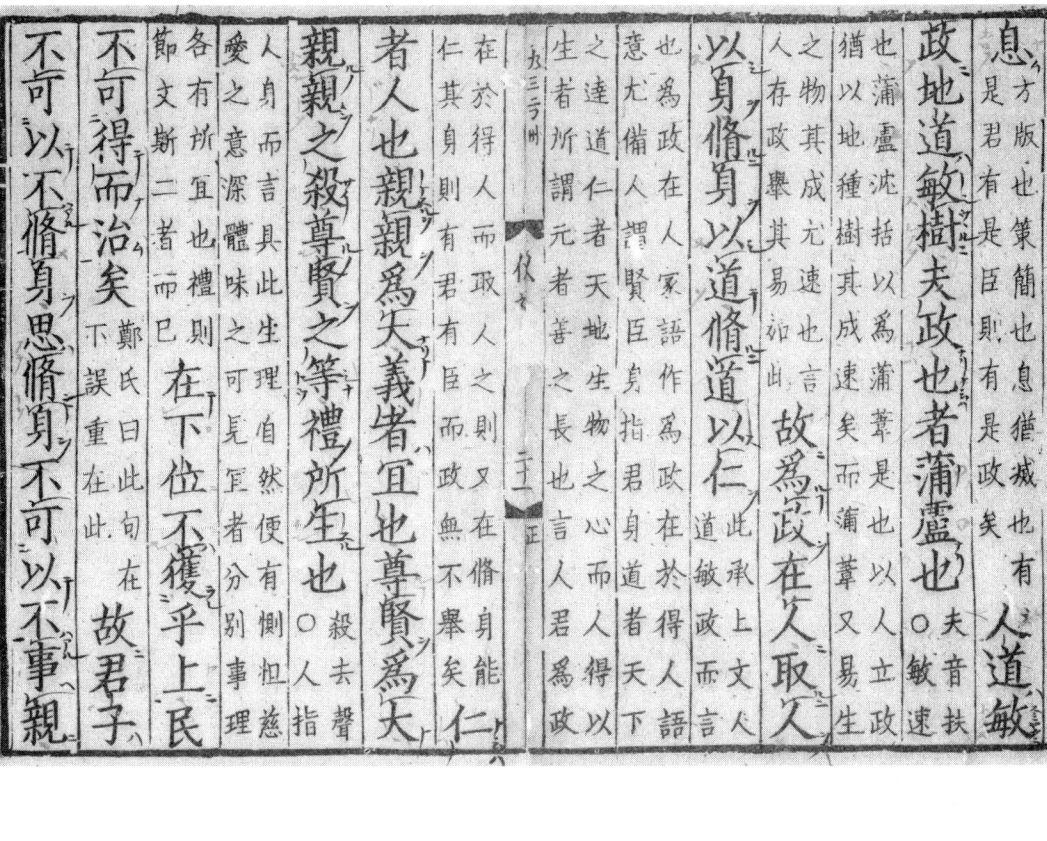

息。方版也。策，簡也。息，猶滅也。有是君有是臣，則有是政矣。人道敏政，地道敏樹。夫政也者，蒲盧也。○夫，音扶。敏，速也。蒲盧，沈括以爲蒲葦是也。以人立政，猶以地種樹，其成速矣。而蒲葦又易生之物，其成尤速也。言人存政舉，其易如此。故爲政在人，取人以身，脩身以道，脩道以仁。此承上文人道敏政而言也。爲政在人，家語作爲政在於得人，語意尤備。人，謂賢臣。身，指君身。道者，天下之達道。仁者，天地生物之心，而人得以生者，所謂元者善之長也。言人君爲政在於得人，而取人之則又在脩身。能仁其身，則有君有臣，而政無不舉矣。仁者人也，親親爲大；義者宜也，尊賢爲大。親親之殺，尊賢之等，禮所生也。○殺，去聲。○人，指人身而言。具此生理，自然便有惻怛慈愛之意，深體味之可見。宜者，分別事理，各有所宜也。禮，則節文斯二者而已。在下位不獲乎上，民不可得而治矣。鄭氏曰：此句在下，誤重在此。故君子不可以不脩身；思脩身，不可以不事親；

思事親不可以不知人思知人不可以不知天 爲政在人取人以身故不可以不脩身脩身以道脩道以仁故思脩身不可以不事親欲盡親親之仁必由尊賢之義故又當知人親親之殺尊賢之等皆天理也故又當知天

天下之達道五所以行之者三曰君臣也父子也夫婦也昆弟也朋友之交也五者天下之達道也知仁勇三者天下之達德也所以行之者一也 知去聲○達道者天下古今所共由之路即書所謂五典孟子所謂父子有親君臣有義夫婦有別長幼有序朋友有信是也知所以知此也仁所以體此也勇所以強此也謂之達德者天下古今所同得之理也一則誠而已矣達道雖人所共由然無是三德則無以行之達德雖人所同得然一有不誠則人欲間之而德非其德矣程子曰所謂誠者止是誠實此三者三者之外更別無誠

或生而知之或學而知之或困而知之及其知之一也或安而行之或

儀禮十七　三十三　正

0009_0235-1

0009_0234-2

思事親不可以不知人思知人不可以不知天 爲政在人取人以身故不可以不脩身脩身以道脩道以仁故思脩身不可以不事親欲盡親親之仁必由尊賢之義故又當知人親親之殺尊賢之等皆天理也故又當知天

天下之達道五所以行之者三曰君臣也父子也夫婦也昆弟也朋友之交也五者天下之達道也知仁勇三者天下之達德也所以行之者一也 知去聲○達道者天下古今所共由之路即書所謂五典孟子所謂父子有親君臣有義夫婦有別長幼有序朋友有信是也知所以知此也仁所以體此也勇所以強此也謂之達德者天下古今所同得之理也一則誠而已矣達道雖人所共由然無是三德則無以行之達德雖人所同得然一有不誠則人欲間之而德非其德矣程子曰所謂誠者止是誠實此三者三者之外更別無誠

或生而知之或學而知之或困而知之及其知之一也或安而行之或

儀禮十七　三十三　正

利而行之或勉強而行之及其成功一也強上聲○知之者之所知行之者之所行謂達道也以其分而言則所以知者知也所以行者仁也所以至於知之成功而一者勇也以其等而言則生知安行者知也學知利行者仁也困知勉行者勇也蓋人性雖無不善而氣稟有不同者故聞道有蚤莫行道有難易然能自強不息則其至一也呂氏曰所入之塗雖異而所至之域則同此所以爲中庸若乃企生知安行之資爲不可幾及輕困知勉行謂不能有成此道之所以不明不行也

仪礼十七　二十三

子曰好學近乎知力行近乎仁知耻近乎勇子曰二字衍文好近乎知之知並去聲○此言未及乎達德而求以入德之事通上文三知爲知三行爲仁則此三近者勇之次也呂氏曰愚者自是而不求自私者殉人欲而忘反懦者甘爲人下而不辭故好學非知然足以破愚力行非仁然足以忘私知耻非勇然足以起懦知斯三者則知所以脩身知所以脩身則知所以治人知所以治人則知所以治天下國家矣斯三者指三近

利而行之或勉強而行之及其成功一也強上聲○知之者之所知行之者之所行謂達道也以其分而言則所以知者知也所以行者仁也所以至於知之成功而一者勇也以其等而言則生知安行者知也學知利行者仁也困知勉行者勇也蓋人性雖無不善而氣稟有不同者故聞道有蚤莫行道有難易然能自強不息則其至一也呂氏曰所入之塗雖異而所至之域則同此所以爲中庸若乃企生知安行之資爲不可幾及輕困知勉行謂不能有成此道之所以不明不行也

仪礼十七　二十三

子曰好學近乎知力行近乎仁知耻近乎勇子曰二字衍文好近乎知之知並去聲○此言未及乎達德而求以入德之事通上文三知爲知三行爲仁則此三近者勇之次也呂氏曰愚者自是而不求自私者殉人欲而忘反懦者甘爲人下而不辭故好學非知然足以破愚力行非仁然足以忘私知耻非勇然足以起懦知斯三者則知所以脩身知所以脩身則知所以治人知所以治人則知所以治天下國家矣斯三者指三近

而言人者對己之稱天下國家則盡乎人矣言此以結上文脩身之意起下文九經之端也

凡爲天下國家有九經曰脩身也尊賢也親親也敬大臣也體羣臣也子庶民也來百工也柔遠人也懷諸侯也

經常也體謂設以身處其地而察其心也子如父母之愛其子也柔遠人所謂無忘賓旅者也此列九經之目也呂氏曰天下國家之本在身故脩身爲九經之本然必親師友然後脩身之道進故尊賢次之道之所進莫先其家故親親次之由家以及朝廷故敬大臣體羣臣次之由朝廷以及其國故子庶民來百工次之由其國以及天下故柔遠人懷諸侯次之此九經之序也視羣臣猶吾四體視百姓猶吾子此視臣視民之別也

儀禮十七　二十四

脩身則道立尊賢則不惑親親則諸父昆弟不怨敬大臣則不眩體羣臣則士之報禮重子庶民則百姓勸來百工則財用足柔遠人則四方歸之懷諸侯則天下畏之

此言九經

0009_0237-1　0009_0236-2

而言人者對己之稱天下國家則盡乎人矣言此以結上文脩身之意起下文九經之端也

凡爲天下國家有九經曰脩身也尊賢也親親也敬大臣也體羣臣也子庶民也來百工也柔遠人也懷諸侯也

經常也體謂設以身處其地而察其心也子如父母之愛其子也柔遠人所謂無忘賓旅者也此列九經之目也呂氏曰天下國家之本在身故脩身爲九經之本然必親師友然後脩身之道進故尊賢次之道之所進莫先其家故親親次之由家以及朝廷故敬大臣體羣臣次之由朝廷以及其國故子庶民來百工次之由其國以及天下故柔遠人懷諸侯次之此九經之序也視羣臣猶吾四體視百姓猶吾子此視臣視民之別也

儀禮十七　二十四

脩身則道立尊賢則不惑親親則諸父昆弟不怨敬大臣則不眩體羣臣則士之報禮重子庶民則百姓勸來百工則財用足柔遠人則四方歸之懷諸侯則天下畏之

此言九經

之効也道立謂道成於己而可爲民表所謂建其有極是也不惑謂不疑於理不眩謂不迷於事敬大臣則信任專而小臣不得以間之故臨事而不眩也來百工則通功易事農末相資故財用足柔遠人則天下之旅皆悅而願出於其塗故四方歸懷諸侯則德之所施者博而威之所制者廣矣故曰天下畏之

齊明盛服非禮不動所以脩身也去讒遠色賤貨而貴德所以勸賢也尊其位重其祿同其好惡所以勸親親也官盛任使所以勸大臣也忠信重祿所以勸士也時使薄斂所以勸百姓也日省月試既稟稱事所以勸百工也送往迎來嘉善而矜不能所以柔遠人也繼絕世舉廢國治亂持危朝聘以時厚往而薄來所以懷諸侯也 齊側皆反去上聲遠好惡斂並去聲既許氣反稟彼錦力錦二反稱去聲朝音潮

○此言九經之事也官盛任使謂官屬

0009_0238-1

0009_0237-2

之効也道立謂道成於己而可爲民表所謂建其有極是也不惑謂不疑於理不眩謂不迷於事敬大臣則信任專而小臣不得以間之故臨事而不眩也來百工則通功易事農末相資故財用足柔遠人則天下之旅皆悅而願出於其塗故四方歸懷諸侯則德之所施者博而威之所制者廣矣故曰天下畏之

齊明盛服非禮不動所以脩身也去讒遠色賤貨而貴德所以勸賢也尊其位重其祿同其好惡所以勸親親也官盛任使所以勸大臣也忠信重祿所以勸士也時使薄斂所以勸百姓也日省月試既稟稱事所以勸百工也送往迎來嘉善而矜不能所以柔遠人也繼絕世舉廢國治亂持危朝聘以時厚往而薄來所以懷諸侯也 齊側皆反去上聲遠好惡斂並去聲既許氣反稟彼錦力錦二反稱去聲朝音潮

○此言九經之事也官盛任使謂官屬

仪礼十七　二十五

既盛足任使令也蓋大臣不當親細事故所以優之者如此忠信重祿謂待之誠而養之厚蓋以身體之而知其所賴乎上者如此也既讀曰餼餼稟稍食也稱事如周禮稾人職曰考其弓弩以上下其食是也往則爲之授節以送之來則豐其委積以迎之朝謂諸侯見於天子聘謂諸侯使大夫來獻王制比年一小聘三年一大聘五年一朝厚往薄來謂燕賜厚而納貢薄

凡爲天下國家有九經所以行之者一也

一者誠也一有不誠則是九者皆爲虛文矣此九經之實也

凡事豫則立不豫則廢言前定則不跲事前定則不困行前定則不疚道前定則不窮

跲其劫反行去聲○凡事指達道達德九經之屬豫素定也跲躓也疚病也此承上文言凡事皆欲先立乎誠如下文所推是也

在下位不獲乎上民不可得而治矣獲乎上有道不信乎朋友不獲乎上矣信乎朋友有道不順乎親不信乎朋友矣順乎親有道反諸

0009_0239-1

0009_0238-2

既盛足任使令也蓋大臣不當親細事故所以優之者如此忠信重祿謂待之誠而養之厚蓋以身體之而知其所賴乎上者如此也既讀曰餼餼稟稍食也稱事如周禮稾人職曰考其弓弩以上下其食是也往則爲之授節以送之來則豐其委積以迎之朝謂諸侯見於天子聘謂諸侯使大夫來獻王制比年一小聘三年一大聘五年一朝厚往薄來謂燕賜厚而納貢薄

凡爲天下國家有九經所以行之者一也

一者誠也一有不誠則是九者皆爲虛文矣此九經之實也

凡事豫則立不豫則廢言前定則不跲事前定則不困行前定則不疚道前定則不窮

跲其劫反行去聲○凡事指達道達德九經之屬豫素定也跲躓也疚病也此承上文言凡事皆欲先立乎誠如下文所推是也

在下位不獲乎上民不可得而治矣獲乎上有道不信乎朋友不獲乎上矣信乎朋友有道不順乎親不信乎朋友矣順乎親有道反諸

身不誠不順乎親矣誠身有道不明乎善不誠乎身矣此又以在下位者推言素定之意反諸身不誠謂反求諸身而所存所發未能真實而無妄也不明乎善謂未能察於人心天命之本然而真知至善之所在也誠者天之道也誠之者人之道也誠者不勉而中不思而得從容中道聖人也誠之者擇善而固執之者也中並去聲從七容反○此承上文誠身而言誠者真實無妄之謂天理之本然也誠之者未能真實無妄而欲其真實無妄之謂人事之當然也聖人之德渾然天理真實無妄不待思勉而從容中道則亦天之道也未至於聖則不能無人欲之私而其為德不能皆實故未能不思而得則必擇善然後可以明善未能不勉而中則必固執然後可以誠身此則所謂人之道也不思而得生知也不勉而中安行也擇善學知以下之事固執利行以下之事也博學之審問之慎思之明辨之篤行之此誠之之目也學問思辨所以擇善而為知學而知也篤行所以固執而為仁

市橋本第二十七葉

0009_0240-1　　0009_0239-2

身不誠不順乎親矣誠身有道不明乎善不誠乎身矣此又以在下位者推言素定之意反諸身不誠謂反求諸身而所存所發未能真實而無妄也不明乎善謂未能察於人心天命之本然而真知至善之所在也誠者天之道也誠之者人之道也誠者不勉而中不思而得從容中道聖人也誠之者擇善而固執之者也中並去聲從七容反○此承上文誠身而言誠者真實無妄之謂天理之本然也誠之者未能真實無妄而欲其真實無妄之謂人事之當然也聖人之德渾然天理真實無妄不待思勉而從容中道則亦天之道也未至於聖則不能無人欲之私而其為德不能皆實故未能不思而得則必擇善然後可以明善未能不勉而中則必固執然後可以誠身此則所謂人之道也不思而得生知也不勉而中安行也擇善學知以下之事固執利行以下之事也博學之審問之慎思之明辨之篤行之此誠之之目也學問思辨所以擇善而為知學而知也篤行所以固執而為仁

傳本第二十七葉

利而行也。釋子曰五者廢其一非學也

有弗學學之弗能弗措也有弗問問之弗知弗措也有弗思思之弗得弗措也有弗辨辨之弗明弗措也有弗行行之弗篤弗措也人一能之己百之人十能之己千之

君子之學不爲則已爲則必要其成故常百倍其功

果

此困而知勉而行者也勇之事也

能此道矣雖愚必明雖柔必強

明者擇善之功

強者固執之效呂氏曰君子所以學者爲能變化氣質而已德勝氣質則愚者可進於明柔者可進於強不能勝之則雖有志於學亦愚不能明柔不能立而已矣蓋均善而無惡者性也人所同也昏明強弱之稟不齊者才也人所異也誠之者所以反其同而變其異也夫以不美之質求變而美非百倍其功不足以致之今以鹵莽滅裂之學或作或輟以變其不美之質及不能變則曰天質不美非學所能變是果於自棄其爲不仁甚矣

右第二十章

此引孔子之言以繼大舜文武周公之緒明其

0009_0241-1

0009_0240-2

利而行也。釋子曰五者廢其一非學也

有弗學學之弗能弗措也有弗問問之弗知弗措也有弗思思之弗得弗措也有弗辨辨之弗明弗措也有弗行行之弗篤弗措也人一能之己百之人十能之己千之

君子之學不爲則已爲則必要其成故常百倍其功

果

此困而知勉而行者也勇之事也

能此道矣雖愚必明雖柔必強

明者擇善之功

強者固執之效呂氏曰君子所以學者爲能變化氣質而已德勝氣質則愚者可進於明柔者可進於強不能勝之則雖有志於學亦愚不能明柔不能立而已矣蓋均善而無惡者性也人所同也昏明強弱之稟不齊者才也人所異也誠之者所以反其同而變其異也夫以不美之質求變而美非百倍其功不足以致之今以鹵莽滅裂之學或作或輟以變其不美之質及不能變則曰天質不美非學所能變是果於自棄其爲不仁甚矣

右第二十章

此引孔子之言以繼大舜文武周公之緒明其

市橋本第二十九葉

0009_0242-1　0009_0241-2

所傳之一致舉而措之亦猶是耳蓋包貫隱兼小大以終十二章之意章內語誠始詳而所謂誠者實此篇之樞紐也又按孔子家語亦載此章而其文尤詳成功一也之下有公曰子之言美矣至矣寡人實固不足以成之也故其下復以子曰起答辭今無此問詞而猶有子曰二字蓋子思刪其繁文以附于篇而所刪有不盡者今當為衍文也博學之以下家語無之意彼有闕文抑此或子思所補也歟

自誠明謂之性自明誠謂之教誠則明矣明則誠矣

自由也德無不實而明無不照者聖人之德所性而有者也天道也先明乎善而後能實其善者賢人之學由教而入者也人道也誠則無不明矣明則可以至於誠矣

右第二十一章子思承上章夫子天道人道之意而立言也自此以下十二章皆子思之言以反覆推明此章之意

傳本第二十九葉

所傳之一致舉而措之亦猶是耳蓋包貫隱兼小大以終十二章之意章內語誠始詳而所謂誠者實此篇之樞紐也又按孔子家語亦載此章而其文尤詳成功一也之下有公曰子之言美矣至矣寡人實固不足以成之也故其下復以子曰起答辭今無此問詞而猶有子曰二字蓋子思刪其繁文以附于篇而所刪有不盡者今當為衍文也博學之以下家語無之意彼有闕文抑此或子思所補也歟

自誠明謂之性自明誠謂之教誠則明矣明則誠矣

自由也德無不實而明無不照者聖人之德所性而有者也天道也先明乎善而後能實其善者賢人之學由教而入者也人道也誠則無不明矣明則可以至於誠矣

右第二十一章子思承上章夫子天道人道之意而立言也自此以下十二章皆子思之言以反覆推明此章之意

唯天下至誠爲能盡其性能盡其性則能盡人之性能盡人之性則能盡物之性能盡物之性則可以贊天地之化育可以贊天地之化育則可以與天地參矣

天下至誠謂聖人之德之實天下莫能加也盡其性者德無不實故無人欲之私而天命之在我者察之由之巨細精粗無毫髮之不盡也人物之性亦我之性但以所賦形氣不同而有異耳能盡之者謂知之無不明而處之無不當也贊猶助也與天地參謂與天地並立爲三也此自誠而明者之事也

右第二十二章　言天道也

其次致曲曲能有誠誠則形形則著著則明明則動動則變變則化唯天下至誠爲能化

其次通大賢以下凡誠有未至者而言也致推致也曲一偏也形者積中而發外著則又加顯矣明則又有光輝發越之盛也動者誠能動物變者物從而變化則有不知其所以然者蓋人之性無不同而氣則有異

唯天下至誠爲能盡其性能盡其性則能盡人之性能盡人之性則能盡物之性能盡物之性則可以贊天地之化育可以贊天地之化育則可以與天地參矣

天下至誠謂聖人之德之實天下莫能加也盡其性者德無不實故無人欲之私而天命之在我者察之由之巨細精粗無毫髮之不盡也人物之性亦我之性但以所賦形氣不同而有異耳能盡之者謂知之無不明而處之無不當也贊猶助也與天地參謂與天地並立爲三也此自誠而明者之事也

儀禮卷十七　二十

右第二十二章　言天道也

其次致曲曲能有誠誠則形形則著著則明明則動動則變變則化唯天下至誠爲能化

其次通大賢以下凡誠有未至者而言也致推致也曲一偏也形者積中而發外著則又加顯矣明則又有光輝發越之盛也動者誠能動物變者物從而變化則有不知其所以然者蓋人之性無不同而氣則有異

中庸第二十九　學禮十二

市橋本第三十一葉

故惟聖人能舉其性之全體而盡之其
次則必自其善端發見之偏而悉推致
之以各造其極也曲無不致則德無不
實而形著動變之功自不能已積而至
於能化則其至誠之
妙亦不異於聖人矣

右第二十三章 言人道也

至誠之道可以前知國家將興必有禎
祥國家將亡必有妖孽見乎蓍龜動乎
四體禍福將至善必先知之不善必先

知之故至誠如神 見音現○禎祥者福之兆妖孽者禍之萌蓍所以筮龜所以卜四體謂動作威儀之間如執玉高卑其容俯仰之類凡此皆理之先見者也然唯誠之至極而無一毫私偽留於心目之間者乃能有以察其幾焉神謂鬼神

右第二十四章 言天道也

誠者自成也而道自道也 道也之道音導○言誠者物之所以自成而道者人之所當自行也誠以心言本也道以理言用也誠

0009_0244-1　　0009_0243-2

故惟聖人能舉其性之全體而盡之其
次則必自其善端發見之偏而悉推致
之以各造其極也曲無不致則德無不
實而形著動變之功自不能已積而至
於能化則其至誠之
妙亦不異於聖人矣

右第二十三章 言人道也

至誠之道可以前知國家將興必有禎
祥國家將亡必有妖孽見乎蓍龜動乎
四體禍福將至善必先知之不善必

儀禮卷十七　三十一

知之故至誠如神 見音現○禎祥者福之兆妖孽者禍之萌蓍所以筮龜所以卜四體謂動作威儀之間如執玉高卑其容俯仰之類凡此皆理之先見者也然唯誠之至極而無一毫私偽留於心目之間者乃能有以察其幾焉神謂鬼神

右第二十四章 言天道也

誠者自成也而道自道也 道也之道音導○言誠者物之所以自成而道者人之[illegible]行也誠以心言本也道以理言[illegible]

傳本第三十一葉

者物之終始不誠無物是故君子誠之爲貴天下之物皆實理之所爲故必得是理然後有是物所得之理既盡則是物亦盡而無有矣故人之心一有不實則雖有所爲亦如無有而君子必以誠爲貴也蓋人之心能無不實乃爲有以自成而道之在我者亦無不行矣

誠者非自成已而已也所以成物也成已仁也成物知也性之德也合外内之道也故時措之宜也知去聲○誠雖所以成己然既有以自成則自然及物而道亦行於彼矣仁者體之存智者用之發是皆吾性之固有而無内外之殊既得於己則見於事者以時措之而皆得其宜也

右第二十五章言人道也

故至誠無息既無虛假自無間斷不息則久久則徵久常於中也徵驗於外也徵則悠遠悠遠則博厚博厚則高明此皆以其驗於外者言之鄭氏所謂至誠之德著於四方者是也存諸中者既久則驗於外者益悠遠而無窮矣悠遠故其積也廣

儀禮十七　卅二

市橋本第三十二葉

0009_0245-1

者物之終始不誠無物是故君子誠之爲貴天下之物皆實理之所爲故必得是理然後有是物所得之理既盡則是物亦盡而無有矣故人之心一有不實則雖有所爲亦如無有而君子必以誠爲貴也蓋人之心能無不實乃爲有以自成而道之在我者亦無不行矣

誠者非自成已而已也所以成物也成已仁也成物知也性之德也合外内之道也故時措之宜也知去聲○誠雖所以成己然既有以自成則自然及物而道亦行於彼矣仁者體之存智者用之發是皆吾性之固有而無内外之殊既得於己則見於事者以時措之而皆得其宜也

右第二十五章言人道也

故至誠無息既無虛假自無間斷不息則久久則徵久常於中也徵驗於外也徵則悠遠悠遠則博厚博厚則高明此皆以其驗於外者言之鄭氏所謂至誠之德著於四方者是也存諸中者既久則驗於外者益悠遠而無窮矣悠遠故其積也廣

儀禮卷十七　三十二

傅本第三十二葉

0009_0244-2

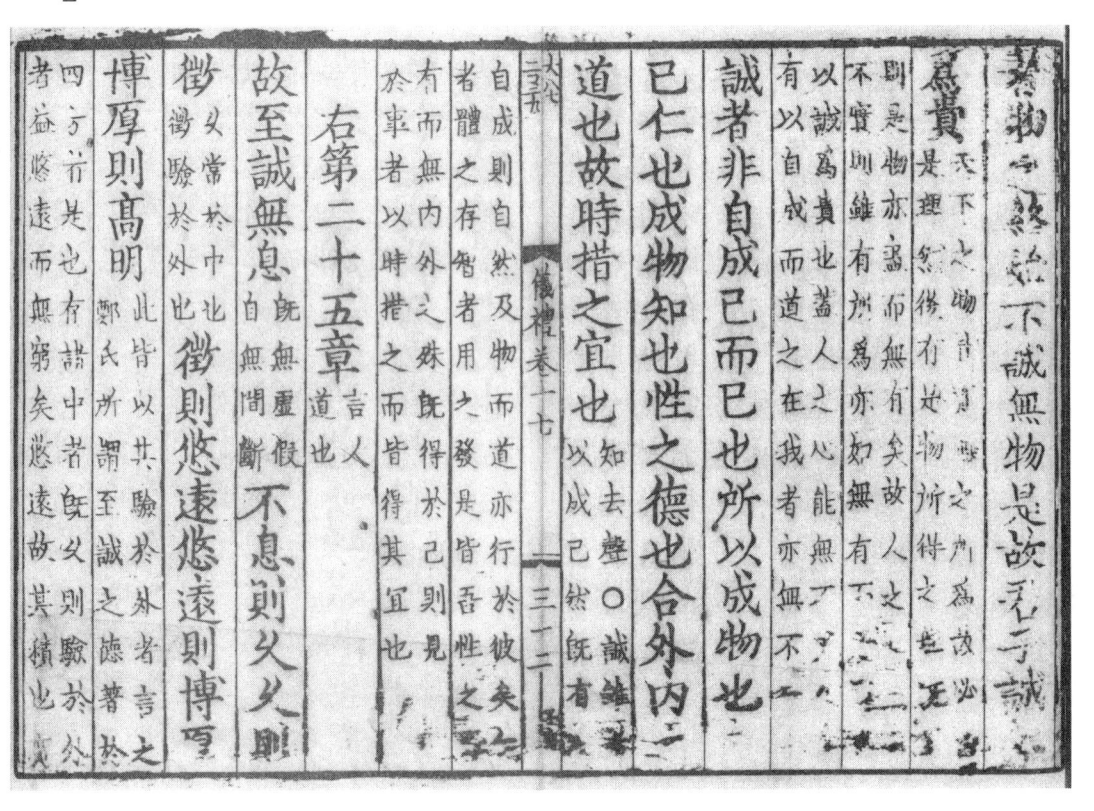

博而深厚博厚故其發也高大而光明 博厚所以載物也高明所以覆物也悠久所以成物也 悠久即悠遠兼内外而言之也本以悠遠致高厚而高厚又悠久也此言聖人與天地同用 博厚配地高明配天悠久無疆 此言聖人與天地同體 如此者不見而章不動而變無爲而成 見音現○見猶示也不見而章以配地而言也不動而變以配天而言也無爲而成以無疆而言也 天地之道可一言而盡也其爲物不貳則其生物不測 此以下復以天地明至誠無息之功用天地之道可一言而盡不過曰誠而已不貳所以誠也誠故不息而生物之多有莫知其所以然者 天地之道博也厚也高也明也悠也久也 言天地之道誠一不貳故能各極其盛而有下文生物之功 今失天斯昭昭之多及其無窮也日月星辰繫焉萬物覆焉今失地一撮土之多及其廣厚載

博而深厚博厚故其發也高大而光明 博厚所以載物也高明所以覆物也悠久所以成物也 悠久即悠遠兼内外而言之也本以悠遠致高厚而高厚又悠久也此言聖人與天地同用 博厚配地高明配天悠久無疆 此言聖人與天地同體 如此者不見而章不動而變無爲而成 見音現○見猶示也不見而章以配地而言也不動而變以配天而言也無爲而成以無疆而言也 天地之道可一言而盡也其爲物不貳則其生物不測 此以下復以天地明至誠無息之功用天地之道可一言而盡不過曰誠而已不貳所以誠也誠故不息而生物之多有莫知其所以然者 天地之道博也厚也高也明也悠也久也 言天地之道誠一不貳故能各極其盛而有下文生物之功 今夫天斯昭昭之多及其無窮也日月星辰繫焉萬物覆焉今夫地一撮土之多及其廣厚載

華嶽而不重振河海而不洩萬物載焉
今夫山一卷石之多及其廣大草木生
之禽獸居之寶藏興焉今夫水一勺之
多及其不測黿鼉蛟龍魚鼈生焉貨財
殖焉夫音扶華藏並去聲卷平聲勺市
若反○昭昭猶耿耿小明也此指
其一處而言之及其無窮猶十二章及
其至也之意蓋舉全體而言也振收也
卷區也此四條皆以發明由其不貳不
息以致盛大而能生物之意然天地山

儀禮十七　二十四

川實非由積累而後大
讀者不以辭害意可也詩云維天之命
於穆不已蓋曰天之所以爲天也於乎
不顯文王之德之純蓋曰文王之所以
爲文也純亦不已於音烏乎音呼○詩
周頌維天之命篇於
歎辭穆深遠也不顯猶言豈不顯也純
純一不雜也引此以明至誠無息之意
程子曰天道不已文王純於天道亦不
已純則無二無雜不已則無間斷先後
右第二十六章言天
道也

0009_0247-1　　0009_0246-2

華嶽而不重振河海而不洩萬物載焉
今夫山一卷石之多及其廣大草木生
之禽獸居之寶藏興焉今夫水一勺之
多及其不測黿鼉蛟龍魚鼈生焉貨財
殖焉夫音扶華藏並去聲卷平聲勺市
若反○昭昭猶耿耿小明也此指
其一處而言之及其無窮猶十二章及
其至也之意蓋舉全體而言也振收也
卷區也此四條皆以發明由其不貳不
息以致盛大而能生物之意然天地山

儀禮卷十七　三十四

川實非由積累而後大
讀者不以辭害意可也詩云維天之命
於穆不已蓋曰天之所以爲天也於乎
不顯文王之德之純蓋曰文王之所以
爲文也純亦不已於音烏乎音呼○詩
周頌維天之命篇於
歎辭穆深遠也不顯猶言豈不顯也純
純一不雜也引此以明至誠無息之意
程子曰天道不已文王純於天道亦不
已純則無二無雜不已則無間斷先後
右第二十六章言天
道也

大哉聖人之道 包下文兩節而言 洋洋乎發育萬物峻極于天 峻高大也此言道之極於至大而無外也 優優大哉禮儀三百威儀三千 優優充足有餘之意 禮儀經禮也威儀曲禮也此言道之入於至小而無間也 待其人而後行 總結上兩節 故曰苟不至德至道不凝焉 至德謂其人至道指上兩節而言也凝聚也成也 故君子尊德性而道問學致廣大而盡精微極高明而道中庸溫故而知新敦厚以崇禮 尊者恭敬奉持之意德性者吾所受於天之正理道由也溫猶燖溫之溫謂故學之矣復時習之也敦加厚也尊德性所以存心而極乎道體之大也道問學所以致知而盡乎道體之細也二者脩德凝道之大端也不以一毫私意自蔽不以一毫私欲自累涵泳乎其所已知敦篤乎其所已能此皆存心之屬也析理則不使有豪釐之差處事則不使有過不及之謬理義則日知其所未知節文則日謹其所未謹此皆致知之屬也蓋非存心無以致知而存心者又不可

大學小三五七　儀禮十七　三五　工文

0009_0248-1　0009_0247-2

大哉聖人之道 包下文兩節而言 洋洋乎發育萬物峻極于天 峻高大也此言道之極於至大而無外也 優優大哉禮儀三百威儀三千 優優充足有餘之意 禮儀經禮也威儀曲禮也此言道之入於至小而無間也 待其人而後行 總結上兩節 故曰苟不至德至道不凝焉 至德謂其人至道指上兩節而言也凝聚也成也 故君子尊德性而道問學致廣大而盡精微極高明而道中庸溫故而知新敦厚以崇禮 尊者恭敬奉持之意德性者吾所受於天之正理道由也溫猶燖溫之溫謂故學之矣復時習之也敦加厚也尊德性所以存心而極乎道體之大也道問學所以致知而盡乎道體之細也二者脩德凝道之大端也不以一毫私意自蔽不以一毫私欲自累涵泳乎其所已知敦篤乎其所已能此皆存心之屬也析理則不使有豪釐之差處事則不使有過不及之謬理義則日知其所未知節文則日謹其所未謹此皆致知之屬也蓋非存心無以致知而存心者又不可

大學六五十七　儀禮卷十七　三十五

以不致知故此五句大小相資首尾相應聖賢所示入德之方莫詳於此學者宜盡心焉

是故居上不驕，爲下不倍。國有道，其言足以興；國無道，其默足以容。詩曰：「既明且哲，以保其身。」其此之謂與！倍與背同。

與平聲○與謂興起在位也詩大雅烝民之篇

右第二十七章。言人道也

子曰：「愚而好自用，賤而好自專，生乎今之世，反古之道。如此者，烖及其身者也。」

好去聲烖古災字○以上孔子之言子思引之反復也

非天子不議禮，不制度，不考文。此以下子思之言禮親疏貴賤相接之體也度品制文書名

今天下車同軌，書同文，行同倫。行去聲○今子思自謂當時也軌轍迹之度倫次序之體三者皆同言天下一統也

雖有其位，苟無其德，不敢作禮樂焉；雖有其德，苟無其位，亦不敢作禮

以不致知故此五句大小相資首尾相應聖賢所示入德之方莫詳於此學者宜盡心焉

是故居上不驕，爲下不倍。國有道，其言足以興；國無道，其默足以容。詩曰：「既明且哲，以保其身。」其此之謂與！倍與背同。

與平聲○與謂興起在位也詩大雅烝民之篇

右第二十七章。言人道也

儀禮卷十七　三十六

子曰：「愚而好自用，賤而好自專，生乎今之世，反古之道。如此者，烖及其身者也。」

好去聲烖古災字○以上孔子之言子思引之反復也

非天子不議禮，不制度，不考文。此以下子思之言禮親疏貴賤相接之體也度品制文書名

今天下車同軌，書同文，行同倫。行去聲○今子思自謂當時也軌轍迹之度倫次序之體三者皆同言天下一統也

雖有其位，苟無其德，不敢作禮樂焉；雖有其德，苟無其位，亦不敢作禮

樂焉鄭氏曰言作禮樂者必聖人在天子之位子曰吾說夏禮杞不足徵也吾學殷禮有宋存焉吾學周禮今用之吾從周此又引孔子之言杞夏之後徵證也宋殷之後三代之禮孔子皆嘗學之而能言其意但夏禮既不可考證殷禮雖有又非當世之法惟周禮乃時王之制今日所用孔子既不得位則從周而已

右第二十八章承上章爲下不倍而言亦人道也

仪礼十二　三十二　正

王天下有三重焉其寡過矣乎王去聲○呂氏曰三重謂議禮制度考文惟天子得以行之則國不異政家不殊俗而人得寡過矣上焉者雖善無徵無徵不信不信民弗從下焉者雖善不尊不尊不信不信民弗從上焉者謂時王以前如夏商之禮雖善而皆不可考下焉者謂聖人在下如孔子雖善而不在尊位也故君子之道本諸身徵諸庶民考諸三王而不繆建諸

0009_0250-1　　0009_0249-2

樂焉鄭氏曰言作禮樂者必聖人在天子之位子曰吾說夏禮杞不足徵也吾學殷禮有宋存焉吾學周禮今用之吾從周此又引孔子之言杞夏之後徵證也宋殷之後三代之禮孔子皆嘗學之而能言其意但夏禮既不可考證殷禮雖有又非當世之法惟周禮乃時王之制今日所用孔子既不得位則從周而已

右第二十八章承上章爲下不倍而言亦人道也

仪礼十七　三十七　正

王天下有三重焉其寡過矣乎王去聲○呂氏曰三重謂議禮制度考文惟天子得以行之則國不異政家不殊俗而人得寡過矣上焉者雖善無徵無徵不信不信民弗從下焉者雖善不尊不尊不信不信民弗從上焉者謂時王以前如夏商之禮雖善而皆不可考下焉者謂聖人在下如孔子雖善而不在尊位也故君子之道本諸身徵諸庶民考諸三王而不繆建諸

天地而不悖質諸鬼神而無疑百世以俟聖人而不惑此君子指王天下者而言其道即議禮制度考文之事也本諸身有其德也徵諸庶民驗其所信從也建立也立於此而參於彼也天地者道也鬼神者造化之迹也百世以俟聖人而不惑所謂聖人復起不易吾言者也質諸鬼神而無疑知人也百世以俟聖人而不惑知天也知天知人知其理也是故君子動而世爲天下道行而世爲天下法言而世爲天下則遠之則有望近之則不厭動兼言行而言道兼法則而言法法度也則準則也詩曰在彼無惡在此無射庶幾夙夜以求終譽君子未有不如此而蚤有譽於天下者也惡去聲射音妒詩作斁○詩周頌振鷺之篇射厭也所謂此者指本諸身以下六事而言

右第二十九章承上章居上不驕而言亦人道也

儀禮十七　三十八

天地而不悖質諸鬼神而無疑百世以俟聖人而不惑此君子指王天下者而言其道即議禮制度考文之事也本諸身有其德也徵諸庶民驗其所信從也建立也立於此而參於彼也天地者道也鬼神者造化之迹也百世以俟聖人而不惑所謂聖人復起不易吾言者也質諸鬼神而無疑知人也百世以俟聖人而不惑知天也知天知人知其理也是故君子動而世爲天下道行而世爲天下法言而世爲天下則遠之則有望近之則不厭動兼言行而言道兼法則而言法法度也則準則也詩曰在彼無惡在此無射庶幾夙夜以求終譽君子未有不如此而蚤有譽於天下者也惡去聲射音妒詩作斁○詩周頌振鷺之篇射厭也所謂此者指本諸身以下六事而言

右第二十九章承上章居上不驕而言亦人道也

儀禮十七　三十八

仲尼祖述堯舜憲章文武上律天時下襲水土 祖述者遠宗其道憲章者近守其法律天時者法其自然之運襲水土者因其一定之理皆兼內外該本末而言也

辟如天地之無不持載無不覆幬辟如四時之錯行如日月之代明 辟音譬幬徒報反○錯猶迭也此言聖人之德

萬物並育而不相害道並行而不相悖小德川流大德敦化此天地之所以爲大也 悖猶背也天覆地載萬物並育於其間而不相害四時日月錯行代明而不相悖所以不害不悖者小德之川流所以並育並行者大德之敦化小德者全體之分大德者萬殊之本川流者如川之流脈絡分明而往不息也敦化者敦厚其化根本盛大而出無窮也此言天地之道以見上文取辟之意也

三十九

右第三十章 言天道也

唯天下至聖爲能聰明睿知足以有臨也寬裕溫柔足以有容也發強剛毅足

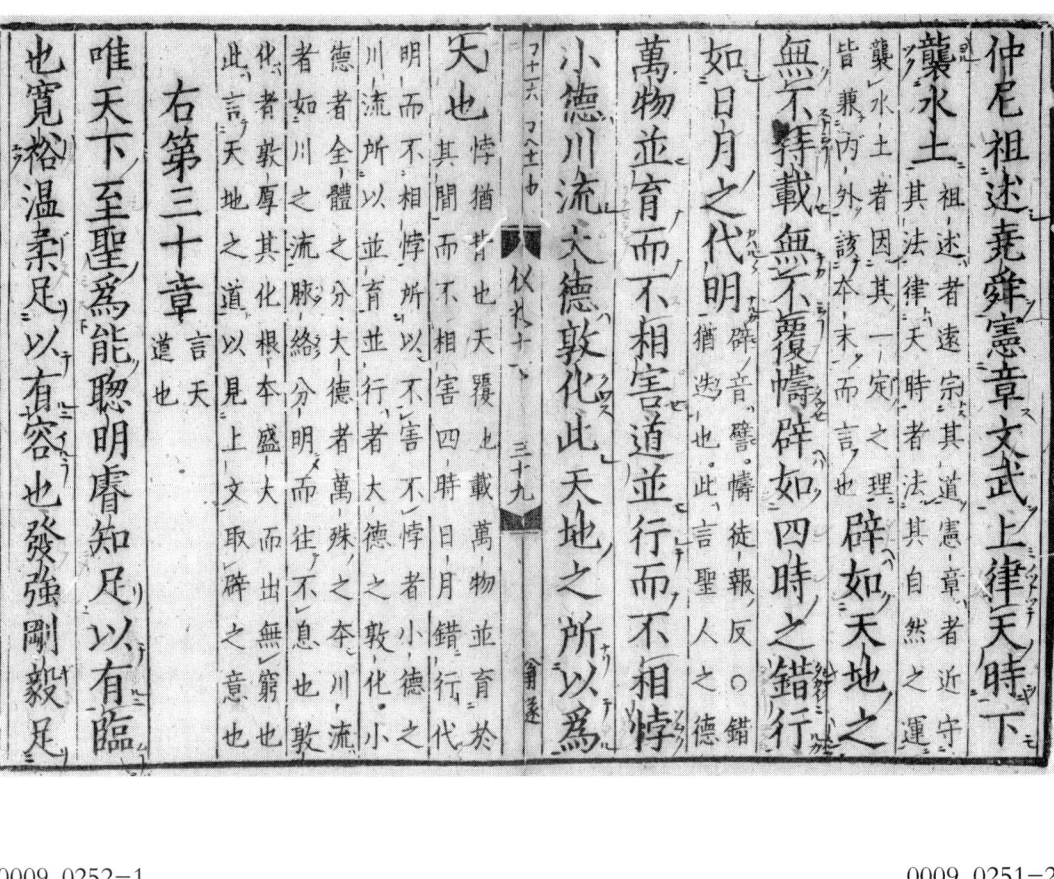

市橋本第三十九葉

0009_0252-1

0009_0251-2

仲尼祖述堯舜憲章文武上律天時下襲水土 祖述者遠宗其道憲章者近守其法律天時者法其自然之運襲水土者因其一定之理皆兼內外該本末而言也

辟如天地之無不持載無不覆幬辟如四時之錯行如日月之代明 辟音譬幬徒報反○錯猶迭也此言聖人之德

萬物並育而不相害道並行而不相悖小德川流大德敦化此天地之所以爲大也 悖猶背也天覆地載萬物並育於其間而不相害四時日月錯行代明而不相悖所以不害不悖者小德之川流所以並育並行者大德之敦化小德者全體之分大德者萬殊之本川流者如川之流脈絡分明而往不息也敦化者敦厚其化根本盛大而出無窮也此言天地之道以見上文取辟之意也

三十九

右第三十章 言天道也

唯天下至聖爲能聰明睿知足以有臨也寬裕溫柔足以有容也發強剛毅

傳本第三十九葉

以有執也齊莊中正足以有敬也文理
密察足以有別也知去聲齊側皆反別彼列反○聰明睿智
生知之質臨謂居上而臨下也其下四者乃仁義禮知之德文文章也理條理
也密詳細也察明辨也溥博淵泉而時出之溥博周徧
而廣闊也淵泉靜深而有本也出發見也言五者之德充積於中而以時發見
於外也溥博如天淵泉如淵見而民莫不
敬言而民莫不信行而民莫不說見音現說

仪礼十七　四十

音悅○言充積極其盛而發見當其可也是以聲名洋溢乎
中國施及蠻貊舟車所至人力所通天
之所覆地之所載日月所照霜露所隊
凡有血氣者莫不尊親故曰配天施去聲隊
音墜○舟車所至以下蓋極言之配天言其德之所及廣大如天也
右第三十一章承上章而言小德之川流亦天道也
唯天下至誠爲能經綸天下之大經立

市橋本第四十葉

0009_0253-1　0009_0252-2

以有執也齊莊中正足以有敬也文理
密察足以有別也知去聲齊側皆反別彼列反○聰明睿智
生知之質臨謂居上而臨下也其下四者乃仁義禮知之德文文章也理條理
也密詳細也察明辨也溥博淵泉而時出之溥博周徧
而廣闊也淵泉靜深而有本也出發見也言五者之德充積於中而以時發見
於外也溥博如天淵泉如淵見而民莫不
敬言而民莫不信行而民莫不說見音現說

仪礼十七　四十

音悅○言充積極其盛而發見當其可也是以聲名洋溢乎
中國施及蠻貊舟車所至人力所通天
之所覆地之所載日月所照霜露所隊
凡有血氣者莫不尊親故曰配天施去聲隊
音墜○舟車所至以下蓋極言之配天言其德之所及廣大如天也
右第三十一章承上章而言小德之川流亦天道也
唯天下至誠爲能經綸天下之大經立

傅本第四十葉

0009_0253-2

天下之大本知天地之化育夫焉有所倚 夫音扶焉於虔反○經綸皆治絲之事經者理其緒而分之綸者比其類而合之也經常也大經者五品之人倫大本者所性之全體也惟聖人之德極誠無妄故於人倫各盡其當然之實而皆可以爲天下後世法所謂經綸之也其於所性之全體無一毫人欲之僞以雜之而天下之道千變萬化皆由此出所謂立之也其於天地之化育則亦其極誠無妄者有默契焉非但聞見之知而已此皆至誠無妄自然之功用夫豈有所倚著於物而後能哉

肫肫其仁淵淵其淵浩浩其天 肫之純反○肫肫懇至貌以經綸而言也淵淵靜深貌以立本而言也浩浩廣大貌以知化而言也其淵其天則非特如之而已

苟不固聰明聖知達天德者其孰能知之 聖知之知去聲○固猶實也鄭氏曰唯聖人能知聖人也

右第三十二章 承上章而言大德之敦化亦天道也前章言至聖之德此章言至誠之道然至誠之道非至聖不能知至聖之德非

0009_0254-1

天下之大本知天地之化育夫焉有所倚 夫音扶焉於虔反○經綸皆治絲之事經者理其緒而分之綸者比其類而合之也經常也大經者五品之人倫大本者所性之全體也惟聖人之德極誠無妄故於人倫各盡其當然之實而皆可以爲天下後世法所謂經綸之也其於所性之全體無一毫人欲之僞以雜之而天下之道千變萬化皆由此出所謂立之也其於天地之化育則亦其極誠無妄者有默契焉非但聞見之知而已此皆至誠無妄自然之功用夫豈有所倚著於物而後能哉

儀禮卷十七　四十一

肫肫其仁淵淵其淵浩浩其天 肫之純反○肫肫懇至貌以經綸而言也淵淵靜深貌以立本而言也浩浩廣大貌以知化而言也其淵其天則非特如之而已

苟不固聰明聖知達天德者其孰能知之 聖知之知去聲○固猶實也鄭氏曰唯聖人能知聖人也

右第三十二章 承上章而言大德之敦化亦天道也前章言至聖之德此章言至誠之道然至誠之道非至聖不能知至聖之德非

至誠不能爲則亦非二物矣此篇言聖人天道之極致至此而無以加矣

詩曰衣錦尚絅惡其文之著也故君子之道闇然而日章小人之道的然而日亡君子之道淡而不厭簡而文温而理知遠之近知風之自知微之顯可與入德矣衣去聲絅口迥反惡去聲闇於感反○前章言聖人之德極其盛矣此復自下學立心之始言之而下文又推之以至其極也詩國風衛碩人鄭之

丰皆作衣錦褧衣褧絅同襌衣也尚加也古之學者爲己故其立心如此尚絅故闇然衣錦故有日章之實淡簡温絅之襲於外也不厭而文且理焉錦之美在中也小人反是則暴於外而無實以繼之是以的然而日亡也遠之近見於彼者由於此也風之自著乎外者本乎內也微之顯有諸內者形諸外也有爲己之心而又知此三者則知所謹而可入德矣故下文引詩言謹獨之事

詩云潛雖伏矣亦孔之昭故君子內省不疚無惡於志君子之所不可及者其唯

0009_0255-1

0009_0254-2

至誠不能爲則亦非二物矣此篇言聖人天道之極致至此而無以加矣

詩曰衣錦尚絅惡其文之著也故君子之道闇然而日章小人之道的然而日亡君子之道淡而不厭簡而文温而理知遠之近知風之自知微之顯可與入德矣衣去聲絅口迥反惡去聲闇於感反○前章言聖人之德極其盛矣此復自下學立心之始言之而下文又推之以至其極也詩國風衛碩人鄭之

儀禮卷十七 四十二

丰皆作衣錦褧衣褧絅同襌衣也尚加也古之學者爲己故其立心如此尚絅故闇然衣錦故有日章之實淡簡温絅之襲於外也不厭而文且理焉錦之美在中也小人反是則暴於外而無實以繼之是以的然而日亡也遠之近見於彼者由於此也風之自著乎外者本乎內也微之顯有諸內者形諸外也有爲己之心而又知此三者則知所謹而可入德矣故下文引詩言謹獨之事

詩云潛雖伏矣亦孔之昭故君子內省不疚無惡於志君子之所不可及者其唯

人之所不見乎惡去聲○詩小雅正月之篇承上文言莫見乎隱莫顯乎微也疚病也無惡於志猶言無愧於心此君子謹獨之事也詩云相在爾室尚不愧于屋漏故君子不動而敬不言而信相去聲○詩大雅抑之篇相視也屋漏室西北隅也承上文又言君子之戒謹恐懼無時不然不待言動而後敬信則其為己之功益加密矣故下文引詩并言其効詩曰奏假無言時靡有爭是故君子不賞而民勸不怒而民威於鈇鉞假格同鈇音夫○詩商頌烈祖之篇奏進也承上文而遂及其効言進而感格於神明之際極其誠敬無有言說而人自化之也威畏也鈇莝斫刀也鉞斧也詩曰不顯惟德百辟其刑之是故君子篤恭而天下平詩周頌烈文之篇不顯說見二十六章此借引以為幽深玄遠之意承上文言天子有不顯之德而諸侯法之則其德愈深而効愈遠矣篤厚也篤恭言不顯其敬也篤恭而天下平乃聖人至德淵微自然之應中庸之極功也詩云予懷明

0009_0256-1　　0009_0255-2

人之所不見乎惡去聲○詩小雅正月之篇承上文言莫見乎隱莫顯乎微也疚病也無惡於志猶言無愧於心此君子謹獨之事也詩云相在爾室尚不愧于屋漏故君子不動而敬不言而信相去聲○詩大雅抑之篇相視也屋漏室西北隅也承上文又言君子之戒謹恐懼無時不然不待言動而後敬信則其為己之功益加密矣故下文引詩并言其効詩曰奏假無言時靡有爭是故君子不賞而民勸不怒而民威於鈇鉞假格同鈇音夫○詩商頌烈祖之篇奏進也承上文而遂及其効言進而感格於神明之際極其誠敬無有言說而人自化之也威畏也鈇莝斫刀也鉞斧也詩曰不顯惟德百辟其刑之是故君子篤恭而天下平詩周頌烈文之篇不顯說見二十六章此借引以為幽深玄遠之意承上文言天子有不顯之德而諸侯法之則其德愈深而効愈遠矣篤厚也篤恭言不顯其敬也篤恭而天下平乃聖人至德淵微自然之應中庸之極功也詩云予懷明

德不大聲以色子曰聲色之於以化民末也詩曰德輶如毛毛猶有倫上天之載無聲無臭至矣輶由酉二音○詩大雅皇矣之篇引之以明上文所謂不顯之德者正以其不大聲與色也又引孔子之言以爲聲色乃化民之末務今但言不大之而已則猶有聲色者存是未足以形容不顯之妙不若烝民之詩所言德輶如毛則庶乎可以形容矣而又自以爲謂之毛則猶有可比者是亦未盡其妙不若文王之詩所言上天之事無聲無臭然後乃爲不顯之至耳蓋聲臭有氣無形在物最爲微妙而猶曰無之故惟此可以形容不顯篤恭之妙非此德之外又別有是三等然後爲至也

右第三十三章子思因前章極致之言反求其本復自下學爲己謹獨之事推而言之以馴致乎篤恭而天下平之盛又贊其妙至於無聲無臭而後已焉蓋舉一篇之要而約言之其

仪礼十七　四甲　君宗海

市橋本第四十四葉

0009_0257-1　　0009_0256-2

德不大聲以色子曰聲色之於以化民末也詩曰德輶如毛毛猶有倫上天之載無聲無臭至矣輶由酉二音○詩大雅皇矣之篇引之以明上文所謂不顯之德者正以其不大聲與色也又引孔子之言以爲聲色乃化民之末務今但言不大之而已則猶有聲色者存是未足以形容不顯之妙不若烝民之詩所言德輶如毛則庶乎可以形容矣而又自以爲謂之毛則猶有可比者是亦未盡其妙不若文王之詩所言上天之事無聲無臭然後乃爲不顯之至耳蓋聲臭有氣無形在物最爲微妙而猶曰無之故惟此可以形容不顯篤恭之妙非此德之外又別有是三等然後爲至也

右第三十三章子思因前章極致之言反求其本復自下學爲己謹獨之事推而言之以馴致乎篤恭而天下平之盛又贊其妙至於無聲無臭而後已焉蓋舉一篇之要而約言之其

仪礼十七　四甲　君宗海

傅本第四十四葉

市橋本缺第四十五葉此錄卷末所附獻書跋

寄藏
文廟宋元刻書跋

長昭夙從事斯文經十餘年畜籍漸多意方今藏書家不乏於世而其所儲大抵屬輓近刻書至宋元槧蓋或罕有焉長昭獨積年募求乃今至累數十種此非獨在我之為艱而即在西土亦或不易則長昭之苦心可知矣然而物聚必散是理數也其能保無散委於百年之後乎歆若學而獻之於　廟學獲籍
聖德以永其傳則長昭之素願也庋昌宋元槧三十種為獻是其一也

文化五年二月

下總守市橋長昭謹誌

河三亥書

0009_0258-1

0009_0257-2

反復丁寧示人之意至深切矣學者其可不盡心乎

儀禮經傳通解卷第十七

四十五

傳本第四十五葉

0009_0262-1　0009_0261-2

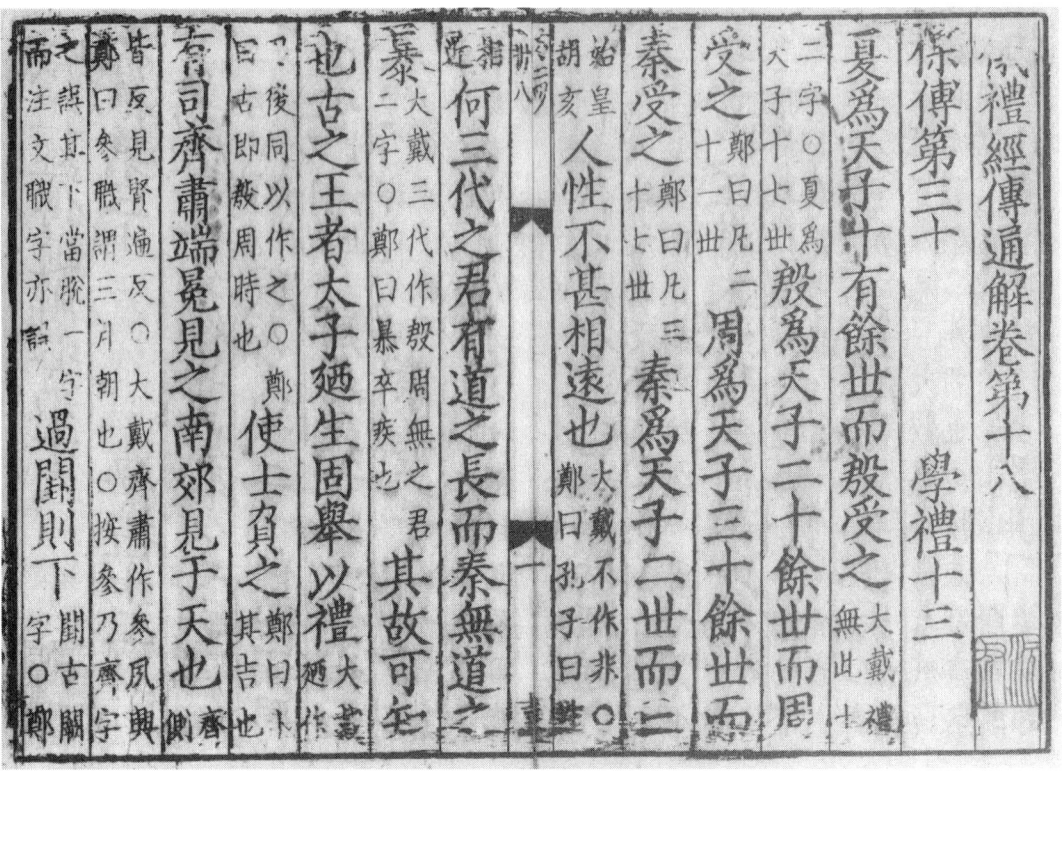

儀禮經傳通解卷第十八
學禮十三
保傅第三十
夏爲天子十有餘世而殷受之大戴禮無此十
二字○夏爲天子十七世殷爲天子二十餘世而周
受之鄭曰凡二十一世周爲天子三十餘世而
秦受之鄭曰凡三十七世秦爲天子二世而亡
始皇胡亥人性不甚相遠也大戴不作非○鄭曰孔子曰性
相近何三代之君有道之長而秦無道之
暴大戴三代作殷周無之君二字○鄭曰暴卒疾也其故可知
也古之王者太子迺生固舉以禮大戴迺作
乃後同以作之○鄭曰古即殺周時也使士負之鄭曰卜其吉也
有司齊肅端冕見之南郊見于天也齊側
皆反見賢遍反○大戴齊肅作參夙與鄭曰參職謂三月朝也○按參乃齊字
之誤其下當脱一字而注文職字亦誤過闕則下闕古闕字○鄭

0009_0263-1　0009_0262-2

曰我君典法之處過廟則趨鄭曰過闕故下望廟則趨孝子
之道也故自爲赤子而教固已行矣大戴
而作時已作以○顔曰赤子言其新生未有眉髮其色赤周成王幼
在襁褓之中召公爲太保周公爲太傅
太公爲太師襁居兩反褓布老反○本篇作昔者成王幼從大戴
武王崩成王十有三也而云在襁褓之中言其小保保其身體
鄭曰保謂安守之顔曰保安也傅傅之德義大戴之下有其○鄭曰
傅猶敷也顔曰傅輔也師導之教訓大戴訓作順○鄭曰師導
之教大同也師上於訓道傅即受而述之書叙曰周公爲師召公爲保相成王
爲左右也此三公之職也鄭曰今尚書説三公司馬司徒司空
孟尚書及周禮説古文與此同故先儒論者多依此爲説也於是爲
置三少皆上大夫也少失照反○鄭曰御也謂之孤也
曰少保少傅少師是與太子宴者也鄭曰
記昔因成王幼稚周公居攝又以王少嗣賢聖之訓長絲封禪之義故據其成

[illegible]同於太子而始末敍之取助[illegible] 故
之 隆師交爲先也○疏曰宴謂士君是
迺孩提有識三公三少固明孝仁禮義
以道習之 大戴無迺有識三字之[illegible]也字○顏曰孩小兒也提謂[illegible]
逐去邪人不使見惡行 去聲斷 [illegible]是皆
選天下之端士孝悌博聞有道術者以
衞翼之使與太子居處出入 大戴皆作比下下無
之字博聞作閑博衛作輔使下有之字 故太子迺生而見

正事聞正言行正道 大戴無生而二字有目字 左右
前後皆正人也 大戴左右下皆有視字人下無也字 夫習
與正人居之不能毋正猶生長於齊之
不能不齊言也 [illegible]長[illegible]兩反○大戴居下無之字毋作不正下有也字
與不正人居之不能毋不正猶生長於楚
之地不能不楚言也故擇其所耆必先受
業迺得嘗擇其所樂必先有習迺得爲

[illegible]
[illegible]天性[illegible]
[illegible]
[illegible]
[illegible]教成之[illegible]
[illegible]習也[illegible]及入子學 大戴作小學
[illegible]則入于學 小學[illegible]
[illegible]下文意不知 承師問

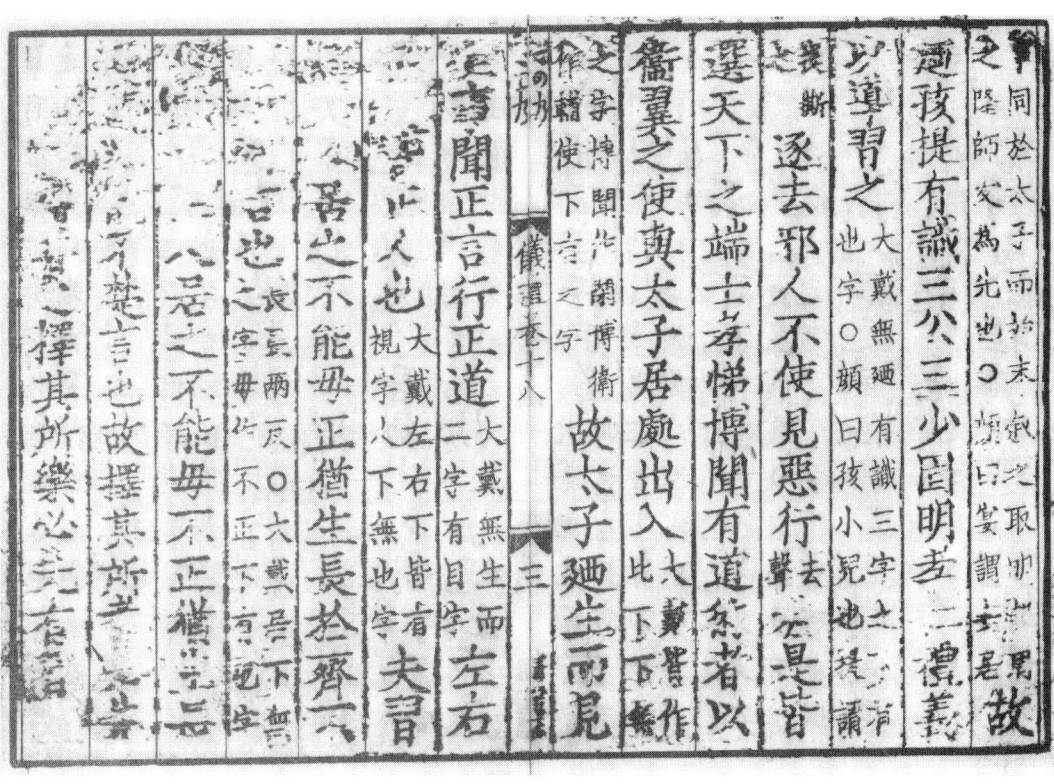

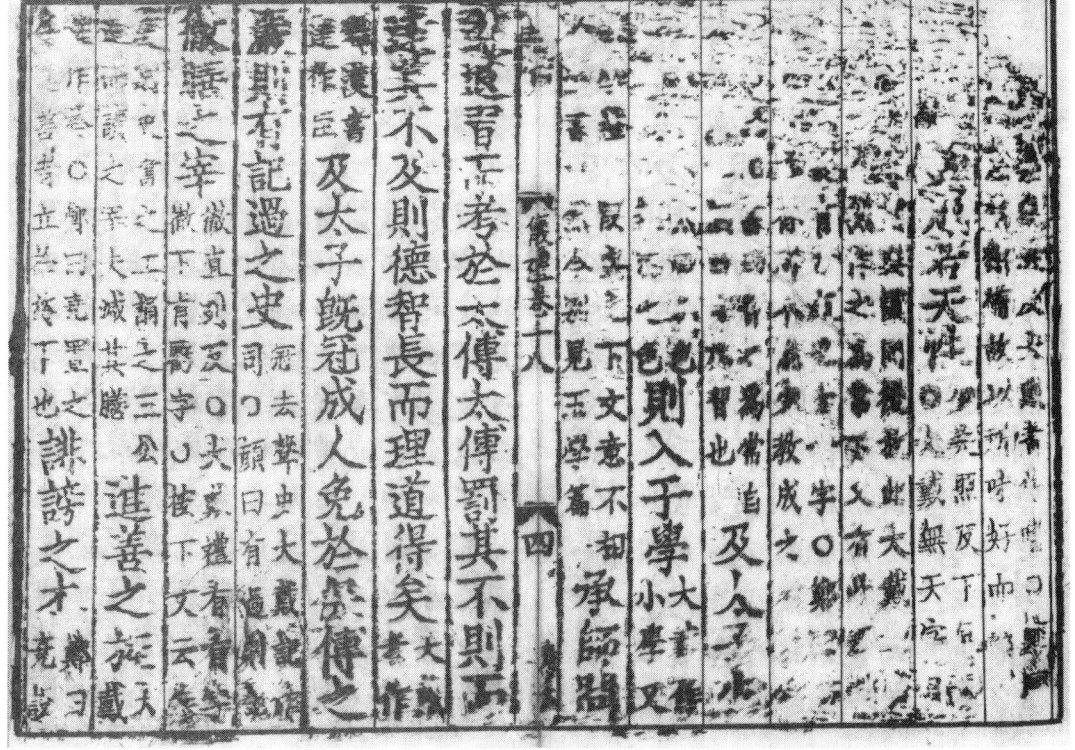

道退習而考於太傅太傅罰其不則而
達其不及則德智長而理道得矣 大戴治作[illegible] 漢書作道
及太子既冠成人免於保傅之
嚴則有記過之史 冠去聲史大戴記作[illegible]○顏曰有過則記
徹膳之宰 徹直列反○大戴禮有膳字○按下文云[illegible]
[illegible]之宰[illegible]減其膳 進善之旌 大戴
[illegible]作善○鄭曰堯置之[illegible]也 誹謗之木 敢諫之

0009_0266-1　　0009_0265-2

書政失也敢諫之鼓鄭曰舜置之使者擊之以自聞
詩頻曰瞽無目者也工誦箴諫大戴箴作正之
曰二樂人也瞽官長者隨其過誦詩以諷大夫進謀大戴無此
士傳民語習與智長故切而不媿大戴
征獲○鄭曰量知受業故雖勞能授書書作媿頻曰每被切磋故無大過
寸丑媿之箏○今按此文漢書爲是而載亦非其意但謂習聞規誨與智俱
長故諫之雖切亦能化與心成故中道
爰之而不愧恨也

若性由去聲下同○鄭曰觀心施化故變善如性也○今按此言敎化與
心俱成故所爲皆合於道如性自然也
○大戴下有是殷周所以長有道也凡
十字三代之禮天子春朝朝日秋暮夕月
朝二陟遥反下馳遥反○漢書無天子二字今從大戴○鄭曰祭日東壇祭月
西壇以別內外以端其位頻曰朝日以春分月以暮皆迎其初出也○今按三
代之禮四字疑作及其立爲所以明有敬也大戴敬作別○
曰敎天之臣也春秋入學坐國老執醬而親

0009_0267-1　　0009_0266-2

饋之鄭曰中春舍菜合儛仲秋班學合聲天子視學而遂養老所以
明有孝也鄭曰敎天下之孝也行以鸞和大戴以作中○
頻曰鸞和車上鈴步中采齊大戴齊作茨○頻曰樂詩名也字或
作薺又作茨趨中肆夏頻曰亦樂詩名並音才私反趨讀曰趨大戴
作趨鄭曰車亦應樂節步又中佩聲互言之也爾雅曰堂上謂之行門外謂之
趨周禮及玉藻曰行以肆夏趨以采茨此云步中采茨趨中肆夏又云行以采
茨趨以肆夏則於大寢之內奏采茨朝廷之中奏肆夏與周禮文誤也所

以明有度也鄭曰敎天下儀也其於禽獸見其
生不食其死聞其聲不食其肉故遠庖
廚遠去聲大戴於上無其字下食字作嘗○鄭曰玉藻曰凡血氣之類弗身
踐也所以長恩且明有仁也鄭曰皆先正於己夫
三代之所以長久者以其輔翼太子有
此具也大戴三代作殷周之前者下無以字太作天下同及秦
不然大戴無而字其谷□非貴辭讓也所

0009_0267-2　0009_0268-1

上者告訐也（訐居竭反○大戴上作[illegible]訐作得鄭云字之誤也[illegible]曰訐謂面相斥罪也）固非貴禮義也所上者刑罰[illegible]也使趙高傅胡亥而教之獄（大戴使[illegible]故○[illegible]曰趙高宦者秦中車府令胡亥始皇少子二世也）所習者非斬劓（劓牛例反大戴無之字）人則夷人之三族也（大戴[illegible]胡亥字位下無而）故胡亥今日即位而明日射人（字）忠諫者謂之誹謗深計者謂之妖言（大戴言作誣○鄭曰昔伊尹諫夏桀桀曰子爲訞言矣非乎諫襄王襄王曰先王爲定國獻典是也）其視殺人若艾草菅然（顏曰艾讀曰刈菅音姦茅也）豈惟胡亥之性惡哉（大戴無惟字）彼其所以道之者非其理故也（大戴以下有習字道作導無之者字習作治）鄙諺曰不習爲吏視已成事（大戴諺作語視已成事作如既已事○鄭曰觀前成事也古語云前車之下覆後車之師也鄙謂今言俗語然也）又曰前車覆

0009_0268-2　0009_0269-1

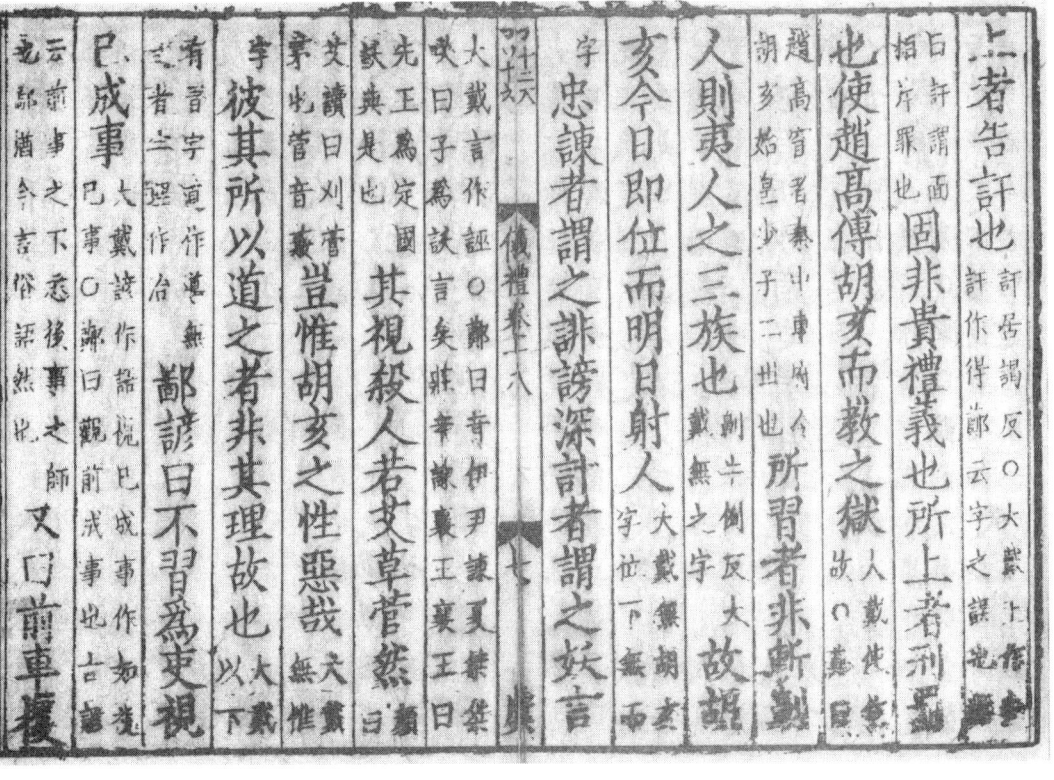

後車誡夫三代之所以長久者其已事可知也（大戴三代作殷周無之字○顏曰已事已往之事）然而不能從者是不法聖知也（知去聲○大戴而作如古字通用無者字顏曰法者則而效之）秦世所以亟絕者其轍跡可見也（亟居力反轍直列反○顏曰亟急也車跡曰轍）然而不避是後車又將覆也（大戴作然而不避者是[illegible]車覆而後車必覆也）夫存亡之變治亂之機其要在是矣（大戴要作敗）天下之命懸於太子太子之善在於早諭教與選左右（顏曰諭曉告也與猶及也）夫心未濫而先諭教則化易成也（大戴無夫字濫作疑諭教作教諭○鄭曰心未疑謂未有所知時也）開於道術知義理之指則教之力也（大戴[illegible]作功）若其服習積貫則左右而已（大戴[illegible]）胡粵之人生而同聲耆欲不異及其長

0009_0269-2

習成俗累數譯而不能相通行者有雖死不能相爲者則教習然也大戴學作起俗有也字累作參有雖作雖有死下無字者下無則字○鄭曰生而同聲及長也重譯而曉之不能使言語相通嗜慾不異至於成俗其所行雖有死之長猶不相放爲者皆習使之然也蓋壽曰言其人之行不能易事相爲處○今按行有雖死而不能相爲者鄭說誤舊說是也承上文言習俗之殊終身不更雖至於死而不能相放傚猶老子言民至老死不相往來也故曰選

仪礼十八　九　余千

0009_0270-1

左右早諭教最急夫教得而左右正大戴無有左右三字則太子正矣太子正而天下定矣鄭曰孟子曰君正莫不正也君正而國定也書曰一人有慶兆民賴之此之謂也○古者王子、年八歲而出就外舍學小藝焉履小節焉束髮而就大學學大藝焉履大節焉一本無王子字○小學謂虎闈師氏之學也大學王宮之東者束髮謂成童

0009_0270-2

虎通曰八歲入小學十五入大學是此太子之禮尚書大傳曰公卿之太子大夫元士嫡子年十三始入小學見小節而踐小義年二十入大學見大節而踐大義此王子入學之期也又曰十五年入小學十八入大學者謂諸子姓既成者至十五入小學其早成者十八入大學內則曰十年出就外傳居宿於外學書計者謂公卿已下教子於家也○今按虎闈見周禮師氏居虎門之左教國子弟保氏掌養國子守王闈一作庠門者非是又按姓孫也或恐當作性既王恐當者晚居則習禮文行則鳴佩玉升車

仪礼十八　十　余千

0009_0271-1

則聞和鸞之聲是以非僻之心無自入也大戴○天子設四學當入學而大子齒大音泰下大傳同○四學謂周四郊之虞庠也文王世子曰行一物而三善皆得者唯世子而已其齒於學之謂也○祭義○傳曰天子之設四學何也曰凡三王教世子必以禮樂樂所以脩內也禮所以脩外也禮樂交錯於中發形於外是故其成也懌恭敬

而温文（中心中也。釋悅懌）立大傅少傅以養之欲其知父子君臣之道也（養猶教也。言養者清浸成長之）大傅審父子君臣之道以示之（謂爲之行其禮）少傅奉世子以觀大傅之德行而審喩之（行下孟反。爲說其義）○大傅在前少傅在後（謂其在學時）入則有保出則有師（謂燕居出入時）是以教喩而德成也（以有四人維持之）師也者教

大五九八十七　儀禮卷十八　十一

之以事而喩諸德者也保也者愼其身以輔翼之而歸諸道者也（愼其身者謹安護之）記曰虞夏商周有師保有疑丞（記所云謂天子也取以成說）設四輔及三公不必備唯其人語使能也（語言也得能則用之無則已不必備其官也小人處其位不如闕）君子曰德　德成而教尊教尊而官正官正而國治君之謂也當入學而太子齒

何也曰凡君之於世子親則父也尊則君也有父之親有君之尊然後兼天下而有之是故養世子不可不愼也（處君父之位覽海內之士而近不能敎其子則其餘不足觀矣）故世子齒於學則國人觀之曰此將君我而與我齒讓何也曰有父在則禮然然而衆知父子之道矣其二曰此將君我而與我齒

大九三　儀禮卷十八　十二

讓何也曰有君在則禮然然而衆知君臣之義矣其三曰此將君我而與我齒讓何也曰長長也則禮然然而衆知長幼之節矣故父在斯爲子君在斯爲臣居子與臣之節所以尊君而親親也故學之爲父子焉學之爲君臣焉學之爲長幼焉（長丁丈反。學音效。○學敎）父子君臣長幼之

道得而後國治行一物而三善皆得者唯世子而已其齒於學之謂也（物猶事也）語曰樂正司業父師司成（師有父道成人者）一有元良萬國以貞（一謂天子也大善太子也○今按此書太甲篇文有本作人正謂天子而元良初不謂太子也古人引經多如此今但隨文觀之可也）世子之謂也（此一章係以文王世子與家語通修○）周文王使太公望傅太子發嗜鮑魚而

大一百三十 小二百四十一 儀禮卷十八 十三

太公弗與曰禮鮑魚不登於俎豈有非禮而可以養太子哉○成王幼不能涖阼（涖音吏下同○涖視也不能視阼階行人君之事）周公相踐阼而治（相息亮反下同○踐履也代成王履阼階攝王位治天下也）抗世子法於伯禽欲令成王之知父子君臣長幼之道也（長丁丈反下同○抗猶舉也謂舉以世子之法使與成王居而學之）成王有過則撻伯禽所以

示成王世子之道也（以成王之過擊伯禽則足以感喻焉）子夏問於孔子曰記云周公相成王教之以世子之禮有諸孔子曰昔者成王嗣立幼未能涖阼周公攝政而治抗世子法於伯禽欲王之知父子君臣之道所以善成王也夫知爲人子者然後可以爲人父知爲人臣者然後可以爲人君

大四百八十一 小五百六十 儀禮卷十八 十四

知事人者然後可以使人是故抗世子法於伯禽使之與成王居（亦學此禮於成王側）欲令成王之知父子君臣長幼之義也聞之曰爲人臣者殺其身而有益於君則爲之況于其身以善其君乎周公優爲之（聞之者聞之於古也于讀爲迂迂猶廣也大也○文王世子家語○）楚莊王使士亹傅太子箴（亹亡匪反○莊王楚君名）

0009_0276-1　0009_0275-2

旅也士亹楚大夫箴恭王名也問於申叔時叔時楚賢大夫申公叔時曰教之春秋而爲之聳善而抑惡焉以戒勸其心爲于偽反下同○以天時紀人事謂之春秋聳奬也抑疑也教之世而爲之昭明德而廢幽昏焉世謂先王之世繫也昭顯也幽闇也昏亂也爲之陳有明德者世顯而闇亂者世廢也以休懼其動休嘉也動行也使之嘉顯而懼廢也教之詩而爲之導廣顯德以耀明其志導開也顯德謂若成湯文武周邵僖公之屬諸詩所美者也教之禮使知上下之則教之樂以疏其穢而鎮其浮則法也疏滌也樂者所以移風易俗蕩滌人之邪穢也鎮重也[illegible]也教之令使訪物官令謂先王之官法時令也訪議[illegible]業教之語使明其德而知[illegible]語治國之善語[illegible]先王之務用明德於民也[illegible]

[illegible]

仪礼十八　十五

0009_0276-2　0009_0277-1

[illegible]謂與使知族類[illegible]若是而讓動而不悛悛且緣反○悛改也則文詠物以[illegible]之文文辭也詠風也謂以文繁風託事物以動行也求賢良以翼之翼輔也悛而不攝則身勤之攝固也勤勉之以多訓典刑以納之刑法也務慎惇篤以固之攝而不徹徹敕列反○徹通也則明施舍以導之忠舍上聲○施己所欲原心舍過謂之忠恕明久長以導之信有信然後可以長久明度量以導之義度徒洛反量如字○義宜也言度量所宜也明等級以導之禮等級貴賤之差明恭儉以導之孝恭儉所以事親明敬戒以導之事敬戒於事則無敗功明慈愛以導之仁明昭利以導之文昭明也明利言利人文物明除害以導之武除害去暴亂也明精意以導

仪礼十八　十六

之罰明盡精意斷之以情明正德以導之賞正德謂不私於所愛也明齊肅以耀之臨齊壹也肅敬也耀明也臨臨事若是而不濟不可爲也濟成也爲爲師傅也○爲國語

踐阼第三十一　學禮十四

武王踐阼三日既王之後召士大夫而問焉曰惡有藏之約行之行萬世可以爲子孫恒者乎惡音烏恒胡登反下同○惡猶於何也言於何有約言而行之乃行萬世而猶得其福諸大夫對曰未得聞也然後召師尚父而問焉曰黄帝顓頊之道存乎意亦忽不可得見與顓音專頊許六反○言忽然不得可見師尚父曰在丹書王欲聞之則齊矣三日王端冕師尚父亦端冕奉書而入負屏而立齊側皆反○端正也衝謂之屏王下

堂南面而立師尚父曰先王之道不北面王行西折而南東面而立師尚父西面道書之言曰敬勝怠者吉怠勝敬者滅義勝欲者從欲勝義者凶凡事不强則枉凡事不能自强去執於此則枉也○今按去執二字恐誤蓋强者以力自矯之謂若循其所偏不自矯揉則終於枉而已弗敬則不正枉者滅廢敬者萬世藏之約行之行可以爲子孫恒者此言之謂也閒先帝之道廱闕要約之旨故對此而已○要去聲王聞書之言惕若恐懼而爲成書惕他歷反○許於物以自警戒也於席之四端爲銘焉於几爲銘焉於鑑爲銘焉於盥盤爲銘焉盥音管槃薄官反亦從皿於楹爲銘焉於杖爲銘焉於帶爲銘焉於屨屨爲銘焉於觴豆爲銘焉於户爲銘焉於牖爲

0009_0279-2　0009_0280-1

銘焉於劍爲銘焉於弓爲銘焉於矛爲銘焉席前左端之銘曰安樂必敬安不忘危前右端之銘曰無行可悔當恭敬朝夕故以懷安爲戒也後左端之銘曰一反一側亦不可以忘言雖反側之間不可以忘道也後右端之銘曰所監不遠視邇所代周監不遠近在有殷之世几之銘曰皇皇惟敬口生呴呴許候反一從言○呴詬恥也言爲君子榮

儀禮卷十八　十九　生

辱之主可不慎乎呴詬詈也口戕口言口能害口也凡者人君出令所依故以言語爲戒也鑑之銘曰見爾前慮爾後盥盤之銘曰與其溺於人也寧溺於淵溺於淵猶可游也溺於人不可救也日知所云學者之功溺於民庶天人之禍故或以自新取戒或以游溺爲鑑也○今按注云自新取戒蓋指湯之盤銘而言也楹之銘曰毋曰胡殘其禍將然毋曰胡害其禍將大毋曰

0009_0280-2　0009_0281-1

何傷其禍將長夫爲室者慎其墻□□下者難其相也○今按此亦泛言未必指楹爲相也杖之銘曰惡乎危於忿疐惡音烏下同疐音至○惡乎何也忿者危之道怒甲及乙又危之甚杖危故以危戒也惡乎失道於嗜慾杖依道而行之惡乎相忘於富貴言身扶相資也因失道相忘乃嗜慾安樂之戒也帶之銘曰火滅修容慎戒必恭恭則壽雖夜解息其容不可以苟帶於寢先釋故因言之也屨履之銘曰

儀禮卷十八　二十　生

慎之勞勞則富行慎躬勞躬勞終福論慎屨亦財不費也屨在下尤勞辱因爲此戒勞與富音義兩施互取焉觴豆之銘曰食自杖食自杖戒之憍憍則逃憍居妖反逃逸也○無求醉飽自杖而已戶之銘曰夫名難得而易失無懃弗志而曰我知之乎無懃弗及而曰我杖一本作扶之乎志識也杖立不能懲其驚怠而自謂扶成功無可就故終失其名也擾阻以泥之今按無懃弗志至此皆所

未詳要必有害於户者若風將至必先搖搖搖搖無所託言有風則先閉○今按此謂户不周閉而動搖也雖有聖人不能爲謀也諭人行亦然牖之銘曰隨天之時任以地之財貿也敬祀皇天敬以先時先祭時而敬齊○今按牖下齊祭之處也劍之銘曰帶之以爲服動必行德行德則興倍德則崩以順誅也弓之銘曰屈申之義廢興之行無忘自

儀禮卷十八　二十一

一本言得作息過時也矛之銘曰造矛造矛少間弗忍終身之羞重言造矛見造者之不易也言少間之不忍則爲終身羞以君子於殺之中禮恕存焉予一人所聞以戒後世子孫貽厥孫謀以燕翼子武王之謂也○按此本大戴禮篇多闕衍舛誤姑存其舊○魯哀公問於子夏曰必學而後可以安國保民乎子夏曰不學而能安國保民者未之有也哀公曰然

則五帝有師乎子夏曰有臣聞神農學乎悉老黄帝學乎大真一作墳顓頊學乎綠圖一作綠圖一作伯夷父帝嚳學乎赤松子嚳枯沃反○一作伯招堯學乎尹壽一作務成子跗一作州支父舜學乎務成跗跗風無反○一作尹壽一作許由禹學乎西王國一作大成執湯學乎威子伯一作貸子相一作小臣文王學乎鉸時鉸古咬反又古効反○一作錫疇子斯武王學乎郭叔一作太公一作文王武王學太公望周公旦周公學乎太公一作號叔仲尼學乎老聃此十一聖人未遭此師則功業不著於天下名號不傳乎千世夫不學不明古道而能安國家者未之有也聃他甘反○新序○魯哀公問於孔子曰寡人生於深宮之中長於婦人之手未嘗知哀也未嘗

儀禮卷十八　二十二

知憂也未嘗知勞也未嘗知懼也未嘗
知危也孔子曰君之所問聖君之問也
丘小人也何足以知之美大其問故謙不敢對也曰
非吾子無所聞之也孔子曰君入廟門
而右登自胙階仰視榱棟俛見几筵其
器存其人亡君以此思哀則哀將焉不
至矣榱音衰俛音俯焉於虔反下同○謂祭祀時也胙與祚同榱亦椽也

哀將焉不至言必至也君昧爽而櫛冠櫛仄瑟反○昧闇也
爽明也謂初曉尚闇之時平明而聽朝一物不應亂
之端也君以此思憂則憂將焉不至矣
君平明而聽朝日昃而退諸侯之子孫
必有在君之末庭者君以此思勞則勞
將焉不至矣諸侯之子孫謂奔亡至魯而仕者自平明至日昃在
末庭而奔臣禮君若思其勞則勞可知也以喻哀公亦諸侯之子孫不戒懼

德亦將有此奔亡之勞也君出魯之四門以望魯之
四郊亡國之虛列必有數焉虛讀為墟君以
此思懼則懼將焉不至矣且丘聞之君
者舟也庶人者水也水則載舟水則覆
舟君以此思危則危將焉不至矣荀子哀公
篇家語新序大同小異○賈子曰天子不論先聖
王之德不知國君畜民之道不見禮義

之正不察應事之理不博古之典傳不
閑於威儀之數詩書禮樂無經學業不
法凡是其屬太師之任也天子無恩於
父母不惠於庶民無禮於大臣不中於
刑獄無經於百官不哀於喪不敬於祭
不信於諸侯不誠於戎事不誠於賞罰
不厚於德不強於行賜與後於近臣鄙

0009_0285-2

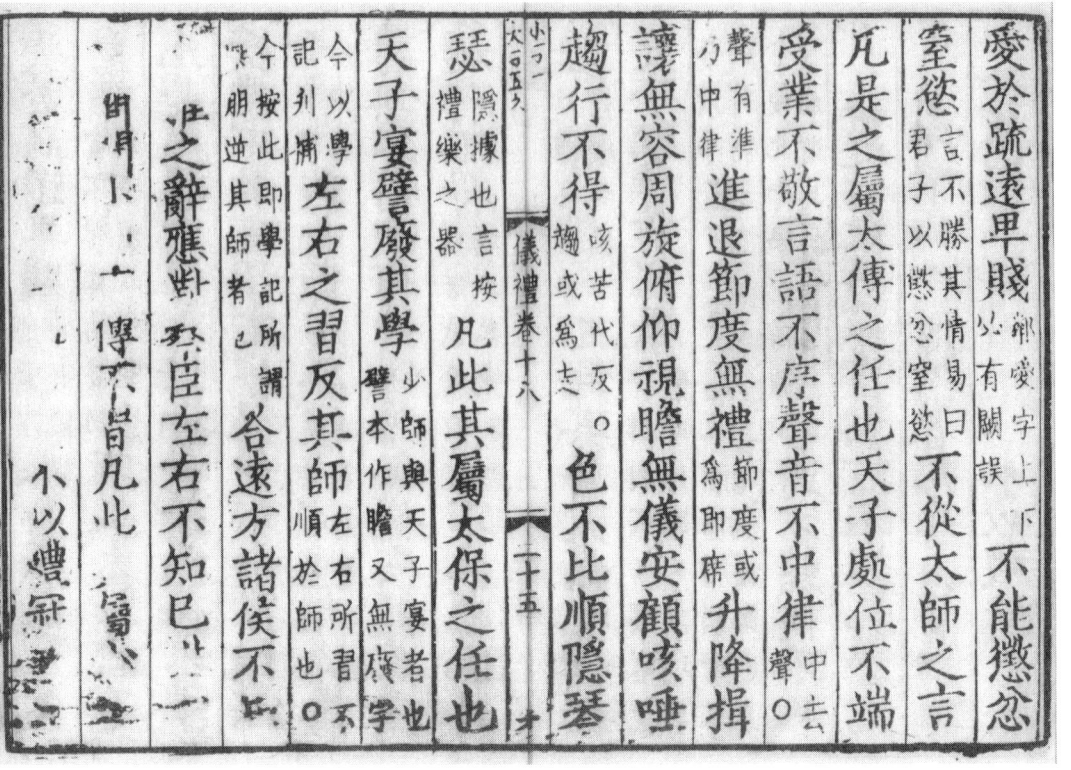

愛於踈遠卑賤（鄭愛字上下似有闕誤）不能懲忿窒慾（言不勝其情易曰君子以懲忿窒慾）不從太師之言凡是之屬太傅之任也天子處位不端受業不敬言語不序聲音不中律（中去聲○聲有準乃中律）進退節度無禮（節度或爲即席）升降揖讓無容周旋俯仰視瞻無儀安顧咳唾趨行不得（咳苦代反○趨或爲走）色不比順隱琴

0009_0286-1

瑟（隱據也言按禮樂之器）凡此其屬太保之任也天子宴譼廢其學（少師與天子宴者也譼本作瞻又無廢字）（今以學記刊補）左右之習反其師（左右所習不順於師也○今按此即學記所謂朋逆其師者也）合遠方諸侯不知[illegible]之辭應對羣臣左右不知已[illegible]
[illegible]傳不肖凡此[illegible]
不以禮[illegible]

0009_0286-2

不以制[illegible]
[illegible]以安[illegible]忿[illegible]
集讓不以節（集疑作譙）凡此其屬少傅之任也天子宴私安如易（易以豉反○自放縱也○今按如而古通用）樂而湛（樂音洛湛都含反○過於樂也）飲酒而醉食肉而餕（餕祖峻反○過其性也）飽而強（強猶強也）飢而惏（惏盧含反與婪同○惏貪殘也）暑而暍（[illegible]歌反○暍傷著也）寒而嗽寢而莫宥坐而莫侍

0009_0287-1

行而莫先莫後天子自爲開門戶取玩好自執器皿亟顧環面（好呼報反皿[illegible]水反○環旋[illegible]）御器之不舉不藏凡此其屬少保之任也號呼歌謠聲音不中律宴樂雅誦迭樂序（輕用雅誦也凡禮不同樂各有數苟從所好亂其次聲樂之失任在太史者樂應天也國語曰吾非瞽史焉知天道也）不知日月之

0009_0288-1　　0009_0287-2

時節不知先王之諱與大國之忌（周禮小史）
職曰若有事則詔王之忌諱也不知風雨雷電之眚凡
此其屬太史之任也在衡爲鸞在軾爲
和馬動而鸞鳴鸞鳴而和應聲曰和和
則敬此御之節也上車以和鸞爲節下
車以珮玉爲度上有蔥衡下有雙璜衝
牙（璜音黃○衡平也半璧曰璜璜在旁衝牙在中）玭珠以納其

儀禮卷十八　廿七

間（玭蒲蠲反又蒲賓反○納衡璜衝牙之間玭亦作蠙）琚瑀以
雜之（琚音居瑀音禹○按曰玭珠而赤者曰琚白者曰瑀或曰瑀美玉琚）
（石次玉）行以采茨（才資反）趨以肆夏步環中
規（中去聲下同）折還中矩（還音旋）進則揖之（揖一
入反）退則揚之然后玉鏘鳴也（鏘千羊反亦作鎗）
古之爲路車也蓋圓以象天二十八橑
以象列星（橑音老又音老○橑蓋弓也）軫方以象地

0009_0289-1　　0009_0288-2

（軫止忍反車後木）三十輻（輻音福）以象月故仰則
觀天文俯則察地理前視則睹鸞和之
聲側聽則觀四時之運（霤謂輪也車爲呂）此巾
車教之道也（巾車宗伯之屬下大夫二人○大戴）傳曰
國將興必貴師而重傅貴師而重傅則
法度存國將衰必賤師而輕傅賤師而
輕傅則人有快（快肆其意）人有快則法度壞

儀禮卷十八　廿八

（荀子大畧○）又曰觸情從欲謂之禽獸苟可
而行謂之野人安故重遷謂之衆庶辯
然否通古今之道謂之士進賢達能謂
之大夫敬上愛下謂之諸侯天覆地載
謂之天子○楚莊王謀事而當羣臣莫
能逮朝而有憂色申公巫臣進曰君朝
而有憂色何也莊王曰吾聞之諸侯自

師者王自擇友者霸己而羣臣莫之若者亡今以不穀之不肖而議於朝且羣臣莫能逮吾國其幾於亡矣是以有憂也新序○燕昭王收破燕後即位往見郭隗先生隗五罪反曰敢問以國報讎者柰何郭隗先生對曰帝者與師處王者與友處霸者與臣處亡國與役處詘指

而事之北面而受學則百己者至先趨而後息先問而後嘿則什己者至人趨己趨則若己者至己趨下疑有闕文馮几據杖眄視指使則廝役之人至眄莫見反廝息移反若恣睢奮擊呴籍叱咄則徒隸之人至睢許季反呴吁句反籍在夜反叱尺栗反咄當沒反○恣睢驕傲也此古服道致士之法也王誠博選國中之賢者

而朝其門下天下聞王朝其賢臣天下之士必趨於燕矣戰國策

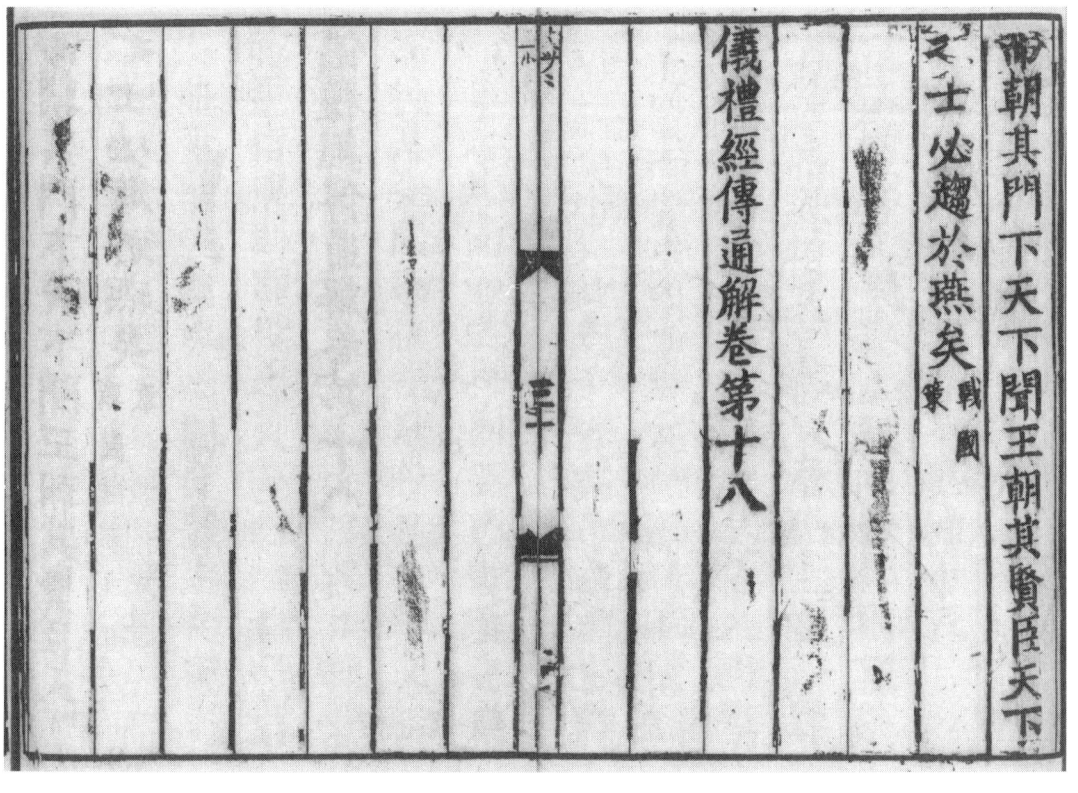

儀禮經傳通解卷第十八

0009_0291-2

儀禮經傳通解卷第十九

五學第三十二　學禮十五

學禮曰帝入東學上親而貴仁則親疏有序而恩相及矣帝入南學上齒而貴信則長幼有差而民不誣矣帝入西學上賢而貴德則聖智在位而功不匱求位反一作遺矣帝入北學上貴而尊爵則貴賤

0009_0292-1

有等而下不隃矣大戴隃作踰○顏曰隃與踰同謂越制鄭曰成王年十五亦入諸學觀禮布政四學者東序瞽宗虞庠及四郊之學也春氣溫養故上親夏物盛小大殊故上齒秋物成實故貴德冬時物藏於地唯象於天半見也故尚爵帝入太學承師問道退習而考於大傅大傅罰其不則而達其不及則法也則德智長而治道得矣此五學考既成於上則百姓黎民化輯於下矣顏曰

0009_0292-2

輯與集同輯和也○漢書大戴

傳曰天子入太學祭先聖則齒嘗爲臣者弗臣所以見敬學與尊師也

天子視學大昕鼓徵昕音欣○日明日將出也衆至然後天子至乃命有司行事興秩節祭先師先聖焉有司卒事反命適東序釋奠於先老遂設三老五更羣老之席位焉更工衡反適饌省醴養老之珍具遂發咏

0009_0293-1

焉退脩之反登歌清廟既歌而語下管象舞大武大合衆以事達有司告以樂闋苦穴反王乃命公侯伯子男及羣吏曰反養老幼于東序以上乃古天子視學遂養老以令諸侯羣吏之法其全經不備今因傳義而總之於其上其下則復以傳義云

傳曰天子視學大昕鼓徵所以警衆

0009_0294-1　　0009_0293-2

也昇味反黻故以召卿也警猶起也周禮注用鼓大胥以鼓徵學士○疏曰謂仲春合舞季春合樂仲秋合聲云衆至然後天子至乃命有司行事興秩節祭先師先聖焉興猶舉也秩常也節猶禮也使有司攝其事舉常禮祭先師先聖不親祭之者視學觀禮耳非爲彼報也有司卒事反命告祭畢也祭畢天子乃入始之養也又之養老之𥹋凡大合樂必遂養老是以往焉言始始立學也○疏曰昨天子視學在虞庠之中有

儀禮卷十九　三

司釋奠既畢天子乃從虞庠入反於國明日乃之東序而養老故云始之養也適東序釋奠於先老親奠之者己所有事也○疏曰周立三代學又立周之大學於東郊之東膠立小學於西郊謂之虞庠天子尋常視學則於東膠中惟行養老之禮若始立學則奠視學畢然後適東序養老之處親釋奠於先世之老既畢遂設三老五更羣老之席位焉若非始立學則不釋奠於先老也遂設三老五更羣老之席位焉更江衡反○三老五更各一人也皆年老

0009_0295-1　　0009_0294-2

更事致仕者也天子以父兄養之示天下之孝弟也名以三五者取象三辰五星天所因以照明天下者羣老無數其禮亡以鄉飲酒禮言之席位之處則三老如賓五更如介羣老如衆賓○疏曰蔡邕以更字爲叟叟老稱又以三老爲三人五更爲五人案鄉飲酒注數席賓席牖前南面介席西階上東面衆賓於賓之西南面各特焉是也適饌省醴養老之珍具省息井反○親視其所有也○今按珍謂下章入珍淳熬之屬遂發咏焉退脩之以孝養也咏音

儀禮卷十九　四

詠○發咏謂以樂納之退脩之謂既迎而入獻之以醴獻畢而樂闋○闋苦穴反○疏曰案大射賓入及庭奏肆夏此養老既尊故用而君獻禮入門即奏肆夏故仲尼燕居云入門而縣興是也退脩之謂三老五更入而即位西階下天子乃退酌醴獻之反登歌清廟反謂獻羣老畢皆升就席也反就席乃席工於西階上歌清廟以樂之○樂音洛○疏曰反謂反席三老五更羣老初受獻畢皆立於西階下東面今皆反升就席乃使工升堂上西階北而歌清廟之詩以樂之也既歌而

0009_0295-2

詩以成之也言分于君臣長幼之道

合德音之致禮之大者也　既歌謂樂正告正歌

備也語談說也歌備而旅旅而說父子君臣長幼之道談合樂之所美以

成其意鄉射記曰古者於旅也語○疏曰致極也　下管象舞

大武大合衆以事達有神興有德也

象周武王伐紂之樂也詩維清奏象舞是也以管播其聲又爲之舞皆於

堂下衆謂所合學士達有神明天授命周家之有神也興有德美文王武

仪礼九　五

0009_0296-1

王有德師樂爲用前歌後舞○疏曰舞當中庭事謂大聚學士以登歌下

管聲華　正君臣之位貴賤之等焉而上

下之義行矣　由清廟與武也○疏曰登歌清廟文王之詩君

大詩也下管象武王之詩臣子詩也清廟在上管象在下故得正君臣之

位貴賤等也　有司告以樂闋　闋終也告君以歌舞之樂

[illegible]告者[illegible]樂　王乃命公侯伯子男

[illegible]幼于東序終之[illegible]

0009_0296-2

羣吏鄉遂之官王於燕之末而諸侯時朝會仕此者各反養老

以禮之終其仁心孝經說所謂諸歸各帥於國大夫勸於鄉州里賠

己是也○賠晉輿○疏曰如此禮者天王家於東序之禮是終竟其仁心

也云孝經說以下者援神契文謂諸侯還歸帥行於國大夫勸力行之於

鄉州長里宰之官希賠慕仰行之於民是也謂此在下奉行在上之事也

之故聖人之記事也　謂記序前代事也　慮之

以大　謂先本於孝弟之道　愛之以敬　謂愛其所以養老之

大七九小二廿九　仪礼十九　六　文

0009_0297-1

具　行之以禮　謂親迎之如見父兄　脩之以孝養

謂親獻之薦之　紀之以義　謂既歌而語之　終之以仁

謂又以命諸侯歸於國復自行之　是故古之人一舉

事而衆皆知其德之備也古之君子

舉大事必慎其終始而衆安得不喻

焉　言其爲之本末露見盡可得而知也喻猶曉也　兌命曰念

終始典于學　兌當爲說說命書篇名殷高宗之相傅說之所作

作典常思念事之終始常於[illegible]導禮義之府○文王世子

凡養老五帝憲憲法也養之爲法其德行○爲于僞反三王有乞言有讀爲又又從之求善言可施行也五帝憲養氣體而不乞言有善則記之爲惇史三王亦憲既養老而后乞言亦微其禮皆有惇史惇史史惇厚者也微其禮者依違言之求而不切也○內則

傳曰食三老五更於大學天子袒而

割牲執醬而饋執爵而酳冕而揔干所以教諸侯之弟也是故鄉里有齒而老窮不遺強不犯弱衆不暴寡此由大學來者也食音嗣大音泰下同酳音胤○割牲制俎實也酳食罷飲也干楯也冕而揔干親在舞位以樂侑食也教諸侯之弟次事親○祭義

有虞氏養國老於上庠養庶老於下庠

夏后氏養國老於東序養庶老於西序殷人養國老於右學養庶老於左學周人養國老於東膠養庶老於虞庠虞庠在國之西郊鄭注已見學制篇○疏曰養老必於學者教孝悌之處故於中養老熊氏云國老謂卿大夫致仕者庶老謂士也皇氏云庶老兼庶人在官者其致仕之老大夫以上當養從國老之法士養從庶老之法故外饔云邦饗耆老掌其割亨鄭注引此周人養國老於東膠養庶老於虞庠是也周

立小學爲有虞氏之庠制者庠則後有室前有堂若夏后氏之序乃周之學所在序者皆與庠制同其州黨之序則歌前而已序則豫也故鄉射云豫則鉤楹內堂則由楹外彼鄭注豫讀如成周宣謝火之謝是也大學在國之西郊者鄭駁異義之言三靈一雍在郊者熊氏之言意文王之時猶從殷禮故辟廱大學[illegible]郊劉氏則以爲周之小學爲辟廱在法也以頖泮道曰四代之學如此而周則又有辟廱成均瞽宗之名則上庠東序右學東膠大學也故國老於之養焉[illegible]西序立學虞庠小學也故庶老於[illegible]天子設四學蓋周之制也

0009_0299-2

[illegible]學[illegible]天子[illegible]學命有司行事[illegible]祭先師
[illegible]遂[illegible]東序[illegible]三老五更之
[illegible]三老五更於太學所以教諸
[illegible]賢於西學所以教諸侯之
[illegible]之大子視學則[illegible][illegible]命有司行事
祭[illegible]師先聖焉即祀先賢於西學也所
謂祭於瞽宗者也有司卒事適東序設
二老五更之席即養國老於東膠也所
請食三老五更於太學者也然則商之
右學在周謂之西學亦謂之瞽宗夏之
東序在周謂之東膠亦謂之太學蓋夏之
學上東而下西商學上右而下左[illegible]之

儀禮卷二十九　九

0009_0300-1

說序特其上者而右學東序蓋異[illegible]
並建於一丘之上也然均謂學者學
祀樂祖東序養老更右學東序不得言
其制而已又因其所上之方而謂之也
○今按諸儒所說養國老者當大學養
庶老皆爲小學者亦因王制之言而意
之耳陳氏說其位置及[illegible]氏說有虞
儒之說不同皆無所考闕之可也

氏皇而祭深衣而養老夏后氏收而祭燕衣而養老殷人哻而祭縞衣而養老周人冕而祭玄衣[illegible]而養老皇本又作[illegible]音皇哻[illegible]

0009_0300-2

[illegible]反又古[illegible]反○皇[illegible]屬也畫
羽飾焉凡冕屬其上皆玄上纁下有虞
氏十三章周九章夏殷未聞凡養老之
服皆其時與羣臣燕之服有虞氏質深
衣而已夏而改之尚黑而黑衣裳殷尚
白而縞衣裳周則兼用之玄衣素裳其
冠則牟追章甫委貌也諸侯以天子之
燕服爲朝服燕禮曰燕朝服服是服也
王者之後亦以燕服爲之魯季康子欲
服以縞僭宋之禮也天子皮弁以日視
朝也○纁許云反牟亡侯反追丁雷反
○疏曰注云凡養老之服皆其時與羣
臣燕之服以夏后氏燕衣而養老周人
玄衣素裳而養老皆是燕服故也深衣

儀禮卷二十九　十

0009_0301-1

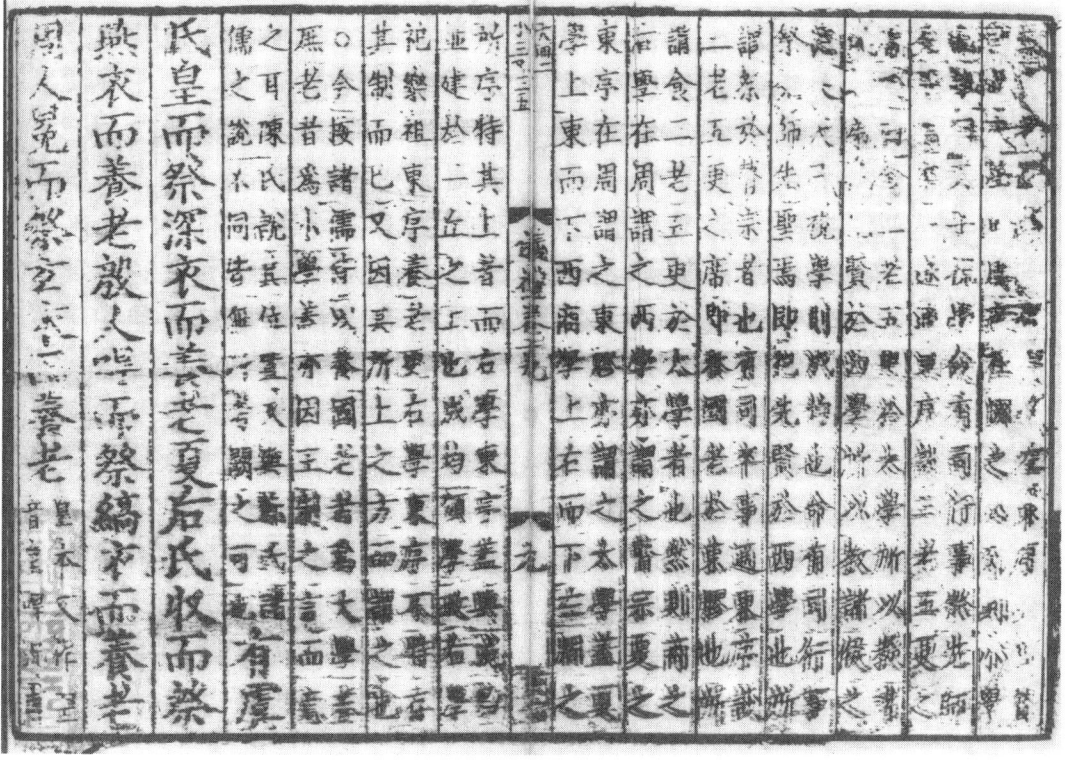

謂白布衣以質用白布而已其冠未聞
皇氏云養老而首還服皇冠崔氏云與
夏同冠未知孰是特牲云大古冠布齊
則緇之則虞氏或用白布冠也夏既尚
黑燕衣黑衣也縞白色生絹亦名爲素
此縞衣謂白布深衣也云周則兼用玄
衣素裳者若衣裳俱玄則與夏不異又
儀禮朝服緇布衣素裳緇則玄故爲玄
衣玄裳也又云朝服首著玄冠玄冠即
委貌以此推之則殷之朝服則音章甫
夏之朝服[illegible]之云以天子之燕服
爲[illegible]長[illegible]燕臣子用朝服
[illegible]引燕禮[illegible]燕朝
[illegible]時

0009_0301-2

冠是朝服也凡此言朝服者皆謂諸侯
之朝服玄衣素裳也天子亦以爲服蔡
其朝則以皮弁故鄭下文亦引之也鄭
又云弁名出於槃槃大也言所以自光
大也冔名出於幠幠覆也所以自覆飾
也收言所以收斂髮也其制之異亦未
聞詳又見冠義篇 ○凡養老有虞氏以燕禮夏
后氏以饗禮殷人以食禮周人脩而兼
用之 兼用之備陰陽也凡飲養陽氣食
養陰氣陽用春夏陰用秋冬○食
音嗣注幷下文食之並同養如字徐以
尚反下同○疏曰皇氏云人君養老有

0009_0302-1

四一是養三老五更二是子孫爲國難
而死者王養其父祖三是養致仕之老
四是引户校年養燕人之老熊氏云天
子視學之年養老一歲有七謂四時凡
四如鄭氏此注又案文王世子注云大
合樂謂春入學舍菜合舞秋頒學合聲
通前爲六又季春大合樂天子視學亦
養老也又正文凡視學必遂養老是總
爲七也燕禮者脫屨升堂殺烝折俎而
無飯其牲用狗行一獻之禮坐而飲酒
以至於醉貴燕安也饗禮者體薦而不
食爵盈而不飲依尊卑而爲獻取數畢
而已致敬鄉也食禮者有飯而享大牢
酒設而不飲以食爲主重簡質也周人

0009_0302-2

脩二代之禮而兼用以養老春夏用虞
夏禮秋冬用殷禮文極備也凡燕禮有
二燕同姓則夜飲燕異姓則讓而止是
也饗禮有四九獻折俎體委無酬數是
也食禮有二禮食燕食是也養致仕之
老則當用正燕正饗正食之禮養死事
之老當用異姓之燕折俎之饗燕食之
食飲是清虛陽氣之象食是形質陰體
之義注云陽用春夏陰用秋冬者案郊
特牲云饗禘有樂而食嘗無樂是故春
禘而秋嘗饗與禘連文故知饗在春食
與嘗連文故知食在秋彼不云冬夏者
彼是殺禮此言冬夏者據周法也或鄭
因春而言夏因秋而見冬雖周冬夏不

0009_0303-1

一養老也就如熊義去冬夏則一年有五
養老也又春合舞秋合聲即是春秋養
老之事冬夏更無養老通季春大合樂
有三養老也熊氏以爲春秋各再養老
故爲一年七養老也去冬夏猶爲五義
實可疑皇氏云春夏雖以飲爲主亦有
食先行饗次燕次食秋冬以食爲主亦
有饗先行食次燕次饗一日之中三事
行畢義或然也 五十養於鄉六十養於國七十
養於學達於諸侯 天子諸侯養老同也
國國中小學在王宮
之左學大學也在郊小學在
國中大學在郊此殷制明矣 八十拜君

0009_0303-2

命一坐再至瞽亦如之九十使人受命謂君不親饗食必以其禮致之○疏曰八十年漸衰弱不堪來學受養君以饗食須一禮使人就家致之其受君命之時理須再拜不堪爲勞一坐於地而首再至於地瞽人無目恐其傾倒拜君命之時亦當如此五十異粻六十宿肉七十貳膳八十常珍九十飲食不離寢膳飲從於遊可也粻陟良反離力智反○粻糧也貳副也遊謂出入止觀○觀古亂反六十歲制七十時

儀禮卷十九　十三

0009_0304-1

制八十月制九十日脩唯絞紟衾冒死而后制絞戶交反紟其鴆反冒亡報反○絞紟衾冒一日二日而可爲者○疏曰歲制謂棺此亦大夫以下人君則即位爲椑矣時制謂衣物難得者月制謂衣物易得者日脩謂棺衣悉辦但日豎脩而已○今按歲制者歲一展而脩之下時月日放此五十始衰六十非肉不飽七十非帛不煖八十非人不煖九十雖得人不煖矣煖溫五十杖於家六十杖

0009_0304-2

於鄉七十杖於國八十杖於朝九十者天子欲有問焉則就其室以珍從尊養之七十不俟朝○大夫士之老者揖君則退疏曰入門至朝位君出揖之即退不待朝事畢也若不聽致仕則祭義云七十杖於朝八十不俟朝君揖者按周禮司士職云孤卿特揖大夫以其等旅揖士旁三揖注云公及孤卿大夫始入門右皆北面東上王揖之乃就位又云王揖之皆逡遁旣復位○今按注揖君當作君揖八十月告存每月致膳九十日有

儀禮卷十九　十四

0009_0305-1

秩秩常也有常膳五十不從力政六十不與服戎七十不與賓客之事八十齊喪之事弗及也與音預齊側皆反○力稍衰也力政城道之役也與及也八十不齊則不祭也子代之祭是謂宗子不孤○疏曰大夫士六十未致仕若爲單將當與服戎此據庶人也案異義禮戴說王制云五十不從力政六十不與服戎易孟氏韓詩說年二十行役三十受兵六十還兵古周禮說國中自七尺以及六十野自六尺以及六十有五皆征之許愼謹案云五經說皆不同是無明

文所據漢承百王而制二十三而役五十六而免六十五已老而周復征之非用民意鄭駁之云周禮所謂皆征之者使爲胥徒給公家之事如今之正衛耳田役爲重故五十免之祭義云五十不爲甸徒是也戎事差輕及孟氏說六十還兵是也胥徒又輕故野外六十五猶征之若四郊之内以其多役其胥徒之事六十則免初受役之時始年二十也其野王城之外力役又少胥徒之事十五則征之至六十五其力政之事皆二十受之兵革之事則三十受之故易孟氏詩韓氏皆云二十行役三十受兵也宗子不孤者此嫡子代父而祭是有父

之宗子也喪服有宗子孤者是無父之宗子也**五十而爵**賢者命爲大夫○䟽曰若其有德不必五十則喪服小功章云大夫爲昆弟之長殤是幼爲大夫爲兄之長殤**六十不親學**不能備弟子禮**七十致政唯衰麻爲喪**衰七雷反○致政還君事○王制**凡三王養老皆引年**已而引戶校年當行復除也老人衆多非賢者不可皆養**八十者一子不從政九十者其家不從政**内則此下有瞽亦如之凡父母在子雖老不坐字**廢**

疾非人不養者一人不從政廢[illegible]**母之喪三年不從政齊衰大功之喪三月不從政將徙於諸侯三月不從政**䟽曰此謂大夫采地之民徙於諸侯爲民以其新徙當須復除但諸侯地寬役少爲人所欲故唯三月不從政**自諸侯來徙家期不從政**自從也○䟽曰自諸侯來徙於家者謂諸侯之民來徙於大夫之邑以大夫役多地狹欲令人貪之故期不從政案旅師云新甿之治皆聽之使無征役鄭注

引此文以證之**少而無父者謂之孤**䟽曰孤顧也顧望無所瞻見也**老而無子者謂之獨**䟽曰獨鹿也鹿鹿無所依也**老而無妻者謂之矜**矜一作鰥並古頑反○䟽曰愁悃不能寐目常鰥鰥然其字從魚魚目常不閉**老而無夫者謂之寡**䟽曰寡倮也倮然單獨**此四者天民之窮而無告者也皆有常餼**餼廩也**瘖聾跛躃斷者侏儒百工各以其器食之**瘖於金反啞也聾力

蒙戚跛彼我反躃必亦反兩足不能行
僬音朱○斷謂支節絕也侏儒短人
亦器能也○疏曰案晉語云文公問八
疾胥臣對云戚施植鎛注云使擊鐘鎛
籧篨蒙璆注云璆玉磬使擊之侏儒扶
盧注云扶持也盧戟柄也矇瞍循聲注
云歌詠擊琴瑟聾聵司火注云使主然火
其童昏嚚瘖僬僥官師所不材宜於掌
土云蘧篨戚施設文不具外傳瘖與僬僥
之等各以器食之外傳不云跛躃此不
置於掌土此瘖與侏儒以其器食之者今古法異也道路男子由
右婦人由左車從中央道有三塗遠別也父之

儀禮卷十九　十七

齒隨行兄之齒鴈行朋友不相踰行如字一
音戶剛反下同○廣敬也謂於塗中輕任并重任分斑白
者不提挈并必性反提音啼挈苦結反○皆謂以與少者雜色曰斑
○疏曰任負也老少並輕則併與少者
老少並重則分爲重輕重與少者輕與
老者君子耆老不徒行庶人耆老不徒食
徒猶空也徒行謂無車徒食謂無肉○王制○天子巡守諸
侯待于竟天子先見百年者問其國君以百年者

所在而往見之八十九十者東行西行者弗敢
過西行東行者弗敢過欲言政者君就
之可也弗敢過者謂道經之則見之○疏曰若天子諸侯因其行次或
東行西行至八十九十者閭里之旁不
敢過越而去必往就見之欲言政者君
就之可也者謂八十九十之人雖不當
道路左右欲共言論政教君即就之可
也○或曰八十九十者東行則人之西
行者不敢分道西過言必避之也其西
行也亦然與注疏不同未知孰是壹命齒于鄉里再命

儀禮卷十九　十八

齒于族三命不齒族有七十者弗敢先
此謂鄉射飲酒時也齒者謂以年次立
若坐也三命列國之卿也不復齒席之
於賓東不敢先族之七十者謂既一人
舉觶乃入也雖非族亦然承齒乎族故
言族爾○疏曰案儀禮鄉飲酒及鄉射
無一命再命之文此文乃在黨正故鄭
[illegible]鄉飲酒云此籍無正齒位之事也一命
此云鄉射飲酒以拋正齒位之事者[illegible]
亦有之但文不備耳三命列國之卿書
據諸侯言之若天子黨正飲酒三命則
上士也此經雖據諸侯亦兼天子黨正
云三命不齒

位爲卿大夫雖再命一命皆得不齒以
其是賓賢能其得爵爲卿大夫者必年
長於衆賓故其正文云席于賓東公三
重大夫再重注云席此二者於賓東尊
之不與鄉人齒大夫坐於上士立於下
者是也若天子黨正飲酒以正齒位其
賓必長故三命始不齒一命下士立於
下再命中士齒於父族坐於堂上三命
上士席於賓東是也族有七十者初飲
酒之時則與衆賓先入此三命者爲待
獻賓獻介獻衆賓之後至一人舉觶之
時乃始入故鄉飲酒鄉射記皆大夫樂
作之前一人舉觶之後乃始得入也若
然大夫之入依禮自當一人舉觶之時

縱令無族人七十者亦當如此又族之
七十者及鄉人少者於先已入今特云
族有七十者不敢先者意謂身有三命
若可在族人七十者之先欲明敬齒上
老故云不敢先爾鄭注又云雖非族亦
然但鄉人長老皆上之既入然後始入
也熊氏謂黨正飲酒正齒位故有七十
者若鄉飲酒則無七十者據鄉飲酒禮
明日乃息司正告于先生君子是老者明日乃入也
七十者不有大故不入朝若有大故而入君必與之揖讓而后乃爵者
謂致仕在家者其朝君先與之爲禮

后揖卿大夫士○祭義
大夫七十而致事
致其所掌之事於君而告老○疏曰白虎通云臣
年七十懸車致仕者臣以執事趨走爲
職七十耳目不聰明是以退老去避賢也所以長廉遠恥
若不得謝
謝猶聽也君必有命勞苦辭謝之其有德尚壯則不聽耳
則必賜之几杖行役以婦人適四方乘安車自稱曰老夫
几杖婦人安車所以養其身體也安車坐乘若今小車也老夫
老人稱也亦明君尊賢春秋傳曰老夫
耄矣○耄音耄○疏曰養老之具在國

及出皆得用之今言行役婦人四方安
車則相互也從語便故離言之耳庾蔚
之云漢世駕一馬而坐乘也熊氏云案書
傳略說云致仕者以朝乘車輲輪鄭云
乘直安車言輲輪明其小也○今按輲
與輇同淳專反番車下庳輪無輻者
於其國則稱名
君雖尊異之自稱猶若臣
越國而問焉必告之以其制
鄰國來問必問於老者以古之制法度○
明也
○淳熬煎醢加于陸稻上沃之以膏曰淳熬
淳之純反熬五羔反○淳沃也熬煎也沃煎成之以爲名○

0009_0311-2

曰陸稻謂陸地之稻也謂以陸稻
米熟之爲飯煎醢使熟加于飯上惡其
味淡更沃之以膏使味相甚漬淳母煎醢加于黍食上
沃之以膏曰淳母毋依注音模莫胡反食音嗣○毋讀曰模
淳象也作此象淳熬○䟽曰黍米言陸者黍皆在陸無在水之嫌炮取
豚若將刲之刳之實棗於其腹中編萑
以苴之塗之以謹塗炮之塗皆乾擘之
濯手以摩之去其皽爲稻粉糔溲之以

儀禮卷十九　二十一

0009_0312-1

爲酏以付豚煎諸膏膏必滅之鉅鑊湯
以小鼎薌脯於其中使其湯毋滅鼎三
日三夜毋絶火而后調之以醯醢炮步交反
將依注音牂子郎反封苦圭反刳口孤反編必緜反萑音丸蘆也苴子餘反
裹也謹依注作墐音斤徐如字塗亦作涂擘必麥反濯直角反去起呂反皽章
善反糔息酒反溲所九反酏羊支反鑊戶郭反薌音香○炮者以塗燒之爲名
也將當爲牂牂母羊也刲刳博異語也
謹當爲墐聲之誤也墐塗塗有穰草也

0009_0312-2

皽謂皮肉之上䐢莫也糔溲亦博異語
也糔讀與滫瀡之滫同薌脯謂煮豚若
羊於小鼎中使之香美也謂之脯者旣
云皽則解析其肉使薄如爲脯然唯豚
全耳豚羊入鼎三日乃内醯醢可食也
○穰如羊反䐢音伯反莫亦作漠○䟽
曰炮取豚若將者言爲炮之法或取豚
或取牂棗香棗也萑亂草也苴裹也編
連亂草以裹之也塗之以謹塗者以此
墐塗而泥塗之擘之者謂擘去乾塗也
爲稻粉糔溲之以爲酏者付全豚之外
薄之於膏若羊則解析肉以粥和之滅
沒也小鼎盛膏以膏煎豚牂膏必沒此
豚牂也鉅鑊湯以小鼎薌脯其中謂以

儀禮卷十九　二十二

0009_0313-1

大鑊盛湯以小鼎之香脯實於大鑊湯
中使其湯毋滅鼎者使鑊中之湯毋得
沒此小鼎也毋絶火者欲令用火微熱勢不絶擣珍取牛羊麋
鹿麕之肉必脄每物與牛若一捶反側
之去其餌孰出之去其皽柔其肉擣丁老反
麕九倫反脄音每捶之蘂反餌音二本
或作皽下句作餌○脄脊側肉也捶擣
之也餌筋腱也柔之爲汁和也汁和亦
醯醢與○筋音斤腱其偃反或云筋之
大者或云筋頭也○䟽曰腱即筋之類
謂脄炮牂調以醯醢下漬亦然故知謂

0009_0313-2　0009_0314-1

參和亦用醓醢漬取牛肉必新殺者薄切之必絕其理湛諸美酒期朝而食之以醢若醯醷漬似賜反湛子潛反期音朞醷於力反○湛亦漬也爲熬捶之去其皽編萑布牛肉焉屑桂與薑以洒諸上而鹽之乾而食之施羊亦如之施麋施鹿施麕皆如牛羊欲濡肉則釋而煎之以醢欲乾肉則捶而食之洒所買反

鹽音鹽濡音儒○熬於火上爲之也今之火脯似矣欲濡欲乾人自由也鹽或爲鹽此七者周禮八珍其一肝膋是也○膋音遼○疏曰欲濡肉則釋而煎之以醢者欲得濡肉則以水潤釋之而煎之以醢也七者謂第一淳熬也第二淳母也第三第四炮取豚若牂也第五擣珍也第六漬也第七熬也云其一肝膋者則此糝下肝膋也但作記之人文不依次故在糝下陳之糝取牛羊豕之肉三如一小切之與稻米稻米二肉一合以爲餌煎之○此周禮糝食也食音嗣下飽

0009_0314-2　0009_0315-1

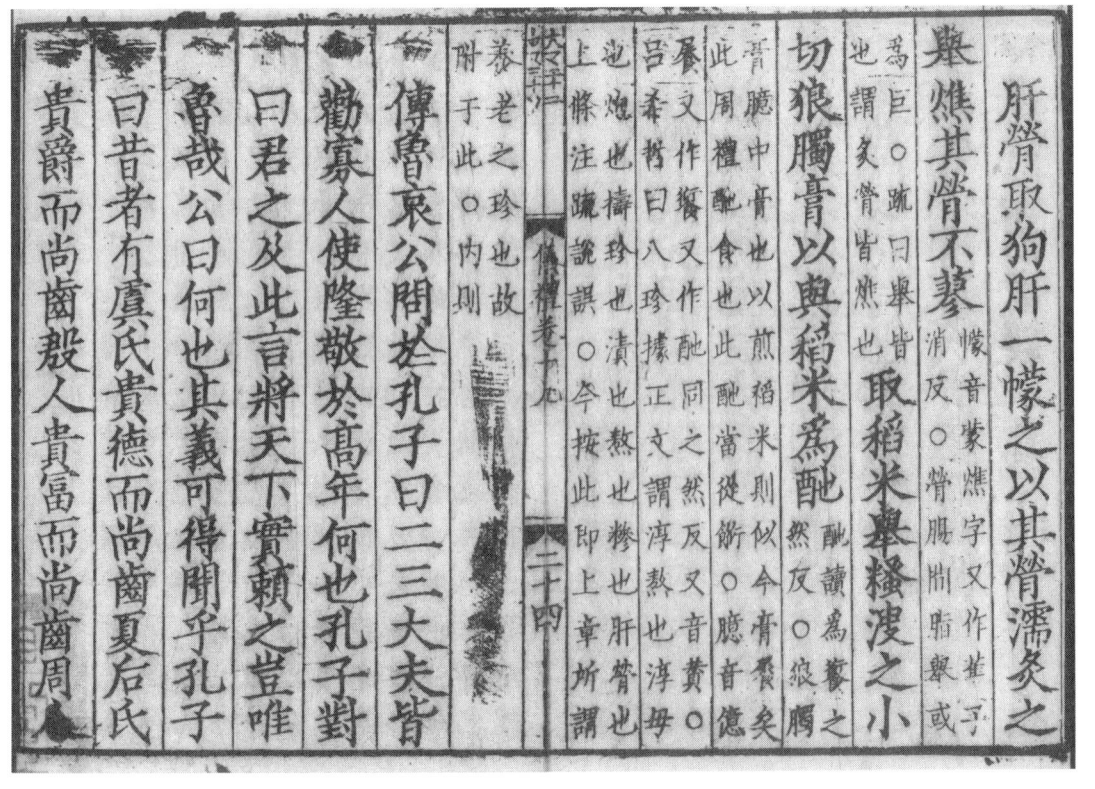

肝膋取狗肝一幪之以其膋濡炙之舉燋其膋不蓼幪音蒙燋字又作焦子消反○膋力彫反燋或爲巨○疏曰舉皆也謂炙膋皆燋也取稻米舉糔溲之小切狼臅膏以與稻米爲酏酏讀爲餰之然反○狼臅胷臆中膏也以煎稻米則似今膏餰矣此周禮酏食也此酏當從餰○臆音億餰又作饘又作酏同之然反又音羶○呂春秋曰八珍據正文謂淳熬也淳母也炮也擣珍也漬也熬也糝也肝膋也上條注疏說誤○今按此即上章所謂

養老之珍也故附于此○內則

傳魯哀公問於孔子曰二三大夫皆勸寡人使隆敬於高年何也孔子對曰君之及此言將天下實賴之豈唯魯哉公曰何也其義可得聞乎孔子曰昔者有虞氏貴德而尚齒夏后氏貴爵而尚齒殷人貴富而尚齒周人

0009_0315-2

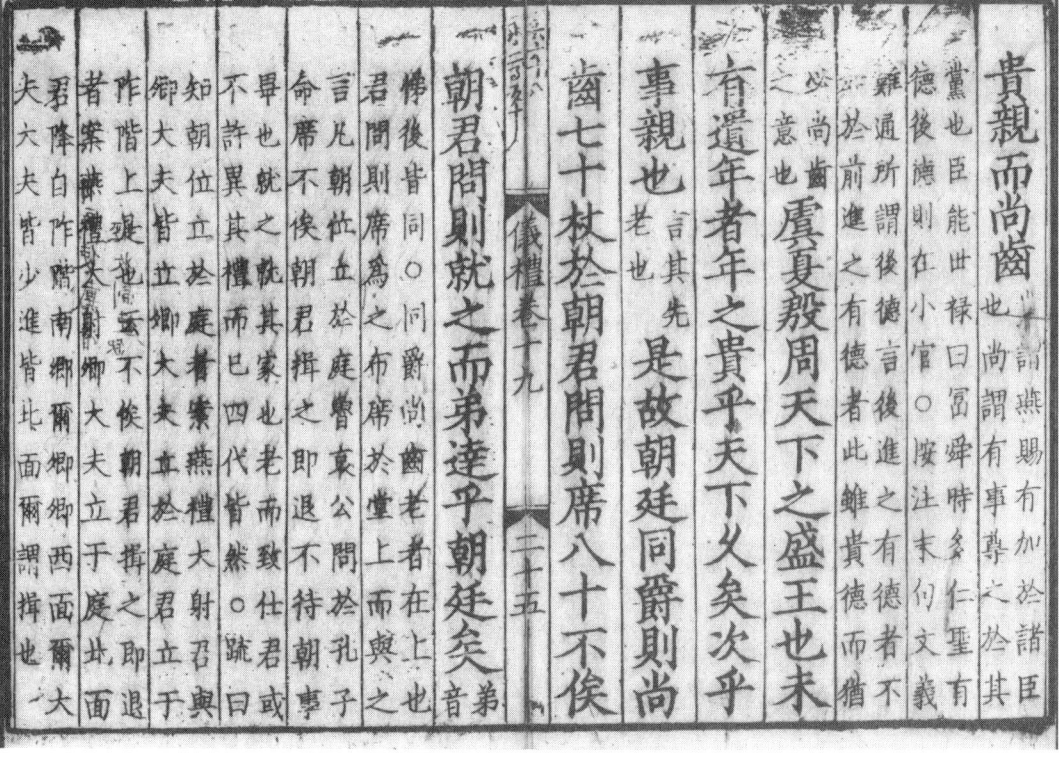

貴親而尚齒詩燕賜有加於諸臣也尚謂有事尊之於其黨也臣能世祿曰冨舜時多仁聖有德後德則在小官○按注未備文義難通所謂後德言後進之有德者不於前進之有德者此雖貴德而猶必尚齒之意也虞夏殷周天下之盛王也未有遺年者年之貴乎天下久矣次乎事親也言其先老也是故朝廷同爵則尚齒七十杖於朝君問則席八十不俟

儀禮卷十九　二十五

0009_0316-1

朝君問則就之而弟達乎朝廷矣弟音悌後皆同○同爵尚齒老者在上也君問則席爲之布席於堂上而與之言凡朝位立於庭曾哀公問於孔子命席不俟朝君揖之即退不待朝事畢也就之就其家也老而致仕君或不許異其禮而已四代皆然○䟽曰知朝位立於庭者案燕禮大射君與卿大夫皆立卿大夫立於庭君立于阼階上北面也云不俟朝君揖之即退者案燕禮大射卿大夫立于庭北面君降自阼階南鄉爾卿卿西面爾大夫大夫皆少進皆北面爾謂揖也

0009_0316-2

行肩而不併不錯則隨見老者則車徒辟斑白者不以其任行乎道路而弟達乎道路矣併步頂反辟音避○肩而不併言肩不得併錯鴈行也父黨隨行兄黨鴈行車徒辟乘車步行皆辟老人也斑白者髮雜色也任所擔持也不以任少者代之○行如字又户剛反○䟽曰行肩而不併者謂老少並行少者差退在後則朋友肩隨是也錯鴈行參錯也居鄉以齒而老窮不遺強不犯弱

儀禮卷十九　二十六

0009_0317-1

衆不暴寡而弟達乎州巷矣老窮不遺以鄉人尊而長之雖貧且無子孫無弃忘也一鄉者五州巷猶閭也古之道五十不爲甸徒頒禽隆諸長者而弟達乎獀狩矣甸田見反獀音蒐所求反○四井爲邑四邑爲丘四丘爲甸甸六十四井也以爲軍田出役之法五十始衰不從力役之事也頒之言分也隆猶多也及田者分禽多其老者謂竭作未五十者春獵爲獀冬獵爲狩也○䟽曰一甸之中出長轂一乘甲士三人步卒

七十二人供君田役事云搜狩則夏苗秋獮可知也軍旅什伍同爵則尚齒而弟達乎軍旅矣什伍士卒部曲也少儀曰軍尚左卒尚右孝弟發諸朝廷行乎道路至乎州巷放乎獀狩脩乎軍旅衆以義死之而弗敢犯也○放方往反死之死此孝弟之禮公曰善哉家語○齊宣王問於春子曰寡人欲行孝弟之義爲之有

儀禮卷十九　二十七

道乎宣王齊君陳敬仲之後也春子曰昔者衛聞之樂正子樂正子曾子弟子也曰文王之治岐也五十者杖於家六十者杖於鄉七十者杖於朝見君揖杖朝當爲國揖當爲去八十者杖於朝見君揖杖揖扶也君曰趨見客無俟朝不欲久傳老者也古者七十致仕來者客之也以朝乘車輲輪御爲僕送至於家而

孝弟之行義達於諸侯乘車安車也御君之御也○輲輪見前乘安車注九十杖而朝見君建杖建樹也君曰趨見毋俟朝以朝車送之舍大子重鄉養舍卿也重猶尊也養以禮食之也卜筮巫毉御于前祝咽祝哽以食乘車輲輪胥與就膳徹胥樂官也就成也胥成膳徹謂以樂食之也送至於家君如有欲問明日就

儀禮卷十九　二十八

其室以珍從而孝弟之義達於四海明日且日此文王之治岐也君如欲行孝弟之大義盍反文王之治岐尚書大傳

儀禮經傳通解卷第十九

0009_0322-2

儀禮經傳通解卷第二十

燕禮第三十三　邦國禮一之上

燕禮○小臣戒與者 與音預○小臣相君燕飲之法戒與
者謂留群臣也君以燕禮勞使臣若臣有功故與群臣樂之小臣則警戒告語
焉飲酒以合會爲歡也○相息亮反勞力報反使所吏反樂音洛語魚據反○
疏曰王燕飲大僕相小臣佐之此諸侯禮降於天子故使小臣當大僕之事留
群臣謂群臣留在國不行者也○今按留群臣謂群臣朝畢將退君欲與之燕

0009_0323-1

故使小臣留之跡說非是

右戒群臣

膳宰具官饌于寢東 膳宰天子曰膳夫掌君飲食膳羞者
也具官饌具其官之所饌謂酒也牲也脯醢也寢路寢○疏曰云路寢者以饗
在廟燕在寢故下記云燕朝服於寢正處在路寢不在燕寢可知○今按於寢下
疑脫既朝服宜於六字 樂人縣 縣鍾磬也國君無故不徹
縣言縣者爲燕新之○爲于僞反○疏
曰案周禮眡瞭職云掌大師之縣諸侯

0009_0323-2

無眡瞭則使僕人縣樂大師以聲展之
樂師又監之小胥天子宮縣諸侯軒縣
面皆鍾磬鎛各一虡大夫判縣士特縣
不得有鎛諸侯之士特縣磬而已曲禮
大夫無故不徹縣則國君無故亦不徹
縣可知燕在路寢有常縣之樂今更整
理之故云爲燕新之也 設洗篚于阼階東南當東
霤罍水在東篚在洗西南肆設膳篚在
其北西面 霤力又反罍音雷○設此不言其官賤也當東霤者人君
爲殿屋也亦南北以堂深肆陳也膳篚者君象觚所饌也亦南陳言西面尊之

0009_0324-1

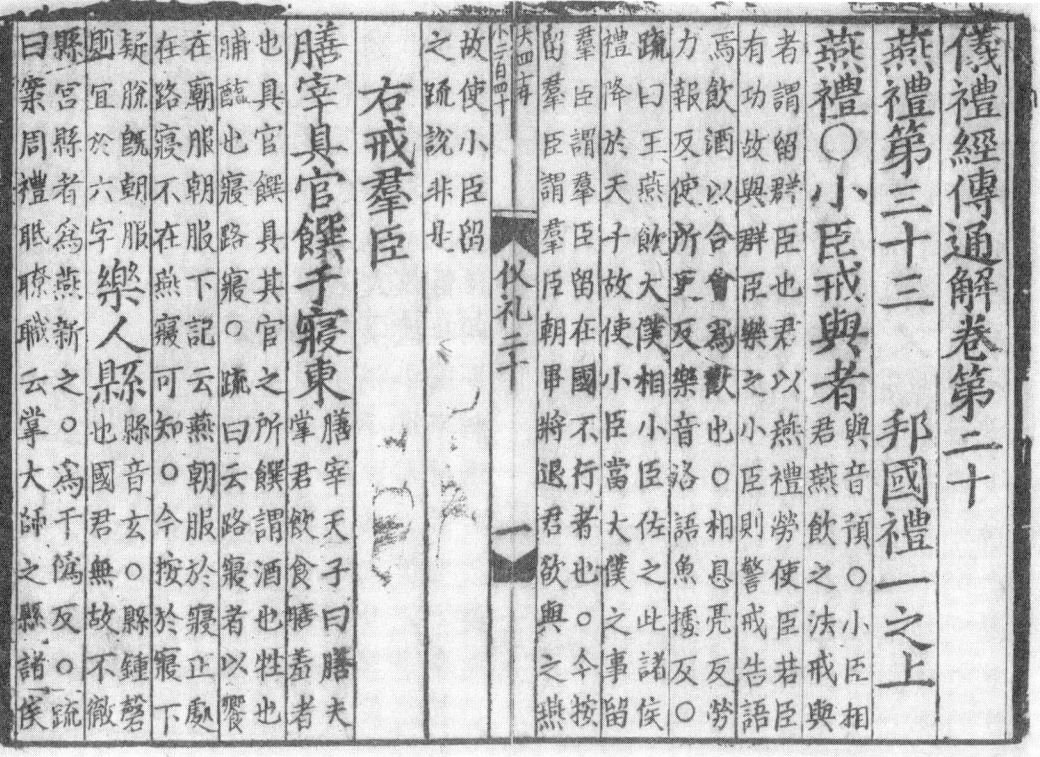

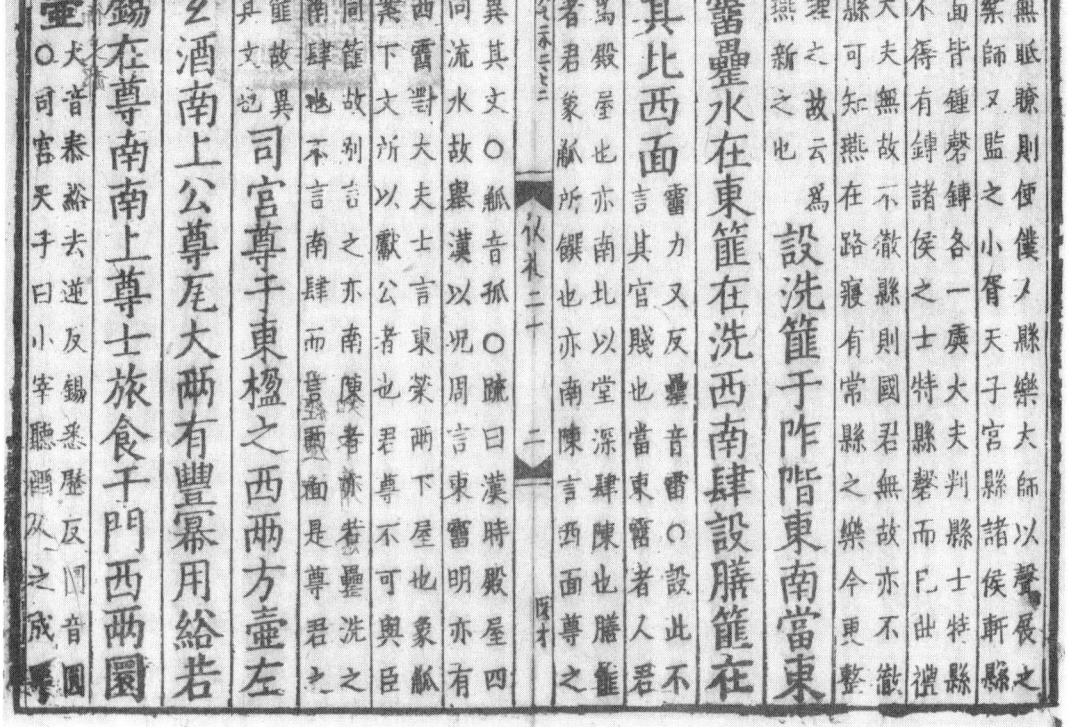

異其文○觚音孤○疏曰漢時殿屋四
向流水故舉漢以況周言東霤明亦有
西霤對大夫士言東榮兩下屋也象觚
案下文所以獻公者也君尊不可與臣
同篚故別言之亦南陳者亦若罍洗之
南肆也不言南肆而言西面是尊君之
篚故異其文也 司宮尊于東楹之西兩方壺左
玄酒南上公尊瓦大兩有豐冪用綌若
錫在尊南南上尊士旅食于門西兩圜
壺○大音泰綌去逆反錫悉歷反圜音圓○司宮天子曰小宰聽酒人之成

0009_0324-2

省也尊方壺爲卿大夫士也臣道直方於東楹之西予君專此酒也玉藻曰唯君面尊玄酒在南順君之面也瓦大有虞氏之尊也禮器曰君尊瓦甒豐形似豆卑而大羃用綌若錫冬夏異也在尊南在方壺之南也尊士旅食者用圜壺變於卿大夫也旅衆也士衆食謂未得正祿所謂庶人在官者也今文錫爲緆○甒亡甫反羃如字錫悉歷反○疏曰天官小宰職治王宮之政令諸侯有司宮掌宮事與小宰同酒正云酒正之出日入其成月入其要小宰聽之此司宮亦掌酒事是以知諸侯司宮當天子小宰也予君專此酒者此決鄉飲酒鄉射

0009_0325-1

皆於房戶之間賓主共之此於東楹之西向君設之人君尊專大惠也引玉藻者欲見尊面向君據君面以左爲尊玄酒在南也少儀又云尊者以酌者之左爲上尊鄉飲酒云尊兩壺于房戶之間玄酒在西又鄉射云尊於賓席之東兩壺斯禁左玄酒鄭注云設尊者北面西曰左此等皆據酌者北面而言玄酒在左此燕禮尊面向君君面以左爲尊玄酒在南若據酌者不得背君而西面當尊西東面則酌者之右爲上尊是以下文媵爵于公者交於東楹北也又云豐形似豆卑而大者據漢法而知但豆徑尺柄亦長尺此承尊之物不可同於常

0009_0325-2

豆故知卑而大取其安穩也夏宜用綌冬宜用錫者之麤者曰綌喪服傳云無事其縷有事其布曰錫鄭注云治其布使之滑易是也瓦大不言玄酒者以其言兩又言南上則有玄酒在南可知凡無玄酒者不言上下如下文尊士旅食直云兩圜壺之類是也正祿者王制下士以上至卿大夫皆得正祿也庶人在官者謂府史胥徒皆非正祿號爲士旅食者也○今按在尊南者謂瓦大在方壺之南耳疏云據未用而陳於方壺之南不辨於方壺瓦大之間誤也若然則正在二者之間矣何得言不雜邪

司宮筵賓于戶西東上無加席也筵席也席用蒲筵緇布純無加席燕私禮臣屈也諸侯之官無司几筵也○純之閏反又章允反○疏曰公食記云蒲筵常緇布純加萑席尋玄帛純彼異國之賓有加席禮得申此燕私禮臣屈也又天子有司

0009_0326-1

凡筵布席諸侯兼官使司宮設尊并席也

右陳饌器○記燕朝服於寢朝直遙反○朝服者諸侯與其羣臣日視朝之服也謂冠玄端緇帶素韠白屨也燕於路寢相親昵也今辟雍十月行此燕禮玄冠而衣皮弁服與禮異也○韠音

0009_0326-2

毋辟音壁衣於既反○疏曰屨人注天子諸侯吉事皆舃而云白屨者引士冠禮成文其實諸侯當白舃其臣則白屨也鄭注又云複下曰舃襌下曰屨下謂屋也燕於寢者以饗在廟明燕在寢私恩也**亨于門外東方**亨普庚反○亨于門外臣所掌也○疏曰此與公食皆君禮故亨於門外鄉飲酒亨于堂東北不在外者臣禮宜主人親供也**射人告具**告事具於君射人主此禮以其或射也○疏曰案公食無射故使賓者告具大射告具之上有羹定此不言者文不具也**小臣設**

大三十　小三百五十　儀禮卷二十　五　丁信

0009_0327-1

公席于阼階上西鄉設加席公升即位于席西鄉鄉許亮反本又作嚮○周禮諸侯昨席莞筵紛純加繅席畫純後設公席者凡禮卑者先即事尊者後也○莞音官繅音早○疏曰周禮司几筵之文也彼諸侯祭祀神席及受酢之席此燕飲之席與彼同若饗諸侯來朝則郊特牲云大饗君三重席而酢焉是也燕他國之臣即郊特牲云三獻之介君專席而酢焉此降尊以就卑故君單席受酢也又此燕私禮故賤者先即事大射辨尊卑故先設公席後設賓席也○今按此燕與大射雖設席之先後不同然皆公先升即位然後納賓非

0009_0327-2

卑者先即事也但其言偶不同耳不當據文便生異義也注疏說皆非是**小臣納卿大夫卿大夫皆入門右北面東上士立于西方東面北上祝史立于門東北面東上小臣師一人在東堂下南面士旅食者立于門西東上**納者以公命引而入也自士以下從而入即位耳師長也小臣之長一人猶天子大僕正君之服位者也凡入門而右由闑東左則由闑

大八三　小二百十　儀禮卷二十　六　丁信

0009_0328-1

西○長丁丈反大音泰闑魚列反○疏曰此卿大夫之位皆是擬君揖位故下經君爾之始就庭位也西方東面北上此則士之定位士賤故不待君揖入門即就定位也凡入門者鄭解入門之禮案玉藻云公事自闑西私事自闑東一也故由禮又云大夫士出入公門由闑右聘禮云聘賓入由闑西蓋凡入門而右臣闑東者是臣朝君之法也入門而左由闑西者是聘賓入門之法也**公降立于阼階之東南南鄉爾卿卿西面北上爾大夫大夫皆少進**爾近也移也揖而後

丁本此葉刻工弓万大夫士出四字作士大夫之張本同傅本而塗改作士大夫之

0009_0328-2

之近之也大夫猶北面少前○近附近之近○疏曰曲禮云揖人必違其位是以公將揖卿大夫降立於阼階之東南南面揖之變揖言爾者爾訓近也移也卿大夫得揖移近中庭三卿東相西面五大夫中庭少進北面不改也射人請賓命當由君出也○疏曰燕而或射禮輕或之射正爲擯或小射正爲擯皆是射人故直云射人不辨西面位者以君南面射人北面可知公曰命某爲賓某大夫也○疏曰以大夫者以賓主相對鉅以卑夫爲主人是大夫明賓亦當用大夫也燕義云不以公卿爲賓而以大夫爲賓爲

儀禮卷二十　七

0009_0329-1

疑也射人命賓賓少進禮辭命賓者東面南顧禮辭辭不敏也○疏曰少儀云詔辭自右射人在君之右東面者向君南顧者向賓便也反命射人以賓之辭告於君又命之賓再拜稽首許諾又復○復扶又反射人反命告賓許賓出立于門外東面當更以賓禮入○疏曰前卿大夫從臣禮相從而入故出更以賓禮入是以下經賓入及庭公降一等揖之公揖卿大夫乃升就席揖之人之也○疏曰言人之者公將及升堂故

0009_0329-2

以人意相存偶是以揖之乃升小臣自阼階下北面請執冪者與羞膳者執冪者執瓦大之冪也方圓壺無冪羞膳羞於公謂庶羞○疏曰下注云君物曰膳此又與執冪者連文則羞於公可知脯醢自稱薦故知此是庶羞也乃命執冪者執冪者升自西階立于尊南北面東上以公命於西階前命之也東上玄酒之冪爲上也羞膳者從而東由堂東升自北階房中西面南上不言之者不升堂略之也○疏曰下記云羞膳者與執冪者皆士也士位在西

儀禮卷二十　八

0009_0330-1

方東面故知西階前命之也東面階西面階婦人之階非男子之所升則羞者升自北階可知大射工人士與梓人亦升自北階也知由堂東以羞在房知房中西面南上者約士冠禮贊者立于房中西面南上也不升堂不由前堂升也膳宰請羞于諸公卿者小臣不請而使膳宰於卑者彌略也禮以異爲敬○疏曰上請賓使射人請執冪使小臣已是其略今羞諸公卿乃使膳宰膳宰卑於小臣故云彌略也周禮膳夫是上士此諸侯膳宰明非上士且禮之大例薦羞者尊於設俎者公士爲薦羞膳宰設俎故知膳宰卑也

0009_0330-2

射人納賓射人爲擯者也今文曰擯者賓入及庭公降一等揖之及至也至庭謂既入而左北面時○疏曰入謂入門及庭謂出堂塗北面公升就席以其將與主人爲禮不參之也○疏曰下經云賓升主人亦升是與主人爲禮也賓升自西階主人亦升自西階賓右北面至再拜賓荅再拜主人宰夫也宰夫大宰之屬掌賓客之獻飲者也其位在洗北西面君於其臣雖爲賓不親獻以其尊莫敢伉禮也至再拜者拜賓來至也天子膳

大二　小二十　儀禮二十　九　胡景

0009_0331-1

夫爲獻主○伉苦浪反敵也○疏曰燕義云使宰夫爲獻主下文脀薦主人于洗北西面是其位所在也周禮膳夫職云王燕飲酒則爲獻主

右即位○記與卿燕則大夫爲賓與大夫燕亦大夫爲賓不以所與燕者爲賓者燕爲序歡心賓主敬也公父文伯飲南宮敬叔酒以路堵父爲客此之謂也君恒以大夫爲賓者大夫卑雖尊之猶遠于君今文無則下無燕○爲于僞反父音甫飲於鴆反堵音者遠于萬反疏曰此謂與己臣子燕法若與異

0009_0331-2

國之賓燕皆用上介爲賓也不用公卿爲賓者恐逼君用大夫爲賓雖尊之猶遠於君不畏逼君也○今按若以樂納賓記見樂賓後章公所與燕者雖不爲賓亦當如異國之賓爲苟敬也羞膳者與執冪者皆士也尊君也膳宰卑於士○疏曰士則膳宰之長也羞卿者小膳宰也膳宰之佐也凡薦羞者小膳宰也謂於卿大夫以下也注特言羞卿者小膳宰者欲絶於賓羞賓者亦士

八二　集六七　儀禮二十　十　胡景

0009_0332-1

主人降洗南西北面賓將從降鄉之賓降階西東面主人辭降賓對對荅主人北面盥坐取觚洗賓少進辭洗主人坐奠觚于篚興對賓反位賓少進者又辭宜違其位也獻不以爵辟正主也古文觚皆爲觶○辟音避觶章豉反○疏曰曲禮云揖人必違其位辟正主者鄉飲酒鄉射是正主皆用爵此宰夫爲主故用觚也主人卒洗賓揖乃升賓每先升尊也○疏曰每先升者前賓已先升此又先升也

0009_0332-2

主人升賓拜洗主人賓右奠觚荅拜降
盥主人復盥爲拜手坋塵也○坋步困反○疏曰前盥爲洗爵此盥爲汙手
賓降主人辭賓對卒盥賓揖升主人升
坐取觚取觚將就瓦大酌膳執冪者舉冪主人酌
膳執冪者反冪君物曰膳膳之言善也酌君尊者尊賓也主
人筵前獻賓賓西階上拜筵前受爵反
位主人賓右拜送爵賓既拜前受觚退復位膳宰

儀禮卷二十　十二

0009_0333-1

薦脯醢賓升筵膳宰設折俎折俎牲體骨也鄉飲
酒記曰賓俎脊脅肩肺賓坐左執爵右祭脯醢奠
爵于薦右興取肺坐絶祭嚌之興加于
俎坐挩手執爵遂祭酒興席末坐啐酒
降席坐奠爵拜告旨執爵興主人荅拜
嚌才計反挩始銳反啐七內反○降席席西也旨美也○疏曰降席席西不言
面案前射降席席西拜者皆南面拜訖則告旨賓西階上北面

0009_0333-2

坐卒爵興坐奠爵遂拜主人荅拜遂拜拜既
爵也
右主人獻賓（一）記惟公與賓有俎主於
燕其餘可以無俎
賓以虛爵降將酢主人○酢才各反下同主人降賓
洗南坐奠觚少進辭降主人東面對上既
言爵矣復言觚者嫌易之也大射禮曰主人西階西東面少進對今文從此以

儀禮卷二十　十三

0009_0334-1

下觚皆爲爵○疏曰一升曰爵二升曰觚散文即通觚亦稱爵經文不辨主人
立處又無少進之文鄭以大射先行燕禮皆與此同故引以爲證賓坐
取觚奠于篚下盥洗篚下篚南也主人辭洗
賓坐奠觚于篚興對卒洗及階揖今文無洗
升主人升拜洗如賓禮賓降盥主人降
賓辭降卒盥揖升酌膳執冪如初以酢
主人于西階上主人北面拜受爵賓主

0009_0334-2

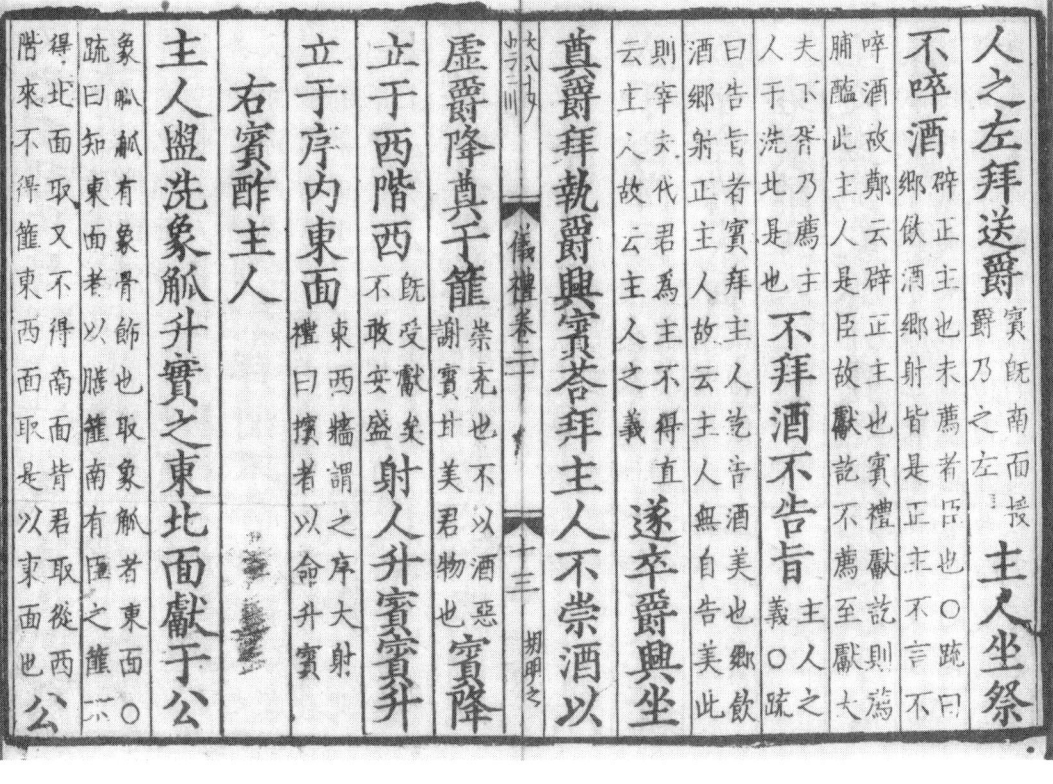

人之左拜送爵賓既南面授爵乃之左主人坐祭不啐酒辟正主也未薦者臣也○疏曰鄉飲酒鄉射皆是正主不言不啐酒故鄭云辟正主也賓禮獻訖則爲脯醢此主人是臣故獻訖不薦至獻大夫下脊乃薦主人于洗北是也不拜酒不告旨主人之義○疏曰告旨者賓拜主人美告酒美也鄉飲酒鄉射正主人故云主人無自告美此則宰夫代君爲主不得直云主人故云主人之義遂卒爵興坐奠爵拜執爵興賓荅拜主人不崇酒以

儀禮卷二十　十三　胡明之

0009_0335-1

虛爵降奠于篚崇充也不以酒惡謝賓甘美君物也賓降立于西階西既受獻矣不敢安盛射人升賓賓升立于序內東面東西牆謂之序大射禮曰擯者以命升賓

右賓酢主人

主人盥洗象觚升實之東北面獻于公象觚觚有象骨飾也取象觚者東面○疏曰知東面者以膳篚南有匪之篚亦得北面取又不得南面背君取從西階來不得篚東西面取是以東面也公

0009_0335-2

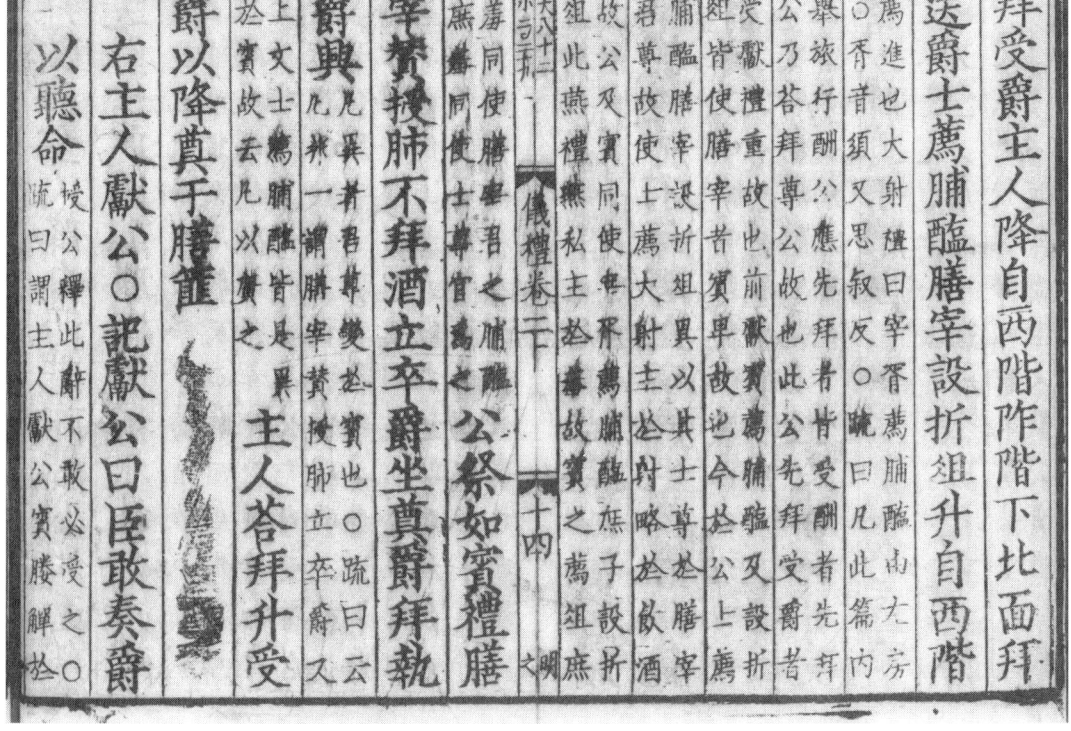

拜受爵主人降自西階阼階下北面拜送爵士薦脯醢膳宰設折俎升自西階爲進也大射禮曰宰胥薦脯醢由左房○胥音須又思叙反○疏曰凡此篇內舉旅行酬公應先拜者皆受酬者先拜公乃荅拜尊公故也此公先拜受爵者受獻禮重故也前獻賓薦脯醢又設折俎皆使膳宰者賓卑故也今於公上薦脯醢膳宰設折俎異以其士尊於膳宰君尊故使士薦大射主於射略於飲酒故公及賓同使[illegible]薦脯醢庶子設折俎此燕禮燕私主於歡故賓之薦俎庶

儀禮卷二下　十四　明之

0009_0336-1

羞同使膳宰君之脯醢庶羞同使士尊官爲之公祭如賓禮膳宰贊授肺不拜酒立卒爵坐奠爵拜執爵興凡異者君尊變於賓也○疏曰云凡此一謂膳宰贊授肺立卒爵又上文士薦脯醢皆是異於賓故云凡以贊之主人荅拜升受爵以降奠于膳篚

右主人獻公○記獻公曰臣敢奏爵以聽命授公釋此辭不敢必受之○疏曰謂主人獻公賓媵觶於

0009_0336-2

公雖非獻亦釋此辭也

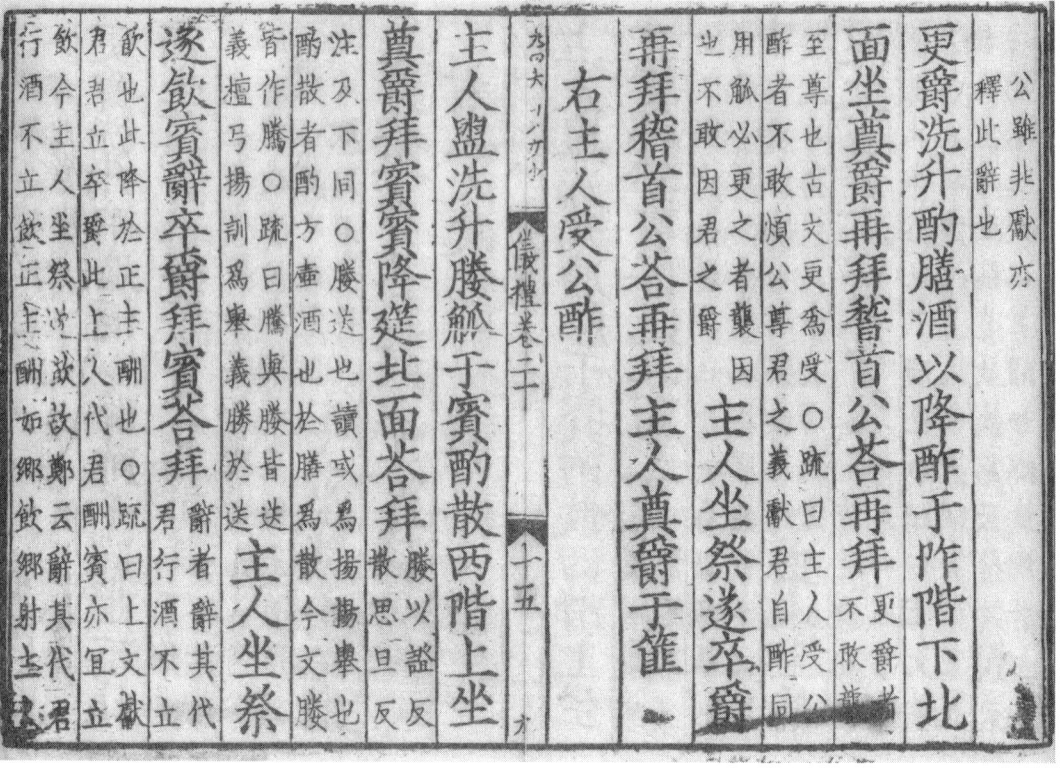

更爵洗升酌膳酒以降酢于阼階下北面坐奠爵再拜稽首公荅再拜更爵者不敢襲至尊也古文更為受○疏曰主人受公酢者不敢煩公尊君之義獻君自酢同用觚必更之者襲因也不敢因君之爵主人坐祭遂卒爵再拜稽首公荅再拜主人奠爵于篚

右主人受公酢

主人盥洗升媵觚于賓酌散西階上坐奠爵拜賓賓降筵北面荅拜媵以謚反散思旦反注及下同○媵送也讀或為揚揚舉也酌散者酌方壺酒也於膳為散今文媵皆作騰○疏曰騰與媵皆送義揚弓揚訓為舉義勝於送主人坐祭遂飲賓辭卒爵拜賓荅拜辭者辭其代君行酒不立飲也此降於正主酬也○疏曰上文獻君君立卒爵此上入代君酬賓亦宜立飲今主人坐祭遂飲故鄭云辭其代君行酒不立飲正主酬如鄉飲鄉射主人

0009_0337-1

0009_0337-2

酬賓皆坐卒爵○今按正主之酬皆坐卒爵此代君酬當降禮而立飲今不立而坐則是不降故辭不敢當也主人降洗賓降主人辭降賓辭洗卒洗揖升不拜洗不拜洗酬而禮殺○殺所界反主人酌膳賓西階上拜拜者拜其酌己受爵于筵前反位主人拜送爵賓升席坐祭酒遂奠于薦東遂者因坐而奠不北面也奠之者酬不舉也○疏曰案鄉飲鄉射主人酬賓皆主人實觶席前北西賓始西階上拜此及

大射主人始酌膳觶賓已西階上拜者以其主人皆是代君勸酒其實是臣急承君勸不敢安暇故先拜也主人又不坐奠于薦西賓祭訖遂南面奠于薦東不北面奠也主人降復位賓降筵西東南面立賓不立于序內位彌尊也位彌尊者其禮彌卑記所謂一張一弛者是之類與○弛尸氏反與音餘○疏曰案上初賓得獻降升之時序內立是不敢近賓席是禮尊而賓卑至此酬訖立於席西是賓位彌尊禮漸殺故云彌卑也獻時爲盛是一張也酬時爲殺是一弛也

0009_0338-1

0009_0338-2

石主人酬賓

小臣自阼階下請媵爵者公命長長丁丈反

命長使選卿大夫之中長幼可使者○疏曰案下文大夫長升受旅是長幼之第非專最長則此命長亦非最長但是長幼之中可使者也

小臣作[illegible]夫二人媵爵[illegible]

[illegible]媵爵者立于洗南西面北上序進盥洗角觶升自西階序進

0009_0339-1

酌散交于楹北降阼階下皆奠觶再拜稽首執觶興公荅再拜

序次第也猶代也楹北西楹之北也交而相待於西階上既酌右還而反往來以右為上○疏曰西面北上者是未盥相待之位序進盥則北面向洗云西楹之北者二大夫盥手洗爵訖[illegible]者升西階由西楹之北向東楹之西東面酌酒訖右還由西楹北向西階上[illegible]面後者升西階亦由西楹之北向東[illegible]之西酌酒訖亦由西楹之北西階[illegible]

[illegible]

仪礼二十　十七　正

0009_0339-2

道尊右故也

媵爵者皆坐祭遂卒觶興坐奠觶再拜稽首執觶興公荅再拜媵爵者執觶待于洗南

待君命也○疏曰以君尊臣卑故雖目飲訖猶執觶以待君命也

小臣請致者

請使一人與二人與優君也○疏曰案下二人俱致禮法當然是以不敢必君舉也故云一人與二人與取君進止是優君也

若君命皆致則序進奠觶于篚阼階下皆再拜稽首公荅再拜媵爵者

0009_0340-1

洗象觶升實之序進坐奠于薦南北上降阼階下皆再拜稽首送觶公荅再拜

序進往來由尊北交于東楹之北奠于薦南不敢必君舉也大射禮曰媵爵者皆退反位○疏曰酌酒奠于君所故交于東楹之北以其酒尊所陳在東楹之西而陳其尊有四并執冪者在南不得南頭以之君所又唯君面尊若西面酌酒則背君故先酌者東面酌訖由尊北又楹北往君所奠訖右還而反後[illegible]

[illegible]

仪礼二十　十八　正

0009_0340-2

相隨降自西階也案鄉射皆云奠者於左將舉者於右是以鄉飲一人舉觶及二人舉觶皆奠于薦右今言媵爵於公是將舉於薦右而奠於薦左故云不敢必君舉也引大射禮者此經無反位之文故引大射以是之言反門右北面位也

右媵爵于公

公坐取大夫所媵觶興以酬賓賓降西階下再拜稽首公命小臣辭賓升成拜

0009_0341-1

與以酬賓就其階而酬之也升成拜復再拜稽首也先時君辭之於禮若未成然○疏曰賓降拜不於阼階下而言西階下故知公在賓西階上也凡臣於君雖爲賓與君相酬受爵不敢拜於堂上皆拜於堂下若君辭之聞命即升若堂下拜訖君辭之即升復再拜稽首所以然者以堂下再拜而君辭之若未成然故後升堂再拜稽首以成之若堂下未拜之閒聞命則升升乃再拜稽首則不言升成拜卽下經云小臣辭賓升再拜稽首鄭注不言成拜者爲拜故下賓未拜是也凡臣拜於君有三等初受獻拜於堂下或親辭或遣小臣辭成與不成

0009_0341-2

如上說至於酬酒雖下堂拜未即拜待君辭即所云爲拜故下賓未拜者禮殺也此篇末無筭爵受公賜爵者皆一一席堂上拜稽首不堂下拜者禮末又輕於酬時

公坐奠觶荅再拜執觶興立卒觶賓下拜小臣辭賓升再拜稽首不言成拜者爲拜故下賓未拜也下不輒拜禮殺也此賓拜于君之左下言之者不敢敵偶於君○疏曰上云公酬賓工西階上則此賓升再拜者拜于君之左可知經不言者不敢敵耦于君闕其文也

公坐奠觶荅再拜執觶興

0009_0342-1

賓進受虛爵降奠于篚易觶洗君尊不酌故也凡爵不相襲者也於尊者言更自敵以下言易更作新易有故之辭進受虛爵尊君也不言公酬賓於西階上及公反位者亦尊君空其文也○疏曰君尊不酌者凡酬賓當親酌以授賓今賓爵自酌者君尊不酌與臣故也云於尊者言更謂上文主人獻公訖受爵以降更爵自酢是受尊者之爵言更也下文云賓酬卿更爵注云卿尊是與尊者之爵言更也云自敵以下言易者謂此文公[illegible]賓云易觶是卑者故言易也上文[illegible]夫二人媵爵于公餘文觶洗象觶升[illegible]

0009_0342-2

奠是公受者之爵今言易而不言者奠散觶洗象觶階再拜稽首故不復言
易也○今按更易二字注疏之說雖詳然於例頗有不合疑本無異義不必強
爲分別也公有命則不易不洗反升酌膳觶
下拜小臣辭賓升再拜稽首下拜亦未拜凡下
未拜有二或禮殺或君親辭君親辭則閒命即升升乃拜是亦不言成拜○疏
曰云凡下未拜有二禮殺者謂若此酬時也或君親辭者謂若公食大夫云公
拜至賓降西階東北面荅拜公降一等辭賓升階上北面再拜稽首是階下未

儀禮卷三十　二十一

0009_0343-1

拜不得言升成拜也公荅再拜拜於阼階上也於是賓請旅侍臣○
疏曰案下記云凡公所酬旣拜請旅侍臣大射於此時賓請旅於諸臣此不言者
文不具故記人辨之賓以旅酬於西階上旅序也以次序
勸卿大夫飲酒○疏曰此目旅酬之事下文射人作大夫長以下乃言其法
射人作大夫長升受旅言作大夫則卿存矣長者尊先
可後○疏曰遣射人作大夫者或射故使之云尊先而卑後者賓則旅三
卿三卿徧次第至五大夫大夫徧不必以三賓大夫之右坐奠

0009_0343-2

觶拜執觶興大夫荅拜賓在右者相飲之位○飲於
以○疏曰賓在西階上酬卿賓與卿並北面賓在東卿在西是賓在大夫之右
賓位今在西今在東故云相飲之位也賓坐祭立飲卒觶
不拜酬而禮殺若膳觶也則降更觶洗升實
散大夫拜受賓拜送言更觶卿尊也大夫辯受
酬如受賓酬之禮不祭卒受者以虛觶
降奠于篚卒猶後也大射禮曰奠于篚復位今文辯皆作徧○辯音

儀禮卷三十　二十二

0009_0344-1

遍○疏曰不祭者酬禮殺也復位復門右北面位
右公爲賓舉旅○記凡公所辭皆栗
階栗蹙也謂越等急趨君命也○蹙子六反凡栗階不過
二等其始升猶聚足連步越二等左右足各一發而升堂○疏曰凡
堂及階尊者高而多卑者庳而少案禮器云天子之堂九尺諸侯七尺大
夫五尺士三尺士冠禮降三等受爵弁鄭注云降三等下至地則士三等
階以此推之則一尺爲一階大夫五尺五等階諸侯七尺七等階天子九

0009_0344-2

氏九等階可知今云凡栗階不過二等言凡則天子九等已下至士三等皆有栗階之法栗階不過二等據上等而言故鄭云其始升猶聚足連步也曲禮云涉級聚足連步以上鄭注云涉等聚足謂前足躡一等後足從之併連步謂足相隨不相過也天子已下皆當上等爲栗階左右足各一發而升堂其下無問多少皆連步雜記云主人之升降散等鄭注云散等栗皆則栗階亦名散等

凡公所酬既拜請旅侍臣既拜謂自酌升拜時也擯者阼階下告于公還西階下告公許旅行

0009_0345-1

也請行酒于羣臣必請者不專惠也○疏曰自酌升拜時即上賓得君酬酒飲訖自酌降拜升特也擯者以下約大射而知也

主人洗升實散獻卿于西階上酬而後獻卿別尊卑也飲酒成於酬也○別彼列反○疏曰此酬非謂尋常獻酬乃是君爲賓舉旅行酬以其主人獻君君酢主人主人不敢酬君故使二大夫媵爵于公以當酬處所以優獻也但君恩既大爲賓舉旅飲酒之禮成於酬故酬辯乃獻卿以正尊卑是以若禮成卿下得獻故云別尊卑也司宮兼卷重

0009_0345-2

席設于賓左東上卷居勉反重直容反○言兼卷則每卿異席也重席重蒲筵緇布純也卿坐東上統於君也席自房來○疏曰此經設三卿之席在於賓東公食大夫云蒲筵緇布純加萑席玄純彼爲異國之賓有兩種席故稱加此燕己臣子一種席重設之故不稱加鄉飲酒鄉射諸公大夫席于尊東西上彼遵尊於主人故鄭注云統於尊此爲君尊故統於君而東上也公食記云宰夫筵出自東房卿升拜受觚主人拜送觚

卿辭重席司宮徹之徹猶去也重席雖非加猶爲其重累

0009_0346-1

去之辟君也○去起呂反○疏曰卿射辭加席以異席而辭之此重席不合辭以兩重似君故辭以辟之也乃薦脯醢卿升席坐左執爵右祭脯醢遂祭酒不啐酒降席西階上北面坐卒爵興坐奠爵拜執爵興主人荅拜受爵卿降復位不酢辟君也卿無俎者燕主於羞○疏曰此不言其人故記辨之云羞卿者小膳宰也上主人獻公遂自酢于阼階下此不酢也辯獻卿主人以虛爵降奠

0009_0346-2

于篚今文無奠于篚射人乃升卿卿皆升就席

若有諸公則先卿獻之如獻卿之禮先悉

薦反○諸公者謂大國之孤也孤一人

言諸者容牧有三監○疏曰周禮典命

云公之孤四命侯伯已下不言孤故鄭

大國而言鄭注云上公得置孤卿一人

王制云天子使其大夫爲三監監於方

伯之國國三人彼是殷法周制侯伯佐

殷不置監故鄭云容言容者異代之法

緣周禮天子大夫四命與孤等故同稱

公席于阼階西北面東上無加席席孤北面

儀禮二十　二十五

0009_0347-1

爲其大尊屈之也亦因阼階西位近君

近君則屈親寵苟敬私暱之坐○大音

泰近附近之近暱女乙反坐才臥反○

疏曰孤無加席者亦是爲大尊屈之也

記云賓爲苟敬席于阼階之西以爲敬

[illegible]孤亦席於阼階之西故爲苟敬私暱

之坐

右主人獻孤卿

小臣又請媵爵者二大夫媵爵如初又後

[illegible]致者若命長致則媵爵者奠觶于篚

0009_0347-2

[illegible]待于[illegible]鉶有作階[illegible]

[illegible]公[illegible]致者公或[illegible]優賜也古[illegible]作

下[illegible]請致者[illegible]爲卿爲大夫

[illegible]

[illegible]

更[illegible]辭[illegible]之義也

[illegible]者不洗象觶升實之

坐奠于薦南降與立于洗南者二人皆

再拜稽首者洗觶公答再拜奠于薦南長於公所用

儀禮二十　二十六

0009_0348-1

賓觶之處二人俱拜以其共勸君○處

昌慮反○疏曰[illegible]大夫二人舉觶[illegible]

乎公爲南北上其上觶也卽爲賓舉旅

下觶仍在今大夫又媵一觶而云[illegible]

處南明知是所用酬賓觶之處云共勸

[illegible]者以二人媵爵是共勸君酒君[illegible]

命長致亦當

二人俱拜也

右再媵爵

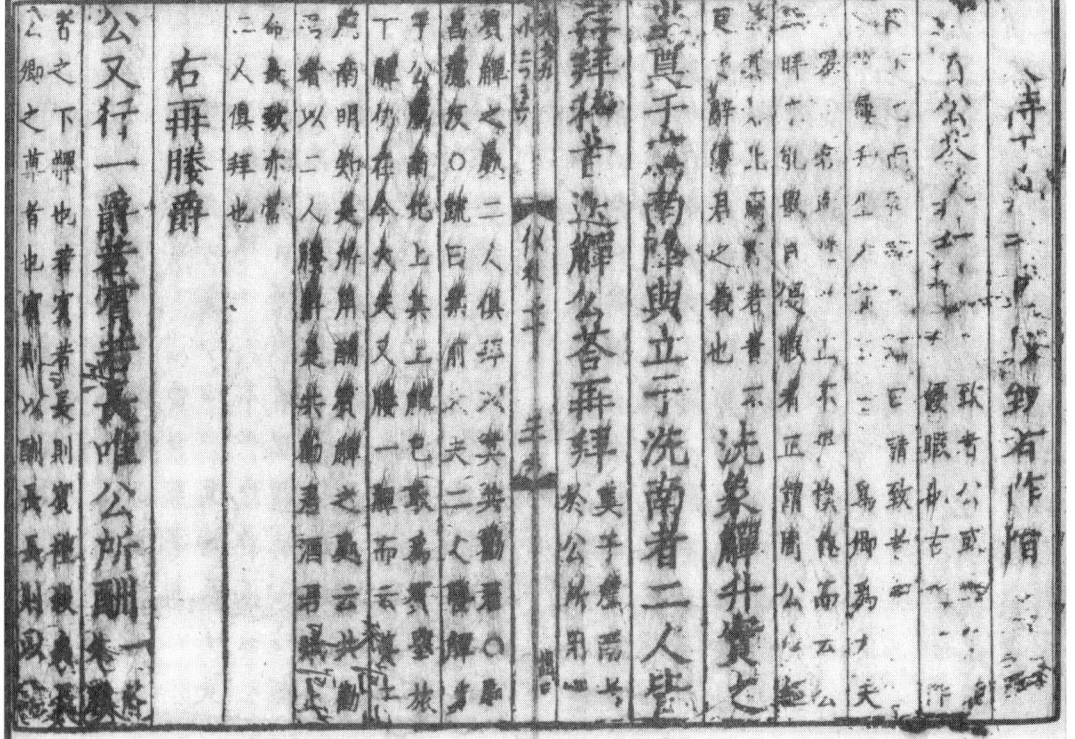

公又行一爵若賓若長唯公所酬[illegible]

若之下觶也若賓若長則賓禮殺矣

公卿之尊者也賓則以酬長長則以[illegible]

[illegible]其二人媵爵皆奠于篚[illegible]

[illegible]賓[illegible]旅[illegible]一人舉[illegible]

[illegible]者之[illegible]觶也其後[illegible]一觶者[illegible]

賓若長[illegible]爲賓禮[illegible]至此爲[illegible]舉旅也前爲賓舉旅不云

爲旅不[illegible]爲賓長賓禮殺也 以旅于

西階上如初大夫卒受者以虛觶降奠

于篚 疏曰言如初者[illegible]上爲賓舉旅之節[illegible]

右公爲卿舉旅

主人洗升獻大夫于西階上大夫升拜

儀禮二十 二十七

受觚主人拜送觚大夫坐祭立卒爵不

拜既爵主人受爵大夫降復位[illegible]

不禮又殺○疏曰前卿受獻[illegible]已是禮殺今大夫受獻不[illegible]

大不拜既爵又云禮又殺 胥薦主人于洗[illegible]

脀無脀 脀之承反○[illegible]之大夫之下[illegible]

不於上者上無其位也[illegible]

[illegible]禮注脀讀如[illegible]

[illegible]一[illegible]在官者[illegible]

[illegible]其[illegible]次[illegible]

[illegible]辟[illegible]堂上無位[illegible]主[illegible]在下

[illegible]言已在阼故主人[illegible]之位而在[illegible]

[illegible]以大[illegible]注云不薦於上辟正主也 辯

[illegible]者升也謂升特牲[illegible]於俎也

大夫遂薦之繼賓以西東上 徧獻之薦畧賤

亦獻而后布席也○疏曰凡大夫升[illegible]

受獻得[illegible]即降獻訖不待大夫升[illegible]

薦於其位大夫始升故言遂也畧賤者

[illegible]言[illegible]此大夫不言明亦得獻[illegible]

[illegible]與賓得獻即薦貴故也上獻[illegible]

[illegible]席也大射席小卿賓西東上注云[illegible]

儀禮二十 二十八

[illegible]貴賤也此燕禮[illegible]不辯[illegible]

[illegible]大[illegible]在賓東故此賓西無小卿[illegible]

[illegible]射人乃升大夫大夫皆就席

右主人獻大夫

席工于西階上少東樂正先升北面

于其西 工瞽矇歌諷誦詩者也[illegible]藝者稱工少年饋食禮曰皇[illegible]

[illegible]命工祝樂記師乙曰乙賤工也樂工[illegible]

[illegible]天子[illegible]舉而也凡樂[illegible]其序事樂成[illegible]

備○矇音蒙○疏[illegible]

者四節升[illegible]

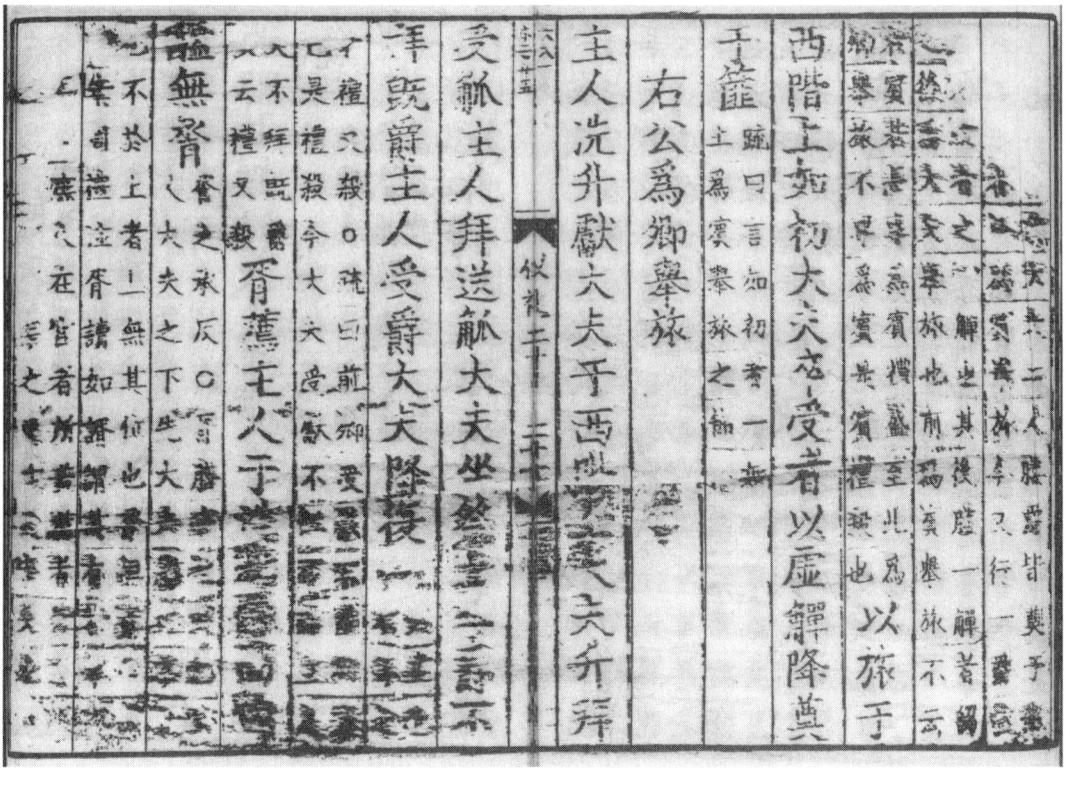

0009_0350-2

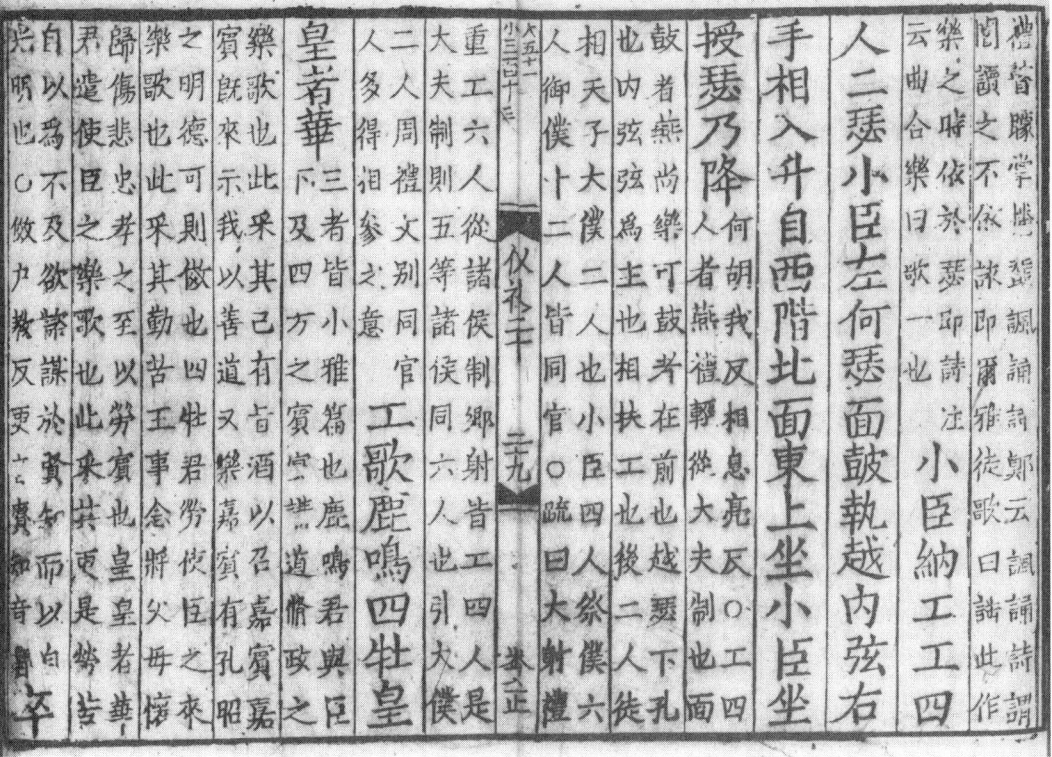

禮皆瞭學誦詩鄭云諷誦詩謂
闇讀之不依詠即爾雅徒歌曰謠此作
樂之時依於瑟即詩注
云曲合樂曰歌一也小臣納工工四
人二瑟小臣左何瑟面鼓執越內弦右
手相入升自西階北面東上坐小臣坐
授瑟乃降何胡我反相息亮反○工四
人者燕禮輕從大夫制也面
鼓者燕尚樂可鼓者在前也越瑟下孔
也內弦弦為主也相扶工也後二人徒
相天子大僕二人也小臣四人祭僕六
人御僕十二人皆同官○疏曰大射禮

大五十一 小三百十七　儀禮二十　二十九

0009_0351-1

重工六人從諸侯制鄉射皆工四人是
大夫制則五等諸侯同六人也引大僕
二人周禮文別同官
人多得相參之意工歌鹿鳴四牡皇
皇者華三者皆小雅篇也鹿鳴君與臣
下及四方之賓宴講道脩政之
樂歌也此采其己有旨酒以召嘉賓嘉
賓既來示我以善道又樂嘉賓有孔昭
之明德可則傚也四牡君勞使臣之來
樂歌也此采其勤苦王事念將父母懷
歸傷悲忠孝之至以勞賓也皇皇者華
君遣使臣之樂歌也此采其更是勞苦
自以為不及欲諮謀於賢知而以自
光明也○傚戶教反更古衡反知音智卒

0009_0351-2

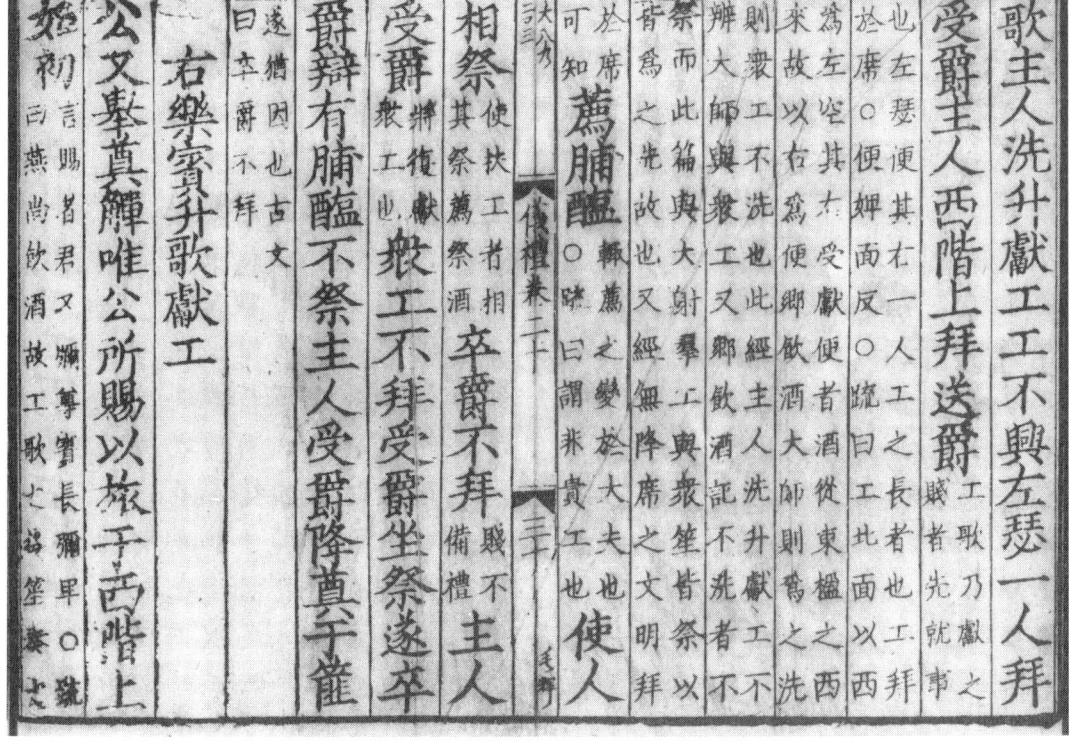

歌主人洗升獻工工不興左瑟一人拜
受爵主人西階上拜送爵工歌乃獻之
賤者先就事
也左瑟便其右一人工之長者也工拜
於席○便婢面反○疏曰工北面以西
為左空其右受獻便者酒從東楹之西
來故以右為便鄉飲酒大師則為之洗
則眾工不洗也此經主人洗升獻工不
辨大師與眾工又鄉飲酒記不洗者不
祭而此篇與大射舉工與眾笙皆祭以
皆為之先故也又經無降席之文明拜
於席
可知薦脯醢○輒薦之變於大夫也
疏曰謂非貴工也使人

大八分 小三三　儀禮卷二十　三十

0009_0352-1

相祭使扶工者相
其祭薦祭酒卒爵不拜賤不
備禮主人
受爵辯復獻
眾工也眾工不拜受爵坐祭遂卒
爵辯有脯醢不祭主人受爵降奠于篚
遂猶因也古文
曰卒爵不拜

右樂賓升歌獻工

公又舉奠觶唯公所賜以旅于西階上
如初言賜者君又彌尊賓長彌卑○疏
曰燕尚飲酒故工歌亡以笙奏亡

0009_0352-2

[illegible]爲大夫舉旅大射通行無禮主差
[illegible]故堂之閒大射乃爲大夫舉旅禮上
爲賓舉旅皆云公興以酬者非卿舉旅
而云若賓若長是君禮漸尊賓禮漸殺
坐然後言酬至此言唯公所賜
者長君又爾尊賓長彌卑也 卒 旅至也○
疏曰謂爲大夫舉旅酬行於西階之
上或從賓或從卿次第盡大夫也

右公爲大夫舉旅

笙入立于縣中奏南陔白華華黍 陔丁才反
○以笙播此三篇之詩縣中縣中央也
鄉飲酒禮曰磬南北面奏南陔白華華

0009_0353-1

黍皆小雅篇也今云其義未聞昔周之
與也周公制禮作樂采時世之詩以爲
樂歌所以通情相風切也其有此篇明
矣後世衰微幽厲尤甚禮樂之書稍稍
廢棄孔子曰吾自衛反魯然後樂正雅
頌各得其所謂當時在者而復重雜亂
者也惡能存其亡者乎且正考父校商
之名頌十二篇于周大師歸以祀其先
王至孔子二百年之間五篇而已此其
信也○風方鳳反重直用反惡音烏父
音甫○今按說見鄉飲酒篇○疏曰諸
侯軒縣闕南面故得言縣中鄉飲酒唯
有一磬縣故但云磬南注引之
者亦見此爲近北面縣之南也 主人洗

0009_0353-2

升獻笙于西階上一人拜盡階不升堂
受爵降主人拜送爵階前坐祭立卒爵
不拜既爵升授主人 一人笙之長者也 鄉射禮曰笙一人
拜于下 衆笙不拜受爵降坐祭立卒爵辯
有脯醢不祭 疏曰笙在堂下而言降者 階下受爵者亦盡階不升
堂也云辯有脯醢者 亦獻訖薦于位之前 乃閒歌魚麗笙由
庚歌南有嘉魚笙崇丘歌南山有臺笙

0009_0354-1

由儀 閒閒廁之閒麗力知反○閒代也
謂一歌則一吹也六者皆小雅篇
也魚麗言太平年豐物多也此采其物
多酒旨所以優賓也南有嘉魚言太平
君子有酒樂與賢者共之也此采其能
以禮下賢者賢者纍蔓而歸之與之宴
樂也南山有臺言太平之治以賢者爲
本也此采其愛友賢者爲邦家之基民
之父母既欲其身之壽考又欲其名德
之長也由庚崇丘由儀今亡其義未聞
○下遐嫁反纍力追反蔓
音萬治直吏反長丁丈反 遂歌鄉樂周
南關雎葛覃卷耳召南鵲巢采蘩采蘋

0009_0354-2

女如反覃大南反召上照反蘋音頻
○周南召南國風篇也王后國君夫人房中之樂歌也關雎言后妃之德葛覃言后妃之職卷耳言后妃之志鵲巢言國君夫人之德采蘩言國君夫人不失職也采蘋言卿大夫之妻能脩其法度也昔大王王季居于岐山之陽躬行召南之教以興王業及文王而行周南之教以受命大雅云刑于寡妻至于兄弟以御于家邦謂此也其始一國爾文王作邑于豐以故地爲卿士之采地乃分爲二國周周公所食也召召公所食也於時文王三分天下有其二德化被于南土是以其詩有仁賢之風者屬之召

儀禮三十　三三

0009_0355-1

南焉有聖人之風者屬之周南焉夫婦之道者生民之本王政之端此六篇者其教之原也故國君與其臣下及四方之賓燕用之合樂也鄉樂者風也小雅爲諸侯之樂大雅頌爲天子之樂鄉飲酒升歌小雅禮盛者可以進取燕合鄉樂者禮輕者可以逮下也春秋傳曰肆夏繁遏渠天子所以享元侯也文王大明緜兩君相見之樂也然則諸侯之相與燕升歌大雅合小雅也天子與次國小國之君燕亦如之與大國之君燕升歌頌合大雅其笙間之篇未聞○今按疏見鄉飲酒篇○與予如字采七代反被皮寄反○疏曰飲酒注云合樂謂

0009_0355-2

衆聲俱作彼經有合樂生故也此無合樂字實亦衆聲俱作是以注以似解之也

大師告樂正曰正歌備大師上工也掌合陰陽之聲教六詩以六律爲之音者也子貢問師乙曰吾聞聲歌各有宜也如賜者宜何歌也是明其掌而知之也正歌者升歌及笙各三終間歌三終合樂三終爲一備備亦成也○疏曰凡樂之歌必使瞽矇爲焉命其賢知者以爲大師所謂上工也周禮大師掌六律六同以合陰陽之聲注云陽聲黃鐘太蔟姑洗蕤賓夷則無射陰聲大呂應鐘南呂林鐘中呂夾鐘又云皆文之以五聲宮商

儀禮三十　三四

0009_0356-1

角徵羽皆播之以八音金石土革絲木匏竹又云教六詩曰風曰賦曰比曰興曰雅曰頌以六德爲之本以六律爲之音師乙魯之大師

樂正由楹內東楹之東告于公乃降復位言由楹內者以其立於堂廉也復位位在東縣之北○疏曰樂正與工俱在堂廉則楹南無過亦由楹內適東楹之東告于公也大射大樂正東縣之北北面

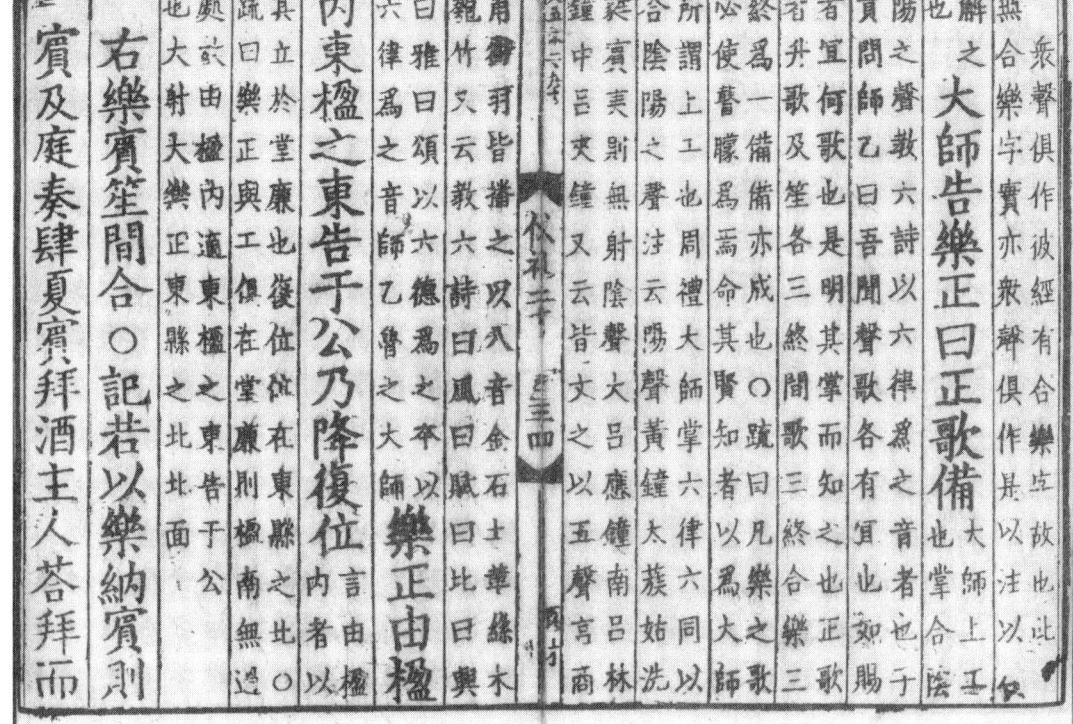

右樂賓笙間合○記若以樂納賓則賓及庭奏肆夏賓拜酒主人荅拜而

0009_0357-1　　0009_0356-2

樂闋公拜受爵而奏肆夏公卒爵主

人升受爵以下而樂闋闋苦穴反○肆夏樂章也

今亡以鍾鎛播之鼓磬應之所謂金奏也記曰入門而縣興示易以敬也

卿大夫有王事之勞則奏此樂焉○應應對之應易以豉反○今按樂縣

賓見前即位章○疏曰常燕己臣子無樂王事之勞或有或無故言若也

九夏皆詩篇名頌之族類也鍾師云掌金奏金謂鍾及鎛又云凡樂事以

鍾鼓奏九夏鄭注云先擊鍾次擊鼓是奏肆夏時有鍾鎛鼓磬彼鍾注鎛

仪礼二十　三十五

不言磬但縣內有此四者故鄭兼言磬也仲尼燕居云兩君相見揖讓而

入門入門而縣興揖讓而升堂升堂而樂闋郊特牲云賓入大門而奏肆

夏示易以敬也必引二記文者以燕在寢賓及寢庭與仲尼燕居入門而

縣興事相類故引之證賓及庭縣作之義也不取賓入大門者大門非寢

門故也言賓及庭奏肆夏則非要當大夫為賓與宰夫為主人相對者謂

若賓為苟敬四方賓之類特奏肆夏其事既重若非有王事之勞何以致

此故也

升歌鹿鳴下管新宮笙入三成

0009_0358-1　　0009_0357-2

新宮小雅逸篇也管之入三成謂三終也○疏曰鹿鳴不言工歌新宮不

言笙奏而言升歌下管者欲明笙奏異於常燕常燕即上所陳四節是也

今亡歌鹿鳴與笙奏全別故特言下管新宮笙入三成者止謂笙奏新宮

三終申說下管之義

遂合鄉樂鄉樂周南召南六篇言遂者不

間也

若舞則勺勺音灼○勺頌篇告成大武之樂歌也其詩曰

於鑠王師遵養時晦又曰實維爾公允師既合鄉樂萬舞而奏之所以美

王侯勤有功也○於鑠上音烏下舒若反○疏曰言若者或為之舞或不

仪礼二十　三十六

為之舞為之舞則作萬萬舞之文武舞而奏勺詩傳曰萬者干舞也

射人自阼階下請立司正公許射人遂

為司正君許其請因命用為司正君三舉爵樂備作矣將留賓飲酒更

立司正以監之察儀法也射人俱相禮其事同○監古銜反相息亮反○疏曰

云君三舉爵者為賓為卿為大夫舉旅云樂備作矣者歌笙間合四者備作各

三終矣案鄉飲酒鄉射立司正後始行旅酬者彼是士饗禮之法莫問事

退偏獻之後乃行旅酬故立司正之後乃行旅酬此燕禮國君燕其臣子

0009_0358-2

獻以辨尊卑故[illegible]獻君而[illegible]
卑不敢酬公獻之禮成於酬故使人[illegible]
舉觶於公爲酬公君行大惠即[illegible]
賓賓得觶請旅諸臣徧卿大夫乃[illegible]
獻之禮復獻卿大夫皆爲之舉旅行酬
皆成其獻但卿大夫皆堂上有位近君
不敢失禮故雖舉旅行酬而未立司正
作樂後將獻羣士士職卑位在堂下將
爲士舉旅恐失禮故未獻之前即立司正監之

司正洗角觶南面坐奠于中庭升東楹之東受命西階上北面命卿大夫君曰以我安卿大夫

大六五　小二六九　儀禮卷二十　三十七　仕

0009_0359-1

皆對曰諾敢不安

洗奠角觶于中庭明其事以自表威儀多也君意殷勤欲留賓飲酒命卿大夫以我故安或亦其實不主意於賓也○疏曰主人安客乃安故欲安賓先語卿大夫以我意故須安也不主意於賓者公兼羣臣共安也

司正降自西階南面坐取觶升酌散降南面坐奠觶右還北面少立坐取觶興坐不祭卒觶奠之興再拜稽首

右還將適觶南先西面也必從觶西爲君之在東也少立者自嚴正愼其位也

0009_0359-2

○爲于僞反○疏曰右還謂奠特面乃以右手向外而西面乃從觶西南行而右還北面蓋君在阼若從觶東而左還北面則背君也司正監察主爲使人嚴正謹愼故先自嚴正謹愼也○左還今按右還說見鄉射再請射章

南面坐取觶洗南面反奠于其所

反奠虛觶不空位也○疏曰必使不空者亦欲使衆人覩知司正嚴正之處

右立司正

升自西階東楹之東請徹俎降公許告

0009_0360-1

于賓賓北面取俎以出膳宰徹公俎降自阼階以東

膳宰降自阼階以賓親徹若君親徹然○疏曰臣之升降當西階今見賓親徹膳宰代君徹不降西階而降自阼階當君降處故云若君親徹降自阼然也

卿大夫皆降東面北上

以將坐降符貴反也○疏曰案大射云大夫降復位注云門東北面位不與卿同案面位者謂有卿取俎以出故大夫不敢獨在西門故復位復門東北面[illegible]由此燕卿與大夫與卿同降西階[illegible]

大六二　小二五九　儀禮卷二十　三十八　仕

0009_0360-2

入升坐故卿大夫待賓反亦升坐也

右徹俎

賓反入及卿大夫皆說屨升就席公以

賓及卿大夫皆坐乃安說吐活反○凡燕坐必說屨屨

賤不在堂也禮者尚敬敬多則不親燕安坐相親之心也○疏曰不云君降說

屨者少儀云排闔說屨於戶內者一人而已矣彼據尊者坐在室則尊者一人

說屨在戶內今此燕在堂上則君尊說屨於堂上席側可知也羞庶羞

大卌八小三十九 仪礼二十 三十九

0009_0361-1

謂膷肝膋狗胾醢也骨體所以致敬也庶羞所以盡愛也敬之愛之厚賢之道

○膷士戀反膋音遼胾側吏反○疏曰按大射云羞庶羞注云所進衆羞謂膷

肝膋狗胾醢也或有炮鼈膾鯉雉兔鶉鴽大射先行燕禮明與彼同言此合者

以經云庶羞則不唯二豆而已此注不言炮鼈已下注文不具也肝膋見內則

用狗肝蒙之以其膋而炙之此及大射其牲皆用狗故知有此及狗胾也知有

炮鼈膾鯉者據詩而言也又內則公食有雉兔鶉鴽鄉飲酒鄉射亦有羞但

經直云羞不云庶是以鄭注云胾醢[illegible]二豆無餘物也骨體致敬據未坐以前

0009_0361-2

庶羞所以盡愛據說屨已後也大夫祭薦燕乃祭薦不敢於盛成禮

也○疏曰盛謂未立司正之前立行禮時也成禮謂祭先也大夫彼時受獻不

祭脯醢是不敢成禮於盛時也司正升受命皆命君曰

無不醉賓及卿大夫皆興對曰諾敢不

醉皆反坐皆命者命賓命卿大夫也起對必降席司正退立西序端

○疏曰云起對必降席者以下云反坐知之也云司正退立西序端以鄉飲酒

云司正升相旅退立于序端東面知此亦然也

大卌八小三十九 仪礼二十 四十

0009_0362-1

右燕○記有內羞謂羞豆之實酏食糝食羞籩之實糗

餌粉餈○酏以支反食音嗣糝素感反糗去久反乾飯屑也劉香久反餌

音二餈才私反○疏曰酏餰也內則曰取稻米舉糔溲之小切狼臅膏以

與稻米爲餰又曰糝取牛羊豕之肉三如一小切與稻米稻米二肉一合

以爲餌煎之是也糗餌粉餈此二物皆粉稻米黍米所爲也合蒸曰餌[illegible]

之曰餈糗者擣粉熬大豆爲之爲餌餈之黏著以粉之耳餌言糗餈言[illegible]

互相足是也糗熬之亦粉之[illegible]粉擣之亦糗之是互相足也

0009_0362-2

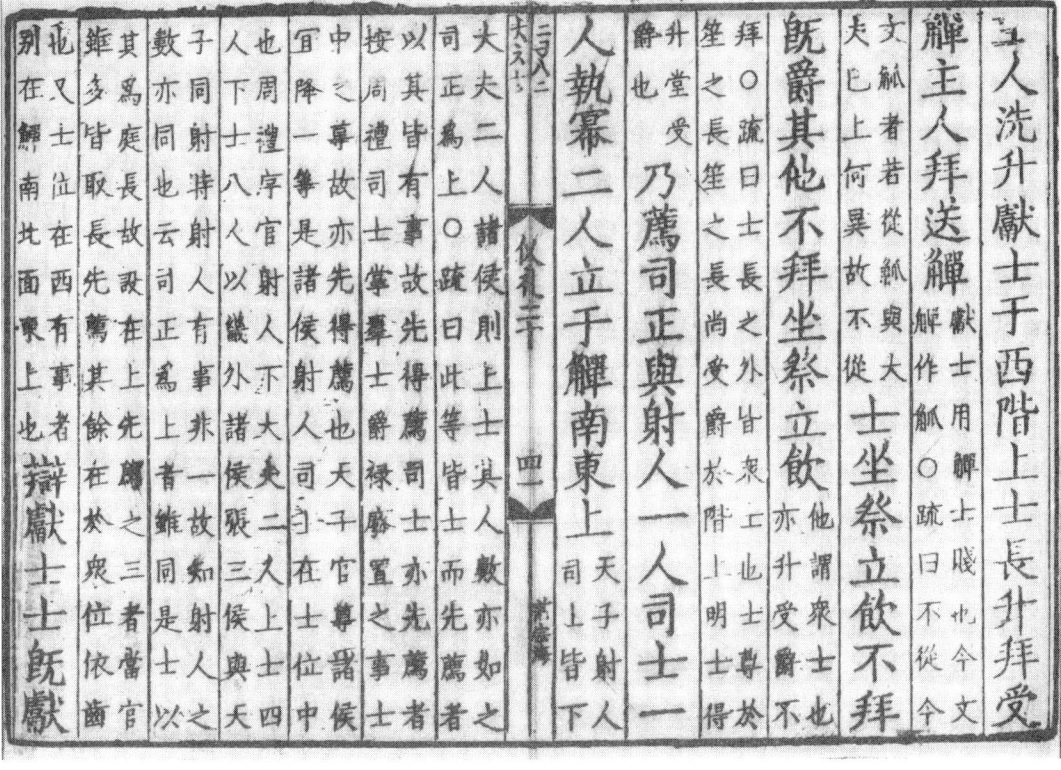

主人洗升獻士于西階上士長升拜受觶主人拜送觶 獻士用觶士賤也今文觶作觚○疏曰不從今文觚者若從觚與大夫已上何異故不從 士坐祭立飲不拜既爵其他不拜坐祭立飲 他謂衆士也亦升受爵不拜○疏曰士長之外皆衆士也士尊於坐之長坐之長尚受爵於階上明士得升堂受爵也 乃薦司正與射人一人司士一人執冪二人立于觶南東上 天子射人司士皆下

三百八二 大之十三 儀禮二十 四二

0009_0363-1

大夫二人諸侯則上士其人數亦如之司正爲上○疏曰此等皆士而先薦者以其皆有事故先得薦司士亦先薦者按周禮司士掌羣士爵祿廢置之事士中之尊故亦先得薦也天子官尊諸侯宜降一等是諸侯射人司士在士位中也周禮序官射人下大夫二人上士四人下士八人以此外諸侯亦三侯與天子同射時射人有事非一故知射人之數亦同也云司正爲上者雖同是士以其爲庭長故設在上先薦之三者當官雖多皆取長先薦其餘在於衆位依齒亂也又士位在西有事者別在觶南北面東上也 辯獻士士既獻

0009_0363-2

者立于東方西面北上乃薦士 每已獻而即位于東方蓋尊之畢獻薦于其位○疏曰庭中之位卿東方西面大夫北面士西方東面是東方尊今卿大夫得獻升堂位空故士得獻即東方卿位是尊之 祝史小臣師亦就其位而薦之 次士獻之已不變位位自在東方○疏曰上設位時祝史在門東小臣在東堂下 主人就旅食之尊而獻之旅食不拜受爵坐祭立飲 北面酌南鄉獻之於尊南不洗者以其賤畧之也亦畢獻乃薦

三百四十 大之五十 儀禮二十 四三

0009_0364-1

之主人執爵薦于匪復位○鄉許亮反○疏曰按大射旅食尊在西鑮之南北面則此主人在南亦北面以陳尊向君若東楹之西東向獻尊亦是向君爲正彼酌者尊後東面酌此亦尊後北面酌南面獻之於尊南也此乃庶人在官府史胥徒之輩故云賤也

右主人獻士

若射則大射正爲司射如鄉射之禮 大射正射人之長者也如鄉射之禮者燕爲樂卿大夫宜從其禮也如者如其告弓

0009_0365-1　　0009_0364-2

矢既具至退而與算也納射器而張侯

賓告請先于君乃以命賓及卿大夫其

爲司正者亦爲司馬君與賓爲耦卿射

記曰自君射至龍旜亦其異者也燕旅

令乃射者是燕射主於飲酒○疏曰云

大射正爲司射者燕禮輕又不主爲射

故射人爲擯又爲司正至射特大射正

爲司射按鄉射初司射告弓矢既具至

二番射訖而退中與算故如之也云納

射器而張侯者欲見此與鄉射同納射

器後即張侯大射納射器之後無張侯

之事燕禮每事皆先請於君大射亦先

請於君故大射初司射自阼階前請於

公公許乃命賓及卿大夫升射西階上告

儀禮二十　四十三

賓曰弓矢既具乃告於主人遂告大夫

是先後異也必云司正爲司馬者諸侯

有常官嫌與鄉射異故言此也鄉射賓

與主人爲耦此君與賓爲耦亦是異於

鄉射也引鄉射記君射至龍旜亦其異

也者謂旌與中異何者彼因記國君

二乘射旌與中各不同云君國中射則

皮樹中以翿旌獲白羽與朱羽糅言國

中則此燕射也又云於郊則閭中以旌

獲謂諸侯大射在郊又云於竟則虎中

龍旜謂諸侯賓射在竟此皆諸侯禮射

雜記在鄉射皆與鄉射異也○今按君

國中射則皮樹中以翿旌獲白羽與朱

羽糅已入此下記於郊則閭中以旌獲

0009_0366-1　　0009_0365-2

已入大射記於竟則虎中龍旜亦是燕射并附此記

宅射○記君與射則爲下射袒朱襦

樂作而后就物袒徒旱反襦如朱反○君尊小臣

以巾授矢稍屬屬章欲反○君尊不揩矢不以樂

志辟不敏也○辟音避既發則小臣受弓以授

弓人後復發也不使六射正燕射輕○復扶又反上射退

于物一笴既發則荅君而俟笴工但反又工老反

儀禮二十　四十四

若飲君燕則夾爵謂君在不勝之黨賓飲之如燕

媵觚則又夾爵○疏曰夾爵者將飲君先自飲及君飲訖又自飲爲夾爵

君在大大射則肉袒不纁襦厭於君○厭一涉反○

疏曰鄉射記大夫與士射袒纁襦此對肉袒故云厭於君也○君

國中射則皮樹中以翿旌獲白羽與

朱羽糅國中城中也謂燕射也皮樹獸名以翿旌獲尚文德也今

文皮樹糅一豎糅爲絹古文無以○疏曰知城中是燕射者以其下有賓射

0009_0366-2

大射不在圖也尚文德者以文舞用羽武舞用干也此既用羽知取尚文德也

於竟則虎中龍旜

於竟謂與鄰國君射也畫龍於旜尚文章也通帛爲旜○疏曰與鄰國君射則賓射也以其君有送賓之事因送則射云尚文章也者亦若鄉旜也云通帛爲旜司常文鄭注云凡九旗之帛皆用絳則通帛者正幅爲絳長尋曰旐繫旐曰旆通體皆用絳帛爲之名旜○鄉射記

賓降洗升媵觚于公酌散下拜公降一

0009_0367-1

等小臣辭賓升再拜稽首公荅再拜

觚依注音觶○此當言媵觶酬之禮皆用觶言觚者字之誤也古者觶字或作角旁氏由此誤爾

賓坐祭卒爵再拜稽首公荅再拜賓降洗象觶升酌膳坐奠于薦南降拜小臣辭賓升成拜公荅再拜賓反位

反位反席也今文曰洗象觚○疏曰堂下無席堂上乃有之而云賓升成拜不云降明上反位者反席可知也

0009_0367-2

右賓媵爵于公

公坐取賓所媵觶興唯公所賜

至此又言興者明公崇禮不倦也今文觶又爲觚○疏曰此以下論君爲士舉旅之事

受者如初受酬之禮降更爵洗升酌膳下拜小臣辭升成拜公荅拜乃就席坐行之

坐行之若今坐相勸酒

有執爵者

士有盥升主酌授之者○疏曰若然前三舉旅皆酬者自酌授人也

唯受于公者拜

公所賜者也其餘則否

0009_0368-1

司正命執爵者爵辯卒受者興以酬士

欲令惠均○令力呈反○疏曰此所命者命大夫也以前三舉旅辯大夫則止今此爲士舉旅故及之

大夫卒受者以爵興西階上酬士士升大夫奠爵拜士荅拜

興酬士者士立堂下無坐位○疏曰凡禮堂上有席者坐堂下無席者立是以工尹商陽是士而云朝不坐堂下無坐位者也

大夫立卒爵不拜實之士拜受大夫拜送士旅于

0009_0368-2

西階上辯祝史小臣旅食皆及焉○疏曰知旅食皆及者以士未得獻時旅酬不及得獻之後旅則及之旅食亦次士得獻故知亦酬及之士旅酌旅序也士以次序自酌相酬無執爵者卒

右公爲士舉旅

主人洗升自西階獻庶子于阼階上如獻士之禮辯降洗遂獻左右正與內小臣皆於阼階上如獻庶子之禮庶子掌正六牲之體及舞位使國子脩德學道世子之宮也而與膳宰樂正聯事樂正亦學國

儀禮二十　四七

0009_0369-1

子以舞左右正謂樂正僕人正也小樂正立于西縣之北僕人正僕人師僕人士立于其北北上大樂正立于東縣之北若射則僕人正僕人士陪于工後內小臣奄人掌君陰事陰令后夫人之官也皆獻于阼階上別於外內臣也獻正下及內小臣則磬人鍾人鑮人鼓人僕人之屬盡獻可知也凡獻皆薦也○疏曰周禮諸子職云大祭祀正六牲之體凡樂事正舞位國子存遊倅使之脩德學道彼天子諸子之官屬大宰掌國宮此爲世子之官引之者以天子諸侯之

0009_0369-2

諸子諸侯謂之庶子掌公卿大夫士之適子與事同故也云而與膳宰樂正聯事者以掌正六牲之體得與膳宰聯事掌國子脩德學道得與樂正聯事云左右正者據中庭爲左右大射禮工遷於東僕人正亦與樂正同處名曰左正僕云右正是小樂正在西叢兩面俱縣大小樂正各監一縣也知僕人正以下在小樂正之北者以鄉射弟子相工皆在西今僕人正以下亦是相工之人故知亦在西方也大樂正在東縣北者鄉射云縣于洗東北至射時遷樂於阼階下之東南樂正北面立于其南也云若射則僕人正僕人士陪于工後者據大

儀禮二十　四八

0009_0370-1

射對射之時工遷於下東坫之東南西面北上坐相者以工爲主故知相工陪於東縣在工後也天官內小臣奄上士四人其職去掌王之陰事陰令鄭注云陰事羣妃御見之事陰令王所求爲於北宮後宮之官兼云夫人者欲見諸侯夫人亦有此官也臣云外內者按周禮有外內命夫鄭注云外命夫六鄉以出塞內命六朝廷卿大夫則諸侯臣在鄉邊及采地者爲外臣在朝廷者爲內臣在外內臣皆獻於西階上此獻於阼階最云別於外內臣者謂僕人者此經直見僕人正不見僕人師僕人士大夫是之內小臣奄人之職者尚得獻則其

0009_0370-2

等皆得獻可知也知皆
燕者以經云如獻士也

右主人獻庶子以下

無筭爵筭數也爵行無次無數唯意所
勸醉而止○疏曰云爵行無次
無數者此對四舉旅以前皆
有次有數此則無次數也士也有執
膳爵者有執散爵者執膳爵者酌以進
公公不拜受執散爵者酌以之公命所
賜所賜者興受爵降席下奠爵再拜稽

儀禮卷二十　四十九　子信

0009_0371-1

首公荅拜席下席西也古文曰公荅再
拜○疏曰自旅酬已前受公
[illegible]降拜升成拜至此不復降拜者禮
[illegible]也云席下席西也者賓與卿大夫
[illegible]南面統於君皆以東
[illegible]故知席下為席西也受賜爵者以
[illegible]席坐公卒爵然後飲不敢先虛爵
明此勸惠從[illegible]
[illegible]家也○疏曰受君賜爵者若君尊
[illegible]臣先卒爵則似君不由君而來故
[illegible]爵然後飲
[illegible]者來也執膳爵者受公爵酌
反奠之[illegible]王於飲酒[illegible]○疏曰
[illegible]欲得[illegible]者[illegible]

0009_0371-2

[illegible]君[illegible]君[illegible]
[illegible]於飲酒成其意也受賜爵者興
授執散爵執散爵者乃酌行之子其所
勸者
唯受爵於公者拜卒受爵者興以酬士
于西階上士升大夫不拜乃飲實爵乃猶
而也○疏曰此說爵者皆酌行之以徧
唯卒爵者興以酬士自酌與之是以鄉
飲酒鄉射皆云辯卒受者興以旅在下
者注云不使執觶者酌以其將旅不以
已尊孤人也又曰此將勸士士已升階
大夫爲飲不當用乃字故以而字解之

儀禮卷二十　五十　子信

0009_0372-1

也
士不拜受爵大夫就席士旅酌亦如
之公有命徹冪則卿大夫皆降西階下
北面東上再拜稽首公命小臣辭公荅
再拜大夫皆辟辟音避劉房益反○命
徹冪者公意殷勤必盡
酒也小臣辭不升成拜明雖醉正臣禮
也不言賓賓彌臣也君荅拜於上示不
虛受也○疏曰云不言賓賓直言卿大夫
皆降不別言賓是燕末賓同於臣言彌
臣者上旅酬猶言賓但言賜不言酬已
是賓與今乃設賓不言賓是賓彌臣也

0009_0373-1　　0009_0372-2

遂升反坐士終旅於上如初卿大夫降而爵止於
其反席卒之○今按此士方旅酬而大夫降則爵止不行公辭而大夫復升士
乃終旅於上也無算樂升歌間合無數也取歡而已其樂章亦然○疏
曰上升歌笙間合各依次第而三終有次有數此則任君之情無次無數
則庶子執燭於阼階上司宮執燭於西
階上甸人執大燭於庭閽人爲大燭於
門外甸大練反閽音昏○宵夜也燭燋也甸人掌共薪蒸者庭大燭爲位

儀禮卷二十　五十一　胡明之

廣也閽人門人也爲作也作大燭以俟賓客出○燋哉約反劉哉妙反共音恭
○疏曰凡燕法設燭者或射之後終燕則至宵也或冬之日則不射亦宵也燋
者古者無麻燭而用荆燋未爇曰燋但在地曰燎執之曰燭樹於門外曰大燭
於門內曰庭燎庭燎之差公蓋五十侯伯子男皆三十文出大戴禮也此亦諸
侯禮以燕禮輕故不言庭燎設六燭而已
一　右無算爵
賓醉北面坐取其薦脯以降取脯重得君賜奏

0009_0374-1　　0009_0373-2

陔陔夏樂章也賓出奏陔夏以爲行節也凡夏以鐘鼓奏之○夏戶雅反
賓所執脯以賜鐘人於門內霤遂出
鐘人掌以鐘鼓奏九夏今奏陔節己用賜脯以報之明雖醉不失禮
文賜作錫卿大夫皆出隨賓出也公不送賓禮是臣也
一　右賓出
公與客燕謂四方之使者○使所吏反曰寡君有不
腆之酒以請吾子之與寡君須臾焉使

儀禮卷二十　五十二　胡明之

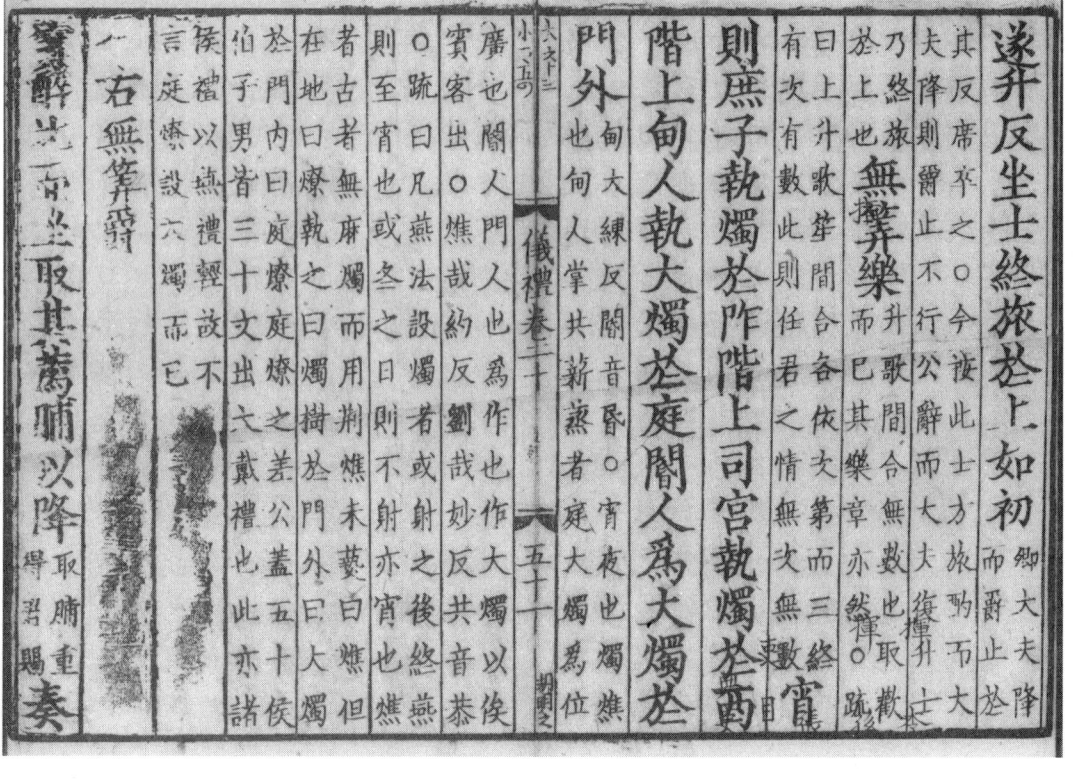

某也以請腆天典反○君使人戒客辭也禮使人各以其爵寡辭也
猶言少德謙也腆善也上介出請入告古文腆皆作殄今文皆曰不腆酒無之
○鮮息淺反○疏曰公食大夫云使大夫戒各以其爵彼見賓出拜辱大夫下
荅拜此不言文不具對曰寡君君之私也君無所
辱賜于使臣臣敢辭上介出荅主國者辭也私謂獨
恩亨也君無所爲辱賜於使臣謙不敢當也敢者怖懼用勢決之辭寡
君固曰不腆使某固以請寡君君之私也

0009_0374-2

君無所辱賜于使臣臣敢固辭重傳命固如故○重直用反傳丈專反○今按寡君之私也以下是客對辭寡君固曰不腆使某固以請某固辭不得命敢不從許之也於是出見主國使者辭以見許爲得命今文無使某○今按某固辭以下是客對辭致命曰寡君使某有不腆之酒以請吾子之與寡君須臾焉親相見致君命辭也君既寡君多矣又辱賜于使臣臣

0009_0375-1

敢拜賜命既賜也猶參也敢拜賜命從使者拜君之賜命猶謙不必辭也○今按君既寡君多矣以下是客對辭

右公與客燕

○記若與四方之賓燕則公迎之于大門内揖讓升四方之賓謂來聘者也自戒至於拜至皆如公食亦告饌具而後公即席小臣請執冪請羞者乃迎賓也○食音嗣賓爲苟敬席于阼階之西北面有脀不嚌肺不啐酒其介爲

0009_0375-2

賓苟且也假也主國君饗時親進醴于賓今燕又宜獻焉人臣不敢褻煩尊者至此升堂而辭讓欲以臣禮燕爲恭敬也於是席之如獻諸公之位言苟敬者賓實主國所宜敬也脀折俎也不嚌啐似若尊者然也介門西北面西上公降迎上介以爲賓揖讓升如初禮主人獻賓獻公既獻苟敬乃媵觚羣臣即位如燕也○饗許兩反或作鄉非燕爲之爲于僞反○疏曰言聘禮之賓行享禮訖主國之君已親酌醴進於賓今燕又當親獻故賓不敢當而揖讓辭之乃以爲苟敬也言苟敬者賓實主國所宜敬但爲

0009_0376-1

辭讓故以命介爲賓不得敬之今雖以介爲賓不可全不敬於是席之於阼階西面北上敬之故云苟敬也燕禮與大射卿射皆不嚌啐是諸公如卿禮今聘卿在諸公之坐亦不嚌不啐是爲似若諸公尊者然也云介門西北面西上者約聘禮而知也上燕已臣子之時獻賓獻公既即媵觶以酬賓今苟敬之前有薦有俎實與君同則知獻公後即獻苟敬乃可酬賓也

無膳尊無膳爵降尊以就卑也○疏曰郊特牲云三獻之介召尊席而酢焉此降尊以就卑也注云三獻卿大夫來聘主君饗燕之

0009_0376-2

以介爲□爲苟敬則徹重□□人酢也專猶也彼與此事同故鄭引彼經以證燕已臣子不見有君親受賓酢若燕異國臣子得有專席受酢者獻卿大夫之後依次各爲此三人舉旅獻士之後賓乃媵觶於公賓取所媵觶爲士舉旅應以爲酢君君專席而受之也

若與四方之賓燕媵爵曰臣受賜矣臣請贊執爵者受賜謂公卿者酬之至燕主人事賓之禮殺賓降洗升媵觶于公荅恩惠也○鄉許亮反相者對曰吾子無自辱焉相息亮反○辭之也對荅也亦告公以公命荅之也有房中之樂弦歌周南召南之詩而不用鐘磬之節也謂之房中者后夫人之所諷誦以事其君子

0009_0377-1

燕義第三十四　邦國禮一之下

諸侯燕禮之義君立阼階之東南南鄉爾卿大夫皆少進定位也君席阼階之上居主位也君獨升立席上西面特立

0009_0377-2

莫敢適之義也適音敵○定位者爲其始入躐踖揖而安定也設賓主飲酒之禮也使宰夫爲獻主臣莫敢與君亢禮也不以公卿爲賓而以大夫爲賓爲疑也明嫌之義也賓入中庭君降一等而揖之禮之也設賓主者飲酒致歡也宰夫主膳食之官也天子使膳宰爲主人公孤也疑自下上至之辭也公卿尊矣復以爲賓則尊與君大相近君舉旅於賓及君所賜

0009_0378-1

爵皆降再拜稽首升成拜明臣禮也君荅拜之禮無不荅明君上之禮也臣下竭力盡能以立功於國君必報之以爵祿故臣下皆務竭力盡能以立功是以國安而君寧禮無不荅言上之不虛取於下也上必明正道以道民民道之而有功然後取其什一故上用足而下不

張本下象鼻題監生秦淳四字傳本剪去之

0009_0378-2

亂也是以上下和親而不相怨也和寧禮之用也此君臣上下之大義也故曰燕禮者所以明君臣之義也言聖人制禮因事以託政臣再拜稽首是其竭力也君答拜之是其報以祿惠也席小卿次上卿大夫次小卿士庶子以次就位於下獻君君舉旅行酬而后獻卿卿舉旅行酬而后獻大夫大夫舉旅行酬而

0009_0379-1

后獻士士舉旅行酬而后獻庶子俎豆牲體薦羞皆有等差所以明貴賤也牲體俎實也薦謂脯醢也羞庶羞也古者周天子之官有庶子官庶子官職諸侯卿大夫士之庶子之卒掌其戒令與其教治別其等正其位職主也庶子猶諸子也周禮諸子之官司馬之屬也卒讀皆為倅諸子副代父者也戒令致於大子之事教治脩德學道位朝位也國有大事

0009_0379-2

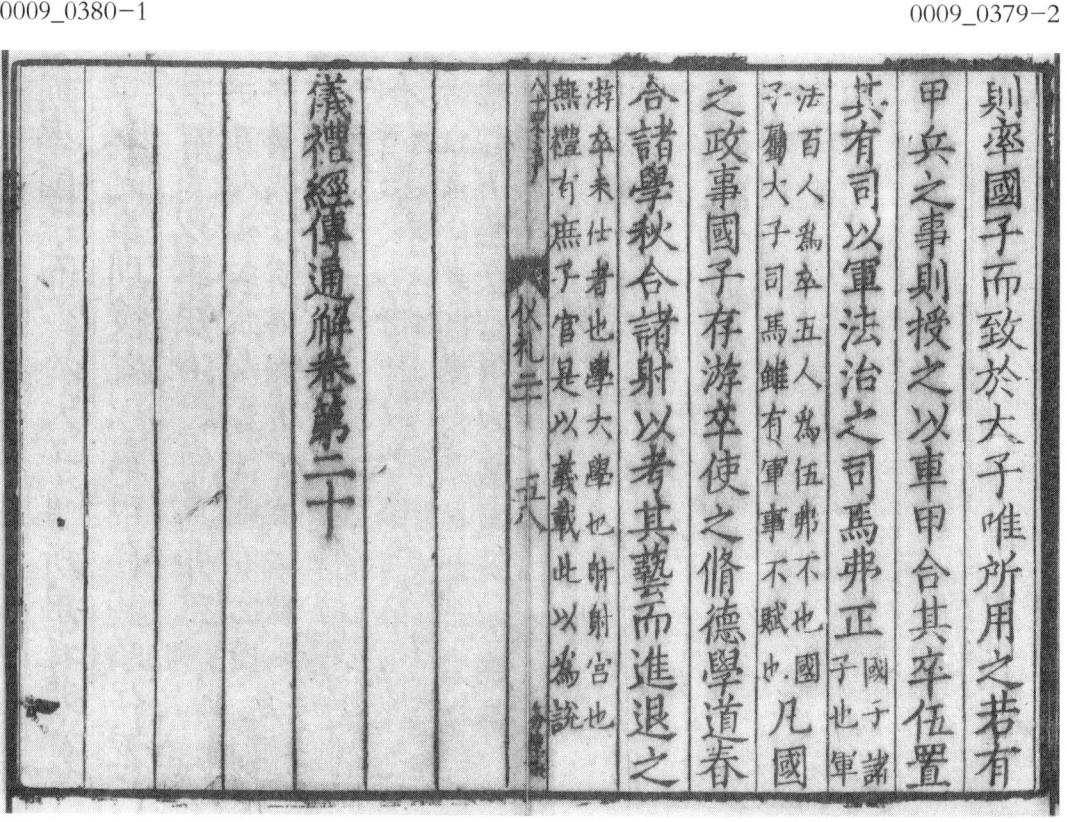

則率國子而致於大子唯所用之若有甲兵之事則授之以車甲合其卒伍置其有司以軍法治之司馬弗正國子諸子也軍法百人為卒五人為伍弗不也國子屬大子司馬雖有軍事不賦也凡國之政事國子存遊卒使之脩德學道春合諸學秋合諸射以考其藝而進退之游卒未仕者也學大學也射射宮也燕禮有庶子官是以義載此以為說

0009_0380-1

儀禮經傳通解卷第二十

儀禮經傳通解卷第二十一

射儀第三十五　邦國禮二之上

經七

大射之儀○君有命戒射將有祭祀之事當射宰告於君君乃命之言君有命政教宜由尊者○疏曰知將有祭祀之事當射者以下文射義而知也宰戒百官有事於射者宰天子冢宰治官卿也作大事則掌以君命戒於百官○疏曰周禮大宰職云掌百官

儀禮二十一　一

之誓戒作大事則戒于百官贊王命鄭以天子冢宰言之其實諸侯兼官無冢宰以司徒兼之故聘禮注云宰上卿貳君事者也諸侯謂司徒爲宰是也射人戒諸公卿大夫射司士戒士射與贊者射人掌以射法治射儀司士掌國中之士治凡其戒命皆司馬之屬也殊戒公卿大夫與士辨貴賤也贊佐也謂佐執事不與射者○疏曰上文宰官尊者戒此射人司士色別重戒之謂若天官冢宰戒百官宗伯大司寇之等重戒於此所云戒者謂祭前旬有一日知者祭統云先期旬有一日宮宰宿夫人夫

人亦散齋七日致齋三日又大宰云前期十日帥執事而卜日遂戒注云前期前所諏之日也若然則卜又戒告在旬有一日矣前射三日宰夫戒宰及司馬射人宿視滌宰夫冢宰之屬掌百官之徵令者司馬於天子政官之卿凡大射則合其六耦滌謂溉器埽除射宮○疏曰上文射人戒是前期旬有一日今宰夫申戒是前射三日宿是夕宿爲一日宗伯宿視滌濯是也云凡大射合其六耦者大司馬職云若大射合諸侯之六耦是將祭而射故使諸侯爲耦若其餘射則卿大夫以下爲耦也

儀禮二十一　二

右戒百官

司馬命量人量侯道與所設乏以貍步大侯九十參七十干五十設乏各去其侯西十北十量人司馬之屬掌量道巷塗數者說謂所射布也量侯道謂去堂遠近也容謂之乏所以爲獲者之禦矢貍之言猶物每舉足者亞遠貍一發必中也是以量侯道取象焉一舉足也○疏曰云道几十……考工記曰弓之下一人則步六尺明矣大侯者……二尺大者與天子熊侯同參讀爲擊

0009_0385-2

糝雜也雜侯者豹鵠而麋飾下天子大夫也干讀爲豻豻侯者豻鵠豻飾也士夫將祭於巳射澤侯士無臣祭不射○疏曰侯試布也三侯皆以布爲之而以皮爲鵠侯旁亦以皮飾之乏即周禮所謂容下文云以革爲之所以爲獲者之禦矢以其可以容身故謂之容太史職言矢於此乏置不能去故謂之乏也經步先鄭謂一舉足爲步於今爲半步後鄭引鄉對考工爲證者所以明步爲六尺而半三尺也熊侯而謂之大者言畿外諸侯亦得用三侯其數上同于天子而非畿內諸侯所可比故於熊侯加大以別之然不嫌於偪上者天子三侯則虎侯熊侯豹侯諸侯不得用虎侯而以熊

儀禮卅一　二

0009_0386-1

侯糝侯豻侯爲三侯若畿內則但有熊侯豹侯此其所以別也云豹鵠而麋飾下天子大夫也者司裘云卿大夫則共麋侯此則以豹皮爲鵠以麋飾其側不用純麋是下天子大夫也新鄭注周禮云胡犬豻侯亦取捷黠惷大夫得置家臣故將祭得大射擇士無臣故祭不得射也**遂命量人巾車張三侯大侯之崇見鵠於參參見鵠於干干不及地武不繫左下綱設乏西北十凡乏用革**巾車於天子宗伯之屬革裝衣車者亦使

0009_0386-2

張侯侯巾類崇高也高必見鵠鵠所射之主射義曰爲人君者以爲君鵠爲人臣者以爲臣鵠爲人父者以爲父鵠爲人子者以爲子鵠言射中此乃能任己位也鵠之言較較直也射者所以直己志或曰鵠鳥名射之難中中之爲俊是以所射於侯取名也淮南子曰鳱鵠知來然則所云正者正也亦鳥名齊魯之閒名題肩爲正正鵠皆鳥之捷黠者考工記曰梓人爲侯廣與崇方參分其廣而鵠居一焉則大侯之鵠方六尺糝侯之鵠方四尺六寸大半寸豻侯之鵠方三尺三寸少半寸及至也武迹也中人之足長尺二寸以豻侯計之糝侯去地

儀禮卅一　四

0009_0387-1

一丈五寸少半寸大侯去地二丈二尺五寸少半寸見侯北面西方謂之左前射三日張侯設乏欲使有事者豫志焉○疏曰上文直命量人量侯道及乏遠近之數此經論張侯高下之法也鄉射云乏參侯道居侯黨之一西五步注云此乏去侯北十丈西三丈此經云西十北十則西與北皆六丈不得爲三分居侯黨之一者以其三侯入堂深故也西亦六丈者以三侯恐矢揚傷人與一侯亦異也三侯之下據云西十北十則其乏皆西十北十矣侯之廣狹取於侯道云大侯之鵠方六尺者大侯侯道九十弓弓取二寸二九十八侯中丈八尺

0009_0388-1　0009_0387-2

分其侯而鵠居一故知方六尺也
糝侯之鵠方四尺六寸大半寸者糝侯
侯道七十弓弓取二寸則侯中丈四尺
三分其侯而鵠居一故知方四尺六寸
大半寸也云豻侯之鵠方三尺三寸少
半寸者豻侯侯道五十弓弓取二寸則
侯中方一丈三分其侯而鵠居一故知
方三尺三寸少半寸也凡言大半寸者
三分寸之二少半寸者三分寸之一豻
侯侯中一丈上躬下躬及上舌下舌各
二尺合八尺是丈八尺矣張法豻侯下
綱不及地武二寸則上綱去地丈九尺
一寸也糝侯侯中丈四尺倂躬與舌八
尺爲二丈二尺也鵠居侯中三分之一

仪礼廿一　五

則鵠下有四尺六寸大半寸通躬與舌
四尺爲八尺六寸大半寸張法糝侯下
畔與豻侯之上綱齊所謂見鵠於豻自
餘鵠下畔八尺六寸大半寸爲豻侯所
掩自豻侯上綱計之本去地丈九尺二
寸除八尺六寸大半寸在掩是糝侯下
綱去地一丈五寸少半寸通上綱計之
去地二丈二尺五寸少半寸參侯侯中
丈八尺倂躬與舌上下各四尺爲二丈
六尺張法大侯鵠下畔與糝侯上綱齊
所謂見鵠於糝三分侯中則鵠下亦有
六尺通躬與舌四尺爲一丈爲糝侯所
掩自糝侯上綱計之去地三丈二尺
…

0009_0389-1　0009_0388-2

…步半寸在是大侯下綱去地丈
數通上綱計之去地四丈八尺五寸少
半寸故注
依此云也

樂人宿縣于阼階東笙磬西面其南笙鍾其南鎛皆南陳

笙猶生也
東爲陽中
萬物以生春秋傳曰太蔟所以金奏贊
陽出滯姑洗所以脩絜百物考神納賓
是以東方鍾磬謂之笙皆編而縣之周
禮曰凡縣鍾磬半爲堵全爲肆有鍾有
磬爲全鎛如鍾而大奏樂以鼓鎛爲節
○疏曰陽氣起於子盛於午故東方爲
陽中也太蔟正月之管奏之所以贊陽
出滯姑洗三月之管奏之所以脩絜百

仪礼廿一　六

物東方陽管唯有此二律故據此言之
是以名東方鍾磬爲笙也磬非應律之
物而與鍾同言笙者以其與鍾同十六
枚而在一虡與鍾同編又同宮故兼言
磬是以磬師職云掌教擊編鍾是磬與
鍾同編也凡縣鍾磬半爲堵全爲肆者
周禮小胥職文鄭彼注云半之者謂諸
侯之卿大夫士也諸侯之卿大夫半天
子之卿大夫天子之卿大夫判縣東西
各有鍾磬是全之爲肆諸侯卿六天鍾
同判縣半天子卿大夫取一相鍾磬
爲兩相西縣鍾東縣磬是半之爲堵
天子之士特縣直東有鍾磬是亦全
爲肆諸侯之士直特縣…

0009_0389-2

□西臣或於階間或於東方是亦半
□堵又天子宮縣四面皆有諸侯軒縣
闕南面而皆有鎛磬鍾鼓爲大夫士皆
無鎛若有鎛則諸侯臣半天子臣不得
具是以闕之云奏樂以鼓鎛爲節者按
周禮鎛師云掌金奏之鼓注云謂主擊
晉鼓以奏其鍾鎛也以此言之則
先擊鼓後擊鍾鎛皆是與樂爲節
建鼓在阼階西南鼓應鼙在其東南鼓
建猶樹也
以木貫而載之樹之跗也南鼓謂所伐
面也應鼙應朔鼙也先擊朔鼙應鼙應
之鼙小鼓也在東便其先擊小後擊大
也鼓不在東縣南爲君也○疏曰下西

仪礼廿一　七

0009_0390-1

面北面建鼓皆言一此建鼓不言一者
彼在本方故須言一見無他鼓此鼓本
東方以爲君故移來在此方故異其文
不言一也明堂位云殷楹鼓周縣鼓注
云楹爲之柱貫中上出也縣縣之於簨
虡也此云以木貫而載之則爲之柱貫
然主樹一也周人縣鼓今言建鼓則殷
法也云於射略於樂故用先代鼓云鼓
卒在東縣南爲君者決下一建鼓在其南
東鼓皆爲賓復不在東縣北者取順君
面故
西階之西頌磬東面其南鍾其南
鎛皆南陳一建鼓在其南東鼓朔鼙

0009_0390-2

其北
言成功曰頌西爲陰中萬物之所
成春秋傳曰美則所以詠歌九則
平民無感無射所以宣布哲人之令德
示民軌儀是以西方鍾磬謂之頌劉始
初奏樂先擊西擊樂爲賓所由來也鍾
不言頌磬不言東鼓義同省文也古文
頌爲庸○疏曰夷則無射主西方成功
收藏故稱頌頌者美盛德之形容也九
則謂六府三事九功之德以此九則平
民無差慝也哲人謂后稷后稷以稼穡
之功成於季秋先王之業以農爲本故
云示民軌儀謂軌法義理也賓向外來
位在西其樂主爲樂賓故先擊朔鼙應
鼙應之也古文頌爲庸其義亦通尚書

仪礼廿一　八

0009_0391-1

云笙庸以間鏞東方庸西
方是庸亦有成功之義也
一建鼓在西階之東南面
言面者國君於其羣臣備
三面爾無鍾磬有鼓而已
其爲諸侯則軒縣○疏曰國君合有三
面爲辟射位又與羣臣射闕北面無鍾
磬鎛直有一建鼓而已故不言南鼓而
言南面也若與諸侯燕樂之類則依諸
侯軒縣三面皆
賓鼓與鍾磬鎛
簜在建鼓之間
簜竹也
謂笙簫
之屬倚於堂○疏曰禹貢云篠簜既敷
注亦云簜竹也下云乃管新宮注云管
□□簜則此簜管也按小師職注云管
□□而小併兩而吹之今大予樂官有

0009_0391-2

爲爾雅云大笙謂之巢小者謂之和簫大者二十三管長尺四寸小者十六管長尺二寸大笙十九簧小者十三簧若然笙簫與管器異以其皆用竹故云笙簫之屬也管擬吹之不倚在兩建鼓間故知倚於堂也

鼗倚于頌磬西紘 鼗如鼓而小有柄賓至搖之以奏樂也紘編磬繩也設鼗於磬西倚于紘也王制曰天子賜諸侯樂則以祝將之賜伯子男樂則以鼗將之○疏曰按那詩云猗與那與置我鼗鼓鄭讀置爲植植鼗鼓者爲楹貫而樹之鼗雖不植貫而搖之亦植之類與鼓同文是知鼓而小也眂瞭職云掌凡樂事播

二六八三　儀禮卷二十一　九

0009_0392-1

鼗擊頌磬笙磬磬言擊鼗言播播爲搖之可知鼗所以節樂賓至乃樂作故於賓至搖之以奏樂也紘若天子諸侯縣而朱紘用組之類磬又編縣之用紘故知紘編磬繩也鍾磬皆面向東人居其前西面故知鼗在磬西倚之於紘也

右張侯設樂○周禮射人以射灋治射儀王以六耦射三侯三獲三容樂以騶虞九節五正諸侯以四耦射二侯二獲二容樂以貍首七節三正孤

0009_0392-2

卿大夫以三耦射一侯一獲一容樂以采蘋五節二正士以三耦射豻侯一獲一容樂以采蘩五節二正 射法王射之禮治射儀謂肄之也鄭司農云三侯虎熊豹也九節折羽九重設於長杠也正所射也詩云終日射侯不出正兮二侯熊豹也玄謂三侯者五正三正二正之侯也二侯者三正二正之侯也一侯者二正而已此皆與賓射於朝之禮也考工梓人職曰張五采之侯則遠國屬遠國謂諸侯來朝

二六八四　儀禮卷二十一　十

0009_0393-1

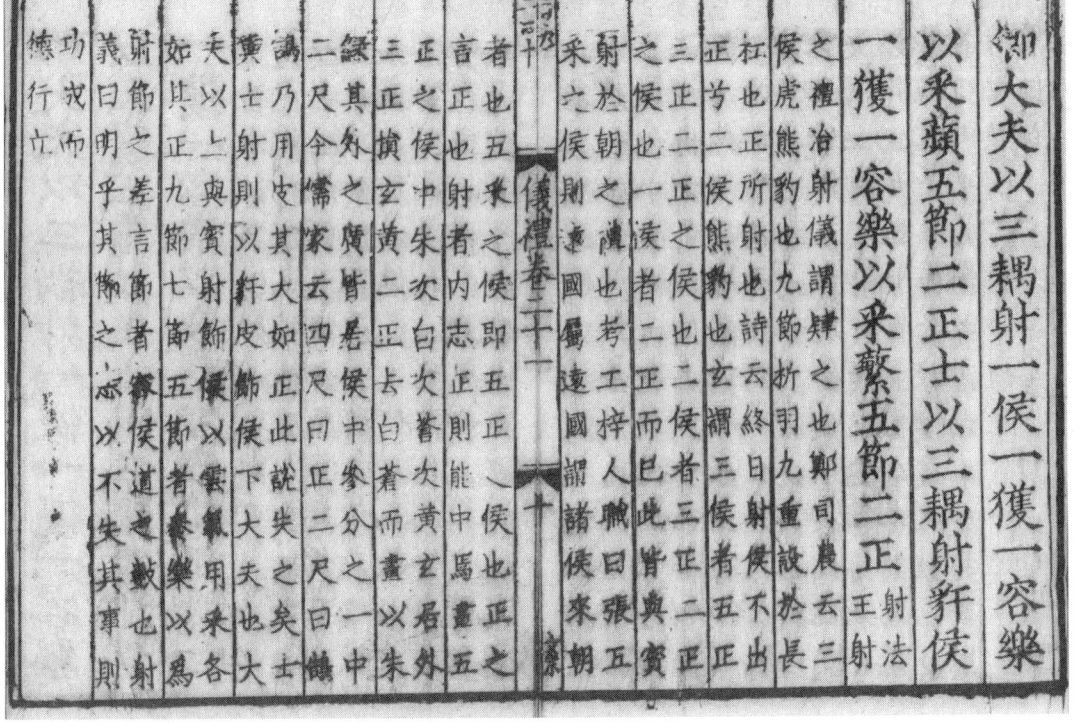

者也五采之侯即五正之侯也正之言正也射者內志正則能中焉畫五正之侯中朱次白次蒼次黃玄居外三正損玄黃二正去白蒼而畫以朱綠其外之廣皆居侯中參分之一中二尺今儒家云四尺曰正二尺曰鵠謂乃用丈其大如正此說失之矣士無士射則以豻皮飾侯下大夫也大夫以上與賓射飾侯以雲氣用采各如其正九節七節五節者奏樂以爲射節之差言節者容侯道之數也射義曰明乎其節之志以不失其事則功成而德行立

0009_0393-2

厥明司宮尊于東楹之西兩方壺膳尊
兩甒在南有豐冪用錫若絺綴諸箭蓋
冪加勺又反之皆玄尊酒在北膳尊君尊也後
陳之尊之也豐以承尊也說者以爲若井鹿盧其爲字從豆𠁁聲近似豆大而
卑矣冪覆尊巾也錫細布也絺細葛也箭篠也爲冪蓋卷辟綴於篠橫之也又
反之爲覆勺也皆玄尊二者皆有玄酒之尊重本也酒在北尊統於君南爲上
也唯君面尊言尊惠也今文錫或作緆絺或作綌古文箭作晉○疏曰按燕義

儀禮卷二十一　十一

0009_0394-1

諸侯射先行燕禮此陳設器物與燕禮同但文有詳略耳鹿盧即葬下棺碑閒
重鹿盧之類其形兩頭大而中央小今見井上豎柱夾之以索繞而挽之是也
其爲字從豆爲形以𠁁爲聲既用豆爲形故其制還近似乎豆但豆口徑尺柄
亦長尺其制小而高此承尊之豐口足徑各宜差寬中央亦大共高尺比於豆
差短故云近似豆而卑但斷一大木爲之取其安穩此豐若在宗廟或兩君燕
亦謂之坫致爵於其上錫細布者喪服記曰錫者十五升抽其半無事其縷有
事其曰錫故知錫是細布也謂之錫者治布使之滑易也唯君面尊謂人

0009_0394-2

君燕臣子專其恩惠故尊鼻嚮君若鄉飲酒尊于房户之閒賓主夾之則不得
專惠矣
尊士旅食于西鑮之南北面兩圜
壺旅衆也士衆食未得正禄謂庶人在官者圜壺變於方也賤無玄酒○疏
曰前設縣時鑮南更有一建鼓今設尊不應在鼓北而云鑮南者其實在鼓南
門西北面與燕禮同而云鑮南者邊鑮而言必繼鑮者樂以鑮爲主故也
又尊于大侯之乏東北兩壺獻酒爲隸僕人
巾車參侯豻侯之獲者獻讀爲沙沙酒濁特泲之必摩沙者也兩壺皆沙酒郊

儀禮卷二十一　十二

0009_0395-1

特牲曰汁獻涚于醆酒服不之尊侯時而陳於南統於侯皆東面○疏曰知爲
隸僕及獲者以其皆有功又下文以此尊獻之也知沙酒濁者以五齊從下向
上差之醍沈清於泛醴鬱鬯又在五齊之上故知也云特泲之必摩沙者也者
此解名沙酒之意引郊特牲者此以五齊中取醆酒盎齊泲鬱鬯之事也獻沙
亦泲鬱鬯之時和盎齊以手摩沙出其香汁涚清也泲之使清也此爲隸僕以
下卑賤之人而獻鬱鬯者此所得獻皆因祭侯謂侯之神故用鬱鬯也知此不
爲大侯服不設者以下文云服不之尊東面南上故云侯時而陳也
設洗

0009_0395-2

于阼階東南罍水在東篚在洗西南陳設膳篚在其北西面或言南陳或言西面異其文也○疏曰言南陳亦西面言西面亦南陳其實所從言異尊君故也又設洗于獲者之尊西北水在洗北篚在南東陳亦統於侯也無爵因服不也有篚爲奠虛爵也服不之洗亦侯時而陳於其南○疏曰言亦統者因上文設尊兩獻酒沚而云也小臣設公席于阼階上西鄉司宮設賓席于戶西

儀禮廿一　十三

0009_0396-1

南面有加席卿席賓東東上小卿賓西東上大夫繼而東上若有東面者則北上席工于西階之東東上諸公阼階西北面東上唯賓及公席布之也其餘樹之於位後耳小卿命於其君者也席於賓西射禮辨貴賤也諸公大國有孤卿一人與君論道亦不典職如公矣○疏曰知賓及公席布之其餘樹之於位後者下文更有孤卿大夫席文故知也此實未布而言布之者欲辨尊卑也孤尊而後言之者有無不常定也

0009_0396-2

小卿命於其君者按王制云大國二卿皆命於天子次國三卿二卿命於天子一卿命於其君小國亦三卿一卿命於天子二卿命於其君若言小卿據次國一下有之射禮辨貴賤者决燕禮大小卿皆在尊東西無小卿位彼主於燕不異貴賤故也云與君論道亦不典事知公矣者鄉成周建官之意官饌宰官各饌其所當共之物○疏曰燕禮云宰夫此言官者欲見非獨宰故鄭云百官

右陳器設位具饌

儀禮廿一　十四

0009_0397-1

羹定亨肉孰也射義曰諸侯之射也必先行燕禮燕禮牲用狗射人告具于公公升即位于席西鄉小臣師詔諸公卿大夫諸公卿大夫皆入門北面東上士西方東面北上大史在干侯之東北北面東上士旅食者在士南北面東上小臣師從者在東堂下南面西上大史在干侯東北士旅食在士南[illegible]

0009_0397-2

位也正相君出入得之大命○疏曰燕禮士旅食者立于門西東上此不繼門
而在士南繼士者爲有僕故入庭深也有小臣正正長也故以師爲佐小臣
正如天子大僕故引大僕職解之也公降立于阼階之東
南南鄉小臣師詔揖諸公卿大夫諸公
卿大夫西面北上揖大夫大夫皆少進
詔告也變爾言揖亦以其入庭深也上言大夫誤衍耳○疏曰燕禮言爾以其
近門去君遠而言爾爾近也移也揖之使移近此入庭深故不言爾而言揖揖

仪礼廿一　十五　正

0009_0398-1

之而已不須移近之也云上言大夫誤衍者以其大夫與公卿面有異故下別
言大夫少進明上有大夫誤衍大夫大夫四字也
右即位
大射正擯大射正射人之長擯者請賓公曰命
某爲賓其大夫名擯者命賓賓少進禮辭命賓
者東面南顧辭辭以不敏反命以賓之辭告於君又命之賓
再拜稽首受命又復擯者反命賓出立于

0009_0398-2

門外北面公揖卿大夫升就席小臣
阼階下北面請執冪者與羞膳者請士可使
執君兩甒之冪及羞脯醢庶羞於君者○疏曰知請士者據燕方圜壺獻無冪
禮而知云方圜壺獻無冪者方圜壺臣尊獻獲者尊皆無冪乃命執
冪者執冪者升自西階立于尊南北面
東上命者於西階前以公命命之東上執玄尊之冪爲上羞膳者從而東
由堂東升自北階立于房中西面南上不言命者不升堂略之○疏曰知命之

仪礼廿一　十六　正

0009_0399-1

在西階前者以其小臣位在東堂下於阼階請公命乃就西階請執冪者以其
執冪者士位在西故也云羞膳者從而東者已於燕禮釋訖云不升堂者但不
由南方升畧之升自北堂是亦升堂矣膳宰請羞于諸公
卿者膳宰請者異於君也○疏曰不言命者對冪言命於臣畧之
右請立賓及執事者
擯者納賓賓及庭公降一等揖賓賓辟
及至也辟逡遁不敢當盛○疏曰公降之等揖賓不請賓至既就席者以賓與

0009_0399-2

主人爲禮灋不參故不請也此言賓爵燕禮不言文略也公升即席以賓將與主人爲禮不參之奏肆夏肆夏樂章名今亡呂叔玉云肆夏時邁也時邁者太平巡守祭山川之樂歌其詩曰明昭有周式序在位又曰我求懿德肆于時夏奏此以延賓其著意于德勸賢與周禮曰賓出入奏肆夏○疏曰周禮鍾師云以鍾鼓奏九夏杜子春引呂叔玉以爲肆夏時邁也鄭破云九夏皆詩篇名亦頌之類載在樂章樂崩亦從而亡今又引呂叔玉於下者以其正文叔玉或爲一義故兩解之也云奏此以延賓其著宣王德勸賢與者

0009_0400-1

今國君歌此詩延賓入者其欲著明諸侯宜有王之德以勸賢人使有德言與者鄭以義解之無正文故云與以疑之也云周禮曰賓出入奏肆夏者按大司樂云王出入則令奏王夏尸出入則令奏肆夏牲出入則令奏昭夏下云大饗不入牲其他皆如祭祀大饗謂饗賓客故鄭從此爲文也賓升自西階主人從之賓右北面至再拜賓荅再拜主人宰夫也君於掌賓客之獻飲食君於臣雖爲賓不親獻以其莫敢亢禮

右納賓

0009_0400-2

主人降洗洗南西北面賓將從降鄉之不於洗北辭正主○洗○鄉飲酒鄉射主人降洗洗北南面云正主此宰夫代君爲主故不於洗北南面也賓降階西東面主人辭降賓對對荅主人北面盥坐取觚洗賓少進辭洗主人坐奠觚于篚興對賓反位賓少進者所辭異宜重其位也獻不用爵辟正主主人卒洗賓揖升賓每先升尊之主人升賓拜洗主人賓右奠觚荅拜

0009_0401-1

降盥賓降主人辭降賓對卒盥賓揖升主人升坐取觚取觚將就瓦甒酌膳執冪者舉冪主人酌膳執冪者蓋冪酌者加勺又反之反之覆勺筵前獻賓賓西階上拜受爵于筵前反位主人賓右拜送爵賓既拜於筵前受爵退復位宰胥薦脯醢宰胥宰官之吏也不使膳宰薦不主於飲酒變於燕賓升筵庶子設折俎庶子司馬之屬掌正六牲

之體者也鄉射記曰賓俎脊脅肩肺不使膳宰設俎爲射變於燕賓坐左執觚右祭脯醢奠爵于薦右興取肺坐絕祭嚌之興加于俎坐捝手執爵遂祭酒興席末坐啐酒降席坐奠爵拜告旨執爵興主人荅拜降席席西也旨美也樂闋止闋也樂止者尊賓之禮盛於上也○疏曰此經與燕禮皆賓及庭奏肆夏賓拜酒主人荅拜而樂闋郊特牲賓入大門而奏肆夏又曰卒爵而樂闋與此不同者

彼注謂朝聘者故卒爵而樂闋此燕已臣子法故啐酒而樂闋也云尊賓之禮盛於上者賓及庭而奏肆夏至升堂飲酒樂乃止是尊賓之禮盛於堂上者也賓西階上北面坐卒爵興坐奠爵拜執爵興主人荅拜

右主人獻賓

賓以虛爵降既卒爵將酢也主人降賓洗南西北面坐奠觚少進辭降主人西階西東

面少進對賓坐取觚奠于篚下盥洗篚下篚南主人辭洗賓坐奠觚于篚興對卒洗及階揖升主人升拜洗如賓禮賓降盥主人降賓辭降卒盥揖升酌膳執冪如酢主人于西階上主人北面拜受爵賓主人之左拜送爵賓南面授爵乃於左拜凡授爵[所百]主人坐祭不啐酒辟正主也未薦者臣也不

拜酒主人之義燕禮曰不拜酒不告旨遂卒爵興坐奠爵拜執爵興賓荅拜主人不崇酒以虛爵降奠于篚不崇酒辟正主也崇充也謂謝酒惡相充實賓降立于西階西東面既受獻矣不敢安盛○疏曰以堂上爲盛故降下下文於酬賓降筵西東南面立注云不立於序內位彌尊燕禮注公位彌尊禮彌卑是未酬已前禮殺者也擯者以命升賓賓升立下西序東面命公命也東西牆謂之序○疏曰知公命

0009_0403-2

書命由尊言出也

右賓酢主人

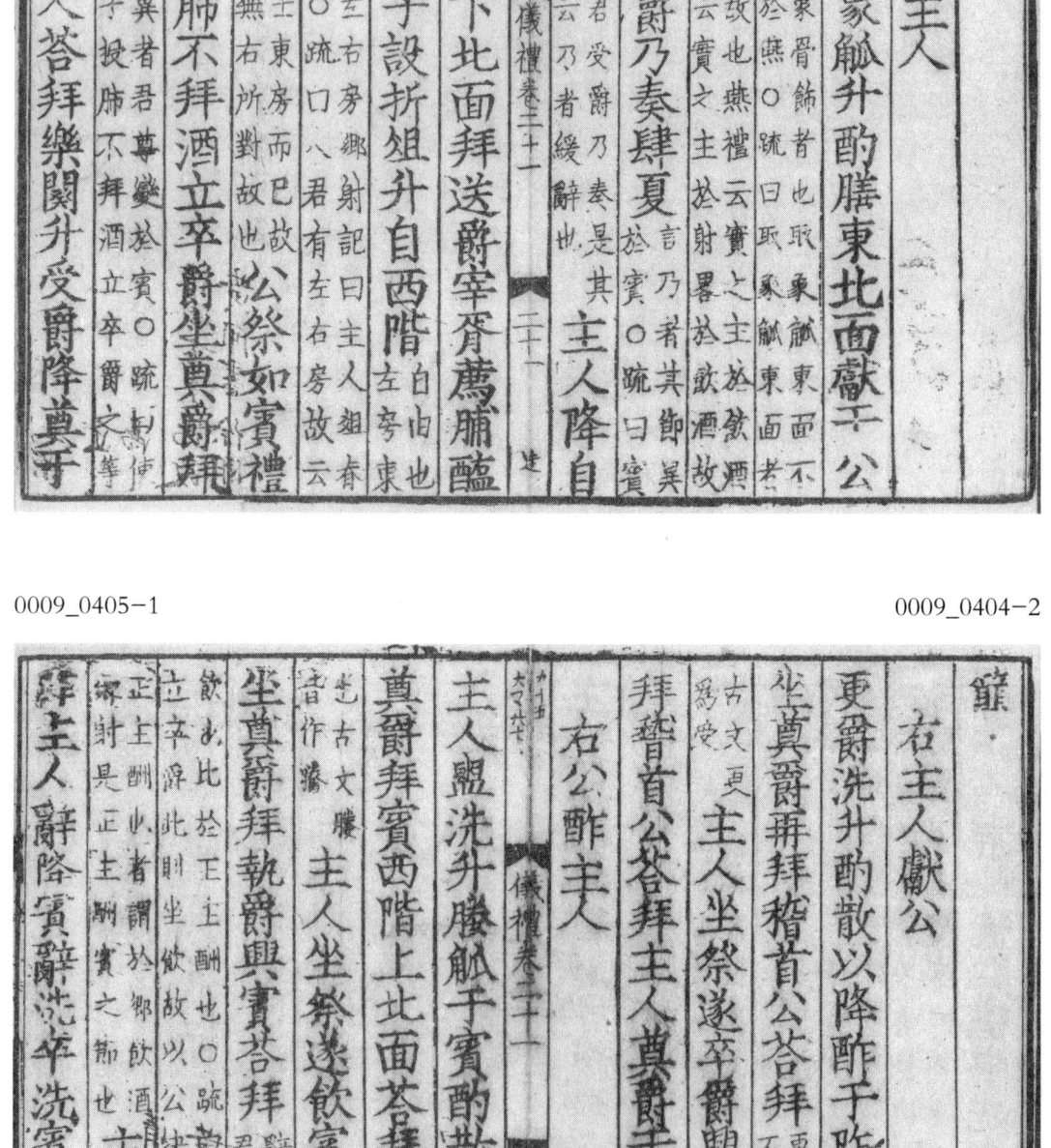

主人盥洗象觚升酌膳東北面獻于公象觚觚有象骨飾者也取象觚東面不言賓之變於燕○疏曰取象觚東面者鄉公爲敬故也燕禮云賓之主於飲酒此云酌不云賓之主於射畧於飲酒故也公拜受爵乃奏肆夏言乃者其節異於賓○疏曰賓及庭奏此君受爵乃奏是其節異故也云乃者緩辭也主人降自

0009_0404-1

西階阼階下北面拜送爵宰胥薦脯醢由左房庶子設折俎升自西階由自也左房東房也人君左右房鄉射記曰主人俎脊脅臂肺也○疏曰人君有左右房故云左房大夫士東房而已故不言左以無右所對故也公祭如賓禮庶子贊授肺不拜酒立卒爵坐奠爵拜執爵興凡異者君尊變於賓○疏曰使庶子授肺不拜酒立卒爵之等皆異於賓也主人荅拜樂闋升受爵降奠于

0009_0404-2

篚

右主人獻公

更爵洗升酌散以降酢于阼階下北面坐奠爵再拜稽首公荅拜更易也易爵不敢襲至尊古文更爲受主人坐祭遂卒爵興坐奠爵再拜稽首公荅拜主人奠爵于篚

右公酢主人

0009_0405-1

主人盥洗升媵觚于賓酌散西階上坐奠爵拜賓西階上北面荅拜媵送也散方壺之酒也古文媵音作騰主人坐祭遂飲賓辭卒爵興坐奠爵拜執爵興賓荅拜辭者辭其代君行酒不立飲也此於正主酬也○疏曰[illegible]立卒爵此則坐飲故以公決之云此於正主酬也者謂於鄉飲酒鄉射是正主酬賓之節也主人降洗賓辭主人辭降賓辭洗卒洗賓揖升不拜

0009_0405-2　0009_0406-1

洗不拜洗酬而禮殺也主人酌膳賓西階上拜受
爵于筵前反位主人拜送爵賓升席坐
祭酒遂奠于薦東遂者因坐而奠之不北面也奠之者酬不
舉也○疏曰云不北面也者此決鄉飲酒鄉射賓北面坐奠觶于薦東注皆云
酬酒不舉引曲禮君子不盡人之歡不竭人之忠以全交也主人降
復位賓降筵西東南面立賓不立於序內位彌尊○
疏曰鄉飲酒注云位彌尊禮彌卑引鄉飲一一施此對酬時立于西序之
儀禮廿一　二十三
時云賓下禮稍卑位稍尊也在席西南面位彌尊禮彌卑云

右主人酬賓

小臣自阼階下請媵爵者公命長命之使還
長幼之序也卿則尊士則卑○疏曰不取年長及位長者以下文但使下
大夫為之是知用卿則尊用士則卑不取之而取下大夫尊卑處中者小
臣作下大夫二人媵爵作使媵爵者阼階
下皆北面再拜稽首公荅拜再拜稽首拜君命

0009_0406-2　0009_0407-1

媵爵者立于洗南西面北上序進盥洗
角觶升自西階序進酌散交于楹北降
適阼階下皆奠觶再拜稽首執觶興公
荅拜序次第也猶代也先者既酌右還而反與後酌者交於西楹北相左
俟於西階上乃降往來以右為上古文曰降造阼階下媵爵者皆
坐祭遂卒觶興坐奠觶再拜稽首執觶
興公荅再拜媵爵者執觶待于洗南
儀禮卅一　二十四
君命小臣請致者請君使一人與二人與不必君命若命
皆致則序進奠觶于篚阼階下皆北面
再拜稽首公荅拜媵爵者洗象觶升實
之序進坐奠于薦南北上降適阼階下
皆再拜稽首送觶公荅拜既酌而代進往來由尊北
交於東楹北亦相左奠於薦南不敢必君舉○疏曰言亦者亦前酬酌自飲者
相左於西楹之北時後者南相東向先者北相西向向西階右旋北面待後者

薦也今此二人先者於尊西東面酌訖於東楹之北東向向公前奠之右旋於東楹之北北畔西過後者亦於罇西東面酌訖於東楹之北南過東向於公前奠之是亦交於楹北相左也云奠於薦南不敢必君舉者凡舉者於右不舉者於左今奠於薦左是不舉之處故云不敢必君舉也

媵爵者皆退

反位反門右北面位○疏曰大夫初與卿在門右北面得揖少進中庭北面今當反庭中位而立云門右北面位者大夫雖得揖少進仍是門右北面位少進而已故鄭還以門右北面言之

右媵爵于公

公坐取大夫所媵觶興以酬賓賓降西階下再拜稽首小臣正辭賓升成拜公起

酬賓於西階降尊以就卑也正長也小臣長辭變於燕升成拜復再拜稽首先時君辭之於禮若未成然○疏曰燕禮云欲直使小臣辭此射禮辨尊卑故使小臣長辭也

公坐奠觶荅拜執觶興公卒觶

賓下拜小臣正辭賓升再拜稽首不言成拜

者爲拜故下賓未拜也下不敢也下亦降也發端言降拜因上事言下拜○疏曰自此已下皆云公荅拜不再拜燕禮皆言公荅再拜不同者燕主歡不用尊卑故公拜皆再拜此射禮主辨尊卑故荅拜者止荅一拜周禮大祝辨九拜七曰奇拜是也云下亦降者此非謂下爲降故以發端言降拜明一事言不拜直因降有上文即云下拜之云公卒觶賓下拜者公尊不拜既爵賓嫌拜若爲君拜既爵也

公坐奠觶荅拜執觶興賓進受虛觶降奠于篚易觶興洗賓進以臣道去

君受虛爵君不親酌凡爵不相襲者荅尊者言更自敵以下言易更作新易者敬之辭也不言公酬賓於西階主及公反位者尊君空其文也

公有命則不易不洗反升酌膳下拜小臣正辭

賓升再拜稽首公荅拜不易君義也賓不洗臣禮也

告于擯者請旅諸臣擯者告于公公許

旅序也賓欲以次序勸諸臣酒

賓以旅大夫于西階上

擯者作大夫長升受旅作使也使之以長幼之次先卿

兩本均缺第二十七葉今録張本補抄丁本有此葉刻工單字正

卿後大夫 賓大夫之右坐奠觶拜執觶興大夫荅拜 賓在右相飲之位○疏曰賓位在左而在大夫之右者是相飲之位非賓主之位也 賓坐祭立卒觶不拜 酬而禮殺 若膳觶也則降更觶洗升實散大夫拜受賓拜送遂就席 言更觶禮殺○疏曰上注云不相襲者於尊者言更自敵以下言易此賓於卿是自敵以下當言易今言更者尊卿尊卿則賓卑賓禮殺也 大夫辯受酬如受賓酬之禮不祭酒卒受者以虛觶降奠于篚復位 卒猶已也今文辯作徧○疏曰言復位位者亦如上復門右北面位即庭中北面位也

右公爲賓舉旅

主人洗觚升實散獻卿于西階上 酬賓而後獻卿飲酒禮成於酬 司宮兼卷重席設于賓左東上 言兼卷則每卿異席重席蒲筵緇布純席卿言東上統於君席自房來○

0009_0411-1　　0009_0410-2

疏曰上文設席之下注謂唯賓及公席布之其餘樹之於位後至獻卿乃布之則此云兼卷者不謂至是始卷之也直是鋪設之時兼卷而設之也 卿升拜受觚主人拜送觚卿辭重席司宮徹之 徹猶去也重席雖非加猶爲其重累辭之辟君 乃薦脯醢卿升席庶子設折俎 卿折俎未聞蓋用脊脅臑折肺卿有俎者射禮尊○疏曰卿射記云賓俎脊脅肩肺主人俎脊脅臂肺又獲者之俎脊脅肺臑彼注云臑若膞胳觳之折以大夫之餘體以此言之則此賓俎亦用脊脅肩[illegible]言俎亦脊脅臂肺前體有肩臂臑後體言膞胳觳尊卑以次用之故卿宜用臑若有公公用臑卿宜用膞也云卿有俎者射禮尊者對燕禮不辨尊卑故公卿筆皆無俎也 卿坐左執爵右祭脯醢奠爵于薦右興取肺坐絶祭不嚌肺興加于俎坐捝手取爵遂祭酒執爵興降席西階上北面坐卒爵興坐奠爵拜執爵興[illegible]

肴君之賜也[illegible]疏曰按[illegible]

0009_0411-2

在功君與之無恩及於卿故卿不敵卒也卿有無俎者自然不嚌也主人荅拜受爵卿降復位復西面位不酢辟君辯獻卿主人以虛爵降奠于篚擯者升卿卿皆升就席若有諸公則先卿獻之如獻卿之禮席于阼階西北面東上無加席公孤也席之北面為大尊屈之也亦因阼階上近君近君則親寵苟敬私昵之坐

右主人獻孤卿

儀禮卷二十一　二十九

0009_0412-1

小臣又請媵爵者二大夫媵爵如初請致者若命長致則媵爵者奠觶于篚命長致者使長者一人致也公或時未能舉自優暇一人待于洗南不致者長致者阼階下再拜稽首公荅拜再拜稽首拜君命洗象觶升實之坐奠于薦南降與立于洗南者二人皆再拜稽首送觶公荅拜奠於薦南先媵者上觶之處也二人皆拜如初共勸君飲

0009_0412-2

右再媵爵

公又行一爵若賓若長唯公所賜一爵先媵者之下觶也若賓若長禮殺也長孤卿之尊者也於是言賜射禮明尊卑○疏曰按燕禮言唯公所酬此言所賜是以決之也以旅于西階上如初賜賓則以酬長賜長則以酬賓大夫長升受旅以辯大夫卒受者以虛觶降奠于篚

儀禮卷二十一　三十

0009_0413-1

右公為賓若孤卿舉旅

主人洗觚升獻大夫于西階上大夫升拜受觚主人拜送觚大夫坐祭立卒爵不拜既爵主人受爵大夫降復位既盡也大夫卒爵不拜賤不備禮○疏曰此注云賤不備禮燕禮注云禮殺兩注相兼其義乃足胥薦主人于洗北西面脯醢無脀胥宰官之吏士一人下大夫也先大夫薦之尊之也不薦于上辟正主晉俎實

0009_0413-2

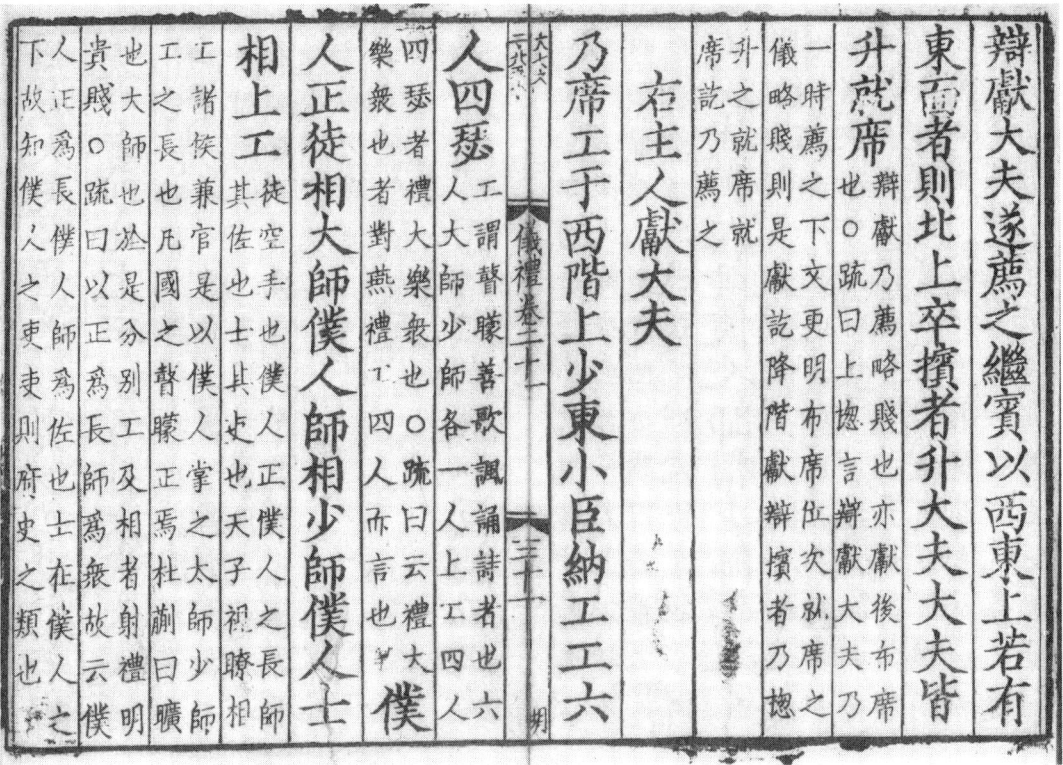

辯獻大夫遂薦之繼賓以西東上若有東面者則北上卒擯者升大夫大夫皆升就席 辯獻乃薦略賤也亦獻後布席也○疏曰上惣言辯獻大夫乃一時薦之下文更明布席位次就席之儀略賤則是獻訖降階獻辯擯者乃惣升之就席就席訖乃薦之

右主人獻大夫

乃席工于西階上少東小臣納工工六

儀禮卷三十一　三十一　明

0009_0414-1

人四瑟 工謂瞽矇善歌諷誦詩者也六人大師少師各一人上工四人四瑟者禮大樂衆也○疏曰云禮大樂衆也者對燕禮工四人而言也 僕人正徒相大師僕人師相少師僕人士相上工 徒空手也僕人正僕人之長師其佐也士其吏也天子視瞭相工諸侯兼官是以僕人掌之太師少師工之長也凡國之瞽矇正焉杜蒯曰曠也大師也於是分別工及相者射禮明貴賤○疏曰以正爲長師爲衆故云僕人正爲長僕人師爲佐也士在僕人之下故知僕人之吏吏則府史之類也

0009_0414-2

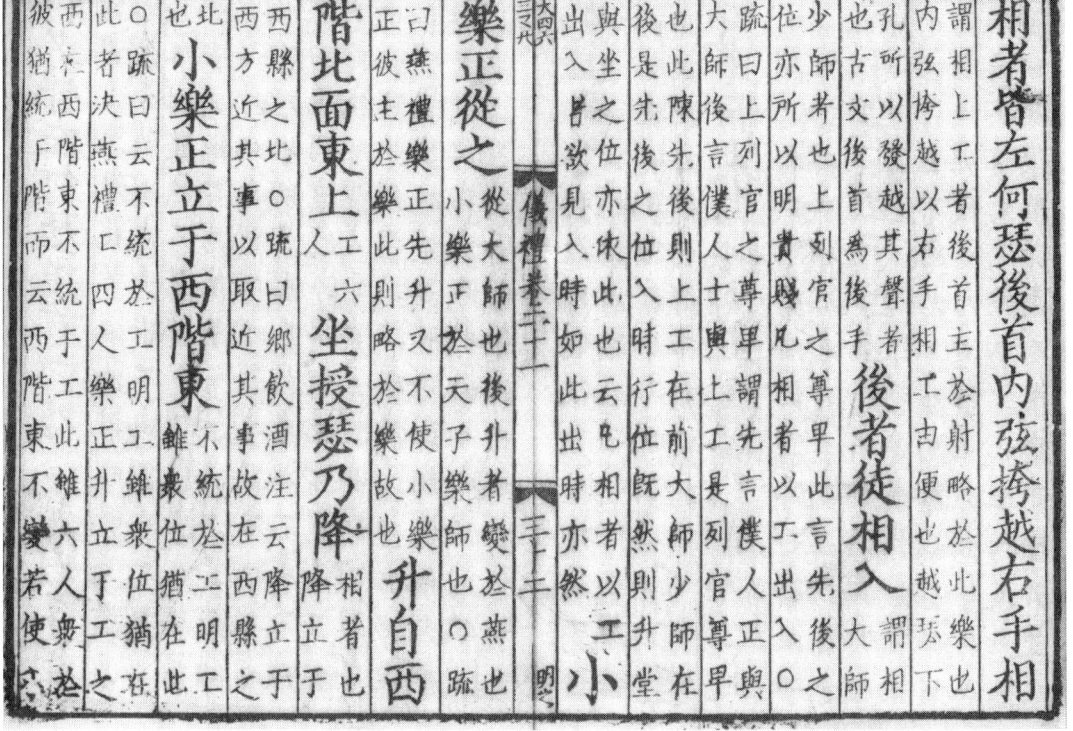

相者皆左何瑟後首内弦挎越右手相 謂相上工者後首主於射略於此樂也内弦挎越以右手相工由便也越瑟下孔所以發越其聲者也古文後首爲後手 後者徒相入 謂相大師少師者也上列官之尊卑此言先後之位亦所以明貴賤凡相者以工出入○疏曰上列官之尊卑謂先言僕人正與大師後言僕人士與上工是列官尊卑也此陳先後則上工在前大師少師在後是先後之位入時行位既然則升堂與坐之位亦依此也云凡相者以工出入者欲見入時如此出時亦然 小

儀禮卷三十一　三十二　明

0009_0415-1

樂正從之 從大師也後升者變於燕也小樂正於天子樂師也○疏曰燕禮樂正先升又不使小樂正彼注於樂此則略於樂故也 升自西階北面東上 工六人 坐授瑟乃降 相者也降立于西縣之北○疏曰鄉飲酒注云降立于西方近其事以取近其事故在西縣之北 小樂正立于西階東 雖衆位猶在此也○疏曰云不統於工明工雖衆位猶在此者決燕禮工四人樂正升立于工之西在西階東不統于工此雖六人衆於彼猶統于階而云西階東不變若使衆

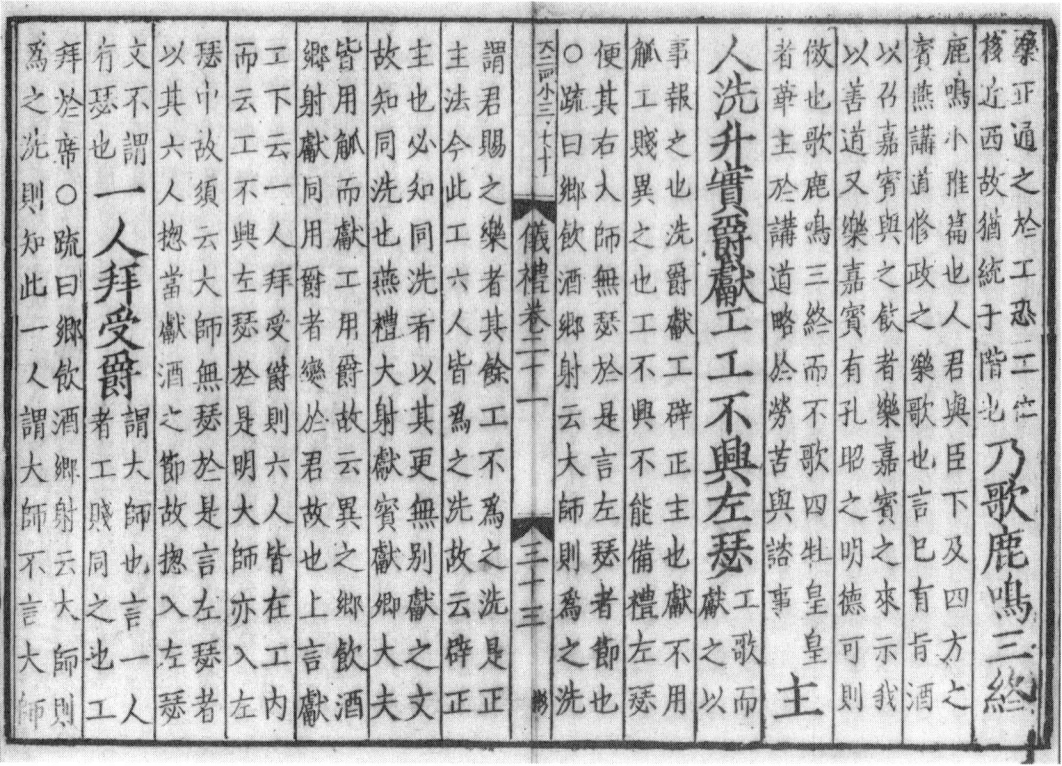

樂正通之於工恐工位後近西故猶統于階也乃歌鹿鳴三終鹿鳴小雅篇也人君與臣下及四方之賓燕講道脩政之樂歌也言已有旨酒以召嘉賓與之飲者樂嘉賓之來示我以善道又樂嘉賓有孔昭之明德可則傚也歌鹿鳴三終而不歌四牡皇皇者華主於講道略於勞苦與諮事主人洗升實爵獻工工不與左瑟工歌而獻之以事報之也洗爵獻工辟正主也獻不用觶工賤異之也工不與不能備禮左瑟便其右大師無瑟於是言左瑟者節也○疏曰鄉飲酒鄉射云大師則為之洗

謂君賜之樂者其餘工不為之洗是正主法今此工六人皆為之洗故云辟正主也必知同洗者以其更無別獻之文故知同洗也燕禮大射獻賓獻卿大夫皆用觚而獻工用爵故云異之鄉飲酒鄉射獻同用爵者變於君故也上言獻工下云一人拜受爵則六人皆在工内而云工不與左瑟於是明大師亦入左瑟中故須云大師無瑟於是言左瑟者以其六人摠當獻酒之節故摠入左瑟文不謂有瑟也一人拜受爵謂大師也言一人者工賤同之也工拜於席○疏曰鄉飲酒鄉射云大師則為之洗則知此一人謂大師不言大師

上歟不異其文之而云一人也主人西階上拜送脯醢輒薦之變於大夫○疏曰按上文云辯獻大夫遂薦之此工得獻不待辯輒薦之故云變於大夫也使人相祭使人相者相其祭薦祭酒○疏曰知祭薦祭酒者此文承一人受爵薦脯醢之下明二者皆祭也若下文衆工直祭酒不祭脯醢也卒爵不拜主人受虛爵衆工不拜受爵坐祭遂卒爵辯有脯醢不祭相者相其祭酒而已主人受爵降奠于篚

復位大師及少師上工皆降立于鼓北羣工陪于後鼓北西縣之北也言鼓北者與鼓齊面餘長在後也羣工陪于後三人為列也於是時小樂正亦降立於其南北面工立僕人立於其側坐則在後考工記曰鼓人為皐陶長六尺有六寸○疏曰知鼓北西縣之北者以下文大師少師始遷向東明此降在西縣之北可知云言鼓北者與鼓齊面餘長在後也者按前列樂縣之時鼓在鎛南今不言在鐘磬之北遂據鼓而言之者欲取形大又西向東工亦面向東故過取鼓面也言餘長在後者

0009_0417-2

欲見鼓長六尺六寸工西與鼓西齊鼓
有餘長在人後矣言此者工與鼓前而
人爲列也者大師後有工二人少師後
齊後面不齊之意也云舉工陷于後三
時小樂正亦降立於其南北面者亦約
亦東有工二人故云三人爲列也云於是
遷樂於東方工西面樂正北面言亦者
亦東方也云工立僕人立于其側坐則
在從者亦約遷樂東方時面位得知也
言工記曰韗人爲皋陶先鄭云韗書或
爲鞠後鄭謂鞠者以皋陶名官鞠則陶
字從革今此注云鼓人爲皋陶者誤當
作韗人鼓人自在地官掌教六
鼓兵皐陶鼓名長六尺六寸　乃管新

儀禮卷二十一　三十五

0009_0418-1

宮三終　管謂吹簜以播新宮之樂其篇
亡其義未聞笙從工而入既管
不獻略下樂也立于東縣之中○疏曰
從工而入者按燕禮云笙入立于縣
中有笙入之文此上下不見笙入之文
知笙從工而入也此管也而謂之笙
者按燕禮記云下管新宮笙入三成則
次管者吹笙故兼言笙欲見笙管相
將也云立于東縣之中者亦約燕禮文
卒管大師及少師上工皆東坫之東南
西面北上坐　不言縣北統於堂也於是時大樂正還北面立于其

0009_0418-2

南○疏曰工人前不即還于東者爲管
蓋所作不以無事亂有事故待卒管乃
升階之東南堂前三笴西面北上

右樂賓

擯者自阼階下請立司正　三爵既備上下樂作君將留羣臣而射宜更立司正以監之察儀法也　公許擯者遂爲
司正　君許其請因命用之不易之者俱相禮其事同也　司正適
洗洗角觶南面坐奠于中庭　奠觶者著其位以顯

儀禮卷二十一　三十六

0009_0419-1

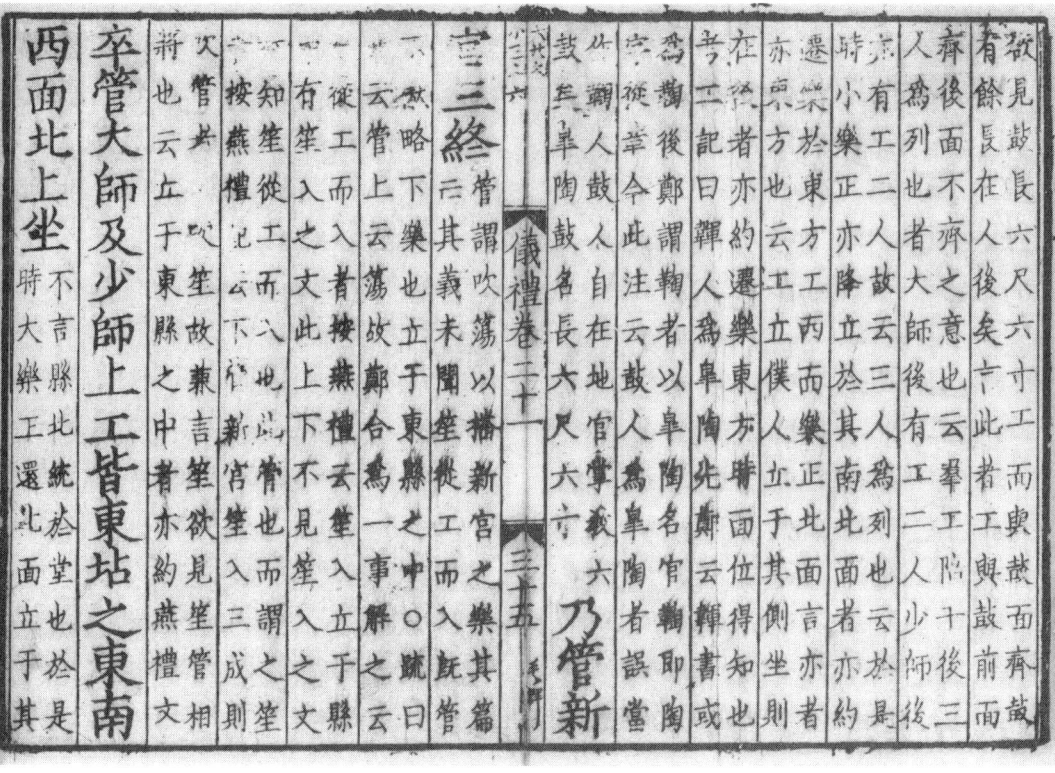

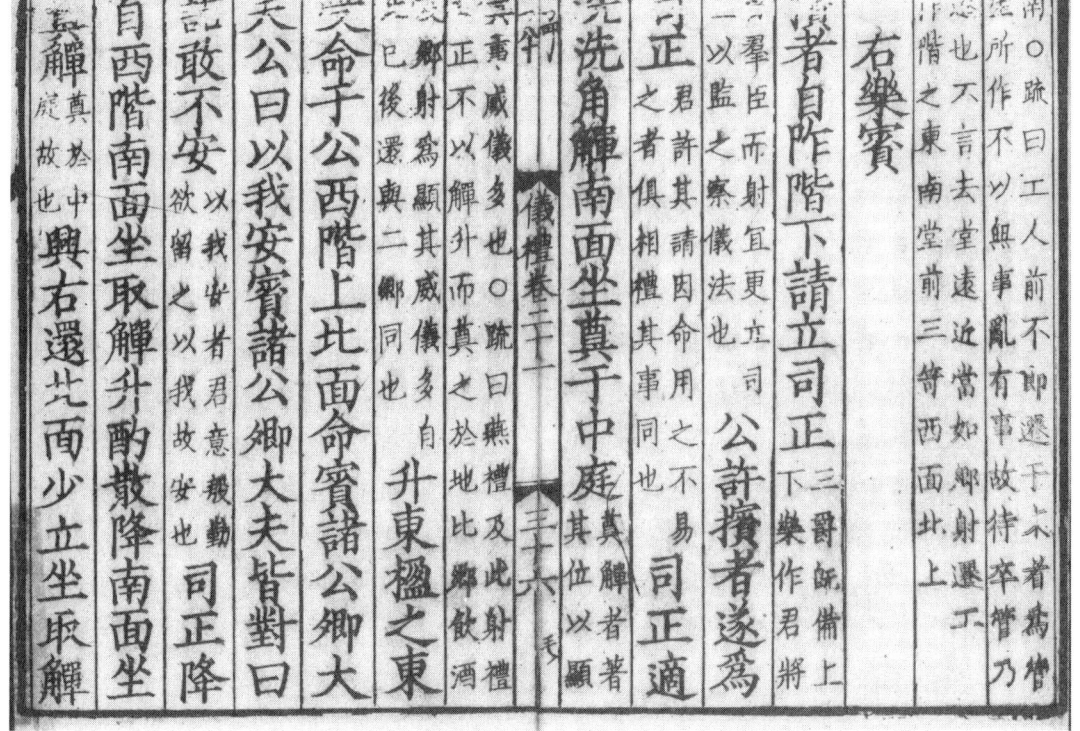

其事威儀多也○疏曰燕禮及此射禮
正不以觶升而奠之於地比鄉飲酒
及鄉射爲顯其威儀多自
此已後還與二鄉同也　升東楹之東
受命于公西階上北面命賓諸公卿大
夫公曰以我安賓諸公卿大夫皆對曰
諾敢不安　以我安者君意殷勤欲留之以我故安也　司正降
自西階南面坐取觶升酌散降南面坐
奠觶　奠於中庭故也　興右還北面少立坐取觶

興坐不祭卒觶奠之興再拜稽首左還南面坐取觶洗南面反奠于其所北面立 皆所以自昭明於衆也將於觶南北面則右還於觶北南面則左還如是得於觶西往來也必從觶西往來者爲君在阼不背之也右立司正

司射適次袒決遂執弓挾乘矢於弓外見鏃於弣右巨指鉤弦 司射射人也次若今時更衣處

張幃席爲之耦次在洗東南袒左免衣也決猶闓也以象骨爲之著右巨指所以鉤弦而闓之遂射韝也以朱韋爲之著左臂所以遂弦也方持弦矢曰挾乘矢四矢弣弓把也見鏃焉順其射也右巨指右手大擘以鉤弦弦在旁挾由便也古文挾皆作接○疏曰云司射射人也若按燕禮射人告具又云射人納賓又云射人請立司正公許射人遂爲司正又公乃燕司正與射人一人又曰若射則大射正爲司射是射人司射大射正同是其實一人也此篇云射人告具[illegible]此以後皆止云擯擯[illegible]公許遂爲司正

知此篇擯者與正與大射正爲一人也下云公就物小射正奉決拾以笥大射正執弓注云小射正贊司正親其職乃薦司正注云司正大射正是也云耦次在洗東南者此無正文按鄉射記云設楅橫奉之南面坐奠之南北當洗此下云三耦出次西面行拾取矢又當北行向楅則次在洗東南矣云方持弦矢曰挾者以矢橫爲方鄉射記云凡挾矢於二指間橫之是也

司馬政請射 爲政謂司馬也司馬政官主射禮○疏曰大宰云四曰夏官其屬六十掌邦政是爲政謂司馬也其屬有射人主射事故司馬政官主射禮也

遂告曰大夫與大夫士御於大夫 閒告選三耦於君御由侍也大夫與大夫爲耦不足則士侍於大夫與爲耦也今文於爲于○疏曰云不足則士侍於大夫與爲耦也者曲禮云君使士射注謂以備耦是也

遂適西階前東面右顧命有司納射器 納內也○疏曰命謂司射命之也有司謂士佐執事不射者鄉射西階前西面命弟子納射器此言東面者君在阼宜向之故東面右顧者以[illegible]門是士在西階東由是以右顧向之

射器皆入君之

0009_0421-2

弓矢適東堂賓之弓矢與中籌豐皆止于西堂下衆弓矢不挾總衆弓矢福皆適次而俟中閒中筭器也籌筭也豐可奠射爵者衆弓矢三耦及卿大夫以下弓矢也司射矢亦止西堂下衆弓矢不挾則納公與賓弓矢者挾之攝乘矢器今文俟作待○疏曰鄉射記云若郊則閭中據此大射故知閭中中所以盛筭故云筭器也云司射矢亦止西堂下者下文云司射卒誘射遂適堂西改取一个挾之是也若然司射有矢無弓在堂西有弓者誤或則據司射將

0009_0422-1

獻釋獲者適阼階西去扑適堂西釋弓脫決拾是時弓在西堂下也工人士與梓人升自北階兩楹之間疏數容弓若丹若墨度尺而午射正涖之工人士梓人皆司空之屬能正方圜者一從一橫曰午謂畫物也射正司射之長○疏曰繢人職云火以圜土以黃其象方梓人職張五采之侯之類是知方圜也云一從一橫曰午謂畫物也者則上文橫與距隨是也但未知從者橫者若爲用丹若爲用墨或科用其一云午十字謂之旄以左足履物右足隨而並立也云橫

0009_0422-2

[illegible]射記從如笴[illegible]武尺二寸是也卒畫自北階下司宮埽所畫物自北階下埽物重射事也工士梓人司宮位在北堂[illegible]○疏曰[illegible]不見有位以其人升降自北階明位在北堂下太史俟于所設中之西東面以聽政中未設也大史俟焉將有事也鄉射禮曰設中南當楅西當西序東面司射西面誓之曰公射大侯大夫射參士射干射者非其侯中之不獲卑者與

0009_0423-1

尊者爲耦不異侯大史許諾誓猶告也古文異作辭○疏曰賓與君爲耦同射大侯士與大夫爲耦同射參侯以其既與尊者爲耦不可使之別侯就侯者則非耦類故也遂比三耦比選次之也不言面者大夫在門右北面士西方東面○疏曰云不言面者以下六面故決之云大夫在門右北面士西方東面者依朝位而言若耦及餘數天子大[illegible]射六耦三侯畿內諸侯則二侯[illegible]耦[illegible]外諸侯大射賓射皆三侯三耦但[illegible]畿外畿內各有一等[illegible]之[illegible]得中與天子[illegible]

0009_0423-2

侯[illegible]則中[illegible]射則天子閑 諸侯同三耦一侯而已[illegible]其燕[illegible]

若卿大夫士同一侯三耦 三耦俟于次北西面北上 一未知其耦今文俟爲立○疏曰下經始命而此經已言面位者爲三耦未與誰爲耦故於此以俟命 司射命上射曰某御於子命下射曰子與某子射卒遂命三耦取弓矢于次 取弓矢不拾者次中隱蔽處○疏曰鄉射堂西顯露之處則拾矢也

儀禮卷二十一　四十一

0009_0424-1

右請射

司射入于次搢三挾一个出于次西面揖當階北面揖及階揖升堂揖當物北面揖及物揖由下物少退誘射 搢扱也挾一个挾於弦也个猶枚也由下物而少退謙也誘猶教也夫子循循然善誘人○疏曰射人誘射與鄉射同但鄉射從階西取弓矢此則入次取弓矢爲異然此云入次搢三挾一个則已前皆依乘矢不改鄉射亦然 射三侯將乘

0009_0428-2

矢始射干又射參大侯再發 將行也行四矢象有事於四方詩云四矢反兮以御亂兮 卒射北面揖 揖於當物之處 不南面者爲不背卿○疏曰按鄉射誘射訖卒南面揖者彼尊東或公或卿大人位同不别故可射不特尊之此大射所尊卑尊東唯有天子命卿其餘小卿又大夫皆賓西故尊之不背之也 及階揖降如升射之服故 遂適堂西改取一个挾之 改更也不射而挾矢 有也 遂取扑搢之以立于所設中之西

儀禮卷二十一　四十二

0009_0429-1

南東面 扑所以撻犯教者也於是言之著其位也鄉射記曰司射之矢與扑倚于西階之西○疏曰按司射先就位乃誘射此則誘射卒乃就位者由大射各有止次就次取射訖無事乃就位故云於是言立之也引鄉射記者此不言射倚弓矢之處故引之

右誘射

司馬師命召侯者執旌以負侯 也令射者見侯與旌深志於侯負侯者也天子服不氏下士一人徒四人[illegible]

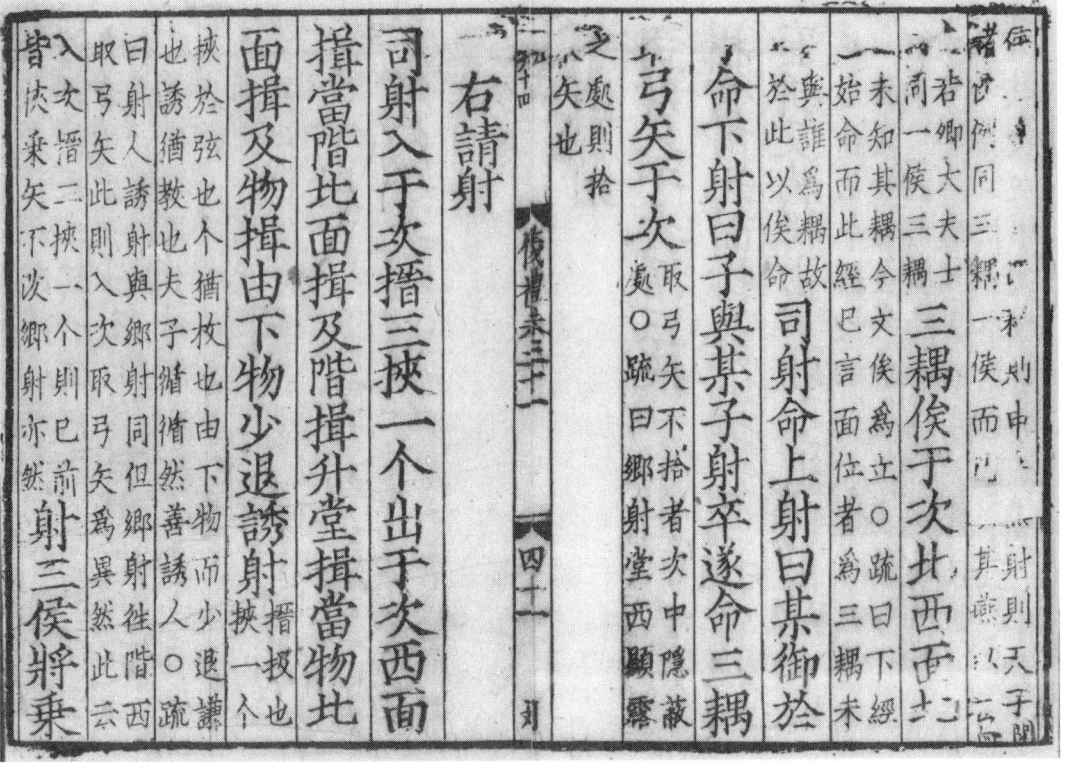

0009_0429-2

人掌以旌居乏待獲折羽爲旌○疏曰
引天子服不氏爲獲者明諸侯亦當然
也 負侯者皆適侯執旌負侯而俟司射
適次作上耦射作使也司射反位不言先
反位者爲三耦始出次未有次前位無所先故不言先也 上耦出次
西面揖進上射在左並行當階北面揖
及階揖上射先升三等下射從之中等
上射在左便射位也中猶閒也○疏曰云上射在左便射位也者鄉射亦云上

儀禮九　四十三

0009_0430-1

射在左不云便射位者彼東面位上射在北故在左不取便射位之義此西面
位亦上射在北居右故上射須在左以其發位並行及升北面就物位皆言居
左履物南面上射乃在右故云上射在左便射位也 上射升堂少
左下射升上射揖並行並併也併東行 皆當其
物北面揖及物揖皆左足履物還視侯
中合足而俟 視侯中各視其侯之中大夫耦則視參中參中十四
尺士耦則視干干中十尺 司馬正適次袒決遂執

0009_0430-2

弓右挾之出升自西階適下物立于物
間左執弣右執簫南揚弓命去侯 司馬正政
官之屬簫弓末揚猶舉也適下物由上射後東過也命去侯者
謂射當獲也鄉射禮曰西南面立於物間○疏曰按天官有大司馬卿一人小
司馬中大夫二人此與諸侯禮亦應有小司馬號爲司正也鄉射司馬命去
侯時由上物後至下射西西南面揚弓命去侯故引鄉射證此亦在物間西
南面也 負侯皆許諾以宮趨直西及乏南

儀禮九　四十四

0009_0431-1

又諾以商至乏聲止 宮爲君商爲臣其聲和相生也鄉射
禮曰獲者執旌許諾古文聲爲磬○疏曰云宮爲君商爲臣樂記文云聲和相
生者宮生徵徵生商而云相生者雖隔徵亦是相生之義云聲和者宮數八
十一商數七十二宮則商應故云聲和也引鄉射者彼禮直云諾聲不絕
不言宮商引之證與此不同之意 授獲者退立于西方
獲者興共而俟 大侯服不氏負侯徒一人居乏相代而獲參侯
干侯徒負侯者乏不相代鄉射禮曰獲者執旌許諾聲不絕以至于乏坐東面

張本下象鼻題監生留成四字傳本剪去之

偃旌與而俟古文獲皆作護非也○疏曰上注引周禮服不氏下士一人徒四人是以鄭分之於三侯之上大侯尊故使服不氏與一徒居之自餘徒三人分之於二侯徒以少一人不得相代也

司馬正出于下射之南還其後降自西階遂適次釋弓說決拾襲反位拾遂也鄉射禮曰司馬反位立于司射之南○疏曰此司馬不言位宜與鄉射同故引為證

司射進與司馬正交于階前相左由堂下西階之東北面視上射命曰毋射獲毋獵獲上射揖司射退反位射獲矢中乏也從旁為獵

乃射上射既發挾矢而后下射射拾發以將乘矢拾更也將行也

獲者坐而獲坐言獲也舉旌以宮偃旌以商等言獲也獲而未釋獲但言獲未釋筭古文釋為舍

卒射右挾之北面揖揖如升射右挾之右手挾弦

上射降二等下射少右從之中等並以上射於左與升射者相左交于階前相揖適次釋弓說決拾襲反位上射於左由下射階上少右乃降待之言襲者凡射皆袒○疏曰云上射降三等者諸侯階有七等言三等者欲明下射中等是降一等之上下射過向西畔由右故上射至地待之乃得二人並行上射於左也云與升射者相左交于階前者降射者仍南行故得階前交往來也云凡射皆袒者按鄉射命三耦各與其耦讓取弓矢拾三耦皆袒決遂取弓遂至卒射云脫決拾襲而俟于堂西南面此則前遂命三耦取弓矢于次不言袒至此亦言襲故須言凡射皆袒決在此不見袒亦袒可知也

三耦卒射亦如之

右初射獲而未釋獲

司射去扑倚于階西適阼階下北面告于公曰三耦卒射反搢扑反位疏曰鄉射司射去扑倚于西階之西升堂北面告于賓曰三耦卒射注云去扑乃升不敢佩刑器即尊者之側此不升堂而亦去扑者尊公故也

司馬正袒決

0009_0432-2

遂執弓右挾之出與司射交于階前相

左出出於次也袒時亦適次○疏曰出次者以袒時入次今更出次不在位

上袒而入次取弓凡袒襲皆於隱處鄉射無次司馬適堂西袒執弓矢是知雖

無次者亦當在位升自西階自右物之後立于

物間西南面揖弓命取矢揖推之負侯許

諾如初去侯皆執旌以負其侯而俟俟小

……矢以……設之司馬正降自西階北面命設

儀禮卷二十一　四十七

楅此當于下射之南……而隆之小臣師設楅司馬

正東面以弓爲畢畢所以教助執事者鄉射記曰乃設楅于

中庭南當洗東肆○疏曰畢是助載鼎實之物故司馬執弓爲畢以指授若周

禮義文以爲楖度然引鄉射但文若諸經設楅故亦當洗既設楅司

0009_0433-1

馬正適次釋弓說決拾襲反位小臣坐

委矢于楅北括司馬師坐乘之乘四四數之

若矢不備則司馬正又袒執弓升命

0009_0433-2

取矢如初曰取矢不索乃復求矢加于

楅卒司馬正進坐左右撫之興反位

……分上下射坐皆北面

右取矢

司射適西階西倚扑升自西階東面請

射于公倚扑者將即君前不敢佩刑器也升堂者欲諸公卿大夫辯聞

也○疏曰上去扑告君不注至此乃注者彼告在阼階下遠君故不注至此升

堂乃注義與彼同也上不升者以告三耦卒射事緩故在下此告欲諸公卿大

儀禮卷二十一　四十八

夫編聞也故升但升者是大正故鄉射亦升堂也公許遂適西

0009_0434-1

階上命賓御于公諸公卿則以耦告于

上大夫則降即位而后告告諸公卿於堂上尊之也

司射自西階上北面告于大夫曰請降

司射先降搢扑反位大夫從之降適次

立于三耦之南西面北上適次由次前而北西面立

0009_0434-2

○疏曰以諸公卿在上故請大夫降卿射降告上人與賓爲耦遂告于大夫又曰賓主人與大夫皆未降彼臣禮上人與賓皆卑故大夫未降與凡異也已云司射等適次詣入次中此適次者大夫降自西階東行適次所過向堂東西面二國過次爲適夫入次也

司射東面于大夫之西比耦大夫與大夫命上射曰某御於子命下射曰子與某子射卒遂比衆耦衆耦立也衆耦立于大夫之南西面北上若有

儀禮卷二十一　四十九

0009_0435-1

士與大夫爲耦則以大夫之耦爲上爲上士尊卑士之上○疏曰國皆有三卿五大夫二十耦六人而已而云使士爲耦者卿大夫或有故或出使數容不足使士備耦

命大夫之耦曰子與某子射告於大夫曰某御於子士雖爲上其尊猶尊大夫

命衆耦如命三耦之辭諸公卿皆未降言未降者見其志在射○疏曰言未者後當降故云未也若經不射不得言未是以鄉射記云衆賓不與射者不降注不以無事亂有事

0009_0435-2

[illegible]云未也

遂命三耦各與其耦拾取矢皆袒決遂執弓右挾之此命入次之事也司射既入[illegible]反位不言之者上射出當作取矢事畢○疏曰鄭知此是命入次之事者衆未有三耦入次袒決遂之事又下乃云一耦出明此是命入次之事其司射命說當反位不言者以其三耦出乃當作取矢待作取矢即是事畢也其不言

一耦出西面揖當福北面揖[illegible]交福揖三耦同入次其出也一上射出西面立司射作之乃揖[illegible]

仪礼廾二　五十

0009_0436-1

當福福正南之東西

上射東面下射西面上射揖進坐橫弓卻手自弓下取一个兼諸弣興順羽且左還毋周反面揖橫弓者南踣弓也卻手自弓下取矢者以左手在弓表右手從裏取之便也兼并也并矢於弣當順羽既又當執弦順羽者手放而下備不整理也左還反其位毋周右還而反東面也君在作還周則下射將背之古文且爲阻○疏曰毋周者[illegible]

[illegible]位右還而反東面[illegible]下射將背之[illegible]上[illegible]

0009_0436-2

還已還背君而據下射而言者上射云君遠故據下射而言以其下射若右還周爲背君若左還向東覆即右還西面是不背君周即背故也 **下射進坐橫弓覆手自弓上取一个兼諸弣與順羽且左還毋周反面揖** 橫弓亦南踣弓也人東西鄉以南北爲橫覆手自弓上取矢以左手在弓裏右手從表取之便也○疏曰上射下射俱南踣弓者取背君向南爲順故也 **旣拾取矢梱之** 梱齊等之也古文梱作魁 **兼挾乘矢皆內還南面揖**

儀禮卅一　五一

0009_0437-1

內還者上射左下射右不背右還亦以君在阼嫌下射故左還而背之也上以陽爲內下以陰爲內因其宜可也○疏曰云不背右還亦以君有阼嫌下射故左還而背之者若上下俱向內是相向爲順君上射左還是不故背君若下射右還背君少亦左還初時面向君轉身南面背君多似故背君故不左還也云上以陽爲內下以陰爲內因其宜可也者上射東面左還時以左手還取東相陽方爲內下射西面右還時以右手還取西相陰方爲內隨其陰陽得左右相向是因其宜也 **適楅南皆左還北面揖搢三挾**

0009_0437-2

个 楅南鄉當楅之位也 **揖以耦左還上射於左** 猶與也言以者耦之事成於此意相耦也上射轉居左便其反位也下射北乃東面○疏曰揖不須言以今云者必有義意故鄭云言以者耦之事於此謂成於此拾取矢以其取矢襚番了更無事故云成於此人意相存也云上射轉居左便其反位也者位次北西面是以上射居左至次北者西面便也云上射少北乃東面知不南者以其次在楅東南北面揖時已次西面故知上射少乃東面得東當次也 **退者與進者相**

仪礼廿一　五十二

0009_0438-1

相揖還退釋弓矢于次說決拾襲反位二耦拾取矢亦如之後者遂取誘射之矢兼乘矢而取之以授有司于次中皆襲反位 有司納射器因留主授受之 **司射作射如初一耦揖升如初司馬命去侯負侯許諾如初司馬降釋弓反位**

右再請射

張本下象鼻題監生留成四字傳本剪去之

司射猶挾一个去扑與司馬交于階[illegible]
適阼階下北面請釋獲于公德字故之辭於此言
之者司射既誘射恒執弓挾矢以掌射事備尚未知當教之也今三耦卒射衆
[illegible]以知之矣猶挾[illegible]者君子不必也公許反搢扑遂命釋
獲者設中以弓爲畢北面北面立于所設中之南當
[illegible]之也鄉射禮曰設[illegible]南當楅西當西序大史釋獲小臣師
執中先首坐設之東面退大史實八筭

于中横委其餘于中西興共而俟先猶前也
[illegible]史而小臣師設之國君官多也[illegible][illegible]師退反東堂下位鄉射禮曰横委其
[illegible]于中西南末○疏曰此不見執筭之獲鄉射釋獲者執鹿中一人執筭以
[illegible]之彼臣禮官少釋獲者自執中設之[illegible]使人執筭況國君官臣多大史不自
[illegible]中豈得自執筭明亦[illegible]人執之但文不備也司射西面命曰
中離維綱揚觸梱復公則釋獲衆則不
與離猶過也獵也侯有上下綱其[illegible]躬舌之角者爲維或曰維當[illegible]

絹爲綱耳揚觸者謂矢中他物揚而觸
侯也梱復謂矢至侯不著而還復復反
也公則釋獲優君也衆當中鵠而著古
文梱作魁○疏曰離維綱離猶過也獵
也謂矢過獵因著維與綱也維者謂上
躬上舌下躬下舌兩頭皆有角以小繩
綴角而繫之於植綱者謂上綱下綱皆
出舌八尺亦用繩爲之所以繫侯於植
者然則綱與維皆用繩爲之故矢或離
綱或離維也或曰維當爲綃綃綱耳者
鄭更爲一義謂非是綴角之繩乃止下
綱之耳也○按綱耳即籠綱以布爲之
梓人謂之綃而此謂之綃字雖異而音則同唯公所中中三

侯皆獲值中一侯則釋獲○疏曰云中三侯皆釋獲則離維綱及揚觸
梱復亦釋之不言者以中爲主也釋獲者命小史小史
命獲者傳告服不使知此司射所命○疏曰據在大侯而言告服不則
參侯干侯告可知舉遠見近司射遂進由堂下北面
視上射命曰不貫不釋上射揖司射退
反位貫猶中也射不中鵠不釋筭古文貫作關○疏曰按上文公則釋獲
言之則此據除君而言也釋獲者坐取中之八筭改

張本下象鼻題監生留成四字傳本剪去之

0009_0440-2

賓八筭興執而俟 執所取筭 乃射若中則釋獲者每一个釋一筭上射於右下射於左若有餘筭則反委之 委餘筭禮貴異 又取中之八筭改釋八筭于中興執而俟三耦卒射

右再射釋獲

賓降取弓矢于堂西 不敢與君並俟告取之以升俟君事

0009_0441-1

儀禮六一　五十五

畢○䟽曰下云司射告于公小射正取公之決拾并授弓拂弓是君得告乃取弓矢是不敢與君並俟告也云取之以升俟君事畢者按下又云公將射則賓降適堂西袒決遂執弓搢三挾一个升自西階是君事畢乃爾今此但取之以俟非即袒決遂也蓋去射時尚遠不可以即袒 諸公卿則適次繼三耦以南 言繼三耦明在大夫北○䟽曰言適次者但射位在堂東次在洗東南今諸公卿東南適次前北至三耦之南以次西面立明在大夫之北也 公將射則司馬師命負侯皆執

0009_0441-2

其旌以負其侯而俟 君尊若始焉○䟽曰按上始時司馬命負侯三耦將射司馬命去侯今三耦射君將射司馬使更命負侯是君尊若始 司馬師反位隸僕人埽侯道 新之 司射去扑適阼階下告射于公公許適西階東告于賓 告當射也今文曰阼階下無適 遂搢扑反位小射正一人取公之決拾于東坫上一小射正授弓拂弓皆以俟于東堂 授弓

儀禮卷二十一　五十六

0009_0442-1

當授大射正拂弓去塵○䟽曰據此經上下文云大射正或云司射或云小射正當是大射正一人爲上司射次之司射或謂之小射正者然大射正與司射各一人據其行事小射正不止一人而已如此文既云小射正一人又云一小射正則小射正二人也云授弓當授大射正者下云大射正執弓以袂以授公明此授弓者當授大射正也 公將射則賓降適堂西袒決遂執弓搢三挾一个升自西階先待于物北北一笴東面立 不敢與君并笴矢幹東面

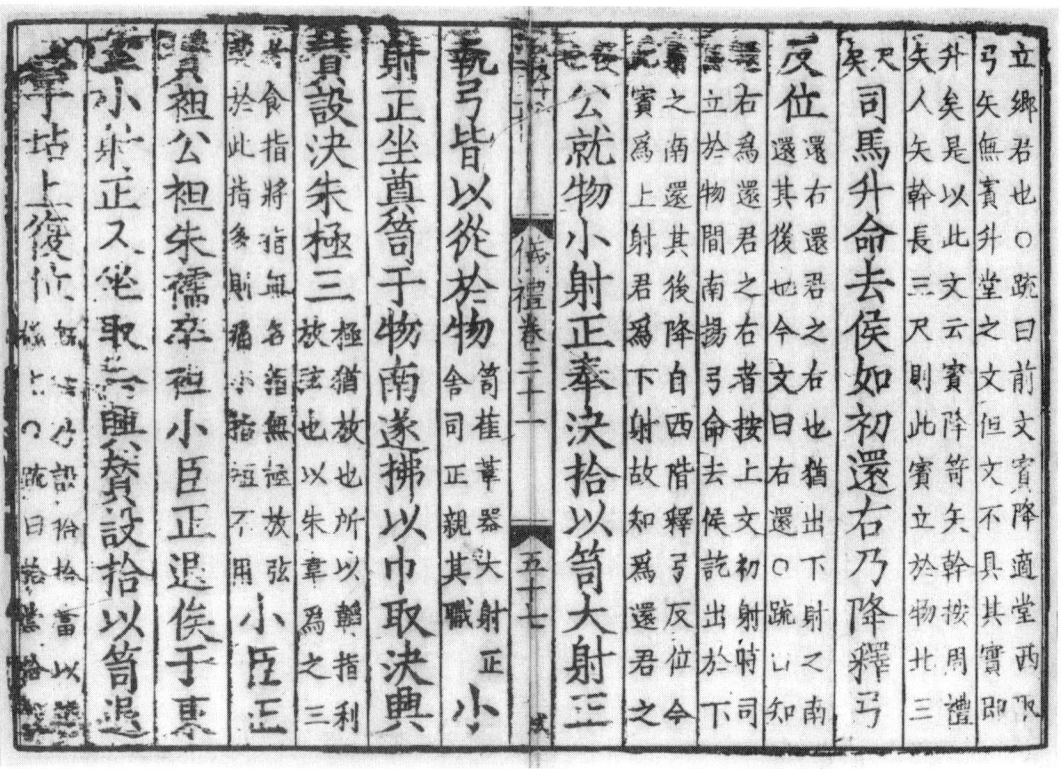

立鄉君也○疏曰前文賓降適堂西取弓矢無賓升堂之文但文不具其實取升矣是以此文云賓降笴矢幹按周禮矢人矢幹長三尺則此賓立於物北三尺矣　司馬升命去侯如初還右乃降釋弓反位還還其後也今文曰右還○疏云知還右爲還君之右者按上文初射時司馬立於物間南揚弓命去侯訖出於下射之南還其後降自西階釋弓反位今此賓爲上射君爲下射故知爲還君之後　公就物小射正奉決拾以笴大射正

執弓皆以從於物笴萑葦器大射正舍司正親其職　小射正坐奠笴于物南遂拂以巾取決興贊設決朱極三極猶放也所以韜指利放弦也以朱韋爲之三者食指將指無名指無極放弦契於此指多則痛小指短不用　小臣正贊袒公袒朱襦卒袒小臣正退俟于東堂小射正又坐取拾興贊設拾以笴退奠于坫上復位疏云設拾拾當以韋爲之○疏曰卷推拾

胥禮宜在朱襦之上故既袒乃設拾鄉射云袒決遂以其無襦故遂與決得俱時設若大夫對士射袒纁襦設遂亦當在袒後　大射正執弓以袂順左右隈上再下壹左執弣右執簫以授公公親揉之順放之也隈弓淵也揉宛之觀其安危也今文順爲循古文揉爲紐○疏曰以袂向下於弓隈順放之考工記弓人云弓安其弓危以弓弱者爲危弓強者爲安則此云觀安危者謂試弓之強弱　小臣師以巾內拂矢而授矢于公稍屬

內拂恐塵及君也稍屬不搢矢　大射正立于公後以矢行告于公若不中使君當知而改其度　下曰留上曰揚左右曰方留不至也揚過去也方出旁也　公既發大射正受弓而俟拾發以將乘矢公下射也而先發不留尊也○疏曰按上三耦射旨上射射訖乃次下射故鄭云而　公卒射小臣師以巾退反位大射正受弓以授有司於東堂　小射正以笥受決拾退奠

0009_0444-2　0009_0445-1

揖上復位大射正退反司正之位小臣

襲公還而后賓降釋弓于堂西反位

于階西東面 階西東面賓降位○疏曰上文賓受獻訖降立於階

西東 公即席司正以命升賓賓升復筵

而后卿大夫繼射諸公卿取弓矢于次

中袒決遂執弓搢三挾一个出西面揖

揖如三耦升射卒射降如三耦適次釋

儀禮卷三十一　五十九

弓說決拾襲反位衆皆繼射釋獲皆如

初 諸公卿言取弓矢衆言釋獲互言也○疏曰此公與賓俱升即位者公以下當繼射公與賓當觀之故升就位也

卒射釋獲者遂以所執餘獲適阼階下北面告于公曰左

右卒射 司射不告者釋獲者於是有事宜終之也餘獲餘筭也無餘筭則無所執古文曰餘筭

反位坐委餘獲于中西興

共而俟司馬袒執弓升命取矢如初

0009_0445-2　0009_0446-1

俟許諾以旌負侯如初司馬降釋弓

初小臣委矢于楅如初 司馬正司馬是司馬師亦是乘矢○疏曰皆言如初故鄭按上文而言也

賓諸公卿大夫之矢皆異束之以茅卒正坐左右撫之

進束反位 異束大夫矢尊殊之也正司馬正也進前也又言東整[illegible]之亦親也○疏曰公卿皆異束但言大夫者公卿自相對其矢俱束之及至[illegible]之亦拾取但三耦之內大夫以士為耦之士矢不東大夫東之故曰尊殊之

儀禮卷三十一　六十

之矢則以授矢人于西堂下 是言矢人則納射器之有司各以其器名官職不言君矢小臣以授矢人于東堂下可知○疏曰知之以小臣取矢以授矢人明

卿大夫升就席 此言其升前小臣委矢於楅○疏曰按上文司馬降釋弓如初在小臣委矢之上其司馬降釋弓之時卿大夫即升就席委矢當依司馬命取矢之下不必其次故不言見卿大夫升事是以於此特言司馬釋弓與卿大夫升爲節[illegible]亦言大夫[illegible]

右公及諸公卿大夫射○記君射則
爲下射上射退于物一笴既發則荅
君而俟否與也此以下雜記也今文君射則爲下君樂作
而后就物君袒朱襦以射君尊小臣以
巾執矢以授君尊不搢矢不挾矢授之稍屬若飲君
如燕則夾爵謂君在不勝之黨也賓飲君如燕賓媵觚于公
之禮則夾爵夾爵者君既卒爵復自酌君國中射則皮

樹中以翿旌獲白羽與朱羽糅國中城中也謂
燕射也皮樹獸名以翿旌獲尚文德也今文皮樹爲繁豎糅爲紛古文無
以於郊則閭中以旌獲於郊謂大射也大射於大
學王制曰小學在公宮之左大學在郊閭獸名如驢一角或曰如驢岐蹄
周書曰北唐以閭析羽爲旌於竟則虎中龍旜於竟
謂與鄰國君射也畫龍於旜尚文章也通帛爲旜大夫兕中
各以其物獲兕獸名似牛一角士鹿中翿旌

以獲謂小國之州長也用翿爲旌以獲無物也古文無以獲唯
君有射于國中其餘否臣不習武事於君側也古
文有作又今文無其餘否君在大夫射則肉袒不袒
纁襦厭於君也今文無射○此一節並鄉射記文今移在此
司射適階西釋弓去扑襲進由中東立
于中南北面視筭○釋弓去扑射事已也跪曰矢亦去之是
以下文司射執弓挾一个搢扑明此時去矢後更挾之釋獲者東

面于中西坐先數右獲固東面矣復言之者少南就右
獲二筭爲純純猶全也耦陰陽也一純以取實于
左手十純則縮而委之縮從也於數者東西爲從古文
縮皆作蹙每委異之易校數有餘純則橫諸下
又異之也自近爲下一筭爲奇奇則又縮諸純下
又從之興自前適左從中前北也更端故起東面坐
少北於故坐兼斂筭實于左手一純以委十

0009_0448-2

則異之變於亦也其餘如右獲謂所橫者司射復位釋獲者遂進取賢獲執之由阼階下北面告于公賢獲勝黨之算也取之者齊而取其餘若右勝則曰右賢於左若左勝則曰左賢於右以純數告若有奇者亦曰奇告曰某賢於其若干純若干奇若左右鈞則左右各執一算以告曰左右鈞還復位坐兼斂算實八算于中委其餘于中西興共而俟

仪礼卷十一　六十三

0009_0449-1

右取矢視算

司射命設豐當飲不勝者射爵司宮士奉豐由西階升北面坐設于西楹西降復位勝者之弟子洗觶升酌散南面坐奠于豐上降反位弟子其少者也不授者射爵猶罰爵略之○疏曰自此以上其跡見於鄉射於此不復言按獻[illegible]

0009_0449-2

不手授故云猶罰爵略之也然大夫皆手授尊之故下注云授爵而不[illegible]尊大夫也其三耦之內雖大夫亦取於豐者以其作三耦與衆耦同事故不殊之

司射袒執弓挾一个搢扑東面于三耦之西命三耦及衆射者勝者皆袒決遂執張弓執張弓言能用之也右手[illegible]不勝者皆襲說決拾卻左手右加弛弓于其上遂以執弣固襲說決拾矣復言之者起勝者也不勝者執弛弓言不能用之也兩手執弣無所挾也○疏曰射畢之時皆就次襲說決拾矣今以勝者更袒決遂故復言不勝襲說決拾欲與勝者相起發也

仪礼卷十一　六十四

0009_0450-1

司射先反位居前俟所命入次而來飲三耦及衆射者皆升飲射爵于西階上不勝之黨無不飲○疏曰大射者所以擇士以助祭適不幸而在不勝之黨雖數中亦受罰及論其藝雖飲射爵亦得助祭或但在勝黨不飲罰爵若不數中亦不得助祭蓋飲罰據一黨而言助祭取一身之藝義故不同也

小射正作升飲射爵者如作射

0009_0450-2

[illegible]揖如升射及階勝者先升堂[illegible]

[illegible]升一豐虛也[illegible]右[illegible]飲者亦因[illegible]禮然○疏[illegible]鄉飲酒鄉射[illegible]

[illegible]觚者[illegible]言酬[illegible]左故云亦也不勝者進北面坐[illegible]

[illegible]之觶興少退立卒觶進坐奠于[illegible]

下興揖立卒觶不祭不拜受罰不[illegible]也右手執觶左手執弓○[illegible]發鄉飲酒皆祭坐卒爵拜既爵故此[illegible]之受罰不備禮也右手執觶[illegible]弓者以其執弛弓不釋於地明知未[illegible]時兩手執弓今受罰爵右手執[illegible]

大下五十二　下六十七　儀禮二十一　六十五

0009_0451-1

左手執弓可知不勝者先降後升先降略之由次也降而少[illegible]復並行○疏曰少右詳升者在左與升飲者相左交于[illegible]階前相揖適次釋弓襲反位僕人師[illegible]酌射爵取觶實之反奠于豐上退俟于[illegible]序端僕人師酌者君使之代弟子也自此以下辯爲之酌升飲者如初三耦卒飲若賓諸公卿大夫不勝則不降不執弓耦不升此耦謂士也諸公卿或闕士爲

0009_0451-2

之耦者不升其諸公卿大夫相爲耦者不降席重耻尊也○疏曰大夫坐於上士立於下故知此耦謂士也僕人師洗升實觶以授賓諸公卿大夫受觶于席以降適西階上北面立飲卒觶授執爵者反就席雖尊亦西階上立飲不可以已尊枉正罰也授爵而不奠豐尊大夫也若飲公則侍射者降洗角觶升酌散降拜侍射賓也飲君則不敢以爲罰從致爵之禮也○疏曰用觶即兕觥罰爵也以兕角

儀禮二十一　六十六

0009_0452-1

爲之容三升此謂賓自酌用之如飲君即下文所言象觶亦從獻賓之爵不敢用罰爵也公降一等小臣正辭賓升再拜稽首公答再拜賓坐祭卒爵再拜稽首公答再拜賓降洗象觶升酌膳以致下拜小臣正辭升再拜稽首公答再拜公卒觶賓進受觶降洗散觶升實散下拜小臣正辭升再拜稽首公答再拜賓復酌自飲者

張本下象鼻題監生秦淳四字傅本剪去之

0009_0452-2

奠爵也但如致爵則無以異於燕也奠爵亦所以恥公也所謂若飲君燕則夾爵賓坐不祭卒觶降奠于篚階西東面立不祭象射爵擯者以命升賓賓升就席擯司正也今文席爲筵若諸公卿大夫之耦不勝則亦執弛弓特升飲此耦亦謂士也特猶得也以尊爲耦而又不勝使之獨飲若無倫匹孤賤也衆皆繼飲射爵如三耦射爵辯乃徹豐與觶徹除也

大三十一　仪礼三十一　六十七

0009_0453-1

右飲不勝者若飲君則夾爵見前章

司宮尊侯于服不之東北兩獻酒東面南上皆加勺設洗于尊西北篚在南東肆實一散于篚爲侯獲者設尊也尊侯者獲者之功由侯也不於初設之者不敢必君射也君不射則不獻大侯之獲者散爵名容五疏曰按張侯先設大侯以大射繇獲士人君不可不親故奠其尊必射而豫張大侯至於設大侯君射記乃獻之者許其自優

0009_0453-2

有不射之理是以不射則不設射乃之也云散爵名容五升者按韓詩傳一升曰爵二升曰觚三升曰觶四升曰角五升曰散是其散容五升也司馬正洗散遂實爵獻服不言服不者著其官尊大侯也服不司馬之屬掌養猛獸而教擾之者洗酌皆西面○疏曰自此巳前實事名之於此始著其官是尊大侯也不掌養猛獸教之使擾馴人意象工服不淑諸侯使歸服王者云洗酌皆面者以其設尊設洗皆東面故知洗酌酒皆西面向之也若然獻旅食酌者爲背君此西面不嫌背君以

大四三十二小二　仪礼廿二　大八

0009_0454-1

統於侯故也服不侯西北三步北面拜受爵近其所爲獻○疏曰服不得獻由侯所爲故不近乏而近侯司馬正西面拜送爵反位不侯卒爵略賤也終言之獻服不之徒乃反位○疏曰服不祭侯而後卒爵亭司馬反位在未祭侯之前是略賤也不侯卒爵然亦必兼獻其徒而後始反位蓋大侯尊服不與其徒皆在獲所旣獻服不必兼獻其徒但經文不具故鄭謂反位者必該其終言之非止於獻一人下注云司馬正旨獻之是也宰夫有司薦庶子設折

0009_0454-2

俎宰夫有司宰夫之吏也鄉射卒錯獲
記曰獲者之俎折脊脅肺
者適右个薦俎從之不言服下言獲者
國君大侯服不氏
侯其徒居乏待獲變其文容二人也司
馬正皆獻之薦俎已錯乃適右个明此
獻已已歸功於侯也適右个由侯內鄉
射記曰東方謂之右个○疏曰按上注
云天子服不氏下士一人徒四人掌以
旌居乏待獲鄭言容二人若欲見服不
與徒二人皆得獻故鄭云司馬正皆獻
之云適右个由侯內者以其既祭左个
次祭右个乃祭於中獲者左執爵右祭
故云適右个由侯內

0009_0455-1

薦俎二手祭酒祭俎不奠爵不備禮也
二手祭酒者獲者南面
於俎北當爲侯祭於豆間爵反注爲一
手不能正也此薦俎之設如於北面人一
焉天子祝侯曰唯若寧侯無或若女不
寧侯不屬於王所故抗而射女彊飲彊
食貽女曾孫諸侯百福諸侯以下祝辭
未聞○疏曰祭俎者謂祭俎上肺但肺
有二種此云祭是祭肺也非是離肺知
者按鄉射記云獲者之俎折脊脅肺臑
又曰釋獲者之俎折脊脅肺皆有祭則
此俎祭肺亦離肺若然凡祭祭肺皆不
奠爵此其常云此不奠爵不備禮者近
祭肺離肺兩有祭肺不奠爵若空有祭

0009_0455-2

肺可不奠爵今祭俎適左个祭如右个
不奠故云不備禮
中亦如之先祭个後中者以外即之至
中者神在中鄉射禮曰獲
者一俎與薦皆三祭○疏曰以其左卒祭
右及中故三祭非謂一處有三祭
左个之西北三步東面北鄉受獻之位
也不北面者嫌
爲侯卒爵○疏曰前服不受獻之時侯
西北面者欲歸功於侯故也今卒爵雖
同鄉而東面者以其前受獻爲己今
卒爵還爲已卒爵故東面是以云不北
面者嫌爲設薦俎立卒爵不言不拜既
侯卒爵也爵司馬正已

0009_0456-1

反位不拜可如也鄉射禮司馬師受虛
曰獲者薦右東面立飲
爵洗獻隸僕人與巾車獲者皆如大侯
之禮隸僕人埽侯道巾車張大侯及參
侯干侯之獲者其受獻之禮如服
不也隸僕人巾車於服不之位受之功
成於大侯也不言量人者此自後以尨
先可知○疏曰巾車張三侯者舉善者
而言其參侯干侯亦張之上文司馬命
命量人巾車張三侯是也云及參侯干
侯之獲者以上文已獻大侯獲者明此
是參侯干侯之獲者可知云隸僕人受
李於服不之位受之者以隸僕人掌埽

0009_0456-2

卒爵則仰而酢之如大侯之禮明就大侯也獲之位受獻於其中鄭云功成於大侯也

卒司馬師受虛爵奠于篚獲者之篚獲者皆執其薦庶子執俎從之設于乏少南少南

爲復射妨旌也隷僕人巾車量人自服不而南○疏曰知自服不而南者雖無正文以其受獻於服不之位明繼服不而南可知

服不復負侯而俟

右獻服不

0009_0457-1

司射適階西去扑適堂西釋弓說決拾襲適洗洗觚升實之降獻釋獲者于其位少南獻釋獲者與獲者異文武不同也去扑者扑不升堂也少南辟中○疏曰以其獻獲者於侯西北面受爵歸功於侯是其武獻釋獲者升堂酌酒東面獻之說釋算之是其文故云文武不同

薦脯醢折俎皆有祭俎與服不同唯祭一爲異○疏曰云俎與服不同者以其俱用云唯祭一爲異者上祭侯之三祭此釋獲者正唯一祭耳

釋獲

0009_0457-2

者薦右東面拜受爵司射北面拜送爵釋獲者就其薦坐左執爵右祭脯醢興取肺坐祭遂祭酒祭俎不奠爵亦賤不備禮興司射之西北面立卒爵不拜既爵司射受虛爵奠于篚釋獲者少西辟薦反位辟薦少西之者爲復射妨司射視筭亦辟俎也

右獻釋獲

0009_0458-1

司射適堂西袒決遂取弓挾一个適階西搢扑以反位爲將復射司射倚扑于階西適阼階下北面請射于公如初不升堂賓諸公卿大夫既射矣聞之可知反搢扑適次命三耦皆袒決遂執弓序出取矢不言拾是言序互言耳司射先反位言先先三耦也司射既命三耦以入次之事即反位三耦入次袒決遂執弓挾矢乃出反次外西面揖讓不言司射先反位三耦未有次讓

無所先也○疏曰屬謂第一番之時猶上
但言司射反位而不言先是以决之除
耦拾取矢如初小射正作取矢如初不射
王司射之佐作
取矢禮殺代之
三耦既拾取矢諸公卿
大夫皆降如初位與耦入于次皆袒決
遂執弓皆進當福進坐說矢束上射東
面下射西面拾取矢如三耦皆進當福
進三耦揖
之位也凡繼射命耦而已不作射不作
取矢從初○疏曰云凡繼射命耦而已

不作射不作取矢從初者言凡繼射命
耦者前三耦卒射後大夫降至三耦之
南西面北上司射東面于大夫西北耦
大夫與大夫命上射曰某御於子命下
射曰子與某子射卒遂比衆耦云云至
公即席後賓升階後位還蹉而後卿大
夫繼射後衆皆繼射釋獲皆如初注云
諸公卿言取弓矢衆言釋獲互言也既
司射法司射所作唯上耦是此文亦射
正但作三耦拾取矢公以下亦無作拾
文故曰不作取矢
從初從三耦法也
若士與大夫爲耦士
東面大夫西面大夫進坐說矢束退反

位說矢束自同於三耦謙也○疏曰三
耦是士之東既是大夫若束則異於
三耦故云說矢束
同於三耦謙也
耦揖進坐兼取乘矢
興順羽且左還毋周反面揖兼取乘矢
不敢與大
夫
抗
大夫進坐亦兼取乘矢如其耦北面
搢三挾一个揖進大夫與其耦皆適次
釋弓說決拾襲反位諸公卿升就席大
夫
反位諸公卿乃升就席大夫與己上下
位○疏曰諸公卿大夫自爲耦者拾取

矢在前大夫與士耦者說矢束拾取矢
在後今待大夫反位公卿乃升就席者
盖公卿乃上大夫與大夫同爵但上下
有異耳故上大夫待下大夫反位乃後
升就
衆射者繼拾取矢皆如三耦遂入
于次釋弓矢說決拾襲反位司射猶挾
一个以作射如初一耦揖升如初司馬
升命去侯負侯許諾司馬降釋弓反位

請射

0009_0461-1　0009_0460-2

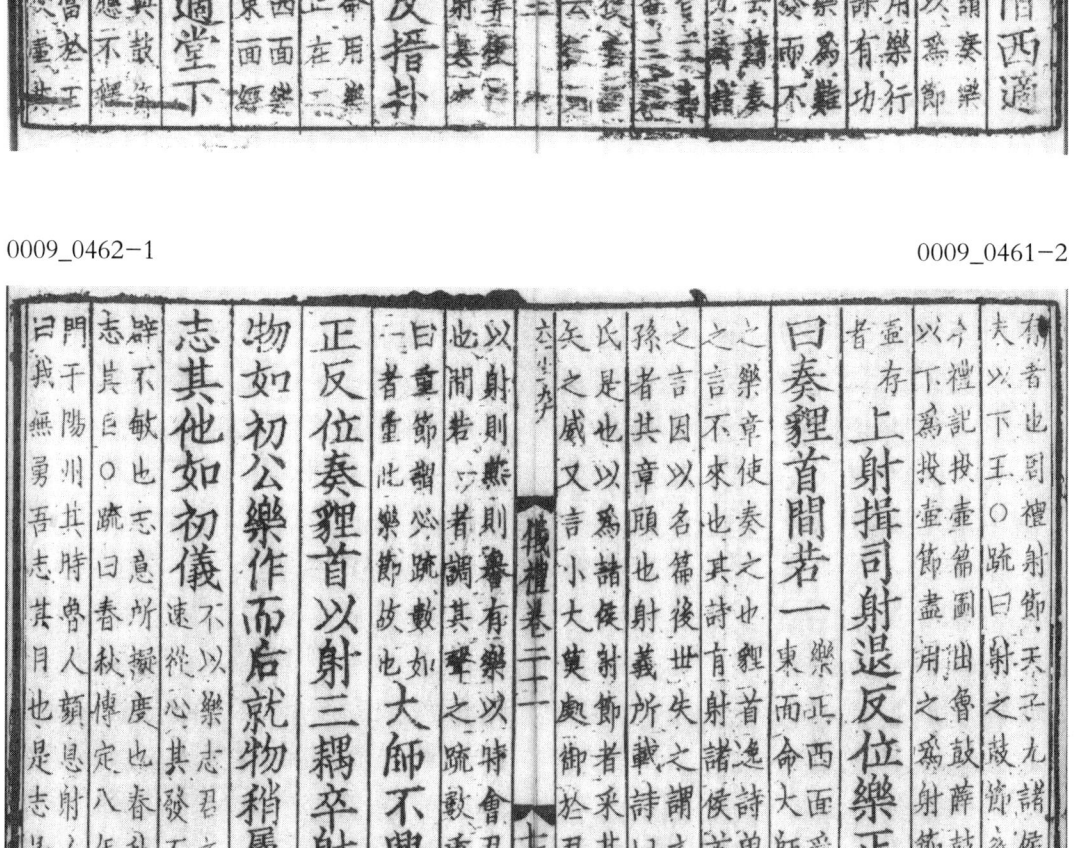

司射與司馬交于階前倚扑于階西適
阼階下北面請以樂于公公許請奏樂以爲節
也始射獲而未釋獲復釋獲復用樂行之君子之於事也始取苟能中課有功
終用成法教化之漸也射用應樂爲難孔子曰射者何以聽循聲而發發而不
失正鵠者其唯賢者乎○疏曰云請奏樂以爲節也者謂若天子騶虞九節
侯貍首七節大夫采蘋士采蘩皆三云始射獲而未釋獲者謂第二番三耦
射中特雖唱獲未釋算云復釋獲第二番衆耦皆射釋算未作樂云

儀禮卷二十一　七十三

樂行之者謂第三番射非直釋算復用樂焉云射用應樂爲難者但禮射其容
體比於禮其節比於樂又須中於侯名爲應樂節司射反搢扑
東面命樂正曰命用樂言君有命用樂射也樂正在工
南北面○疏曰此時工在洗東西面樂正在工南北面司射在西階下東面遙
云命樂正者東面遙命之樂正曰諾司射遂適堂下
北面眡上射命曰不鼓不釋不與鼓節相應不釋
算也歧亦樂之節學記曰鼓無當於五聲五聲不得不和凡射之鼓節投壺其

0009_0462-1　0009_0461-2

存者也周禮射節天子九諸侯七卿大夫以下五○疏曰射之鼓節多少無文
今禮記投壺篇圖出魯鼓薛鼓云取半以下爲投壺節盡用之爲射節是其投
壺存者上射揖司射退反位樂正命大師
曰奏貍首間若一樂正西面受命左還東面命大師以大射
之樂章使奏之也貍首逸詩曾孫也貍之言不來也其詩有射諸侯首不朝者
之言因以名篇後世失之謂之曾孫曾孫者其章頭也射義所載詩曰曾孫侯
氏是也以爲諸侯射節者采其既有弧矢之威又言小大莫處御於君所以燕

儀禮卷二十一　七十六

以射則燕則譽有樂以時會君事之志也間若一者調其聲之疏數重節○擧
曰重節謂必疏數如一者重此樂節故也大師不興許諾樂
正反位奏貍首以射三耦卒射賓待于
物如初公樂作而后就物稍屬不以樂
志其他如初儀不以樂志君之射儀遲速從心其發不必應樂
辟不敏也志意所擬度也春秋傳曰吾志其目○疏曰春秋傳定八年公侵齊
門于陽州其時魯人顏息射人中眉退曰我無勇吾志其目也是志是意所擬

0009_0462-2

卒射如初賓就席諸公卿大夫衆射者皆繼射釋獲如初卒射降反位釋獲者執餘獲進告左右卒射如初

右三射用樂

司馬升命取矢負侯許諾司馬降釋弓反位小臣委矢司馬師乘之皆如初司射釋弓視筭如初釋獲者以賢獲與鈞

儀禮卷二十一　七十七

0009_0463-1

告如初復位

右取矢視筭

司射命設豐實觶如初遂命勝者執張弓不勝者執弛弓升飲如初卒退豐與觶如初司射猶袒決遂左執弓右執一个兼諸弦面鏃適次命拾取矢如初弦矢曰執面猶尚也兼矢於弦尚鏃止變於射也○疏曰上文皆云挾一个

0009_0463-2

此經云執一个方將弦矢曰挾以其將射故也側持弦矢曰執謂兼矢於弦而鏃向上將止變於射也按鄉射禮云矢不挾兼諸弦弣彼不言面鏃而此言面鏃彼言兼弦弣而此不言兼弣各舉一邊省文之義司射反位三耦及諸公卿大夫衆射者皆袒決遂以拾取矢如初矢不挾兼諸弦面鏃退適次皆授有司弓矢襲反位不挾亦謂執之如司射卿大夫升就席司射適次釋弓說決拾

仪礼二十一　七十八

0009_0464-1

去扑襲反位司馬正命退楅解綱小臣師退楅巾車量人解左下綱司馬師命獲者以旌與薦俎退解猶釋也今文無司馬司射命釋獲者退中與筭而俟諸所退射器皆俟備君復射釋獲者亦退其薦俎○疏曰射已三番於後或射或否臣不敢必君射故備擬之也前碑薦俎今既退中與筭薦俎不可虛留明亦退之可知

右飲不勝者

0009_0464-2

公又舉奠觶唯公所賜若賓若長以旅于西階上如初大夫卒受者以虛觶降奠于篚反位

右公爲大夫舉旅

司馬正升自西階東楹之東北面告于公請徹俎公許射事既畢禮殺人倦宜徹俎燕坐遂適西階上北面告于賓賓北面取俎以出

大今己加　儀禮卷二十一　七十九　文宗

0009_0465-1

諸公卿取俎如賓禮遂出授從者于門外自其從者大夫降復位門東北面位○疏亦之無往以負反公卿皆送俎司徹於堂故降以位云門東北面者謂初小臣納卿大夫門東北面揖位庶子正徹公俎降自阼階以東降自阼階若親徹也以東去藏

右徹俎

賓諸公卿皆入門東面北上

0009_0465-2

亦將燕因從賓司正升賓賓諸公卿大夫皆說屨升就席公以賓及卿大夫皆坐乃安鄭命以我安臣於君尚猶歡踖至此乃敢安羞庶羞羞進也庶衆也所進衆羞謂膷臐膮肝膋狗胾醢也或有炮鼈膾鯉雉兔鶉鴽○疏曰大射先行燕禮燕法其牲唯有狗又按內則云肝膋取狗肝一幪之以其膋濡炙之舉燋其膋不蓼注云膋腸間脂故知此羞中有肝膋也又知有狗胾醢者以公食大夫有牛胾炙羊胾炙豕胾炙此燕無三牲故知胾醢亦用狗大夫祭薦燕乃祭薦不敢於盛成禮○疏曰此大夫卑不敢與公卿同時於盛成禮

大六六　儀禮卷二十一　八十　胡

0009_0466-1

也司正升受命皆命公曰衆無不醉賓及諸公卿大夫皆興對曰諾敢不醉皆反位坐皆命者命賓命諸公命卿大夫皆卿其位也興對必降席敬也司正退立西序端○疏曰經直云興不言降席鄭知降席者以云反坐故知降席也上文以我安賓不降席者彼直云安未盡殷勤故不降此命使醉是盡殷勤故與降加敬也知司正退立西序端者按司正監酒此將獻士專未訖亦

如鄉飲酒監旅時
立于西序端也

右燕

主人洗酌獻士于西階上士長升拜受
觶主人拜送獻士用觶士賤也今文觶作觚○疏曰上獻大夫已
上用觚觚二升觶三升用大者賤用小者尊故云士賤也士坐祭立
飲不拜既爵其他不拜坐祭立飲其
也升不拜受爵○疏曰上云長謂之長次云士謂長已下下云其他

衆士者以下經旅食謂庶人乃薦司
在官故知此非府史以下
與射人于觶南北面東上司正爲上
射人士也以齒受獻既乃薦之也司
大射正也射人小射正略其佐○疏
按燕禮薦司正與射人一人司士一人
執冪二人此小射正執事非一人皆
同薦不言其數者辯獻士士既獻者
略之故文不具
于東方西面北上乃薦士士既獻易位者以卿大夫
在堂臣位尊東也
畢獻薦之略賤祝史小臣師亦就其

位而薦之亦者亦士也辯獻乃薦也祝史門東北面東上主人
就士旅食之尊而獻之旅食不拜受爵
坐祭立飲主人既酌西面士旅食北面受之不洗者於賤略之○疏
曰知主人既酌西面士旅食北面受者以其不可背君南面授故知位之如
此若然大史等亦北面則亦西面授酒也其小臣師等按上文位在阼階東南
面 然北 面授主人執虛爵奠于篚復位

右獻士及祝史

賓降洗升媵觶于公酌散下拜公降一
等小臣正辭賓升再拜稽首公荅再拜
賓受公賜多矣禮將終宜勸公序厚意也今文觶爲觚公荅拜無再拜○疏曰
此文爲賓爲卿爲大夫爲旅皆臣自致者今此其賓爲士舉旅行酬因得爲賓
致爵於君故云序賓厚意也賓坐祭卒爵再拜稽首
公荅再拜賓降洗象觚升酌膳坐奠于
薦南降拜小臣正辭升成拜公荅拜

0009_0469-1　0009_0468-2

賓反位反位反席也此觶當爲觶○疏曰自此已前賓位在西階下東面無席戶牖之間位則有席此賓升成拜不言降反位明反位者反於戶牖之間席位觶當爲觶者凡旅酬皆用觶獻士尚用觶故知觶當爲觶下經觶亦當爲觶公坐取賓所媵觶興唯公所賜受者如初受酬之禮降更爵洗升酌膳下再拜稽首小臣正辭升成拜公答拜乃就席坐行之坐行之若今坐相勸酒有執爵者士有盥升

儀禮廿一　八三

主酌授之○疏曰下文云士有執膳爵者有執散爵者故知士有盥升主酌授之唯受于公者拜公所賜者拜其餘則否司正命執爵者爵辯卒受者興以酬士欲令惠均○疏曰以堂上公卿大夫旅徧并堂下之士也大夫卒受者以爵興西階上酬士士升大夫奠爵拜士荅拜興酬士者士立堂下與上坐者異坐○疏曰向來堂上相旅皆坐相酬執爵者行之大夫未受酬者當與士相酬士立堂下與上坐者異故大夫興而來

0009_0470-1　0009_0469-2

酬也大夫立卒爵不拜實之士拜受大夫拜送士旅于西階上辯祝史小臣師旅食皆及焉士旅酌旅序也士以次自酌相酬無執爵者

右賓爲士舉旅

若命曰復射則不獻庶子獻庶子則正禮畢後無事○疏曰獻酬之禮庶子以下故後得獻復射在獻庶子之前司射命射唯欲司射命賓及諸公卿大夫射欲者則射不欲者則止可否之事

儀禮廿二　八四

從人心也卿大夫皆降再拜稽首公荅拜拜君樂與臣下執事無已不言賓賓從羣臣禮在上○疏曰初酬賓直言賓再舉旅言若長不事於賓第三舉旅云唯公所賜若賓若長至賓士舉旅直云唯公所賜復不言若賓若長賓至此降沒不言賓是賓禮以漸而殺且從羣臣禮在上矣壹發中三侯皆獲其功一也而和者益多尚歡樂也矣揚觶或有參中者○疏曰上文雖公得中三侯皆釋獲至此禮殺臣與君同是以鄭云和者益多尚歡樂也云矢揚觶或有參中者卿大夫主射參侯上主射

0009_0470-2

射侯其或揚觶者
中則侯皆與觶

右復射

主人洗升自西階獻庶子于阼階上如

獻士之禮辯獻降洗遂獻左右正與內

小臣皆於阼階上如獻庶子之禮庶子既掌

正六牲之體又正舞位授舞器與膳宰
樂正掌事又掌國子戒令教治世子之

賓也左右正謂樂正僕人正也位在中
庭之左右小樂正在頌磬之北右也工

0009_0471-1

在西即北面工遷於東則東面大樂正
在笙磬之北左也工在西則西面工遷

於東則北面僕人正相大師工升堂與
其師士降立於小樂正之北北上工遷

於東則陪其工務園君無故不釋縣二
正君之近官也內小臣奄人掌君陰事

陰令后夫人之官也獻三言於阼階則
內外臣也間獻更洗以時事不聯也獻

正下及內小臣則磬人鍾人鎛人鼓人
僕人師僕人之士盡獻可知也庶子內小

臣位在小臣師之東少退西上○疏曰
云小樂正在頌磬之北右也工在西堅

北面者工在西謂遷樂於下時大師少
師上二立於鼓北也云工遷於東則東

0009_0471-2

面者按上遷樂於東之時直云大師少
師上工皆東坫之東不見小樂正從之

明留在西縣之北東面向工矣云大樂
正在笙磬之北左也工在西則西面者

按上文司射東面命樂正單言樂正者
謂大樂正既東面命之則大樂正元立

於東矣以其工在西階下故知西面向
之矣云工遷於東則北面者按上文樂

正及位大師既西面明樂正北面可知
是以鄉射工遷於東西面北上樂正北

面立于其南此亦與彼同北面也云國
君無故不釋縣二正君之近官也言此

者人君路寢之樂縣不釋樂正與僕
人正同掌樂事是君之近官也云同獻

0009_0472-1

更洗以時事不聯也者以其雖同獻於
阼階上獻有前後故更爵洗之是以云

時事不聯也云庶子內小臣位在小臣
師之東者按公食堂上東北有宰夫內

宰在東北此射禮堂上北無宰位又
按執事者堂上又非樂人不得在樂正

位以其與小臣師同名小臣故知小臣
師之東也又云少退西上者見公食在

宰東北少退故知此亦少退知
西上者以此位皆西上故也

右獻庶子左右正內小臣

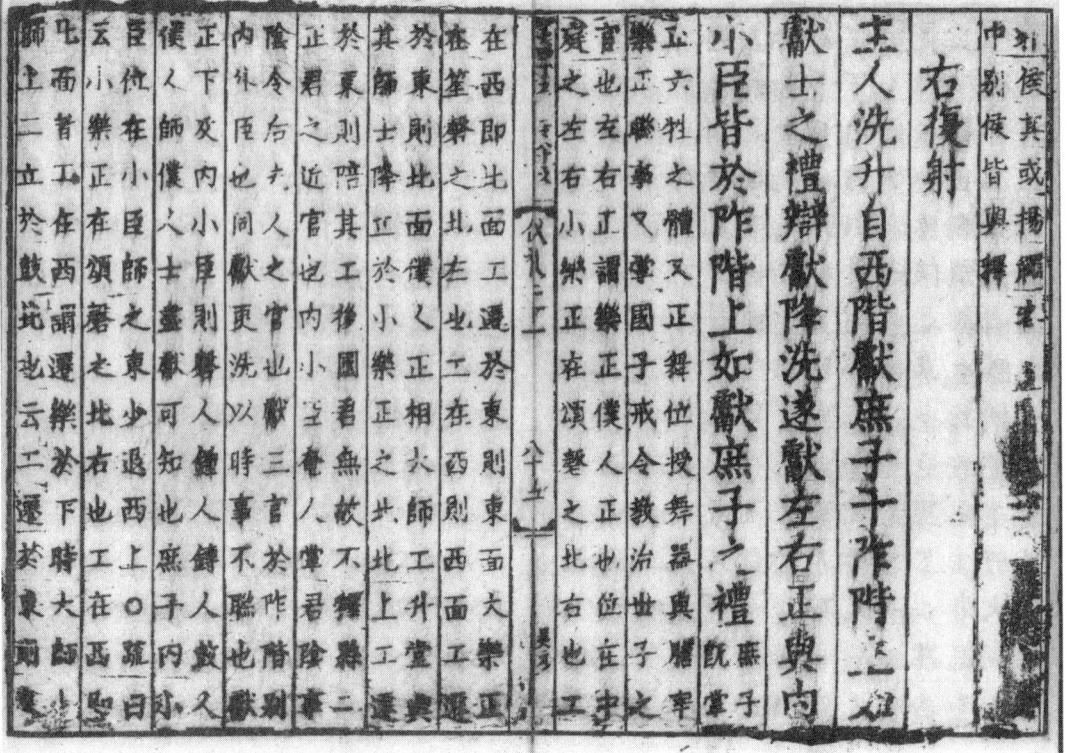

無筭爵筭數也爵行無次數唯意所勸醉而止士也有執

0009_0472-2　0009_0473-1

媵爵者有執散爵者執媵爵者酌以進公公不拜受執散爵者酌以之公命所賜所賜者興受爵降席下奠爵再拜稽首公荅再拜（席下席西）受賜爵者以爵就席坐公卒爵然後飲（酬之禮爵代舉今爵並行嫌不代也並行猶代者明勸惠從尊者來○䟽曰凡行酬之法轉爵遞飲今媵散兩有宜得即飲猶待公卒爵乃飲猶代飲然明惠從公來嫌得即飲不代故必卒爵然後飲）

大人卅七小四十　仪礼廿一　八七　弓方

執媵爵者受公爵酌反奠之（燕之歡在飲酒成其意也○䟽曰更酌反奠於公所擬公更賜爵是其歡燕成己意也）受賜者興授執散爵者執散爵者乃酌行之（與其所勸者）唯受于公者拜卒爵者興以酬士于西階上士升大夫不拜乃飲實爵（乃猶而也○䟽曰鄭轉乃爲而者乃是緩辭於理不切故爲之也）士不拜受爵大夫就席士旅酌亦如之公有

0009_0473-2　0009_0474-1

命徹冪則賓及諸公卿大夫皆降西階下北面東上再拜稽首（命徹冪者公意殷勤欲盡酒）公命小臣正辭公荅拜大夫皆辟升反位（升不成拜於將辭正臣禮○䟽曰於例臣於堂下再拜稽首得小臣以君命辭其拜不成當升成禮今直升不成拜者以其拜於下是臣之正）士終旅於上如初（卿大夫降而爵止於其反席卒之○䟽曰上文卿大夫酬辯始酬士公命徹冪公卿以下降而爵止是以卿大夫升反席士以下相酬而卒之）

大人卅二小四十三　仪礼廿一　八八　弓方

無筭樂（升歌間合無次數唯意所樂）宵則庶子執燭於阼階上司宮執燭於西階上甸人執大燭於庭閽人爲燭於門外（宵夜也燭燋也甸人掌共薪蒸者庭大燭爲其位廣也爲作也作燭候賓出）

右無筭爵

賓醉北面坐取其薦脯以降（取脯重得君之賜）奏陔（陔夏樂章也其歌頌類也以鍾鼓奏之其篇今亡）賓所執

脯以賜鍾人于門内霤遂出出賜鍾人鍾人以鎮鼓奏陔夏賜之脯明雖醉忘禮不忘從○疏曰按鄉飲酒鄉射賓出無取脯賜鍾人之事者彼是臣禮此爲君法故許略不同卿大夫皆出從賓出

公不送臣也與之安燕交歡嫌亢禮也○疏曰鄉來安燕交歡者又送之是亢禮也

公入驁驁夏亦樂章也以鍾鼓奏之其詩今亡此公出而言入者射宮在郊以將還爲入燕不驁者於路寢無出入也○疏曰按周禮鍾師有九夏皆樂章其中有驁夏知陔夏故云亦樂章也天子射在虞庠周之小學在西郊按鄉射記於郊則閭中鄭注云諸侯大學在郊是諸侯大射所此篇所解多不具者以其諸侯大去射先行燕禮大射三番多依鄉射是以與禮同者於此不復重釋之也

右賓出公入

射義第二十六　邦國禮二之下

記

古者諸侯之射也必先行燕禮卿大夫之

士之射也必先行鄉飲酒之禮故燕禮者所以明君臣之義也鄉飲酒之禮者所以明長幼之序也言別尊卑老稚而後射以觀德行也故射者進退周還必中禮内志正外體直然後持弓矢審固持弓矢審固然後可以言中此可以觀德行矣内正外直習於禮樂有德行者也正鵠之名出自此也其節天子以騶虞爲

節諸侯以貍首爲節卿大夫以采蘋爲節士以采蘩爲節騶虞者樂官備也貍首者樂會時也采蘋者樂循法也采蘩者樂不失職也是故天子以備官爲節諸侯以時會天子爲節卿大夫以循法爲節士以不失職爲節故明乎其節之志以不失其事則功成而德行立

0009_0477-1　0009_0476-2

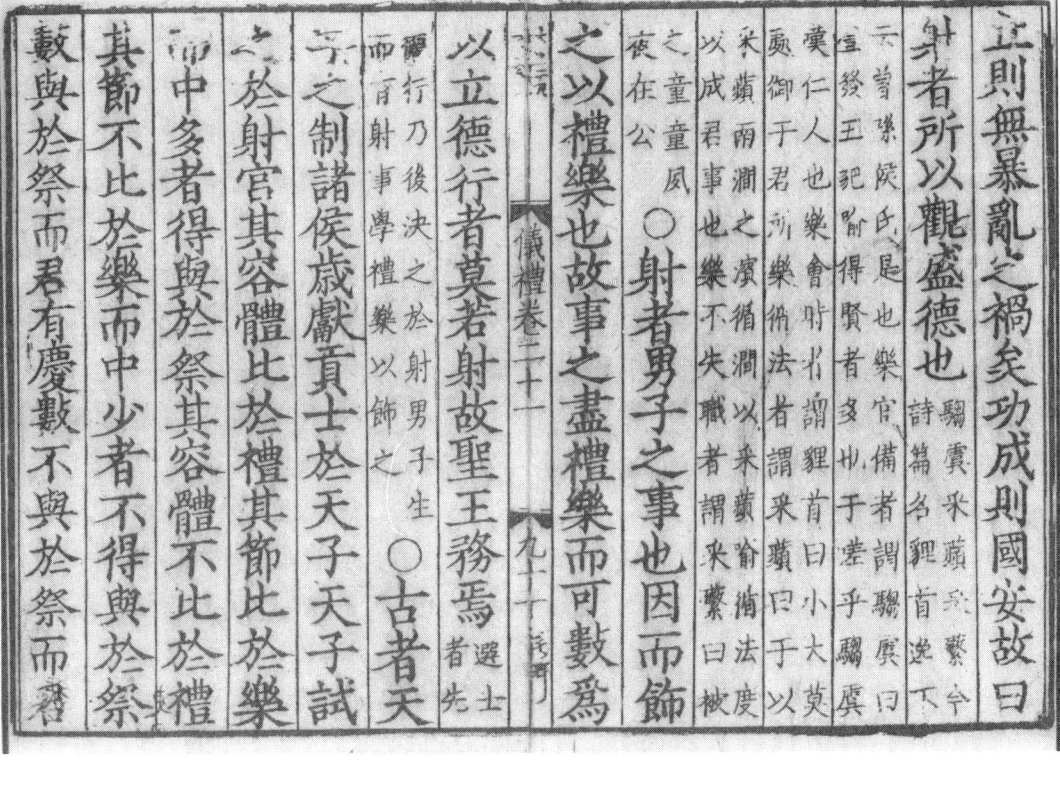

立則無暴亂之禍矣功成則國安故曰
射者所以觀盛德也騶虞采蘋采蘩今詩篇名貍首逸下云曾孫侯氏是也樂官備者謂騶虞曰壹發五豝喻得賢者多也于嗟乎騶虞歎仁人也樂會時者謂貍首曰小大莫處御于君所樂循法者謂采蘋曰于以采蘋南澗之濱循澗以采蘋喻循法度以成君事也樂不失職者謂采蘩曰被之童童夙夜在公○射者男子之事也因而飾
之以禮樂也故事之盡禮樂而可數為
以立德行者莫若射故聖王務焉選士者先考行乃後決之於射男子生而有射事學禮樂以飾之○古者天
子之制諸侯歲獻貢士於天子天子試
之於射宮其容體比於禮其節比於樂
而中多者得與於祭其容體不比於禮
其節不比於樂而中少者不得與於祭
數與於祭而君有慶數不與於祭而君

儀禮卷二十一　九十一

0009_0478-1　0009_0477-2

有讓數有慶而益地數有讓而削地故
以諸侯君臣盡志於射以習禮樂夫君
臣習禮樂而以流亡者未之有也流放也書曰流共工于幽州
故詩曰曾孫侯氏四正具舉
大夫君子凡以庶士小大莫處御于君
所以燕以射則燕則譽言君臣相與盡
志於射以習禮樂則安則譽也是以天
子制之而諸侯務焉此天子所以養諸
侯而兵不用諸侯自為正之具也此曾孫之詩諸侯之射節也四正正爵四行也四行者獻賓獻公獻卿獻大夫乃後樂作而射也莫處無安居其官次者也御猶侍也以燕以射先行燕禮乃射也則燕則譽言國安則有名譽譽或為與○天子將祭必先習
射於澤澤者所以擇士也已射於澤而
后射於射宮射中者得與於祭不中者

儀禮卷二十一　九十二

不得與於祭不得與於祭者有讓削以地得與於祭者有慶益以地進爵絀地是也澤宮名也士謂諸侯朝者諸臣及所貢士也皆先令習射於澤已乃射於射宮課中否也諸侯有慶者先進爵有讓者先削地

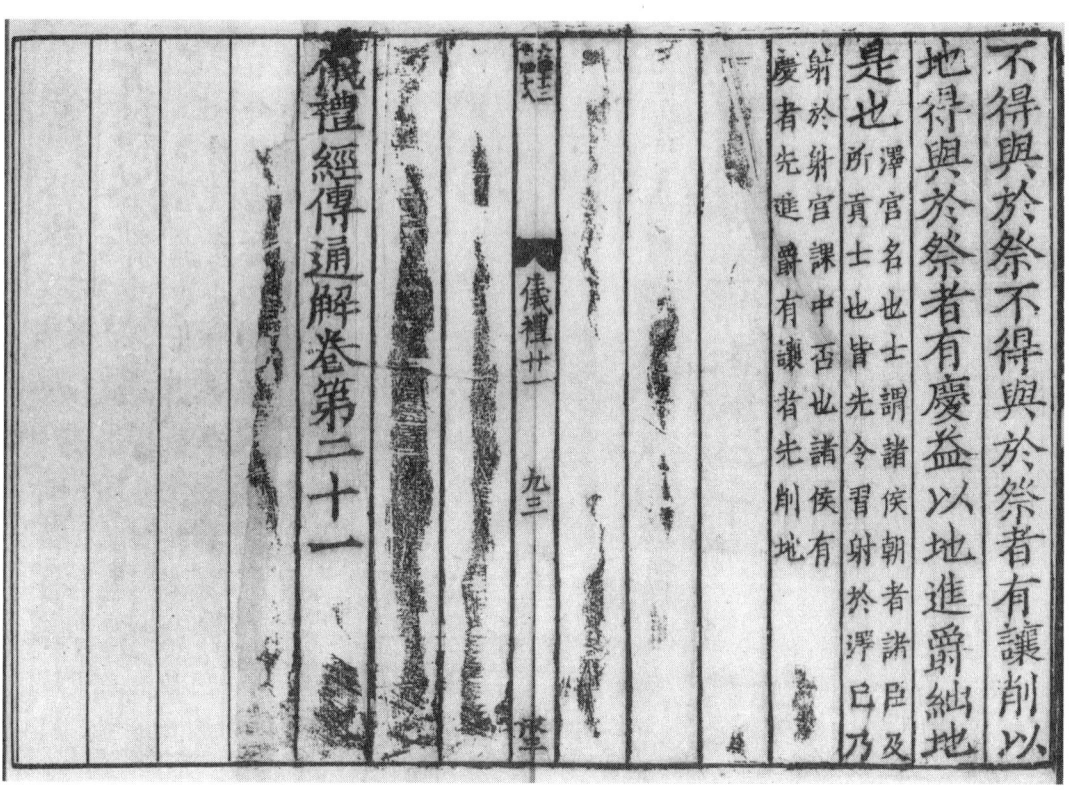

儀禮經傳通解卷第二十一

儀禮經傳通解卷第二十二

聘禮第三十七　邦國禮三之上

鄭注目録云大問曰聘諸侯相於久無事使卿相問之禮小聘使大夫周禮曰凡諸侯之邦交歲相問也殷相聘也世相朝也○疏曰下記云久無事則聘焉注云事謂盟會之屬若有事事上相見也小聘使大夫者下經云小聘曰問其禮如爲介三介是也周禮大行人云歲問殷聘聘義所云比年小聘三年大聘是也大行人又云上公九介侯伯七介子男五介又

云凡諸侯之卿其禮各下其君二等聘義上公七介侯伯五介子男三介是諸侯之卿介各下其君二等者也若小聘曰問使大夫又下其卿二等此聘禮是侯伯之卿大聘以其經云五介上介奉束錦士介四人皆奉玉錦又云入竟張旜孤卿建旜也

經八 此篇爲賓禮大戴第十四小戴第十五別録第八

記久無事則聘焉○聘匹正反訪也 事謂盟會之屬○諸侯使大夫問於諸侯曰聘

曲禮○周禮大行人凡諸侯之邦交歲相問也殷相聘也世相朝也 小聘曰問殷中也久無事又於殷朝者及而相聘也父死子立曰世凡君卽位大國朝焉小國聘焉鄭司農云春秋傳孟僖子如齊殷聘○疏曰傳子如齊事見昭公九年左氏傳注云殷中也自襄二十年叔老聘於齊至今積二十一年故中復盛聘與此數不相當然其禮則同也○今按春官殷見曰同鄭注云殷猶衆也十二歲王如不巡守則

六服盡朝大行人所謂殷同殷國是也此亦鄭注乃訓殷爲中與衆又與殷數同蓋以爲一二年而一大聘也疏說以爲中又云盛聘則殷與其云於殷朝者及而相聘則與殷數略同蓋如喪禮殷奠之類今來謙其說是也

聘禮○君與卿圖事 圖謀也謀聘故及可使者謀事者必因朝其位君南面卿西面大夫北面士東面○朝直遥反○疏曰故謂有事故或因聘或特行記云君有故則卒聘束帛加書將命是因聘者也晉侯使韓穿

來言汸陽之冂之類是特行者也可使皆謂於三卿之中選可使者也謀事必因朝者欲取詢衆之意諸侯三朝燕朝燕禮是也又射朝大射是也路門外正朝不見疑當與二朝面位同故此以燕禮大射儀約之知正朝面位然也若天子三朝射人見射朝司士見正朝不見燕朝以諸侯正朝與燕朝同明天子燕朝亦與正朝同也**遂命使者**使所吏反下以意推之○遂猶因也既謀其人因命之也聘使卿○疏曰知使卿者以下經云及竟張旜而周禮司常則孤卿建旜也**使者再拜稽首辭**辭以不敏**君不**

許乃退退反位也受命者必進**既圖事戒上介亦如之**既已也戒猶命也已謀事乃命上介難於使者易於介○易以豉反**宰命司馬戒衆介衆介皆逆命不辭**宰上卿貳君事者也諸侯謂司徒爲宰衆介者士也士屬司馬周禮司馬之屬司上掌作士適四方使爲介逆猶受也○疏曰天子有六卿天地四時之官諸侯兼官但有三卿地官司徒兼冢宰夏官司馬兼春官冬官司空兼秋官是以左氏杜泄云季孫爲司徒叔孫爲司馬孟孫爲司空餘已見內則篇首不辭者賤不敢

辭

右圖事命使介

宰書幣書聘所用幣多少也宰又掌制國之用**命宰夫官具**宰夫宰之屬也命之使衆官具幣及所宜齎

右具齎幣○記小行人合六幣圭以馬璋以皮璧以帛琮以錦琥以繡璜以黼此六物者以和諸侯之好故琮才

宗反琥音虎璜音黃好呼報反○合同也六幣所以享也五等諸侯享天子用璧享后用琮其大各如其瑞皆有庭實以馬若皮皮虎豹皮也用圭璋者二王之後也二王後尊故享用圭璋而特之禮器曰圭璋特義亦通於此其於諸侯亦用璧琮耳子男於諸侯則享用琥璜下其瑞也凡二王後諸侯相享之玉大小各降其瑞一等及使卿大夫覜聘亦如之○覜通帀反後同○疏曰小行人司寇之屬掌邦國賓客之禮言合者以兩兩相配合也皮馬二者本非幣總云六幣者以用之當幣處也享獻也云五等

0008_0486-2

諸侯享玉各如其瑞者玉人云璧琮九寸諸侯以享天子言九寸據上公之禮上公既如其瑞則侯伯子男亦如其瑞可知知子男享天子亦用璧琮者覲禮總稱侯氏用璧明五等同也云二王後用圭璋享者上經六玉皆所以享上公只用璧琮而圭璋未見所用則二王後尊用之可知云特之者既無束帛之加皮馬又不上於堂也禮器所云蓋據朝聘之玉無束帛之加而其義亦通於此其於諸侯亦用璧琮者上公相享用璧琮降天子一寸明二王後相享不可同天子用圭璋則用璧琮可知云子男於諸

三ヨ九二　仪礼卆二　五

0008_0487-1

侯享用琥璜者覲禮總稱侯氏用璧琮琥璜未見所用明自相享退用琥璜可知且子男朝時用璧自相享宜退一等則用琥璜益明矣云二王後諸侯相享之玉大小各降其瑞一等者玉人云瑑琮八寸諸侯以享夫人禮更無八寸之法明上公九寸降一等至八寸上公既降明二王後與侯伯子男各降一寸可知云使卿大夫覜聘亦如之者玉人云瑑圭璋八寸璧琮八寸以覜聘此據上公之臣圭璋璧琮皆降一等與相享之玉同其餘侯伯子男降一寸亦明矣其子男之臣不得過君則用琥璜四寸亦與相

0008_0487-2

享之玉同也云皆有庭實以馬若皮者覲禮奉束帛匹馬卓上九馬隨之是以馬也聘禮庭實皮則攝之是以皮也皮馬相間二經各言其一耳知虎豹皮者以郊特牲云示服猛也

○凡諸侯之交各稱其邦而爲之幣以其幣爲之禮

尺稱謚反○幣享幣也於大國則豐小國則殺主國禮之如其豐殺謂賄用束紡禮用玉帛乘皮及贈之屬○殺去聲紡芳往反○司儀

○多貨則傷于德

貨天地所化生謂玉也君子於玉比德焉朝聘之禮

大四二　二ヨ八三　仪礼廾二　六

0008_0488-1

以爲瑞節重禮也多之則是主於貨傷敗其爲德

幣美則沒禮

幣人所造成以自覆幣謂束帛也愛之斯欲衣食之君子之情也是以享用幣所以副忠信美之則是主於幣而禮之本意不見也

○旣受行出遂見宰問幾月之資

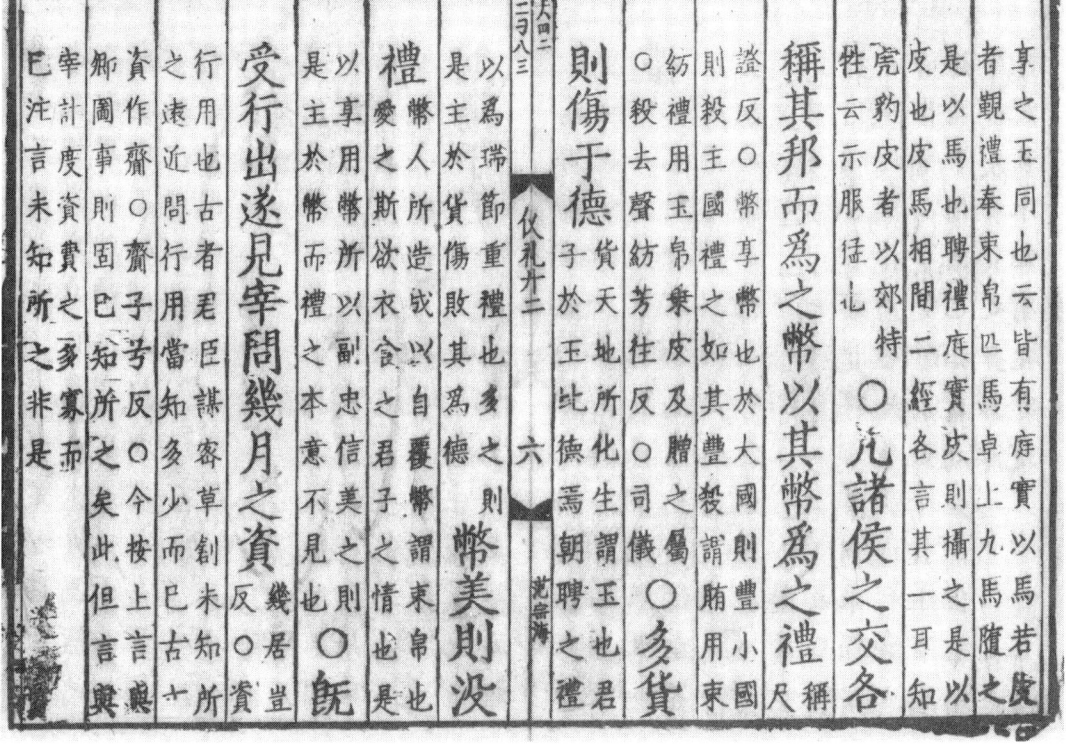

幾居豈反○資行用也古者君臣謀密草創未知所之遠近問行用當知多少而已古文資作齋○齋子兮反○今按上言與卿圖事則固已知所之矣此但言與宰計度資費之多寡而已注言未知所之非是

0008_0488-2

及期夕幣及猶至也夕幣先行之日夕陳幣而視之重聘也使者朝服帥衆介夕視其事也古文帥皆作率管人布幕于寢門外幕音莫○管猶館也館人謂掌次舍帷幕者也布幕以承幣寢門外朝也古文管作官今文布作敷○疏曰天官之屬有掌舍掌次幕人掌帷幕幄帟綬之事鄭云在旁曰帷在上曰幕幕或在地展陳于上即此布幕是也寢門外朝謂路門外即正朝之處官陳幣皮北首西上加其奉於左皮上馬則北面奠幣

0008_0489-1

于其前奉所奉以致命謂束帛及玄纁也馬言則者此事主用皮或時用馬馬入則在幕南皮馬皆乘古文奉爲卷今文無則○纁許云反乘繩證反○疏曰官即上文官具者也陳者陳于幕上所奉以致命者下文享時致束帛加璧以享君玄纁加琮以享夫人者是也鄭不言璧琮者璧琮不陳厥明乃授之也國無皮者乃用馬皆乘者下賓覿時總乘馬又云乘皮也使者北面衆介立于其左東上既受行同位也位在幕南○疏曰未受命已前卿大夫士西面位各異此云使者既受行日朝同位幣在幕

0008_0489-2

使者須視幣在幕南也卿大夫在幕東西面北上大夫西面辟使者○辟音避○疏曰此謂處者大夫常北面今與卿同西面故云辟使者宰入告具于君君朝服出門左南鄉鄉許亮反下以意求之○入告入路門布告○疏曰朝在路門外君在路寢聽政史讀書展幣展猶校錄也史幕東西面讀書賈人坐撫其幣每者曰在必西面者欲君與使者俱見之也○賈音嫁後同掌物價之官○疏曰賈人主幣行者故使撫幣受之○其幣謂官具之者非直所奉而

0008_0490-1

已宰執書告備具于君授使者使者受書授上介史展幣畢以書還授宰宰既告備以授使者其受授皆北面○疏曰三者皆北面向君也公揖入揖禮羣臣官載其幣舍于朝待旦行也○疏曰官謂官人上從官行者與前官陳幣者異介視載者監其安處之畢乃出○監古銜反○疏曰註言上介出不言餘人出則舍于朝以守幣也所受書以行○爲當復○爲于反復扶又反下以意求之○疏曰所受書謂宰所授者

0008_0490-2

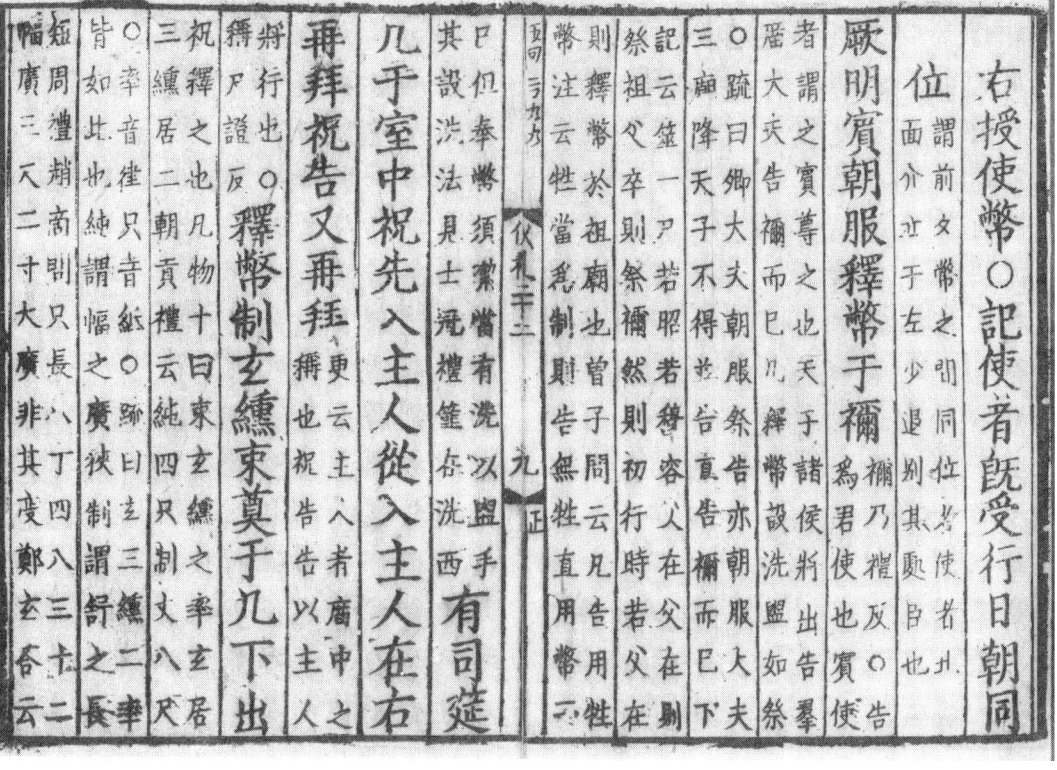

右授使幣○記使者既受行日朝同

位謂前夕幣之間同位者使者北面介立于左少退別其處臣也

厥明賓朝服釋幣于禰禰乃禮反○告禰為君使也賓使者謂之賓尊之也天子諸侯將出告羣廟大夫告禰而已凡釋幣設洗盥如祭○疏曰卿大夫朝服祭亦朝服大夫三廟降天子不得並告直告禰而已下記云筵一尸若昭若穆容父在父在則祭祖父卒則祭禰然則初行時若父在則釋幣於祖廟也曾子問云凡告用牲幣注云牲當為制則告無牲直用幣可

0008_0491-1

尸但奉幣須當有洗以盥手其設洗法見士冠禮篚在洗西有司筵几于室中祝先入主人從入主人在右再拜祝告又再拜更云主入者廟中之稱也祝告告以主人將行也○稱尺證反○釋幣制玄纁束奠于几下出祝釋之也凡物十日束玄纁之率玄居三纁居二朝貢禮云純四只制丈八尺○率音律只音紙○疏曰玄三纁二率皆如此也純謂幅之廣狹制謂舒之長短周禮趙商問只長八丁四八三十二幅廣三尺二寸大廣非其度鄭玄荅云

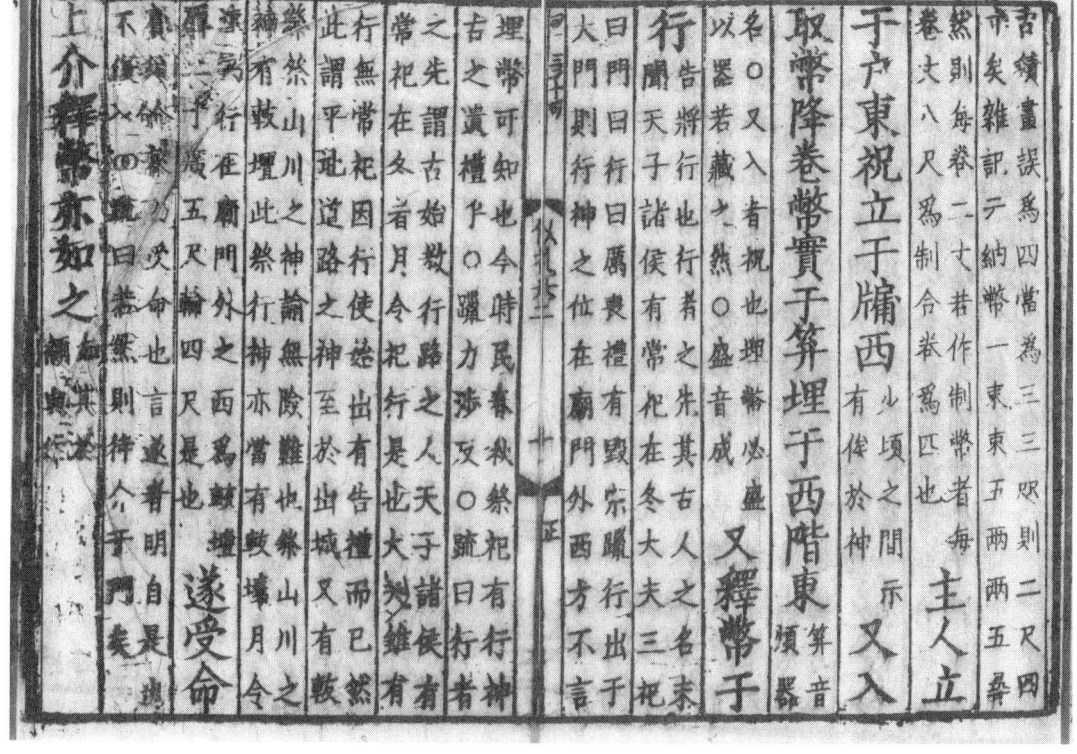

0008_0491-2

古積畫誤為四當為三三咫則二尺四亦矣雜記云納幣一束束五兩兩五尋然則每卷二丈若作制幣者每卷丈八尺為制合卷為匹也主人立于戶東祝立于牖西少頃之間示有俟於神又入取幣降卷幣實于笲埋于西階東笲音煩器名○又入者祝也埋幣必盛以器若藏之然○盛音成又釋幣于行告將行也行者之先其古人之名未聞天子諸侯有常祀在冬大夫三祀曰門曰行曰厲喪禮有毀宗躐行出于大門則行神之位在廟門外西方不言

0008_0492-1

埋幣可知也今時民春秋祭祀有行神古之遺禮乎○躐力涉反○疏曰行者之先謂古始教行路之人天子諸侯有常祀在冬者月令祀行是也大夫雖有行無常祀因行使始出有告禮而已然此謂平地道路之神至於出城又有軷祭山川之神喻無險難也祭山川之神有軷壇此祭行神亦當有軷壇月令祭行在廟門外之西為軷壇厚二寸廣五尺輪四尺是也遂受命賓須介為受命也言遂者明自是出不復入○疏曰若然則待介于門矣

上介釋幣亦如之如其於禰與行

0008_0492-2

右釋幣于禰及行

上介及衆介俟于使者之門外俟待也待於門外東面北上○䟽曰依賔客門外之位

使者載旜帥以受命于朝旜之然反○旜旌旗屬也載之者所以表識其事也周禮曰通帛爲旜又曰孤卿建旜至於朝門使者北面東上○丈旜皆爲贈○識如字疑當皆志○䟽曰諸侯三門皋應路門外有常朝位下文君使卿進使者乃入至覲即此朝門在皋門外矣

君朝服南鄉卿大夫西

儀禮三十二　十一

0008_0493-1

面北上君使卿進使者進之者使者謙不敢必君之終使已

使者入及衆介隨入北面東上君揖使者進之上介立于其左接聞命進之者有命宜相近也接猶續也○近附近之近

賈人西面坐啓櫝取圭垂繅不起而授宰櫝大木反函也繅音早注璪同○賈人在官知物賈者繅所以藉圭也其或拜則奠于其上今文繅作璪○疏曰注云其或拜則奠于其上者覲禮文又其下繅亦是也但繅有二[illegible]

0008_0493-2

以木爲中幹以韋衣之[illegible]伯三采子男二采采爲[illegible]端皆有其文此爲繅也下言云絢又兩禮下文執玉其有藉者則裼鄭謂之繅若韋版爲之者奠玉於上此則無垂繅屈繅之事若絢組爲之者所以繫玉於韋版使不失墜此乃有屈垂之法則此經所云者是也注皆以韋版繅藉解之者鄭意以承玉及繫玉二者所用相將又同名爲繅是以和合解之也○今按在官上疑有庶人二字

宰執圭屈繅自公左授使者屈繅者斂之禮以相變爲敬也自公左贊幣之義○曲禮曰詔辭自

儀禮三十二　十二

0008_0494-1

右贊幣自左

使者受圭同面垂繅以受命同面者宰就使者北面並授之既授之而君出命矣凡授受者授由其右受由其左○疏曰鄉飲酒鄉射燕禮獻酢酬皆授由其右受由其左若有所因則有授由左受由右是以使者反命之時宰自公左受玉實授覲時士受馬適右受皆皆以爲由便又鄉飲酒云受酬者自介右鄭云尊介使不失故位如此者皆是變例也

既述命同面授上介述命者循君之言重失誤

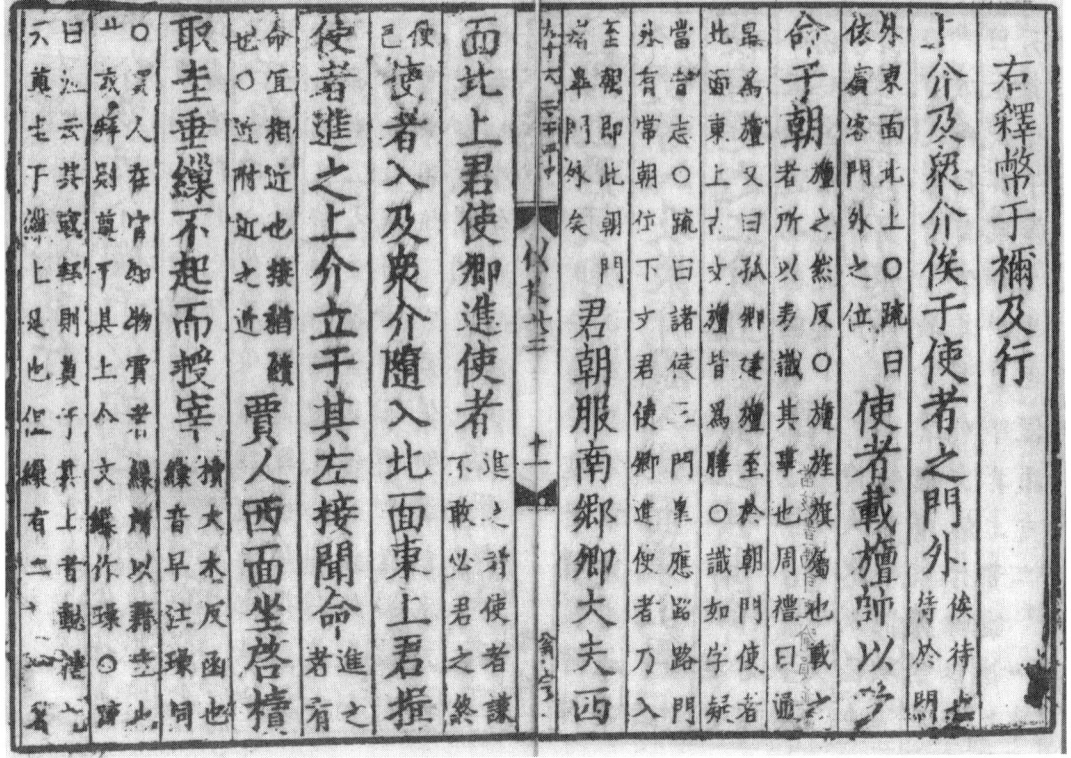

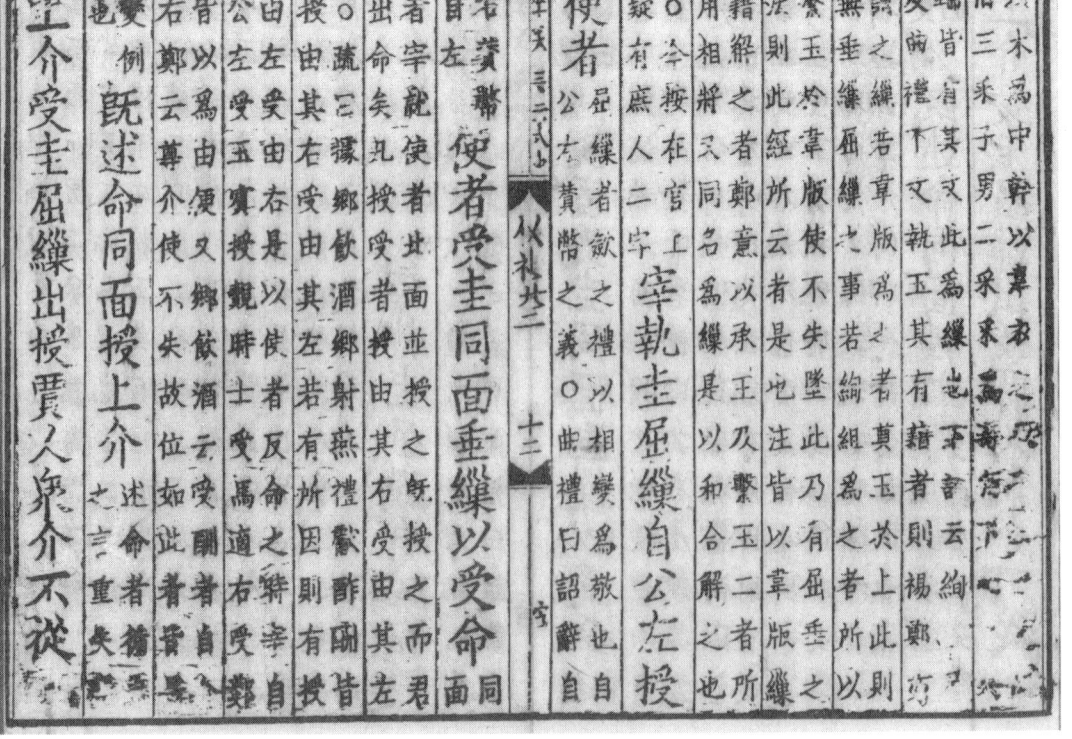

上介受圭屈繅出授賈人衆介不從

0008_0495-1　　0008_0494-2

將行者在門外北面○䟽曰上介送圭出與賈人訖當復入故衆介不從以待之法言將行者以別上文賈人出玉是留者也受享束帛加璧

受夫人之聘璋享玄纁束帛加琮皆如初璋音章○享獻也旣聘又獻所以厚恩惠也帛今之璧色繒也夫人亦有聘享者以其與已同躰爲國小君也其聘用璋取其半圭也君享用璧夫人用琮天地配合之象也圭璋特達瑞也璧琮有加往德也周禮曰瑑圭璋璧琮以覜聘○繒自陵反瑑大轉反○䟽曰此經中三事上經已受聘君圭此經受享

君束帛加璧又受聘夫人璋又受享夫人之琮前官陳幣不陳圭璧琮是以至此始言受之而復連言束帛玄纁以其是相配之物也璧色繒周禮宗伯以蒼璧禮天下云牲幣各放其器之色言今時者漢亦用周制但未知此聘享之圭璧用何色耳云特達謂以朝聘不加束帛也言瑞者大宗伯以玉作六瑞公執桓圭以下是也璧琮有加謂加於束帛之上也往德謂往致其德也瑑圭璋璧琮此出聘所用也不爲六瑞之制但瑑之而已又所執皆降其君一等

右受命于朝○記通帛爲旜通帛謂大赤從

0008_0496-1　　0008_0495-2

周正色無飾○䟽曰通體畫用絳無他物之飾孤卿建旜孤卿不畫言奉王之政教而已○䟽曰不畫異物帛而已以其直有時王政教故云奉王之政教而已○司常○瑑圭璋璧琮繅皆二采一就以覜聘璋以聘后夫人以琮享之也大夫衆來曰覜寡來曰聘鄭司農云瑑有圻鄂瑑起○䟽曰本君親自朝則執桓圭之等此盡遣臣行聘之所執者公侯伯之臣則執圭璋子男之臣不得過本君用𤣥璋亦用璧琮繅皆朱緑二采共爲一就璋以聘后與夫人而

琮享之圭以聘天子與諸侯而璧享之鄭不言天子諸侯者以聘后夫人文隱故特舉之也大宗伯時聘曰問殷覜曰視殷來則元年七年十一年一服朝之歲來者衆也特來則天子有事乃來亦無常期故云寡也瑑有圻鄂瑑起是不爲桓信躬蒲穀之文直瑑之而已○典瑞○瑑圭璋八寸璧琮八寸以覜聘瑑文飾也覜視也聘問也衆來曰覜特來曰聘聘禮曰凡四器者唯其所寶以聘可也○䟽曰此謂上公之臣執以覜聘於天子及聘用圭璋而享用璧琮也兩諸侯

0008_0496-2

相聘亦執之侯伯之臣宜六寸子男之臣宜四寸並不得執君之相圭之等直琢爲文飾丌○玉人

所以朝天子圭與繅皆九寸剡上寸半厚半寸博三寸繅三采六等朱白蒼

圭所執以爲瑞節也剡上象天圜地方也雜采曰繅以韋衣木版飾以三色再就所以薦玉重愼也九寸上公之圭也古文繅或作藻今文作璪○疏曰周禮掌節有玉節之節即是節與瑞別矣但節不得言瑞瑞亦是節信故連言節也下不剡象地方上剡象天

儀禮卷二十二　十五

0008_0497-1

圜雜記云圭剡上左右各寸半尊卑同之惟長短依命數不同也言繅者皆象水草之文天子五采公侯伯三采子男二采皆是雜色也木版大小一如玉制然後以韋衣之三色再就者即六等也一采爲再就三采即六等也鄭注典瑞又云一匝爲一就又有雖再匝併爲一就者如典瑞所謂侯伯三采三就之類是也○雜記疏云三采六等以朱白蒼畫之再行也者案聘禮記云朝天子圭與繅皆九寸繅三采六等朱白蒼朱白蒼是也既重云朱白蒼是一采爲二等相間而爲六等也若五等諸侯皆一采爲

0008_0497-2

一就典瑞云公侯伯皆三采三就謂一采爲一就故三采三就其實采別二就三采則六等也典瑞又云子男皆二采再就一采謂朱綠也二采故二就其實采別二就二采則四等也典瑞又云瑑圭璋璧琮繅皆二采一就以規聘此謂卿大夫每采唯一等是二采共一就也與諸侯不同其天子則典瑞云繅五采五就亦一采爲一就五采故五就其實采別二就五采則十等也○今按上記只有朱白蒼三字而雜記疏所引乃重有之不知何時傳寫之誤失此三字兼其言采就之說詳明今皆著于上覽者詳

儀禮卷二十二　十六

0008_0498-1

之

問諸侯朱綠繅八寸

二采再就降於天子也於天子曰朝於諸侯曰問記之於聘文采不云可就者臣禮與君禮異子男互相備○疏曰上云三采六等此二亦同二采但一采爲一匝二采爲再匝共四等今臣一采爲一就二采共爲再就是二采當君一采之匝典瑞云瑑圭璋璧琮繅皆二采一就以規聘亦是臣二采當君一采之處上公朝天子圭與繅皆九寸則自相朝亦九寸上公遣臣相聘圭與繅皆八寸則還臣問天子亦八寸是記於聘文互相備也

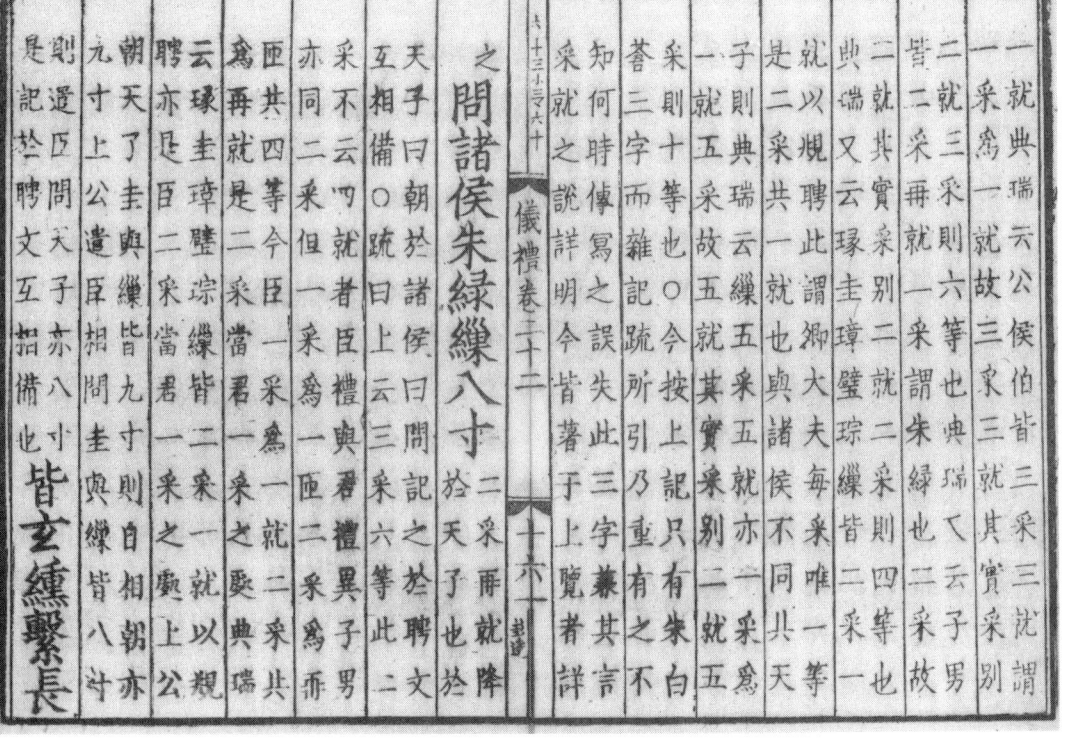

皆玄纁繫長

絇組繫音計又胡帝反長直亮反尺絇呼縣反又音倫反又音遥
逗音逗○疏成文曰絇繫無事則以繫玉因以爲飾皆用五采組上以玄
下以絳爲地今文絇作約○約音短○疏曰上文繅藉尊卑不同此之組
繫尊卑一等無事謂在櫝之時亦以繫玉因以爲飾經言纁而注言絳者
周禮爾雅皆云三入爲纁鄭注云纁絳也明二色同也○凡四
器者唯其所寶以聘可也言國獨以此爲寶也
四器謂圭璋璧琮○凡執玉無藉者襲藉謂繅也

繅所以縕藉玉○執玉其有藉者則裼無藉
者則襲藉在夜反下同裼星曆反○藉藻也裼襲文質相變耳有
藻爲文裼見美亦文無藻爲質襲充美亦質圭璋特而襲璧琮加束帛而
裼亦是也○疏曰藉者藉玉之藻也鄭氏云繅所以藉玉以采色畫韋衣
於木版之上廣袤各如其玉之大小前後垂之覲禮云瑞玉有繅是也又
有五采組繩以爲繫其組上玄下黃長尺無事則以繫玉有事則垂爲飾
聘禮記云玄纁繫長尺絇組是也又曰禮說云文嘉云天子三公諸侯皆

以三帛薦玉宋均注云其繅藉三帛謂朱白蒼又此聘禮繅琮加束帛亦
是藉也又曰裼襲者凡衣近體有袍襗之屬其外有裘夏月則衣葛其上
有裼衣裼衣上有襲衣襲衣之上有常著之服則皮弁之屬也掩而不開
則謂之爲襲若開此皮弁及中衣左袒出其裼衣謂之爲裼又曰此章之
義則皇氏云凡執玉之時必有其藻以承於玉若盡飾見美之時必垂藻
於兩端令垂向於下謂之有藉當時所執之人則去體上外服以見在內
裼衣故云有藉者則裼也其事質充美之時承玉之藻不使下垂屈而在

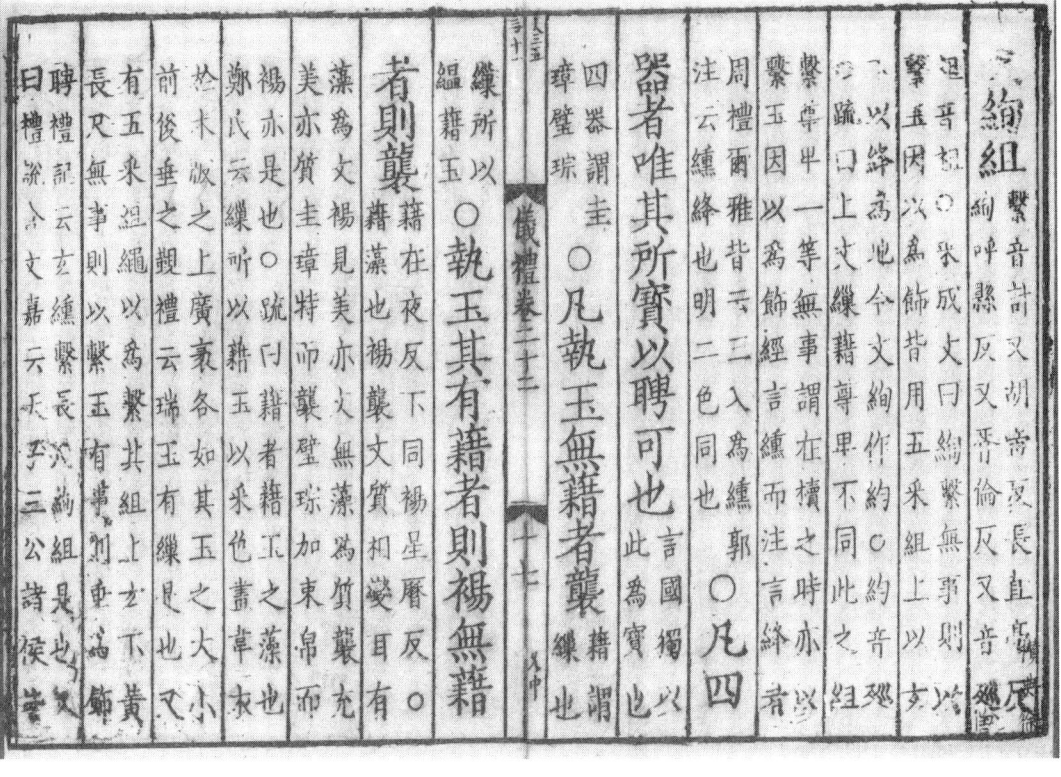

手謂之無藉當特所執之人則掩其上服襲蓋裼衣謂之無藉者則襲此
謂執玉之人朝聘行禮或有裼時或有襲時也又云圭璋特而襲者上公
享玉圭以馬享后璋以皮皮馬既不上於堂其上唯特有圭璋圭璋既是
寶物不可露見必以衣衣襲之故云圭璋特而襲也云璧琮加束帛而裼
者謂侯伯子男享天子璧以帛享后琮以錦既有帛錦承玉上唯用輕細
之物蒙覆以裼之故云璧琮加束帛而裼也此明非但人有裼襲其玉亦
有裼襲之義熊氏則云采色畫者不既云藻藉則常有今言無者藻不垂

之也其垂藻之時則須裼屈藻之時則須襲案聘禮賓至主人廟門之外賈人東面坐啓櫝取圭垂繅不起而授上介注云不言裼襲者賤不裼也以賈賤故不言裼明貴者垂藻當裼也又云上介不襲執圭屈繅授賓注上介不襲者以盛禮不在於己明屈繅合襲也又云賓襲執圭又云公襲受玉於時圭皆屈藻故賓與公執玉皆襲是屈藻之時皆襲則所謂無藉者襲是也聘禮又云賓出公授宰玉裼降立是授玉之後乃裼也又云賓裼奉束帛加璧享是有藉者裼凡朝之與聘賓與主君行禮皆屈而襲至

于行享之時皆裼也知者以聘禮行聘則襲受享則裼凡享時其玉皆無藉藻故崔靈恩云初享圭璋特故有藻其餘則束帛加璧既有束帛不須藻○世禮○陳祥道云玉有以繅爲之藉有以束帛爲之藉有藉則裼無藉則襲特旅於束帛而已聘實襲執圭公襲受玉及享則賓裼奉束帛加璧蓋聘特用玉而其禮嚴享藉以帛而其禮殺此襲裼所以不同先儒以垂繅爲有藉屈繅爲無藉此說非也○陸佃曰無藉若圭璋特是也經言繅又別言藉則藉非繅者矣藉若璧以帛琮以錦之類所謂公降襲受玉

于中堂此無藉者之玉也取束帛加璧裼矣○今按鄭說兩義詞太簡略指不分明疏家所引皇氏熊氏始以垂屈言之但熊氏所云今言無者據垂之也乃與經文及皇氏并已說上下文皆相反婦其據字之下當脫一不字今已輒爲補之矣至於圭璋璧琮之義則皇氏爲失而熊氏得之但周禮典瑞云璧琮繅皆二采一就而熊氏亦自謂以幸衣版之藉則皆有而又引崔靈恩云璧琮既有束帛則不須藻似亦牴牾疑璧琮雖有藻而屈之當爲無藉特以加於束帛故從有藉之例而執之者裼耳陳氏陸氏

則但取鄭注後說而用熊氏之義似亦有理然今未敢斷其是非故悉著其說以俟知者

遂行舍於郊於此脫舍衣服乃即道也曲禮曰凡爲君使已受命君言不宿於家○疏曰言遂行者受命即行不留停脫舍衣服者上文賓朝服皆稱及遂朝君受命至此衣服未改鄭注云吉時道路深衣則此脫舍朝服深衣而行矣

斂旜此行道耳未有事也斂藏也

右遂行○記凡爲君使者已受命君

0008_0503-1　0008_0502-2

言不宿於家急君使也言謂有故所問也聘禮曰若有言則以束帛如享禮○疏曰君言或問其臣或問他人已受宜急去不得留停宿於家也○曲禮○今按注引聘禮有言以釋言字迂滯不通○出祖釋軷祭酒脯乃飲酒于其側祖始也旣受聘享之禮行出國門止陳車騎釋酒脯之奠於軷爲行始也詩傳曰軷道祭也謂祭道路之神春秋傳曰軷涉山川然則軷山行之名也道路以險阻爲難是以委土爲山或伏牲其上使者爲軷祭酒脯祈告也卿大夫

大一千八个　小三•四六　儀禮卷二十二　二十一

處者於是餞之飲酒於其側禮畢乘車轢之而遂行舍於近郊矣其牲犬羊可也古文軷作祓○騎其義反難乃旦反餞在淺反轢力狄反祓芳弗反○疏曰凡道路之神有二在國內釋幣於行者謂平適道路之神出國門釋奠於軷者謂山行道路之神祀行之禮先面設主於軷上國外祀山行之神爲軷壤大小與之同鄭注夏官大馭云封土爲山象以菩芻棘柏爲神主旣祭以車轢之而去喻無險難也云或伏牲其上者案周禮犬人掌供犬牲伏瘞亦如之鄭注云伏謂伏犬以王車轢之是也詩云取羝以

0008_0504-1　0008_0503-2

軷是用羊也是犬羊各用其一未必並用之言可者人君有牲大夫無牲直用酒脯○問大夫之幣俟于郊爲肆又齎皮馬齎子兮反注同○肆猶陳列也齎猶付也使者旣受命宰夫載問大夫之禮待於郊陳之爲行列至則以付之也使者初行舍于近郊幣云肆馬云齎因其宜亦互文也不於朝付之者辟君禮也必陳列之者不夕也古文肆爲肆○行户郎反肆以二反

若過邦至于竟使次介假道束帛將命

大一千八十五　小二•五八　儀禮卷二十二　二十二

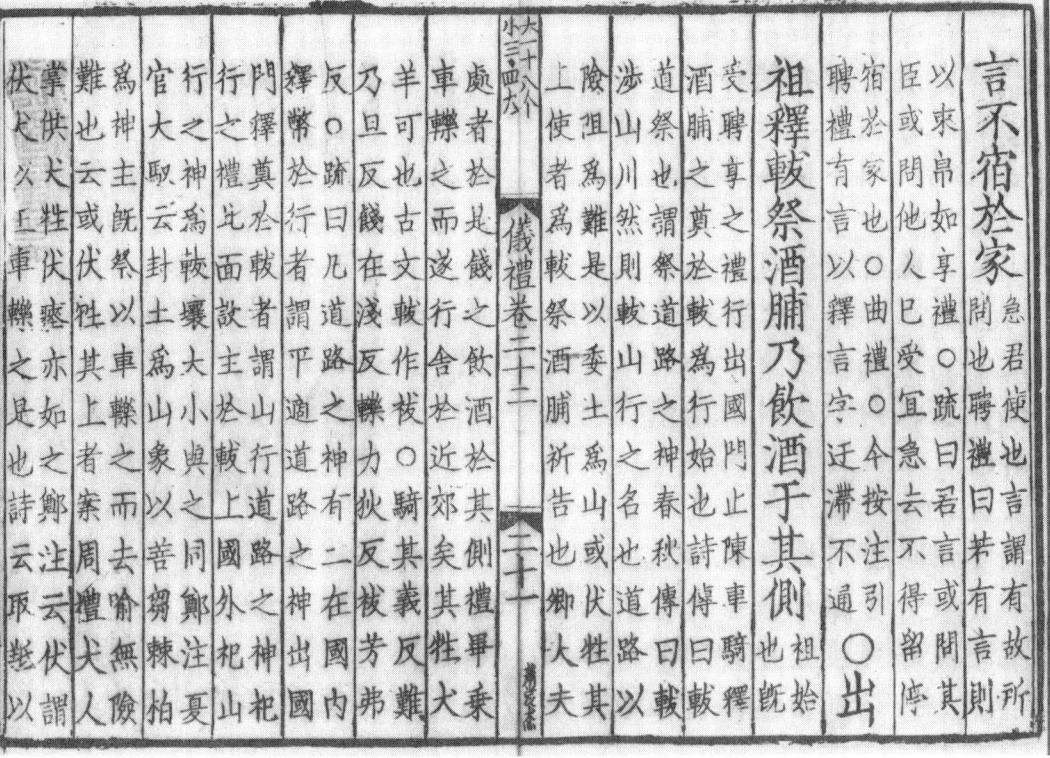

于朝曰請帥奠幣至竟而假道諸侯以國爲家不敢直徑也將猶奉也帥猶道也請道己道路所當由○請道之道音導下大夫取以入告出許遂受幣言遂者明受其幣非爲許故也容其辭讓不得命也○爲于僞反○疏曰幣本爲行禮非爲求許若已許道受幣當云出許受幣不須言遂今云遂是已許道尚辭讓此幣不得命遂受之故云遂也餼之以其禮上賓大牢積唯芻禾介皆有餼餼許氣反積子賜反○凡賜人以牲生曰餼餼猶稟也給

0008_0504-2　0008_0505-1

也以其禮者尊甲有常差也常差者上賓上介牲用大牢羣介用少牢米皆百筥牲陳于門內之西北面米設于中庭上賓上介致之以束帛羣介則牽羊焉上賓有禾十車芻二十車禾以秣馬○少時照反秣音末

士帥沒其竟沒盡誓于其竟賓南面上介西面衆介北面東上史讀書司馬執筴立于其後筴音策○此使次介假道止而誓也賓南面專威信也史於衆介之前北面讀書以勑告士衆爲其犯禮暴掠也禮君行師從卿行旅從司馬主軍法者執策

大五十二　小三百八十八　儀禮卷二十二　二十三　李彧

示罰○掠音亮從才用反○疏曰此誓當在使次介假道之時止而誓言今在士帥沒其竟之後言之者以上文設彼國禮此更却本而言之也

右過他國

未入竟壹肄肄以二反○謂於所聘之國竟也肄習也習聘之威儀重失誤爲壝壇畫階帷其北無宮壝以垂反一以癸反壇大丹反封土曰壇畫音獲注同○壝土象壇也帷其北宜有所鄉依也無宮不壝土畫外垣也○垣音袁○疏曰案覲禮與司儀同爲壇三成宮方三

0008_0505-2　0008_0506-1

百步此壇止壝土之無成又無尺數是象之也不壝土四外垣是無宮也

朝服無主無執也非主人王人尊也執玉不敢褻也徒習其威儀而已介皆與北面西上與音預○入門左之位也古文與作豫○疏曰大門外內及廟門內之禮威儀少故但習入廟聘享布幣授玉之禮是也云北面西上之位也直

習享士執庭實士士介也庭實必執之者皮則有攝張之節○疏曰知所執是皮者以其金龜竹箭之等皆列之於地不執之所執者唯有皮而已下聘時執皮者張之是有

大四十四　小二百七十　儀禮卷二十二　二十四　成

攝張之節也

習夫人之聘享亦如之習公事不習私事公事致命者也○疏曰私事者謂私覿於君私面於卿大夫

右習儀

及竟張旜誓及至也張旜明事在此國也張旜謂使人維之○疏曰大夫杠五刃齊於較較崇八尺人又長八尺人維得手及之者蓋以物接之乃得維持之案節服氏六人維王之大常鄭云維之以縷綴侯四人不依命數

大夫或一人或二人乃謁關人謁告也古者竟上為關以譏異服識異言○疏曰周禮司關上士二人中士四人每關下士二人蓋上士中士六人總主諸關下士二人各主一關也關人問從者幾人從才用反幾居豈反○欲知聘問且為有司當共委積之具○○委於偽反積子賜反○疏曰關人所問為卿行旅從若大夫小聘亦當百人也共具者賓客入竟館於廬宿市設少曰委多曰積以介對以所與受命者對謙也聘禮上公之使者七介侯伯之使者五介子男之使者三介以其代君交於列國是以

貴之周禮曰凡諸侯之卿其禮各下其君二等○疏曰不以五百人百人對而但以所與同受命者對是謙也君使士請事遂以入竟請猶問也問所為來之故也遂以入因道之○疏曰君子不必人故如而猶問也

右及竟

入竟斂旜乃展復校錄幣重其事斂旜變於始入布幕

賓朝服立于幕東西面介皆北面東上

賈人北面坐拭圭拭者[illegible]○[illegible]幕西乃跪[illegible]或才姓反○疏曰賓西面者雖不遂其對君由是臣道異於前其時也展之持之而立告在○疏曰所告者告賓上介北面視之退復位言退復位則視圭進違位退圭圭璋尊不陳之陳皮北首西上又拭璧展之會諸其幣加于左皮上上介視之退會合也諸於也古文曰陳幣北首馬則幕南北面奠幣于其前前當幕上展

夫人之聘享亦如之賈人告于上介上介告于賓展夫人聘享上介不視貶於君也賈人既拭璋琮南面告於上介上介於是乃東面以告賓亦所謂放而文之類○放方往反○疏曰禮器云有放而文也注云謂若天子服日月以至黼黻是天子衣放象日月以下而為文今夫人聘享上介不視但賈人告上介上介告賓是亦放象君禮而為文變也有司展羣幣以告羣幣私覿及大夫者有司載幣者自展及郊又展如初郊遠郊也周制天子畿內千里[illegible]告

遠郊百里以此差之遠郊上公五十里侯伯三十里子男十里也近郊各半之○疏曰周禮畿方千里者頌云邦畿千里夏時禹貢方千里曰甸服據唐虞畿內是也公五百里中置國城面二百五十里故遠郊五十里自此已下差之可知云近郊約周天子之法亦無正文尚書鄭注云周之近郊五十里今河南洛陽相去則然

及館展幣於賈人之館如初 館舍也遠郊之內有候館可以小休止沐浴展幣不于賓館者爲主國之人有勞問已者就焉便疾也○勞力到反○疏曰周禮遺人職云十里有廬三十里有宿

五十里有市市有候館畿內道路皆有候館鄭據此候館在遠郊之內不謂於此獨有也

右三展幣○記諸公之臣相爲國客 謂相聘也 則三積皆三辭拜受 受者受之於庭也侯伯之臣不致積○疏曰此在道之禮於路館致之亦有束帛若諸公云登卿受登堂此不云登故知受於庭也案本經五介張旜是侯伯之卿經不云積明不致積可知但不以束帛行禮致之豈於道全無積乎明有也○

司儀○凡侯伯子男之臣以其國之爵相爲客而相禮其儀亦如之 爵卿也大夫也士也○疏曰鄭注掌客云爵卿也則飧二牢饔餼五牢大夫也則飧大牢饔餼三牢士也則飧少牢饔餼大牢也此降小禮豐大禮也以命數則參差難等畧於臣用爵而已以此三等相禮也云其儀亦如之者亦以三等相差七十步七介五十步五介三十步三介小聘使大夫又降殺也 凡四方之賓客禮儀辭命餼牢賜獻以二等從其爵而上下之 上下猶豐殺也○疏曰此與大行人云諸侯之卿各下其君二等大夫士亦如之義同大夫下卿士下大夫凡禮皆以其爵而降殺以兩如七鼎五鼎五牢三牢之類是也○

司儀

賓至于近郊張旜君使下大夫請行反君使卿朝服用束帛勞 請行問所之也雖知之謙不必也士請事大夫請行卿勞彌尊賓也其服皆朝服○疏曰入近郊張旜者示將

0008_0510-2

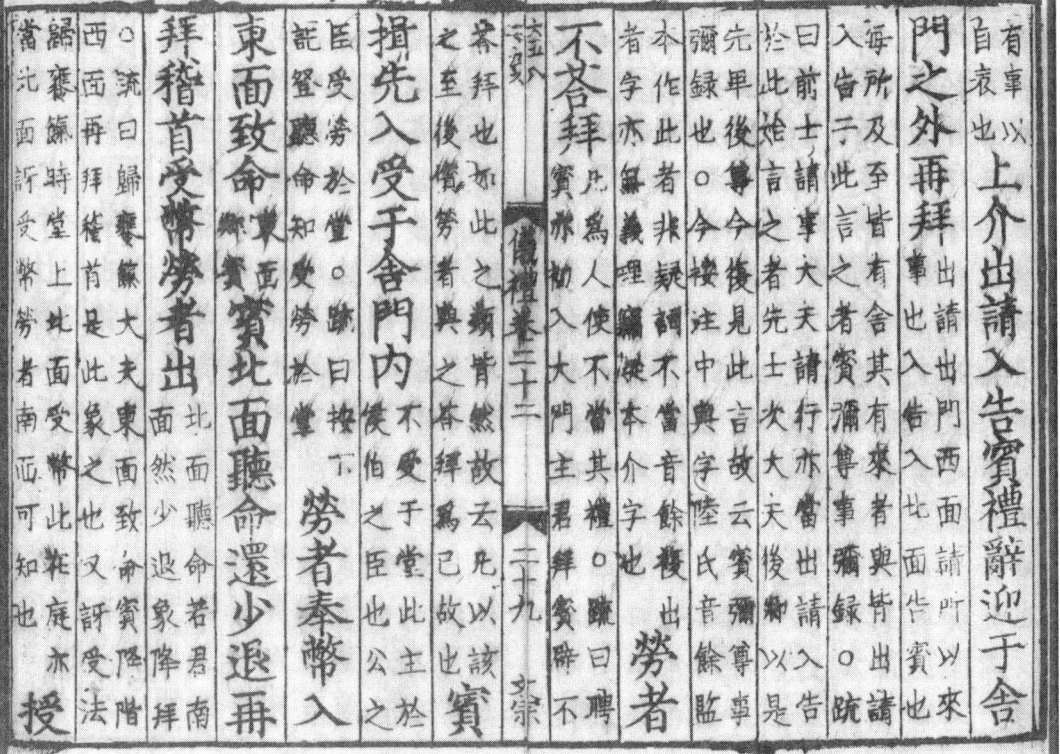

有事以自衷也上介出請入告賓禮辭迎于舍門之外再拜出請出門西面請所以來事也入告入北面告賓也每所及至皆有舍其有來者與皆出請入告云此言之者賓彌尊事彌錄○疏曰前士請事大夫請行亦當出請入告於此始言之者先士次大夫後卿以是先卑後尊今後見此言故云賓彌尊事彌錄也○今按注中與字陸氏音餘監本作此者非疑詞不當音餘釋出者字亦無義理繆淚本介字也勞者不荅拜凡為人使不當其禮○疏曰聘賓亦勸入大門主君拜賓辭不

0008_0511-1

荅拜也如此之類皆然故云凡以該之至後儐勞者與之荅拜為己故也賓揖先入受于舍門內不受于堂此主於儐伯之臣也公之臣受勞於堂○疏曰按下記饗聽命知受勞於堂勞者奉幣入東面致命東面鄉賓賓北面聽命還少退再拜稽首受幣勞者出北面聽命若君南面然少退象降拜○疏曰歸饔餼大夫東面致命賓降階西面再拜稽首是此象之也又許受法歸饔餼時堂上北面受幣此在庭亦當北面許受幣勞者南面可知也授

0008_0511-2

老幣老賓之臣○疏曰大夫家臣稱老若趙魏臧氏老之類也出迎勞者欲儐之勞者禮辭賓揖先入勞者從之乘皮設乘繩證反後此類皆同○設於門內也物四曰乘皮麋鹿反也○疏曰庭實當三分庭一在南設之今以儐勞者在庭故設於門內也知用麋鹿皮者案郊特牲諸侯朝享天子法用虎豹此臣聘君降於享天子故用語云齊桓公使諸侯輕其幣用麋鹿皮四張亦一隅也賓用束錦儐勞者儐必刃反○言儐者賓在公館如家之義亦以來者為賓勞

0008_0512-1

者再拜稽首受稽首尊國賓也○疏曰稽首首至地臣拜君法頓首頭扣地平敵相於法空首首至手君荅臣下拜法郊特牲云大夫之臣不稽首非尊家臣以辟君也今勞者與賓同類而稽首故云尊國賓也賓亦稽首老者以是為君敬法報之也賓再拜稽首送幣受送拜皆受西象階上○疏曰案歸饔餼賓儐大夫賓楹閒北面授幣大夫西面受此饗堂與彼同北面授還北面拜送當云雖送者北面蓋據賓而言受字誤也○今按西面當作南面勞者揖皮出乃退賓送再

0008_0512-2

擯皮出東面揖執皮者所於○疏訖皮者在門內當門勞者在執皮者之西故知東面揖也公食禮云公脩以束錦庭實設乘皮賓出揖庭實出之八賓執皮者若親受云上介受賓幣者訝受皮則此勞者之從者亦當訝

夫人使下大夫勞以二竹簋方玄被纁裏有蓋簋音甫或作簠外圓內方曰簋內圓外方曰簋○竹簋方者器名也以竹為之狀如簋而方如今寒具筥筥者圓此方耳○圜音圓○疏曰簋皆用木而圓受斗二升此則用竹而方故云如簋而方寒具見籩人先鄭

0008_0513-1

注云清朝未食先進寒具口實以冬食故謂之寒具又案玉人云案十有二棗栗十有二列諸侯純九大夫純五夫人以勞諸侯彼謂王后故有玉案此諸侯夫人故無之也其實棗蒸栗擇兼執之以進兼猶兩也右手執棗左手執栗○疏曰案下文則此大夫先度右手乃以左手授栗便也亦見士虞禮賓受棗大夫二手授栗受授不游手慎之也○疏曰初兩手俱用既授棗而不兩手共授栗則是游暇一手為不謹也賓之受如初禮如卿勞之儀儐之如初下

0008_0513-2

有賓入因由儐從請道授從者入然則賓送不拜○疏曰經言遂明知有辭請導之雖無文鄭以意言之賓送不拜者以其云遂以賓入所從之明賓送不拜謂若公食大夫使人戒賓不拜遂從之其類也案上君使士請遂以賓入鄭云因導之不言賓送不拜者請事無幣賓亦不儐故其請導賓無拜送之理此大夫勞儐與卿同有拜送之理故云賓送不拜也覲禮大夫勞侯氏侯氏所從入大入拜送大夫天子使尊故雖從亦拜送與此異

0008_0514-1

右郊勞○記諸公之臣相為國客及大夫郊勞旅擯三辭拜辱三讓登聽命下拜登受賓使者如初之儀及退拜送登聽命賓登堂也賓當為儐勞用束帛儐用束錦侯伯之臣受勞於庭○疏曰旅擯不傳辭賓使各陳七介而已云三辭拜辱者賓從館內出於大門拜使者辱命來於外云三讓者讓升堂云賓使者如初之儀者謂使傳命訖禮儐出門賓以束錦儐使者如初行勞時之儀訖賓受

0008_0514-2

今使受聘享一無異國儀則同主君使者也○司儀○辭曰
非禮也敢對曰非禮也敢辭辭不受也對答問
也二者皆辭曰敢言不敢○疏曰辭
謂賓辭主人君謂賓答亡人介則在
旁曰非禮也敢○今按諸本下句凍
有辭字注無復出辭字求嘉本張淳
識誤已以注疏考之經下衍一辭字
注上合更有一辭字蓋傳寫誤以注
文爲經文也當依注疏臧經
以還注其說爲是今從之
至于朝主人曰不腆先君之祧既拚以

0008_0515-1

俟矣腆他典反拚方問反謂掃灑○賓至外門下大夫入告出釋此辭主
人者公也不言公而言主人主人接賓之辭明至欲受之不敢稽賓也腆猶善
也遷主所在曰祧周禮天子七廟文武爲祧諸侯五廟則祧始祖也是亦廟也
言祧者祧尊而廟親待賓客者上尊者○疏曰周禮守祧掌守先王先公之廟
祧鄭注云廟謂大祖之廟及三昭三穆遷主所藏曰祧先公之遷主藏于后稷
之廟先王之遷主藏于文武之廟云奄八八廟有奄周立七廟通姜嫄廟爲
八故奄八人祭法鄭注云祧之言超也超上去意也不遷之也云遷主所藏曰

0008_0515-2

祧天子有二祧以藏先王之遷主諸侯無之但遷主藏于大祖廟故此亦以名
大祖廟爲祧也下文延賓及廟門受聘享皆在廟明是大祖廟可知既於大廟
受聘享以尊之若享食則於禰廟燕又在寢彌相親也此鄭義若孔君王肅則
以高祖之父及祖爲二祧非鄭義也賓曰俟間間如字劉音閑○賓
之意不欲奄卒主人也且以道路悠遠欲沐浴齋戒俟間未敢聞命○卒寸忽
反齋側皆反○疏曰命即上主人之命

右至朝

0008_0516-1

大夫帥至于館卿致館致至也賓至此館主人以上卿
禮致之所以安之也○疏曰覲禮云侯氏遂從之天子賜舍曰伯父舍侯
氏再拜稽首受儐之束帛乘馬注云王使人以命致館無禮猶儐之者尊王使
也無禮謂無束帛此云以上卿禮明有束帛致也賓迎再拜卿
致命賓再拜稽首卿退賓送再拜卿不俟設
飧之具以不用束帛致故也不用束帛致之者明爲新至非大禮也○飧音孫
近同飧食曰飧○疏曰下直云宰夫朝饔飧不云致則此卿致館兼致飧矣

0008_0516-2

致館有束帛致飱空以辭致君命無束帛下記云飱不致是也然此侯伯之卿禮其公之臣亦以幣帛致寀司儀云云又曰其臣致飱無幣其五等諸侯致飱則有幣寀司儀諸侯相於致飱如致積有幣知致飱亦有幣也○今按此致止謂致館下章首目其事而下詳其節也上無飱字而但云致命注疏何以見其爲致飱耶詳又見下章

右致館 注疏云兼致飱今按非是詳見上下文 ○記諸

公之臣相爲國客致館如初之儀 如郊

0008_0517-1

勞也不儐耳侯伯之臣致館于庭不言致飱者君於聘大夫不致飱也下記曰飱不致賓不拜○疏曰鄭知不儐者本經致館無束帛賓亦無儐知此亦然也君於聘大夫不致飱者本經致館之下即云宰夫設飱此致館下亦不云致飱是五等之臣皆無致飱也○司儀○今按注云無儐未知其何以知之若謂上經致館不言束帛亦不言賓儐之事此亦當然則當併與無束帛言之不當只言無儐也且郊勞有幣上禮既如郊勞則亦有幣而鄭注司儀諸公致館亦云凡云致者皆有幣以致之此亦言致不得

儀禮卷二十二　三十五

0008_0517-2

猶無幣也疏於上經亦云以上卿明有束帛致而於此乃遷就其說自相抵牾覽者詳之 ○卿館於大夫大夫館於

士士館於工商 館者必於廟不館於敝者之廟爲大尊也自官師以上有廟有寢工商則寢而已○疏曰祭法云適士一廟官師一廟鄭云官師謂中士下士周禮隸僕鄭注云五寢五廟之寢天子七廟惟祧無寢蓋前曰廟後曰寢也爾雅云室有東西廂曰廟注云夾室前堂又云無東西廂有室曰寢注云但有大室自士以上有廟者必有寢庶人在

儀禮卷二十二　三十六

0008_0518-1

官者工商之等有寢者則無廟故祭法云庶士庶人無廟祭於寢是也又曰曾子問云公館與公所爲曰公館鄭注云公館若今縣官官也彼是正客館彼此兩言之者若朝聘使少則皆於正客館若使多則有在大夫廟○今按疏引曾子問之文如此而下經遂云賓負右房而立是不必於廟也明矣鄭注不通當從疏說

管人爲客三日具沐

五日具浴 管人掌客館者也客謂使者下及士介也

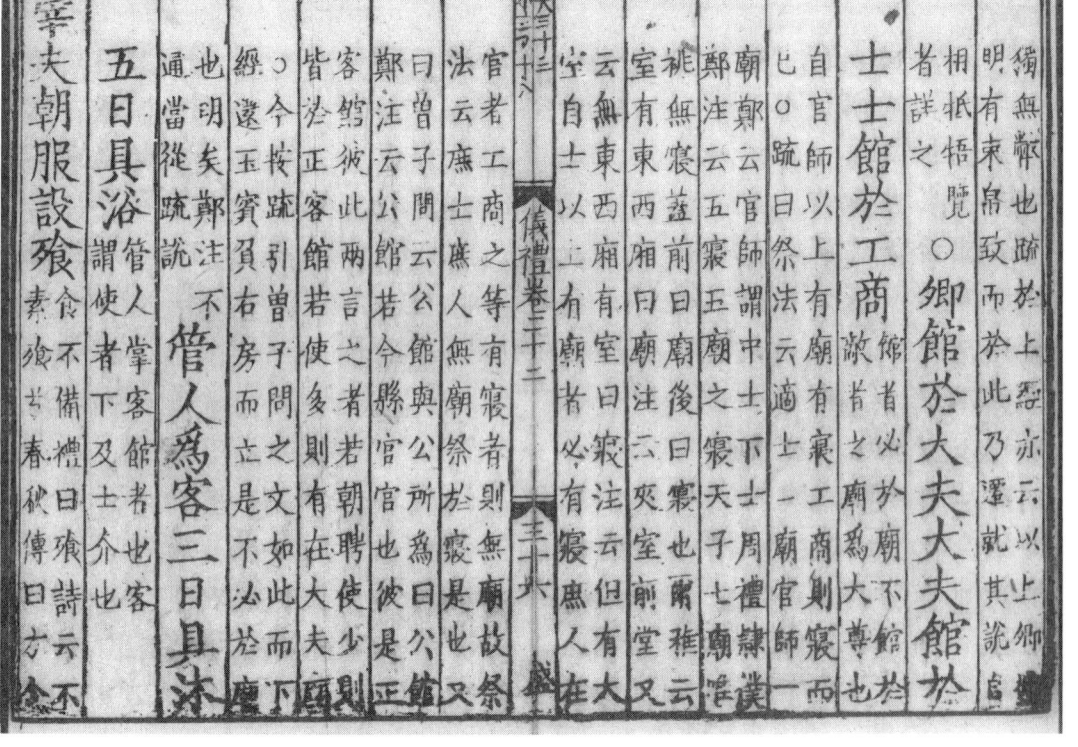

宰夫朝服設飱 食不備禮曰飱詩云不素飱兮春秋傳曰方食

魚殽皆謂是○䟽曰云不備禮者對饔餼而言饔餼則生腥飪皆具而又多餘物殽則唯腥飪而已**飪一牢在西鼎九羞鼎三腥一牢在東鼎七**飪而審反○中庭之饌也飪熟也熟在西腥在東象春秋也鼎西九東七凡其鼎實與其陳如陳饔餼羞鼎則陪鼎也以其實言之則曰羞以其陳言之則曰陪○䟽曰鼎西九東七者九謂正鼎九牛羊豕魚腊腸胃膚鮮魚鮮腊東七者腥鼎無鮮魚鮮腊故七如陳饔餼者如其死牢故掌客云諸侯之禮饔餼九牢七牢五牢其死牢如殽之陳凡介行人皆有殽

饔餼此則如介禮也是殽也死牢與饔餼死牢實與殽陳同亦於東階西階也陪鼎三則下云腳臐膮是也**堂上之饌八西夾六**八者豆數也凡饌以豆爲本堂上八豆八簋六鉶兩簠八壺西夾六豆六簋四鉶兩簠六壺其實與其陳亦如饔餼○鉶音刑**門外米禾皆二十車**禾稾實并刈者也諸侯之禮車米視生牢禾視死牢牢十車大夫之禮皆視死牢而已無有生牢不取數焉米陳門東禾陳門西○稾古老反刈魚廢反○䟽曰注說皆約一歸饔餼知之後倣此**新芻倍禾**各四十車

凡此之陳亦如饔餼**上介飪一牢在西鼎七羞鼎三堂上之饌六門外米禾皆十車薪芻倍禾**西鼎七無鮮魚鮮腊**衆介皆少牢**亦飪在西鼎五羊豕腸胃魚腊新至尚熟堂上之饌四豆四簋兩鉶四壺無簠○䟽曰知鼎五者以賓九上介七衆介當五降殺以兩

右設殽○記凡諸侯之卿大夫士爲國客則如其介之禮以待之言其特來聘問

待之禮如其爲介時也然則聘禮凡所以禮賓是亦禮介○䟽曰諸侯相朝衆臣從君凡介行人宰史皆有殽饔餼以其爵等爲之禮惟上介有禽獻今不從君而特來聘問者其待之禮亦如其從君爲介之時也大聘曰聘則卿爲賓大夫爲上介士爲衆介小聘曰問則大夫爲賓介皆士故此歷言卿大夫士也詳見諸侯相朝禮**凡禮賓客國新殺禮凶荒殺禮札喪殺禮禍烖殺禮在野在外殺禮**皆爲國省用愛費也國新新建國也凶荒無年

張本下象鼻題監生秦淳四字傅本剪去之

0008_0520-2

一也禍裁新有兵寇水火也○疏曰云野在外殺禮者以其野外草潦禮物
不可卒備故亦殺之○掌客 上公飧五牢食四十
簠十豆四十鉶四十有二壺四十鼎
簋十有二牲三十有六皆陳凡介行
人宰史皆有飧以其爵等為之牢禮
之陳數侯伯飧四牢食三十有二簠
八豆三十有二鉶二十有八壺三十

儀禮卷二十二　三十九

0008_0521-1

有二鼎簋十有二腥二十有七皆陳
凡介行人宰史皆有飧以其爵等為
之禮子男飧三牢食二十有四簠六
豆二十有四鉶十有八壺二十有四
鼎簋十有二牲十有八皆陳凡介行
人宰史皆有飧以其爵等為之禮 鉶音
刑○飧客始至致小禮也公侯伯子男飧皆任一牢其餘牢則腥食者其

0008_0521-2

腥羞美可食者也其設蓄陳于楹外東西不過四列簠稻粱器也公十簠
堂上六西夾東夾各二也侯伯八簠堂上四西夾東夾各二子男六簠堂
上二西夾東夾各二豆菹醢器也公四十豆堂上十六西夾東夾各十二
侯伯三十二豆堂上十二西夾東夾各十子男二十四豆堂上十二西夾
東夾各六禮器曰天子之豆二十有六諸公十有六諸侯十有二上大夫
八下大夫六以此聘禮差之則堂上之數與此同鉶羹器也公鉶四十二
侯伯二十八子男十八公之數太懸絕非差衰也二十八書或為二十四

儀禮卷二十二　四十

0008_0522-1

亦非也其於衰公又當三十於言又為無施禮之大數餘少於豆推其衰
公鉶四十二宜為三十八蓋近之矣則公鉶堂上十八西夾東夾各十侯
伯堂上十二西夾東夾各八子男堂上十西夾東夾各四壺酒器也其設
於堂夾如豆之數鼎牲器也簠黍稷器也鼎十有二者飪一牢正鼎九與陪
鼎三皆設于西階前簋十二者堂上八西夾東夾各二合言鼎簋者牲與
黍稷俱食之主也牲當為腥聲之誤也腥謂鼎於侯伯云腥二十有七其
故腥字也諸侯禮盛腥鼎有鮮魚鮮腊每牢皆九為列設于阼階前公腥

丁本此葉刻工王百九黍稷器三字作黍稷二字張本司專本

0008_0522-2

鼎三十六腥四牢也侯伯腥二十十腑三牢也子男腥鼎十八腑二牢
六皆陳陳列也飧門内之實櫛下是炙亦有車米禾芻薪公飧五牢米二
十車禾三十車侯伯四牢米禾皆一十車子男三牢米十車禾二十車芻
薪皆倍其禾凡介行人宰史衆臣从賓者也行人主禮宰主貝安主書皆
有飧饔餼尊其君以及其臣也以廿爵等爲之牢禮之陳數爵卿也則飧
二牢饔餼五牢大夫也則飧大牢饔餼三牢士也則飧少牢饔餼大牢也
此降小禮豐大禮也以命數則參差難等略於臣用爵而已○差初佳反

儀禮卷二十二　四十一　明

0008_0523-1

又初宜反衰初危反差衰謂降殺等級也**凡諸侯之卿大**
夫士爲國客則如其介之禮以待之
言其特來聘問待之禮如其爲介時也然則聘禮凡所以禮賓是亦禮介○
疏曰此介指上諸侯相見之介若此聘禮則自有介大聘則卿爲賓大夫
爲上介士爲衆介小問則大夫爲賓介皆士也故此歷言卿大夫士也○
事○客**飧不致**不以束帛致命草次饌飧具輕**賓不拜**
以不致命**沐浴而食之**自潔清尊主國君賜也記此重者沐

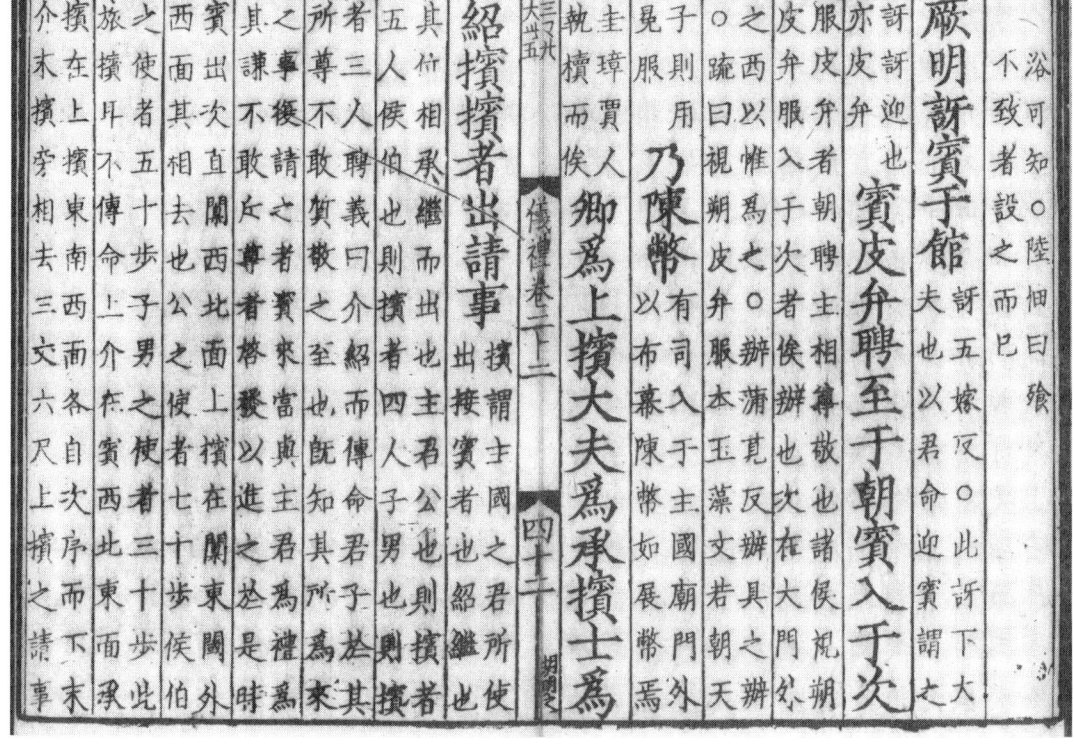

丁本此葉刻工名不清其爲介三字作其介二字張本同傅本

0008_0523-2

浴可知○陸佃曰飧不致者設之而已
厥明訝賓于館訝五嫁反○此訝下大夫也以君命迎賓謂之
訝訝迎也亦皮弁**賓皮弁聘至于朝賓入于次**
服皮弁者朝聘主相尊敬也諸侯視朔皮弁服入于次者俟辦也次在大門外
之西以帷爲之○辦蒲莧反辦具之辦○疏曰視朔皮弁服本玉藻文若朝天
子則用冕服**乃陳幣**有司入于主國廟門外以布幕陳幣如展幣焉
圭璋賈人執櫝而俟**卿爲上擯大夫爲承擯士爲**

三又卅　大廿五　儀禮卷二十上二　四十二　明

0008_0524-1

紹擯擯者出請事擯謂主國之君所使出接賓者也紹繼也
其位相承繼而出也主君公也則擯者五人侯伯也則擯者四人子男也則擯
者三人聘義曰介紹而傳命君子於其所尊不敢質敬之至也既知其所爲來
之事復請之者賓來當與主君爲禮爲其謙不敢斥尊者啓發以進之於是時
賓出次直闑西北面上擯在闑東閾外西面其相去也公之使者七十步侯伯
之使者五十步子男之使者三十步此旅擯耳不傳命上介在賓西北東面承
擯在上擯東南西面各自次序而下末介末擯旁相去三丈六尺上擯之請事

0008_0524-2

進南面揖賓俱前賓至末介上擯之末
擯亦相去三丈六尺止揖而請事還入
告于公天子諸侯朝覲乃命介紹傳命
耳其儀各鄉本受命反面傳而下及末
則鄉受之反面傳而上又受命傳而下
亦如之此三丈六尺者門容二徹參个
旁加各一步也今文無擯○所爲于僞
反下爲其皆同闑魚列反閾音域而上
之上時掌反○疏曰此擯陳在主國大
門外主君之擯與賓之介東西相對南
北陳之云其位相承繼而出者從門向
南陳爲繼而出擯者人數本周禮大行
人文但天子尊得分別諸侯尊卑以待
之諸侯卑故止據己國大小而爲擯數

儀禮卷二十二　四十三

0008_0525-1

注云上擯在闑東閾外西面者主位在
東故賓在闑西上擯在闑東以擯位並
門東西面故上擯亦西面向君也此旅
擯耳者案司儀云三問旅擯鄭云旅陳
陳擯介不傳辭故鄭此云不傳命然上
下注又皆引介紹而傳命之語者蓋交
擯傳命則是賓介傳命此旅擯傳命者
直是賓至末介下對上擯傳本君之命
此眞介紹繼則交擯旅擯同唯傳命
不傳辭有異是以司儀云及將幣交擯
鄭注亦引介紹傳命爲證以其皆是相
沛繼於注也三上介在賓西北東面承
擯亦上擯東南西面此謂賓直闑西北
而上[illegible]在門向南面列位時云西北東

0008_0525-2

擯爾西北望之介介仍向正北陳
矣上擯東南望承擯亭仍向正南陳
不謂介西北邪陳擯東南向邪陳
云各自次序而下者賓之介或十或
三從南向北次序上次下至末介
之擯或五或四或三從承擯向南
丈下至末擯也東西相去三丈六尺
上擯之各請事進南面揖賓俱前者謂
擯入向公前北面受命出門南面遙
賓使前擯者漸南行賓至末介北東
上擯至末擯南西面東西相去亦三
丈六尺云止揖而請事者二人俱立定
揖而請所爲來之事注又舉朝覲禮
證交擯然覲禮無迎法饗食有迎法

儀禮卷二十二　四十四

0008_0526-1

故齋僕云朝覲宗遇饗食各以其等爲
車送逆之節云其儀各向本受命反面傳
而下者雖言各鄉本受命非一時之事
先上擯入受命出傳與承擯承擯傳與
末擯此是上擯鄉本受命反面傳而下
末介向末擯邊受命傳與次介次介傳
與上介上介傳與賓是及其末則鄉受
之反面傳而上也云又受命傳而下亦
如之者此乃發賓傳向主君一如前發
主君傳而向下故云亦如之如此三廻
爲交擯三辭此則司儀云諸公相爲賓
交擯三辭者也二徹參个者轍廣八尺
參个三八二十四門容二丈四云傍加
各一步也者此無正文鄭人之進退馬

0008_0526-2

旋不過舉足一步故門傍各空一步丈二尺二丈四尺爲三丈六尺公
皮弁迎賓于大門內大夫納賓公不出大門降
于待其君也大夫上擯也謂之大夫者上序可知從大夫總無所別也於是賓
主人皆裼○別彼列反裼西歷反○疏曰待其君則如司儀所謂公皮弁交擯
車迎拜辱出大門故此知是降也春秋之義卿稱大夫王制云上大夫卿是總
無別也玉藻云不文飾也不裼又云執龜玉襲下行聘時執玉皆襲此未執玉
正是文飾之時故賓主皆裼也賓入門左內賓位也衆介隨入北面

儀禮六十二　四五

0008_0527-1

西上少退擯者亦入門而右北面東上上擯進相君○相息亮反○疏曰此注
亦參約下入廟行聘享文入門之後每事皆上擯相君也公再拜南面
拜迎賓辟不荅拜辟音避下以意推之○辟位逡遁不敢當其禮
○疏曰奉君命使不敢賓故辟酬亢之禮公揖入每門每曲
揖每門輒揖者以相人偶爲敬也凡君與賓入門賓必後君介及擯者隨之
並而鴈行既入則或左或右相去如初玉藻曰君入門介拂闑大夫中棖與闑
之間士介拂棖賓入不中門不履閾此賓謂聘卿大夫也門中門之正也不踐

0008_0527-2

君並由之敬也介與擯者鴈行卑不尊者之迹亦敬也賓之介猶主人之
○後戶豆反下同行戶郎反棖直庚反閾稚謂之揳門兩傍木也○疏曰謂
侯三門皐應路則應門爲中門左宗廟右社稷入大門東行即至廟門其間得
者每門者諸侯有五廟大祖之廟居中二昭居東二穆居西廟皆別門門外兩
邊皆有南北隔牆隔牆中夾通門若然祖廟已西隔牆有三則閤門亦有三東
行經三門乃至大祖廟門中則相逼入門則相遠是以每門皆有曲即相揖故
每曲揖也言凡君與賓入門賓必後君者非只聘享向祖廟若饗食向禰廟燕

儀禮六十二　四六

0008_0528-1

壹向路寢皆當然也自君入門至不復藏亦是逼法又曰以一閾言之君最近
闑亦拂之而過上介則隨君而行拂闑而過所以與君同行者臣自爲一列主
君既出迎賓主君與賓並入三君於東闑之內賓於西闑之內並行而入上介
於東闑之外上擯於東闑之外皆拂闑次介亦擯皆大夫中棖與闑之間末介
參擯皆士各自拂棖如是得君入中門末工上擯上介俱得拂闑又得不踰尊
之亦矣云門中門之正也者謂兩闑間二畢不踰尊者之迹者士或大夫
尊大夫以上介爲尊上介以君爲尊○今按江都集禮廟制諸侯立廟宜

在中門外之左古者宗廟之制外為都宮內各有寢廟別有門垣太祖在北左

昭右穆以次而南與此疏之說不同未知孰是門闕之說與玉藻注疏亦不同

今見下記

及廟門公揖入立于中庭

公揖入省

事也既則立於中庭以俟賓不復出如此得君行一臣行二於禮可矣公迎賓

大門內卿大夫以下入廟門即位而俟之○疏曰省內事謂如曲禮主人請入

為席之類君行一臣行一者見君行近從行遠事者尊遠卑者宜勞也故令近

賓于館之時卿大夫士臣在朝矣及賓來大門外陳介之時主君之擯亦在大

門外之位君在大門內時其卿大夫不以無事亂有事嘗於廟中在位矣又嘗

行事之時公豫宰玉士受皮宰夫授公几皆不見此官等入廟之文明此官已

先在位而俟也又曰君行一臣行二蓋齊語晏子辭○今按齊語無此辭今恐

曲禮雜記章

賓立接西塾

接猶近也門側之堂謂之塾立近塾

者已與主君交禮將有出命俟之於左在幣南北面西上上擯亦隨公入門

東上少進於士○塾音熟近附近之○疏曰云介北面西上者以上一文

展幣時賓立于幕東故介幕上陳幣賓在門西故介西上

几筵既設擯者出請命

廟

賓至廟門司宮乃于依前設之神尊事也席西上上擯待而出請受

以來之命重停賓也至此言命事有言彌信也周禮諸侯祭祀席蒲筵繢

者影几○依前之依於豈反本又作純戶內反純章允反○疏曰知在廟

者案司几筵云大朝覲大饗射王位前南鄉設筵几爾雅云牖戶之間謂之

扆但天子以屏風設於扆諸侯無屏為異席亦不同也上入竟士請事近郊

下大夫請行皆是聘問不敢以必來之已聞不正言之至此正問之而言請命

是其事至言信矣周禮司几筵文彼諸侯祭祀席三重上更有加莞筵紛純不

引之者式畧可知引之者證此所設者設常祭祀之席也

賈人東面

賈人鄉入

坐啓櫝取圭垂繅不起而授上介

陳幣東面從於此言之就有事也授圭不起賤不與為禮也不言裼襲者賤不

裼也繅有組繫也○鄉許亮向下同

上介不襲執圭屈繅

授賓

上介北面受圭進西面授賓不□者以盛禮不在於已也屈繅并持

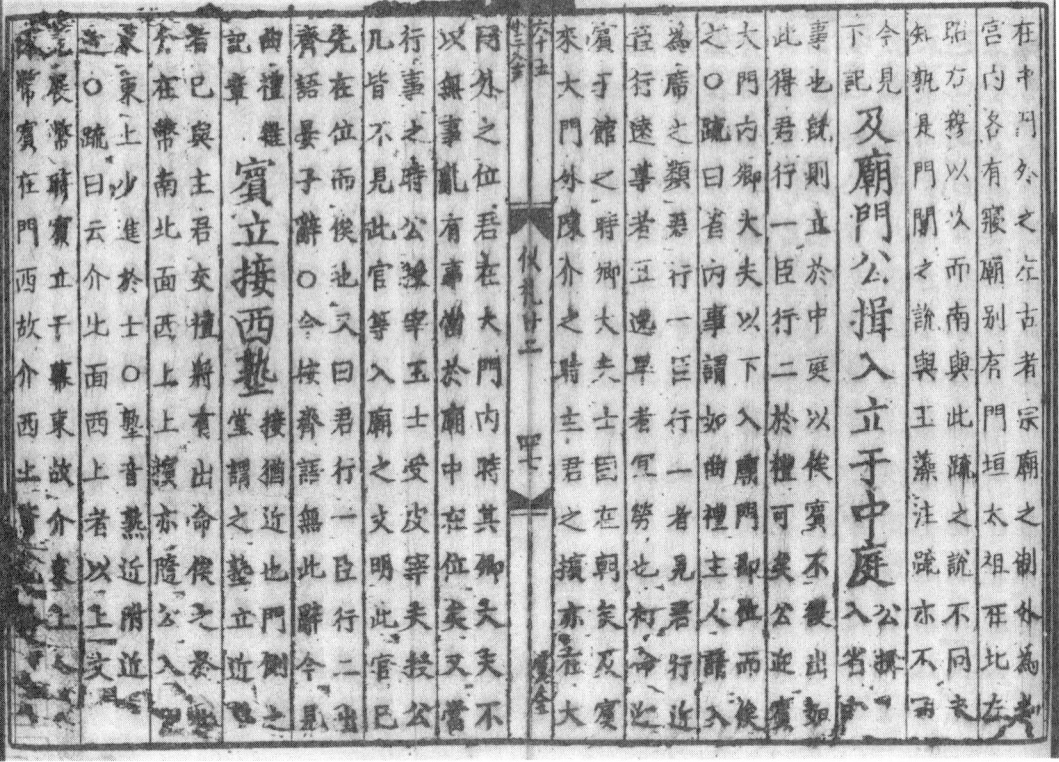

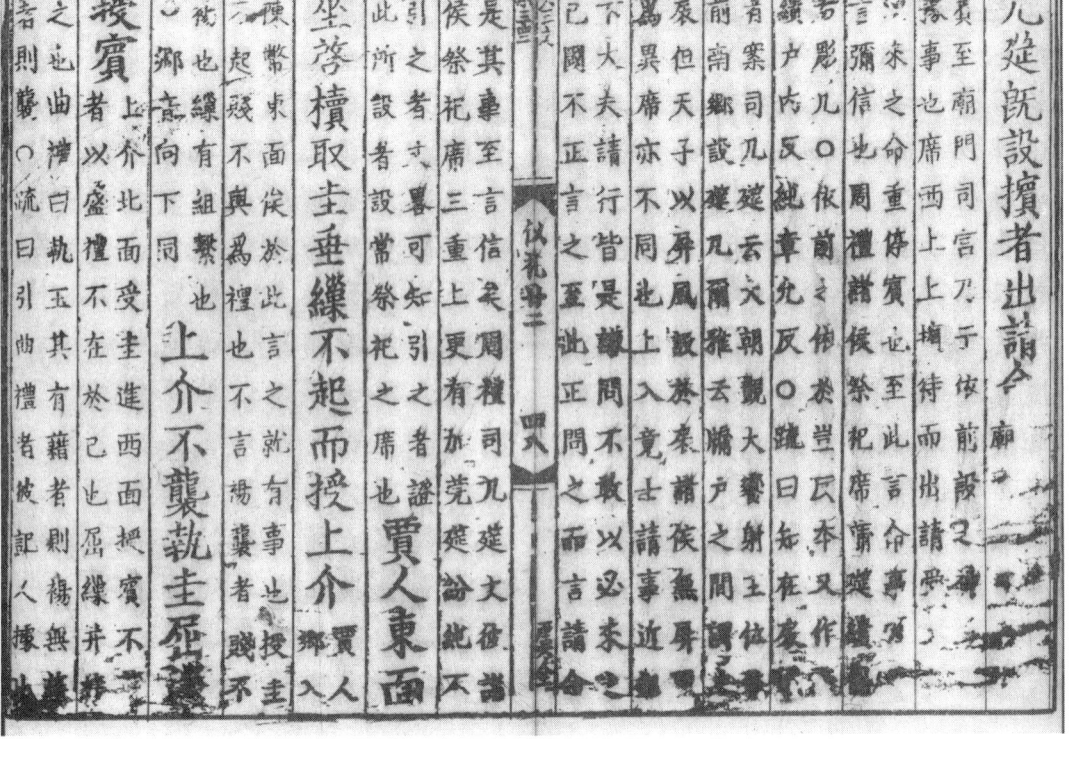

之也曲禮曰執玉其有藉者則裼無藉者則襲○疏曰引曲禮者彼記人據

几筵既設擯者出請命有几筵者以其
廟受宜依神也
賓至廟門司宮乃于依前設之神尊不
豫事也席西上上擯待而出請受賓所
以來之命重停賓也至此言命事彌至
言彌信也周禮諸侯祭祀席蒲筵繢純
右彫几○依於豈反本又作扆
繢户內反純章允反○疏曰知在扆前
者案司几筵云大朝覲大饗射王位依
前南鄉設筵几爾雅云牖户之間謂之
扆但天子以屏風設於扆諸侯無屏風
爲異席亦不同也上入竟士請事近郊
下大夫請行皆是謙問不敢以必來之
已國不正言之至此正問之而言請命

儀禮三十　四八

是其事至言信矣周禮司几筵文彼諸
侯祭祀席三重上更有加莞筵紛純不
引之者文略可知引之者證
此所設者設常祭祀之席也賈人東面
坐啓櫝取圭垂繅不起而授上介賈人鄉入
陳幣東面俟於此言之就有事也授圭
不起賤不與爲禮也不言裼襲者賤不
裼也繅有組繫也上介不襲執圭屈繅
○鄉音向下同
授賓上介北面受圭進西面授賓不襲
者以盛禮不在於己也屈繅并持
之也曲禮曰執玉其有藉者則裼無藉
者則襲○疏曰引曲禮者彼記人據此

0008_0531-1

0008_0530-2

組尺爲繅藉不攝韋皮衣木版書以
五采之繅藉也云執玉其有藉者則裼
此賈人垂繅以授上介上介不襲受
之時也云其無藉者則襲者據此上介
屈繅以授賓賓襲受之時也記人直言
襲之義不論盛禮在己之意故各舉
一邊而賓襲執圭執圭盛禮而又盡飾
爲其相蔽敬也玉藻
曰服之襲也充美也是故尸襲執玉龜
襲也○盡津忍反○疏曰臣於君所合
裼以盡飾今既執圭以瑞爲敬若又盡
飾而裼則掩蔽執玉之敬故不得裼也
擯者入告出辭玉擯者上擯也入
告公以賓執圭

儀禮廿二　四七

爲致其聘命圭贄之重者納賓賓入門
之亦所以致尊讓也
公事自介皆入門左北面西上隨賓入也
闑西
云諸公之臣相爲國客及將幣每門
事止於此今文無門○疏曰案司
一相及廟唯君相入注云唯君相入
臣也相不入者此介皆入不同者彼
門止一相鄭云繼行在後耳非是
廟又云唯君相入者謂前相君
故言之不前相禮故不言
其實皆入與此同也○今按疏說與
不同三揖君與賓也入門將曲揖旣
曲北面又揖當碑揖○疏

0008_0531-2

日前云公揖入立于中庭三分庭一在
南賓後獨入得云入門將曲揖者謂公
先在屏南面賓入門將曲之時既北
面之時主君皆向賓揖之再揖訖主君
乃東面向堂塗北行當碑乃得賓主相
向之揖是以得君行一[illegible]讓賓
入門時主君更向内霤相近而揖也○
今按疏說蓋印本差誤今以六義考之
更定如此 至于階三讓 讓升 公升二等 先賓升二等亦
欲君行一臣行二○先悉薦反○疏曰
諸侯階有七等公升一等在上仍有五
等而得云君行一臣行二者
但君行少臣行多大判而言 賓升西楹

0008_0532-1

西東面 與主君相鄉 擯者退中庭 鄉公所立處退者以
公有親受賓命不用擯相也 賓致命 致其君之命也 公左還
北鄉 當拜 擯者進 進作階西釋辭於賓相公拜也 公當楣
再拜 楣亡悲反○拜既也惠賜也楣謂之梁 賓三退負序
三退三逡遁也不言辟者以執圭將進授之 公側襲受玉于
中堂與東楹之間 側猶獨也言獨見其賓也他日公有一介
必有贊爲之者凡襲于隱者公序坫之
間可知也中堂南北之中也入堂深尊

0008_0532-2

賓事也東楹之間亦以君行一臣行二
○見賢遍反下以意求之坫丁念反○
疏曰案大射云公卒射小臣正贊襲是其贊爲之也 擯者退負東
塾而立 反其等位無事 賓降介逆出 逆出由便 賓出
聘事畢 公側授宰玉 使藏之授於序端 裼降立 裼者
免上衣見裼衣凡當盛禮者以充美爲敬非盛禮者以見美爲敬禮尚相變也
玉藻曰裘之裼也見美也又曰麛裘青
豻褎絞衣以裼之論語曰素衣麛裘皮
弁時或素衣其裘同可知也裘者爲温
表之爲其褻也寒暑之服冬則裘夏則

0008_0533-1

葛凡禮裼者左降立俟享也亦於中庭
古文裼皆作賜○麛音迷或作麑同豻
五旦反胡地野犬也褎本又作袖詳又
反絞戶交反爲温爲其皆去聲禮音但
○疏曰凡服四時不同假令冬有裘襯
身禪衫又有襦袴襦袴之上有裘裘上
有裼衣裼衣之上又有上服皮弁祭服
之等若夏則以絺綌絺綌之上則有中
衣中衣之上復有上服皮弁祭服之等
若春秋二時則衣袷褶袷褶之上加以
中衣中衣之上加以上服也諸侯與其
臣視朔與行聘禮皆服麛裘但君則麛
裘還用麛褎臣則不敢純如君麛裘則
青豻褎褐衣而臣亦有異時在國則君

此傳本第五十二葉張本第五十二葉有二其一與此同

臣同素衣聘禮士君亦素衣唯臣用緇衣爲裼也雜記云朝服十五升布皮弁亦天子朝服與諸侯朝服同用十五升布亦同素積以爲裳白爲臣用白屨也

右行聘禮○記卿大夫訝大夫士訝

士皆有訝　訝五嫁反○卿使者大夫上介也士衆介也訝主國君所使迎待賓者如今使者護客○疏曰大聘使卿主人使大夫訝小聘使大夫主人使士訝謂初行聘及饗食燕皆迎之故鄭君無所指定○

宗人授次次以帷少退于君之次　主國

儀禮卷二十二　五十二

之門外諸侯及卿大夫之所使者次位皆有常處○疏曰上公九十步侯伯七十步子男五十步使其臣聘使大聘小聘又各降二等其次皆依其步數就西方而置之來行禮之時止於其中將行禮乃出也○今按周禮幕人掌相會共帷幕掌次掌張幕此宗人字恐誤　○諸公之

臣相爲國客及將幣旅擯三辭拜逆

客辟三揖每門止一相及廟唯君相

入三讓客登拜客三辟授幣下出每

[illegible]

右行聘禮○記卿大夫訝大夫士訝

士皆有訝　訝五嫁反○卿使者大夫上介也士衆介也訝主國君所使迎待賓者如今使者護客○疏曰大聘使卿主人使大夫訝小聘使大夫主人使士訝謂初行聘及饗食燕皆迎之故鄭君無所指定○

宗人授次次以帷少退于君之次　主國

儀禮卷二十二　五十二

之門外諸侯及卿大夫之所使者次位皆有常處○疏曰上公九十步侯伯七十步子男五十步使其臣聘使大聘小聘又各降二等其次皆依其步數就西方而置之來行禮之時止於其中將行禮乃出也○今按周禮幕人掌相會共帷幕掌次掌張幕此宗人字恐誤　○諸公之

臣相爲國客及將幣旅擯三辭拜逆

客辟三揖每門止一相及廟唯君相

入三讓客登拜客三辟授幣下出每

此張本又一版第五十二葉

0008_0534-2

事如初之儀客辟逡巡不荅拜也嘆君相入客臣也相不入矣拜主君拜客至也客三辟三退負序也每事事及有言○疏曰上經六賓三退負序注云不言辟者以執圭將進授之此亦執圭將授言辟者儀禮是委曲行事此周禮據大據而言故不同也○司儀○君入門介拂闑大夫中棖與闑之間士介拂棖此謂兩君相見也棖門楔也君入必中門上介夾闑大夫介士介厲於於後示不相沿也君若迎聘客擯者亦然○楔古八先結二反○

儀禮廿二　五三　余千

0008_0535-1

疏曰君必中門者謂當棖闑之中主君在闑東賓在闑西主君上擯在君之後稍近西而拂闑賓之上介在賓之後稍近東而拂闑大夫擯介各當君後在棖闑之中央賓入不中門不履閾辟尊者所從也此謂聘客也閾門限公事自闑西聘享私事自闑東覿面也○疏曰闑謂門之中夫所竪短木又謂之門橛○謂門兩旁長木所謂門楔也○士冠公令按此云闑只有一闑唯上經賈疏獨云門有二闑故中門之[illegible]與賓介行之[illegible]皆有不同[illegible]

0008_0535-2

是當史[illegible]於國君國君拜其考之辱自外來而拜見也自內來而拜拜辱也○曰公在門宁拜是拜其辱記○曲禮○君若迎拜則還辟不敢答拜辟與君抗賓主之禮迎拜謂君迎而先拜之禮曰大夫入門再拜君拜其辱○疏曰聘賓初至主國大門外主君迎而拜之前經賓入門左公再拜賓辟不荅拜是也故鄭引聘禮者初入門主君再拜其辱也○曲禮○唯大聘有几筵謂受聘享時也小聘輕雖受于

六七卷　小二丶廿六　儀禮廿二　五四　余千

0008_0536-1

廟不爲神位○禮不拜至以賓不於是始至今文禮爲醴○疏曰前者請行禮賓言侯間故今不是始至也○辭無常孫而說孫音遜說音悅○孫順也大夫使受命不受辭辭必順且說辭多則史少則不達史謂策祝辭苟足以達義之至也至極也今文至爲砥○辭曰子以君命在寡君寡君拜君命之辱此贊君拜聘享辭也在存也○上介執圭如重授賓

0008_0537-1　　0008_0536-2

愼之也曲禮曰凡執主器執輕如不
克○疏曰此當聘在主君廟門外上
介爵繅授賓之容賓入門皇升堂讓將授志
趨皇自莊盛也讓謂舉手平衡也志猶念也念趨謂審行步也孔子之
執圭鞠躬如也如不勝上如揖下如授勃如戰色足蹜蹜如有循古文皇
皆作王○勝音升上示掌反蹜所六反○疏曰授謂授玉志趨謂念鄉入
門在庭執玉徐趨今當亦然若降堂後趨則疾而翼如也平衡謂與心平
曲禮國君則平衡是也足蹜蹜如有循謂徐趨授如爭承下

儀禮卷二十二　五十五

如送君還而后退爭爭鬭之爭○重失隊也而后猶然
後也○隊直類反○疏曰授玉之時如與人爭接取物恐失隊也聘享每
訖君實不送而賓之敬如君送然退謂出廟門更行後事非出太門也
下階發氣怡焉再三舉足又趨發氣舍息
也再三舉足自安定乃復趨也云三此云舉足則志趨卷豚而行也孔子之
升堂鞠躬如也屛氣似不息者出降一等逞顏色怡怡如也沒階趨進翼
如也○卷去阮反豚素本反○今按趨進進字衍卷豚義見曲禮卷轉也

0008_0538-1　　0008_0537-2

隊之言若有循及門正焉容色復故此皆心變見於威儀執
圭入門鞠躬焉如恐失之記異說也○皇
且行入門主敬升堂主愼復記執玉異說○
凡執主器執輕如不克重愼之也主君也克勝也
執主器操幣圭璧則尚左手行不舉
足車輪曳踵重愼也尚左手尊左也車輪謂行不絕地○曳
禮

儀禮卷二十二　五十六

擯者出請不必賓事之有無賓裼奉束帛加璧
享擯者入告出許許受之庭實皮則攝之
毛在內內攝之入設也攝之涉反○皮虎豹之皮攝之
者右手并執前足左手并執後足毛在內不欲文之豫見也內攝之者兩手相
鄉也入設亦參分庭一在南言則者或以馬凡君於臣臣於君麋鹿皮可也○
并必性反或如字○疏曰郊特牲云虎豹之皮示服猛也束帛加璧往德也文
無所屬則天子諸侯皆得用之入設參分庭一在南者見昏禮記但此右首彼

0008_0538-2

[illegible]者昏禮象生故與此異也凡君於臣謂使者歸若使卿贈如覿幣及食饗以侑幣酬幣庭實皆有皮臣於君謂私覿庭實敵四皮及介用儷皮此皆有禀鹿皮

賓入門左揖讓如初升致命張皮張者釋外足見文也公再拜受幣士受皮者自後右客自由也從東方來由客後西居其左受皮也執皮者既授亦自前西而出賓出當之坐攝之象受于賓公側授宰幣皮如入右首而東如入左在前皮右首者變于生也○疏曰如入

0008_0539-1

左在前者皮四張三人入門時先者北面在左西頭爲上餘取皮向東者亦左在前向東爲次第也云皮右首者變于生也者曲禮云執禽者左首士相見摯用雉左頭奉之下大夫執鴈上大夫執羔如執雉皆左首

右享禮○記及享發氣焉盈容發氣舍氣也孔子之於享禮有容色衆介北面蹌焉蹌七羊反○容見舒揚○疏曰曲禮云大夫濟濟士蹌蹌○凡庭實隨入左先皮馬相間可也間猶之間○隨入不竝行也疏

0008_0539-2

猶代也土物有宜君子不以所無爲禮畜獸同類可以相代古文間作干○疏曰云左先者以皮馬以四爲禮北面以西頭爲上故左先入陳也云君子不以所無爲禮者案禮器云天不生地不養君子不以爲禮言當國有馬而無虎豹皮則用馬或有虎豹皮并有馬則以皮爲主而用皮也賓之幣唯馬出其餘皆東馬出當從廐也餘物皆東藏之內府○若君不見君有疾若他故不見使者使大夫受受聘享也大夫上卿也自下聽命自西

0008_0540-1

階升受負右房而立賓降亦降此儀如還圭然而賓大夫易處耳今文無而○疏曰此時升降皆與下經還玉之儀同但彼賓自大夫左受之此大夫於賓左受之此爲易處也不禮辟正主也古文禮作醴聘于夫人用璋享用琮如初禮如公立于庭以下

右聘享夫人○辭君似在寘

小君拜 此贊拜夫人聘享辭也言[illegible]

以社稷故者夫人[illegible]其夕亦[illegible]

[illegible]

明天人[illegible]

君拜命若下大夫聘卿則與之[illegible]不敢

敢當之[illegible]

君貺及二三老也

有言則以束帛如享禮 有言有所告請若有所問

也○記曰有故則束帛加書以將命春秋

孫辰告糴于齊公子遂如楚乞師晉

儀禮卷二十二　五十九　胡杲

侯使韓穿來言汶陽之田皆是也無庭實也

右有言○記若有故則卒聘束帛加

書將命百名以上書於策不及百名

書於方 故謂災患及時事相告請也將猶致也名書文也今謂之

字策簡也方版也○疏曰簡據一片策是編連爲稱[illegible]

書謂樂春秋策皆尺二寸孝經謙半之論語八寸策者三分居一又謙焉

是其策之長短鄭注尚書三十字一簡之文服虔注左氏云古文篆書一

簡八字[illegible]間之字數○今按出間

之長又[illegible]夫詳或六經之策皆

二尺四[illegible]下 主人使人與客讀

數合當之

諸門外 受其意既聘享賓出而讀之不於内者人稠處嚴不

得審悉主人國君也人内史也書必

璽之○疏曰左傳襄二十九年

有璽書杜注云璽印也

擯者出請事賓告事畢 公事畢 賓奉束錦

儀禮卷二十二　六十　胡杲

以請覿 覿見也鄉將公事是欲交其歡敬也不用羔因使而見非特來

○疏曰鄉將公事者聘享是也此行私禮爲交歡敬也卿初仕見已君及鄉皆

以羔若諸侯相朝其臣從君亦得執羔見主君左傳公會晉師于瓦范獻子執

羔[illegible]

擯者入告出辭 客有大禮未有以待之○疏曰

[illegible]禮謂聘享未有以待之謂未禮賓[illegible]客請覿而下文先行賓禮也

請禮賓 [illegible]辭聽命擯者入告 告賓許也 宰

夫徹几改筵 [illegible]徹神几改神席更布也

[illegible]公食大夫禮[illegible]

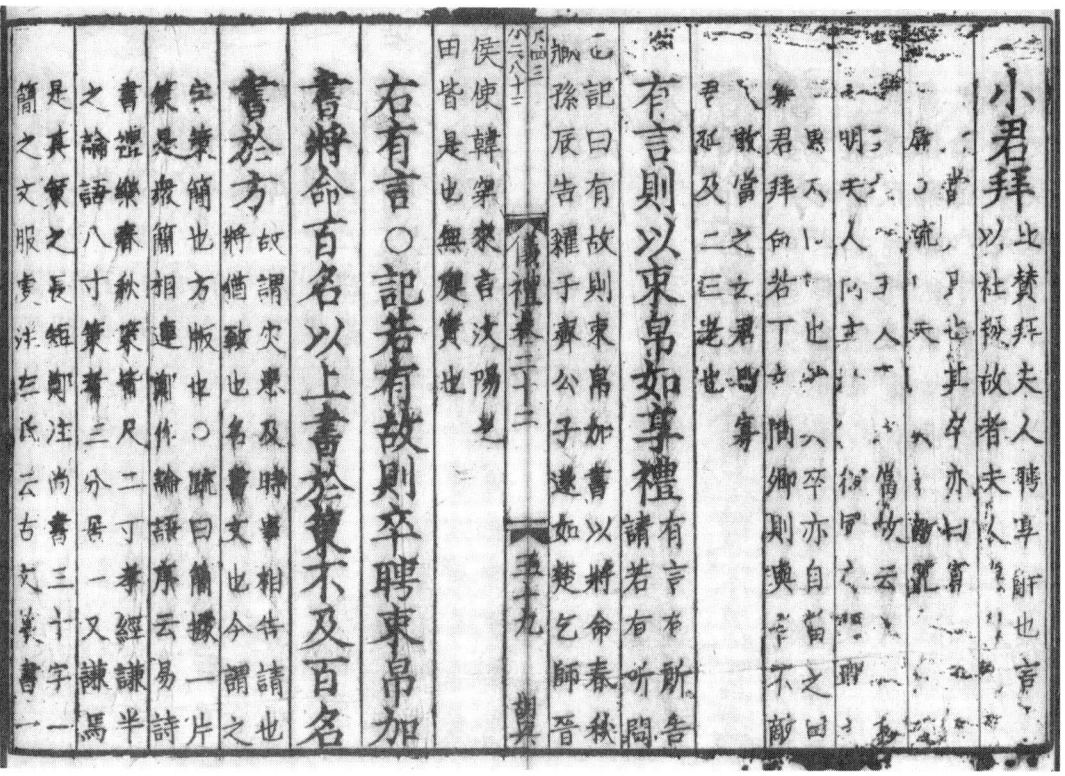

0008_0542-2

曰筵國賓于牖前莞筵紛純加繅席畫純左彤几者則是筵孤也孤彤几卿大夫其漆几與○雈音完與音俗○疏曰賓席東上對前爲神而西上也司几筵有五几從上向下扆之天子玉几諸侯彫几孤彤几卿大夫漆几下有素几喪事所用

公出迎賓以入揖讓如初公出迎者己之禮更端也○疏曰前聘享俱是公禮故禮說而事公不出迎此禮賓是私禮故云更端而出迎也

公升側受几于序端漆几也今文無升

宰夫內拂几三奉兩端以進內拂不欲塵

0008_0543-1

坋尊者以進自東箱來授君○坋蒲悶反○疏曰按覲禮几俟下東箱

公東南鄉外拂几三卒振袂中攝之進西鄉進就賓也○疏曰宰夫奉几兩端故公中攝之復擬賓用兩手自公手外取之故也

擯者告吉賓以公授几

賓進訝受几于筵前東面俟未設也今文訝爲梧○梧五故反○疏曰未設者俟公拜送乃設之

公壹拜送公尊也古文壹作一○疏曰賓再拜稽首公乃壹拜當稽首故云公尊也○今按此經云公拜送而下文乃云賓荅再拜此疏

0008_0543-2

反云賓再拜而公乃拜誤矣其言空首則得之

賓以几辟位逡遁

北面設几不降階上荅再拜稽首降主人禮才成也几賓左几○疏曰釐云成者鄉飲酒云啐酒成禮也設几主爲啐酒今未啐醴故云禮未成也賓左几者對神右几也

宰夫實觶以醴加柶于觶面枋柶音四枋彼命反○酌以授君也君不自酌尊也宰夫亦洗升實觶以醴自東箱來不面擸不訝授也○擸以涉反○疏曰宰夫上授几時自下而升東箱今當亦然經不言者略賤也不訝授者蓋面

0008_0544-1

向賓宰夫來公傍側並授與公故不面擸也

公側受醴將以飲賓○飲於鴆反

賓不降壹拜進筵前受醴復位

公拜送醴賓壹拜者醴質以少爲貴○疏曰禮器云禮有以少爲貴者今賓於上下皆再拜稽首獨此一拜故鄭據大古之醴質無玄酒配之故壹拜以少爲貴也

宰夫薦籩豆脯醢賓升筵擯者退負東塾事未畢擯者不退中庭以有宰夫也○疏曰按上文擯者退常在中庭今退負塾者以有宰夫相無事故也若無宰夫則在中庭矣

0008_0544-2

賓祭脯醢以柶祭醴三庭實設庭實乘馬降
筵北面以柶兼諸觶尚擸坐啐醴啐七內反
尚與上通○降筵就階上○疏曰以左手執觶右手以柶祭醴記降筵北面以
柶兼并於觶兩手捧之就階上者以鄉飲酒獻酬卒爵各於其階明此亦在西
階之上公用東帛致幣也言用尊于下也亦受之于序端○疏曰
凡言用者皆敬而尊之之意此君親用東帛禮賓故言用尊于下也前公受几于
序端此亦當然建柶北面奠于薦東糟醴不啐擯者

大十三　小三百六十四　儀禮卷二十二　六十三　李茂

0008_0545-1

進相幣相息亮反○贊以辭賓降辭幣不敢當公禮也公
降一等辭辭賓降也栗階升聽命栗階趨君命尚疾不
連步○疏曰凡栗階者其始升亦連步於上栗階不過二等今云不連步者謂
不從下向上皆連步其始升連步則有之也降拜拜受公辭不降
一等殺也○殺所界反升再拜稽首受幣當東楹
北面亦訝受而北面者禮主於己臣也○疏曰前行聘享時賓東面主
君西面訝授受但以奉君命故賓不北面此以主君禮己己臣也故北面受也

0008_0545-2

上受几受醴亦是己之禮以禮未成故不北面也退東面俟俟君
拜也不北面者謙若不敢當階然公壹拜賓降也公再
拜不俟公再拜者不敢當公之盛也公再拜者事畢成禮也○疏曰此賓主
俱謙公本欲再拜賓見公一升則降不敢當公不止遂再拜也事畢成禮者前
受几及醴公皆一拜今事畢成禮不可亦自尊故送幣亦再拜也賓執
左馬以出受尊者禮宜親之也效馬者并左右靮授之餘三馬主人
牽者從出也○靮丁歷反○疏曰曲禮云效馬效羊者右牽之效猶呈見故謂

大七十　小三百三十　儀禮卷二十二　六十四　李茂

0008_0546-1

牽馬人為效馬者也上介受賓幣從者訝受馬從才用反○從者士介
右禮賓○記醴尊于東箱瓦大一有
豐大音泰○瓦大瓦尊豐承尊器如豆而卑○卑劉音婢薦脯
五膱祭半膱橫之膱音職○膱脯如版然者或謂之脡
皆取直貌焉○脡大頂反祭醴再扱始扱一祭卒
再祭扱初洽反○卒謂後扱主人之庭實則主

0008_0546-2

人逐以出賓之士訝受之此謂餘三馬也左馬

賓執以出矣士士介從者○諸公之臣相爲國客禮以醴禮客○疏曰如以

及禮再拜稽首君荅拜

醴禮客者案上經禮客用醴齊異於君饗𥚃也○司儀

賓覿奉東錦總乘馬二人贊入門右北

面奠幣再拜稽首不請不辭鄉時已請也覿用東錦辟享幣

也總者總八轡牽之贊者居馬間扣馬也入門而右私事自闑右奠幣再拜以

儀禮二十二　六五

0008_0547-1

臣禮見也贊者賈人之屬介特覿也○辟君避扣音口○疏曰賓總八轡在前

牽之二人贊者各居西馬間各用左右手手扣一匹也入門而右私事在闑右

者玉藻云公事自闑西鄭注云聘享也私事自闑東注云覿面也此行覿禮故

引之也擯者辭辭其臣賓出事畢擯者坐取幣

出有司二人牽馬以從出門西面于東

塾南將還之也贄者有司受馬乃出凡取幣于庭北面○疏曰云贄者有

司受馬乃出者賓出之時贄扣馬者未傳出待人受馬乃得出所以然者幣可

0008_0547-2

奠之於地共馬不可散置擯者請受請以客禮受之賓禮辭

聽命贊者受其幣賓受馬牽馬右之入設

也右之欲人居馬左任右手便也牽馬者四人事得申也曲禮曰效

羊者右牽之賓奉幣入門左介皆入門左西

上以客禮入可從介公揖讓如初升公北面再

拜公再拜者以其初以臣禮見新之也賓三退反還負序

反還者不敢與授主同振幣進授當東楹北面言

儀禮二十二　六六

0216_0548-1

君受畧之也士受馬者自前還牽者後適其

右受還戶串友○自由也適牽者之右而受之也此亦並授者不自前左

由便也便其已授而去也受馬自前變於受皮牽馬者自前西

乃出自由也○疏曰四馬並北面牽馬者皆在馬西士既受馬其最西頭

者便即出門不須由馬之前其次東三匹者皆由西於馬前而出故云牽馬者

自前西乃出擯三人而言也賓降階東拜送君辭拜送

幣于階東以君在堂郷之○疏曰此言賓拜送幣者私覿已物故也前享幣不

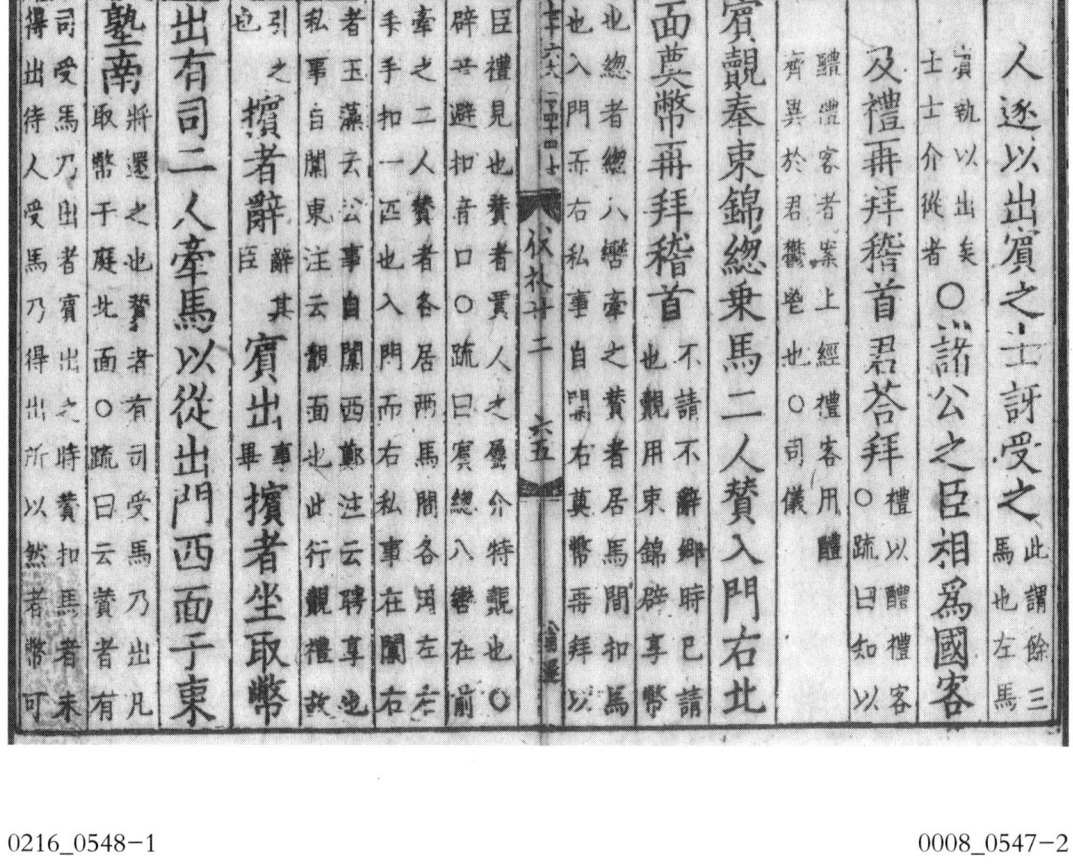

張本下象鼻題盩主志帚四字溥本削去之

0008_0548-2　0008_0549-1

拜送者致君命非己物故也拜也君降一等辭君乃辭之而賓由拜敬也擯者曰寡君從子雖將拜起也此禮固多有辭矣未有著之者是其志而煥乎未敢明說○疏曰唯此及公食皆著其辭煥然可見又云未敢明說者謂餘辭固可以類推但無事無實故上注每云其辭未聞也栗階升公西鄉賓階上再拜稽首成拜公少退爲敬賓降出公側授宰幣焉出廟中宜清公降立

儀禮廿二　大十七　覆全

右私覿○記私覿愉愉焉愉羊朱反○容貌和敬○疏曰享時盈容舒於聘時之戰色私覿又舒於盈容出如舒鴈威儀自然而有行列舒鴈鵝也○疏曰出又舒於愉愉也○既覿賓若私獻奉獻將命時有珍異之物或賓奉之所以自序尊敬也猶以君命致之○疏曰臣統於君雖是私獻己物亦以君命致之故云將命擯者入告出禮辭辭其獻也賓東面坐奠獻再拜稽首送獻不入者奉物禮輕○

0008_0549-2　0008_0550-1

疏曰告以私獻入則是主於貨傷害於尊敬擯者東面坐取獻舉以入告出禮請受東面坐取獻者以官命受之其取之由賓南而自後右客也○疏曰價者從門東適南方西行於賓北東面坐取幣入告於君又出一請於賓而受之價者與賓獻故云宜並受也賓固辭公答再拜拜受於賓也固亦衍字○疏曰上文擯者禮請受不云固明知賓亦不固辭故云衍也擯者立于闑外以相拜賓辟相贊也古文闑爲槷擯

大八四　小二百八　儀礼廿二　大十八　覆全

者授宰夫于中庭東藏之受介覿若兄弟之國則問夫人兄弟謂同姓若婚姻甥舅有親者問猶遺也謂獻也不言獻者變於君也非兄弟獻不及夫人○諸公之臣相爲國客私面私面私覿也鄭司農云說私面以春秋傳曰楚公子棄疾見鄭伯以其良馬私面私獻既覿則或有私獻者再拜稽首君答拜司儀擯者出請上介奉束錦士介四人皆奉

玉錦束請覲玉錦錦之文纖縟者也禮有以少文爲貴者後言束辭之便也○縟音辱擯者入告出許上介奉幣儷皮二人贊儷猶兩也上介用皮變於賓也皮麋鹿皮○儷音麗○疏曰賓用馬今介用皮故云變也皆入門右東上奠幣皆再拜稽首皆者皆衆介也贊者奠皮出擯者辭亦辭其臣介逆出亦事畢也擯者執上幣士執衆幣有司二人舉皮從其幣出請受此請受請于上介也

擯者先即西面位請之釋辭之時衆執幣者隨立門中而俟○疏曰言隨者謂相隨從故昏禮記云納徵執皮隨入注云爲門中阨狹記云凡庭實隨入左先明此出時亦隨出而立也案匠人云廟門容大扃七个注大扃牛鼎之扃長三尺七个則二丈一尺闑東明不得並出也○今按闑東下當有脫字委皮南面擯者既釋辭執衆幣者進即位有司乃得委之南面便其復入也委皮當門○復扶又反○疏曰皮入右首右先故南面擯委於門中當門北上執皮者北面受之而乃入便也執幣者西面北上擯者

請受請于上介也上言其受幣[illegible]互約文也○疏曰此言西面[illegible]則上當有北面東上之文下云[illegible]幣時士三人東上坐取幣立是也[illegible]有士執衆幣立於南面之文如是者文也言約者雖互見其文文猶不備[illegible]當言擯者執幣士四人北面東上[illegible]幣從有司二人舉皮從其幣出隨立於門中擯者出門西面于東塾南[illegible]士執幣者進立擯南西面北上執皮者南面委皮於門中北上如是乃爲文備也介禮辭聽命皆進訝受其幣此言皆訝受者嫌擯者一一授之○疏曰享幣無門外授

先後之法故不言皆上介奉幣皮先入門左奠皮充皮者介隨執皮者而入也入門左介至揖位而立執皮者奠皮以有下取授之義古文重入○重直用反○疏曰賓覿時奉幣入門左介皆入門左西上公揖讓升賓至此待揖而後[illegible]進明此介亦至揖位而立公再拜[illegible]中[illegible]也不受于堂介賤也○疏曰上云序一別無史進退之文自[illegible]享以來皆在[illegible]庭也[illegible]擯幣自皮西進北面授幣退復[illegible]拜稽首送幣進者北行參分[illegible]東行當君乃復[illegible]

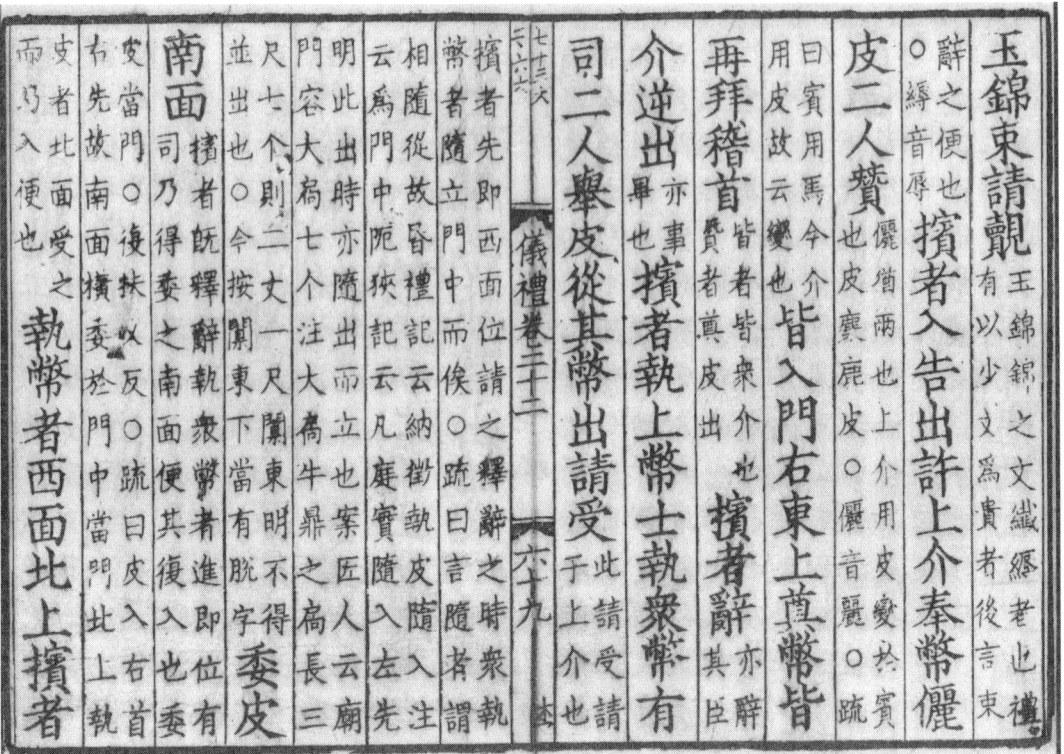

0008_0553-1

言文謂士介也上言其位此言其位互約文也○疏曰此言西面北上則上當有北面東上之文下云士介覿幣時士三人東上坐取幣立是也此宜有士執衆幣立於南面之文於是者互文也言約者謂互見其文文猶不備上當言擯者執幣士四人北面東上坐取幣從有司二人坐舉皮從其幣出隨立於門中擯者立門西西面二東塾南請受士執幣者進立擯南西面北上執皮者南面委皮於門中北上如是乃爲文備也**介禮辭聽命皆進訝受其幣**此言皆訝受者嫌擯者一一授之○疏曰享幣無門外授

先後之法故不言皆**上介奉幣皮先入門左奠皮**先皮者介覿執皮者而入也入門左介至揖位而立執皮者奠皮以有不敢授之義言文重入○重直用反○疏曰賓覿時奉幣入門左介皆入門左西上公揖讓升賓至此待揖而後進明此介亦至揖位而立**公再拜**拜中庭也不受于堂介賤也○疏曰上云降立則無更進退之文自受享以來皆在中庭也**介振幣自皮西進北面授幣退復位再拜稽首送幣**進者北行參分庭一而東行當君乃復北行也

0008_0552-2

○疏曰介初在揖位君在中庭奠皮近西故介發揖位經皮西北出三分一乃東行北向當君乃北行至君所乃授幣**介出宰自公左受幣**不側受介禮輕○疏曰宰自公左受即是側不云側者當有贊者於公受轉授宰故云介禮輕也**有司二人坐舉皮以東擯者又納士介**納者出道入也○道音導**士介入門右奠幣再拜稽首**終不敢以客禮見**擯者辭介逆出擯者執上幣以出禮請受賓固辭**禮請受者一請受而聽之也賓爲之辭士介賤不敢以言通於主君固衍字當如面大夫也○疏曰案下士介面大夫時擯者執上幣出禮請受賓辭無固字故知此固衍字**公荅再拜擯者出立于門中以相拜**擯者以賓辭入告還立門中閾外西面公乃遙荅拜也相者贊告之**士介皆辟**辟於其東面位逡遁也**士三人東上坐取幣立**俟擯者執上幣來也**擯者進**就公所也**宰夫受幣于中庭以東**使宰夫受于士士介幣輕也受之于公左賓幣公側

儀禮卷三

按寧上介幣宰受于公左士 執幣者序
介幣宰夫受于士敬之差
從之 序從者以宰夫當一一受之
右介私覿○記君於士不荅拜也非
其臣則荅拜之 不臣人之臣○疏曰君於己士以其賤故
不荅拜然士介聘還亦旅荅拜者欲其奉使而還士相見禮荅拜者以其
初爲士敬之故也此他國之士非已尊所加故荅之○曲禮

五下二之七八 儀禮卷二十二 七十二 呉匡

擯者出請賓告事畢 賓既告事畢衆介逆道賓而出也○
疏曰逆道者介爲首賓爲尾也知必逆出者上經聘訖下經聘夫人私覿皆介
逆出此亦 擯者入告公出送賓 公出衆擯亦逆
當然也
道紹擯及賓並 及大門內公問君 鄉以公禮
行間亦六步
將事無由問也賓至始入門之位北面將指而出衆介亦在其右少退西上於
此可以問君居處何如序殷勤也時承擯紹擯亦於門東北面東上上擯往來
傳君命南面遂伯玉使人於孔子孔子問曰夫子何爲此公問君之類也○遂
其二反○今按所引論語非聘事意畧相類耳 賓對公再拜 其

無恙公拜賓亦辟○恙羊亮反○疏曰爾雅恙憂也 公問大夫賓
對公勞賓賓再拜稽首公荅拜 勞力到反注及
下同○勞以道路之勤 公勞介介皆再拜稽首公
荅拜賓出公再拜送賓不顧 公既拜客趨辟君命
上擯送賓出反告賓不顧於此君可以反路寢矣論語說孔子之行曰君召使
擯色勃如也足躩如也賓退必復命曰賓不顧矣○行下孟反躩居縛反又驅
碧反○疏曰按送賓用上擯孔子爲
下大夫而得爲上擯者君使攝也 賓

七十三

請有事於大夫 請問問卿也不言問聘聘亦問也嫌近君也上
擯送賓出賓東面而請之擯者反命因
告之○近附近之近○疏曰從朝以來
行聘享行禮賓之事事已煩矣今日即
請不可即行故云反命因告之告之使
知而已是以賓至館行勞賓介及受饔
饔終日有事明日乃行問卿之禮也賓
所請問卿而云有事于某子故下記云
幣之所及皆勞鄭云所以知及不及者
賓請有事固曰某子某子是也 公禮辭許 禮辭一辭 賓即館
不休息也
鄭就也

張本下象鼻題監生志昂四字傅本剪去之

0008_0556-1　0008_0555-2

右公送賓問君勞賓介○記諸公之
臣相爲國客出及中門之外問君客
再拜對君拜客辟而對君問大夫客
對君勞客客再拜稽首君荅拜趨辟
中門之外即大門之内也問君曰君不恙乎對曰使臣之來寡君命臣于
庭大夫曰二三子不恙乎對曰寡君命使臣于庭二三子皆在勞客曰道
路悠悠客甚勞勞介則曰二三子甚勞問君客再拜對者爲敬慎也○疏

儀礼二十三　七四

曰問君以下未知鄭所出何文或云是孔子聘問之辭未知然否○司儀
大夫士見於國君君若勞之則還辟
再拜稽首 謂見君既拜矣而後見勞也聘禮曰吾勞使者及介
君皆荅拜○疏曰案聘勞賓之前不見賓先拜此云賓既拜矣謂賓初行
私覿之時已拜主君矣在後始主君勞故曰既拜已而後見勞引聘禮者
證君勞賓再拜之事熊氏以爲唯六大夫士謂小聘大夫爲賓士爲介也
今謂大聘小聘皆然故鄭引聘禮以證之此大夫之中則含卿也○曲禮

0008_0560-1　0008_0559-2

○賓即館訝將公命 使已迎待之命○疏曰案秋官
掌訝職云賓入館次于舍門外待事于客注云次如今官府門外更衣處
待事于客通其所求索竝公命有事通傳于君 又見之以其
摯 又復也復以私禮見者訝將舍於賓館之外宜相親也大夫訝者執
鴈士訝者執雉
卿大夫勞賓賓不見 以已公事未行上介以賓辭辭之○
疏曰聘享雖畢而問大夫等事猶未行也 大夫奠鴈再拜上

儀禮卷二十二

介受 不言卿卿與大夫同執鴈下見于國君周禮凡諸侯之卿見朝君皆
執羔○疏曰周禮約掌客文 勞上介亦如之
右卿大夫勞○記幣之所及皆勞不
釋服 以與賓接於君所賓又請有事于已不可以不速也所不及者
下大夫未嘗使者也不勞者以先是賓請有事於已同類既聞彼爲禮所
及則已往有嫌也所以知及不及者賓請有事周曰桒子桒子
君使卿韋弁歸饔餼五牢

韎韋之弁兵服也而服之若皮韋同類
取相近耳其服蓋韎布以爲衣而素裳
牲殺曰饔生曰餼今文歸或爲償○韎
音昧又亡拜反○疏曰自此盡皆再拜
稽首論王君使卿歸饔餼於賓之事周
禮春官司服王之吉服有九祭服之下
先云兵事韋弁服後云視朝皮弁服則
韋弁尊於皮弁韎即赤色以赤韋爲弁
也皮韋同類取相近耳者有毛則曰皮
去毛熟治則曰韋本是一物云其服蓋
韎布以爲衣而素裳者此無正文但正
服則鄭注司服云韋弁以韎韋爲弁又
以爲衣裳又晉郤至衣韎韋之跗注鄭
注解跗爲幅以注爲屬謂製韋如布帛

大十四个三百　九　儀禮卷二十二　七十六　吳

之幅而連屬爲衣及裳今此異者鄭意
此爲賓館於大夫士之廟既爲入廟之
服不可純如兵服故爲韎布爲衣而素
裳鄭志兵服與皮弁同白舄故言素裳
此亦同也然無正
文故云蓋以疑之
上介請事賓朝服禮
辭朝服示不受也
受之當以尊服
有司入陳入賓所館
之廟陳其
積○疏曰記云卿館於大夫大夫館於
士皆是大夫士之廟下文又云揖入及
廟鄭據此而言明陳之於廟孔子又云
公館與公所爲曰公館鄭注云公館若
今縣官宮也彼是三客館彼此兩言之
者若朝聘使少則皆於正客館若使多

則有在
大夫廟
饔謂飪
與腥
飪一牢鼎九設于西階
前陪鼎當內廉東面北上上當碑南陳
牛羊豕魚腊腸胃同鼎膚鮮魚鮮腊設
扃鼏膷臐膮蓋陪牛羊豕膷音香扃古
熒反鼏亡狄
反膷音香牛臛也臐許云反羊臛也膮
許堯反豕臛也○陪鼎三牲臛膷臐膮
浩之蓋加也當內廉辟堂塗也腸胃
次腊以其出牛羊也膚豕肉也唯燖者
有膚此饌先陳其位後言其次重大禮
詳其事也宮必有碑所以識日景引陰

大十四个三百七　儀禮卷二十二　七十七　補

陽也凡碑引物者宗廟則麗牲焉以取
毛血其材宮廟以石窆用木○臛火各
反字林火郭反燖劉音尋一本作爓音
潛又徐驗反○疏曰案公食大夫庶羞
非正饌故在正鼎後而言加也辟堂塗
者正鼎九雖大判繼階而言其云于階
前則階東稍遠故陪鼎猶當內廉而辟
堂塗之內也君子不食圂腴犬豕曰圂
故牛羊有腸胃而無膚豕則有膚而無
腸胃也豚亦無膚以其皮薄故也言宮
必有碑者案諸經云三揖者鄭注皆云
入門將曲揖既曲北面揖當碑揖若然
士昏及此聘禮是大夫士廟內皆有碑
鄉飲酒鄉射言三揖則庠序之內亦

0008_0563-1　　0008_0562-2

有碑矣祭義云君牽牲麗于碑則諸侯廟內有碑明矣天子廟及庠序有碑可知但生人寢內不見有碑雖無文兩君相朝燕在寢豈不三揖乎明亦當有碑矣言所以識日景者觀碑景邪正以知日之早晚也引陰陽者又觀碑景南北長短十一月日南至景南北最長陰盛也五月日北至景南北最短陽盛也二至之間景之盈縮陰陽進退可知其㮣則雖無正文然葬碑取縣繩繂暫時之間往來運載當用木而已其宮廟之碑取其妙好又須久長用石爲之○今按注內景下引字疑當作別又分爲墓窆石尚存高五六尺廣二尺厚一尺許其

儀禮卷二十二　七十八

中有竅以受繂引棺者也然則窆亦用石矣檀弓云公室視豐碑三家視桓楹豈天子諸侯以石故謂之碑大夫以下用木故謂之楹歟廟中同謂之碑則用皆謂石也

腥二牢鼎二七無鮮魚鮮腊設于阼階前西面南陳如飪鼎二列有腥者所以優賓也○疏曰案下文士四人無腥是不優之也**堂上八豆設于戶西西陳皆二以並東上韭菹其南醓醢屈**韭音九菹莊居反醓他感反○戶室戶也東上變于親食賓也醓醢

0008_0564-1　　0008_0563-2

汁也屈猶錯也今文並皆爲𦵔○疏曰醓醢西昌本昌本西麋臡麋臡西菁菹菁菹北鹿臡鹿臡東葵菹葵菹東蝸醢蝸醢東韭菹案周禮天官醢人朝事之豆有八韭菹醓醢昌本麋臡菁菹鹿臡茆菹麇臡案公食大夫公親食賓云宰夫自東房薦豆六設于醬東西上此云東上是變於親食賓也**八簋繼之黍其南稷錯**黍在北○疏曰繼豆以西陳之次第亦與豆同故鄭云屈猶錯也但豆之實各別直次第陳之則得相變故云屈簋惟有黍稷雖屈陳之亦間雜以錯陳使當行間錯不相並乃得相變故鄭下注凡屈錯要

儀禮卷二十二　七十九

相變是也**六鉶繼之牛以西羊豕豕南牛以東羊豕**鉶羹器也○疏曰此不言繂屈錯者繂文自具故不言之也案此文上下繂屈錯似各別鄭此注屈猶錯士喪禮陳衣於房中南領西上繂注云繂猶屈又似不別者云繂屈二者下手陳之少異屈者句而屈陳之繂者直陳之不爲句陳訖則相似屈錯者間雜而陳之與繂屈同**兩簠繼之粱在北**簠不次簋者粱稻加也凡饌屈錯要相變○疏曰凡豆及簋之黍皆耦兩自相對而陳之屈錯不相對者要得相變不使相當其六鉶繂者牛

豕二者相變羊豕相當不相變以其
大牢牛羊豕不耦故牛豕不得變也。
今按六鉶之位東北牛東南豕北羊南
羊西北豕西南牛是牛豕常相變不相
當惟羊一物自相當䟽云牛及豕二者
相變是也而下乃云羊豕相當不相變
未詳
何謂 八壺設于西序北上二以並南陳
壺酒尊也酒蓋稻酒粱酒不錯者酒不
以雜錯爲味。䟽曰下夫人歸禮醙黍
清各兩壺此若與彼同有黍各兩壺上
成六壺各三壺則成九壺皆不合八數
故知止是稻粱但無正文故云蓋以疑
之知非稻黍者以稻粱是加相對之物

大三十 小二三六 儀禮卷二十二 八十 才

也又曰此陳饔餼堂上及東西夾簋有
二十簋六上文設飧時與此堂上及西
夾其對則簋十四簋四案掌客設飧公
侯伯子男簋同十二公簋十侯伯簋八
子男簋六又皆陳饔餼其死牢如飧之
陳如何此中飧之簋數及饔餼之簋數
皆多於君彼是君禮自上下爲差此乃
臣禮或多或少自是一法不可以彼相
並又此中致饔餼於賓醯醢百甕米百
筥周禮上公饔筥百二十侯伯饔筥百
子男饔筥八十子男少於此卿大
夫禮禮或消之而益此其類也 西夾
六豆設于西墉下北上韭菹其東醓醢

屈六簋繼之黍其東稷錯四鉶繼之牛
以南羊羊東豕豕以北牛兩簠繼之粱
在西皆二以並南陳六壺西上二以並
東陳 東陳在北墉下統於豆。䟽曰六
豆者先設韭菹其東醓醢又其東
昌本南麋臡麋臡西菁菹又西鹿臡此
陳還取朝事之豆其六簋四鉶兩簠六
壺東陳其次可知 饌于東方亦如之 東
義復與前同也 方
東夾 西北上 亦韭菹其東醓醢也。䟽
室 曰云西北上者則於東壁

大三十 小一万九一 仪礼廿二 八一 才

下南陳西北有韭菹東有醓醢醓醢昌本
次南麋臡次西有菁菹次北有鹿臡亦
屈錯也云西北上者恐東夾饌從東壁
南陳以東北爲上其西有醓醢與西夾
相對陳之故云西北上見 壺東上西陳
雖東夾其陳亦與西夾同
亦在北墉下統於豆。今按凡言北上
者皆南陳西上者皆東陳此經西夾六
豆設于西墉下北上至兩簠下結云皆
二以並南陳又云六壺西上東陳饌于
東方亦如之西北上壺東上西陳則是
東西之饌自簠以上皆南陳惟壺東西
陳之䟽於東夾之豆亦云於東壁下南
陳其布置之次序亦是南陳下又云壺

0008_0567-1　0008_0566-2

東夾其陳亦與西夾同凡此皆與經文合而布置西夾之豆乃東陳之又以簋
鉶簠皆與壺東陳不惟與經文不合而亦自相抵捂殊不可曉覽者詳之醯
醢百甕夾碑十以爲列醢在東甕烏弄反○夾
碑在鼎之中央也醯在東醯穀陽也醢肉陰也○疏曰甕瓦器其容亦蓋一穀
旊人云簋實一穀又云豆實三而成穀四升曰豆則甕與簋同受斗二升也一
餼二牢陳于門西北面東上牛以西羊
豕豕西牛羊豕餼生也牛羊右手牽之豕東之寢右亦居其左

仪礼廿二　八十二

疏曰按特牲云牲在其西北首東足鄭注云東足者尚右也與此不同者彼
祭禮法用右胖故寢左上右士虞記云陳牲于廟門外北首西上寢右鄭注寢
右著當升左胖也變吉故與此生人同也米百筥筥半斛設
于中庭十以爲列北上黍粱稻皆二行
稷四行筥居呂反行戶郎反下同○庭實筥當庭中言當中庭者南北
之中也東西爲列列當醯醢南亦相變也此言中庭則設碑近如堂深也○疏
曰上享時庭實入設不言中庭則在東西之中其南北三分庭一在南此更言

0008_0568-1　0008_0567-2

中庭欲明南北之中也知此東西亦行者以經云北上黍粱稻皆兩行稷四
行若南北縱陳止得言東西不得言北上何者以黍粱稻及稷當行皆一種無
上下故也明橫陳可知黍兩行在北次粱兩行次稻兩行次南稷四行所以不
用稻爲上者稻粱是加黍稷是正故黍爲上端稷爲下端以見上下而稻粱居
其間設碑近如堂深也者陳鼎上當其碑南向陳之醯醢夾碑在鼎中央亦向
南陳之今米爲筥在醯醢之南北之中則碑近北可知言堂深者猶若設洗南
北以堂深相以若然碑東當洗矣門外米三十車車秉

儀禮卷三十二　八十三

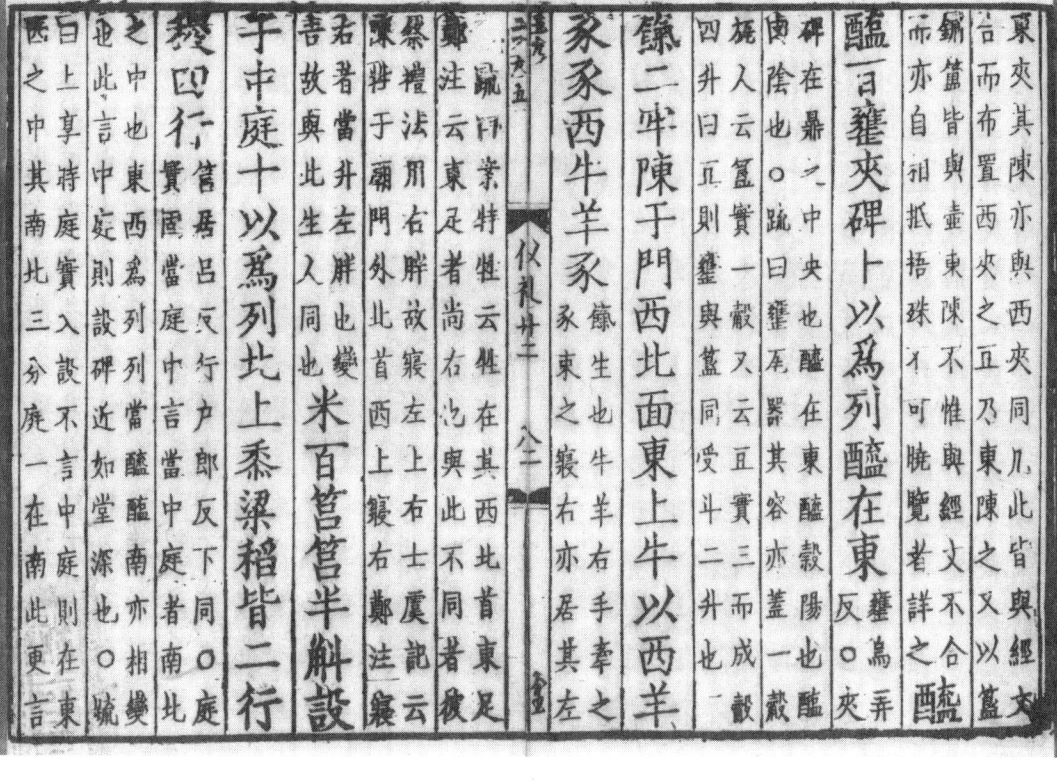

有五籔設于門東爲三列東陳籔劉色縷反一
音速注不數之數同卷末放此○大夫之禮米禾皆視死牢秉籔數名也秉有
五籔二十四斛也籔讀若不數之數今文籔或爲逾○逾劉音余後同說文大
灉反○疏曰上文飪一牢腥二牢是三牢死米禾皆三十車是視死牢也下記
云十斗曰斛十六斗曰籔十籔曰秉若然一秉十六斛又有五籔爲八斛摠二
十四斛也禾三十車車三秅設于門西西陳
秅丁故反四百秉爲秅秅字林丈加反○秅數名也三秅千二百秉薪芻

0008_0568-2

倍禾倍禾者以其用多也薪從米芻從禾四若之車皆陳北輈凡此所以

厚重禮也聘義曰古之用財不能均如此然而用財如此其厚者言盡之於禮

也盡之於禮則內君臣不相陵而外不相侵故天子制之而諸侯務焉爾○輈

丁留反車轅○疏曰薪可以炊爨故從米陳之芻可以食馬故從禾陳之賓

皮弁迎大夫于門外再拜大夫不荅拜大夫使者卿也揖入及廟門賓揖入賓與使者揖而入使

者止執幣賓俟之于門內謙也古者天子適諸侯必舍於大祖廟諸侯行舍于

諸公廟大夫行舍于大夫廟○大祖之大音泰○疏曰聘時主君揖入立于庭

儀禮卷二十二　八十四

0008_0569-1

尊卑法此賓與使者幣故賓在門內謙也云門內即宁下故下賓問卿云及廟

門大夫揖入鄭注入者省內事也既而俟于宁下是也禮運云天子適諸侯必

舍其祖廟下記云卿館於大夫大夫館于士士館于工商鄭注云不館於敵者

之廟爲大尊也以此差之諸侯無正文鄭注舍于諸公廟者諸公大國之孤也

大夫行舍于大夫廟者謂卿舍于大夫也若無孤之國諸侯舍于卿廟也今

按疏內若下幣字疑當作敝大夫奉束帛執其[illegible]以將命[illegible]

0008_0569-2

三揖皆行皆猶並也使者尊不後主人○疏曰賓所在若主人非謂君也至于階讓大夫先升一等讓不言三不成三也

凡升者主人讓于客三敬者則客三辭主人乃許升亦道賓之義也使者尊主

人三讓則許升矣今使者三讓則是主人四讓也公雖尊亦三讓乃許升不可

以不下主人也古文曰三讓○下戶嫁反後下君下朝皆同○疏曰賓三讓大

夫即升無三辭則不成三也經雖言讓大夫先升大夫之讓不明故鄭君兩言

之但使尊終先升若主人三讓使人亦三讓主人又一讓使者乃升故鄭復言

儀禮卷二十二　八十五

0008_0570-1

此也案周禮司儀云諸公之臣相爲國客大夫郊勞三讓登聽命又云致饔餼

如勞之禮即得行三讓之禮此中古文云三讓與彼合鄭不從者周禮舉其大

率而云三讓此儀禮據屈曲行事觀此經直云讓大夫先升是十人或三讓大

夫無三讓故不從古文也公爲主人亦有三讓公尊必三讓者不下賓客主人

之義故也賓從升堂北面聽命北面于階上也大夫

東面致命賓降階西再拜稽首拜餼亦

如之大夫以束帛同致饔餼也賓殊拜之敬也重君之禮也○疏曰賓拜

0008_0570-2

饔三牢及庭實又別拜餼二牢及門外米禾大夫辭升成拜
尊賓受幣堂中西北面趨主君命也堂中西中央之西大
夫降出賓降授老幣出迎大夫老家臣也賓出
迎欲儐之大夫禮辭許入揖讓如初賓升一
等大夫從升堂賓先升敵也皆北面庭實設馬乘
乘四馬也賓降堂受老束錦大夫止止不降使之餘
尊賓奉幣西面大夫東面賓致幣不言致命

儀禮卷三十二　八十六

0008_0571-1

非君命也大夫對北面當楣再拜稽首稽首尊君
客也致對有辭也○疏曰既行敵禮當頓首今稽首是拜君禮故也禮當有辭
今文不具受幣于楹間南面退東面俟賓北面授
尊君之使○疏曰凡敵禮授受之義授由其右受由其左賓再拜稽
首送幣大夫降執左馬以出出廟門從者亦訝受
之賓送于外門外再拜明日賓拜于朝
拜饔與餼皆再拜稽首拜謝主君之恩惠於大門外周

0008_0571-2

禮記凡賓客之治令訝聽之此拜亦皮弁服○疏曰上受時皮弁故知此拜亦
皮弁按公食大夫若不親食使大夫致之則賓受以朝服及拜亦以朝服○
上介饔餼三牢飪一牢在西鼎七羞鼎
三飪鼎七無鮮魚鮮腊也賓介皆異館○疏曰自此盡兩馬束錦論主君使
下大夫歸饔餼於上介之事腥一牢在東鼎七堂上
之饌六六者賓西夾之數西夾亦如之筥及甕
如上賓凡所不貶者尊介也言如上賓者明此賓客介也○疏曰案下

儀禮卷三十二　八十七

0008_0572-1

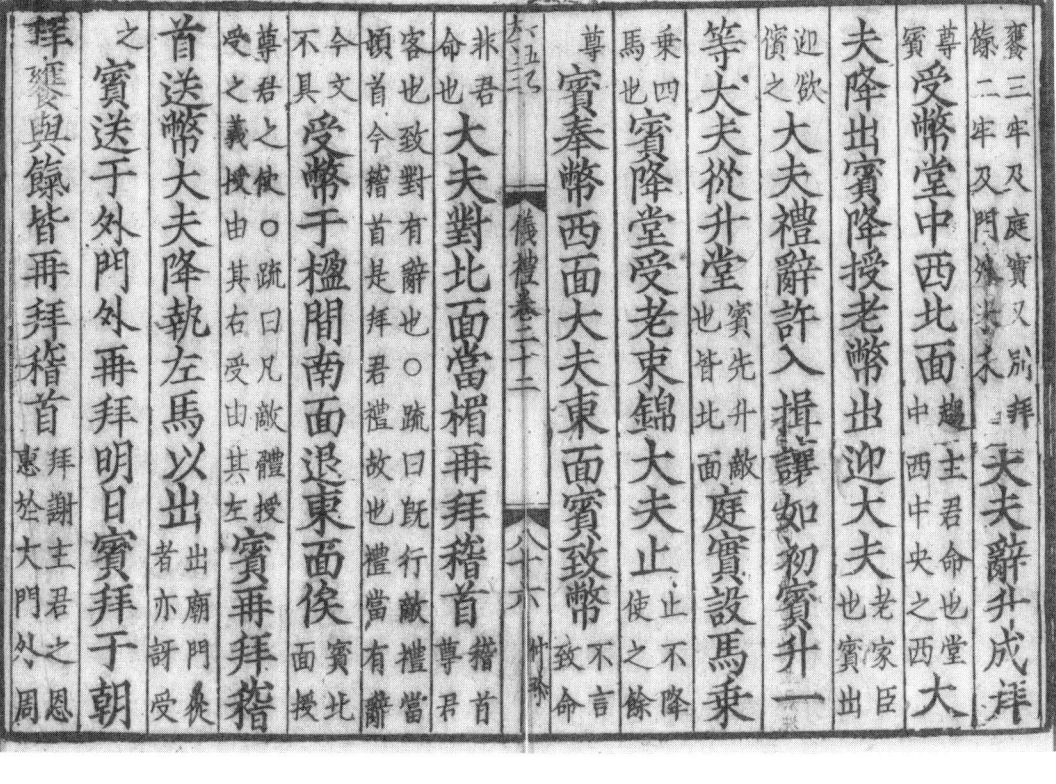

云賓之公幣私幣皆陳上介公幣陳是上介有不與賓同者獨此饔餼大禮西
夾筥及甕如上賓以其客此上介如上賓之禮也餼一牢門外
米禾視死牢牢十車薪芻倍禾凡其實
與陳如上賓凡凡飪以下下大夫韋弁用束
帛致之上介韋弁以受如賓禮介不皮弁者以
其受大禮似賓不敢純如賓也儐之兩馬束錦○疏曰此下大
夫儐者受上介之儐禮如勤從者受賓儐禮當庭同士介四人皆

0008_0572-2

餼大牢米百筥設于門外牢米不入門略之也米設
當門亦十爲列北上牢在其南西上○
疏曰自此至無儐論使宰夫歸餼於衆
介之事云牢在其南西上者以此餼本
設於庭在門內由士介賤不得入門且
賓與上介門東有米三十車薪六十車
門西禾三十車芻六十車皆統門爲上
此餼本非門外東西之物制不在門外
東西宜當門陳之賓上介餼在米南門
西東亡明知此牢亦在
米南而西上爲異耳宰夫朝服牽牛
以致之執紖牽之東面致命朝服無束
帛亦略之上介西面拜迎○紖

大卅二三四八　儀禮卷二十二　八一八

0008_0573-1

直軫反○疏曰上賓與上介米禾皆視
死牢且有芻薪米禾此士直有生餼無
死牢則無芻薪米禾矣士介朝服北面再拜稽首
受受於牢東拜自牢後適宰夫右受由
前東面授從者○疏曰前君使士受
私覿之馬適其右受之知此亦在右者
也若然君使士受私覿由前此由牢後
與受馬不同者牛畜擾馴與馬有
異故得從其後適宰夫右取便也無擯
既受拜送之矣明日衆介亦各如其
之服從賓拜於朝○疏曰知衆介明日
禮如此者以下夫人歸禮大略同其
於是乃言賓拜明介從拜焉則君

0008_0573-2

饔餼介皆從拜可知
右歸饔餼○記聘日致饔急歸大禮○公
饔餼九牢其死牢如飧之陳牽四牢
米百有二十筥醯醢百有二十甕車
皆陳車米眡生牢牢十車車秉有五
籔車禾眡死牢牢十車車三秅芻薪
倍禾皆陳侯伯饔餼七牢其死牢如飧

儀禮卷二十二　八十九

0008_0574-1

之陳牽三牢米百筥醯醢百甕皆陳
米三十車禾四十車芻薪倍禾皆陳
子男饔餼五牢其死牢如飧之陳牽
二牢米八十筥醯醢八十甕皆陳米
二十車禾三十車芻薪倍禾皆陳凡
介行人宰史皆有饔餼以其爵等爲
之禮[illegible]

0008_0574-2

饔餼三牢亡也則饔餼大牢也凡諸侯之卿大夫士
爲國客則如其介之禮以待之○致
饔餼如勞之禮疏曰此使卿感儀亦正皆如郊勞八司儀
○十斗曰斛十六斗曰籔十籔曰秉
秉十六斛今江淮之間量名有爲籔者今文籔爲逾○量音亮二百
四十斗謂一車之米秉有五籔四秉曰筥此秉謂刈
禾盈手之秉也筥稼名也若今萊易之間刈稻聚把有名爲筥者詩云彼
有遺秉又云此有不斂穧○穧才計反○疏曰穧即此筥即今人謂之一

儀禮卷二十二　九十

0008_0575-1

鋪兩鋪也十筥曰稯十稯曰秅四百秉爲
一秅一車之禾三秅爲千二百秉三百筥三十稯也古文稯作緵○
稯宗孔反字林子工反緵音總○賜饔唯羹飪筮一
尸若昭若穆羹飪謂飪一牢也肉謂之羹唯是祭其先大禮
之盛者也筮尸若昭若穆容父在父在則祭祖父卒則祭禰腥飪不祭則
士介不祭也士之初行不釋幣于禰下祭一可也古文羹爲羔飪作腍○腍

0008_0575-2

而甚反劉音審○疏曰古者天子諸侯行載覊木主大夫雖無木主亦以
幣帛主其神是以受上國饔餼故筮尸祭然後食之尊神以求福故也昭
穆言若者以其昭穆不定故僕爲祝祝曰孝孫某
孝子某薦嘉禮于皇祖某甫皇考某
子祝祝上之六反下之又反○僕爲祝者大夫之臣攝官也○疏曰若
然諸侯不攝官使祝祝策矣但定四年祝佗又云嘉好之事君行師從卿
行旅從則臣無事若君到主國祭饔之特得不攝官乎但大夫使僕攝祝

儀禮卷二十二　九十一

0008_0576-1

則是本無祝官與諸侯異耳如饋食之禮如少牢饋食之
禮不言少牢今以大牢也今文無之○疏曰案少牢禮有尊俎籩豆鼎鉶
之數陳設之儀陰厭陽厭之禮九飯三獻之法上大夫又有正祭於室儐
尸於堂此等皆宜有之至於致爵加爵及獻兄弟弟子等固當略之矣
假器於大夫不敢以君之器爲祭器朌肉及廋
車朌音班廋所求反○朌猶賦也廋廋人也車巾車也二人掌視車馬
之官也賦及之明辨也古文朌作紛○疏曰此謂祭訖歸胙所及廋人中

0008_0576-2

輂見周禮 士無饔無饔者無擯 謂歸饔餼也 ○無

饔者無饔禮 士介無饔禮 ○凡賓拜于朝

訝聽之 拜拜賜也唯稍不拜○疏曰案經云賓三拜乘禽於朝訝

聽之遂行舍于郊又案司儀云明日客拜禮賜遂行是臨行大小禮皆拜

一賜則知唯米粟芻薪等不拜也 ○歸大禮之日既受

饔餼請觀 聘於是國欲見其宗廟之好百官之富若尤尊大之

焉 訝帥之自下門入 帥猶道也從下門外入游觀非

正也

大六二小二四二 儀禮卷二十二 九十二

0008_0577-1

賓朝服問卿 不皮弁別於主君卿每國三人○疏曰三卿皆以幣

問之其亡國下大夫嘗使向己國者乃得幣問之與卿異 卿受于祖

廟 重賓禮也祖王父也○疏曰大夫三廟有別子者立大祖廟非別子者並立曾祖廟王父即祖廟也今不受於大祖廟及曾祖廟而受於祖廟者以其天

子受於文王廟諸侯受於太祖廟大夫下君故受於王父廟 下大夫

擯 無士擯者既接於君所急見之 擯者出請事大夫朝

0008_0577-2

服迎于外門外再拜賓不荅拜揖大夫

先入每門每曲揖及廟門大夫揖入 入者

省內事也既而俟于宁也○宁直呂反○疏曰大夫三門入大門東行即至廟

門未及廟門而有每門者大夫三廟每廟兩旁皆南北壁牆牆皆閤門假令王

父廟在東則有每門每曲之事省內事者曲禮云請[illegible]為席是也俟于宁者門

屋宁也下云賓入三揖皆行鄭注云皆猶並也是俟于宁乃得與賓並行三揖

不俟于庭者下君也 擯者請命 亦從入而出請不几筵辟君也○疏

大九五小二 儀禮卷二十二 九十三

0008_0578-1

曰吾受聘擯者從君而入几筵既設擯者出請此擯者亦從卿而入省內然

後出請 庭實設四皮 麋鹿皮也 賓奉束帛入三

揖皆行至于階讓 皆猶並也古文曰三讓○疏說見前 賓

升一等大夫從升堂北面聽命 賓先升使者尊

賓東面致命 致其君命 大夫降階西再拜稽

首 賓辭升成拜受幣堂中西北面 [illegible]

賓降出大夫降授老幣 [illegible]

賓君也

右問卿○記聘□致饔明日問大夫

不以殘日問人崇敬也古文曰問夫人也 大夫不敢辭君

初爲之辭矣 疏曰賓聘享記出大門請有事於大夫君禮辭許是君初爲之辭故卿不辭也○注曰比宜在明日問大夫下○今依注此移○

辭君貺寡君延及二三老拜 贄入○拜問大夫之辭貺賜也大夫曰老○疏曰是與君不敢敢當之也

擯者出請事賓面如覿幣 面亦見也其謂之面威儀質也○見如字○疏曰覿面並文其面爲質若散文面亦爲覿故鄭司儀注云私面私覿也

賓奉幣庭實從 庭實四馬 入門右大夫辭 大夫於賓入自階下辭迎之 賓遂左 雖敵賓猶謙入門右爲若降等然曲禮曰客若降等則就主人之階主人與辭於客然後客復就西階○疏曰主人是大夫客是士降等法士就東階 庭實設

揖讓如初 大夫至庭中旋並行○疏曰如初迴旋與賓揖而並行北出言

如初者大夫不出門唯有庭中一揖至碑又揖再揖而已 大夫升一等賓從之 大夫先升道賓 大夫西面賓稱面 稱舉也舉相見之辭以相接 大夫對北面當楣再拜受幣于楹間南面退西面立 受幣楹間敵也賓亦振幣進北面授○疏曰曲禮云鄉與客並然後受注云於堂上則俱南面禮敵者並授此是敵者之常禮也雖是敵者於兩楹之間或有訝受者皆是相尊敬之法則此云大夫南面賓北面授是敵禮是尊大夫故訝受 賓當楣再拜送幣降出大夫降授老幣

右賓私面於卿

擯者出請事上介特面幣如覿介奉幣 特面者異於主君士介不從而入也君尊衆介始覿不自別也上賓則衆介皆從之○疏曰介初覿主君之時不敢自尊別與衆介同執幣而入今私面於卿國卿不與衆介同而特行禮焉 皮二人贊 亦儷皮也 入門右奠幣再拜 降等也 大夫辭 於辭上介則出 擯者反

0008_0580-2

幣（出還于上介也）庭賓設介奉幣入大夫揖讓如初（大夫亦先升一等今文曰入設）介升大夫再拜受（亦於楹間南面而受）介降拜大夫降辭介升再拜送幣（介既送幣降出也大夫亦受其幣）擯者出請衆介面如覿幣入門右奠幣皆再拜大夫辭介逆出擯者執上幣出禮請受賓辭（賓亦爲士介辭。爲于偽反）○大夫荅再拜擯者執上幣

0008_0581-1

立于門中以相拜士介皆辟老受擯者幣于中庭士三人坐取羣幣以從之擯者出請事賓出大夫送于外門外再拜賓不顧（相息亮反。不顧言去）○擯者退大夫拜辱（拜送也）

右介私面於卿

下大夫嘗使至者幣及之（嘗使至己國則以幣問之

0008_0581-2

也君子不忘舊）上介朝服三介問下大夫下大夫如卿受幣之禮（上介三介下大夫使之禮也。○疏曰據此篇大聘使卿五介小聘使大夫三介若大國之卿七介小聘使大夫五介小國之卿三介小聘使大夫一介也曲禮云儐人必於其倫故問下大夫還使上介是各於其爵易以相尊敬者也）其面如賓面于卿之禮

右賓問嘗使者○記幣之所及皆勞不釋服（以與賓接於君所賓又請有事于己不可以不速也所不

0008_0582-1

及者下大夫未嘗使者也不勞者以先是賓請本事於己同類既聞彼爲禮所及則己往有嫌也所以知及不及者賓請有事固曰某子某子）大夫若不見（有故也）君使大夫各以其爵爲之受如主人受幣禮不拜（各以其爵主人卿也則使卿大夫也則使大夫不年代受之耳不當主人禮也）

右主國大夫有故○記既將公事賓請歸（請己問大夫事畢請歸不敢自專謙也主國留之饗食燕獻無

口數齒殺勒也○賓既將公事復見訝以其摯既已也公事聘享問大夫復報也使者及上介執鴈羣介執鴈各以見其訝○疏曰訝若卿以贄私見己今遂私以贄報見之知執鴈者上文主國卿大夫勞賓同執鴈則此使者及上介同執鴈可知各以見其訝者謂使者見大夫之訝者上介見士之訝者士介亦見士訝者

夕夫人使下大夫韋弁歸禮今文歸作饋下及記同○夕問卿之夕也使下大夫下君也得使之云夫人者以致辭當稱寡小君

○疏曰案春秋公羊傳何休注云禮婦人無外事故知此使下大夫歸禮者見君使之可知

堂上籩豆六設于戶東西上二以並東陳籩豆六者下君禮也臣設于戶東又辟饌位也其設脯其南醢屈六籩六豆○疏曰辟君饌位自室戶東爲首二以並東陳先於北設脯則於脯南設醢又於醢東設脯以次屈而陳之皆如上也

壺設于東序北上二以並南陳醙黍清皆兩壺醙所乙反○醙白酒也凡酒稻爲上黍次之粱次之皆有清白以黍閒清白者互相

備明三酒六壺也先言醙白酒尊先設之○閒閒廁之間

大夫以束帛致之致夫人命也此禮無牢下朝君也

賓如受饔之禮儐之乘馬束錦上介四豆四籩四壺受之如賓禮四壺無稻酒也不致牢下於君也○疏曰無稻酒者從上去之也

儐之兩馬束錦明日賓拜禮於朝於是乃言賓拜明介從拜也今文禮爲醴○從才用反○疏曰於上介受禮後始言賓拜明介從拜可知也

右夫人歸禮於賓○記聘日致饔明日問大夫夕夫人歸禮與君異日下之也今文歸作饋

大夫餼賓大牢米八筐其陳於門外黍粱各二筐稷四筐二以並南陳無稻牲陳於後東上不饌於堂庭辟君也○疏曰云牲陳於後東上者此與君餼士介略同餼士介時不言門東西鄭注云當門則知此門外亦當門君餼賓米在庭牲在門西雖不正當米南亦得在其南故知此牲陳

0008_0584-2

潢在米南可知知東上者君賓迎再拜

簋實時陳於門西東上也

老牽牛以致之賓再拜稽首受老退賓

再拜送老室老大夫之貴臣○疏曰案喪服傳曰室老士貴臣其餘皆衆臣也鄭注云室老家相也士邑宰也

上介亦如之衆介皆少牢米六筐皆士牽羊以致之米六筐者又無粱也士亦大夫之貴臣○疏曰上邑宰見上

右大夫餼賓介○記凡餼大夫黍粱稷筐五斛謂大夫餼賓上介也器寡而大略○疏曰君歸饔餼于賓與大夫介皆米小而多者是尊者所致以多器爲榮今大夫致禮於賓介器寡而大是略之於卑者也

公於賓壹食再饗食音嗣注及下同○饗謂亨大牢以飲賓也公食大夫禮曰設洗如饗則饗與食互相先後也古文壹皆爲一今文饗皆爲鄉○亨普庚反飲於鴆反○疏曰公侯伯子男大聘使卿主君一食再饗小聘使大夫則主君一食一饗君然燕掌客子男一食一饗子男之鄉再饗多於

0008_0585-1

0008_0585-2

君者以其君臣各自相望不得以君決臣也饗禮與食禮同食禮既亨大牢明饗禮亨大牢可知但以食禮無酒饗禮有酒故以飲賓言之此經先言食後言饗則食在饗前公食言設洗如饗禮則饗在食前此其先後出於主君之意故不定

燕與羞俶獻無常數俶昌叔反始也○羞謂禽羞鴈鶩之屬成熟煎和也俶始也始獻四時新物聘義所謂時賜無常數由恩意也古文俶作淑○鶩音木

賓介皆明日拜于朝上介壹食壹饗饗食賓介爲介從饗獻矣復特饗之客之也

若不親食使大夫各以其爵朝服致之以侑幣如致饔無儐侑音又○君不親食謂有疾及他故也必致之不廢其禮也致之必使同班敵者易以相親敬也致禮於卿使卿致禮於大夫使大夫非必命數也無儐以己本宜往古文侑皆作宥○疏曰饔餼之等不主於賓故君使人致禮賓則儐使者此饗食之禮主君無故合速賓之來就主君入廟賓無儐禮今主君有故不往致於賓亦無儐故云本宜往

致饗以酬幣亦如之酬幣饗禮酬賓勸酒之幣也所用未聞也禮幣

0008_0586-1

束帛乘馬亦不是過也禮器曰琥璜爵蓋天子酬諸侯○琥音虎
右食饗燕羞獻○記凡諸侯之禮上
公乘禽日九十雙殺膳大牢以及歸
三饗三燕若弗酌則以幣致之侯伯
之禮乘禽日七十雙殺膳大牢三饗
再燕子男之禮乘禽日五十雙壹饗
壹燕介行人宰史唯上介有禽獻凡

諸侯之卿大夫士爲國客則如其介
之禮以待之乘繩證反注同○乘禽乘行羣處之禽謂雉鴈
之屬於禮以雙爲數殺中也中又致膳示念賓也若弗酌謂君有故不親
饗食燕也不饗則以酬幣致之不食則以侑幣致之○疏曰中又致膳者
蓋於牢禮之外見賓中間未去故又示無倦也○饗食如將
幣之儀饗食亦謂君不親而使大夫以幣致之○疏曰知饗食是
君不親若以其與還圭共文司是致之也致饗及還玉賓主皆是大夫其

將幣之君與使臣行禮大槩雖同而迎拜升降亦不盡如之也○司儀
○其介爲介饗賓有介者賓尊行敵禮也○疏曰饗賓於廟
之時還以其上介爲介上經上介一食一饗則是從賓爲介之外復別饗
也○凡致禮皆用其饗之加籩豆凡致
禮謂君不親饗賓及上介以酬幣致其禮也其其賓與上介也加籩豆謂
其實也亦實於甕筐饗禮今亡○疏曰案上經賓介皆有食饗唯士介不
言故知其中唯有賓與上介○各以其爵朝服此句宜在

凡致禮下○今依注移入○大夫來使無罪饗之
樂與嘉賓爲禮過則餼之餼之腥致其牢禮也其致之辭不云
君之有故耳聘義曰使者聘而誤主君不親饗食所以愧厲之也不言罪
者罪將執之○疏曰春秋之義聘賓有罪皆執之○有大客
後至則先客不饗食致之畢不與尊者齊禮
○燕則上介爲賓賓爲苟敬饗食君親爲主
尊賓也燕私樂之禮崇恩殺敬也賓不欲主君復舉禮事禮己于是辭爲

0008_0589-1　0008_0588-2

賓君聽之從諸公之席命爲苟敬苟敬者主人所以小敬也更降迎其介以爲賓介大夫也雖爲賓猶卑於君君則不與亢禮也主人所以致敬者自敵以上○疏曰饗食在廟爲賓故君親爲主至後燕禮在寢又以醉爲度崇於恩殺於敬故賓辭而使介爲賓也敬對户牖南而爲大敬介在廟門内阼階西近上爲位諸公坐位故云小西北面降至庭迎之云不與亢禮也者畧取燕義文解君不親爲獻王而使宰夫之意也云主人所以致敬者自敵以上者謂兩君相見兩大夫兩士以上則主人親獻也 宰夫獻

仪礼二十三　百四

爲主人代公獻○ 既致饔旬而稍宰夫始歸乘禽日如其饔餼之數 稍所教反○稍稟食也乘謂乘行之禽也謂鴈鶩之屬其歸之以雙爲數其賓與上介也古文既爲餼 士中日則二雙 中猶間也不一日一雙大寡不敬也 凡獻執一雙委其餘于面 將命也面前也其受之也上介受以入告之士舉其餘從之賓不辭拜受于庭上介執之以相拜于門中乃入授人上介受亦如之士介拜受于門外○疏曰

張本下象鼻題監生志昂四字傅本剪去之

0008_0590-1　0008_0589-2

自上介受至授人然私獻文云上介受亦如之者以其受饔餼之時上介受亦如賓禮故知受乘禽亦如賓也云士介拜受於門外者以其饔餼在門外此受乘禽在門外可知 禽羞俶獻比 比放也其致之禮如乘禽也禽羞謂成孰有齊和者俶獻四時珍美新物也俶始也言其始可獻也聘義謂之時賜

大夫於賓壹饗壹食上介若食若饗若不親饗則公作大夫致之以酬幣致食以侑幣 作使也大夫有故君必使其同爵者爲之致之列國之賓來榮辱之事君臣同之○疏曰此直言饗食不言燕其實亦有也

大七十　小二三六　儀禮卷二十二　二百五　作

右大夫饗食賓介

君使卿皮弁還玉于館 玉圭也君子於玉比德焉以之聘重禮也還之者德不可取於人相切厲之義也皮弁者始以此服受之不敢不終也 賓皮弁襲迎于外門外不拜帥大夫以入 迎之不拜示將去不純爲主也帥道也今文曰迎于門外古[illegible]

0008_0590-2

謂爲來○疏曰上歸饔餼時賓拜迎大夫升自西階鉤楹鉤楹由楹内將南面致命致命不東面以賓在下也必言鉤楹者賓在下嫌楹外也○疏曰上歸饔餼時大夫東面致命行聘時賓亦東面致命初行聘時在堂上楹内故今嫌在楹外也○賓自碑内聽命升自西階自左南面受圭退負右房而立聽命於下敬也自左南面右大夫且並受也必並受者若鄉君前耳退爲大夫降逡遁今文或曰由自西階無南面○鄉許亮反○疏曰賓受禮時公用東帛賓西

儀禮卷三十二　百六

0008_0591-1

階上聽命歸饔餼時賓阼階上聽命此時於下聽命故云敬也本國君前受圭璋時北面並受今還南面並受面位不同並受不異退爲大夫降逡遁者以大夫降爲之逡遁而退因即負右房南面而立大夫士直有東房西室天子諸侯左右房今或不在大夫廟而舍於正客館故有右房也○今按或舍於大夫廟中則當退於堂之西北負室牖而立大夫降中庭賓降自碑内東面授上介于阼階東大夫降出言中庭者爲賓降也授於阼階東者欲親見賓[illegible]之也賓還阼階下西面立上

0008_0591-2

介出請賓迎大夫還璋如初入出請請事於外入告也賓雖將出入皆東唯升堂由西階凡介之位未有改也賓裼大夫賄用束紡○賄呼罪反紡敷罔反賄予人財之言也紡紡絲爲之今之縛也所以遺聘君可以爲衣服相厚之至○縛息絹反一紡劉音須說文云縛鮮支也吾掾反類以爲今正絹字○疏曰此束紡何用之財若是報享之物不應在禮玉之上今言束紡者以其上圭璋是彼國之物下云禮玉束帛報聘君之享物餘君厚禮於此此亦當厚禮於彼故特加此束

仪礼廿二　百七

0008_0592-1

紡是以鄭云相厚之至也鄭注周禮布帛曰賄是賄爲財物與人則謂之又注[illegible]屬禮内司服云素紗若今之白縛也則以束紡者素紗也故據漢法[illegible]禮[illegible]束帛乘皮禮禮聘君也所以報享也亦言玉璧可知也文禮皆作醴○疏曰上文聘賓行享時束帛加璧束帛加琮今報享物亦束璧琮致之故云亦言玉璧可知此玉亦[illegible]以其經言玉故以玉言之若然[illegible]兼矣皆如還玉禮大夫出賓送不[illegible]

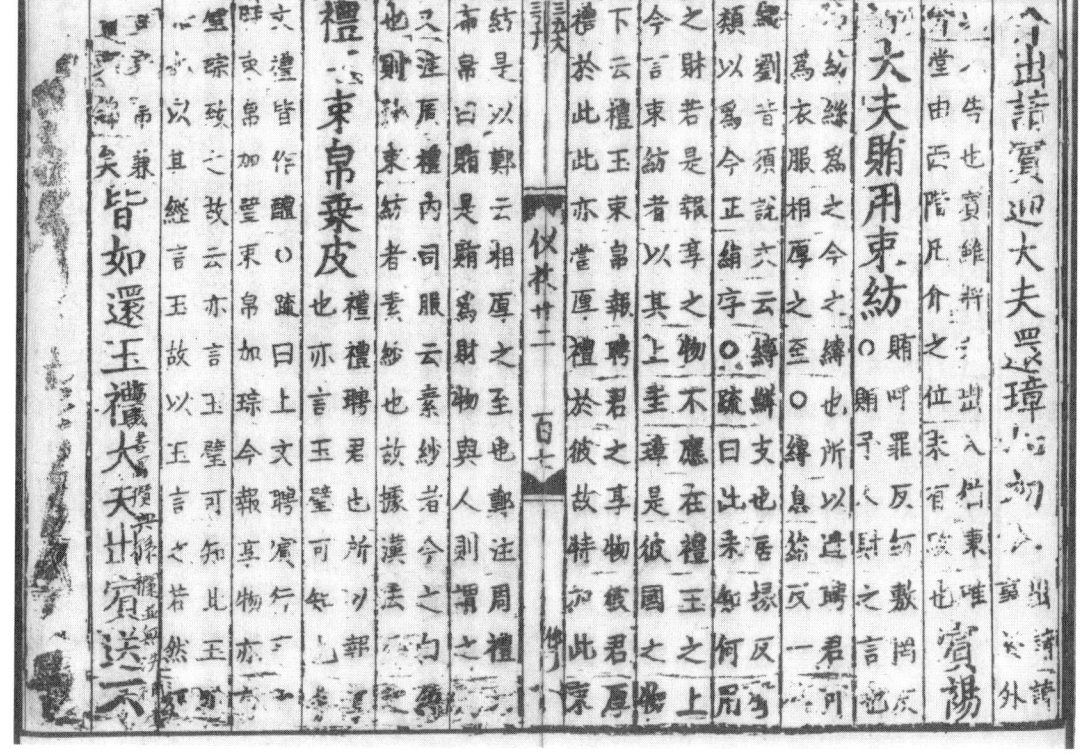

0008_0592-2

右還玉報享○記賄在聘于賄 賄財也于
讀曰爲言主國禮賓當視賓之聘禮
而爲之財也賓客者主人所欲豐也
若苟豐之是又傷財也周禮曰凡諸
侯之交各稱其邦而爲之幣以其幣
爲之禮古文賄皆
作悔○稱尺證反○無行則重賄反
幣 無行謂獨來復無所之也必重其
賄與反幣者使者歸以得禮多爲
榮所以盈聘君之意也反幣謂禮玉
束帛乘皮所以報聘君之享禮也昔
秦康公使西乞術聘于魯辭孫而說
襄仲曰不有君子其能國乎厚賄之

儀禮廿二　百八

0008_0593-1

此謂重賄反幣者也今文曰賄反幣
○疏曰獨來復無所之謂特來非歷
聘也歷聘則吴公子札聘○客將歸
於上國聘魯聘是也
使大夫以其束帛反命于館 爲書明報也
日君館之 既報館之書問尚疾也○疏曰昨日爲齎報之今日君始
就館送客故云○還圭如將幣之儀
書問尚疾也
還以本圭故云如也○
疏見饗食下○司儀
公館賓 爲賓將去親存送之厚殷勤且謝聘君之意也公朝服○疏曰

0008_0593-2

初在廟行聘享尊重故
皮弁拜謝稍輕故朝服 賓辟 不敢 國君見己
於此館也此亦不見言辟者君在廟門
敬也凡君有事於諸侯臣之家車造廟
門乃下○造七到反○疏曰上文賓辟
館卿大夫勞賓賓不見以其不敢當
上介聽命故知此賓亦不見凡言辟者
將見而不見則謂之辟此本不見而言
辟者以其君在廟門外雖不見而言辟
故鄭云敬也案公食記云賓之乘車在
大門外又曲禮云客車不入大門以此
言之君車入大門矣大夫士有兩門入
門東行則是廟門矣既
至廟門須與賓行禮 上介聽命 聽命於廟

儀禮廿二　百九

0008_0594-1

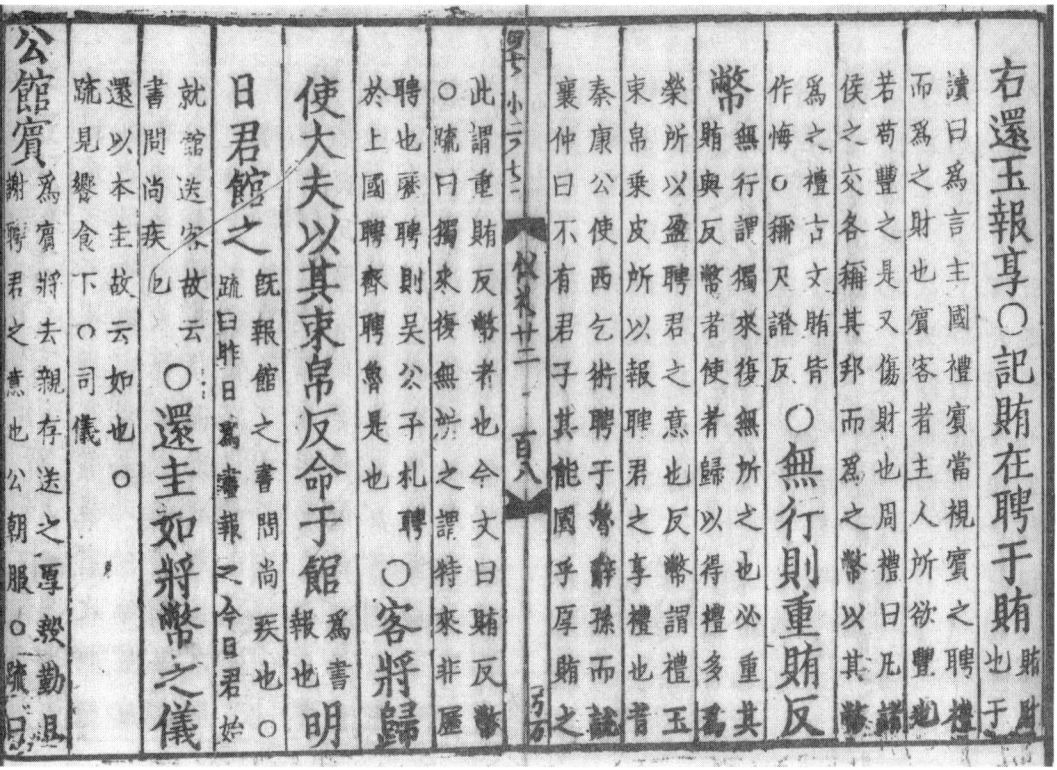

門中西面如相拜然也擯者每贊君辭
則曰敢不承命告于寡君之老○疏曰
案前受士介幣之時賓固辭公荅再拜
擯者出立于門中以相拜注云立門中
閾外西面此中賓不見使介聽命明如
相拜然取其視外便也必知在門中西
面者以其君來如賓禮東面介西面向
公可知玉藻云擯者曰寡君之老若注云
擯者之辭主於見他國君今上介當擯
者之處故知告于賓稱告于寡君之老
聘享夫人之聘享問大夫送賓公皆再
拜 拜此四事公東面拜擯者北面 公退賓從請命于朝

0008_0594-2

賓從者實君拜主君之館也言請命
者以己不見不敢斥尊者之意○爲于

偶
文
公辭賓退
辭其拜也退還館裝駕爲
且將發也周禮曰賓三拜

辱于朝明日客拜禮賜遂行○疏曰
彼注云禮賜者謂乘禽此見下文

右主君就賓館○記君館客客辟介

受命遂送客從拜辱于朝
君館客者
客辟去就

省之盡殷勤也遂
送君拜以送客
明日客拜禮賜遂

行如入之積
積于賜反○禮賜謂乘
禽君之加惠也遂入之

0008_0595-1

積則三積從來
至去○司儀
○又拜送
拜送賓也
其辭蓋云

子將有行寡君敢拜送至乎
上君館之下○今案從此移入

賓三拜乘禽於朝訝聽之
發去乃拜承
禽明已受賜

大小無
不識
遂行舍于郊
始發且宿近郊自
展幣○斂力驗反

右賓拜賜遂行○記賓於館堂楹間

釋四皮束帛賓不致主人不拜
賓將
遂去

是館留禮以禮主人所以謝之也不
致不拜不以將別崇新敬也○疏曰

0008_0595-2

若鄉飲酒送賓賓不
荅禮有終相類也

公使卿贈如覿幣
贈送也所以好送之
也言如覿幣見爲反

報也今文公爲君○
好呼報反見賢遍反
受于舍門外如受

勞禮無儐
勞力到反○不入無儐明去
而宜有已也如受勞禮以贈

勞同節○疏曰歸饔
餼則入設而有儐矣
使下大夫贈上介

亦如之使士贈衆介如其覿幣大夫親

贈如其面幣無儐贈上介亦如之使人

0008_0596-1

贈衆介如其面幣士送至于竟

右贈送○記凡賓客送逆同禮
謂郊
勞郊

送之屬○疏曰郊勞是逆郊送是
送尊卑不同二者一也○司儀

使者歸及郊請反命
郊近郊也告郊人
使請反命於君也

亦請之者以已久在外嫌有罪惡不可
以入春秋時鄭伯惡其大夫高克使之

將兵逐而不納此蓋請
而不得入○惡烏路反
朝服載旜
行時
褫舍

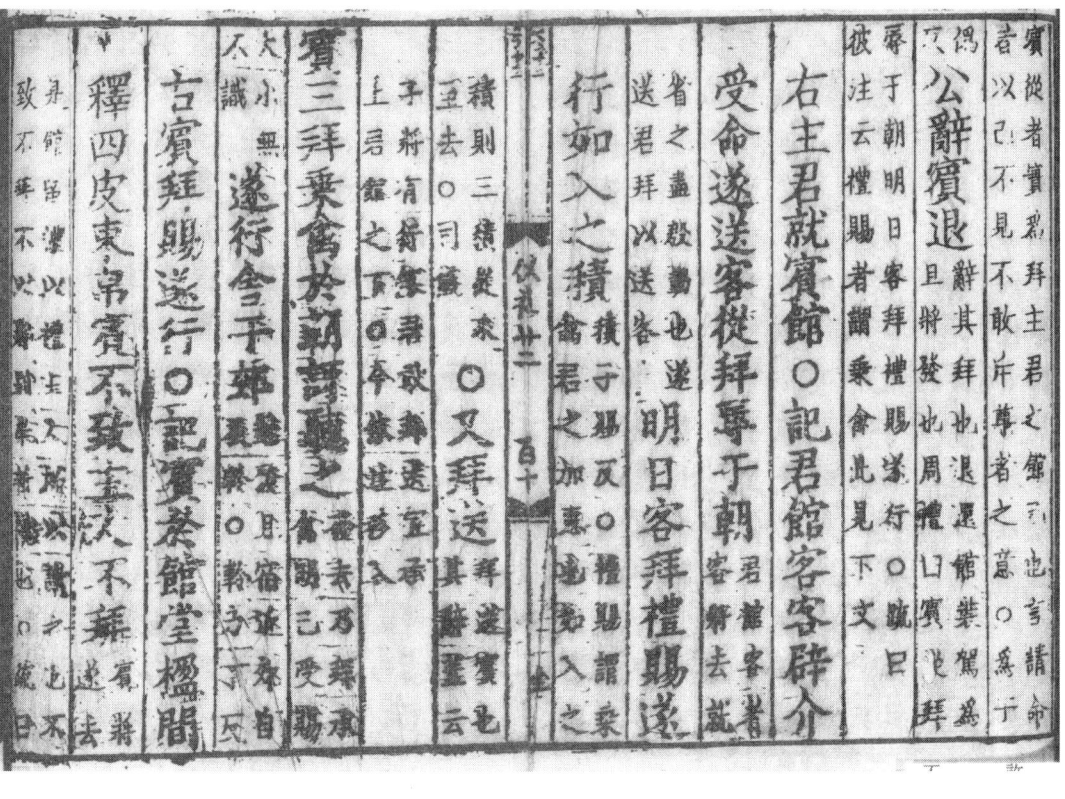

于此郊今還至此正其故行服
以俟君命敬也古文旜作膳
禳乃入

0008_0596-2

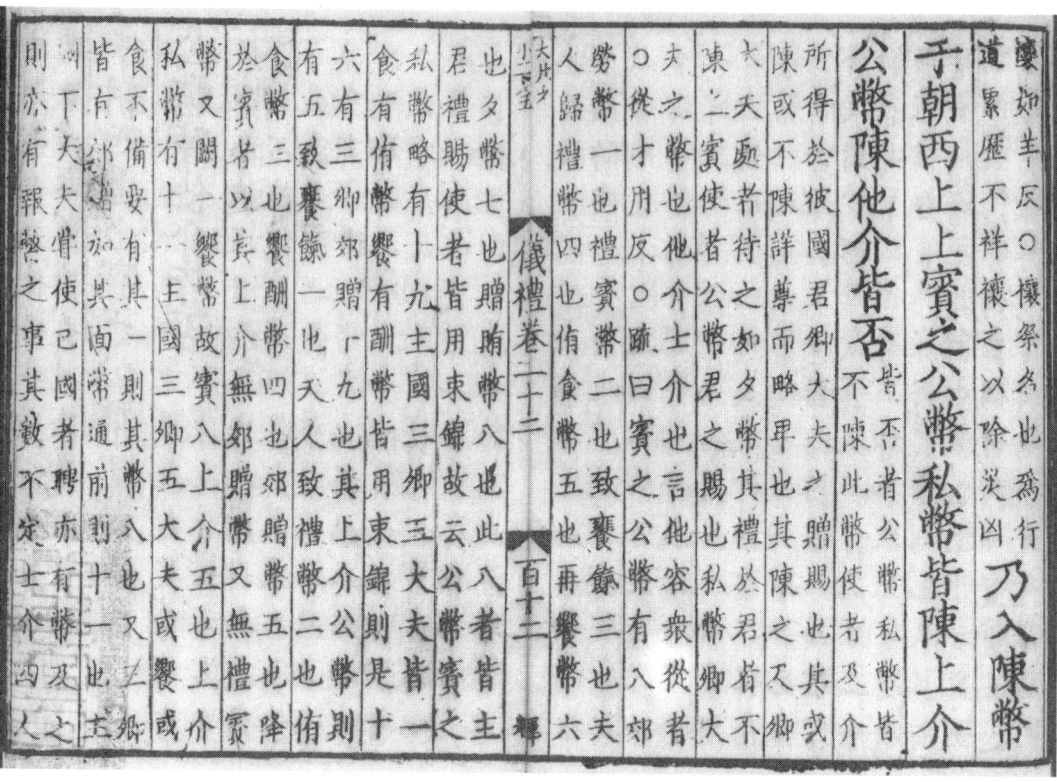

禳如羊反○禳祭名也爲行道累歷不祥禳之以除災凶乃入陳幣
于朝西上上賓之公幣私幣皆陳上介
公幣陳他介皆否皆否者公幣私幣皆不陳此幣使者及介
所得於彼國君卿大夫之贈賄也其或陳或不陳詳尊而略卑也其陳之又卿
大夫處者待之如夕幣其禮於君者不陳之二賓使者公幣君之賜也私幣卿大
夫之幣也他介士介也言他容衆從者○從才用反○疏曰賓之公幣有八郊
勞幣一也禮賓幣二也致饔餼三也夫人歸禮幣四也侑食幣五也再饗幣六

儀禮卷二十二　百十二

0008_0597-1

也夕幣七也贈賄幣八也此八者皆主君禮賜使者皆用束錦故云公幣賓之
私幣略有十九主國三卿三大夫皆一食有侑幣饗有酬幣皆用束錦則是十
六有三卿郊贈亦九也其上介公幣則有五致饔餼一也夫人致禮幣二也侑
食幣三也饗酬幣四也郊贈幣五也降於賓者以其上介無郊贈幣又無禮賓
幣又闕一饗幣故賓八上介五也上介私幣有十一主國三卿五大夫或饗或
食不備要有其一則其幣八也又三卿皆有郊贈如其面幣通前則十一也士
介下大夫嘗使己國者聘亦有幣及之則亦有報幣之事其數不定士介四人

0008_0597-2

且有郊贈報私幣主國卿大夫報士介私面士介私幣數不甚明禮於君者謂
賄用束紡禮用束帛乘皮之類也知不陳者以賓介所陳之幣皆是主國之君
禮於已者故各陳之若是於禮聘君之物則當統於賓不得衆介皆有也蓋禮
於君者是其正故不陳禮於已者以其榮故陳之也又聘君以幣問卿而無報
幣以尊卑不敵不敢報也○今按經文主國禮賜無有夕幣疏於上介公幣云
無郊贈及無禮賓幣又闕一饗幣故賓八上介五則前公幣中夕字當是饗字
之誤而其次亦當在再饗之前○束帛各加其庭實皮

仪礼二十三　百十三

0008_0598-1

左不加於其皮上榮其多也公南鄉亦宰告于君君乃朝服出門左
南鄉○疏曰此陳幣當如初夕幣之時管人布幕于寢門外使者北面衆介立
于其左東上卿大夫在幕東西面北上宰告于君君朝服出門左南鄉卿
進使者使者執圭垂繅北面上介執璋
屈繅立于其左此主於反命士介亦隨入並立東上○疏曰案
上行聘禮之時上介屈繅授賓賓襲受之今此賓執圭垂繅賓則裼變於彼國
致命時也上介執璋屈繅者變於賓故亦變之者反命致敬少於鄉國致命

張本下象鼻題監生鄧志昂五字傳本剪去之

0008_0598-2

時故賓於君前得裼見美爲敬也反命曰以君命聘于其君其君受幣于其宮其君再拜以享其君其君再拜君亦揖使者進之乃進反命也某君某國名也某宮若言栢宮僖宮也某君再拜受也必言此者明彼君敬君已不辱命○疏曰聘享在太祖廟不在親廟此大畧舉廟而言耳宰自公左受玉亦於使者之東同面並受也不右使者由便也○疏曰凡並授者授由其右受內其左此受由其右者因東藏之便受上介璋致命亦

仪礼三十二　百十四

0008_0599-1

如之變反言致者考云非君命也致命曰以君命聘於某君夫人某君再拜以享于某君夫人某君再拜不言受幣于某宮可知畧之執賄幣以告曰某君使其子賄授宰某子若言高子國子凡使者所當以告君者上介取以授之賄幣在外也禮玉亦如之亦執束帛加璧也告曰某君使某子禮宰受之士隨自後左士介受乘皮如初上介出取玉束帛士介後取皮也○疏曰士隨自後謂自士介後其在東上者不須云自後其餘三人皆後乃得左之必左士介者取向東藏之便故也享時

0008_0599-2

賓奉束帛加璧是上介取以授賓明士介從取皮可知執禮幣以盡言賜禮盡津忍反○禮幣主國君初禮賓之幣也以盡言賜禮謂自此至於贈○疏曰謂從郊勞已後至於贈賄八度禮賓皆有幣是自郊勞爲初也公曰然而不善乎善其能使於四方而猶女也○女音汝授上介幣再拜稽首公荅再拜授上介幣當拜公言也不授宰者當復陳之○復扶又反○疏曰此幣皆先陳之今賓執以告君賓釋辭君曰勤勞使於四方故授上介幣當拜荅君言此幣入於已者

仪礼廿二　百十五

0008_0600-1

徹不徹宰私幣不告亦畧卑也君勞之再拜稽首君荅再拜勞之以道路勤苦若有獻則曰某君之賜也言此物某君之所賜予爲惠者也其所獻雖珍異不言某爲彼君服御物謙也其大夫出反必獻忠孝也君其以賜乎不必其當君也獻不拜者爲君之荅己也上介徒以公賜告如上賓之禮徒謂空手不執其幣君勞之再拜稽首君荅拜勞士介亦如之士介四人旅荅壹拜又賤也○疏曰

0008_0601-1 0008_0600-2

君勞上介上介再拜稽首君荅拜不言再拜則君荅上介一拜矣勞上亦如之不言皆則捴荅一拜矣荅賓再拜荅士介一拜介已賤矣士介四人共荅一拜故云又賤也此一拜則周禮大祝九拜士曰奇拜彼注云一拜荅臣者是也曲禮云君於士不荅拜此以其新行反命而勞苦之故異於常也**君使宰**

賜使者幣使者再拜稽首以所陳幣賜之也禮臣子人賜之而必獻之君父不敢自私服也君父因以予之則拜受之如更受賜也既拜宰以上幣授之**賜介介皆再拜稽首**上介之幣皆載

以送朝不陳之耳與上介同受賜命俱拜既拜宰亦以上幣授上介**乃退**君揖入皆出去○疏曰初賓將行君前受命訖君揖入揖賓介出故知此君退者亦反命訖賓介出**介皆送至于使者之門**將行俟于門文又送于明與尊長出入之禮也○長丁丈反**乃退揖**揖別也

使者拜其辱隨謝之也再拜上介三拜士介

右歸反命

釋幣于門門大門也主于闑右席于闑西閾外東面設洗于門外東

0008_0602-1 0008_0601-2

方其饌如設于廟時出于行入于門不兩告無所先見也○疏曰案特牲筮特云席於門中闑西閾外故知此亦席于闑西閾外知東面者祔居東面爲正故也云設洗于門外東方者以其廟學設洗皆云洗當東榮故在門外亦在東方也**尸至于禰筵几于室薦脯醢**告反也薦進也○疏曰亦司宮設席于奧東面右几**觴酒陳**主人酌進奠一獻也言陳者將復有次也先薦後酌祭禮也行釋幣反釋奠略出謹入也○疏曰主人一獻當言奠今不言奠而言陳者以其下仍有室老及士獻以備三獻故言陳陳

有次第之言以其三特次第皆列于坐者也祭禮見特牲少牢皆先薦饌乃後獻奠于鉶南出時以禱祈入時以祠報故不同也**席于阼**爲酢主人也酢主人者祝取爵酌不酢於室異於祭○疏曰祭時皆於室內受酢有尸共酢又以尸爵此皆異**薦脯醢**成酢禮也**三獻**室老亞獻士三獻也每獻奠輒取爵酌主人自酢也○疏曰正祭有尸三獻皆獻尸訖尸酢主人主婦賓長今此無尸皆自酢**一人舉爵**三獻禮成更起酒也主人奠之未舉也**獻從者**從才用反注同○從者家臣從行者也主人獻之勞

0008_0603-1　0008_0602-2

之也皆升飲酒於西階上不使人獻之辟國君也○辟音避○疏曰案特牲禮獻衆賓及兄弟之等皆升飲於西階上故此獻從者亦於階上可知云不使人獻之避國君者若正祭雖國君亦自獻故祭統云尸飲五君洗玉爵獻卿尸飲七君洗瑶爵獻大夫之等告祭非常故獻從者從燕法如使宰夫爲獻主而不親獻**行酬乃出**主人舉奠酬從者下辯室老亦與焉也○辯音遍

上介至亦如之

右禮門及禰

儀禮卷二十二　百十八　胡宗

聘遭喪入竟則遂也遭喪主國君薨也入竟則遂國君以國爲體士旣請事已入竟矣關人未告則反**不郊勞**子未君也**不筵几**致命不於廟就尸柩於殯宮又不神之○疏曰鬼神所在曰廟則殯宮亦得爲廟則設几筵亦可矣但始死不忍異於生不神之故於殯傍無几筵也曾子問云君薨世子生告殯殯東有几筵者鄭云明繼體也**不禮賓**喪降事也**主人畢歸禮**賓所飲食不可廢也禮謂饔餼饗食○食音嗣**賓唯饔餼之受**受正不受加也○疏曰饗食之等是其加

0008_0604-1　0008_0603-2

也**不賄不禮玉不贈**喪殺禮爲之不備○殺色界反**遭夫人世子之喪君不受使大夫受于廟其他如遭君喪**夫人世子死君爲喪主使大夫受聘禮不以凶接吉也其他謂禮所降○疏曰附云君所亡夫人妻大子適婦**遭喪將命于大夫主人長衣練冠以受**遭喪謂主君薨夫人世子死也此三者皆大夫主人長衣素純布衣也去衰易冠不以凶接純吉也吉時在裏爲中衣中長衣繼皆掩尺表之曰深衣純袂寸

儀禮卷二十二　百十九　胡宗

二寸君喪不言使大夫受子未君無使義也○純諸允反久之閏反去起呂反衰七回反○疏曰此長衣則與深衣同布純袖長素純爲異去衰易冠者謂喪服云斬衰之服而著長衣脫去六升九升之衰而著練冠故云去衰易冠也禮記云二升衰裳六十縷爲夫人世子六升衰裳八升冠三衣皆十五升練冠亦八升

遭主國喪○記遭主國之喪不受饗食受牲禮牲亦當爲腥聲之誤也喪不忍煎亨注云

饔餼當爲若餼致之也○鄭
子然反享普庚反○掌客
聘君若薨于後入竟則遂既接於主國君也○疏曰
關人告君君使士請事是接於主君矣
赴者未至則哭于巷衰于館未至謂赴告主國君者也哭于巷者哭于巷門未可爲位
也衰于館未可以凶服出見人其哭聘享之事自若吉也今文赴作訃
受禮受饔餼也
不受饗食亦不受加
赴者至則衰而出
禮爲鄰國闕於是可以凶服將事也○
號同春秋左氏傳云杞孝公卒晉悼夫

喪之平公不徹樂非禮也禮爲鄰國闕
服注云鄰國尚爲之闕樂況舅甥之
乎若然赴者至主國君使者衰而出
主國可以闕樂矣凶服將事謂主人
所歸禮則賓可以凶服受之其正行聘
享則著吉服矣故雜記云執玉不麻是
也
唯稍受之稍稟食也○疏曰禮君行師從卿行旅從從者既多
不可闕於稍食案周禮每云稍事皆謂
米稟以其稍稍給之故謂米稟爲稍
歸執圭復命于殯升自西階不升堂復命
于殯者臣子之於君父存亡同○案禮
記奔父母之喪升自西階此復命於殯

亦升自西階出聘時出必告反必
面故云臣子於君父存亡同也
子即位不哭將有告請之事宜清淨也不言世子者君薨也諸臣待之亦皆
如朝夕哭位○疏曰案公羊傳君存稱
世子君薨稱子某既葬稱子踰年稱君
奔喪云奔父之喪在家
者待之皆如朝夕哭位
辯復命如聘自陳
幣至于上介公賜告無勞
以子臣皆哭使者既復命子與羣臣皆
哭
與介入北鄉哭北鄉哭新至別於朝夕○別彼列反○疏
曰使者升階復命訖不見出文而言與
介入者以其復命之時介在幣南北面

去殯遠復命訖除去幣賓更與介前入
近殯北鄉哭鄉內爲入新至別於朝夕
者朝夕哭位在阼階下
西面今於殯前北鄉
出袒括髮悲哀變於
外臣也○括古活反○疏曰案奔喪云
至於家入門左升自西階東面哭括髮
袒於殯東是於內者子故也此使
者出門袒括髮變於外者臣故也
入門右即位踊從臣位自哭至踊如奔喪禮○疏曰案奔喪云袒括髮於
西階東即位踊襲經於序東此門外袒
括髮入門右即位踊亦當襲經於序東
故鄭云自哭至踊如奔喪禮也

0008_0606-2

右聘[illegible]變

若有私喪則哭于館衰而居不饗食
謂其父母哭于館辭而居不敢以私喪
自聞于主國凶服于君之吉使春秋傳
曰大夫以君命出聞喪徐行而不反○
疏曰衰而居謂服衰居館行聘享則亦
弁吉服大夫以下春秋公羊傳文何氏
注聞大喪而不反重君命也徐行者爲
君當使人追代之以此言之使雖未出
國境聞父母之喪遂行不敢以私廢王
事君使人代之可也以此言之明至彼
所使之國雖聞父母之喪不反可知

儀禮卷二十二　百二十二

0008_0607-1

歸使衆介先衰而從之已有齊斬之服不忍顯然趨於
往來其在道路使介居前歸又請反命
已猶徐行隨之君納之乃朝服既反命
出公門釋服哭而歸其他如奔喪之禮
吉時道路深衣○疏曰朝服[illegible]命出門
去衰服還服吉時深
衣三日成服乃去之

右私喪○記賓客[illegible]唯[illegible]

不受饗食[illegible]
[illegible]
[illegible]

0008_0607-2

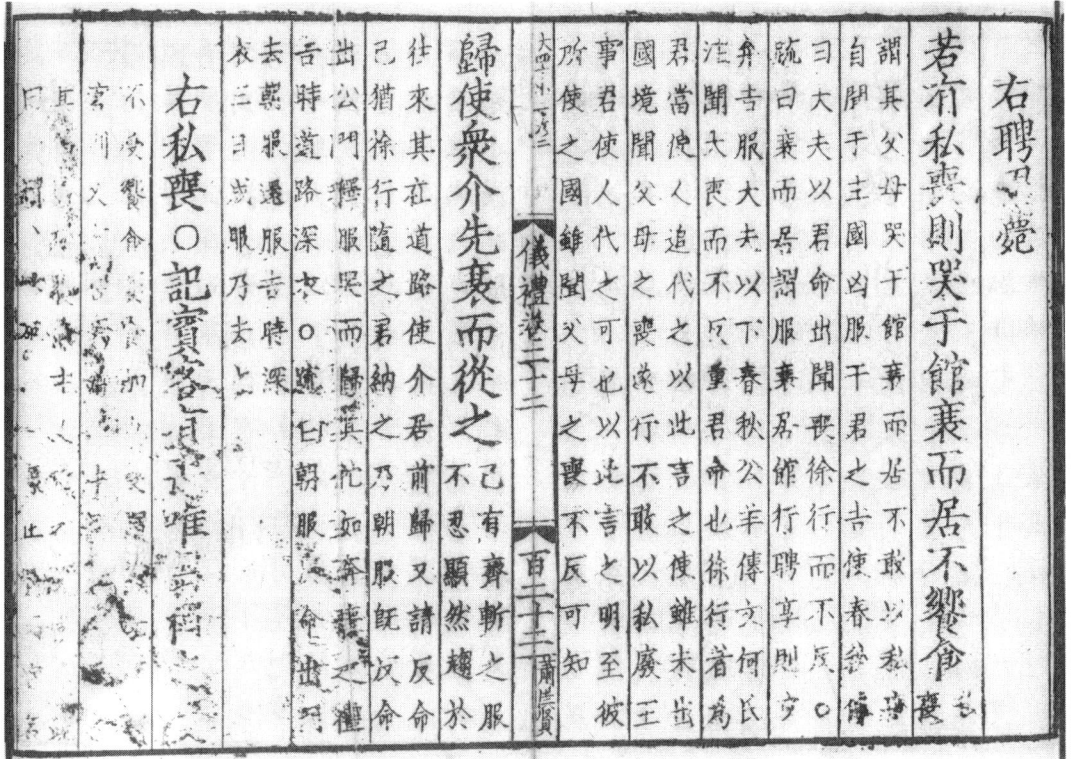

諸侯正應母死而有父者或始封之
君舊爲卿大夫容有父或父有廢疾
不立己受位於祖亦云有父也云容
則又有君爲者謂介已下非直有父
母又有君喪以其俱三年○掌客○
今按此周禮文以君爲賓臣爲客也

賓入竟而死遂也主人爲之具而殯爲于
檤反又如字下爲之棺同○具謂始死
至殯所當用○疏曰注文如此明不殯
於館但取具至殯爲節耳以其大斂訖
卽殯故連言殯下文歸介復命之時柩
止門外明斂於棺而已○今按下記介
[illegible]禮注疏云權殯於館此疏非是

仪礼廿三　百二十三

0008_0608-1

攝其命爲致聘享之禮也初時上介接聞命○爲于僞反君弔

介爲主人雖有臣子親姻猶不爲主人以介與賓並命於君尊也○
疏曰古者賓聘家臣適子皆從行是以
延陵季子聘於齊其子死葬於嬴博之
間

主人歸禮幣必以用當中莫贈諸喪具之用不必如
賓禮○疏曰主人所歸禮與幣必以中
喪者之用之物不必如常時賓禮饔餼
飧紡帛之類或不堪喪者之用也介受
喪具謂襲與小斂大斂所用也

賓禮無辭也介受主國賓己之禮無所辭也以其當陳之以反命

0008_0608-2

也有賓喪嫌其辭之不饗食歸介復命柩止于門
外門外大門外也必以柩造朝達其忠心○疏曰國君有三門皐應路又有
三朝內朝在路寢庭正朝在路門外應門外無朝外朝當在皐門外經直云止
於門外無入門之言明知止於大門外外朝之上介卒復命出
奉柩送之君弔卒殯卒殯成節乃去○疏曰卒復命謂復
命訖送之謂從大門外送至賓之家爲喪之大節卒殯而後君與介乃去也
若大夫介卒亦如之不言上介者小聘上介士也○疏曰

大三小三六五　儀禮廿二　百三十四　才

0008_0609-1

案此據大聘上介是大夫而言今鄭以經不言上介則大夫介卒中兼有聘使
大夫其卒亦如之故鄭云不言上介小聘上介士也欲兼見小聘之法也若小
聘上介未介皆士則入下文士介死中以其下文更不見小聘賓介死法故此
兼言之也士介死爲之棺斂之斂力豔反○不具他衣物
也自以時服也君不弔焉主國君使人弔不親往若賓死
未將命則既斂于棺造于朝介將命未將
命謂俟間之後也以柩造朝以已至朝志在達君命○間音閑又如字

0008_0609-2

介死歸復命唯上介造于朝若介死雖
士介賓既復命往卒殯乃歸往謂送柩
右賓介卒○記凡賓客死致禮以喪
用死則主人爲之具而殯矣喪用者饋奠之物○疏曰若諸侯出行則
必三年之戒以椑從死時除棺之外王人皆備之若從者死棺物皆共之
殯者在館權殯還日以柩行饋奠之物者小斂時豚一鼎大斂時特豚三
鼎之類是也○掌客○爲君使而死公館復私

大三十六　小四七　儀禮卷二十二　百三十五　吳宜

0008_0610-1

館不復公館者公宮與公所爲也私
館者自卿大夫以下之家也復謂始死以衣
升屋招魂復魄也○公館若今縣官宮也公所爲君所命使舍已者○雜
記曾子問大夫士死於道則升其乘車之
左轂以其綏復如於館死則其復如
於家綏亦緌也大夫復於家以玄冕士以爵弁服○雜記
小聘曰問不享有獻不及夫人主人不

0008_0610-2　0008_0611-1

饗乃禮面不升不郊勞享本又作饗○記賜於聘所以爲小也私獻也面猶覿也○疏曰不享者謂不以束帛加璧獻國所有云不禮者聘訖不以齊酒禮賓面不升者謂私覿庭中受之不升堂其禮如爲介三介如爲介如爲大聘上介

右小聘

聘義第三十八　邦國禮三之下

疏曰聘禮謂大聘使卿是侯伯之卿此義蓋兼子男而論之

儀禮卷三十二　四

記

聘禮上公七介侯伯五介子男三介所以明貴賤也此皆使卿出聘之介數也大行人職曰凡諸侯之卿其禮各下其君二等○疏曰上公親行則九介其卿降二等故七介侯伯子男以次介紹而傳命君子於其所尊弗敢質敬之至也質謂正自指當三讓而后傳命三讓而后入廟門三揖而后至階三讓而

0008_0611-2　0008_0612-1

后升所以致尊讓也此揖讓主謂賓也三讓而后傳命賓至廟門主人請事時也賓見主人陳擯以大客禮當己則三讓之不得命乃傳其君之聘命也三讓而後入廟門讓主人廟受也小行人職曰凡四方之使者大客則擯小客則受其幣聽其辭○疏曰知此揖讓主謂賓者以三讓而后傳命及三讓而后入廟門皆賓先讓也三揖至階三讓而后升雖主人爲首皆賓讓而後至於主人若賓不讓則不至於三是揖讓之事皆賓爲主故云此揖讓主謂賓也云三讓而後傳命賓至廟門主人請事時也者鄭解三讓而後傳命

儀禮卷三十二

之節正當賓至主人大門主人請事之時案聘禮賓至大門主人陳介而請事此云廟門者有廟字者誤也云三讓而後入廟門者案聘禮入廟門之時無三讓之文不備也君使士迎于竟大夫郊勞君親拜迎于大門之內而廟受北面拜貺拜君命之辱所以致敬也貺賜也賓致命公當楣再拜拜聘君之恩惠辱命來聘者也敬讓也者君子之所以相接也故諸侯相接以敬讓則不相侵陵

君子之相接賓譲而主人敬也卿爲上擯大夫爲承擯士爲紹擯君親禮賓賓私面私覿致饔餼還圭璋賄贈饗食燕所以明賓客君臣之義也設大禮則賓客之也或不親而使臣則爲君臣也故天子制諸侯比年小聘三年大聘相厲以禮使者聘而誤主君弗親饗食也所以愧厲之也諸侯相厲以禮則外不相

侵内不相陵此天子之所以養諸侯兵不用而諸侯自爲正之具也比年小聘所謂歲相問也三年大聘所謂殷相聘也○疏曰行聘之時禮有錯誤則君不親接賓使之愧恥自勉勸厲以圭璋聘重禮也已聘而還圭璋此輕財而重禮之義也諸侯相厲以輕財重禮則民作讓矣圭瑞也尊圭璋之類也用之還之皆爲重禮禮必親之不可以己之有遺復之也財謂璧琮享幣也受之

謂輕財者財可遣復重賄反幣是也疏曰以器言之謂之圭執以行禮謂瑞瑞信也謂與人爲尊卑之信驗也璋圭之類故亦尊之也行禮之義必親自爲之若己親往彼國則可以己國之有執往行禮今主國之君既不親往彼國則不以己國所有寶玉遣復償他國所來圭璋故還歸之也此聘禮以圭璋爲聘璧琮爲享若二王後享天子用圭璋則亦爲財而受之不歸也主國待客出入三積餼客於舍五牢之具陳於内米三十車禾三十車芻薪倍禾皆

陳於外乘禽日五雙羣介皆有餼牢壹食再饗燕與時賜無數所以厚重禮也厚重禮厚此聘禮也○疏曰三積謂道必定臣聘禮是侯伯之臣則不致積古之用財者不能均如此然而用財如此其厚者言盡之於禮也盡之於禮則內君臣不相陵而外不相侵故天子制之諸侯務焉爾 [illegible]

0008_0615-1　　0008_0614-2

[illegible]

之禮也質明而始行事日幾中而后禮成非強有力者弗能行也故強有

力者將以行禮也齊音咨又音資〇禮成或曰行成

行下孟反

酒清人渴而不敢飲也肉乾人飢而不敢食也日莫人倦齊莊正齊而

不敢解惰以成禮節以正君臣以親父

子以和長幼此衆人之所難而君子行

之故謂之有行有行之謂有義有義之

謂勇敢故所貴於勇敢者貴其能以立

義也所貴於立義者貴其有行也所貴

於有行者貴其行禮也故所貴於勇敢

者貴其敢行禮義也故勇敢強有力者

天下無事則用之於禮義天下有事

0008_0616-1　　0008_0615-2

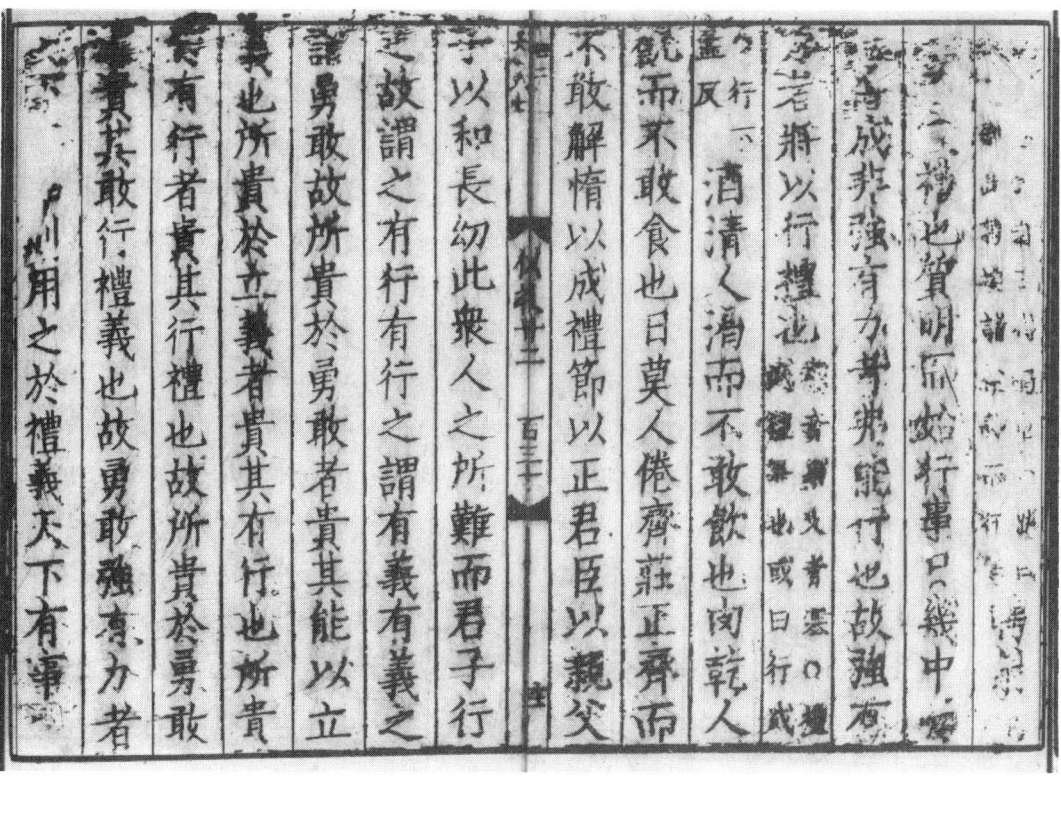

則用之於戰勝用之於戰勝則無敵用之

於禮義則順治外無敵內順治此之謂

盛德故聖王之貴勇敢強有力如此也

勇敢強有力而不用之於禮義戰勝而

用之於爭鬭則謂之亂人刑罰行於國

所誅者亂人也如此則民順治而國安

也渴苦葛反乾音干莫音暮齊側皆反解佳賣反惰徒臥反長丁丈反有行下孟反下有行同治直吏反陳直覲反

〇勝克敵也或爲陳〇今按疏云此雖總結聘射然自酒清肴乾日莫成禮父子長幼之語似據射鄉而言恐射鄉之義失次在此或相因而言歟

〇定王六年使單襄公聘于宋單襄公王卿士單朝也聘問也問者王之所以撫萬國存省之

遂假道於陳以聘於楚假道自宋適楚經陳也是時天子微弱故以諸侯相聘之禮假道也聘禮若過國至于境使次介假道束帛將命于朝

火朝覿矣道茀不可行也火心星也覿見

0008_0616-2

茀草穢塞路爲茀朝覿謂夏正十月晨見於辰候不在疆候候人也
掌送迎賓客者疆境也司空不視塗司空卿官掌道路也澤
不陂陂障也古不竇澤故竭之川不梁流日川梁渠梁古不防川
故梁之野有庾積唐尚書云十六斗曰庾昭謂此庾露積穀也詩
云曾孫之庾如坻如京是也場功未畢治場未畢也詩云九月築
場圃道無列樹古者列樹以表道且爲城守之用墾田若
蓺發田曰墾蓺猶蓻也言其稀少猶若蓺物膳宰不致餼膳宰

0008_0617-1

膳夫也掌賓客之牢禮生曰餼司里不授館司里里宰也掌授客
館國無寄寓寓亦寄也無寄寓者不爲廬舍可以寄羈旅之客也
縣無施舍四甸爲縣縣方六十里施舍者所以施舍賓客負任之處
民將築臺于夏氏民陳國之民臺觀臺也夏氏陳大夫夏徵
舒之家及陳陳靈公與孔寧儀行父南冠
以如夏氏留賓弗見及至也陳靈公舜後恭公之子靈公
平國也孔寧儀行父陳之二卿南冠楚冠也楚之冠也往夏氏家淫夏姬賓

0008_0617-2

襄公也單子歸告王曰陳侯不有大咎國
必亡單子襄公也卿大夫稱子於其私士稱公王曰何故對
曰夫辰角見而雨畢辰角大辰蒼龍之角角星名也見者
朝見東方建戌之初寒露節也雨畢者殺氣日盛雨氣盡也天根見
而水涸天根亢氐之間也涸竭也謂寒露雨畢之後五日天根朝見水
潦盡竭也月令仲秋水始涸天根見乃盡竭也本見而草木節
解本氐也謂寒露之後十日陽氣盡草木之枝節皆理解也駟見而

0008_0618-1

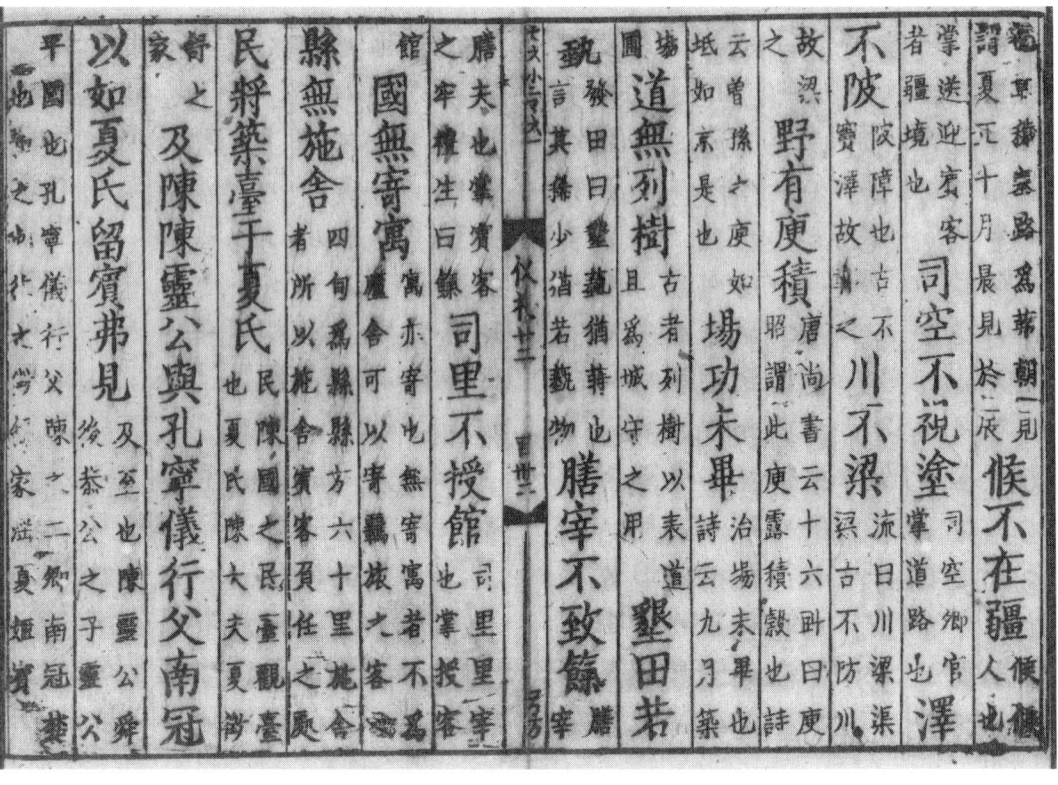

隕霜駟天馬房星也隕落也謂建戌之中霜始降火見而清
風戒寒謂霜降之後清風先至所以戒人爲寒備也故先王
之教曰雨畢而除道水涸而成梁教謂月令
之屬也九月雨畢十月水涸草木節解而備藏備收藏也
月令季秋農事畢收隕霜而冬裘具孟冬則天子始裘故九月
可以具之清風至而脩城郭宮室謂火見之後建亥之
初也故夏令曰九月除道十月成梁夏令夏后

張本下象鼻題監生志昂四字傳本剪去之

0008_0618-2

氏之令周所因也險道所以便行旅成梁所以便民使不涉也其時儆曰收而場功待而畚揭時儆時所以儆告其民也收而場功使人備囷倉也待具也畚器名土籠也揭舁土之器具汝畚揭將以築作也營室之中土功其始定謂之營室謂建亥小雪之中定星昏正於午土功可以始也詩云定之方中作于楚宮火之初見期於司里期會也致其築作之具會於司里之官此先王之所以不用財賄而廣施德於天下者

仪礼二十二　頁三十四

0008_0619-1

也施德謂因時警戒謹蓋藏成築功也今陳國火朝覿矣而道路若塞野場若棄澤不陂障川無舟梁舟梁以舟爲梁也是廢先王之教也周制有之曰列樹以表道立鄙食以守路制法也表識也鄙四鄙十里有廬廬有飲食國有郊牧國外曰郊牧放牧之疆有寓望疆境也境界之上有寄寓之舍候望之人藪地有圃草澤無水曰藪圃大也有茂大之草以備財用囿有林

0008_0619-2

池囿苑也林積木也池積水也所以禦災也禦備也災飢災也其餘無非穀土民無縣耜言常用也入土曰耜耜柄曰耒野無奧草皆墾辟也奧深也不奪民時不蔑民功蔑棄也有優無匱有逸無罷國有班事國城邑也班次也執事有次縣有序民縣鄙之民從事有序今陳國道路不可知田在草間不墾者多功成而不收野場若棄也民罷於逸樂罷癈爲樂

仪礼廿二　頁三十五

0008_0620-1

君作逸樂之事是棄先王之法制者也周之秩官有之秩官周常官篇名曰敵國賓至關尹以告敵位敵也關尹司關掌四方賓客叩關則爲之告聘禮曰及境謁關人關人問從者幾人逆以入境行理以節逆之理吏也逆迎也執瑞節爲信而逆之也行理小行人候人爲導導賓至於朝出送之境卿出郊勞聘禮曰賓至于近郊君使卿朝服用束帛勞門尹除門門尹司門也除門掃除門庭也宗祝執祀宗宗伯祝太祝

0008_0620-2

也執祀賓將有事於廟則宗祝執祭祀之禮司里授館司里授客
所當館次於御也聘禮御致館司徒具徒具徒役修道路之委積
司空視塗視險易也司寇詰姦禁詰姦盜虞人入
材虞人掌山澤之官祀賓客各供其材甸人積薪甸人掌薪
爇之官也火師監燎火師司火燎庭燎也水師監濯水師
掌水監滌濯之事者膳宰致饔熟食曰饔廩人獻餼生曰
滌禾米也司馬陳芻司馬掌圉人養馬故陳芻圉人職屬司馬

0008_0621-1

工人展車展省客車補傷敗也百官以物至賓
入如歸是故小大莫不懷愛小大謂賓介也其
貴國之賓至則以班加一等益虔貴國大國
也班次也至於王使則皆官正莅事正長也莅臨也
上卿監之監視也若王巡守則君親監之
禮王十二歲一巡守今雖朝也不才有分族於
周朝聘子之名有分族王之親族也承王命以爲過賓

0008_0621-2

於陳假道爲過賓而司事莫至是蔑先王之
官也蔑欺也先王之令有之曰文武之教天道
賞善而罰淫故凡我造國無從非彝造爲
也彝常也無即慆淫即就也慆慢也各守爾典以承
天休典常也休慶也今陳侯不念胤續之常棄
其伉儷妃嬪伉對也儷偶也而帥其卿佐以淫
於夏氏不亦瀆姓矣乎卿佐孔儀也舒之父御叔即

0008_0622-1

陳公子夏之子靈公之從祖父嬀姓也而靈公淫其妻是爲瀆其姓陳
我大姬之後也大姬周武王之女虞胡公之妃陳之祖妣也
棄袞冕而南冠以出不亦簡彝乎袞衣龍之
衣冕大冠也公之盛服簡略也彝常也言其棄禮簡略常服也是又犯
先王之令也先王之令無從非彝昔先王之教茂
帥其德也猶恐隕越言勉帥其德猶恐落墜若廢
其教而棄其制蔑其官而犯其令將何

0008_0623-1　0008_0622-2

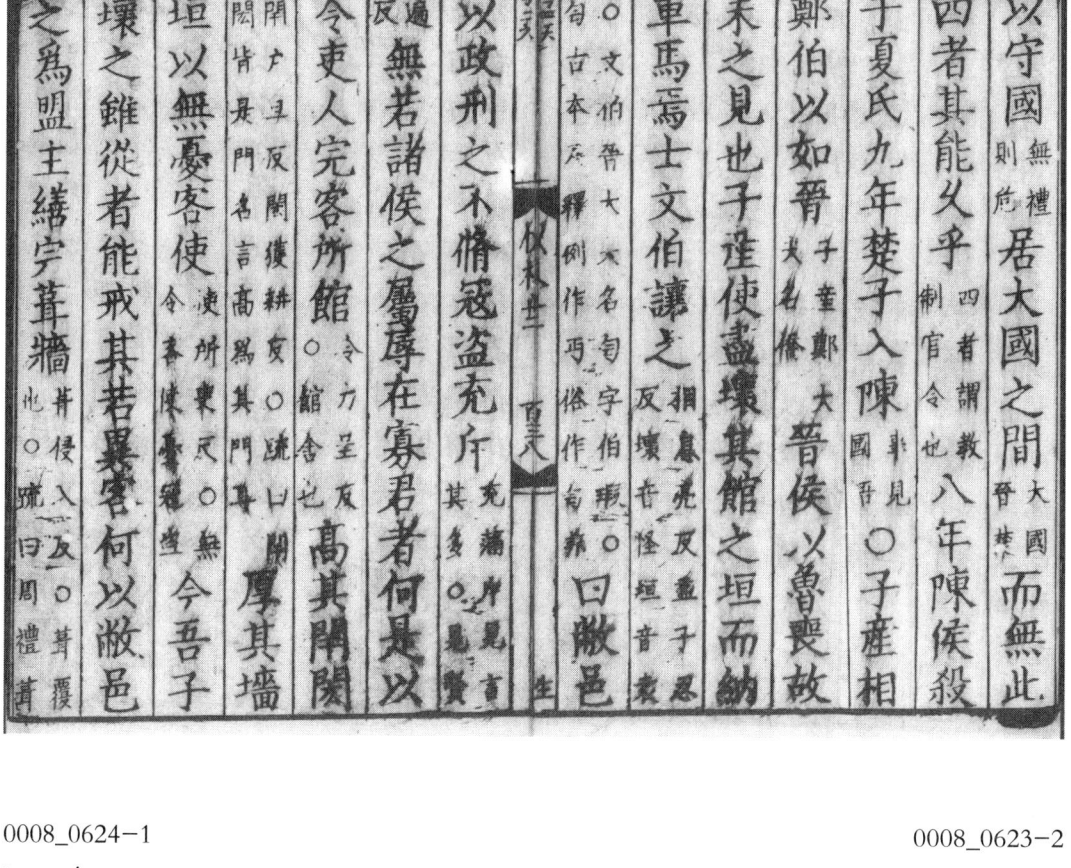

以守國無禮則危居大國之間大國晉楚而無此
四者其能久乎四者謂教制官令也八年陳侯殺
于夏氏九年楚子入陳非見國吾○子產相
鄭伯以如晉子產鄭大夫名僑晉侯以魯喪故
未之見也子產使盡壞其館之垣而納
車馬焉士文伯讓之捐息亮反盡子忍反壞音怪垣音袁
○文伯晉大夫名匄字伯瑕○匄古本反釋例作丐俗作匃非曰敝邑

儀禮廿二　百三十八

以政刑之不脩寇盜充斥充滿斥見言其多○斥昌石反
遍反無若諸侯之屬辱在寡君者何是以
令吏人完客所館令力呈反○館舍也高其閈閎
閈戶旦反閎獲耕反○疏曰閈閎皆是門名言高爲其門耳厚其牆
垣以無憂客使使所吏反○無令春陳憂罹也令吾子
壞之雖從者能戒其若異客何以敝邑
之爲盟主繕完葺牆葺侵入反○葺覆也○疏曰周禮葺

0008_0624-1　0008_0623-2

至蓋以草覆此葺牆亦是以草覆也○顏師古曰完當作宇字之誤也以
待賓客若皆毀之其何以共命寡君使
匄請命共音恭匄古害反○請問毀垣之命對曰以敝邑
褊小介於大國介間也誅求無時誅責也是
以不敢寧居悉索敝賦以來會時事隨時
來朝逢執事之不閒閒音閑而未得見見賢
遍反又不獲聞命未知見時不敢輸幣亦

儀禮卷二十二　百三十九

不敢暴露暴步卜反其輸之則君之府實也
非薦陳之不敢輸也薦陳猶獻見也其暴露之
則恐燥濕之不時而朽蠹以重敝邑之
罪燥素早反蠹丁故反○蠹蝕也重直用反僑聞文公之爲
盟主也宮室卑庳庳音婢無觀臺榭觀古亂反
○疏曰四方而高曰臺有室謂之榭以崇大諸侯之館館
如公寢庫廄繕脩司空以時平易道路

0008_0624-2

易以豉反○易治也圬人以時塓館宮室圬本又作杇同音烏塓莫歷反○圬人塗者塓塗也○疏曰鏝一名杇塗土作具也因名其人塓亦非也諸侯賓至甸設庭燎庭燎設火于庭僕人巡宮巡宮行夜車馬有所有所處賓從有代代客役巾車脂轄轄力八反○巾車主車之官隸人牧圉各瞻其事瞻之廉反○瞻視客所當得百官之屬各展其物展陳也謂羣官各陳其物以待賓公不留賓而

大丁卅四 丁吾 儀禮卷二十二 百四十 李

0008_0625-1

亦無廢事賓得速去則事不廢憂樂同之事則巡之巡行也教其不知而恤其不足賓至如歸無寧菑患言見遇如此寧當復有菑患邪無寧寧也不畏寇盜而亦不患燥濕今銅鞮之宮數里鞮丁兮反數所具反○銅鞮晉離宮而諸侯舍於隸人舍如舍隸人門不容車而不可踰越門庭之內迫迮又有牆垣之限盜賊公行而夭厲不戒厲猶災也言水潦無

0008_0625-2

災賓見無時命不可知若又勿壞是無所藏幣以重罪也敢請執事將何所命之問晉命己所止之宜雖君之有魯喪亦敝邑之憂也言鄭與魯亦有同姓之憂若獲薦幣薦進也脩垣而行行去也君之惠也敢憚勤勞文伯復命反命於晉君趙文子曰信信如子產言我實不德而以隸人之垣以贏諸侯贏音盈○贏受也○

丁十九 大丁四一 仪礼廿二 百四十一 桂

0008_0626-1

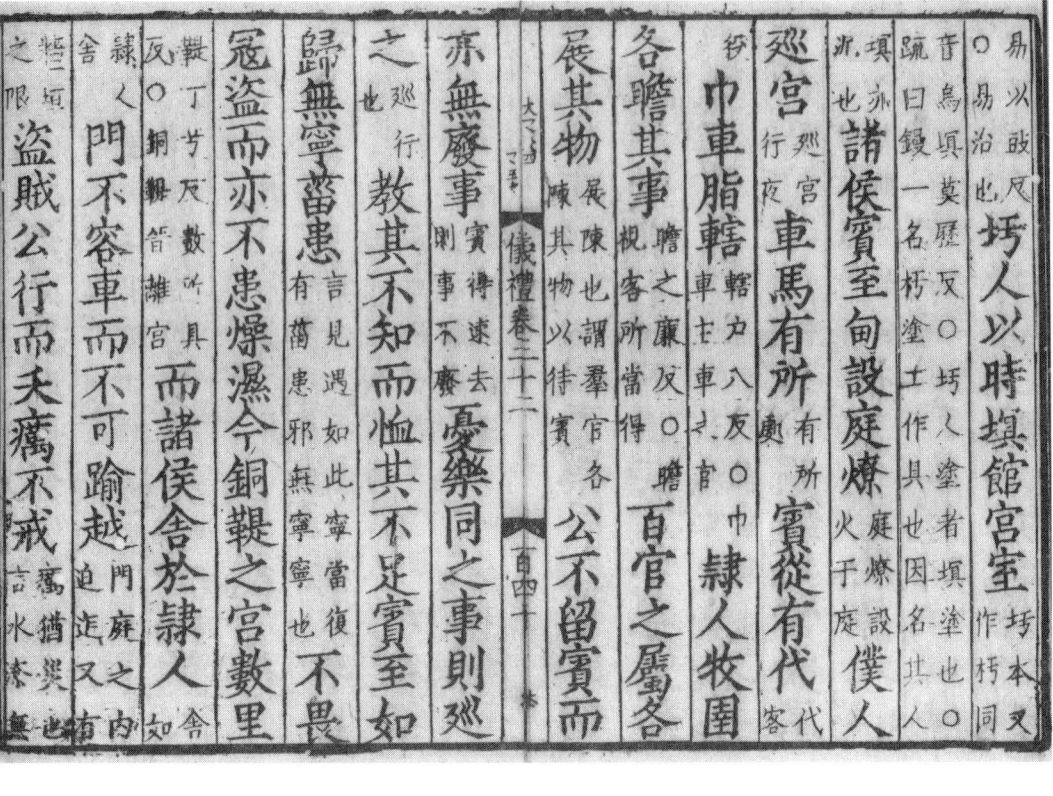

疏曰賈服王杜皆讀爲盈盈是蒲也故皆訓爲受是吾罪也使士文伯謝不敏焉晉侯見鄭伯有加禮禮加敬厚其宴好而歸之乃築諸侯之館事見晉襄公三十一年左氏春秋傳○楚子西子期伐吳及桐汭宣城廣德縣西南有桐水出白石山西北入丹陽湖陳侯使公孫貞子弔焉弔爲楚所伐及良而卒良吳地將以尸入聘禮若賓死未將命則既斂於棺造於朝介將命

0008_0626-2

踰日左傳注曰尸殯未葬之通稱吳子使大宰嚭勞且

辭曰以水潦之不時無乃廪然隕大夫勞力報反廪力

甚反隕于敏反○廪然隕動貌之尸以重寡君之憂寡君敢辭上介芋尹蓋對曰寡君

聞楚爲不道荐伐吳國芋于付反荐在徧反○蓋陳大夫貞子上介芋尹蓋也○今按上介二字屬下句釋文云屬上句誤也滅厥

人民寡君使蓋備使弔君之下吏備猶副也

無祿使人逢天之慼大命隕隊絕世于

0008_0627-1

良絕世言棄世廢日共積積子賜反又如字○廢行道之日以共具殯斂所須聚之用一日遷次一日使還次言不敢留君命

今君命逆使人曰無以尸造于門是我

寡君之命委于草莽也且臣聞之曰事

死如事生禮也於是乎有朝聘而終以

尸將事之禮朝聘遭死以尸行事又有朝聘而遭

0008_0627-2

喪之禮通所聘之喪若不以尸將命是遭喪

而還也無乃不可乎以禮防民猶或踰

之今大夫曰死而棄之是棄禮也其何

以爲諸侯主謂主盟也先民有言曰無穢虐

士虐士死者備使奉尸將命苟我寡君之命

達于君所雖隕于深淵則天命也非君

與涉人之過也吳人內之內如字音納○傳言芋尹

0008_0628-1

蓋知禮○哀公十五年左氏春秋傳○今按疏曰案禮賓入竟而死則以尸入殯于館而介攝其命賓至已朝主人將欲行禮賓請問之後而賓死則以柩造朝以尸將事今公孫貞子卒於竟內依禮唯可以尸而入殯於賓館芋尹乃欲以柩造朝以尸將事而吳人納之非注又以爲知禮皆失之矣

儀禮經傳通解卷第二十二

儀禮經傳通解卷第二十三

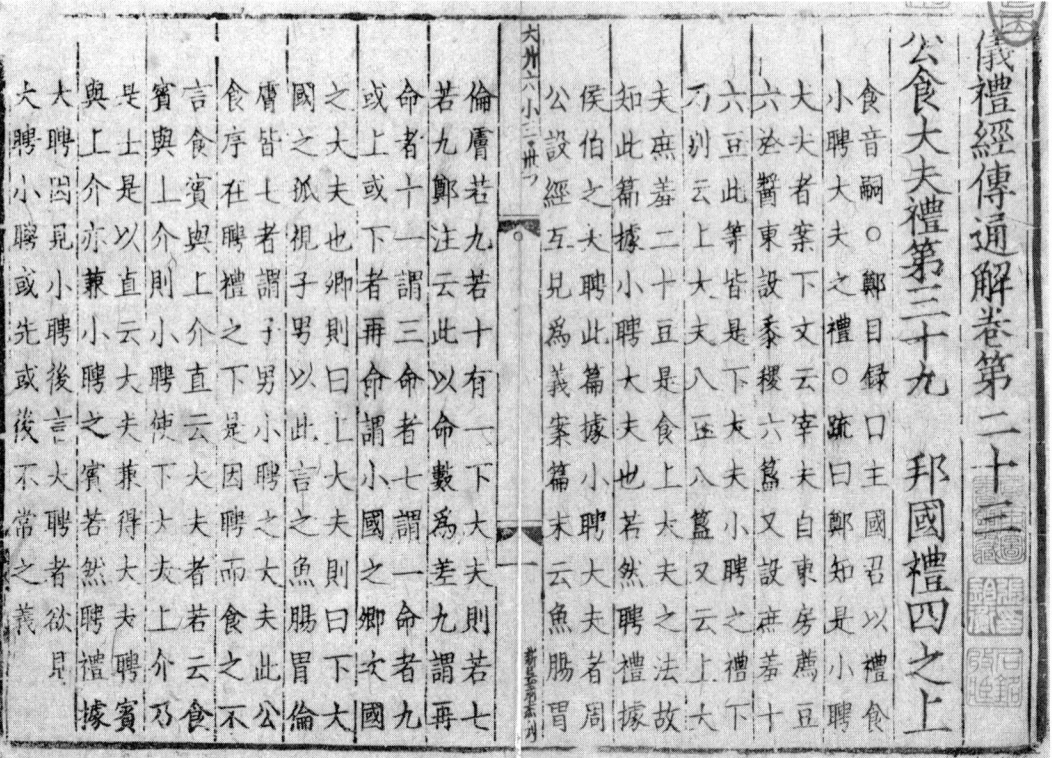

公食大夫禮第三十九　邦國禮四之上

食音嗣。鄭目録曰主國君以禮食小聘大夫之禮。疏曰鄭知是小聘大夫者案下文云宰夫自東房薦豆六於醬東設黍稷六簋又設庶羞十六豆此等皆是下大夫小聘之禮下乃別云上大夫八豆八簋又云上大夫庶羞二十豆是食上大夫之法故知此篇據小聘大夫也若然聘禮據侯伯之大聘此篇據小聘大夫者周公設經互見爲義案篇末云魚腸胃倫膚若九若十有一下大夫則若七若九鄭注云此以命數爲差九謂再命者十一謂三命者七謂一命者九或上或下者再命謂小國之卿次國之大夫也卿則曰上大夫則曰下大國之孤視子男以此言之魚腸胃倫膚皆七者謂子男小聘之大夫此公食序在聘禮之下是因聘而食之不言食賓與上介直云大夫者若云食賓與上介則小聘使下大夫上介乃是士是以直云大夫兼得大夫聘賓與上介亦兼小聘之賓若然聘禮據大聘因見小聘後言大聘者欲見大聘小聘或先或後不常之義

大卅六小三三册ㄱ　一　新昌五十五刊

0010_0003-2

0010_0004-1

經九　注曰公食於五禮屬嘉禮　大戴第十五小戴第十六
別録第九

公食大夫之禮。使大夫戒各以其爵　戒猶告也告之必使同班敵者易以相親敬○易以豉反○疏曰此篇雖據子男大夫爲正兼見五等諸侯之聘使卿大夫之事故云各以其爵也　上介出請入告　問所以爲來事○爲于僞反下爲既爲從爲公爲賓同○疏曰大夫至賓館之門外賓使上介出請大夫所爲來之事　三辭　三息暫反

大卅六小三三　儀禮卷二十三　二　范演

爲既先受賜不敢當○疏曰聘日已受饔餼大禮故今辭食不敢當之受饔之時禮辭而已至於饔食皆當三辭　賓出拜辱　拜使者屈辱來迎己　大夫不荅拜將命　不荅拜爲人使也將猶致也　賓再拜稽首　受命　大夫還　復於君　賓不拜送遂從之　不拜送者爲從之不終事○疏曰案鄉飲酒主人拜送賓不荅拜云禮有終此賓不拜送爲從之不終事若然鄉飲鄉射戒賓遂從之而云拜辱拜送者以其主人先反不相隨故待拜辱拜送聘禮使者勞賓於門外俟

0010_0004-2

氏再拜送從之使者既不先反猶拜送者尊天子使故也**賓朝服即位于大門外如聘**於是朝服則初時玄端如聘亦入于次俟○疏曰云如聘者則賓主設擯介以相待如聘時也云於是朝服則初時玄端者謂賓初在館拜所戒大夫即玄端賓遂從至君大門外入次乃去玄端著朝服出次即位不若聘禮重須發館即皮弁也云亦入於次俟者亦如聘時俟主人辯也

右戒賓賓從○記不宿戒食禮輕也此所以不

大二又　小三…　仪礼廿二　三

0010_0005-1

宿戒者謂前期三日之戒申戒爲宿謂前期一日○疏曰大射前期三日宰夫戒宰及司馬又少牢䈞人君有前期一日之宿此雖人君禮以食禮輕與鄉飲酒鄉射禮同當日爲之故皆不言日數下注云食賓之朝宿與戒之賓則從戒而來不復召是也**戒不速**食賓之朝夙興戒之賓則從戒者而來不復召**賓之乘車在大門外西方北面立**賓車不入門廣敬也凡賓即朝中道而往將至下行而後車還立于西方賓及位而止北面卿大夫之位當車前凡朝位賓主

0010_0005-2

之間各以命數爲遠近之節也○疏曰云凡賓即朝中道而往者内則云男子由右女子由左車從中央故賓乘車中道云車還立于西方者少儀云僕於君子始乘則式君子下行然後還立注云還車而立以俟其去是還立于西方云賓及位而止北面者玉藻云賓立不當門亦謂聘使也云卿大夫之位當車前者大行人云上公立當軹侯伯立當前疾子男立當衡又云大國之孤朝位當車前者則卿大夫立亦與孤同一節兼云大夫者小聘曰問使下大夫立與孤卿同當車前故連言也云凡朝位

大二　小三八十　仪礼廿三　四

0010_0006-1

賓主之間各以命數爲遠近之節者大行人云上公朝位賓主之間九十步侯伯七十步子男五十步注云朝位謂大門外賓下車及王車出迎所立處又云凡諸侯之卿其禮各下其君二等以下及大夫士皆如之是臣亦各依其君命數而降之故鄭揔以命數言之也

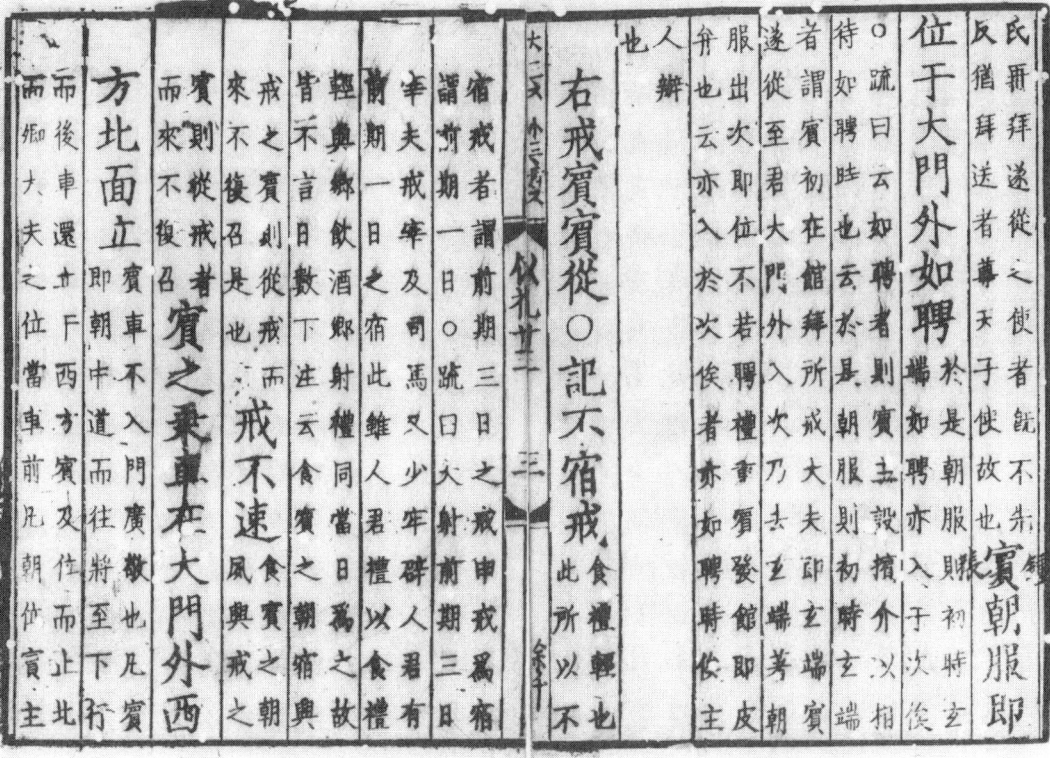

即位具主人也擯者俟君於大門外卿大夫士序及宰夫具其饌物皆於廟門之外○疏曰君迎賓入始言卿大夫以下廟内之位則知此具饌物時在廟門外也故下注云卿大夫至不先即位從君而入者明助君饗食

0010_0006-2

賓自無事故不在大門內是其義也**羹定**定多後反。肉謂之羹定猶孰也著之者下以爲飾。疏曰與下文陳鼎之節爲目**甸人陳鼎七當門南面西上設扃鼏鼏若東若編**編以絺反。○七鼎一大牢也甸人冢宰之屬兼亨人者南面西上以其爲賓統於外也扃鼎扛所以舉之者也凡鼎鼏蓋以茅爲之長則束本短則編其中央今文扃作鉉古文鼏皆作密。○疏曰聘禮致飧與饔餼皆九鼎此亦一大牢而七鼎者此食禮輕無鮮魚鮮腊與聘禮腥一牢鼎七同也天官有甸師氏兼有亨人

大三十四 小三百四

儀禮卷二十三 五

0010_0007-1

皆屬冢宰亨人職云掌共鼎鑊甸師職云掌帥其徒以薪蒸役外內饔之事諸侯出天子不備官故使甸人兼亨人陳鼎也鼎鼏諸文皆不言所用之物此經雖言若東若編亦不指所用之體鄭以茅是絜白之物故擬用之而云蓋也**設洗如饗**必如饗者先饗後食如其近者也饗禮亡燕禮則設洗於阼階東南古文饗或作鄉**小臣具槃匜在東堂下**匜以支反。○爲公盥也公尊不就洗小臣於小賓客饗食掌正君服位。○疏曰夏官小臣職云小祭祀賓客饗食賓大僕之法此諸侯之禮客饗食故亦小臣掌之

0010_0007-2

也**宰夫設筵加席几**設筵於戶西南面而左几公不賓至授几者親設湆醬可以略此。○疏曰云設筵於戶西南面而左几者以其賓在戶牖之間南面又生人左几異於神右几故也云公不賓至授几者親設湆醬可以略此者決聘禮禮賓時公親授几者以無設湆醬之事故也故下記云不授几鄭云異於醴也**無尊**主於食不獻酬**飲酒漿飲俟于東房**飲酒清酒也漿飲酨漿也其俟奠於豐上也飲酒先言飲明非獻酬之酒也漿飲先言漿別於六飲也。○疏曰云飲酒清酒也者按周禮酒正注先

大二十三 小三百十

儀禮卷二十三 六

0010_0008-1

鄭云清酒祭祀之酒後鄭從之則此賓客用之者優賓故也云漿飲酨漿也者酨之言載以其汁滓相載故云酨漢法有此名故也云其奠於豐上也者下云飲酒實於觶加于豐是也此云奠取枝加也云飲酒先言飲明非獻酬之酒也者以其鄉飲酒燕禮等獻酬之酒皆不言飲之可知此擬酳口故言飲是異於獻酬酒故也云漿飲先言漿別於六飲也者按漿人云共王六飲水漿醴涼醫酏彼先云六飲後云水漿與此先云漿不同故鄭云漿別於六飲必別於六飲者彼六飲爲渴而飲此漿爲漱口故異之**凡宰夫之具饌**

0010_0009-1　　0010_0008-2

于東房凡非一也飲食之具宰夫所掌也酒漿不在凡中者雖無事猶

嫌在堂○疏曰以其酒漿常在堂若不特言之則凡中不含之言謂酒漿亦在

堂故上特言之

右陳器饌○記不授几異於醴也○疏曰決禮賓

特公親授几也無阼席公不坐亨于門外東方

必於門外者大夫之事也東方者主陽○疏曰按上經甸人亨人之等亨

人其士官不得言大夫之事言大夫之事者解亨在門外之禮也燕禮注

云亨於門外臣所掌也言臣亦是大夫事少牢饔爨皆在門外亦大

夫事特牲云亡爨視饎爨于西堂下者以其無亡之故在內若然鄉

飲酒雖是上事以其取祖陽氣之義亦於門內司宮具

几與蒲筵常緇布純加萑席尋玄帛

純皆卷自末司宮大宰之屬掌宮廟者也丈六尺曰常半常

曰尋純緣也萑細葦也末經所終有以識之必長筵者以有左右饌也今

文萑皆爲莞○疏曰鄉禮注司宮天子曰小宰與此不同其義則一蓋彼

0010_0010-1　　0010_0009-2

是設尊故以小宰解之此設几席據以太宰之屬解之按太宰之下有宮

人掌宮中除汙穢之事即此司宮彼不言設几席者以天子具官別有司

几筵又有小宰諸侯兼官故司宮兼司几筵及小宰也云丈六尺曰常半

常曰尋者此皆無正文按周禮考工記云車有六等之數云軫崇四尺謂

之一等又云戈長六尺六寸既建而迆之崇於人四尺謂之二等人長八

尺崇於戈　四尺謂之三等殳長尋有四尺崇於人　尺謂之四等車戟常

崇于殳四尺謂之五等酋矛常有四尺崇于戟四尺謂之六等自軫至矛

皆以四尺爲差以是約之即知常是丈六尺尋是八尺也云萑細葦者以

類言之其實全別此萑又與莞蒲之莞不同彼莞謂蒲也云有以識之者

席無異物爲記但織之自有首尾可爲記識耳云必以長筵者以有左右

饌者賓在戶牖之間南面正饌在左庶羞在右雖不在席上皆陳於席前

當席左右其間容人故必長筵也宰夫筵出自東房

筵本在房宰夫敷之也天子諸侯左右房○疏曰上云司宮具几筵具之

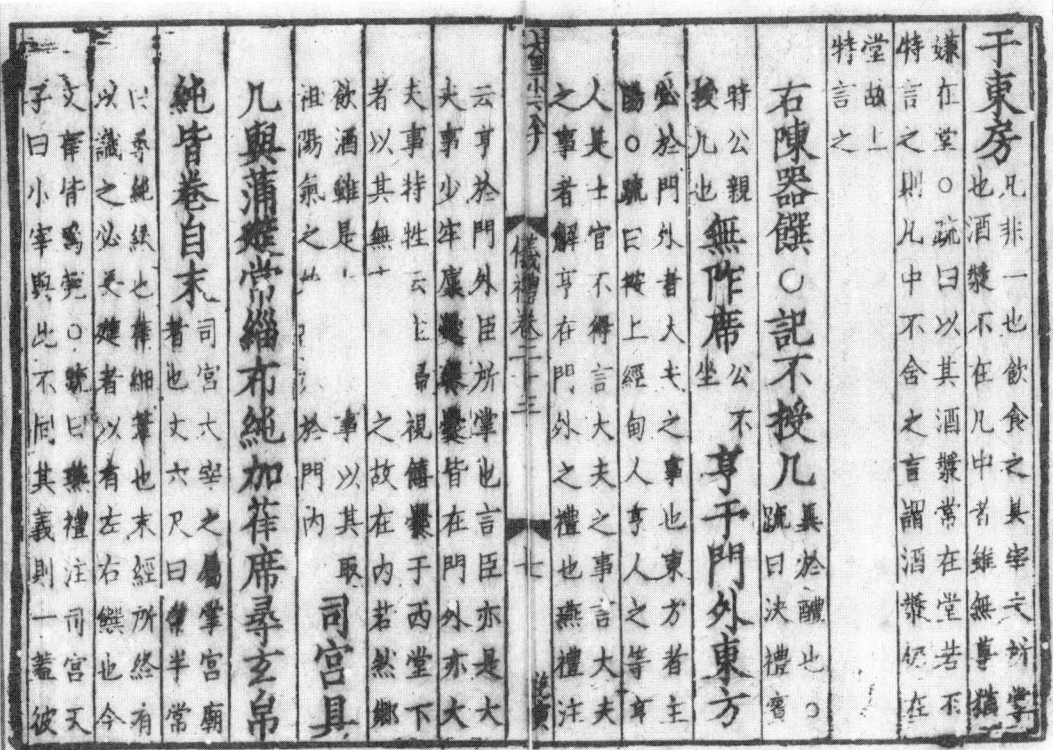

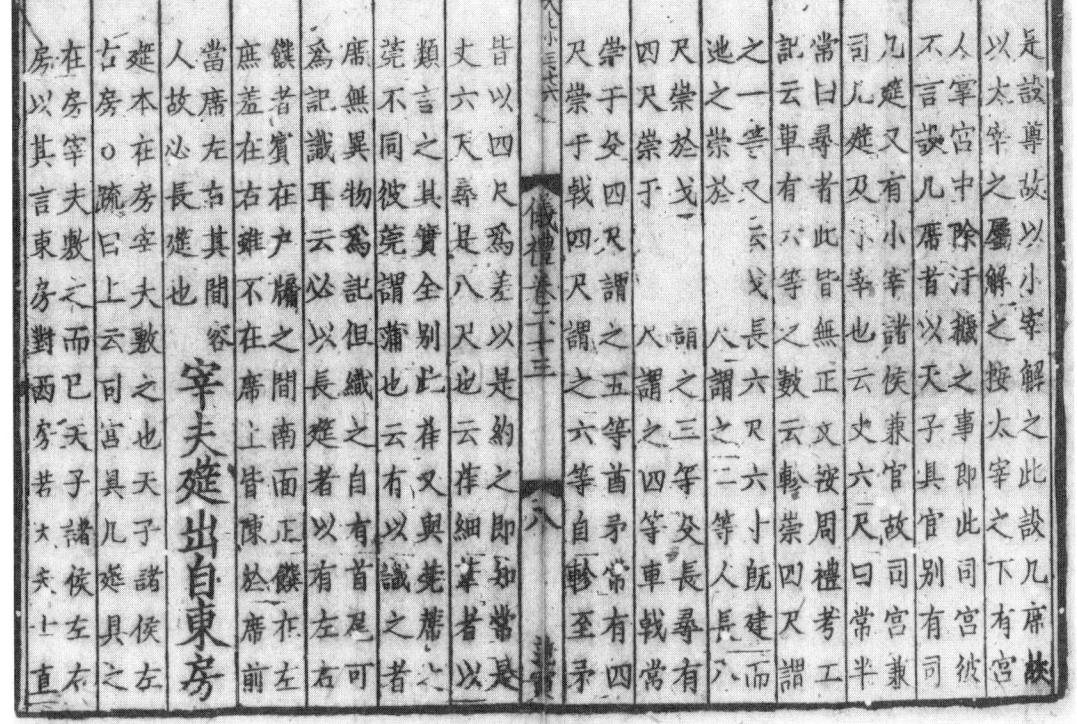

在房宰夫敷之而已天子諸侯左右房以其言東房對西房若大夫士直

0010_0010-2

有東房而已故直云左房也

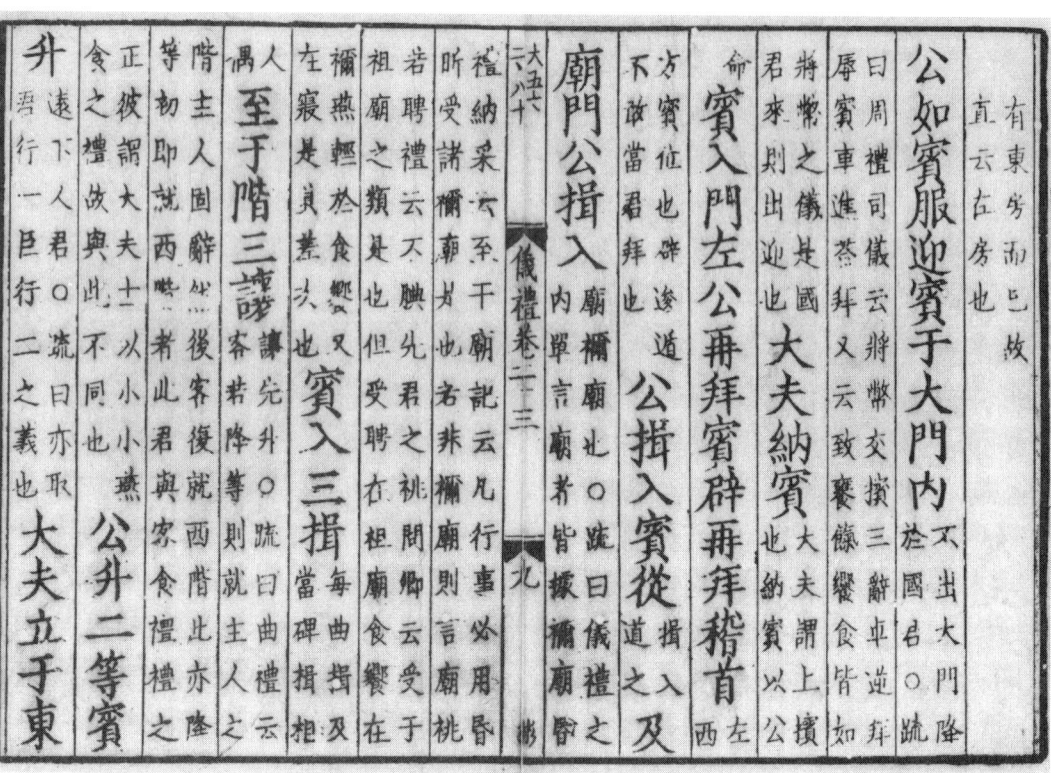

公如賓服迎賓于大門內不出大門降於國君○疏曰周禮司儀云將幣交擯三辭車逆拜辱賓車進荅拜又云致饔餼饗食皆如將幣之儀是國君來則出迎也大夫納賓大夫謂上擯也納賓以公命賓入門左公再拜賓辟再拜稽首左西方賓位也辟逡遁不敢當君拜也公揖入賓從揖入道之及廟門公揖入廟禰廟也○疏曰儀禮之內單言廟者皆據禰廟皆

0010_0011-1

禮納采云至于廟記云凡行事必用昏昕受諸禰廟是也若非禰廟則言廟祧若聘禮云不腆先君之祧聘卿云受于祖廟之類是也但受聘在祖廟食饗在禰燕輕於食饗又在寢是其差次也賓入三揖每曲揖及當碑揖相人偶至于階三讓讓先升○疏曰曲禮云客若降等則就主人之階主人固辭然後客復就西階此亦降等初即就西階者此君與客食禮禮之正彼謂大夫士以小小燕食之禮故與此不同也公升二等賓升遠下人君○疏曰亦取君行一臣行二之義也大夫立于東

0010_0011-2

夾南西面北上東夾南東西節也取節於夾明東於堂○疏曰此謂主國卿大夫立位序西爲正堂序東有夾室立于夾室之南是東於堂也士立于門東北面西上統於門者非其正位辟賓在此○疏曰燕禮大射士在西方東面北上不統於門今在門東西上宜東統於君而統於門者以賓在門西辟賓在此非正位故也小臣東堂下南面西上宰東夾北西面南上宰宰夫之屬也古文無南上○疏曰宰在其堂之南與夾室相當故云夾北也云宰宰夫之屬

0010_0012-1

者以經云南上則非止一人下文宰夫之官皆在其內亦於此立可知但宰尊官反在小臣之下者以其小臣位在北堂南故先見之非謂尊卑先後爲次也內官之士在宰東北西面南上夫人之官內宰之屬也自卿大夫至此不先即位從君而入者明助君饗食賓自無事○疏曰周禮天官內宰下大夫掌王后已下故天子內官諸侯未必有內宰以其言內官之士以士爲之明當天子內宰故鄭舉內宰況之也前聘時君迎賓于大門內時卿大夫已下入廟即位者受聘事重非饗食之事故先入廟即位此已下

0010_0012-2

雖有宰及夫者皆有宰及大夫乜拙 士庶羞之等皆眂君食賓非已之事故
從入介門西北面西上 西上自統於賓也然則承擯以
下在於士西少進上○疏曰介統於 賓而西上則擯統於君而東上可知承
擯以下既是有事之人又是大夫尊於 士故知少進東上不言上擯者上擯有
事其位不 定故不言

右迎賓即位

公當楣北鄉至再拜賓降也公再拜 楣謂

三八小三〻　儀礼廿三　十一　丐万

0010_0013-1

之梁至再拜者興禮俟賓嘉其來也公 再拜賓降矣○疏曰至再拜者公方一
拜賓即降公再拜者賓降後又一拜雖 拜本當再拜故皆以再拜言之猶下
侑幣之時公一拜賓降公再拜注云賓 不敢俟成拜也鄭云以再拜賓降矣者
謂至再拜 則賓降也 賓西階東北面荅拜 西階東 少就主
君敬也○疏曰荅拜也並據公未降之 前賓始一拜公降一等間在一辭之中
又辭而賓猶終降再拜稽首知者以下 文賓栗階升不拜是已拜於下也擯者
辭拜於下之時其位在 下故下記云御擯由下 擯者辭 於下辭拜 拜

0010_0013-2

也公降一等辭曰寡君從子雖將拜
也 賓降再拜公降擯者釋辭矣賓 猶降終其再拜稽首興起也 賓
階升不拜 自以已拜也栗階不栗也不 級連步趨主國君之命不
級而下匕辵○辵勑畧反○疏曰於堂 下終爲再拜稽首故於堂上不拜也一
栗實栗也者謂疾之意也云不拾級 步者曲禮云拾級聚足連步以上鄭
云涉級聚足謂前足躡一等後足從 之此涉級也連步謂足相隨不相過
連步據足而言涉級據階而說其 也此等尋常升法此栗階據趨君

弓〻大　儀禮廿三　十二　弓

0010_0014-1

致燕禮記云凡君所辭皆栗階 歷也謂越等急趨君命也又曰
不過二等注云其始升猶聚足 越二等左右足各一發而升堂是
[illegible]級而下[illegible]者凡 [illegible]
[illegible]
階[illegible]拜[illegible]
[illegible]

0010_0014-2

敢拜賓遂主君之意故升更拜也

右拜至○記鄉擯由下不升堂也○疏曰此謂上擯擯詔賓主升降周還之事

士舉鼎去鼏於外次入陳鼎于碑南面西上右人抽扃坐奠于鼎西南順出自鼎西左人待載入由東出由西明爲賓也今文奠爲委古文待爲持○疏曰次入謂序入也雍人以俎入陳于鼎南

0010_0015-1

旅人南面加匕于鼎退旅人雍人之屬旅食者也雍人言入旅人言退文互相備也出入之由亦如舉鼎者匕俎每器一人諸侯官多也○疏曰云旅人雍人之屬者即燕禮云尊士旅食于門西鄭云庶人在官者是也云諸侯官多者按少牢云鼎序入雍正執一匕以從雍府執四匕以從司士合執二俎以從司士贊者二人皆合執二俎以相從是大夫官少故每人兼執也大夫長盥洗東南西面北上序進盥退者與進者交于前卒盥序進南面匕

0010_0015-2

長以長幼也序猶更也前洗南○疏曰按鄉飲酒鄉射賓盥北面則此大夫亦皆北面可知云長以長幼也者若燕禮云命長之類皆據長幼爲長不謂衆中之長者也載者西面載者左人也亦序自鼎東西面於其前大夫匕則載之○疏曰前云左人待載其時鼎東南面今大夫鼎北西南匕之左人當載故序自鼎東西面於其前矣俎正當鼎南則載者在鼎南稍東也魚腊飪飪孰也食禮宜孰饗有腥者○疏曰上云羹定肉謂之羹恐魚腊不在羹定之中故此特著魚腊飪以食禮尚孰故皆飪也又曰國語云王饗用體薦體

0010_0016-1

薦則腥矣樂記云大饗而俎腥魚是享禮有腥也載體進奏體謂牲與腊也奏謂皮膚之理也進其理本在前下大夫體七个○疏曰三牲與腊皆載體直言體不辨體形及數以下魚腸胃倫膚皆言七則此亦七體故鄭云下大夫體七个按士虞記云升左肩臂臑肫骼脊脅七體彼喪禮用左又按鄉飲酒鄉射記皆云右胖進腠則此亦用右胖肩臂臑肫骼脊脅可知既用右胖則左胖爲庶羞其庶羞若此下大夫十豆上大夫二十豆是也若致飧及歸饔餼腥鼎皆無庶羞鄉飲酒鄉射燕禮大射雖同用狗一牲以其亨亨亦皆有

庶羞也云進其理本在前者此謂生人
食法故進本本謂之上者若祭祀則進
末少牢云進下鄭云變於食生是也魚七縮俎寢右右首也寢
右進鬐也乾魚進腴多骨鯁○疏曰縮縱也魚在俎爲縱於人亦橫賓在戶牖
之間南面俎則東西陳之魚在俎首在右腹腴鄉南鬐脊也進脊在北鄉賓者
取脊少骨鯁者以優賓也若祭祀則進腴以鬼神尚氣腴者氣之所聚故少牢
進腴是也腸胃七同俎以其同類也不畢其牛羊腴賤也此俎實
凡二十八○疏曰牛羊同是畜類又其脂腴賤故畧之同俎也牛羊各有腸胃

儀禮疏卷二十三　十五

肥胃各七四七二十八也但此腸胃與牲或同鼎同俎或別鼎別俎何者據此
下文七鼎腸胃與牲別鼎別俎是其正法取其鼎鼎俎奇也少牢五俎腸胃與牲
同鼎者以其有鮮獸若腸胃別鼎則六不得奇故并腸胃與牲同鼎有司徹亦
然此腸胃七者以其與牲體別鼎故取數於牲亦七少牢并腸胃於牲鼎故云
腸三胃三取數於脊脅各三也賓尸禮殺於正祭故腸胃各一既夕盛葬奠故
腸胃五也倫膚七倫理也謂精理滑脆者今文倫或作論○疏曰倫膚
謂豕之皮革爲之但此公食大夫爲賓用爲美故膚與腸胃皆別鼎俎特牲

有三鼎魚腊不同鼎故膚從牲同鼎有司徹雖同少牢亦止三鼎而已羊豕魚
皆一鼎故膚還從於牲鼎也又此膚與牲體之數亦七而少牢膚九者此食禮
故膚從體數少牢大夫之祭膚出下牲故取數於牲之體而九也腸胃
膚皆橫諸俎垂之順其在牲之性也腸胃垂及俎拒○疏曰
腸胃得在牲而垂膚亦言順牲之性者從多而言云垂及俎拒者少牢云腸三
胃三垂及俎拒是也大夫既匕匕奠于鼎逆退復
位事畢宜由便也士匕載者又待設俎○疏曰上文云士舉鼎又云左人待

儀禮疏卷二十三　十六

載下文云士設俎于豆南是載者又待設俎可知也
右鼎俎入
公降盥將設醬賓降公辭辭其從已卒盥公壹
揖壹讓公升賓升揖讓皆壹殺於初古文壹皆作一宰
夫自東房授醯醬授授公也醯醬以醯和醬○疏曰蒲筵於
堂上戶牖之間南面設之乃設正饌於中席已東庶羞於中席已西按歸饔餼
醯醢別知此不別而以醯和醬者此經所陳物異者皆副器此醯醬下但言醬

傳本缺此葉今用張本

0010_0018-2　　0010_0019-1

不别言醢明以醯和醬可知祭祀無巾汁以生人尚褻味故有之公設之以其爲饌本賓辭北面坐遷而東遷所東遷所奠之東側其故處○疏曰云東遷所者謂以西爲上君設當席中故東遷之辟君設處側近也近其故處公立于序內西鄉不立阼階上示親饌○疏曰君之行事皆在阼階上今以設饌在户西近北故近阼北立是示親饌也不立阼階上以監饌也宰立于階西疑立主君離阼也疑正立也自定之疑今文曰西階宰夫自東房薦豆六

大八千　八百三　儀禮卷二十三　十七　胡興

設于醬東西上韭菹以東醓醢昌本昌本南麋臡以西菁菹鹿臡醓醢醢有醓昌本昌蒲本菹也醢有骨謂之臡菁蔓菁菹也今文臡皆作麋○疏曰周禮醢人朝事之豆八此用其六彼注云醓肉汁也昌本昌蒲根也又云細切爲齏全物若牒爲菹齏菹之稱菜肉通此經言菹不言齏者齏菹麤細異通而言之齏亦得爲菹也蔓菁即蔓菁也士設俎于豆南西上牛羊豕魚在牛南腊腸胃亞之亞次也不言綼錯俎尊也○綼

0010_0019-2　　0010_0020-1

側耕反○疏曰上設豆綼陳之下設黍稷錯陳之此設俎不綼不錯者尊故也膚以爲特直豕與腸胃東也特膚出下牲賤○疏曰豕在牛羊之下爲賤膚豕之所出於特之於俎東也旅人取匕甸人舉鼎順出奠于其所以其空也其所謂當門○疏曰前旅人以匕入於鼎退出今還使之取匕前士舉鼎入今不使舉鼎出者以其士載訖遂設俎於賓前事未畢故甸人舉鼎而出也宰夫設黍稷六簋于俎西二以並東北上黍當牛俎其

大八二　儀禮卷二十三　十八　胡興

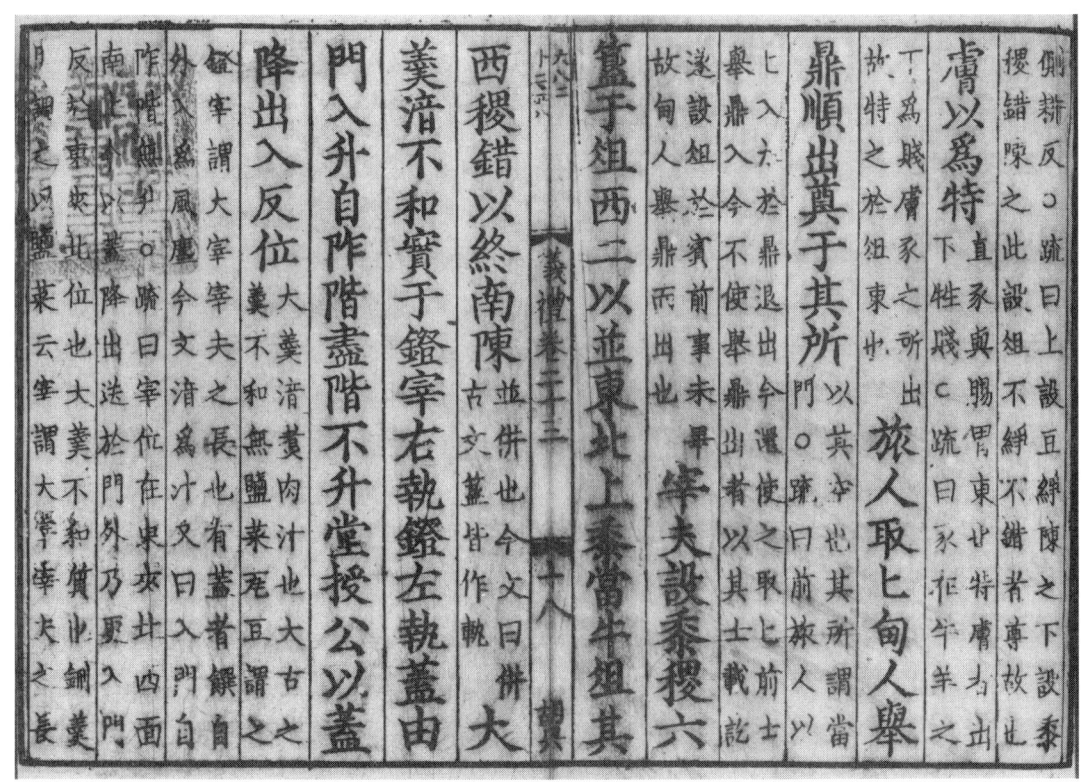

西稷錯以終南陳並併也今文曰併古文簋皆作軌大羹湆不和實于鐙宰右執鐙左執蓋由門入升自阼階盡階不升堂授公以蓋降出入反位大羹湆煑肉汁也大古之羹不和無鹽菜瓦豆謂之鐙宰謂大宰宰夫之長也有蓋者饌自外入爲風塵今文湆爲汁又曰入門自阼階無升○疏曰宰位在東夾北西面南上今以蓋降出送於門外乃更入門反於東夾北位也大羹不和貴其質也鉶羹則調之以鹽菜云宰謂大宰宰夫之長

0010_0020-2

者以單言宰諸侯三卿無大宰以司徒兼大宰大宰之下有宰夫故云宰夫之長也公設之于醬西賓辭坐遷之亦東遷所○疏曰醬既東遷所今於醬西遷之明亦東遷所移之故醬處也宰夫設鉶四于豆西東上牛以西羊羊南豕豕以東牛鉶菜和羹之器○疏曰下記云牛藿羊苦豕薇是菜和羹以此鉶盛之也撥羹在鉶言之謂之鉶羹撥器言之謂之鉶鼎正鼎之後設之謂之陪鼎入庶羞言之謂之羞鼎其實一也飲酒實于觶加于

大六小二六八十　儀禮卷二十三　十九

0010_0021-1

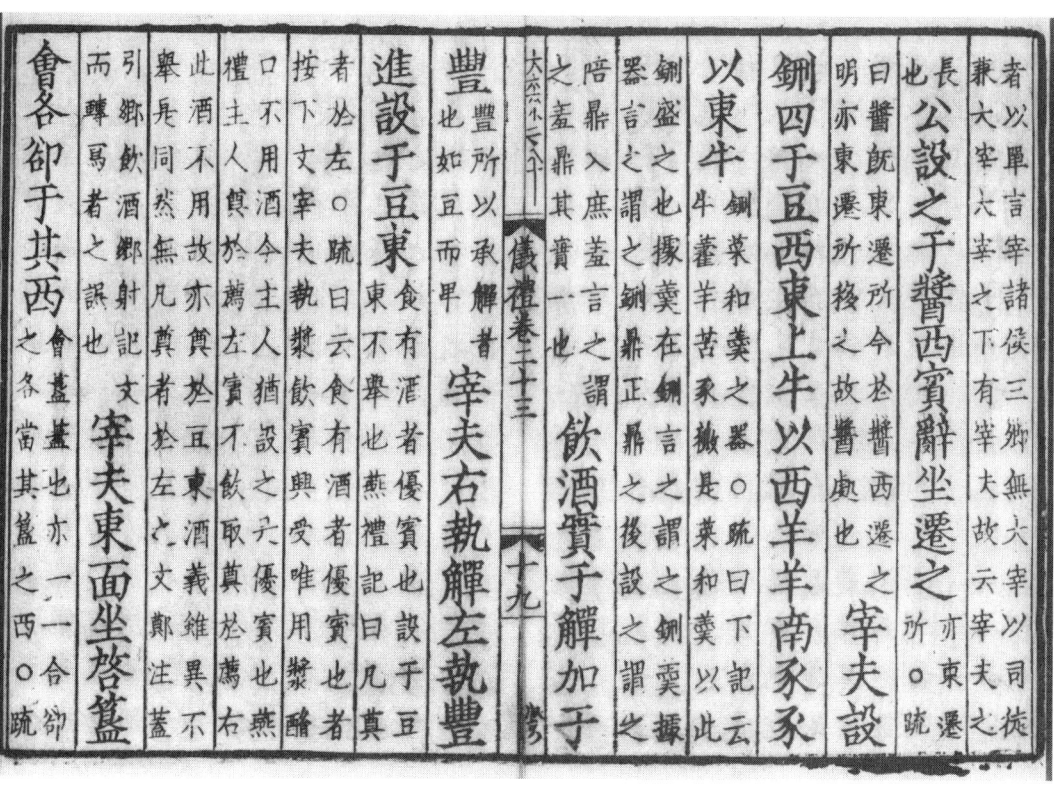

豐豐所以承觶者也如豆而卑宰夫右執觶左執豐進設于豆東食有酒者優賓也設于豆東不舉也燕禮記曰凡奠者於左○疏曰云食有酒者優賓也者按下文宰夫執漿飲賓與受唯用漿酳口不用酒今主人猶設之云優賓也燕禮主人奠於薦左賓不飲取奠於薦右此酒不用故亦奠於豆東酒義雖異不舉是同然無凡奠者於左之文鄭注蓋引鄉飲酒鄉射記文而轉寫者之誤也宰夫東面坐啓簋會各卻于其西會簋蓋也亦一一合卻之各當其簋之西○疏

0010_0021-2

曰云亦一一合卻之者卻者仰也簋蓋有六兩兩皆衽重而仰之謂之卻合故云一一卻合之各當其簋之西為兩處亦者亦少牢故少牢云佐食啓會蓋二以重設于敦南也右設正饌○記贊者盥從俎升俎其所有事○疏曰豆亦從下升不言從者贊者不佐祭豆直佐祭俎也經云三牲之胏不離贊者辯取之壹以授賓是黍稷亦贊祭不從升者黍稷設之在後故也黍稷雖後升先祭者以其先食黍稷後食肉故也上贊下

大三小二六八　儀禮卷二十三　二十

0010_0022-1

大夫也上謂堂上擯贊者事相近以佐上下為名鉶芼牛藿羊苦豕薇皆有滑藿豆葉也苦苦荼也滑堇荁之屬今文苦為芐○疏曰士虞記云鉶芼用苦若薇有滑夏用葵冬用荁鄭注云荁堇類也乾則滑夏秋用生葵冬春用乾荁此經云皆有滑不言所用之物故取彼記解之云之屬者其中兼有葵也贊者負東房南面告具于公負東房負房戶而立也南面者欲得鄉公與賓也○疏曰經直云負東房鄭知負房戶而立者以公

在東序內賓在戶西鄉告具于公且欲使賓聞之故知於房近延是以云得鄉

公與賓也公再拜揖食再拜拜賓饌具賓降拜答公拜公辭賓升再拜稽首不言成拜降未拜賓升席

坐取韭菹以辯擩于醢上豆之間祭擩猶染也今文無于贊者東面坐取黍實于左手辯又取稷辯反于右手興以授賓賓祭之取授以右手便也賓亦興受坐祭之於豆祭也獨云贊興優賓也少儀曰受立

仪礼廿三　三一

授立不坐○疏曰此所授者皆謂遵賓者菹醢及鉶皆不言授者以其近賓取之易也授曲禮云殽之序辯祭之故知雖不授亦祭之也經直云祭知祭之於豆祭者授少牢云尸取韭菹辯擩于三豆祭于豆間故此云獨云贊興優賓者欲見賓坐而不與是優賓其實俱興也少儀者欲見贊興賓亦興之義以其贊亦故也

三牲之肺不離贊者辯取之一以授賓肺不離者刌之也不言刌刌[illegible]肺也此殷法不殊而刌[illegible]疏[illegible]舉肺者絕肺祭也[illegible]

之肺離而不提心鄭云提猶絕也刲離之不絕中央少者此即爲食而舉肺也少牢云舉肺一長終肺祭肺三皆切之是祭肺切舉肺不切也此肺雖不離而刌之與祭肺同其實舉肺故不言刌將祭之時則絕末而祭之與祭肺異也凡舉肺有二名一名離肺亦名舉肺祭肺亦名刌肺也賓興受坐祭於是云賓興受坐祭一重牲也賓亦每肺興受祭於豆祭捝手扱上鉶以柶辯擩之上鉶之間祭扱以柶扱其鉶菜也捝拭也拭以巾○疏曰此二土鉶之間祭者著其異於餘者餘祭於上豆之間

仪礼廿三　三二

此鉶別自祭鉶間云捝拭也拭以巾者案內則左佩紛帨帨即佩巾而公拭拭手以巾然帨不名巾者本名帨者以拭手爲名其實名巾故鄭舉其實稱也此有四鉶而云扱上鉶辯擩則唯有一柶優賓故用一柶而已少牢二鉶祭祀有柶也故豆各

祭飲酒於上豆之間魚腊醬湆不祭不祭者非食物之盛者○疏曰魚腊湆醬非盛者在正饌之內故不祭若入庶羞則祭之下文辯取庶羞之大與一以授賓賓受兼壹祭之少儀云祭膴膴誥爲大魚肉之鬵是亦祭之也

張本下象鼻有監生留成四字傳本剪去之

0010_0024-2

右賓祭正饌

宰夫授公飯粱公設之于湆西賓北面辭坐遷之既告具矣而又設此殷勤之加也遷之遷而西之以其東上也○疏曰知遷而西者以其加饌與庶羞並列也知粱東上者下文宰夫膳稻于粱西是以粱在東爲上也公與賓皆復初位位序內階西○疏曰上公設湆時立于序內賓立于階西此云公與賓復初位故知公還在序內賓還在階西也宰夫膳稻于粱西膳猶進也進稻

仪礼廿三　廿三

0010_0025-1

粱者以簋○疏曰知進稻以簋者下記云簋有蓋冪鄭注云稻粱將食乃設去會於房蓋以冪上云設黍稷訖云卻會此稻粱不云卻會者先於房去之故也

士羞庶羞皆有大蓋執豆如宰羞進也庶衆也進衆珍味可進者也大以肥美者特爲臠所以祭也魚或謂之膴膴大也唯醢醬無大如宰如其進大羹湆右執豆左執蓋○疏曰云皆有大者中有二物三物之肉皆有魚也云魚或謂之膴膴大也者有司徹云尸俎五魚侑主人皆一魚皆加膴祭于其上是也少儀云膴祭也云唯醢醬無大者鄭注周禮醢人作

0010_0025-2

醢之法先膊乾其肉乃後莝之雜以粱麴及鹽漬以美酒塗置甀中乘日則成矣何大臠之有也醬則醢也亦無大臠也先者反之由門入升自西階庶羞多羞人不足則相授於階上復出取也○疏曰反之者以其庶羞十六豆羞人不足故先至者反取之下文云先者一人升設於稻南其人不反則此云先者反之謂第二已下爲先者也先者一人升設于稻南簋西間容人簋西黍稷西也必言稻南者明庶羞加不與正豆併也間容人者賓當從間往來也○疏曰稻與庶羞俱

儀禮卷二十三　二十四

0010_0026-1

是加稻在黍稷西近北庶羞繼而南陳俱在黍稷正饌之西是不與正豆併也賓當從間往來則下文賓左擁簋粱右執湆以降公辭升反奠于其所是也

旁四列西北上不統於正饌者雖加自是一禮是所謂羹胾中別○疏曰曲禮云左殽右胾彼云殽骨體也此內謂之羹亦一也殽爲正饌胾謂切肉則庶羞兩分置左右此亦正饌在東庶羞在西間容人是中別也

膷以東臐膮牛炙膷臐膮今時臛也牛曰膷羊曰臐豕曰膮皆香美之名也古文膷作香臐作薰炙南醢以西牛胾醢牛

0010_0027-1　　0010_0026-2

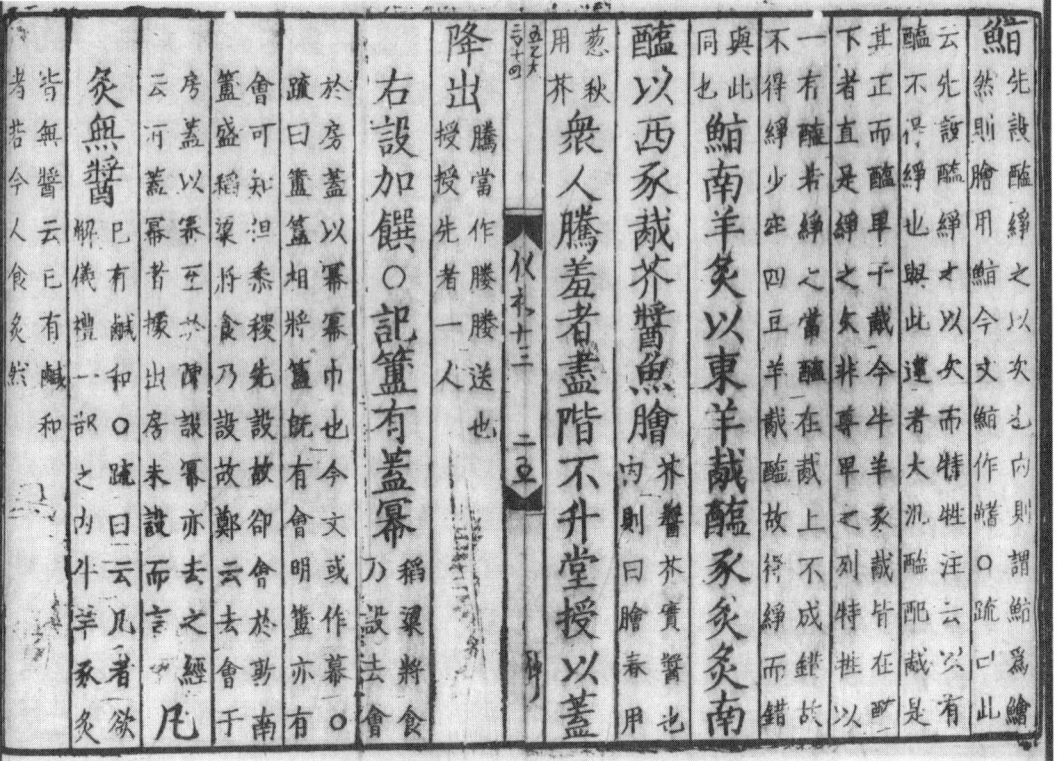

鮨先設醯縟之以次也內則謂鮨爲膾然則膾用鮨今文鮨作鰭○疏曰此云先設醯縟才以次而特牲注云以有醯不得縟也與此違者大汎醯酏截是其正而醯單于截今牛羊豕截皆在所下者直是縟之次非尊卑之列特牲以一有醯若縟之當醯在截上不成錯故不得縟少牢四豆羊截醯故得縟而錯與此同也

鮨南羊炙以東羊截醢豕炙炙南醢以西豕截芥醬魚膾 芥醬芥實醬也內則曰膾春用葱秋用芥

衆人騰羞者盡階不升堂授以蓋降出 騰當作賸賸送也授授先者一人

五之六
三十四　儀禮十三　二五

右設加饌○記簠有蓋冪 稻粱將食乃設去會於房蓋以冪冪巾也今文或作幕○疏曰簠簋相將簠既有會明簋亦有會可知但黍稷先設故郤會於敦南簠盛稻粱將食乃設故鄭云去會于房蓋以冪至于簠設冪亦去之經云河蓋冪者據出房未設而言也

凡炙無醬 已有鹹和○疏曰云凡者欲解儀禮一部之內牛羊豕炙皆無醬云已有鹹和者若今人食炙然

0010_0028-1　　0010_0027-2

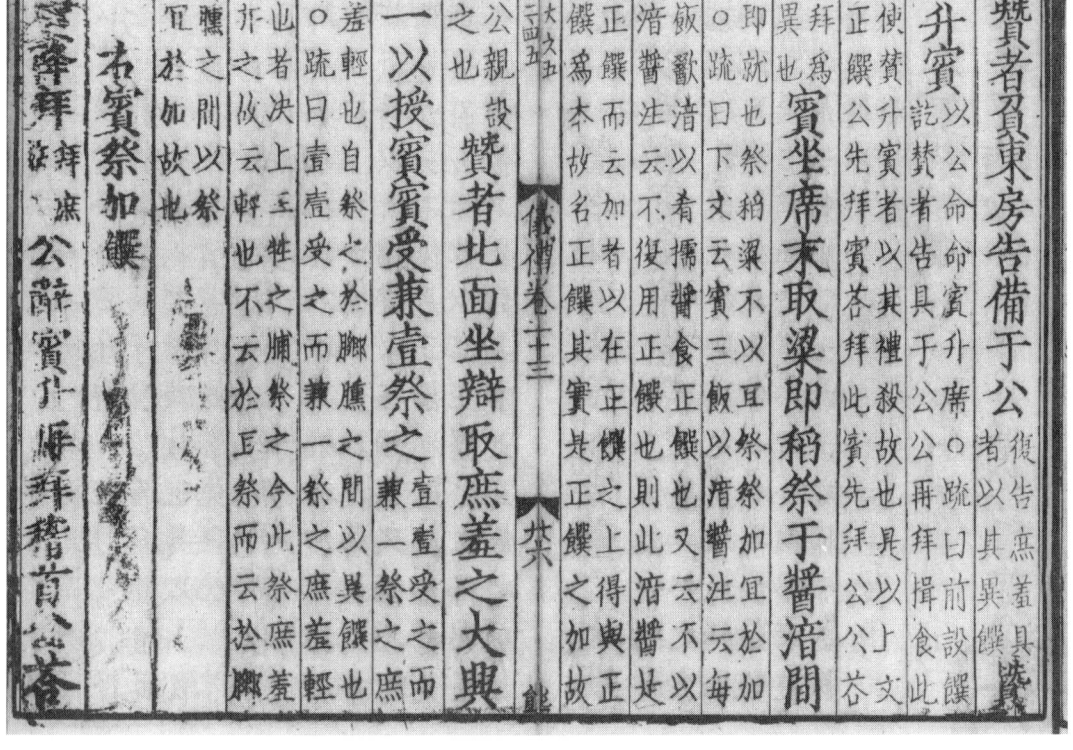

贊者負東房告備于公 復告庶羞具者以其異饌

升賓 以公命命賓升席○疏曰前設饌訖贊者告具于公公再拜揖食此使贊升賓者以其禮殺故也是以上文正饌公先拜賓荅拜此賓先拜公公荅拜爲異也

賓坐席末取粱即稻祭于醬湆間 即就也祭稻粱不以豆祭祭加宜於加○疏曰下文云賓三飯以湆醬注云每飯歠湆以肴擩醬食正饌也又云不以湆醬注云不復用正饌也則此湆醬是正饌而云加者以在正饌之上得與正饌爲本故名正饌其實是正饌之加故公親設之也

大之五
二十四五　儀禮卷十三　廿六　能

贊者北面坐辯取庶羞之大興一以授賓賓受兼壹祭之 壹壹受之而兼一祭之庶羞輕也自祭之於膷臐之間以異饌也○疏曰壹壹受之而兼一祭之庶羞輕也者決上三牲之胾祭之今此祭庶羞亦之故云輕也不云於豆祭而云於膷臐之間以祭宜於加故也

右賓祭加饌

賓降拜 拜庶羞 公辭賓升再拜稽首公荅

0010_0028-2

再拜賓北面自間坐左擁簠粱右執湆以降（自間坐由兩饌之間也擁抱也以取粱者公所設也以之降者堂尊處欲食於階下然也）公辭賓西面坐奠于階西東面對西面坐取之栗階升北面反奠于其所降辭公（奠而後對成其意也降辭公敬也必辭公者爲其尊而親臨己食侍食贊者之事○疏曰云成其意者謂成其食降階下之意故奠乃對此決下文大夫相食賓執粱與湆之西序端主人辭賓反之而不奠也）

0010_0029-1

公許賓升公揖退于箱（箱東夾之前俟事之處○疏曰按爾雅有東西廂曰廟其夾皆在序外故也知是俟事之處者正以此大公揖退于廟而俟賓食即待事之處也）擯者退負東塾而立（無事）賓坐遂卷加席公不辭（贊者以告公公聽之重來優賓○疏曰公既在序外賓食在戶西若不告公公何以知之明知贊者告公也公來則勞賓不來則賓不勞故不來者所以優饒賓也）賓三飯以湆醬（每飯歠湆以肴擩醬食正饌也三飯而止君子食不求飽不言其肴

0010_0029-2

優賓○疏曰曲禮三飯主人延客食胾然後辯殽與此不同者此爲禮食故先食胾殽大夫士與客燕食則先食胾故不同也又昏禮同牢云贊爾黍授肺脊皆食以湆醬皆祭舉食舉也注云食食黍也以用也用者謂歠湆咂醬而不食殽者此公食大禮解體折節明食殽可知彼脈解者皆不食故不食殽也彼又云三飯卒食注同牢示親不主爲食起三飯而成禮故不食殽也但湆言歠淡故也醬言擩鹹故也云不言其殽優賓者特牲少牢尸食時舉殽皆言次第此不言者任賓取之是優賓也）宰夫執觶漿飲與其豐以進（此進漱也非爲卒食爲將有事緣賓意欲自絜清）賓捝手興受（受觶）宰夫設其豐于稻西（酒在東漿在西是所謂左酒右漿○疏曰酒在東者上云酒賓于觶宰夫設于豆東是也漿在西者即此經設於稻西是也曲禮云酒漿處右彼注云此言若酒若漿耳兩有之則左酒右漿也）庭實設（乘皮）賓坐祭遂飲奠于豐

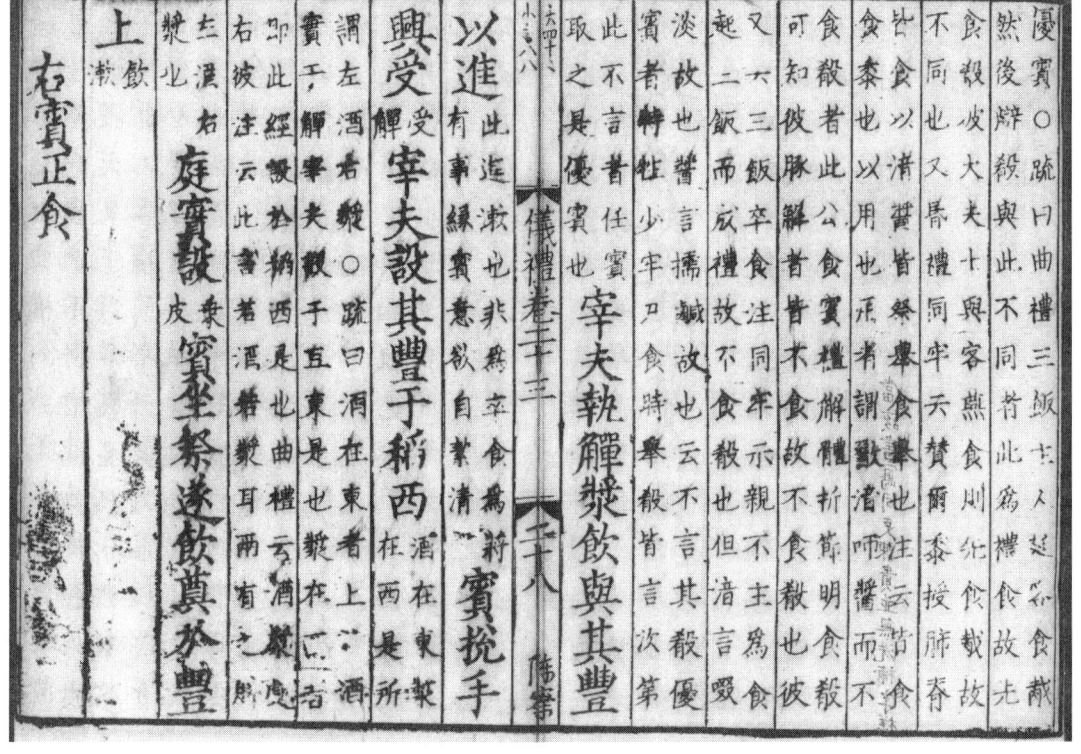

0010_0030-1

上（飲漱）

右賓正食

0010_0030-2

公受宰夫束帛以侑西鄉立束帛十端帛也侑猶勸也主國君以爲食賓殷勤之意未至復發幣以勸之欲用深安賓也西鄉立序內位也受東帛于序端○疏曰上文公設醬公立于序內西鄉此經亦云西鄉立故知亦在序內位也大射禮公凡受於序端故每云公之所受者皆約之受於序端賓降筵北面以君將有命也北面於西階上○疏曰以君將有東帛侑食之命故於西階上待之擯者進相幣爲君釋幣辭於賓賓降辭幣升聽命降辭幣主國君又命之升聽命

0010_0031-1

釋許辭○疏曰云主國君又命之升知者約聘禮禮賓賓降辭幣公降一等辭東階升聽命是也降拜當拜受幣公辭賓升再拜稽首受幣當東楹北面主國君南面授之當東楹者欲得君行一臣行二也退西楹西東面立俟主國君送幣也退不負序以將降○疏曰聘禮公拜既賓三退負序不言辟者以執主將進授之也公拜送幣賓在階西不負序者以將降故也公壹拜賓降也公再拜賓不敢俟成拜介逆出以賓事畢賓北面揖執

0010_0031-2

庭實以出揖執者示親受公降立俟賓反上介受賓幣從者訝受皮從者府史之屬訝迎也今文曰梧受○疏曰此子男小聘使大夫士介一人而已此時已受賓幣款知訝受者非士介是府史之屬也

右侑幣

賓入門左沒霤北面再拜稽首便退則食禮未卒不退則嫌更入行拜若欲從此退○疏曰云便退則食禮未卒不退則嫌者

0010_0032-1

此鄭探解賓意食禮自有常法三飯之後當受侑幣送庭實出更入以終食禮若便退則食禮未卒不退則有貪食之嫌是以更入行拜示將辭之意待公設辭而後留也公辭止其拜使之卒食揖讓如初如初入也升賓再拜稽首公荅再拜賓拜主國君之厚意賓揖介入復位○疏曰上文云介逆出不更云介逆出明知中門介復入可知但復入之節當此賓入之時也賓降辭公如初將復食賓升公揖退于箱賓卒食會飯三飲卒也

0010_0032-2　0010_0033-1

食會飯三漱漿也會飯謂黍稷也此食二黍稷則初時食稻粱○疏曰知會飯是卻於其西此云食會飯故知是黍稷也黍稷者上文云宰夫東面坐啓簋會各前賓三飯不云會以其簋盛稻粱稻粱無會故鄭云此食黍稷則初時食稻粱矣

不以醬涪不復用正饌也初特食加飯用正饌此食正飯用庶羞互相成也後言涪或時後用○疏曰上文賓三飯以涪醬注云每飯歠涪以殽擩醬是正饌稻粱是加此云卒食會飯三飲不以醬涪鄭意以黍稷是其正庶羞是其加是互相成也上文賓三飯以涪醬先言涪後言醬是先用涪此後

言涪或容前三飯後用涪故作文有先後也

捝手興北面坐取粱與醬以降西面坐奠于階西示親徹也不以出者非所當得又以己得侑幣○疏曰云不以出者以士昏禮賓取脯出以授從者彼是己所當得此非特己得侑幣下文有司卷三牲之俎歸于賓館亦是己所當得鄭不言三牲而言侑幣者據已得者而言之

東面再拜稽首卒食拜也不北面者異於辭○疏曰上文賓受侑幣出更入門左拜其時辭欲退侑待公留致北面此卒食禮終故東面

公降再拜

0010_0033-2　0010_0034-1

荅之也不辭之使升堂明禮有終

右卒食

介逆出賓出公送于大門內再拜賓不顧初來揖讓而退不顧退禮略也示難進易退之義擯者以賓不顧告公公乃還

有司卷三牲之俎歸于賓館卷猶收也無遺之辭也三牲之俎正饌尤尊盡以歸賓尊之至也歸俎者實于篚它時有所釋故○疏曰此無所俎而言卷三牲之俎不言用俎鄭云實于篚按士虞禮

亦無所俎尸舉牲體皆盛於篚吉凶雖不同無所俎是一故知同用篚也特牲及士虞尸卒食取俎歸於尸三个是有所釋此無所釋故卷也彼注云釋猶遺也遺者君子不盡人之歡不竭人之忠也

魚腊不與以三牲之俎無所釋故也禮之有餘為施惠不言賜胃膚者在魚腊下不與可知也古文與作豫

右賓出

明日賓朝服拜賜于朝拜食與侑幣皆

0010_0034-2

再拜稽首朝謂大門外○疏曰云朝謂大門外者以其經云拜賜門朝無賓入之文又聘禮以柩造朝亦無喪入之文也此食禮拜侑幣聘禮歸饔餼直言拜饔與餼不拜束帛者彼使人致之故不拜此食禮君親賜故拜之

許聽之受其言入告出報也此下大夫有士許○疏曰周禮掌訝大夫有士許此篇是子男使下大夫小聘故云此下大夫有士許也

右拜賜

上大夫八豆八簋六鉶九俎魚腊皆二

0010_0035-1

俎記公食上大夫異於下大夫之數豆加葵菹蝸醢四四為列俎加鮮魚鮮腊三三為列無特○疏曰云豆加葵菹蝸醢者按周禮醢人朝事之豆云韭菹醓醢昌本麋臡菁菹鹿臡茆菹麇臡上文下大夫之豆用其六仍有茆菹麇臡今上大夫八豆不取之而取饋食之豆葵菹蝸醢者按少牢饋食四豆二豆用葵菹蠃醢二豆用韭菹醓醢注云韭菹醓醢朝事之豆也而饋食用之豐大夫禮則此公食大夫兼用饋食之豆亦是豐大夫禮也云俎加鮮魚鮮腊者上文下大夫七俎牛羊豕魚腊腸胃膚此云九俎明加鮮魚鮮腊云無特者陳饌

0010_0035-2

要方七俎者東西兩行為六俎一俎在特于俎東此九俎為三行故無特鮮無特膚亦為下

魚腸胃倫膚若九若十有一下

大夫則若七若九此以命數為差也九謂再命者也十一謂三命者也七謂一命者也九或上或者再命謂小國之卿次國之大夫也卿則曰上大夫則曰下大國之孤視子男○疏曰云此以命數為差也者按周禮典命公侯伯之卿三命大夫再命士一命子男之卿再命大夫一命士不命則諸侯之臣分為三等三命再命一命不命與一命同此經魚腸胃倫膚亦分為

0010_0036-1

三等有十一有九有七則十一當三命九當再命七當一命若然惟有上下二文者以公侯伯之大夫與子男之卿同再命卿爵尊為上大夫爵卑為下則上言若九者子男之卿也下言若九者公侯伯之大夫也故鄭云卿則曰上大夫則曰下云大國之孤視子男者此經唯見三命以下故鄭併論及之案周禮典命大國之孤四命又大行人云大國之孤執皮帛以繼子男又云其他皆視小國之君若然孤與子男同十三侯伯十五上公十七差次可知

庶羞西東毋過四列謂上下大夫也古文毋為無○疏曰上文云庶羞

0010_0036-2

四列此上大夫饌內言庶羞西東毋過四列則東西橫行上下大夫皆四以爲

行下大夫四四十六東西四行南北亦四行上大夫廿東西四行南北五行矣

上大夫庶羞二十加於下大夫以雉兔

鶉鴽鴽無母○疏曰云鴽無母者按爾雅釋鳥云鴽鴾母郭氏曰鵪也青

州人呼曰鴾母莊子云田鼠化爲鶉淮南子云蝦蟆所化也月令曰田鼠化爲

鴽然則鴽鶉一物也

右食上大夫禮○記上大夫蒲筵加

大五三　二ㄱ六十　儀禮大三　三五

0010_0037-1

萑席其純皆如下大夫純謂三命大夫也孤爲

賓則莞筵紛純加繅席畫純也○疏曰經云上大夫不辨命數則子男之

卿再命其席亦同下大夫鄭言謂三命大夫者欲見公侯伯之卿三命亦

與子男下大夫同公之孤四命其席則異按周禮司几筵云筵國賓于牖

前莞筵紛純加繅席畫純與此記三命已下者不同故知彼國賓謂筵孤

也無正文故云則也上大夫庶羞酒飲漿飲庶

羞可也於食庶羞宰夫又設酒漿以之食庶羞可也以優賓○疏

0010_0037-2

曰上經云上大夫庶羞二十豆此復記之者欲見上大夫食加飯之時得

兼食庶羞其時宰夫更設酒飲漿飲以優賓也拜食與侑幣

皆再拜稽首嫌上大夫不稽首

若不親食謂主國君有疾病若他故○疏曰疾病之外別云他故者

君有死喪之事故聘禮云主人畢歸禮賓唯饔餼之受謂卑致饗食但賓不受

之使大夫各以其爵朝服以侑幣致之

執幣以將命豆實實于甕陳于楹外二以並

大五九　二ㄱ八二　儀禮大三　三六

0010_0038-1

北陳簋實實于筐陳于楹內兩楹間二

以並南陳陳甕筐於楹間者象授受於堂中也南北相當以食饌同

列耳甕北陳者變於食甕數如豆醢芥醬從焉筐米四今文並作併○疏曰云

南北相當以食饌同列耳者按上文正食之時黍稷亦西陳今於楹間陳筐米

亦南陳是正食及此饌同列也云甕北陳者變於食者上文三食之府宰夫自

東房薦豆六設於醬東西上陳之今於楹間二以併北陳是變於食也菹醢各

異物不可同甕故甕數如豆上大夫八豆則八甕下大夫六豆則六甕庶羞之

0010_0038-2

醯同是醬類故使之相從但庶羞之醢
更無別種宜同一甕芥醬宜亦一甕知
有芥醬者以其有生魚故也上文上大
夫八簋今乃生致之黍稷宜各一筐鉶
粱又二筐故云筐米四

庶羞陳于碑內

生魚也魚
腊從焉上
夫大夫加鮮魚鮮腊雉兔鶉鴽不陳于堂
豆饌○疏曰上文魚膾是魚之中膾
者皆是生魚也按鄭注内禮云熊人膾
魚方寸切其腴以啗所貴是也此則全
生不膾何者本膾在豆與胾炙俱設今
胾炙在牲未殺膾全不破可知然庶羞
之內衆羞俱有鄭獨云生魚者以其胾
炙在牲不殺於此無炙雖有乾腊雉兔

三九十二　儀禮卷二十三　三十七

0010_0039-1

之等以生魚爲主也云魚腊從焉者雉
無三牲之內有乾魚腊可知云上大夫
加鮮魚鮮腊雉兔鶉鴽者以其下大夫
七鼎無鮮魚鮮腊上大夫九鼎加鮮魚
鮮腊可知雉兔鶉鴽亦生致之矣庶羞
本在堂上正饌之西今在碑內故云辟
正饌也不陳於碑南者以其本
合在堂今宜近堂故在碑北

庭實陳于碑外

執乘皮者也不參分庭一在南
者以言鮮宜近內○疏曰庭實
正法皆參分庭一在南而陳之昏禮記
納徵執皮者是也今云碑外鄉碑而言
是近北矣彼陳於主人之庭擬與賓同
亦故近南此陳於客館擬與賓入內故

0010_0039-2

鄭云以言歸
故在內也

牛羊豕陳于門內西方東上

爲其踐汙館庭使近外○疏曰上賓
羞與庭實在碑之內近內陳之此牛
羊豕陳於門內繼門言之是爲其踐汙
館庭也若然致饔餼牛羊豕亦在此彼
不言者以饔餼有腥有熟其生者近門
是其常故略之此旣不殺宜近內故決
之
也

賓朝服以受如受饔禮

朝服食禮輕
也○疏曰歸
饔餼時卿韋
弁賓皮弁受

無儐

以己本宜往○疏曰
主君無故速賓在廟
行食禮而有侑幣賓無儐法主君有故
致食禮幷有侑幣亦不合有儐故云以

四十八　小字八十二　儀禮卷二十三　三十八　林

0010_0040-1

己本
宜往

明日賓朝服以拜賜于朝訝聽命

賜亦謂食侑幣○疏曰上速賓食
時拜食與侑幣今亦然故云亦

右不親食

大夫相食親戒速

記異於君者也速召
也先就告之歸具旣
具復自召之○疏曰經大夫親戒速決
君不親戒速以下諸文亦皆異故云記
異於君者也云先就告之歸具旣具復
自召之者以其戒具而有皆親爲之與
鄉飲酒鄉射同故彼二文皆云戒
賓旣歸布延設尊乃親速賓是也

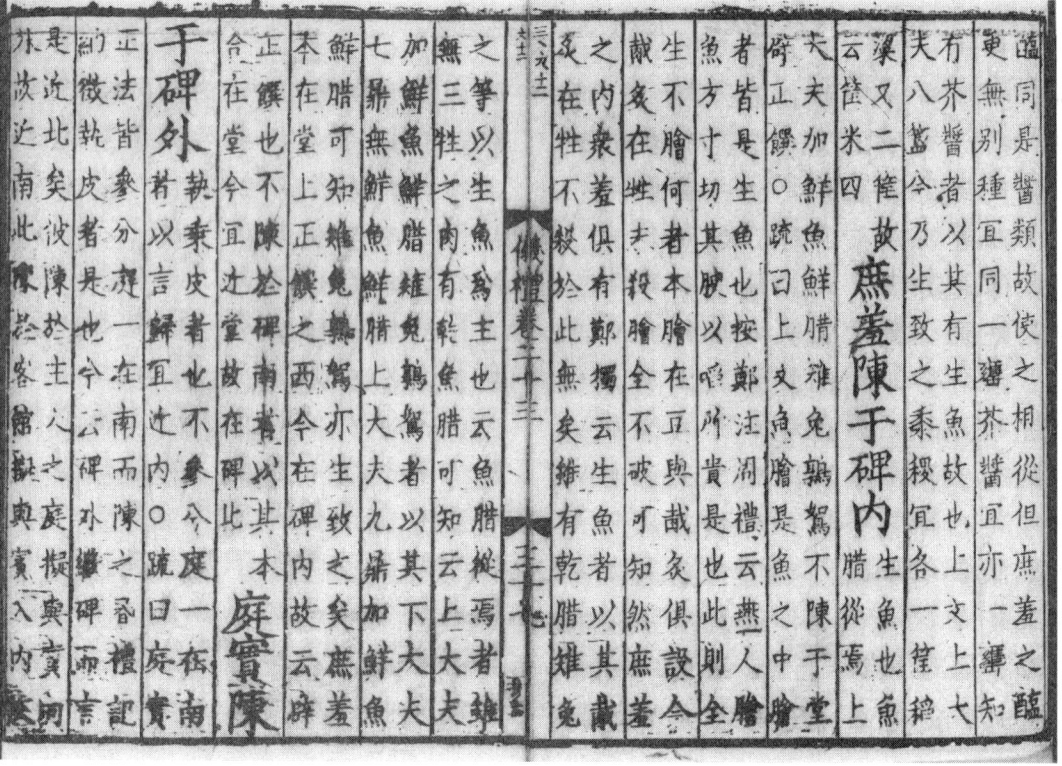

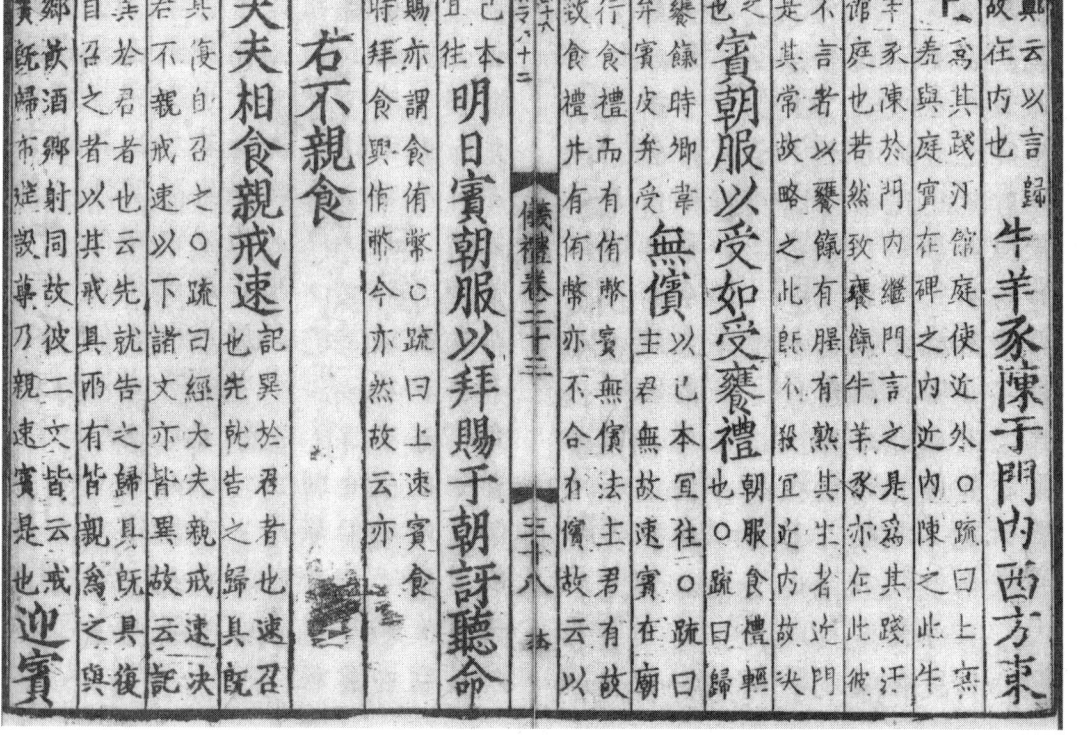

迎賓

0010_0040-2

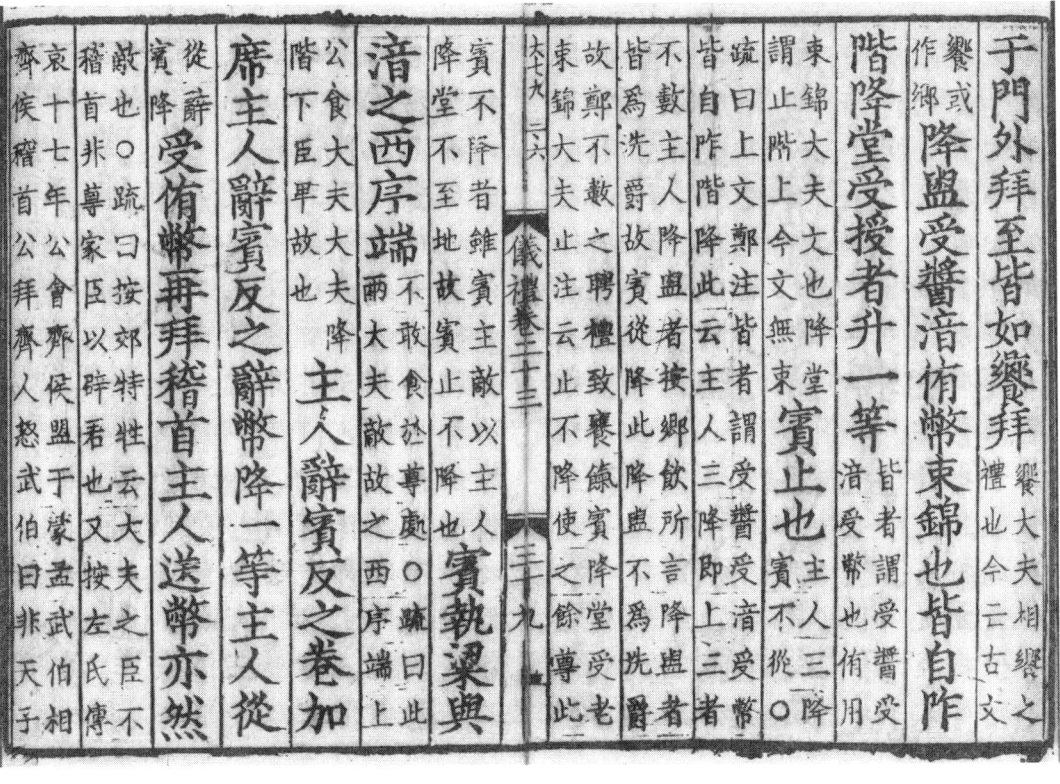

于門外拜至皆如饗拜饗大夫相饗之禮也今云古文饗或作鄉降盥受醬湇侑幣束錦也皆自阼階降堂受授者升一等皆者謂受醬受湇受幣也侑用束錦大夫文也降堂謂止階上今文無東賓止也主人三降賓不從○疏曰上文鄭注皆者謂受醬受湇受幣皆自阼階降此云主人三降即上三者不數主人降盥者按鄉飲所言降盥者皆爲洗爵故賓從降此降盥不爲洗爵故鄭不數之聘禮致饔餼賓降堂受老東錦大夫止注云止不降使之餘尊此

大七九　二六　儀禮卷二十三　三十九

0010_0041-1

賓不降者雖賓主敵以主人降堂不至地故賓止不降也賓執梁與湇之西序端不敢食於尊處○疏曰此兩大夫敵故之西序端上公食大夫大夫降階下臣卑故也主人辭賓反之卷加席主人辭賓反之辭幣降一等主人從從辭賓降受侑幣再拜稽首主人送幣亦然敵也○疏曰按郊特牲云大夫之臣不稽首非尊家臣以辟君也又按左氏傳哀十七年公會齊侯盟于蒙孟武伯相齊侯稽首公拜齊人怒武伯曰非天子

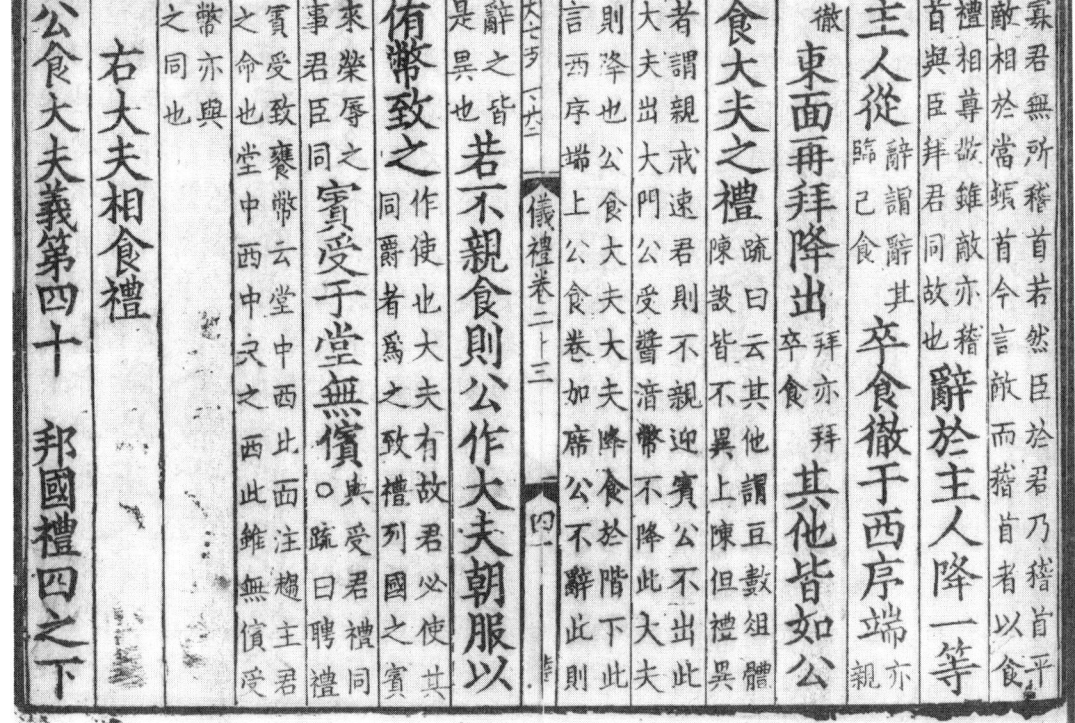

0010_0041-2

寡君無所稽首若然臣於君乃稽首平敵相於當頓首今言敵而稽首者以食禮相尊敬雖敵亦稽首與臣拜君同故也辭於主人降一等主人從辭謂辭其臨己食卒食徹于西序端亦親徹東面再拜降出拜亦拜卒食其他皆如公食大夫之禮疏曰云其他謂豆數俎體陳設皆不異上陳但禮異者謂親戒速君則不親迎賓公不出此大夫出大門公受醬湇幣不降此大夫則降也公食大夫大夫降食於階下此言西序端上公食卷加席公不辭此則

大七歹　下六三　儀禮卷二十三　四一

0010_0042-1

辭之皆是異也若不親食則公作大夫朝服以侑幣致之作使也大夫有故君必使其同爵者爲之致禮列國之賓來榮辱之事君臣同賓受于堂無償與受君禮同○疏曰聘禮賓受致饔幣云堂中西此西注趨主君之命也堂中西中央之西此雖無償受幣亦與之同也

右大夫相食禮

公食大夫義第四十　邦國禮四之下

0010_0043-1　0010_0042-2

食禮公養賓養賢一也親之故愛之愛之故養之養之故食之食而弗愛猶豢之也愛而弗敬猶畜之也饗禮敬之至也食禮愛之至也饗爲愛弗勝其敬食爲敬弗勝其愛文質之辨也公使大夫戒必以其爵恭也已輕則卑之已重則是以其貴臨之也賓三辭聽命言是禮之貴弗敢當也弗敢當故難進也公迎賓于大門內非不能至于外也所以待人君之禮也臣之意欲尊其君子之意欲尊其父故迎賓于大門內所以順其爲尊君之意也三揖至于階三讓而升堂充其意諭其誠也於廟用祭器誠之盡也君子於所尊敬不敢狎不敢狎故

0010_0044-1　0010_0043-2

神明之神明之故忠臣嘉賓樂盡其心也大夫立于東夾南西面北上士立于門東北面西上小臣東堂下南面西上宰東夾北西面南上內官之士在宰東北西面南上百官有司備以樂養賢也設筵加席几致安厚之義也公設醬然後宰夫薦豆菹醢士設俎公設大羹然後宰夫設鉶啓簋言以身親之也賓徧祭公設粱宰夫膳稻士膳庶羞爲殷勤也賓三飯粱以湆醬以君子之厚己也賓必親徹有報之道也庭實乘皮侑以束帛雖備物猶欲其加厚焉也公拜送終之以敬也有司卷三牲之俎歸于賓館不敢褻其餘也上大夫八豆八簋六鉶

九俎庶羞二十其餘褒見是德之殺也君子言之曰愛人者使人愛之者也敬人者使人敬之者也親人者使人親之者也自卑者使人尊之者也是故公養賓國養賢其義一也未有愛之敬之親之尊之而其位不安者也未有不愛不敬不尊不親而能長有其國者也將由

儀禮卷二十三　四十三

乎好德之君則將怡焉唯恐其不足於禮將由乎驕慢之君則將曰是食於我而已矣故禮君子所不足小人所泰餘也孔子食於少施氏將祭主人辭曰不足祭也將飧主人辭曰不足飧也孔子退口吾食而飽少施氏有禮哉故君子難親也將親之舍禮何以哉 劉敞補二

諸侯相朝禮第四十一　邦國禮五之上

集補經

凡諸侯之邦交歲相問也殷相聘也世相朝也 小聘曰問殷中也久無事又於殷朝者及而相聘也父死子立曰世凡君即位大國朝焉小國聘焉此皆所以習禮考義正刑一德以尊天子也必擇有道之國而就脩之○疏曰云小聘曰問者聘禮文故彼云小聘曰問不享是也大聘使卿小聘使大夫當參考聘禮義王制皆云三年一大聘此不言三年

儀禮卷二十三　四十四

而云殷者欲見中間久無事及殷朝者來及亦相聘故云殷不云三年此若然聘義與王制皆云比年一小聘此云歲相問不云比年者取歲歲之義也父死子立曰世是繼世之義也○大行人○諸侯相見必告于禰 疏曰下文云反必親告于祖禰出時宜亦告祖禰爲道近故或唯告禰朝服而出視朝 朝服爲事故也○疏曰事謂或會或弔之事諸侯朝服玄冠緇衣素裳以諸侯朝天子冕而出視朝爲將廟受尊敬天子習其禮故著冕服諸侯相朝雖在廟受降下[illegible]冕服[illegible]服[illegible]聽事之服態

0010_0046-2

氏又云此朝服謂皮弁服以天子用以視朝故謂之朝服論語云吉月必朝服
而朝注云朝服皮弁服是也必知朝服皮弁服者聘禮諸侯相聘及弁服明相
朝亦皮弁服此義爲勝也命祝史告于五廟所過山
川諸侯五廟山川所不過則不告聚於適天子也亦命國家五
官道而出反必親告于祖禰乃命祝史
告至于前所告者而后聽朝而入五官五大
夫典事者命者勑之以其職道祖道也反必親告祖禰同出入禮○疏曰案大

儀禮卷二十三　四五

0010_0047-1

宰云建其牧立其監設其參傅其伍是諸侯有三卿王大夫出入所告理不容
往而諸侯相見出不云告祖者或道逆擧其常禮耳故反必親告祖禰以明出
入之告其禮不殊也○曾子問○凡諸公相爲賓謂相朝也
主國五積三問皆三辭拜受皆旅擯再
勞三辭三揖登拜受拜送積子賜反後皆同旅如字
又音臚力於反○賓所傳止則問行道則勞其禮皆使卿大夫致之從來至去
數如此也三辭辭其以禮來於外也積問不言勞受之於庭也鄭司農云旅讀

0010_0047-2

爲旅於泰山之旅謂九人傳辭相接於上下竟問賓從不上行介遞受上傳之
玄謂旅讀爲鴻臚之臚臚陳之也賓之介九人使者七人皆陳擯位不傳辭也
賓之上介出請使者則前對位皆當其不擯焉三揖謂庭中時也拜送送使者
○傳直專反○疏曰積者遺人所云十里有廬廬有飲食三十里有宿宿有委
五十里有市市有積是也問者問不恙也勞謂勞苦之云皆使卿大夫致之者
案聘禮遣卿行勞禮臣來尚遣卿勞明君來遣卿勞可知此再勞一勞在境一
勞在遠郊皆使卿其近郊勞當主君親爲之也其積問當使大夫故下句云致

儀禮卷二十三　四六

0010_0048-1

飧如致積之禮注云俱使大夫禮同也知致飧使大夫者見聘禮宰夫朝服設
飧宰夫即大夫問亦小禮明亦使大夫也先鄭以爲旅擯與交擯同之後鄭不
從者此臣禮云旅擯下文云主君郊勞交擯三辭明其別旅直陳擯介不傳辭
交則一往一來傳辭也後鄭謂旅讀爲鴻臚之臚臚陳之者案爾雅釋詁云尸
旅陳也釋言云臚叙也注云皆陳叙也後鄭不從旅大山之旅從臚者欲取
叙義也云賓之介九人者自從公介九人之禮云使者七人者自從降二等之
禮云皆陳擯位不傳辭以下皆約聘禮文君大門內迎聘賓之位也云三揖謂

0010_0048-2

謂守門者如聘禮入門賓當曲揖當碑揖是也君郊勞交擯

三辭車逆拜辱三揖三辭拜受車送三

還再拜主君郊勞備三勞而親之也鄭司農云交擯三辭謂賓主之擯

者俱三辭也車逆主人以車迎賓於館

也拜辱賓拜謝辱也士謂交擯者各陳

親來乘車出舍門而迎之若欲遠就之

九介使傳辭也車迎拜辱者賓以主君

然後見之則下拜迎謝其自屈辱來也

至去又出車若欲遠送然主君三還辭

之乃再拜送之也車送迎之節各以其

等則諸公九十步立當車軹也三辭重

儀禮卷二十三　四十七

0010_0049-1

者先辭辭其以禮來於外後辭辭升堂

○疏曰云備三勞而親之者大行人有

三問三勞之文也先鄭云車逆主人以

車迎賓於館也云拜辱賓拜謝辱也後鄭

不從者此直是備三勞既來至國何有

輒迎賓於館乎後鄭謂各陳九介者以

其在道俱不爲主又非主君從賓之禮

故無五擯之事而各陳九介其位主君

至館大門外北面而陳此九介去門九

十步東面賓在大門內於門外之東亦

陳九介西面云立當車軹也者賓主俱

立當軹大行人文云後辭辭升堂者案

鄉飲酒禮主人取爵降洗賓降主人坐

奠爵于階前辭注云事同曰讓事異曰

0010_0049-2

[illegible]

皆□謂依□非□故聘義

一讓而後傳命一□後入廟門並是不□辭者欲取□讓之意變文耳

又說□非正經故不爲例也致館亦如之館舍也使大夫授之

君又以禮親致爲○疏曰聘禮云大夫

帥至館卿致之以此知先遣大夫授館

也此大夫亦卿是卿上主君郊勞此親

致館故知亦如之也凡云致者皆有幣

以致之致之使若已有然也致飧如致積之禮俱使大夫

儀禮卷二十三　四十八

0010_0050-1

禮同也飧食也小禮曰飧大禮曰饔餼

○疏曰上公飧五牢賓始至之禮欲致

館後即言之云如致積之禮者積在道

已致故云如之云飧食也者以其芻薪

米禾食之類故云食也聘禮使宰夫設

飧禮物又少故曰小禮饔餼有腥有牽

芻薪米禾又多故曰大禮及將幣交擯三辭車逆拜

辱賓車進荅拜三揖三讓每門止一相

及廟唯上相入賓三揖三讓登再拜授

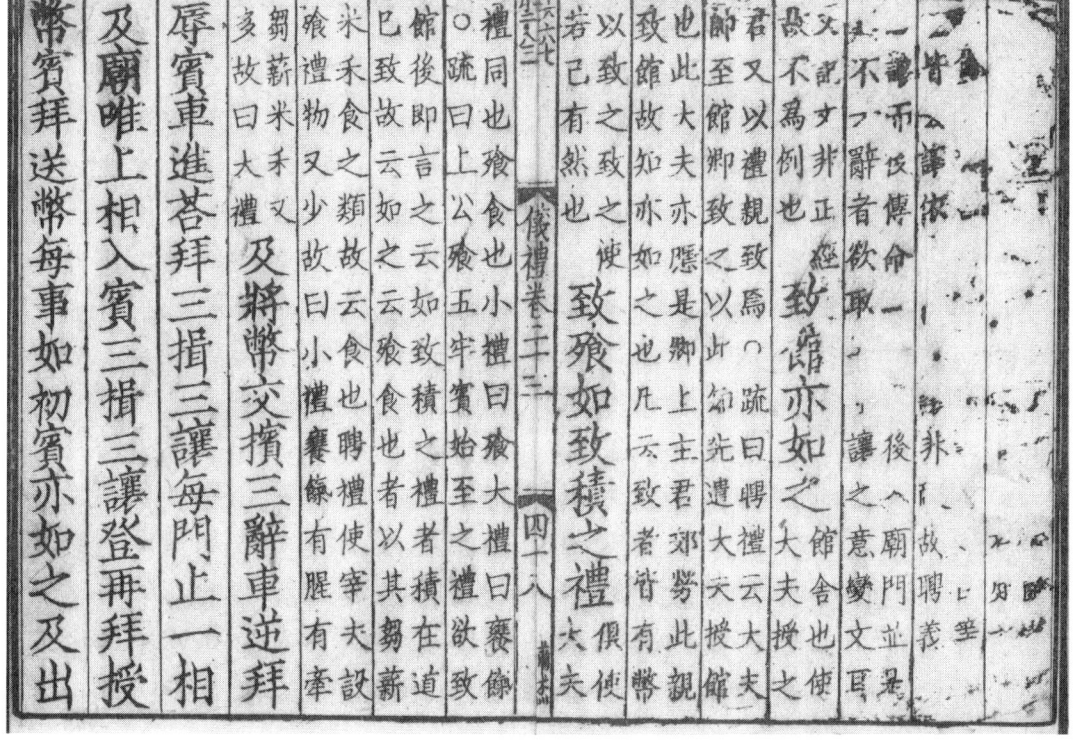

幣賓拜送幣每事如初賓亦如之及出

0010_0050-2

專送三請三進再拜賓三還三辭告辟
禮晉受賓音儐辟音避○鄭司農云交擯擯百交也賓車進荅拜賓三車進主
人乃荅其拜也及出車送三請主人三請留賓也三進進隨賓也賓三還三辭
告辟賓三還辭謝言已辟去也玄謂既三辭主君則乘車出大門而迎賓見之
而下拜其辱賓車乃前下荅拜也三揖者相去九十步揖之使前也至而三讓
讓入門也相謂主君擯者及賓之介也謂之相者於外傳辭耳入門當以禮詔
侑也介紹而傳命者君子於其所尊不敢質敬之至也每門止一相彌相親也

0010_0051-1

君入門介拂闑大夫中棖與闑之間士介拂棖此爲介厲行相隨也止之者絕
行在後耳賓三揖三讓讓升也登再拜授幣授當爲受主人拜至且受玉也每
事如初謂事及有言也賓當爲擯謂以鬱鬯禮賓也上於下曰禮敵者曰儐禮
器曰諸侯相朝灌用鬱鬯無籩豆之薦謂此朝禮畢儐賓也三請三進請賓就
車也主君每一請車一進欲遠送之也三還三辭主君一請者賓亦一還一辭
○闑魚列反振直庚反行戶剛反○疏曰此並在主君大門外賓去門九十步
而陳九介主君在大門外之東陳五擯上擯入受命出請事傳辭與承擯承擯

0010_0051-2

傳與末擯末擯傳與末介末介傳與承介承介傳與上介上介傳與賓賓又傳
與上介上介傳與承介承介傳與末介末介傳與末擯末擯傳與承擯承擯傳
與上擯上擯入告君如是者三謂之交擯三辭諸交擯者例皆如此也車逆拜
辱者傳辭既訖主君乘車出大門至賓所下車拜賓屈辱來此也賓車進荅拜
者賓初升車進載主君主君下賓亦下車荅主君拜也三揖者主君遣揖賓使
前北面三讓入大門也云每門止一相者既入門回面東至祖廟之時祖廟西
仍有二廟以其諸侯五廟始祖廟在中兩傍各有二廟各別院爲之則有二門

0010_0052-1

門傍皆有南北隔牆隔牆皆通門故得有每門若不然從大門內即至祖廟之
門何得有每門而云門止一相乎故爲此解也云上相入者相入即上擯上介
云三揖者亦謂入門揖當曲揖當碑揖也云三讓登者至階主君讓賓賓讓主
君知具者三主君先升云再拜授[illegible]者授當爲受[illegible]主俱升主人[illegible]階[illegible]
面拜乃就兩楹間南面賓[illegible]授玉主君受之[illegible]云[illegible]
拜送幣者賓既[illegible]乃[illegible]向西[illegible]主君北面拜[illegible]幣不降[illegible]主人[illegible]拜後[illegible]
不殊者亭送[illegible]主人今云車進荅皆是客何得主[illegible]拜[illegible]言三請

0010_0052-2

客賓後鄭亦不從者行朝享禮賓訖送
賓出禮既有限何因更有留賓之事云
介紹而傳命者此聘義文案彼介紹而
傳命謂聘者旅擯法引證此交擯者但
紹繼也謂介相繼而陳則交擯皆得爲
紹故此交擯亦得紹介而傳命也案彼
注質謂正自相當賓主不敢正自相當
故須擯介通情也云君入門以下太詁
文君入門不言所拂者朝君入由闑西
亦拂闑不言之者君特行不與介連類
故不言也介拂闑者上介隨君後與大
夫士介自爲鴈行於後也聘禮介皆入
廟門門西北面西上故知此君介亦入
門門西北面西上可知故云絕行在後

又十七小三八多　仪礼廿三　五一

0010_0053-1

後亦入廟也謂享及有言也者案聘禮
享夫人下云若有言束帛如享禮是也
云上於下曰禮敵者曰儐者大行人云
王禮再祼而酢之屬是上於下曰禮也
諸侯云儐是敵者曰儐也**致饔餼還圭饗食致贈郊**
送皆如將幣之儀還音環又音旋食音嗣下皆同○此六禮
者惟饗食速賓耳其餘主君親往親往
者賓爲主人主人爲賓君如有故不親
饗食則使大夫以酬幣侑幣致之鄭司
農云還圭歸其玉也故公子重耳受飧
反璧玄謂聘以圭璋禮也享以璧琮財
也已聘而還圭璋輕財而重禮贈送以

0010_0053-2

財既贈又送至于郊○疏曰案公食大
夫禮君親食之君不親食則以侑幣致
之聘禮云公於賓壹食再饗上介壹食
壹饗若不親食致之以侑幣致饗以酬
幣以此知二者皆速賓也聘禮云君使
卿歸饔餼又云賓迎于門外又云大夫
東面致命君使卿還玉于館賓迎于外
門外不拜帥大夫以入以此二者知賓
爲主人主人爲賓致贈郊送亦然可知
也聘禮乃君於臣此兩君敵明主君親
爲之矣先鄭云公子重耳事見左傳僖
公二十三年但彼反璧者義取不貪寶
饔非還圭故後鄭不從也後鄭謂聘以
圭璋禮也者聘義云以圭璋聘重禮也

仪礼廿三　五二　邊

0010_0054-1

聘行聘禮也云享以璧琮財也者貢財
享時用璧琮以致之故云財也云贈送
以財者聘禮賓遂行舍于郊公使卿贈
如覿幣注云言如覿幣見爲反報是贈
送至于郊**賓之拜禮拜饔餼拜饗食**鄭司農云
賓之拜禮者因言賓所當拜者之禮也
所當拜者拜饔餼拜饗食玄謂賓將去
就朝拜謝此三禮三禮禮之重者也賓
既拜主君乃至館贈之去又送之于郊
○疏曰案聘禮饔餼燕羞俶獻之明日
賓皆拜於朝將去又三拜乘禽于朝
記故盡拜謝此賓之拜禮在致贈郊送
之下則不及燕羞俶獻乘禽以其君畧

0010_0055-1　0010_0054-2

禾惠將夫惟罕其大禮也案聘禮賓
拜乘禽於朝遂行舍于郊公使卿贈若
然此致贈郊送在拜禮後今設文在前
者欲取如將幣之儀故進文在前其贈
送今在後也云賓遂拜主君乃至館贈
之去又送之于郊者鄭以贈送之文在
前拜禮在後恐疑顛倒故此解之是其次也
賓繼主君皆如
主國之禮鄭司農云賓繼主人之禮貴也故曰皆如
禮玄謂繼主君者儐主君也君郊勞致館饔餼還圭贈郊送之也
如其禮者謂玉帛皮馬也有饌陳之積者不如也若饗食主君及燕亦速焉○

儀禮注卷二十三　五十三

貴芳味反○疏曰後鄭不從先鄭復主
人之禮之訓者以主人禮貴既多非賓
所能復也後鄭以為儐主君者案聘禮
君遣卿勞及致館等皆儐儐者報也上
注云敵者曰儐故此報主君為儐案聘
禮云賓至于近郊君使卿朝服用束帛
勞又云賓用束錦儐勞者君使卿韋弁
歸饔餼又云大夫奉束帛又云賓降授
老幣出迎大夫注云出迎欲儐之庭實
設馬乘賓降堂受老束錦賓奉幣西面
大夫東面賓致幣是皆有儐法彼兩君
有儐此兩公有儐可知也然彼聘禮无
使卿致館無幣故亦無儐臣於君雖然
國亦不敢速君饗食此兩君故不同

0010_0056-1　0010_0055-2

主君有故不能親以侑幣酬幣致之亦無儐
諸侯諸伯諸子
諸男之相為賓也各以其禮相待也如
諸公之儀賓主相待之儀與諸公同也饔餼饗食之禮則有降殺○
殺色界反○疏曰五等諸侯以命數分
為三等其圭璋饔餼殯積步數擯介皆
降殺備於大行人掌客其進退升降揖
讓之儀一與公同故云如諸公之儀○
司儀
凡諸侯之禮上公五積皆眡飧牽三
問皆脩羣介行人宰史皆有牢飧五牢

儀禮卷二十三　五十四

食四十簋十豆四十鉶四十有二壺四
十鼎簋十有二牲三十有六皆陳饔餼
九牢其死牢如飧之陳牽四牢米百有
二十筥醯醢百有二十罋車皆陳車米
眡生牢牢十車車秉有五籔車禾眡死
牢牢十車車三秅芻薪倍禾皆陳乘禽
日九十雙殷膳大牢以及歸三饗三食

0010_0057-1　0010_0056-2

三燕若弗酌則以幣致之凡介行人宰
史皆有飧饔餼以其爵等爲之牢禮之
陳數唯上介有禽獻夫人致禮八壺八
豆八籩膳大牢致饗大牢食大牢卿皆
見以羔膳大牢侯伯四積皆眂飧牽再
問皆脩飧四牢食三十有二簋八豆三
十有二鉶二十有八壺三十有二鼎簋
十有二腥二十有七皆陳饔餼七牢其
死牢如飧之陳牽三牢米百筥醯醢百
甕皆陳米三十車禾四十車芻薪倍禾
皆陳乘禽日七十雙殷膳大牢三饗再
食再燕凡介行人宰史皆有飧饔餼以
其爵等爲之禮唯上介有禽獻夫人致
禮八壺八豆八籩膳大牢致饗大牢卿

0010_0058-1　0010_0057-2

皆見以羔膳特牛子男三積皆眂飧牽
壹問以脩飧三牢食二十有四簋六豆
二十有四鉶十有八壺二十有四鼎簋
十有二牲十有八皆陳饔餼五牢其死
牢如飧之陳牽二牢米八十筥醯醢八
十甕皆陳米二十車禾三十車芻薪倍
禾皆陳乘禽日五十雙壹饗壹食壹燕
凡介行人宰史皆有飧饔餼以其爵等
爲之禮唯上介有禽獻夫人致禮六壺
六豆六籩膳眂致饗親見卿皆膳特牛
韎素口反劉色績反純丁故反或丈加反來繩證反下注同食音嗣下食大[illegible]
壺食壹食注不食同見賢遍反[illegible]注人意推之〇積皆視飧牽謂所共加飧[illegible]
牽牲以往不殺也不殺則無鉶鼎簋之皆𠀤米實于筐豆實實于甕其設[illegible]
[illegible]陳于門外壺之有無米物三

0010_0058-2

[illegible]脩脩脯也上公三問皆脩下句云羣
[illegible]行人宰史皆有牢君用脩而序有牢
[illegible]釁也羞者脫字失處且誤耳飧客始
[illegible]小禮也公侯伯子男飧皆飪一牢
[illegible]牢則腥食者庶羞美可食者也其
[illegible]善陳于楹外東西不過四列簠稻粱
[illegible]也公十簠堂上六西夾東夾各二也
[illegible]伯八簠堂上四西夾東夾各二子男
[illegible]簠堂上二西夾東夾各二豆菹醢器
[illegible]公四十豆堂上十六西夾東夾各十
[illegible]侯伯三十二豆堂上十二西夾東夾
[illegible]十子男二十四豆堂上十二西夾東
[illegible]六禮器曰天子之豆二十有六諸
公十有六諸侯十有二上大夫八下大

儀禮卷二十三　五十七

0010_0059-1

夫六以聘禮差之則堂上之數與此同
[illegible]簋器也公鉶四十二侯伯二十八子
男十八非也二十八書或爲二十
西亦非也其於褁公又當三十又爲無
[illegible]禮之大數鉶少於豆推其褁公
[illegible]四十二宜爲三十八蓋近之矣則公
[illegible]上十八西夾東夾各十侯伯堂上
一西夾東夾各八子男堂上十西夾
[illegible]各四壺酒器也其設於堂夾如豆
[illegible]鼎牲器也簋黍稷器也鼎十有二
[illegible]一牢正鼎九與陪鼎三皆設于西
[illegible]簋十有二堂上八西夾東夾各二
[illegible]鼎簋者牲與黍稷俱食之主也牲
[illegible]腥聲之誤也腥謂腥鼎也於侯伯

0010_0059-2

云腥二十有七其故腥字也諸侯禮盛
腥鼎有鮮魚鮮腊每牢皆九爲列設于
阼階前公腥鼎三十六腥四牢也侯伯
腥鼎二十七腥三牢也子男腥鼎十八
腥二牢也皆陳陳列也飧門内之寳備
于是矣亦有車米禾芻薪公飧五牢米
二十車禾三十車侯伯四牢米禾皆二
十車子男三牢米十車禾二十車芻薪
皆倍其禾饔餼既相見致大禮也大者
既兼飧積有生有腥有孰餘又多也死
牢如飧之陳亦飪一牢在西餘腥在東
也牽生牢也陳于門西如積也米橫陳
于中庭十爲列每筥半斛公侯伯子男
黍粱稻皆二行公稷六行侯伯稷四行

仪礼廿三　五八

0010_0060-1

子男二行醯醢夾碑從陳亦十爲列醯
在碑東醢在碑西皆陳於門内者於公
門内之陳也言車者衍字耳車米載米
之車也聘禮曰十斗曰斛十六斗曰籔
十籔曰秉每車秉有五籔則二十四斛
也禾稾實并刈者也聘禮曰四秉曰筥
十筥曰稯十稯曰秅每車三秅則三十
稯也稯猶束也米禾之秉筥字同數異
禾之秉手把耳筥讀爲棟梠之梠謂一
穧也皆陳横陳門外者也米在門東禾
在門西芻薪雖取數于禾薪從米芻從
[illegible]禾乘禽乘行羣處之禽謂雉鴈之屬
於禮以雙爲數殷中也中又致膳示念
賓也若弗酌謂君有故不親饗食燕也

張本下象鼻有監生留成四字傳本剪去之

0010_0060-2

不饗則以酬幣致之不食則以侑幣致
之凡介行人宰史皆從賓者也行人
主禮宰主具史主書皆有飧饔餼尊其
君以及其臣也以其爵等爲之牢禮之
數陳飧饔卿也則飧二牢饔餼五牢大夫
也則飧大牢饔餼三牢士也則飧少牢
饔餼大牢也此降小禮豐大禮也以命
數則參差難等略於臣用爵而已夫人
致禮助君養賓也籩豆陳于戶東壺陳
于東序凡夫人之禮皆使下大夫致之
於子男云膳視致饗言夫人致膳於小
國君以致饗之禮則是不復饗也饗有
壺酒卿皆見者見于賓也既見之又膳
之亦所以助君養賓也卿見又膳此聘

四十八　儀禮卷二十三　五十九

0010_0061-1

禮卿大夫勞賓饔賓之類與於子男云
親見卿皆膳特牛見讀如卿皆見之見
言卿於小國之君有不故造館見者故
造館見者乃致膳鄭司農說牽云牲可
牽行者也故春秋傳曰餼牽竭矣牲讀
爲牲牷麻荅之牲○餁而甚反褱初危
反下同差初佳反又初宜反倍音裴行
戶剛反下以意推之從子容反槀古老
反并必政反穖本又作總子工反又音
揔指音呂禱才計反參初林反差初宜
反後戶豆反勞力報反造七報反秭徐
音姊○疏曰云上公五積皆眂飧牽者
公國自相朝是上公之禮有五積皆視
飧一積眂一飧飧五牢五積則二十五

0010_0061-2

牢言牽者數雖賤飧飧則殺積全不饗
並生致之故云牽侯伯四積亦皆眂飧
牽飧四牢一積眂一飧則一積四牢揔
十六牢亦牽不殺子男三積積亦眂飧
飧三牢一積三牢三積九牢亦牽之不
殺也必牽之不殺者以其在道分置豫
往故不殺之也既云眂飧飧則有芻薪
米禾之等故鄭解積皆依飧解之也云
不殺則無鉶鼎者鉶鼎即陪鼎是也但
殺乃有鉶鼎不殺則無鉶鼎可知侯伯
子男皆然鄭云鱐鱻之實已下皆約公
食大夫解之鄭云三牲皆脩脩腒也對
文脩是鍛脩加薑桂捶之者腒乾肉薄
者散文脩脯一也云著脫字失處者案

四十　儀禮卷二十二　六十

0010_0062-1

下文凡介行人宰史皆在饗食燕下此
特在上或見下文脫此語者於此或於
下著說此剩不去故云然也下文皆云
凡介此云羣介故誤耳云飧小禮者案
聘賓大夫帥至館卿致館即云宰夫朝
服設飧是其客始至之禮言小禮者對
饔餼爲大禮也云公侯伯子男飧皆餁
一牢其餘牢則腥者下惟言腥不言餁
此有鉶及鼎皆爲餁一牢而言以是經
雖不言餁須言餁之矣云其餘牢則腥
腥之數備於下也云食者庶羞之美陳
于楹外東西不過四列者前所陳皆約
公食大夫致食之禮今案公食若不親
食賓者陳于碑內者設飧之時堂上皆

0010_0062-2

有正饌無容庶羞之處楹外既空不須
向碑內及堂下故疑在楹外陳之十以
爲列故四列也公食陳于碑內者由饔
陳于楹外故在下也云簠盛稻粱以下
皆約公食及聘禮致饔餼文裁之云公
四十豆堂上十六至各六鄭以堂上豆
數取聘禮致饔餼於上大夫八豆下大
夫六豆並是堂上豆數又取禮器天子
之豆二十有六諸公十有六諸侯十有
二謂侯伯子男同則亦是堂上豆數可
知以此文公言四十侯伯三十二子男
二十四其堂上豆數既約聘禮與禮器
東西多少鄭以意差之與此同也云鉶
羹器也者鉶器名鉶器所以盛膷臐膮

儀禮廿三　六十二

0010_0063-1

三等之羹故爲鉶羹云公鉶四十二侯
伯二十八子男十八非褎差也者褎差
之法上下節級似若九若七若五校一
節是褎差今公四十二侯伯二十八子
男十八公於侯伯子男大縣絕故云非
褎差也云二十八晝或爲二十四亦非
也者侯伯若二十四爲比公四十二校
十八又以二十四比子男十八校六亦
非其類故云亦非也云推其褎公鉶四
十一宜爲三十八蓋近之者子男十八
侯伯二十八公三十八以十爲降殺則
是等差蓋近也云公鉶堂上十八西夾
東夾各十侯伯堂上十二西夾東夾各
八子男堂上十西夾東夾各四鉶如此

張本下象鼻有監生留成四字傳本剪去之

0010_0063-2

器者亦約聘禮致饔餼兼以意準量而
言云鼎牲器也者謂亨牲體之器云高
牽餼器也者鼎十有二者飪一牢正鼎
九與陪鼎三皆設于西階前者其陪鼎
三云于內廉云簋十二者堂上八西夾
東夾各二如設如此者約聘禮而知之
此一牢鼎九者謂牛羊豕魚腊腸胃
鮮魚鮮腊陪鼎三者膷臐膮也云合言
鼎簋以牲與黍稷俱食之主者黍稷與
眾饌爲主牲與羞物爲飪是俱得爲食
之主也此五等諸侯同簋十二牽聘禮
致饔餼堂上八簋東西夾各六簋摠二
十簋彼臣多此君少者禮有損之而益
故也云牲當爲腥聲之誤也腥謂腥鼎

四卅　儀禮卷二十三　六十二

0010_0064-1

其於侯伯云腥二十有七其故腥字者
子男亦云牲十八是亦當爲腥也云諸
侯謹盛腥鼎有鮮魚鮮腊云云者此皆
約聘禮設飧而言案彼飪一牢在西鼎
九羞鼎三腥一牢在東鼎七致饔餼云
腥二牢鼎二七無鮮魚鮮腊設于阼階
前西面陳如飪鼎二列此云三十六故
知有鮮魚鮮腊也云飧門內之實備仍
有車米牢是以云亦有車米禾芻薪也
云公飧五牢米二十車禾三十車已下
皆約饔餼死牢而言以其饔餼云死牢
如飧之陳上公五牢死侯伯四牢死子
男二牢死皆如飧之陳明此米禾數如
飧云芻薪皆倍其禾者亦約饔餼禮也

若然黍聘禮米禾皆二十車者彼大夫禮豐小禮大夫飱二牢故米禾皆眡之
米禾各二十車也云大者既兼飱積有牛有腥有孰餘又多也者假令上公饔
餼九牢五牢死四牢牽上公五積皆眡飱牽則是一積五牢言兼飱死五牢與
飱同若言兼積則正兼四而不能盡今乃言兼積者以其牽與積同故云兼之
也侯伯子男皆兼積下盡言餘又多者謂米禾芻薪醯醢粥米之屬云牽生牢
也陳于門西如積者亦横陳于門西而東上云米横陳于中庭十爲列每筥半
斛知然者前飱之陳及積之陳皆約聘禮致饔餼法令此文積在前已說故

以此饔餼向前如之故云如積也言如積則亦如聘禮饔餼也今此自米已下
還約聘禮致饔餼法云公侯伯子男黍粱稻皆二行公稷六行侯伯稷四行子
男稷二行者彼云米百筥筥半斛設于中庭十以爲列北上黍粱稻皆二行稷
四行並以賞稷餘不增故知公稷六行子男米八筥黍粱稻各二行更得二即
足故知稷二行云醯醢夾碑從陳亦十爲列醯在碑東醢在碑西者亦注云夾
碑在庭之中央也醯在東醢穀陽也醢肉陰也言夾碑故知從陳然侯伯醯醢
百罋米百筥上介筥及罋如上賓士介四人米百筥比數多于子男與侯伯等

云上公醯醢百二十罋與上罋百二十罋同故鄭志云此公乃二王後亦是王
之上公與侯伯俱同百罋子男八十罋其筥米皆同罋數此是尊卑之差至於
聘禮乃是臣法自爲一禮不相與亦是眞之而益言車衍字者言車載米之車
不合在醯醢下言之又案侯伯子男醯醢下皆無車字故知衍字也謂一辨也
者辨即詩云此有不然辨辨即鋪也云於禮以雙爲數者即此九十五十及士
中日則二雙皆以雙爲數是也云若弗酌以下皆約聘禮文不言致燕者饗食
在廟燕在寢禮惟言致饗食者以合在廟嚴疑之事不親即須致之燕禮褻故

親酌蓋不致也云凡介行人鄭云行人主禮宰主具史主書者案王制云六史
典禮執簡記大史職亦云執其禮事與此史主書行人主禮違者大史在國則
專主書故曲禮云史載筆士載言此云安止謂大史之屬官以其有爵等故知
也云行人主禮者主賓客之禮大行人之類是也案聘禮云史讀書宰執書告
備具于君又掌餼具故公食大夫云宰夫具餼于房是掌具也云爵卿也則飱
二牢饔餼五牢已下皆約聘禮賓之卿上介之大夫士介四人歸饔餼降殺而
言也云此降小禮豐大禮也若小禮謂飱食加夫君迭參并乘禽之等皆是小

禮也大夫謂饔餼卿王子男卿與君等是望大禮也云以命數則參差難等略於臣用爵而已者依命公侯伯卿三命大夫再命士一命子男卿再命大夫一命士不命并有大國孤一人四命是從孤已下通一命不命有五等若以此命數五等爲之則參差難可等級略於臣用爵而已爵則有三等易爲等級也言略於臣用爵則君不依爵而用命即諸侯爵五等命惟三等大行人掌客皆依命是也云夫人致禮以下見聘禮致饔餼下大夫韋弁歸禮堂上饌豆設於户東東上亦以並東陳注謂於户東辟饌位壺設于東序北上南陳醙黍清皆

兩壺約此故知之也若然不使卿者案內宰云致后之賓客之禮注謂諸侯朝覲及女賓之賓客內宰爲下大夫王后尚使下大夫況諸侯夫人乎故知使下大夫也云於子男者膳視致饗至饗有壺酒者公食禮來人致禮則云八壺八豆八籩與膳之牢致饗大牢三者各別於子男夫人則云膳視致饗鄭云饗有壺酒則致膳無酒與故云饗有酒若然子男夫人於諸侯惟有二禮以聘禮夫人於聘大夫直有籩豆壺又不致饗是其意止云卿皆見至亦所以助君養賓言不言亦大夫士云卿既見又膳此聘禮一天然賓餘賓之類與者案聘禮畢

賓即館卿大夫勞賓賓不見大夫莫賜再拜上介受注云不言卿卿與大夫同[illegible]應下見於國君周禮凡諸侯之卿見朝君皆執羔勞上介亦如之又云饗賓大牢若八筐上介亦如之此朝君有膳饗勞饔聘客有勞饗無膳明此事相當故云勞賓饔餼賓之類與云於子男云親見卿皆膳特牛見讀如卿皆見之見者上公侯伯直云卿皆見以羔於子男即云親見卿作文有異此言親見卿似朝君然自來見卿有此嫌故讀從上文卿皆見以羔之明此見亦是卿見朝君三卿之內有見者有不見者若故造館見則致膳若不敢造館見則不致膳也云

秭讀爲秭秭麻答之秭者時有此言故從之詩云萬億及秭秭亦數之總號答是謂名刈麻者數把其爲一秭言此若見秭爲束之總號之意也○事客

諸侯相朝義第四十二　邦國禮五之下

記

諸侯相朝之禮各執其圭瑞服其服乘其輅建其旌旂施其樊纓從其義車委積之以其牢禮之數所以別義也介紹

而相見君子於其所尊不敢質敬之至也君使大夫迎于境卿勞于道君親郊勞致館及將幣拜迎于大門外而廟受北面拜貺所以致敬也三讓而後升所以致尊讓也敬讓也者君子之所相接也諸侯相接以敬讓則不相侵陵也此天子之所以養諸侯兵不用而諸侯自爲正之具也君親致饔餼還圭饗食致贈郊送所以相與習禮樂也諸侯相與習禮樂則德行修而不流也故天子制之諸侯務焉大戴禮記

儀禮經傳通解卷第二十三

0010_0072-2

儀禮 傳集注 王朝禮二之

覲禮

記邦畿方千里其外方五百里謂之侯服歲壹見其貢祀物又其外方五百里謂之甸服二歲壹見其貢嬪物又其外方五百里謂之男服三歲壹見其貢器物又其外方五百里謂之

0010_0073-1

采服四歲壹見其貢服物又其外方五百里謂之衛服五歲壹見其貢財物又其外方五百里謂之要服六歲壹見其貢貨物見賢遍反下同嬪婢人反要於嬌反○要服蠻服也此六服去王城三千五百里相距七千里公侯伯子男封焉其朝貢之歲四方各四分趨四時而來或朝春或宗夏或覲秋或遇冬祀貢者犧牲之屬敘書嬪作頻鄭司農云嬪物婦人所為物也玄謂絲枲也器物

0010_0073-2

尊彝之屬服物玄纁絺纊也材物八材也貨物龜貝也○大行人

九州之外謂之蕃國世壹見各以其所貴寶為贄九州之外夷服鎮服蕃服也曲禮曰其東夷北狄西戎南蠻雖大曰子春秋傳曰杞伯以夷禮故曰子然則九州之外其君皆子男也無朝貢之歲父死子立及嗣王即位乃一來耳各以其所貴寶為贄則蕃國之君無執玉瑞者是謂其君為小賓臣為小客所貴寶見傳者若犬戎獻白狼白鹿是也其餘則周書王會備焉○大行人

0010_0074-1

諸侯之於天子也比年一小聘三年一大聘五年一朝比毗志反○比年每歲也小聘使大夫大聘使卿朝則君自行然此大聘與朝晉文霸時所制也虞夏之制諸侯歲朝周之制侯甸男采衛要服六者各以其服數來朝○王制

天子無事與諸侯相見曰朝事謂征伐○

天子當依而立諸侯北面而見天子曰覲天子當宁而立諸公東面諸侯

0010_0074-2

西面曰朝依於起反宁珍吕反○諸侯春見曰朝受摯於朝受享於廟生氣文也秋見曰覲一受之於廟殺氣質也朝者位於內朝而序進覲者位於廟門外而序入王南面立于依宁而受焉夏宗依春冬遇依秋春秋時齊侯唁魯昭公以遇禮相見取易畧也覲禮今存朝宗遇禮今亡○唁音彥○曲禮○大宗伯以賓禮親邦國春見曰朝夏見曰宗秋見曰覲冬見曰遇時見曰會殷見曰同時聘曰問

0010_0075-1

殷覜曰視覜他弔反○此六禮以諸侯見王為文六服之內四方以時分來或朝春或宗夏或覲秋或遇冬名殊禮異更遞而徧朝猶朝也欲來之早宗尊也欲其尊王覲之言勤也欲其勤王之事遇偶也欲其若不期而俱至時見者言無常期諸侯有不順服者王將有征討之事則既朝覲王為壇於國外合諸侯而命事焉春秋傳曰有事而會不協而盟是也殷猶衆也十二歲王如不巡守則六服盡朝朝禮既畢王亦為壇合諸侯以命政焉所命之政如王巡守殷見四方四時分來歲終則徧時聘

0010_0075-2

天子有事乃聘之焉竟外之臣既非朝歲不敢瀆為小禮殷覜謂一服朝之歲以朝者少諸侯乃使卿以大禮衆聘焉一服朝在元年七年十一年○大行人掌大賓之禮及大客之儀以親諸侯大賓要服以內諸侯大客謂孤卿春朝諸侯而圖天下之事秋覲以比邦國之功夏宗以陳天下之謨冬遇以協諸侯之慮時會以發四方之禁

0010_0076-1

殷同以施天下之政六事者以王見諸侯為文圖比陳協皆考績之言王者春見諸侯則圖其事之可否秋見諸侯則比其功之高下夏見諸侯則陳其謀之是非冬見諸侯則合其慮之異同六服以其朝歲四時分來更迭如此而徧時會即時見也無常期諸侯有不順服者王將有征討之事則既朝王命為壇於國外合諸侯而發禁命事焉禁謂九伐之法殷同即殷見也王十二歲一巡守若不巡守則殷同殷同者六服盡朝既朝王亦命為壇於國外合諸侯而命其政政謂邦國之九法

0010_0077-1　　0010_0076-2

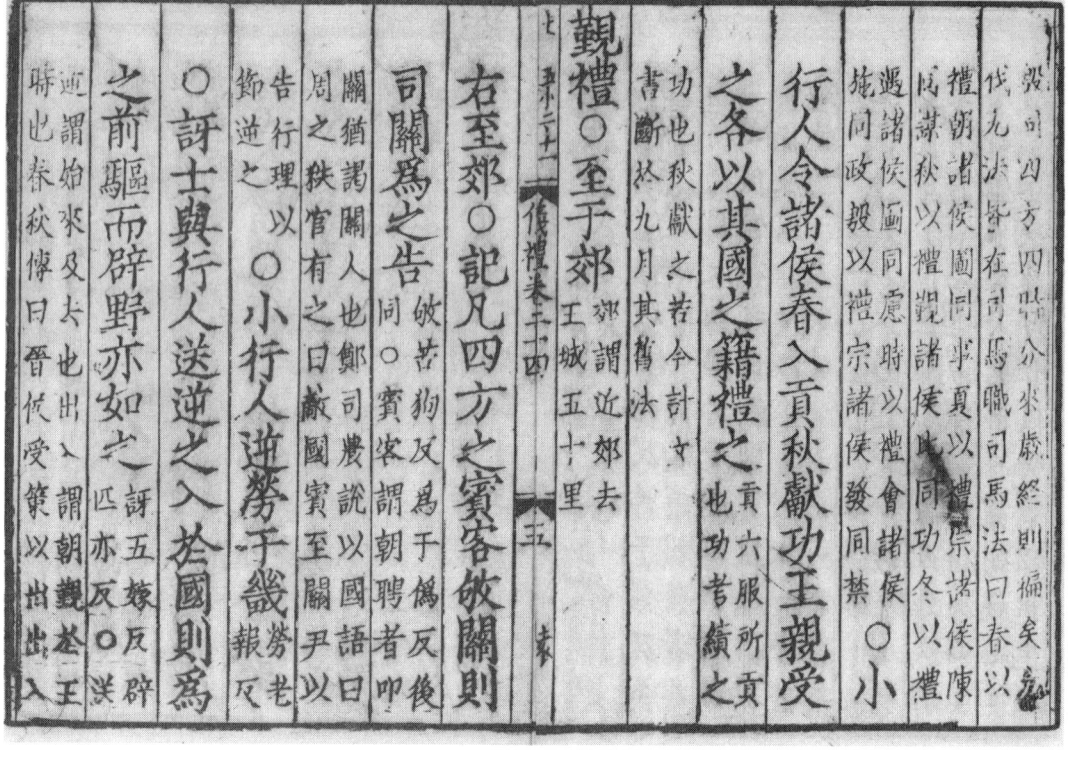

殺司四方四時分來歲終則徧矣伐九法皆在司馬職司馬法曰春以
禮朝諸侯圖同事夏以禮宗諸侯陳同謀秋以禮覲諸侯比同功冬以禮
遇諸侯圖同慮時以禮會諸侯施同政殷以禮宗諸侯發同禁○小
行人令諸侯春入貢秋獻功王親受
之各以其國之籍禮之貢六服所貢也功考績之
功也秋獻之若今計文書斷於九月其舊法
覲禮○至于郊郊謂近郊去王城五十里

七　禮二十一　儀禮卷二十四　五　表

右至郊○記凡四方之賓客㪫關則
司關爲之告㪫苦狗反爲于僞反後同○賓客謂朝聘者叩
關猶謁關人也鄭司農說以國語曰周之秩官有之曰敵國賓至關尹以
告行理以節逆之○小行人逆勞于畿勞老報反
○訝士與行人送逆之入於國則爲
之前驅而辟野亦如之訝五嫁反辟匹亦反○送
逆謂始來及去也出入謂朝覲於王時也春秋傳曰晉侯受策以出出入

0010_0078-1　　0010_0077-2

三覲入國入野自以特事○掌訝掌邦國之等籍
以待賓客等九儀之差數戒官脩委積與士
逆賓于疆爲前驅而入委烏僞反積子賜反後同
○官謂牛人羊人舍人委人之屬士訝士也既戒乃出迎賓及宿
則令聚欜欜音託○令令野廬氏及委則致積
以王命致于賓○環人送逆以路節達諸四
方路節旌節也四方圻上舍則授館令聚欜有

九十　儀禮卷二十四　六　表

任器則令環之令令野廬氏鄭司農云四方之人有任器
者則環人主令殉環守之○殉徐音循又辭俊反凡門關無
幾送逆及疆鄭司農云門關不得苛留環人也女謂環人送
逆之則賓客出入不見幾○野廬氏達國道路至
于四畿達謂巡行通之使不陷絶也去王城五百里曰畿令
守涂地之人聚欜之有相翔者誅之
守涂地之人道所出廬宿旁民也相翔猶昌翔觀伺者也鄭司農云聚欜

之聚擊櫟以宿衛之也有姦人相翔於賓客之側則誅之不得令寇盜賓客

○大賓客大司徒令野脩道委積

小賓客小司徒令野脩道委積令令遺人

使為之也小賓客諸侯之使臣也○少曰委多曰積皆所以給賓客

遂人令脩野道而委積委積於廬宿市○遂

師巡其道脩庀其委積庀匹爾反○巡其道脩行治道路也故書庀為比鄭司農云讀為庀庀具也

○遺人掌其道路之委積凡國野之道十里有廬廬有飲食三十里有宿宿有路室路室有委五十里有市市有候館候館有積遺唯季反○廬若今野候徒有庌也宿可止宿若今亭有室矣候館樓可觀望者也一市之間有三廬一宿

○委人以稍聚待賓客稍所數反○聚凡畜聚之物瓜瓠蔡芋禦冬之具也

○牛人共其牢禮積膳之牛共音恭

同○牢禮飧饔也積所以給賓客用若司儀職曰主國五積者也膳所

以間禮賓客若堂客云殺膳太牢

○羊人共其饔羊饔羊飧饔積膳之羊

○司門凡四方之賓客造焉則以告造猶至也告告於王而止客以候逆

王使人皮弁用璧勞侯氏亦皮弁迎于帷門之外再拜小行人職曰凡諸侯入王則逆勞于畿則郊勞者大行人也皮弁者天子之朝朝服也璧無束帛者天子之玉尊也不言諸侯

言侯氏者明國殊舍異禮不凡之也郊舍狹寡為帷宮以受勞掌舍職曰為帷宮設旌門

使者不荅拜遂執玉三揖至于階使者不讓先升侯氏升聽命降再拜稽首遂升受玉不荅拜者為人使不當其禮也不讓先升奉王命尊也升者升壇使者東面致命侯氏東階上西面聽之

使者左還而立侯氏還璧使者受侯氏降再拜稽首使者乃出左還還南面示將去也立者見侯氏將有事於已俟之也

0010_0080-2

饗玉禮禮侯氏乃止使者使者乃入侯氏與

讓升侯氏先升授几侯氏拜送几使

者設几荅拜侯氏先升賓禮統焉几者安賓所以崇優厚也上介

出止使者則已布席也侯氏用束帛乘馬儐使者

使者再拜受侯氏再拜送幣儐使者所以致尊敬

也拜者各於其階使者降以左驂出侯氏送于

門外再拜侯氏遂從之驂馬曰驂左驂設在西者其餘

仪礼二十四　九

0010_0081-1

二焉侯氏之士遂以出授使者之從者于外從之者遂隨使者以至朝

右郊勞○記大行人以九儀辨諸侯

之命等諸臣之爵以同邦國之禮而

待其賓客上公之禮出入五積三問

三勞侯伯之禮出入四積再問再勞

子男之禮出入三積壹問壹勞九儀謂命

者五公侯伯子男也爵者四孤卿大夫士也出入謂從來訖去也每積有

0010_0081-2

牢禮米禾芻薪凡數不同者皆降殺問問不恙也勞謂苦倦之也皆有禮

以幣致之○小行人眡館將幣爲承而擯

眡館致館也承猶承也王使勞賓於郊致館於賓至將幣使宗伯爲上擯

皆爲之承而擯之

天子賜舍以其新至道路勞苦未受其禮且使即安也賜舍猶致館

也所使者司空與小行人爲承擯今文賜作錫曰伯父女順命

于王所賜伯父舍女音汝○此使者致館辭侯氏

仪礼二十四　十

0010_0082-1

再拜稽首受館儐之束帛乘馬王使人以命致館無

禮猶儐之者尊王使也侯氏受館於外既則儐使者於内

右賜舍○記五官之長曰伯是職方

長丁丈反下同○謂爲三公者周禮九命作伯職主也是伯分主東西者

春秋傳曰自陝以東周公主之自陝以西召公主之一相處于内是或爲

氏其擯於天子也曰天子之吏擯者辭也

春秋傳曰王命委之三吏謂三公也天子同姓謂之伯

0010_0082-2

父異姓謂之伯舅自稱於諸侯曰天
子之老於外曰公於其國曰君稱之以父
與舅親之之辭也外自其私土之外天子畿内九州之長入
天子之國曰牧每一州之中天子選諸侯之賢者以爲之
牧也周禮曰乃施典於邦國而建其牧天子同姓謂之
叔父異姓謂之叔舅於外曰侯於其
國曰君敬尊於大國之君而謂之叔父猶伯也亦以此爲尊禮或

0010_0083-1

損之而益謂此類也外自其國之外九州之中曰侯者本爵也二王之後
不爲牧○當禮下○掌訝賓客至于國賓入
館次于舍門外待事于客次如今官府門外更
衣處待事于客通其所求索凡賓客諸侯有卿訝
卿有大夫訝大夫有士訝士皆有訝
此謂朝覲聘問之月王所使迎賓客于館之訝凡訝者賓客
至而往詔相其事而掌其治令○訝

0010_0083-2

士賓客居館則帥其屬而爲之蹕誅
戮暴客者客出入則道之有治則贊
之蹕音畢○出入謂朝覲於王時也春秋傳曰晉侯受策以出出入三

覲

天子使大夫戒曰某日伯父帥乃初事
大夫者卿爲訝者也掌訝職曰凡訝者賓客至而往詔相其事戒猶告也其爲
告使順循其事也初猶故也侯氏再拜稽首受覲日也

0010_0084-1

右戒日

諸侯前朝皆受舍于朝同姓西面北上
異姓東面北上言諸侯者明來朝者衆矣顧其入覲不得並耳
受舍于朝受次于文王廟門之外聘禮記曰宗人授次次以帷少退于君之次
則是次也言舍者尊舍也天子使大夫次爲之諸侯上介先朝受焉此觀也言朝
者覲遇之禮雖簡其來之心猶若朝也分別同姓異姓受之將有先後也春秋
傳曰寡人若朝于薛不敢與諸任齒則周禮先同姓

0010_0084-2

右受舍

侯氏裨冕釋幣于禰 禰乃禮反裨婢支反下同○將覲質明詩也裨冕者衣裨衣而冠冕也裨之爲言埤也天子六服大裘爲上其餘爲裨以事尊卑服之而諸侯亦服焉上公袞無升龍侯伯鷩子男毳孤絺卿大夫玄此差司服所掌也禰謂行主遷主矣而云禰親之也釋幣者告將覲也其釋幣如聘大夫將受命釋幣于禰之禮既則祝藏其幣歸乃埋之於祧西階之東

右釋幣于禰○記諸侯裨冕以朝公

仪礼二十四 十三 正

0010_0085-1

之服自袞冕而下如王之服侯伯之服自鷩冕而下如公之服子男之服自毳冕而下如侯伯之服孤之服自希冕而下如子男之服卿大夫之服自玄冕而下如孤之服 此明朝聘天子及助祭之服諸侯自相朝聘皆皮弁服鄭司農云袞卷龍衣也鷩裨衣也毳罽衣也玄謂書曰予欲觀古人之象日月星辰山龍華蟲作繪宗彝藻火粉米黼

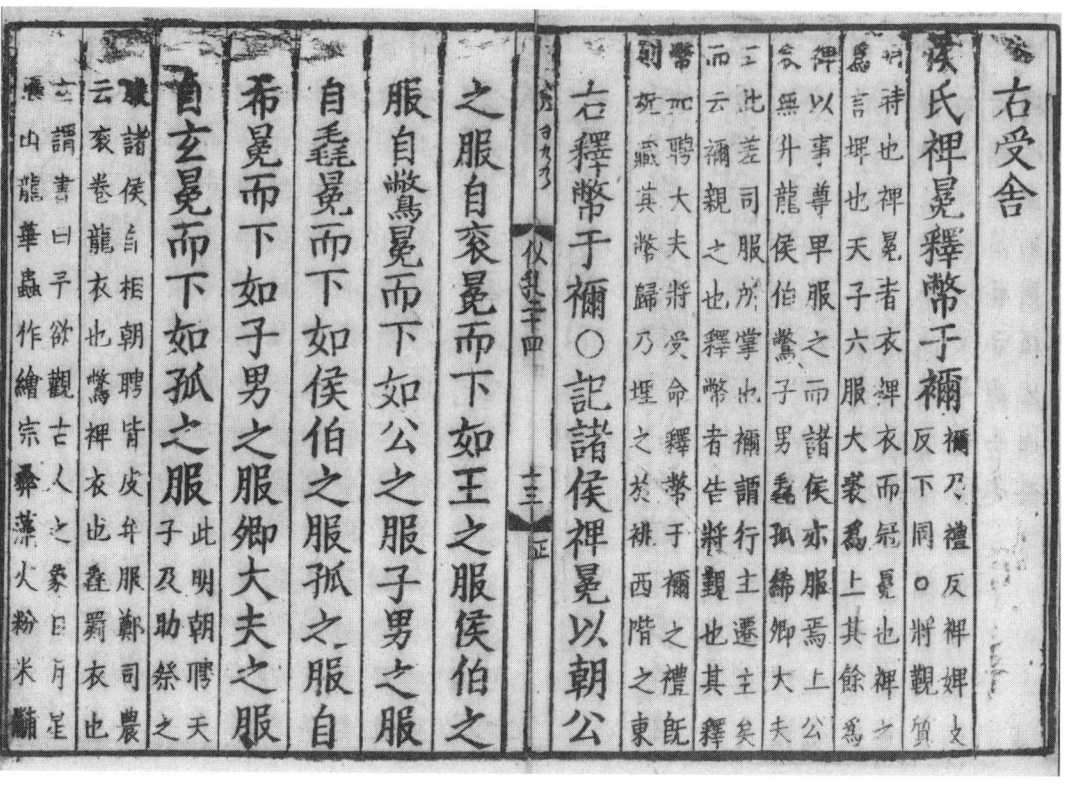

0010_0085-2

黻希繡此古天子冕服十二章華虫五色之虫繢人職曰鳥獸蛇雜四時五色以章之謂是也希讀爲絺或作黹字之誤也王者相變至周而以日月星辰畫於旌旗所謂三辰旂旗昭其明也而冕服九章登龍於山登火於宗彝尊其神明也九章初一曰龍次二曰山次三曰華蟲次四曰火次五曰宗彝皆畫以爲繢次六曰藻次七曰粉米次八曰黼次九曰黻皆希以爲繡則袞之衣五章裳四章凡九章也鷩畫以雉謂華蟲也其衣三章裳四章凡七也毳畫虎蜼謂宗彝也其衣三章裳二章凡五也希刺粉米無畫也其衣一章裳二章凡三也玄者衣無文裳刺黻而已是以謂玄焉凡冕服皆玄衣纁裳○司服

仪礼二十四 十四 正

0010_0086-1

乘墨車載龍旂弧韣乃朝以瑞玉有繅 韣音獨繅音早○墨車大夫制也乘之者入天子之國車服不可盡同也交龍爲旂諸侯之所建弧所以張縿之弓也弓衣曰韣瑞玉謂公桓圭侯信圭伯躬圭子穀璧男蒲璧繅所以藉玉以韋衣木廣袤各如其玉之大小以朱白蒼爲六今文玉爲或爲璪

天子設斧依於戶牖之

0010_0086-2

間左右几依於豈反○依如今綈素屛風也有繡斧文所以示威也斧謂之黼几玉几也左右者優至尊也其席莞席紛純加繅席畫純加次席黼純天子衮冕負斧依衮衣者裨之上也繢之繡之爲九章其龍天子有升龍有降龍衣此衣而冠冕南鄉而立以俟諸侯見嗇夫承命告于天子嗇夫蓋司空之屬也爲末擯承命於侯氏下介傳而上上擯以告天子天子見公擯者五人見侯伯擯者四人見子男擯者三人皆宗伯爲上擯春秋傳曰嗇夫馳天子曰非他伯父實

儀禮二　十五

0010_0087-1

來予一人嘉之伯父其入予一人將受之言非他者親之辭嘉之者美之辭也上擯又傳此而下至嗇夫侯氏之下介受之傳而上上介以告其君君乃許入今文實作賓嘉作賀侯氏入門右坐奠圭再拜稽首入門右執臣道不敢由賓客位也卑者見尊奠摯而不授擯者謁謁猶告也上擯告以天子前辭欲親受之如賓客也其辭所易者曰伯父其升侯氏坐取圭升致命王受之玉侯氏降階東北面再拜稽

0010_0087-2

首擯者延之曰升升成拜乃擯者請之侯氏坐取圭則遂左降拜稽首送玉也從後詔禮曰延延進也右行覲禮○記偏駕不入王門在旁與己同曰偏同姓金輅異姓象輅四衛革輅蕃國木輅駕之與王同謂之偏駕不入王門乘墨車以朝是也偏駕之車舍之於館與○司常交龍爲旂諸侯建旂諸侯畫交龍一象其升朝一象其下也○典瑞公執桓圭侯執信圭伯執

儀禮二　十六

0010_0088-1

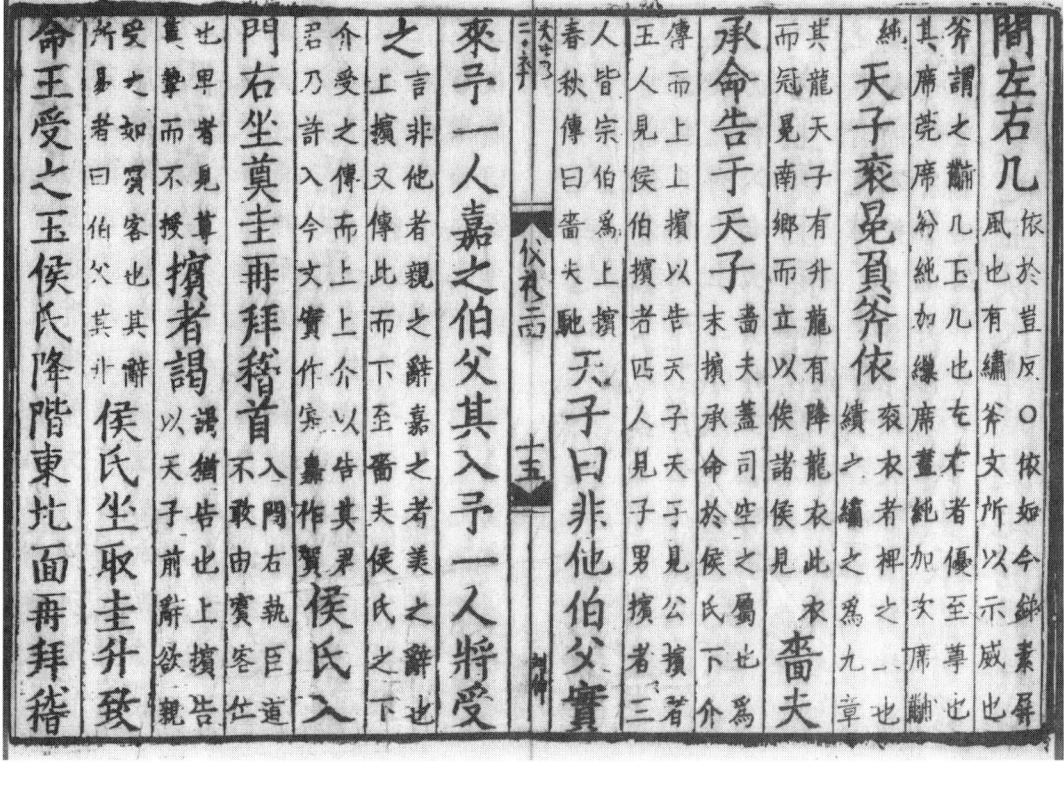

躬圭繅皆三采三就子執穀璧男執蒲璧繅皆二采再就以朝覲宗遇會同于王信音身○三采朱白蒼二采朱綠也鄭司農云以圭璧見于王覲禮曰侯氏入門右坐奠圭再拜稽首侯氏見于天子春曰朝夏曰宗秋曰覲冬曰遇時見曰會殷見曰同○聘禮記所以朝天子圭與繅皆九寸剡上寸半厚半寸博三寸繅三采六等朱白蒼問

0010_0088-2

諸侯朱緑繅八寸皆玄纁繫長尺絢組剡以冉反絢呼縣反○采成文曰絢繫無事則以繫玉因以爲飾皆用五采組上以玄下以絳爲地今文絢作約○司几筵几

大朝覲王位設黼依依前南鄉設莞筵紛純加繅席畫純加次席黼純左右玉几依於豈反黼許允反純章允反○斧謂之黼其繡白黑采以絳帛爲質依其制如屏風然於依前爲王設席左右有几優至尊也鄭司農云紛讀爲豳又讀爲和粉之粉謂白繡也純讀爲均服之均純緣也繅讀爲藻率之藻次席虎皮爲席書顧命曰成王將崩命大保芮伯畢公等被冕服憑玉几玄謂紛如綬有文而狹者繅席削蒲蒻展之編以五采若今合歡矣畫謂雲氣也次席桃枝席有次列成文○記几侯

0010_0089-1

于東箱王即席乃設之也東箱東夾之前相翔待事之處○肆師大賓客涖筵几築鬻鬻音粥○築香草煮以爲鬯此王所以禮賓客○覲禮天子不下堂而

儀禮卷二十四　十七

0010_0089-2

見諸侯正君臣也下堂而見諸侯天子之失禮也由夷王以下夷王周康王之玄孫之子也時微弱不敢自尊於諸侯○郊特牲○君天下曰天子朝諸侯分職授政任功曰予一人皆擯者辭也天下謂外及四海也漢於蠻夷稱天子於王侯稱皇帝覲禮曰伯父寔來余一人嘉之余予古今字諸侯見天子曰臣某侯某見音現○嗇夫承命告天子辭也其爲州牧則曰天子之

0010_0090-1

老臣某侯某奉圭請覲○曲禮○大宗伯朝覲會同則爲上相相息亮反下同○相詔王禮也出接賓曰擯入詔禮曰相相者五人卿爲上擯王命諸侯則儐儐進之也王將出命假祖廟立依前南鄉儐者進當命者延之命使登內史由王右以策命之降再拜稽首登受策以出此其略也○司儀掌九儀之賓客擯相之禮以詔儀容辭令揖讓之節禮以詔者以詔王

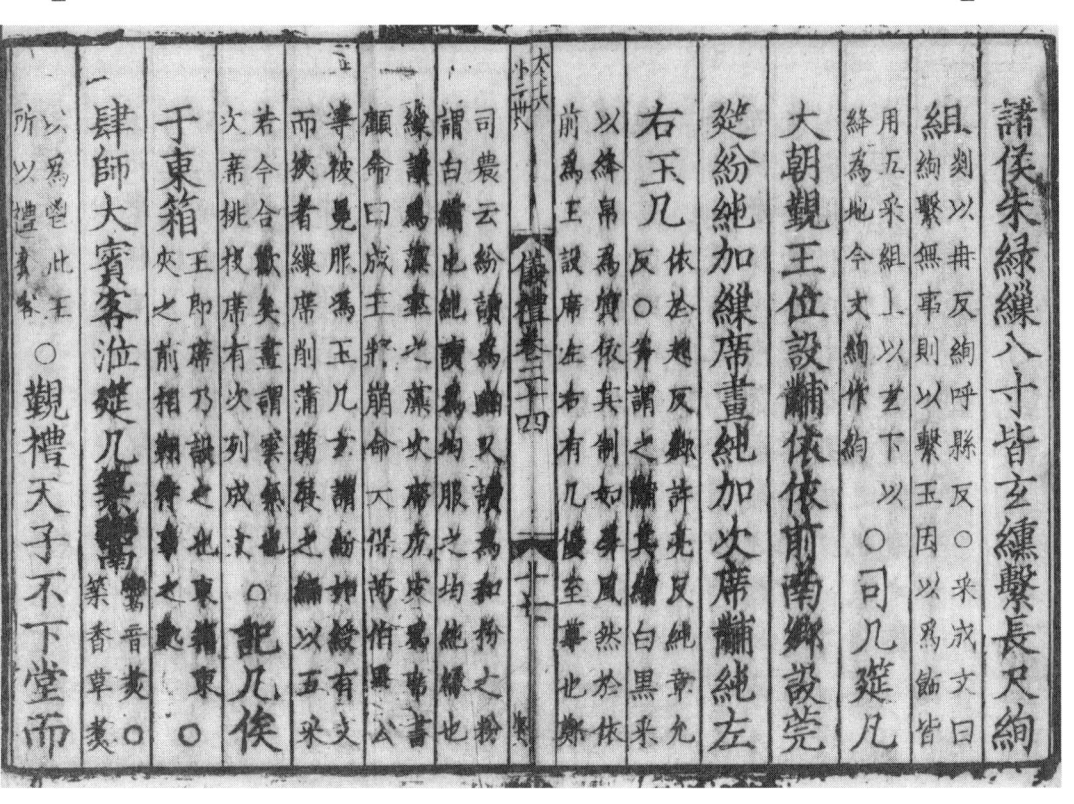

儀禮卷二十四　十八

0010_0090-2

四享皆束帛加璧庭實唯國所有四當為三古書作三四或皆積畫此篇又多四字字相似由此誤也大行人職曰諸侯廟中將幣皆三享其禮差又無取於四也初享或用馬或用虎豹之皮其次享三牲魚腊籩豆之實龜也金也丹漆絲纊竹箭也其餘無常貨此地物非一國所能有唯所有分為三享皆以璧帛致之奉束帛匹馬卓上九馬隨之中庭西上奠幣再拜稽首卓讀如卓王孫之卓卓猶的也以素的一馬以為上書其國名後當識其何產也馬

儀禮三十四　十九

0010_0091-1

必十匹者不敢斥王之乘用成數敬也擯者曰予一人將受之亦言王欲親受之侯氏升致命王撫玉侯氏降自西階東面授宰幣西階前再拜稽首以馬出授人九馬隨之王不受玉撫之而已輕財也以馬出隨侯氏出授王人於外也王不使人受馬者至于享王之尊益君侯氏之卑益臣事畢三享訖

右行享禮○小行人合六幣圭以

0010_0091-2

璋以皮璧以帛琮以錦琥以繡璜以黼此六物者以和諸侯之好故琮才宗反琥音虎璜音黃○合同也六幣所以享也五等諸侯享天子用璧享后用琮其大各如其瑞皆有庭實以馬若皮皮虎豹皮也用圭璋者二王之後也二王後尊故享用圭璋而特之禮器曰圭璋特義亦通於此其於諸侯亦用璧琮耳子男於諸侯則享用琥璜下其瑞也凡二王後諸侯相享之玉大小各降其瑞一等及使卿大夫覜聘亦如之○掌訝將

儀禮三十四　二十

0010_0092-1

幣為前驅至于朝詔其位入復及退亦如之道之以如朝鄭司農云詔其位告客以其位處也入復告入則掌訝出復其故位也客退又入迎為之前驅至于館也詔謂入復者入告王以客至也退亦如之亦其為前驅○小宗伯受其將幣之齎讀所齎來貢獻之財物○服不氏則抗皮抗苦浪反又公郎反○鄭司農云謂賓客來朝聘布皮帛者服不氏主舉藏之玄謂抗者若聘禮曰有司二人舉皮以東○校人

0010_0092-2　0010_0093-1

受其幣馬〔扶戶教反○賓客之幣馬來朝聘而享王者〕()
大宗伯則攝而載果〔載爲也果讀爲祼代王祼賓客〕
〔以鬯君無酌臣之禮言爲者攝酌獻耳拜送則王也鄭司農云王不親爲〕
主○肆師蒞筵几築鬻〔鬻音煑○築香草煑以爲〕
鬯賛果將〔酌鬱鬯授大宗伯載祼〕○小宗伯辨
六彝之名物以待果將〔六彝雞彝鳥彝斝彝黃彝〕
〔虎彝蜼彝果讀爲祼〕

乃右肉袒于廟門之東乃入門右北面
立告聽事〔右肉袒者刑宜施於右也凡以禮事者左袒入更從右者〕
〔臣益純也告聽事者告王以國所用爲罪之事也易曰折其右肱無咎〕擯
者謁諸天子天子辭於侯氏曰伯父無
事歸寧乃邦〔謁告寧安也乃猶女也〕侯氏再拜稽
首出自屛南適門西
右請事

0010_0093-2　0010_0094-1

遂入門左北面立王勞之再拜稽首擯
者延之曰升升成拜降出〔勞力報反○王辭之不即〕
〔左者當出隱於屛而襲之也天子外屛勞之勞其道勞也〕
右王勞
天子賜侯氏以車服迎于外門外再拜
〔賜車者同姓以金路異姓以象路服則衮也鷩也毳也古文曰迎于門外也〕
路先設西上路下四亞之重賜無數在
車南〔路謂車也凡君所乘車曰路路下四謂乘馬也亞之次車而東也詩〕
〔云君子來朝何錫予之雖無予之路車乘馬又何予之玄衮及黼重猶善也所〕
〔加賜善物多少由恩也春秋傳曰重錦三十兩〕諸公奉篋服加
命書于其上升自西階東面大史是右
〔大音泰○言諸公者王同非分命之而使賜侯氏也右讀如周公右王之右是〕
〔右者始隨入於升東面乃居其右古文是爲氏也〕侯氏升西面
立大史述命〔讀王命書也〕侯氏降兩階之間

0010_0094-2　0010_0095-1

北面再拜稽首受命升成拜大史辭之降也春秋傳曰
且有後命以伯舅耋老毋下拜此辭之類大史加書于服上
侯氏受受儐服使者出侯氏送再拜儐使
者諸公賜服者束帛四馬儐大史亦如
之既云拜送乃言儐使者以勞有成禮略而遂言同姓大國則
曰伯父其異姓則曰伯舅同姓小邦則
曰叔父其異姓小邦則曰叔舅據此禮云伯父
同姓大邦而言
右賜車服○記三公一命卷若有加
則賜也不過九命次國之君不過七
命小國之君不過五命卷依注音袞古本反○卷
俗讀也其通則曰袞三公八命矣復加一命則服龍袞與王者之後同多
於此則賜非命服也虞夏之制天子服有日月星辰周禮曰諸公之服自
袞冕而下如王之服○王制○典命上公九命為

0010_0095-2　0010_0096-1

伯其國家宮室車旗衣服禮儀皆以
九為節侯伯七命其國家宮室車旗
衣服禮儀皆以七為節子男五命其
國家宮室車旗衣服禮儀皆以五為
節上公謂王之三公有德者加命為二伯二王之後亦為上公國家國
之所居謂城方也公之城蓋方九里宮方九百步侯伯之城蓋方七里宮
方七百步子男之城蓋方五里宮方五百步大行人職則有諸侯圭藉冕
服建常樊纓貳車介牢禮朝位之數焉○小宗伯掌衣
服車旗宮室之賞賜王以賞賜有功者
饗禮乃歸禮謂食燕也王或不親以其禮幣致之略言饗禮互文也
掌客職曰上公三饗三食三燕侯伯再饗再食再燕子男一饗一食一燕
右饗○記大行人上公廟中將幣三
享王禮再祼而酢饗禮九獻食禮九
舉侯伯廟中將幣三享王禮一祼而

0010_0096-2

酢饗禮七獻食禮七舉子男廟中將幣三享一祼不酢饗禮五獻食禮三舉廟受命祖之廟也饗設盛禮以飫賓也皆有禮以幣致之故書祼作果鄭司農云三享三獻也祼讀爲灌再祼而飲公也而酢報飲王也舉舉樂也玄謂三享皆束帛加璧庭實惟國所有朝士儀曰奉國地所出重物而獻之明臣職也朝先享不言朝者朝正禮不嫌有等也王禮下以鬱鬯禮賓也鬱人職曰凡祭祀賓客之祼事和鬱鬯以實彝而陳之禮者使宗

0010_0097-1

伯攝酌圭瓚而祼王既拜送爵又攝酌璋瓚而祼后又拜送爵是謂再祼再祼賓乃酢王也禮侯伯一祼而酢者祼賓賓酢王而已后不祼也禮子男一祼不酢者祼賓而已不酢王也不酢之禮聘禮禮賓是與九舉舉牲體九飯也〇典瑞凡賓客之事共其玉器賓客謂朝聘者王祼謂四圭祼圭之屬〇大宗伯以饗燕之禮親四方之賓客〇小宗伯辨六尊之名物以待賓客待者有事則給之六尊獻

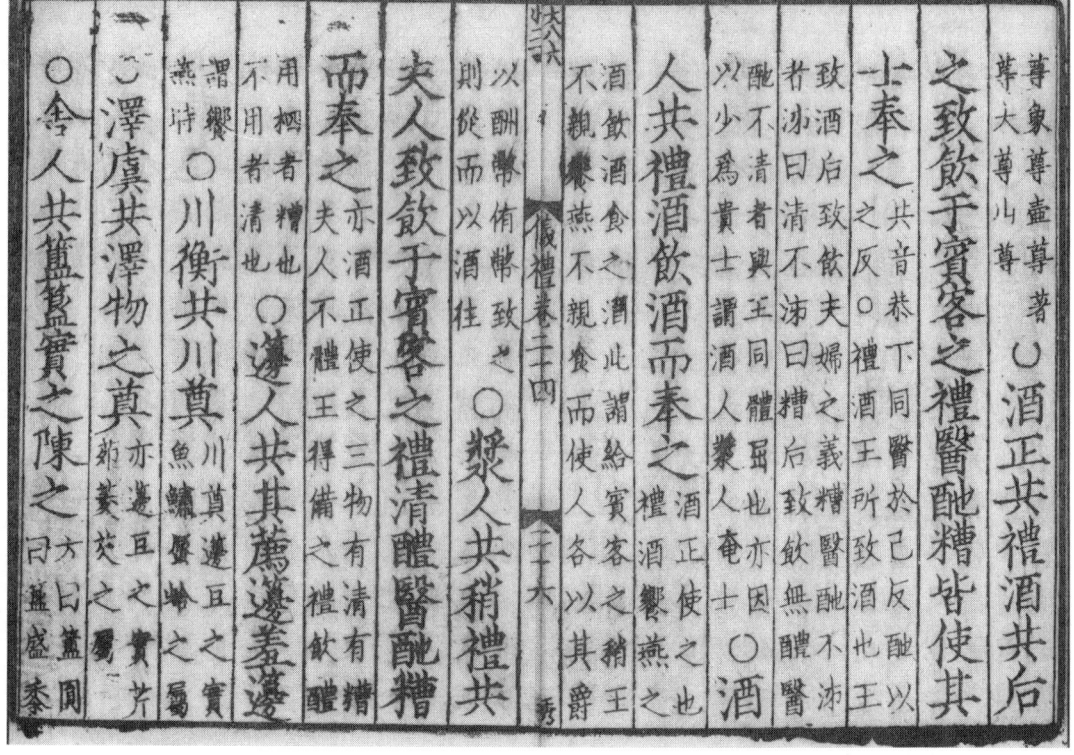

0010_0097-2

尊象尊壺尊著尊大尊山尊〇酒正共禮酒共后之致飲于賓客之禮醫酏糟皆使其士奉之共音恭下同醫於己反酏以之反〇禮酒王所致酒也王致酒后致飲夫婦之義糟醫酏不泲者泲曰清不泲曰糟后致飲無醴醫酏不清者與王同體屈也亦因以少爲貴士謂酒人奄士〇酒人共禮酒飲酒而奉之酒正使之也禮酒饗燕之酒飲酒食之酒此謂給賓客之稍王不親饗燕不親食而使人各以其爵

0010_0098-1

以酬幣侑幣致之則從而以酒往〇漿人共稍禮共夫人致飲于賓客之禮清醴醫酏糟而奉之亦酒正使之三物有清有糟夫人不體王得備之禮飲醴用柶者糟也不用者清也〇籩人共其薦籩羞籩謂饗燕時〇川衡共川奠川奠籩豆之實魚鱅蜃蛤之屬〇澤虞共澤物之奠亦籩豆之實芹茆蔆芡之屬〇舍人共簠簋實之陳之方曰簠圓曰簋盛黍

0010_0098-2

我稻粱器 ○舍人共其簠簋之實 謂致飧饔 ○醢

春人共其食米 饗有食米則饗禮兼燕與食 ○醢

人共醢五十罋 醢呼在反○致饔餼時 ○醯人

共醯五十罋 醯呼西反 ○鹽人共其形鹽

散鹽 散息但反○形鹽鹽之似虎形者 ○外饔掌割

亨共其脯脩刑膴陳其鼎俎實之牲

體魚腊 亨普庚反膴火吳反○脩鍛脯也刑鉶羹也膴牒肉大臠

儀禮卷三十四　二十七

0010_0099-1

○牛人共其膳羞之牛 羞進也所進賓之膳燕禮

小臣請執冪者與羞膳者至獻賓而膳宰設折俎 ○獸人共

其死獸生獸 共共完者 ○𩀋人共其魚之

鱻薧 𩀋音魚鱻息然反薧苦老反○新殺爲鱻乾者爲薧 ○腊

人共其脯腊凡乾肉之事 大物解肆乾之謂之

乾肉薄折曰脯捶之而施薑桂曰鍛脩腊小物全乾 ○亨人共

大羹鉶羹 亨普彭反○大羹肉湆鄭司農云大羹不致五味也

0010_0099-2

鉶羹加鹽菜矣 ○肆師授樂 授賓祭肺 ○大司樂

宿縣遂以聲展之 縣音玄○叩聽其聲具陳次之以知

完否 出入則令奏王夏肆夏 皆樂章名 帥國

子而舞 當用舞者帥以往 ○樂師序其樂事

令奏鐘鼓令相 令力呈反相息亮反後同○序樂事次序

用樂之事令相令視瞭扶工司農云告當相瞽師者言當罷也瞽師盲者

皆有相道之者故師冕見及階曰階也及席曰席也皆坐曰某在斯某在

斯曰相師之道與 ○典庸器 伐國所獲之器若崇鼎貫鼎及

以其兵物所鑄銘也 帥其屬而設筍虡陳庸器

筍息允反虡音巨○設筍虡視瞭當以縣樂器焉陳功器以華國也杜子

春云筍讀爲博選之選橫者爲筍從者爲鐻 ○小師登歌

擊拊下管擊應鼓 拊者擊石應鼙也小鼓也 徹歌

於有司徹而歌雍 ○鐘師奏燕樂 以鐘鼓奏之 ○

笙師共其鐘笙之樂 鐘笙與鐘聲相應之笙

儀禮卷三十四　二十八

0010_0100-1

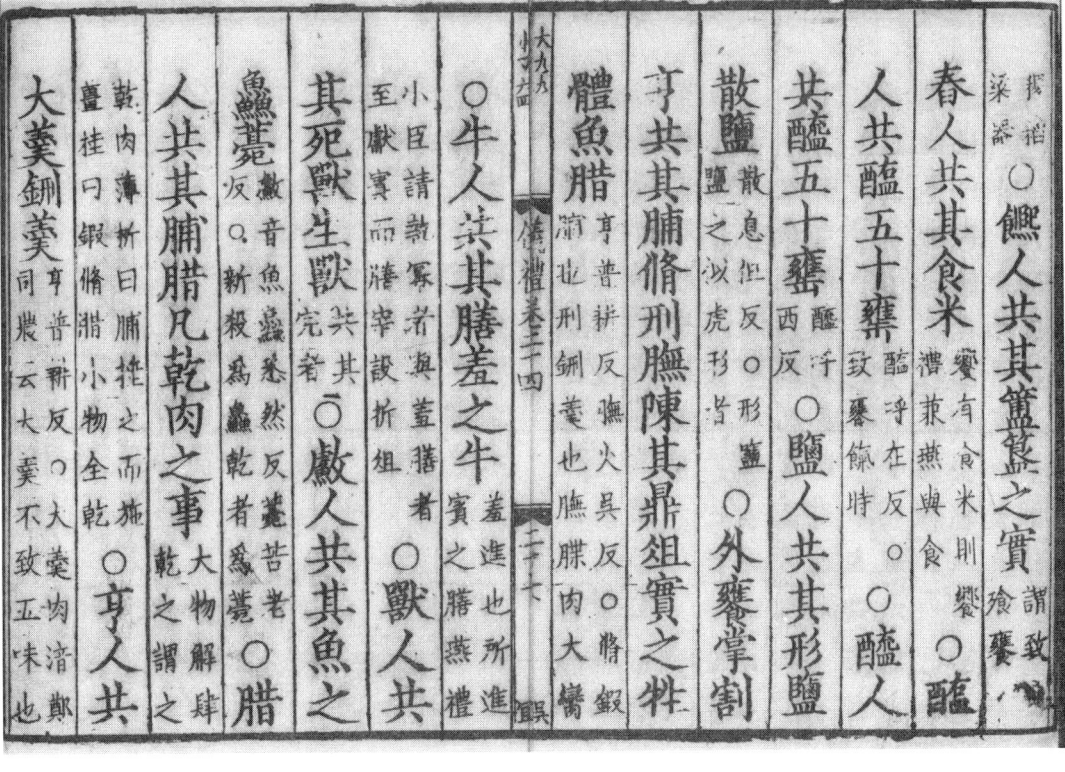

0010_0100-2

十授舞器舞器羽籥之屬既舞則受之既已
[illegible]取○韎師帥其屬而舞韎樂韎音[illegible]
[illegible]夷拜反○舞夷之舞○旄人舞其燕樂
[illegible]鼓羽籥之舞文舞有持羽吹籥者鼓之者常
[illegible]内宗薦加豆籩加爵之豆籩故書爲䕃豆
[illegible]云謂及以樂徹則佐傳豆籩
[illegible]○外宗○外宗佐王后薦玉豆

儀禮卷二十四　二十九

0010_0101-1

[illegible]及以樂徹亦如之眡視其實王后
[illegible]則贊贊猶佐也○天子適諸侯
[illegible]膳用犢諸侯適天子天子賜之
[illegible]牢貴誠之義也犢者誠慤未有牝牡之情是以
[illegible]貴也特牲
[illegible]覲于天子爲宮方三百步四門壇
[illegible]二尋深四尺加方明于其上[illegible]

0010_0101-2

受之於廟此謂時會殷同也宮謂壇土
爲埒以象牆壁也爲宮者於國外春會
同則於東方夏會同則於南方秋會同
則於西方冬會同則於北方八尺曰尋
十有二尋則方九十六尺也深謂高也
從上曰深司儀職曰爲壇三成成猶重
也三重者自下差之爲三等而上有堂
焉堂上方二丈四尺上等中等下等每
面十二丈方明者上下四方神明之象
也上下四方之神者所謂神明也會同
而盟明神監之則謂之天之司盟有象
者猶宗廟之有主乎王巡守至于方嶽
之下諸侯會之亦爲此宮以見之司儀
職曰將會諸侯則命爲壇三成宮旁一

儀禮卷二十四　三十

0010_0102-1

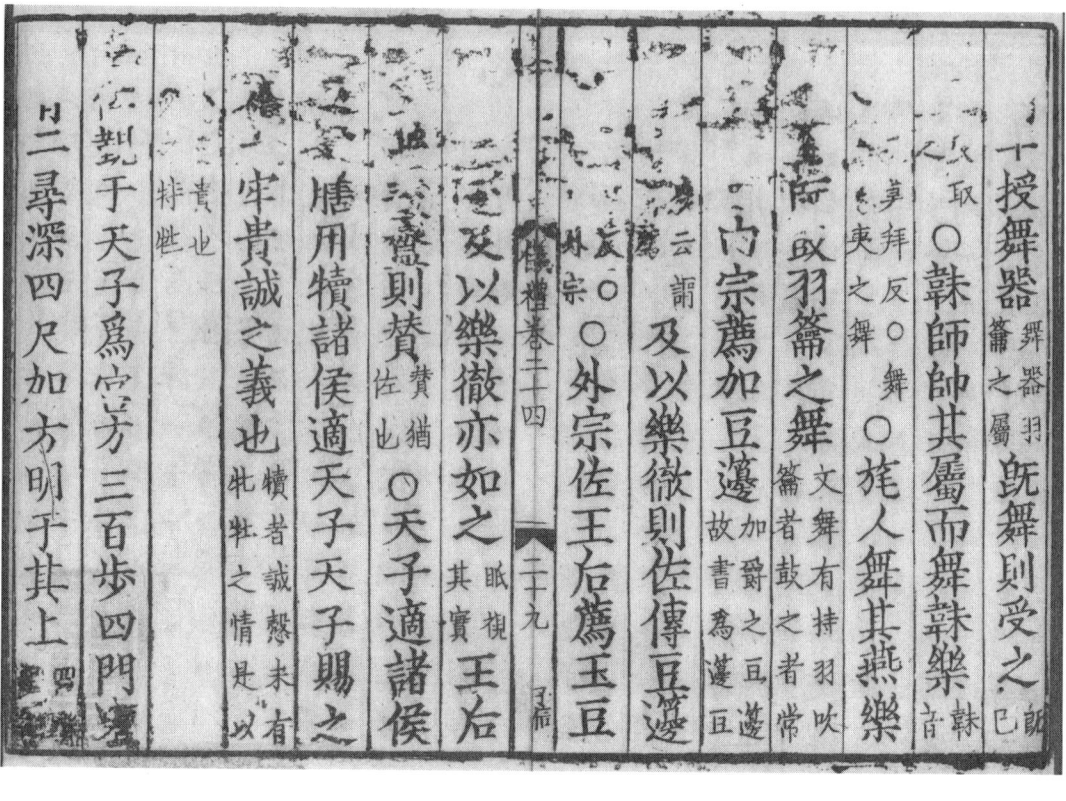

門詔王儀南鄉見諸侯也○壇以垂反埒音劣方明者木也方
四尺設六色東方青南方赤西方白北
方黑上玄下黃設六玉上圭下璧南方
璋西方琥北方璜東方圭六色象其神六玉以禮之
上宜以蒼璧下宜以黃琮而不以者則上下之神非天地之至貴者也設玉者
刻其木而著之上介皆奉其君之旂置于宮尚
左公侯伯子男皆就其旂而立置於宮者建之

0010_0102-2

豫為其君見王之位也諸公中階之前
北面東上諸侯東階之東西面北上諸
伯西階之西東面北上諸子門東北面
東上諸男門西北面東上尚左者建旂
公東上侯先伯伯先子子先男而位皆
上東方也諸侯入壝門或左或右各就
其旂而立王降階南鄉見之三揖土揖
庶姓時揖異姓天揖同姓見揖位乃定
古文尚
作上
四傳擯王既揖五者升壇設擯
升諸侯以會同之禮其
奠瑞玉及享幣公拜於上等侯伯於中
等子男於下等擯者每延之升堂致命
王受玉撫玉降拜於下等及請事勞皆
如覲禮是以記之覲云四傳擯者每一

儀禮十　三十三　刘傳

0010_0103-1

位畢擯者以告乃更陳列而升其次公
也侯也伯也各一位子男俠門而俱東
上亦一位也至庭乃設擯則諸侯初
入門王官之伯帥之耳古文傳作傳
天子乘龍載大旂象日月升龍降龍出拜
日於東門之外反祀方明此謂會同以
春者也馬八
尺以上為龍大旂大常也王建大常縿
首畫日月其下及旒交畫升龍降龍朝
覲儀曰天子冕而執鎮圭尺有二寸繅
藉尺有二寸搢大圭乘大路建大常十
有二旒樊纓十有二就貳車十有一乘
巾諸侯而朝日於東郊所以教尊尊也

0010_0103-2

退而朝諸侯由此二者言之已祀方明
乃以會同之禮見諸侯也凡會同者不
協而盟司盟職曰凡邦國有疑會同則
掌其盟約之載書及其禮儀北面詔明
神既盟則藏之言北面詔明神則明神
有象也象者其方明乎及盟時又加於
壇上乃以載辭告
焉詛祝掌其祝號
禮日於南門外禮月
與四瀆於北門外禮山川丘陵於西門
外此謂會同以夏冬秋者也變拜言禮
者容祀也禮月於北郊者月太陰之
精以為地神也盟神必云日月山川焉
者尚著明也詩曰謂予不信有如皦日

儀禮十四　三十三

0010_0104-1

春秋傳曰縱子忘之山川神祇
其忘諸乎此皆用明神為信也
祭天燔
柴祭山丘陵升祭川沈祭地瘞升沈必
就祭者
也就祭則是謂王巡守及諸侯之盟祭
也其盟揭其著明者燔柴升沈瘞祭禮
終矣備矣郊特牲曰郊之祭也迎長日
之至也大報天而主日也宗伯職曰以
實柴祀日月星辰則燔柴祭天謂祭日
也柴為祭日則祭地瘞者祭月也日月
而云天地靈之也王制曰王巡守至于
岱宗柴是王巡守之盟其神主日也春
秋傳曰晉文公為踐土之盟而傳云山
川之神是諸侯之盟其神主山川也月

0010_0104-2

大陰之精上爲天使臣道莫貴焉是王官之伯會諸侯而盟其神主月與古
文瘞作殪○精苦蓋反
右祀方明○記司儀將合諸侯則令
爲壇三成宮旁一門合諸侯謂有事而會也爲壇于
國外以命事宮謂壇土以爲牆壝所謂爲壇壝宮也天子春帥諸侯拜日
於東郊則爲壇於國東夏禮日於南郊則爲壇於國南秋禮山川丘陵於
西郊則爲壇於國西冬禮月四瀆於北郊則爲壇於國北旣拜禮而還加

0010_0105-1

方明於壇上而祀焉所以教尊尊也王巡守殷國而同則其爲宮亦如此
與鄭司農云三成三重也爾雅曰丘一城爲敦丘再成爲陶丘三成爲崑
崙丘謂三重詔王儀南鄉見諸侯土揖庶
姓時揖異姓天揖同姓鄉音向○謂王旣祀方明
諸侯上介皆奉其君之旂置于宮乃詔王升壇諸侯皆就其旂而立諸公
中階之前北面東上諸侯東階之東西面北上諸伯西階之西東面北上
諸子門東北面東上諸男門西北面東上王揖之者定其位也庶姓無親

0010_0105-2

者也土揖推手小下之也異姓婚姻也時揖平推手也天揖推手小舉之
及其擯之各以其禮公於上等侯伯
於中等子男於下等謂執玉而前見於王也擯之各
以其禮者謂擯公者五人侯伯四人子男三人上等中等下等謂所奠玉
處也壇三成深四尺則一等一尺也壇有十二尋方九十六尺則堂上二
丈四尺每等丈二尺與諸侯各於其等奠玉降拜升成拜明臣禮也旣乃
升堂授王玉其將幣亦如之其禮亦如之

0010_0106-1

將幣享也禮謂以鬱鬯祼之也皆於其等之上○大宗伯以
玉作六器以禮天地四方禮謂始告神時薦於
神生書曰植璧秉圭是也以蒼璧禮天以黃琮禮
地以青圭禮東方以赤璋禮南方以
白琥禮西方以玄璜禮北方此禮天以冬至
謂天皇大帝在北極者也禮地以夏至謂神在崑崙者也禮東方以立春
謂蒼精之帝而大昊句芒食焉禮南方以立夏謂赤精之帝而炎帝祝融

0010_0107-1　0010_0106-2

食焉禮西方以立秋謂白帝而少昊蓐收食焉禮北方以立冬謂黑精之帝而顓頊玄冥食焉禮神者必象其類璧圜象天琮八方象地圭銳象春物初生半圭曰璋象夏物半死琥猛象秋嚴半璧曰璜象冬閉藏地上無物唯天半見也○司常交龍爲旂諸侯建旂會同賓客各建其旂置旌門○典瑞王晉大圭執鎮圭繅藉五采五就以朝日繅有五采文所以薦玉木爲中幹用韋衣而畫之就成也王朝日者示有所尊訓民事君也天子常春分朝日秋分夕月覲禮曰拜日於東門之外故書鎮作瑱鄭司農云晉讀爲搢紳之搢謂插於紳帶之間若帶劒也瑱讀爲鎮玉人職曰大圭長三尺杼上終葵首天子服之鎮圭尺有二寸天子守之繅讀爲藻率之藻五就五帀也一帀爲一就○司盟掌盟載之法載盟辭也盟者書其辭於策殺牲取血坎其牲加書於上而埋之謂之載書凡邦國有疑會同則掌其盟約之載及其禮儀北面

0010_0108-1　0010_0107-2

詔明神既盟則貳之約如字又於妙反下同○有疑不協也明神神之明察者謂日月山川也覲禮加方明於壇上所以依之也詔之者讀其載書以告之也貳之者寫副以授六官○大司寇凡邦之大盟約涖其盟書而登之于天府涖臨也天府祖廟之藏大史內史司會及六官皆受其貳藏之會古外反○六官六卿之官也貳副也

朝事義第四十四　王朝禮一之下

古者聖王明義以別貴賤別彼列反以序尊卑以體上下然後民知尊君敬上而忠順之行備矣行下孟反是故古者天子之官有典命官掌諸侯之儀大行人掌諸侯之儀以等其爵故貴賤有別尊卑有序上下有差也典命諸侯之五儀諸臣之

0010_0108-2

五等以定其爵故貴賤有別尊卑有序上下有差也故朝聘之禮各執其圭瑞服其服乘其輅建其旌旂施其樊纓（樊步干反）從其貳車委積之以其牢禮之數所以明別義也然後天子冕而執鎮圭尺有二寸藻藉尺有二寸（藉在夜反）搢大圭（搢音晉）乘大輅建大常（大常之大音太）十有二旒樊纓十有再就貳車十有貳乘（乘繩證反）率諸侯而朝日東郊所以教尊尊也退而朝諸侯爲壇三成宮旁一門天子南鄉（鄉許亮反）見諸侯土揖庶姓時揖異姓天揖同姓所以別親疏外內也公侯伯子男皆以其旂就其位諸公之國中階之前北面東上諸侯之國東階之東西面北上

0010_0109-1

0010_0109-2

諸伯之國西階之西東面北上諸男之國門西北面東上及其將幣也公於上等所以別貴賤序尊卑也奠圭降拜升成拜明臣禮也奉國地所出重物而獻之明臣職也肉袒入門而右以聽事也明臣禮職臣事所以教臣也率而祀天於南郊配以先祖所以教民報德不忘本也率而享祀於大廟所以教孝也與之大射以考其習禮樂而觀其德行（行下孟反）與之圖事以觀其能儐而禮之（儐必刃反）三饗三食三宴（食音嗣）以與之習立禮樂是故一朝而近者三年（朝直遙反下同）遠者六年有德焉禮樂謂之益習德行謂之益修天子之命爲之益行然後使諸侯世

0010_0110-1

相朝交歲相問殷相聘以習禮考義正刑一德以崇天子故曰朝聘之禮者所以正君臣之義也諸侯附於德服於義則天下太平古者天子爲諸侯不行禮義（爲于偽反）不修法度不附於德不服於義故使射人以射禮選其德行職方氏大行人以其治國選其能功諸侯之得失治亂定然後明九命之賞以勸之明九

伐之法以震威之尚猶有不附於德不服於義者則使掌交說故諸侯莫不附於德服於義者此天子之所以養諸侯兵不用而諸侯自爲政之法也

0010_0111-2

儀禮集傳集註　王朝禮三之上

曆數

黃帝迎日推策筴爲日策數也迎數之也積日已月朔望未來而推之故日迎日順天地之紀幽明之占死生之說徐廣曰一云幽明之數合死生之說存亡之難時播百穀草木淳化鳥獸蟲蛾旁羅日月星辰水波土石金玉勞勤心力耳目節用

0010_0112-1

水火材物有土德之瑞故號黃帝蛾音蟻牛綺反○大戴禮作黃帝黼黻衣大帶乘龍扆雲以順天地之紀幽明之故死生之說存亡之難時播百穀草木故教化淳鳥獸昆虫曆離日月星辰極畋土石金玉勞心力耳目節用水火材物○今按迎日推策淳化勞勤當以史記爲正戴禮頊之誤曆離當以戴禮水波極畋則二書皆失之而戴禮爲近但不知的是何字耳帝顓頊養材以任地載時以象天顓音專頊許六反○帝嚳曆日月而迎送之嚳口毒反

0010_0112-2

○堯乃命羲和欽若昊天曆象日月星辰敬授人時重黎之後羲氏和氏世掌天地四時之官故堯命之使敬順昊天昊天言元氣廣大星四方中星辰日月所會曆象其分節敬記天時以授人也此舉其目下別序之分命羲仲宅嵎夷曰暘谷嵎音隅○宅居也東表之地稱嵎夷暘明也日出於谷而天下明故稱暘谷暘谷嵎夷一也羲仲居治東方之官寅賓出日平秩東作寅敬賓導秩序也歲起於東而始就耕謂之東作東方之官敬導出

0010_0113-1

日平均次序東作之事以務農也日中星鳥以殷仲春日中謂春分之日鳥南方朱鳥七宿殷正也春分之昏鳥星畢見以正仲春之氣節轉以推季孟則可知厥民析鳥獸孳尾孳音字○冬寒無事並入室處春事既起丁壯就功厥其也言其民老壯分析乳化曰孳交接曰尾申命羲叔宅南交申重也南交言夏與春交舉一隅以見之此居治南方之官平秩南訛敬致訛五禾反○訛化也掌夏之官平序南方化育之事敬行其教以致其功四時同之亦舉一隅日

0010_0114-1　　0010_0113-2

日永星火以正仲夏永長也謂夏至之日[illegible]火蒼龍之中星舉中[illegible]七星見可知以正仲夏之氣節季孟亦可知厥民因鳥獸希革因謂老弱因就在田之丁壯以助農也夏時鳥獸毛羽希少改易革改

分命和仲宅西曰昧谷昧冥也日入於谷而天下冥故曰昧谷昧谷曰西則嵎夷東可知[illegible]居治西方之官掌秋天之政寅餞納日平秩西成餞送也日出言導日入言送因事之宜秋西方[illegible]物成平序其[illegible]助成物也宵中星虛以殷仲秋宵夜[illegible]春言日秋言夜互相備虛玄武之中[illegible]亦言七星皆以秋分日見以正三秋

儀禮卷二十五

厥民夷鳥獸毛毨毨先典反○夷平也老壯在田與夏平也[illegible]理也毛更生整理申命和叔宅朔方曰幽都平在朔易北稱朔亦稱方言一方則三方見矣北稱幽則南稱明從可知也都謂所聚也易謂歲改易於北方平均在察其政以順天常上總言羲和敬順昊天此分別仲叔各有所掌日短星昴以正仲冬日短冬至之日昴白虎之中星亦以七星並見以正冬之三節厥民隩鳥

0010_0115-1　　0010_0114-2

獸氄毛氄於六反氄如勇反○隩[illegible]民改歲入此室處以辟風寒[illegible]鳥獸皆生耎毳細毛以自溫○林氏曰[illegible]嵎夷宅南交宅西宅朔方者所以羲[illegible]隅也蓋作曆之法必先候日月之出[illegible]星辰之躔度欲候日月之出沒星辰之[illegible]躔度者必先準定四面方隅之地爲[illegible]識四方既定然後可以候日月之出[illegible]測星辰之躔行而曆象之法自此起[illegible]嵎夷青州之嵎夷也在正東南交則[illegible]趾也五帝本紀黃帝之地北至于幽[illegible]南至于交趾則交趾之對幽都其[illegible][illegible]西者隴西之西縣也在正西幽都[illegible][illegible]之幽州也在正北蓋嵎夷之方[illegible]

儀禮卷二十五　四

之地也隴西之方日入之地也[illegible]其而言之則都之嵎夷謂之西據其日[illegible]出沒而言之則謂之暘谷昧谷[illegible]出日而餞納日故并定暘谷昧谷之[illegible]也賓導也徐昔賓餞送也導者引[illegible]名從昔從後之稱因其出也導以引[illegible]因其入也從而送之帝舉日月而[illegible]送之那此法也○今按是字古與[illegible]漢用見周禮註釋書者非一宅嵎夷之[illegible]皆謂度日影於此如唐開元十二年遣使天下候影南距林邑北距橫野中得浚儀岳臺應南北之弦居地之中即其事也林氏說正如此但不解宅字之義以正謂居此而應景故附此說以[illegible]

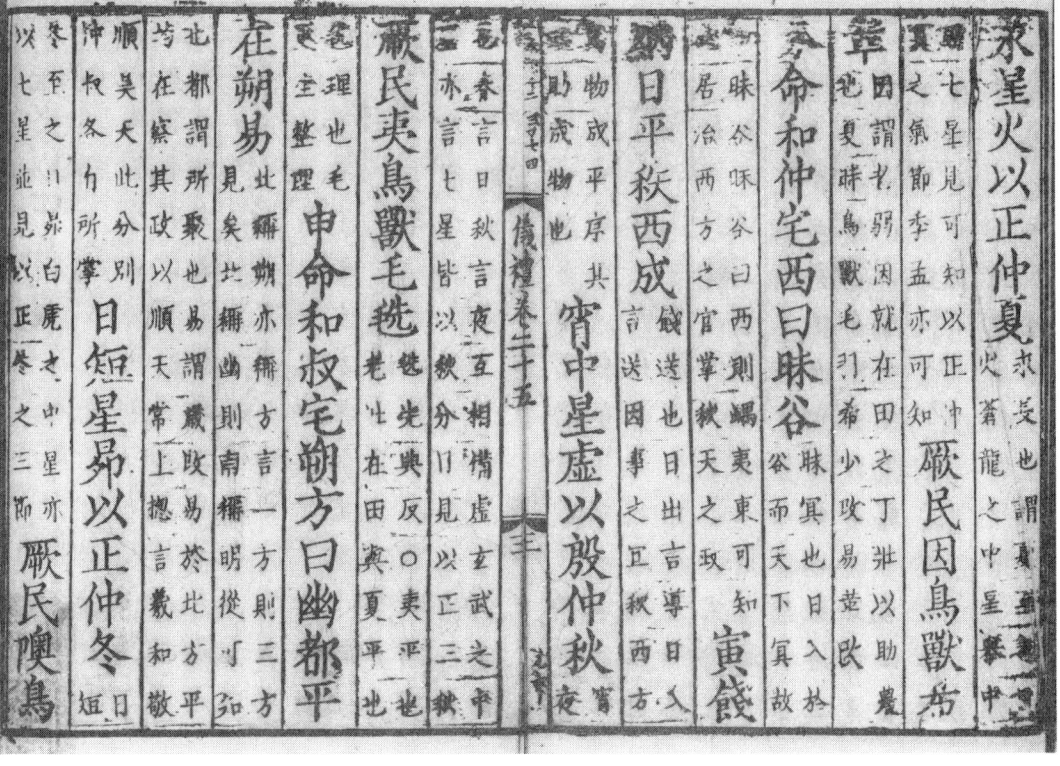

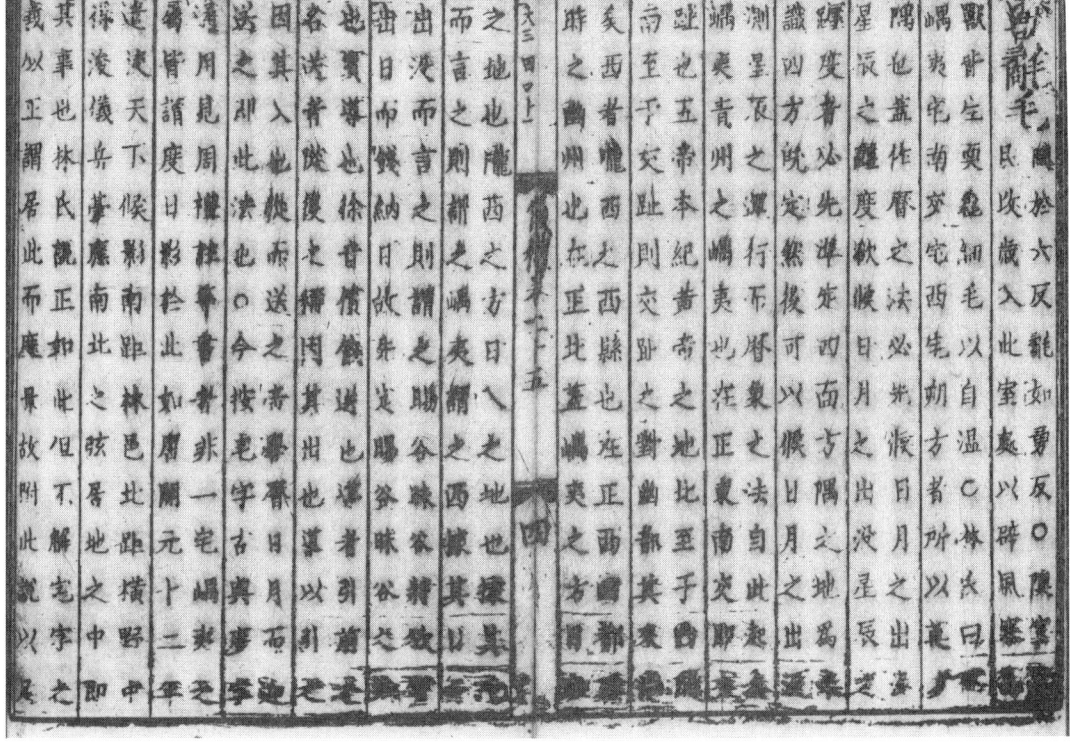

0010_0115-2

成其義云○林氏曰平秩東作南訛西成
平在朔易者陰陽四時之氣運於天地
之間造化密移莫不有序平秩者平均
次序也在察也所以候其節氣之早晚
如後世分定二十四氣之類是也孔氏
論東作謂歲起於東而始就耕平均次
序東作之事以務農也此但謂萬物發
生於東震非取於農作之義也曾氏謂
春爲陽中萬物以生秋爲陰中萬物以
成作如藏亦作止老子萬物並作之作
可補先儒之失敬致者致日也周官冬
夏致日春秋致月左氏日官居卿以參
日則敬致者致日之謂也蓋曆法欲候
日月之出沒以昏旦見於南方之中

儀禮卷二十五　五

0010_0116-1

星以定晷度之所至謂之敬致與賓實
寅餞同月令云日在營室昏參中旦尾
中謂日在營室有昏有旦者所謂賓出
日餞納日也謂昏參中旦尾中者即此
所謂敬致也賓日於東餞日於西然後
日中日永宵中日短可得而知也敬致
南方之中星矣然後星鳥星火星昴星
虛可得而見也此二者可得而知然後
分至之氣可得而定矣○今按敬致林
引周禮爲說亦是但周禮所謂致日乃
考日中之景故此亦使南方之官掌之
非謂考中星也其考中星自是下句下
應先於此而言之也○林氏曰[illegible]
昴皆見分至之昏旦於南方[illegible]

0010_0116-2

中星而孔氏以謂七星畢見不以爲然
是故唐孔氏云仲春之月日在奎婁入
於酉地則初昏之時井鬼在午柳星張
在巳翼軫在辰仲夏之中日在東井而
入於酉地即初昏之時角亢在午氐房
心在巳箕尾在辰仲秋之中日在角而
入於酉地即初昏之時斗牛在午女虛
危在巳室壁在辰仲冬之月日在斗入
于酉地則初昏之時奎婁在午胃昴在
巳畢觜參在辰據孔氏此說則是鳥
火虛昴當分至昏皆見於巳非正午也
其何爲正方中星哉王子雍覺其非遂
謂宅嵎夷孟月也日中日永宵中仲月
也星鳥星火星虛星昴季月也此說並

儀禮卷二十五　六

0010_0117-1

與天象偶合然分孟仲季非書之意蓋
二孔二盡皆不知曆家有歲差之法以
月令日在其宿而求之所以不合按曆
家自北齊張子信始首知歲法以古曆
推之凡八十餘年差一度月令日在其
宿比之堯時則已差矣以日會月在其
宿求之中星宜其不合矣故唐一行云
日在虛一則星火星昴皆以仲月昏中
沈存中亦云堯典日短星昴今乃日短
星東壁以是知歲差之法乃曆家之所
通知特先儒未之思耳蓋仲春之月日
在昴入於酉地則初昏之時鶉火之星
見於南方正午之位當是時也晝五十
刻夜五十刻是爲春分之氣故曰日中

0010_0117-2

星鳥以殷仲春仲夏之月日在星入於
酉地初昏之時大火之星見於南方正
午之位當是時也晝長夜短晝六十刻
夜四十刻是爲夏至之氣故曰日永星
火以正仲夏仲秋之月日在心入於酉
地則初昏之時虛之星見於南方正午
之位當是時也晝夜分晝五十刻夜五
十刻是爲秋分之氣故曰宵中星虛以
殷仲秋仲冬之月日在虛入於酉地初
昏之時昴星見於南方正午之位當是
時也晝短夜長晝四十刻夜六十刻是
爲冬至之氣故曰日短星昴以正仲冬
分至之氣既定則十二月之氣無不定
矣春曰日中秋曰宵中蓋互文以見日

0010_0118-1

夜之分也春曰星鳥夏曰星火秋曰星
虛冬曰星昴蓋四方躔度之星以名言
之自角亢氐房心尾箕至于井鬼柳星
張翼軫凡二十有八以日月所會言之
自訾陬降婁大梁實沈鶉首鶉火鶉尾
壽星大火析木星紀至于玄枵凡一十
有二以物象言之則青龍玄武白虎朱
鳥見四作與者欲備見故互言之春秋
言殷冬夏言正者亦猶春秋謂之分冬
夏謂之至也分至定則十二月之中氣
無不定矣然猶以爲未也而又以析因
夷隩言之於農事之早晚故鑑之曰厥
民析因夷隩析者言春事既起丁壯就
功因者因就在田之丁壯以助農也夷

0010_0118-2

者平也秋稼將盛農事將畢民獲卒歲
之實心力平夷安舒也隩者暖也冬寒
民集隩暖也既定民事之早晚矣以爲
未也猶考物類之變化鳥獸孳尾希革
毛毨氄毛者蓋萬物之微物感天地至
和之氣而動作應時不期然而然耳故
作曆者觀此則候夫時之早晚如禮記
月令云魚上氷獺祭魚倉庚鳴鴻鴈來
之類是矣與之遺法也○今按析因夷
隩乃是驗之於人以審氣候之寒溫與
下句驗之於物以審時物之變迁詳意
稍似若謂此句爲定農事之早晚則下
句爲欲審何事邪大抵命此四官皆考
天時以作曆之事曆正則可以授民時

0010_0119-1

治百官而農桑田役之務飲食嘉穀之
宜無不得其序矣不必於此逐指一事
而言也

帝曰咨汝羲暨和朞三百有六旬有六日以閏月定四時成歲咨嗟暨與也匝四時
曰朞一歲十二月月三十日正三百六
十日除小月六爲六日是爲一歲有餘
十一日未盈三歲足得一月則置閏
焉以定四時之氣節成一歲之曆象

允釐百工庶績咸熙允信釐治工官績功咸皆熙廣也言定四
時成歲曆以告時授事則能信治百官
衆功皆廣歎其盛○正義曰周天三百

0010_0119-2

一三夌四分事之一此言三一
日者王肅云四分日之一又入六□
文氏學全數以言之故云三百六十六
也曆法以一日分爲九百四十分日
行也日一度其爲十二月以三百六
日是一歲所餘凡五日九百四十分
之二百三十五月之行也日十三度
九分度之七常以二十九日半又九
四十分日之二十九而與日合是一
三百五十四日三百四十八分外所
九五日九百四十分日之五百九十
□五百九十二并二百三十五是一
日月所餘共十日九百四十分日之
百二十七今孔注言十二日者皆以

儀禮卷二十五

0010_0120-1

□整而計之耳十九年年十日爲
十日又十九个八百二十七爲一
千七百一十三以日法九百四十
□之得十六日以并一百九十日□
一十月不盡六百七十三分爲日□
□□得七閏每月二十九日爲二
三日一七个月餘各四百九十九□
□三十四百九十三以日法九百□
分除之得三日共爲二百六日下□
□六十三是爲一章之數二十□
一一皆三會爲一統三統爲一元□
□於無窮若無閏三年差一□
入爲二月每月皆差九年差□
□以爲夏者十七年差六月

0010_0120-2

歲有何定歲何由成百工何
釐庶績何以咸熙乎故須置閏以
時成歲然後可以治百工熙庶績也
王肅云斗之所建是爲中氣日月所在
斗指兩辰之間無
中氣所以爲閏也

○舜在璿璣玉衡以齊七政

璿音旋○在察也璿美玉璣衡
王者正天文之器可運轉者七
政日月五星各異政○正義曰璣衡者
璣爲轉運衡爲橫簫運璣使動於下以
衡望之是王者正天文之器漢世以來
謂之渾天儀者是也馬融云渾天儀可
旋轉故曰璣衡其橫簫所以視星宿也
以璿爲璣以玉爲衡蓋貴天象也蔡邕

大□小二百九十六

儀禮卷二十五　十

0010_0121-1

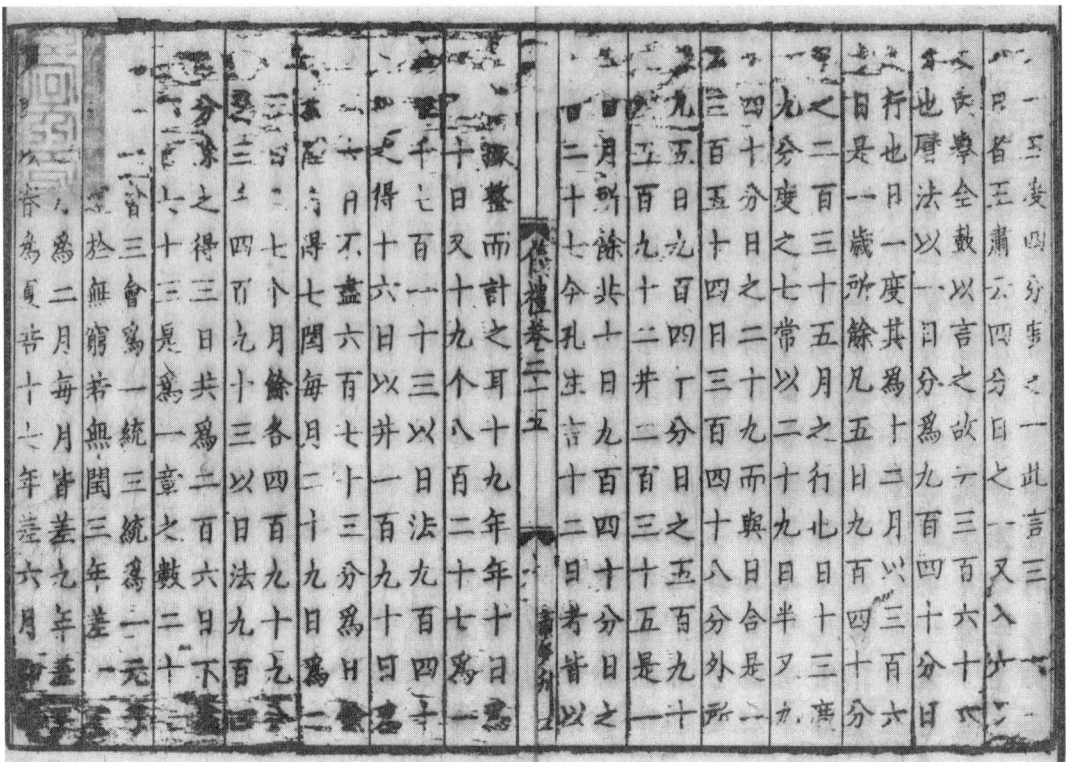

云玉衡長八尺孔徑一寸下端望之以
視星辰蓋懸璣以象天而衡望之轉璣
窺衡以知星宿是其說也七政其政有
七於璣衡察之必在天者知七政謂日
月與五星也木曰歲星火曰熒惑星土
曰鎮星金曰太白星水曰辰星易繫辭
云天垂象見吉凶聖人象之此日月五
星有吉凶之象因其變動爲占七者各
自異政故爲七政得失由政故稱政也
上天之體不可得知測天之事見於經
者唯有此璿璣玉衡一事而已蔡邕天
文志云言天體者有三家一曰周髀
二曰宣夜三曰渾天宣夜絕無師說周□
□髀具在考驗天象多所違失故史官

0010_0121-2

不用惟渾天者近得其情今史所用候臺銅儀則其法也虞喜云宣明也夜幽也言幽明之數其術兼之故曰宣夜但絕無師說不知其狀如何周髀之術以爲天似覆盆蓋以斗極爲中中高而四邊下日月旁行繞之日近而見之爲晝日遠而不見爲夜渾天者以爲地在其中天周其外日月初登於天後入於地晝則日在地上夜則日入地下王蕃渾天說曰天之形狀似鳥卵天包地外如卵之裹黃圓如彈丸故曰渾天言其形體渾渾然也其術以爲天半覆地上半在地下其天居地上見有一百八十二度半強地下亦然北極出地上三十六度

十一

0010_0122-1

南極入地下亦三十六度而嵩高正當天之中極南五十五度當嵩高之上又其南十二度爲夏至之日道又其南二十四度爲春秋分之日道又其南二十四度爲冬至之日道南下去地三十一度而已是夏至日北去極六十七度春秋分去極九十一度冬至去極一百一十五度此其大率也其南北極持其兩端其天與日月星宿斜而廻轉此必古有其法遭秦而滅漢武帝時落下閎鮮于妄人始爲渾天之法宣帝時司農中丞耿壽昌始鑄銅爲之象史官施用焉後漢張衡作靈憲以說其狀蔡邕鄭玄陸績吳時王蕃晉世姜岌張衡葛洪皆

0010_0122-2

論渾天之義並以渾說爲長江南宋元嘉中皮延宗又作是渾天論太史丞錢樂之鑄銅作渾天儀傳於齊梁周平江陵遷其器於長安今在太史書矣衡長八尺璣徑八尺圓周二丈五尺強轉而望之有其法也唐正觀中李淳風爲之開元中浮屠一行梁令瓚又爲之唐亂而亡我宋太平興國中蜀人張思訓始創爲之至元祐中蘇頌更造其法尤密置渾儀於上以仰觀星渾象於下以俯視樞機輪軸隱於中以水激之輪則渾象皆動不假人力○洪範四五紀一曰歲所以紀四時二曰月所以紀一月三曰

十二

0010_0123-1

日所以紀一日四曰星辰二十八宿迭見以叙氣節十二辰以紀日月所會五曰曆數曆數節氣之度以爲曆敬授民時○正義曰五紀者五事爲天時之經紀也一日歲從冬至以及明年冬至爲一歲所以紀四時也二日月從朔至晦大月三十日小月二十九日所以紀一月也三日日從夜半以至明日夜半周十二辰爲一日所以紀一日也四曰星辰星謂二十八宿昏明迭見辰謂日月別行會於宿度從子至於亥爲十二辰星以紀節氣早晩辰以紀日月所會處也五曰曆數算日月行道所曆計氣朔早晩之數所以

0010_0123-2

爲一歲之曆凡此五者皆所以紀
故謂之五紀也五紀不言時者以歲
以節正而四時亦自正時隨月異
所拒故不言時也五紀爲此次於歲終
有月統日星辰見於天其日曆數總歷
而者故歲爲綸曆爲終也又曰天以積
無形二十八宿分之爲限每宿各有
度數合成三百六十五度有餘日月右
行循此宿度日有一度月行十三度有
餘二十九日過半而月一周與日會每
於一會謂之一月是一歲凡十二月仍
有餘十一日爲日行天未周故置閏以
齊是若均分天度以爲十二次則每次
三十度有餘一次之內有節氣中氣次

0010_0124-1

之所管其度多寡月之所統其日入月
有參差不及節氣不得在月朔中氣不
得在月半故聖人曆數此節氣之度使
知氣所在既得氣在之日以爲一歲之
事所以敬授民時王肅云日月星辰
所行布而數之所以紀度數是也 ○

周官太史正歲年以序事頒之于官府及都鄙

中數曰歲朔數曰年中朔大小
不齊正之以閏若今時作曆日
定四時以次序授民時之事春秋傳
曰閏以正時時以作事事以厚生生民
之本於是乎在 ○正義曰云中數曰歲
朔數曰年者一年之內有二十四氣正

0010_0124-2

月立春節啓蟄中二月雨水節春分中
三月清明節穀雨中四月立夏節小滿
中五月芒種節夏至中六月小暑節大
暑中七月立秋節處暑中八月白露節
秋分中九月寒露節霜降中十月立冬
節小雪中十一月大雪節冬至中十二
月小寒節大寒中皆節氣在前中氣在
後節氣一名朔氣朔氣在晦則後月閏
中氣在朔則前月閏節氣有入前月法
中氣無入前月法中氣帀則爲歲朔氣
而引爲年假令十二月中氣在晦則閏
十二月十六日得後正月立春節此即
朔數曰年至後年正月一日得啓蟄中
此中氣帀此即是中數曰歲云中朔大

0010_0125-1

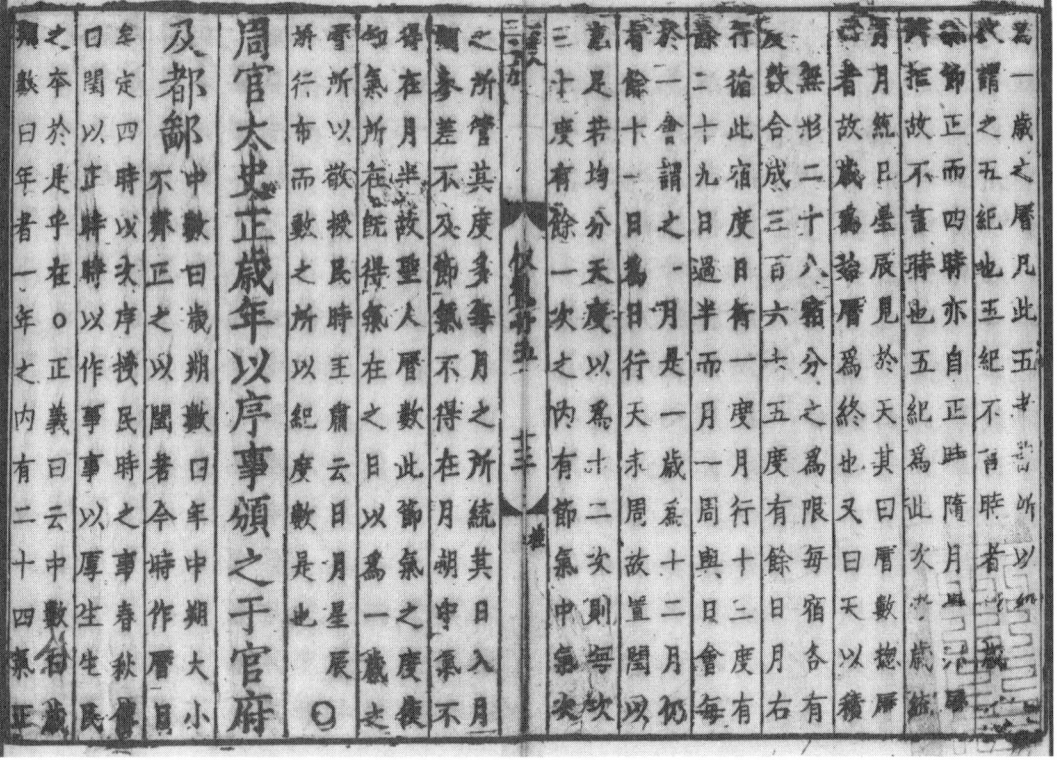

小不齊正之以閏者周天三百六十五
度四分度之一日一日行一度月一日
行十三度十九分度之七二十四氣通
閏分之一氣得十五日二十四氣分得
三百六十度仍有五度四分度之一
度更分爲三十二五度爲百六十而四分
之一者又分爲八分通前爲百六十
分二十四氣分之氣得七分著然二
四氣氣有十五日七分五氣得三十
分取三十二分爲一日餘三分推入
一氣是二十四氣合得五日零八分通
一歲計之爲三百六十五日三十二分
之也云中大小不齊正之以閏者
一年三百五十四日而已

0010_0125-2

餘仍有十一日是以三十三月以後中
氣在晦不置閏則中氣入後月須置閏
以補之故云正之以閏是
以云若今時作曆日矣　頒告朔于邦
國　天子班朔于諸侯諸侯藏之祖廟至
讀爲班班布也以十二月朔布告天下
諸侯○正義曰告而受行之者縣之於
中門市日斂之此經及論語稱告朔玉
藻謂之聽朔春秋謂之視朔視者人君
入廟視之告者使有司讀祝以言之聽
者聽治一月政令所從言之異耳鄭司
農云以十二月朔布告天下諸侯者言
朔者以十二月曆及政令若月令之書

0010_0126-1

但以受行號之爲朔　閏月詔王居門終月　門謂路寢門也
鄭司農云月令十二月分在青陽明堂
總章玄堂左右之位唯閏月無所居居
于門故於文王在門謂之閏○正義曰
明堂路寢有九室大室在中央四角各
有二堂隅之爲个堂大室正東之堂謂
之青陽正南之堂謂之明堂正西之堂
謂之總章正北之堂謂之玄堂云左右
之位者青陽明堂總章玄堂各有左右
之位月令謂之左右个　馮相氏掌十有二歲十有
二月十有二辰十日二十有八星之位

0010_0126-2

辯其敘事以會天位　馮音憑相息亮反○歲謂太歲歲星
與日同次之月斗所建之辰樂說說歲
星與日常應太歲月建以見歲日月星
辰宿之位謂方面所在辯其敘事謂若
仲春辯秩東作仲夏辯秩南訛仲秋辯
秩西成仲冬辯在朔易會天位者合此
歲日月星辰宿五者以爲時事之候若
今曆日太歲在某月某日某甲朔日直
某也○正義曰歲謂太歲左行於地行
於十二辰一歲移一辰者也云十有二
月者謂斗柄月建一辰十二月而周云
十有二辰者謂子丑寅卯之等十有二
辰也十日者謂甲乙丙丁之等也云二

0010_0127-1

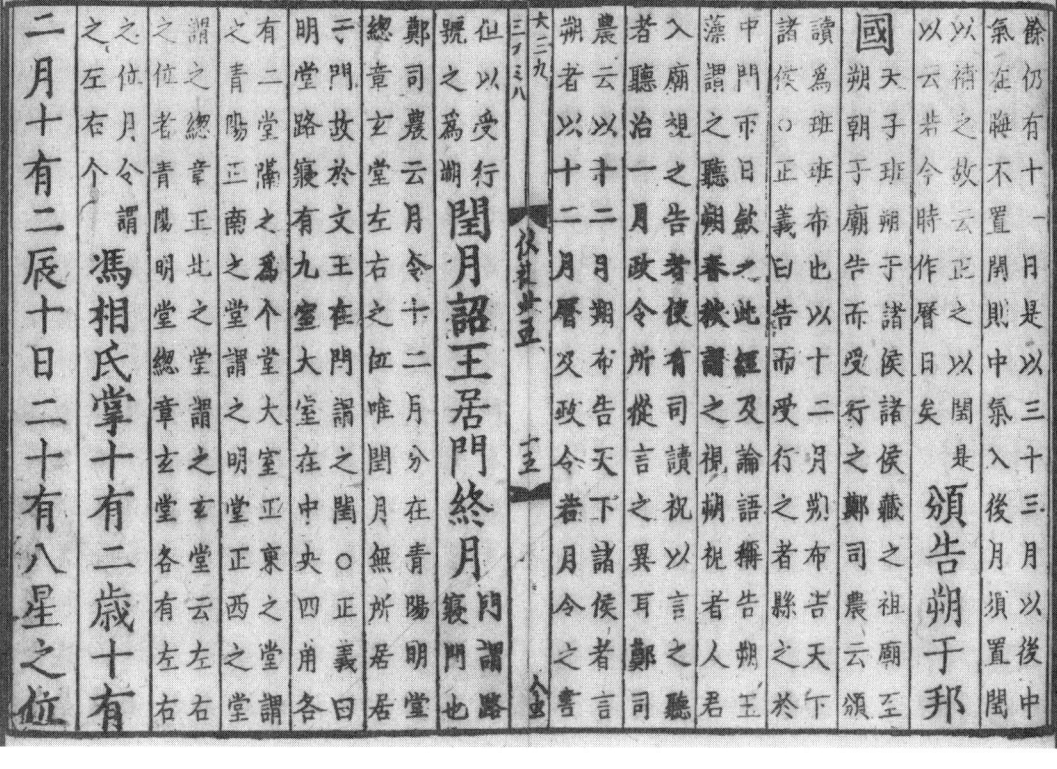

十八星者東方角亢氐房心尾箕北方
斗牛之等爲二十八星也若指星體而
言謂之星日月會於其星即名宿亦名
辰亦名次亦名房云之位者總五者皆
有位處也云辯其敘事者謂五者皆與
人爲候之以爲事業次叙而事得分辯
以會天位五者在天會合而爲候也歲
謂太歲歲星與日同次之月斗所建之
辰者此太歲在地與天上歲星相應而
行歲星爲陽右行於天一歲移一辰云
歲星與日同次之月斗所建之辰者以
歲星爲陽人之所見太歲爲陰人所不
覩既歲星於太歲雖左行右行不同要
行度不異故舉歲星以表太歲言歲星

0010_0127-2

與日同次之月一年之中唯於一辰容上爲法若元年甲子朔旦冬至日月五星俱起於牽牛之初是歲星與日同次之月十一月斗建子子有太歲至後年星移向子上十二月會于玄枵十二月斗建丑丑有太歲自此以後皆然引樂説者謂太歲在月建之義也

冬夏致日春秋致月以辯四時之敘冬至日在牽牛景丈三尺夏至日在東井景尺五寸此長短之極極則氣至冬無愆陽夏無伏陰春分日在婁秋分日在角而月弦於牽牛東井亦以其景知氣至不春秋冬夏氣皆至則是四時之敘正矣○正

儀禮廿五　十七

0010_0128-1

義曰此經欲知人君政之得失之所致觀日月之景以辯四時之敘若政教得所則四時之景依度若依度則四時之敘得正矣必冬夏致日春秋致月者以日者實也故於長短極時致之也月者闕也故於長短不極時致之也冬至日置八引樹八尺之表日中視其影如度者歲美人和晷不如度者歲惡人僞政令之不平法言八引者樹杙於地四維四中引繩以正之故因名之曰引立表者先正方面於視日審矣晷進則水晷退則旱進尺二寸則月食退尺二寸則日食晷進謂長於度日之行黃道外則晷長晷長者陰勝故水晷短謂短於度

0010_0128-2

日之行入進黃道內故晷短晷短者陽勝是以旱進尺二寸則月食者月以十二爲數以勢言之宜爲月食退尺二寸則日食者日之數備于十晷進爲盈晷退爲縮冬至晷長丈三尺注云所立八尺之表陰長丈三尺長之極彼雖不言夏至尺五寸景以冬至影丈三尺反之致夏唯尺五寸景也是以鄭注考靈曜云日之行冬至之後漸差向北夏至之後漸差向南日差大分六小分四大分六者分一寸爲十分小分四者分一分爲十分一寸千里則差六百四十里大司徒職云日至之景尺有五寸謂之地中從夏至之後差之至冬至得丈三尺

儀禮廿五　十八

0010_0129-1

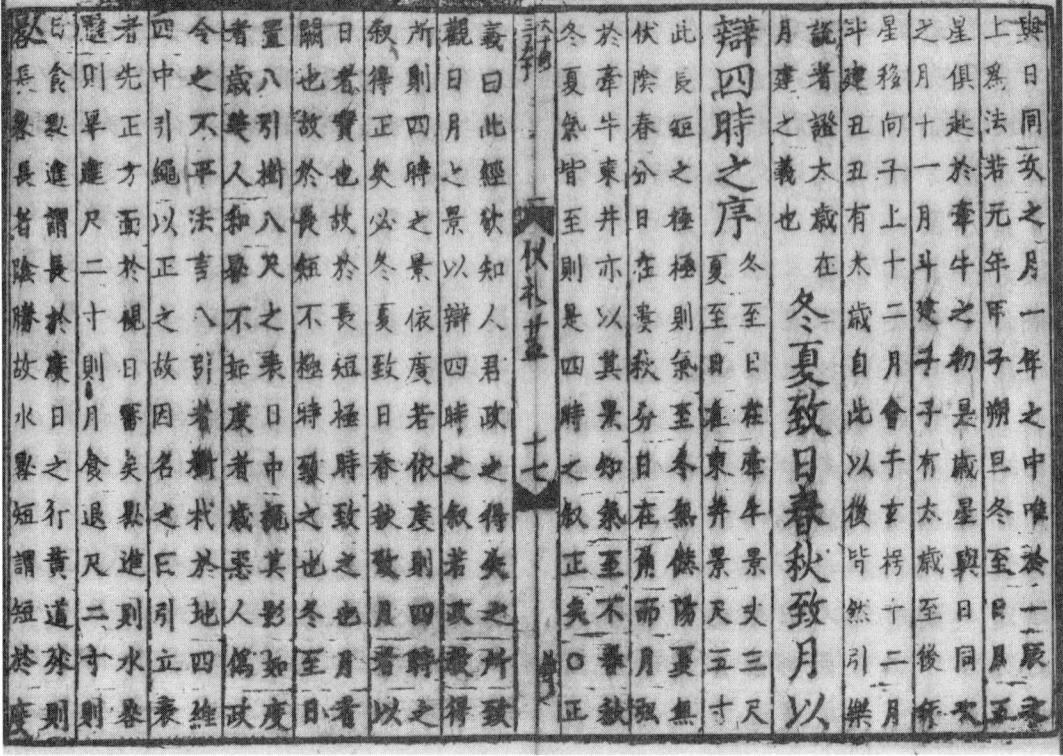

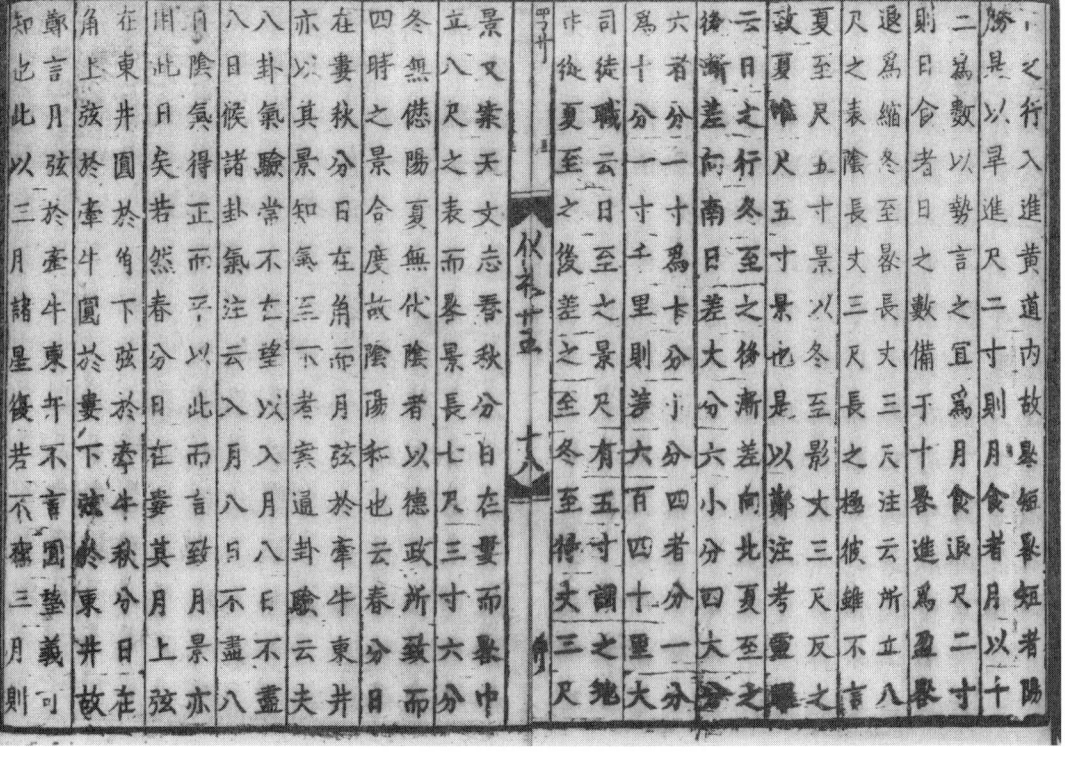

景又案天文志春秋分日在婁而晷中立八尺之表而晷景長七尺三寸六分冬無愆陽夏無伏陰者以德政所致而四時之景合度故陰陽和也云春分日在婁秋分日在角而月弦於牽牛東井亦以其景知氣至不者案通卦驗云夫八卦氣驗常不在望以入月八日不盡八日候諸卦氣注云入月八日不盡八日陰氣得正而平以此而言致月景亦用此日矣若然春分日在婁其月上弦在東井圓於角下弦於牽牛秋分日在角上弦於牽牛圓於婁下弦於東井故鄭言月弦於牽牛東井不言圓望義可知也此以三月諸星復若不察三月則

0010_0129-2

未到本在大判皆以合昏星體在酉而言以其二月春分婁星昏在酉秋分角
星昏亦在酉以是推之皆可知案天文志云月有九行云黑道二出黃道北亦
道二出黃道南白道二出黃道西青道二正出黃道東立春春分月東從青道
云云然則用之決房中亦有以陽道白氣出陰道月失節度而行出陽道則旱
風出陰道則雨此云九行則道數黃道之進入黃道南謂之赤道夏時月在黃
道南謂之赤道進入黃道北謂之黑道東西自相對春時月行黃道東謂之青
道進入黃道西謂之白道秋時月在黃道西謂之白道進入黃道東謂之青道

四十九　儀禮卷三十五　十九　盛

0010_0130-1

此皆不得其正故曰出陽道則旱風出陰道則雨若在黃道是其正亦如日然
又星備云明王在上則日月五星皆乘黃道又黃帝占云天道有三黃道者日
之五星所乘問曰案鄭駮異義云三光考靈曜書云日道出于列宿之外萬有
餘里謂五星則差在其內何得與日同乘黃道及問曰日何得在婁角牽牛東
云乎答曰黃道數寬廣雖差在內猶不離黃道或可以上下爲内外又案天文
志云春秋分日在婁角去極中而晷中立八尺之表而晷景長七尺三寸六分
也若然通卦驗云春夏晷長七尺二寸四分者謂晷表有差移故不同也

保

0010_0130-2

章氏掌天星以志星辰日月之變動以
觀天下之遷辨其吉凶志古文識識記也星謂五星辰
日月所會五星有贏縮圜角月有薄食暈珥月有虧盈朓側匿之變七者右行
列舍天下禍福變移所在皆見焉○正義曰上馮相氏掌日月星辰不變依常
度者此官掌日月星辰變動與常不同以見吉凶之事古之文字少言意之志
與記識之志同後代自有記識之字不復以志爲識星謂五星東方歲南方熒
惑西方太白北方辰中央鎮云辰日月所會者左傳士文伯對晉侯之辭也

六十四　儀禮卷二十五　二十　盛

0010_0131-1

其說已見前章四曰星辰之下云五星有贏縮者案天文志云歲星所在其國
不可以伐可以伐人超舍而前爲贏退舍爲縮贏其國有兵縮其國有憂故人
有言曰天下太平則五星循度亡有逆行日不食朔月不食望云圜角者星備
云五星更王相休廢其色不同王則光芒相則內實休則光芒無角不動搖廢
則少光色順四時其國皆當也又云立春歲星王七十二日其色有白光角芒
土王三月十八日其色黃而大休則圓則內虛立夏熒惑王七十二日色赤角芒
土王六月十八日其色黃而大立秋太白王七十二日光芒無角土王九月十八日

0010_0131-2

其色昔而大立冬辰星王七十二日其色白昔角土王十二月十八日其色黄而大星當王非不昔角其邦大弱强國取地大弱失國云土也云日有薄蝕暈或者此則視祲之職掌十煇之法以觀妖祥辨吉凶一曰祲二曰象三曰鑴四曰監五曰闇六曰瞢七曰彌八曰叙九曰隮十曰想祲者陰陽氣相侵也象者如赤烏也鑴謂日旁氣四面反鄉如煇狀也監雲氣臨日也闇日月食也瞢日月瞢瞢無光也彌者白虹彌天也叙者雲有次序如山在日上也隮者升氣也想者煇光也云月有虧盈者此則禮運所云三五而盈三五而闕也云朓側匿

儀禮卷二十五　二十二

0010_0132-1

之變者尚書五行傳云晦而月見西方謂之朓朔而月見東方謂之側匿側匿則侯王其肅朓則侯王其舒云七者右行列舍者七謂日月五星皆右行於天舍伏順逆以見吉凶故云天下禍福變移所在皆見焉㬎與二十八宿隨天左旋非所以示吉凶已見馮相氏

以星土辨九州之地所封域皆有分星以觀妖祥

○分扶問反星土星所主土也封猶界也鄭司農說星土以春秋傳曰參為晉星商主大火國語曰歲之所在則我有周之分野之屬是也玄謂大界則曰九州州中諸國中之封

0010_0132-2

域於星亦有分焉其書亡矣堪輿雖有郡國所入度非古數也今其存可言者十二次之分也星紀吳越也玄枵齊也娵訾衛也降婁魯也大梁趙也實沈晉也鶉首秦也鶉火周也鶉尾楚也壽星鄭也大火宋也析木燕也此分野之妖祥主用客星彗孛之氣為象○正義曰辨九州之地者據北斗而言所封封域者據二十八宿而說鄭云大界則曰九州春秋緯文耀鉤云布度定記分州繫象華岐以龍門積石至三危之野雍州屬魁星則太行以東至碣石王屋砥柱冀州屬樞星三河雷澤東至海岱以北兖州青州屬機星蒙山以東至南江會

儀禮卷二十五　二十三

0010_0133-1

稽震澤徐揚之州屬權星大別以東至雷澤九江荊州屬衡星荊山西南至岷山北岷鳥鼠梁州屬開星外方熊耳以至泗水陪尾豫州屬搖星此九州屬北斗星有七州有九但兖青徐揚并屬二州故七星主九州也周之九州差之義亦可知云後代有作堪輿者雖有郡國所入度非古數雖非古數時有可言者故云今其存可言者十二次之分也者但吳越在南齊魯在東今歲星或北或西不依國地所主者此古之受封之日歲星所在之辰國屬焉故也吳越二國同次亦謂同年度受封故云同次也云此分野之妖祥主用客星彗孛之氣為

0010_0133-2

象者案公羊傳昭十七年冬有星孛于大辰孛者何彗星也何休云孛彗者邪亂之氣掃故置新之象左氏申繻曰彗所以除舊布新如是彗孛一也時爲宋衛陳鄭災天文志彗長丈二言用客星者彗非位奔霣而入他辰者也

以十有二歲之相觀天下之妖祥

相息亮反○歲謂太歲歲星與日同次之月斗所建之辰也歲星爲陽右行於天太歲爲陰左行於地十二歲而小周其妖祥之占甘氏歲星經其遺象也鄭司農云太歲所在歲星所居春秋傳曰越得歲而吳伐之必受其凶之屬是也○正義曰越得

儀禮卷二十五　二十三

0010_0134-1

歲而吳伐之必受其凶者案昭三十二年夏吳伐越史墨曰不及四十年越其有吳乎越得歲而吳伐之必受其凶龍東方宿天德之貴神其所在之國兵必昌向之以兵則凶吳越同次吳先舉兵故凶也或歲星在越分中故云得歲

以五雲之物辨吉凶水旱降豐荒之祲象

祲子鴆反○物色也視日旁雲氣之色降下也知水旱所下之國鄭司農云以二至二分觀雲色青爲蟲白爲喪赤爲兵荒黑爲水黄爲豐故春秋傳曰凡分至啓閉必書雲物爲備故也故曰以此五物以詔救政○正義曰知視日

0010_0134-2

旁雲氣之色者以其視祲十者皆視日旁雲氣之色也

以十有二風察天地之和命乖別之妖祥

十有二辰皆有風吹其律以知和不其道云矣春秋襄十八年楚師伐鄭師曠曰吾驟歌北風又歌南風南風不競多死聲楚必無功是時楚師多凍其命乖別審矣○正義曰十二風是十二辰氣爲風風即氣也云吹其律以知和不其道云者師曠吹律而知此氣亦當吹律也今無吹律之法故云其道云案彼服注北風無射夾鍾以北南風姑洗以南云命乖別審矣者以南風弱即知楚無功是其命楚師

儀禮卷二十五　二十四

0010_0135-1

乖離別審矣案考異郵曰陽立于五極于九五九四十五日變以陰合陽故八卦主八風距同各四十五日艮爲條風震爲明庶風巽爲清明風離爲景風坤爲涼風兌爲閶闔風乾爲不周風坎爲廣莫風案通卦驗云冬至廣莫風十二月大寒小寒皆不云風至立春條風至雨水猛風至二月驚蟄不見風至春分明庶風至清明雷鳴雨下清明風至玄鳥來穀雨不見風立夏清明風至小滿不見風五月芒種不見風大暑不見風立秋涼風至處暑不見風白露不見風秋分涼風至寒露霜降皆不見風立冬不周風至小雪大雪皆不見風如是無

十二頭何云十二月皆有風乎寒過封陰云三月八月九月十二月皆不見風惟有入以當八卦八節云十一月若則薰之風漸九月坤之風漸八月艮之風漸十二月景之風漸三月故清明篤次云清明風立夏後云清明風是清明風主三月後主四月則其餘四維之風主夏月可知雨水猛風與條風俱在正月則猛風非八卦之風亦可知也凡此五物者以詔救政訪序事謂藻也見其象則當豫為之備以詔王救其政且謀今歲天時古相錯置次序其事○春秋文公元年左氏曰於

是閏三月非禮也於曆法閏當在僖公末年誤於今年三月置閏蓋時達曆考所議先王之正時也履端於始步曆之始以為術之端首朞之日三舉正於中歸餘於終百六十有六日日月之行又有遲速而必分為十二月舉中氣以正月有餘日則歸之於終積而為閏故言歸餘於終履端於始序則不愆四時無愆過舉正於中民則不惑斗建不失其次寒暑不失其常故無疑惑歸餘於終事則不悖悖必內反

四時得所事無悖亂○正義曰古今法推閏月之術皆以閏餘減章歲以中乘之章閏而一所得為積月命起入正筭外閏所在也其有進退以中氣之無中氣則閏月也古歷十九年為一章章有七閏入章三年閏九月六年閏六月九年閏三月十一年閏十一月十四年閏八月十七年閏四月十九年閏十二月此據元首初章若於後漸積餘分大率三十二月則置閏不必恒同初章閏月僖五年正月辛亥朔日南至治曆者皆以彼為章首之歲漢書律曆志云文公元年距僖五年辛亥二十九歲是歲閏餘十三閏當在十一月後今

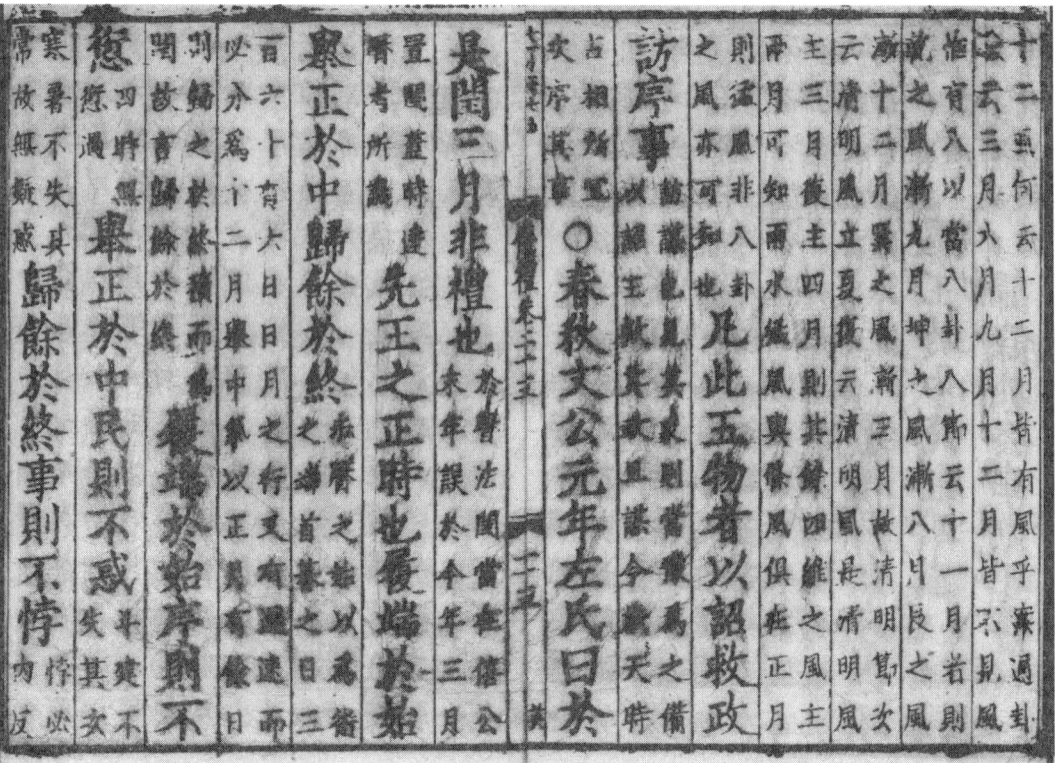

三月已即置閏是嫌閏月太近前也杜以為僖公三十年閏九月文二年閏正月故言於曆法閏當在僖公末年誤於今年置閏嫌置閏太近後也杜為長曆置閏疏數無復定準凡為曆者閏前之月中氣在晦閏後之月中氣在朔僖五年正月朔旦冬至則四年當閏十二月也杜長曆僖元年閏十一月五年閏十二月與常曆不同者杜以襄二十七年再失閏司曆過昭二十年二月己丑日南至哀十二年十二月螽云火猶西流司曆過則春秋之世曆法錯失所置閏月或先或後不與常同杜唯勘經傳上下日月以為長曆若日月同者則數年

0010_0137-2

[illegible]同須置閏乃同者則
[illegible]所以異於常曆故
[illegible]月而食若有嘖十不
[illegible]以守常數故曆無
[illegible]尚未可覺積而成
[illegible]得不以憲以脈之
[illegible]之行步故推曆謂之
[illegible]之端首謂曆之上
[illegible]於前更無餘分以
[illegible]端以始也朞之日
[illegible]四十分之二百二十
[illegible]必滿此數乃周天也
日[illegible]行[illegible]遲而月行速
見二[illegible]四十分日之二十

儀禮卷三十五　二十七

0010_0138-1

者參[illegible]日[illegible]二月一周唯三
百五十四日九百四十分日之三百四
十八以十二月一周之數除一朞日之
數計二年餘一日八百二十七分未得
氣嚴故積以置閏此劉炫云一歲爲十
二月猶有十一日有餘未得周也分一
周之日爲十二月則每月常三十日餘
前月及日爲一月則每月唯二十九日
餘前朔後朔相去二十九日餘前氣後
氣三十日餘每月參差氣漸不正但觀
中氣所在以爲此月之正取中氣以正
月故[illegible]三於中也月朔之與月節每
[illegible]自有餘所有餘日歸之於終
一月則置之爲閏故言歸餘於終

0010_0138-2

○六年閏月不告朔非禮也經稱告月傳稱告朔明告月必以朔閏以正時四時漸差則致閏以正之時以作
事順時命事事以厚生事不失時則年豐生民之道
於是乎在矣不告閏朔弃時政也何以
爲民○哀公十二年冬十有二月螽季
孫問諸仲尼仲尼曰丘聞之火伏而後
蟄者畢火心星也火伏在今十月今火猶西流司歷
過也猶西流言未盡沒知是九月歷官失一閏釋例論之備○正義曰月

儀禮卷三十五　二十八

0010_0139-1

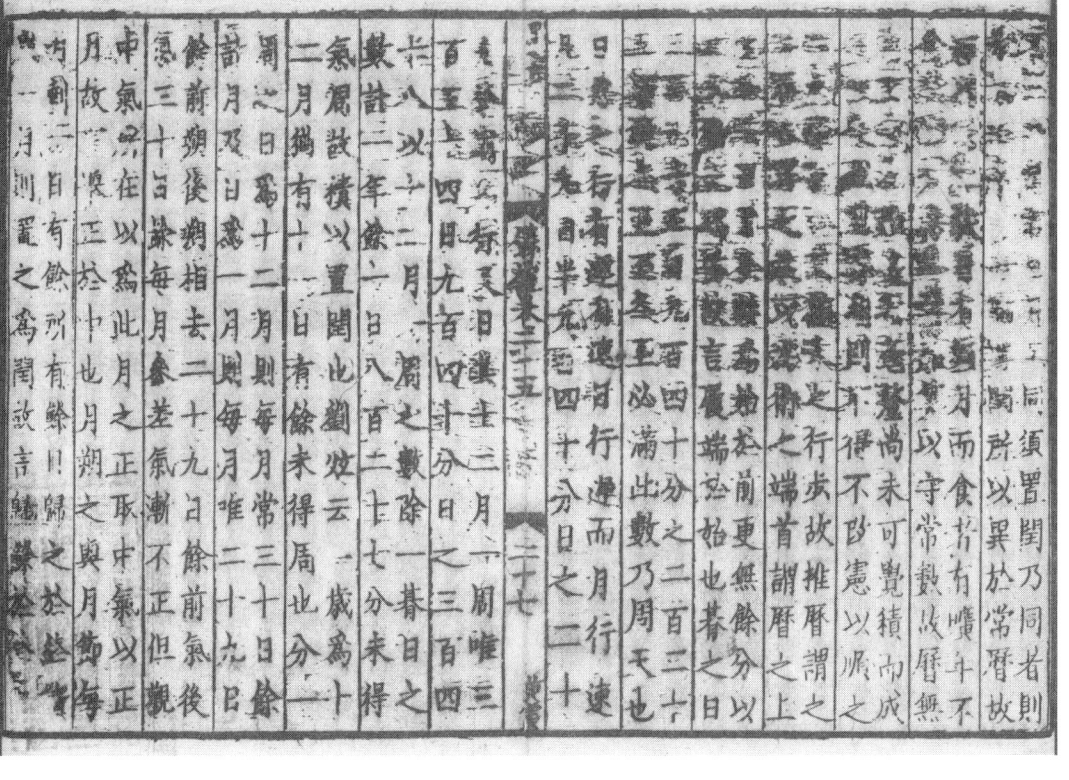

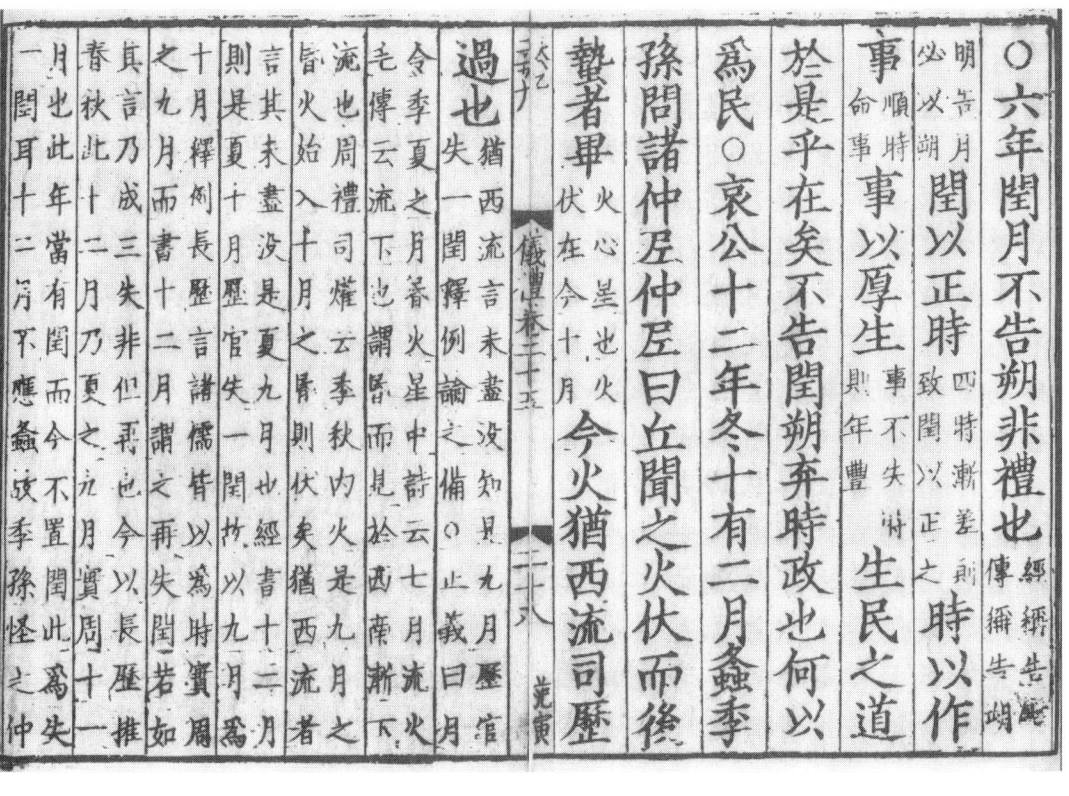

令季夏之月昏火星中詩云七月流火
毛傳云流下也謂昏而見於西方漸下
流也周禮司爟云季秋内火是九月之
昏火始入十月之昏則伏矣猶西流者
言其未盡沒是夏九月也經書十二月
則是夏十月歷官失一閏於以九月爲
十月釋例長歷言諸儒皆以爲時實周
之九月而書十二月謂之再失閏若如
其言乃成三失非但再也今以長歷推
春秋此十二月乃夏之九月實周十一
月也此年當有閏而今不置閏此爲失
一閏耳十二月不應螽故季孫怪之仲

0010_0140-1 0010_0139-2

左以斗建在戌火星尚未盡沒據今猶見故言猶西流明夏之九月尚可有螽也季孫雖聞仲尼此言猶不即改明年十二月復螽於是始悟十四年春乃置閏欲以補正時歷也傳於十五年書閏月蓋宜閏正之欲明十四年之閏於法當在十二年也

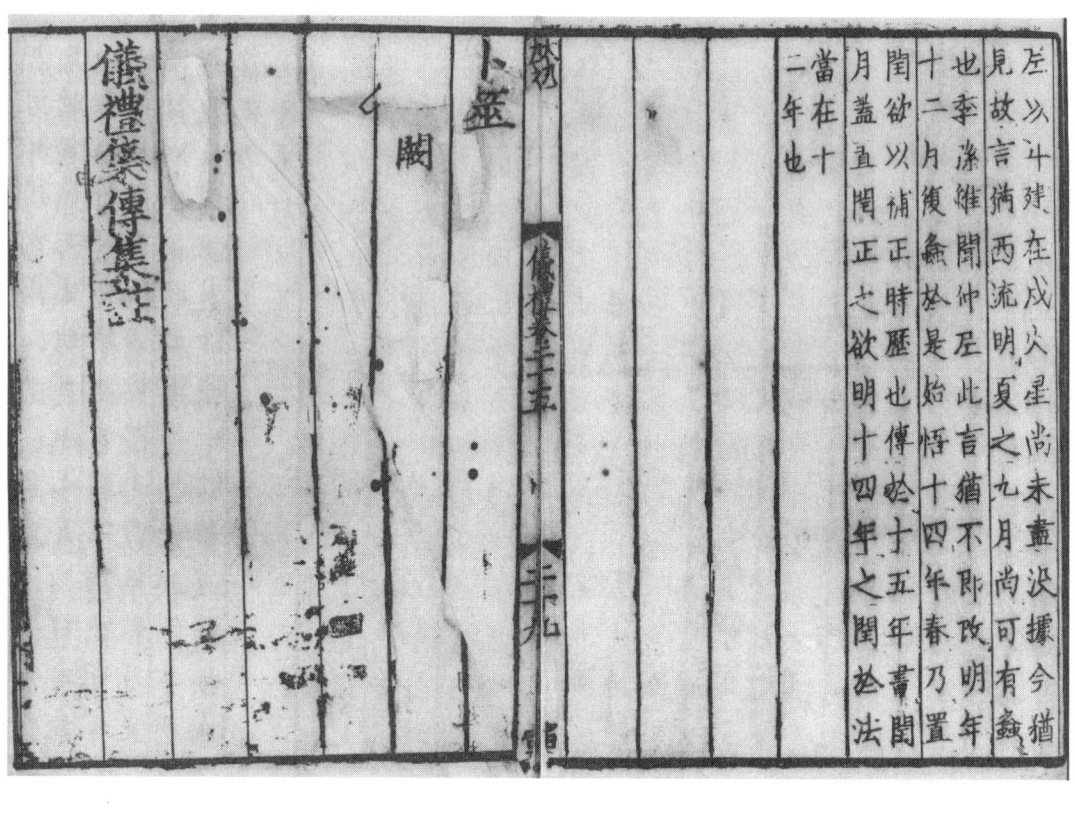

儀禮傳卷二十五 二十九

卜筮

闕

儀禮集傳集注

0010_0143-2

儀禮集傳集註　王朝禮三之上

夏小正

傳曰何以謂之小正以小著名也

正月啓蟄鴈北鄉（鄉許亮反）雉震呴（呴古豆反）魚陟負冰農緯厥耒初歲祭耒始用暢時有俊風寒日滌凍塗田鼠出農率均田獺祭魚（獺他達反）鷹則為鳩農及雪澤初服

0010_0144-1

于公田采芸鞠則見初昏參中斗柄縣在下（縣音玄）柳稊（稊徒稽反）梅杏杝桃則華（杝音美）緹縞（緹他禮反縞古老反）雞桴粥（桴步侯反粥音育）

傳曰正月啓蟄言始發蟄也鴈北鄉先言鴈而後言鄉者何也見鴈而後數其鄉也（數色主反）鄉者何也鄉其居也鴈以北方為居何以謂之為居生且

0010_0144-2

長焉爾（長丁丈反）九月遰鴻鴈（遰特計反）先言遰而後言鴻鴈何也見遰而後數之則鴻鴈也何不謂南鄉也曰非其居也故不謂南鄉記鴻鴈之遰也如不記其鄉何也曰鴻不必當小正之遰者也雉震呴震也者鳴也呴也者鼓其翼也正月必雷雷不必聞惟雉為

0010_0145-1

必聞之何以謂之雷則雉震呴相識以雷魚陟負冰陟升也負冰云者言解蟄也農緯厥耒緯束也束其耒云爾者用是見君之亦有耒也初歲祭耒始用暢也暢也者終歲之用祭也其曰初云爾也者言是月之始用之也初者始也或曰祭韭也圃有見韭

圃也者圃之燕者也時有[illegible]風後者
大也大風南風也何大於南風也曰
合氷必於南風解氷必於南風生必
於南風收必於南風故大之也寒日
滌凍塗滌也者變也變而煖也凍塗
者凍下而澤上多也田鼠出田鼠者
嗛鼠也嗛戶監反記時也農率均田率者

循也均田者始除田也言農夫急除
田也獺祭魚傳本獺下有獸字其必與之獻
與疑作謂獻傳作獸何也曰非其類也祭也
得多也善其祭而後食之十月豺
獸謂之祭獺祭魚謂之獻獻傳作獸祭
豺祭其類獺祭非其類故謂之獻
獸太之也鷹則爲鳩鷹也者其殺

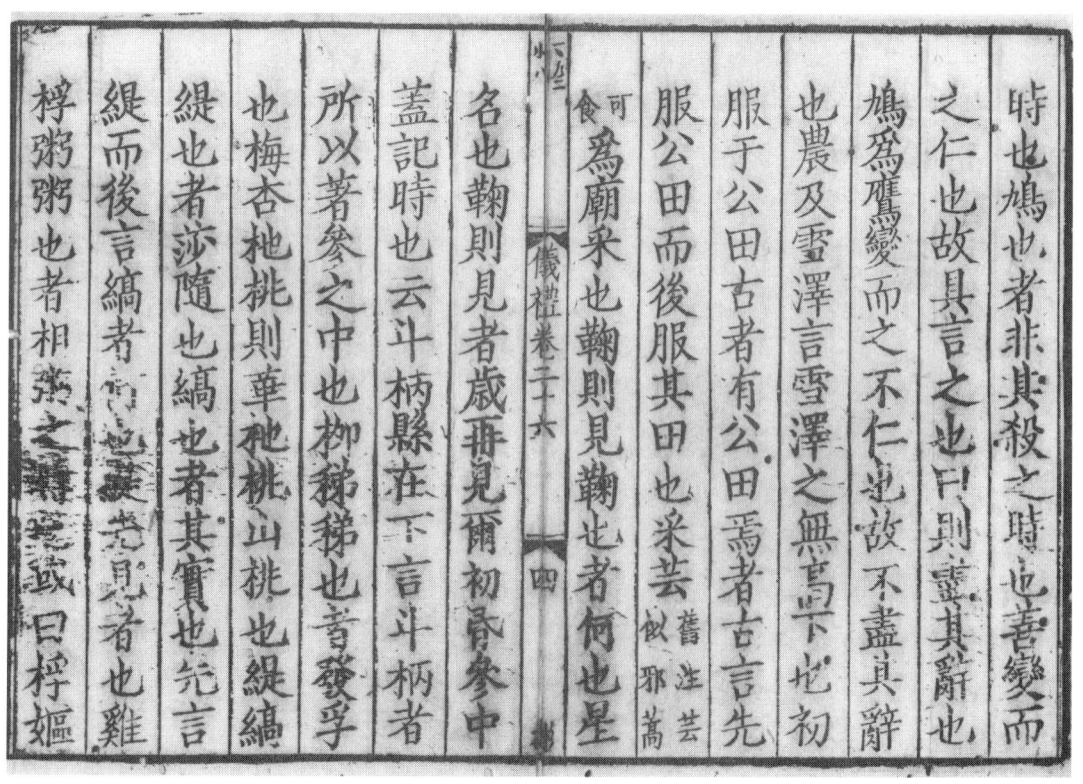

時也鳩也者非其殺之時也善變而
之仁也故其言之也曰則盡其辭也
鳩爲鷹變而之不仁也故不盡其辭
也農及雪澤言雪澤之無高下也初
服于公田古者有公田焉者古言先
服公田而後服其田也采芸舊注芸似邪蒿
可食爲廟采也鞠則見鞠也者何也星

名也鞠則見者歲再見爾初昏參中
蓋記時也云斗柄縣在下言斗柄者
所以著參之中也柳稊稊也者發孚
也梅杏杝桃則華杝桃山桃也緹縞
緹也者莎隨也縞也者其實也先言
緹而後言縞者何也緹先見者也雞
桴粥粥也者相粥之時也或曰桴嫗

伏也（伏扶又反）粥養也

二月往耰黍禪（耰音憂　禪音丹）初俊羔助厥母

粥綏多女士丁亥萬用入學祭鮪（鮪位軌反）

榮董（董居隱反）采蘩昆小蟲抵蚳（蚳直其反）來降

燕乃睇（睇徒計反）剝鱓（鱓常演反）有鳴倉庚榮芸

時有見稊始收

傳曰二月往耰黍禪禪單也初俊羔

助厥母粥俊也者大也粥也者養也

言大羔能食草木而不食其母也羊

羔非其子而後養之善養而繼之也

或曰夏（大戴作憂）有煑祭祭者用羔是時

也不足喜樂（樂音洛）善（傳本作善）羔之爲生

也而記之與牛羊（傳云舊註作羔羊）腹時也

綏多女士綏安也冠子娶婦之時也

冠（古亂反）丁亥萬用入學丁亥者吉日也

萬也者干戚舞也入學也者大學也

謂今時大舍采也祭鮪祭不必記記

鮪何也鮪之至有時美物也鮪者魚

之先至者也而其至有時謹記其時

榮菫采蘩菫采也（大戴作采也）蘩由胡由

胡者蘩母也蘩方勃也皆豆實也故

記之昆小蟲抵蚳昆者衆也由魂魂

也者動也小蟲動也其先言動而後

言蟲者何也萬物至是動而後著抵

猶推也（推土雷反）蚳蝭卵也（蝭直豈反　卵盧短反）爲

祭醢也取之則必推之（推之不必取）取必

推而不言取來降燕乃睇燕乙也降

者下也言來者何也莫能見其始出

也故曰來降言乃睇何也睇者眄也
眄音莧反 眄者視可爲室者也百鳥皆曰
巢窔穴取與之室何也摻涅而就家
人大戴作入人內也摻所覽反剝鱓以爲鼓也
有鳴倉庚倉庚者商庚也商庚者長
股也滎芸時有見稊始收有見稊而
後始收是小正序也小正之序時也

皆若是也稊者所爲豆實
三月參則伏攝桑委楊羝羊𣪠則鳴𣪠音斛
頒冰采識妾子始蠶執養宮事祈麥
實越有小旱田鼠化爲鴽鴽音如拂桐芭
鳴鳩
傳曰三月參則伏伏者非亡大戴作忘之
辭也星無時而不見我有不見之時

故曰伏云攝桑攝而記之急桑也委
一作萎楊楊則花而後記之羝羊羊
相還之時其類羝羝然記變爾或曰
羝羝也羝丁奚反𣪠則鳴𣪠天螻也螻音樓
頒冰頒冰者分冰以授大夫也采識
識草也妾子始蠶先妾而後子何也
曰事有漸也言自卑事者始也傳本云當

云事自卑者始或無也字執養宮事執操也操七刀反
養長也長丁丈反祈麥實麥實者五穀之
先見者故急祈而記之也越有小旱
越于也記是時恒有小旱田鼠化爲
鴽鴽鵪也鵪烏含反變而之善故盡其辭
也鴽爲鼠變而之不善故不盡其辭
也拂桐芭拂也者拂也桐芭之時也

0010_0152-1　0010_0151-2

或曰言桐芭始生貌拂拂然也鳴鳩
言始相命也先鳴而後鳩何也鳩者
鳴而後知其鳩也
四月昴則見（見賢遍反）初昏南門正鳴札囿
有見杏鳴蜮（蜮音或）王萯莠取荼（萯房九反）莠
幽越有大旱執陟攻駒
傳曰四月昴則見初昏南門正南門

仪礼二十六　九

者星也歲再見壹正盖大正所取法
也鳴札札者寧縣也（縣音懸）鳴而後知
之故先鳴而後札囿有見杏囿者山
之燕者也鳴蜮蜮也者或曰屈造之
屬也王萯莠取荼荼也者以爲君薦
蔣也莠幽越有大旱記時爾執陟攻
駒執也者始執駒也者離之去母也

張本下象鼻題監生秦淳四字傳本剪去之

0010_0153-1　0010_0152-2

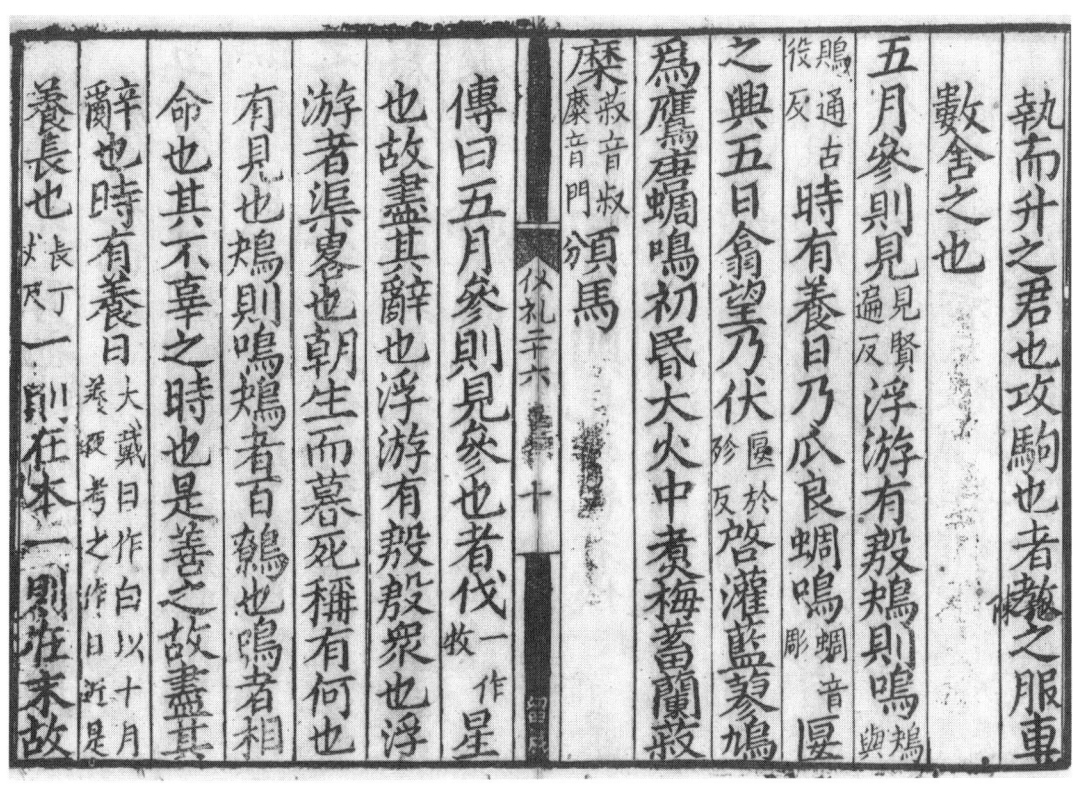

執而升之君也攻駒也者教之服車
數舍之也
五月參則見（見賢遍反）浮游有殷鴂則鳴（鴂與鶪通古役反）
時有養日乃瓜良蜩鳴（蜩音彫）匽
之興五日翕望乃伏（匽於殄反）啓灌藍蓼鳩
爲鷹唐蜩鳴初昏大火中煮梅蓄蘭菽
糜（菽音叔　糜音門）頒馬

仪礼二十六　十

傳曰五月參則見參也者伐（伐一作牧）星
也故盡其辭也浮游有殷殷衆也浮
游者渠略也朝生而暮死稱有何也
有見也鴂則鳴鴂者百鷯也鳴者相
命也其不辜之時也是善之故盡其
辭也時有養日（大戴日作白以十月養夜考之作日近是）
養長也（長丁丈反）一則在本一則在末故

其記曰時養日大戴作白非是云本多作之今從傳本舊註也乃瓜傳本瓜上有衣字乃傳云一本有衣字者急瓜詩云一作本之辭也傳云一本有衣也者始劃衣也瓜也者始食瓜也良蜩鳴良蜩也者五采具匽之興五日翕望乃伏其不言生而稱興何也不知其生之時故曰興以其興也故言之興五日翕也

望也者月之望也而伏云者不知其死也故謂之伏五日也者十五日也翕也者合也伏也者入而不見也啓灌藍蓼啓者別也陶而疏之也灌者聚生者也記時也鳩爲鷹唐蜩鳴唐蜩鳴者匽也初昏大火中大火者心也心中種黍菽糜時也煑梅爲豆實

也蓄蘭爲沐浴也菽糜以在經中矣又言之時何也是食矩關而記之頒馬分夫婦一作大夫卿之駒也將閒諸則或取離駒納之則法也

六月初昏斗柄正在上煑桃鷹始摯

傳曰六月初昏斗柄正在上五月大火中六月斗柄正在上用此見斗柄

之不在當心也蓋當依依尾也煑桃桃也者杝桃也杝桃也者山桃也煑以爲豆實也傳本杝作梅註云按爾雅梅櫟郭璞云白梅也樹似白楊而古今字書有杝而無梅亦無有訓山桃者爾雅褫桃山桃音斯亨韻亦云比書杝桃者山桃也當作褫蓋傳寫之誤鷹始摯始摯而言之何也諱煞之辭也傳本有言字摯云

七月莠雚葦（莠讀爲秀雚胡官反葦于鬼反）狸子肇肆
湟潦生苹（湟音皇潦力倒反苹符兵反）爽死苹莠漢
案户寒蟬鳴初昏織女正東鄉（鄉音向）時
有霖雨灌荼斗柄縣在下則旦（縣音懸）
傳曰七月莠雚葦未莠則不爲雚葦
莠然後爲雚葦故先言莠狸子肇肆
肇始也肆遂也言其始遂也其或曰
肆殺也湟潦生苹湟下處也有湟然

後有潦有潦而後有苹草也爽死爽
也者猶疏也苹莠苹也者有馬帚也
漢案户漢也者河也（大戴無此三字）案户也
者直户也言正南北也寒蟬鳴蟬也
者蝭蟧也（蝭大兮反）初昏織女正東鄉時
有霖雨灌荼雚聚也荼灌葦之莠（傳文）

也（有字）爲蔣褚之也雚未秀爲菼（菼土敢反）
葦未秀爲蘆（傳文皆作莠）斗柄縣在下則
旦
八月剥瓜玄校剥棗㮚零（㮚力執反）丹鳥羞
白鳥辰則伏鹿人從鴽爲鼠參中則旦
傳曰八月剥瓜剥瓜也者畜瓜之時
也玄校玄也者黑也校也者若緑（傳本）
（作緑）色然婦人未嫁者衣之（衣於既反）剥棗

剥也者取也㮚（大戴作栗）零零也者降也
零而後取之故不言剥也丹鳥羞白
鳥丹鳥者謂丹良也白鳥者謂蚊（傳本）
（作閩）蚋也（蚋儒税反）其謂之鳥也重其養者
也有翼者爲鳥羞也者進也不盡食
也辰則伏辰也者謂星也伏也者入

0010_0157-2

而不見也鹿人從鹿人從者從羣也
鹿之養也離羣而善而傳本無此而字之離
而生非所知時也故記從不記離君
子之居幽也不言或曰人從大戴無此從字
人從也者大者於外小者傳本有於內
率之也鴽爲鼠參中則旦
九月內火內音納遰鴻鴈遰特計反主夫出火

大六七小四十　儀禮廿六　十五　王文

0010_0158-1

陟玄鳥蟄熊貊貉鼬鼪則穴貊莫白反貉曷各反
鼬音佑鼪音生榮鞠樹麥鞠君六反王始裘辰繫于
日雀入于海爲蛤
傳曰九月內火內火也者大火大火
也心也遰鴻鴈遰往也主夫出火主
夫也者主以時縱火也陟玄鳥蟄陟
升也玄鳥者鷰也先言陟而後言蟄

0010_0158-2

何也陟而後蟄也熊羆貊貉鼬鼪則
穴大戴穴作大非若蟄而榮鞠樹麥大戴無樹麥字
傳云或曰傳文也鞠草也鞠榮而樹麥時之
急也王始裘王始裘者何也衣裘之
時也衣去聲辰繫于日傳本註無此字疑八月辰則伏
之類爲騂脫也雀入于海爲蛤蓋有矣非常
入也

大四三小五十　儀禮廿六　十六　王文

0010_0159-1

十月豺祭獸豺牀皆反初昏南門見見賢遍反黑
鳥浴時有養夜玄雉入于淮爲蜃蜃時忍反
織女正北鄉則旦鄉許亮反
傳曰十月豺祭獸善其祭而後食之
也初昏南門見南門者星名也及此
再見矣黑鳥浴黑鳥者何也烏也浴
也者飛乍高乍下也時有養夜時有

0010_0159-2

養夜者養長也若日之長也玄（傳本從無）
（玄字傳作云疑譌上則然亦非也）雉入于淮爲蜄蜄
者蒲蘆也織女正北鄉則旦織女星
各也

十有一月王狩陳筋革嗇人不從隕麋
角
傳曰十有一月王狩狩者言王之時

大戴禮記小正　仪礼廿六　十七

0010_0160-1

田冬獵爲狩陳筋革陳筋革者省兵
甲也嗇人不從不從者弗行於時月
也萬物不通隕麋角隕墜也日冬至
陽氣至始動諸向生皆蒙蒙符矣故
麋角隕記時焉爾
十有二月鳴弋玄駒賁（賁音奔）納卵蒜（蒜音蒜）
虞人入梁隕麋角

0010_0160-2

傳曰十有二月鳴弋弋也者禽也先
言鳴而後言弋者何也鳴而後知其
弋也玄駒賁玄駒也者蟻也（蟻魚豈反）賁
者何也走於地中也納卵蒜卵蒜也
者本如卵者也納者何也納之君也
虞人入梁虞人官也梁者主設罟罟
者也（罟音古）隕麋角蓋陽氣旦睹也故

大戴禮記小正七　仪礼廿六　十八

0010_0161-1

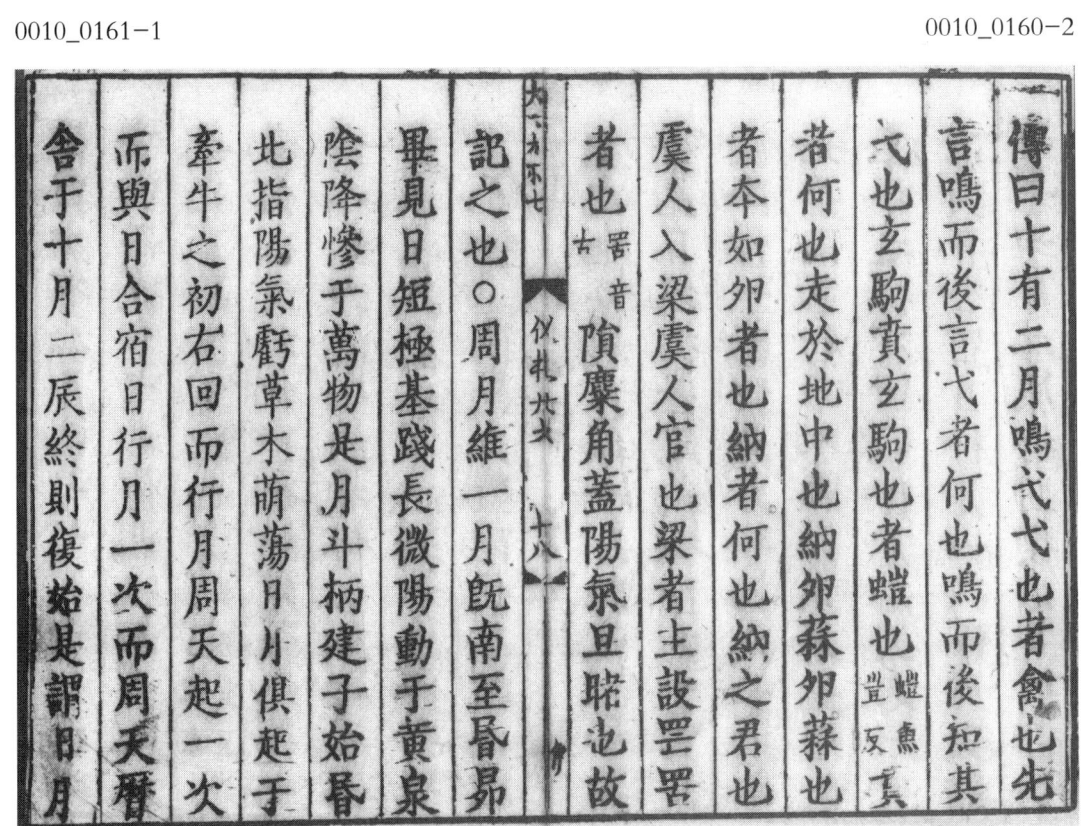

記之也○周月維一月既南至昏昴
畢見日短極基踐長微陽動于黃泉
陰降慘于萬物是月斗柄建子始昏
北指陽氣虧草木萌蕩日月俱起于
牽牛之初右回而行月周天起一次
而與日合宿日行月一次而周天曆
舍于十月二辰終則復始是謂日月

權輿與周正歲道數起于時一而成
于十次一爲首其義則然凡四時成
歲歲有春夏秋冬各有孟仲季以名
十有二月中氣以著時應春三中氣
雨水春分穀雨夏三中氣小滿夏至
大暑秋三中氣處暑秋分霜降冬三
中氣小雪冬至大寒閏無中氣斗指

兩辰之間萬物春生夏長丁丈反秋收
冬藏天地之正四時之極不易之道
夏數得天百王所同其在商湯用師
于夏降民之災順天革命改正朔變
服殊黴一文一質示不相沿以建丑
爲正易民之眡若天時天變亦一代
之時亦越我周王致伐于商改

械以垂三統至於敬授民時巡狩烝
享猶自夏焉是謂周月以紀于政亡
見汲冢周書雖出近世所偽作無其所論亦會集經傳之舊緒條理者今
姑存之○單子曰夫辰角見而雨畢畢音
蕃夫音扶見賢遍反下同○辰角大辰蒼龍之角角星名也見者朝見東
方建戌之初寒露節也雨畢者殺氣日至而雨氣盡也天根見而
水涸涸下各反下同○天根亢氐之間涸竭也謂寒露雨畢之後五

日天根朝見水潦盡竭也月令仲秋水始涸天根見乃盡竭也本見
而草木節解解下買反○本氐也謂寒露之後十日陽氣盡
草木之枝節皆理解也駟見而隕霜駟天駟房星也隕落
也謂建戌之作霜始降火見而清風戒寒謂霜降之
後清風先至所以戒人爲寒備也故先王之教曰雨
畢而除道水涸而成梁教謂月令之屬也九月雨
畢十月水涸也草木節解而備藏備收藏也月令季秋

0010_0163-2

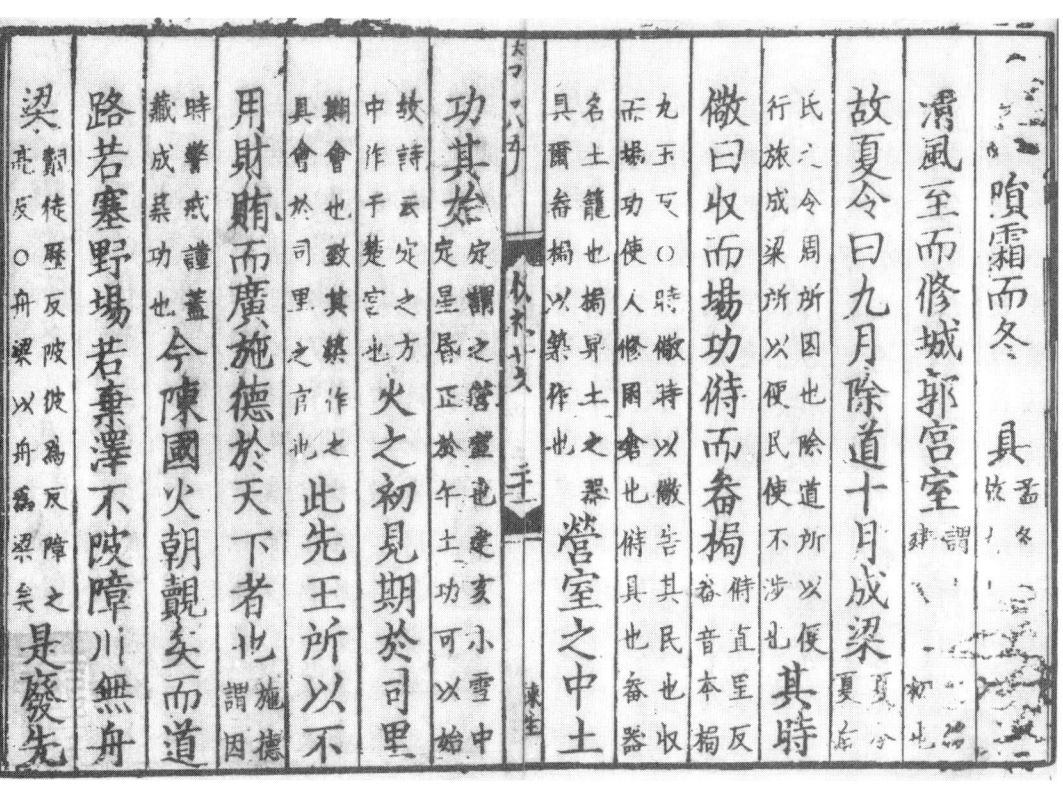

……隕霜而冬 具孟冬依……
清風至而修城郭宮室 謂建……初也
故夏令曰九月除道十月成梁 夏令夏后
氏之令周所因也除道所以便行旅成梁所以便民使不涉也 其時
儆曰收而場功待而畚梮 待直里反畚音本梮
九玉反○時儆特以儆告其民也收而場功使人修囷畬也待具也畚器
名土籠也梮舁土之器 營室之中土
具爾畚梮以築作也

0010_0164-1

功其始 定謂之營室也建亥小雪中定昬正於午土功可以始
故詩云定之方中作于楚宮也 火之初見期於司里
期會也致其築作之具會於司里之官也 此先王所以不
用財賄而廣施德於天下者也 施德謂因
時警戒謹蓋藏成築功也 今陳國火朝覿矣而道
路若塞野場若棄澤不陂障川無舟
梁 陂徒歷反陂彼為反障之亮反○舟梁以舟為梁矣 是廢先

0010_0164-2

王之教也 國語周語 ○魯宣公夏濫於泗
淵 濫盧瞰反○濫漬也漬罟於泗水之淵以取魚也泗在魯城北也又
曰南明 里革斷其罟而棄之 罟網也 曰古
者大寒降土蟄發 降下也寒氣初下謂季冬建丑之月
大寒之後也土蟄發謂孟春建寅之月蟄始震也月令孟春蟄蟲始震魚
上冰獺祭魚也 水虞於是乎講罛罶取名魚
登川禽而嘗之寢廟行諸國人助宣

0010_0165-1

氣也 罛音孤罶音柳○水虞漁師也掌川澤之禁令講習也罛漁網
罶笱也名魚大魚也川禽鱉蜃之屬
諸之也是時陽氣起魚陟負冰故令
國人取之所以助宣氣也月令季冬
始漁蒸嘗魚先薦寢廟唐云孟春誤
矣 鳥獸孕水蟲成 孕懷子也謂春時也 獸虞於
是乎禁罝羅矠魚鼈以為夏槁 罝音嗟矠
又角反槁苦老反○獸虞掌鳥獸之禁令罝兔罟羅鳥罟也禁禁不得施
也矠擉也槁乾也夏不得取故於此時擉刺魚鼈以為夏儲也 助生

0010_0165-2　0010_0166-1

阜也阜長也鳥獸方孕故眡魚鼈助生物也鳥獸成水
蟲孕水虞於是禁罝罷設罣鄂罝音獨麗
音鹿罣音静鄂五各反○罝當作罣麗小網也罣陷也鄂作格所以誤
也謂立夏鳥獸已成水蟲懷孕時禁取魚之網設取獸之物也以
實廟庖畜功用也以獸實宗廟庖廚也而長魚鼈畜四
時功足國財用也且夫山不槎蘖槎仕雅反蘖五達反
○槎斫也孫生曰蘖以澤不伐夭艸木未成曰夭魚禁

仪礼廿六　二十三

鯤鮞鯤音昆鮞音而○鯤魚子也鮞未成魚也獸長麑麇
長丁丈反麑音倪麇一老反○鹿子曰麑麇子曰麇鳥
鷇古候反○鷇成也生哺曰鷇未乳曰卵蟲舍蚳
音遲蝝音沿○蚳蟻子也蝝蝠陶也可食會
也古之訓也國語○魯語
為邦夫子

0010_0166-2　0010_0167-1

為正夫子是之則商周以子丑為正乃非乎子思曰夏數
得天堯舜之所同也夏以寅為正得天數之全故堯
舜亦然殷周王征伐革命以應乎天因
改正朔若云天時之改爾故不相因
也湯武革命所以應天故變其正朔蓋言若受天命然夫受禪
於人者則襲其統夏因人心之歸以受舜禪故亦因其
朔不改受命於天者則革之所以神其
事如天道之變然也三統之義夏得
其正是以夫子云孔叢子雜訓

仪礼廿六　二十四

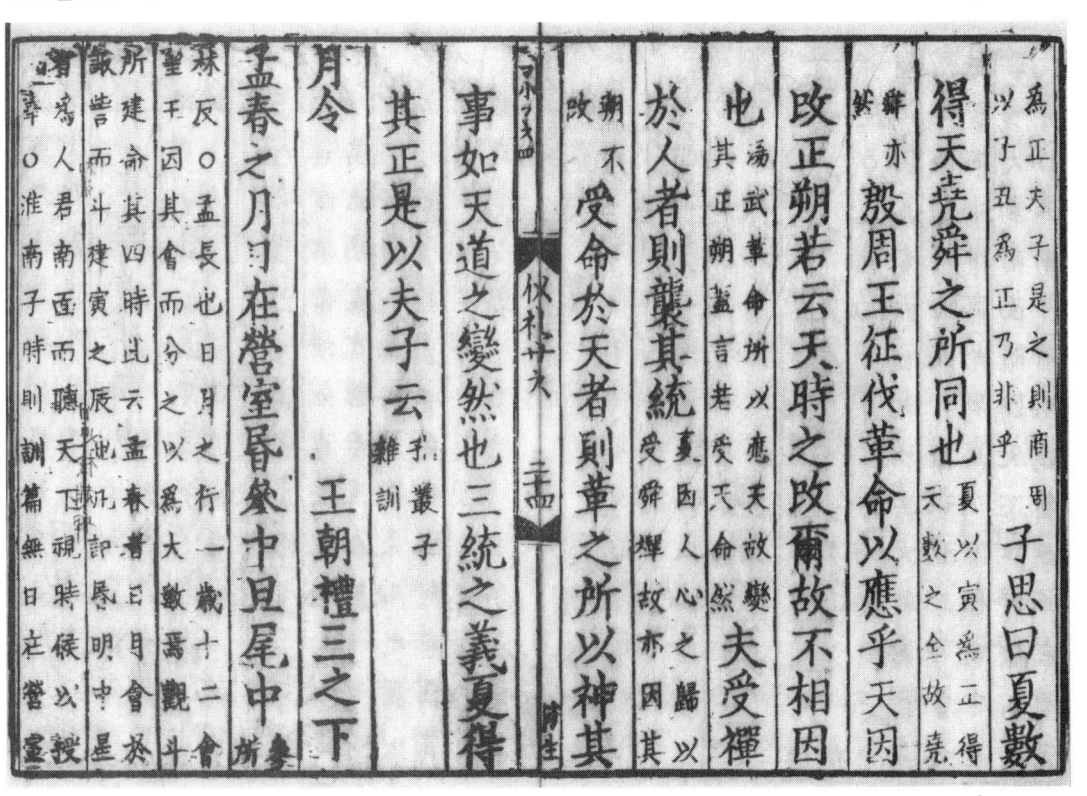

月令　王朝禮三之下
孟春之月日在營室昏參中旦尾中參所
林反○孟長也日月之行一歲十二會
所建命其四時此云孟春者日月會於
諏訾而斗建寅之辰也凡記昏明中星
者為人君南面而聽天下視時候以授
民事○淮南子時則訓篇無日在營室

0010_0167-2

有招搖指寅字○灌本作正月之節在虛昏昴中曉心中斗建寅位之初

其日甲乙乙之言軋也日之行春東從青道發生萬物月爲之佐時

萬物皆解孚甲自抽軋而出因以爲日名焉乙不爲月名者君統臣功也○准

生上有其位最古下有盛德在木字其帝大皞其神句芒

大音泰皞胡老反句古侯反下同○此蒼精之君木官之臣自古以來著德立

功者也大皞宓戲氏句芒少皞氏之子曰重爲木官淮無此二字其蟲

鱗象物孚甲將解鱗龍蛇之屬其音角謂樂器之聲也三分羽益

0010_0168-1

一以生角角數六十四屬木者以其清濁中民象也春氣和則角聲調樂記曰

角亂則憂其民怨凡聲尊卑取象五行數多者濁數少者清大不過宮細不過

羽律中大蔟中丁仲反下同蔟七豆反○律候氣之管以銅爲之

中猶應也孟春氣至則大蔟之律應謂吹灰也大蔟者林鐘之所生三分益一

律長八寸凡律空圍九分周語曰大蔟所以金奏贊陽出滯其數八

數者五行佐天地生物成物之次也易曰天一地二天三地四天五地六天七

地八天九地十而五行自水始火次之木次之金次之土爲後木生數三成數

0010_0168-2

八但言八者舉其成數○唐此下有其性仁其事貌字其味酸其

臭羶木之臭味也凡酸羶者皆屬焉其祀戶祭先脾春陽

氣出祀之於戶內陽也祀之先祭脾者春爲陽中於藏直脾脾爲尊凡祭五祀

於廟用特牲有主有尸皆先設席于奧祀戶之禮南面設主于戶內之西乃制

脾及腎爲俎奠于主北又設盛于俎西祭黍稷祭肉祭醴皆三祭肉脾一腎再

既祭徹之更陳鼎俎設饌于筵前迎尸略如祭宗廟之儀東風解凍

蟄蟲始振魚上冰獺祭魚鴻鴈來獺他達反

0010_0169-1

○皆記時候也振動也夏小正正月啓蟄魚陟負冰漢始亦以驚蟄爲正月中

此時魚肥美獺將食之先以祭也鴈自南方來將北反其居今月令鴈皆爲候

○呂氏春秋及淮南鴈來皆作候鴈北○淮振下有蘇字上下有候字○唐云

立春之日東風解凍後五日蟄蟲始振後五日魚上冰仍以獺祭魚鴻鴈來爲

句入後音天子居青陽左个乘鸞路駕倉龍

載青旂衣青衣服倉玉食麥與羊其器

疏以達載音戴上丕去聲後同○皆所以順時氣也青陽左个大寢東

其偏鸞路有虞氏之車有鸞和之節飾之以青取其名耳春言鸞冬夏言

色互文馬八尺以上爲龍凡所服玉謂冠飾及所佩者之衡璜也麥實有孚甲

屬木羊火畜也時尚寒食之以安性也器疏者刻鏤之象物當貫土而出也凡

此車馬衣服皆所取於殷時而有變焉非周制也周禮朝祀戎獵車服各以其

事不以四時爲異又玉藻曰天子龍衮以祭玄端而朝日皮弁以日視朝與此

皆殊○呂路作輅倉龍作蒼龍倉玉作蒼玉○淮此一節作天子衣青衣乘蒼

龍服蒼玉建青旗食麥與羊服八風水爨萁燧火東宮御女青色衣青采鼓琴

仪礼廿六　二十七

瑟其兵矛其畜羊朝於青陽左个以出春令命相布德施惠行慶賞省徭賦○

呂鸞作青路作路倉並作蒼 是月也以立春先立春

三日太史謁之天子曰某日立春盛德

在木天子乃齊 先悉薦反齊側皆反下同○太史禮官之屬掌

正歲年以序事謁告也○呂唐齊皆作齋○淮無是月至此一節○唐無是月

四以立春字太史下有以先立春三日字之作於 立春之日天

子親帥三公九卿諸侯大夫以迎春於

東郊還反賞公卿諸侯大夫於朝 還旋

門○迎春祭倉帝靈威仰於東郊之兆也王居明堂禮曰出十五里迎歲蓋殷

禮也周近郊五十里賞謂有功德者有所顯賜之也朝大寢門外○呂淮唐帥

皆作率唐無三九字呂淮並無諸侯字淮迎春作迎歲于作於無還反至於朝

一節呂唐反皆作乃 命相布德和令行慶施惠下

及兆民 相息亮反○相謂三公相王之事也德謂善教也令謂時禁也

慶謂休其善也惠謂恤其不足也天子曰兆民○唐民作人篇內並同 慶

仪礼廿六　二十八

賜遂行毋有不當 當丁浪反○遂猶達也言使當得者皆得

得者無非其人○呂唐毋皆作無篇內並同○淮以命相至此一節屬上文

乃命太史守典奉法司天日月星辰之

行宿離不貸毋失經紀以初爲常 離音麗呂

計反貸吐得反○典六典法八法也離讀如儷偶之儷宿儷謂其屬馮相氏保

章氏掌天文者相與宿偶當審候伺不得過差也經紀謂天文進退度數○呂

貸作忒○淮無乃命至此一節○唐云大史司天曆候無之行宿爲當下

0010_0172-1　　0010_0171-2

有是月也命有司祭風師○定月也命有
司鬻龜筴占兆審卦吉凶○下又别分
一章云正月中氣日在危昏畢中睹尾
斗建寅位之中雨水之月獺祭魚後
五日鴻鴈來後五日草木萌動天子乃
命有司布農事舍東郊修封疆端徑術
善相丘陵阪險原隰土地所宜五穀所
殖以敎導人必躬親之田事旣飭先定
準直農乃不惑是月也天子乃以元日祈穀于
上帝謂以上辛郊祭天也春秋傳曰夫郊祀后稷以祈農事是故啓蟄而
郊郊而後耕上帝大微之帝也○唐無是月也字乃擇元辰天子

仪礼廿七　二九

親載耒耜措之于參保介之御間帥三
公九卿諸侯大夫躬耕帝籍天子三推
三公五推卿諸侯九推耒力對反推吐回反○元辰蓋
郊後吉亥也耒耜之上曲也保介車右
也置耒耜於車右與御者之間明己勸
農非農者也人君之車必使勇士衣甲
居右而參乘備非常也保猶衣也介甲
也帝籍爲天神借民力所治之田也○
呂于參作參于帥作率帝籍作籍田侯
下有大夫字○唐措作置無于參保介
之御間字有車右字無三九字帥及帝

0010_0173-1　　0010_0172-2

籍同呂本反執爵于大寢三公九卿諸侯大
夫皆御命曰勞酒勞力報反○旣耕而宴飲以勞羣臣也大
寢路寢御侍也○呂無大夫皆字○准
無是月至此一節○唐反作還執爵作
讌飲于作於無三九字是月也天氣下降地氣上
騰天地和同唐無此一節草木萌動此陽氣蒸達可
耕之候也農書曰土長冒橛陳根可拔耕者急發○呂萌作繁王命布
農事命田舍東郊皆修封疆審端經術

仪礼廿八　三十

田謂田畯主農之官也舍東郊順時氣
則居以命其事也封疆田首之分職術
周禮作遂遂上有徑遂小溝也步道曰
徑今尚書曰分命羲仲宅嵎夷也○呂
王下無命字善相丘陵阪險原隰土地所宜
五穀所殖以敎道民必躬親之相視也田
事旣飭先定準直農乃不惑相息亮反阪音反道
音導○說所以命田舍東郊之意也準
直謂封疆徑遂也夏小正曰農率均田
○准無是月至此一節○唐屬上六是月也命樂正入學

0010_0174-1　0010_0173-2

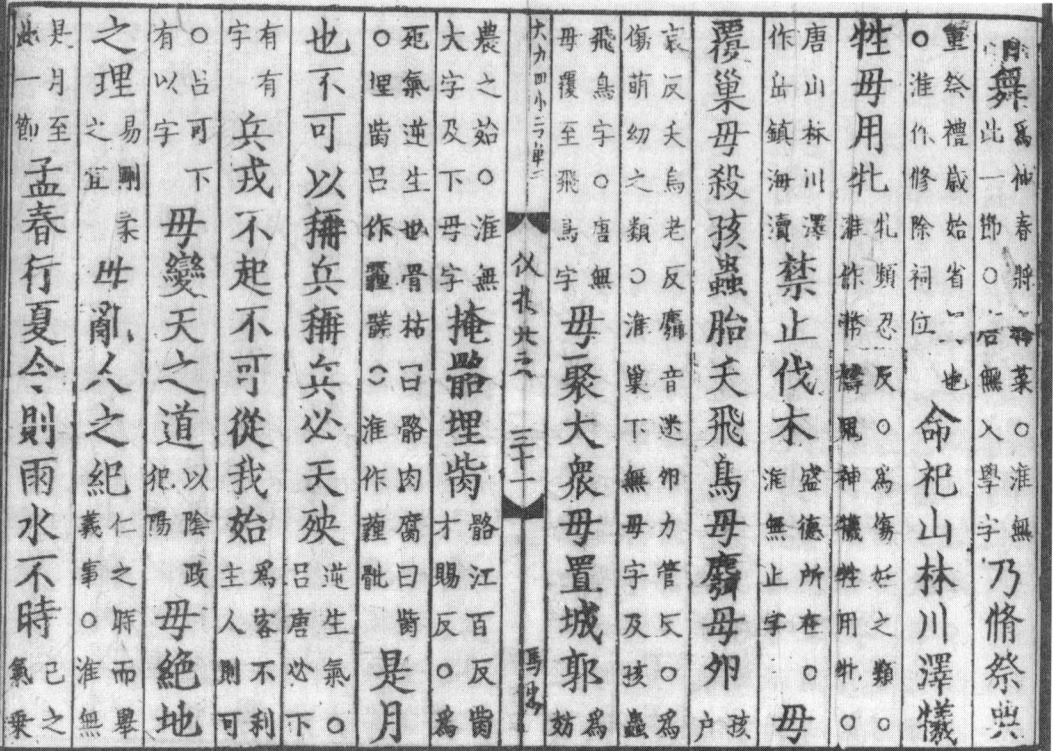

舞爲祔春將習舞菜○淮無此一節○呂無入學字乃脩祭典
重祭禮歲始省□也○淮作修除祠位命祀山林川澤犧
牲毋用牝牝頻忍反○爲傷妊之類○淮作幣禱鬼神犧牲用牝○
唐山林川澤作岳鎮海瀆禁止伐木盛德所在○淮無止字毋
覆巢毋殺孩蟲胎夭飛鳥毋麛毋卵孩户
哀反夭烏老反麛音迷卵力管反○爲傷萌幼之類○淮巢下無毋字及孩蟲
飛鳥字○唐無毋覆至飛鳥字毋聚大衆毋置城郭爲妨

儀禮卅六　三十一

農之始○淮無大字及下毋字掩骼埋胔骼江百反胔才賜反○爲
死氣逆生也骨枯曰骼肉腐曰胔○埋胔呂作霾髊○淮作薶骴是月
也不可以稱兵稱兵必天殃逆生氣○呂唐必下
有有字兵戎不起不可從我始爲客不利主人則可
○呂可下有以字毋變天之道以陰政犯陽毋絕地
之理易剛柔之宜毋亂人之紀仁之時而舉義事○淮無
是月至此一節孟春行夏令則雨水不時已之氣乘

0010_0175-1　0010_0174-2

之也四月於消息爲乾○呂淮雨水並作風雨草木蚤落[illegible]
呂淮唐蚤並作早篇內並同呂落作隯國時有恐以火訟相驚○
呂淮時作乃行秋令則其民大疫甲之氣乘之也七月
始殺○呂無其字猋風暴雨總至猋必遙反○正月宿直尾
箕箕好風其氣逆也回風爲猋○呂猋作猋揔作數淮唐猋作飄○淮揔作總
藜莠蓬蒿並興藜力兮反莠音酉○生氣亂惡物茂行冬
令則水潦爲敗雪霜大摯首種不入摯音

儀禮卅六　三十二

至種章勇反○亥之氣乘之也舊說首種謂稷○淮雪作雨摯作雹種作揺句
下有正月官司空其樹楊○仲春之月日在奎昏弧
中旦建星中奎苦圭反弧音胡○仲中也仲春者日月會於降婁
而斗建卯之辰也弧在輿鬼南建星在斗上○呂弧作狐○淮無日在奎字有
招揺指卯字○唐作二月之節日在營室昏東井中曉箕中斗建卯位之初
律中夾鐘夾鐘者奏則之所生三分益一律長七寸二千一百八十
七分寸之千七十五仲春氣至則夾鍾之律應周語曰夾鍾出四隙之細○

0010_0175-2

本上下竝與孟春文同令从唐本刪後放此始雨水桃始華
倉庚鳴鷹化爲鳩皆記時候也倉庚驪黃也鳩搏穀也漢始
以兩水爲二月節○呂始作李淮作於李始華○唐無始兩水李作驚蟄之下
桃始華後五日倉庚鳴後五日鷹化爲鳩天子居青陽大廟
青陽大廟東堂大室○淮居作朝子是月也安萌芽養幼
少存諸孤少詩召反○助生氣也○淮以此一節屬下文擇元

0010_0176-1

日命民社杜后土也使民祀焉神其農業也祀社日用田○淮唐皆

大五文　小三八　儀禮卷二十六　三十三

以此屬下文命有司省囹圄去桎梏毋肆掠
止獄訟省所景反又所幸反囹音零圄魚呂反去羌呂反桎音質梏工
毒反掠音亮○順陽寬也省減也囹圄所以禁守繫者若今別獄矣桎梏今械
也在手曰梏在足曰桎肆謂死刑暴尸也周禮曰肆之三日掠謂捶治人○淮
肆作笞下有養幼少存孤獨以通句萌擇元日令民社十六字是月也
唐此下有命樂正習舞上丁釋奠于國學天子乃率公卿諸侯親往視之命有
司上戊釋奠于太公廟是月也擇元日命人社又分此下別爲一章云二月中

0010_0176-2

氣日在奎昏東井中曉南斗中斗建卯位之中春分之日玄鳥至後五日雷乃
發聲後五日始電是月也祀朝日於東郊天子獻羔開冰先薦寢廟是月也日
夜分則同度量平權衡玄鳥至至之日以太牢祠
于高禖天子親往禖音梅○玄鳥燕也燕以施生時來巢人
堂宇而孚乳嫁娶之象也媒氏之官以爲候高辛氏之世玄鳥遺卵娀簡吞之
而生契後王以爲媒官嘉祥而立其祠焉變媒言禖神之也○呂祠作祀○唐
此上別有是月也字無下至字后妃帥九嬪御御謂從往侍祠

大文二　小八十八　儀禮卷二十六　三十四　彬

0010_0177-1

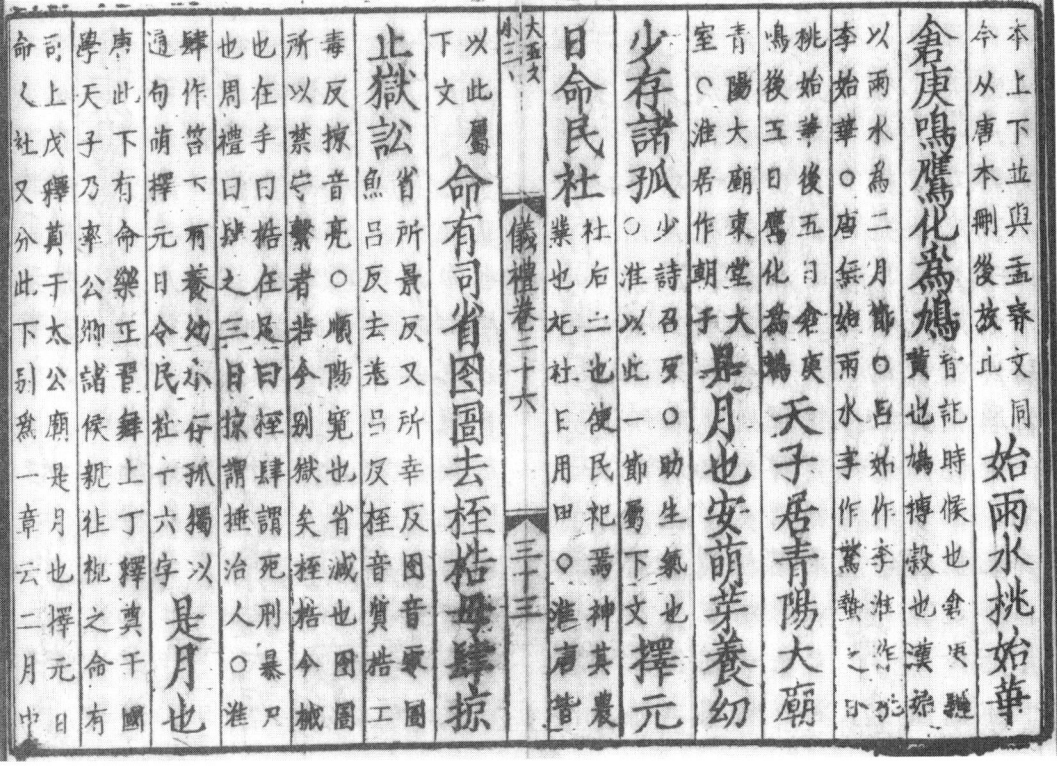

周禮天子有夫人有嬪有世婦有女御獨云九嬪舉中言也○呂唐帥作率
乃禮天子所御帶以弓韣授以弓矢于
高禖之前韣大木反○天子所御謂今有娠者於祠大祝酌酒飲於
高禖之庭以神惠顯之也帶以弓韣授以弓矢求男之祥也王居明堂禮曰帶
以弓韣禮之禖下其子必得天材○淮無是月也至此節○唐此下有是月也
命有司祭馬祖九字是月也日夜分雷乃發聲始
電蟄蟲咸動啓户始出又記時候發猶出也○呂啓作

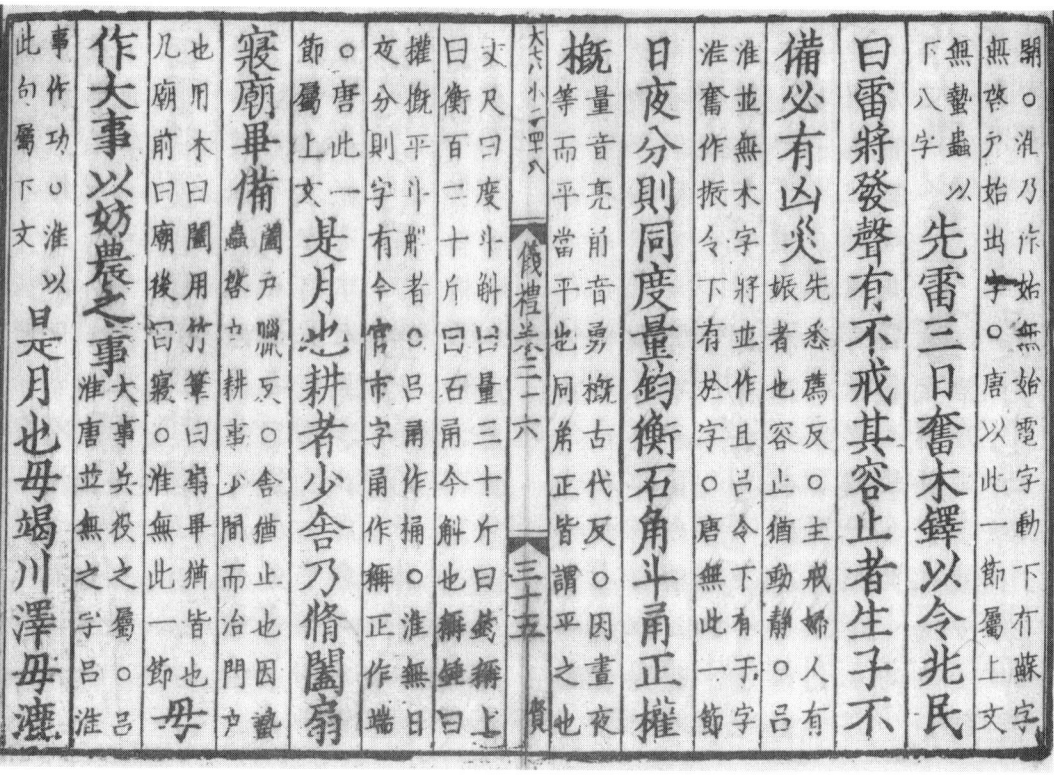

闢。洩乃亦始無無始電字動下有蘇字無啓户始出字。唐以此一節屬上文無蟄蟲以下八字先雷三日奮木鐸以令兆民曰雷將發聲有不戒其容止者生子不備必有凶災先悉薦反。主戒婦人有娠者也容止猶動靜。呂淮並無木字將並作且呂令下有于字淮奮作振令下有於字。唐無此一節日夜分則同度量鈞衡石角斗甬正權概量音亮前音勇概古代反。因晝夜等而平當平也同角正皆謂平之也

大全八小二十四八 儀禮卷二十六 三十五 賢

丈尺曰度斗斛曰量三十斤曰鈞稱上曰衡百二十斤曰石甬今斛也稱錘曰權概平斗斛者。呂甬作桶。淮無日夜分則字有令官市字甬作稱正作端。唐此一節屬上文是月也耕者少舍乃脩闔扇寢廟畢備闔戶扉反。舍猶止也因蟄蟲啓也耕事少間而治門戶也用木曰闔用竹葦曰扇畢猶皆也凡廟前曰廟後曰寢。淮無此一節毋作大事以妨農之事大事兵役之屬。呂淮唐並無之字呂淮事作功。淮以此句屬下文是月也毋竭川澤毋漉

陂池毋焚山林漉音鹿陂彼宜反。順陽養物也畜水曰陂穿地通水曰池。淮無是月也字有毋作大事以妨農功八字天子乃鮮羔開冰先薦寢廟鮮當爲獻聲之誤也獻羔謂祭司寒也祭司寒而出冰薦於宗廟乃後賦之春秋傳曰古者日在北陸而藏冰西陸朝覿而出之其藏冰也深山窮谷固陰沍寒於是乎取之其出之也朝之祿位賓食喪祭於是乎用之其藏之也黑牡秬黍以享司寒其出之也桃弧棘矢以除其災其出入也時食肉之祿冰皆與焉大夫命婦喪浴用冰祭寒而藏之獻羔而啓之公始用之火出而畢賦自命夫命婦至于老疾無不受冰。呂鮮作

大全三 儀禮卷二十六 三十六 賢

獻。淮無此一節。唐屬上文上丁命樂正習舞釋菜樂正樂官之長也命習舞者順萬物始出地鼓舞也將舞必釋菜於先師以禮之夏小正曰丁亥萬用入學天子乃帥三公九卿諸侯大夫親往視之順時達物也仲丁又命樂正入學習樂爲季春將合樂也習樂者習歌與八音。呂習作入釋作舍帥作率無大夫字仲作中。淮無上丁以下至此一節。唐入前章

0010_0180-1　　0010_0179-2

是月也，祀不用犧[illegible]，用圭璧，更皮幣。更，古

行[illegible]爲傷萌芽[illegible]合騰之也[illegible]德易[illegible]者皆以三帛而已　仲春

行秋令，則其國大水，寒氣總至，酉之氣乘之也

[illegible]畢[illegible]怨　寇戎來征。金氣動也。卑又爲邊

行冬令，則陽氣不勝，麥乃不熟，子之氣乘

[illegible]一[illegible]爲大陰○[illegible]諸[illegible]內[illegible]同　民多相掠。陰姦

行夏令，則國乃大旱，煖氣早

月令第六　二十七　仲春

來[illegible]蟲螟爲害。螟[illegible]○呂淮[illegible]作[illegible]國乃作其國[illegible]二

[illegible]下[illegible]二月[illegible]倉其樹杏[illegible]書也○　○季春

季春之月，日在胃，昏七星中，旦牽牛中。季，少也。季

[illegible]春[illegible]六[illegible]辰之辰○[illegible]無[illegible]指辰字○唐作

[illegible]三月之節[illegible]南斗[illegible]辰[illegible]柳[illegible]　律中姑洗。洗，蘇

[illegible]白之新生也三分益[illegible]季者氣至則

[illegible]桐[illegible]春章　桐

0010_0181-1　　0010_0180-2

始華，田鼠化爲鴽，虹始見，萍始生。鴽音如，虹

音紅，見賢遍反，萍步丁反○皆記時候也。鴽，母無。螮蝀謂之虹。萍，萍也，其大者

曰蘋。占淮唐萍作苹○唐云清明之日桐始華，後五日田鼠化爲鴽，後五日虹

始見，又分萍始生入下章　天子居青陽右个。青陽右个，東堂

南偏○諸本見仲春章　是月也，天子乃薦鞠衣于

先帝。鞠居六反，如鞠華也，又丟六反，如麴塵○爲將蠶求福祥之助，鞠衣

黄桑之服，先帝大皞之屬○呂無乃字○淮無此一節　命舟牧覆

月令第六　二十八

舟五覆五反，乃告舟備具于天子焉。覆，芳

服反○舟牧，主舟之官也。覆反舟者，備傾溺也○呂淮皆無命字，唐舟覆作有

司[illegible]舟備具字　天子始乘舟，薦鮪于寢廟，

鮪于軌反○進鮪畫物○淳子下有鳥字，于作於　乃爲麥祈實。

爲于僞反○於含秀求其成也，不言所祈承寢廟可知○唐無此句　是月

也，生氣方盛，陽氣發泄，句者畢出，萌者

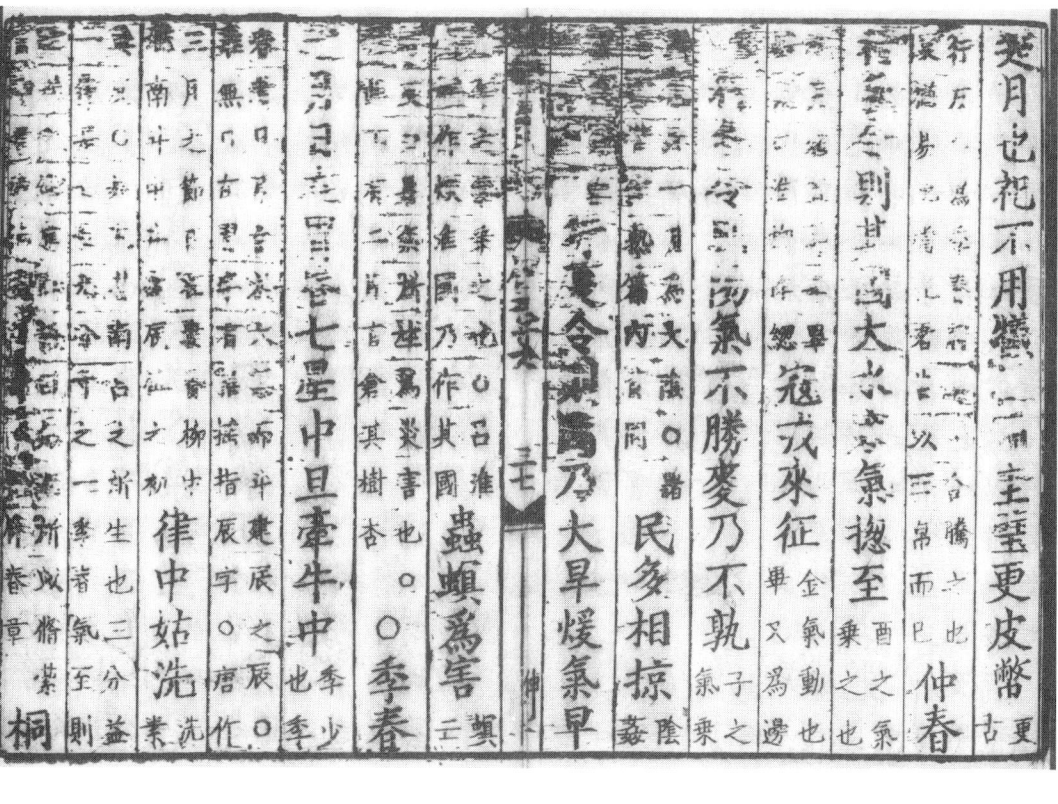

盡達，不可以內。句古侯反○時可宣出，不可收斂也。萌尾生者

0010_0181-2

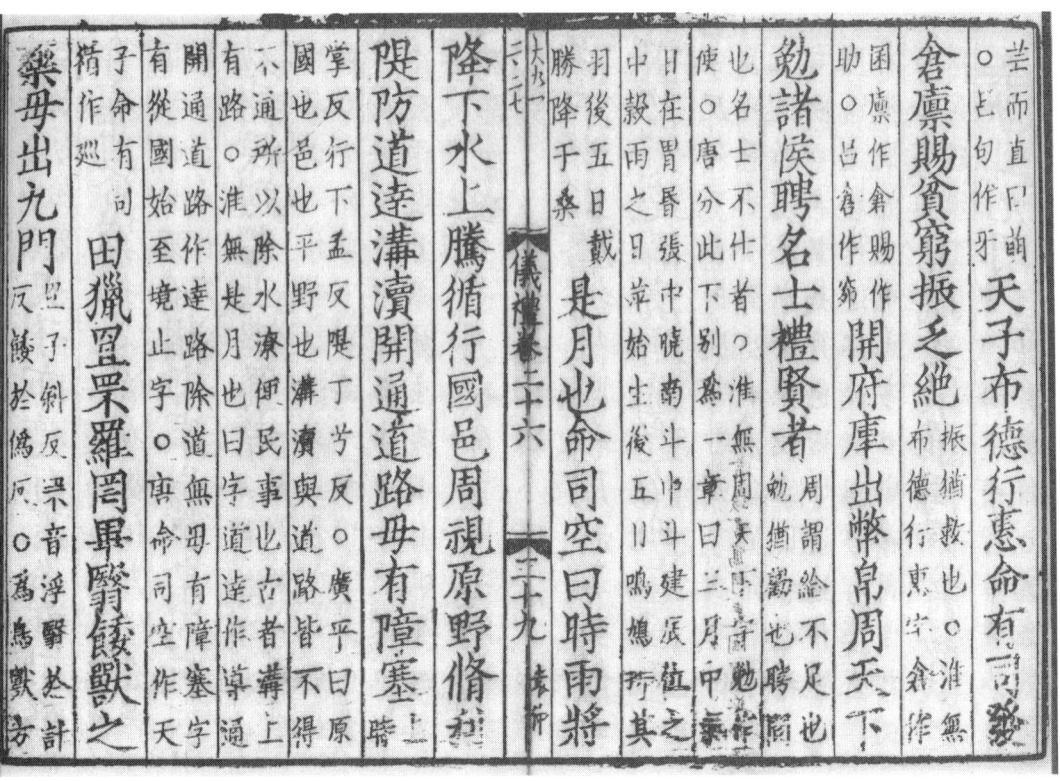

芸而直曰萌○上句作牙天子布德行惠命有司發倉廩賜貧窮振乏絕振猶救也○淮無布德行惠字倉作困廩作倉賜作助○呂倉作窮開府庫出幣帛周天下勉諸侯聘名士禮賢者周謂給不足也勉猶勸也聘問也名士不仕者○淮無周天下字唐勉作使○唐分此下別爲一章曰三月中氣日在胃昏張中曉南斗中斗建辰位之中穀雨之日萍始生後五日鳴鳩拂其羽後五日戴勝降于桑是月也命司空曰時雨將

儀禮卷二十六　二十九

0010_0182-1

降下水上騰循行國邑周視原野脩利隄防道達溝瀆開通道路毋有障塞上時掌反行下孟反隄丁兮反○廣平曰原國也邑也平野也溝瀆與道路皆不得不通所以除水潦便民事也古者溝上有路○淮無是月也曰字道達作導通開通道路作達路除道無毋有障塞字有從國始至境止字○唐命司空作天子命有司循作巡田獵罝罘羅罔畢翳餧獸之藥毋出九門罝子斜反罘音浮翳於計反餧於偽反○爲鳥獸方

0010_0182-2

孚乳[illegible]之逆天[illegible]也獸罟曰罝罘鳥罟曰羅罔小而柄[illegible]謂之畢翳射者所以自隱也凡諸罟及毒藥禁其出九門明其常有時不得用耳天子九門者路門也應門也雉門也庫門也皋門也城門也近郊門也遠郊門也關門也今月令無罘翳爲弋○罟音古弋羊職反○呂罔作網呂淮纖下有畢弋字無畢翳字呂唐九並作圖淮罔作罟獸作毒是月也命野虞毋伐桑柘柘之夜反○愛蠶食也野虞謂主田及山林之官○淮無是月也字命作乃禁○唐野虞作有司鳴鳩拂其羽戴勝降于

儀禮卷二十六　四十一

0010_0183-1

桑蠶將生之候也鳴鳩飛且翼相擊趨農急也戴勝織紝之鳥是時恒在桑言降者若時始自天來重之也○淮拂作奮勝作鵟○唐鵟上文具曲植籧筐植直吏反籧巨呂反筐丘狂反○時所以養蠶器也曲薄也植槌也○呂曲植籧作豩曲蒙淮作撲曲筥唐作乃修蠶器后妃齊戒親東鄉躬桑禁婦女毋觀省婦使以勸蠶事鄉許亮反觀古喚反省所景反○后妃親採桑示帥先天下也東鄉者鄉時氣也毋觀其不常留養蠶之所卜夫人與世婦婦謂世婦及[illegible]也

0010_0183-2

宰職曰仲春詔后帥外內命婦始蠶于北郊女外內子女也夏小正曰妾子始蠶執養宮事毋觀去容飾也婦使縫線組紃之事○呂勸作力○淮無親字躬作與無莘婦女毋觀字無以字○宮視東鄉躬桑作享先蠶而躬桑無禁婦女無觀省婦使字

蠶事既登分繭稱絲效功以共郊廟之服無有敢惰 繭古典反共音恭○登成也敎往蠶者蠶畢將課功以勸戒之○呂情作墮○淮唐無此一節

是月也命工師令百工審五庫之量金鐵皮革

0010_0184-1

筋角齒羽箭幹脂膠丹漆毋或不良 量音亮筋音斤○工師司空之屬官也五庫藏此諸物之舍也量謂物善惡之舊法也幹器之木也凡輮幹有當用脂良善也○毛淮或並作有○淮無是月也字命工師效之量作命五庫令百官審無齒拜字

百工咸理監工日號毋悖于時毋或作爲淫巧以蕩上心 監古銜反悖必內反○咸皆也於百工皆理治其事之時工師則監之日號令之戒之以此二事也悖猶逆也百工作器物各有時逆之則不善時者若

0010_0184-2

弓人春液角夏治筋秋合三材冬定體之屬也淫巧謂僞飾不如法也蕩謂動之使生奢泰也今月令無于時作爲爲詐僞○呂爲作僞呂唐于作於唐無或爲字

是月之末擇吉日大合樂天子乃率三公九卿諸侯大夫親往視之 大合樂者所以助陽達物風化天下也其禮亡今天子以大射郡國以鄉射禮代之○淮無是月之末字唐之末作也淮擇下有下旬字樂下有致歡欣字無天子以下十六字○唐屬下文

是月也乃合累牛騰馬遊牝于

0010_0185-1

牧 累力追反○累騰皆乘匹之名是月所合牛馬謂繫在廄者其牝欲遊則就牧之牡而合之○呂累作纍○淮無是月也纍作欚

犧牲駒犢舉書其數 以在牧而校數書之明出時無他故至秋當錄內且以知其息之多少也○淮無此八字○唐此下云是月也擇吉日大合樂天子乃率公卿諸侯大夫親往視之

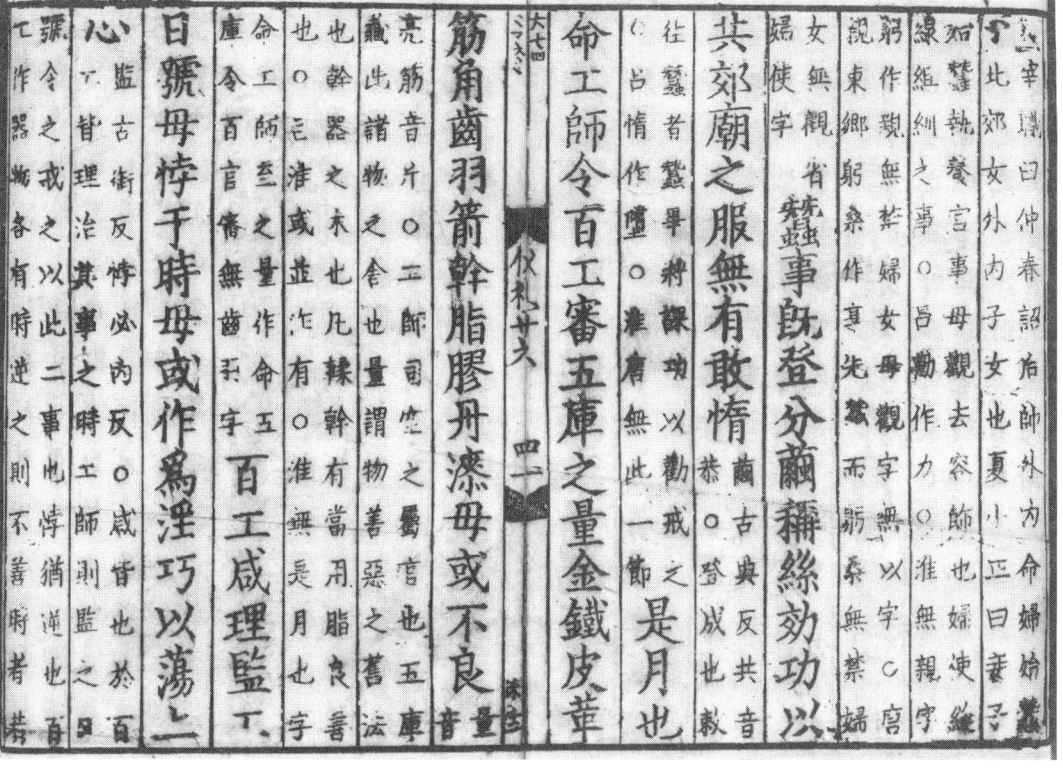

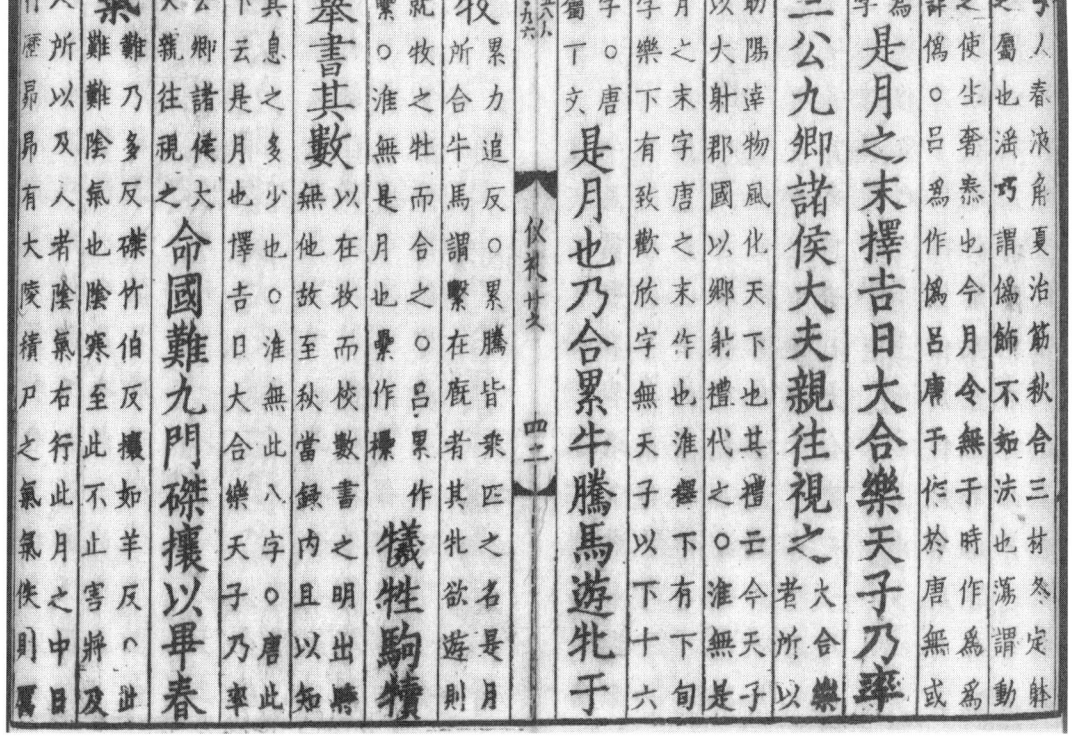

命國難九門磔攘以畢春氣 難乃多反磔竹伯反攘如羊反○此難難陰氣也陰寒至此不止害將及人所以及人者陰氣右行此月之中日行歷昴昴有大陵積尸之氣氣佚則厲

0010_0185-2

鬼隨而出行命方相氏帥百隸索室敺疫以逐之又磔牲以攘於四方之神所以畢止其災也王居明堂禮曰季春出疫于郊以攘春氣○吕無命字國下有人字此下有行之是令而其至三旬○吕淮唐難並作儺○淮命作令此下有行是月令廿雨至三旬○唐命上有是月也字季春行冬令則寒氣時發草木皆肅丑之氣乘之也肅謂枝葉縮栗國有大恐以水訛相驚行夏令則民多疾疫時雨不降未之氣乘之也六月宿直鬼鬼爲天尸時又有暑也山陵不

0010_0186-1

收高者曠於熱也○淮收作登行秋令則天多沈陰淫雨蚤降戌之氣乘之也九月多陰淫霖也兩三日以上爲霖今月令曰衆雨兵革並起陰氣勝也○淮此下有三月官鄉其樹李

孟夏之月日在畢昏翼中旦婺女中孟夏者日月會於實沈而斗建巳之辰○吕作旦須女中○淮無日在畢字有招搖指巳字○唐作四月之節日在昴昏翼中曉牽牛中斗建巳位之初其日丙丁丙之言炳也日之行夏南從赤道長育萬物月爲之佐時萬物皆炳

0010_0186-2

然著見而強大又因以爲日名焉易曰齊乎巽相見乎離○淮此上有其位南方字下有盛德在火字○唐丙作景其帝炎帝其神祝融此赤精之君火官之臣自古以來著德立功者也炎帝大庭氏也祝融顓頊氏之子曰黎爲火官○淮無此二句其蟲羽象物從風鼓葉飛鳥之屬其音徵徵張里反○三分宫去一以生徵徵數五十四屬火者以其徵清事之象也夏氣和則徵聲調樂記曰徵亂則哀其事勤律中中吕中吕之中音仲○孟夏氣至則中吕之律應中吕者無射之所生三分益一律

0010_0187-1

長六寸萬九千六百八十三分寸之萬三千九百七十四周語曰中吕宣中氣○諸本中音作仲其數七火生數二成數七但言七者亦舉其成數○唐此下有其性禮其事視其味苦其臭焦火之臭味也凡苦焦者皆屬焉其祀竈祭先肺夏陽氣盛熱於外祀之於竈從熱類也祀之先祭肺者陽位在上肺亦在上肺爲尊也竈在廟門外之東祀竈之禮先席於門之奧東面設主于竈陘乃制肺及心肝爲俎奠于主西又設盛于俎南亦祭黍三祭肺心肝各一祭醴三亦旣祭徹之更陳鼎俎設饌于筵前

0010_0187-2

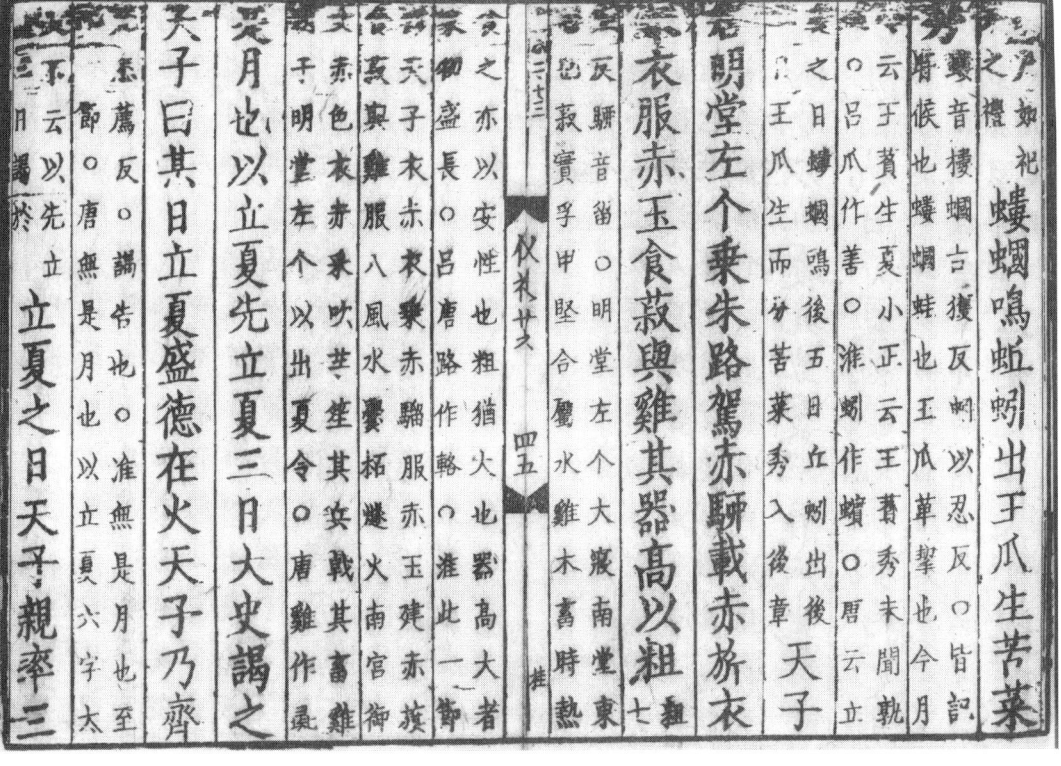

尸如祀之禮 螻蟈鳴蚯蚓出王瓜生苦菜
螻音樓蟈古獲反蚓以忍反○皆記時候也螻蟈蛙也王瓜萆挈也今月
云王萯生夏小正云王萯秀未聞孰○呂爪作善○淮蚓作螾○唐云立
之日螻蟈鳴後五日丘蚓出後王瓜生而後苦菜秀入後章 天子
居明堂左个乘朱路駕赤騮載赤旂衣
朱衣服赤玉食菽與雞其器高以粗 粗七
反騮音留○明堂左个大寢南堂東偏也菽實孚甲堅合屬水雞木畜時熱

仪礼廿六　四五

0010_0188-1

食之亦以安性也粗猶大也器高大者象物盛長○呂唐路作輅○淮此一節
天子衣赤衣駕赤騮服赤玉建赤旗食菽與雞服八風水爨柘燧火南宮御
女赤色衣赤采吹竽笙其兵戟其畜雞于明堂左个以出夏令○唐雞作彘
是月也以立夏先立夏三日大史謁之
天子曰某日立夏盛德在火天子乃齊
烝薦反○謁告也○淮無是月也至節○唐無是月也以立夏六字太
下云以先立月謁於 立夏之日天子親率三

0010_0188-2

公九卿大夫以迎夏於南郊還反行賞
封諸侯慶賜遂行無不欣說 說音悅○迎夏祭赤
帝赤熛怒於南郊之兆也不言帥諸侯而云封諸侯諸侯或無在京師者空
其文也祭統曰古者於禘也發爵賜服順陽義也於嘗也出田邑發秋政順陰
義也今此行賞可也而封諸侯則違於古封諸侯出土地之事於時未可似失
之○謂率帥並作率反並作乃○呂無行一及諸字○淮迎夏作迎歲行賞作賞
賜無慶賜以下八字○唐無三九字賞下無封字有公卿字侯下有大夫於繫

仪礼廿六　四六

0010_0189-1

乃命樂師習合禮樂 爲將飲酎○淮作脩禮樂饗之
○唐以此節屬下文 命大尉贊桀俊遂賢良舉
助長氣也贊猶出也桀俊能者也遂猶進也三王之官有司馬無大
秦官則有大尉今俗人皆云周公作令未通於古○吕尉作封○淮遂作
長大淳孝弟○唐大尉作掝桀作傑今按從章養壯佼字當屬此長大之
蓋簡 行爵出祿必當其位 ○當丁浪反○使順之
而雍必當其位作從天長養○唐此云是月也命樂正習盛樂大雩帝

0010_0189-2

司(?)祀山川方之鄉士有益於人者以祈穀實是月也命有司祀兩師又驯(?)

一草云四月中氣日在畢昏翼中旦牽牛

文中斗建巳位之中小滿之日苦菜

秀後五日靡草死後五日**是月也繼長**

小暑至擬(?)重因出輕繫

增高謂草木盛蕃廡○一淮**毋有壞墮**許墮

規反○亦爲逆時**毋起土功毋發大衆**

氣○呂淮墮作隳

爲妨蠶農之事○淮起**毋伐大樹**亦爲逆時

作興無毋發大衆字

是月也天子始絺絺綌其反○初服暑服○淮無此一

仪礼廿六　四七

0010_0190-1

節○唐作天**命野虞出行田原爲天子**

二初衣暑服

勞農勸民毋或失時行下孟反下同爲于偽反○輩(?)教之

○呂無爲天子字淮唐同○淮命作令

無出字勞農勸民作勸農事無毋或失

時字○唐野虞出作

有司巡勸民作勉人**命司徒巡行縣鄙**

命農勉作毋休于都急趨於農也縣鄙鄉遂之屬主民者

也○呂明堂禮曰毋宿于國今月令休

爲伏○呂巡作循○淮唐迪(?)無此一節

是月也驅獸毋害五穀淮無是月也驅獸下有害字

0010_0190-2

害亦作令害**毋大田獵**○爲傷蓄廡之氣○淮無此句**農乃**

登麥天子乃以彘嘗麥先薦寢廟登進也麥

之新氣尤盛以彘食之散其熱也彘水

畜○呂登作升○淮無農乃登麥一句

乃字○唐嘗麥**是月也聚畜百藥**畜丑

下有羞以含桃字

六反○蕃廡之時毒氣盛○呂畜作

蓄○淮無是月也字○唐以蓄下章**靡**

草死麥秋至斷薄刑決小罪斷丁亂反○舊說云

靡草薺亭歷之屬祭統曰草艾則墨謂

立秋後也刑無輕於墨者今以純陽之

小三七十　仪礼廿六　四八

0010_0191-1

月斷刑決罪與毋有壞墮自相違似非

○呂靡作麋無決小罪一句○淮無斷

薄刑決小罪二句**出輕繫**崇寬○呂淮

○唐已見上文並無此句

唐已見上文**蠶事畢后妃獻繭乃收繭稅以**

桑爲均貴賤長幼如一以給郊廟之服

長丁丈反○后妃獻繭者內命婦獻繭

於后妃收繭稅者收於外命婦外命婦

雖就公桑蠶室而蠶其夫亦當有祭服

以助祭收以近郊之稅耳貴賤長幼如

一國服同○呂無蠶事畢字長幼作少

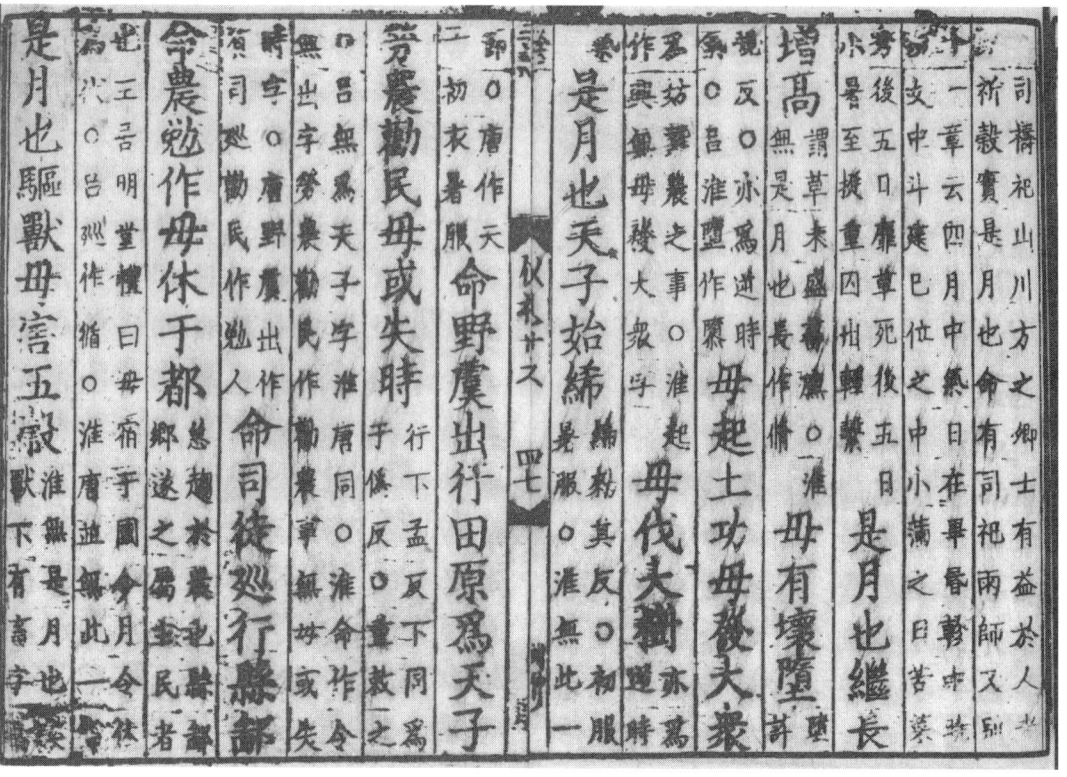

長之下有祭字○淮無此一節○唐一作

0010_0191-2

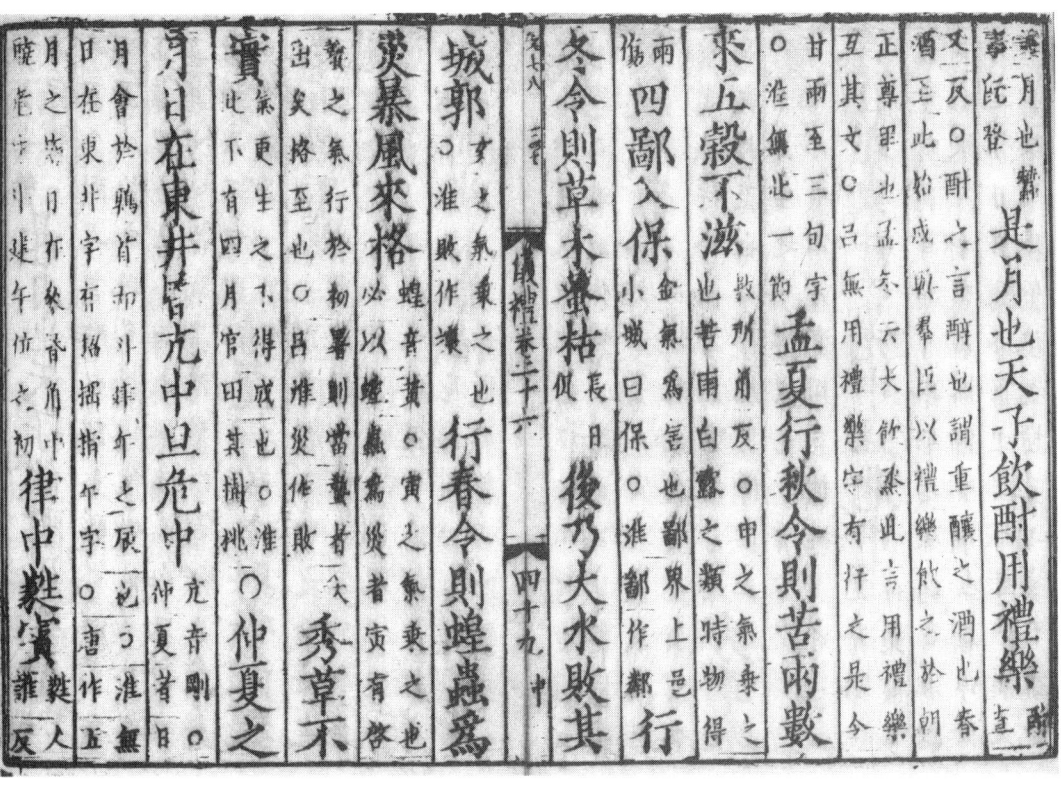

盡月也盡事訖登是月也天子飲酎用禮樂酎直又反○酎之言醇也謂重釀之酒也春酒至此始成與羣臣以禮樂飲之於朝正尊卑也孟冬云大飲烝此言用禮樂互其文○呂無用禮樂字有什之是今甘雨至三旬字○淮無此一節孟夏行秋令則苦雨數來五穀不滋數所角反○申之氣乘之也苦雨白露之類時物得雨傷四鄙入保金氣爲害也鄙界上邑小城曰保○淮鄙作鄙行冬令則草木蚤枯長日似後乃大水敗其

儀禮卷二十六　四十九　中

0010_0192-1

城郭亥之氣乘之也○淮敗作壞行春令則蝗蟲爲災暴風來格蝗音黃○寅之氣乘之也必以蝗蟲爲災者寅有啓蟄之氣行於初暑則當蟄者大出矣格至也○呂淮災作敗秀草不實氣更生之下得成也○淮此下有四月官田其擣桃○仲夏之月日在東井昏亢中旦危中亢音剛○仲夏者日月會於鶉首而斗建午之辰也○淮無日在東井字有招搖指午字○唐作五月之辰日作參昏角中曉危中斗建午位之初律中蕤賓蕤人誰反

0010_0192-2

○蕤賓者應鍾之所生三分益一律長六寸八十一分寸之二十六仲夏氣至則蕤賓之律應周語曰蕤賓所以安靜神人獻酬交酢○諸本上下與孟夏同今從唐本小暑至唐已見上章螳蜋生鵙始鳴反舌無聲螳音堂蜋音郎鵙工役反○皆記時候也螳蜋螵蛸母也鵙搏勞也反舌百舌鳥○唐作芒種之日螳蜋生後五日鵙始鳴後五日反舌無聲天子居明堂大廟明堂大廟南堂當大室也○諸本上下與孟夏文同今從唐本養壯佼佼古卯反○助長氣也○今按此句當屬

儀禮卷二十六　五十

0010_0193-1

上章樂長大之下是月也命樂師脩鞀鞞鼓均琴瑟管簫執干戚戈羽調竽笙篪簧飭鐘磬柷敔鞀大刀反鞞步西反竽音于篪音池簧音黃柷昌六反敔魚呂反○爲將大雩帝習樂也脩均執調飭皆治其器物習其事之言○呂飭賁作濆簫○呂淮無是月也及鼓字淮鞞作鞞無均字執干戚戈羽在鐘磬下無笙竽字竽作篪無柷敔字○唐無此一節命有司爲民祈祀山川百源大雩帝用盛樂乃命百縣

0010_0193-2

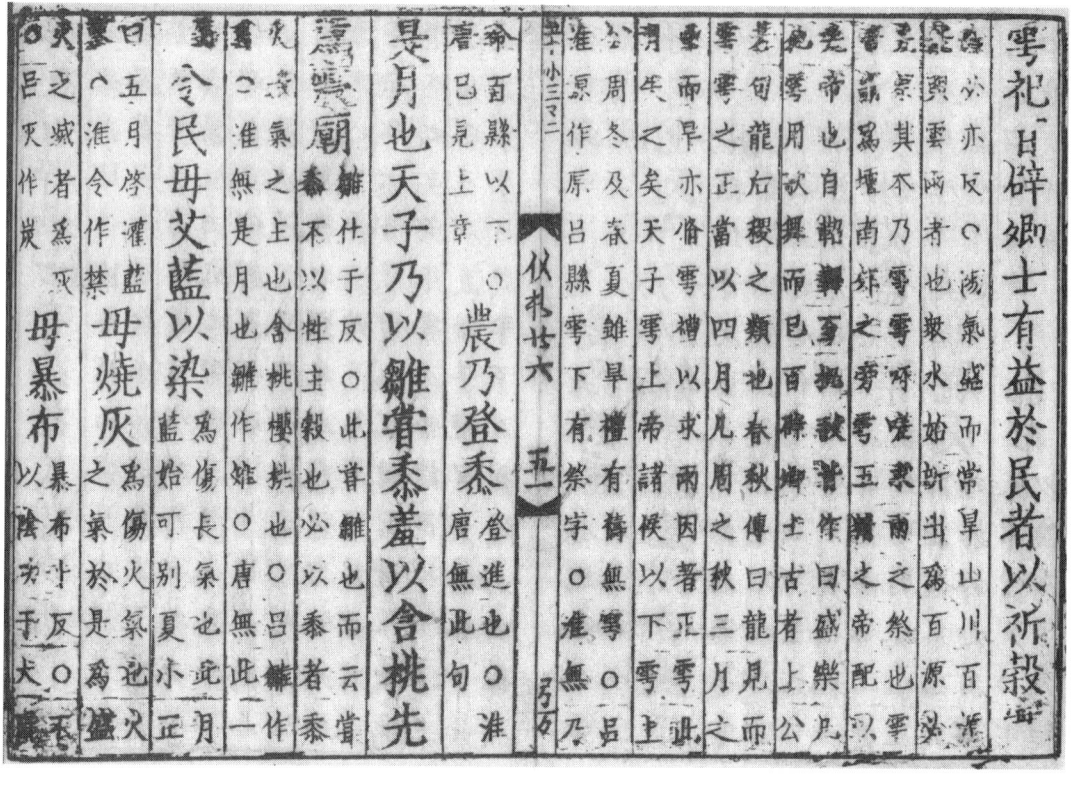

雩祀。日。辟卿士有益於民者，以祈穀實。雩，于況反。○滋氣盛而常旱，山川百源能興雲雨者也。衆水始所出爲百源，必先雩其本。乃雩，雩吁嗟求雨之祭也。雩帝謂爲壇南郊之旁，雩五精之帝，配以先帝也。自鞀鞞至柷敔皆作曰盛樂。凡他雩用歌舞而已。百辟卿士，古者上公若句龍后稷之類也。春秋傳曰：龍見而雩。雩之正，當以四月。凡周之秋三月之中而旱，亦脩雩禮以求雨，因著正雩此月，失之矣。天子雩上帝，諸侯以下雩上公。周冬及春夏雖旱，禮有禱無雩。○呂淮、原作原，呂縣雩下有祭字。○淮無及

仪礼廿六　五一

0010_0194-1

令百縣以下。○農乃登黍。登，進也。○淮書已見上章。唐無此句。

是月也，天子乃以雛嘗黍，羞以含桃，先薦寢廟。雛，什于反。○此嘗雛也，而云嘗黍，不以牲主穀也。必以黍者，黍火穀，氣之上也。含桃，櫻桃也。○呂雛作鶵。○淮無是月也。雛作雉。○唐無此一節。

令民毋艾藍以染。爲傷長氣也。此月藍始可別，夏小正曰：五月啓灌藍蓼。○淮令作禁。毋燒灰。爲傷火氣也。火之氣於是爲盛。火之滅者爲灰。○呂灰作炭。毋暴布。暴布，步卜反。○不以陰功干太陽之事。

0010_0195-1

0010_0194-2

○唐此一節。門閭毋閉，關市毋索。索，所白反。○順不數索。○唐無雜物。挺重囚，益其食。挺，大頂反。○猶寬也。○淮此下有存孤寡振死事六字。○唐門上居月也字，又以挺重囚入上章，而無益其食三字。游牝別羣，則縶騰駒，孕妊之欲止也。爲其牡氣有餘，相蹄齧也。○呂淮無則字。縶作執。班馬政。馬政，謂養馬之政教也。庾人職曰：掌十有二閑之政教，以阜馬佚特教駣，攻駒，此之謂也。○呂政作正。○唐此下云：是月也，聚畜百藥。又別分一章云：五月中氣，日在東井，昏亢中

仪礼廿六　五二

旦危中。斗建午位之中，夏至之日，鹿角解；後五日，蜩始鳴；後五日，半夏生。是月也，祀皇地祇於方丘。

是月也，日長至，陰陽爭，死生分。爭者，陽方盛，陰欲起也。分，猶半也。○呂日長至作長至日。○淮無是月也字。

君子齊戒，處必掩身，毋躁。掩，猶隱翳也。躁猶動也。今月令毋躁爲欲靜。○呂下有欲靜字。○淮無毋字。掩作揜。止聲色，毋或進，進，猶御見也。聲，謂樂也。易及樂、春秋說夏至人主……能之士作樂……

0010_0195-2

今按止聲色蓋亦[illegible]必掩身毋躁之
義若以止樂言則拘矣月令之說固多
有未安而此難以爲非也註文蓋失其指矣 薄滋味毋致和
和戶卧反○爲其氣異此時傷人○淮無此句 節耆欲定心氣
微陰扶精不可散也○呂節作退呂唐耆欲作嗜慾○淮無此二句 百官
靜事毋刑 罪罰之事不可以聞今月令刑爲徑○淮刑作徑 以
定晏陰之所成 晏伊見反○晏安也陰猶安 鹿角解
蟬始鳴半夏生木堇榮 解戶買反堇音謹○又記時候

儀禮卷二十六　五十三

0010_0196-1

也半夏藥草木堇王蒸也○唐上三句已見上文而無下一句此下有是月也
命有司祭先牧九字 是月也毋用火南方 陽氣盛又用火
於其方害微陰也○淮作禁民無發火 可以居高明可以
遠眺望可以升山陵可以處臺榭 順陽在上
高明謂樓觀也闍者謂之臺有木者之榭○淮無下三可以字升作登
夏行冬令則雹凍傷穀 子之氣乘時雹霰
[illegible]

0010_0196-2

[illegible]來
[illegible]時起其國乃饑 饑音機○之屬
[illegible]門氣並○害饑作虛 行秋令則草木零落
之氣乘之也八月宿昴爲天獄主殺 果實早成 生日短○
早作蚤 民殃於疫 大陵之氣來爲害也○淮此下有五月官相其
樹擬○ 季夏之月日在柳昏火中旦奎中

0010_0197-1

夏者日月會於鶉火而斗建未之辰也○淮無日在柳字有招搖指未字

儀禮卷二十六　五十四

呂淮作昏心中○唐作六月之節日在東井昏氐中曉東壁中斗建未位之初
律中林鍾 林鍾者黃鍾之所生三分去一律長六寸季夏氣至則林
鍾之律應周語曰林鍾和展百物俾莫不任肅純恪○淮林作百高誘云百鍾
者林鍾也諸本見仲夏章但淮云其位中央其日戊己盛德在土其蟲蠃其音
宮律中百鍾其數五其味甘其臭香其祀中霤祭先心 温風始至
蟋蟀居壁鷹乃學習腐草爲螢 蟋音悉蟀音率
螢釋文作熒戶扃反○皆記時候也鷹學習謂攫搏也夏小正曰六月鷹始摯

0010_0197-2

螢飛蟲螢火也○呂螢作字螢下有字与淮草下有化字淮字作奥螢作蝴○唐云小暑之日温風至後五日蟋蟀居壁後五日鷹乃學習而以腐草爲螢章入下

天子居明堂右个 明堂右个南堂西偏也○諸本見仲夏章但淮云天子衣純黄乘黄騮服黄玉建黄旗食稷與牛服八風水爨拊燧火中宫御女黄色衣黄采其兵劍其畜牛朝于中宫

命漁師伐蛟取鼉登龜取黿 蛟音交鼉大多反黿音元○四者甲類秋乃堅成周禮曰秋獻龜魚又曰凡取龜用秋時是夏之秋也作月令者以爲此

0010_0198-1

秋據周之時也周之八月夏之六月因書於此似誤也蛟言伐者以其有兵衛也龜言登者尊之也鼉黿言取羞物賤也鼉皮又可以冒鼓今月令漁師爲榜人○呂命上有是月也字命作令無登龜字○淮師作人○唐屬後九月章

命澤人納材葦 葦于鬼反○蒲葦之屬此時柔刃可取作器物中○呂命上有乃字澤作虞納作入○淮命作令澤作滂○書無此一節

是月也命四監大合百縣之秩芻以養犧牲令民無不咸出其力 四監主山林川澤之官百縣

0010_0198-2

遂之屬地有山林川澤者也秩常也百縣給國養犧牲之芻多少有常民皆當出力爲艾之今月令四爲田○呂淮命作令六下皆有夫字淮無令民以下八字

以共皇天上帝名山大川四方之神以祠宗廟社稷之靈以爲民祈福 共音供○共以供祠神靈爲民求福明使民艾芻是不虚取也皇天北辰耀魄寶冬至所祭於圜丘也上帝太微五帝○呂淮共作供淮無以祠之靈以字福下有行惠令弔死問疾有視長老行稃鬻厚席蓐以送萬物歸也二十三字○唐無是月至此一節

0010_0199-1

是月也命婦官染采黼黻文章必以法故無或差貸 黼音甫黻音弗貸他得反○婦官染人也采五色○呂無染字貸作忒○淮無是月也及必以以下八字○唐婦官作有司采作緑

黑黄倉赤莫不質良無敢詐僞 質正也良善也所用染者當得其正善也○呂無作勿詐僞作僞詐呂唐倉並作蒼淮黑作青倉作白赤作黑無無敢詐僞字

以給郊廟祭祀之服以爲旗章以別貴賤等給之度 別彼

0010_0200-1　　0010_0199-2

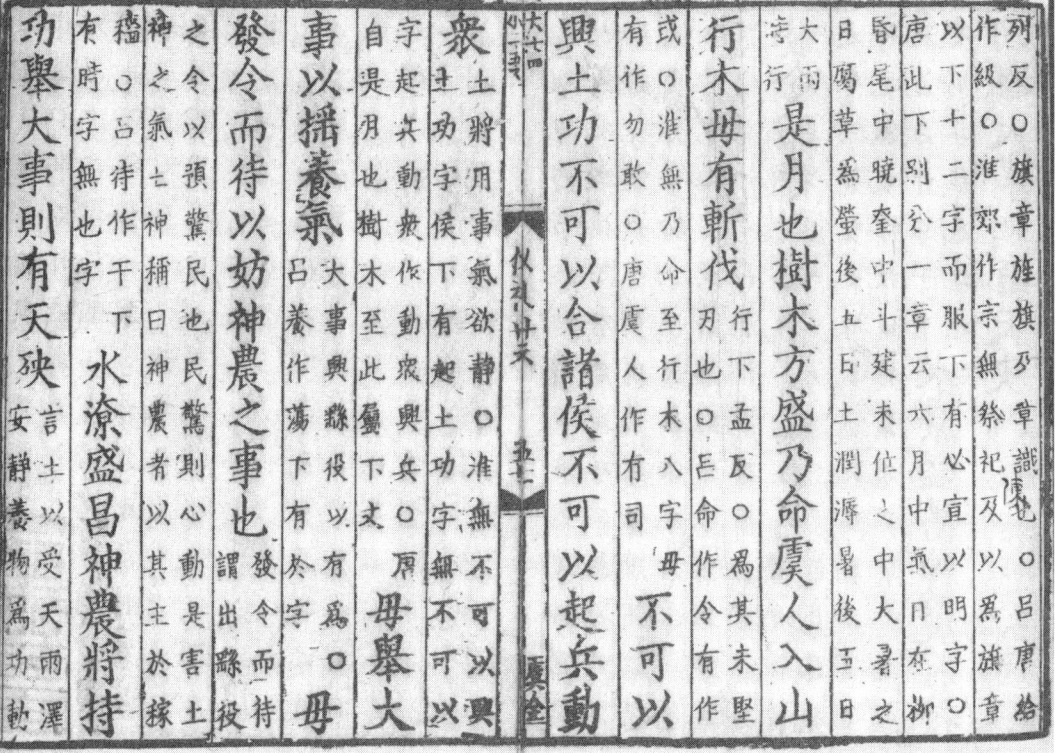

列反○旗章旌旗乃章識也○呂唐給作級○○淮郊作宗無祭祀及以爲旗章
以下十二字而服下有必宣以明字○唐訛下别分一章云六月中氣日在柳
昏尾中曉奎中斗建未位之中大暑之日腐草爲螢後五日土潤溽暑後五日
大雨洿行
是月也樹木方盛乃命虞人入山
行木毋有斬伐
行下孟反○爲其未堅刃也○呂命作令有作
或○淮無乃命至行木八字毋有作勿敢○唐虞人作有司
不可以
興土功不可以合諸侯不可以起兵動

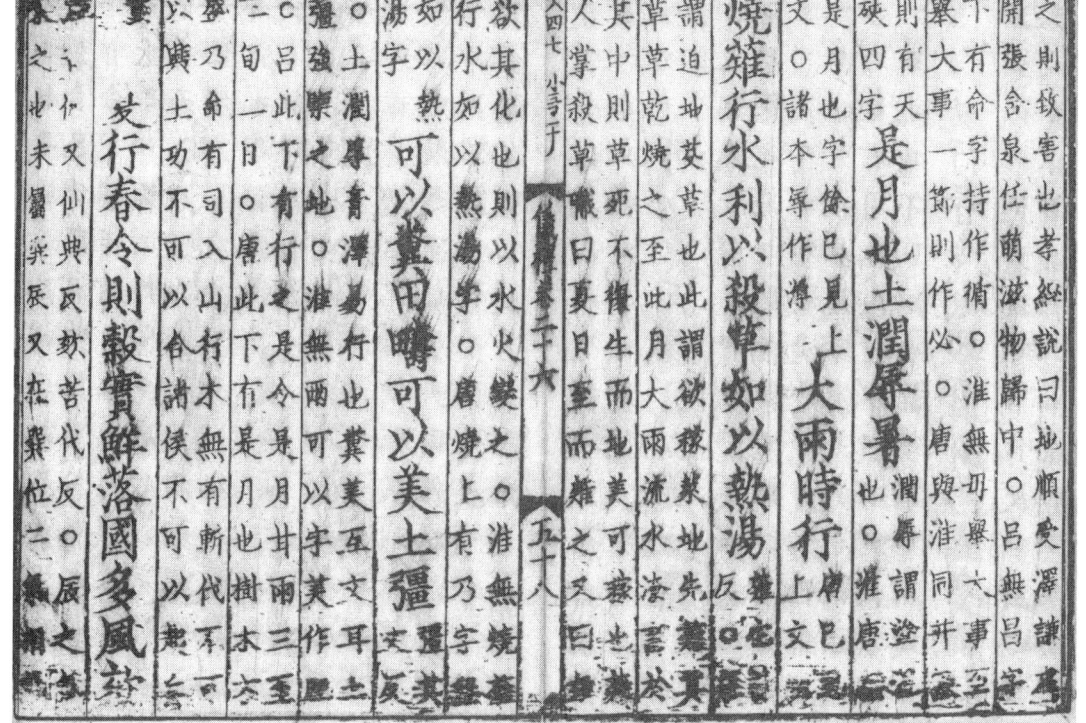

大七四　小二千　儀禮廿六　五十七　夏全

衆
土將用事氣欲靜○淮無不可以興土功字侯下有起土功字無不可以
字起兵動衆作動衆興兵○原自是月也樹木至此爲下文
毋舉大
事以摇養氣
大事興繇役以有爲○呂養作蕩下有於字
毋
發令而待以妨神農之事也
發令而待謂出繇役
之令以預驚民也民驚則心動是害土神之氣土神稱日神農者以其主於稼
穡○呂待作干下有時字無也字
水潦盛昌神農將持
功舉大事則有天殃
言土以受天雨澤安靜養物爲功動

0010_0201-1　　0010_0200-2

之則致害也孝經說曰地順受澤謙虚開張含泉任萌滋物歸中○呂無呂字
下有命字持作循○淮無毋舉大事至舉大事一節則作必○唐與淮同并無
則有天殃四字
是月也土潤溽暑
潤溽謂塗也○淮唐[illegible]
是月也字餘已見上文○諸本等作溽
大雨時行
唐已上文[illegible]
燒薙行水利以殺草如以熱湯
薙他[illegible]反○[illegible]
謂迫地芟草也此謂欲穫稼地先薙草草乾燒之至此月大雨流水潦畜於
其中則草死不復生而地美可穫也薙人掌殺草職曰夏日至而薙之又曰

大四七　小言于　儀禮卷二十六　五十八

欲其化也則以水火變之○淮無燒薙行水如以熱湯字○唐燒上有乃字
如以熱湯字
可以糞田疇可以美土彊
彊其丈反
○土潤辱青澤易行也糞美互文耳土彊強㯺之地○淮無兩可以字美作[illegible]
○呂此下有行之是令是月甘雨三至三旬二日○唐此下有是月也樹木方
盛乃命有司入山行木無有斬伐不可以興土功不可以合諸侯不可以起兵
動
行春令則穀實鮮落國多風欬
[illegible]仆又仙典反欬苦代反○辰之氣[illegible]之也未屬巽辰又在巽位二氣相亂

張本下象鼻題監生廖寅四字傳本剪去之

0010_0202-1　0010_0201-2

為害○諸本鮮皆作解○淮無國字民乃遷徙象風轉移物也行秋令則丘隰水潦戌之氣乘之也九月宿直奎奎為溝瀆與此月大雨并而高下皆水禾稼不孰傷於水也○呂禾稼作稼穡乃多女災含任之類敗也行冬令則風寒不時丑之氣乘之也○呂風寒作寒氣鷹隼蚤鷙隼息允反鷙音至○得疾癘之氣也○呂唐並作鷙○淮作摯四鄙入保象鳥雀之走竄也都邑之城曰保○淮此下有六月官少內其樹梓○中央土火休

儀禮二十六　三十九

而盛德在土也其日戊己戊之言茂也己之言起也日之行四時之間從黃道月為之佐至此萬物皆枝葉茂盛其含秀者抑屈而起故因以為日名焉其帝皇帝其神后土此黃精之君土官之神自古以來著德立功者也黃帝軒轅氏也后土亦顓頊氏之子曰黎兼為土官其蟲倮倮力果反○象物露見不隱藏虎豹之屬恒淺毛○呂倮作螺其音宮聲始於宮宮數八十一屬土者以其最濁君之象也季夏之氣和則宮聲調樂記曰宮亂則荒其君驕律中黃鐘之宮黃鍾之宮

0010_0203-1　0010_0202-2

最長也十二律轉相生五聲具終於六十焉季夏之氣至則黃鍾之宮應禮運曰五聲六律十二管還相為宮其數五土生數五成數十但言五者土以生為本○唐此下有性信其事思其味甘其臭香之土者也凡甘香者皆屬之其祀中霤祭先心霤力又反○中霤猶中室也土主中央而神在室古者複穴是以名室為霤云祀之先祭心者五藏之次心次肺至此心為尊也祀中霤之禮設主於牖下乃制心及肺肝為俎其祭肉心肺肝各一他皆如祀戶之禮○唐此下有是月也祀黃帝于南郊

儀禮二十六　四十

天子居大廟大室乘大路駕黃騮載黃旂衣黃衣服黃玉食稷與牛其器圜以閎○門子權反閎音宏○大廟大室中央室也大路殷路也車如殷路之制而飾之以黃稷五穀之長牛土畜也器圜者象土周帀於四時閎讀如紘紘謂中寬也含物○呂圜作園閎作揜○淮象文並見季夏章○唐大路作黃輅○孟秋之月日在翼昏建星中旦畢中○秋者□□陰於□□而升□□□□○呂□□□□□□

0010_0203-2

旬六日字建星作斗畢中下有則立秋字○淮無日在翼字有招搖指由字建
星亦在亢○唐作七月之節日在翼昏尾中昏斗中斗建申位之初其日
庚辛庚之言更也辛之言新也日之行秋西從白道成熟萬物月爲之佐
萬物皆肅然改更秀實新成又因以爲日名焉○淮此上有其位西方字下有
盛德在金字其帝少皡其神蓐收少詩召反蓐音辱○
此白精之君金官之臣自古以來著德立功者也少皡金天氏蓐收少皡氏之
子曰該爲金官○淮無此二字其蟲毛象物應涼氣而備寒狐貉之屬

儀禮廿六　之一

0010_0204-1

生旃毛毳其音商三分徵益一以生商商數七十二屬金者以其濁次
宮臣之象也秋氣和則商聲調樂記曰商亂則陂其官壞律中夷則
孟秋氣至則夷則之律應夷則者夷呂之所生也三分去一律長五寸七百二
十九分寸之四百五十一周語曰夷則所以詠歌九則平民無貳其數
九金生數四成數九但言九者亦舉其成數○唐此下有其性義其事言一字
其味辛其臭腥金之臭味也凡辛腥者皆屬焉其祀門
祭先肝秋陰氣出祀之於門外陰也祀之先祭肝者秋爲陰中於藏直

0010_0204-2

肝爲尊也祀門之禮北面書一二闕樞乃制肝及肺心爲俎奠于主南又
設盛于俎東其他皆如祭竈之禮涼風至白露降寒蟬
鳴鷹乃祭鳥用始行戮皆記時候也寒蟬寒蜩謂蜺也
祭鳥者將食之示有先也既祭之後不必盡食若人君行刑戮之而已○唐
立秋之日涼風至後五日白露降後五日寒蟬鳴以鷹乃祭鳥屬後章無用
行戮一句天子居總章左个乘戎路駕白
駱載白旂衣白衣服白玉食麻與犬其

儀禮廿六　之二

0010_0205-1

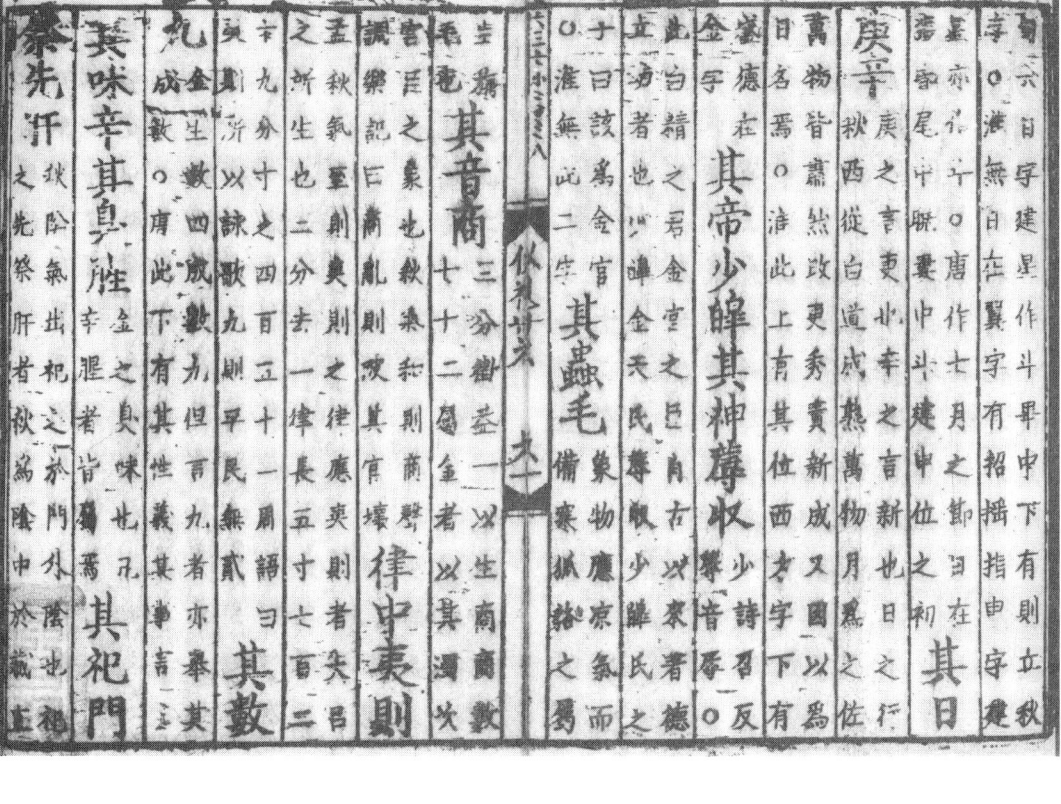

器廉以深駱音洛○總章左个大寢西堂南偏戎路兵車也制如周
路而飾之以白白馬黑鬣曰駱麻實有文理屬金犬金畜也器廉以深象金
害物入藏○淮此一節云天子衣白采白輅服白玉建白旗食麻與犬服
八風水爨柘燧火西宮御女白色衣白撞白鐘其兵戈其畜狗朝于總章左
个以出秋令求不孝不悌戮暴傲悍而罰之以助損氣○唐戎路作白輅麻作
黂也魚是月也以立秋先立秋三日大史
謁之天子曰某日立秋盛德在金天子

0010_0205-2　　0010_0206-1

齊悉薦反〇淮無是月至此一節〇唐無是月也以立秋字太史下有以先立秋三日字之作於立秋之日天子親帥三公九卿諸侯大夫以迎秋於西郊還反賞軍帥武人於朝帥所類反〇迎秋者祭白帝白招拒於西郊之兆也軍帥諸將也武人謂環人之屬有勇力者〇諸本帥皆作率反作乃〇淮無諸侯字於作于〇唐無三九字天子乃命將帥選士厲兵簡練桀俊專任有功以征不義

儀禮卷二十六　六十三　明

征之言正也伐也〇呂淮無乃字帥作率淮唐無天子字淮六作率唐厲作勵桀作傑俊作儁詰誅暴慢以明好惡順彼遠方詰去吉反好呼報反惡烏路反〇詰謂問其罪窮治之也順猶服也〇呂順作慎〇淮無以明好惡字遠作四〇唐此下別分一章云七月中氣日在張昏箕中旦畢中斗建申位之中處暑之日鷹乃祭鳥後五日天地始肅後五日禾乃登是月也命有司脩法制繕囹圄具桎梏繕市戰反〇呂繕作謹〇淮無是月也及具桎梏字〇唐此下有斷薄刑

0010_0206-2　　0010_0207-1

決小罪字禁止姦慎罪邪務搏執順秋氣政尚嚴〇淮無止罪字慎作塞無務搏執三字命理瞻傷察創視折創初良反〇理治獄官也有虞氏曰士夏曰大理周曰大司寇創之淺者曰傷〇淮無此一節審斷決獄訟必端平斷丁亂反下同〇端猶正也〇呂端作正〇淮無斷字獄下有平訟訟字無必端平字戮有罪嚴斷刑淮無此六字〇唐無禁止至此三節天地始肅不可以贏贏音盈〇肅嚴急之言也贏猶解也〇淮地作墜後並同

儀禮卷二十六　六十四　明

是月也農乃登穀天子嘗新先薦寢廟黍稷之屬於是始孰〇呂淮登作升〇淮無也字乃作始〇唐月也下有樂場圃字命百官始收斂順秋氣收斂物〇呂無收字〇唐作是月也命有司爲材葦完隄防謹壅塞以備水潦完胡官反壅於勇反〇備者備八月也八月宿直畢畢好雨〇淮壅作障〇唐無此二節修宮室坏墻垣補城郭坏步回反垣音袁〇象秋收斂物當藏也〇淮作修城郭繕宮室無坏墻垣字〇呂坏作圻修宮上有是

0010_0208-1　　0010_0207-2

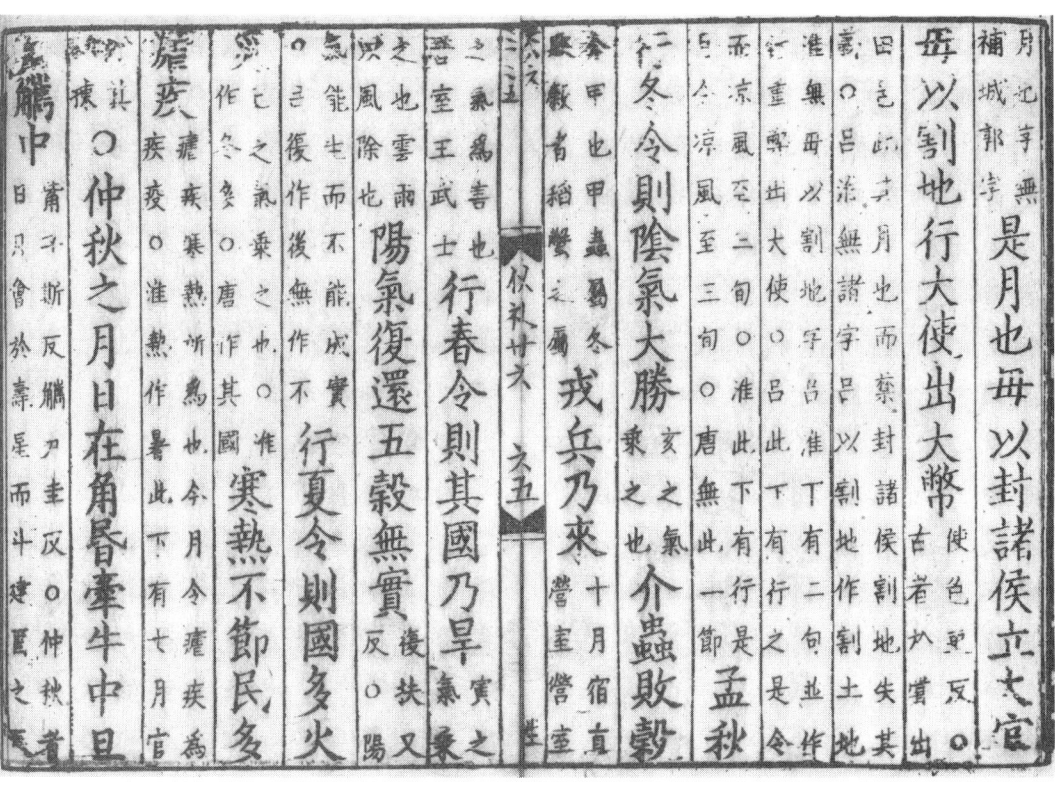

月也字無補城郭字是月也毋以封諸侯立大官毋以割地行大使出大幣使色吏反○古者以幣出因色此月也而禁封諸侯割地失其義○呂淮無諸字呂以割地作割土地淮無毋以割地字呂淮下有二句並作行重幣出大使○呂此下有行之是令而涼風至三旬○淮此下有行是月令涼風至三旬○唐無此一節孟秋行冬令則陰氣大勝亥之氣乘之也介蟲敗穀介甲也甲蟲屬冬敗穀者稻蟹之屬戎兵乃來十月宿直營室營室

儀禮廿六　六五

營室王武士之氣爲害也行春令則其國乃旱寅之氣乘之也雲雨以風除也陽氣復還五穀無實復扶又反○陽氣能生而不能成實○呂復作復後無作不行夏令則國多火災巳之氣乘之也○淮作冬多○唐作其國寒熱不節民多瘧疾瘧疾寒熱所爲也今月令瘧疾爲疾疫○淮熱作暑此下有七月官其揀○仲秋之月日在角昏牽牛中旦觜巂中觜子斯反巂户圭反○仲秋者日月會於壽星而斗建酉之辰

0010_0209-1　　0010_0208-2

也○淮無日在角字有招搖指酉字○呂淮皆作觜巂中○唐作八月之節日在翼昏南斗中曉畢中斗建酉位之初律中南呂南呂者太蔟之所生三分去一律長五寸三分寸之一律秋氣至則南呂之律應周語曰南呂一贊陽秀物○諸本上與孟秋同今从唐本盲風至鴻鴈來盲亡庚反○皆記時候也盲風疾風也玄鳥歸羣鳥養羞玄鳥燕也歸謂去蟄也凡鳥隨陰陽者不以中國爲居羞謂所食也夏小正曰九月丹鳥羞白鳥說曰丹鳥也者謂丹良也白鳥也者謂閩蚋也其謂之鳥者重

儀禮廿六　六六

其養者也有翼爲鳥養也者不盡食也二者文異羣鳥丹良未聞孰是○呂淮盲作涼鴻作候淮養作翔無羞字○唐作白露之日鴻鴈來後五日玄鳥歸後五日羣鳥養羞日風至三字天子居總章大廟總章大廟西大室也○淮居作朝今孟秋同今从唐本是月也養衰老授几杖行糜粥飲食糜亡皮反粥之六反○助老氣也行猶賜也○淮以此一節爲下文乃命司服具飭衣裳文繡有恒制有小大度有長短此一句錯居

0010_0209-2

也文謂畫也祭服之制畫衣而繡裳○呂恒作常衣服有量必循其故量音亮○此謂朝燕及他服九此爲寒益至也詩云七月流火九月授衣於是作之可也冠帶有常因制衣服而作之也○淮無乃命至此一節唐以屬季秋章乃命有司申嚴百刑斬殺必當毋或枉橈枉橈不當反受其殃當丁浪反橈女教反又乃絞反○申重也當謂值其罪○諸本皆無乃字○淮枉橈作決獄下有是月也養長老授几杖行稃鬻飲食○唐命有上有是月也

儀禮卄六　六十七

0010_0210-1

必當下有無留有罪仍以此一節屬後章是月也乃命宰祝循行犧牲視全具案芻豢瞻肥瘠察物色必比類量小大視長短皆中度五者備當上帝其饗行下孟反芻初具反豢音患中丁仲反○於烏斆肥充之特宜省羣牲也宰祝大宰大祝主祭祀之官也養牛羊曰芻犬豕曰豢五者謂所視也所案也所瞻也所察也所量也此皆得其正則上帝饗之上帝饗之而無神不饗也○呂循作巡饗作享○淮無是月也循視全具字瘠肥

0010_0210-2

瘠作視肥瘠全粹必作謂長短作少長皆作莫不無五者以下八字唐無乃宇宰祝作有司天子乃難以達秋氣難乃多反○此難難陽氣也陽暑至此不衰害亦將及人所以及人者陽氣左行此月宿直昴畢昴畢亦得大陵積尸之氣氣佚則厲鬼亦隨而出行於是亦命方相氏帥百隸而難之王居明堂禮曰仲秋九門磔攘以發陳氣禦止疾疫○諸本難作儺○呂儺下有禦佐疾字達作通○汪達作御○唐天子上有是月也字此下有是月也命樂正習吹上丁釋奠於國學天子乃率公卿諸侯大夫親往視之是月也

儀禮卄六　六十八

0010_0211-1

命有司上戊釋奠於大公廟是月也擇元日命人社此下又別分一章云八月中氣日在軫昏南斗中曉東井中斗建酉位之中秋分之日雷乃收聲後五日蟄蟲坏户後五日水始涸是月也祝夕月于西郊是月也命有司享壽星於南郊以犬嘗麻先薦寢廟麻始孰也○唐以此屬下文是月也可以築城郭建都邑穿竇窖修囷倉竇音豆窖古孝反囷丘倫反○爲民將入物當藏也穿竇窖者入地圓曰竇方曰窖王居明堂禮曰仲秋命庶民畢入于室曰時殺將至毋罹其災

0010_0211-2

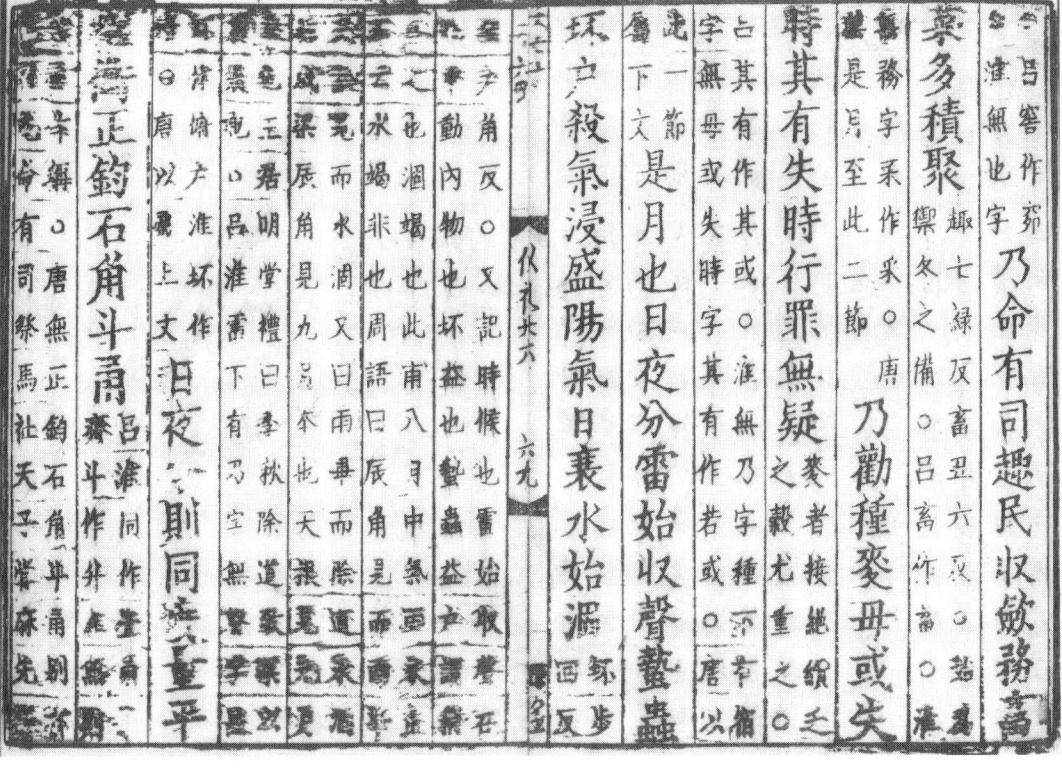

呂審作窮淮無也字乃命有司趣民收斂務畜
菜多積聚趣七綠反畜丑六反○諸
禦冬之備○呂畜作畜○淮
務字采作采○唐乃勸種麥毋或失
是呂至此二節
時其有失時行罪無疑麥者接絶續乏之穀尤重之○
占其有作其或○淮無乃字種下有
字無毋或失時字其有作若或○唐以
是一節處下文是月也日夜分雷始收聲蟄蟲
坏户殺氣浸盛陽氣日衰水始涸坏步回反

仪礼廾六　六九

0010_0212-1

尹角反○又記時候也雷始收聲在
動內物也坏益也蟄蟲益户謂稍
之氣涸竭也此甫八月中氣至
云水竭非也周語曰辰角見而雨畢
而水涸又曰雨畢而除道
成梁辰角見九月本也天根見
王居明堂禮曰季秋除道
蟄蟲○呂淮蓄下有乃字無
坏户淮坏作
○唐以處上文日夜分則同度量平
權衡正鈞石角斗甬呂淮同作甬斗作升
舉○唐無正鈞石角斗甬則
命有司祭馬社天子嘗麻先

0010_0212-2

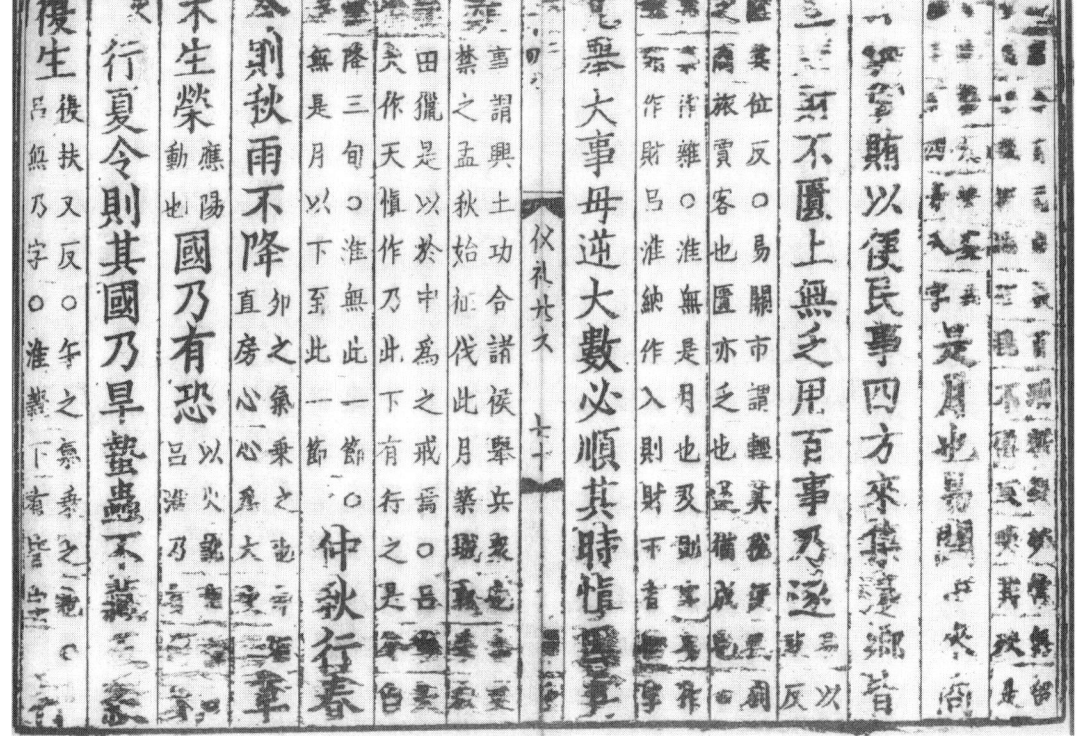

是月也易關市
來商旅納貨賄以便民事四方來集遠鄉皆
至則財不匱上無乏用百事乃遂易以豉反
易位反○易關市謂輕其稅使
商旅賈客也匱亦乏也遂猶成也
雜○淮無是月也及關市來
作財呂淮納作入則財下有
凡舉大事毋逆大數必順其時慎因其類

仪礼廾六　七十

0010_0213-1

事謂興土功合諸侯舉兵衆也
禁之孟秋始征伐此月築城郭
田獵是以於中爲之戒焉○呂
作天慎作乃此下有行之是
降三旬○淮無此一節○仲秋行春
無是月以下至此一節
令則秋雨不降卯之氣乘之也
直房心心爲大火
木生榮應陽動也國乃有恐以火訛
呂淮乃有
行夏令則其國乃旱蟄蟲不藏
復生復扶又反○午之氣乘之也
呂無乃字○淮蟄下有皆字

0010_0214-1　　0010_0213-2

冬令則風災數起收雷先行數色角反予寅亦也北風殺

猶蟄也々主閉藏草木蚤死寒氣盛也。淮此下有八月官尉其

擲柘○季秋之月日在房昏虛中旦柳中

季秋者日月會於大火而斗建戌之辰也。淮無日在房字有招搖指戌字。

唐作九月之節日在角昏牽牛中曉東井中斗建戌位之初律中無

射射音亦。無射者夾鐘之所生三分去一律長四寸六千五百六十一分

寸之六千五百二十四季秋氣至則無射之律應周語曰無射所以宣布哲人

大文入　小三文七　仪礼廿六　七十　劉遂

之令德示民軌儀○諸本見仲秋章鴻鴈來賓爵入大水

爲蛤鞠有黃華豺乃祭獸戮禽鞠九六反豺音

柴。皆記時候也來賓言其客止未去也大水海也戮猶殺也。呂淮鴻作候

鞠作菊。呂乃作則淮爵作雀。唐作寒露之日鴻鴈來賓後五日雀入大水爲

蛤後五日菊有黃華豺乃以下入後章天子居總章右个

總章右个西堂北偏。淮居作朝于餘見仲秋章是月也申嚴

號令申重。淮唐是月也並作命有司命百官貴賤

0010_0215-1　　0010_0214-2

無不務內以會天地之藏無有宣出內謂收斂

入之也會猶聚也。呂淮無命字內作入。唐此下有是月也命有司伐蛟取

鼉登龜取黿又分此下別爲一章云九月中氣日在氐昏須女中曉柳中斗建

戌位之中霜降之日豺乃祭獸後五日草木黃落後五日蟄蟲咸俯乃命

冢宰農事備收備猶盡也。呂無乃字。唐釁下文舉五

穀之要定其租稅之簿。呂穀作種藏帝藉之收於

神倉祗敬必飭重粢盛之委也帝藉所耕千畝也藏祭祀之穀

文五大　二三十七　仪礼廿六　七二　劉遂

爲神倉祗亦敬也。呂無之收字。淮無祗敬必飭字。唐釁下文是月

也霜始降則百工休寒而膠漆之作不堅好也。淮無則

字乃命有司曰寒氣總至民力不堪其

皆入室總猶揔卒。揔溫罪反卒七忽反。唐總作揔此下有是月也

命有司具飭衣裳文繡有恒衣服有量冠帶有常必循其故是月也天子嘗稻

先薦寢廟乃命有司農事備收舉五穀之要藏帝藉於神倉祗敬必飭是月也

命有司合秩芻以養犧牲以供皇天上帝名山大川四方之神以祠宗廟社稷

0010_0215-2

之靈爲人祈福上丁命樂正入學習吹吹昌睡反○爲

將饗帝也春夏重舞秋冬重吹也○唐無上丁入學字是月也大

饗帝言大饗者遍祭五帝也曲禮曰大饗不問卜謂此也○淮唐無是月

也字唐帝下有於明堂字嘗犧牲告備于天子嘗者謂嘗

羣神也天子親嘗帝使有司祭于羣神禮畢而告焉○淮無告備于天子○唐

此上有命有司此下有是月也趣人收斂務蓄菜十字合諸侯制

百縣爲來歲受朔日與諸侯所稅於民

伙礼二十六　七十三

0010_0216-1

輕重之法貢職之數以遠近土地所宜

爲度以給郊廟之事無有所私秦以建亥之月

爲歲首於是歲終使諸侯及鄉遂之官受此法焉合諸侯制者定其國家宮室

車旗衣服禮儀也諸侯言合制百縣言受朔日互文也貢職謂所入天子凡周

之法以正月和之正歲而縣於象魏○淮職作賦地作墬無以給下十字○唐

無此一節是月也天子乃教於田獵以習五

戎班馬政教於田獵因田獵之禮教民以戰法也五戎謂五兵弓矢

0010_0216-2

殳矛戈戟也班[illegible]齊其色度其力使同乘也校人職曰凡軍事物馬而頒之○

吕班作爰無政字○淮無天子班馬政字命僕及七騶咸駕

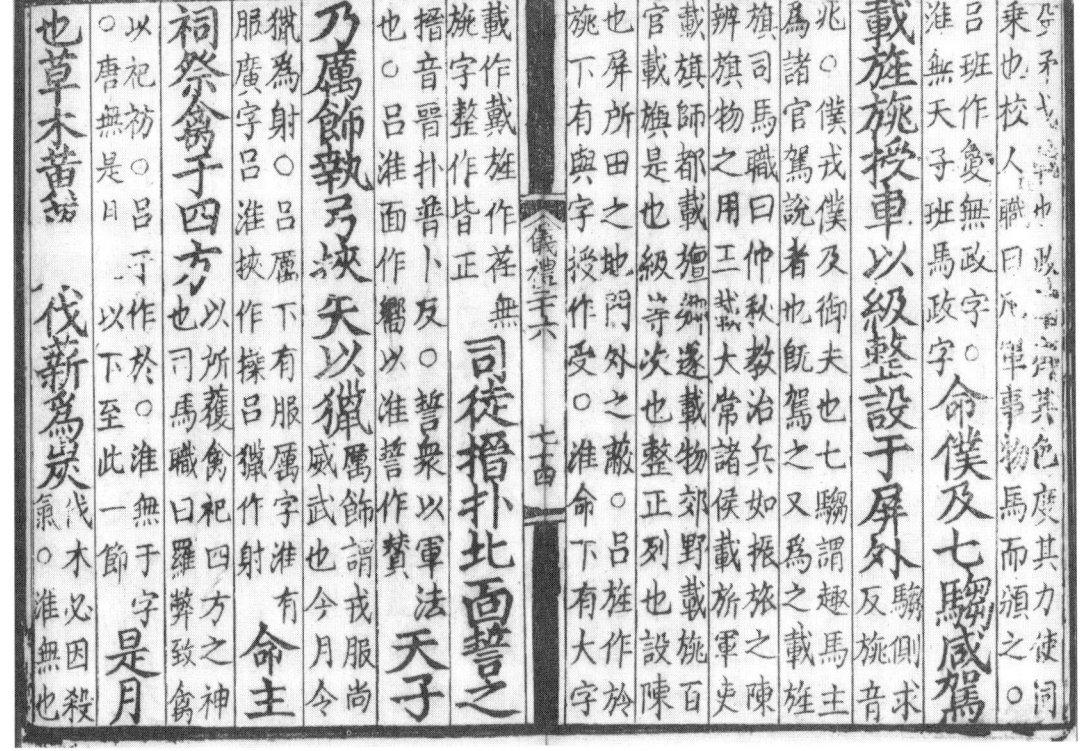

載旌旐授車以級整設于屏外騶側求反旐音

兆○僕戎僕及御夫也七騶謂趣馬主爲諸官駕說者也既駕之又爲之載旌

旗司馬職曰仲秋教治兵如振旅之陳辨旗物之用王載大常諸侯載旂軍吏

載旗師都載旜鄉遂載物郊野載旐百官載旟是也級等次也整正列也設陳

也屏所田之地門外之蔽○吕旌作旍旐下有與字授作受○淮命下有大字

儀禮二十六　七十四

0010_0217-1

載作戴旌作旍無旐字整作皆正司徒搢扑北面誓之

搢音晋扑普卜反○誓衆以軍法也○吕淮面作嚮以淮誓作贊天子

乃厲飾執弓挾矢以獵厲飾謂戎服尚威武也今月令

獵爲射○吕厲下有服厲字淮有服厲字吕淮挾作操吕獵作射命主

祠祭禽于四方以所獲禽祀四方之神也司馬職曰羅弊致禽

以祀祊○吕于作於○淮無于字○唐無是月以下至此一節是月

也草木黃落伐薪爲炭伐木必因殺氣○淮無也

張本下象鼻題監生秦淳四字傳本剪去之

0010_0217-2

字○唐無是月也字草木黄落已見上文蟄蟲咸俯在内皆墐其户墐其靳反○墐爲塗閉之辟殺氣○吕内作究○准俯作俛無下六字○唐上四字見上文亦無下六字乃趣獄刑毋留有罪趣七緑反○殺氣已至有罪者即決也○吕趣作決○唐無此一節收禄秩之不當供養之不宜者當丁浪反供九用反養餘亮反○天地殺而萬物成藏可以去之也禄秩之不當恩所加增也供養之不宜欲所貪耆熊蹯之屬非常食○吕當下有者字供作共○准此下有通

0010_0218-1

路除道從境始至國而后巳十二字○唐無此一節是月也天子乃以犬嘗稻先薦寢廟稻始熟也○吕無以犬字○准稻作穛○唐巳見上文季秋行夏令則其國大水冬藏殃敗民多鼽嚏鼽音求嚏丁計反○未之氣乘之也六月宿直東井氣多暑雨○吕准嚏作窒行冬令則國多盗賊邊境不寧土地分裂丑之氣乘之也極陰爲外邊境之象也大寒之時地隆拆也行春令則煖風來至民

0010_0218-2

氣解惰解古買反○辰之氣乘之也兵爲風○吕煖作煗惰作墮師興不居辰宿直角角主兵不居象風行不休止也○吕興不居作旅必矣○准此下有九月宿[illegible]其樹槐○孟冬之月日在尾昏危中旦七星中孟冬者日月會於析木之津而斗建亥之辰也○准無日在尾字[illegible]○唐作[illegible]月之篇目在房昏虚中旦[illegible][illegible]其日壬癸壬之言任也癸之言揆也日之行冬[illegible]道閉藏萬物月爲之佐時萬物[illegible]下[illegible]萌牙又因以爲日名焉

0010_0219-1

[illegible]此亦有其征也[illegible]下有[illegible]字其帝顓頊其神玄冥顓頊高陽氏也玄冥少皞氏之子[illegible]水官之臣自古以來著德立功者[illegible]曰熙爲水官○准無此二字其蟲介介甲也象物閉藏地中龜鼈之屬其音羽[illegible]一分[illegible]數四十八屬水者以爲最清[illegible]之象也冬氣和則羽聲調[illegible]律中應鐘[illegible]氣至則[illegible]應鐘者[illegible]所生三分去一律長四寸二十七分寸之二十[illegible]

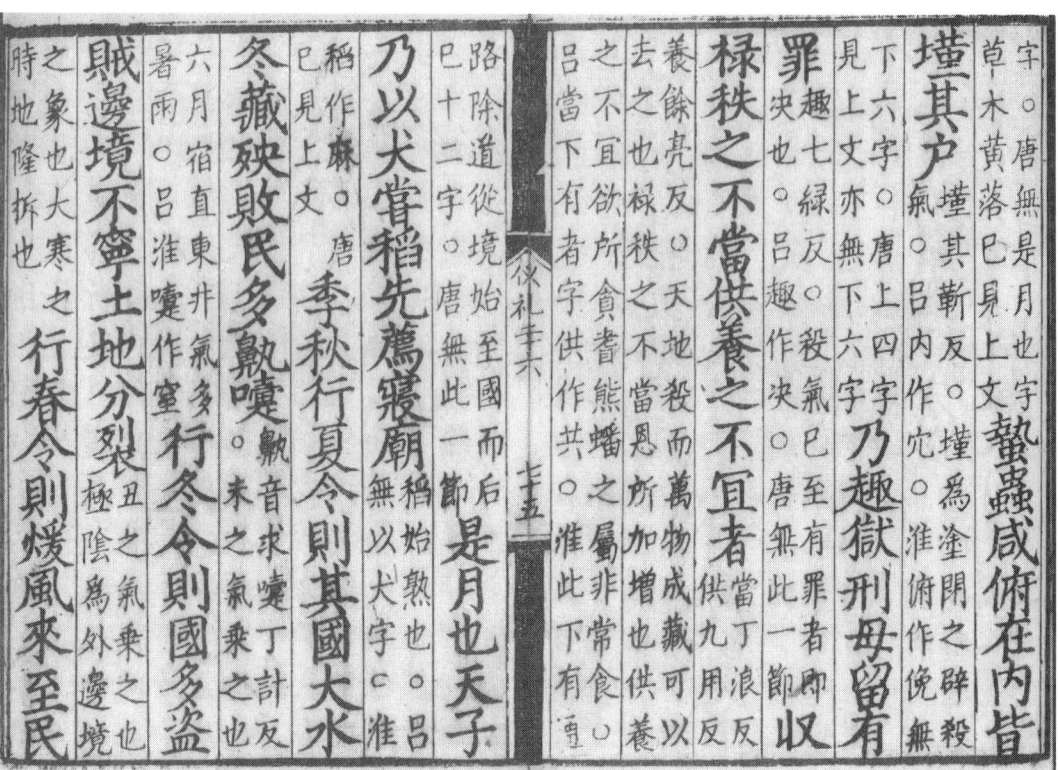

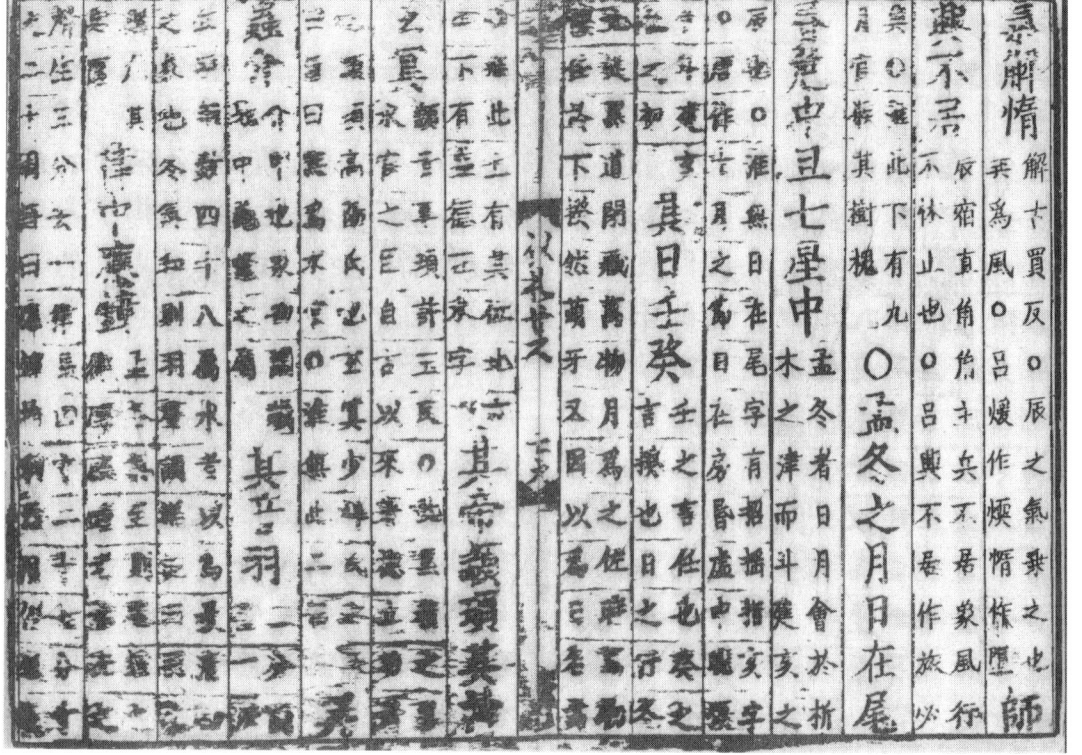

0010_0219-2

其數六水生數一成數六作言六者亦舉其成數○唐此下有其性智
其事藏其味鹹其臭朽水之臭味也凡鹹朽者皆屬焉氣若
有若無爲朽○淮朽作腐其祀行祭先腎冬陰盛寒於水祀之
王行從辟除之類也祀之先祭腎者陰位在下腎亦在下腎爲尊也行在廟門
外之西爲軷壤厚二寸廣五尺輪四尺行之禮北面設主于軷上乃制腎及
脾爲俎奠于主南又設盛于俎東祭肉腎一脾再其他皆如祀門之禮○淮行
水始冰地始凍雉入大水爲蜃虹藏

儀禮卷二十六　十七

0010_0220-1

不見蜃常忍反見賢遍反○皆記時候也大水淮也大蛤曰蜃○唐作立
冬之日水始冰後五日地始凍後五日雉入大水爲蜃而以下四字屬後章
天子居玄堂左个乘玄路駕鐵驪載玄
旂衣黑衣服玄玉食黍與彘其器閎以
奄玄堂左个北堂西偏也○玄堂左○鐵驪色如鐵黍秀舒散屬火寒時食
之以安性也彘水畜也器閎而奄象物藏也今月令日乘軫路似當爲𨍭
○誤也○呂奄作弇○淮此一節作天子衣黑衣乘玄驪服玄玉建玄旗

0010_0220-2

食黍與彘服八風水爨松燧火北宮御女黑色衣黑采擊磬石其兵鐵其畜彘朝
于玄堂右个以出冬令命有司修群禁禁外徙閉門閭大搜客斷罰刑殺當罪
阿上亂法者誅○諸本路皆作輅○唐黑作玄彘作馬是月也以
立冬先立冬三日大史謁之天子曰某
日立冬盛德在水天子乃齋立冬之日
天子親帥三公九卿大夫以迎冬於北
郊還反賞死事恤孤寡先悉薦反○迎冬者祭黑帝叶

儀禮卷二十六　十八

0010_0221-1

光紀於北郊之兆也死事謂以國事死者若公叔禺人顔涿聚者也孤寡其妻
子也有以惠賜之大功加賞○呂無以字帥作率反作乃○淮無孫月至乃齊
一節冬於作歲于○唐無是月也以立冬字太史下有先立冬三日字無三先
字有諸侯字○淮唐帥兵止同呂本是月也命大史釁龜
筴占兆審卦吉凶釁許靳反筴初格反筴蓍也占兆龜之
繇文也周禮龜人上春釁龜謂建寅之月也秦以其歲首使大史釁龜策與周
異矣卦吉凶謂易也審省錄之而不釁筮短賤於兆也今月令曰釁祠龜策

字○呂史作卜筮作禱祠呂淮並作筴無占兆字卦下有兆以察字淮無也字史作祝釁作禱祀下又有神位占字○唐以此一節屬孟春章 是察阿黨則罪無有掩蔽 阿黨謂治獄吏以私恩曲橈相爲也○呂是上有於字黨作上下有亂法者字罪下有之字○淮無此一節○唐無是字藏下有是月也可以築城郭造宮室穿竇窖修囷倉 是月也天子始裘 九月授衣至此可以加裘○淮是月也作於是○唐此下有是月也祭神州地祇於北郊是月也命有司祭司寒是月也命有司祭司中司命司人

司祿此下又別分作一章云十月中氣日在尾昏危中曉翼中斗建亥位之中 命有司曰天氣上騰地氣下降天地不通閉塞而成冬 上時掌反○使有司助閉藏之氣門戶可閉閉之塞牖可塞塞之○呂無塞字○淮無此一節○唐云小雪之日虹藏不見後五日天氣上騰地氣下降後五日閉塞而成冬無天地不通字 命百官謹蓋藏 藏才浪反○謂府庫囷倉有藏物○呂命作令○唐百官作有司 命司徒循行積聚無有不斂 行下孟反積子

賜反聚才住反○謂芻禾薪蒸之屬○淮無循字及無有不斂字○唐無命司徒字 坏城郭戒門閭修鍵閉愼管籥固封疆備邊境完要塞謹關梁塞徯徑 鍵其偃反籥羊灼反疆居良反要塞之塞先代反徯音奚○坏益也鍵牡閉牝也管籥搏鍵器也固封疆謂使有司循其溝樹及其衆庶之守法也要塞邊城要害處也梁橋橫也溪徑禽獸之道也今月令疆或爲壃○呂坏作培管作關○呂淮鍵作犍疆作壃徯作蹊○淮坏作陪戒作警備作修無梁字塞作繕○唐無修至

疆六字及完要塞三字徯作蹊 飭喪紀辨衣裳審棺槨之薄厚塋丘壟之小大高卑厚薄之度貴賤之等級 塋音營壟力勇反○此亦閉藏之具順時飭正之也辨衣裳謂襲斂尊卑所用也所用又有多少○呂喪作哀○淮無辨衣裳字槨下有衣衾字卑作庳度下有使貴賤尊卑各有等級 是月也命工師效功陳祭器案度程毋或作爲淫巧以蕩上心必功致爲上 霜降而百工休至此物皆成也

0010_0223-2

工師工官之長也効功録見百工所作器物也上於祭器祭器尊也度謂制大小也程謂器所容也淫巧謂奢僞怪好也蕩謂摇動生其奢淫○呂淮無命字呂唐無或爲必字淮程作呈無毋或至心公十一字功作堅物勒工名以考其誠勒刻也刻工姓名於其器以察其信知其不功致○淮無此一節功有不當必行其罪以窮其情當丁浪反○功不當者取材美而器不堅也○呂功作工○淮云工事苦慢作爲淫巧必行其罪與唐皆無以窮其情四字是月也大飲烝

大四九小三、十二　儀禮卅六　八十一　王弌

0010_0224-1

十月農事畢天子諸侯與其羣臣飲酒於太學以正齒位謂之大飲別之於他其禮亡今天子以燕禮郡國以鄉飲酒禮代之燕謂有牲體爲俎也黨正職曰國索鬼神而祭祀則以禮屬民而飲酒于序以正齒位亦謂此時也詩云十月滌場朋酒斯饗曰殺羔羊躋彼公堂稱彼兕觥受福無疆是頌大飲之詩○呂淮烝作蒸天子乃祈來年于天宗大割祠于公社及門閭臘先祖五祀臘力合反○此周禮所謂蜡祭也天宗謂日月星辰也大割大殺羣牲割之也臘謂以田獵所得禽祭也

0010_0224-2

五祀門戶中霤竈行也或言祈年或言大割或言臘互文○呂割下有牲字臘作饗禱○淮無乃字割作禱祠作祭無及門閭字臘作畢饗無五祀字○唐無此一節勞農以休息之勞力報反○冀正屬民飲酒正齒位是也○呂淮農下有夫字天子乃命將帥講武習射御角力將子匠反帥色類反○爲仲冬將大閱簡習之亦因營室主武事也凡田之禮唯狩最備夏小正十一月王狩○呂帥作率習作肄○淮無天子乃字力下有勁字○唐無此一節而有是月也具關市來征旅納貨賄以便

大六八三　言八三　儀禮卅六　八十二　吳元

0010_0225-1

人事四方來集遠鄉皆至則財不匱上無乏用百事乃遂是月也乃命水虞漁師收水泉池澤之賦毋或敢侵削衆庶兆民以爲天子取怨於下其有若此者行罪無赦因盛德在水收其税○淮無是月也及敢字削作平又無衆庶以下二十一字○唐水虞漁師作有司無泉池字或作令亦無衆庶字赦下有是十月也乃命有司秫稻必齊麴蘖必時湛熾必潔水泉必香陶器必良火齊必得兼用六物酒官監之無有差貸四十字孟冬

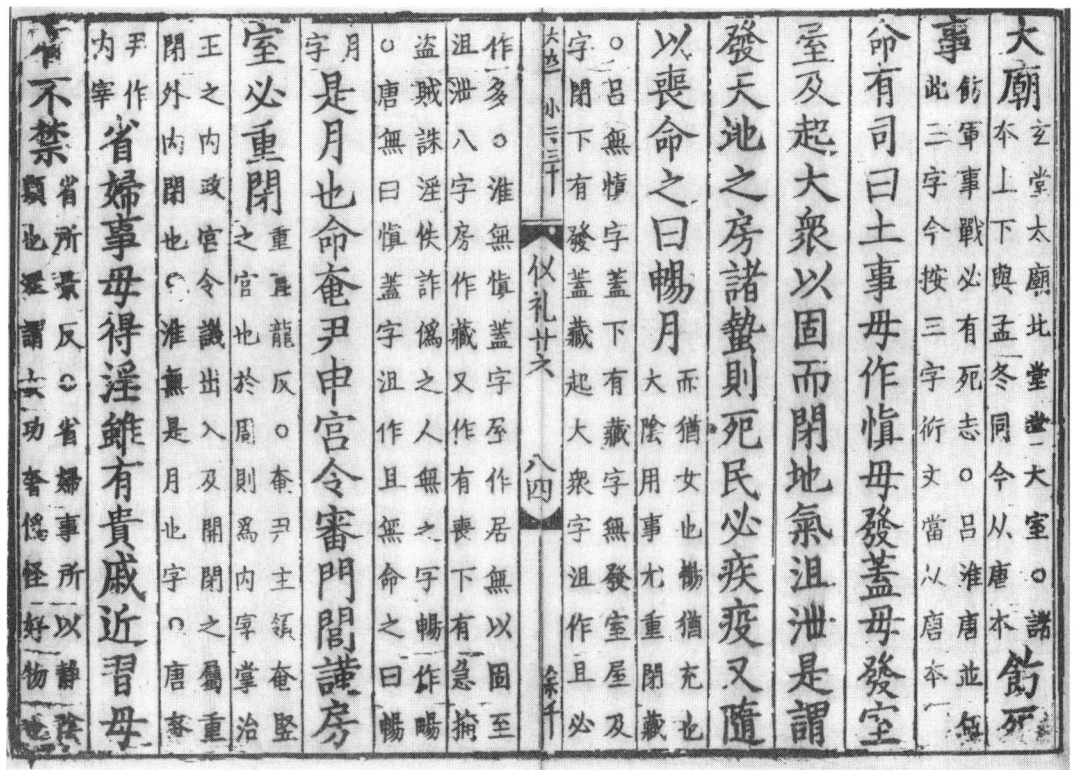

行春令則凍閉不密地氣上泄寅之氣乘之也○呂淮泄並作發民多流亡象蟄蟲動行夏令則國多暴風方冬不寒蟄蟲復出復扶又反○巳之氣乘之也立夏巽用事巽爲風○淮無國字行秋令則雪霜不時申之氣乘之也小兵時起土地侵削申陰氣尚微申宿直參伐參伐爲兵○淮此下有十月官司馬其擿擅○仲冬之月日在斗昏東辟中旦軫中辟必亦反○仲冬者日月會於星紀而斗建子之辰也○呂辟作壁○淮無日在斗字有招搖指子字無東字○唐作十一月之節在箕昏營室旦晚軫中斗建子位之初律中黃鍾黃鍾者律之始也九寸仲冬氣至則黃鍾之律應周語曰黃鍾所以宣養六氣九德○諸本上下與孟冬同今从唐本冰益壯地始坼鶡旦不鳴虎始交鶡苦割反○皆記時候也鶡旦求旦之鳥也交猶合也○呂淮旦作鳴淮鶡作鴠鳥無冰益壯地始坼字作大雪之日鶡鳥不鳴後五日虎始交後五日荔挺出天子居玄堂

仪礼二十六 八三

大廟玄堂太廟北堂當大室○諸本上下與孟冬同今从唐本飭死事飭軍事戰必有死志○呂淮唐並無此三字今按三字衍文當以唐本命有司曰土事毋作慎毋發蓋毋發室屋及起大衆以固而閉地氣沮泄是謂發天地之房諸蟄則死民必疾疫又隨以喪命之曰暢月而猶女也暢猶充也大陰用事尤重閉藏○呂無慎字蓋下有藏字無發室屋及字閉下有發蓋藏起大衆字沮作且必

仪礼廿六 八四

作多○淮無慎蓋字屋作居無以固至沮泄八字房作藏又作有喪下有急揃盜賊誅淫佚詐僞之人無之字暢一作暘○唐無曰慎蓋字沮作且無命之曰暢月字是月也命奄尹申宮令審門閭謹房室必重閉重直龍反○奄尹主領奄豎之官也於周則爲内宰掌治王之内政宮令譏出入及開閉之屬重閉外内閉也○淮無是月也字○唐奄尹作内宰省婦事毋得淫雖有貴戚近習毋有不禁省所景反○省婦事所以靜陰類也淫謂女功奢僞怪好物也

0010_0227-2

貴戚謂姑姊妹之屬近習天子所親幸
者○淮無毋得以下十三字○唐無省
婦以下六字 乃命大酋秫稻必齊麴蘖必時
湛熾必絜水泉必香陶器必良火齊必
得兼用六物大酋監之毋有差貸 酋在由反
秫音述麴丘六反蘖魚列反湛子廉反
齊才細反監工銜反貸他得反○酒孰
曰酋大酋者酒官之長也於周則爲酒
人秫稻必齊謂孰成也湛漬也熾炊也
火齊腥孰之調也物猶事也差貸謂失
誤有善有惡也古者穫稻而漬米麴至

儀禮卷二十六　八十五

0010_0228-1

春而爲酒詩云十月穫稻爲此春酒以
介眉壽○呂熾作熺無蘖用以下八字
○唐此一節見前章 天子命有司祈祀四海大川
名源淵澤井泉 順其德盛之時祭之也今月令淵爲深○呂淮
字下有乃字呂源作原淮唐無祈字淮
無源淵井泉字唐無天子字無淵澤字
又介此下則蔡邕章云十一月中氣日
在南斗昏東壁中曉角中斗建子位之
中冬至之日蚯蚓結後五日麋角解後
五日水泉動是月也祀昊天上帝於圜
丘 是月也農有不收藏積聚者馬牛畜

0010_0228-2

獸有放佚者取之不詰 畜許六反○此
人有取者不罪所以警懼其主也王居
明堂禮曰孟冬之月命農畢積聚繫收
牛馬○呂淮馬牛作牛馬佚作失 山林
淮無上者字唐畜作齊佚作逸
藪澤有能取蔬食田獵禽獸者野虞教
道之其有相侵奪者罪之不赦 藪素口反○務
收斂野物也大澤曰藪草木之實爲蔬
食○諸本道皆作導呂淮蔬作疏淮無
下者字唐野虞作有司此下有是月也
命有司祭馬步是月也伐木取竹箭

儀禮卷二十六　八十六

0010_0229-1

是月也日短至陰陽爭諸生蕩 爭者陰方盛陽
欲起也蕩謂物動將萌牙也○淮無諸生蕩字 君子齊戒處必
掩身身欲寧去聲色禁耆欲安形性事
欲靜以待陰陽之所定 齊側皆反去起呂反耆音嗜○
寧安也聲謂樂也易及樂春秋說云冬
至人主與羣臣從八能之士作樂五日
此言去聲色又相反○諸本並無一身
字耆皆作嗜○呂掩作弇○淮君子上
有是月也字寧作靜欲作慾下又有寧
身體字無事欲以下十字○唐欲寧作

無躁 芸始生荔挺出蚯蚓結麋角解水泉動 解音蟹。又訓時候也芸香草也荔挺馬薤也水泉動潤上行。淮作荔挺出芸始生蚓作螾。唐無芸始生三字餘見上文 日短至則伐木取竹箭 此其堅成之極時。淮無日短至三字伐下有樹字。唐已見上文 是月也可以罷官之無事去器之無用者 謂先時權所建作者也天地閉藏而萬物休可以去之。淮無以去 塗闕庭門閭築囹圄此以助天地

大九本十二文 儀禮廿六 八七

之閉藏也 順時氣也。呂淮此作所 仲冬行夏令則其國乃旱 午之氣乘之也 氛霧冥冥 氛芳芸反。霜露之氣散相亂也。呂氛作氣 雷乃發聲 震之動也午屬震 行秋令則天時雨汁瓜瓠不成 雨于付反瓠户故反。酉之氣乘之也酉宿直昴畢畢好雨雨汁者水雪雜下也子宿直虛危虛危內有瓜瓠〻淮天作其汁作水 國有大兵 兵亦戎 之 行春令則蝗蟲爲敗 蝗蟲者出卯之氣乘之也

○呂淮並作蟲螟。○唐作蟲蝗 水泉咸竭 大火爲旱 民多疥癘 疥癘之病孚甲象也。○呂淮疥作疾。○淮此下有十一月官都尉其樹棗

○季冬之月日在婺女昏婁中旦氐中 婁力侯反氐丁兮反。○季冬者日月會於玄枵而斗建丑之辰也。○淮無日在婺女字有招搖指丑字。○唐作十二月之節日在南斗昏奎中曉亢中斗建丑位之初 律中大呂 大呂者蕤賓之所生也三分益一律長八寸二百四十三分寸之百四季冬氣至則大呂之律應周語曰大呂助陽宣物。○諸

儀禮二十六 八十八

本見仲冬章 鴈北鄉鵲始巢雉雊雞乳 鄉音向雊古豆反乳如住反。○皆記時候也雊雉鳴也詩云雉之朝雊尚求其雌。○呂雉雊雞乳作雞乳雊雉。○淮始作加雉雊雞乳作雉雊雞呼卵。○唐云小寒之日鴈北鄉後五日鵲始巢後五日野雉始雊 天子居玄堂右个 玄堂右个北堂東偏。○諸本見仲冬章。○唐此下有命將帥講武習射御角力乃教田獵以習五戎班馬政命僕及七騶咸駕載旌旐授車以級整設于屏外有司搢扑北面以誓之天子乃厲飾執弓挾矢以獵命有司修祭禽之禮天子

張本下象鼻題監生秦淳四字傳本剪去之

0010_0231-2

乃譜百神於南郊爲來年祈福於天宗又分此下別爲一章云十二月中氣日在須女昏婁中曉氐中斗建丑位之中大寒之日雞始乳後五日鷙鳥厲疾後五日水澤腹堅**命有司大難旁磔出土牛以送寒氣**難乃多反磔竹百反○此難難陰氣也難陰始於此者陰氣右行此月之中日歷虛危虛危有墳墓四司之氣爲厲鬼將隨強陰出害人也旁磔於四方之門磔攘也出猶作也作土牛者丑爲牛牛可牽止也送猶畢也○諸本難作儺○淮無以送寒氣字○唐屬下文**征鳥厲疾**殺氣當極也征

0010_0232-1

鳥題肩也齊人謂之擊征或名曰鷹仲春化爲鳩○唐見上文**乃畢山川之祀及帝之大臣天之神祇**祇音祁○四時之功成於冬孟月祭其宗至此可以祭其佐也帝之大臣句芒之屬天之神祇司中司命風師雨師○呂畢下有行字天下有地字○淮唐無此一節**是月也命漁師始漁天子親往乃嘗漁先薦寢廟**天子必親往視漁明漁非常事重之也此時魚絜美○淮無是月也字嘗作射淮唐無乃字唐漁師作有司**冰方盛水澤腹**

0010_0232-2

堅命取冰腹厚也此月日在北陸冰堅厚之時也北陸謂虚也今月令無堅○呂淮腹作復○唐水澤腹堅已見上文此但云命取而藏之**冰以入令告民出五種**種章勇反○冰既入而令田官告民出五種明大寒氣過農事將起也○淮無冰方至以入十三字不無告字○唐以作巳**命農計耦耕事修耒耜具田器**耜者耒之金也廣五寸田器鎡錤之屬○呂命下有司字○淮命作令○唐無事字此下又有命有司出土牛以示農耕之早晚**命樂師大合吹**

0010_0233-1

而罷令古荅反吹昌睡反○歲將終與族人大飲作樂於大寢以綴恩也言罷者此用禮樂於族人最盛後年若時乃復然也凡用樂必有禮用禮則有不用樂者王居明堂禮季冬命國爲酒以合三族君子說小人樂○唐以此一節屬下文**乃命四監收秩薪柴以共郊廟及百祀之薪燎**共音供下並同燎力召反○四監主山林川澤之官也大者可析謂之薪小者合束謂之柴薪施炊爨柴以給燎春秋傳曰其父析薪今月令無及百祀之薪燎○呂淮共作供郊作寢淮無柴字唐以此一節屬

0010_0233-2　0010_0234-1

是月也日窮于次月窮于紀星回于天數將幾終幾讀爲機○言日月星辰運行于此月皆周匝於故處也次舍也紀會也○呂回作廻○淮回作周無數將幾終字歲且更始專而農民毋有所使而猶女也言專一女農民之心令之豫有志於耕稼之事不可徭役徭役之則志散失業也○呂淮且作將呂而作於淮專作令而作靜唐而作其天子乃與公卿大夫共飭國典論時令以待來歲之宜飭國典者和六典之法也周禮以正月爲之建其而縣之今用此月則所因於夏殷也○呂掘公字○淮無共字來作嗣○唐此下有是月也合諸侯制百縣爲來歲受朔日與諸侯所稅於人輕重之法貢職之數以遠近土宜爲度以給郊廟之事無有所私乃命太史次諸侯之列賦之犧牲以共皇天上帝社稷之饗此所與諸侯共者也列國有大小也賦之犧牲大者出多小者出少饗獻也○諸本共並作供○淮饗作饗享○唐太史作有司無皇天上帝社稷之饗八字而有享祀二字乃命

0010_0234-2　0010_0235-1

同姓之邦共寢廟之芻豢此所以與同姓共也芻豢猶犧牲○呂淮邦作國共作供命宰歷卿大夫至于庶民土田之數而賦犧牲以共山林名川之祀此所與卿大夫庶民共者猶歷次也卿大夫采地亦有大小其非采地以其邑之民多少賦之○呂命作令歷作磨賦下有之字共作供○淮無命宰歷三字卿下有士字無土田至犧牲以九字○唐無此一節凡在天下九州之民者無不咸獻其力以共皇天上帝社稷寢廟山林名川之祀民非神之福不生雖有其邦國采地此賦要由民出○呂此下有行之是令此謂一終二旬二日○淮無此一節○唐無者字共作供名川作川澤此下又有命樂正大合吹而罷○命有司收秩薪柴以供郊廟及百祀之薪燎命有司大儺旁磔以送寒氣季冬行秋令則白露蚤降介蟲爲妖戌之氣乘之也九月初尚有白露月中乃爲霜丑爲鼈蟹四鄙入保畏兵辟寇也○呂鄙作鄙行春令則胎夭多傷

0010_0235-2

夭鳥毛戾○戾之氣乘之也又少長也此月蝗蟲萌牙至春乃句者畢出萌者

蠶達胎夭多傷皆生氣早至不充其性○淮無多字國多固疾不[illegible]

先梏有夏疾也命之曰逆衆害莫大於此行夏令則水

潦敗國時雪不降冰凍消釋未之氣乘之也季夏

大雨時行○淮出下有十二月宜獄其[illegible]

儀禮集傳集註卷二十六

0010_0236-1

儀禮集傳集註

0010_0239-2

儀禮集傳集註

王朝禮四之

樂制

周禮大宗伯以天產作陰德以中禮防之以地產作陽德以和樂防之天產者動物謂六牲之屬地產者植物謂九穀之屬陰德陰氣在人者陰氣虛純之則劣故食動物作之使動過則傷性制中禮以節之陽德陽氣在人者陽氣盈純之則躁故食植物作之使靜過則傷性制和樂以節之如是然後陰陽平性情和而能育其類以禮樂合天地之化百物之產以

仪礼十七　一

0010_0240-1

事鬼神以諧萬民以致百物禮樂濟虛損盈並行則四者乃得其[illegible]能生非類曰化生其種曰產○大司樂以六律六同五聲八音六舞大合樂以致鬼神示以和邦國以諧萬民以安賓客以說遠人以作動物示音祇說音悅○六律合陽聲者也六同合陰聲者也此十二者以銅為管轉而相生黃鍾為首其長九寸各因而三分

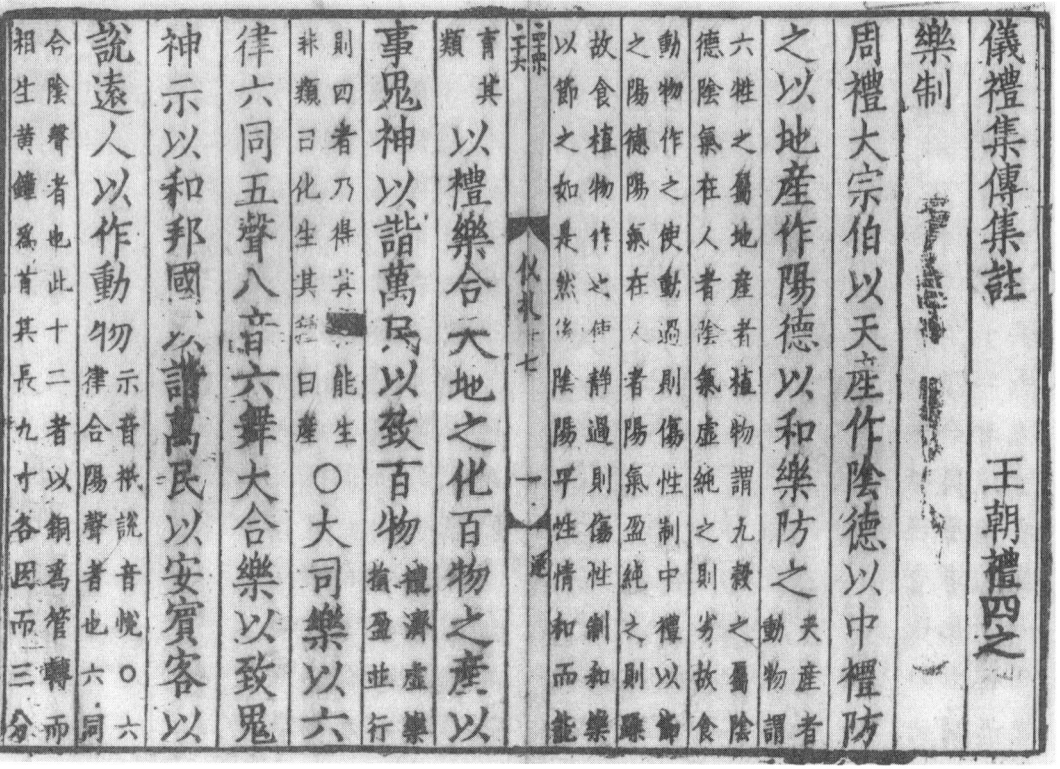

0010_0240-2

之上生者益一分下生者去一焉國語曰律所以立均出度也古之神瞽考中聲而量之以制度律均鍾言以中聲定律以律立鍾之均大合樂者謂徧作六代之樂以冬日至作之致天神人鬼以夏日至作之致地祇物魅動物羽蠃之屬虞書曰夔曰戛擊鳴球搏拊琴瑟以詠祖考來格虞賓在位羣后德讓下管鼗鼓合止柷敔笙鏞以間鳥獸蹌蹌簫韶九成鳳皇來儀夔曰於予擊石拊石百獸率舞庶尹允諧此其於宗廟九奏效應乃分樂而序之以祭以享以祀分謂各用一代之樂乃奏黃鍾歌

仪礼廿七　二

0010_0241-1

大呂舞雲門以祀天神以黃鍾之鍾大呂之聲為均者黃鍾陽聲之首大呂為之合奏之以祀天神尊之也天神謂五帝及日月星辰也王者又各以夏正月祀其所受命之帝於南郊尊之也孝經說曰祭天南郊就陽位是也乃奏大蔟歌應鍾舞咸池以祭地示大音泰蔟七豆反○大蔟陽聲第二應鍾為之合咸池大咸也地示所祭於北郊謂神州之神及社稷乃奏姑洗歌南呂舞大磬以祀四望洗先典反磬音韶○姑洗陽聲第三南呂為之

0010_0241-2

今四望五嶽四鎮四瀆此言祀者司中司命風師雨師或亦用此樂與乃奏蕤賓歌函鍾舞大夏以祭山川蕤人誰反函胡南反。蕤賓陽聲第四函鍾爲之合函鍾一名林鐘乃奏夷則歌小呂舞大濩以享先妣濩户故反。夷則陽聲第五小呂爲之合小呂一名中呂先妣姜嫄也姜嫄履大人跡感神靈而生后稷是周之先母也周立廟自后稷爲始祖姜嫄無所妃是以特立廟而祭之謂之閟宫閟神之。妃音配本亦作配乃奏無射歌夾鍾舞

0010_0242-1

大武以享先祖射音亦。無射陽聲之下也夾鍾爲之合夾鍾一名圜鍾先祖謂先王先公凡六樂者文之以五聲播之以八音六者言其均皆待五聲八音乃成也播之言被也故書播爲藩杜子春云藩當爲播讀如后稷播百穀之播凡六樂者一變而致羽物及川澤之示再變而致臝物及山林之示三變而致鱗物及丘陵之示四變而致毛物及墳衍之示五

0010_0242-2

變而致介物及土示六變而致象物及天神臝力果反。變猶更也樂成則更奏也此謂大蜡索鬼神而致百物六奏樂而禮畢東方之祭則用大蔟姑洗南方之祭則用蕤賓西方之祭則用夷則無射北方之祭則用黄鍾爲均焉每奏有所感致和以來之凡動物敏疾者地祇高下之甚者易致羽物既飛又走川澤有孔竅者蛤蟹走則遲墳衍孔竅則小矣是其所以舒疾之分土祇原隰及平地之神也象物有象在天所謂四靈者天地之神四靈之知非德至和則不至禮運曰何謂四靈麟鳳龜龍謂

0010_0243-1

之四靈龍以爲畜故魚鮪不淰鳳以爲畜故鳥不獝麟以爲畜故獸不狘龜以爲畜故人情不失凡樂圜鍾爲宫黄鍾爲角大蔟爲徵姑洗爲羽靁鼓靁鼗孤竹之管雲和之琴瑟雲門之舞冬日至於地上之圜丘奏之若樂六變則天神皆降可得而禮矣凡樂函鍾爲宫大蔟爲角姑洗爲徵南呂爲羽靈鼓靈鼗孫竹之管

0010_0243-2

空桑之琴瑟咸池之舞夏日至於澤中之方丘奏之若樂八變則地示皆出可得而禮矣凡樂黄鍾爲宫大吕爲角大蔟爲徵應鍾爲羽路鼓路鼗陰竹之管龍門之琴瑟九德之歌九磬之舞於宗廟之中奏之若樂九變則人鬼可得而禮矣徵張里反靈音雷鼗徒刀反○此三者皆禘大祭也天神則主北辰

0010_0244-1

地祇則主崑崙人鬼則主后稷先奏是樂以致其神禮之以玉而祼焉乃後合樂而祭之大傳曰王者必禘其祖之所自出祭法曰周人禘嚳而郊稷謂此祭天圜丘以嚳配之圜鍾夾鍾也夾鍾生於房心之氣房心爲大辰天帝之明堂函鍾林鍾也林鍾生於未之氣未坤之位或曰天社在東井輿鬼之外天社地神也黄鍾生於虚危之氣虚危爲宗廟以此三者爲宫用聲類求之天宫夾鍾陰聲其相生從陽數其陽無射無射上生中吕中吕與地宫同位不用也中吕上生黄鍾黄鍾下生林鍾林鍾地宫又不用林鍾上生太蔟太蔟下生南吕南

0010_0244-2

吕與無射同位又不用南吕上生姑洗地宫林鍾林鍾上生太蔟太蔟下生南吕南吕上生姑洗人宫黄鍾黄鍾下生林鍾林鍾地宫又辟之林鍾上生太蔟太蔟下生南吕南吕與天宫之陽同位又辟之南吕上生姑洗姑洗南吕之合又辟之姑洗下生應鍾應鍾上生蕤賓蕤賓地宫林鍾之陽也又辟之蕤賓上生大吕凡五聲宫之所生濁者爲角清者爲徵羽此樂無商者祭尚柔商堅剛也鄭司農云雷鼓雷鼗皆謂六面有革可擊者也雲和地名也靈鼓靈鼗四面路鼓路鼗兩面九德之歌春秋傳所謂水火金木土穀謂之六府正德利用厚

0010_0245-1

生謂之三事六府三事謂之九功九功之德皆可歌也謂之九歌也玄謂雷鼓雷鼗八面靈鼓靈鼗六面路鼓路鼗四面孤竹竹特生者孫竹竹枝根之末生者陰竹生於山北者雲和空桑龍門皆山名九磬讀當爲大韶字之誤○

凡舞有帗舞有羽舞有皇舞有旄舞有干舞有人舞帗音弗○故書皇作䍿鄭司農云帗舞者全羽羽舞者析羽皇舞者以羽冒覆頭上衣飾翡翠之羽旄舞者氂牛之尾干舞者兵舞人舞者手舞社稷以帗宗廟以羽四方以皇辟雝以旄兵事以干星辰以人舞

0010_0245-2

讀爲皇書亦或爲皇玄謂帗析五采
今靈星舞子持之是也皇雜五采羽
如鳳皇色持以舞人舞無所執以手袖
威儀四方以羽宗廟以人山川以干
[illegible]皇 教樂儀行以肆夏趨以采薺車亦
如之環拜以鐘鼓爲節 薺徐私反○教樂儀[illegible]至以樂
齊入於大寢朝廷之儀故書趨作跢鄭
司農云跢當爲趨書亦或爲趨肆夏采
薺皆樂名或曰皆逸詩謂人君行步以
肆夏爲節趨疾於步則以采薺爲節若
今時行禮於大學罷出以鼓陔爲節環
謂旋也拜直拜也玄謂行者謂於大寢

六五十小三二十七　仪礼廿七　七

0010_0246-1

之中趨謂於朝廷爾雅曰堂上謂之行
門外謂之趨然則王出既服至堂而肆
夏作出路門而采薺作其反入至應門
路門亦如之此謂步迎賓客王如有車
出之事登車於大寢西階之前反降於
阼階之前尚書傳曰天子將出撞黃鐘
之鐘右五鐘皆應入則撞蕤賓之
鍾左五鐘皆應大師於是奏樂 凡射
王以騶虞爲節諸侯以貍首爲節大夫
以采蘋爲節士以采蘩爲節 ○騶側留反騶虞采
蘋采蘩皆樂章名在國風召南唯貍首
在樂記射義曰騶虞者樂官備也貍首

0010_0246-2

者樂會時也采蘋者樂循法也采蘩者
樂不失職也是故天子以備官爲節諸
侯以時會爲節卿大夫以循法爲節士
以不失職爲節鄭司農說以大射禮曰
樂正命大師曰奏貍首間若一大師不
興許諾樂正反位奏貍首以射貍首曾
孫[illegible]○[illegible]師 ○王宮縣諸侯軒縣卿大夫判縣
士特縣 縣音玄○樂縣謂鍾磬之屬縣於筍虡者鄭司農云宮縣四面
縣軒縣去其一面判縣又去其一面特
縣又去其一面四面象宮室四面有牆
故謂之宮縣軒縣三面其形曲故春秋
傳曰請曲縣繁纓以朝諸侯之禮也詩

仪礼廿七　八

0010_0247-1

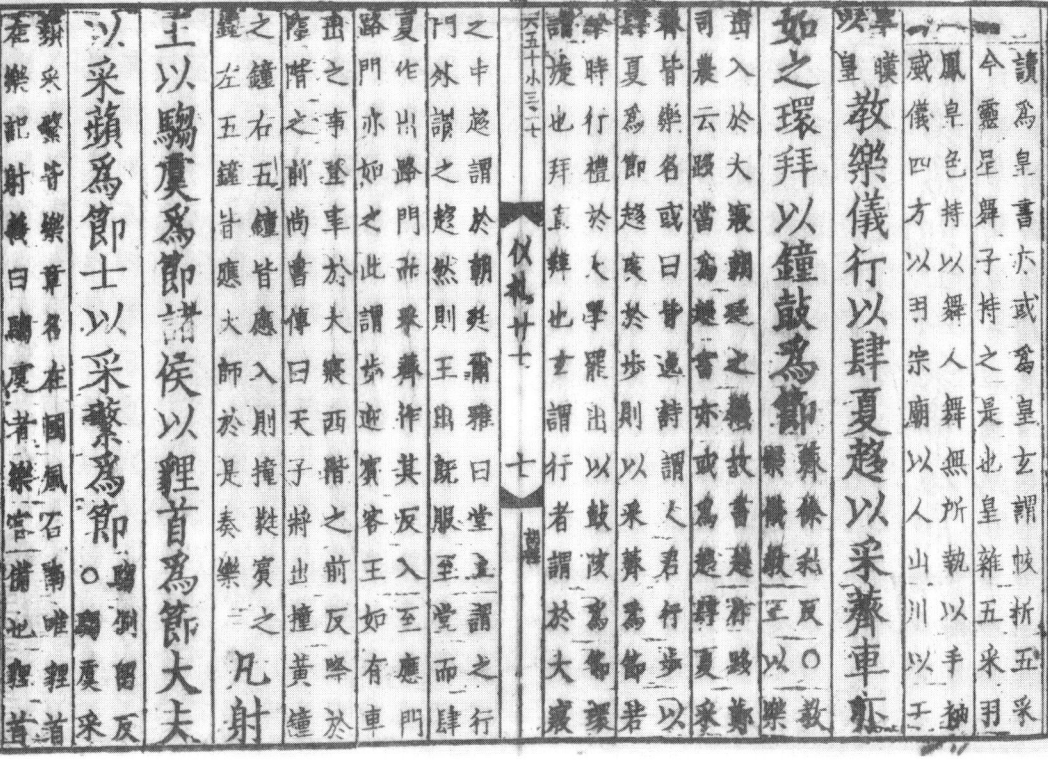

曰嗟嗟器與名不可以假人玄謂軒縣去
其南面辟王也判縣左右之合又空北面
特縣縣於東方或於階間而已 凡縣鐘磬半爲堵全爲
肆 鐘磬者編縣之二八十六枚而在一虡謂之堵鐘一堵磬一堵謂之肆半
之者謂諸侯之卿大夫士也諸侯之卿
大夫半天子之卿大夫西縣鍾東縣磬
士亦半天子之士縣磬而已鄭司農
云以春秋傳曰歌鐘二肆○小胥○
大師掌六律六同以合陰陽之聲陽聲
黃鍾太蔟姑洗蕤賓夷則無射陰聲大

0010_0247-2

呂應鍾南呂函鍾小呂夾鍾皆文之以五聲宮商角徵羽皆播之以八音金石土革絲木匏竹○凡樂事以鍾鼓奏九夏王夏肆夏昭夏納夏章夏齊夏族夏祴夏驁夏齊側皆反祴古哀反驁五羔反○以鍾鼓者先擊鍾次擊鼓以奏九夏夏大也樂之大歌有九故書納作內杜子春云內當為納祴讀為陔鼓之陔王出入奏王夏尸出入奏肆夏牲出入奏昭夏四方賓來奏納夏臣

0010_0248-1

有功奏章夏夫人祭奏齊夏族人侍奏族夏客醉而出奏陔夏公出入奏驁夏肆夏詩也春秋傳曰穆叔如晉晉侯享之金奏肆夏之三不拜工歌文王之三又不拜歌鹿鳴之三三拜曰三夏天子所以享元侯也使臣不敢與聞肆夏與文王鹿鳴俱稱三謂其三章也以此知肆夏詩也國語曰金奏肆夏繁遏渠天子所以享元侯肆夏繁遏渠所謂三夏矣呂叔玉曰肆夏繁遏渠皆周頌也肆夏時邁也繁遏執競也渠思文也肆遂也夏大也言遂於大位謂王位也故時邁曰肆于時夏允王保之繁多也遏止也言福祿止於周之多也故執競曰降

0010_0248-2

福穰穰降福簡簡福祿來反渠大也言以后稷配天王道之大也故思文曰思文后稷克配彼天故國語謂之曰皆昭令德以合好也玄謂以文王鹿鳴言之則九夏皆詩篇名頌之族類也此歌之大者載在樂章樂崩亦從而亡是以頌不能具

○鍾師○典同掌六律六同之和以辨天地四方陰陽之聲以為樂器陽聲屬天陰聲屬地天地之聲布於四方為作也故書同作銅鄭司農云陽律以竹為管陰律以銅為管竹陽也銅陰也各順其性凡十二律故大師職曰執同律以聽軍聲玄謂律述氣者也同助陽宣氣與之同皆以銅為凡聲高聲䃔

0010_0249-1

正聲緩下聲肆陂聲散險聲斂達聲贏微聲韽回聲衍侈聲筰弇聲鬱薄聲甄厚聲石䃔古本反陂彼義反韽音闇筰側百反甄音震○故書䃔或作硍杜子春讀硍為鏗鎗之鏗高謂鍾形容高也韽讀為闇不明之闇筰讀為行扈唶唶之唶石如磬石之聲鄭大夫讀硍為衮冕之衮陂讀為人短罷之罷韽讀為鶉韽之韽鄭司農云鍾形下當踔必者不高不下鍾形上下正傭玄謂高

0010_0250-1　0010_0249-2

鑮形大上上大也高則聲上藏衮然旋如裏正謂上下正直則聲緩無所動下謂鍾形大下下大也下則聲出去放肆詖讀爲險陂之陂陂謂偏侈陂則聲離險也險謂偏弇也險則聲歛不越也達者其形微人也達則聲有餘若大放也微謂其形微小也鍇讀爲飛鉆涅鍇之鍇聲小不成也回謂其形微圓也回則其聲淫衍無鴻殺也侈謂中央約也侈則聲迫笮出去疾也弇謂中央寬也弇則聲鬱勃不出也甄讀謂甄瀍之甄甄猶掉也鍾微薄則聲掉鍾大厚則如石叩之無聲

凡爲樂器以十有二律爲之數

儀札廿七　十一

度以十有二聲爲之齊量 齊才計反量音亮。數度廣長也齊量侈弇之所容 凡和樂亦如之 和謂調其故器也

。爾雅釋樂曰宮謂之重商謂之敏角謂之經徵謂之迭羽謂之柳 皆五音之別名其義未詳

大瑟謂之灑 灑所買反。長八尺一寸廣一尺八寸二十七弦 大琴謂之離 或曰琴大者二十七弦未詳長短廣雅曰琴長三尺六寸六弦 大鼓謂之鼖 鼖音墳。鼖長八尺 小者

0010_0251-1　0010_0250-2

謂之應 詩曰應朄縣鼓在大鼓側 大磬謂之毊 毊虛驕反。毊形似犂錧以玉石爲之 大笙謂之巢 列管瓠中施簧管端大者十九簧 小者謂之和 十三簧者鄉射記曰三笙一和而成聲 大篪謂之沂 篪音池沂音銀。篪以竹爲之長尺四寸圍三寸一孔上出一寸三分名翹橫吹之小者尺二寸廣雅云八孔 大塤謂之嘂 塤許緣反嘂音叫。塤燒土爲之大如鵝子銳上平底形如稱錘六孔小者如雞子 大鐘謂之鏞 書曰笙鏞以閒亦名鎛音博 其

儀札廿七　十二

中謂之剽 剽音[illegible] 小者謂之棧 棧側簡反。編二十三管長尺四寸 大簫謂之言 小者謂之筊 筊戶交反。十六管長尺二寸簫一名籟 大管謂之簥 簥音驕。管長尺圍寸併漆之有底賈氏以爲如篪六孔 其中謂之篞小者謂之篎 篞乃結反篎音妙。 大籥謂之產 籥如笛三孔而短小廣雅云七孔 其中謂之仲小者謂之箹 箹音握。 徒鼓瑟謂之步 獨作之 徒吹謂之和 徒

0010_0251-2

歌謂之謡吹昌睡反○詩云我歌且謡徒擊鼓謂之
咢咢五各反○詩云或歌或咢徒鼓鐘謂之修徒鼓
磬謂之寋寋紀展反○未見義所出所以鼓柷謂之
止柷昌孰反○柷如漆桶方二尺四寸深一尺八寸中有椎柄連底挏之令
左右擊止者其推名所以鼓敔謂之籈敔魚呂反籈之仁反
○敔如伏虎背上有二十七鉏鋙刻以木長尺櫟之籈者其名大鼗謂
之麻小者謂之料料力彫反○麻者音槩而長也料者聲清

儀礼廿七　十三

0010_0252-1

而不亂和樂謂之節○鳧氏為鐘兩欒謂
之銑欒力端反銑先典反○故書欒作樂杜子春云當為欒書亦或為欒
銑鐘口兩角銑間謂之于于上謂之鼓鼓上
謂之鉦鉦上謂之舞鉦音征○此四名者鍾體也鄭司農
云于鍾脣之上祛也鼓所擊處舞上謂之甬甬上謂之
衡甬音勇○此二名者鐘柄鐘縣謂之旋旋蟲謂之
斡縣音玄旋如字○旋屬鐘柄所以縣之也鄭司農云旋蟲者旋以蟲為飾

0010_0252-2

也玄謂今時旋有蹲熊盤龍獸名辟邪鐘帶謂之篆篆間
謂之枚枚謂之景帶所以介其名也介在于鼓鉦舞甬衡之
間凡四鄭司農云枚鍾乳也玄謂今時鐘乳侠鼓與舞每處有九面三十六
于上之攠謂之隧攠音摩○攠所擊之處攠弊也隧在鼓窐
窐而生光有似夫隧○窐烏華反十分其銑去二以為
鉦以其鉦為之銑間去二分以為之鼓
間以其鼓間為之舞脩去二分以為舞

儀礼廿七　十四　王文

0010_0253-1

廣去起呂反廣古曠反○此言鉦之徑居銑徑之八而銑間與鉦之徑相應
鼓間又居銑徑之六與舞脩相應舞脩舞徑也舞上下促以橫為脩從為廣舞
廣四分今亦去徑之二分以為之間則舞間之方恒居銑之四也舞間方四則
鼓間六亦其方也鼓六鉦六舞四此鐘口十者其長十六也鐘之大數以律為
度廣長與圜徑假設之耳其鑄之則各隨鐘之制為長短大小也凡言間者亦
為從篆以介之鉦間亦當六今時鐘或無鉦間以其鉦之長為
之甬長并衡數也以其甬長為之圜參分其

0010_0254-1　　0010_0253-2

圜去一以爲衡圜衡居甬上又小參分其甬長二在上一在下以設其旋今衡居一分則參分旋亦二在上一在下以旋當甬之中央是其正薄厚之所震動清濁之所由出侈弇之所由興有說說猶意也故書侈作移鄭司農云當爲侈鐘已厚則石大厚則聲不發已薄則播大薄則聲散侈則柞柞側百反○柞讀爲咋咋然之咋聲大外也弇則鬱聲不舒揚長甬則震鐘掉則聲不正

六、二六小、六二　仪礼廿七　二十五

是故大鐘十分其鼓間以其一爲之厚小鐘十分其鉦間以其一爲之厚言若此則不石不播也鼓鉦之間同方六而今宜異又十分之一猶大厚皆非也若言鼓外鉦外則近之鼓外二鉦外一鐘大而短則其聲疾而短聞聞音問下同○淺則躁躁易竭也鐘小而長則其聲舒而遠聞深則安安難息爲遂六分其厚以其一爲之深而圜之厚鐘厚深謂窐之也其窐圜故書圜

樂制　王朝禮四之上

0010_0255-1　　0010_0254-2

或[illegible]春云當爲圜○韗人爲皐陶韗音運○鄭司農云韗書或爲䩮皐陶鼓木也玄謂鞠皆以皐陶名官也鞠則陶字從革長六尺有六寸左右端廣六寸中尺厚三寸廣古曠反○版中廣頭狹爲穹隆也鄭司農云謂鼓木一判者其兩端廣六寸而其中央廣尺也如此乃得有腹穹者三之一鄭司農云穹讀爲志無空邪之空謂鼓木腹穹隆者居鼓三之一也玄謂穹讀如穹蒼之穹穹隆者居鼓面三分之一則其鼓四尺者版穹一尺三寸三分寸之一也倍之爲

仪礼廿七　十六

二尺六寸三分寸之二加鼓四尺穹之徑六尺六寸三分寸之二也此鼓合二十版上三正鄭司農云謂兩頭一平中央一平也玄謂三當爲參正直也參直者穹上一直兩端又直各居二尺二寸不弧曲也此鼓兩面以六鼓差之賈侍中云晉鼓大而短近晉鼓也以晉鼓鼓金奏鼓長八尺鼓四尺中圍加三之一謂之鼖鼓鼖扶云反○中圍加三之一者加於面之圍以三分之一也而四尺其腹中二尺加以三分一四尺則中圍[illegible]五尺三寸三分寸之一也今[illegible]則版穹六寸

0010_0256-1　0010_0255-2

三分寸之二耳大鼓謂之鼖以鼖鼓鼓軍事鄭司農云鼓四尺謂革所蒙者廣四尺爲皐鼓長尋有四尺鼓四尺倨句磬折倨音據句音鉤折之設反○以皐鼓鼓役事磬折中曲之不參正也中圜與鼛鼓同以磬折爲異凡冒鼓必以啓蟄之日啓蟄孟春之中也蟄蟲始聞雷聲而動鼓所取象也冒蒙鼓以革良鼓瑕如積環革調急也鼓大而短則其聲疾而短聞鼓小而長則其聲舒而遠聞○磬氏

仪礼廿七　十七

爲磬倨句一矩有半必先度一矩爲句一矩爲股而求其弦既而以一矩有半觸其弦則磬之倨句也磬之制有大小此假矩以定倨句非用其度耳其博爲一博謂股博也博廣也股爲二鼓爲三參分其股博去一以爲鼓博參分其鼓博以其一爲之厚鄭司農云股磬之上大者鼓其下小者所當擊者也玄謂股外面鼓内面也假令磬股廣四寸半者股長九寸也鼓廣三寸長尺三寸半厚一寸已上則摩其旁鄭司農云

0010_0257-1　0010_0256-2

磬聲太上則摩鑢其旁玄謂太上聲清也薄而廣則濁已下則摩其耑耑音端○太下聲濁也短而厚則清○魯隱公問羽數於衆仲衆音終○問執羽人數，對曰天子用八八八六十四人諸侯用六六六三十六人大夫四四四十六人士二二二四人士有功賜用樂夫舞所以節八音而行八風八音金石絲竹匏土革木也八風八方之風八音之器播八方之風手之舞之足之蹈之節其制而叙其情故自八以下

仪礼廿七　十八

唯天子得盡物數故以八爲列諸侯則不敢用八○左氏隱五年○荀子曰聲樂之象鼓大麗鍾統實磬廉制竽笙簫和管籥發猛塤篪翁博琴易良易以鼓反琴婦好歌清盡舞天道兼兼音建鼓其樂之君耶故鼓似天鍾似地磬似水竽笙簫管籥似星辰日月鞉柷拊控楬似萬物鞉音桃柷昌六反拊音撫控苦江反楬苦瞎反爲以和舞

0010_0258-1　0010_0257-2

之意曰目不自見耳不自聞也然而滄
俯仰詘信進退遲速莫不廉制（詘音屈　信音申）
盡筋骨之力以要鍾鼓拊會之節而靡
有悖逆者衆積譯譯乎（要平聲　悖布內反　譯直黎反）
○白虎通曰八音者何謂也土曰塤竹
曰管皮曰鼓匏曰笙絲曰絃石曰磬金
曰鍾木曰柷敔此謂八音也法易八卦

儀禮廿七　十九

也壎坎音也管艮音也鼓震音也絃離
音也鍾兌音也柷敔乾音也壎在十一
月壎之爲言勳也陽氣於黃泉之下勳
蒸而萌匏之言施也在十二月萬物始
施而牙笙者太蔟之氣象萬物之生故
曰笙有七正之節焉有六合之和焉天
下樂之（樂音洛　下同）故謂之笙鼓震音煩氣

0010_0259-1　0010_0258-2

也萬物憤懣震動而生（懣音悶）雷以動之
溫以煖之風以散之雨以濡之奮至德
之聲感和平之氣也同聲相應同氣相
求神明報應天地祐之其本乃在萬物
之始耶故謂鼓也鞀者震之氣也上應
昴星以通王道故謂之鞀也簫者中之
氣萬物生於無聲見於無形僇也簫也

儀禮廿七　二十

故謂之簫簫者以祿爲本言承天繼物
爲民本人力加地道化然後萬物戮也
故謂之簫也瑟者嗇也閑也所以懲忿
宮商角則宜君父有節臣子有義然後
四時和四時和然後萬物生故謂之瑟
也琴者禁也所以禁止淫邪正人心也
磬者夷則之氣也象萬物之盛也[redacted]氣

磬故曰磬有貴賤焉有親疏焉有長幼焉長丁丈反朝廷之禮貴不讓賤所以有尊卑也鄉黨之禮長不讓幼所以明有年也宗廟之禮親不讓疏所以明有親也此三者行然後王道得王道得然後萬物成天下樂用磬也鐘之爲言動也陰氣用事萬物動成鐘爲氣用金聲也鎛者時之氣聲也鎛音博節度之所生也君臣有節度則萬物昌無節度則萬物亡亡與昌正相迫故謂之鎛柷敔者終始之聲萬物之所生也陰陽順而復故曰柷承順天地序迎萬物天下樂之故樂用柷柷始也敔終也一說笙柷鼓簫瑟塤鐘磬也如其次笙在北方柷在東北

方鼓在東方琴在南方塤在西南方鐘在西方磬在北方也聲五音八何聲爲本出於五行音爲末象八風故樂記曰聲成文謂之音比音而樂之謂之樂也

○景王將鑄無射而爲之大林賈侍中云無射鐘名律中無射也大林無射之覆也作無射而爲大林以覆之其律中林鐘也或說云鑄無射而加以林鐘之數益之昭謂下言細抑大陵又曰聽聲越遠如此則賈言無射有覆近之矣單穆公曰不可夫鐘不過以動聲單音善○動聲謂合樂以金奏而八音從之若無射有林耳不及也若無射復有大林以覆之無射陽聲之細者林鐘陰聲之大者細抑大陵故耳不能聽及也夫鐘聲以爲耳也耳所不及非鐘聲也非法鐘之聲也猶目所不見不可以爲目也若目之精明所不能見亦不可爲目也耳目所不能及而強有聰惑之失以生疾也夫目之察

0010_0261-2

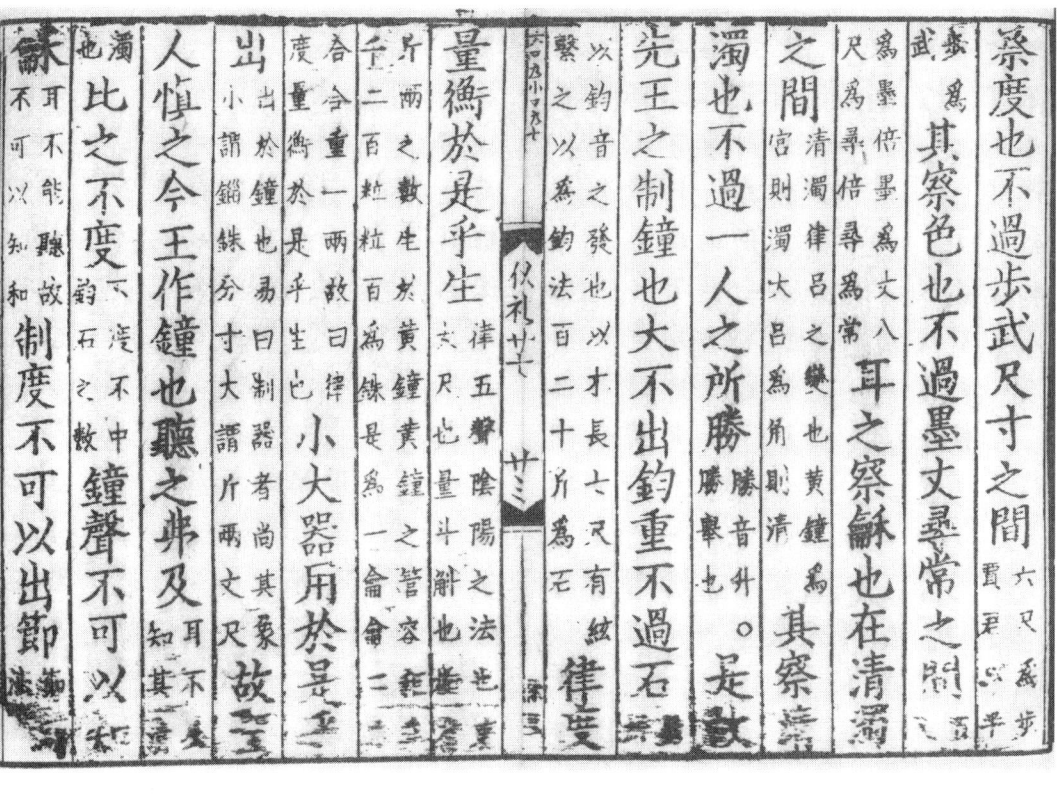

察度也不過步武尺寸之間六尺爲步賈君以半步爲武其察色也不過墨丈尋常之間五尺爲墨倍墨爲丈八尺爲尋倍尋爲常耳之察龢也在清濁之間清濁律呂之變也黃鐘爲宮則濁大呂爲角則清其察清濁也不過一人之所勝勝音升勝舉也○是故先王之制鐘也大不出鈞重不過石以鈞音之發也以木長七尺有絃繫之以爲鈞法百二十斤爲石律度

0010_0262-1

量衡於是乎生律五聲陰陽之法也度丈尺也量斗斛也衡斤兩之數生於黃鐘黃鐘之管容秬黍千二百粒粒百爲銖是爲一龠龠二爲合合重一兩故曰律度量衡於是乎生也小大器用於是乎出出於鐘也易曰制器者尚其象小謂錙銖分寸大謂斤兩丈尺故聖人慎之今王作鐘也聽之弗及耳不及知其清濁也比之不度下度不中鈞石之數鐘聲不可以知龢耳不能聽故不可以知和制度不可以出節

0010_0262-2

量衡之節無益於樂而鮮民財將焉用之樂不過以聽耳而美不過以觀目若聽樂而震觀美而眩患莫甚焉焉用之於虔反夫耳目心之樞機也樞機發動也心所欲耳目爲之動故必聽和而視正聽和則聰視正則明習於和正則不眩惑也聰則言聽明則德昭言昭德則能思慮純固以言德於民

0010_0263-1

歆而德之則歸心焉歆許金反嘉服也言德○是以作無不濟求無不獲然後能發德教也樂若視聽不和而有震眩則味入不精不精則氣佚氣佚則不和不和無樂也言而震視色而眩則味入不精美味入不精美則氣放佚不行於身體乎有狂悖之言有眩惑之明有轉易之名有過慝之度悖布內反慝他得反

0010_0263-2

所生狂特眩惑說子朝寵賓孟也轉易過惡嬖子配適將殺大臣也出令

不信有轉易也刑政放紛動不順時民無據

依不知所力各有離心不知所爲盡力也上失

其民作則不濟求則不獲其何以能樂

王弗聽問之伶州鳩對曰臣聞之琴瑟

尚宮凡樂輕者從大重者從細故琴瑟尚宮也鐘尚羽鐘聲大故

尚羽也石尚角石磬也輕於鐘故尚角角清濁之中也匏竹

儀禮廿七　二五　夏全

0010_0264-1

利制匏笙也竹簫管也利制以聲音調利爲制無所尚也大不踰

宮細不過羽夫宮音之主也第以及羽

宮聲大故爲主第以次也故樂器重者從細重謂金石也從

細尚細聲謂鐘尚羽石尚角也輕者從大輕瓦絲也從大謂瓦絲尚

宮也是以金尚羽石尚角瓦絲尚宮匏竹

尚議議議從其所和革木一聲革鼓也木柷敔也一聲無清

濁之夫政象樂樂從和和從平和八音克諧也

0010_0264-2

下細大不踰也故可以平民樂和則諧政和則平也聲以和樂律

以平聲謂五聲也以式八音而調樂也賈侍中云律黃鐘爲宮林鐘爲

徵太蔟爲商南呂爲羽姑洗爲角所以平五聲也金石以動之

鐘磬所以發動五聲絲竹以行之管絃所以行之詩以道

之道已志也誦之曰詩書曰詩言志歌以詠之詠詠詩也書曰

歌永言聲依永匏以宣之宣發揚也瓦以贊之贊助也

革木以節之物得其常曰樂極物事也極中也

儀禮廿七　二六　甯遂

0010_0265-1

極之所集曰聲聲會也言中和之所會集曰正聲聲應

相保曰和保安也細大不踰曰平細大之聲不相

踰越曰平今無射有大林是不平也如是而鑄之金鑄金以爲

鍾也磨之石磨石以爲磬也繫之絲木繫絲木以爲琴瑟也

越之匏竹越匏竹以爲笙管也越謂爲之孔也樂記曰朱絃而疏越

節之鼓節其長短小大而行之以遂八風遂順也傳

曰所以節八音而行八風也正西曰兌爲金爲閶闔風西北曰乾爲石爲不周

0010_0265-2

風正北曰坎爲華爲廣莫風東北曰艮爲匏爲融風正東曰震爲竹爲明庶風東南曰巽爲木爲清明風正南曰離爲絲爲景風西南曰坤爲瓦爲涼風 於是乎氣無滯陰亦無散陽 滯積也積陰而發則夏有霜雹散陽陽不藏冬無氷李梅實之類也 陰陽序次風雨時至嘉生繁祉人民和利物備而樂成上下不罷 罷音皮○罷勞也 故曰樂正今細抑大陵不容於耳非和也 細無射也大大林也言大聲陵之細

0010_0266-1

周語

聲抑而不聞不容於耳耳不能容別也 聽聲越遠非平也 越迂也言無射之聲爲大林所陵聽之微細迂遠非平也 夫有和平之聲於是乎道之以中德詠之以中音 中德中庸之德舞也中音中和之音也 德音不愆以合神人 合神人謂祭祀享宴也 神是以寧民是以聽若夫匱財用罷民力以逞淫心 逞快也 聽之不龢比之不度無益於教而離民怒神非

0010_0266-2

臣之所聞也王不聽 周語 ○周景王將鑄無射 鍾名律中無射 伶州鳩曰王其以心疾死乎 伶樂官州鳩其名也 夫樂天子之職也夫音樂之輿也 樂因音而行 而鍾音之器也 職所主也音由器以發 天子省風以作樂 省風俗作樂以移之 器以鍾之 鍾聚也以器聚音 輿以行之 音而行 小者不窕 窕他彫反○窕細不滿 大者不摦 摦戶

0010_0267-1

化反○摦橫大不入 則和於物物和則嘉成 嘉樂成也 故和聲入於耳而藏於心心億則樂 樂言洽心億安也 窕則不咸 咸戶暗反一本作感如字○不充滿人心 摦則不容 心不堪容 心是以感感實生疾今鍾摦矣王心弗堪其能久乎 左氏昭二十一年 ○太史公曰夫上古明王舉樂者非以娛心自樂 樂音洛 快意恣欲將爲治也

第二十九葉兩本均缺丁本有此葉順魚尾刻工單字陳

0010_0268-2

0010_0269-1

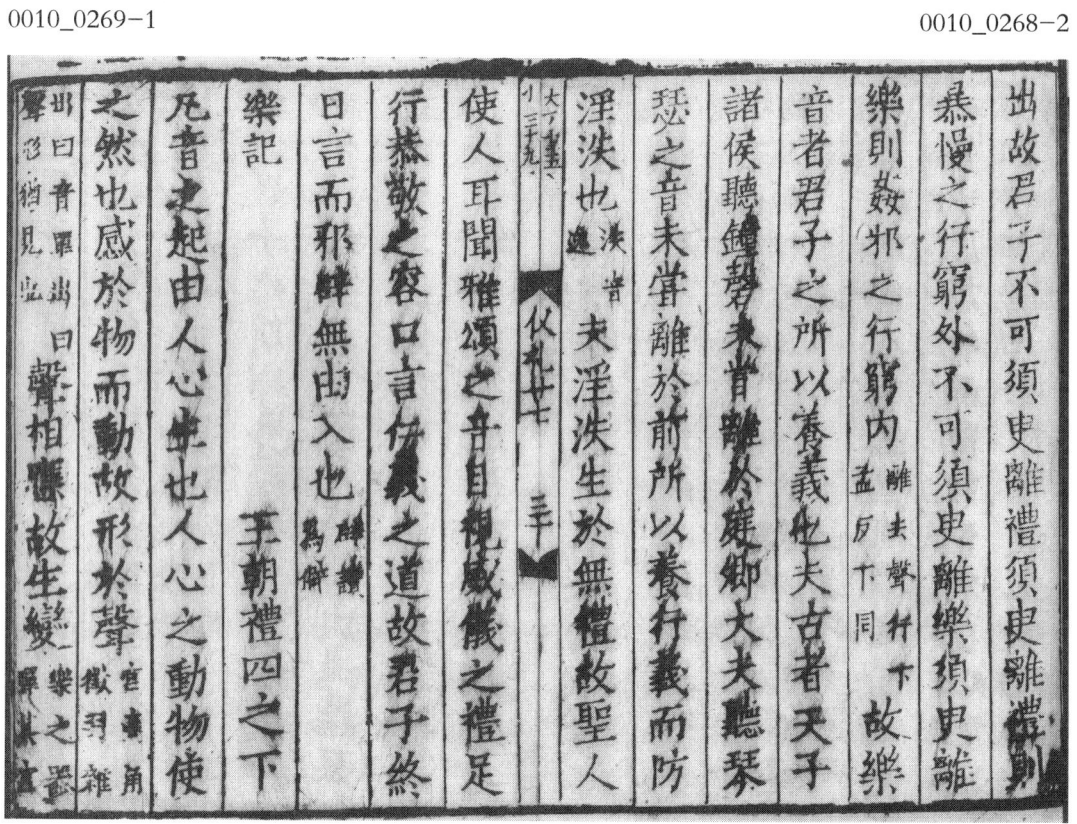

出故君子不可須臾離禮須臾離禮則
暴慢之行窮外不可須臾離樂須臾離
樂則姦邪之行窮內 離去聲，行下孟反，下同。 故樂
音者君子之所以養義也夫古者天子
諸侯聽鐘磬未嘗離於庭卿大夫聽琴
瑟之音未嘗離於前所以養行義而防
淫泆也 泆音逸 夫淫泆生於無禮故聖人

大三百十五　小三百十九　仪礼廿七　丰

使人耳聞雅頌之音目視威儀之禮足
行恭敬之容口言仁義之道故君子終
日言而邪辟無由入也 辟讀爲僻

樂記　王朝禮四之下

凡音之起由人心生也人心之動物使
之然也感於物而動故形於聲 宫商角徵羽雜
比曰音，單出曰聲。形猶見也。 聲相應故生變 樂之器，彈其宫

0010_0269-2　0010_0270-1

（則衆宮應然不足樂是以變之使雜也易曰同聲相應同氣相求春秋傳曰以水濟水誰能食之若琴瑟之專一誰能聽之）變成方謂之音（方猶文章也）比音而樂之及干戚羽旄謂之樂（比毗志反○干楯也戚斧也武舞所執也羽翟羽也旄旄牛尾也文舞所執周禮舞師樂師掌教舞有兵舞有干舞有羽舞有旄舞詩曰左手執籥右手秉翟）

樂者音之所由生也其本在人心之感於物也是故其哀心感者其聲噍以殺其樂心感者其聲嘽以緩其喜心感者其聲發以散其怒心感者其聲粗以厲其敬心感者其聲直以廉其愛心感者其聲和以柔六者非性也感於物而后動（噍子妙反殺色界反樂心之樂音洛嘽昌單反○言人聲在所見非有常也噍踧也嘽寬綽貌發猶揚也）是故先王慎所以感之者故禮以道其志樂以和其聲

0010_0270-2　0010_0271-1

政以一其行刑以防其姦禮樂刑政其極一也（行下孟反○極至也）所以同民心而出治道也（此其所謂至也○）凡音者生人心者也情動於中故形於聲聲成文謂之音是故治世之音安以樂其政和亂世之音怨以怒其政乖亡國之音哀以思其民困聲音之道與政通矣（樂音洛思去聲○言八音和否隨政也五聲本日御聲雜聲之上下）

宮為君商為臣角為民徵為事羽為物五者不亂則無怗懘之音矣（怗昌廉反懘昌制反○五者君臣民事物也凡聲濁者尊清者卑怗懘敝敗不和貌）宮亂則荒其君驕商亂則陂其官壞角亂則憂其民怨徵亂則哀其事勤羽亂則危其財匱五者皆亂迭相陵謂之慢如此則國之滅亡無日矣（陂彼義反）

0010_0271-2

慝君臣民事物其道亂則其音應而亂猶散也㒹傾也書曰王耄荒易曰

平設不鄭衛之音亂世之音也比於慢矣

比猶同也桑間濮上之音亡國之音也其政

散其民流誣上行私而不可止也濮音卜○

濮水之上地有桑間者亡國之音於此之水出也昔殷紂使師延作靡靡之樂

已而自沈於濮水後師涓過焉夜聞而寫之爲晉平公鼓之是之謂也桑間在

0010_0272-1

濮陽南誣問也○凡音者生於人心者也樂者

通倫理者也倫猶類也理分也是故知聲而不

知音者禽獸是也知音而不知樂者衆

庶是也唯君子爲能知樂禽獸知此爲聲爾不知其

宮商之變也八音竝作克諧曰樂是故審聲以知音審

音以知樂審樂以知政而治道備矣是

故不知聲者不可與言音不知音者不

可與言樂知樂則幾於禮矣禮樂皆得

0010_0272-2

謂之有德德者得也幾近也聽樂而知政之得失則能正

君臣民事物之禮是故樂之隆非極音也食饗

之禮非致味也食音嗣○隆猶盛也極窮也清廟之

瑟朱弦而疏越壹倡而三歎有遺音者

矣大饗之禮尚玄酒而俎腥魚大羹不

和有遺味者矣倡昌諒反和去聲○清廟謂作樂歌清廟也朱

弦練朱弦練則聲濁越瑟底孔也畫疏之使聲遲也倡發歌句也三歎三人從

0010_0273-1

歎之耳大饗祫祭先王以腥魚爲俎實不臑孰之大羹肉湆不調以鹽菜遺猶

餘也○今按呂氏春秋遺皆作進事遺是是故先王之制禮

樂也非以極口腹耳目之欲也將以教

民平好惡而反人道之正也好惡並去聲○教之

使知好惡也○天地之道寒暑不時則疾風

雨不節則饑教者民之寒暑也教不時

則傷世事者民之風雨也事不節則無

0010_0273-2

功教謂樂也然則先王之爲樂也以法治也善則行象德矣以法治以樂爲治之法行象德民之行順君之德也○夫民有血氣心知之性而無哀樂喜怒之常應感起物而動然後心術形焉言在所以感之也術所由也形猶見也是故志微噍殺之音作而民思憂嘽諧慢易繁文簡節之音作而民康樂粗厲猛起奮末廣賁

0010_0274-1

之音作而民剛毅廉直勁正莊誠之音作而民肅敬寬裕肉好順成和動之音作而民慈愛流辟邪散狄成滌濫之音作而民淫亂知音智思息吏反嘽昌善反易以豉反樂音洛賁扶粉反肉而救反辟匹亦反○志微意細也吳公子札聽鄭風而曰其細已甚民弗堪也簡節少易也奮末動使四支也賁讀爲憤憤怒氣充實也春秋傳曰血氣狡憤肉肥也狄滌往來疾貌也濫僭差也此皆民心無常之効也肉或爲潤

0010_0274-2

是故先王本之情性稽之度數制之禮義合生氣之和道五常之行使之陽而不散陰而不密剛氣不怒柔氣不懾四暢交於中而發作於外皆安其位而不相奪也行下孟反懾之涉反○生氣陰陽氣也五常五行也密之言閉也懾猶恐懼也然後立之學等廣其節奏省其文采以繩德厚等差也各用其才之差學之廣謂增習之省猶

0010_0275-1

審也文采謂節奏合也繩猶度也周禮大司樂以樂語教國子興道諷誦言語以樂舞教國子舞雲門大卷大咸大韶大夏大濩大武律小大之稱比終始之序以象事行稱尺證反比毗志反○律六律也周禮典同以六律六同辨天地四方陰陽之聲以爲樂器小大謂高聲正聲之類也終始謂始於宮終於羽宗廟黃鍾爲宮大呂爲角太蔟爲徵應鍾爲羽以象事行宮爲君商爲臣使親疏貴賤長幼男女之理皆形見於樂故曰樂觀其深矣長丁

丈反見音現○謂同聽之莫不和敬莫不和順莫不和親○土敝則草木不長水煩則魚鼈不大氣衰則生物不遂世亂則禮慝而樂淫是故其聲哀而不莊樂而不安慢易以犯節流湎以忘本廣則容姦狹則思欲感條暢之氣而滅平和之德是以君子賤之也長丁丈反湎緜善反○遂猶成也慝穢也廣謂聲緩也狹謂聲急也感動也動人條暢之善氣使失其所凡姦聲感人而逆氣應之逆氣成象而淫樂興焉正聲感人而順氣應之順氣成象而和樂興焉倡和有應回邪曲直各歸其分而萬物之理各以類相動也和去聲分扶問反○成象者謂人樂習焉是故君子反情以和其志比類以成其行姦聲亂色不留聰明淫樂慝禮不接心術惰

慢邪辟之氣不設於身體使耳目鼻口心知百體皆由順正以行其義行去聲辟匹亦反知音智○反猶本也術猶道也然後發以聲音而文以琴瑟動以干戚飾以羽旄從以簫管奮至德之光動四氣之和以著萬物之理奮猶動也動至德之光謂降天神出地祇假祖考著猶成也是故清明象天廣大象地終始象四時周還象風雨五色成文而不亂八風從律而不姦百度得數而有常小大相成終始相生倡和清濁迭相爲經還音旋○清明謂人聲也廣大謂鐘鼓也周還謂舞者五色五行也八風從律應節至也百度百刻也言日月晝夜不失正也[illegible]相生謂[illegible]濁謂黃鍾至中呂故樂行而倫清耳目聰明血氣和平移風易俗天下皆寧言樂用則正人理和陰陽也倫謂人道也故曰樂者

0010_0277-2

道也君子樂得其道小人樂得其欲以道制欲則樂而不亂以欲忘道則惑而不樂 樂也之樂音洛下同○道謂仁義也欲謂邪淫也 是故君子反情以和其志廣樂以成其教樂行而民鄉方可以觀德矣 鄉去聲○方猶道也○德者性之端也樂者德之華也金石絲竹樂之器也詩言其志也歌咏其聲也舞

0010_0278-1

動其容也三者本於心然後樂氣從之是故情深而文明氣盛而化神和順積中而英華發外唯樂不可以爲僞 三者本志聲也容也言無此本於內則不能爲樂也 樂者心之動也聲者樂之象也文采節奏聲之飾也君子動其本樂其象然後治其飾是故先鼓以警戒三步以見方再始以著往復

0010_0278-2

亂以飭歸奮疾而不拔極幽而不隱獨樂其志不厭其道備舉其道不私其欲是故情見而義立樂終而德尊君子以好善小人以聽過故曰生民之道樂爲大焉 樂其獨樂之樂並去聲見音現好去聲○文采樂之威儀也先鼓將奏樂先擊鼓以警戒衆也三步謂將舞必先三舉足以見其舞之漸也再始以著往武王除喪至盟津之上紂未可伐還歸三年乃遂伐之武舞再更始以明伐時再往也復亂以飭歸謂鳴鐃而退明以整歸也奮疾謂舞者也極幽謂歌者也

0010_0279-1

夫樂者樂也人情之所不能免也樂必發於聲音形於動靜人之道也聲音動靜性術之變盡於此矣 樂也樂必之樂並音樂○免猶自上也人道人之所爲也性術言此出於性也盡於此不可過 故人不耐無樂樂不耐無形形而不爲道不耐無亂 樂音洛○形聲音動靜也耐古書能字也後世變之此獨存焉

0010_0279-2

吉以能爲三合字先王耻其亂故制雅頌之聲以道之使其聲足樂而不流使其文足論而不息使其曲直繁瘠廉肉節奏足以感動人之善心而已矣不使放心邪氣得接焉是先王立樂之方也足樂之樂音洛肉而敦反○流猶淫放也文篇辭也息猶銷也曲直歌之曲折也繁瘠廉肉聲之鴻殺也節奏闋作進止所應也方道也是故樂在宗廟之

0010_0280-1

中君臣上下同聽之則莫不和敬在族長鄉里之中長幼同聽之則莫不和順在閨門之內父子兄弟同聽之則莫不和親故樂者審一以定和比物以飾節節奏合以成文所以合和父子君臣附親萬民也是先王立樂之方也長丁丈反出毗惡反審一審其人聲也比物謂雜金[illegible]之屬也以成文五聲八音克諧

0010_0280-2

指應和故聽其雅頌之聲志意得廣焉執其干戚習其俯仰詘伸容貌得莊焉行其綴兆要其節奏行列得正焉進退得齊焉故樂者天地之命中和之紀人情之所不能免也詘丘勿反綴知衛反要平聲行户剛反○綴表所以表行列也詩云荷戈與綴兆域也舞者進退所至也要猶會也命教也紀總要之名也夫樂者先王之所以飾喜也軍

0010_0281-1

旅鈇鉞者先王之所以飾怒也故先王之喜怒皆得其儕焉鈇音夫鉞音越儕仕皆反○儕猶輩類喜則天下和之怒則暴亂者畏之先王之道禮樂可謂盛矣天子之於天下喜怒飾之以禮樂則兆民和從而畏敬之禮樂王者所常與則盛也○以上並樂記雅頌之聲皆發於辭本於情故君臣以睦父子以親故韶夏之樂也聲浸乎金石

0010_0282-1　0010_0281-2

潤乎草木今取怨思之聲施之於弦管
聞其音者不淫則悲淫則亂男女之辨
悲則感怨思之氣思息嗣反豈所謂樂哉故
事不本於道德者不可以爲儀言不合
乎先王者不可以爲道音不調乎雅頌
者不可以爲樂[redacted]○賢人之政降人
以體聖人之政降人以心體降可以圖

儀禮卷二十七　四十三

始心降可以保終降體以禮降心以樂
所謂樂者非金石絲竹也謂人樂其家
謂人樂其族謂人樂其業謂人樂其都
邑謂人樂其政令謂人樂其道德如此
君人者乃作樂以節之使不失其和故
有德之君以樂樂人無德之君以樂樂
身樂人者久而長樂身者不久而亡樂其

0010_0283-1　0010_0282-2

樂人樂身之樂下音洛○上略○先王之樂所以節百
事也故有五節五聲之節遲速本末以相及
中聲以降五降之後不容彈矣此謂先王之樂
得中聲聲成五降而息也降罷退於是有煩手淫聲慆
堙心耳乃忘平和君子弗聽也慆土刀反堙音因
因○五降而不息則雜聲並奏所謂鄭衛之聲物亦如之事皆
如樂不可失節至於煩乃舍也已無以生疾舍音

儀禮卷二十七　四十四

捨○煩不舍則生疾君子之近琴瑟以儀節也非
以慆心也爲心之節儀使動不過度○左氏昭元年○六律
者何黃鍾蕤賓無射大蔟夷則姑洗是
也故天子左五鍾右五鍾六律爲陽六呂爲陰凡律
呂十二各一鍾天子宮縣黃鍾蕤賓在南北其餘則在東西天子將
出則撞黃鍾右五鍾皆應撞大江反○黃鍾在陽陽
氣動西五鍾在陰陰氣靜君將出故以動告靜靜者皆和也馬鳴中

0010_0284-1　　0010_0283-2

徘步者皆有容貌者皆有文御者皆有數步者中規折還中矩立則磬折拱則抱鼓中去聲折之設反還音旋言聲合於樂體比於禮也○然後大師奏登車告出也大音泰○周禮王出入奏三夏入則撞蕤賓左五鐘皆應蕤賓在陰東五鐘在陽君入故以靜告動動者則亦皆和之也以治容貌容貌得則氣得氣得則肌膚安肌膚安則色齊矣入故欲其靜也蕤賓聲徇吠彘鳴及倮介之蟲皆莫不延頸以聽蕤賓彘直吏反倮力果反○皆守物及陰之類在內者皆玉色在外者皆金聲玉色也反其正性也金聲其事殺然後少師奏登堂就席告入也少去聲○少師佐成大師之事者也此言至樂相知物動相生同聲相應之義也古者帝王升歌清廟樂章名大琴練弦達越大琴宗

儀禮卷二十七　四十五

0010_0285-1　　0010_0284-2

弦達越以韋爲鼓謂之搏拊何以也武反○練弦牛弦互文也鼓下孔也凡練弦達拱漳拱者象其德寬和君子首大人聲不以鐘鼓竽瑟之聲亂人聲清廟升歌者歌先人之功烈德澤也故欲其清也烈業也其歌之呼也呼出聲也曰於穆清廟於者歎之也穆者敬之也清者欲其在位者徧聞之也故周公升歌文王之功烈德澤苟在廟中嘗見文王者愀然如復見文王故書曰搏拊琴瑟以詠祖考來假此之謂也於音烏愀七小反假音格

[redacted]○賓牟賈侍坐於孔子孔子與之言及樂曰夫武之備戒之已久何也對曰病不得其衆也武謂周舞也備戒擊鼓警衆病猶憂也以不得衆心爲憂憂其難也咏歎之淫液之何也對曰

四十六

0010_0285-2

咏歎不逮事也 咏歎淫液歌遲之也逮及也事戎事也

發揚蹈厲之已蚤何也對曰及時事也

蚤音早○時至武事當施也 武坐致右憲左何也對

曰非武坐也 言武之事無坐也致謂膝至地也憲讀爲軒聲之誤

聲淫及商何也對曰非武音也 言武歌在正其

義不貪商也時人或說其義爲貪商也 子曰若非武音則

何音也對曰有司失其傳也若非有司

儀禮廿七　四十七　樂記

0010_0286-1

失其傳則武王之志荒矣 傳直專反○有司典樂者

傳猶說也荒老耄也言典樂者失其說也而時人妄說也書曰王耄荒 子

曰唯丘之聞諸萇弘亦若吾子之言是

也 萇直良反○萇弘周大夫 賓牟賈起免席而請曰

夫武之備戒之已久則既聞命矣敢問

遲之遲而又久何也 遲之遲謂久立於綴 子曰居

吾語女夫樂者象成者也揔干而山立

0010_0286-2

武王之事也發揚蹈厲大公之志也武

亂皆坐周召之治也 語去聲女音汝大音泰召時詔反○

居猶安坐也成謂已成之事也揔干持盾也山立猶正立也象武王持盾正立

待諸侯也發揚蹈厲所以象威武時也武舞象戰鬭也亂謂失行列也失行列

則皆坐象周公召公以文止武也 且夫武始而北出再

成而滅商三成而南四成而南國是疆

五成而分周公左召公右六成復綴以

儀禮廿七　四十八　樂記

0010_0287-1

崇天子 綴知衛反下同○成猶奏也每奏武曲一終爲一成始奏象觀兵盟津時

也再奏象克商時也三奏象克殷有餘力而反也四奏象南方荊蠻之國侵畔

者服也五奏象周公召公分職而治也六奏兵還振旅也復綴反位止也崇

充也凡六奏以充武樂也 夫子夾振之而駟伐盛威

於中國也 夾振之者王與大將夾舞者振鐸以爲節也駟當爲四聲

之誤也武舞戰象也每奏四伐一擊一刺爲一伐牧誓曰今日之事不過四伐

分夾而進事蚤濟也 [illegible]

0010_0287-2

舞者各有部曲之列又夾振之者象用兵務於早成也久立於綴以待諸侯之至也象武王伐紂待諸侯也且女獨未聞牧野之語乎女音汝○欲語以作武樂之意武王克殷反商未及下車而封黃帝之後於薊封帝堯之後於祝封帝舜之後於陳下車而封夏后氏之後於杞投殷之後於宋封王子比干之墓釋箕子之囚使

0010_0288-1

之行商容而復其位庶民弛政庶士倍祿濟河而西馬散之華山之陽而弗復乘牛散之桃林之野而弗復服車甲衅而藏之府庫而弗復用倒載干戈包之以虎皮將帥之士使爲諸侯名之曰建櫜然後天下知武王之不復用兵也薊音計行去聲弛始氏反乘去聲弗復之復扶又反下不復同衅許覲反與釁同

0010_0288-2

丁老反將去聲帥率內反櫜音羔○虎甞爲及字之誤也及商謂至紂都也散箋曰至于商郊牧野封謂故無土地者也投舉徙之辭也時武王封紂子武庚於殷墟所徙者微子也後周公更封而大之積土爲封封比干墓崇賢也行猶視也使箕子視商禮樂之官賢者所處晉令反其居也弛政去其紂時苛政倍祿復其紂時薄者也散猶放也桃林在華山旁甲鎧也衅釁字也包干戈以虎皮明能以武服兵也建讀爲鍵字之誤也兵甲之衣曰櫜鍵櫜言閉藏兵甲也詩曰載櫜弓矢春秋傳曰垂櫜而入周禮曰櫜之欲其約也薊或爲續枳或

0010_0289-1

爲鑄散軍而郊射左射貍首右射騶虞而貫革之射息也裨冕搢笏而虎賁之士說劍也祀乎明堂而民知孝朝覲然後諸侯知所以臣耕藉然後諸侯知所以敬五者天下之大教也裨被支反搢音進賁音奔說吐活反朝音潮○郊射爲射宮於郊也左東學也右西學也貍首騶虞所以歌爲節也貫革射穿甲革也裨冕衣裨衣而冠冕也裨衣衮之屬也搢猶插也賁讀

0010_0289-2

愆也文三之廟爲明堂制耕藉藉田也食三老五更於大學天子袒而割牲執醬而饋執爵而酳冕而揔干所以教諸侯之弟也食音嗣更古行反大音泰酳音胤弟大計反○三老五更互言之耳皆老人須知三德五事者也冕而揔干親在舞位也周名大學曰東膠若此則周道四達禮樂交通則夫武之遲久不亦宜乎言武遲久爲重禮樂○樂記○魏文侯問於子夏曰

大五三 小二十 儀禮卷二十七 五十一 陳

0010_0290-1

吾端冕而聽古樂則唯恐臥聽鄭衛之音則不知倦敢問古樂之如彼何也新樂之如此何也魏文侯晉大夫畢萬之後僭諸侯者也端玄衣也古樂先王之正樂也子夏對曰今夫古樂進旅退旅和正以廣弦匏笙簧會守拊鼓始奏文復亂以武治亂以相訊疾以雅君子於是語於是道古脩身及家平

0010_0290-2

[illegible]下此古樂之發也拊音撫拊亦芳訊音信○旅猶俱也俱進俱退言其齊一也和正以廣無姦聲也會猶合也皆也言衆皆待擊鼓乃作周禮文師職曰大祭祀帥瞽登歌令奏擊拊下管播樂器令奏鼓朄文謂鼓也武謂金也相即拊也亦以節樂拊者以韋爲表裝之以糠糠一名相因以名焉今齊人或謂糠爲相雅亦樂器名也狀如漆筩中有椎今夫新樂進俯退俯姦聲以濫溺而不止及優侏儒獶雜子女不知父子樂終不可以

大今三 小二十 儀禮卷二十七 五十二 陳

0010_0291-1

語不可以道古此新樂之發也侏音朱獶乃刀反○俯猶曲也言不齊一也濫濫竊也溺而不止聲淫亂無以治之獶獼猴也言舞者如獼猴戲也亂男女之尊卑獶或爲優今君之所問者樂也所好者音也夫樂者與音相近而不同好云聲○言文侯好音而不知樂也鏗鏘之類皆爲音應律乃爲樂文侯曰敢問何如欲知音樂異意子夏對曰夫古者天地順而四時當民有德而五穀

0010_0291-2

昌爲災不作而無妖祥此之謂大當然後聖人作爲父子君臣以爲紀綱紀綱既正天下大定天下大定然後正六律和五聲弦歌詩頌此之謂德音德音之謂樂當去聲疢勑覲反○當謂樂不失其所詩云莫其德音其德克明克明克類克長克君王此大邦克順克俾俾于文王其德靡悔既

大字一百一小字三十 儀禮卷二十七 五十三 秀茂

0010_0292-1

受帝祉施于孫子此之謂也莫亡伯反長丁丈反王去聲施以豉反○此有德之音所謂樂也德正應和曰莫照臨四方曰明勤施無私曰類教誨不倦曰長慶賞刑威曰君慈和徧服曰順俾當爲比聲之誤也擇善從之曰比施延也言文王之德皆能如此故受天福延於後世也今君之所好者其溺音乎好去聲○言無文王之德則所好非樂也文侯曰敢問溺音何從出也玩習之久不知所由出也子夏對曰鄭音好濫淫志宋音

0010_0292-2

燕女溺志衛音趨數煩志齊音敖辟喬志此四者皆淫於色而害於德是以祭祀弗用也敖音傲辟讀爲僻喬音驕○言四國皆出此溺音濫濫竊姦聲也燕安也春秋傳曰懷與安實敗名趨數讀爲促速聲之誤也煩勞也祭祀者不用淫樂詩云肅雍和鳴先祖是聽夫肅肅敬也雍雍和也夫敬以和何事不行言古樂敬且和故無事而不用溺音無所施爲人君者謹其

大字一百七小字四十一 儀禮卷二十七 五十四 秀茂

0010_0293-1

所好惡而已矣君好之則臣爲之上行之則民從之詩云誘民孔易此之謂也好惡並去聲易以豉反○誘進也孔甚也言民從君所好惡進之於善無難然後聖人作爲鞉鼓椌楬壎篪此六者德音之音也鞉音桃椌苦江反楬苦瞎反壎許袁反篪音池○六者爲本以其聲質也椌楬謂柷敔也壎篪或爲簨虡然後鐘磬竽瑟以和之干戚旄狄以舞之此所以祭

0010_0293-2

先王之廟也所以獻酬酳酢也所以官序貴賤各得其宜也所以示後世有尊卑長幼之序也〔酬市由反酢音昨長丁丈反○官序貴賤謂尊卑樂器列數有差次〕鐘聲鏗鏗以立號號以立横横以立武君子聽鐘聲則思武臣〔鏗苦耕反〕〔横古曠反○號號令所以警衆也横充也謂氣作充滿也〕石聲磬磬以立辨辨以致死君子聽磬聲則思死

儀禮卷二十七　五十五　胡與

0010_0294-1

封疆之臣〔石聲磬磬當爲硜字之誤也辨謂分明於節義〕絲聲哀哀以立廉廉以立志君子聽琴瑟之聲則思志義之臣〔廉廉隅也〕竹聲濫濫以立會會以聚衆君子聽竽笙簫管之聲則思畜聚之臣〔濫力敢反○濫之意猶擥聚也會猶聚也聚或爲最〕鼓鼙之聲讙讙以立動動以進衆君子聽鼓鼙之聲則思將帥之臣〔鼙步西反將帥〕

0010_0294-2

〔所類反○聞讙囂則人意動作讙或爲歡動或爲勳〕君子之聽音非聽其鏗鏘而已也彼亦有所合之也〔鏘七羊反○以聲合成己之志○樂記〕○孔子學琴於師襄子襄子曰吾雖以擊磬爲官然能於琴今子於琴已習可以益矣孔子曰丘未得其數也有間曰已習其數可以益矣孔子曰丘未得其志也有間曰已習

儀禮卷二十七　五十六　胡與

0010_0295-1

其志可以益矣孔子曰丘未得其爲人也有間孔子有所謬然思焉〔謬然深思皃〕有所睪然高望而遠眺焉〔睪音繹眺他弔反○眺見〕曰丘迨得其爲人矣〔迨迨也〕黯而黑頎然長曠如望羊〔黯於感反頎音祈○曠用志廣遠望羊遠視也〕掩有四方〔掩同也文王之時三分天下有其二後周有四方文王之功也〕非文王其孰能爲此師襄子避席葉拱而

0010_0296-1　0010_0295-2

對曰（兼拱兩手薄其心也）君子聖人也其傳曰文
王操（家語）○孔子至齊郭門之外遇一嬰
兒挈一壺相與俱行其視精其心正其
行端孔子謂御曰趣驅之趣驅之韶樂
方作於是至而聞韶學之三月不知肉
味曰不圖爲樂之至於此也故樂非獨
以自樂也又以樂人非獨以自正也又

儀禮卷二十七　五十七

以正人至矣哉（趣音促自樂樂人之樂音洛）○吳
公子札來聘請觀於周樂（魯以周公故有天子禮樂）
使工爲之歌周南召南（爲去聲後同召音邵○此皆各依其本國歌所常用聲曲）曰美哉（美其聲）始基之矣（周南召南王化之基）猶未也（猶有商紂未盡善也）然勤而不怨
矣（未能安樂然其音不怨怒）爲之歌邶鄘衛（邶音佩鄘音容○武王伐紂分其地爲三監三監叛周公滅之更封康叔幷三監之地故三國

0010_0297-1　0010_0296-2

盡被康叔之化）曰美哉淵乎憂而不困者也（淵深也三國之音哀以思其民困衛康叔武公之德化深遠雖遭宣公淫亂懿公弑云民猶秉義不至於困）吾聞衛康叔武公之德如
是是其衛風乎（康叔周公弟武公康叔九世孫皆衛之令德君也聽聲以爲別故有疑言）爲之歌王（王黍離也幽王遇西戎之禍平王東遷王政不行於天下風俗下與諸侯同故不爲雅）曰美哉思
而不懼其周之東乎（宗周隕滅故憂思猶有先王之遺風故不懼）

儀禮卷廿七　五十八

爲之歌鄭（詩第七）曰美哉其細已甚
民弗堪也是其先亡乎（美其有治政之音譏其煩碎知不能久）爲之歌齊（詩第八）曰美哉泱泱乎大
風也哉（泱於郎反○泱泱弘大之聲）表東海者其大
公乎（大音泰○大公封齊爲東海之表式）國未可量也（言其武將復興）爲之歌豳（豳彼貧反○詩第十五豳周之舊國在新平漆縣東北）曰美哉蕩乎樂而不淫其周公之

東乎樂音洛○蕩乎蕩蕩然也樂而不淫言有節周公遭管蔡之變東征三年為成王陳后稷先公不敢荒淫以成王業故言其周公之東乎為之歌秦詩第十一後仲尼删定故不同曰此之謂夏聲夫能夏則大大之至也其周之舊乎夫音扶○秦本在西戎汧隴之西秦仲始有車馬禮樂去戎狄之音而有諸夏之聲故謂之夏聲及襄公佐周平王東遷而受其故地故曰周之舊為之歌魏詩第九魏姬姓國閔元年晉獻公滅之曰美哉渢渢乎大而婉險而易行以德輔此則明主也渢扶弓反易以豉反○渢渢中庸之聲婉約也險當為儉當字之誤也大而約則儉節易行惜其國小無明君也為之歌唐唐晉詩第十曰思深哉其有陶唐氏之遺民乎不然何憂之遠也晉本唐國故有堯之遺風憂深思遠情發於聲非令德之後誰能若是為之歌陳陳詩第十二曰國無主其能久乎淫聲放蕩無所畏忌故曰國無主自鄶以

下無譏焉鄶古外反○鄶第十三曹第十四言季子聞此二國歌不復譏論之以其微也為之歌小雅小雅小正亦樂歌之常曰美哉思而不貳思文武之德無貳叛之心怨而不言有哀音其周德之衰乎衰小也猶有先王之遺民焉謂有殷王餘俗故未大衰為之歌大雅大雅陳文王之德以正天下曰廣哉熙熙乎熙熙和樂聲曲而有直體論其聲其文王之德乎雅頌所以詠盛德形容故但歌其美者不皆歌變雅為之歌頌頌者以其成功告於神明曰至矣哉言道備直而不倨○倨音據倨傲曲而不屈屈撓邇而不偪謙退遠而不攜攜貳遷而不淫淫過蕩復而不厭常日新哀而不愁知命樂而不荒樂音洛○節之以禮用而不匱德弘大廣而不宣不自顯施而不費施夫聲○因所利而利之取而不貪義然後取處而不底底丁禮反守之以道

0010_0299-2

行而不流制之以義五聲和宮商角徵羽八風平八十之氣節有度守有序八音克諧節有度也無相奪倫守有序也盛德之所同也頌有殷魯故曰盛德之所同見舞象箾南籥者箾音朔○象箾舞所執南籥以籥舞也皆文王之樂曰美哉猶有憾美哉美其容也文王恨不及已致太平見舞大武者武王樂曰美哉周之盛也其若此乎見舞韶濩者濩音護○殷湯樂曰聖人之

儀禮卷二十七　六十一

0010_0300-1

弘也而猶有慙德聖人之難也慙於始伐見舞大夏者禹之樂曰美哉勤而不德非禹其誰能脩之盡力溝洫勤也見舞韶箾者箾音蕭○舜樂曰德至矣哉大矣如天之無不幬也幬徒報反○幬覆也如地之無不載也雖甚盛德其蔑以加於此矣觀止矣若有他樂吾不敢請已魯用四代之樂故及韶箾而季子知其終也季札賢明才

0010_0300-2

德在吳雖已涉見此樂歌之文然未聞中國雅聲故請作周樂欲聽其聲然後依聲以參時政知其興衰也聞秦詩謂之夏聲聞頌曰五聲和八風平皆論聲以參政也舞畢知其樂終是素知其篇數○左氏襄二十九年○子贛見師乙而問焉曰賜聞聲歌各有宜也如賜者宜何歌也贛與貢同○子貢孔子弟子師樂官也乙名聲歌各有宜氣順性也師乙曰乙賤工也何足以問所宜請誦其所聞而吾子自執焉樂人

儀禮卷二十七　六十二

0010_0301-1

賤工執猶處也夫歌者直己而陳德也動己而天地應焉四時和焉星辰理焉萬物育焉寬而靜柔而正者宜歌頌廣大而靜疏達而信者宜歌大雅恭儉而好禮者宜歌小雅正直而靜廉而謙者宜歌風肆直而慈愛者宜歌商商去聲○商宋詩也愛或爲哀直己而陳德各因其德歌所宜育生也温良而能斷者宜

0010_0301-2

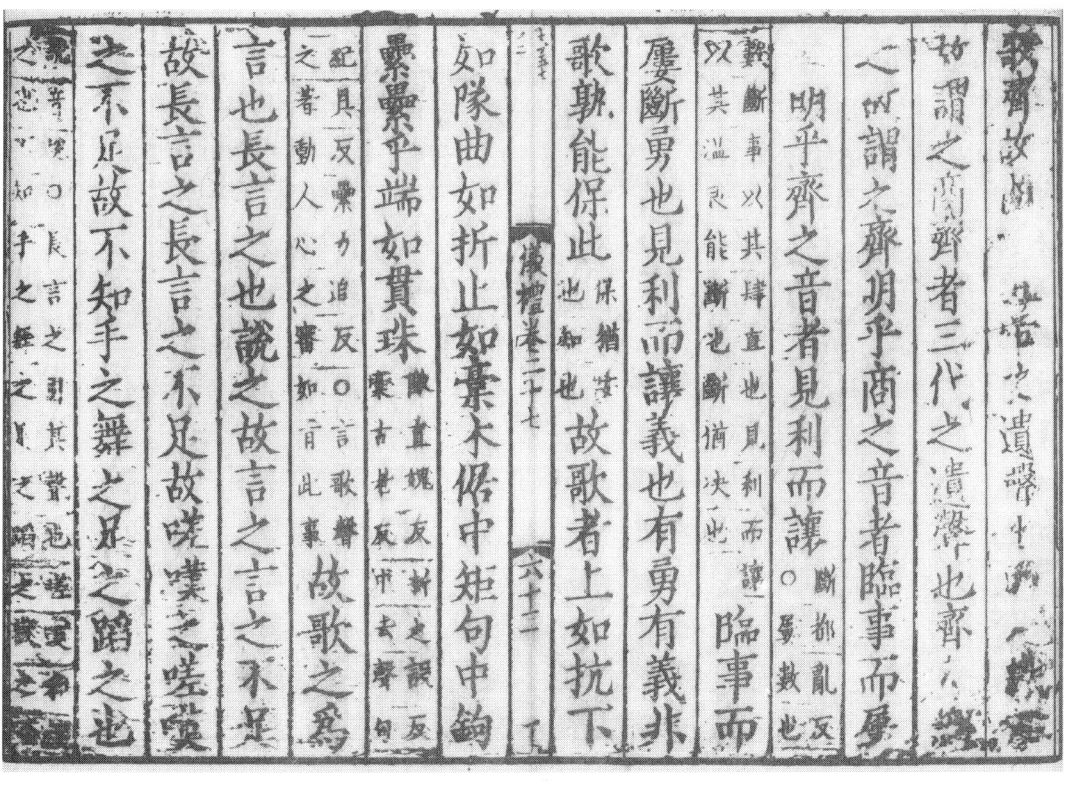

歌齊故□　□帝之遺聲也□□識之
故謂之商齊者三代之遺聲也齊人識之
故謂之齊明乎商之音者臨事而屢
明乎齊之音者見利而讓　斷都亂反屢數也　○臨事而
屢數斷事以其肆直也見利而讓以其溫良能斷也斷猶決也
屢斷勇也見利而讓義也有勇有義非
歌孰能保此　保猶安也知也　故歌者上如抗下

0010_0302-1

如隊曲如折止如槁木倨中矩句中鉤
纍纍乎端如貫珠　隊直類反折之設反槁苦老反倨音據句古侯反
紀具反纍力追反○言歌聲之著動人心之審如有此事　故歌之為
言也長言之也說之故言之言之不足
故長言之長言之不足故嗟嘆之嗟嘆
之不足故不知手之舞之足之蹈之也
說音悅○長言之引其聲也嗟嘆和續之也□□之□□如手之舞之足之蹈之歡之至也

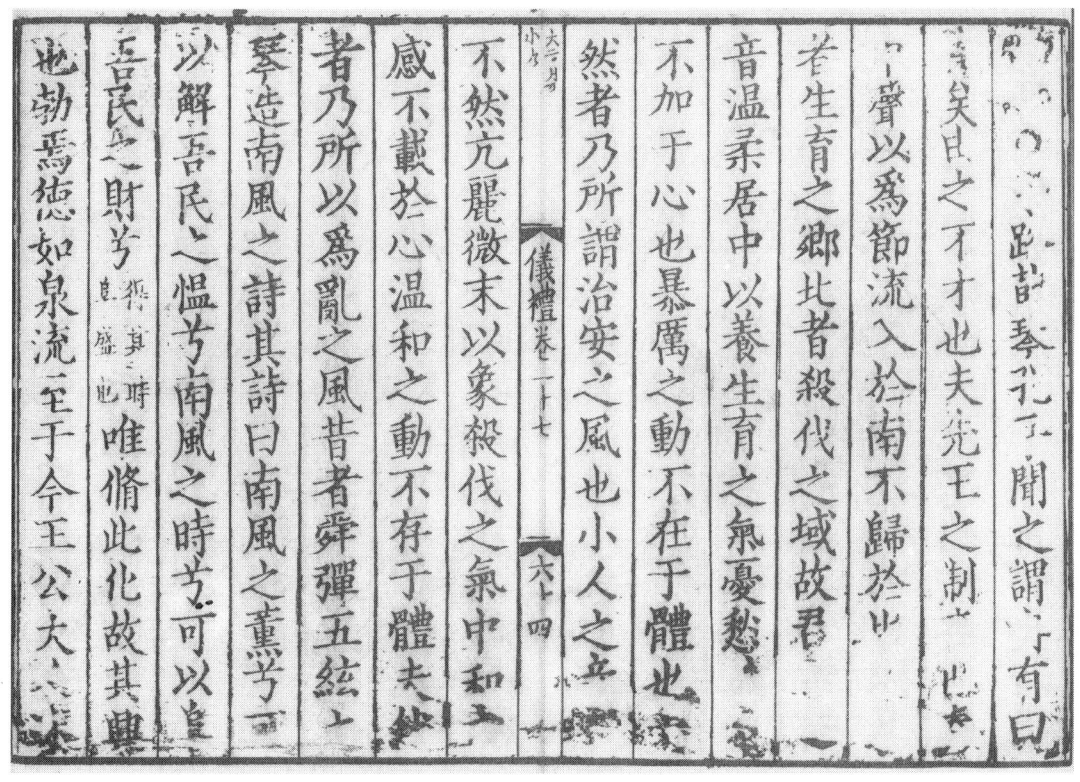

0010_0302-2

□□○□□路鼓琴□□聞之謂□有曰
□矣由之不才也夫先王之制音也
□□聲以為節流入於南不歸於北
者生育之鄉北者殺伐之域故君
音溫柔居中以養生育之氣憂愁
不加于心也暴厲之動不在于體也
然者乃所謂治安之風也小人之音

0010_0303-1

不然亢麗微末以象殺伐之氣中和之
感不載於心溫和之動不存于體夫然
者乃所以為亂之風昔者舜彈五絃之
琴造南風之詩其詩曰南風之薰兮可
以解吾民之慍兮南風之時兮可以阜
吾民之財兮　慍紆運反阜盛也　唯脩此化故其興
也勃焉德如泉流至于今王公大人述

而弗忘殷紂好爲北鄙之聲其廢也忽
然至于今王公大人舉以爲誡夫舜起
布衣積德含和而終以帝紂爲天子甚
淫暴亂而終以亡非各所修之致乎由
今也匹夫之徒曾無意于先王之制而
習亡國之聲豈能保其六七尺之體哉
冉有以告子路子路懼而自悔靜思不

食以至骨立夫子曰過而能改其進矣
乎家語○呂氏春秋古樂曰樂所由來者
尚也尚上也必不可廢有節有侈有正有淫
矣節適也侈大也正雅也淫亂也賢者以昌不肖以亡
昔古朱襄氏之治天下也朱襄氏古天子炎帝之別
號多風而陽氣畜積萬物散解果實不
成故士達作爲五絃瑟以來陰氣以定

羣生士達朱襄氏之臣昔葛天氏之樂三人操
牛尾投足以歌八闋操所執牛尾闋苦穴反○葛天氏古帝
也投足猶蹀足闋終一曰載民二曰玄鳥三曰遂
草木四曰奮五穀五曰敬天常六曰達
帝功七曰依地德八曰總萬物之極舉之
八篇名也昔陶唐氏之始陰多滯伏而湛積
湛音沈○陶唐氏堯之號水道壅塞不行其原故古洪水

之民氣鬱閼而滯著著直略反○閼讀曰遏止之遏筋
骨瑟縮不達故作爲舞以宣導之宣通昔
黃帝令伶倫作爲律伶倫黃帝臣伶倫自大
夏之西大夏西方之山乃之阮隃之陰隃式注式朱二
反○阮隃山名山北曰陰取竹於嶰谿之谷以生空
竅厚鈞者斷兩節間竹生谿谷者取其厚鈞斷兩節間以
爲律其長三寸九分而吹之以爲黃鍾

之宮（斷竹長三寸九分吹之音中黃鐘之宮）吹曰舍少次

制十二筩（六律六呂各有管故曰十二筩合成舍矣）以之阮

隃之下聽鳳凰之鳴以別十二律其雄

鳴爲六雌鳴亦六以此黃鐘之宮適合

（合和諧）黃鐘之宮皆可以生之故曰黃鐘

之宮律呂之本（法鳳之雄雌故律有陰陽上下相生故曰黃鐘）

（之宮皆可以生之）黃帝又命伶倫與榮猨鑄十

二鐘以和五音以仲春之月乙卯之日

日在奎始奏之命之曰咸池（獲音表○奏十二鐘樂名之爲咸池）

帝顓頊生自若水實處空桑（顓音專頊許六反○處居空桑）

乃登爲帝惟天之合正風

乃行（惟天之合德與大合風化也）其音若熙熙淒淒

鏘鏘帝顓頊好其音乃令飛龍作效八

風之音（好去聲○八風八卦之風）命之曰承雲以隮

上帝（上帝天上帝）乃令鱓先爲樂倡（鱓音善倡昌亮反○倡始也）

鱓乃偃浸以其尾鼓其腹（鼓擊）其

音英（英和盛貌）帝嚳命咸黑作爲聲歌九招

六列六英倕作爲鼙鼓鐘磬吹苓管壎

篪因令鳳鳥天翟舞之帝嚳大喜乃以

康帝德（嚳枯沃反招時遙反倕音垂○康安）帝堯立乃命

質爲樂質乃效山林谿谷之音以歌（質當爲夔）

乃以麋䩉冒缶而鼓之（䩉大角反○鼓擊）乃

拊石擊石以象上帝玉磬之音以致舞

獸鼓擬乃拌五絃之瑟（拌分）作以爲十五

絃之瑟命之曰大章以祭上帝舜立益

擬延乃拌鼓擬之所爲瑟益之八絃以

爲二十三絃之瑟帝舜乃令質修九招

六列六英以明帝德（招列英皆樂名也亦謂韶）禹立

勤勞天下日夜不懈通大川決壅塞鑿龍門降通漻水以導河（漻蓮條反○決壅塞故鑿龍門降大水）疏三江五湖注之東海以利黔首於是命皋陶作爲夏籥九成以昭其功（黔其廉反陶音遙○九成九變昭明）殷湯即位夏爲無道暴虐萬民侵削諸侯不用軌度天下患之湯於是變六州以討桀之罪功名

儀禮卷二十七　六十九　制

大成黔首安寧湯乃命伊尹作爲大護歌晨露修九招六列以見其善（大護晨露九招六列皆樂名善美）周文王處歧諸侯去殷三淫而翼文王（文王古公亶父之孫王季歷之子也古公避獯鬻之難邑于岐山之陽有周地及受命因爲天下號也淫過翼佐三淫謂剖比干之心斷材士之股刳孕婦之胎故諸侯去之而佐文王也）散宜生曰殷可伐也文王弗許（散宜生文王四臣之一也論語曰文王三

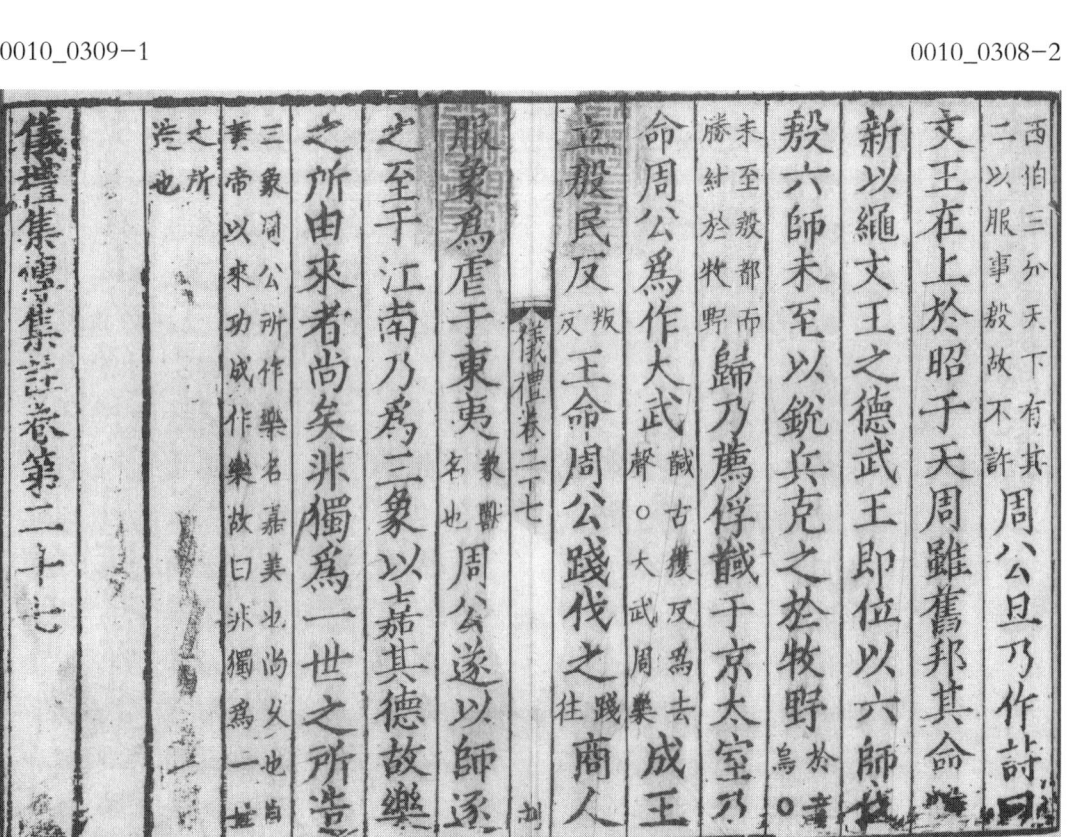

分天下有其二以服事殷故不許）周公旦乃作詩曰文王在上於昭于天周雖舊邦其命維新以繩文王之德武王即位以六師伐殷六師未至以銳兵克之於牧野（於音烏○未至殷都而勝紂於牧野）歸乃薦俘馘于京太室乃命周公爲作大武（馘古獲反爲去聲○大武周樂）成王立殷民反（叛反）王命周公踐伐之（踐往）商人

儀禮卷二十七　制

服象爲虐于東夷（象獸名也）周公遂以師逐之至于江南乃爲三象以嘉其德故樂之所由來者尚矣非獨爲一世之所造（三象周公所作樂名嘉美也尚久也自黃帝以來功成作樂故曰非獨爲一世之所造也）

儀禮集傳集注卷第二十七

0010_0313-1　　0010_0312-2

儀禮集傳集註

王制之甲 分土　　王朝禮五

禹貢五百里甸服 甸田遍反○規方千里之內謂之甸服爲天子服治田去王城面五百里 百里賦納總 百里近王城者禾藁曰總入之供飼國馬 二百里納銍 銍珍栗反○銍刈謂禾穗○穗音遂 三百里納秸服 秸工八反○秸藁也服藁役 四百里粟五百里米 所納精者少麤者多 五百里

儀禮卷二十八　一

侯服 甸服外之五百里侯候也斥候而服事 百里采 侯服內之百里供王事而已不主一 二百里男邦 男任也任王者事 三百里諸侯 三百里同爲王者斥候故合三爲一名 五百里綏服 綏安也侯服外之五百里安服王者政教 三百里揆文教 揆度也度王者文教而行之三百里皆同○度待洛反 二百里奮武衛 文教外之二百里奮武衛天子所以安 五百里要服 要一遙反○綏服外之五百里要束以文教 三百里夷 守平

0010_0314-1　　0010_0313-2

常之教事王者而已 二百里蔡 蔡法也法三百里而差簡 五百里荒服 要服外之五百里言荒又簡略 三百里蠻 以文德蠻來之不制以法 二百里流 流移也言政教隨其俗凡五服相距爲方五千至 東漸于海西被于流沙朔南暨聲教 漸子廉反○漸入也被及也此言五服之外皆與王者聲教而朝見 訖于四海

傳曰禹合諸侯于塗山執玉帛者萬

儀禮卷二十八　二

國 諸侯執玉附庸執帛塗山在壽春東北○哀公七年左氏傳

王者之制祿爵公侯伯子男凡五等諸侯之上大夫卿下大夫上士中士下士凡五等 二五象五行剛柔十日祿所受食爵秩次也上大夫曰卿○

天子之田方千里 象日月之大亦取畿同也此謂縣內以祿公卿大夫元士 公侯田方百里伯七十里子男五十里不能五十里者不合於天子 附

0010_0314-2

於諸侯曰附庸天子之三公之田視公
侯天子之卿視伯天子之大夫視子男
天子之元士視附庸皆象星辰之大小也不合謂不朝會
也小城曰附庸附庸者以國事附於大
國未能以其名通也視猶比也元善也
善士謂命士也此地殷所因夏爵三等
之制也殷有鬼侯梅伯則殷爵三等者
公侯伯也周武王初定天下更立五等
之爵增以子男而猶因殷之地以九州
之界尚狹也周公攝政致太平斥大九
州之界制禮成武王之意封王者之後

大九四 六卅 儀禮卷二十八 三十 本

0010_0315-1

爲公及有功之諸侯大者地方五百里
其次侯四百里其次伯三百里其次子
二百里其次男百里所因殷之諸侯亦
以功黜陟之其不合者皆益之地爲百
里焉是以周世有爵尊而國小爵卑而
國大者唯天子畿內千里不增以祿羣
臣不主爲治民○凡四海之內九州州方千里
州建百里之國三十七十里之國六十
五十里之國百有二十凡二百一十國
名山大澤不以封其餘以爲附庸閒田

0010_0315-2

八州州二百一十國閒音閑○建立也立大國三十三
公也立次國六十十六卿也立小國百
二十[redacted]十二小卿也名山大澤不以封
者與民同財不得障管亦賦稅之而已
此大界方三千里三三而九方千里者
制也周公制禮九州大界方七千里七
九也其一爲縣內餘八各立一州此殷
七四十九方千里者四十有九也其一
爲畿內餘四十八八州各有方千里者
六設法一州封地方五百里者不過四
謂之大國又封方四百里者不過六又
封方三百里者不過十一謂之次國又
封方二百里者不過二十五及餘方百

大五八 三冊三 儀禮卷二十八 四 本

0010_0316-1

里者謂之小國盈上四等之數幷四十
六一州二百一十國則餘方百里者百
六十四也凡處地方千里者五方百里
者五十九其餘方百里者四十一附庸
地也天子之縣內方百里之國九七十里
之國二十有一五十里之國六十有三
凡九十三國名山大澤不以朌其餘以
祿士以爲閒田縣內夏時天子所居州界名也殷曰畿詩殷頌
曰邦畿千里維民所止周亦曰畿畿內
大國九者三公之田三爲有致仕者副

0010_0316-2

爲六也其餘三待封王之子弟次國
二十一者卿之田六亦爲有致仕者副
之爲十二又三爲三孤之田其餘六亦
待封王之子弟小國六十三大夫之田
三十七亦爲有致仕者副之爲王子四
與餘九亦以待封王之子弟三孤之田
不副者以其無職佐公論道耳雖
有致仕猶可即而謀焉朌讀爲班○凡
九州千七百七十三國天子之元士諸
侯之附庸不與 與音預○不與不在數中也春秋傳曰禹會諸
侯於塗山執玉帛者萬國言執玉帛則
是惟謂中國耳中國而言萬國則是諸

儀禮廿八 五

0010_0317-1

侯之地有方百里有方七十里有方五
十里者禹承堯舜而然矣要服之內
地方七千里乃能容之夏末既衰夷狄內
侵諸侯相并土地減國數少殷湯承之
更制中國方三千里之界亦分爲九州
而建此千七百七十三國焉周公復唐
虞之舊域分其五服爲九其要服之內
亦方七千里而因殷諸侯之數廣其土
增其爵耳孝經說曰周千八百諸侯布
列五千里內此又改周之法關盛衰之
中三七之間以爲說也終此說之意五
千二十五方千里者二十五也其一爲
畿內餘二十四州各有方千里者三
其餘諸侯之地大小則未得而聞也○

0010_0317-2

天子百里之內以共官千里之內以爲
御 共音供○謂此地之田税所給也官謂其文書財用也御謂衣食 千
里之外設方伯五國以爲屬屬有長十
國以爲連連有帥三十國以爲卒卒有
正二百一十國以爲州州有伯 長丁丈反帥色類反下同○屬連卒州猶聚也伯帥正亦長也凡長皆因賢侯爲之殷之州長曰伯虞夏及周皆曰牧 八州八伯五十六正百六

儀禮廿八 六

0010_0318-1

十八帥三百三十六長八伯各以其屬
屬於天子之老二人分天下以爲左右
曰二伯 老謂上公周禮曰九命作伯春秋傳曰自陝以東周公主之自陝以西召公主之 天子使其大夫爲三監監於
方伯之國國三人 監古銜反監於古銜反○使佐方伯領諸
侯 ○天子之縣內諸侯祿也 選賢置之於位其國
之祿如諸侯不得世 外諸侯嗣也 有功乃封之[illegible]之[illegible]也[illegible]記

0010_0318-2

石繼世以立諸侯象賢也〇千里之內曰甸非治出穀[illegible]千里之外曰采九州之內地取其美物以當穀稅曰流謂九州之外也夷狄流移或貢或不禹貢荒服之外三百里蠻二百里流

〇方千里者爲方百里者百封方百里者三十國其餘方百里者七十又封方七十里者六十爲方百里者二十九方十里者四十其餘方百里者四十方十

0010_0319-1

里者六十又封方五十里者百二十爲方百里者三十其餘方百里者十方十里者六十名山大澤不以封其餘以爲附庸閒田諸侯之有功者取於閒田以祿之其有削地者歸之閒田〇天子之縣內方千里者爲方百里者百封方百里者九其餘方百里者九十一又封方

0010_0319-2

七十里者二十一爲方百里者十方十里者二十九其餘方百里者八十方十里者七十一又封方五十里者六十三爲方百里者十五方十里者七十五其餘方百里者六十四方十里者九十六

〇諸侯世子世國也象賢大夫不世爵使以德爵以功謂縣內及列國諸侯爲天子大夫者不世爵而世祿

0010_0320-1

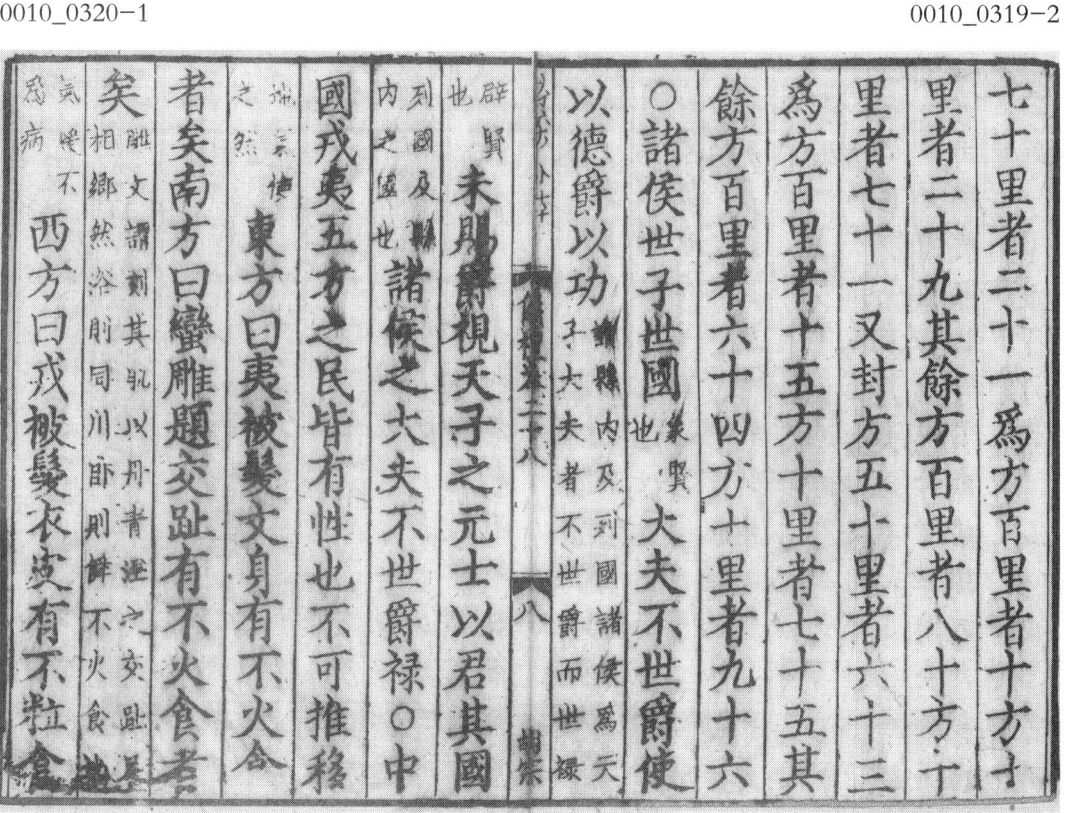

辟賢也未賜爵視天子之元士以君其國列國及縣內之國也諸侯之大夫不世爵祿〇中國戎夷五方之民皆有性也不可推移地氣使之然東方曰夷被髮文身有不火食者矣南方曰蠻雕題交趾有不火食者矣雕文謂刻其肌以丹青涅之交趾足相鄉然浴則同川臥則僻不火食地氣暖不爲病西方曰戎被髮衣皮有不粒食

0010_0320-2

者矣北方曰狄衣羽毛穴居有不粒食者矣衣去聲。不粒食地氣寒少五穀中國夷蠻戎狄皆有安居和味宜服利用備器其事雖異各自足五方之民言語不通嗜欲不同達其志通其欲東方曰寄南方曰象西方曰狄鞮北方曰譯鞮丁兮反譯音亦。皆俗間之名依其事類耳鞮之言知也今冀部有言狄鞮者。已上並王制〇周禮大司

0010_0321-1

徒以土圭之灋測土深正日景以求地中日南則景短多暑日北則景長多寒日東則景夕多風日西則景朝多陰深尺鳩反。土圭所以致四時日月之景也測猶度也不知廣深故曰測故書求爲救杜子春云當爲求鄭司農云測土深謂南北東西之深也日南謂立表處大南近日也日北謂立表處大北遠日也景夕謂日昳景乃中立表處大東近日也景朝謂日未中而景中立表處大西遠日也玄謂晝漏半而置土圭表陰陽

0010_0321-2

審其南北景短於土圭謂之日南是地於日爲近南也景長於土圭謂之日北是地於日爲近北也東於土圭謂之日東是地於日爲近東也西於上圭謂之日西是地於日爲近西也如是則寒暑陰風偏而不和是未得其所求凡日景於地千里而差一寸日至之景尺有五寸謂之地中天地之所合也四時之所交也風雨之所會也陰陽之所和也然則百物阜安乃建王國焉制其畿方千里而封樹

0010_0322-1

之景尺有五寸者南戴日下萬五千里地與星辰四游升降於三萬里之中是以半之得地之中也畿方千里取象於日一寸爲正樹樹木溝上所以表助阻固也鄭司農云土圭之長尺有五寸以夏至之日立八尺之表其景適與土圭等謂之地中今潁川陽城地爲然凡建邦國以土圭土其地而制其域諸公之地封疆方五百里其食者半諸侯之地封疆方四百里其食者參之一諸伯之地封疆方三

0010_0322-2

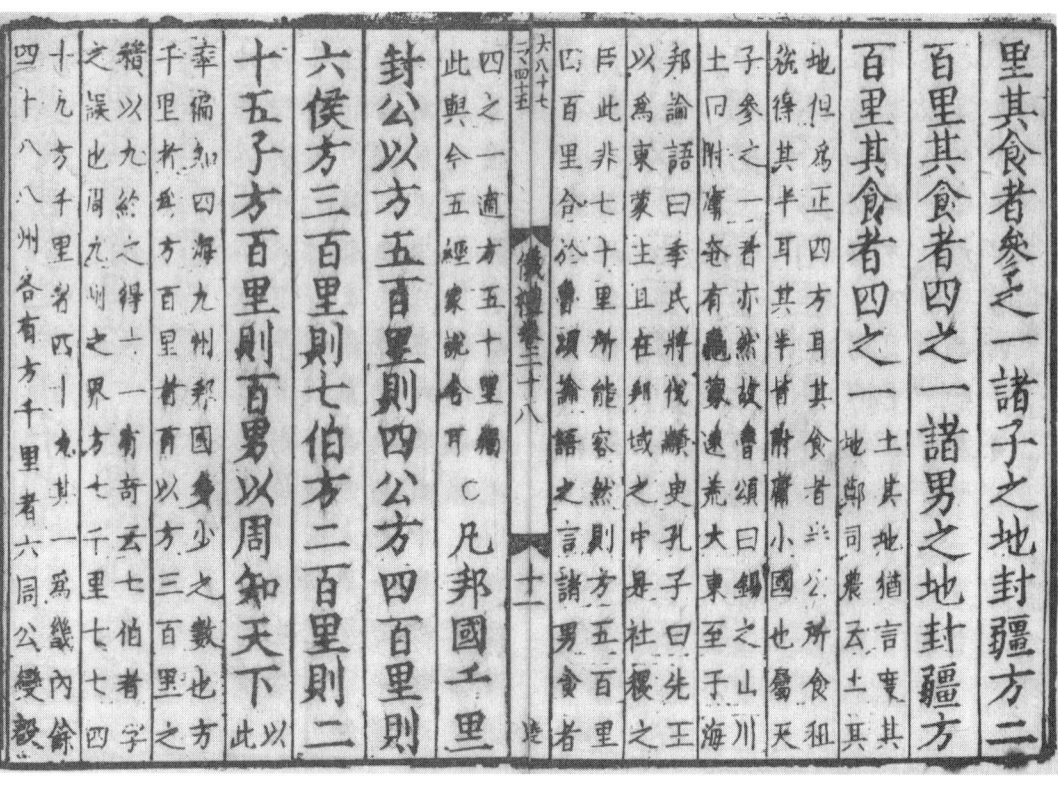

里其食者參之一諸子之地封疆方二百里其食者四之一諸男之地封疆方百里其食者四之一土其地猶言度其地鄭司農云土其地但爲正四方耳其食者半公所食租稅得其半耳其半皆附庸小國也屬天子參之一者亦然故魯頌曰錫之山川土田附庸奄有龜蒙遂荒大東至于海邦論語曰季氏將伐顓臾孔子曰先王以爲東蒙主且在邦域之中是社稷之臣此非七十里所能容然則方五百里四百里合於魯頌論語之言諸男食者

儀禮卷二十八　十一

0010_0323-1

四之一適方五十里獨此與今五經家說合耳○凡邦國千里封公以方五百里則四公方四百里則六侯方三百里則七伯方二百里則二十五子方百里則百男以周知天下以此率徧知四海九州邦國多少之數也方千里者爲方百里者百以方三百里之積以九約之得十一有奇云七伯者字之誤也周九州之界方七千里七七四十九方千里者四十九其一爲畿內餘四十八八州各有方千里者六周公變殷

0010_0323-2

湯之制雖小國地皆方百里是每事言則者設法也設法者以待有功而大其封一州之中以其千里封公則可四又以其千里封侯則可六又以其千里封伯則可十一又以其千里封子則可二十五又以其千里封男則可百公侯伯子男亦不是過也州二百一十國以男備其數焉其餘以爲附庸四海之封黜陟之功亦如之雖有大國爵稱子而已鄭司農云此制亦見大司徒職曰諸公之地方五百里諸侯之地方四百里諸伯之地方三百里諸子之地方二百里諸男之地方百里凡邦國大小相維大國比小國小國事

儀禮卷二十八　十二

0010_0324-1

大國各有屬相維聯也王設其牧選諸侯之賢者爲牧使牧理之制其職各以其所能牧監參伍之屬用能所任秩次制其貢各以其所有國之地物所有方千里曰王畿其外方五百里曰侯服又其外方五百里曰甸服又其外方五百里曰男服又其外方五百里曰釆服又其外方五百里曰衛服又其外方五百里曰蠻服

0010_0324-2

又其外方五百里曰夷服又其外方五百里曰鎮服又其外方五百里曰藩服服服事天子也詩云侯服于周○職方氏傳祭公謀父之言曰先王之制邦內甸服父音甫○邦內謂天子畿內千里之地商頌曰邦畿千里維民所止王制曰千里之內曰甸京邑在其中央故夏書曰五百里甸服則古今同矣甸王田也服其職業也自商以前并畿內為五服武王克殷周

儀禮卷二十八 十三

0010_0325-1

公致太平因禹所弼除畿內更制天下為九服千里之內謂之王畿王畿之外曰侯服侯服之外曰甸服今謀父諫穆王稱先王之制猶以王畿為甸服者甸古名世俗所習也故周襄王謂晉文公曰昔我先王之有天下也規方千里以為甸服是也周禮亦以畿服為要服及以相況也邦外侯服邦外邦畿之外也方五百里之地謂之侯服侯服侯圻也言諸侯之近者歲一來見也侯衛賓服此總言之也侯侯圻也衛衛圻也言自侯圻至衛圻其間凡五圻圻五百里五五二千五百里

0010_0325-2

中國之界也謂之賓服常以服貢見於王也五圻者侯圻之外曰甸圻甸圻之外曰男圻男圻之外曰采圻采圻之外曰衛圻周書康誥曰侯甸男采衛是也凡此服數諸家之說皆紛錯不同唯賈君近之蠻夷要服蠻蠻圻也夷夷圻也周禮衛圻之外曰蠻圻去王城三千五百里九州之界也夷圻去王城四千里周禮行人職曰衛圻之外謂之要服此言蠻夷要服則夷圻朝貢或與蠻圻同也要者要結好信而服從也戎狄荒服戎狄去王城四千五百里至五千里也四千五百里

儀禮卷二十八 十四

0010_0326-1

為鎮圻五千里為蕃圻在九州之外荒裔之地與戎狄同俗故謂之荒荒忽無常之言也甸服者祭供日祭也此采地之君其見無數侯服者祀供月祀也堯舜及周侯服皆歲見賓服者享供時享也享獻也周禮甸圻二歲而見男圻三歲而見采圻四歲而見衛圻五歲而見其見必以所貢助祭於廟孝經所謂四海之內各以其職來祭者是也要服者貢供歲貢也要服六歲一見也荒服者王王王事天子也周禮九州之外謂之蕃國世一見各以其

0010_0326-2

所貴寶爲贄故詩云自彼氐羌莫敢不來王日祭日祭祭於祖考謂上食也近漢小然月祀月祀於高曾也時享時享於二祧也歲貢歲貢於壇墠也終王終謂世終也朝嗣王及即位而來見也先王之訓也有不祭則修意意志意也謂邦國之內有一違闕不供日祭者先修志意以自責也畿內近知王意有不祀則修言言號令也有不享則修文文典法也有不貢則修名名謂尊卑職貢之名號也晉語曰信

0010_0327-1

儀禮卷二十八　十五

於名則上下不干也有不王則修德遠人不服則修文德以柔之序成而有不至則修刑序成謂上五者次序已成而有不至則有刑誅於是乎有刑不祭伐不祀征不享讓不貢讓譴責也告不王謂以文辭告曉之也施遠者罪輕於是乎有刑罰之辟有攻伐之兵刑不祭也伐不祀也有征討之備征不享也有威讓之令讓不貢也有文告之辭

0010_0327-2

告不王也布令陳辭而又不至則增修於德而無勤民於遠勤勞也是以近無不聽遠無不服周語○羊客問子思曰周自后稷封爲王者後子孫據國至大王王季文王此固世爲諸侯矣焉得爲西伯乎子思曰吾聞諸子夏古之帝王中分天下使二公治之謂之二

0010_0328-1

儀禮卷二十八　十六

伯殷王帝乙之時王季以功九命作伯大音泰焉於虔反○禮九命一命受職再命受服三命受位四命受器五命受則六命受官七命受國八命受牧九命作伯受圭瓚秬鬯之賜瓚才但反鬯勑亮反○禮九錫一曰車馬二曰衣服三曰樂器四曰納陛五曰虎賁六曰朱戶七曰斧鉞八曰弓矢九曰圭瓚故文王因之得專征伐此以諸侯爲伯猶周召之君爲伯也召音邵○周召之地在雍州岐

0010_0328-2

止之陽古公亶父避狄自豳始遷於此修德以興王業故殷王帝乙命其子季歷以爲西伯至紂又命文王爲西伯蓋商之州長曰伯謂以文王爲伯而在西也故文王行化而雍梁荊豫徐揚之人咸被其德而從之故語曰三分天下有其二由服事殷惟冀青兖一分屬紂矣文王受命作邑于豐而岐陽周召之地已空故分賜周公召公以爲采邑施大王王季之化於己所職之國傳記言分陝而治者蓋此也○孔叢子

○周成王使召康公命齊大公曰五侯九伯

0010_0329-1

女實征之以夾輔周室召音邵女音汝○五等諸侯九州之伯皆得征討其罪齊桓因此命以夸楚○左氏僖公四年

○自陝而東者周公主之自陝而西者召公主之一相處乎內陝失冉反一云當作郟召音邵相去聲○陝者蓋今弘農陝縣是也禮司馬主兵司徒主教司空主土春秋撥亂世以絀陟爲本故舉絀陟以所主者言之○公羊公

○周襄王命尹氏及王子虎內

0010_0329-2

史叔興父策命晉侯重耳爲侯伯重平年○以策書命晉侯爲伯○左氏僖公二十八年

○王者必立牧方三人使窺遠牧衆也遠方之民有饑寒而不得衣食有獄訟而不平其寃失賢而不舉者入告乎天子天子於其君之朝也揖而進之曰意朕之政教有不得爾者邪何如乃有

0010_0330-1

饑寒而不得衣食有獄訟而不平其寃失賢而不舉然後其君退而與其卿大夫謀之遠方之民聞之皆曰誠天子也夫我居之僻見我之近也我居之幽見我之明也可欺乎哉故牧者所以明四目通四聰也夫音扶

儀禮集傳集註

王制之乙 制國　　王朝禮六

凡建王國大司徒以土圭之灋測土深正日景以求地中日南則景短多暑日北則景長多寒日東則景夕多風日西則景朝多陰

深尺鴆反○土圭所以致四時日月之景也測猶度也不知廣深故曰測故書求爲救杜子春云當爲求鄭司農云測土深謂南北東西之深也日南謂立表處大南近日

也日北謂立表處大北遠日也景夕謂日跌景乃中立表處大東近日也景朝謂日未中而景中立表處大西遠日也玄謂晝漏半而置土圭表陰陽審其南北景短於土圭謂之日南是地於日爲近南也景長於土圭謂之日北是地於日爲近北也東於土圭謂之日東是地於日爲近東也西於土圭謂之日西是地於日爲近西也如是則寒暑陰風偏而不和是未得其所求凡日景於地千里而差一寸

日至之景尺有五寸謂之地中天地之所合也四時

之所交也風雨之所會也陰陽之所和也然則百物阜安乃建王國焉制其畿方千里而封樹之

景尺有五寸者南戴日下萬五千里地與星辰四遊升降於三萬里之中是以半之得地之中也畿方千里取象於日一寸爲正樹樹木溝上所以表助阻固也鄭司農云土圭之長尺有五寸以夏至之日立八尺之表其景適與土圭等謂之地中今潁川陽城地爲然○今按自唐以來以浚儀岳臺晷景爲地中

○量人掌營國城郭

營后宮量市朝道巷門渠造都邑亦如之

量音亮朝直遥反○建立也立國有舊法式若匠人云分國定天下之國分小宗君也言君容王與諸侯

○匠人營國方九里旁三門

營謂丈尺其大小天子十二門通十二子雖云王城當十二里

國中九經九緯經涂九軌

國中城內也經緯謂涂也經涂之涂皆容方九軌軌謂轍廣乘車六尺六寸旁加七寸凡八尺是爲轍廣九軌積七十二尺則此涂十二步也旁加七寸者輻內二寸半輻廣三寸半綆

0010_0332-2

三分寸之二金轄之間三分寸之一左祖右社面朝後市

至室所居也祖宗廟面猶鄉也王宮當中經之涂也市朝一夫方各

百步夏后氏世室堂脩二七廣四脩一

曠尺○世室者宗廟也魯廟有世室有白盛此用先王之禮脩南北之深也

夏度以步令堂脩十四步其廣益以四分脩之一則堂廣十七步半五室

三四步四三尺堂上爲五室象五行也三四步室方也四三尺

以益廣也木室於東北火室於東南金室於西南水室於西北其方皆三步其

三

0010_0333-1

廣益之以三尺土室於中央方四步其廣益之以四尺此五室居堂南北六丈

一丈九階南面三三面各二四旁兩夾窻

每室四八窻白盛蜃灰也盛之言成也以蜃灰堊牆所以飾成宮

門堂三之二門堂門側之堂取數於正堂令堂如上制則門

堂南北九步二尺東西十一步四尺爾雅曰門側之堂謂之塾室三之

兩室與門各居一分殷人重屋堂脩七尋堂崇

三尺四阿重屋重直龍反○重屋者王宮正堂若大寢也其

0010_0333-2

五尋五丈六尺放夏周則其廣九尋卅丈二尺也五室各二尋崇高也四阿若

今四注屋重屋複笮也○笮側白反周人明堂度九尺之

筵東西九筵南北七筵堂崇一筵五室

凡室二筵度徒洛反下同○明堂者明政教之堂周度以筵亦王者

相改周堂高九尺殷三尺則夏一尺矣相參之數禹卑宮室謂此一尺之堂與

此三者或舉宗廟或舉王寢或舉明堂互言之以明其同制室中度

以几堂上度以筵宮中度以尋野度以

四

0010_0334-1

步涂度以軌周文者各因物宜爲之數室中舉謂四壁之內廟

門容大扃七个扃古螢反下同个古賀反○大扃牛鼎之扃長

三尺每扃爲一个七个二丈一尺闈門容小扃參个廟中

之門曰闈小扃膷鼎之扃長二尺三个六尺路門不容乘車

之五个乘去聲○路門者大寢之門乘車廣六尺六寸五个三丈三尺

言不容者是兩門乃容之兩門乃容之則此門半之丈六尺五寸應門

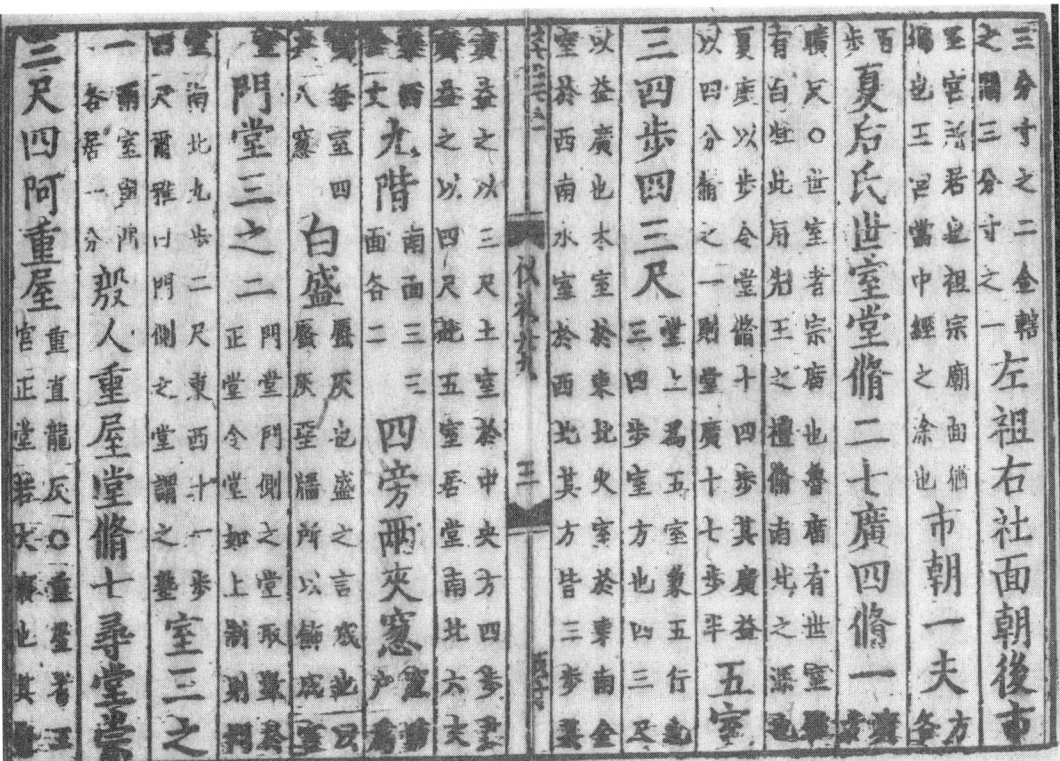

二徹參个正門謂之應門謂朝門也二徹之內八尺三个二丈四尺

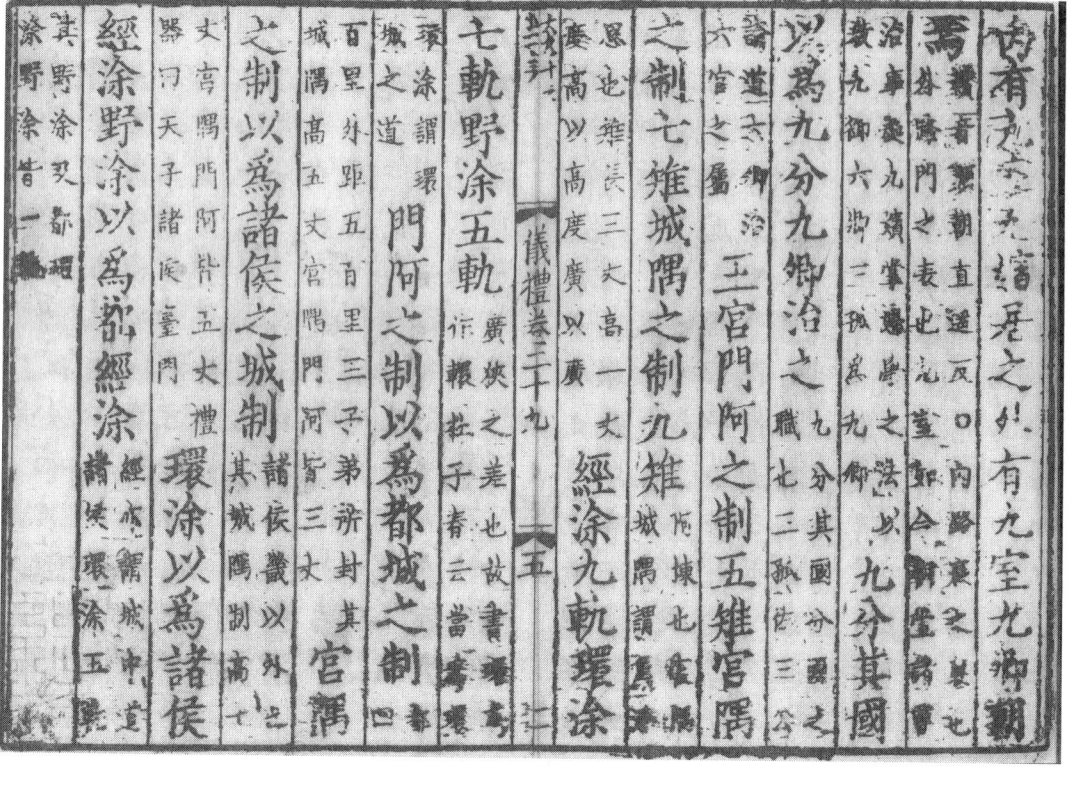

内有九室九嬪居之外有九室九卿朝焉嬪音頻朝直遥反○内路寢之裏也外路門之表也九室如今朝堂諸曹治事處九嬪掌婦學之法以九教九御六卿三孤爲九卿九分其國以爲九分九卿治之九分其國分職之職也三孤佐三公論道六卿治六官之屬王宫門阿之制五雉宫隅之制七雉城隅之制九雉阿棟也宫隅城隅謂角浮思也雉長三丈高一丈度高以高度廣以廣經涂九軌環涂

七軌野涂五軌廣狹之差也故書環或作轘杜子春云當爲環環涂謂環城之道門阿之制以爲都城之制都四百里外距五百里王子弟所封其城隅高五丈宫隅門阿皆三丈宫隅之制以爲諸侯之城制諸侯畿以外也其城隅制高七丈宫隅門阿皆五丈禮器曰天子諸侯臺門環涂以爲諸侯經涂野涂以爲都經涂經亦謂城中道諸侯環涂五軌其野涂及都環涂皆三軌

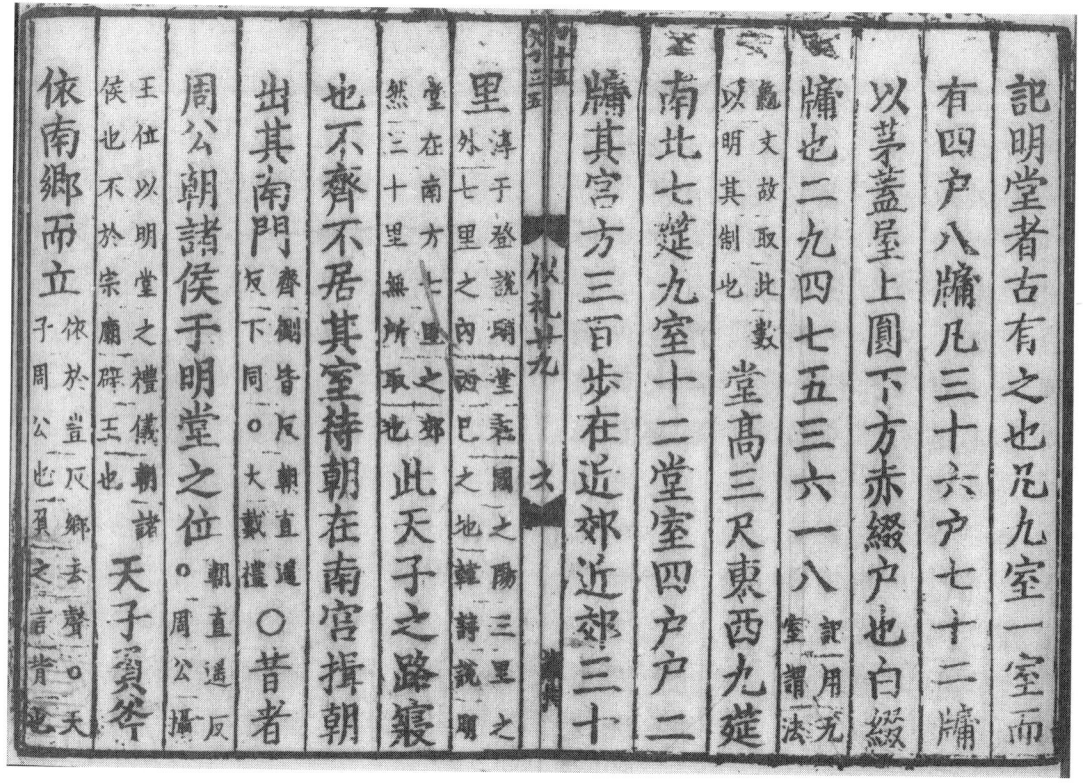

記明堂者古有之也凡九室一室而有四户八牖凡三十六户七十二牖以茅蓋屋上圓下方赤綴户也白綴牖也二九四七五三六一八記用九室謂法龜文故取此數以明其制也堂高三尺東西九筵南北七筵九室十二堂室四户户二牖其宫方三百步在近郊近郊三十

里淳于登説明堂在國之陽三里之外七里之内丙巳之地韓詩説明堂在南方七里之郊然三十里無所取也此天子之路寢也不齊不居其室待朝在南宫揖朝出其南門齊側皆反朝直遥反下同○大戴禮○昔者周公朝諸侯于明堂之位朝直遥反○周公攝王位以明堂之禮儀朝諸侯也不於宗廟辟王也天子負斧依南鄉而立依於豈反鄉去聲○天子周公也負之言背也

0010_0336-2

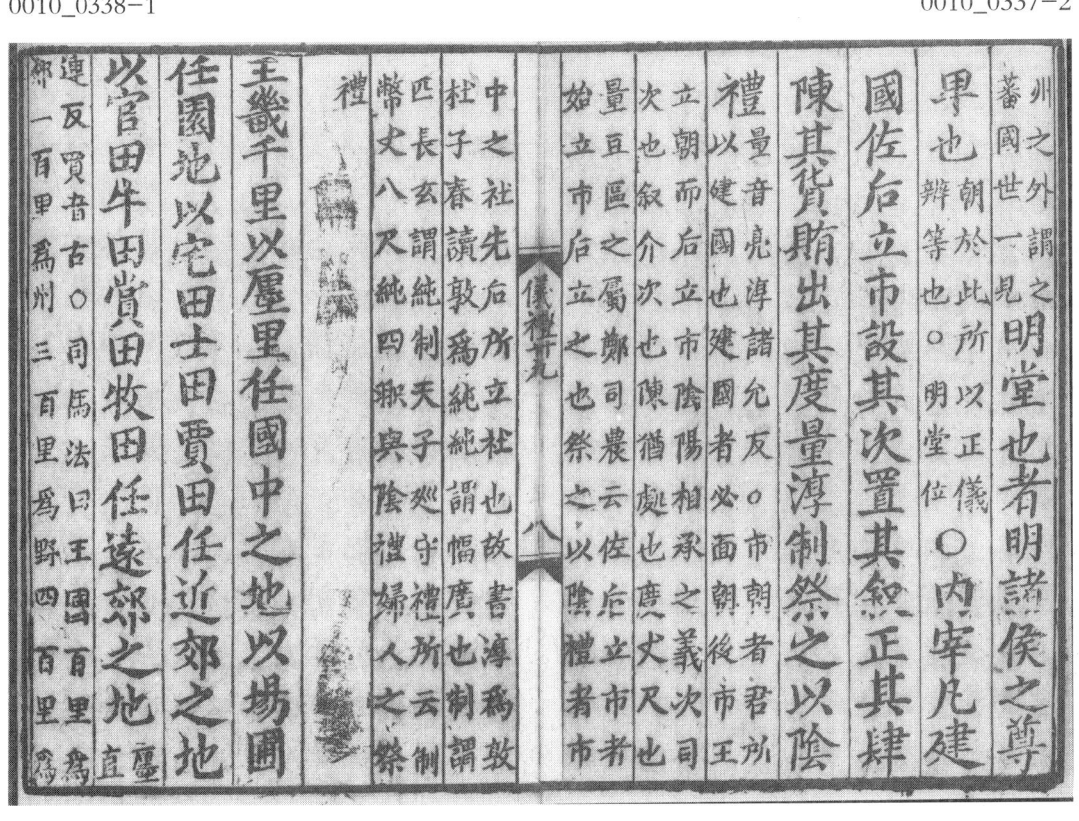

斧依爲斧文屏風於户牖之間周公於前立焉三公中階之前北面東上諸侯之位阼階之東西面北上諸伯之國西階之西東面北上諸子之國門東北面東上諸男之國門西北面東上九夷之國東門之外西面北上八蠻之國南門之外北面東上六戎之國西門之外東面南上

0010_0337-1

五狄之國北門之外南面東上九采之國應門之外北面東上四塞世告至此周公明堂之位也寒先代所○朝之盡不於此周公權用之也朝仕之上上近主位尊也九采九州之牧與貢職者也正門謂之應門二伯帥諸侯而入牧者外而糾察之也四塞謂夷服鎭服蕃服在四方爲蔽塞者新君即位則乃朝周禮侯服歲一見甸服二歲一見男服三歲一見采服四歲一見衛服五歲一見要服六歲一見九

0010_0337-2

州之外謂之蕃國世一見明堂也者明諸侯之尊卑也朝於此所以正儀辨等也○明堂位○內宰凡建國佐后立市設其次置其敘正其肆陳其貨賄出其度量淳制祭之以陰禮量音亮淳諸允反○市朝者君所以建國也建國者必面朝後市王立朝而后立市陰陽相承之義次司次也敘介次也陳循處也度丈尺也量豆區之屬鄭司農云佐后立市者始立市后立之也祭之以陰禮者市

0010_0338-1

中之社先后所立社也故書淳爲敦杜子春讀敦爲純純謂幅廣也制謂匹長玄謂純制天子巡守禮所云制幣丈八尺純四䋽與陰禮婦人之祭禮

王畿千里以廛里任國中之地以場圃任園地以宅田士田賈田任近郊之地以官田牛田賞田牧田任遠郊之地廛直連反賈音古○司馬法曰王國百里爲郊一百里爲州三百里爲野四百里爲

0010_0338-2

縣五百里爲都杜子春云五十里爲近
郊百里爲遠郊玄謂廛里者若今云邑
里居矣廛民居之區域也里居也以廛
里任國中而遂人職授民田夫一廛田
百畮是廛里不謂民之邑居在都城者
與圃樹果蓏之屬季秋於中爲場樊圃
謂之園宅田致仕者之家所受田也士
相見禮曰宅者在邦則曰市井之臣在
野則曰草茅之臣士讀爲仕仕者亦受
田所謂圭田也孟子曰自卿以下必有圭田
圭田五十畮賈田在市賈人其家所受
田也官田庶人在官者其家所受田也
牛田者以養公家之牛賞田者賞賜之
田牧田者牧六畜之田牛田牧田牧者

0010_0339-1

之家所受田也**以公邑之田任甸地**公邑謂六遂餘地天
子使大夫治之自此以外皆然二百里
三百里其上大夫如州長四百里五百
里其下大夫如縣正是以或謂二百
里爲州四百里爲縣云遂人亦監焉**以**
家邑之田任稍地稍所教反○家
邑大夫之采地**以小**
都之田任縣地縣都之采地**以大都之田任**
畺地畺居良反○大都公之采地王子
弟所食邑也畺五百里王畿界也
皆言任者地之形實不方平如圖受田
邑者遠近不得盡如制其所生育職貢

0010_0339-2

止於是耳○凡王畿內方千里積百
同九百萬夫之地也有山陵林麓川澤
溝瀆城郭宮室涂巷三分去一餘六百
萬夫又以田不易一易再易上中下相
通定受田者三百萬家也遠郊之內地
居四同三十六萬夫之地也三分去一
其餘二十四萬夫六鄉之民七萬五千
家通不易一易再易一家受二夫則十
五萬夫之地其餘九萬夫廛里也場圃
也宅田也士田也賈田也官田也牛田
也賞田也牧田也九者亦通受一夫焉
則半農人也定受田十二萬家也食貨
志云農民戶一人已受田其家衆男爲
餘夫亦以口受田如比士工商家受田

0010_0340-1

五口乃當農夫一人今餘夫在遂地之
中如此則士工商以事入在官而餘夫
以力出耕公邑甸稍縣都合居九十六
同八百六十四萬夫之地城郭宮室差
少塗巷又狹於三分所去六而存一焉
以十八分之十三率之則其餘六百二
十四萬夫之地通上中下六家而受十
三六定受田二百八十八萬家也其在
甸七萬五千家爲六遂餘則公邑○疏
云此一經論任土之法但天子畿內千
里中置國城四面至畺各五百里百里
爲一節封授不同今則從近向遠發國
中爲始也但自遠郊百里之內置六鄉
七萬五千家自外餘地有此廛里以至

0010_0340-2

牧田九等所任也云以公邑之田任甸地者郊外曰甸甸在遠郊之外其中置六遂七萬五千家餘地旣九等之人所受以爲公邑也但自此以至畿畺四面皆有公邑故據此而言也云以家邑之田任稍地者謂天子大夫各受采地二十五里在三百里之內也云以小都之田任縣地者謂大子之卿各受五十里采地在四百里縣地之內也云以大都之田任畺地者謂三公及親王子母弟各受百里采地在五百里畺地之中也名三百里地爲稍者以大夫地少稍稍給之故云稍也四百里爲縣者以四百里采地之外地爲公邑主之者尊卑知

儀禮卷九 十二

0010_0341-1

縣正故司馬法亦名四百里爲縣也五百里爲畺者以外畔至五百里畿畺故以畺言之○今按郊地四同六鄉井田在內甸地十二同六遂公邑在內稍地二十同家邑公邑在內縣地二十八同小都公邑在內畺地三十六同大都公邑在內甸地之外皆謂之野公邑家邑小都大都皆謂之都鄙○載師○

六鄉之法五家爲比使之相保五比爲閭使之相受四閭爲族使之相葬五族爲黨使之相救五黨爲州使之相賙五

0010_0341-2

州爲鄉使之相賓比毗志反賙音周○此所以勸民者也使之者皆謂立其長而教令使之保猶任也救救凶災也賓賓客其賢者故書受爲授杜子春云當爲受謂民徙所到則受之所去則出之○云賙當爲紨謂紨其惡玄謂受者宅舍有故相受寄託也賙者謂禮物不備相給足也閭二十五家族百家黨五百家州二千五百家鄉萬二千五百家○大司徒○六遂之法五家爲鄰五鄰爲里四里爲酇五酇爲鄙五鄙爲縣五縣爲遂皆有地

儀禮卷九 十二

0010_0342-1

域溝樹之使各掌其政令刑禁以歲時稽其人民而授之田野簡其兵器教之稼穡酇作管反○鄰里酇鄙縣遂猶郊內比閭族黨州鄉也鄭司農云田野之居其比伍之名與國中異制故五家爲鄰玄謂異其名者示相變耳遂之軍法追胥起徒役如六鄉辨其野之土上地中地下地以頒田里上地夫一廛田百畮萊五十畮餘夫亦如之中地夫一廛田百畮

萊百晦餘夫亦如之下地夫一廛田百
晦萊二百晦餘夫亦如之晦與畝同○萊謂休不耕
者鄭司農云戶計一夫一婦而賦之田其一戶有數口者餘夫亦受此田也廛
居也楊子雲有田一廛謂百晦之居也玄謂廛城邑之居孟子所云五晦之宅
樹之以桑者也六遂之民奇受一廛雖上地猶有萊皆所以饒遠也王莽時城
郭中宅不樹者爲不毛出三夫之布凡治野夫間有遂遂
上有徑十夫有溝溝上有畛百夫有洫

儀禮卷二十九　十三

洫上有涂千夫有澮澮上有道萬夫有
川川上有路以達于畿畛之忍反洫況逼反澮古外反
○十夫二鄰之田百夫一鄰之田千夫二鄙之田萬夫四縣之田遂溝洫澮皆
所以通水於川也遂廣深各二尺溝倍之洫倍溝澮廣二尋深二仞徑畛涂道
路皆所以通車徒於國都也徑容牛馬畛容大車涂容乘車一軌道容二軌路
容三軌都之野涂與環涂同可也萬夫者方三十三里少半里九而方一同以
南晦圖之則遂從溝橫洫從澮橫九澮而川周其外焉去山陵林麓川澤溝瀆

城郭○遂人○凡造都鄙制其地域而封溝
之以其室數制之不易之地家百晦一
易之地家二百晦再易之地家三百晦
都鄙王子弟公卿大夫采地其界曰都鄙所居也王制曰天子之縣內方百里
之國九七十里之國二十有一五十里之國六十有三此蓋夏時采地之數周
未聞矣春秋傳曰遷鄭焉而鄙留城郭之宅曰室詩云嗟我婦子曰爲改歲入
此室處以其室數制之謂制丘甸之屬王制曰凡居民量地以制邑度地以居

儀禮卷二十九　十四

民地邑民居必參相得鄭司農云不易之地歲種之地美故家百晦一易之地
休一歲乃復種地薄故家二百晦再易之地休二歲乃復種故家三百晦○大
司徒乃經土地而井牧其田野九夫爲井
四井爲邑四邑爲丘四丘爲甸四甸爲
縣四縣爲都以任地事而令貢賦凡稅
斂之事此謂造都鄙也采地制井田異於鄉遂重立國小司徒爲經之
立其五溝五塗之界其制似井之字因取名焉孟子曰夫仁政必自經界始經

界不正井地不均貢禄不平是故暴君汙吏必慢其經界經界旣正分田制

禄可坐而定也鄭司農云井牧者春秋傳所謂井衍沃牧隰皐者也玄謂隰皐之

地九夫爲牧二牧而當一井今造都鄙授民田有不易有一易有再易通率二

而當一是之謂井牧昔夏少康在虞思有田一成有衆一旅一旅之衆而田一

成則井牧之法先古然矣九夫爲井者方一里九夫所治之田也此制小司徒

經之匠人爲之溝洫相包乃成耳邑丘之屬相連比以出田税溝洫爲除水害

四井爲邑方二里四邑爲丘方四里四丘爲甸甸之言乘也讀如衷甸之甸甸

周禮二十五　五十三

方八里旁加一里則方十里爲一成積百井九百夫其中六十四井五百七十六

夫出田税三十六井三百二十四夫治洫四甸爲縣方二十里四縣爲都方

四十里四都方八十里旁加十里乃得方百里爲一同也積萬井九萬夫其四

千九十六井三萬六千八百六十四夫出田税二千三百四井二萬七百三十六

夫治洫三千六百井三萬二千四百夫治澮井田之法備於一同今止於都

者采地食者皆四之一其制三等百里之國凡四都一都之田税入於王五十

里之國凡四縣一縣之田税入於王二十五里之國凡四甸一甸之田税入於

王地車謂農牧衡虞也貢謂九穀山澤之林也賦謂出車徒給徭役也司馬法

曰六尺爲歩歩百爲畮畮百爲夫夫三爲屋屋三爲井井十爲通通爲匹馬三

十家士一人徒二人通十爲成成百井三百家革車一乘士十人徒二十人十

成爲終終千井三千家革車十乘士百人徒二百人十終爲同同方百里萬井

三萬家革車百乘士千人徒二千人○小司徒○**匠人爲溝洫**

主通利田間之水道**耜廣五寸二耜爲耦一耦之**

伐廣尺深尺謂之甽田首倍之廣二尺

深二尺謂之遂耜音嗣廣古曠反下同耦音偶甽古犬反○古

者耜一金兩人併發之其壟中曰甽甽上曰伐伐之言發也甽畎也今之耜岐

頭兩金象古之耦也田一夫之所佃百畝方百歩地遂者夫間小溝遂上亦有

徑**九夫爲井井間廣四尺深四尺謂之**

溝方十里爲成成間廣八尺深八尺謂

之洫方百里爲同同間廣二尋深二仞

謂之澮此畿内采地之制九夫爲井井者方一里九夫所治之田也采

周禮廿九　十六

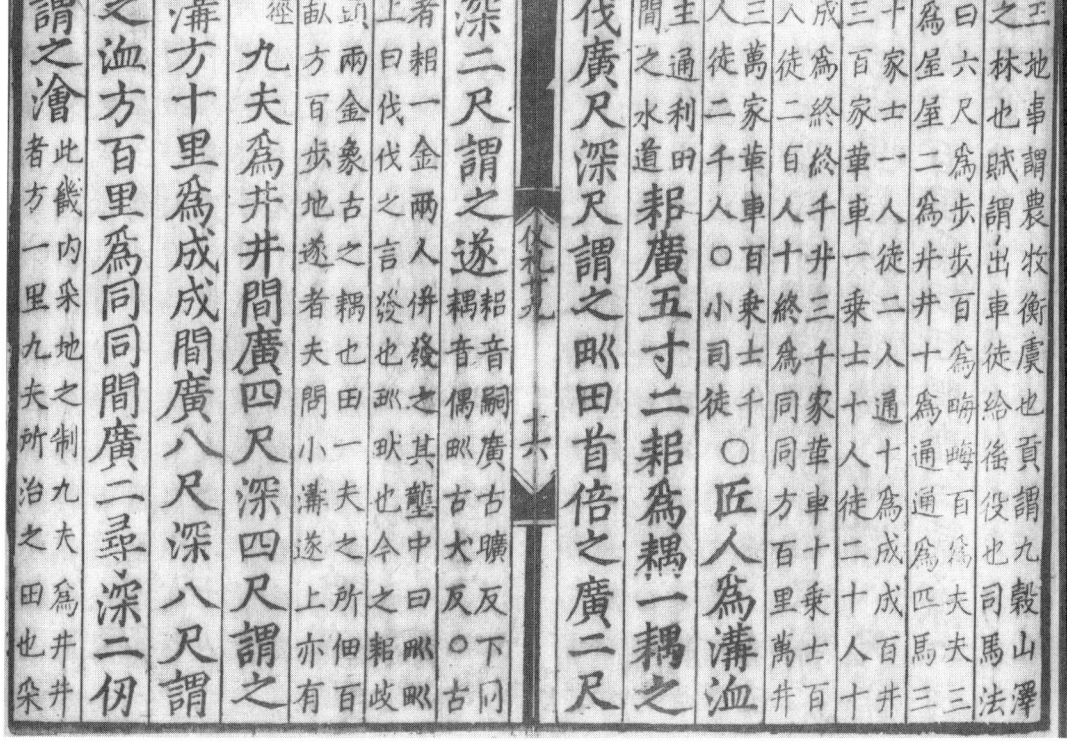

王制之乙　制國　王朝禮六

0010_0347-1　0010_0346-2

地制井田異於鄉遂及公邑三夫爲屋
屋具也一井之中三屋九夫三三相具
以出賦稅共治溝也方十里爲成成中
容一甸甸方八里出田稅緣邊一里治
洫方百里爲同同中容四都六十四成
方八十里出田稅緣邊十里治澮采地
者在三百里四百里五百里之中載師
職曰園廛二十而一近郊十一遠郊二
十而三甸稍縣都皆無過十二謂田稅
也皆就夫稅之輕近重遠耳滕文公問
爲國於孟子孟子曰夏后氏五十而貢
殷人七十而助周人百畝而徹其實皆
什一也徹者徹也助者藉也龍子曰治
地莫善於助莫不善於貢貢者校數歲

儀禮卷二十九　十七

之中以爲常文公又問井田孟子曰請
野九一而助國中什一使自賦卿以下
必有圭田圭田五十畝餘夫二十五畝
死徙無出鄉鄉田同井出入相友守望
相助疾病相扶持則百姓親睦方里而
井井九百畝其中爲公田八家皆私百
畝同養公田公事畢然後敢治私事所
以別野人也又曰詩云雨我公田遂及
我私惟助爲有公田由此觀之雖周亦
助也魯哀公問於有若曰年饑用不足
如之何有若對曰盍徹與曰二吾猶不
足如之何其徹也春秋宣公十五年秋
初稅畝傳曰非禮也穀出不過藉以豐
財也此數者世人謂之錯而疑焉以載

0010_0348-1　0010_0347-2

貢職及司馬法論之周制畿內用夏之
貢法稅夫無公田以詩春秋論語孟子
論之周制邦國用殷之助法制公田不
稅夫貢者自治其所受田貢其稅穀助
者借民之力以治公田又使收斂焉畿
內用貢法者鄉遂及公邑之吏旦夕從
民事爲其促之以公使不得恤其私邦
國用助法者諸侯專一國之政爲其貪
暴稅民無藝周之畿內稅有輕重諸侯
謂之徹者通其率以什一爲正孟子云
野九夫而稅一國中什一是邦國亦異
外內之法耳圭之言珪絜也周謂之士
田鄭司農說以春秋傳曰有田
一成又曰列國一同○冬官 ○王制

儀禮卷二十九　十八

方一里者爲田九百畝一里方三百步方十里
者爲方一里者百爲田九萬畝方百里
者爲方十里者百爲田九十億畝億今十萬
方千里者爲方百里者百爲田九萬億
畝萬億今萬萬也○自恒山至於南河千里而
近恒胡登反○冀州域自南河至於江千里而近
豫州域自江至於衡山千里而遥荆州域自

0010_0348-2

東河[illegible]遥（徐州域）自東河至於西河千里而近（冀州域）自西河至於流沙千里而遥（雍州域）西不盡流沙南不盡衡山東不盡東海北不盡恒山凡四海之内斷長補短方三千里爲田八十萬億一萬億畝（斷音短○九州之大計）方百里者爲田九十億畝山陵林麓川澤溝瀆城郭宫

儀禮卷二十九　十九　章

0010_0349-1

室塗巷三分去一其餘六十億畝（麓音鹿瀆音讀去起呂反○以一大國爲率其餘所以授民也山足曰麓○率音律）古者以周尺八尺爲步今以周尺六尺四寸爲步古者百畝當今東田百四十六畝三十步古者百里當今百二十一里六十步四尺二寸二分（周尺之數未詳聞也案禮制周猶以十寸爲尺蓋六國時多變亂法度或言周尺八寸則步更爲八八六十四

0010_0349-2

寸以此計之古者百畝當今百五十六畝二十五步古者百里當今百二十五里）○司空執度度地（度度上如字下徒洛反○司空冬官卿掌邦事者）居民山川沮澤時四時（沮將廬反○觀寒煖燥濕沮謂萊沛）量地遠近（制邑井之處）興事任力（事謂築邑廬宿市也）○凡居民材必因天地寒煖燥濕（煖乃管反○使其材藝堪地氣也）廣谷大川異制（謂其形象）民生其閒者異俗（謂其所好惡）剛

儀禮卷二十九　二十　明遠

0010_0350-1

柔輕重遲速異齊（齊才細反○謂其情性緩急）五味異和（和胡卧反○謂香臭與鹹苦）器械異制（械戶戒反○謂作務之用）衣服異宜（謂氈裘與絺綌）脩其教不易其俗齊其政不易其宜（教謂禮義政謂刑禁）凡居民量地以制邑度地以居民地邑民居必參相得也（得猶足也）無曠土無游民食節事時[illegible]樂事勸功尊君親上然

0010_0350-2

後興學樂音洛○立小學大學○古者公田藉而不稅藉在亦反○藉之言借也借民力治公田美惡取於此不稅民之所自治也孟子曰夏后氏五十而貢殷人七十而助周人百畝而徹則所云古者謂殷時市廛而不稅廛市物邸舍稅其舍不稅其物關譏而不征譏譏異服識異言征亦稅也周禮國凶札則無門關之征猶譏也林麓川澤以時入而不禁麓山足也夫圭田無征夫猶治也征稅也孟子曰卿以下必有圭田治圭田者不稅所

0010_0351-1

以厚賢也此則周禮之士田以任近郊之地稅什一田里不粥墓地不請粥音育○皆受於公民不得私也粥賣也請求也用民之力歲不過三日治宮室城郭道渠其用之也任老者之事食壯者之食寬其力饒其食○王制

傳季康子欲以一井田出法賦焉使訪孔子子曰丘弗識也冉有三發卒曰子為國老待子而行若之何子不

0010_0351-2

言孔子不對而私於冉有曰求汝來汝弗聞乎先王制土藉田以力田有稅收藉力以治公田也而砥其遠近砥平平其遠近俱十一而什賦里以入而量其有無里廛里有統度其有無以為多少之入也任力以夫而議其老幼力作度之事丁夫任其老幼或重或輕於是瘝寡孤疾老者軍旅之出則徵之無則已瘝古頑反○於

0010_0352-1

軍旅之役則鰥寡孤疾或有所取無軍事則止也其歲收田一井出稯禾秉芻缶米不是過缶方有反○其歲軍旅之歲一把曰秉四秉曰稯稯連藁芻不可分故曰步缶十六斗曰庾也先王以為之足君子之行必度於禮施取其厚度徒洛反施尸豉反○施以厚為德也事舉其中事以十一為節斂從其薄若其以丘亦足矣[illegible]

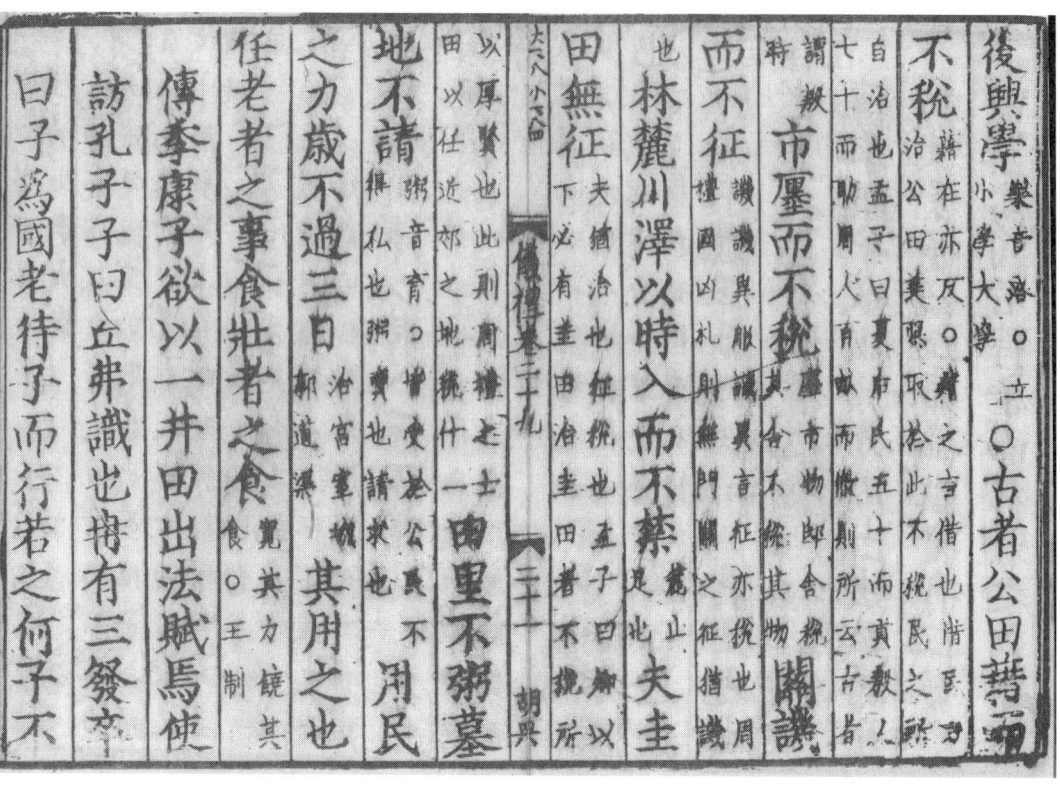

0010_0352-2

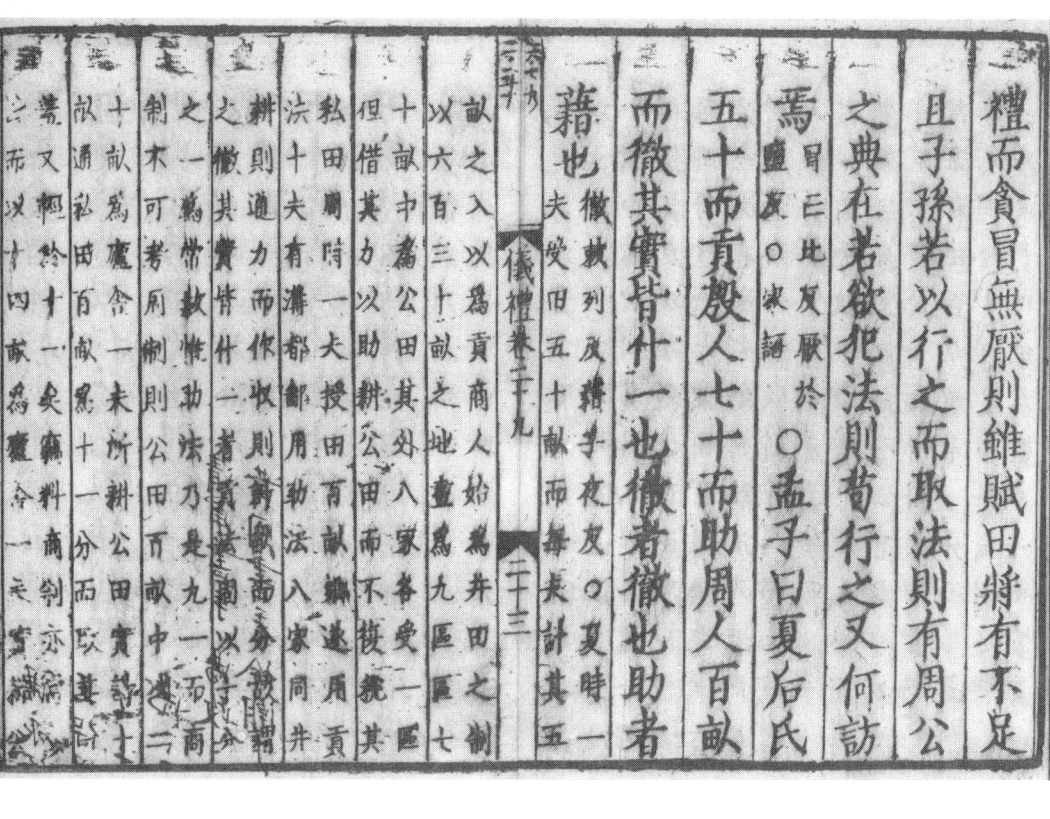

禮而貪冒無厭則雖賦田將有不足
且子孫若以行之而取法則有周公
之典在若欲犯法則苟行之又何訪
焉冒亡北反厭於鹽反○冰韻○孟子曰夏后氏
五十而貢殷人七十而助周人百畝
而徹其實皆什一也徹者徹也助者
藉也徹敕列反藉子夜反○夏時一夫受田五十畝而每夫計其五

儀禮卷二十九　二十三

0010_0353-1

畝之入以爲貢商人始爲井田之制
以六百三十畝之地畫爲九區區七
十畝中爲公田其外八家各受一區
但借其力以助耕公田而不復稅其
私田周時一夫授田百畝鄉遂用貢
法十夫有溝都鄙用助法八家同井
耕則通力而作收則計畝而分故謂
之徹其實皆什一者貢法固以十分
之一爲常數惟助法乃是九一而商
制不可考周制則公田百畝中以二
十畝爲廬舍一夫所耕公田實計十
畝通私田百畝爲十一分而取其一
蓋又輕於十一矣竊料商制亦當
似此而以十四畝爲廬舍一夫實耕公

0010_0353-2

田七畝是亦不過什一也徹通也均也藉借也○龍子曰治地
莫善於助莫不善於貢貢者校數歲
之中以爲常樂歲粒米狼戾多取之
而不爲虐則寡取之凶年糞其田而
不足則必取盈焉爲民父母使民盻
盻然將終歲勤動不得以養其父母
又稱貸而益之使老稚轉乎溝壑惡
在其爲民父母也樂音洛盻五禮反從目從兮或音普

儀禮卷二十九　二十四

0010_0354-1

莧反者非養去聲惡平聲○龍子古賢人狼戾猶狼藉言多也糞壅也盈
滿也盻恨視也勤動勞苦也稱舉也貸借也取物於人而出息以償之也
益之以足取盈之數也稚幼子也詩云雨我公田遂
及我私惟助爲有公田由此觀之雖
周亦助也雨于付反○詩小雅大田之篇雨降雨也言願天雨於公田而遂及私田先公而後私也
當時助法盡廢典籍不存惟有此詩

可見周亦用助法引之也夫仁政必自經界始經界不正井地不鈞穀祿不平是故暴君汙吏必慢其經界經界既正分田制祿可坐而定也夫音扶○經界謂治地分田經畫其溝塗封植之界也此法不修則田無定分而豪強得以兼并故井地有不鈞賦無定法而貪暴得以多取故穀祿有不平此欲行仁政者之所以必從此始而暴君汙吏則必欲慢而廢之也有以正之則分田制祿可不勞

而定矣無君子莫治野人無野人莫養君子養去聲○分田制祿之法不可偏廢也請野九一而助國中什一使自賦此分田制祿之常法所以治野人使養君子也野郊外都鄙之地也九一而助為公田而行助法也國中郊門之內鄉遂之地也田不井授但為溝洫使什而自賦其一蓋用貢法也周所謂徹法者蓋如此以此推之當時非惟助法不行其貢亦不止什一矣卿以下必有圭田圭田五十畝

此世祿常制之外又有圭田所以厚君子也圭潔也所以奉祭祀也不言世祿者滕已行之但此未備耳餘夫二十五畝程子曰一夫上父母下妻子以五口八口為率受田百畝如有弟是餘夫也年十六別受田二十五畝俟其壯而有室然後更受百畝之田愚按此百畝常制之外又有餘夫之田以厚野人也死徙無出鄉鄉田同井出入相友守望相助疾病相扶持則百姓親睦死謂葬也徙謂徙其居也同井者八家也友猶伴也守望防寇盜也方里而井井九百畝其

中為公田八家皆私百畝同養公田公事畢然後敢治私事所以別野人也養去聲別彼列反○此詳言井田形躰之制乃周之助法也公田以為君子之祿而私田野人之所受先公後私所以別君子野人之分也不言君子據野人而言省文耳上言野及國中二法此獨詳於治野者國中貢法當世已行但取之過於什一爾○滕文公上○古者昌

0010_0356-2

爲什一而藉(什一以借民力以什與民自取其一爲公田)
公羊子曰什一者天下之中正也多
乎什一大桀小桀(奢泰多取於民比於桀也)寡乎
什一大貉小貉(貉亡伯反○蠻貉無社稷宗廟百官制度
之費稅薄)什一者天下之中正也什一行
而頌聲作矣何休曰聖人制井田之
法而口分之一夫一婦受田百畝以

儀禮卷九 九七

0010_0357-1

養父母妻子五口爲一家井田之義
一曰無泄地氣二曰無費一家三曰
同風俗四曰合巧拙五曰通財貨因
井田以爲市故俗語曰市井種穀不
得種一穀以備災害田中不得有樹
以妨五穀還廬舍種桑荻雜菜畜五
母雞兩母豕瓜果種疆畔女工蠶織

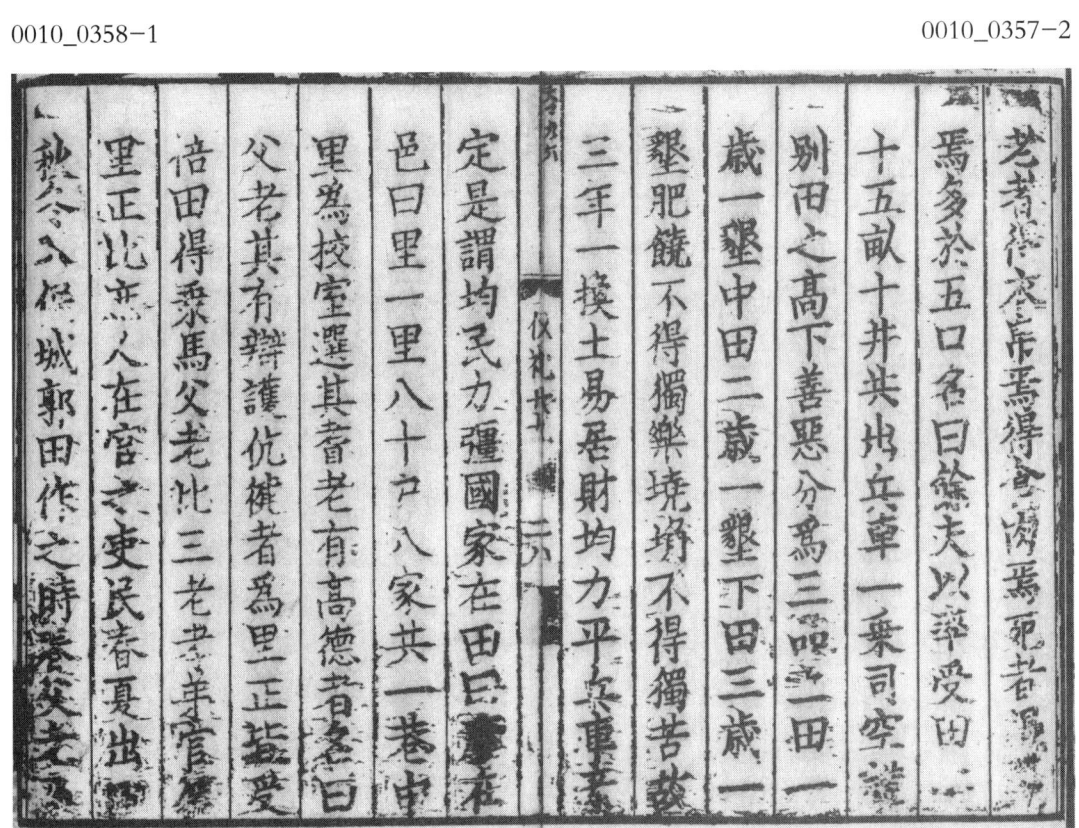

0010_0357-2

老者得衣帛焉得食肉焉死者得葬
焉多於五口名曰餘夫以率受田二
十五畝十井共出兵車一乘司空謹
別田之高下善惡分爲三品上田一
歲一墾中田二歲一墾下田三歲一
墾肥饒不得獨樂墝埆不得獨苦故
三年一換土易居財均力平兵車素

仪礼卷廿 二六

0010_0358-1

定是謂均民力彊國家在田曰廬在
邑曰里一里八十户八家共一巷中
里爲校室選其耆老有高德者名曰
父老其有辯護伉健者爲里正皆受
倍田得乘馬父老比三老孝弟官屬
里正比庶人在官之吏民春夏出田
秋冬入保城郭田作之時春父老及

0010_0267-2　0010_0268-1

里正旦開門坐塾上晏出後時者不得出莫不持樵者不得入五穀畢入民皆居宅里正趨緝績男女同巷相從夜績至於夜中故女功一月得四十五日作從十月盡正月止男女有所怨恨相從而歌飢者歌其食勞者歌其事男年六十女年五十無子者官衣食之使之民間求詩鄉移於邑邑移於國國以聞於天子故王者不出牖戶盡知天下所苦不下堂而知四方十月事訖父老教於校室八歲者學小學十五者學大學其有秀者移於鄉學鄉學之秀者移於庠序庠序之秀者移於國學學於小學諸侯歲

傳本第二十九葉有二此其一裝訂在卷二十七張本無此版

0010_0358-2　0010_0359-1

里正旦開門坐塾上晏出後時者不得出莫不持樵者不得入五穀畢入民皆居宅里正趨緝績男女同巷相從夜績至於夜中故女功一月得四十五日作從十月盡正月止男女有所怨恨相從而歌飢者歌其食勞者歌其事男年六十女年五十無子者官衣食之使之民間求詩鄉移於邑邑移於國國以聞於天子故王者不出牖戶盡知天下所苦不下堂而知四方十月事訖父老教於校室八歲者學小學十五者學大學其有秀者移於鄉學鄉學之秀者移於庠序庠序之秀者移於國學學於小學諸侯歲

此傳本又一第二十九葉張本同此葉

0010_0359-2

貢小學之秀者於天子學於大學其
有秀者命曰造士行同而能偶別之
以射然後爵之士以才能進取君以
考功授官三年耕餘一年之蓄九年
一耕餘三年之積三十年耕有十年之
儲雖遇唐堯之水殷湯之旱民無近
憂四海之内莫不樂其業故曰頌聲

儀禮卷二十九 三十

作矣 養去聲衆音獄衣乘並去聲期役列反蓄丑六反樂音洛境苦
亦反嶺堯反穀胡數反莫音暮適音促食音嗣○宣公十四年公羊傳

0010_0360-1

○齊桓公親逆管仲于郊與之坐而
問焉管仲對曰昔者聖王之治天下
也參其國而伍其鄙 參三也國郊以內也伍五也鄙郊以外也謂三分國都以為三軍五分其鄙以為五屬聖王謂若湯武也
定民之居成民之事 謂使四民各居其職所也若工

0010_0360-2

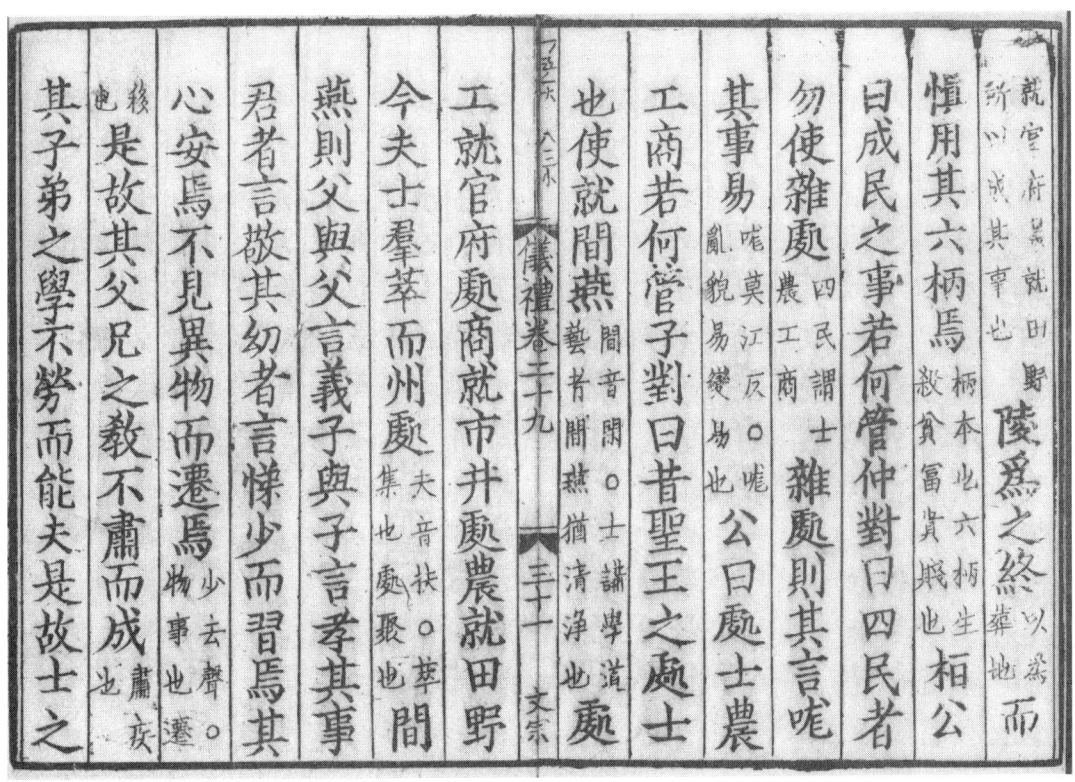

就官府農就田野所以成其事也 陵為之終 以為葬地也 而
慎用其六柄焉 柄本也六柄生殺貧富貴賤也 桓公
曰成民之事若何管仲對曰四民者
勿使雜處 四民謂士農工商 雜處則其言哤
其事易 哤莫江反○哤亂貌易變易也 公曰處士農
工商若何管子對曰昔聖王之處士
也使就閒燕 閒音閑○士講學道藝者閒燕猶清淨也 處

儀禮卷二十九 三十一 文宗

0010_0361-1

工就官府處商就市井處農就田野
今夫士羣萃而州處 夫音扶○萃集也處聚也 閒
燕則父與父言義子與子言孝其事
君者言敬其幼者言悌少而習焉其
心安焉不見異物而遷焉 少去聲○物事也遷移也
是故其父兄之教不肅而成 肅疾也
其子弟之學不勞而能夫是故士之

0010_0361-2　0010_0362-1

子恒爲士今夫工羣萃而州處審其

四時（夫音扶恒胡登反下同○言四時各有其宜也謂死生凝緩之時也）辨其功苦（辨別也功牢也苦脆也）權節其用

（權平也視其平沉之均也節節其大小輕重也）論比協材（論擇選比比其善惡也協和也和其剛柔也）旦莫從事施於

四方（施其物用於四方也）以飭其子弟（飭敎也）相

語以事相示以巧相陳以功（陳亦示也功成

功也功著則有賞）少而習焉其心安焉不見

異物而遷焉是故其父兄之教不肅

而成其子弟之學不勞而能夫是故

工之子恒爲工今夫商羣萃而州處

察其四時（四時所用者須資之也）而監其鄉之

資（監居陷反○監視也資財也視其貴賤有無）以知其市

之賈負任擔荷（○任如深反荷下可反背曰負肩曰擔任

0010_0362-2　0010_0363-1

抱也荷揭也）服牛軺馬（軺余招反○服謂牛服車也軺馬車

也詩云睆彼牽牛不以服箱）以周四方（周徧也）以其

所有易其所無市賤鬻貴（鬻音育○市取也鬻賣也）

旦莫從事於此以飭其子弟相語

以利相示以賴（賴贏也）相陳以知賈（賈音價）

少而習焉其心安焉不見異物而

遷焉是故其父兄之教不肅而成其

子弟之學不勞而能夫是故商之子

恒爲商今夫農羣萃而州處察其四

時（四時樹藝各有宜也）權節其用耒耜枷芟（耜音

似枷音加芟師銜反○權平也平節其器同小大倨句之宜也枷拂也所

以擊草也芟大鎌所以芟草也）及寒擊槀除田（槀音杲○

寒謂季冬大寒之時也槀枯草也）以待時耕（時耕謂立春之後）

及耕深耕而疾耰之以待時雨

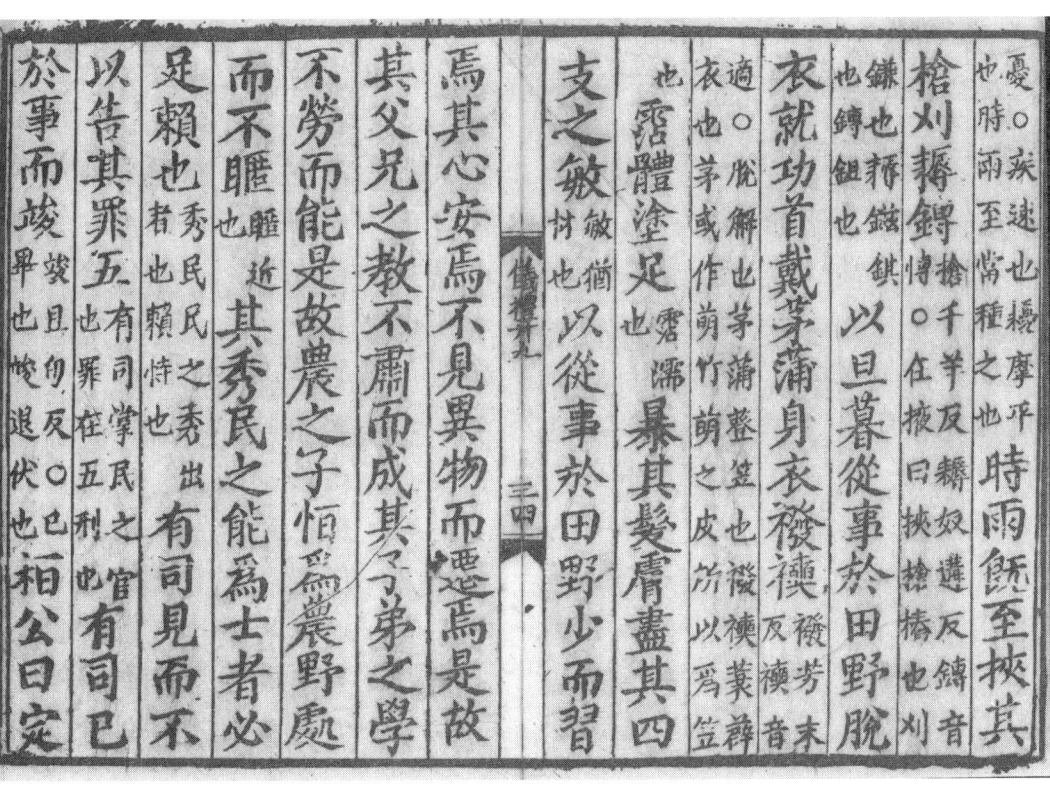

張本下象鼻題監生陳浚四字傅本剪去之

0010_0363-2

憂○疾速也耰摩平也時雨至當種之也時雨既至挾其
槍刈耨鎛 槍千羊反耨奴遘反鎛音愽○在掖曰挾槍椿也刈
鎌也耨鎡錤也鎛鉏也 以旦暮從事於田野脫
衣就功首戴茅蒲身衣襏襫 襏芳末反襫音
適○脫解也茅蒲簦笠也襏襫蓑薜衣也茅或作萌竹萌之皮所以爲笠
也霑體塗足 霑濡也 暴其髮膚盡其四
支之敏 敏猶材也 以從事於田野少而習

儀禮卅九 三十四

0010_0364-1

焉其心安焉不見異物而遷焉是故
其父兄之教不肅而成其子弟之學
不勞而能是故農之子恒爲農野處
而不暱 暱近也 其秀民之能爲士者必
足賴也 秀民民之秀出者也賴恃也 有司見而不
以告其罪五 有司掌民之官也罪在五刑也 有司已
於事而竣 竣且旬反○已畢也竣退伏也 桓公曰定

0010_0364-2

民之居若何管子對曰制國以爲二
十一鄉 唐尚書云四民之所居也郡謂國國都城郭之域也惟士
工商而已農不在焉 桓公曰善管子於是制國
以爲二十一鄉 二千家爲一鄉二十一鄉凡四萬二千家
此管仲所制非周法也 工商之鄉六 工商各三也二者不
從戎役也 士鄉十五 唐尚書云士與農共十五鄉昭謂此士軍
士也十五鄉合三萬人是爲三軍農野處而不暱不在都邑之數則下所

儀禮卷二十九 三十五 非

0010_0365-1

云五鄙是也 公帥五鄉焉 五鄉萬人是謂中軍公所帥也
國子帥五鄉焉高子帥五鄉焉 國子高子
皆齊上卿各帥五鄉爲左右軍也 參國起按以爲三
官 參三也按界也分國事以爲三也 臣立三宰 三宰三卿
也使掌羣臣也 工立三族 族屬也晉趙旃車之族上言工皆爲
商之鄉六則各三也 市立三鄉 市商也商賈所聚市井故曰市 澤
立三虞 周禮有澤虞之官虞度也掌度知川澤之大小及所生育

0010_0365-2

者山立三衡 周禮有山虞林衡之官衡平也掌平其政也

桓公曰伍鄙若何 管子上言參其國而伍其鄙内政既備故復問伍鄙之事

管子對曰制鄙三十家爲邑邑有司 制野鄙之政也此以下與鄉内之制異也

十邑爲卒卒有卒帥十卒爲鄉鄉有鄉帥

三鄉爲縣縣有縣帥十縣爲屬屬有大夫五屬故立五大夫各使治一屬

儀禮卷二十九　三十六

0010_0366-1

焉 帥所類反○五屬四十五萬家也 立五正 正長也 各使聽一屬焉是故正之政聽屬 正五正也

牧政聽縣 聽大夫之治也牧五屬大夫也聽縣帥之治 下政聽鄉 下政縣帥也聽鄉帥之治也

桓公曰各保治爾所無或淫怠而不聽治者 齊語 ○

楚蔿掩爲司馬子木使庀賦 庀匹婢反○庀治

數甲兵 數色主反閱數之 蔿掩書土田

0010_0366-2

度山林 度待洛反○度量山林之材以共國用也之所宜

鳩藪澤 藪素口反○鳩聚也藪澤之數民不得焚燎之欲以備田獵

辨京陵 辨別也絶高曰京大阜曰陵别之以爲冢墓之地

表淳鹵 鹵音魯○淳鹵埆薄之地表異輕其賦税

數疆潦 數色主反潦音老○疆界有流潦者計數減其租入

規偃豬 偃豬下濕之地規度其受水多少

町原防 町徒頂反○廣平曰原防隄也隄防間地不得方正如井田别爲小頃町

牧隰皋 隰皋水涯下濕爲芻牧之地

井衍沃 衍沃平美之地則如周禮制以爲井田九夫爲井

儀禮卷二十九　三十七

0010_0367-1

量入脩賦 量九土之所入而治理其賦税

賦車籍馬賦車兵徒卒甲楯之數 甲士車兵步卒以備軍用 楯食準反○使器械有常數

既成以授子木禮也 襄二十五年左氏傳

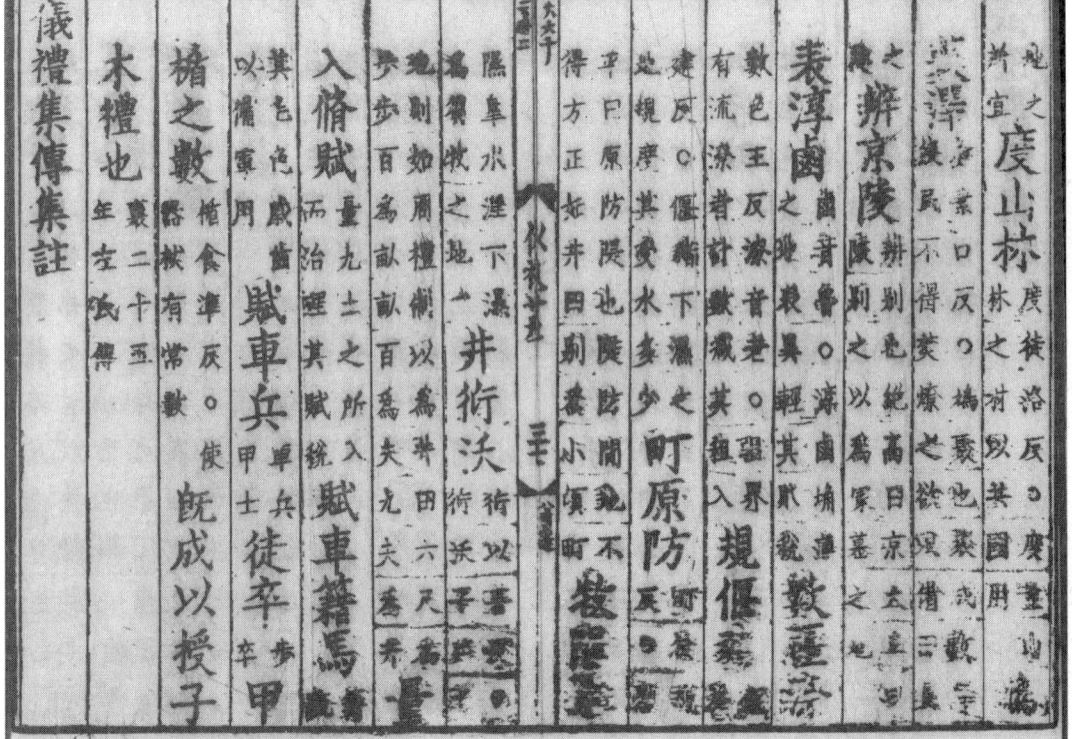

儀禮集傳集註

儀禮集傳集註　王朝禮七

王制之丙　王禮

天子者與天地參故德配天地兼利萬物與日月並明明照四海而不遺微小其在朝廷則道仁聖禮義之序（序恐當作言）燕處則聽雅頌之音行步則有環佩之聲升車則有鸞和之音居處有禮進退有

度百官得其宜萬事得其序詩云淑人君子其儀不忒正是四國此之謂也（參七南反朝直遥反忒吐得反○道猶言也環佩佩環佩玉也所以爲行節也玉藻曰進則揖之退則揚之然後玉鏘鳴也環取其無窮止玉則比德焉孔子佩象環五寸人君之環其制未聞也鸞和皆鈴也所以爲車行節也韓詩內傳曰鸞在衡和在式故升車則馬動馬動則鸞鳴鸞鳴則和應居處朝廷與燕處也進退行步與升車也）發號出令而民說謂之和上下

相親謂之仁民不求其所欲而得之謂之信除去天地之害謂之義義與信和與仁帝王之器也有治民之意而無其器則不成（說音悦○器謂所操以作事者也義信和仁皆存乎禮○經解）○是以天子之禮有五門曰皐門曰雉門曰庫門曰應門曰路門三朝曰外朝曰治朝曰內朝（應應對之應朝直遥反○鄭司農云王有

五門外曰皐門二曰雉門三曰庫門四曰應門五曰路門路門一曰畢門外朝在路門外內朝在路門內左九棘右九棘左嘉石右肺石明堂位說魯公宮曰庫門天子皐門雉門天子應門言魯用天子之禮所名曰庫門者如天子皐門所名曰雉門者如天子應門此名制二兼四則魯無皐門應門矣檀弓曰魯莊公之喪既葬而絰不入庫門言其除喪而反由外來是庫門在雉門外必矣如是王五門雉門爲中門雉門設兩觀與今之宮門同閽人幾出入者窮民蓋不[illegible]也郊特牲譏繹於庫門內言遠當[illegible]門廟在庫門之內見於此矣[illegible]

0010_0372-2

伯職曰建國之神位右社稷左宗廟則外朝在雉門之外臯門之內與今司徒府有天子以下大會殿亦古之外朝哉周天子諸侯皆有三朝外朝一內朝二內朝之在路門內者或謂之燕朝○秋官朝士注○朝士掌外朝之法左九棘孤卿大夫位焉羣士在其後右九棘公侯伯子男位焉羣吏在其後面三槐三公位焉州長衆庶在其後左嘉石平罷民焉右肺石達窮民焉朝直

0010_0373-1

遙反長丁丈反罷音疲○樹棘以爲位者取其赤心而外刺象以赤心三刺也槐之言懷也懷來人於此欲與之謀羣吏謂府史也州長鄉遂之官帥其屬而以鞭呼趨且辟辟匹亦反○趨朝辟行人執鞭以威之禁慢朝錯立族談者慢朝謂臨朝不肅敬也錯立族談違其位傳語也○傳子摘反小司寇掌外朝之政以致萬民而詢焉一曰詢國危二曰詢國遷三曰詢立君朝直遙反○外朝朝在雉門之外者也國危謂

0010_0373-2

有兵寇之難國遷謂徙都改邑也立君謂無冢適選於庶也鄭司農云致萬民聚萬民也詢謀也詩曰詢于芻蕘書曰謀及庶人其位王南鄉三公及州長百姓北面羣臣西面羣吏東面鄉音向長丁丈反○羣臣卿大夫士也羣吏府史也其孤不見者孤從羣臣卿大夫在公後小司寇擯以敘進而問焉以衆輔志而弊謀擯必刃反○擯謂揖之使前也敘更也輔志者尊王賢明也司士掌治朝之法正其朝儀

0010_0374-1

之位辨其貴賤之等王南鄉三公北面東上孤東面北上卿大夫西面北上王族故士虎士在路門之右南面東上大僕大右大僕從者在路門之左南面西上朝直遙反鄉音嚮大僕大右之大音泰從才用反○此王日視朝事於路門外之位王族故士故爲士晚退留宿衛者未嘗仕雖同族不得在王宮大右司右也大僕從者小臣祭僕御僕隸僕司士擯詔王出揖公卿大夫

0010_0374-2

以下朝者孤卿特揖大夫以其等旅揖士旁三揖王還揖門左揖門右特揖一一揖之旅衆皆夫夫爵同者衆揖之公及孤卿大夫始入門右皆北面東上王揖之乃就位羣士及故士大僕之屬發在其位羣士位東面王西南鄉而揖之三揖者士有上中下王揖之皆逡遁旣復位鄭司農云卿大夫士皆君之所揖禮春秋傳所謂三揖在下大僕前大音泰○前正三視朝之位王入內朝皆退朝直遙反○不入入路門也王入路門內朝朝者皆退反其官府治

儀禮廿　五

0010_0375-1

處也王之外朝則朝士掌焉玉藻曰朝服以日視朝於內朝朝辨色始入君日出而視之退適路寢聽政使人視大夫大夫退然後適小寢謂諸侯也王日視朝皮弁服其禮則同○王眂燕朝則大僕正位掌擯相眂音視朝去聲○燕朝朝於路寢之庭王圖宗人之嘉事則燕朝○國語合神事于內朝○記公族朝于內朝○大僕○王六寢后六宮陳祥道曰王大寢一小寢五大寢聽政攸嚮明而治也故在前小寢釋服燕息也故在後先儒謂王小寢五而一寢在中四寢於四角春居東北夏居

0010_0375-2

東南秋居西南冬居西北土王之月居中后之六宮亦正宮在前五宮在後其制如王之五寢○[redacted]○小宰之職掌建邦之宮刑以治王宮之政令凡宮之糾禁杜子春云宮皆當為官玄謂宮刑在王宮中者之刑建明布告之糾猶割也察也若今御史中丞正歲以宮刑憲禁于王宮憲謂表縣之若令新有法令云士師掌宮禁宰夫正歲以法警戒羣吏令脩宮中之職事警勑戒之言宮正

儀禮廿　六

0010_0376-1

掌王宮之戒令糾禁糾猶割也察也以時比宮中之官府次舍之衆寡比毗志反○宮府之在宮中者若膳夫玉府內宰內史之屬次諸吏直宿若今部署諸廬者舍其所居寺辨外內而時禁鄭司農云分別外人內人禁其非時出入稽其功緒糾其德行行下孟反○稽猶考也計也功吏職也緒其志業幾其出入均其稍食稍所教反○鄭司農云幾其出入若今時宮中有罪禁止不得出亦不得入及無引籍不得入宮司馬殿門也

玄謂幾荷其衣服持操及蹤數者稍食祿稟去其淫怠與其奇袤之民○袤起呂反奇音羈袤似嗟反民宮中吏之家人也淫放濫也怠解慢也奇袤譎觚非常會其什伍而教之道藝五人爲伍二伍爲什會之者使之輩作輩學相勸也且宿衛之令鄭司農云道謂先王所以教道民者藝謂禮樂射御書數宮伯掌王宮之士庶子凡在版者鄭司農云庶子宿衛之官版名籍也以版爲之今時鄉户籍謂之户版玄謂王宮之士謂王宮中諸吏之適子也庶子其

支庶也掌其政令行其秩敘作其徒役之事秩祿稟也敘才等也作徒役之事大子所用授八次八舍之職事鄭司農云庶子夏官諸子所領國子之倅而掌其戒治者也國子之倅謂公卿大夫士之子是父之副貳教治謂使之脩德學道也國有大事則授之車甲合其卒伍以軍法治之祭祀用樂則大胥以鼓徵之而序其宮中之事八次八舍衛王宮者必居四角四中於徼候便也次其宿衛所在舍其休燕之處諸子國有大事則帥國子而致於

大子唯所用之若有兵甲之事則授之車甲合其卒伍置其有司以軍灋治之司馬弗正大子之大音泰正音征○軍法百人爲卒五人爲伍弗不也國子屬大子司馬雖有軍事不賦之凡國之政事國子存遊倅使之脩德學道春合諸學秋合諸射以攷其藝而進退之倅七內反○遊倅倅之未仕者學大學也射射宮也王制曰春秋教以禮樂冬夏教以詩書王大子王子羣后之大子卿大夫元士之適子國之俊選皆造焉

虎賁氏掌虎士八百人以先後王而趨以卒伍賁音奔○王出將虎賁士居前後雖羣行亦有局分○將子匠反舍則守王閑舍王出所止宿處閑梐枑王在國則守王宮爲周衛國有大故則守王門旅賁氏夾王車而趨賁音奔闈人掌守王宮之中門之禁闈音昏○中門於外內爲中若今宮闕門鄭司農云王有五門外曰皐門二曰雉門

0010_0378-2

三曰庫門四曰應門五曰路門路門一曰畢門玄謂雉門三門也春秋傳曰雉門災及兩觀

喪服凶器不入宮潛服賊器不入宮奇服怪民不入宮喪服衰絰也凶器明器也潛服若衷甲者賊器盜賊之兵物皆有刻識奇服衣非常春秋傳曰尨奇無常

怪民狂易

司隸掌罪隸蠻隸閩隸貉隸夷隸各百有二十人使各服其邦之服執其邦之兵以守王宮與野舍之厲禁閫云巾反

0010_0379-1

仪礼廿 九

師氏亦使其屬帥四翟之隸各以其服守王門保氏使其屬守王闈貉孟百反

○膳夫掌王之食飲膳羞凡王之饋食用六穀膳用六牲飲用六清羞用百有二十品珍用八物醬用百有二十甕甕屋貢反○進物於尊者曰饋此饋之盛者王舉之饌也六牲馬牛羊豕犬雞也羞出於牲及禽獸以備滋味謂之庶羞公食大夫禮內則下大夫十六上大夫二十其物數

0010_0379-2

備焉天子諸侯有其數而物未得盡聞珍謂淳熬淳母炮豚炮牂擣珍漬熬肝膋也醬謂醯醢也王舉則醢人共醢六十甕以五齊七醢七菹三臡實之醯人共齊菹醯物六十甕鄭司農云羞進也六穀稌黍稷粱麥苽苽彫胡也六清水

漿醴涼醫酏

王日一舉鼎十有二物皆有俎殺牲盛饌曰舉王日一舉以朝食也后與王同庖鼎十有二牢鼎九陪鼎三物謂牢鼎之實亦九俎

以樂侑食膳夫授祭品嘗食王乃食侑猶勸也祭謂刌肺脊也禮飲食必祭示有所先品者每物皆

0010_0380-1

仪礼廿 十

嘗之道尊者也卒食以樂徹于造造作也鄭司農云造謂食之故所居處也已食徹置故處也

王齊日三舉○鄭司農云齊必變食齊側皆反

酒正掌五齊一曰泛齊二曰醴齊三曰盎齊四曰緹齊五曰沈齊齊才細反

泛者成而滓浮泛泛然如今宜成醪矣醴猶體也成而汁滓相將如今恬酒矣盎猶翁也成而翁翁然葱白色如今酇白矣緹者成而紅赤如今下酒矣沈者成而滓沈如今造清矣自醴以上尤濁縮酌者盎以下差

0010_0381-1　　0010_0380-2

清其象類則然古之法式未可盡聞
子春讀爲漆尺云禪器曰緹溫之
用玄酒之尚玄謂無者每
有祭祀以度量節作之
三酒之物一曰事酒二曰昔酒三曰清酒鄭司農云事酒有事
而飲者昔酒無事而飲也清酒祭祀之
酒玄謂事酒酌有事者之酒其酒則今
之醳酒也昔酒今之酋久白酒所謂舊
醳者也清酒今中山冬釀接夏而成
四飲之物一曰清二曰醫三曰漿四曰
酏醫於已反酏以支反○清謂醴之清
者醫內則所謂或以酏爲醴凡醴濁
釀酏爲之則少清矣醫之字從殹從酉
省也漿今之截漿也酏今之粥內則有
黍酏酏粥也稱者之清也鄭司農云以
內則曰飲重醴稻醴清糟黍醴清糟粱
醴清糟或以酏爲醴漿水醷致飲于
賓客之禮有醫酏糟糟音聲與蘆相似
醫與醷亦相似文字不同
記之者各異耳此皆一物
○有大府以
受其貨賄之入關市之賦以待王之膳
服邦中之賦以待賓客四郊之賦以待
稍秣家削之賦以待匪頒邦甸之賦以

儀禮卷三十　十一

0010_0382-1　　0010_0381-2

待工事邦縣之賦以待幣帛邦都之賦
以待祭祀山澤之賦以待喪紀幣餘之
賦以待賜予凡邦國之貢以待弔用凡
萬民之貢以充府庫凡式貢之財以共
玩好之用而金玉玩好玉府掌之良兵
良器內府掌之王及后世子之衣服之
用則外府掌之大音泰稍削並所敎反
頒音班予音與好呼報

儀禮卷三十　十二

反○王之吉服祀昊天上帝則服大裘
而冕祀五帝亦如之享先王則衮冕享
先公饗射則鷩冕祀四望山川則毳冕
祭社稷五祀則希冕祭羣小祀則玄冕
凡兵事韋弁服眡朝則皮弁服凡甸冠
弁服凡凶事服弁服凡弔事弁絰服
裘音求鷩必滅反希本又作絺陟里反眡
音示朝直遥反絰從結反○註速見器

0010_0382-2

服篇。司服。○五路一曰玉路建大常以祀
金路建大旂以賓同姓以封象路建大
赤以朝異姓以封革路建大白以即戎
以封四衛木路以田以封蕃國大常音泰朝直
遥反。○註見春服篇。○巾車○宗祝在廟三公在朝
三老在學王前巫而後史卜筮瞽侑皆
在左右王中心無爲也以守至正朝直遥反

仪礼卅 十三

0010_0383-1

○此所以達禮於下也教民尊神君虒也宗宗人也瞽樂人也侑四輔也。
禮運 天子出户而巫覡有事出門而宗祝
有事覡胡的反。○出户謂出内門也女曰巫男曰覡有事祓除不祥出門
謂車駕出國門宗者主祭祀之官有事謂祭行神也。[redacted]○古者
天子必有四鄰前曰疑後曰丞左曰輔
右曰弼天子有問無以對責之疑可志
而不志責之丞可正而不正責之輔可

0010_0383-2

揚而不揚責之弼其爵視卿其禄視次
國之君也[redacted]○周公作立政以戒成王
曰虎賁綴衣趣馬小尹賁音奔綴丁衛反趣七口反。
趣馬掌馬之官言此三者雖小官長必愼擇其人左右攜僕百
司庶府雖左右攜持器物之僕及百官有司主券契藏吏亦皆擇人
繼自今立政其勿以險人其惟吉士用
勱相我國家勱音邁相息亮反。○立政之臣惟以吉士勉治我國

仪礼卅 十四

0010_0384-1

家。立政○昔成王與弟叔虞戲削桐葉爲
珪以與叔虞曰以此封若史佚因請擇
日立叔虞成王曰吾與之戲耳史佚曰
天子無戲言言則史書之禮成之樂歌
之於是遂封叔虞於唐。佚音逸[redacted]○曾子
問於夫子曰敢問從父之令可謂孝乎
子曰是何言與是何言與昔者天子有

0010_0384-2

爭臣七人雖無道不失其天下諸侯有爭臣五人雖無道不失其國大夫有爭臣三人雖無道不失其家士有爭友則身不離於令名父有爭子則身不陷於不義故當不義則子不可以不爭於父臣不可以不爭於君故當不義則爭之從父之令又焉得爲孝乎與音餘爭音諍離力智反焉於虔反○孝經

○冢宰以八柄詔王馭羣臣

0010_0385-1

一曰爵以馭其貴二曰祿以馭其富三曰予以馭其幸四曰置以馭其行五曰生以馭其福六曰奪以馭其貧七曰廢以馭其罪八曰誅以馭其過馭音御予音與行下孟反○柄所秉執以起事者也詔告也助也爵謂公侯伯子男卿大夫士也詩云誨爾序爵言教王以賢否之第次也祿所以富臣下書曰凡厥正人旣富

0010_0385-2

方穀幸謂言行偶合於善則有以賜予之以勸後也生猶養也賢臣之老者王有以養之成王封伯禽於魯曰生以養周公死以爲周公後非也五福一曰壽奪謂臣有大罪沒入家財者六極四曰貧廢猶放也舜殛鯀于羽山是也誅責讓也曲禮曰齒路馬有誅凡言馭者所以歐之內之於善

以八統詔王馭萬民一曰親親二曰敬故三曰進賢四曰使能五曰保庸六曰尊貴七曰達吏八曰禮賓統所以合牽以等物也親親若堯親九族也敬

0010_0386-1

故不慢舊也易平仲久而敬之賢有善行也能多才藝者保庸安有功者尊貴尊天下之貴者孟子曰天下之達尊者三曰爵也德也齒也祭義曰先王之所以治天下者五貴有德貴貴貴老敬長慈幼達吏察舉勤勞之小吏也禮賓賓客諸侯所以示民親仁善鄰

○荀卿子曰人主者天下之利勢也得道以持之則大安也大榮也積美之源也不得其道以持之則大危也大累也有之不如無之及其綦也

0010_0387-1　　0010_0386-2

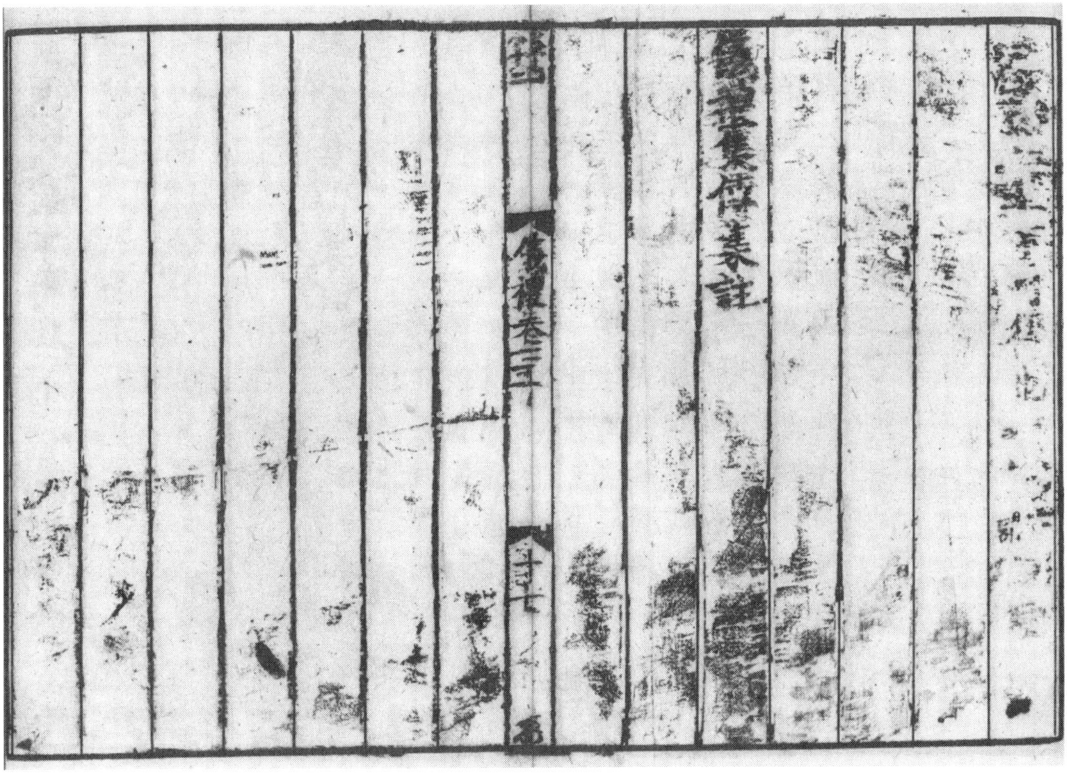

0010_0388-1 0010_0387-2

儀禮集傳集註

王制之丁 上

舜典歲二月東巡守至于岱宗柴 守詩救反下同○諸侯爲天子守土故稱守巡行之旣班瑞之明月乃順春東巡岱宗泰山爲四岳所宗燔柴祭天告至 望秩于山川 東岳諸侯境内名山大川如其秩次望祭之謂五岳牲禮視三公四瀆視諸侯其餘視伯子男 肆覲東后 遂見東方之國君 協時月正日同律度

量衡 量力尚反○合四時之節氣月之大小日之甲乙使齊一也律法制及尺丈斛斗斤兩皆均同 修五禮五玉 修吉凶賓軍嘉之禮五等諸侯執其玉 三帛二生一死贄 贄音至○三帛諸侯世子執纁公之孤執玄附庸之君執黄二生卿執羔大夫執鴈一死士執雉玉帛生死所以爲贄以見之 如五器卒乃復 器謂圭璧如五器禮終則還之三帛生死則否 五月南巡守至于南岳如岱禮 南岳衡山自東岳南巡五月至 八月西巡守

0010_0389-1 0010_0388-2

至于西岳如初 西岳華山初謂岱宗 十有一月朔巡守至于北岳如西禮 北岳恒山 歸格于藝祖用特 巡守四岳然後歸告至文祖之廟藝文也言祖則考著特一牛 五載一巡守羣后四朝 各會朝于方岳之下凡四處故曰四朝將説敷奏之事故申言之堯舜同道舜攝則然堯又可知 敷奏以言明試以功車服以庸 敷陳奏進也諸侯四朝各使陳進治理之言明試其言以要其功功成則賜車服以表顯其能用

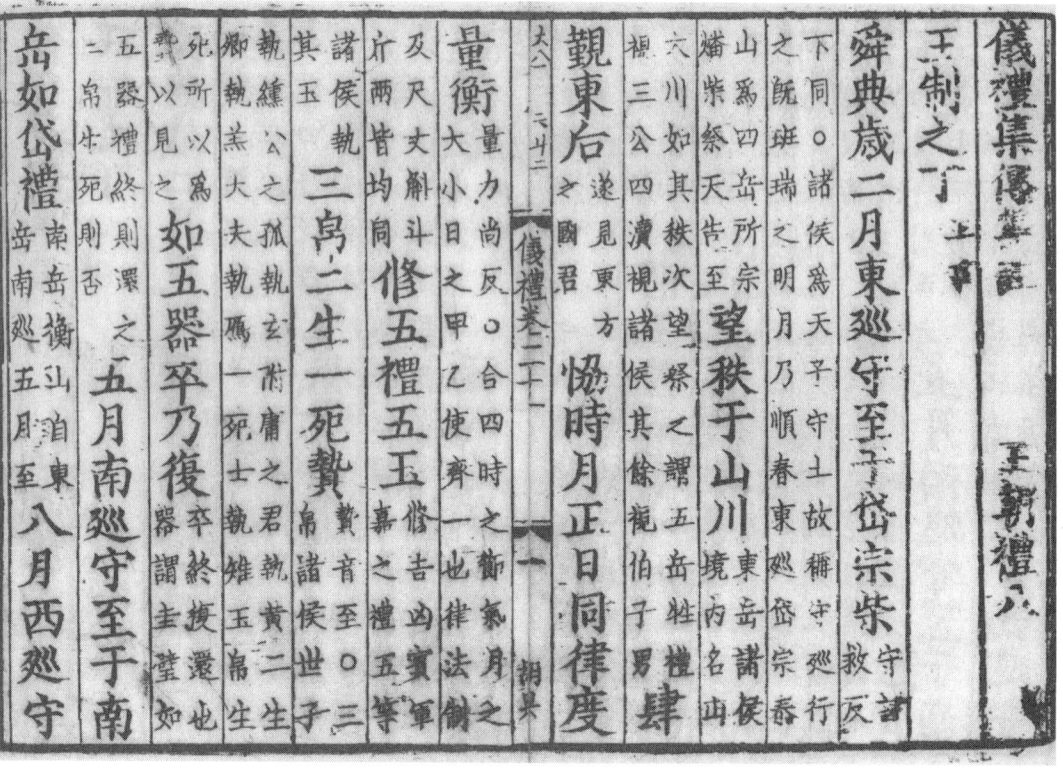

○王制諸侯之於天子也比年一小聘三年一大聘五年一朝 比毗志反朝直遥反○比年每歲也小聘使大夫大聘使卿朝則君自行然此大聘與朝晉文霸時所制也虞夏之制諸侯歲朝周之制侯甸男采衛要服六者各以其服數來朝 天子巡守問百年者就見之 守詩救反○就見老人 命大師陳詩以觀民風 大音泰○陳詩謂采其詩而視之 命市納賈以觀民之所好惡志淫好辟

0010_0390-1　　0010_0389-2

辟賈音嫁好惡並去聲辟音僻○市典市者賈謂物貴賤厚薄也質則用物貴淫則侈物貴民之志淫邪則其所好者不正命典禮考時月定日同律禮樂制度衣服正之同陰律也山川神祇有不舉者爲不敬不敬者君削以地舉猶祭也宗廟有不順者爲不孝不孝者君絀以爵絀丑律反○不順者謂若逆昭穆變禮易樂者爲不從不從者君流流放也革制度

大字四一　小字六八　三

衣服者爲畔畔者君討討誅也有功德於民者加地進律律法也歸假于祖禰用特假音格禰乃禮反○假至也特特牛也祖下及禰皆一牛天子將出類乎上帝宜乎社造乎禰諸侯將出宜乎社造乎禰造七報反○帝謂五德之帝所祭於南郊者類宜造皆祭名其禮亡天子無事與諸侯相見曰朝朝直遙反○事謂征伐考禮正刑一德以尊于天子

0010_0391-1　　0010_0390-2

周制六年五服一朝朝直遙反下同○五服侯甸男采衛六年一朝會京師又六年王乃時巡考制度于四岳周制十二年一巡守春東夏南秋西冬北故曰時巡考正制度禮法于四岳之下如虞帝巡守然諸侯各朝于方岳大明黜陟觀四方諸侯各朝于方岳之下大明考績黜陟之法○周官○大行人王之所以撫邦國諸侯者歲徧存三歲徧覜五歲徧省七歲屬象胥

四

諭言語協辭命九歲屬瞽史諭書名聽聲音十有一歲達瑞節同度量成牢禮同數器脩法則十有二歲王巡守殷國徧音遍覜通弔反省悉井反屬音燭量音亮守詩救反○撫猶安也存覜省者王使臣於諸侯之禮所謂間問也歲者巡守之明歲以爲始也屬猶聚也自五歲之後遂間歲徧省也七歲省而召其象胥九歲省而召其瞽史皆聚於天子之宮教習之也故書協辭命作叶詞命鄭司農云象胥譯官也叶當爲汁詞當

0010_0391-2

辭書或爲叶辭命[illegible]言語[illegible]王
曰五方之民言語不通嗜欲不同達其
志通其欲東方曰寄南方曰象西方
狄鞮北方曰譯此官正爲象者周公
越重譯而來獻是因通言語之官爲
象胥云謂象之有才知者也辭命六
辭之命也瞽樂師也史大史小史也書
名書之字也古曰名聘禮曰百名以上
至十一歲又徧省焉度丈尺也量豆區
釜也數器銓衡也法八法也則八則也
達同成脩皆謂齎其法式行至則齊等
之也成平也平其僭踰者也王巡守諸
侯會者各以其時之方書曰遂覲東后
是也其殷國則四方四時分來如平時

儀禮卷三十一　五

0010_0392-1

時聘以結諸侯之好殷覜以除邦國之
慝好去聲慝吐得反○此二事者亦以
王見諸侯之臣使來者爲文也時聘
者亦無常期天子有事諸侯使大夫來
聘以禮見之禮而遣之所以結其恩好
也天子無事則已殷覜謂一服朝之歲
說慝猶惡也一服朝之歲五服諸侯皆
使卿以聘禮來覜天子天子以禮見問
之命以政禁之事所以除其惡行也
問以諭諸侯之志歸脤以交諸侯之福
賀慶以贊諸侯之喜致禬以補諸侯之

0010_0392-2

[illegible]之關頒上恩互禬音會○閒
賓者王使臣於諸侯之禮也間問
者一問諸侯謂存省之屬諭諸侯之
志者諭言語諭書名其類也或曰杜或
[illegible]者也禁服也致禬凶禮之弔禮禬禮
補諸侯災者若春秋澶淵之會謀歸
宋財○小行人達六節山國用虎節土國
用人節澤國用龍節皆以金爲之道路
用旌節門關用符節都鄙用管節皆以
竹爲之此謂邦國之節也達之者使之
四方亦皆齎法式以齊等之也

儀禮卷三十一　六

0010_0393-1

諸侯使臣行覜聘則以金節授之以爲
行道之信也虎人龍者自其國象也道
路謂鄉遂大夫也都鄙者公之子弟及
卿大夫之采地之吏也凡邦國之民遂
出至他邦他邦之民若來入由國門者
門人爲之節由關者關人爲之節其以
彼國及家徙鄉遂大夫及采地吏爲之
節曾使人執節將之以達之亦有期以
反節管節如今之竹使符也其有商者
通之以符節如門關門關者與市聯事
可同也亦所以異於畿內也節有天子法式存於國若國札喪
則令賻補之若國凶荒則令賙委之若

0010_0394-1　　0010_0393-2

國師役則令槁禬之若國有福事則令
慶賀之若國有禍烖則令哀弔之凡此
五物者治其事故賻音附槁苦報反禬音會○故書賻作傅槁爲稾鄭司農云賻補之謂賻喪家補助其不足也若今時一室二尸則官與之棺也稾當爲槁謂槁師也玄謂師役者國有兵寇以匱病者也使隣國合會財貨以與之春秋定五年夏歸粟於蔡是也宗伯職曰以禬禮哀圍敗禬栽水火
及其萬民之利害爲一書其禮俗政

大、卅四　小、四七　仪礼卅一　七

事教治刑禁之逆順爲一書其悖逆暴
亂作慝猶犯令者爲一書其札喪凶荒
厄貧爲一書其康樂和親安平爲一書
凡此五物者每國辨異之以反命于王
以周知天下之故悖必內反慝他得反札側八反厄烏賠反樂音洛○慝惡也猶圖也○司儀將合諸侯則令爲
壇三成宮旁一門合諸侯謂有事而會也爲壇于國外以命

0010_0395-1　　0010_0394-2

事宮謂壝土以爲墻壝所謂爲壇壝宮也天子春帥諸侯拜日於東郊則爲壇於國東夏禮日於南郊則爲壇於國南秋禮山川丘陵於西郊則爲壇於國西冬禮月四瀆於北郊則爲壇於國北既拜禮而還加方明於壇上而祀焉所以教尊尊也覲禮曰諸侯覲於天子爲宮方三百步四門壇十有二尋深四尺是也王巡守殷國而同則其爲宮亦如此與鄭司農云三成三重也爾雅曰丘一成爲敦丘再成爲陶丘三成爲昆侖丘謂三重
詔王儀南鄉見鄉音
諸侯土揖庶姓時揖異姓天揖同姓

大四二　小三六五　仪礼卅二　八　余宁

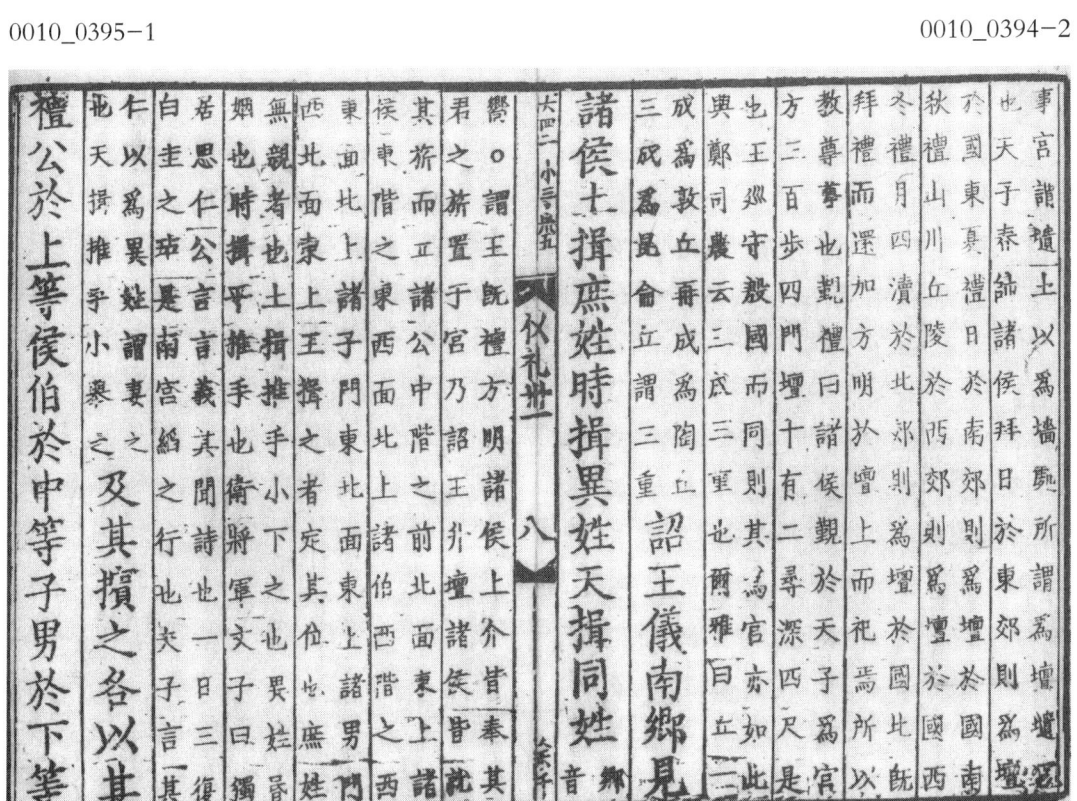

饗○謂王既禮方明諸侯上介皆奉其君之旂置于宮乃詔王升壇諸侯皆就其旂而立諸公中階之前北面東上諸侯東階之東西面北上諸伯西階之西東面北上諸子門東北面東上諸男門西北面東上王揖之者定其位也庶姓無親者也土揖推手小下之也異姓昏姻也時揖平推手也衛將軍文子曰獨居思仁公言言義其聞詩也一日三復白圭之玷是南宮縚之行也夫子言其仁以爲異姓謂妻之也天揖推手小舉之及其擯之各以其
禮公於上等侯伯於中等子男於下等

覲之□□○謂執玉而前見於王也捨之名必其禮者謂搢公者王人從伯四人子男三八也二等中等下等者謂所奠玉處也壇三成深四尺則一等一尺也壇一十有二尋方九十六尺則堂上二丈四尺每等丈二尺與諸侯各於其等奠玉降拜升成拜明臣禮也既乃升堂授王玉其將幣亦如之將幣享也皆於其等之上○掌客王合諸侯而饗禮則具十有二牢庶具百物備諸侯長十有再獻長丁丈反●饗諸侯而用王禮之數者以公侯伯子男盡

在是兼饗之莫敵用也諸侯長九命作伯者也獻公侯以下如其命數王巡守殷國則國君膳以牲犢令百官百牲皆具從者三公眡上公之禮卿眡侯伯之禮大夫眡子男之禮士眡諸侯之卿禮庶子壹眡其大夫之禮守詩救反從才用反眡音示○國君者王所過之國君犢繭栗之犢也以膳天子貴誠也牲巠天子不食也發帝不用也凡賓客則皆角尺者掌客令主國也百牲皆具言無有

不具皆○職方氏王將巡守則戒于四方曰各脩平乃守攷乃職事無敢不敬戒國有大刑守詩救反○乃猶女也守謂國境之内職事所當共具及王之所行先道帥其屬而巡戒令先道先由王所從道居前行其前日所戒之令王殷國亦如之殷猶衆也十二歲王若不巡守則六服盡朝謂之殷國其戒四方諸侯與巡守同○土訓誦訓工巡守則夾王車土方氏

樹王舍爲之藩羅○天子適諸侯曰巡狩巡狩者巡所守也諸侯朝于天子曰述職述職者述所職也無非事者春省耕而補不足秋省斂而助不給夏諺曰吾王不遊吾何以休吾王不豫吾何以助一遊一豫爲諸侯度狩舒救反省悉井反○述陳也省視也斂收獲也給亦足也夏諺夏時之俗語也豫樂也巡所守也諸侯所守之土也

0010_0397-2

乎所職陳其所當受之職也皆無有無事而竝行者而又導春秋循行郊野察民之所不足而補助之故夏諺以爲王者一遊一豫皆有恩惠以及民而諸侯皆取法焉不敢無事慢遊以病其民梁惠王下 入其疆土地辟田野
治養老尊賢俊傑在位則有慶慶以地
入其疆土地荒蕪遺老失賢掊克在位
則有讓一不朝則貶其爵再不朝則削
其地三不朝則六師移之 辟音闢掊蒲侯反朝直遥反

儀禮卌一 十一

0010_0398-1

反○慶賞也益其地以賞之也掊克聚斂也讓責也移之者誅其人而變置之也自入其疆至則有責言巡狩之事自一不朝至六師移之言述職之事○告子下 ○神農之法曰丈夫丁壯而不耕天
下有受其饑者婦人當年而不織天下
有受其寒者故身自耕妻親織以爲天
下先[redacted]○昔者天子爲藉千畝冕而
朱紘躬秉耒諸侯爲藉百畝冕而青紘

0010_0398-2

躬秉耒以事天地山川社稷先古以爲
醴酪齊盛於是乎取之敬之至也 紘音宏酪音洛齊音資盛音成○藉藉田也先古先祖○祭義 ○內宰中春
詔后帥外內命婦始蠶于北郊以爲祭
服 中音仲○蠶于北郊婦人以純陰爲尊郊必有公桑蠶室焉 歲終
則會內人之稍食稽其功事 會古外反稍所教反
○內人主謂九御 佐后而受獻功者比其小大
與其麤良而賞罰之 比毗志反○獻功者九御之屬鄭司

儀禮卌 十二

0010_0399-1

農云烝而獻功玄謂典婦功曰及秋獻功 上春詔王后帥六
宮之人而生種稑之種而獻之于王 種直龍反稑音六○六宮之人夫人以下分居后之六宮者古者使后宮藏種以其有傳類蕃孳之祥必生而獻之示能育之使不傷敗且以佐王耕事共禘郊也鄭司農云先種後孰謂之種後種先孰謂之稑王當以耕種于藉田玄謂詩云黍稷種稑是也夫人以下分居后之六宮者每宮九嬪一人世婦三人女御九

0010_0399-2

人其餘九嬪三人世婦九人女御二十七人從后唯其所燕息焉從后者五日而沐浴其次又上十五日而徧云夫人如三公從容論婦禮○民之大事在農穀民之本故農爲大事也上帝之粢盛於是乎出粢子私反盛音成○出於農也器實曰粢在器曰盛民之蕃庶於是乎生蕃息也庶衆也事之供給於是乎在供具也給足也和協輯睦於是乎興協和也輯聚也睦親也財用蕃殖於是乎始殖長也敦厖純固於是乎成厖莫江反○敦厚也厖大也是故稷

儀禮卅一　十三

0010_0400-1

爲大官民之大事在農故稷之職爲大官也古者太史順時覛土覛音脈陽癉癉丁佐反憤盈土氣震發覛視也癉厚也憤積也盈滿也震動也發越也農祥晨正農祥房星也晨正謂立春之日晨中於午也農事之候故曰農祥也日月底于天廟底至也天廟營室也孟春之月日月皆在營室也土乃脉發脉理也農書曰春土冒橛陳根可拔耕者急發先時九日先

0010_0400-2

[illegible]今[illegible]陽氣俱蒸土膏其動潤也其動澤欲行也弗震弗渝脉其滿眚穀乃不殖震動也渝變也眚災也言陽氣俱升土膏欲動當即發動變寫其氣不然則脉滿氣結更爲災疫穀乃不殖也稷以告以告之史之言告之王曰史帥陽官以命我司事史陽官春官司事主農事官也曰距今九日土其俱動距去也

儀禮卅一　十四

0010_0401-1

王其祗祓監農不易祓芳弗反○祗敬也祓除也不易不易物土宜也王乃使司徒咸戒公卿百吏庶民百吏百官庶民庶人所掌之民也主耕籍王之籍田者司空除壇于籍司空掌壇也命農大夫咸戒農用農大夫田畯也農用田器也先時五日先耕時也瞽告有協風至瞽樂大師知風聲者也協和也風氣和時候至也立春日融風也王即齊宮齊側皆反○所齊之宮也百官御事各即

0010_0402-1　0010_0401-2

其齊三日御治也王乃淳淳之純反濯饗醴淳沃
濯溉也饗飲也謂王沐浴飲醴酒也及期期耕日也鬱人薦
鬯鬯音暢○鬱鬱金香草宜以和鬯酒也周禮鬱人掌祼器凡祭祀賓客和
鬱鬯以實彝而陳之共王之飲鬯也犧人薦醴犧人司樽掌共酒醴
王祼鬯饗醴乃行祼灌也灌鬯飲醴皆所以自香絜也百
吏庶民畢從及籍后稷監之監察也膳夫
農正陳藉禮膳夫上士也掌王之飲食膳羞之饋食農正田大夫

仪礼卷一　十五

也主數陳籍禮而祭其神爲農祈也大史贊王贊導也王敬
從之王耕一墢墢伐二音班三之班次也王耕一墢一
耜之發也耜廣五寸二耜爲耦一耦之發廣尺深尺三之下各三其上也王一
墢公三卿九大夫二十七也庶民終于千畝終盡耕之也
其后稷省功省息井切太史監之司徒省民
大師監之畢宰夫陳饗膳宰監之宰夫下大
夫膳宰膳夫也膳夫贊王王歆大牢歆饗也班嘗

0010_0403-1　0010_0402-2

之公卿大夫也庶人終食終畢也是日也瞽帥
音官以省風土音官樂官風土以音律省土風風氣和則土氣
養也廩于籍東南鍾而藏之廩御廩也一名神倉東南
生長之處鍾聚也謂爲廩以藏王所籍田以奉粢盛也而時布之
于農布賦也稷則徧誡百姓紀農協功紀謂
綜理也協同也曰陰陽分布震雷出滯陰陽分布日夜
同也滯蟄蟲也明堂月令日日夜分雷乃發聲始震電蟄蟲咸動啓戶而出也

仪礼卷一　十六

土不備墾辟在司寇墾發也辟罪也在司寇司寇行其事
也乃命其旅曰徇旅衆也徇行也農師一之
先往也農師上士也農正再之農正后稷之佐田畯也故次農師
后稷三之農官之君也故次農正司空四之司空主道
路溝洫故次后稷也司徒五之司徒省民故次司空也大保
六之大師七之大保大師天子三公佐王論道汎監衆官不
掌事故次司徒也大史八之大史掌逆官府之治故次大師也

0010_0403-2

宗伯九之 宗伯卿官掌相王之大禮者王不與祭則攝位故次大史也 王則大徇 大徇帥公卿大夫親行農也 耨穫亦如之 如之如耕時也 民用莫不震動恪恭于農 用謂田器也 修其疆畔日服其鎛不解于時 疆境也畔界也鎛鉏屬 財用不乏民用和同是時也王事惟農是務無有求利於其官以干農功 求利謂變易役使干亂農功 三時務農而一時

儀禮卷三十一　十七

0010_0404-1

講武 三時春夏秋一時冬也講習也 故征則有威守則有財而和於民矣 周語 ○古者天子諸侯必有公桑蠶室近川而爲之築宮仞有三尺棘牆而外閉之及大昕之朝君皮弁素積卜三宮之夫人世婦之吉者使入蠶于蠶室奉種浴于川桑于公桑風戾以食之 昕許斤反奉芳勇反種章勇反○大昕季春朔日之朝也

0010_0404-2

諸侯夫人三宮半王后也風戾之者及早涼脆採之風戾之使露氣燥乃以食蠶蠶性惡濕 歲既單矣世婦卒蠶奉繭以示于君遂獻繭于夫人夫人曰此所以爲君服與遂副禕而受之因少牢以禮之 繭古典反與音餘注同禕音暉少詩照反○歲單謂三月月盡之後也言歲者蠶歲之大功事畢於此也副禕王后之服而云夫人記者容二王之後與禮之禮奉繭之世婦 及良日夫人繅三盆手遂布于

儀禮卷三十一　十八

0010_0405-1

三宮夫人世婦之吉者使繅遂朱綠之玄黃之以爲黼黻文章服既成君服以祀先王先公敬之至也 繅悉刀反黼音甫黻音弗○祭義 ○是故天子親耕於南郊以共齊盛王后蠶於北郊以共純服諸侯耕於東郊亦以共齊盛夫人蠶於北郊以共冕服天子諸侯非莫耕也王后夫人非莫

0010_0405-2

蠶也身致其誠信誠信之謂盡盡之謂
敬敬盡然後可以事神明此祭之道也
共音供齊子私反盛音成。祭統○王后親織玄紞紞丁
感反。詩云紞冠之垂前後者昭謂紞所以懸瑱當耳者也公侯之
夫人加之以紘綖紘音宏綖音延。既織紞復加之紘綖也
冕曰紘紘纓之無緌者也從下而上不結綖冕上覆之者也卿之内
子爲大帶卿之適妻爲内子大帶繒帶也命婦成祭服

二十六 二十七 仪礼卅一 十九 翁遂

0010_0406-1

命婦大夫之妻也祭服玄衣纁裳也列士之妻加之以朝
服朝直遥反○列士元士也既成祭服又加之以朝服也朝服天子之士皮
弁素積諸侯之士玄端委貌自庶士以下皆衣其夫
衣去聲○庶士下士也下至庶人也社而賦事烝而獻功
社春分祭社也事農桑之屬也冬祭曰烝烝而獻五穀布帛之功也男女
効績愆則有辟古之制也辟婢亦反○績功也辟罪
也君子勞心小人勞力先王之訓也魯

0010_0406-2

上以下誰敢淫心魯語○太宰以九職任
萬民一曰三農生九穀二曰園圃毓草
木三曰虞衡作山澤之材四曰藪牧養
蕃鳥獸五曰百工飭化八材六曰商賈
阜通貨賄七曰嬪婦化治絲枲八曰臣
妾聚斂疏材九曰閒民無常職轉移執
事大音泰毓古育字藪素口反蕃扶元反賈音古嬪音頻枲絲里反閒音閑

二十八 二十九 仪礼卅一 二十 翁遂

0010_0407-1

○任猶傳也鄭司農云三農平地山澤也九穀黍稷秫稻麻大小豆大小麥八
材珠曰切象曰瑳玉曰琢石曰磨木曰刻金曰鏤革曰剥羽曰析閒民謂無事
業者轉移爲人執事若今傭賃也玄謂三農原隰及平地也九穀無秫大麥而有
粱苽樹果蓏曰圃園其樊也虞衡掌山澤之官主山澤之民者澤無水曰藪牧
牧田在遠郊皆畜牧之地行曰商處曰賈阜盛也金玉曰貨布帛曰賄嬪婦人
之美稱也堯典曰釐降二女嬪于虞臣妾男女貧賤之稱晉惠公卜懷公之生
曰將生一男一女男爲人臣女爲人妾生而名其男曰圉女曰妾及懷公質於

藏妾爲官女焉疏材百草根實可食者疏不熟曰饉以九賦斂財
賄一曰邦中之賦二曰四郊之賦三曰
邦甸之賦四曰家削之賦五曰邦縣之
賦六曰邦都之賦七曰關市之賦八曰
山澤之賦九曰幣餘之賦前所斂反○財泉穀也鄭
司農云邦中之賦二十而稅一各有差也幣餘百工之餘玄謂賦口率出泉也
今之筭泉民或謂之賦此其舊名與鄉大夫以歲時登其夫家之衆寡辨其可

大分六小三二七　儀禮卷三十一　二十一

任者國中自七尺以及六十野自六尺以及六十有五皆征之遂師之職亦云
以徵其財征皆謂此賦也邦中在城郭者四郊去國百里邦甸二百里家削三
百里邦縣四百里邦都五百里此平民也關市山澤謂占會百物幣餘謂占賣
國中之斥幣皆末作當增賦者若今賈人倍筭矣自邦中以至幣餘各入其所
有穀物以當賦泉之數每處爲一書所待異也以九式均節財
用一曰祭祀之式二曰賓客之式三曰
喪荒之式四曰羞服之式五曰工事之

式六曰幣帛之式七曰芻秣之式八曰
匪頒之式九曰好用之式秣音末頒音班好呼報反
○式謂用財之節度荒凶年也羞飲食之物也工作器物者幣帛所以贈勞賓
客者芻秣養牛馬禾穀也鄭司農云匪分也頒讀爲班布之班謂班賜也玄謂
王所分賜羣臣也好用燕好所賜予以九貢致邦國之用
一曰祀貢二曰嬪貢三曰器貢四曰幣
貢五曰材貢六曰貨貢七曰服貢八曰

大分四小三九八　儀禮卷三十一　二十二

斿貢九曰物貢嬪故書作賓○鄭司農云祀貢犧牲包茅之屬
賓貢皮帛之屬器貢宗廟之器幣貢繡帛材貢木材也貨貢珠貝自然之物也
服貢祭服斿貢羽毛物貢九州之外各以其所貴爲摯肅愼氏貢楛矢之屬是
也玄謂嬪貢絲枲器貢銀鐵石磬丹漆也幣貢玉馬皮帛也材貢櫄榦栝柏篠
簜也貨貢金玉龜貝也服貢絺紵也斿讀如圖游之游斿貢燕好珠璣琅玕也
物貢雜物魚鹽橘柚○大府掌九貢九賦九功之
貳以受其貨賄之入頒其貨于受藏之

0010_0409-2

府頒其賄于受用之府大音泰○九謂九職也受藏之府若內府也受用之府若職內也凡貨賄皆藏以給用耳良者以給王之用貢餘以給國之用或言受藏或言受用又雜言貨賄皆互文凡官府都鄙之吏及執事者受財用焉凡頒財以式灋授之關市之賦以待王之膳服邦中之賦以待賓客四郊之賦以待稍秣家削之賦以待匪頒邦甸之賦以待

仪礼廿一 廿三

0010_0410-1

工事邦縣之賦以待幣帛邦都之賦以待祭祀山澤之賦以待喪紀幣餘之賦以待賜予稍削並所數反秣音末頒音班予音與○稍猶給也匪九賦之匪給九式者膳服即羞服也稍秣即芻秣也謂之稍稍用之物也喪紀即喪荒也賜予即好用也鄭司農云幣餘使者有餘來還也玄謂幣餘占賣國之斥幣凡邦國之貢以待弔用此九貢之財所給也給弔用給凶禮之五事凡萬民之貢以充府庫此九職

0010_0410-2

充足凡式貢之餘財以共玩好之用好呼報反○謂先給九式及弔用足府庫而有餘財乃可以共玩好明玩好非治國之用言式言貢互文凡邦之賦用取具焉賦用用賦歲終則以貨賄之入出會之會古外反○遺人掌邦之委積以待施惠鄉里之委積以恤民之艱阨門關之委積以養老孤郊里之委積以待賓客野鄙之委積以待

仪礼廿一 廿四

0010_0411-1

羇旅縣都之委積以待凶荒遺于偽反委於偽反積子賜反施式豉反羇古艱字羇寄宜反○委積者廩人倉人計九穀之數足國用以其餘共之所謂餘法用也職內邦之移用亦如此也皆以餘財共之少曰委多曰積鄉里鄉所居也艱阨猶困之也門關以養老孤人所出入易以取餘廩也羇旅過行寄止者待凶荒謂邦國所當通給者也故書艱阨作攜阨作寄杜子春云攜阨當爲艱阨寄當爲羇凡國野之道十里有廬廬有飲食三十里有宿宿有路室

0010_0411-2

路室右委五十里有市市有候館候館
有積廬若今野候徙有房也宿可止宿若今亭有室矣候館樓可以觀望
者也一市之閒有三廬一宿○均人凡均力政以歲
上下豐年則公旬用三日焉中年則公
旬用二日焉無年則公旬用一日焉政意
征○豐年人食四鬴之歲也人食三鬴爲中歲人食二鬴爲無歲歲無贏儲也
公事也旬均也讀如營營原濕之營易坤爲均今書亦有作旬者凶札

0010_0412-1

則無力政無財賦札側八反○無力政恤其勞也無財賦恤
其乏困也財飢乏賦也不收地守地職不均地政
賦音征○不收山澤及地稅亦不平計地稅也非凶札之歲當收稅乃均之耳
三年大比則大均比毗志反○有年無年大平計之若久不
給則數反闕○旅師掌聚野之耡粟屋粟閒
粟耡音鉏閒音閑○野謂遠郊之外也耡粟民相助作一井之中所出九夫
之稅粟也屋粟民有田不耕所罰三夫之稅粟閒粟閒民無職事者所出一夫

0010_0412-2

□□□而以質劑致民平頒其興積
施其惠散其利而均其政令劑子隨反積子賜反
□□讀爲□□聲之誤□若用之謂恤民之□□□於野如遺人於鄉里也然
□□稱致民□□役者各會而貴之興積□□興之積謂三者之粟也平頒之不得
□焉頒有多少縣官□□聚物曰興今云□□是也長□□縣師當之族師收之而□
之以調其食曰惠以作事業曰利凡用均其政令者皆以國服爲之息
粟春頒而秋斂之困時施之饒時收之凡新甿之

0010_0413-1

治皆聽之使無征役以地之㜸惡爲之
等甿莫耕反㜸音美○新甿新徙來者也治謂有所求乞也使無征役復之
也王制曰自諸侯來徙於家期不從政以地美惡爲之等七人以上授以上地
六口授以中地五口以下授以下地與舊民同旅師掌斂地稅而又施惠散利
是以屬用新民焉○太史典禮執簡記奉諱惡
惡下聲○簡記策書也諱先王名惡忌日若子卯天子齋戒受
諫亦側皆反○歲終舉旦奏遣事謙王當所改爲也司

張本下象鼻題監生廖某四字末字不辨傳本剪去之

0010_0413-2

之成質於天子會古外反○司會冢宰之屬掌計要者成計要也質猶平也平其計要冢宰齊戒受質贊王受之大樂
正大司寇市三官以其成從質於天子
大樂正於周宗伯之屬市司市也於周司徒之屬從於司會也大司徒
大司馬大司空齊戒受質百官各以其
成質於三官大司徒大司馬大司空以
百官之成質於天子百官此三官之屬百官齊

仪礼卅一 二七

0010_0414-1

戒受質受平報也然後休老勞農勞力報反○饗養之
成歲事斷計要也制國用王制○冢宰制國用
必於歲之杪五穀皆入然後制國用杪亡
小反○制國用如今度支經用杪末也用地小大視年之
豐耗耗呼報反○小國大國豐凶之年各以歲之收入制其用多少多不
過禮少有所殺以三十年之通制國用量入以
爲出量音亮○通三十年之率當有九年之蓄出謂所當給爲祭用

0010_0414-2

數之仂仂音勒下同○算今年一歲經用之數用其什一喪用
三年之仂喪大事用三歲之什一喪祭用不足曰
暴有餘曰浩暴猶耗也浩猶饒也祭豐年不奢凶
年不儉常用數之仂國無九年之蓄曰不足
無六年之蓄曰急無三年之蓄曰國非
其國也三年耕必有一年之食九年耕
必有三年之食以三十年之通雖有凶
旱水溢民無菜色然後天子食日舉以

仪礼廿二 二八

0010_0415-1

樂菜色食菜之色民無食菜之飢色天子乃日舉樂以食○王制○禮
國有飢人人主不飧飧音孫國有凍人人主
不裘報囚之日人主不舉樂歲凶穀不
登臺扉榭徹于侯馬不食穀馳道不除
食減膳饗祭有闕故禮自行之義養民
之道也○受計之禮主所親拜者二

聞生民之數則拜之聞登穀則拜之詩曰君子樂胥受天之祜夫憂民之憂者民亦憂其憂樂民之樂者民亦樂其樂與士民若此者受天之福矣樂音洛夫音扶○

○古者聚貨不妨民衣食之利聚馬不害民之財用貨珠玉之屬自然物也貨馬多則養求者衆妨財用力也國馬足以行軍國馬民馬也十六井爲丘有戎馬一

匹牛三頭是以行軍也公馬足以稱賦公馬公之戎馬稱擧也賦兵賦也不是過也公貨足以賓獻賓饗獻貢也家貨足以共用共音供○家大夫也○不是過也楚語

○古者稅什一宣十五年註詳矣豐年補敗敗謂凶年不外求而上下皆足也雖累凶年民弗病也莊公二十八年穀梁傳

○古之君人者必時視民之所勤民勤於力則功築罕

罕希民勤於財則貢賦少民勤於食則事廢矣凶荒殺禮冬築微春新延廄以其用民力爲已悉矣莊公二十九年穀梁傳

○天子不言多少諸侯不言利害大夫不言得喪喪息浪反○皆謂言貨財也士不通貨財士賤雖得言之亦不得貿遷如商賈也有國之君不息牛羊息蕃育也錯質之臣不息雞豚錯七路反質音至○錯置也質讀爲贄孟

子曰出疆必載質蓋古字通耳質贄謂執贄而置於君士相見禮曰士大夫奠贄於君再拜稽首禮記曰畜馬乘者不察於雞豚或曰置質猶言委質也言凡委質爲人臣則不得與下爭利冢卿不脩幣大夫不爲場園冢卿上卿不脩幣謂不脩財幣販息之也治稼穡曰場樹菓蔬曰園從士以上皆羞利而謂若公儀子不奪園夫工女之利也不與民爭業樂分施而耻積臧然故民不困財貧窶者有所竄其手樂音洛臧音藏窶讀

0010_0417-2

爲寠○寠容也謂有所容其手而力作也多積財而羞無有
羞貧重民任而誅不能使民不能勝任而復誅之此邪
行之所以起刑罰之所以多也上好羞
則民闇飾矣行好並去聲下同○好羞貧而事奢後則民闇自飾
飾也上好富則民死利矣二者亂之衢也
衢道民語曰欲富乎忍恥矣傾絕矣絕故
舊矣與義分背矣背蒲内反○忍恥不顧廉恥傾絕謂傾身

0010_0418-1

絕命而求也分背如人分背而行上好富則人民之行
如此安得不亂○歲凶年穀不登登成
[illegible]君膳不祭肺馬不食穀馳道不除祭
事不縣大夫不食粱士飲酒不樂縣音懸○
皆自爲貶損憂民也禮食殺牲則祭先有虞氏以首夏后氏以心殷人以肝周
人以肺不祭肺則不殺也天子食日少牢朔月大牢諸侯食日特牲朔月少牢
樂治也不治道爲妨民取蔬食也縣樂懸鐘磬之屬也粱加食也不樂去琴瑟

0010_0418-2

○曲禮○國家靡敝則車不雕幾甲不組
縢食器不刻鏤君子不履絲屨馬不常
秣靡亡皮反幾音祈組音祖縢大登反鏤音漏秣音末○靡敝賦税亟也雕
畫也幾附纏爲沂鄂也組縢以組飾之及紟帶也詩云公徒三萬貝胄朱綅亦
鏤飾也○少儀○五穀不升爲大饑升成也一穀
不升謂之嗛嗛去簟反○嗛不足貌二穀不升謂
之饑三穀不升謂之饉四穀不升謂之

0010_0419-1

康饉音近○康虛五穀不升謂之大侵侵傷大侵
之禮君食不兼味臺榭不塗塗堊飾弛侯
廷道不除弛式氏反○弛廢也侯射侯也廢侯不燕射廷内道路不
修除百官布而不制官職脩列不可闕廢不更有造作鬼
神禱而不祀周書曰大荒有禱而無祀此大侵之禮
也襄公二十四年穀梁傳○大喪則不舉大荒則
不舉大札則不舉天地有災則不舉邦

肴大故則不舉札側八反烖音災○大荒凶年大札疫癘天烖日月晦食地烖崩動大故寇戎之事鄭司農云大故刑殺也春秋傳曰司寇行戮君爲之不舉○膳夫○大札大荒大烖素服大荒饑饉也大烖水火爲害君臣素服縞冠若晉伯宗哭梁山之崩○司服○至于八月不雨君不舉爲旱變也此謂建子之月不雨盡建未月也秋之義周之春夏無雨未能成災至其秋秀實之時而無雨則雩雩而得之則書雩喜祀有益也雩而不得則書旱明災成也○年不

仪礼卅一　廿二

順成君衣布搢本關梁不租山澤列而不賦土功不興大夫不得造車馬搢音薦○皆爲凶年變也君衣布者謂若衛文公大布之衣大帛之冠是也搢本去珽笏佩士笏也士以竹爲笏飾本以象關梁不租此周禮也徵則關恒譏而不征猶之言遮列也雖不賦猶爲之禁不得非時取也造謂作新也○禁音紆○年不順成天子素服乘素車食無樂損也○以上並玉藻○古者有災者謂之厲君一

時素服使有司弔死問疾憂以巫醫匍匐以捄之湯粥以方之善者先乎矜寡孤獨及疾不能相養死無以葬埋者葬埋之匍音蒲匐蒲北反矜古頑反○[redacted]○孔子在齊大旱春饑景公問於孔子曰如之何孔子曰凶年則乘駑馬力役不興馳道不修駑音奴○馳道君行之道祈以幣玉君所祈請用幣及玉不用牲也

仪礼卅一　三四

祭事不縣縣音懸○不作樂也祀以下牲當用太牢者用少牢此則賢君自貶以救民之禮也家語○魯大旱公欲焚巫尪尪烏黃反○巫尪女巫也主禱請雨者或以爲尪非巫也瘠病之人其面上向俗謂天哀其病恐雨入其鼻故爲之旱是以公欲焚之臧文仲曰非旱備也脩城郭貶食省用務穡勸分穡儉也勸分有無相濟此其務也巫尪何爲僖公二十一年左氏傳○歲旱

0010_0421-2

穆公召縣子而問然 縣音懸○然之焉也亦穆或作繆 曰天久不雨吾欲暴尫而奚若 暴蒲卜反○尫 者面向天覬天哀而雨之 曰天則不雨而暴人之疾子虐毋乃不可與 與音餘○錮疾人然之所哀暴之是虐 則吾欲暴巫而奚若曰天則不雨而望之愚婦人於以求之毋乃已疏乎 已猶甚也 巫主接神亦覬天哀而雨之春秋傳說巫曰在女曰巫在男曰覡周禮女巫旱

儀禮卷三十一　三十五

0010_0422-1

暵則舞雩 徙市則奚若曰天子崩巷市七日諸侯薨巷市三日爲之徙市不亦可乎 爲云聲○徙市者庶人之喪禮今徙市是憂戚於旱若喪○檀弓下 ○日有食之天子不舉 去盛饌 伐鼓于社 責羣陰 諸侯用幣于社 社尊於諸侯故請救而不敢責之 伐鼓于朝 退自責 以昭事神訓民事君 天子不舉諸侯用幣所以事神尊甲異制所以訓民 示有等威古之

0010_0422-2

道也 等威威儀之等差○文公十五年左氏傳 ○國主山川 主謂所主祭 故山崩川竭君爲之不舉 爲去聲○去盛饌 降服 損盛服 乘縵 縵武旦反○車無文 徹樂 八音 出次 舍於郊 祝幣 陳玉帛 史辭 自罪責 以禮焉 禮山川○成公五年左氏傳 ○天反時爲災 寒暑易節 地反物爲妖 羣物失性 民反德爲亂亂則妖災生故文反正爲乏 文字○宣公十五年左氏傳 ○

儀禮卷三十一　三十六　胡

0010_0423-1

軍有憂則素服哭於庫門之外 憂謂爲敵所敗也素服者 赴車不載櫜韔 櫜音羔韔勅亮反○兵不戢也以示當報也以告喪之辭言之謂還告於國櫜甲衣韔弓衣○檀弓 ○有焚其先人之室則三日哭 謂人燒其宗廟哭者哀精神之有所傷 故曰新宮火亦三日哭 火人火也新宮火在魯成三年○檀弓下 ○國亡大縣邑公卿大夫士皆厭冠哭於大廟三日君不舉 厭于葉反

大廟大音泰○軍敗失地以喪歸也厭冠今喪冠其服未聞或曰君

舉而哭於后土后土社也孔子惡野哭者爲其

變衆周禮銜枚氏掌禁野叫呼歎嗚於國中者行歌哭於國中之道者○禮弓

上○孔子爲大司寇國廐焚子退朝而

之火所鄉人有自爲火來者則拜之士

一大夫再子貢曰敢問何也孔子曰其

來者亦相弔之道吾爲有司故拜之廐焚居

又一自爲○言拜之者爲其來[illegible]

弔[illegible]日以禮哀爲[illegible]○家語

儀禮　卷第三十一　二十七

儀禮集傳集註

0010_0427-2

儀禮集傳集註

王制之戊 設官　　王朝禮九

昔者黃帝氏以雲紀故爲雲師而雲名黃帝軒轅氏姬姓之祖也黃帝受命有雲瑞故以雲紀事百官師長皆以雲爲名號縉雲氏蓋其一官也炎帝氏以火紀故爲火師而火名炎帝神農氏姜姓之祖也亦有火瑞以火紀事名百官共工氏以水紀故爲水師而水名共音恭○共工氏以諸侯霸有九州者在神農前大皞後亦受水瑞以水名官大皞氏以龍紀故爲龍師而龍名大音泰皞胡老反下同○大皞伏羲氏風姓之祖也有龍瑞故以龍命官少皞摯之立也鳳鳥適至故紀於鳥爲鳥師而鳥名鳳鳥氏歷正也少皞金天氏摯音至○鳳鳥知天時故以名歷正之官玄鳥氏司分者也玄鳥燕也以春分來秋分去伯趙氏司至者也伯趙伯勞也以夏至鳴冬至止青鳥氏司

0010_0428-1

0010_0428-2

啓者也青鳥鶬鴳也以立春鳴立夏止丹鳥氏司閉者也丹鳥鷩雉也以立秋來立冬去入大水爲蜃上四鳥皆歷正之屬官祝鳩氏司徒也祝鳩鵻也鵻鳩孝故爲司徒主教民鴡鳩氏司馬也鴡七余反○鴡鳩王鴡也鷙而有別故爲司馬主法制鳲鳩氏司空也鳲音尸○鳲鳩鴶鵴也鳲鳩平均故爲司空平水土爽鳩氏司寇也爽鳩鷹也鷙故爲司寇主盜賊鶻鳩氏司事也鶻胡骨反○鶻鳩鶻鵰也春來冬去故爲司事五鳩鳩民者也鳩聚也治民生聚故以鳩爲名五雉爲五工正五雉雉有五種西方曰鷷雉東方曰鶅雉南方曰翟雉北方曰鵗雉伊洛之南曰翬雉利器用正度量夷民者也量音亮夷○夷平也九扈爲九農正扈音户○扈有九種也春扈鳻鶞夏扈竊玄秋扈竊藍冬扈竊黃棘扈竊丹行扈唶唶宵扈嘖嘖桑扈竊脂老扈鴳鴳以九扈爲九農之號各隨其宜以教民事扈民無淫者也扈止也止民使不淫放自顓頊以來不能紀遠

0010_0429-1

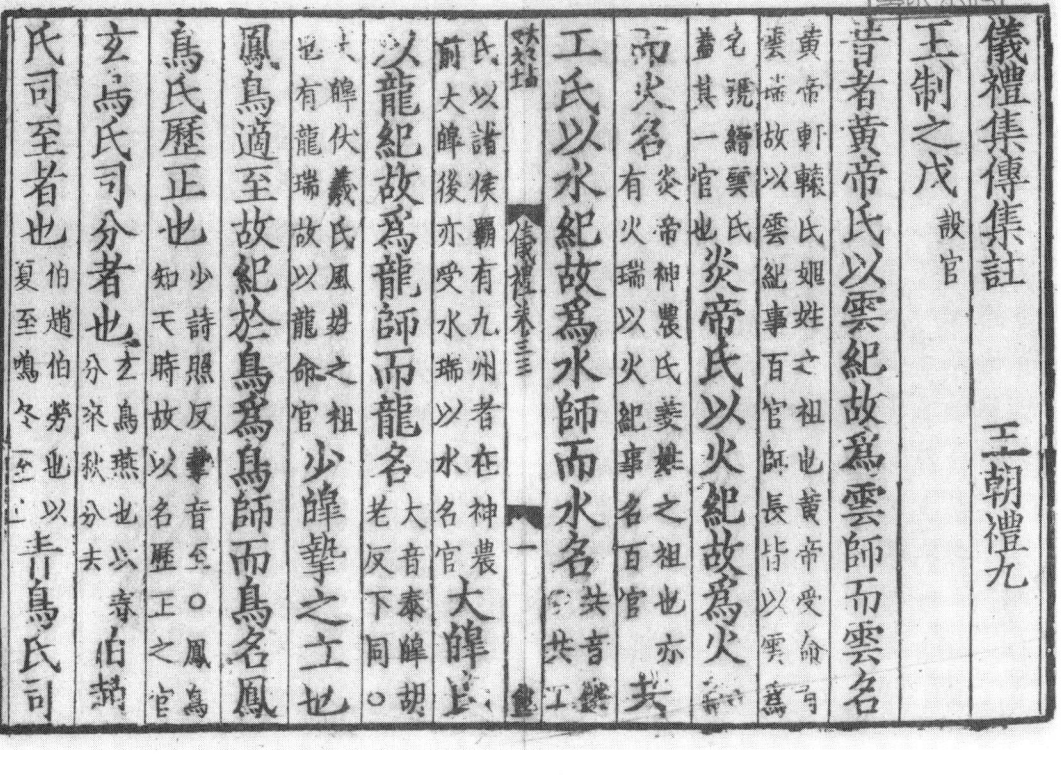

0010_0429-2

紀於近爲民師而命以民事則不能故
以也。顓音專，頊許玉反。顓頊氏代少皥者，德不能致遠瑞，而以民事命官。春秋左氏傳昭公十七年
傳叔孫昭子問於郯子曰少皥氏鳥名官何故也少皥金天氏，黃帝之子，已姓之祖也。問何故以鳥名官。郯子曰吾祖也我知之仲尼聞之見於郯子而學之於是仲尼年二十八。旣而告人曰吾聞之天子失官學在四夷猶信失官，官不備其職也。傳言聖人無常師。春秋左氏傳昭公十七年

0010_0430-1

古者大撓作甲子黔如作虜首黔其占反容成作羲曆羲和作占日尚儀作占月后益作占歲胡曹作衣夷羿作弓羿五計反祝融作市彸儀作酒高元作室虞姁作舟

0010_0430-2

伯益作井赤奠作臼乘特作駕寒哀作御王冰作服牛史皇作圖巫彭作醫巫咸作筮筮著
傳曰此二十官者聖王之所以治天下也聖王不能二十官之事然而使二十官盡其巧畢其能聖王作上故也聖王在上，官使人人，故盡畢其巧能也。聖王之所不能也用其人，得其任，故所不能。其不知也所以知之也老子曰：不知乃知之，此之謂也。養其神脩其德而已矣無所思慮勞神，是養神也；無狀而能化育萬物，謂之德。

0010_0431-1

豈必勞形愁心弊耳目哉
書虞稽古建官惟百內有百揆四岳外有州牧侯伯堯舜考古以建百官，內置百揆四岳，象天之有五行，外置州牧十二及五國之長，上下相維，外內咸治，言有法。庶政惟和

0010_0431-2

萬國咸寧官職在于故衆攻惟和萬國以寧所以爲至治夏商

官倍亦克用乂禹湯建官二百亦能用治言不及唐虞之清要

○周官○夏商之制天子三公九卿二十

七大夫八十一元士大國三卿皆命於

天子下大夫五人上士二十七人次國

三卿二卿命於天子一卿命於其君下

大夫五人上士二十七人小國二卿皆

大字卌一小字五十丁 儀禮卷三十二 五 秀

0010_0432-1

命於其君下大夫五人上士二十七人

命於天子者天子選用之如今詔書除吏矣小國亦三卿一卿命於天子二卿

命於其君此文似誤脱耳或者欲見畿內之國御典○王制○制三

公一命卷若有加則賜也不過九命次

國之君不過七命小國之君不過五命

卷俗讀也其通則曰衮三公八命矣復加一命則服龍衮與王者之後同多於

此則賜非命服也虞夏之制天子服有日月星辰周禮曰諸公之服自衮冕而

0010_0432-2

下加王之服大國之卿不過三命下卿再命

小國之卿與下大夫一命不著次國之卿者以大國

之下互明之此卿命則異大夫皆同周禮公侯伯之卿三命其大夫再命子男

之卿再命其大夫一命○王制○制農田百畝百畝之

分上農夫食九人其次食八人其次食

七人其次食六人下農夫食五人庶人

在官者其祿以是爲差也分扶問反食音似○農夫

大字卅手小字丁 儀禮卷三十二 六 秀

0010_0433-1

皆受田於公田肥墝有五等收入不同也庶人在官謂府史之屬官長所除不

命於天子國君者分或爲糞諸侯之下士視上農夫

祿足以代其耕也中士倍下士上士倍

中士下大夫倍上士卿四大夫祿君十

卿祿次國之卿三大夫祿君十卿祿小

國之卿倍大夫祿君十卿祿此班祿尊卑之差

次國之上卿位當大國之中中當其下

0010_0434-1　　0010_0433-2

下當其上大夫小國之上卿位當大國之下卿中當其上大夫下當其下大夫此諸侯使卿大夫覜聘並會之序也其爵位同小國在下爵異固在上耳○春秋傳小國無上大夫下當其六半其有中士下士者數各居其上之三分謂其爲介若特行而並會也居猶當也此據大國而言大國之士爲上次國之士爲中小國之士爲下士之數國皆二十七人各三分之上九中九下九以位相當則次國之上士當大國之中中當其

儀禮卷三十二　七　仁

下小國之上士當大國之下凡非命士亦無出會之事春秋傳謂士爲微○王制○諸侯之下士祿食九人中士食十八人上士食三十六人下大夫食七十二人卿食二百八十八人君食二千八百八十人次國之卿食二百一十六人君食二千一百六十人小國之卿食百四十四人君食千四百四十人次國之

0010_0435-1　　0010_0434-2

卿命於其君者如小國之卿天子之大夫爲三監監於諸侯之國者其祿視諸侯之卿其爵視次國之君其祿取之於方伯之地方伯爲朝天子皆有湯沐之邑於天子之縣內視元士食音嗣監古陷反監於古銜反爲于僞反朝直遙反○給齋戒自潔清之用浴用湯沐用潘○王制傳曰古者天子三公每一公三卿佐

儀禮卷三十二　八　仁

之每一卿三大夫佐之每一大夫二士佐之故天子三公九卿二十七大夫八十一元士所與爲天下者若此而已自三公至元士凡百二十此夏時之官周之官三百六十禮志曰有虞氏之官五十夏后官百殷二百周三百近之未得其實也據夏恩推之則有虞氏之官六十夏后氏官二十殷二百四十周三百六十爲肯明矣

0010_0436-1　　0010_0435-2

周禮以九儀之命正邦國之位每命異儀貴賤之位乃正春秋傳曰名位不同禮亦異數壹命受職始見命爲正吏謂列國之士於子男爲大夫王之下士亦一命鄭司農云受職治職事再命受服鄭司農云受服受祭衣服爲上士玄謂此受玄冕之服列國之大夫再命於子男爲卿卿大夫自玄冕而下如孤之服王之中士亦再命則爵弁服三命受位鄭司農云受下大夫之位玄謂此列國之卿始有列位於王爲王之臣也王之上士亦三命四命受器鄭司農云受祭

攷記卅二　九　友

器爲上大夫玄謂此公之孤始得有祭器者也禮運曰大夫具官祭器不假聲樂皆具非禮也王之下大夫亦四命五命賜則鄭司農云則者法也出爲子男玄謂則地未成國之名王之下大夫四命出封加一等五命賜之以方百里二百里之地者方三百里以上爲成國王莽時以二十五成爲則方五十里合今俗說子男之地獨劉子駿等識古有此制焉六命賜官鄭司農云子男入爲卿治一官也玄謂此王六命之卿賜官者使得自置其臣治家邑如諸侯春秋襄十八年冬晉侯以諸侯圍齊荀偃爲君禱河旣陳齊侯

0010_0437-1　　0010_0436-2

之罪而曰曾臣彪將率諸侯以討焉其官臣偃實先後之七命賜國王之卿六命出封加一等者鄭司農云出就侯伯之國八命作牧謂侯伯有功德者加命得專征伐於諸侯鄭司農云一州之牧王之三公亦八命九命作伯上公有功德者加命爲二伯得征五侯九伯者鄭司農云長諸侯爲方伯○宗伯諸侯之五儀曰上公九命爲伯其國家宮室車旗衣服禮儀皆以九爲節侯伯七命其國家宮室車旗衣服禮儀皆以七爲節子男五命其

大○文小二　第二　十　陳生

國家宮室車旗衣服禮儀皆以五爲節上公謂王之三公有德者加命爲二伯二王之後亦爲上公國家國之所居謂城方也公之城蓋方九里宮方九百步侯伯之城蓋方七里宮方七百步子男之城蓋方五里宮方五百步大行人職則有諸侯圭藉冕服建常樊纓貳車介牢禮朝位之數焉王之三公八命其卿六命其大夫四命及其出封皆加一等其國家

此傳本第十葉刻工陳生

之罪而曰曾日彫將率諸侯以討焉其官曰僖實先後之　七命賜國

王之卿六命出封加一等者　鄭司農云出就侯伯之國　八命作牧

謂侯伯有功德者加命得專征伐於諸侯鄭司農云一州之牧王之三公亦八

命　九命作伯　上公有功德者加命為二伯得征五侯九伯者鄭司農云長諸侯為方伯○宗伯

九命為伯其國家宮室車旗衣服禮儀皆以九為節侯伯七命其國家宮室車旗衣服禮儀皆以七為節子男五命其國家宮室車旗衣服禮儀皆以五為節

公謂王之三公有德者加命為二伯二王之後亦為上公國家國之所居謂城方也公之城蓋方九里宮方九百步侯伯之城蓋方七里宮方七百步子男之城蓋方五里宮方五百步大行人職諸侯圭藉冕服建常樊纓貳車介牢禮朝位

王之三公八命其卿六命其大夫四命及其出封皆加一等其國家

0010_0438-1　　0010_0437-2

宮室車旗衣服禮儀亦如之　四命中下大夫也出封出畿內封於八州之中加一等褒有德也大夫為子男卿為侯伯其在朝廷則亦如命數耳王之上士三命中士再命下士一命　凡諸侯之適子誓於天子攝其君則下其君之禮一等未誓則以皮帛繼子男　適音嫡○誓者明天子既命以為之嗣樹子不易也春秋桓九年曹伯使其世子射姑來朝行國君之禮是也公之子如侯伯而執圭侯伯之子如子男而執璧子男之子與未誓者皆次小國之君執皮帛而朝會焉其賓之皆以上卿之禮焉　諸侯五等之命曰公之孤四命以皮帛眡小國之君其卿三命其大夫再命其士壹命其宮室車旗衣服禮儀各眡其命之數侯伯之卿大夫士亦如之子男之卿再命其大夫壹命其士不命其宮室車旗衣服禮儀各眡其命之數　眡音示○視

張本下象鼻題監生陳浚四字傳本剪去之

0010_0438-2

國之君者列於卿大夫之位而禮如子男也鄭司農云九命上公得置孤卿一人春秋傳曰列國之卿當小國之君固周制也○典命

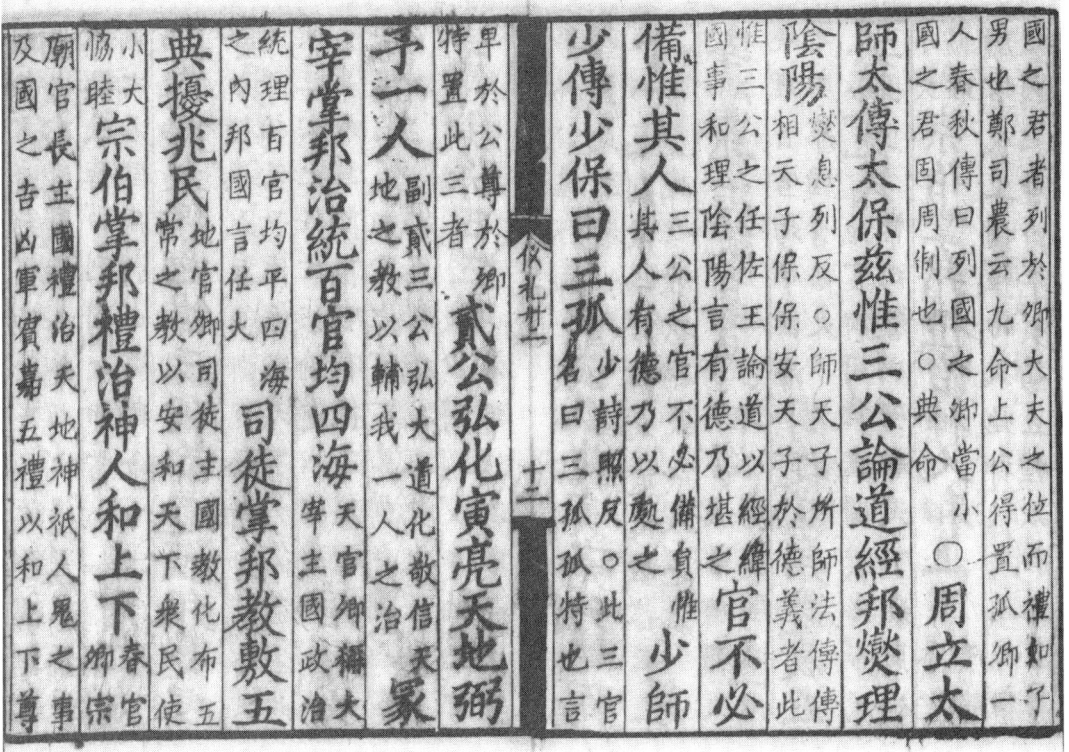

○周立太師太傅太保茲惟三公論道經邦燮理陰陽

燮息列反○師天子所師法傅傅相天子保保安天子於德義者此惟三公之任佐王論道以經緯國事和理陰陽言有德乃堪之

官不必備惟其人

三公之官不必備負惟其人有德乃以處之

少師少傅少保曰三孤

少詩照反○此三官名曰三孤孤特也言

仪礼廿一　十二

0010_0439-1

卑於公尊於卿特置此三者

貳公弘化寅亮天地弼予一人

副貳三公弘大道化敬信天地之教以輔我一人之治

冢宰掌邦治統百官均四海

天官卿稱大宰主國政治統理百官均平四海之内邦國言任大

司徒掌邦教敷五典擾兆民

地官卿司徒主國教化布五常之教以安和天下衆民使小大協睦

宗伯掌邦禮治神人和上下

春官卿宗廟官長主國禮治天地神祇人鬼之事及國之吉凶軍賓嘉五禮以和上下尊

0010_0439-2

卑等列

司馬掌邦政統六師平邦國

夏官卿大司馬之事掌國征伐統正六軍平治王邦四方國之亂者

司寇掌邦禁詰姦慝刑暴亂

慝吐得反○秋官卿主寇賊法禁治姦惡刑強暴作亂者夏司馬討惡助長物秋司寇刑姦順時殺

司空掌邦土居四民時地利

冬官卿主國空土以居民士農工商四人使順天時分地利授之土能吐生百穀故曰土

六卿分職各率其屬以倡九牧阜成兆民

倡昌亮反○六卿各率其[illegible]

仪礼卅二　十三

0010_0440-1

[illegible]大夫士治其所分之職[illegible]

[illegible]為政以成兆民之性[illegible]

[illegible]

○周禮之署惟王建國

[illegible]

[illegible]

[illegible]

辨方正

[illegible]

0010_0440-2

[illegible]

[illegible]則經[illegible]

[illegible]以[illegible]位於[illegible]

[illegible]正位謂[illegible]定宮廟　體國經野　體猶分也經謂爲之里數鄭司

農云營國方九里國中九經九緯左[illegible]右[illegible]面朝後市野則九夫爲井四井爲[illegible]

[illegible]之屬是也[illegible]　設官分職　鄭司農云置冢宰司徒宗伯司馬司寇司

空各有所職而百事舉　以爲民極　極中也令天下之人各得其中

不失其所○令[illegible]經謂經準也　○乃立天官冢宰使帥

儀禮卷二　十四

0010_0441-1

其屬而掌邦治以佐王均邦國　掌主也邦治王

所以治邦國也佐猶助也[illegible]司[illegible]云邦[illegible]國之官之職也設大宰職曰掌建

之六典以佐王治邦國六官皆總屬[illegible]宰事故論語曰君薨百官總己以聽

[illegible]冢宰言冢宰於百官無所不[illegible]日冢大也冢宰大宰也　大宰卿

一人　音泰後同○掌建邦之六典以佐王治邦國以八法治官府以八

則治都鄙以八柄詔王馭羣臣以八統詔王馭萬民以九職任萬民以九賦斂

財賄以九式均節財用以九貢致[illegible]以九兩繫邦國之民　小宰

0010_0441-2

中大夫二人　掌宮刑及王宮之政令糾禁掌六典八法八則九貢

九賦九式之貳六叙六屬六職六聯八成六計　宰夫下大夫四

人　掌治朝之法羣吏之治辨八職　○宮正　掌王宮之戒令糾禁宮官

之長也　宮伯　掌王宮士庶子之政令　○膳夫　掌王之食飲膳

羞以養王及后世子食官之長也　庖人　庖抶交反○掌共膳羞之物

內饔　饔於容反下同○掌王及后世子之割亨煎和　外饔　掌外祭祀

之割亨及賓客之飧饔饗食　亨人　亨普庚反○掌爨亨煑　○甸

儀礼卅二　十五

0010_0442-1

師　甸田遍反○掌耕王藉共齍盛掌果蓏薪蒸共野物官之長也　獸

人　掌罟田獸　𢼸人　𢼸音魚○掌以時𢼸　鼈人　掌取互物　腊人

掌乾肉　○醫師　掌醫之政令醫官之長也　食醫　掌和王之食飲

膳羞　疾醫　掌養萬民之疾病　瘍醫　瘍音羊○掌[illegible]瘍　獸醫

掌療獸　○酒正　掌酒之政令酒官之長也其屬皆奄奴稚叟人用士

酒人　掌爲酒[illegible]　漿人　掌共六飲　凌人　凌力證反○掌冰　籩

人　掌籩實　醢人　醢呼[illegible]反○掌豆實　醯人　醯呼西反○掌[illegible]醯

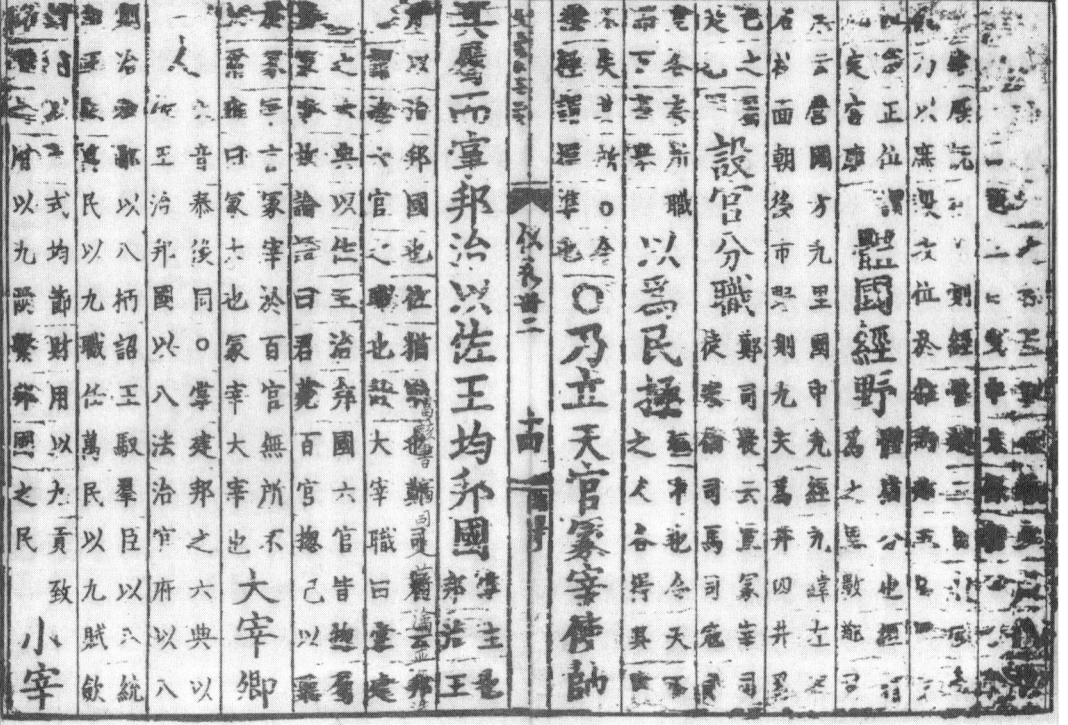

張本下象鼻題監生陳浚四字傳本剪去之

0010_0442-2

鹽人掌鹽之政令冪人冪莫歷反。掌共巾冪。○宮人掌王之六寢之脩寢舍之長也掌舍掌王會同之舍幕人掌帷幕幄帟綬掌次次自脩正之處○大府下大夫掌九貢九賦九功之貳以受頒其貨賄治藏之長也玉府掌王金玉玩好兵器凡良貨賄之藏內府掌受九貢九賦九功之貨賄良兵良器外府掌邦布之入出○司會中大夫會古外反。掌六典八法八則之貳九貢九賦九功九式之法計官之長也司書掌六典八法八則九職九

仪礼卅二　十六

0010_0443-1

正九事邦中之版土地之圖職內掌邦之賦入職歲掌邦之賦出職幣掌式法以斂幣○司裘掌為裘及射侯與邦之皮事掌皮掌斂頒皮革○內宰下大夫掌王內之政令數陰禮教婦職賛后禮佐后立市詔后蠶及王穜稑之種宮中官之長也內小臣掌王后之命奄十也閽人閽音昏。○掌守王宮中門之禁寺人掌內人及女宮之戒令內豎豎音樹。○掌內外之通令凡小事九嬪嬪音頻。○掌婦學之法不列三夫人者猶三公之無職也世婦掌祭

0010_0443-2

祀賓客喪紀之事女御掌御叙于王之燕寢女祝掌王后之內祭祀禱祠之事女史掌禮職內治之貳以詔后治內政○典婦功掌婦式之法主婦功官之長也典絲掌絲之入出典枲枲絲里反。○掌布緦縷紵麻草之物○內司服掌王后之六服外內命婦之服主宮中裁縫官之長也縫人縫扶用反。○掌王宮縫線之事染人染如豔反。掌染絲帛追師追丁回反。○掌王后及外內命婦之首服屨人掌王及后之服屨辨外內命夫婦之屨夏采掌染鳥羽

仪礼卅二　十七

0010_0444-1

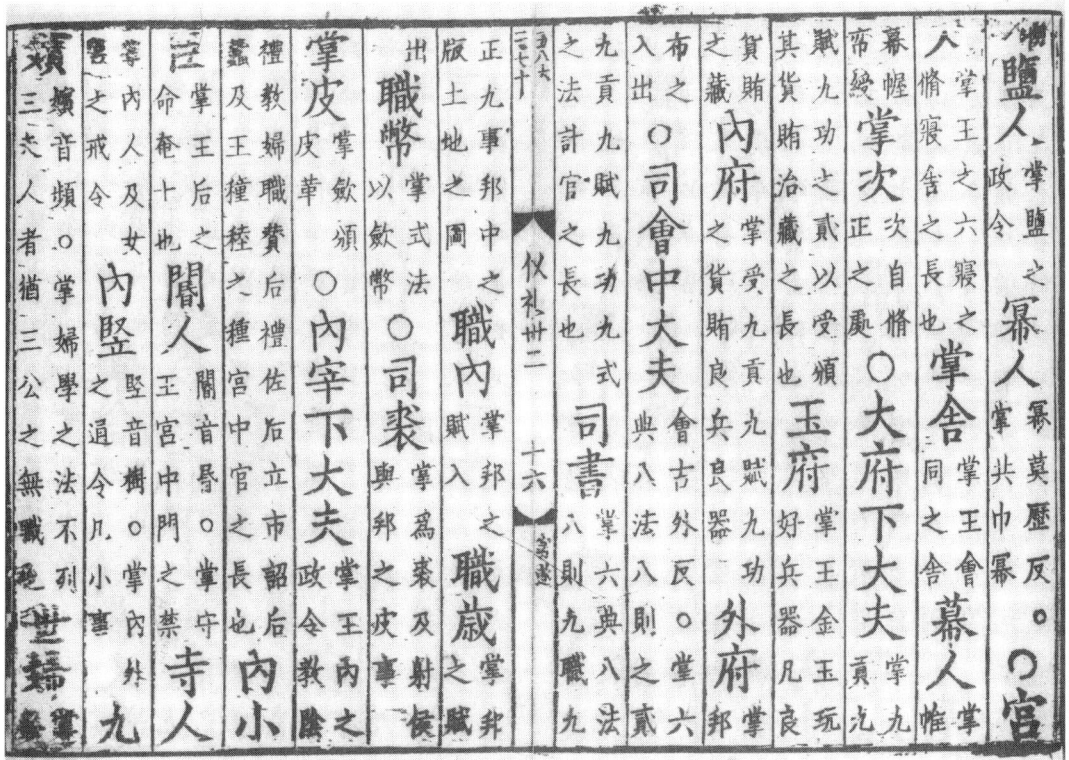

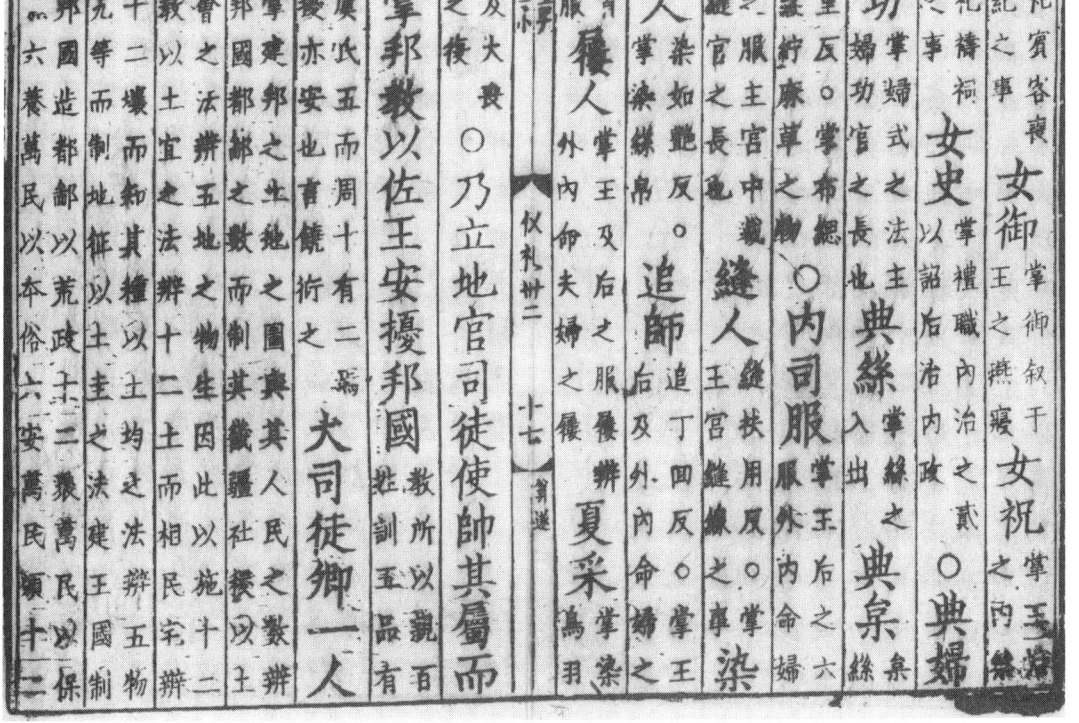

及大喪之使○乃立地官司徒使帥其屬而掌邦教以佐王安擾邦國教所以親百姓訓五品有虞氏五而周十有二焉擾亦安也言饒衍之大司徒卿一人掌建邦之土地之圖與其人民之數辨邦國都鄙之數而制其畿疆社稷以土會之法辨五地之物生因此以施十二教以土宜之法辨十二土而相民宅辨十二壤而知其種以土均之法辨五物九等而制地征以土圭之法建王國制邦國造都鄙以荒政十二聚萬民以保息六養萬民以本俗六安萬民頒十二

□□□劉都鄙以鄉三物五禮□□產萬民以鄉八刑糾萬民 小司徒

中大夫二人 掌建邦之教法以稽國中及四郊都鄙之夫家九比

之數十萬民之卒伍以起軍旅作田役以追胥令貢賦均土地以知其民數經

土地而辨其田野 鄉師下大夫四人 各掌所治鄉之教

○鄉老二鄉則公一人鄉大夫每鄉則

卿一人 萬二千五百家為鄉凡六鄉鄉大夫掌其鄉之政教禁令 州

長每州中大夫一人 音丁丈反○二十五百家為州凡三

十州州長各掌其州之教治政令 黨正每黨下大夫一

人 五百家為黨凡百五十黨黨正各掌其黨之政令教治 族師每

族上士一人 百家為族凡七百五十族族師各掌其族之戒令政

事 閭胥每閭中士一人 二十五家為閭凡三千閭閭胥

各掌其閭之徵令 比長五家下士一人 比毗志反○五

家為比凡一萬五千比長各掌其比之治 ○封人 掌設王之社壝及

□□之 封 樹邦國都社稷封域 鼓人 教六鼓四金之音以節聲樂和軍旅

役 舞師教兵舞帗舞羽舞皇舞野舞 牧人牧祭之牲
牛人養公牛 充人繫祭祀之牲 ○載師掌任土之法 縣師
官之長也 閭師掌國中四郊人民六畜之數以任其力以徵其賦
掌邦國都鄙人民田萊之數稽野之賦貢 遺人遺于季反○掌委積以待
施惠 均人掌均地政地守地職 ○師氏中大夫掌以媺詔
王以德行教國子居虎門以司王朝 師四隷以守王門諫教官之長也 保
氏下大夫掌諫王惡以六藝儀教國子守王闈 司諫糾萬

大五八 小三十九 十九 劉伸

民之德正其行而強之道藝 司救掌萬民之衺惡過失而誅讓之 調
人司萬民之難而諧和之 媒氏掌萬民之判嫁娶聽陰訟 ○
司市下大夫掌市之治教政刑量度禁令市官之長也 質人
掌成市之貨賄劑書契度量淳制 廛人廛直連反○掌斂市布 胥
師各掌其次之政令 賈師賈音古○各掌其次之貨賄之治 司
虣虣薄報反○憲市之禁令 司稽掌巡市而察其犯禁不物者 胥
各掌所治之政 肆長長丁丈反○各掌其肆之政令 泉府掌斂市之

正田役 舞師教兵舞帗舞羽舞皇舞野舞 牧人牧祭之牲
牛人養公牛 充人繫祭祀之牲 ○載師掌任土之法 縣師
官之長也 閭師掌國中四郊人民六畜之數以任其力以徵其賦
掌邦國都鄙人民田萊之數稽野之賦貢 遺人遺于季反○掌委積以待
施惠 均人掌均地政地守地職 ○師氏中大夫掌以媺詔
王以德行教國子居虎門以司王朝 師四隷以守王門諫教官之長也 保
氏下大夫掌諫王惡以六藝儀教國子守王闈 司諫糾萬

大五八 小三十九 儀禮卷三十二 十九 秀

民之德正其行而強之道藝 司救掌萬民之衺惡過失而誅讓之 調
人司萬民之難而諧和之 媒氏掌萬民之判嫁娶聽陰訟 ○
司市下大夫掌市之治教政刑量度禁令市官之長也 質人
掌成市之貨賄劑書契度量淳制 廛人廛直連反○掌斂市布 胥
師各掌其次之政令 賈師賈音古○各掌其次之貨賄之治 司
虣虣薄報反○憲市之禁令 司稽掌巡市而察其犯禁不物者 胥
各掌所治之政 肆長長丁丈反○各掌其肆之政令 泉府掌斂市之

0010_0446-2

滯貨以待買以賒貸者○司門下大夫掌授管鍵以啓閉國
門幾出入不物者司關掌國貨之節掌節掌守邦節以輔王命
○遂人中大夫掌經田野造縣鄙之地域溝樹使各掌其政令
簡其兵器教之稼穡以令貢賦師田政役之事六遂都鄙官之長也遂師
下大夫四人各掌其遂之政令戒禁以徵財征作役事遂大
夫每遂中大夫一人萬二千五百家爲遂凡六遂大夫各
掌其遂之政令教稼穡簡稼器脩稼政縣正每縣下大夫

大七六 小三千 儀禮卷三十二 二十 秀

0010_0447-1

一人二千五百家爲縣縣正各掌其縣之政令徵比趨其稼事鄙師
每鄙上士一人五百家爲鄙鄙師各掌其鄙之政令祭祀酇
長每酇中士一人酇作管反○百家爲酇酇長各掌其酇之
政令里宰每里下士一人二十五家爲里里宰掌比其邑
之衆寡六畜兵器合耦于鋤以治稼穡鄰長五家一人五家
爲鄰鄰長掌相糾相受○旅師掌聚野之粟春頒而秋斂之稍
人掌稍所教反○丘乘之政令委人委於僞反○掌斂野之賦斂薪

0010_0447-2

芻木材者土均掌平土地之政草人掌土化之法稻人掌稼
下地○土訓掌道地圖道地慝誦訓掌道方志道方慝○
山虞掌山林之政令而爲之厲禁林衡掌巡林麓而平其守川
衡掌巡川澤而平其守澤虞掌國澤之政令迹人掌邦田之政令
丱人丱虢猛反○掌金玉錫石之地角人徵齒角羽人徵羽
翮掌葛徵絺綌掌染草掌炭掌荼掌蜃囿
人場人掌場圃○廩人下大夫掌九穀之數穀官之

大八六 小三百三 儀禮卅二 二十一 陳全

0010_0448-1

長邑舍人掌平宮中之數倉人掌粟入之藏司祿司稼
掌巡野觀稼以共年上下出斂法春人共米饎人饎尺志反○共盛
槁人槁苦報反○共內外朝冗食者之食○乃立春官宗
伯使帥其屬而掌邦禮以佐王和邦國
大宗伯卿一人掌以吉禮事鬼神示以凶禮哀邦國之憂以賓
禮親邦國以軍禮同邦國以嘉禮親萬民以九儀之命正邦國之位以六瑞等
邦國以六摯等諸臣以六器禮天地四方以[illegible]

第二十葉刻工秀張本同

0010_0448-2

小宗伯中大夫二人掌建國之神位五禮之禁令辨廟祧之昭穆辨吉服車旗宮室辨三族之親疏掌其門守之政令毛六牲辨六齍六彝六尊肆師下大夫四人掌立國祀之禮序其祭祀○鬱人鬱於物反○掌祼器和鬱鬯鬯人鬯勅亮反○共秬鬯雞人共雞牲夜嘑旦司尊彝掌六尊六彝司几筵掌五几五席天府掌祖廟之守藏典瑞掌玉瑞玉器之藏典命掌諸侯五儀諸臣五等之命司服掌王之吉凶衣服典祀掌外祀之

0010_0449-1

兆守守祧掌守先王先公之廟祧○世婦每宮卿二人下大夫四人掌女宮之戒及祭祀內宗掌宗廟之祭祀薦加豆籩外宗掌宗廟之祭祀佐后薦豆籩○冢人下大夫掌公墓墓大夫下大夫掌凡邦墓職喪掌凡有爵者之喪○大司樂中大夫掌成均之法以治建國之學政以合德樂語樂舞教國子以六律六同五聲八音六舞大合樂以致鬼神示和邦國諧萬民作動物樂聲樂官之長也樂師下大夫掌國學之政

0010_0449-2

[illegible]

而大師下大夫[illegible]同[illegible]小師掌教

鼗柷敔管弦歌瞽矇矇音蒙○掌鼓鼗柷敔[illegible]誦[illegible]繫及九德六詩之聲眡瞭眡音視瞭音了○掌凡樂事相瞽典同掌為樂器磬師鐘師笙師鎛師鎛音博韎師韎音妹教韎樂○旄人教舞散樂舞夷樂籥師教國子舞吹籥籥章掌土鼓豳籥以[illegible]暑迎寒祈年祭蜡鞮鞻氏鞮丁兮反鞻九具反○掌夷樂典庸

0010_0450-1

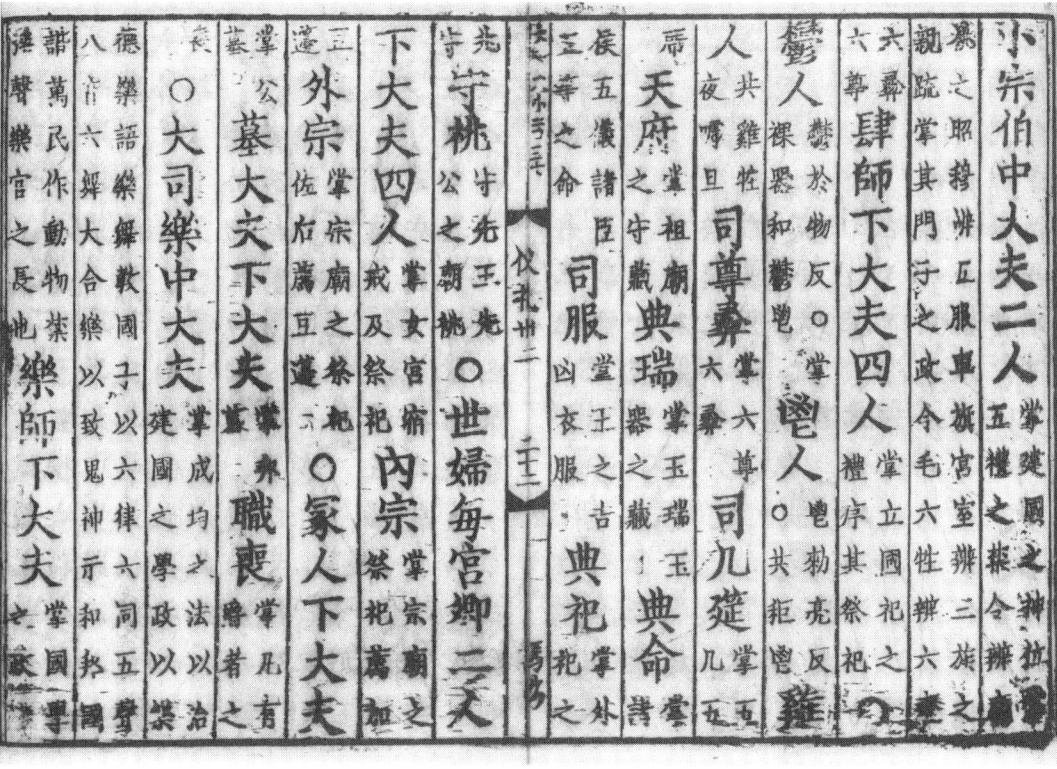

器掌藏庸器樂器司干掌舞器○大卜下大夫掌三兆三易三夢之法以邦事作龜之八命卜筮官之長也卜師掌開龜之四兆龜人掌六龜之屬取龜之攻之[illegible]之菙氏菙時髓反○掌共燋契占人掌占龜簭簭人簭音筮○掌三易以辨九簭占夢掌占六夢眡祲祲子鴆反又且鴆反○掌十煇以觀妖祥○大祝下大夫掌六祝六祈作六辭辨六號九祭九𢡟祝官之長也小祝掌小祭祀之祝號喪祝掌大喪勸防之事甸祝掌表貉之祝號詛祝掌盟

0010_0450-2

0010_0451-1

詛類造攻說禬禜之祝號○司巫掌羣巫之政巫官之長也男巫
女巫○大史下大夫掌建邦之典法則正歲年以序事頒
告朔于邦國史官之長也小史掌邦國之志馮相氏馮音憑相
息亮反○掌歲年辰日星之位保章氏掌志星辰日月之變內史
中大夫掌八柄以詔王治書王命外史掌書外令四方之志三皇
五帝之書達書名于四方御史掌邦國都鄙萬民之治令以贊冢宰○
巾車下大夫掌公車之政令典路掌五路車僕掌車

儀禮卷卅二　九四

之萃司常掌九旗○都宗人掌都祭祀之禮家宗
人掌家祭祀之禮凡以神仕者無數○乃立夏
官司馬使帥其屬而掌邦政以佐王平
邦國大司馬卿一人掌建邦國之九法以佐王平邦國以
[illegible]之法正邦國以九畿之籍施邦國[illegible]教振旅茇舍治兵大閱大合軍以
[illegible]令以救有罪小司馬中大夫二人[illegible]
[illegible]四、輿司馬行[illegible]

0010_0451-2

0010_0452-1

命卿鄉去聲○萬二千五百人爲一軍師帥中大夫帥所
類反下同○二千五百人爲師旅帥下大夫五百人爲旅卒
長上士長丁丈反○百人爲卒兩司馬中士二十五人
爲兩伍長長丁丈反○五人爲伍○司勳掌六鄉賞地以等功
馬質掌質馬量人量音亮○掌建國之法小子掌祭祀羞
羊肆羊殽肉豆羊人掌羊牲司爟爟古喚反○掌行火之政令
○掌固掌脩城郭溝池樹渠之固而頒其守司險掌九州山林川

儀禮卅二　九五

澤之阻設溝涂而樹之皆有守禁掌疆候人各掌其方之道治
○環人掌致師察軍慝挈壺氏挈壺以令軍井○射人
下大夫掌公卿大夫將射見王之位以射法治射儀○服不
氏養猛獸射鳥氏射食亦反羅氏羅鳥鳥掌畜畜許
六反○養鳥○司士下大夫掌羣臣之版正朝儀之位衛官
之長也諸子下大夫掌國子之倅司右掌羣右之政令
虎賁氏下大夫賁音奔○掌先後王而趨旅賁氏賁音

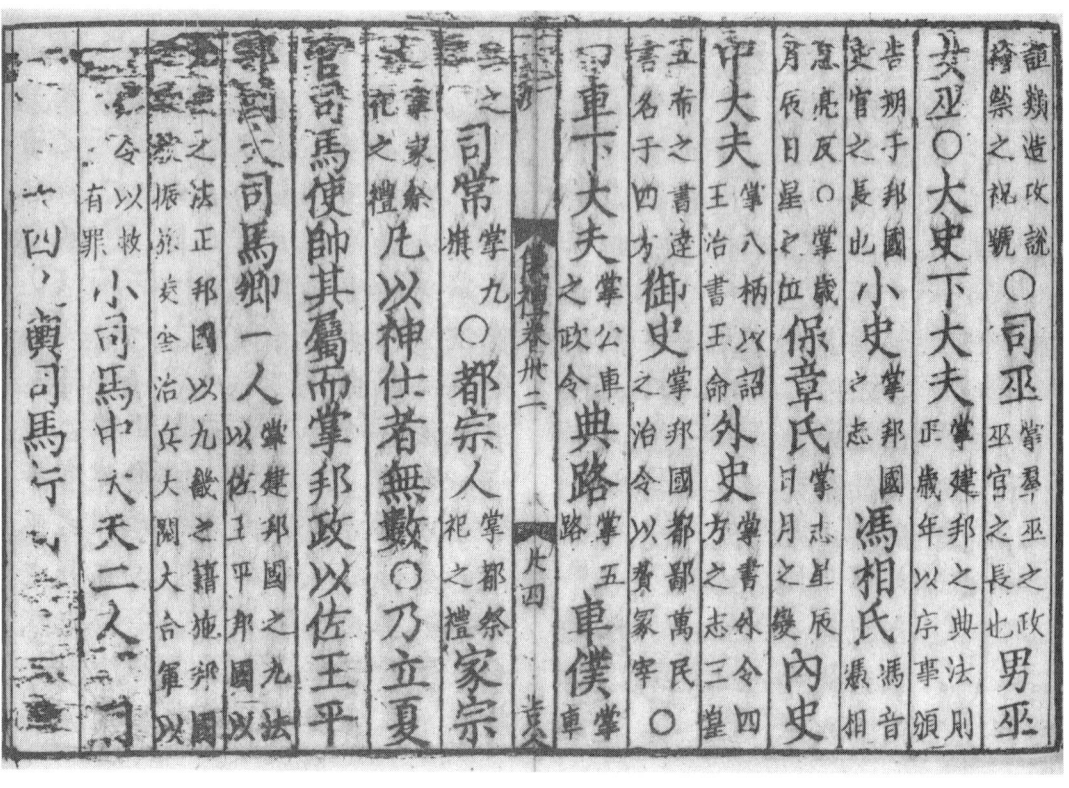

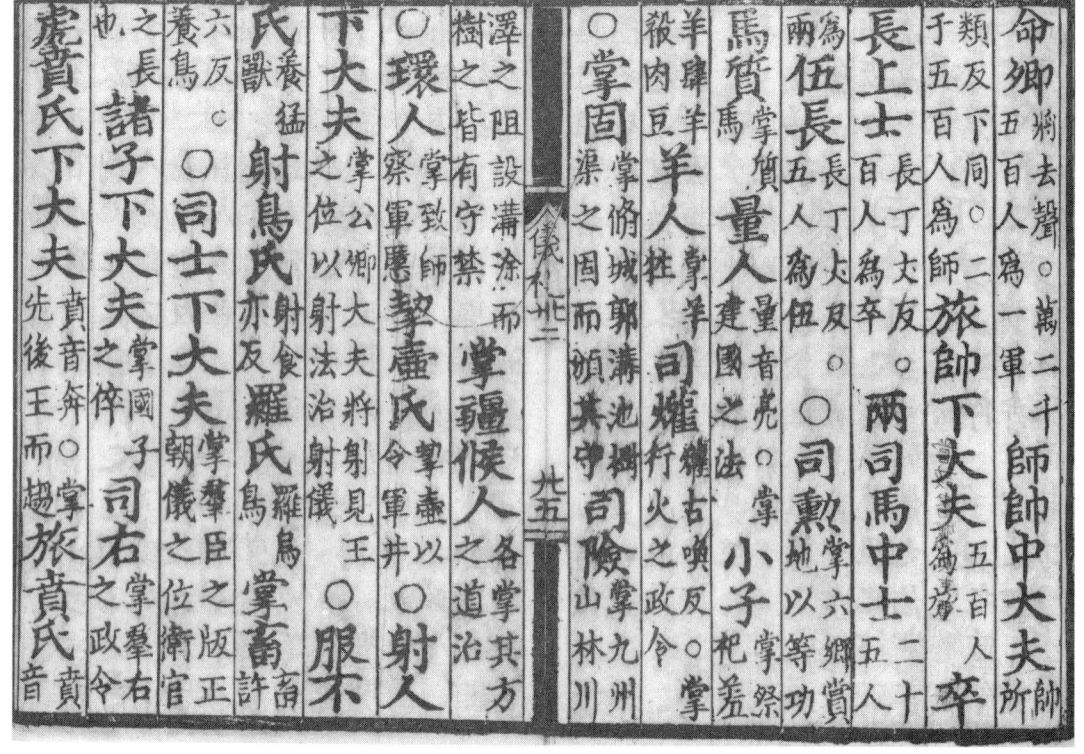

張本下象鼻題監生廖三字傳本剪去之

0010_0452-2

奔○夾王車 節服氏維王之太常 方相氏掌時難 ○
太僕中大夫掌正王之服位出入王之大命建路鼓以達窮者及
遽令僕官之長也 小臣掌王之小命相王之小法儀 祭僕掌胝
祭祀而警戒其有司 御僕掌羣吏之逆燕民之復 隸僕掌寢掃
除糞洒之事 ○弁師掌五冕 ○司甲下大夫兵官
之長也 司兵掌五兵五盾 司戈盾盾常允反 ○司弓
矢下大夫司弓官之長也 繕人掌王之用弓弩 槀人槀古

儀禮廿二 廿六

0010_0453-1

老反○掌弓矢之工 ○戎右中大夫古參乘也掌戎車之
兵革 齊右下大夫齊側皆反○掌前齊車 ○道右掌前
道車 ○大馭中大夫馭音御○掌馭玉路 戎僕中大
夫掌馭戎車 齊僕齊側皆反○掌馭金路 道僕掌馭象路 田
僕掌馭田路 馭夫掌馭從車使車 ○校人中大夫
校戶教反○掌王馬之政馬官之長也 趣馬趣七反○掌贊正良馬
巫馬掌養疾馬 牧師掌牧地 廋人廋所求反○掌十有二閑

0010_0453-2

之政教 圉師圉魚呂反下同○教養馬 圉人掌養馬 ○職
方氏中大夫四人下大夫八人掌天下之圖辨
九州九服之國主四方官之長也 土方氏掌土圭之法以相宅建邦
國都鄙 懷方氏掌來遠民 合方氏掌達道路同數器 訓
方氏掌道四方之政事 形方氏掌制邦國之地域 山師
掌山林名物 川師掌川澤名物 邍師邍音元○掌四方之地名
名物 匡人掌達法則匡邦國 撢人撢他南反○掌誦王志巡邦國

儀禮廿二 廿七

0010_0454-1

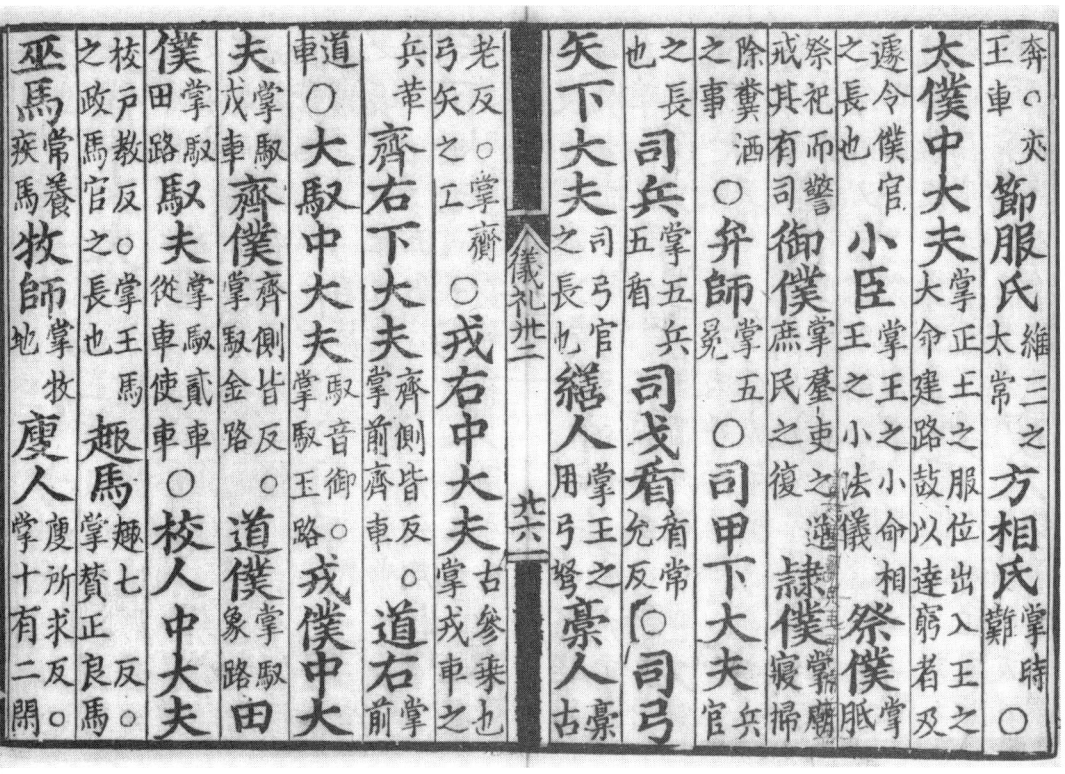

○都司馬掌都之車馬兵甲 家司馬 ○乃立秋
官司寇使帥其屬而掌邦禁以佐王刑
邦國大司寇卿一人掌建三典以詰四方以五刑糾萬民以圜
土教罷民以兩造禁民訟以兩劑禁民獄以嘉石平罷民以肺石達窮民 小
司寇中大夫二人掌外朝之政以詢萬民以五聽求民情以
八辟附刑罰以三刺斷獄訟 士師下大夫四人掌以五禁
左右刑罰以五戒先後刑罰掌士之八成 鄉士各掌其鄉之獄訟 遂

0010_0454-2

士掌其之獄訟 縣士掌其縣之獄訟 方士掌
訝士掌四方之獄訟 朝士掌外朝之法○朝直遙反○司
民掌登萬民之數○司刑掌五刑之法 司刺掌三刺三宥三赦
之○司約掌邦國及萬民之約劑○約於妙反○ 司盟掌盟
之 職金掌凡金玉錫石丹青之戒令 司厲掌盜賊之任器
貨○犬人掌犬牲○司圜收教罷民 掌囚掌守盜賊
掌戮掌斬殺 司隸掌五隸之法 罪隸役百官府 蠻隸役校

仪礼卅二　二八

0010_0455-1

人 閩隸役畜養鳥○閩莫巾反○ 夷隸役牧人 貉隸
亏反○ 布憲掌憲邦之刑禁 禁殺戮掌司斬殺戮者 禁
暴氏掌禁庶民之亂暴 野廬氏掌達道路 蜡氏蜡清預反
○雍於勇反○ 雍氏掌溝瀆澮池之禁 萍氏掌水禁幾酒謹
司寤氏掌夜時 司烜氏烜音毀○掌取明水火以共祭祀火禁
條狼氏掌執鞭以趨辟○條音滌○ 脩閭氏掌比國中宿互欜者
冥氏掌攻猛獸 庶氏掌除毒蠱○庶音煮○ 穴氏攻蟄獸 翨

0010_0455-2

氏翨音翅失豉反○攻猛鳥 柞氏柞側百反○攻草木 薙氏薙
計反○殺草 硩蔟氏硩音摘蔟倉獨反○覆夭鳥之巢 翦氏
除蠹物 赤犮氏犮音跋○除墻屋 蟈氏蟈古獲反○去鼃黽
壺涿氏涿陟角反○除水蟲 庭氏射夭鳥 銜枚氏司囂
伊耆氏共杖咸○大行人中大夫掌大賓大客之
禮儀以親諸侯此以下皆主賓客之官 小行人下大夫掌
邦國賓客之禮籍以待四方之使者 司儀掌九儀之
賓客擯相之禮 六節成六瑞合六幣

仪礼卅二　二九

0010_0456-1

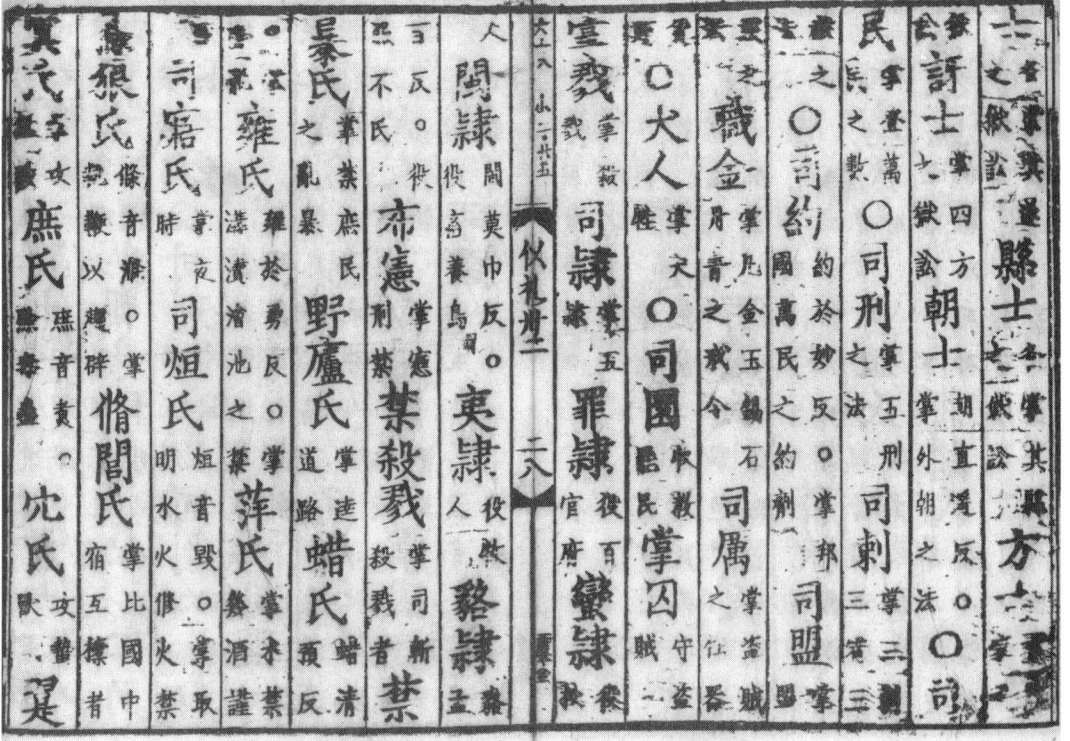

相儀容辭令揖讓之節 行夫掌邦國傳遽之小事 環人掌送迎賓
客 象胥掌蠻夷閩貉戎狄之國使掌以節與幣巡邦國之諸侯及其萬民 掌客掌四方賓客之牢禮 掌訝掌交
掌察 掌貨賄 朝大夫朝直遙反○掌都家之國治 都
則 都士 家士○冬官司空亡考工之屬
攻木之工 輪人為輪 輿人為車 車人為耒 為蓋 輿人為車
輈人○輈張留反○為輈 廬人為廬器 匠人建國營國為溝洫
弓人為弓 梓人為侯為筍簴為飲器 攻金之工 築

0010_0457-1 0010_0456-2

氏爲削冶氏爲殺矢梟氏爲鐘㮚氏○㮚古栗字爲量

段氏段丁亂反○爲鎛桃氏爲劒攻皮之工函人

爲甲鮑人韗人韗音運爲皋陶○韋氏裘氏設色

之工畫繢鍾氏染羽筐人筐音匡㡛氏㡛莫黄反

湅絲刮摩之工刮音八玉人楖人楖側筆反雕

人磬氏爲磬矢人爲矢摶埴之工摶音團一音搏埴時職反

陶人爲甗旊人旊甫往反爲簋○凡執技以

事上者祝史射御醫卜及百工言技謂此七者

凡執技以事上者不貳事不移官欲專其事

亦爲不德出鄉不與士齒賤也於其鄉中則齒親親也仕

於家者出鄉不與士齒亦賤

儀禮集傳集註

0010_0457-2　0010_0458-1

儀禮集傳集註

王朝禮十

王制之巳 建侯

凡建邦國大司徒以土圭土其地而制其域 見王制篇其與周禮不同者鄭氏巳言之矣 土方氏以土地相其宅 相息亮反○土地猶度地知東西南北之深而相其可居者宅居也 量人以建國之法量其城郭宮室市朝道巷門渠 量音亮朝直遥反○立國有舊法式若匠人職云 太祝先告后土用牲幣 后土社神也 封人設其社稷之壝而封其四疆 壝維癸反

匠人營國方九里○鄭氏曰公之城方九里宮廣九百步侯伯之城方七里宮廣七百步子男之城方五里宮廣五百步○賈逵曰魯人三郊三遂 費音秘○疏曰三郊三遂謂魯人三軍居鄉遂之徒萬二千五百家爲鄉遂

0010_0458-2　0010_0459-1

軍出萬二千五百人爲軍小司徒云凡起徒役無過家一人是家出一人一鄉爲一軍天子六軍出自六鄉則諸侯大國三軍亦當出自三鄉也周禮又云萬二千五百家爲遂遂人職云以歲時稽其人民簡其兵器以起征役則六遂亦當出六軍鄉爲正遂爲副耳鄭衆云六遂之地在王國百里之外然則王國百里爲郊鄉在郊內遂在郊外釋地云邑外謂之郊孫炎曰邑國都也設百里之國去國十里爲郊則諸侯之制亦當鄉在郊內遂在郊外此言三郊三遂者三郊謂三鄉也蓋使三鄉之民分在四郊之內三遂之民分在四郊之外鄉近於郊故以郊言之 ○書大傳曰古者百里之國三十里之遂二十里之郊九里之城三里之宮七十里之國二十里之遂九里之郊三里之城一里之宮五十里之國九里之遂三里之郊一里之城以城爲宮 郊遂之門執禁以譏異服識異言城或疑焉匠人云國方九里謂天子城也今大國

0010_0459-2

九里則與天子同春秋傳曰中五之一小九之一以此推論小國大都之城方百步中都之城六十步小都之城三十三步三分之一非也然則大國七里之城小國三里之城焉為近可也或者天子實十二里城諸侯大國九里次國七里小國五里○諸侯之宮三門三朝其外門曰皐門次曰應門又次曰路門應應對之應○鄭氏曰有庫雉無皐應其皐門內曰外朝應門內曰內朝路門內曰路

大二十五 小二十四 仪礼卅三 三 夏全

0010_0460-1

寢之朝記曰諸侯朝服以日視朝於內朝退適路寢聽政鄭氏曰天子諸侯皆三朝此內朝者路門外之正朝猶天子之治朝也路寢則猶天子之內朝而中門之外又自有外朝也朝直遥

命諸侯王位設黼依依前南鄉設莞筵

0010_0460-2

紛純加繅席畫純加次席黼純左右玉几黼音甫依於豈反鄉音嚮莞音官純章允反繅音早○斧謂之黼其繡白黑采以絳帛為質依其制如屏風然於依前為王設席左右有几優至尊也鄭司農云紛讀為豳又讀為和粉之粉謂白繡也純讀為均服之均純緣也繅讀為藻率之藻次席虎皮為席書顧命曰成王將崩命大保芮伯畢公等被冕服憑玉几玄謂紛如綬有文而狹者繅席削蒲蒻展之編以五采若今合歡矣畫謂雲氣也次席桃枝席有次列成文宗伯儐儐必刃反○儐進之也王

大五十六 小三十九 仪礼卅三 四 余千

0010_0461-1

將出命假祖廟立依前南鄉儐者進當命者延之命使登內史由王右以策命之降再拜稽首登受策以出此其畧也諸侯爵祿其臣則於祭焉內史策命之鄭司農說以春秋傳曰王命內史叔興父策命晉侯為侯伯策謂以簡策書王命其文曰王謂叔父敬服王命以綏四國糾逖王慝

傳衛子魚曰武王克商成王定之選建明德以蕃屏周故周公相王室以尹天下蕃方元反相息亮反○尹正也於周為睦睦

0010_0461-2

厚也以盛德見親厚分魯公以大路大旂魯公伯禽

也此大路金路錫同姓諸侯車也交龍爲旂周禮同姓以封夏后

氏之璜璜音黃○璜美玉名封父之繁弱父音甫○

封父古諸侯也繁弱大弓名殷氏六族條氏徐氏

蕭氏索氏長勺氏尾勺氏使帥其宗

氏輯其分族將其類醜勺示灼反輯音

集○醜衆也以法則周公用即命于周即就

0010_0462-1

也使六族就周受周公之法制是使之職事于魯共魯

公之職事以昭周公之明德昭顯也分之土

田陪敦陪步回反○陪增也敦厚也祝宗卜史大祝

宗人大卜大史凡四官備物典策典策春秋之制官司

彝器官司百官也彝器常用器因商奄之民商奄國名

也與四國流言或迸散在魯皆令即屬魯懷柔之命以伯禽

伯禽周公世子時周公唯遣伯禽之國故皆以付伯禽○今按下一文康誥

0010_0462-2

唐誥則伯禽亦書名而封於少皡之虛少詩照反皡胡

老反虛起居反○少皡虛曲阜也在魯城內分康叔康叔衛之

祖以大路少帛綪茷旃旌少詩照反綪丨見反

茷步貝反旃章然反○少帛雜帛也綪茷大赤取染草名也通帛爲旃析

羽爲旌大呂鐘名殷氏七族陶氏施氏繁

氏錡氏樊氏饑氏終葵氏封畛土略

自武父以南及圃田之北竟繁步河反錡魚

0010_0463-1

豈反畛之忍反父音甫竟音境○畛塗所徑也畧界也武父衛北界圃田

鄭藪名取於有閻之土以共王職共音恭○

有閻衛所受朝宿邑蓋近京畿取於相土之東都以

會王之東蒐相息亮反○爲湯沐邑王東巡守以助祭泰山

聃季授土聃乃甘反○聃季周公弟司空陶叔授民

陶叔司徒命以康誥而封於殷虛虛起居反○康

誥周書般虛朝歌也皆啓以商政疆以周索皆魯

0010_0463-2

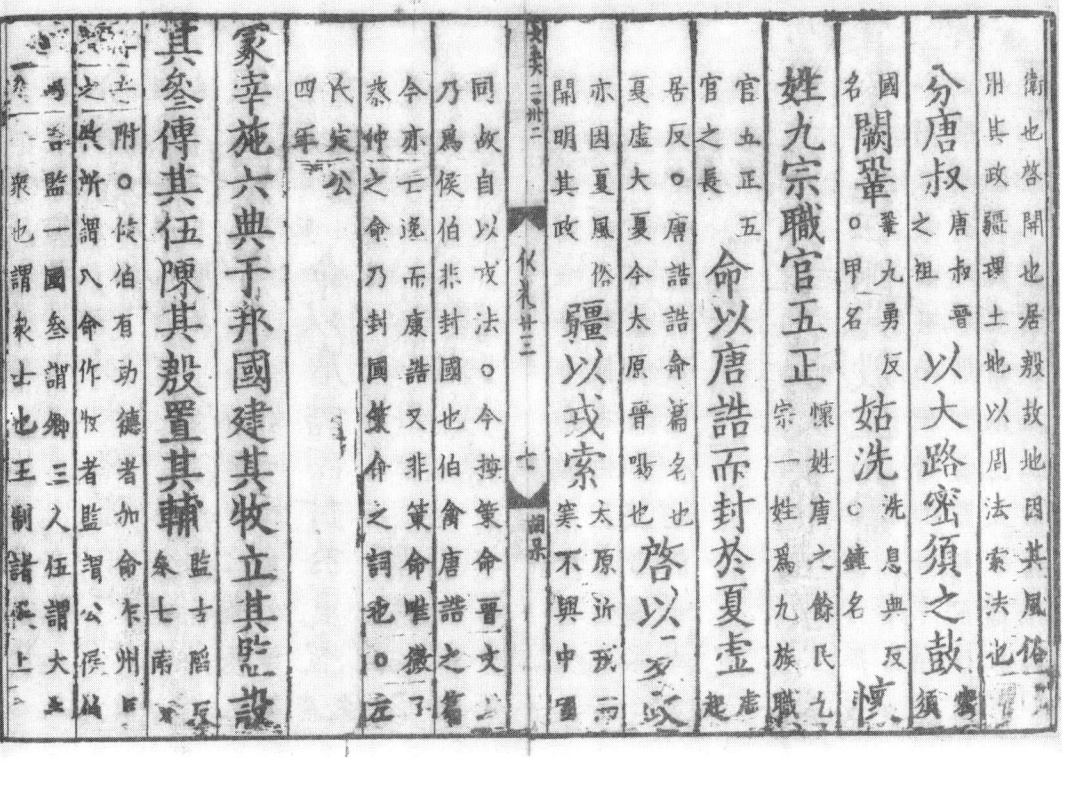

衛也啓開也居殷故地因其風俗用其政疆理土地以周法索法也

分唐叔唐叔晉之祖以大路密須之鼓密須

國名闕鞏鞏九勇反○甲名姑洗洗息典反○鍾名懷

姓九宗職官五正懷姓唐之餘民九宗一姓爲九族職

官五正五官之長命以唐誥而封於夏虛虛起

居反○唐誥誥命篇名也夏虛大夏今太原晉陽也啓以夏政

亦因夏風俗開明其政疆以戎索太原近戎而寒不與中國

仪礼卅三 七 胡杲

0010_0464-1

同故自以戎法○今按策命晉文公乃爲侯伯非封國也伯禽唐誥之篇

今亦亡逸而康誥又非策命唯微子蔡仲之命乃封國策命之詞也○左

氏定公四年

冢宰施六典于邦國建其牧立其監設

其參傅其伍陳其殷置其輔監古暫反參七南反

下並附○侯伯有功德者加命作州之長所謂八命作牧者監謂公侯伯

子男監一國參謂卿三人伍謂大夫五人殷衆也謂衆士也王制諸侯上

0010_0464-2

[illegible]

曰司馬司空方[illegible]

司徒[illegible]爲司馬孟孫[illegible]

曰后王命冢宰降德於[illegible]

氏又曰宋華元爲右師魚[illegible]

仪礼卅三 八 胡杲

0010_0465-1

師[illegible]澤爲司馬華喜爲司徒

司城向爲人爲大司寇鱗朱

司寇向帶爲大宰魚府爲少宰

向所亮反少詩照反○今按數言蓋未克商時侯國之官故內有

冢宰數教而鄭氏以爲諸侯卅六卷三故以司徒兼冢宰皆諸侯二

之證也唯宋得備六官說者以爲二工之後得用天子制度是或然也

以九貢致其用一曰祀貢二曰嬪貢一

0010_0465-2

曰器貢四曰幣貢五曰材貢六曰貨貢
七曰服貢八曰斿貢九曰物貢 ○嬪音頻 嬪故
書作賓鄭司農云祀貢犧牲包茅之屬
賓貢皮帛之屬器貢宗廟之器幣貢繡
帛材貢木材也貨貢珠貝自然之物也
服貢祭服斿貢羽毛物貢九州之外各
以其所貴爲摯肅慎氏貢楛矢之屬是
也玄謂嬪貢絲枲器貢銀鐵石磬丹漆
也幣貢玉馬皮帛也材貢櫄榦栝柏篠
簜也貨貢金玉龜貝也服貢絺紵也斿
讀如圍游之游斿貢燕好珠璣
琅玕也物貢雜物魚鹽橘柚 以九兩

仪礼卅三 九

0010_0466-1

繫其民一曰牧以地得民二曰長以貴
得民三曰師以賢得民四曰儒以道得
民五曰宗以族得民六曰主以利得民
七曰吏以治得民八曰友以任得民九
曰藪以富得民 長丁丈反藪素口反○兩猶耦也所以協耦萬
民聯綴也牧州長也九州各有封域
以居民也長諸侯也一邦之貴民所仰
者師諸侯師氏有德行以教民者儒
諸侯保氏有六藝以教民者宗繼別爲大

0010_0466-2

宗收族者鄭司農云主謂公卿大夫世
世食采不絕民税薄利之玄謂利讀如
上思利民之利謂以政教利之吏小吏
在鄉邑者友謂同井相合耦耡作者孟
子曰鄉田同井出入相友守望相助疾
病相扶持則百姓親睦藪亦有虞掌其
政令爲之厲禁使其地之民守其材物
以時入于王府頒其餘於萬民富謂藪
中材物 ○大祝頒祭號于邦國都鄙 祭號六號
○太史頒告朔于其國 天子班朔于諸侯諸侯藏之祖
廟至朔朝于廟告而受行之鄭司農曰
頒讀爲班班布也以十二月朔布告天

仪礼卅三 十

0010_0467-1

下諸侯故春秋傳曰不書日官失之也
記曰諸侯皮弁以聽朔于太廟春秋
魯文公六年閏月不告朔猶朝于廟
朝直遥反 十六年夏五月公四不視朔論
語子貢欲去告朔之餼羊子曰爾愛
其羊我愛其禮 餼許氣反 傳曰諸侯受十
二月朔政於天子藏於大祖廟每月

張本下象鼻題監生陳浚四字傳本剪去之

0010_0468-1　0010_0467-2

朔朝廟使大夫南面奉天子命君北
面而受之此時使有司先告朔慎之
至也受於廟者孝子歸美先君不敢
自專也言朝者緣生以事死親在朝
朝莫夕已死不敢渫鬼神故也必于
朔者感月始生而朝也（朝朝上如字下直遥反莫音暮渫息列反）

儀礼卅三　十二

大宗伯以九儀之命正邦國之位壹命
受職再命受服三命受位四命受器五
命賜則六命賜官七命賜國八命作牧
九命作伯（註見設官篇）○典命掌其五儀曰
上公九命爲伯其國家宮室車旗衣服
禮儀皆以九爲節侯伯七命其國家宮
室車旗衣服禮儀皆以七爲節子男五

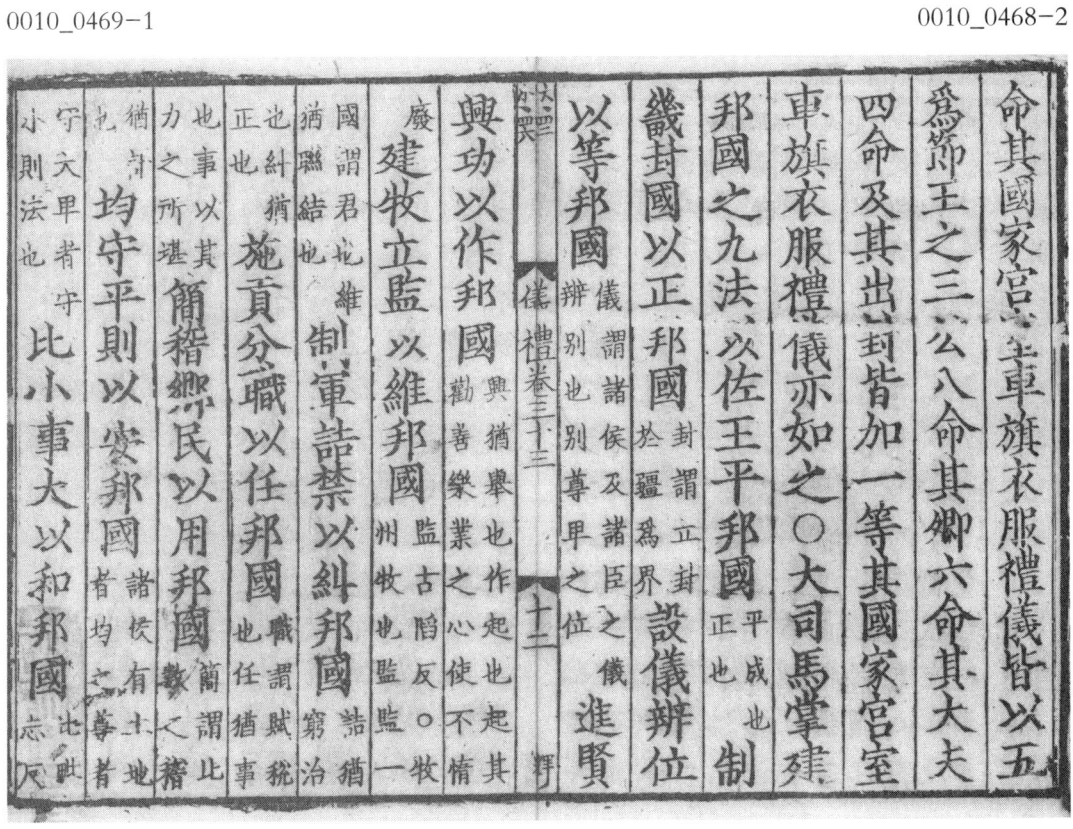

張本下象鼻題監生陳浚四字傳本剪去之

0010_0469-1　0010_0468-2

命其國家宮室車旗衣服禮儀皆以五
爲節王之三公八命其卿六命其大夫
四命及其出封皆加一等其國家宮室
車旗衣服禮儀亦如之○大司馬掌建
邦國之九法以佐王平邦國（平成也）制
畿封國以正邦國（封謂立封於疆爲界）設儀辨位
以等邦國（儀謂諸侯及諸臣之儀辨别也别尊卑之位）進賢

儀禮卷三十三　十二

興功以作邦國（興猶舉也作起也起其勸善樂業之心使不惰廢）
建牧立監以維邦國（監古陷反○牧州牧也監監一國謂君也維猶聯結也）
制軍詰禁以糾邦國（詰猶窮治也糾猶正也）
施貢分職以任邦國（職謂賦稅也任猶事也事以其力之所堪）
簡稽鄉民以用邦國（簡謂比數之稽猶計也）
均守平則以安邦國（諸侯有土地者均之尊者守大卑者守小則法也）
比小事大以和邦國（比毗志反）

0010_0470-1　0010_0469-2

○比猶親使大國親小國小國事大國相合和也又使其屬合

方氏者達其道路津梁相湊不得陷絶通其財利茂遷其有無同其數器權衡不得有輕重壹其度量壹音亮○尺丈釜鍾不得有大小除其怨惡惡烏路反○怨惡邪若相侵虐同其好善好呼報反○所好所善謂風俗所高尚撢

人者誦王志道國之政事以巡天下之邦國而語之撢吐南反語魚據反○道猶言也以王之志與政事

儀禮卷三十三　十三

諭說諸侯使不迷惑使萬民和說而正王面說音悅○正猶鄉也使民之心曉而正鄉王○司服辨其服曰公之服自衮冕而下如王之服侯伯之服自鷩冕而下如公之服子男之服自毳冕而下如侯伯之服鷩普滅反毳昌銳反○典瑞掌其瑞曰公執桓圭侯執信圭伯執躬圭子執穀璧男執蒲璧信音申○巾車掌

0010_0471-1　0010_0470-2

其車曰金路以封同姓象路以封異姓革路以封四衛木路以封蕃國以上註見名器

歸○大宗伯以脤膰之禮親兄弟之國脤時忍反膰音煩○脤膰社稷宗廟之肉以賜同姓之國同福祿也兄弟有共先王者魯定公十四年天子使石尚來歸脤以賀慶之禮親異姓之國異姓王昏姻甥舅以賓禮親邦國親謂使之相親附賓禮之別有八曰春見曰朝夏見曰宗

儀禮卷三十三　十四

秋見曰覲冬見曰遇時見曰會殷見曰同時聘曰問殷覜曰視見賢遍反朝直遙反覜他弔反○註見朝禮篇以軍禮同邦國曰大師之禮用衆也大均之禮恤衆也大田之禮簡衆也大役之禮任衆也大封之禮合衆也註見軍禮篇曰以凶禮哀其憂哀謂救患分烖凶禮之別有五以喪禮哀死亡哀謂親者服焉䟽者含襚以荒禮

0010_0471-2

（……凶年……人物有……）

（……公……十……不樂……請為凶年……）

以弔禮哀禍裁（禍災謂遭水火……宋大水魯莊公使人弔焉……）

以禬禮哀圍敗（禬戶外反同盟者合會財貨以更其所喪春秋襄三十年澶淵宋災故是其類）以恤禮哀

寇亂（恤憂也鄰國相憂兵作於外為寇作於內為亂）○大司馬

仪礼廿三　十三　湖

0010_0472-1

以九伐之法正邦國馮弱犯寡則眚之

賊賢害民則伐之暴內陵外則壇之野

荒民散則削之負固不服則侵之賊殺

其親則正之放弑其君則殘之犯令陵

政則杜之外內亂鳥獸行則滅之

（眚所景反……禮……下二反）○書曰

三載考績三考黜陟幽明其訓曰三歲

0010_0472-2

而小考者正職而行事也九歲而大考

者黜無職而賞有功也其賞有功也諸

侯賜弓矢者得專征賜鈇鉞者得專殺

賜圭瓚者得為鬯以祭不得專征者以

兵屬於得專征之國（鈇方于反鉞音越瓚才旦反鬯勑亮反○春秋傳曰魯賦八百乘邾賦六百以屬於晉是也）不得專殺

者以獄屬於專殺之國不得賜圭瓚者

資鬯於天子之國然後祭（資取）○又

仪礼廿三　十四　湖

0010_0473-1

曰諸侯得專征者鄰國有臣弑其君孽

代宗篡其宗能有請於天子而征之可也征

……其地於天子（孽魚列反○篡初患反孽支子也宗適子也征伐也）

討……有不為之者天子繼之（繼音繼）○率循

……一繼……人辟……

……而……

周平王錫晉文侯秬鬯一卣彤弓一彤矢百盧弓一盧矢百馬四匹秬音巨鬯敕亮反卣由手反彤徒冬反○黑黍曰秬釀以鬯草不言圭瓚可知卣中樽也當以錫命告其始祖故賜鬯彤赤盧黑也馬四匹曰乘○書文侯之命○齊桓公會諸侯于葵丘王使宰孔賜齊侯胙胙音祚○胙祭肉尊之比二王後賞服大路龍旂九旒渠門赤旂旂音祈旒音流○大

儀禮卷三十三　十七　明

路謂金路鉤樊纓九就龍旂畫交龍於縿也正幅爲縿旁屬爲旒鉤婁頷之鉤樊馬大帶纓當胷削革爲之皆以五采罽飾之九就就成也渠門旂旗所建以爲軍門若今牙門也○國語○晉文公以諸侯之師及楚人戰于城濮楚師敗績濮音卜乘去聲○駟介四馬被甲徒兵步卒獻楚俘于王駟介百乘徒兵千人王命尹氏及王子虎內史叔興父策命晉侯爲侯伯

父音甫○以策書命晉侯爲伯也周禮九命作伯尹氏王子虎皆王卿士也叔興父大夫也三官命之以寵晉賜之大輅之服戎輅之服輅音路○大輅金輅戎輅戎車二輅各有服彤弓一彤矢百玈弓矢千彤徒冬反玈音盧○彤赤弓玈黑弓弓一矢百則矢千弓十矣諸侯賜弓矢然後專征伐秬鬯一卣秬音巨鬯敕亮反卣由手反○秬黑黍鬯香酒所以降神卣器名虎賁三百人曰王謂叔父敬服王命

儀禮卷三十三　十八　明

以綏四國糾逖王慝賁音奔逖敕歷反慝吐得反○逖遠也有惡於王者糾而遠之晉侯三辭從命曰重耳敢再拜稽首奉揚天子之丕顯休命重直龍反稽音啓○稽首首至地丕大也休美也受策以出出入三覲出入猶去來也從來至去凡三見王○左傳公二十八年○舜曰咨禹惟時有苗弗率汝徂征禹乃會羣后誓于師曰濟濟有

0010_0476-1　0010_0475-2

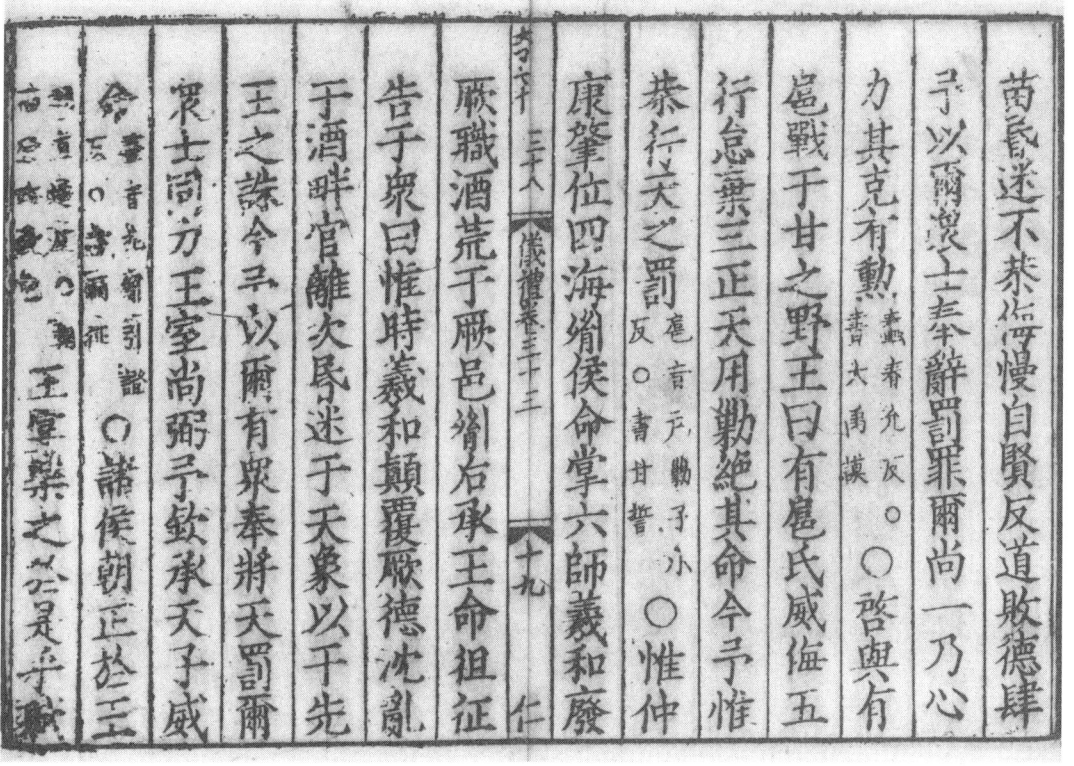

昬弃迷不恭侮慢自賢反道敗德肆予以爾衆士奉辭罰罪爾尚一乃心力其克有勳（蠢春允反○書大禹謨）○啓與有扈戰于甘之野王曰有扈氏威侮五行怠棄三正天用勦絶其命今予惟恭行天之罰（扈音戶勦子小反○書甘誓）○惟仲康肇位四海胤侯命掌六師羲和廢

儀禮卷三十三　十九

厥職酒荒于厥邑胤后承王命徂征告于衆曰惟時羲和顛覆厥德沈亂于酒畔官離次昬迷于天象以干先王之誅今予以爾有衆奉將天罰爾衆士同力王室尚弼予欽承天子威命（肇音兆胤音引證反○書胤征）○諸侯朝正於王王寧樂之於是乎獻

0010_0477-1　0010_0476-2

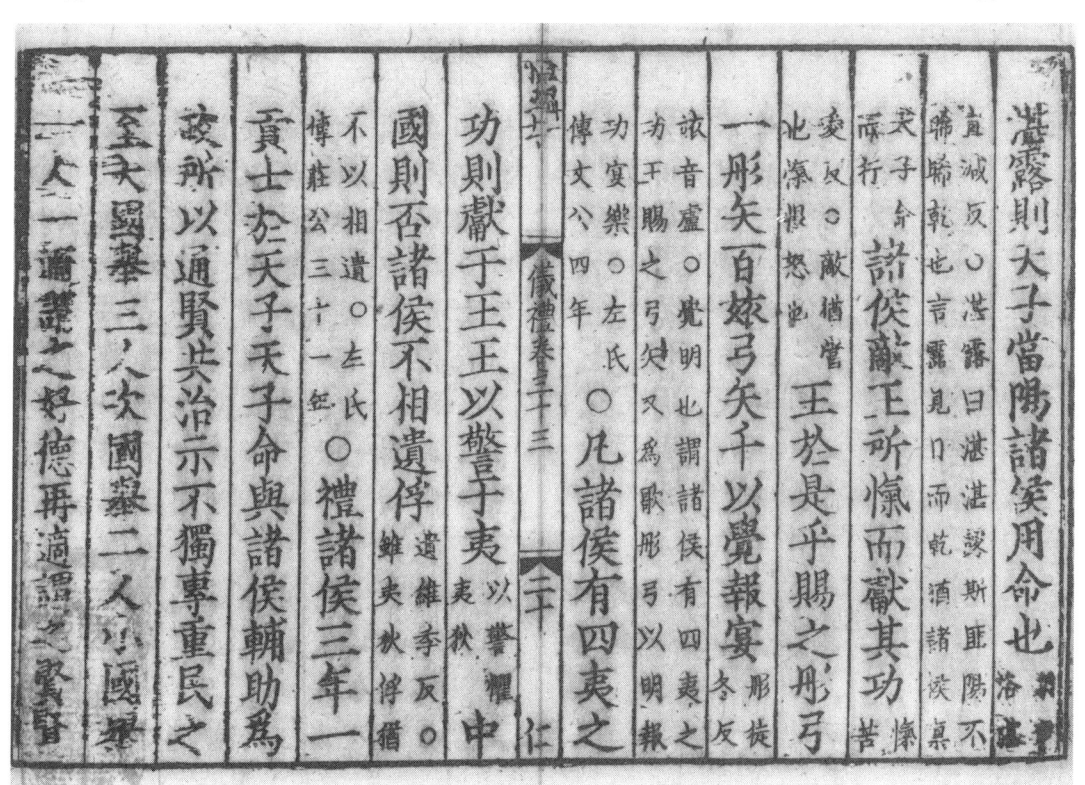

湛露則天子當陽諸侯用命也（湛直減反○湛露曰湛湛露斯匪陽不晞晞乾也言露見日而乾猶諸侯稟天子命而行）諸侯敵王所愾而獻其功（愾苦愛反○敵猶當也愾恨怒也）王於是乎賜之彤弓一彤矢百玈弓矢千以覺報宴（彤徒冬反玈音盧○覺明也謂諸侯有四夷之功王賜之弓矢又爲歌彤弓以明報功宴樂○左氏傳文公四年）○凡諸侯有四夷之

儀禮卷三十三　二十

功則獻于王王以警于夷（以警懼夷狄）國則否諸侯不相遺俘（遺維季反○俘獲不以相遺○左氏傳莊公三十一年）○禮諸侯三年一貢士於天子天子命與諸侯輔助爲政所以通賢共治示不獨專重民之至大國舉三人次國舉二人小國舉一人一適謂之好德再適謂之賢賢

0010_0477-2

三適謂之有功不適謂之過再不適謂之傲三不適謂之誣○[redacted]好呼報反○天子賜諸侯之樂則以柷將之賜伯子男樂則以鼗將之柷昌六反○將謂執以致命柷鼗皆所以節樂○王制

衛武公年數九十有五矣猶箴儆於國曰自卿以下至于師長士苟在朝者無

0010_0478-1

謂我老耄而舍我必恭恪於朝朝夕以交戒我聞一二之言必誦志而納之以訓道我儆音針長丁丈反耄莫報反舍音捨在朝於朝之朝直遥反道音導○言誦志之言也志記也在輿有旅賁之規賁音奔○規規諫也旅賁勇力之士掌執戈楯夾車而趨車止則持輪位宁有官師之典宁直吕反○中庭之左右謂之位門屏之閒謂之宁師長也典常也倚几有誦訓之諫誦訓工師所誦之諫書之於几

0010_0478-2

也居寢有暬御之箴暬音薛○暬近也臨事有瞽史之道道音導○事戎祀也瞽樂太師掌詔吉凶史太史也掌詔禮事宴居有師工之誦師樂師工瞽矇也誦謂箴諫也史不失書矇不失誦以訓御之矇音蒙○御進也於是乎作懿戒以自儆也三君云懿戒書也昭謂懿詩大雅抑之篇也懿讀曰抑毛詩叙曰抑衛武公刺厲王亦以自儆也及其没也謂之叡聖武公叡悅歲反○楚語上○

0010_0479-1

衛獻公出奔齊師曠侍於晉侯師曠晉樂太師子野晉侯曰衛人出其君不亦甚乎對曰或者其君實甚良君將賞善而刑淫養民如子蓋之如天容之如地民奉其君愛之如父母仰之如日月敬之如神明畏之如雷霆其可出乎天生民而立之君使司牧之勿使失性有君而爲之貳貳卿

佐使師保之勿使過度是故天子有公
諸侯有卿卿置側室 側室支子之官 大夫有貳
宗 貳宗宗子之副貳者 士有朋友庶人工商皁隸
牧圉皆有親暱以相輔佐也善則賞之
皁在早反暱女乙反○賞謂宣揚 過則匡之 匡正也 患則
救之 救其難也 失則革之 革更也 自王以下各
有父兄子弟以補察其政 補其愆過察其得失 史

爲書瞽爲詩工誦箴諫大夫規誨士傳
言庶人謗商旅于市百工獻藝故夏書
曰道人以木鐸徇于路 傳直專反道在由反鐸徒各反
徇似俊反○逸書道人行令之官也木鐸木舌金鈴徇于路求歌謠之言 官
師相規 官師大夫自相規正 工執藝事以諫 所謂獻藝
正月孟春於是乎有之諫失常也 有遒人徇
路 夫君神之主而民之望也若困民之

主匱神乏祀百姓絶望社稷無主將安
用之弗去何爲天之愛民甚矣豈其使
一人肆於民上 夫音扶去起呂反○肆放也 以從其
淫而棄天地之性必不然矣 從子用反○左氏傳
襄公十四年 ○孔子曰在上不驕高而不危
制節謹度滿而不溢高而不危所以長
守貴也滿而不溢所以長守富也富貴

不離其身然後能保其社稷而和其民
人蓋諸侯之孝也詩云戰戰兢兢如臨
深淵如履薄冰 離力智反兢居陵反○孝經 ○子曰
道千乘之國敬事而信節用而愛人使
民以時 道音導乘去聲○論語 ○又曰諸侯有爭
臣五人雖無道不失其國 爭音諍○孝經 ○辛
伯諗周桓公曰內寵並后外寵貳政嬖

0010_0481-2

子配適大都偶國亂之本也謚音審適音嫡○左氏傳閔公二年

傳曰始封諸侯無子死不得與兄弟何古者象賢也弟亦賢者子孫至繼體諸侯無子得及親屬者以其俱賢者子孫也重其先祖之功故得及之禮服傳曰大宗不可絶同宗則可以

0010_0482-1

爲後王者受命而作興滅國繼絶世何爲先王無道妄殺無辜及嗣子幼弱爲強臣所奪子孫皆無罪因而絶重其先人之功故復立之誅君之子不立者義無所繼也諸侯世位象賢也今親被誅絶也春秋傳曰誅君之子不立君見弑其子得以尊君

0010_0482-2

防篡弑也大夫功成未封子得封者善善及子孫也諸侯入爲公卿大夫得食兩家采不曰有能然後居其位德加於人然後食其禄所以尊賢重有德也今以盛德人輔佐兩食之何王制曰天子之縣內諸侯禄也外諸侯嗣也天子太子食采者儲君嗣主

0010_0483-1

也當有土以尊之也太子食百里與諸侯封同故禮曰公仕大夫子子也無爵而在大夫上故知百里也公卿大夫皆食采者示與民同有無也世子三年喪畢必上受爵命於天子何明爵土者天子之有也臣無自爵之義童子當受父爵命使大夫就其國

0010_0483-2

命之明王者不與董子爲禮也

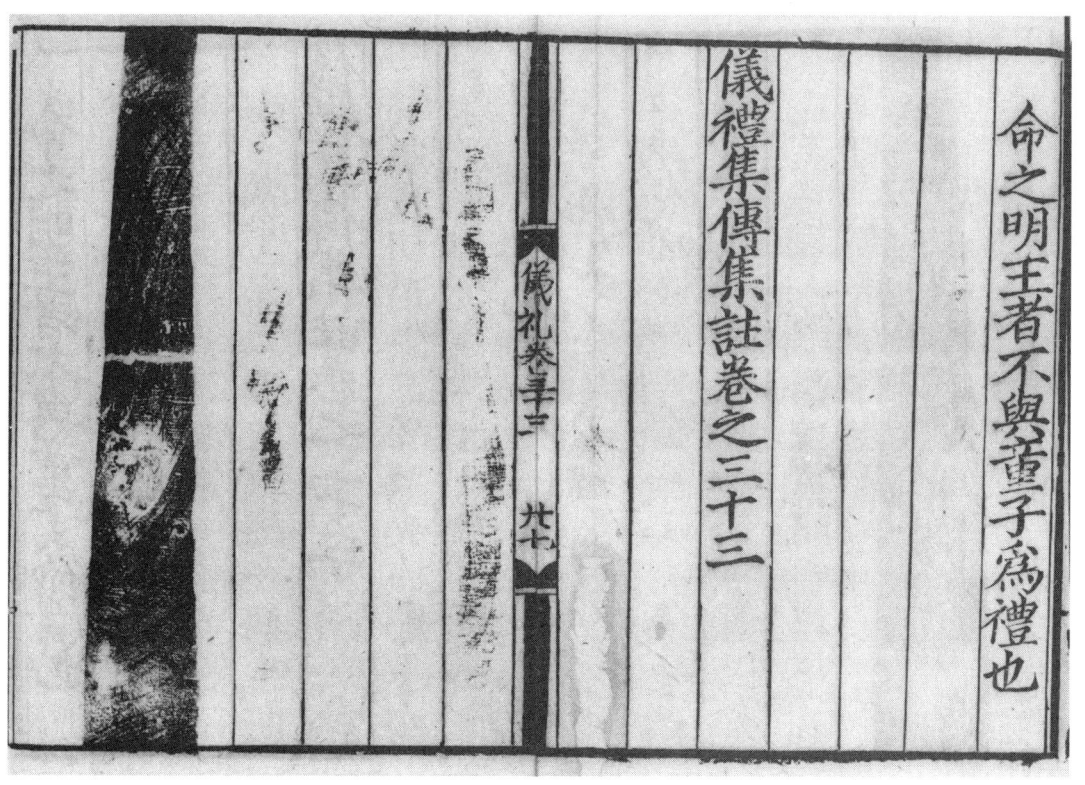

儀禮集傳集註卷之三十三

儀礼卷三十三 八十七

0010_0484-1

0010_0487-2

儀禮集傳集註

王朝

王制之庚上名器　集補經

君天下曰天子朝諸侯分職授政任功曰予一人朝直遥反○皆擯者辭也天下謂外及四海也今漢於蠻夷稱天子於王侯稱皇帝覲禮曰伯父寔來余一人嘉之余予古今字踐阼臨祭祀内事曰孝王某外事曰嗣王某阼存故反○皆祝辭也唯宗廟稱孝天地社稷祭之郊内而曰嗣王不敢同外内

儀礼卅四　二

0010_0488-1

臨諸侯畛於鬼神曰有天王某甫畛之忍反○畛致也祀告至于鬼神辭也曰有天王某甫某甫且字也不名者不親往也周禮大會同過山川則大祝用事焉鬼神謂百辟卿士也畛或爲祗崩曰天王崩史書策辭復曰天子復矣始死時呼魄辭也不呼名臣不名君也諸侯呼字告喪曰天王登假假音遐○告赴也登上也假已也上已者告僊云云耳措之廟立之主曰帝措七故反○同之天神春秋傳曰凡君卒哭而祔祔而作主

0010_0488-2

天子未除喪曰予小子謙未敢稱一人春秋傳曰以諸侯之踰年即位亦知天子之踰年即位以天子三年然後稱王亦知諸侯於其封内三年稱子生名之死亦名之生名之曰小子王死亦曰小子王也晉有小子侯是僭取於天子號也五官致貢曰享貢功也享獻也致其歲終之功於王謂之獻也周禮大宰歲終則令百官府各正其治受其會聽其致事而詔王廢置五官之長曰伯長丁丈反○謂爲三公者周禮九命作伯是職方職主也是伯分主東

儀禮卷三十四　二

0010_0489-1

西者春秋傳曰自陝以東周公主之自陝以西召公主之一相處乎内是或爲氏其擯於天子也曰天子之吏擯必刃反○擯者辭也春秋傳曰王命委之三吏謂三公也天子同姓謂之伯父異姓謂之伯舅自稱於諸侯曰天子之老於外曰公於其國曰君稱之以父與舅謙之辭也外自其私土之外天子畿内九州之長入天子之國曰牧長丁丈反○每一州之中天子選諸侯之賢者以爲之牧

0010_0489-2

志周禮曰乃施典於邦國而建其牧天子同姓謂之叔父

異姓謂之叔舅於外曰侯於其國曰君

牧尊於大國之君而謂之叔父辟二伯也亦以此爲尊禮或損之而益謂此類

侯者本爵也二王之後不爲牧也外自其國之外九州之中曰其在東

夷北狄西戎南蠻雖大曰子謂九州之外長也天

子亦選其諸侯之賢者以爲之子子猶牧也入天子之國曰子天子亦謂之子

雖有侯伯之地本爵亦無過乎子是以同名曰子於內自稱曰

大六十五 小二十九 儀禮卷三十四 三 東

0010_0490-1

不穀與民言之謙稱穀善也於外自稱曰王老威遠

國也外亦其戎狄之中庶方小侯入天子之國曰

其人於外曰子自稱曰孤謂戎狄子男君也男者於

外亦曰男舉尊言之諸侯見天子曰臣某侯某見賢

遍反○謂畜夫承命告天子辭也其爲州牧則曰天子之老臣某侯某奉圭請

覲某侯者國名其者人名其與民言自稱曰寡人謙也

於臣亦然其在凶服曰適子孤適晉約○凶服亦謂未除

0010_0490-2

喪臨祭祀內事曰孝子某侯某外事曰

曾孫某侯某稱國者遠辟天子死曰薨亦史書策辭

復曰某甫復矣某甫且字既葬見天子曰類

見見賢遍反○代父受國類猶象也執皮帛象諸侯之禮見也其禮云言

謚曰類使大夫行象聘問之禮也言謚者序其行及謚所宜其禮亡

諸侯使人使於諸侯使者自稱曰寡君

之老使於使者之使色吏反○繫於君以爲尊也此謂諸侯之卿上大夫

大六十五 小四十六 儀禮卷三十四 四 范

0010_0491-1

列國之大夫入天子之國曰某士亦謂諸侯

之卿也三命以下於天子爲士曰某士者若晉韓起聘於周擯者曰晉士起

自稱曰陪臣某陪步回反○陪重也於外曰子子有

德之稱魯春秋曰齊高子來盟於其國曰寡君之老使

者自稱曰某使色吏反○使謂使人於諸侯也某名也○曲禮

○凡自稱天子曰予一人謙自別於人而已伯

曰天子之力臣伯上公命分陝諸侯之於天子

0010_0491-2

子曰某土之守臣某，其在邊邑曰某屛之臣某，其於敵以下曰寡人。小國之君曰孤，擯者亦曰孤。守，手又反。○邊邑謂九州之外大國之君自稱曰寡人，擯者曰寡君。上大夫曰下臣，擯者曰寡君之老。下大夫自名，擯者曰寡大夫。世子自名，擯者曰寡君之適。適音的。○擯者之辭。士謂見於他國君。下大夫自名於他國君曰外臣某。公子曰臣孽。孽依

0010_0492-1

註五葛反。○孽當作拚，聲之誤。士曰傳遽之臣，於大夫曰外私。傳，張戀反。遽，其庶反。○傳遽以車馬給使者也。士臣於大夫者曰私人。大夫私事使私人擯則稱名。使，邑吏反。○私事使，謂以君命私行，非聘也。若晉成公時，晉使韓穿來言汶陽之田歸之于齊。公士擯則曰寡大夫、寡君之老。大夫有所往，必與公士爲賓也。賓，必刃反。○謂聘也。大聘使上大夫，小聘使下大夫。公士爲賓，謂作介也，姓之也。○玉藻。○

0010_0492-2

國君不名卿老、世婦，大夫不名世臣、姪娣，士不名家相、長妾。姪，大結反。娣，大計反。相，息亮反。長，丁丈反。○雖貴於其國家，猶有所尊也。卿老，上卿也。世臣，父時老臣。○君大夫之子不敢自稱曰余小子。辟天子之子未除喪之名。君大夫，天子大夫有土地者。不敢與世子同名。辟僭偪也。其先之生，則亦不改。世或爲大。○天子有后，有夫人，有世婦，有嬪，有妻，有妾。嬪音頻。○妻，八十一御妻，

0010_0493-1

周禮謂之女御，以其御序於王之燕寢。妾，賤者。公侯有夫人，有世婦，有妻，有妾。賤於天子也。無后與嬪，去上中。天子之妃曰后，后之言後也。諸侯曰夫人，夫之言扶。大夫曰孺人，孺之言屬。士曰婦人，婦之言服。庶人曰妻。妻之言齊。夫人自稱於天子曰老婦，自稱於天子，謂畿內諸侯之夫人助祭若時事見。自稱於諸侯曰寡小君，謂饗來朝諸侯之時。自稱於其君曰小童。自世

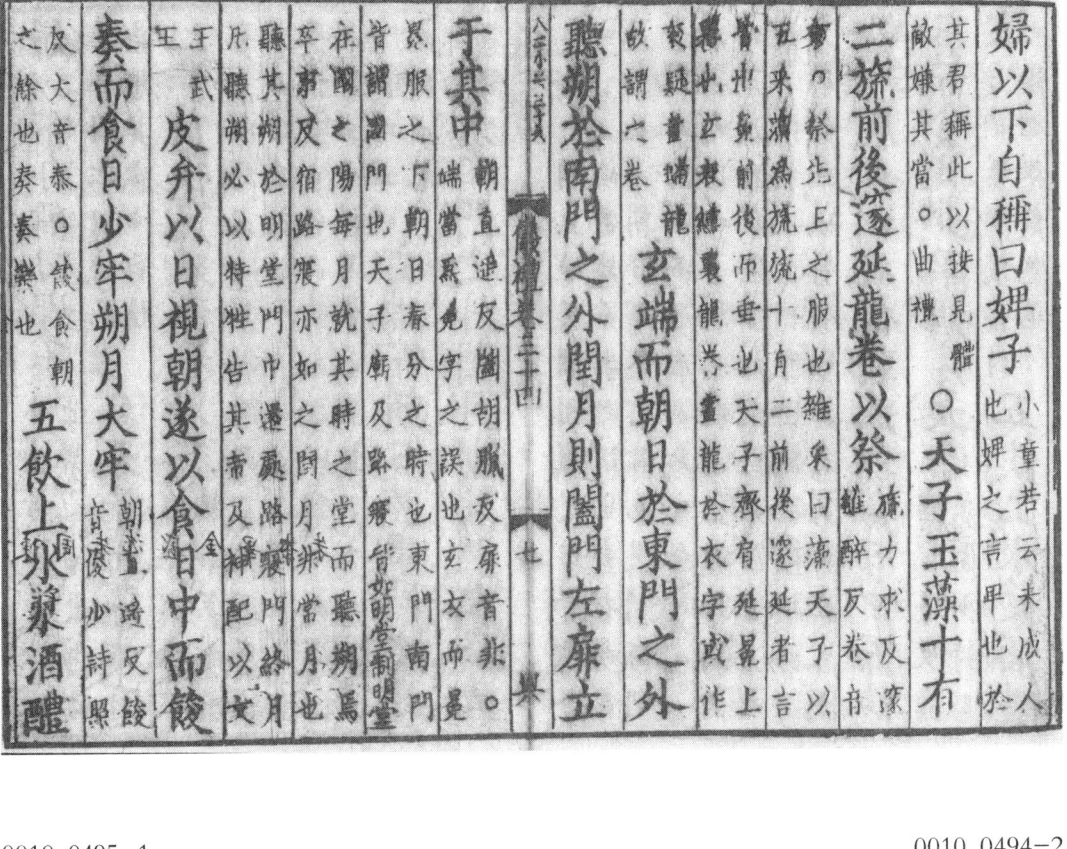

婦以下自稱曰婢子小童若云未成人也婢之言卑也於
其君稱此以接見體敵嫌其當。曲禮○天子玉藻十有
二旒前後邃延龍卷以祭旒力求反邃雖醉反卷音
袞○祭先王之服也雜采曰藻天子以五采藻為旒旒十有二前後邃延者言
皆出冕前後而垂也天子齊肩延冕上覆也玄表纁裏龍卷畫龍於衣字或作
袞疑畫端龍故謂六卷玄端而朝日於東門之外
聽朔於南門之外閏月則闔門左扉立

儀禮卷三十四 七

于其中朝直遙反闔胡臘反扉音非。端當爲冕字之誤也玄衣而冕
冕服之下朝日春分之時也東門南門皆謂國門也天子廟及路寢皆如明堂制明堂
在國之陽每月就其時之堂而聽朔焉卒事反宿路寢亦如之閏月非常月也
聽其朔於明堂門中還處路寢門終月凡聽朔必以特牲告其帝及神配以文
王武王皮弁以日視朝遂以食日中而餕
奏而食日少牢朔月大牢朝直遙反餕音俊少詩照
反大音泰。餕食朝之餘也奏奏樂也五飲上水漿酒醴

酏酏以支反。上水水爲上餘其次之卒食玄端而居天子
服玄端燕居也動則左史書之言則右史書之
其書春秋尚書其存者御瞽幾聲之上下瞽音古。瞽樂
人也幾猶察也察其哀樂○諸侯玄端以祭祭先君也端亦
當爲冕字之誤也諸侯祭宗廟之服唯魯與天子同裨冕以朝朝直
遙反下同。朝天子也裨冕公袞侯伯鷩子男毳也皮弁以聽朔
於大廟大音泰。皮弁下天子也朝服以日視朝於

儀禮卷三十四 八

內朝朝服冠玄端素裳也此內朝路寢門外之正朝也天子諸侯皆三朝
朝辨色始入羣臣也入入應門也辨猶正也別也君日出
而視之退適路寢聽政使人視大夫大
夫退然後適小寢釋服小寢燕寢也釋服服玄端又
朝服以食特牲三俎祭肺食必復朝服所以敬養身
也三俎豕魚腊夕深衣祭牢肉祭牢肉異於始殺也天子言日
中諸侯言夕天子言餕諸侯言祭牢肉互相挾朔月少牢五俎

0010_0495-2

[illegible]盛[illegible]吉也○[illegible] 朔月四簋則[illegible]

子卯稷食菜羹 忌日貶也○夫人與君

同庖 庖步交反不特殺也○君無故不殺牛大

夫無故不殺羊士無故不殺犬豕

君子遠庖廚凡有血氣之類弗身踐也

遠于萬反○踐當爲翦聲

之誤也翦猶殺也○玉藻○王之五冕

皆玄冕朱裏延紐 紐女九反○冕服有六而言五冕者

儀禮卷三十四

0010_0496-1

之冕蓋無旒不聯數也延冕之覆在上

是以名焉紐小鼻在武上笄所貫也今

時冠卷當簪者廣袤以冠縱其舊象與 五采繅十有二就

皆五采玉十有二玉笄朱紘 紘音宏

音早○繅雜文之名也合五采絲爲之

繩垂於延之前後各十二所謂邃延也

就成也繩之每一帀而貫五采玉十二

斿則十二玉也每就間蓋一寸朱紘以

朱組爲紘也紘一條屬兩端於武○繅不

言皆有不皆者此爲袞衣之冕十二斿

則用玉二百八十八鷩衣之冕繅九斿

用玉二百一十六毳衣之冕七斿用玉

0010_0496-2

百六十八希衣之冕五斿用玉百

二十玄衣之冕三斿用玉七十二 諸侯

之繅斿九就瑉玉三采其餘如王之事

繅斿皆就玉瑱玉笄 瑉音留瑉亡貧反瑱吐練反○侯當

爲公字之誤也三采朱白蒼也其餘謂

延紐皆玄覆朱裏與王同也出此則異

繅斿皆就皆三采也每繅九成則九旒

也公之冕用玉百六十二玉瑱塞耳者

故書瑉作璑鄭司農云繅當爲藻繅古

字也藻今字也同物同音璑惡玉名

王之皮弁會五采玉璂象邸玉笄 會如字一

儀禮卅四 十

0010_0497-1

古外反璂音其邸丁禮反○故書會作

膾鄭司農云讀如馬會之會謂以五采

束髮也士喪禮曰檜用組乃笄檜讀與

膾同書之異耳說曰以組束髮乃著笄

謂之檜沛國人謂反紒爲膾璂讀如薄

車轂之綦玄謂會讀如大會之會會縫

中也璂讀如薄借綦之綦綦結也皮弁

之縫中每貫結五采玉十二以爲飾謂

綦是也邸下柢也以象骨爲之 王之

弁絰弁而加環絰 絰徒結反○絰王弁所服也其弁如爵

弁而素所謂素冠也而加環絰環絰者

大如緦之麻絰纏而不糾司服職曰凡

張本下象鼻題監生陳浚四字傳本剪去之

0010_0497-2

弁事弁經服諸侯及孤卿大夫之冕韋弁皮弁弁經各以其等爲之各以其等繅斿玉璂如其命數
世冕則侯伯繅七就用玉九十八子男繅五就用玉五十繅玉皆三采孤繅四就用玉三十二三命之卿繅三就用玉十八再命之大夫藻再就用玉八藻玉皆朱綠韋弁皮弁則侯伯璂飾七子男璂飾五玉亦三采孤則璂飾四三命之卿璂飾三再命之大夫璂飾二玉亦二采弁經之弁其辟積如冕繅之就然韋人弔者素委貌一命之大夫冕而無斿士變冕爲爵弁其韋弁皮弁之會無結

儀禮卷卅四　十一

0010_0498-1

飾弁經之弁不辟積五藻曰君未有命不敢即乘服不言冠弁冠弁兼於韋弁皮弁矣不言服弁服弁自天子以下無飾無等○弁師○王之吉服祀昊天上帝則服大裘而冕祀五帝亦如之享先王則衮冕享先公饗射則鷩冕祀四望山川則毳冕祭社稷五祀則希冕祭羣小祀則玄冕鷩必滅反毳昌銳反希黹反○六服同冕者首飾尊也先公后稷之後大王之前不窋至諸盩饗

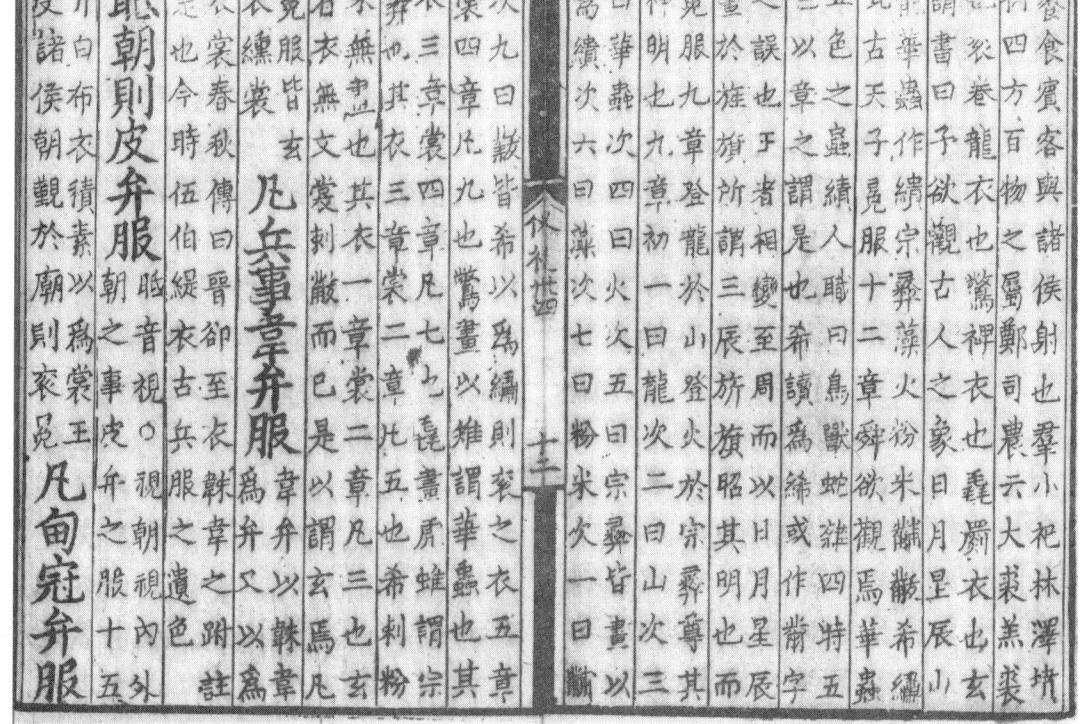

0010_0498-2

饗食賓客與諸侯射也羣小祀林澤墳衍四方百物之屬鄭司農云大裘黑羔裘衮卷龍衣也鷩裨衣也毳罽衣也玄謂書曰予欲觀古人之象日月星辰山龍華蟲作繢宗彝藻火粉米黼黻希繡此古天子冕服十二章舜欲觀焉華蟲五色之蟲繢人職曰鳥獸蛇雜四時五色以章之謂是也希讀爲絺或作黹字之誤也王者相變至周而以日月星辰畫於旌旗所謂三辰旂旗昭其明也而冕服九章登龍於山登火於宗彝尊其神明也九章初一曰龍次二曰山次三曰華蟲次四曰火次五曰宗彝皆畫以爲繢次六曰藻次七曰粉米次八曰黼

儀禮卅四　十二

0010_0499-1

次九曰黻皆希以爲繡則衮之衣五章裳四章凡九也鷩畫以雉謂華蟲也其衣三章裳四章凡七也毳畫虎蜼謂宗彝也其衣三章裳二章凡五也希刺粉米無畫也其衣一章裳二章凡三也玄者衣無文裳刺黻而已是以謂玄焉凡冕服皆玄衣纁裳凡兵事韋弁服韋弁以韎韋爲弁又以爲衣裳春秋傳曰晉郤至衣韎韋之跗注是也今時伍伯緹衣古兵服之遺色眡朝則皮弁服眡音視○視朝視內外朝之事皮弁之服十五升白布衣積素以爲裳王受諸侯朝覲於廟則衮冕凡甸冠弁服

0010_0499-2

句音田○句田獵也冠弁委貌其服緇布衣亦積素以爲裳諸侯以爲視朝之服詩國風曰緇衣之宜兮謂王服此以田王卒食而居則玄端

凡凶事服弁服

服弁喪冠也其服斬衰齊衰

凡弔事弁經服

弁經者如爵弁而素加環經論語曰羔裘玄冠不以弔經大如緦之經其服錫衰緦衰疑衰諸侯及卿大夫亦以錫衰爲弔服喪服小記曰諸侯弔必皮弁錫衰則變其冠耳喪服舊說以爲士弔服素委貌冠朝服此近庶人弔服而衣猶非也士當事弁經疑衰變其裳以素耳國君於其臣弁經他國之臣則皮弁大

仪礼卅四　十三

0010_0500-1

夫士有朋友之恩亦弁經故書弁作絣鄭司農絣讀爲弁而加環經環經即弁經服

○公之服自袞冕而下如王之服侯伯之服自鷩冕而下如公之服子男之服自毳冕而下如侯伯之服孤之服自希冕而下如子男之服卿大夫之服自玄冕而下如孤之服其凶服加以大功小功士之服自皮弁而下如大夫之服

0010_0500-2

其凶服亦如之其齊服有玄端素端

滅反毳昌銳反希陟里反齊側皆反○自公之袞冕至卿大夫之玄冕皆其朝聘天子及助祭之服諸侯非二王後其餘皆玄冕而祭於己雜記曰大夫冕而祭於公弁而祭於己士弁而祭於公冠而祭於己大夫爵弁自祭家廟唯孤爾其餘皆玄冠與士同玄冠自祭其廟者其服朝服玄端諸侯之自相朝聘皆皮弁服此天子日視朝之服喪服天子諸侯齊斬而已卿大夫加以大功小功士亦如之又加緦焉士齊有素端者亦爲札荒有所禱請變素服言素端者明異

仪礼卅四　十四

0010_0501-1

制鄭司農云衣有襦裳者爲端玄謂端者取其正也士之衣袂皆二尺二寸而屬幅是廣袤等也其袪尺二寸大夫已上侈之侈之者蓋半而益一焉半而益一則其袂三尺三寸袪尺八寸○司服

○追師掌王后之首服爲副編次追衡笄爲九嬪及外內命婦之首服以待祭祀賓客

追丁回反笄古兮反

嬪音頻○鄭司農云追冠名士冠禮記曰委貌周道也章甫殷道也牟追夏后氏之道也追師掌冠冕之官故并主王后之首服副者婦人之首服祭統曰君

0010_0501-2

[illegible]人副謂[illegible]于[illegible]
冠者春秋傳曰衡紞紘綖言謂[illegible]也
覆所以覆首爲之飾其遺象若今步[illegible]
繇矣服之以從王祭祀編編列髮爲之
其遺象若今假紒矣服之以桑也次次
第髮長短爲之所謂髲髢服之以見王
王后之燕居亦纚笄總而已追猶治
詩云追琢其章王后之衡笄皆以玉爲
之唯祭服有衡垂于副之兩旁當耳其
下以紞縣瑱詩云玼兮玼兮其之翟也
鬒髮如雲不屑髢也玉之瑱也是之謂
也笄卷髮者外內命婦衣鞠衣襢衣者
服纚衣褖衣者服次外內命婦非王祭
祀賓客佐后之禮自於其家則亦降焉

0010_0502-1

少牢饋食禮曰主婦髲鬄衣移袂特牲
饋食禮曰主婦纚笄宵衣是也昏禮女
次純衣纁袡盛服耳主人爵弁以迎移袂
褖衣之袂凡諸侯夫人於其國衣服與
王后同

○王后褘衣夫人揄狄

褘讀如翬揄讀如搖
翬搖皆翟雉名刻繒而畫之著於衣以爲
飾因以爲名也後世作字異耳夫人三
夫人亦侯伯之夫人也
王者之後夫人亦褘衣

君命屈狄再命褘衣一命襢衣士褖衣

屈音闕[illegible]反[illegible]亂反○
[illegible]

0010_0502-2

[illegible]命服也褘當爲鞠字之誤禮天子
[illegible]命其臣后夫人亦[illegible]以衣服
諸夫尊於朝妻榮於室[illegible]
而妻鞠衣則鞠衣襢衣褖衣者諸侯之
臣皆分三等其妻以次受此服公之臣
孤爲上卿大夫次之侯伯子男之臣卿
爲上大夫次之士
次之褖或作稅

唯世婦命於奠繭其他則皆從男子

繭古典反○奠猶獻也凡世婦以下蠶事畢獻
繭乃命之以其服天子之后夫人九嬪
及諸侯之夫人夫在其位妻得服其服
○玉藻

○玄冠朱組纓天子之冠也緇布冠繢緌諸侯之冠也

0010_0503-1

組纓五反下同繢戶內反緌耳佳反
○皆始冠之冠也玄冠委貌也諸侯緇
布冠有緌尊者飾也繢或作繪緌或作
蕤

玄冠丹組纓諸侯之齊冠也玄冠綦組纓士之齊冠也

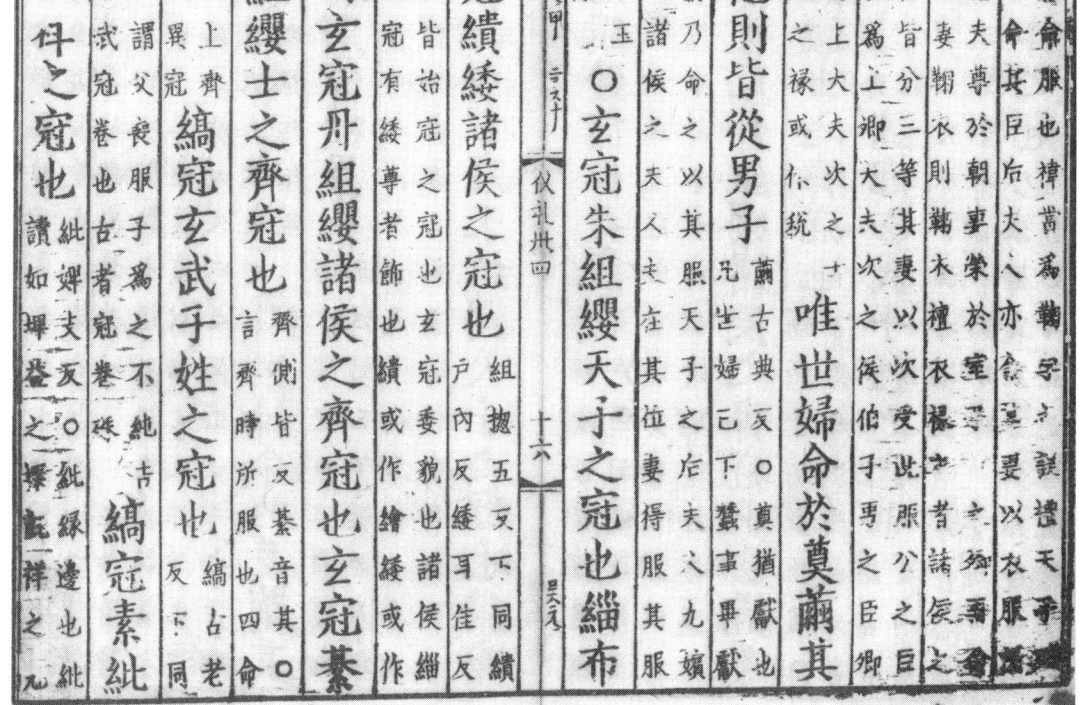

齊側皆反綦音其○言齊時所服也四命
以上齊祭異冠

縞冠玄武子姓之冠也

縞古老反下同
○謂父喪服子爲之不純吉
也武冠卷也古者冠卷殊

縞冠素紕既祥之冠也

紕婢支反○紕緣邊也紕讀如埤益之埤[illegible]祥之冠

0010_0503-2

已祥禫而服之也閒傳曰大祥素縞麻衣 垂緌五寸惰

游之士也 緌耳佳反下同○惰游罷民也亦縞冠素紕凶服之象也垂緌

喪服說祥 玄冠縞武不齒之服也 所放帥數者

若冠屬武 屬章欲反○謂燕居冠也著冠於武少儀 自天

子下達有事然後緌 燕無事者去飾 五十不散

送 散悉旦反○送喪不散麻始衰不備禮 親沒不髦 髦毛

去為子 大帛不緌 帛當為白聲之誤也大帛謂白布冠也

儀禮卷三十四　十七

0010_0504-1

緌凶服去飾○玉藻 ○大白冠緇布之冠皆不蕤

委武玄縞而后蕤 蕤耳佳反○不蕤不賁無飾也大白冠大古

之布冠也春秋傳曰衛文公大布之衣大白之冠委武冠卷也秦人曰委齊東

曰武玄玄冠也縞縞冠也 大夫冕而祭於公弁而祭

於己士弁而祭於公冠而祭於己 弁爵弁也

冠玄冠也祭於公助君祭也大夫爵弁而祭於己唯孤爾 士弁而親

迎然則士弁而祭於己可也 ○迎魚敬反緣類欲

0010_0504-2

許之也親迎雖亦己之事攝盛服爾非常也○雜記 ○君羔幦虎

犆 幦音覓下同○幦覆苓也犆讀皆如直道而行之直直謂緣也此君齊車

之飾 大夫齊車鹿幦豹犆朝車士齊車鹿

幦豹犆 齊側皆反朝直遙反○臣之朝車與齊車同飾 以帛裹

布非禮也 中外宜相稱也冕服絲衣也中衣用素皮弁服朝服玄端

麻衣也中衣用布 士不衣織 衣於旣反織音志○織染絲織之士

衣深衣也 無君者不貳采 大夫去位宜服玄端玄裳 衣正

儀禮卷三十四　十八

0010_0505-1

色裳閒色 閒閒廁之閒○冕服玄上纁下○謂 非列采不

入公門振絺綌不入公門表裘不

入公門 振依註之忍反絺敕之反綌去逆反○振謂為袗袗襌也表裘

外衣也二者形且褻皆當表之乃出 襲裘不入公門

也 纊為繭縕為袍 纊音曠繭古典反縕於粉反袍步羔反

衣有著之異名也纊謂今之新綿也縕謂今纊及舊絮也 襌為絅

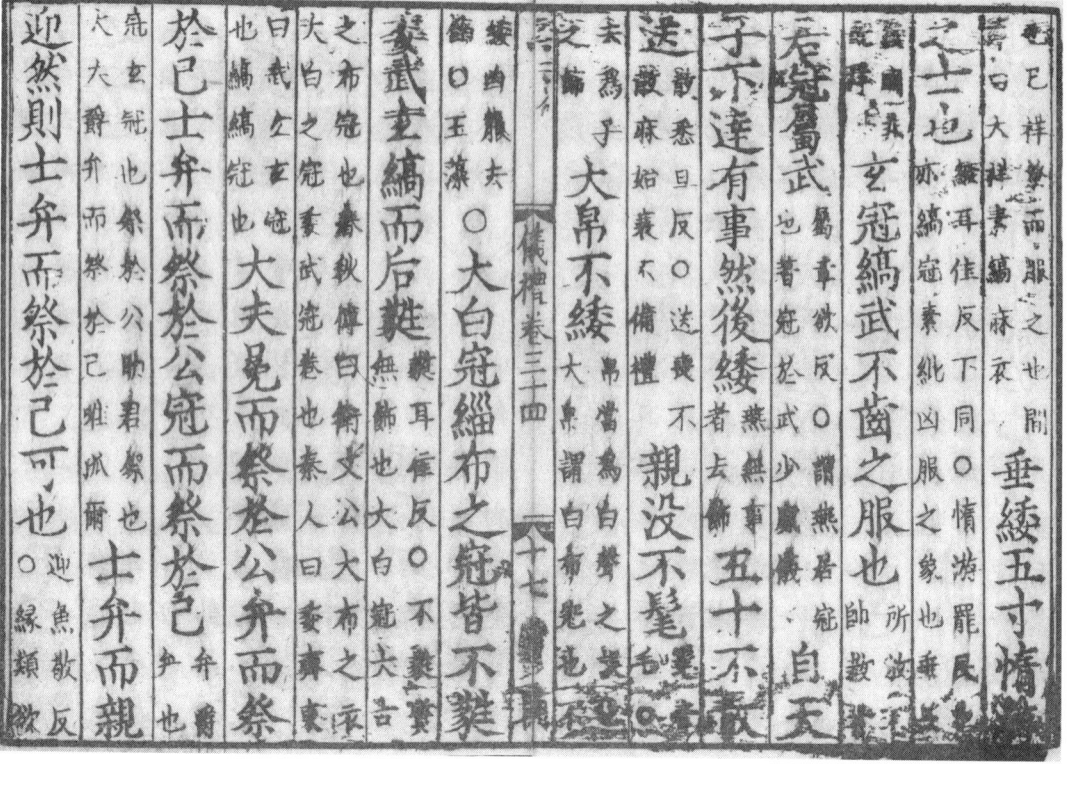

絅口迥反○有衣裳而無裏 帛為褶 褶音牒○裏而無著

0010_0506-1　　0010_0505-2

傳玄冠紫緌自魯桓公始也緌耳隹反○蓋
僭宋王者之後服也緌當用繢季康子朝服以縞曾
子問於孔子曰禮乎孔子曰諸侯皮
弁以告朔然後服之以視朝若此者
禮也縞古老反朝直遥反○朝服以縞僭宋禮也孔子非指斥康子
但言諸侯之禮而已而諸侯皮弁以告朔卒然後朝服以視朝不

儀禮卅四　廿九

縞○○朝服之以縞也自季康子
罪也亦僭宋王者之後孔子曰朝服而朝卒
朔然後服之謂諸侯與羣臣也諸侯視朝皮弁服曰國
家未道則不充其服焉
君道○至某
唯君有黼裘以誓省大裘非古也黼音甫○
天子祭上帝則大裘而冕大……與狐白雜爲黼文

0010_0507-1　　0010_0506-2

也省嘗爲獮獮秋田也國君有黼裘○
誓獮田之禮時大夫又有大裘也
君衣狐白裘錦衣以裼之衣於既反裼思歷反下同
○君衣狐白毛之裘則以素錦爲衣覆之使可裼也袒而有衣曰裼必覆之者裘褻也詩云衣錦絅衣裳錦絅裳然則錦衣復有上衣明矣天子狐白之上衣
皮弁服與凡裼衣象裘色也
君之右虎裘厥左狼裘衛尊者宜武猛
士不衣狐白辟君也狐之白者少以少爲貴也
君子狐青裘豹褎玄綃衣以裼之褎音袖綃
音宵○君子大夫士也綃綺屬也染之以玄於狐青裘相宜狐青裘蓋玄衣之裘
麛裘青豻褎絞衣以裼之麛音迷豻音岸絞户
交反○豻胡犬也絞蒼黃色孔子曰素衣麑裘
羔裘豹飾緇衣以裼之飾猶褎也孔子曰緇衣羔裘
狐裘黃衣以裼
之黃衣大蜡時臘先祖之服也孔子曰黃衣狐裘○錦衣狐裘
諸侯之服也非諸侯則不用錦衣爲裼犬羊之裘不
裼質略亦庶人無文飾不文飾也不裼裼主於有文飾之事

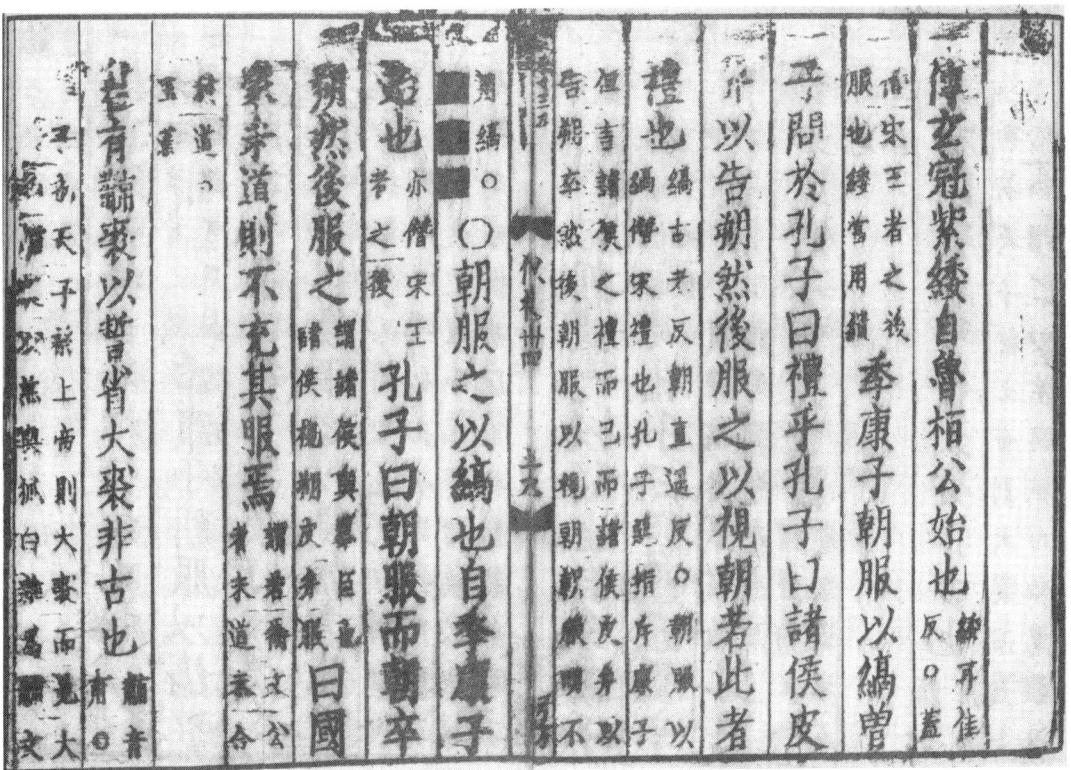

儀禮卅四　三十

0010_0508-1　0010_0507-2

裘之裼也見美也見賢遍反○君子於事以見美為敬弔
則襲不盡飾也裘所以見美君在則裼盡飾
也臣於君所服之襲也充美也充猶覆也所敬不主於君
是故尸襲尸尊執玉龜襲重寶瑞也無事則
裼弗敢充也謂已致龜玉也○玉藻○深衣三袪
袪起魚反○謂大夫士也三袪者謂要中之數也袪尺二寸圍之為二尺四寸
三之七尺二寸縫齊倍要縫音逢齊音咨要一遥反○縫紩也紩[illegible]

仪礼卅四　二十二

[illegible]倍要中齊丈四尺四寸縫或為逢或為豐衽當旁衽而審反○衽
謂裳幅所交裂也凡衽者或殺而下或殺而上是以小要取名焉衽屬衣則垂
而放之屬裳則縫之以合前後上下相變袂可以回肘[illegible]
[illegible]五反○二尺二寸之節長中繼揜尺其為長衣中衣繼袂揜一尺
[illegible]一尺若今襃[illegible]衣則緣而已袷二寸袷音劫○曲領也袪
尺二寸袪口也緣廣寸半緣余絹反[illegible]
[illegible]○具父母大父母衣純以績[illegible]

0010_0509-1　0010_0508-2

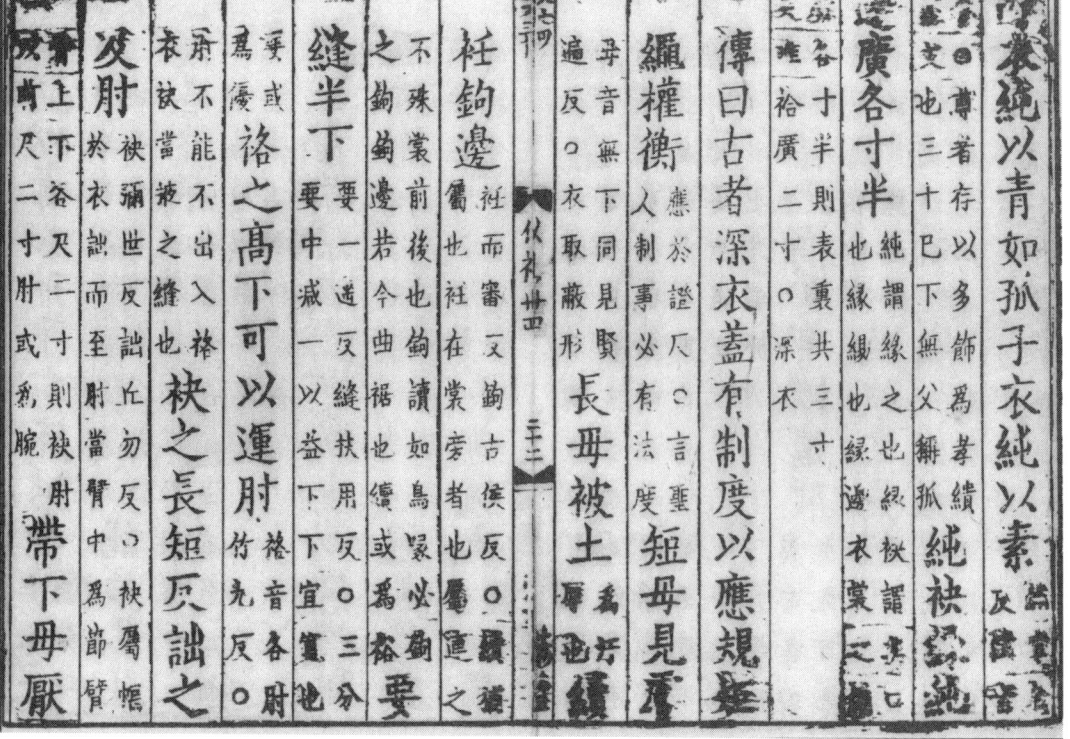

[illegible]裘純以青如孤子衣純以素[illegible]反
[illegible]尊者存以多飾為孝[illegible]也三十已下無父稱孤純袂緣純
邊廣各寸半純謂緣之也緣袂謂[illegible]緣緣也緣邊衣裳之側
[illegible]各寸半則表裏共三寸袷廣二寸○深衣
傳曰古者深衣蓋有制度以應規矩
繩權衡應於證反○言聖人制事必有法度短毋見膚
毋音無下同見賢遍反○衣取蔽形長毋被土[illegible]

仪礼卅四　二十三

衽鉤邊衽而審反鉤古侯反○續衽屬也衽在裳旁者也屬連之
不殊裳前後也鉤讀如鳥喙必鉤之鉤鉤邊若今曲裾也續或為裕要
縫半下要一遥反縫扶用反○三分要中減一以益下下宜寬也
要或為優袼之高下可以運肘袼音各肘竹九反○
袼衣袂當掖之縫也袂之長短反詘之
及肘袂彌世反詘丘勿反○袂屬幅於衣詘而至肘當臂中為節臂
[illegible]上下各尺二寸則袂肘尺二寸肘或為腕帶下毋厭

0010_0509-2

髀上毋厭脅當無骨者厭於甲反步啓反[illegible]

𦙶反。當骨緩急難爲宁也

制十有二幅以應十

有二月應於證反下同。裳六幅幅分之以爲上下之數

圜以應規謂胡下也曲袷如矩以應方袷音

劫。袷交領也古者方領如今小兒衣領負繩及踝以應

直踝胡瓦反。繩謂裻與後幅相當之縫也踝跟也下齊如

權衡以應平。齊音咨郭緝故規者行舉手

儀禮卷三十四　三十三

0010_0510-1

以爲容行舉手謂揖讓負繩抱方者以直其

政方其義也故易曰坤六二之動直

以方也言深衣之直方應易之文也政或爲正下齊如

權衡者以安志而平心也心平志安行乃正

[illegible]低或仰則心有異志者與五法已施故聖人服之

[illegible]故規矩取其無私繩取其直

權衡取其平故先王貴之貴其衣也故可

0010_0510-2

以爲文可以爲武可以擯相可以治

軍旅完且弗費善衣之次也[illegible]

[illegible]亮反完音丸。完且弗費言可苦衣而易有也深衣者用十五升布鍛濯灰治純之以采善衣朝祭之服也自士以上深衣爲之次庶人吉服深衣而已。

儀禮卷三十四　二十四

0010_0511-1

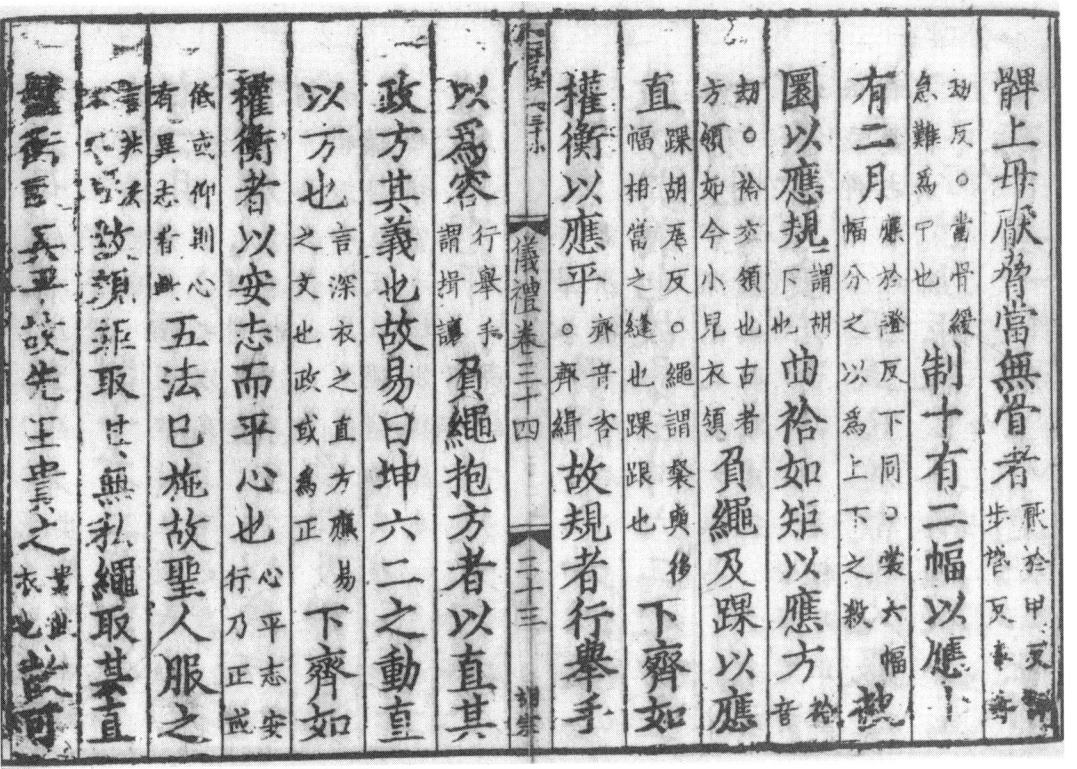

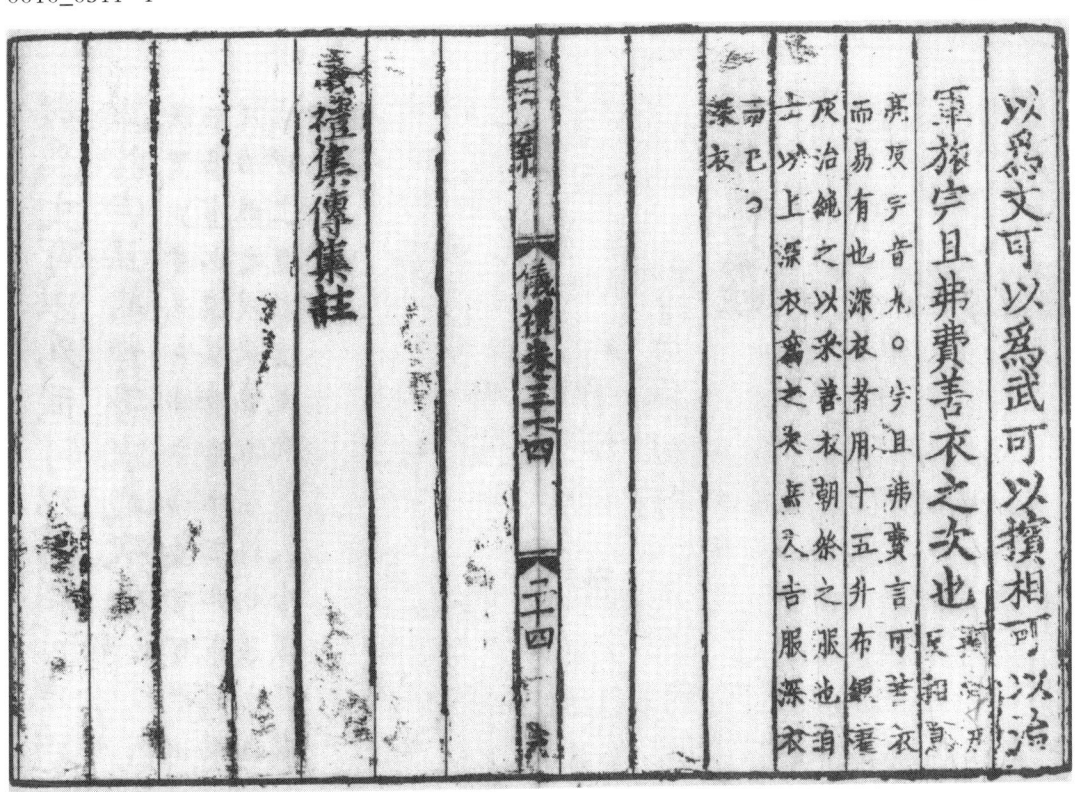

儀禮集傳集註

0010_0511-2

儀禮經傳集註　王朝禮十二

王制之辛　名祭下　集補經

以玉作六瑞以等邦國　等猶齊等也　王執鎮圭　鎮安也所以安四方鎮圭者蓋以四鎮之山爲瑑飾圭長尺有二寸　公執桓圭　公二王之後及王之上公雙植謂之桓桓宮室之象所以安其上也桓圭蓋亦以桓爲瑑飾圭長九寸　侯執信圭伯執躬圭　信當爲身聲之誤也身圭躬圭蓋皆象以人形爲瑑飾文有麤縟耳欲其慎行以保身圭皆長七寸

0010_0512-1

子執穀璧男執蒲璧　穀所以養人蒲爲席所以安人二王蓋或以穀爲飾或以蒲爲瑑飾璧皆徑五寸不執圭者未成國也○冬官玉人之事鎮圭尺有二寸天子守之命圭九寸謂之桓圭公守之命圭七寸謂之信圭侯守之命圭七寸謂之躬圭伯守之○註云命圭者王所命之圭也朝覲執焉居則守之子守穀璧男守蒲璧不言之者闕耳故書或云命圭五寸謂之躬圭杜子春云當爲七寸玄謂五寸者璧文之闕亂存焉

○以玉作六器以禮天地四方　禮謂始告神時

0010_0512-2

神坐書曰周植璧秉圭是也　以蒼璧禮天以黃琮禮地以青圭禮東方以赤璋禮南方以白琥禮西方以玄璜禮北方　琮才宗反璋音章琥音虎璜音黃○此禮天以冬至謂天皇大帝在北極者也禮地以夏至謂神在崑崙者也禮東方以立春謂蒼精之帝而大昊句芒食焉禮南方以立夏謂赤精之帝而炎帝祝融食焉禮西方以立秋謂白精之帝而少昊蓐收食焉禮北方以立冬謂黑精之帝而顓頊玄冥食焉禮神者必象其類璧圜象天琮八方

0010_0513-1

象地圭銳象春物初生半圭曰璋象夏物半死琥猛象秋嚴半璧曰璜象冬藏地上無物唯天半見　皆有牲幣各放其器之色　放方往反○幣以從爵若人飲酒有酬幣○大宗伯　○王晉大圭執鎮圭繅藉五采五就以朝日　繅音藻藉在夜反朝直遙反○繅有五采文所以薦玉木爲中榦用韋衣而畫之就成也王朝日者示有所尊訓民事君也天子常春分朝日秋分夕月覲禮曰拜日於東門之外晉書作搢鄭司農云晉讀爲搢紳之搢謂插之於紳帶之間若帶劍也

0010_0513-2

瑱讀爲鎮玉人[illegible]曰大[illegible]三尺杼上
終葵首天子服之[illegible]二寸天子
守之繅讀爲藻率之藻[illegible]
說五币也一币爲一就[illegible]
[illegible]執桓圭侯
執信圭伯執躬圭[illegible]三就子執
穀璧男執蒲璧繅[illegible]就以朝覲
宗遇會同于王[illegible]三采朱白蒼
二采朱綠也鄭司農云
以圭璧見[illegible]王覲禮曰侯氏入門右坐
奠圭再拜[illegible]乎天子春曰朝
夏曰宗[illegible]
聘見曰[illegible]
[illegible]見亦如

0010_0514-1

之
鄭司農云[illegible]璧以相見故邾隱
公朝於魯春秋傳曰邾子執玉高其
容仰
瑑圭璋璧琮[illegible]二采一就以覜聘
瑑直轉反覜他弔反○璧以聘后夫人
以琮享之也大夫衆來曰覜寡來曰聘
鄭司農云瑑
有圻鄂瑑起
四圭有邸以祀天旅上帝
邸丁禮反下同○鄭司農云於中央爲
璧圭著其四面一玉俱成爾雅曰邸本
也圭本著於璧故四圭有邸圭末四出
故也或說四圭有邸有四角也邸讀爲
抵欺之抵上帝玄天玄謂祀天夏正郊
天也上帝五帝所郊亦猶五帝殊言天

0010_0514-2

者尊異之也大宗伯職曰國
有大故則旅上帝及四望
兩圭有邸
以祀地旅四望
兩圭者以象地數二也
僢而同邸祀地謂所祀
於北郊神
州之神
祼圭有瓚以肆先王以祼賓
客
祼古亂反瓚才但反○鄭司農云於
圭頭爲器可以挹鬯祼祭謂之瓚故
詩曰䘏彼玉瓚黃流在中國語謂之鬯
圭以肆先王祼先王祭也玄謂肆解牲
體以祭因以爲名爵行曰祼漢禮瓚槃
大五升口徑八寸下有槃口徑一尺

儀禮卷三十五

圭璧以祀日月星辰
圭其邸爲璧
取殺於上帝
璋邸

0010_0515-1

四

射以祀山川以造贈賓客
射食亦反造
七到反○璋
有邸而射取殺於四
望鄭司農云射剡也
土圭以致四時日
月封國則以土地
以致四時日月者度
其景至不至以知其
行得失也冬夏以致日春秋以致月土
地猶度地也封諸侯以土圭度日景觀
分寸長短以制其域所封也鄭司農說
以玉人職曰土圭尺有五寸以致日以
土地以求地中
故謂之土圭
珍圭以徵守以恤凶荒
珍
丁手又反○杜子春云珍當爲鎮書亦
或爲鎮以徵守者以徵召守國諸侯若

0010_0515-2

今時徼郡守以竹使符也鎮者國之鎮諸侯亦一國之鎮故以鎮圭徼之也凶荒則民有遠志不安其土故以鎮圭鎮安之玄謂珍圭王使之瑞節制大小當與琬琰相依王使人徼諸侯憂凶荒之國則授之執以往致王命焉如今時使者持節矣恤者閔府庫振救之九瑞節歸又執以反命**牙璋以起軍旅以治兵守**鄭司農云牙璋琢以爲牙牙齒兵象故以牙璋發兵者今時以銅虎符發兵玄謂牙璋亦王使之瑞節兵守用兵所守若齊人戍遂諸侯戍周**璧羨以起度**鄭司農云羨長也此璧徑長尺以起

儀禮卷三十五　五

0010_0516-1

度量玉人職曰璧羨度尺以爲度玄謂羨不圜之貌蓋廣徑八寸袤一尺**駔圭璋璧琮琥璜之渠眉疏璧琮以斂尸**駔音祖歛力驗反○鄭司農云駔外有捷盧也駔讀爲組疾之組疏讀爲沙謂圭璋璧琮琥璜皆爲開渠爲眉瑑沙除以斂尸令汁得流去也玄謂以斂尸者於大斂焉加之也駔讀爲組與組馬同聲之誤也渠眉玉飾之溝瑑也以組穿聯六玉溝瑑之中以斂尸圭在左璋在首琥在右璜在足璧在背琮在腹蓋取象方明神之也疏璧琮者通於天地**穀圭以和難以聘女**

0010_0516-2

穀圭亦王使之瑞節穀善也其飾若粟文然難仇讎和之者若春秋宣公及齊侯平莒及郯晉侯使瑕嘉平戎于王其聘女則以納徵焉**琬圭以治德以結好**琬於阮反好呼報反○琬圭亦王使之瑞節諸侯有德王命賜之及諸侯使大夫來聘既而爲壇會之使大夫執以命事焉大行人職曰時聘以結諸侯之好鄭司農云琬圭無鋒芒故治德以結好**琰圭以易行以除慝**琰以冉反行下孟反慝吐得反○琰圭亦王使之瑞節鄭司農云琰圭有鋒芒傷害征伐誅討之象故以易行除慝易惡行令爲善

儀禮卷三十五　六

0010_0517-1

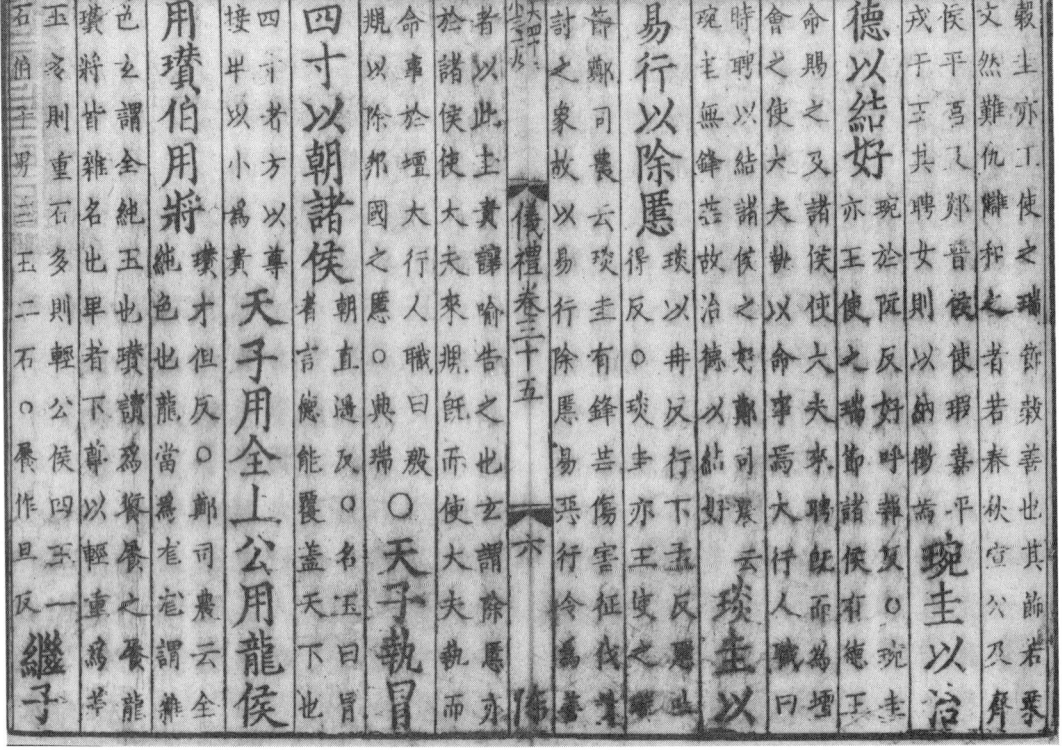

者以此圭責讓喻告之也玄謂除慝亦於諸侯使大夫來覜既而使大夫執而命事於壇大行人職曰殷覜以除邦國之慝○典瑞○**天子執冒四寸以朝諸侯**朝直遙反○名玉曰冒者言德能覆蓋天下也四寸者方以尊接卑以小爲貴**天子用全上公用龍侯用瓚伯用將**瓚才但反○鄭司農云全純色也龍當爲尨尨謂雜色玄謂全純玉也瓚讀爲餐餐之餐龍瓚將皆雜名也卑者下尊以輕重爲差玉多則重石多則輕公侯四玉一石伯子男三玉二石○餐作旦反**繼子**

0010_0517-2

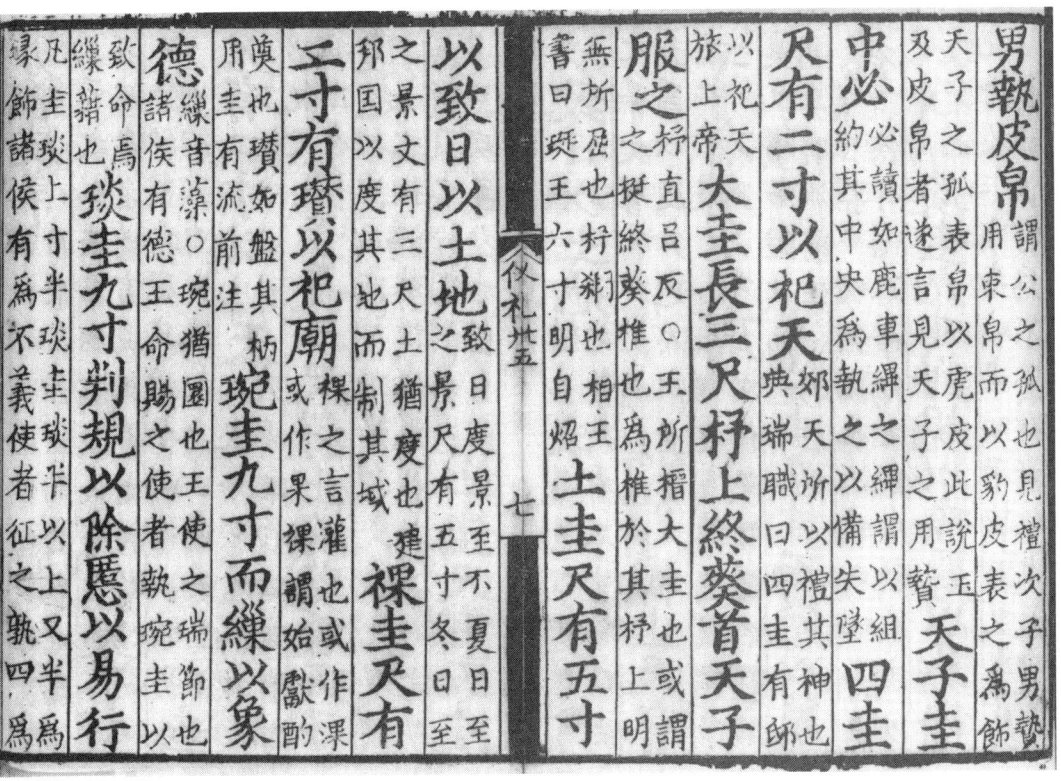

男執皮帛謂公之孤也見禮次子男贄用束帛而以豹皮表之爲飾天子之孤表帛以虎皮此說玉及皮帛者遂言見天子之用贄天子圭中必必讀如鹿車縪之縪謂以組約其中央爲執之以備失墜四圭尺有二寸以祀天郊天所以禮其神也典瑞職曰四圭有邸以祀天旅上帝大圭長三尺杼上終葵首天子服之杼直呂反○王所搢大圭也或謂之珽終葵椎也爲椎於其杼上明無所屈也杼閷也相王書曰珽王六寸明自炤土圭尺有五寸

仪礼卅五 七

0010_0518-1

以致日以土地致日度景至不夏日至之景尺有五寸冬日至之景文有三尺土猶度也建邦国以度其地而制其域祼圭尺有二寸有瓚以祀廟祼之言灌也或作淉或作果祼謂始獻酌奠也瓚如盤其柄用圭有流前注琬圭九寸而繅以象德繅音藻○琬猶圜也王使之瑞節也諸侯有德王命賜之使者執琬圭以致命焉繅藉也琰圭九寸判規以除慝以易行凡圭琰上寸半琰圭琰半以上又半爲瑑飾諸侯有爲不義使者征之執四爲

0010_0518-2

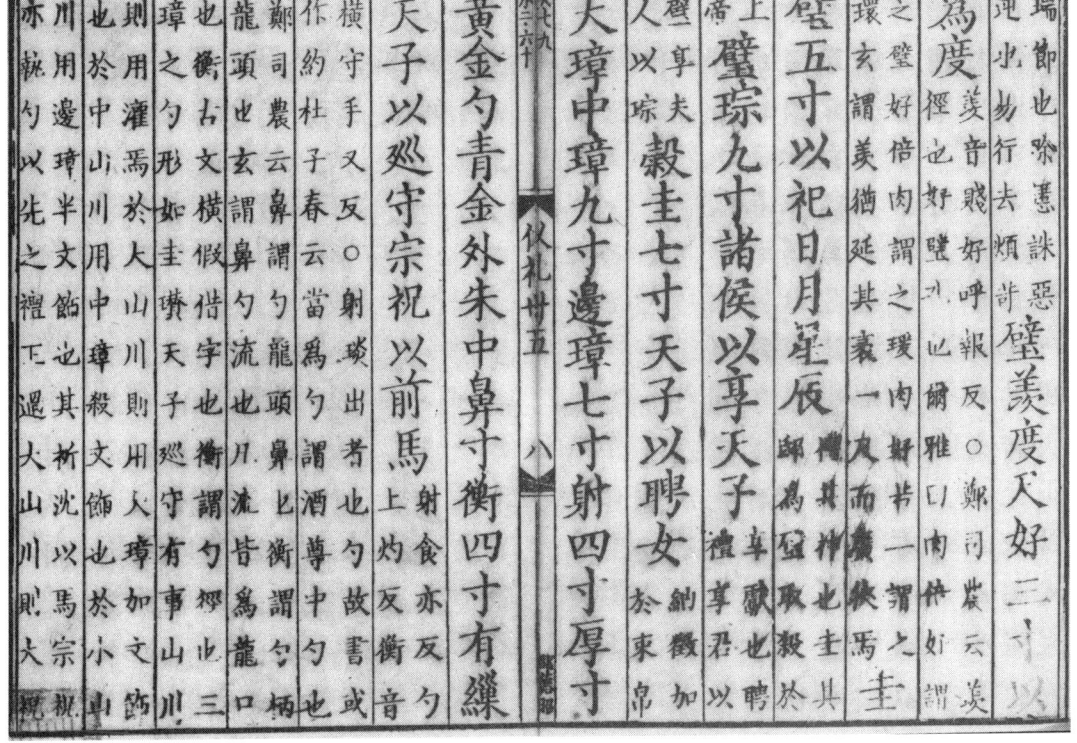

瑞節也除慝誅惡逆也易行去煩苛璧羨度尺好三寸以爲度羨音賤好呼報反○鄭司農云羨徑也好璧孔也爾雅曰肉倍好謂之璧好倍肉謂之瑗肉好若一謂之環玄謂羨猶延其袤一尺而廣狹焉圭璧五寸以祀日月星辰禮其神也圭其邸爲璧取殺於上帝璧琮九寸諸侯以享天子享獻也聘禮享君以璧享夫人以琮穀圭七寸天子以聘女納徵加於束帛大璋中璋九寸邊璋七寸射四寸厚寸

仪礼卅五 八

0010_0519-1

黃金勺青金外朱中鼻寸衡四寸有繅天子以巡守宗祝以前馬射食亦反勺上灼反衡音橫守手又反○射琰出者也勺故書或作約杜子春云當爲勺謂酒尊中勺也鄭司農云鼻謂勺龍頭鼻也衡謂勺柄龍頭也玄謂鼻勺流也凡流皆爲龍口也衡古文橫假借字也衡謂勺柄也三璋之勺形如圭瓚天子巡守有事山川則用灌焉於大山川則用大璋加文飾也於中山川用中璋殺文飾也於小山川用邊璋半文飾也其祈沈以馬宗祝亦執勺以先之禮下還大山川則大祝

0010_0519-2

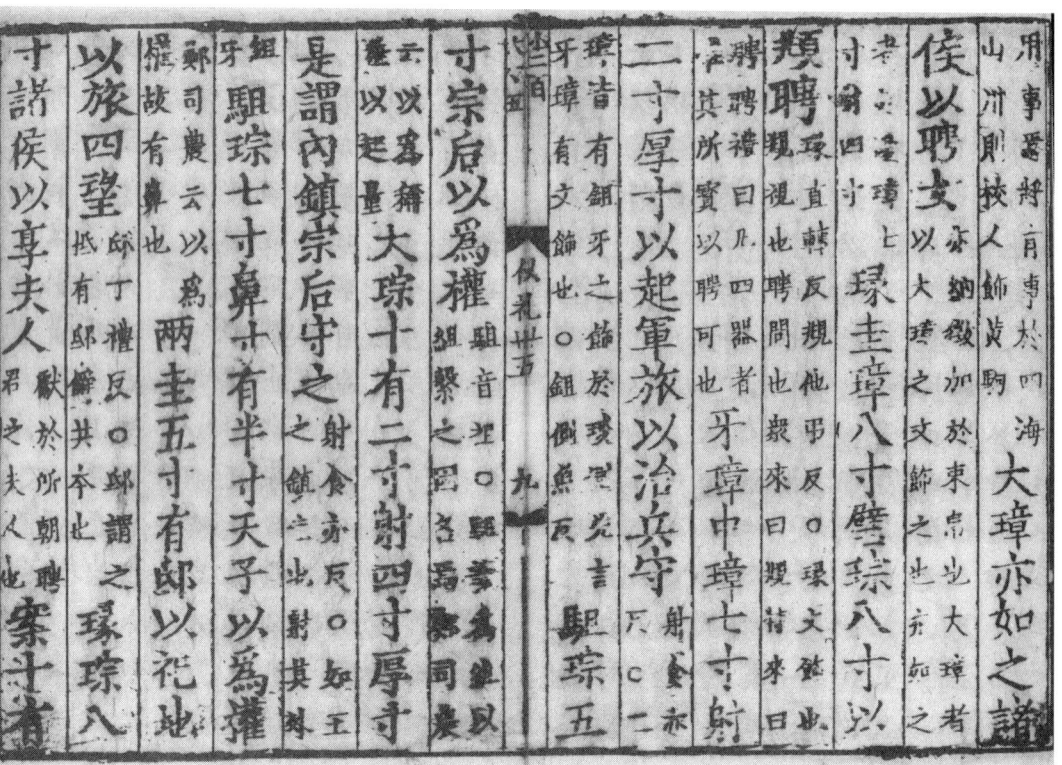

用事焉將有事於四海山川則扱人飾黄駒大璋亦如之諸
侯以聘女亦納徵加於束帛也大璋者以大璋之文飾之也亦如之
半亦邊璋七寸射四寸瑑圭璋八寸璧琮八寸以
覜聘瑑直轉反規他弔反○瑑文飾也覜視也聘問也衆來曰覜特來曰
聘聘禮曰凡四器者唯其所寶以聘可也牙璋中璋七寸射
二寸厚寸以起軍旅以治兵守射食亦反○二
璋皆有鉏牙之飾於琰側先言牙璋有文飾也○鉏側魚反駔琮五

儀禮卅五　九

0010_0520-1

寸宗后以爲權駔音祖○駔讀爲組以組繫之因名爲鄭司農
云以爲稱錘以起量大琮十有二寸射四寸厚寸
是謂內鎮宗后守之射食亦反○如王之鎮圭也射其外
鉏牙駔琮七寸鼻寸有半寸天子以爲權
鄭司農云以爲權故有鼻也兩圭五寸有邸以祀地
以旅四望邸丁禮反○邸謂之柢有邸僢共本也瑑琮八
寸諸侯以享夫人獻於所朝聘君之夫人也案十寸者

0010_0520-2

二寸棗㮚十有二列諸侯純九大夫純
五夫人以勞諸侯○㮚音栗勞力報反純猶皆也鄭司農
云案玉案也夫人天子夫人玄謂案玉飾案也夫人王后也記時諸侯僭稱王
而夫人之號不別是以同王后於夫人也玄案十二以爲列王后勞朝諸侯皆
九列聘大夫皆五列則十有二列者勞二王之後也棗㮚實於器乃加於案聘
禮曰夫人使下大夫勞以二竹簋方玄被纁裏有蓋實棗蒸㮚擇兼執之以進
璋邸射素功以祀山川以致稍餼稍所教反

儀禮卅五　十

0010_0521-1

餼許既反○邸射剡而出也致稍造賓客納稟食也鄭司農云素功無瑑飾
也餼或作氣杜子春云當爲餼○玉人○贊大行曰圭公
九寸侯伯七寸子男五寸博三寸厚半
寸剡上左右各寸半玉也藻三采六等
剡以冉反○贊大行者書說大行人之事者名也藻藨玉者也三采六等以朱
白蒼畫之再行也子男執璧作此贊者失之矣○雜記○勢天子
以球玉諸侯以象大夫以魚須文竹士

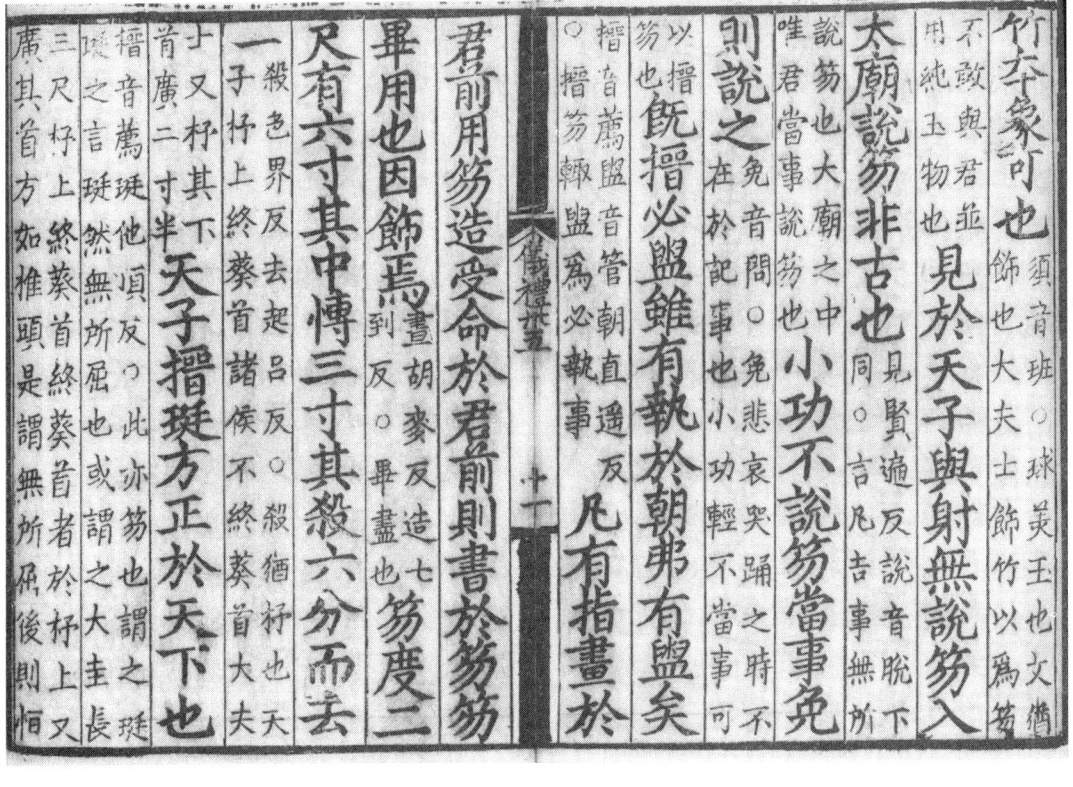

竹本象可也須音班○球美玉也文猶飾也大夫士飾竹以為笏不敢與君並用純玉物也見於天子與射無說笏入太廟說笏非古也見賢遍反說音脫下同○言凡吉事無所說笏也大廟之中唯君當事說笏也小功不說笏當事免則說之免音問○免悲哀哭踊之時不在於記事也小功輕不當事可以搢笏也既搢必盥雖有執於朝弗有盥矣搢音薦盥音管朝直遥反○搢笏輒盥為必執事凡有指畫於

儀禮卅五　十二

君前用笏造受命於君前則書於笏笏畢用也因飾焉畫胡麥反造七到反○畢盡也笏度二尺有六寸其中博三寸其殺六分而去一殺色界反去起呂反○殺猶杼也天子杼上終葵首諸侯不終葵首大夫士又杼其下首廣二寸半天子搢珽方正於天下也搢音薦珽他頂反○此亦笏也謂之珽珽之言珽然無所屈也或謂之大圭長三尺杼上終葵首終葵首者於杼上又廣其首方如椎頭是謂無所屈後則恒

兩本均缺第十二葉丁本有此葉刻工劉伸

0010_0523-2

率下辟○士錦帶弟子縞帶并紐約用

組率音律縞古老反并必政反紐女九反約於略反組音祖○而素帶終辟謂諸侯也

諸侯不朱裏合素爲之如今衣帶爲之下天子也大夫亦如之率繂也士以下

皆禪不合而繂積如今作幓頭爲之也辟讀如裨冕之裨裨謂以繒采飾其側

人君充之大夫禪其紐及末士禪其末而已居士道藝處士也此自而素帶終

辟脫在是耳宜承朱裏終辟三寸長齊于帶紳長制士

二尺有司二尺有五寸子游曰參分帶

仪礼廿五　十三

0010_0524-1

下紳居二焉紳韠結三齊韠音必○三寸謂約帶紐

組之廣也長齊于帶與紳齊也紳帶之垂者也言其屈而重也論語曰子張書

諸紳有司府史之屬也三分帶下而三則帶高於中也結約餘也此又亂脫

在是宜承約用組結或爲衿○大夫大帶四寸雜帶君

朱綠大夫玄華士緇辟二寸再繚四寸

凡帶有率無箴功繚音了箴音針○雜猶飾也即上之裨也

君裨帶上以朱下以綠終之大夫裨垂外以玄內以華華黃色也士裨垂之下

0010_0524-2

外內皆以緇是謂緇帶大夫以上以素皆廣四寸士以練廣二寸再繚之凡帶

有司之帶也亦繂之如士帶矣無箴功則不裨之士雖繂帶裨亦用箴功凡帶

不裨下士也此又亂脫在是宜承紳韠結三齊肆束及帶勤者

有事則收之走則擁之肆讀爲肄肄餘也餘來約組之

餘組也勤謂執勞辱之事也此亦亂脫在是宜承無箴功童子之節

也緇布衣錦緣錦紳并紐錦束髮皆朱

錦也緣余絹反并必政反紐女九反○童子未冠之稱也冠禮曰將冠者

仪礼廿五　十四

0010_0525-1

采衣紒也○玉藻○麻者不紳執玉不麻[illegible]

吉凶不相干也麻謂經也[illegible]帶也與以要經代大帶也[illegible]

加於采加於采衣采者不麻謂弁經也必弔服是也采玄纁之衣○雜記○[illegible]

君朱大夫素士爵韋韠音必○此玄服之韠也韠[illegible]

韍也凡韠以韋爲之必象裳色則諸侯玄端朱裳大夫素裳唯士玄[illegible]

玄裳雜裳也皮弁服皆素韠圜殺直殺色界反○目韠制天子直[illegible]

[illegible]

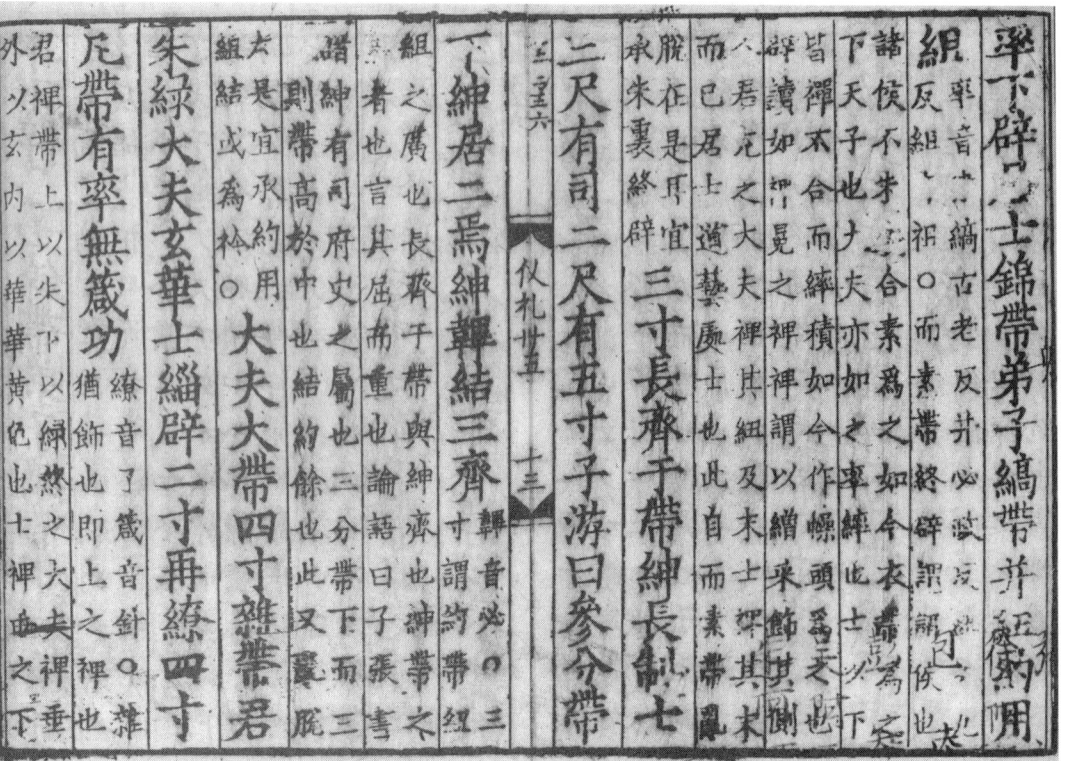

0010_0525-2

0010_0526-1

去上下各五寸大夫前方後挫角挫作剉反○圜其上角變於君也韠以下爲前以上爲後士前後正士賤與君同不嫌也正直方之間語也天子之士則直諸侯之士則方韠下廣二尺上廣一尺長三尺其頸五寸肩革帶博二寸廣丁曠反頸詰井反○頸五寸亦謂廣也頸中央有兩角皆上接革帶以繫之肩與革帶廣同凡佩繫於革帶○玉藻○又曰韠長三尺下廣二尺上廣一尺會去上五寸紕

仪礼廿五　十五

以爵韋六寸不至下五寸純以素紃以五采會古外反紕婢支反純章允反紃者然○會謂上領縫也領之所用蓋與紕同在旁曰紕在下曰純素生帛也紕六寸者中執之表裏各三寸也純紕所不至者五寸與會去上同紃○施諸縫中若今時絛也○雜記一命緼韍幽衡再命赤韍幽衡三命赤韍葱衡緼音温韍音弗○此玄冕爵弁服之韠尊祭服異其名耳韍之言亦蔽也緼赤黃色之間色所謂韎也衡佩玉之衡也幽讀爲黝黑謂之黝青謂之

0010_0526-2

0010_0527-1

葱周禮公侯伯之卿三命其大夫再命其士一命子男之卿再命其大夫一命其士不命○天子佩白玉而玄組綬公侯佩山玄玉而朱組綬大夫佩水蒼玉而純組綬世子佩瑜玉而綦組綬士佩瓀玟而緼組綬組音祖綬音受下同瑜羊朱反綦音其下同瓀而兗反玟武巾反緼音温○玉有山玄水蒼者視之文色所似也綬者所以貫佩玉相承受者也純當爲緇古文緇字或作絲旁才綦文雜色也緼赤黃○君在

仪礼廿五　十六

不佩玉左結佩右設佩謂世子也出所處而君在焉則去德佩而設事佩辟德而示即事也結其左者若於事未有能也結結其綬不使鳴也居則設佩謂所處而君不在焉朝則結佩朝直遥反○朝於君亦結左齊則綪結佩而爵韠齊側皆反綪側耕反韠音必○綪屈也結又屈之思神靈不在事也爵韠者齊服玄端凡帶必有佩玉唯喪否喪主於哀去飾也凡謂天子以至士君子無故玉不去身○古之君子必

佩玉〔比德焉君子士以上〕右徵角左宮羽〔徵側里反○玉聲所中也徵角在右事也民也可以勞宮羽在左君也物也宜逸〕趨以采齊〔齊依註疾私反○路門外之樂節也門外謂之趨齊當爲楚薺之薺〕行以肆夏〔登堂之樂節〕周旋中規〔中丁仲反下同○反行也宜圜〕進則折還中矩〔折之設反還音旋○曲行也宜方〕揖之退則揚之然後玉鏘鳴也〔鏘七羊反○揖之謂小俛見於前也揚之謂小仰見於後也鏘聲貌〕故君子在車則聞鸞和之聲行則鳴佩玉是以非辟之心無自入也〔辟音僻○鸞在衡和在式自由也○以上並下薄〕

大口廿三　口六二　仪礼卅五　十七

傳曰子貢問於孔子曰敢問君子貴玉而賤碈者何也爲玉之寡而碈之多與〔碈亡貧反爲于僞反下同與音餘○碈石似玉或作玟也〕孔子曰非爲碈之多故賤之也玉之寡故貴之也夫昔者君子比德於玉焉

溫潤而澤仁也〔夫音扶○色柔溫潤似仁也潤或爲濡〕縝密以栗知也〔縝音軫知音智○縝緻也栗堅貌〕廉而不劌義也〔劌九衛反○劌傷也義者不苟傷人也〕垂之如隊禮也〔隊直位反○禮尚謙卑〕叩之其聲清越以長其終詘然樂也〔詘其勿反○樂作則有聲止則無也越猶揚也詘絕止貌也樂記曰止如槀木〕瑕不揜瑜瑜不揜瑕忠也〔瑕音遐揜音掩瑜羊朱反○瑕玉之病也瑜其中間美者玉之性善惡不相揜似忠也〕孚尹旁達

大八罗　二ワ八　仪礼廿五　一八

信也〔孚讀爲浮尹讀爲竹箭之筠浮筠謂玉采色也采色旁達不有隱翳似信也孚或作姇或爲扶○翳於計反〕氣如白虹天也精神見于山川地也〔虹音紅見賢遍反○精神亦謂精氣也虹天氣也山川地所以通氣也〕圭璋特達德也〔特達謂以朝聘也璧琮則有幣有德者無所不達不有須而成也〕天下莫不貴者道也〔道者人無不由之〕詩云

0010_0530-1　0010_0529-2

言念君子言我也溫其如玉故君子貴
之也聘義
王及后之服屨赤舄黑舄赤繶黃繶青
句素屨葛屨繶於力反句音劬○屨自明矣必連言服者著服各
有屨也複下曰舄禪下曰屨古人言屨
以通於複今世言屨以通於禪俗易語
反與舄屨有約有繶有純者飾也鄭司
農云赤繶黃繶以赤黃之絲為下緣士
喪禮曰夏葛屨冬皮屨皆繶緇純禮家
說繶亦謂以采絲礫其下玄謂凡屨舄

儀禮卷三十五　十九

各象其裳之色士冠禮曰玄端黑屨青
約繶純素積白屨緇約繶純爵弁纁屨
黑約繶純是也王吉服有九舄有三等
赤舄為上冕服之舄詩云王錫韓侯玄
衮赤舄則諸侯與王同下有白舄黑舄
王后吉服六唯祭服有舄玄舄為上褘
衣之舄也下有青舄赤舄鞠衣以下皆
屨耳句當為絇聲之誤也絇繶純者同
色今云赤繶黃繶青約雜互言之明舄
屨衆多反覆以見之凡舄之飾如繢之
次赤繶者王黑舄之飾黃繶者王后玄
舄之飾青絇者王白舄之飾言繶必有
絇純言絇亦有繶純三者相將王及后
之赤舄皆黑飾后之青舄白飾凡屨之

0010_0531-1　0010_0530-2

飾如繡次也黃屨白飾白屨黑飾黑屨
青飾絇謂之拘著舄屨之頭以為行戒
繶縫中紃純緣也天子諸侯吉事皆舄
其餘唯服冕衣翟著舄耳士爵弁纁屨
黑絇繶純尊祭服之屨飾從繢也素屨
者非純吉有凶去飾者言葛屨明有用
皮時外內命夫命婦之命屨功屨散屨散素但反
○命夫之命屨纁屨命婦之命屨黃屨
以下功屨次命屨於孤卿大夫則白屨
黑屨九嬪內子亦然世婦命婦以黑屨
為功屨女御士妻命屨而已士及士妻
謂再命受服者散屨亦謂去飾○天官屨人○王之五路一

儀禮卷三十五　二十

曰玉路鍚樊纓十有再就建大常十有
二斿以祀鍚音陽樊步干反斿音留下同○王在焉曰路王路以玉
飾諸末鍚馬面當盧刻金為之所謂鏤
鍚也樊讀如鞶帶之鞶謂今馬大帶也
鄭司農云纓謂當胷士喪禮下篇曰馬
纓三就禮家說曰纓當胷以削革為之
三就三重三匝也玄謂纓今馬鞅玉路
之樊及纓皆以五采罽飾之十二就就
成也太常九旗之畫日月者正幅為縿斿則屬焉金路鉤樊纓
九就建大旂以賓同姓以封金路以金飾諸末鉤

婁頷之鉤也金路無鍚有鉤亦以[illegible]之其樊及纓以五采罽飾之而九[illegible]旂九旗之畫交龍者以賓以會賓客姓以封謂王子母弟率以功德出封[illegible]爲侯伯其畫服猶如上公若魯衛之[illegible]其無功德各以親疏食采畿内而已[illegible]書鉤爲拘杜子春讀爲鉤**象路朱樊纓七就建大赤**以朝異姓以封朝直遥反○象路以象飾諸末象路無鉤以朱飾勒而已其樊及纓以五采罽飾之而七成大赤九旗之通帛以朝以日視朝異姓王甥舅**革路龍勒條纓五就建大白以**

即戎以封四衛條依詩他刀反○革路鞔之以革而漆之無他飾龍駹也以白黑飾韋雜色爲勒條讀爲條其樊及纓以條絲飾之而五成不言樊字蓋脱爾以此言條知玉路金路象路飾樊纓皆不用金玉象矣大白殷之旗猶周大赤蓋象正色也即戎謂兵事四衛四方諸侯守衛者蠻服以内**木路前樊鵠纓建大麾以田以封蕃國**鵠戶毒反麾許危反○木路不鞔以革漆之而已前讀爲緇翦之翦翦淺黑也木路無龍勒以淺黑飾韋爲樊鵠色飾韋爲纓不言就數飾與革路同大麾不在九

傳本第二十二葉之一刻工與第二十一葉同今裝訂在第十一葉第十三葉之間

0010_0522-2 0010_0523-1

旗中以正色言之則黑夏后氏所建田
四時田獵蕃國謂九州之外夷服鎮服
蕃服杜子春
云鵲或爲結 王后之五路重翟錫面朱
總厭翟勒面繢總安車彫面鷖總皆有
容蓋 重直龍反錫音陽厭於涉反繢戶
對反鷖烏兮反○重翟重翟雉之
羽也厭翟次其羽使相迫也勒面謂以
如王龍勒之韋爲當面飾也彫者畫之
不龍其韋安車坐乘車凡婦人車皆坐
乘故書朱總爲緄鷖或作繄鄭司農云
錫馬面錫緄當爲總書亦或爲總鷖讀
爲鳧鷖之鷖鷖總者青黑色以繒爲之

儀礼卅五 壹

總著馬勒直兩耳與兩鑣容謂幨車山
東謂之裳幃或曰幢容玄謂朱總繢總
其施之如鷖總車衡輨亦宜有焉繢畫
文也蓋如今小車蓋也皆有容有蓋則
重翟厭翟謂蔽也重翟后從王祭祀所
乘厭翟后從王賓饗諸侯所乘安車無
蔽后朝見於王所乘謂去飾也詩國風
碩人曰翟蔽以朝謂諸侯夫人始來乘
翟蔽之車以朝見於君盛之也此翟
蓋厭翟也然則王后始來乘重翟乎
翟車貝面組總有握 組音祖下同握
作幄○翟車不重
不厭以翟飾車之側爾貝面貝飾勒之
當面也有握則此無蓋矣如今軿車是

0010_0532-2 0010_0533-1

旗中以正色言之則黑夏后氏所建田
四時田獵蕃國謂九州之外夷服鎮服
蕃服杜子春
云鵲或爲結 王后之五路重翟錫面朱
總厭翟勒面繢總安車彫面鷖總皆有
容蓋 重直龍反錫音陽厭於涉反繢戶
對反鷖烏兮反○重翟重翟雉之
羽也厭翟次其羽使相迫也勒面謂以
如王龍勒之韋爲當面飾也彫者畫之
不龍其韋安車坐乘車凡婦人車皆坐
乘故書朱總爲緄鷖或作繄鄭司農云
錫馬面錫緄當爲總書亦或爲總鷖讀
爲鳧鷖之鷖鷖總者青黑色以繒爲之

小三ﾌ二十六大三十ﾌ 儀礼卅五 壹

總著馬勒直兩耳與兩鑣容謂幨車山
東謂之裳幃或曰幢容玄謂朱總繢總
其施之如鷖總車衡輨亦宜有焉繢畫
文也蓋如今小車蓋也皆有容有蓋則
重翟厭翟謂蔽也重翟后從王祭祀所
乘厭翟后從王賓饗諸侯所乘安車無
蔽后朝見於王所乘謂去飾也詩國風
碩人曰翟蔽以朝謂諸侯夫人始來乘
翟蔽之車以朝見於君盛之也此翟
蓋厭翟也然則王后始來乘重翟乎
翟車貝面組總有握 組音祖下同握
作幄○翟車不重
不厭以翟飾車之側爾貝面貝飾勒之
當面也有握則此無蓋矣如今軿車是

此傳本第二十二葉之在正常位置者張本第二十二葉亦即此版

0010_0533-2

也后所乘以出桑 輦車組輓有翣羽蓋 輓音晚翣所甲
反○輦車不言飾后居宮中從容所乘但漆之而已爲輇輪人輓之以行有翣
所以禦風塵以羽作小蓋爲翳日也故書翣爲駐杜子春云當爲翣書亦或爲
𬮱 王之喪車五乘木車蒲蔽犬複尾櫜
疏飾小服皆疏 乘繩證反複莫歷反下同櫜音羔○木車不漆
者鄭司農云蒲蔽謂蠃蘭車以蒲爲蔽天子喪服之車漢儀亦然犬複以犬皮
爲覆笭故書疏爲揷杜子春讀揷爲沙玄謂蔽車旁禦風塵者犬白犬皮既以

大盆九小三六 儀禮卷三十五 三十三

0010_0534-1

皮爲覆笭又以其尾爲戈戟之弢布飾二物之側爲之緣若攝服云服讀爲
服小服刀劍短兵之衣此始遭喪所乘爲君之道尚微備姦臣也書曰以虎賁
百人逆子釗 素車棼蔽犬複素飾小服亦爲備焉
皆素 棼扶云反○素車以白土堊車也棼讀爲蕡蕡麻以爲蔽其複服以
素繒爲緣此卒哭所乘爲君之道益著在車可以去戈戟 藻車藻蔽
鹿淺複革飾 故書藻作軷杜子春讀爲華藻之藻直謂華藻也
玄謂藻水草蒼色以蒼土堊車以蒼繒爲蔽鹿淺複以鹿夏皮爲覆笭又以

0010_0534-2

所治去毛者緣之小既練所乘 駹車萑蔽然複髤飾 髤
江反萑音丸髤香求反○故書駹作龍髤爲軟杜子春云龍讀爲駹軟讀爲桼
琉之桼直謂髤桼也玄謂駹車邊側有漆飾也萑細葦席也以爲蔽髤赤漆則成
畜即吉也然黑然也髤赤多黑少之色韋也此大祥所乘 漆車藩蔽
豻複雀飾 豻音岸○漆車黑車也藩今時小車藩漆席以爲之豻胡
犬雀黑多赤少之色韋也此禫所乘 服車五乘孤乘夏篆
卿乘夏縵大夫乘墨車士乘棧車庶人

七五小三六四 儀禮卷三十五 三十四 宜

0010_0535-1

乘役車 王乘之乘繩證反篆直轉反縵莫干反棧仕板反○服車服事
者之車故書夏篆爲夏緣鄭司農云夏赤也緣緣色或曰夏篆篆讀爲圭
瑑寶篆轂有約也玄謂夏篆五采畫轂約也夏縵亦五采畫無瑑爾墨車不畫
也棧車不革鞔而漆之役車方箱可載任器以共役 凡良車散車
不在等者其用無常 給遊燕及恩惠之賜至在等者謂若
今輜車後戶之屬作之有功有沽○春官巾車 日月爲常交
龍爲旂通帛爲旜雜帛爲物熊虎爲旗

鳥隼爲旟龜蛇爲旐全羽爲旞析羽爲旌旜之然反隼息允反旟音餘旐音兆旞音遂○通帛謂大赤從周正色無飾雜帛者以帛素飾其側白殷之正色全羽析羽皆五采繫之於旞旌之上所謂注旄於干首也凡九旗之帛皆用絳大閱則王建大常諸侯建旂孤卿建旜大夫士建物師都建旗州里建旟縣鄙建旐道車載旞斿車載旌仲冬教大閱司馬主其禮自王以下治民者旗畫成物之象王

仪礼卅五　九五

畫日月象天明也諸侯畫交龍一象其升朝一象其下復也孤卿不畫言奉王之政教而已大夫士雜帛言以先王正道佐職也師都六鄉六遂大夫也謂之師都都民所聚也畫熊虎者鄉遂出軍賦象其守猛莫敢犯也州里縣鄙鄉遂之官互約言之鳥隼象其勇捷也龜蛇象其扞難辟害也道車象路也王以朝夕燕出入斿車木路也王以田以鄙全羽析羽五色象其文德也大閱王乘戎路建大常焉玉路金路不出皆畫其象焉官府各象其事州里各象其名家各象其號事名號者

兩本均缺第二十六葉丁本有此葉刻工翁遂

0010_0537-2

或爲𣪍非是也固師職曰射則充椹▲又此司弓矢職曰澤共射椹質之弓▲言射椹質自有弓謂王弧弓也以此觀之言𣪍質者非**其矢箙皆從其弓**箙音服○從弓數也每弓者一箙百矢**凡弩夾庾利攻守唐大利車戰野戰**攻城壘者與其自守者相迫近弱弩發疾也車戰野戰進退非彊則不及弩無王弧王弧恒服弦往體少者使矢不疾**凡矢枉矢絜矢利火射用諸守城車戰殺矢鍭矢用諸近射田獵矰矢**

0010_0538-1

茀矢用諸弋射恒矢庳矢用諸散射枉紆往反絜戶結反鍭音侯矰音增茀音弗弋以隻反恒胡登反庳方二反散素旦反○此八矢者弓弩各有四焉枉矢殺矢矰矢恒矢弓所用也絜矢鍭矢茀矢庳矢弩所用也枉矢者取名變星飛行有光今之飛矛是也或謂之兵矢絜矢象焉二者皆可結火以射敵守城車戰殺矢言中則死鍭矢象焉鍭之言候也二者皆可以司候射敵之近者及禽獸前尤重中深而不可遠也結繳於矢謂之矰矰高也茀矢象焉茀之言刜也二者皆可以弋飛

0010_0538-2

鳥刜羅之也前於重又微輕行不低也訂矢弋鬼與屬恒矢安居之矢也庳矢象焉二者皆可以散射也謂禮射及習射也前後訂其行平也凡矢之制枉矢之屬五分二在前三在後殺矢之屬三分一在前二在後矰矢之屬七分三在前四在後恒矢之屬軒輖中所謂志也鄭司農云庳矢讀爲人罷短之罷玄謂庳讀如庳痺之痺痺之言倫比○司弓矢○**守邦國者用玉節守都鄙者用角節**謂諸侯於其國中公卿大夫王子弟於其采邑有命者亦自有節以輔之玉節之制以玉爲之以命數爲小大角用

0010_0539-1

犀角其制未聞**凡邦國之使節山國用虎節土國用人節澤國用龍節皆金也以英蕩輔之**使色吏反○使節卿大夫聘於天子諸侯行道所執之信也土平地也山多虎平地多人澤多龍以金爲節鑄象焉必自以其國所象者於以相別爲信明也今漢有銅虎符杜子春云蕩皆爲帑謂以函器盛此節或曰英蕩畫函**門關用符節貨賄用璽節道路用旌節皆有期以反節**門關司門司關也貨賄者主通貨賄之官

0010_0539-2

謂司市也道路者主治王涂之[illegible]
遂大夫也凡民遠出至於邦國[illegible]
民若來入市門者司門爲之節[illegible]
司關爲之節其商則司市爲之節
徼令及家徙則鄉遂大夫爲之節
事而行不出關不用節也變司市
賄者乃節主以通貨賄貨賄非其
或資於民家焉變鄉遂言道路者
邑及小都大都之吏皆主治五家
民也符節者如今宮中諸市[illegible]節
節者今之印章也旌節今使者所
是也將送者執此節以送行者皆
里日時課如今郵行有程矣以防
擅有所通也凡節有法式藏於[illegible]

仪礼廿三　二九

0010_0540-1

凡通達於天下者必有節以傳[illegible]
節言遠行無有不得節而出者未
以傳者節爲信耳傳說所齎操及
無節者有幾則不達圜一內之
地官掌節
傳曰昔殷紂亂天下脯鬼侯以
侯以人肉爲薦
羞惡之甚也是以周公相
伐紂武王崩成王幼弱周公
之位以治天下六年[illegible]

0010_0540-2

制禮作樂頒度量而天下大服相向
亮反
朝直遥反量音亮。踐猶履也頒讀
爲班度謂丈尺高卑廣狹也量謂豆
區斗斛筐筥所容受。區
烏侯反筐音匡筥紀呂反七年致政
於成王成王以周公爲有勳勞於天
下致政以王事歸授之
王功曰勳事功曰勞是以封周公
於曲阜地方七百里革車千乘乘繩
證反
○曲阜魯地上公之封地方五百里
加魯以四等之附庸方百里者二十

仪礼卅五　二十

0010_0541-1

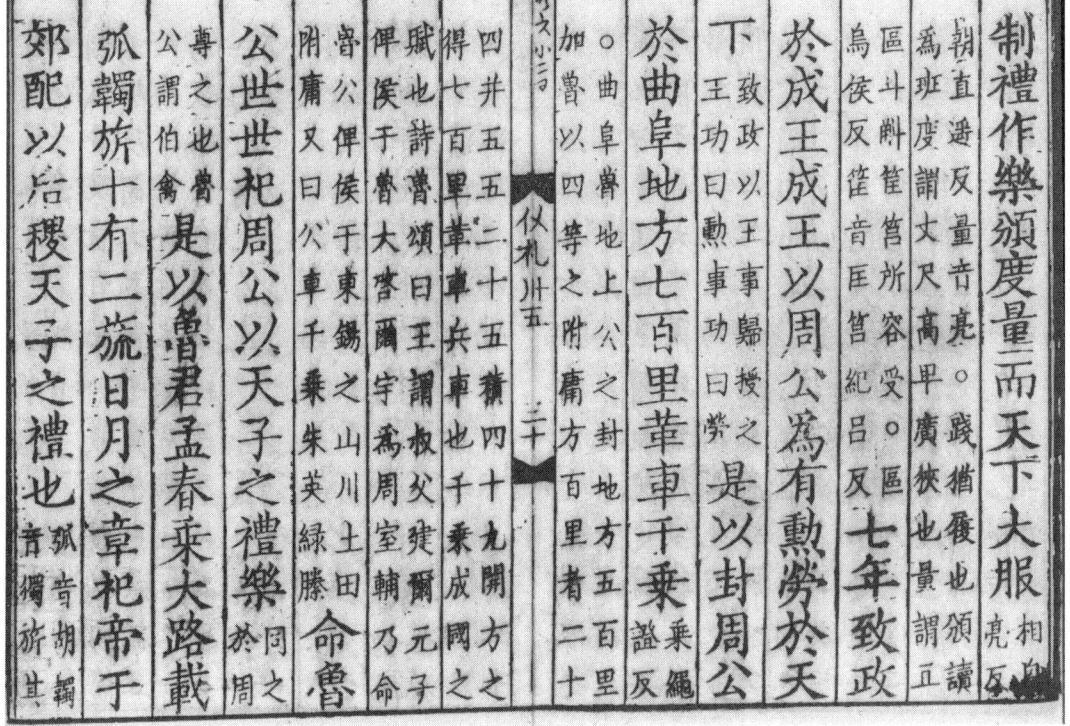

四井五五二十五積四十九開方之
得七百里革車兵車也千乘成國之
賦也詩魯頌曰王謂叔父建爾元子
俾侯于魯大啓爾宇爲周室輔乃命
魯公俾侯于東錫之山川土田
附庸又曰公車千乘朱英緑縢命魯
公世世祀周公以天子之禮樂同之
於周
尊之也魯
公謂伯禽是以魯君孟春乘大路載
弧韣旂十有二旒日月之章祀帝于
郊配以后稷天子之禮也弧音胡韣
音獨旂其[illegible]

0010_0541-2

衣反旒力求反〇孟春建子之月魯
之始郊日以至大路殷之祭天車也
弧旌旗所以張幅也其衣曰韣天子
之旌旗畫日月帝謂蒼帝靈威仰也
昊天上帝
辭不筭護
季夏六月以禘禮祀周公
於大廟牲用白牡尊用犧象山罍鬱
尊用黃目灌用玉瓚大圭薦用玉豆
雕篹爵用玉琖仍雕加以璧散璧角
俎用梡嶡升歌清廟下管象朱干玉

0010_0542-1

戚冕而舞大武皮弁素積裼而舞大
夏昧東夷之樂也任南蠻之樂也納
夷蠻之樂於大廟言廣魯於天下也
禘大計反大廟之大音泰犧素何反
罍音雷瓚才但反篹息緩反琖側限
反散先旦反梡苦管反嶡居衛反裼
星歷反昧音妹任而林反〇季夏建
巳之月也禘大祭也周公曰大廟魯
公曰世室羣公稱宮白牡殷牲也尊
酒器也犧尊以沙羽爲畫飾象骨飾
之鬱鬯之器也黃彝也灌酌鬱尊以

0010_0542-2

獻也瓚形如槃容五升以大圭爲
异謂圭瓚篹籩屬也以竹爲之雕刻
飾其直者也爵君所進於尸也仍因
也因爵之形爲之飾也加加爵也散
角皆以璧飾其口也梡始有四足也
嶡爲之距清廟周頌也象謂周頌武
也以管播之朱干赤大盾也戚斧也
冕冠名也諸公之服自衮冕而下如
王之服也大武周舞也大夏夏舞也
周禮昧師掌教昧樂詩曰以雅以南
以爲不僭
廣大也
君卷冕立于阼夫人副褘
立于房中君肉袒迎牲于門夫人薦

0010_0543-1

豆籩卿大夫贊君命婦贊夫人各揚
其職百官廢職服大刑
卷古本反褘音煇袒音誕
〇副首飾也今之步摇是也詩云副
笄六珈周禮追師掌王后之首服爲
副褘王后之上服唯魯及王者之後
夫人服之諸侯夫人則自揄翟而下
贊佐也命誦於內則世婦也於外則
大夫之妻也祭祀世婦以下佐夫人
揚舉也大
刑重罪也
是故夏礿秋嘗冬烝春社
秋省而遂大蜡天子之祭也
礿音藥
蜡仕嫁

0010_0543-2　0010_0544-1

反○箋言者祠魯在東方王東巡守
以祭宗廟之省讀爲獮獮秋田名也
春曰祠祈大蜡歲十
二月索鬼神而祭之大廟天子明堂
庫門天子皐門雉門天子應門言廟
及門
知天子之制也天子五門皐庫雉應
路魯有庫雉路則諸侯三門與皐之
言高也詩云乃立皐門皐門
有伉乃立應門應門將將振木鐸
於朝天子之政也鐸大各反朝直遙
反○天子將發號
令必以木
鐸警衆山節藻棁復廟重檐刮楹

五八小二六七五　儀禮卷三十三　三十三　胡宗

達鄉反坫出尊崇坫康圭疏屏天子
之廟飾也棁專悅反復音福重直龍
反檐以占反刮古八反鄉
許亮反坫丁念反○山節刻欂盧爲
山也藻棁畫侏儒柱爲藻文也復廟
重屋也重檐重承壁材也刮刮摩也
鄉牖屬謂夾戶窻也每室八窻爲四
達反坫反爵之坫也出尊當尊南也
唯兩君爲好旣獻反爵於其上禮君
尊于兩楹之間崇高也康讀爲亢龍
之亢又爲高坫亢所受圭奠于上焉
屏謂之樹今桴思也刻之爲
雲氣蟲獸如今闕上爲之矣鸞車有

0010_0544-2　0010_0545-1

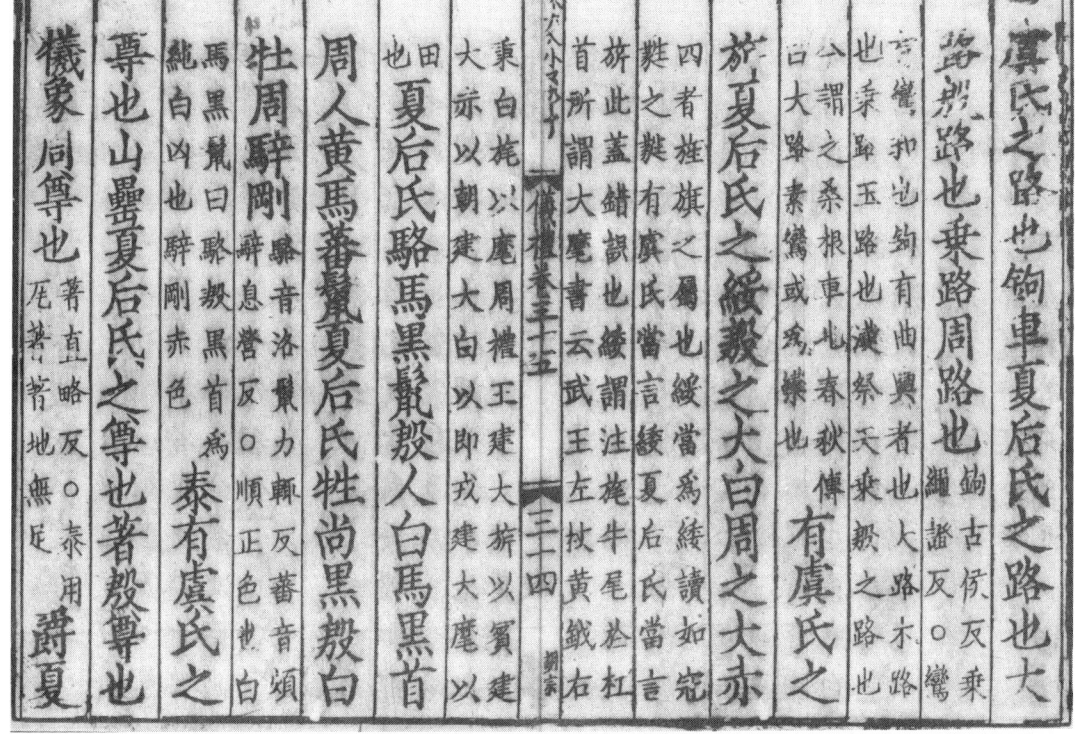

虞氏之路也鉤車夏后氏之路也大
路殷路也乘路周路也鉤古侯反乘
纓諸反○鸞
言鸞和也鉤有曲輿者也大路木路
也乘路玉路也漢祭天乘殷之路也
公謂之桑根車也春秋傳
曰大路素鸞或爲樂也有虞氏之
旂夏后氏之綏殷之大白周之大赤
四者旌旗之屬也綏當爲緌讀如冠
蕤之蕤有虞氏當言緌夏后氏當言
旂此蓋錯誤也緌謂注旄牛尾於杠
首所謂大麾書云武王左杖黃鉞右

六六八小五九　儀禮卷三十三　三十四　胡宗

乘白旄以麾周禮王建大旂以賓建
大赤以朝建大白以即戎建大麾以
田也夏后氏駱馬黑鬣殷人白馬黑首
周人黃馬蕃鬣夏后氏牲尚黑殷白
牡周騂剛駱音洛鬣力輒反蕃音煩
騂息營反○順正色也白
馬黑鬣曰駱殷黑首爲
純白凶也騂剛赤色泰有虞氏之
尊也山罍夏后氏之尊也著殷尊也
犧象周尊也著直略反○泰用
瓦著著地無足爵夏

0010_0545-2　0010_0546-1

后氏以琖殷以斝周以爵斝古雅反○斝畫禾
稼也詩曰洗爵奠斝灌尊夏后氏以雞夷殷以
斝周以黃目其勺夏后氏以龍勺殷
以疏勺周以蒲勺勺市灼反○夷讀爲彝周禮春祠夏
禴裸用雞彝鳥彝秋嘗冬烝裸用斝彝黃彝龍龍頭也疏通刻其頭蒲合
蒲如鳧頭也土鼓蕢桴葦籥伊耆氏之樂
也蕢苦對反桴音浮葦于鬼反○蕢當爲凷聲之誤也籥如笛三孔伊

儀禮卷三十五　二十五

耆氏古天子有天下之號也今有姓伊耆氏者拊搏玉磬揩
擊大琴大瑟中琴小瑟四代之樂器
也拊音甫搏音博揩居八反○拊搏以韋爲之充之以糠形如小鼓揩
擊謂柷敔皆所以節樂者也四代虞夏殷周也魯公之廟文
世室也武公之廟武世室也此二廟象周有
文王武王之廟也世室者不毀之名也魯公伯禽也武公伯禽之玄孫也
名敖米廩有虞氏之庠也序夏后氏之

0010_0546-2　0010_0547-1

序也瞽宗殷學也頖宮周學也庠力甚反
頖音判○庠序亦學也庠之言詳也於以考禮詳事也魯謂之米廩虞帝
上孝今藏粢盛之委焉序次序王事也瞽宗樂師瞽矇之所宗也古者有
道德者使教焉死則以爲樂祖於此祭之頖之言班也於以班政教也
崇鼎貫鼎大璜封父龜天子之器也
璜音黃父音甫○崇貫封父皆國名文王伐崇古者伐國遷其重器以分
同姓大璜夏后氏之璜春秋傳曰分魯公以夏后氏之璜越棘大

儀禮卷三十五　三十六

弓天子之戎器也越國名也棘戟也春秋傳曰子都拔
棘夏后氏之鼓足殷楹鼓周縣鼓縣音
玄○足謂四足也楹謂之柱貫中上出也縣縣之簨虡也殷頌曰植我鼗
鼓周頌曰應朄縣鼓垂之和鐘叔之離磬女媧
之笙簧夏后氏之龍簨虡殷之崇牙
周之璧翣有虞氏之兩敦夏后氏
四璉殷之六瑚周之八簋俎有虞氏

0010_0547-2

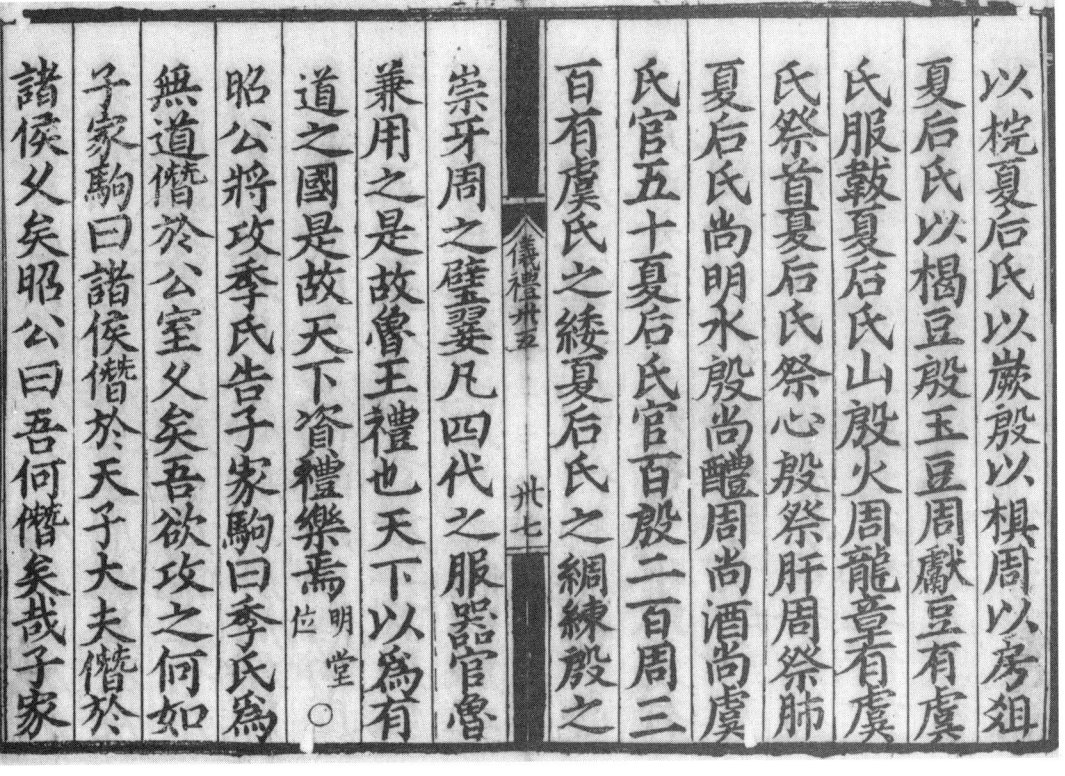

以梡夏后氏以嶡殷以椇周以房俎
夏后氏以楬豆殷玉豆周獻豆有虞
氏服韍夏后氏山殷火周龍章有虞
氏祭首夏后氏祭心殷祭肝周祭肺
夏后氏尚明水殷尚醴周尚酒有虞
氏官五十夏后氏官百殷二百周三
百有虞氏之綏夏后氏之綢練殷之

0010_0548-1

崇牙周之璧翣凡四代之服器官魯
兼用之是故魯王禮也天下以爲有
道之國是故天下資禮樂焉明堂位○
昭公將攻季氏告子家駒曰季氏爲
無道僭於公室久矣吾欲攻之何如
子家駒曰諸侯僭於天子大夫僭於
諸侯久矣昭公曰吾何僭矣哉子家

0010_0548-2

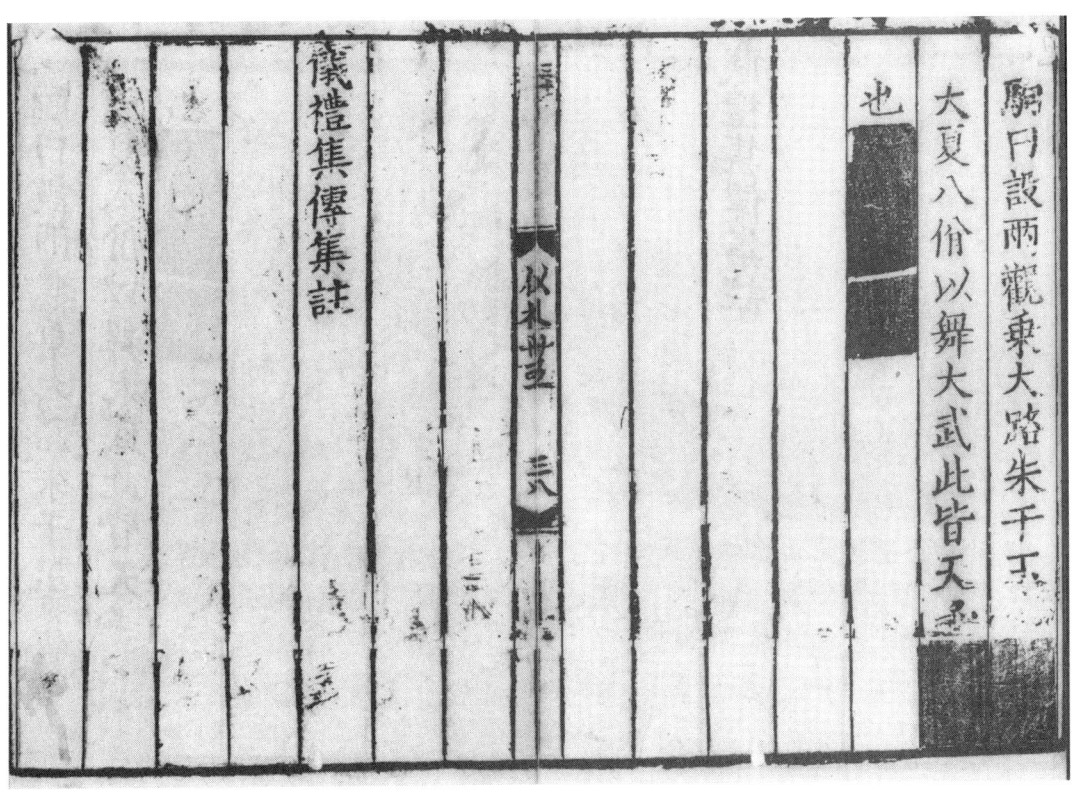

駒曰設兩觀乘大路朱干玉
大夏八佾以舞大武此皆天
也

0010_0549-1

儀禮集傳集註

兩本均缺第一葉丁本有此葉

0010_0554-1　　0010_0553-2

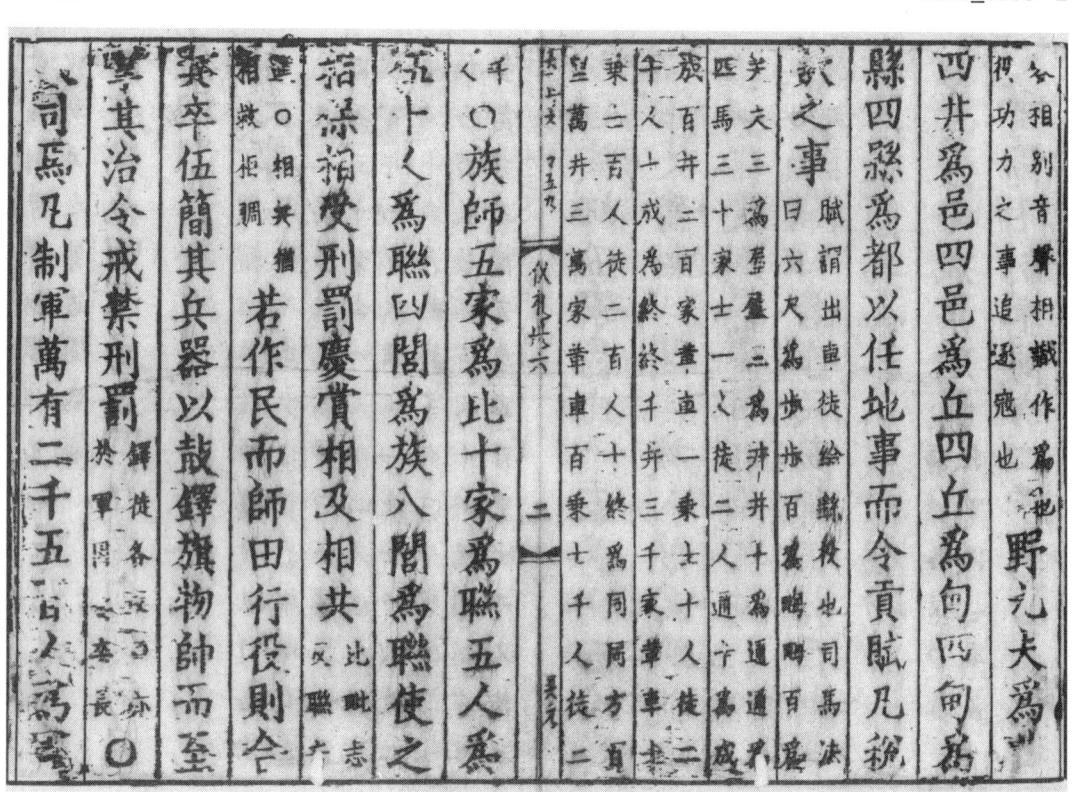

令相别音聲相識作爲□也 役功力之事追逐寇也 野九夫爲井
四井爲邑四邑爲丘四丘爲甸四甸爲
縣四縣爲都以任地事而令貢賦凡稅
斂之事 賦謂出車徒給繇役也司馬法曰六尺爲步步百爲畮畮百爲
夫夫三爲屋屋三爲井井十爲通通爲匹馬三十家士一人徒二人通十爲成
成百井三百家革車一乘士十人徒二十人十成爲終終千井三千家革車十
乘士百人徒二百人十終爲同同方百里萬井三萬家革車百乘士千人徒二

儀禮集傳卷三十六　二

千人 ○族師五家爲比十家爲聯五人爲
伍十人爲聯四閭爲族八閭爲聯使之
相保相受刑罰慶賞相及相共 比毗志反聯六
翟 ○相共猶相救拒禍 若作民而師田行役則合
其卒伍簡其兵器以鼓鐸旗物帥而至
掌其治令戒禁刑罰 鐸徒各反□於軍因之奉長 ○
司馬凡制軍萬有二千五百人爲軍

0010_0554-2

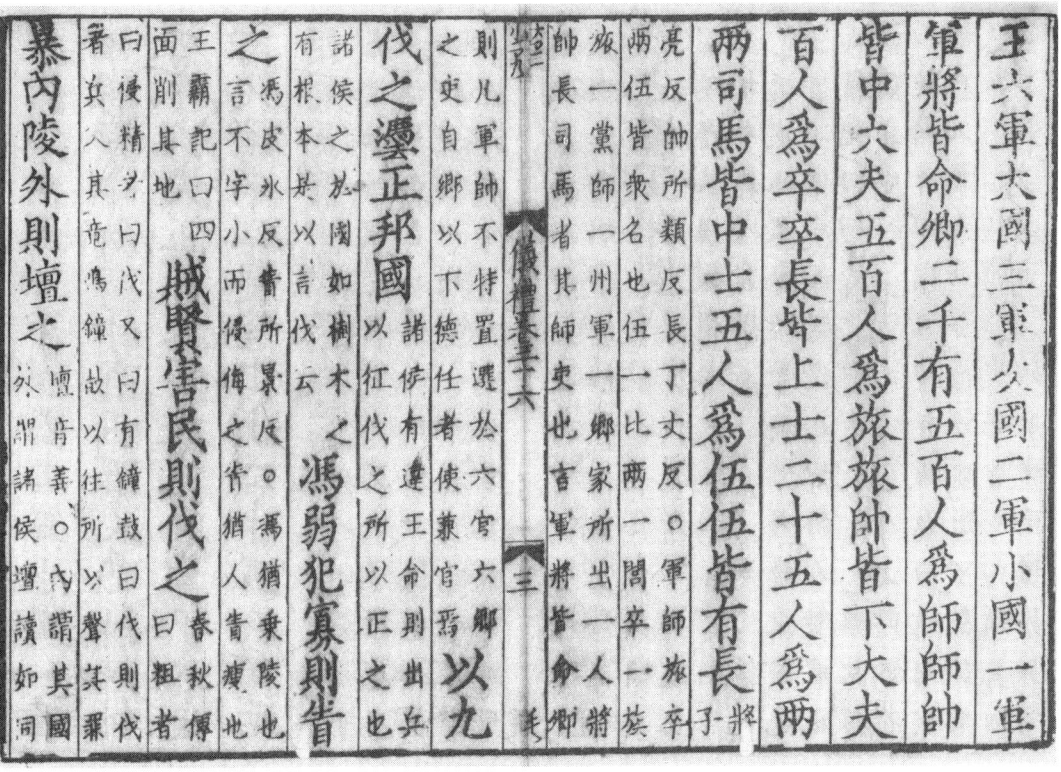

王六軍大國三軍次國二軍小國一軍
軍將皆命卿二千有五百人爲師師帥
皆中大夫五百人爲旅旅帥皆下大夫
百人爲卒卒長皆上士二十五人爲兩
兩司馬皆中士五人爲伍伍皆有長將子
亮反帥所類反長丁丈反○軍師旅卒兩伍皆衆名也伍一比兩一閭卒一族
旅一黨師一州軍一鄉家所出一人將帥長司馬者其師吏也言軍將皆命卿

儀禮卷二十六　三

0010_0555-1

則凡軍帥不特置選於六官六鄉之吏自鄉以下德任者使兼官焉以九
伐之灋正邦國諸侯有違王命則出兵以征伐之所以正之也
諸侯之於國如樹木之有根本是以言伐云馮弱犯寡則眚
之馮皮冰反眚所景反○馮猶乘陵也言不字小而侵侮之眚猶人眚瘦也
王霸記曰四面削其地賊賢害民則伐之春秋傳曰粗者
曰侵精者曰伐又曰有鐘鼓曰伐則伐者兵入其竟鳴鐘鼓以往所以聲其罪
暴內陵外則壇之壇音善○內謂其國外謂諸侯壇讀如同

0010_0555-2

墠之墠王霸記曰置之空墠之地鄭司農云壇讀從憚之以威之憚書亦或爲
墠玄謂置之空墠以出非君更立其次賢者野荒民散則削
之荒蕪也田不治民不附削其地明其不能有負固不服則
侵之負猶恃也固險可依以固者也不服不事大也侵之者兵加其竟而
已用兵淺者詩曰密人不恭敢距大邦賊殺其親則正之
正之者執而治其罪王霸記曰正殺之也春秋傳公二十八年冬晉人執衛侯
歸之于京師是殺其弟叔武放弒其君則殘之放逐也殘

儀禮卷二十六　四

0010_0556-1

殺也王霸記曰殘滅其爲惡犯令陵政則杜之令猶命也
王霸記曰犯令者違命也陵政者輕政法不循者杜之者杜塞使不得與鄰國
交通外內亂鳥獸行則滅之行下孟反○王霸記曰悖
人倫外內無以異於禽獸不可親百姓則誅滅去之也曲禮曰夫唯禽獸無禮
故父子聚麀○中春教振旅司馬以旗致民
平列陳如戰之陳中音仲下同陳直覲反○以旗者立旗期
民於其下也兵者守國之備孔子曰以不教民戰是謂棄之兵者凶事不可空

0010_0556-2

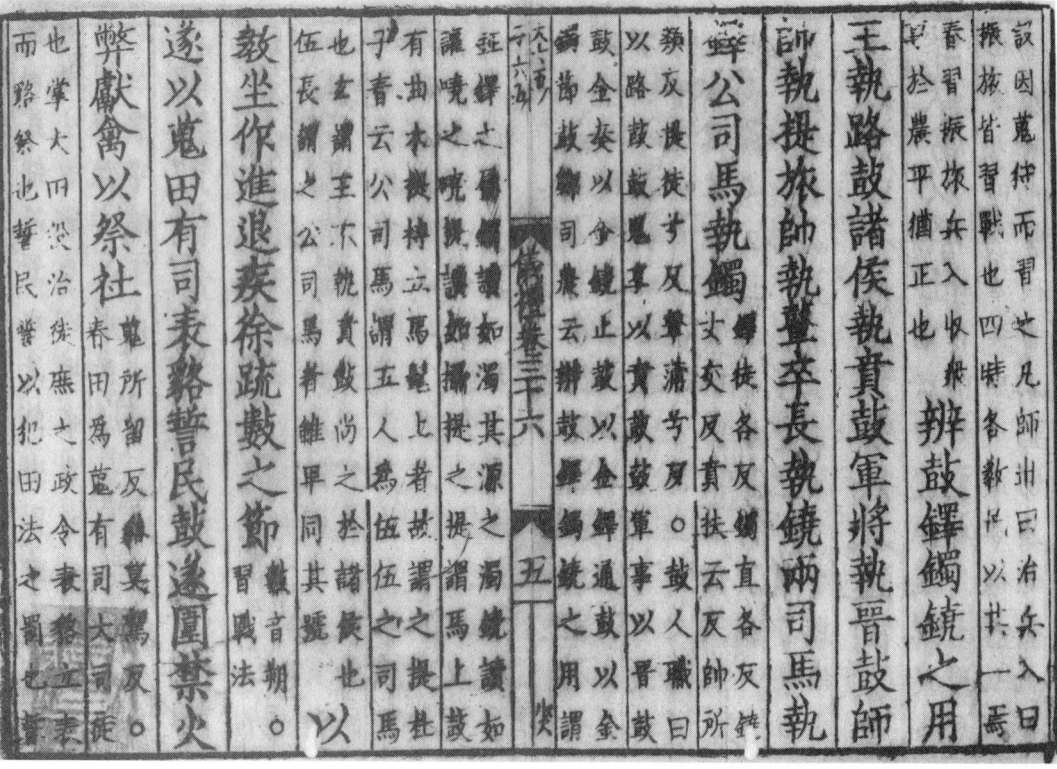

設因蒐狩而習之凡師出曰治兵入曰
振旅皆習戰也四時各教民以其一焉
春習振旅兵入收衆
專於農平猶正也
辨鼓鐸鐲鐃之用
王執路鼓諸侯執賁鼓軍將執晉鼓師
帥執提旅帥執鼙卒長執鐃兩司馬執
鐸公司馬執鐲
鐸徒各反鐲直各反鐃
女交反賁扶云反帥所
類反提徒兮反鼙蒲兮反○鼓人職曰
以路鼓鼓鬼享以賁鼓鼓軍事以晉鼓
鼓金奏以金鐃止鼓以金鐸通鼓以金
鐲節鼓鄭司農云辨鼓鐸鐲鐃之用謂

儀禮卷三十六　五

0010_0557-1

鉦鐸之屬讀如濁其源之濁鐃讀如
讓曉之曉提讀如攝提之提謂馬上鼓
有曲木提持立馬髦上者故謂之提杜
子春云公司馬謂五人爲伍伍之司馬
也玄謂王不執賁鼓尚之於諸侯也以
伍長謂之公司馬者雖卑同其號
教坐作進退疾徐疏數之節
數音朔○
習戰法
遂以蒐田有司表貉誓民鼓遂圍禁火
弊獻禽以祭社
蒐所留反貉莫駕反○
春田爲蒐有司大司徒
也掌大田役治徒庶之政令表貉立表
而貉祭也誓民誓以犯田法之罰也誓

0010_0557-2

曰無干車無自後射立旌遂圍禁旌弊
爭禽而不審者罰以假馬禁者虞衡守
禽之厲禁也既誓令鼓而圍之遂蒐田
火弊火止也春田主用火因焚萊除陳
草皆殺而火止獻猶致也屬也田止虞
人植旌衆皆獻其所獲禽焉詩云言私
其豵獻豜于公春田主祭社者土方施
生也鄭司農云貉讀爲禡禡謂師祭也
書亦或
爲禡
中夏教茇舍如振旅之陳羣吏
撰車徒讀書契辨號名之用帥以門名
縣鄙各以其名家以號名鄉以州名野

儀禮卷三十六　六

0010_0558-1

以邑名百官各象其事以辨軍之夜事
其他皆如振旅
茇蒲末反撰息轉反○
茇讀如萊沛之沛茇舍
草止之也軍有草止之法撰讀曰算算
車徒謂數擇之也讀書契以簿書校錄
軍實之凡要號名者徽識所以相別也
鄉遂之屬謂之名家之屬謂之號百官
之屬謂之事在國以表朝位在軍又象
[illegible]
[illegible]
[illegible]古者
[illegible]

0010_0558-2

宋有桐門右師皆上卿爲軍將者也縣
鄙謂縣正鄙師至鄰長也家謂食采地
者之臣也鄉以州名亦謂州長至比長
也野謂公邑大夫百官以其職從王者
此六者皆書其官與名氏焉門則襄仲
右師明矣鄉則南鄉甄東鄉爲人是也
其他象此云某某之名某某之號某某
之事而已未盡聞也鄉遂大夫文錯不
見以其素信于民不爲軍將或爲諸侯
是以闕焉夜事戒夜守之事草止者愼
於夜於是主
別其部職
遂以苗田如蒐之灋車弊
獻禽以享礿礿餘略反○夏田爲苗擇取不孕任者若治苗去不

0010_0559-1

秀實者云車弊驅獸之車止也夏田主
用車示所取物希皆殺而車止王制
曰天子殺則下大綏諸侯殺則下小綏
大夫殺則止佐車佐車止則百姓田獵
礿宗廟之夏祭也冬夏田主於祭
宗廟者陰陽始起象神之在內
中秋
敎治兵如振旅之陳辨旗物之用王載
大常諸侯載旂軍吏載旗師都載旜鄉
遂載物郊野載旐百官載旟各書其事
與其號焉其他皆如振旅旜之然反旐音兆旟音餘

0010_0559-2

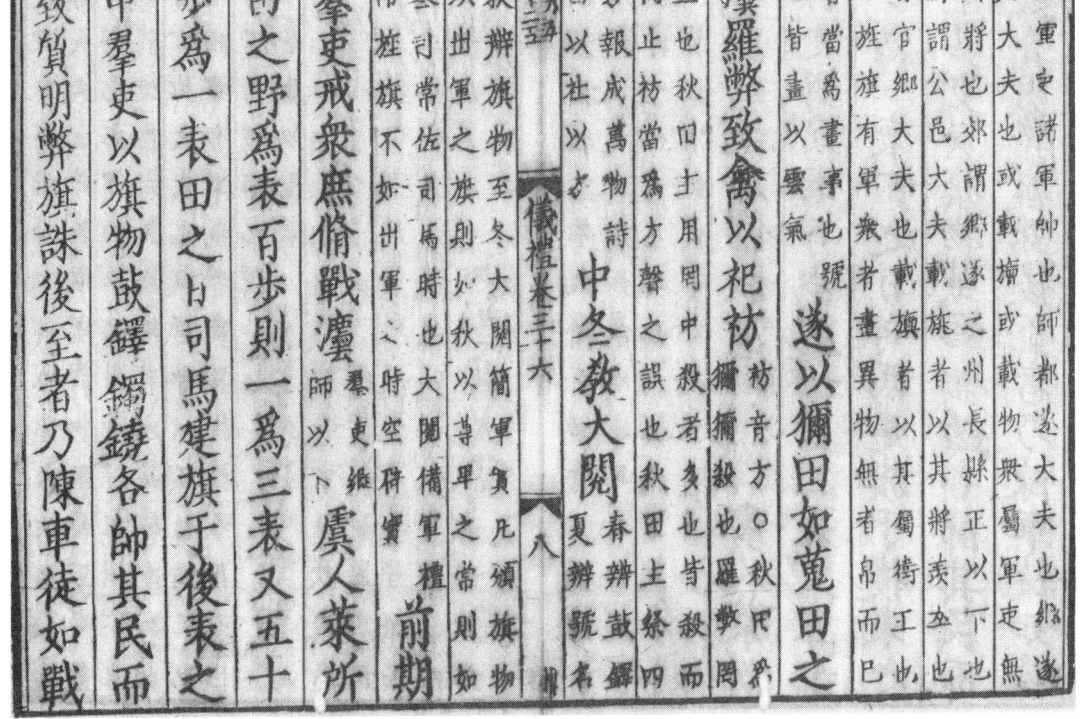

○軍吏諸軍帥也師都遂大夫也鄉遂
鄉大夫也或載旜或載物衆屬軍吏無
所將也郊謂鄉遂之州長縣正以下也
野謂公邑大夫載旐者以其將羨也
百官卿大夫也載旟者以其屬衛王也
凡旌旗有軍衆者畫異物無者帛而已
書當爲畫事也號
也皆畫以雲氣
遂以獮田如蒐田之
灋羅弊致禽以祀祊祊音方○秋田爲獮獮殺也羅弊罔
止也秋田主用罔中殺者多也皆殺而
罔止祊當爲方聲之誤也秋田主祭四
方報成萬物詩
曰以社以方
中冬敎大閱春辨鼓鐸夏辨號名

0010_0560-1

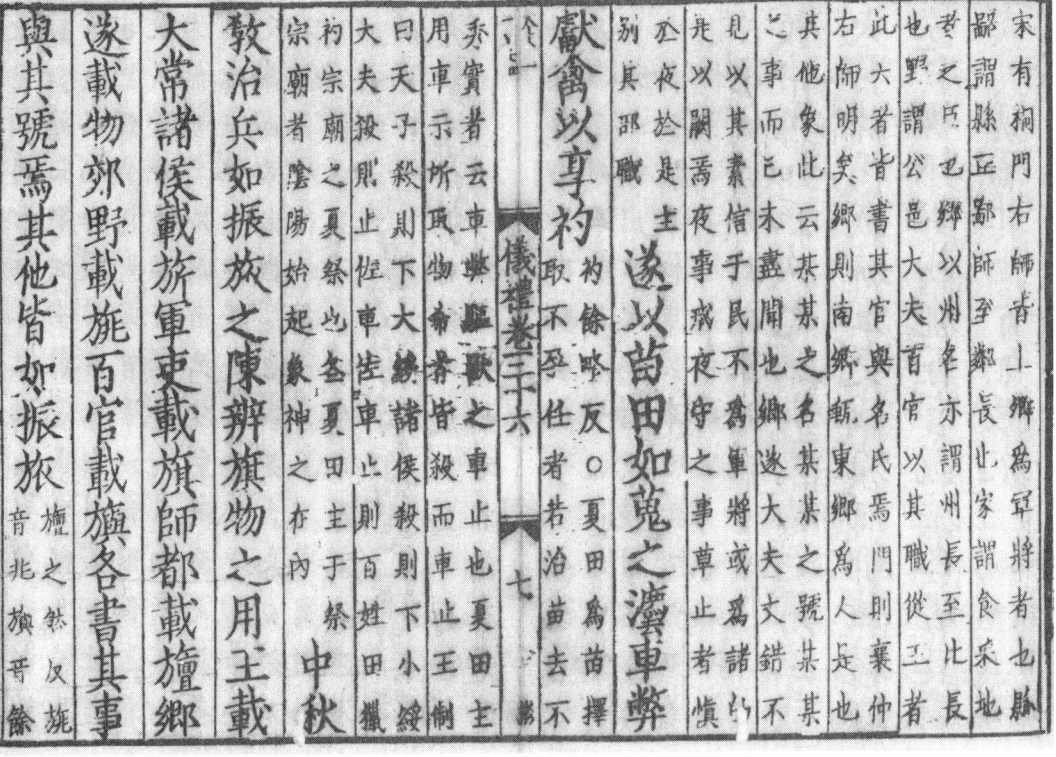

秋辨旗物至冬大閱簡軍實凡頒旗物
以出軍之旗則如秋以尊卑之常則如
冬司常佐司馬時也大閱備軍禮
而旌旗不如出軍之時空辟實
前期
羣吏戒衆庶脩戰灋羣吏鄉師以下
虞人萊所
田之野爲表百步則一爲三表又五十
步爲一表田之日司馬建旗于後表之
中羣吏以旗物鼓鐸鐲鐃各帥其民而
致質明弊旗誅後至者乃陳車徒如戰

0010_0560-2

之陳皆坐鄭司農云虞人萊所田之野芟除其草萊令車得驅馳詩曰田卒汙萊玄謂萊芟除可陳之處表之中五十步表之中央表所以識正行列也四表積二百五十步左右之廣當容三軍步數未聞致致之司馬質正也弊仆也皆當聽誓羣吏聽誓于陳前斬牲以左右徇陳曰不用命者斬之羣吏諸軍帥也陳前南面鄉表也月令季秋天子教於田獵以習五戎司徒搢扑北面以誓之此大閱禮實正歲之中冬而說季秋之政於周為中冬為月令者失之矣斬牲者小

0010_0561-1

子也凡誓之大略甘誓湯誓之屬是也中軍以鼙令鼓鼓人皆三鼓司馬振鐸羣吏作旗車徒皆作鼓行鳴鐲車徒皆行及表乃止三鼓摝鐸羣吏弊旗車徒皆坐摝音鹿○中軍中軍之將也天子六軍三三而居一偏羣吏既聽誓各復其部曲中軍之將令鼓鼓以作其士衆之氣也鼓人者中軍之將師帥旅帥也司馬兩司馬也振鐸以作衆作起也鼓人擊鼓以行之伍長鳴鐲以節之伍長一曰公司馬及表自後表

0010_0561-2

前之第二表之三鼓者鼓人也鄭司農云摝讀如弄之讀如澤惠之惠上聲之爲摝摝者止行息氣也司馬法曰鼓聲不過閶鼙聲不過闒鐸聲不過琅又三鼓振鐸作旗車徒皆作鼓進鳴鐲車驟徒趨及表乃止坐作如初驟士救反○趨者疾敵尚疾之漸也春秋傳曰先人有奪人之心及表自第二前至第三乃鼓車馳徒走及表乃止及表自第三前至前表鼓戒三闋車三發徒三刺闋苦穴反○鼓戒戒攻敵鼓

0010_0562-1

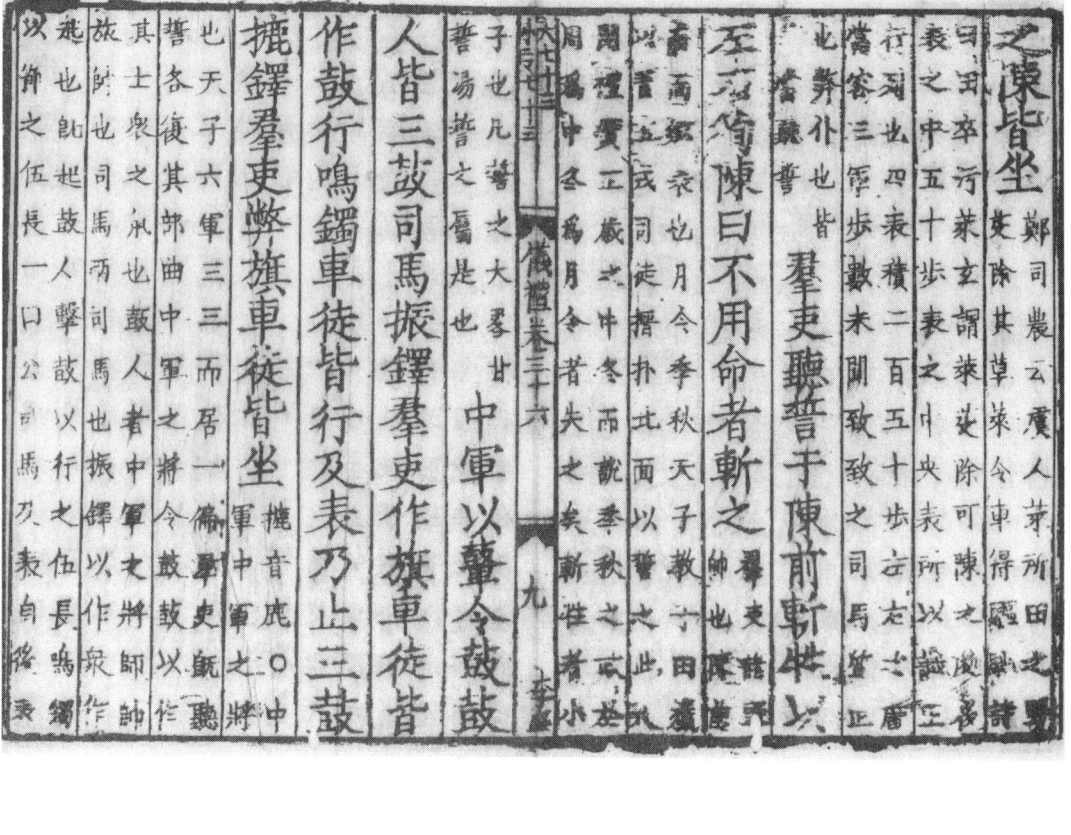

闋車壹轉徒壹刺三而止象服敵乃鼓退鳴鐃且卻及表乃止坐作如初卻起略反○鐃所以止鼓軍退卒長鳴鐃以和衆鼓人爲止之也退自前表至後表鼓鐸則同習戰之禮出入一也異者廢鐲而鳴鐃遂以狩田以旌爲左右和之門羣吏各帥其車徒以敘和出左右陳車徒有司平之旗居卒閒以分地前後有屯百步有司巡其前後險野人爲主易

0010_0562-2

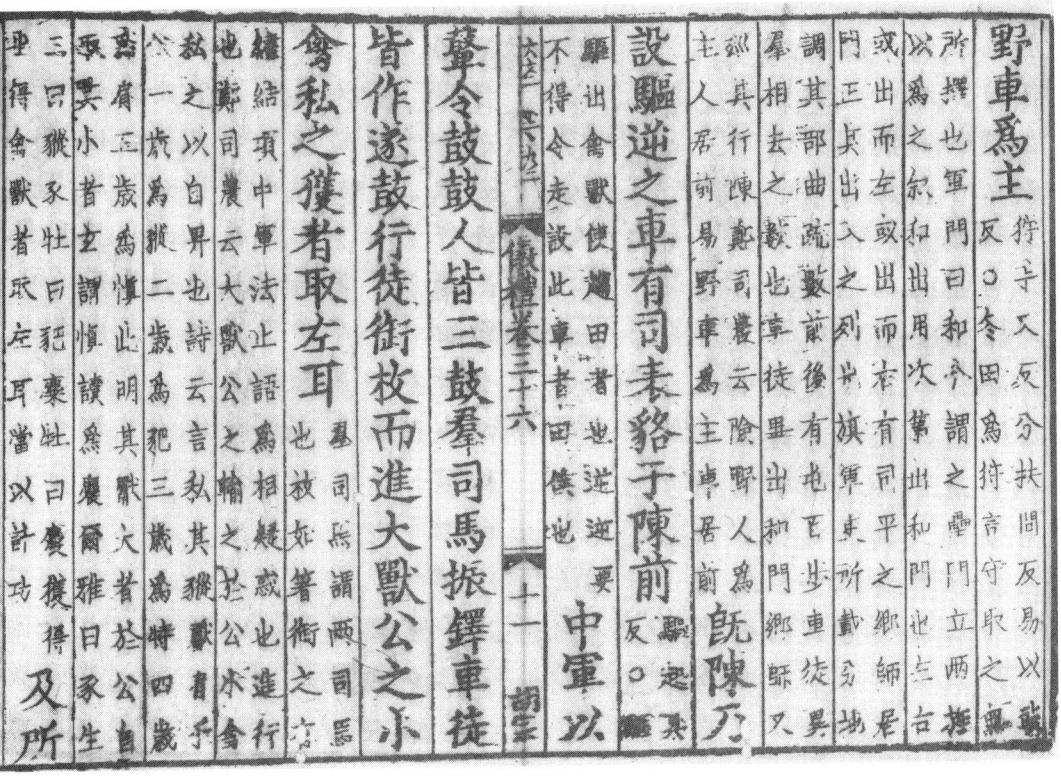

野車爲主狩手又反分扶問反易以豉反○冬田爲狩言守取之無所擇也軍門曰和今謂之壘門立兩旌以爲之叙和出用次第出和門也左右或出而左或出而右有司平之鄉師居門正其出入之列旗軍吏所載分地調其部曲疏數前後有屯百步車徒異羣相去之數也車徒畢出和門鄉師又巡其行陳鄭司農云險野人爲主人居前易野車爲主車居前既陳乃設驅逆之車有司表貉于陳前驅起具反○貉[illegible]驅出禽獸使趨田者也逆逆要不得令走設此車者田僕也中軍以

儀禮卷三十六　十一　胡宗

0010_0563-1

鼙令鼓鼓人皆三鼓羣司馬振鐸車徒皆作遂鼓行徒銜枚而進大獸公之小禽私之獲者取左耳羣司馬謂兩司馬也枚如箸銜之有繣結項中軍法止語爲相疑惑也進行也鄭司農云大獸公之輸之於公小禽私之以自畀也詩云言私其豵獻豜于公一歲爲豵二歲爲豝三歲爲特四歲爲肩五歲爲慎此明其獸大者於公自取其小者玄謂慎讀爲麎爾雅曰豕生三曰豵豕牡曰豭麋牡曰麔獲得取得禽獸者取左耳當以計功及所

0010_0563-2

弊鼓皆駴車徒皆譟駴胡楷反譟素報反○鄭司農云所弊至所弊之處玄謂至所弊之處田所當於止也天子諸侯蒐狩有常至其常處吏士鼓譟象攻敵尅勝而喜也疾雷擊鼓曰駴譟譟讙也書曰前師乃鼓鼖譟亦謂喜也○鼖音符徒乃弊致禽饁獸于郊入獻禽以享烝饁云輒反○徒乃弊徒止也冬田主用衆物多衆得取也致禽饁獸于郊聚所獲禽因以祭四方神於郊月令季秋天子既田命主祠祭禽四方是也入又以禽祭宗廟及師大合軍以行禁

儀禮卷三十六　十二　胡宗

0010_0564-1

令以救無辜伐有罪師所謂三巡狩若會同司馬起師合軍以從所以威天下行其政也不言大者未有敵不尚武若大師則掌其戒令涖大卜帥執事涖釁主及軍器釁許慎反○大師王出征伐也涖臨也臨大卜卜出兵吉凶也司馬法曰上卜下謀是謂參之主謂遷廟之主及社主在軍者也器鼓鐸之屬凡師既受甲迎主于廟及社主祝奉以從殺牲以血塗主及軍器皆釁之及致建大常比軍衆誅後至者比毗志反○比或作庀鄭司農

0010_0565-1　0010_0564-2

□聚衆也六具也玄謂致師致民於司馬比校次之也及戰巡

陳眡事而賞罰眡音視○事謂戰功也若師有功

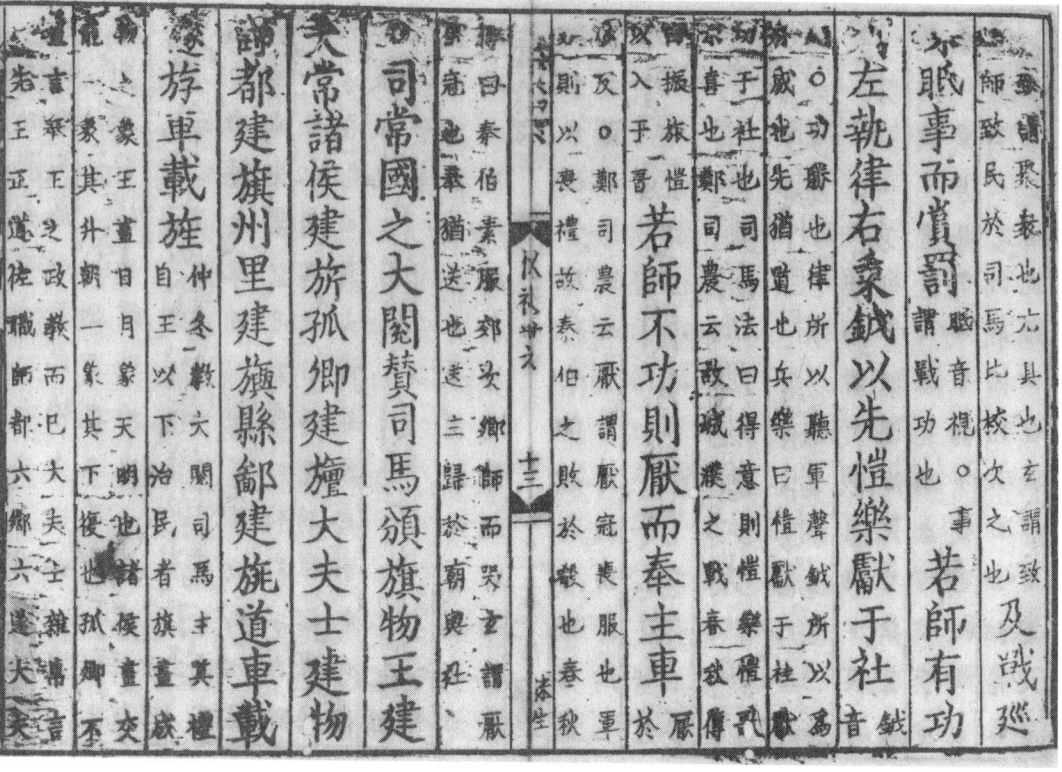

則左執律右秉鉞以先愷樂獻于社鉞音

越○功勝也律所以聽軍聲鉞所以爲威也先猶道也兵樂曰愷獻于社

功于社也司馬法曰得意則愷樂愷歌示喜也鄭司農云□城濮之戰春秋傳

曰振旅愷以入于晉若師不功則厭而奉主車厭於

葉反○鄭司農云厭謂厭冠喪服也軍敗則以喪禮故秦伯之敗於殽也春秋

仪礼卅六　十三　漆生

傳曰秦伯素服郊次鄉師而哭主謂厭□冠也奉猶送也送主歸於廟與社

○司常國之大閱贊司馬頒旗物王建

大常諸侯建旂孤卿建旜大夫士建物

師都建旗州里建旟縣鄙建旐道車載

旞斿車載旌仲冬教大閱司馬主其禮自王以下治民者旗畫成

物之象王畫日月象天明也諸侯畫交龍一象其升朝一象其下復也孤卿不

畫言奉王之政教而已大夫士雜帛言者若王正道德職師都六鄉六遂大夫

0010_0566-1　0010_0565-2

□之師都都民所聚也畫熊虎者鄉遂出軍賦象其守猛莫敢犯也州里縣

鄙鄉遂之官互約言之鳥隼象其捷勇龜蛇象其扞難辟害也道車象路也

王以朝夕燕出入斿車木路也王以田以鄙全羽析羽五色象其文德也大閱

王乘戎路建大常玉路金路不出○巾車木路前樊鵠

纓建大麾以田前音翦樊步干反鵠戶毒反麾吁爲反○木路

不鞔以革漆之而已前讀爲緇翦之翦淺黑也木路無龍勒以淺黑飾韋爲樊

鵠色飾韋爲纓不言就數飾與革路同大麾不在九旗中以正色言之則黑夏

仪礼卅六　十四　漆生

后氏所建田時田獵也○田僕掌馭田路以田以

鄙馭音御○田路木路也田田獵也鄙循行都鄙也掌佐車之政

佐亦副設驅逆之車驅起御反○驅驅禽使前趨獲逆銜還之

也不出圍□五□○令獲者植旌以告獲也植猶止也及

獻比禽比毗志反○田弊獲者各獻其禽比種物相從次數之凡

田王提馬而走諸侯晉大夫馳提猶舉也晉猶

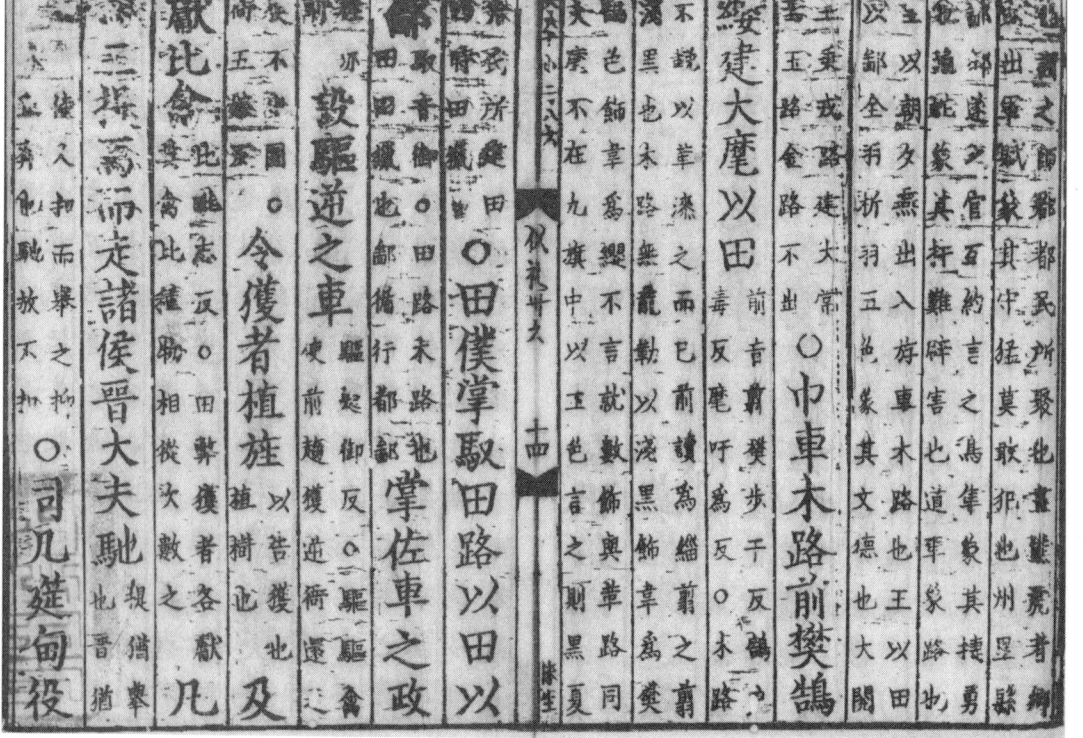

抑□使人扣而舉之抑也□者勇角馳放不扣○司几筵甸役

0010_0566-2

0010_0567-1

則設熊席右漆几甸音田○謂王甸有司祭表貉所設席

○迹人掌邦田之地政爲之厲禁而守之田之地若今苑也凡田獵者受令焉令謂時與處也

禁麛卵者與其毒矢射者麛音迷卵力管反○爲其夭牧且害心多也麛麋鹿子

○肆師凡師甸用牲于社宗則爲位甸音田○社軍社也宗遷主也

○甸祝掌四時之甸師甸致禽于虞中乃屬禽及

大十六 小十九 儀礼廿六 十五

郊饁獸舍奠于祖禰乃斂禽禂牲禂馬皆掌其祝號饁音獨饁于輒反舍音釋禂音誅祝之秀反○師田謂起大衆以田也致禽於虞中使獲者各以其禽來致于所表之處屬禽別其種類饁饋也以所獲獸饋於郊薦于四方羣兆入又以奠于祖禰薦且告反也斂禽謂取三十入腊人也

○典瑞牙璋以起軍旅以治兵守鄭司農云牙璋瑑以爲牙牙齒兵象故以牙璋發兵若今時以虎符發兵玄謂牙璋亦王使之瑞節守用兵所守若齊人戍遂諸侯戍周

0010_0567-2

0010_0568-1

○小宗伯若大師則帥有司而立軍社奉主車有司大祝也王出軍必先有事於社及遷廟而以其主行社主曰軍社遷主曰祖春秋傳曰軍行祓社釁鼓祝奉以從曾子問曰天子巡狩以遷廟主行載于齊車言必有尊也書曰用命賞于祖不用命戮于社社之主蓋用石爲之奉謂將行

若軍將有事則與祭有司將事于四望軍將有事將與敵合戰也鄭司農云則與祭謂軍祭表禡軍社之屬小宗伯與其祭事大謂與祭有司謂大祝之屬蓋司馬之官實典焉

大七十九 小廿八 儀礼廿六 十六

○大祝大師宜于社造于祖設軍社類上帝國將有事于四望及軍歸獻于社則前祝大造音造七報反○鄭司農說設軍社以春秋傳曰所謂君以師行祓社釁鼓祝奉以從者也則前祝大祝自前祝也玄謂前祝者王出也歸也將有事於此神大祝居前先以祝辭告之

○大師大師執同律以聽軍聲而詔吉凶上大音泰下大如字○大師大起軍師兵書曰王者行師出軍之日授將弓矢士卒振旅將張弓大呼六

0010_0568-2

師吹律合音商則戰勝軍士強角則軍擾多變失士心宮則軍和士卒同心徵
則將急數怒軍士勞羽則兵弱少威明鄭司農説以師曠曰吾驟歌北風又歌
南風南風不競多死聲楚必無功○大史大師抱天時
與大師同車大史與大師之大音泰○鄭司農云大出師則大史
主抱式以知天時處吉凶史官主知○天道故國語曰吾非瞽史焉知天道
鼓人掌教六鼓四金之音聲以節聲樂
以和軍旅以正田役以鼖鼓鼓軍事以

仪礼卅六　十七

0010_0569-1

鼜鼓鼓役事凡軍旅夜鼓鼜鼖扶云反鼜音羔鼜
千歷反○鼜夜戒守鼓也司馬法曰昏鼓四通爲大鼜夜半三通爲晨戒旦明
五通爲發响軍動則鼓其衆動且行田役亦如
之○挈壺氏凡軍事縣壺以序聚㯩縣音
玄㯩音託○鄭司農云縣壺以爲漏以序聚㯩以次更聚擊㯩備守也玄謂擊
㯩兩木相敲行夜時也○銜枚氏軍旅令銜枚爲其
言語以相誤○環人掌致師致師者致其必戰之志古者將

0010_0569-2

戰先使勇力之士犯敵焉春秋傳曰楚許伯御樂伯攝叔爲右以致晉師許伯
曰吾聞致師者御靡旌摩壘而還樂伯曰吾聞致師者左射以菆代御執轡御
下兩馬掉鞅而還攝叔曰吾聞致師者右入壘折馘執俘而還皆行其所聞而
復之察軍慝慝吐得反○慝陰姦也視軍中有爲慝者則執之環
四方之故卻其以事謀來侵伐者所謂折衝禦侮巡邦國
搏諜賊搏音博諜音牒○諜賊反間爲國賊訟敵國敵國兵來
則往之與訟曲直若齊國佐如師揚軍旅爲之威武以觀敵詩云維

仪礼卅六　十八

0010_0570-1

師尚父時維鷹揚降圍邑降戶江反○圍邑欲降者受而降之春秋
傳曰齊人降鄣○大司寇大軍旅涖戮于社社謂
社主在軍者也鄭司農説以書曰用命賞于祖不用命戮于社○大司
樂王師大獻則令奏愷樂愷可亥反○天子
將出征類乎上帝宜乎社造乎禰禡於
所征之地造七報反禰乃禮反禡馬怕反○禡師祭也爲兵禱其禮
亦亡受命於祖告祖也受成于學定兵謀也出征

0010_0570-2

執有罪反釋奠于學以訊馘告 馘古[illegible]反○告[illegible] 釋奠禮先師也訊所生獲斷耳者詩曰執訊獲醜又曰在泮獻馘馘或爲[illegible]

王制○兵車不式 尚威武不崇敬 武車綏旌 綏[illegible]反○盡飾也綏謂垂舒之也武車亦兵車 德車結旌 不盡飾也結謂收斂之也德車乘車 史載筆士載言 謂從於會同各持其藝以待事也筆謂書具之屬言謂會同盟要之辭 前有水則載

青旌前有塵埃則載鳴鳶前有車騎則

仪礼卅之　十九

0010_0571-1

載飛鴻前有士師則載虎皮前有摯獸

則載貔貅 載音戴埃烏來反鳶悅專反貔婢支反貅許求反○載謂舉於旌首以警衆也禮君行師從卿行旅從前驅舉此則士衆知所有所舉各以其類象青青雀水鳥鳶鳴則將風鴻取飛有行列也士師謂兵衆虎取有威勇也貔貅亦摯獸也書曰如虎如貔士或爲仕

行前朱鳥而後玄武左青龍而右白虎招搖在上急繕其怒 以此四獸爲軍陳象天也[illegible]堅也繕讀曰勁又畫招[illegible]

0010_0571-2

[illegible]旌上以起居堅勁軍之威怒象天帝也招搖星在北斗杓端主指者

進退有度 度謂伐與步數 左右有局各司其局 部分也○

圖禮

戰陳圖

後漢志云立秋之日斬牲郡國肄孫吳六十四陳今援諸葛亮魚復平沙石積八陳如左

仪礼卅之　二十

0010_0572-1

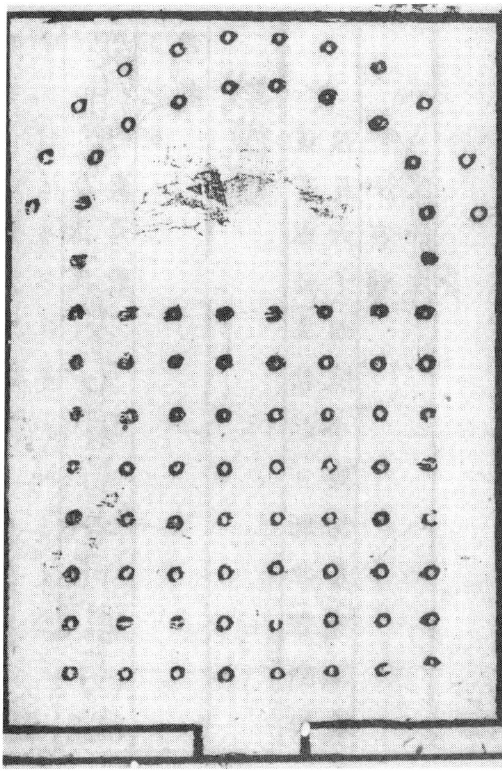

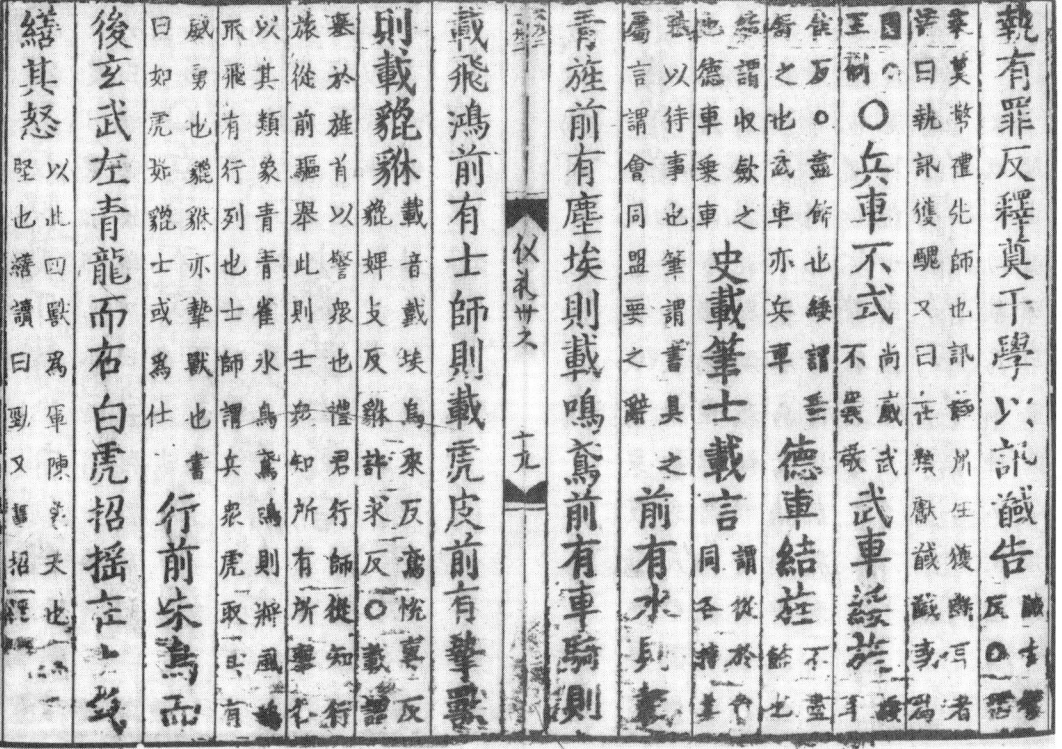

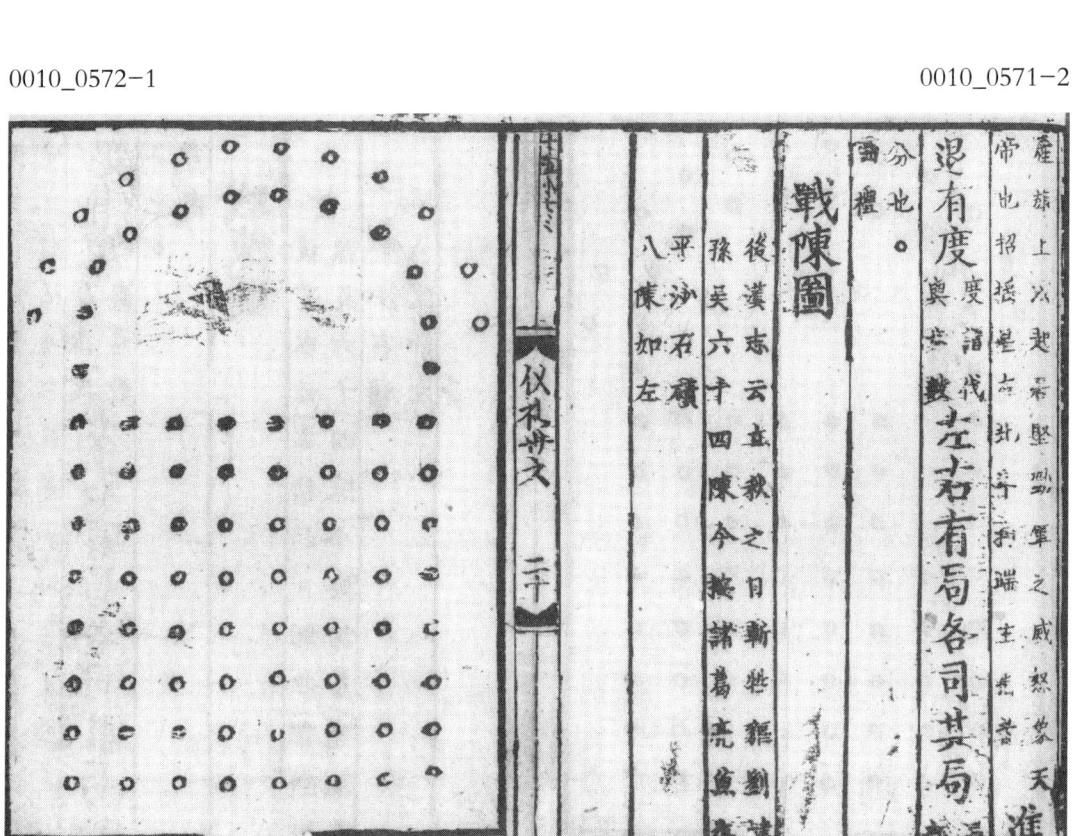

風后握機文曰天陳地陳風陳雲陳虎翼陳蛇蟠陳飛龍陳鳥翔陳八陳四爲正四爲奇陳去聲蟠蒲官反○公孫洪曰世有八卦陳法其中旣不用奇正似非風后所傳未可參用餘奇爲握機或總稱之先出遊軍定兩端天有衝地有軸前後有衝風附於天雲附於地衝有重列各四隊重直龍反前後之衝各二隊風居四

維故有圓軸單列各二隊前後之衝各三隊雲居四角故有方天居兩端地居中間總爲八陳陳訖遊軍從後躡敵躡昵或驚其左或驚其右聽音望麾以出馭反四奇麾吁爲反天地之前衝爲虎翼風爲蛇蟠圍繞之義也虎居於中張翼以進蛇居兩端向敵而蟠以應之天地之後衝

飛龍雲爲鳥翔突擊之義也龍居於張翼以進鳥掖兩端向敵而翔以應之虛實二壘皆逐天文氣候向背山川利害隨時而行以正合以奇勝○金鼓旌旗數角音二一初警衆末收衆革音五一持兵二結陳三行四趨走五急鬬金音五一緩鬬二止鬬三退四背五急背

麾法五一玄二黃三白四青五赤旗法八一天玄二地黃三風青一作赤四雲白五天前上玄下赤六天後上玄下白七地前上黃下赤八地後上黃下青一華二金爲天三華三金爲地二華三金爲風三華二金爲雲四華三金爲龍三華四金爲虎四華五金爲鳥五華四金爲蛇此八陳各用[illegible]

之制其金華之閒加一角音者[illegible]
兼風在地爲兼雲在龍爲兼鳥在虎[illegible]
兼蛇加二角音者全師進東加三角音
者全師進南加四角音者全師進西加
五角音者全師進北鞮音不止者行伍
不整 鞮徒刀反 行户郎反 金革既息而角音不止
者師並旋三十二隊天衡八隊天前衝

儀禮 二十三

八隊天後衝十六隊風二十四隊地軸
十二隊地前衝十二隊地後衝十六隊
雲以天地前衝爲虎翼天地後衝爲飛
龍風爲蛇蟠雲爲鳥翔天地以下八重
以列或曰握機望敵即引其後以掎角
前列不動 掎舉綺反 公孫洪曰傳項氏陳法[illegible]而前列先進以
戰或合而爲一因離而爲八各適師之

之制其金華之閒加一角音者在天爲
兼風在地爲兼雲在龍爲兼鳥在虎爲
兼蛇加二角音者全師進東加三角音
者全師進南加四角音者全師進西加
五角音者全師進北鞮音不止者行伍
不整 鞮徒刀反 行户郎反 金革既息而角音不止
者師並旋三十二隊天衡八隊天前衝

儀禮 二十三

八隊天後衝十六隊風二十四隊地軸
十二隊地前衝十二隊地後衝十六隊
雲以天地前衝爲虎翼天地後衝爲飛
龍風爲蛇蟠雲爲鳥翔天地以下八重
以列或曰握機望敵即引其後以掎角
前列不動 掎舉綺反○公孫洪曰[illegible]氏陳法[illegible]此而前列先進以
戰或合而爲一因離而爲八各適師之

0010_0575-2

多少繫焉而長義丁文反天或圓布不動焉…
爲右後爲左天地四望之屬是也天…
兩端其次風其次雲左右相向是也
洪曰此爲靜地方布風雲各在前後衝之…
天居兩端其次地居中間兩地爲…
也公孫洪曰此爲動爲後天陳變…陳或即張形布勢蔽敵交圍不…
形故爲動也縱布天一天二次之縱布…
次於天後縱布四風挾天地之左…
地前衝居其右後衝居其左雲居…
虛實二壘則此是也洪曰人…

0010_0576-1

註釋天或圓布以下與此…
范蠡樂毅之說相雜今亦…
莫部隊或三或五或三十…
知此變通由人一本自或三…
變通之理寄之明哲不復…
恭其文不滿尺多遺口訣以…
三於難解之處增字以發明之…
法六十四陳天衝十六陳居…

0010_0576-2

十二陳居中間天前衝四陳居右後衝
四陳居左地前衝六陳居前後衝六陳
居後風八陳附于雲八陳附地合爲八
陳天衝并前後衝二十四陳合爲八陳
爲三十二陽地軸并前後衝二十四陳
合爲八陳爲三十二陰遊軍二十四陳
在六十四陳之後凡行軍結陳合戰設
疑補闕全在遊兵天地之前衝爲虎翼
風爲蛇蟠兵家先陰以右爲前又風從
虎虎爲蛇皆陰類同位西北也天地之
後衝爲飛龍雲爲鳥翔兵家後陽以左
爲後又雲從龍龍與鳥皆陽類同位東
南也以天地風雲爲四正以龍虎鳥蛇
爲四奇所謂八陳也每以二陳相從一

0010_0577-1

[illegible]

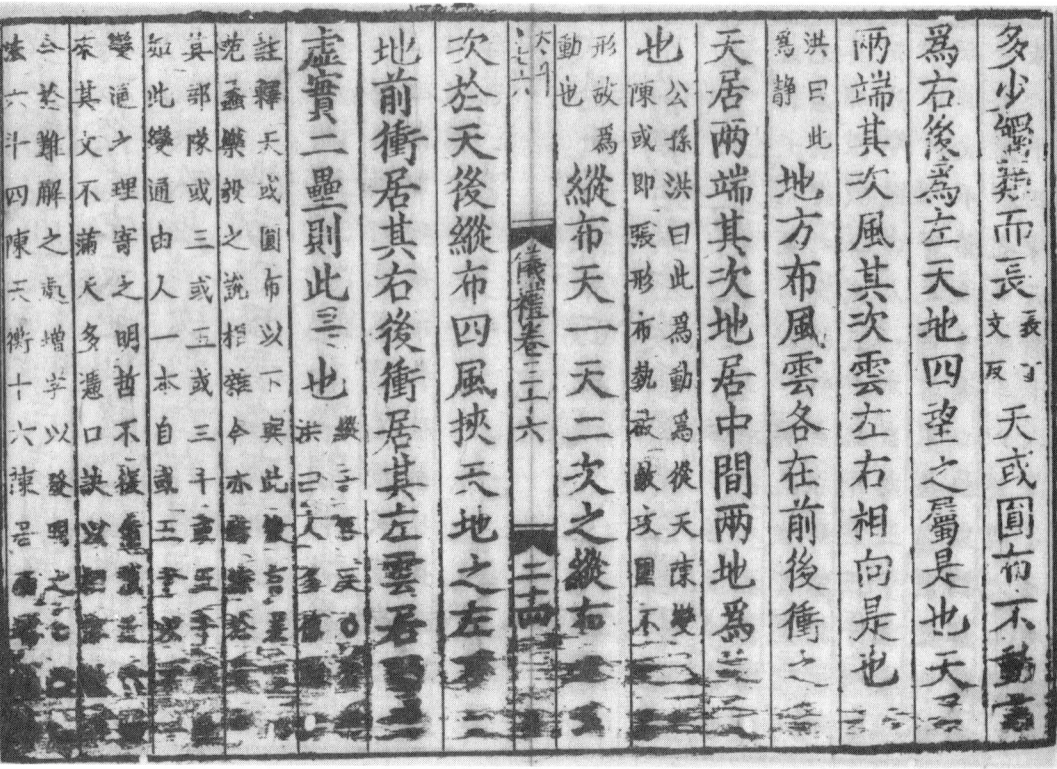

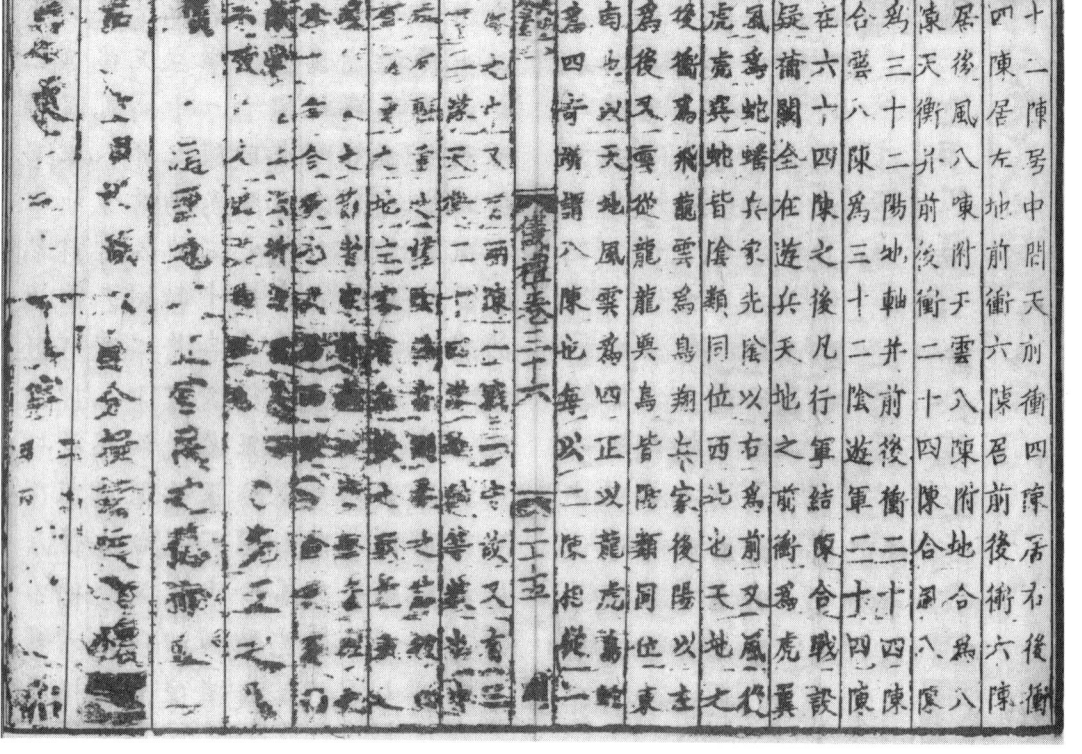

0010_0577-2

世…若…乃…

…以…一不…

…諸侯…王…

逆天之時而危百姓之君…

是 布音 彰明有罪乃告于皇天上帝日月

星辰禱于后土四海神祇山川冢社

皓反 祇翹移反 冢知隴反 乃造于先王 造七報反 然後冢

0010_0578-1

宰徵師于諸侯曰某國爲不道征之於

某年月日師至于某國會天子正刑冢

宰與百官布令於軍曰入罪人之地無

暴神祇無行田獵無毀上功無燔牆屋

熣音熕 無伐林木無取六畜禾黍器械 畜許

六反 械戶戒反 見其老幼奉歸勿傷雖遇壯者

不校勿敵敵若傷之醫藥歸之既誅有

0010_0578-2

罪王及諸侯修正其國舉賢立明 復

厥職 司馬法 ○天下有道禮樂征伐 入

子出以以歲之孟秋賞軍帥武人于朝

所類反 直遙反 簡練傑俊任用有功命將選

士以誅不義 將子匹反 於是孟冬以級授軍

司徒搢扑北面而誓之 搢音薦○以等級授其轍扑

誓于社以習其事先期五日大史誓于

0010_0579-1

祖廟 大音泰 擇吉日齊戒告于郊社稷宗

廟既筮則獻兆於天子天子使有司以

一特告社告以所征之事而受命焉舍

奠于帝學以受成 舍音釋○成謂師律已成定 然後

類上帝柴于郊以出以齊車遷廟之

主及社主行大司馬職奉之 齊側皆反 下同○言

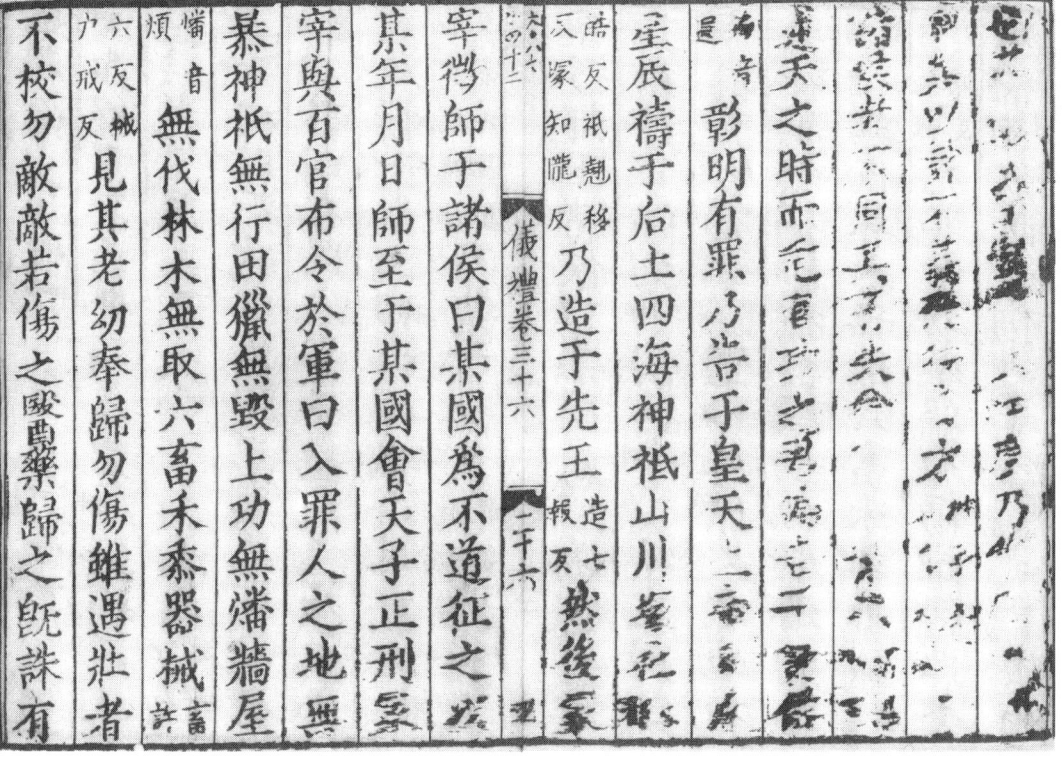

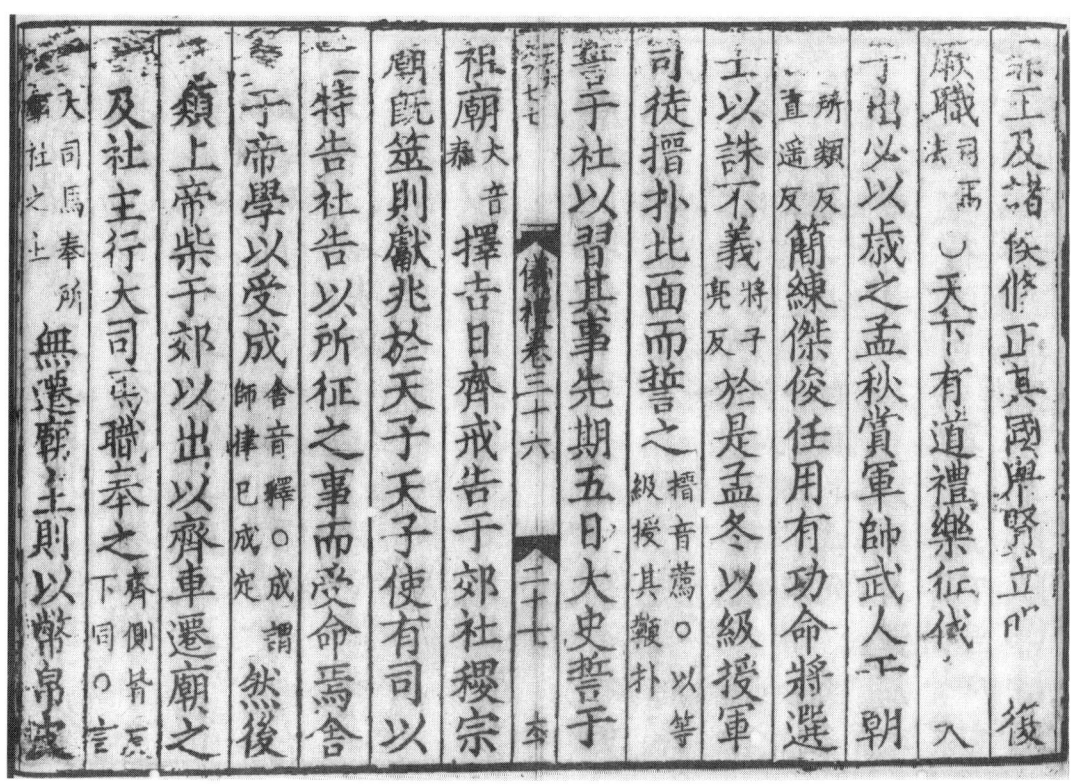

大司馬奉所 社之主 無遷廟主則以幣帛皮

0010_0579-2

三爵于禰[illegible]之主命亦載齊車

凡行[illegible]上帝[illegible]皆舍奠[illegible]說

館言[illegible]主遷[illegible]之主命亦[illegible]所至[illegible]會奠[illegible]亦有

[illegible]主車止于廟門之外外祀

之社[illegible]居于道左社王居于道右其

所經名山大川皆祭告焉○及至敵所

將戰太史卜戰日卜右御先期三日有

司明以敵人罪狀告之史史定誓命戰

日將帥陳列車甲卒伍于軍門之前有

司讀誥誓使周定三令五申既畢遂禱

戰祈克于上帝然後即敵將士戰全已

克敵史擇吉日復禡於所征之地禡馬怕反

○禡師祭也柴于上帝祭社奠祖以告克者

不頓兵傷士也戰不克則不告也○凡

0010_0580-1

0010_0580-2

類禡皆用甲丙戊庚壬之剛日有司簡

功行賞不稽于時其用命者則加爵受

賜于祖奠之前其奔北犯令者則加刑

罰戮于社主之前書稱用命則賞于祖弗用命則戮于社

然後鳴金振旅有司徧告捷于時所有

事之山川○既至舍于國外三日齊以

特牛親格于祖禰然後入設奠以反主

李音教齊側皆反禰乃禮反○設奠反其主於廟於社若主命則

卒奠斂玉埋之于廟兩階間言埋玉則幣帛焚之

反社主如初迎之禮舍奠于帝學以訊

馘告大享于群吏用備樂饗有功于祖

廟舍爵策勲焉謂之飲至此天子親征

之禮也舍奠之舍音釋馘古獲反舍爵之舍音捨○並孔叢子問軍禮

○曾子問曰古者師行必以遷廟主行

0010_0581-1

0010_0581-2

乎孔子曰天子巡守以遷廟主行載于
齊車言必有尊也今也取七廟之主以
行則失之矣齊側皆反齊車金路○當七廟五廟
無虛主虛主者唯天子崩諸侯薨與去
其國與祫祭於祖為無主耳祫音洽○曾
子問曰古者師行無遷主則何主孔子
曰主命問曰何謂也孔子曰天子諸侯

儀禮卷二十六　三十

0010_0582-1

將出必以幣帛皮圭告于祖禰遂奉以
出載于齊車以行每舍奠焉而后就舍
以脯醢禮神乃敢即安也反必告設奠
所告而不以出即埋之並禮記曾子問○乘兵車出先刃入後刃不以刃鄉國也
軍尚左左陽也陽主生將軍有廟勝之策左將軍為上貴不敗績
卒尚右右陰也陰主殺卒之行伍以右為上示有死志也○[redacted]○
有虞氏戒於國中欲民體其命也夏后

0010_0582-2

氏誓於軍中欲民先成其慮也殷誓於
軍門之外欲民先意以待事也周將交
刃而誓之以致民志也夏后氏正其德
也未用兵之刃故其兵不雜殷義也始
用兵之刃矣周力也盡用兵之刃矣夏
賞於朝貴善也殷戮於市威不善也周
賞於朝戮於市勸君子懼小人也三王

儀禮卷二十六　三十一

0010_0583-1

彰其德一也朝直遙反司馬法○夏后氏曰鉤
車先正也殷曰寅車先疾也周曰元戎
先良也旂夏后氏玄首人之執也殷白
天之義也周黃地之道也章夏后氏以
日月尚明也殷以虎尚威也周以龍尚
文也司馬法○天子命將出征親絜齊盛
服設奠于祖以詔之將子亮反絜音潔齊側皆反○詔告

0010_0583-2

之大將先入軍吏畢從皆北面再拜稽
首而受稽音啓。受所命○天子當階南面命授
之節鉞大將受鉞音越。謂受所賜節鉞天子乃東
向西面而揖之謂轉南面自東遂西南而揖示弗御
也謂既揖已則不御坐然後告太社冢宰執蜃宜
於社之右蜃時軫反。左傳云戎有受脤脤祭社之肉盛以蜃器
南面授大將大將北面稽首再拜而受

儀禮卷三十六　三十二

0010_0584-1

之承所頒賜于軍吏頒音班其出不類其
克不禡禡馬帕反戰之所在有大山川則祈
焉禱克于五帝捷則報之振旅復命簡
異功勤親告廟告社而後適朝朝直遥反。孔
叢子問軍禮○祈勝之禮命勇謀之將以禦
敵先使之迎於適所從來之方爲壇祈
克于五帝衣服隨其方色執事人數從

0010_0584-2

其方之數從其方之數則其方七人方八人東方十一人西方九一
二人牲則用其方之牲祝史告于社稷宗
廟邦域之內名山大川君親素服誓衆
于太廟曰大音泰某人不道侵犯大國二
三子尚皆同心比力比毗志反死而守將誥
稽首再拜受命將子亮反帥所類反下同稽音啓既誓
將帥勒士卒陳于廟之右陳去聲君立太

儀禮三十六　三十三

0010_0585-1

廟之庭祝史立于社百官各警其事誥
于君以待命乃大鼓于廟門詔將帥命
卒習射三發擊刺三行告廟用兵于敵
也五兵備效乃鼓而出以即敵此諸侯
應敵之禮也應於證反。孔叢子儒服篇○帥師者
受命於廟受脤於社脤時忍反。脤宣社之肉盛以蜃器
○將帥受命者將率入軍吏畢入皆北

0010_0585-2

面再拜稽首受命天子南面而授之鉞
東行西面而揖之示弗御也將子亮反帥率並所
頓反稽首啓○[redacted]○將居軍中之禮介胄在身
執鋭在列雖君父不拜若不幸軍敗則
馹騎赴告不載櫜韔將子亮反胄直又反馹音日櫜音羔
韔丑亮反○大雅曰載櫜弓矢櫜韜也韔弓衣天子素服哭于
庫門之外三日大夫素服哭于社亦如

大字 小字 儀禮卷三十六 三十四 余才

之亡將失城則皆哭七日軍敗三日哭將亡城失則
七日哭蓋輕重之差天子使使迎于軍命將帥無
請罪然後將帥結草自縛袒右肩而入
蓋喪禮也帥所類反此凡叢子○齊桓公既立
參國伍鄙之法見制國篇問於管子曰吾欲
從事於諸侯其可乎欲行伯道討不義也管子對
曰未可國未安桓公曰安國若何管子

0010_0586-1

0010_0586-2

對曰脩舊法柏土之法擇其善者而業用之
業脩創也遂滋民與無財遂育也滋長也貧無財者振業之也
而敬百姓則國安矣桓公曰諾遂脩舊
法擇其善者而業用之遂滋民與無財
而敬百姓國既安矣桓公曰國安矣其
可乎管子對曰未可君若正卒伍脩甲
兵周禮五人爲伍百人爲卒亦以五人爲伍而以二百人爲卒管子則

大字 小字 儀禮卷三十六 三十五 恒

大國亦將正卒伍脩甲兵則難以速得
志矣君有攻伐之器小國諸侯有守禦
之備則難以速得志矣君若欲速得志
於天下諸侯則事可以隱令可以寄政
事戎事也隱匿也寄託也匿軍令託國政若有征伐鄰國不知也桓公
曰爲之若何管子曰作內政而寄軍令
焉內政國政也因治政以寄軍令也桓公曰善管子於

0010_0587-1

0010_0587-2

是制國五家爲軌軌爲之長長丁丈反下同○軌中二人爲之長也十軌爲里里有司爲之有司四里爲連連爲之長十連爲鄉鄉有良人焉賈侍中云良人鄉士也昭謂良人鄉大夫也以爲軍令爲軍令五家爲軌故五人爲伍軌長帥之居則爲軌出則爲伍所謂寄政也十軌爲里故五十人爲小戎里有司帥之小戎兵車也此有司之所乘故曰小戎詩云小

儀禮卷三十六　三十六

0010_0588-1

戎俴收古者戎車一乘步卒七十二人今齊五十人四里爲連故二百人爲卒連長帥之十連爲鄉故二千人爲旅鄉良人帥之五鄉一帥故萬人爲一軍五鄉之帥帥之一帥之帥並所類反○五鄉每一軍爲五鄉也鄉帥鄉也萬人爲軍齊制也周則萬二千五百人爲軍帥長也三軍故有中軍之鼓有國子之鼓有高子之鼓春以獀振旅獀色牛反○春田曰獀振整也

0010_0588-2

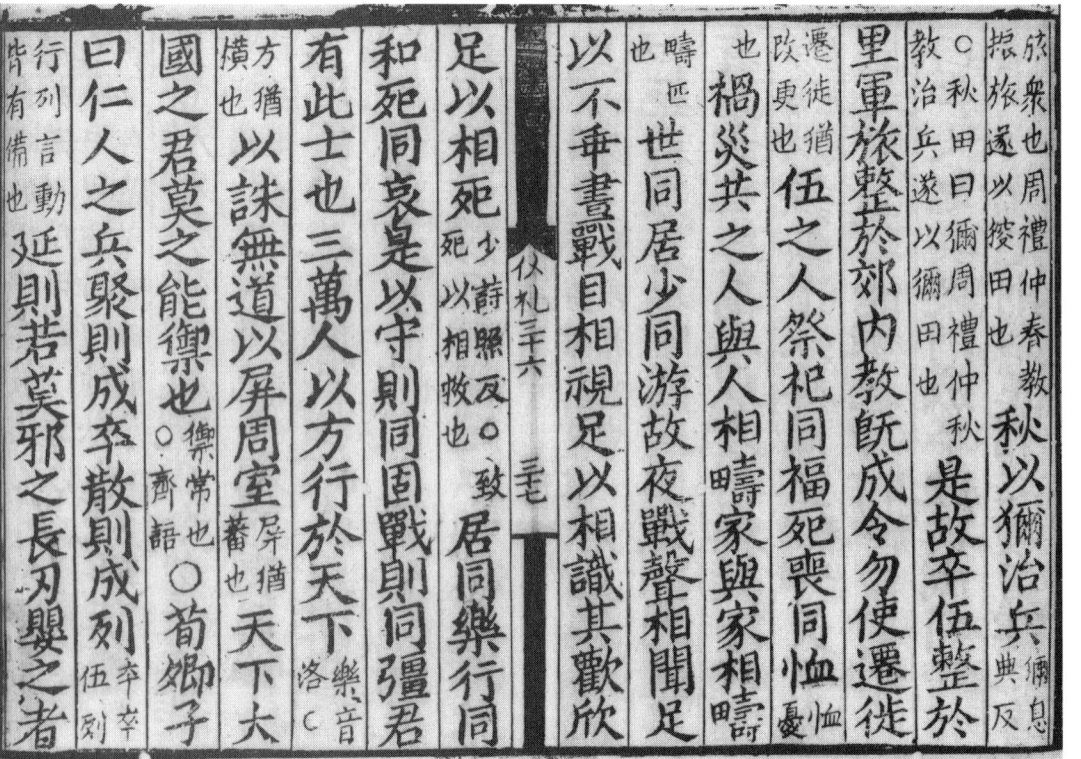

旅衆也周禮仲春教振旅遂以獀田也秋以獮治兵獮息典反○秋田曰獮周禮仲秋教治兵遂以獮田也是故卒伍整於里軍旅整於郊內教既成令勿使遷徙遷徙猶移更也伍之人祭祀同福死喪同恤恤憂也禍災共之人與人相疇疇田家與家相疇疇田疇匹也世同居少同游故夜戰聲相聞足以不乖晝戰目相視足以相識其歡欣

仪礼三十六　三七

0010_0589-1

足以相死少詩照反○致死以相救也居同樂行同和死同哀是以守則同固戰則同彊君有此士也三萬人以方行於天下樂音洛方猶橫也以誅無道以屏周室屏猶蕃也天下大國之君莫之能禦也禦常也○齊語○荀卿子曰仁人之兵聚則成卒散則成列卒卒伍列行列言動皆有備也延則若莫邪之長刃嬰之者

張本下象鼻題監生秦淳四字傳本剪去之

0010_0589-2

斷兊則若莫邪之利鋒當之者潰 邪于嗟反 兊猶聚也與隊同謂聚之使短潰壞也新序作銳則若莫邪之利鋒也 圜居而方正則若盤石然觸之者角摧 摧徂回反○圜居方正謂不動時也則如大石之不可移動也 ○王者之軍制將死鼓 將子亮反○死謂不棄之而奔亡也左傳曰師之耳目在吾旗鼓也 御死轡百吏死職士大夫死行列聞鼓聲而進聞金聲而退順命爲

仪礼三十六　三八

0010_0590-1

上有功次之 轡音秘行户江反○軍之所重在順命故有功次之 令不進而進猶令不退而退也其罪惟均 令教令也言使之不進而進猶令不退而退其罪同也 不殺老弱不獵禾稼 獵與躐同踐也 服者不禽格者不舍犇命者不獲 服謂不戰而退者不追禽之格謂相拒捍者犇命謂奔走來歸其命 凡誅非誅其百姓也誅其亂百姓者也百姓有扞其賊則

0010_0590-2

亦賊也 謂爲賊扞蔽也 以其順刃者生蘇刃者死犇命者貢 順刃謂不戰偝之而走者蘇讀爲傃傃向也謂相向格鬭者貢謂歸命者獻於上將也 ○王者有誅而無戰城守不攻兵革不擊 德義未加所以敵人不服欲不攻擊也且恐傷我之士卒也 上下相喜則慶之 說人上下相愛悅則慶賀之況侵伐乎 不屠城 屠謂毀其城殺其民若屠者然也 不潛軍不留衆 不久留暴露於外也 師不越

儀禮卷三十六　三十九

0010_0591-1

時 古者行役不踰時也 故亂者樂其政不安其上欲其至也 樂音洛○東征西怨之比○並荀子 ○宋人弒昭公趙宣子請師於靈公以伐宋發令於大廟召軍吏而戒樂正 大音泰○正長也軍吏之師旅樂正主鐘鼓 令三軍之鐘鼓必備趙同曰國有大役不鎮撫民而備鐘鼓何也宣子曰大罪伐之小罪憚之襲侵之

0010_0591-2

軍陵也輕曰襲無鍾鼓曰侵陵以大陵小也是故備鐘鼓
聲其罪也以聲張其罪戰以錞于丁寧儆其
民也錞音純○錞于形如碓頭與鼓角相和丁寧者謂鉦也儆戒也密當
書云錞于鐲也非也鐲與錞于各異物襲侵密聲爲蹔事
也蹔音暫○蹔其無備也今宋人弒其君罪莫大
焉明聲之猶恐其不聞也吾備鐘鼓爲
君故也爲干僞反○爲欲尊明君道乃使旁告于諸

儀禮卷三十六　四十

0010_0592-1

侯治兵振旅鳴鐘鼓以至于宋晉語○吳
殺陳斬祀殺厲祀神位有羣樹者厲疫病吳侵陳以魯哀元年
師還出竟陳大宰嚭使於師夫差謂
人儀曰是夫也多言盍嘗問焉師必
名人之稱斯師也者則謂之何還音旋竟
竟大音泰嚭普鄙反使色吏反盍胡○大宰行人官名也夫差吳子光
子盍何不也嘗猶試也夫舊怨無幾其師有名大宰嚭曰

0010_0592-2

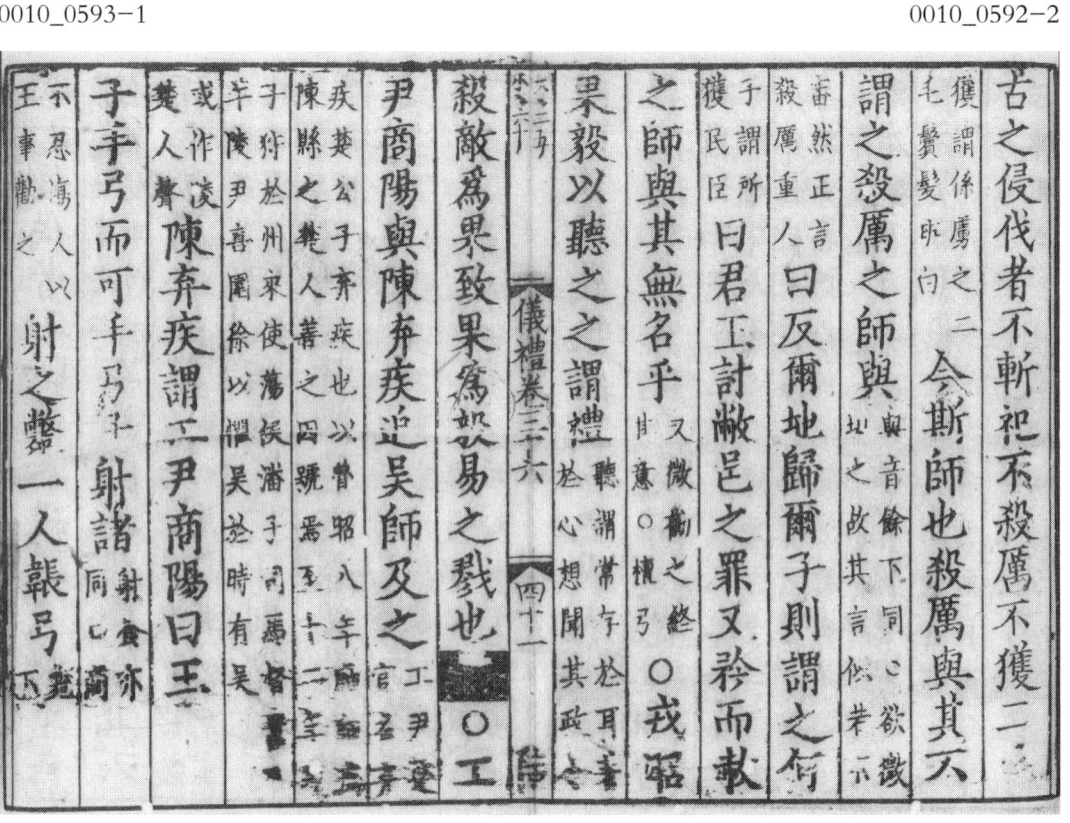

古之侵伐者不斬祀不殺厲不獲二毛
獲謂係虜之二毛鬢髮斑白今斯師也殺厲與其不
謂之殺厲之師與與音餘下同○欲識知之故其言似若不
審然正言殺厲重人曰反爾地歸爾子則謂之何
子謂所獲民臣曰君王討敝邑之罪又矜而赦
之師與其無名乎又微勸之從其意○棄弓○戎昭
果毅以聽之之謂禮聽謂常存於耳著於心想聞其政令

儀禮卷三十六　四十一

0010_0593-1

殺敵爲果致果爲毅易之戮也○工
尹商陽與陳弃疾追吳師及之工尹楚官名弃
疾楚公子弃疾也以昭八年師滅陳縣之楚人善之因號焉至十二年楚
子狩於州來使蕩侯潘子司馬督囂尹喜圍徐以懼吳於時有吳
或作談楚人聲陳弃疾謂工尹商陽曰王
事也子手弓而可手弓射諸射食亦反下同○商
不忍害人以王事勸之射之斃一人韔弓

0010_0594-1　0010_0593-2

丑亮反○不忍復射斃仆也韔韜也又及謂之又斃
每斃一人揜其目止其御曰朝不
不與殺三人亦足以反命矣與音預朝直遙
朝燕於寢大夫坐於上士立於下然商陽與御者皆士也車參乘射者在左戈盾在右御在中央孔子曰殺人之中又有禮
焉善之子路怫然進曰人臣之節當君大
事唯力所及死而後已夫子何善此子

儀禮卷三十六　四十二

曰然如汝言也吾取其有不忍殺人之
心而已禮記檀弓家語子貢問○子路問於孔子
曰臧武仲率師與邾人戰于狐駘遇敗
焉師人多喪而無罰古之道然與孔子
曰凡謀人之軍師敗則死之謀人之國
邑危則亡之駘音臺喪息浪反與音餘○利己亡衆非忠也言亡
之者鑑辟賢非義退古之正也其君在焉者有詔

0010_0595-1　0010_0594-2

詔君之教詔有君從則進無討古之爲軍也軍
旅左右闕從補之左右左右部也闕缺也成而不
善以寡敗不如敵不知有闕若以下貳上闕
一下不變敗弗補也變更也也變非聲章弗能
也聲金鼓也章旗旗也移動也聲章過數則有釁
寡則敵人釁許慎反○釁隙也軍法進退旅鼓有數過則有隙
隙而也敵入而凶救敗不暇誰能退

儀禮卷三十六　四十三

善敵之如志國之憂也可以陵小難以
征大以下事上可以侵陵小國難以征大國○[redacted]○古者
賢王明民之德盡民之善故無廢德無
簡民賞無所生罰無所試有虞不賞不
罰而民可用至德也夏賞而不罰至教
也殷罰而不賞至威也周以賞罰德衰
也賞不踰時欲民速得爲善之利也罰

0010_0595-2　0010_0596-1

不遷列欲民速覩爲不善之害也大捷不賞上下皆不伐善上苟不伐善則不驕矣下苟不伐善必亡等矣上下不伐善若此讓之至也大敗不誅上下皆以不善在己上苟以不善在己必悔其過下苟以不善在己必遠其罪（遠于重反）上下分惡若此讓之至也古者戍軍三年不

儀禮卷三十六　四十四　余才

興覩民之勞也上下相報若此和之至也得意則愷歌示喜也（愷可亥反）偃伯靈臺答民之勞示休也古者以仁爲本以義治之之謂正正不獲意則權權出於戰不出於中人是故殺人安人殺之可也攻其國愛其民攻之可也以戰止戰雖戰可也故仁見親義見說（說音悅）智見恃

0010_0596-2　0010_0597-1

勇見方信見信內得愛焉所以守也外得威焉所以戰也戰道不違時不歷民病所以愛吾民也不加喪不因凶所以愛夫其民也冬夏不興師所以兼愛民也故國雖大好戰必亡天下雖安忘戰必危天下既平天子大愷春蒐秋獮諸侯春振旅秋治兵所以不忘戰也（愷可亥反）

大二十八　仪礼卷之　四五

（蒐所留反　獮息淺反）古者逐奔不過百步縱綏不過三舍是以明其禮也不窮不能而哀憐傷病是以明其仁也成列而鼓是以明其信也爭義不爭利是以明其義也又能舍服是以明其勇也（舍音捨）知終知始是以明其智也六德以時合教以爲民紀之道也自古之政也（司馬法）○天子

0010_0597-2　0010_0598-1

之義必純取法天地而觀於先聖士應
之義必奉於父母而正於君長（長丁丈反）故
雖有明君士不先教不可用也古之教
民必立貴賤之倫經使不相陵德義不
相踰材技不相掩勇力不相犯故力同
而意和也古者國容不入軍軍容不入
國故德義不相踰上貴不伐之士不伐
之士上之器也苟不伐則無求無求則
[illegible]國中之聽必得其情軍旅之聽必
[illegible]其宜故材技不相掩從命爲士上賞
犯命爲士上戮故勇力不相犯既致教
[illegible]民然後謹選而使之事極修則百官
[illegible]矣教極省則民興良矣習貫成則民
俗之教化之至也古者逐奔不遠縱

0010_0598-2　0010_0599-1

綏不及不遠則難誘不及則難陷以禮
爲固以仁爲勝既勝之後其教可復是
以君子貴之也（司馬法）○古者國容不入
軍軍容不入國軍容入國則民德廢國
容入軍則民德弱故在國言文而語溫
在朝恭以遜（朝直遙反）修己以待人不召不
至不問不言難進易退（易以豉反）在軍抗而
立在行遂而果介者不拜兵車不式城
上不趨危事不齒故禮與法表裏也文
與武左右也（司馬法）○天子諸侯無事則
歲三田（三田者夏不田蓋夏時也周禮春曰蒐夏曰苗秋曰獮冬曰狩）
一爲乾豆二爲賓客三爲充君之庖（君尊
宗廟敬賓客故先人而後己取其下也又分別殺之三等故自左膘而射之達
於右髃爲上殺以其貫心死疾肉最絜美故以爲乾豆也射右耳本次之）

0010_0599-2

射當爲逆亦自左射之逆行耳本而死者爲次殺以其遠心死稍遲肉已微惡故以爲賓客也不言自左者蒙上文可知射左股髀而達過於右脅髂爲下殺以其中脅死最遲肉又益惡充君之庖也凡射獸皆逐後從左廂而射之達於右髂獨言射左髀則上殺達於右腢當自左[illegible]也次殺右耳本當自左肩腢也不言自左舉下殺之射左髀可推而知也無事而不田曰不敬田不以禮曰暴天物不敬者簡祭祀畧賓客天子不合圍諸侯不掩羣爲盡物也天子殺則

0010_0600-1

下大綏諸侯殺則下小綏綏耳佳反○綏當爲緌緌有虞氏之旌旗也下謂弊之大夫殺則止佐車佐車止則百姓田獵佐車驅逆之車國君春田不圍澤大夫不掩羣士不取麛卵生乳之時重傷其類獺祭魚然後虞人入澤梁豺祭獸然後田獵鳩化爲鷹然後設罻羅草木零落然後入山林昆蟲未蟄不以火田罻音尉○

0010_0600-2

取物必順時候也梁絶水取魚者罻小網也昆明也明蟲者得陽而生得陰而藏不麛不卵不殺胎不殀夭麛音迷妳力管反殀於表反夭烏老反○重傷未成物殀斷殺少長曰夭不覆巢覆敗也○王制○田者大芟草以爲防芟音又○言田獵者必大芟殺野草以爲防限作田獵之場擬殺圍之處或舍其中舍音赦○或復止舍其中謂未田之前誓士戒衆故發示戰法當在其間止舍也其防之廣狹無文褐纏旃以爲門旃諸延反○既爲防院當設周衛而

0010_0601-1

立門爲乃以織毛褐布纏通帛旃之竿以爲門之兩傍其門蓋南開並爲二門用四旃四褐也裘纏質以爲槸槸魚列反○又以裘纏椹質以爲門中之闑闑車軌之裏兩邊約車輪者間容握驅而入擊則不得入其門之廣狹兩軸頭去旃竿之間各容一握握人四指爲四寸是門廣於軸八寸也入此門當馳走而入不得徐也以教戰試其能否故驅爲若驅之其軸頭擊著門傍下則不得入也所以罰不工也左者之左右者之右然後焚而射焉以天子六軍分

0010_0601-2

爲左右雖同舍防內令三軍各在一方取左右相應其屬左者之左門屬右者之右門不得越離部伍以此故有二門也教戰既畢士卒出和乃分地爲屯既陳車驅卒奔驅會內之於防然後焚燒此防草在其中而射之天子發然後諸侯發諸侯發然後大夫士發天子發抗大綏諸侯發抗小綏獻禽於其下抗苦浪反綏耳佳反○發謂發矢射之也其天子發則先抗舉其大綏諸侯發則舉其小綏以舉此綏爲奉天子諸侯殺時須獻其禽於其下也抗綏謂

0010_0602-1

既射舉之因置虞旗於其中受而致禽焉受禽獵止則弊之故王制曰天子殺則用下大綏諸侯殺則下小綏諸侯下謂弊之是殺禽已畢田止而弊綏而舍舉始終之一故與此不同也故戰不出頃田不出防不逐奔走古之道也戰不出頃期之頃田不出防與之防不逐奔走謂出於頃防者不逐之古之道也○詩車攻章有萠草詳疏文○傳曰已有三牲必田狩者孝子之意以爲已之所養不如天地自然之牲逸豫肥

0010_0602-2

美禽獸多則傷五穀因習兵事又不空設故因以捕禽獸所以共承宗廟示不忘武備又因以爲田除害鮮者何也秋取嘗也鮮音仙○取禽嘗祭秋取嘗何以也習鬬也習鬬也者男子之事也然而戰鬬不可不習故於搜狩閑之也閑之者貫之也貫之也者習之也已祭取餘獲陳于

儀禮卷三十六　五十一

0010_0603-1

澤搜所留反狩手又反○澤射宮也然後卿大夫相與射命中者雖不中取也命不中者雖中不取中丁仲反何以也所以貴揖讓之取而賤勇力之取也鄉之取也以國中勇力之取也今之取於澤揖讓之取也[redacted]○魯隱公將如棠觀魚者臧僖伯諫曰凡物不足以講大事臧僖伯公子彄也僖諡也大事祀與戎其材

0010_0603-2

不足以備器用則君不舉焉材謂皮革齒牙骨角毛羽也器用軍國之器君將納民於軌物者也故講事以度軌量謂之軌取材以章物采謂之物不軌不物謂之亂政亂政亟行所以敗也度徒各反亟欺冀反○言用衆物不合法度則為不軌不物亂敗之所起故春蒐夏苗秋獮冬狩獮息典反狩手又反○蒐索擇取不孕者苗為苗除害也獮殺也以殺為名順秋氣也狩

儀禮卷三十六　五十二

0010_0604-1

圍守也冬物畢成獲則取之無所擇也皆於農隙以講事也各隨時事之閒三年而治兵入而振旅雖四時講武猶復三年而大習出曰治兵始治其事入曰振旅治兵禮畢整衆而還振整也旅衆也歸而飲至以數軍實數色主反○飲於廟以數車徒器械及所獲也昭文章車服旌旗明貴賤辨等列等列行伍順少長少詩照反長丁丈反○出則少者在前還則在後所謂順也習威儀也鳥獸之肉不登於俎登

0010_0604-2

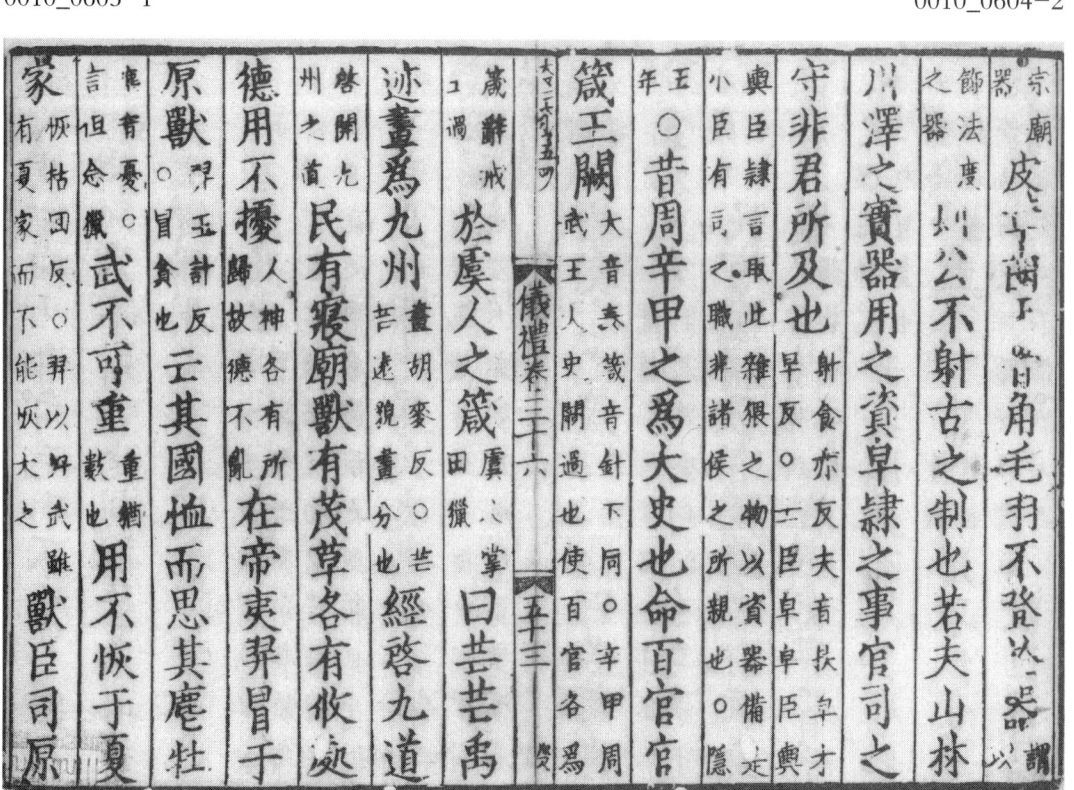

宗廟器皮革齒牙骨角毛羽不登於器謂以飾法度之器則公不射古之制也若夫山林川澤之實器用之資皁隷之事官司之守非君所及也射食亦反夫音扶皁才早反○士臣皁皁臣輿輿臣隷言取此雜猥之物以資器備是小臣有司之職非諸侯之所親也○隱王年○昔周辛甲之為大史也命百官官箴王闕大音泰箴音針下同○辛甲周武王大史闕過也使百官各為

儀禮卷三十六　五十三

0010_0605-1

箴辭戒王過於虞人之箴虞人掌田獵曰芒芒禹迹畫為九州畫胡麥反○芒芒遠貌畫分也經啓九道啓開九州之道民有寢廟獸有茂草各有攸處德用不擾人神各有所歸故德不亂在帝夷羿冒于原獸羿五計反○冒貪也忘其國恤而思其麀牡麀音憂○言但念獵武不可重重猶數也用不恢于夏家恢枯回反○羿以好武雖有夏家而不能恢大之獸臣司原

0010_0605-2

敢告僕夫獸臣虞人告僕夫不敢斥尊○左襄四年○宣王料民於太原大音泰○料數也太原地名也仲山父諫曰民不可料也夫古者不料民而知其少多司民協孤終父音甫夫音扶○司民掌登萬民之數自生齒以上皆書於版協合也無父曰孤終死也合其民籍以登于王也司商協名姓司商掌賜族受姓之官商金聲清謂人始生吹律合之定其姓名司徒協旅司徒掌合師旅之衆也司寇協姦

儀禮卷三十六　五十四

0010_0606-1

司寇刑官掌合姦民以知死刑之數場協入場人掌場圃委積珍物斂而藏之也廩協出廩力錦反○廩人掌九穀出用之數也是則少多死生出入往來者皆可知也於是乎又審之以事事謂因籍田與蒐狩以簡知其數也王治農於籍籍籍於千畝田也搜于農隙搜所留反○春田曰搜搜擇也禽獸懷妊未著搜而取之也農隙仲春既耕之後隙閒也耨穫亦於籍耨奴豆反穫戶郭反○言耘亦至於籍考課之獮於既

0010_0606-2

烝獮息典反○秋田曰獮獮殺也順[illegible]始殺也烝升也月令孟秋乃升穀天子嘗新既升謂仲秋也狩於畢時狩手又反○各田曰狩圍守而取之畢時時務畢也是皆習民數者也又何料焉習簡習也不謂其少而大料之是示少而惡事也惡烏路反下同○言王不謂其數少而大料數之是示以寡少又厭惡政事不能修之意也臨政示少諸侯避之示天下寡弱諸侯將避遠王室不親附也治民惡事無以賦令言厭

儀禮卷三十六　五十五

0010_0607-1

惡政事無以賦令也○周語○傳曰春曰蒐蒐所留反下同夏曰苗秋曰獮獮息典反下同冬曰狩狩手又反下同苗者謂何曰苗者毛也取之不圍澤不揜羣取大禽不麛麛音迷下同不卵卵力管反不殺孕重者孕以證反下同春蒐者不殺小麛及孕重者冬狩皆取之百姓皆出不失其時不抵禽不詭遇詭古委反逐不出防此苗

0010_0607-2

獮蒐狩之義也故苗獮蒐狩之禮簡其戎事也故苗者毛取之蒐者搜索之狩者守留之夏不田何也曰天地陰陽盛長之時（長丁丈反）猛獸不攫（攫厥縛反）鷙鳥不搏（鷙音至搏音博）蝮蠆不螫（蝮方六反蠆丑邁反螫音釋）鳥獸蟲蛇且知應天（應於證反）而況人乎哉是以古者必有豢牢（豢音患）其謂之畋何（畋音田）

儀禮卷三十六　五十六

0010_0608-1

聖人舉事必反本五穀者以奉宗廟養萬民也去禽獸害稼穡者（去起居反）故以田言之聖人作名號而事義可知也○禮聖主之於禽獸也見其生不食於死聞其聲不嘗其肉隱弗忍也故遠庖厨仁之至也（遠于萬反）不合圍不掩羣不射宿（射食亦反）不涸澤（涸曷各反）豺不祭獸不田獵（豺音柴）

0010_0608-2

獺不祭魚不設網罟（獺他達反罟音古）鷹隼不鷙（隼息允反鷙音至）眭而不逮不出頻羅草木不零落斧斤不入山林昆蟲不蟄不以火田（蟄直立反）不麛（麛音迷）不卵（卵力管反）不刳胎（刳空乎反）不夭（夭烏老反）魚肉不入廟門鳥獸不成毫毛不登庖厨取之有時用之有節則物莫不多○湯見祝網者置四面其

儀禮卷三十六　五十七

0010_0609-1

祝曰從天墜者從地出者從四方來者皆離吾網湯曰嘻盡之矣非桀其孰爲此湯乃解其三面置其一面更教之祝曰昔蛛蝥作網（蛛音朱蝥莫侯反）今之人循序欲左者左欲右者右欲高者高欲下者下吾取其犯命者其憚害物也如是漢南之國聞之曰湯之德及鳥獸矣四十

0010_0609-2　0010_0610-1

國歸之詩曰王在靈囿麀鹿攸伏 麀音憂下
同 麀鹿濯濯白鳥翯翯 戶各反翯詩作翯 王在
靈沼於牣魚躍 於音烏 言德志也聖主所
以在魚鼈禽獸猶得其心況於人民乎
故仁人行其禮則天下安而萬理得矣
逮至德渥澤洽 渥乙角反 調和大暢則天清
澈 澈直列反 地富熅 熅於文反 物時熟民心不挾

儀禮卷三十六　五十八　李

詐賊氣脉淳化攫齧搏擊之獸鮮毒螫
猛虻之蟲密毒山不蕃草木少薄矣鑠
乎大仁之化也 攫厥縛反齧魚結反搏音博螫丑略反下同虻丁宵反蕃音煩鑠式灼反○並賈誼新書 ○凡土功龍見而
畢務戒事也 見賢遍反下同○謂今九月周十一月龍星角亢晨見東方二務始畢 戒民以土功事 火見而致用 大火心星次角
亢見者致於作之物 水昏正而栽 栽才代反○謂今十月定星昏

0010_0610-2　0010_0611-1

而中於是樹板幹而興作 日至而畢 日南至微陽始動故土功息○
左莊公二十九年 ○士彌牟營成周計丈數
侯反○計所當城之丈數 揣高卑 揣初委反度高曰揣 ○度厚
薄仞溝洫 度待洛反仞而愼反洫況域反○度深曰仞 物土
方議遠邇 物相也相取土之方面遠近之宜 量事期 知事
幾時畢 計徒庸 知用幾人功 慮材用 知費幾財用 書
餱糧 餱音侯○知用幾糧食 以令役於諸侯屬役
賦丈 屬之欲反○付所當城尺丈 書以授帥 帥所類反○帥

儀禮卷三十六　五十九　秀

諸侯之大夫 而效諸劉子 效戶孝反○效致也 韓簡子
臨之以爲成命 臨視其事以命諸侯經所以不書親督○
三十二年 ○楚令尹蔿艾獵城沂 蔿于委反沂魚依反
○艾獵孫叔敖也沂楚邑 使封人慮事 封人其時主築城者慮事
謀慮計功 以授司徒 司徒掌役 量功命日 命作日數 分
財用 財用築作具 平板榦 榦猶也 稱畚築 畚音本○

0010_0611-2

量輕重。畚，盛土器。程土物爲作程限。議遠邇均勞逸。略

基趾趾音止。趾，城足。略，行也。具餱糧餱音侯。餱，乾食也。度

有司度待洛反。○謀監主。事三旬而成十日爲旬。不愆

于素愆起虔反。○不過素所慮之期也。傳言叔敖之能使民。○左宣公十

一年。○宋災，樂喜爲司城以爲政樂喜，子罕也。爲

正卿，知將有火災，素戒爲備火之政。使伯氏司里伯氏，宋大夫。司

里，里宰。火所未至，徹小屋，塗大屋徹直列反。○大

儀禮卷三十六　六十

0010_0612-1

屋難徹，就塗之。陳畚挶，具綆缶畚音本。挶，九錄反。綆，古杏反。缶

方九反。○畚，簣籠。挶，上舉。綆，汲索。缶，汲器。備水器盆鑒之屬。量輕

重計人力所任。蓄水潦，積土塗，巡丈城，繕守

備蓄，勑六反。潦音老。守，手又反。○巡，行也。丈，度也。繕，治也。行度守備之處，恐

因災有亂。表火道火起則從其所趨標表之。使華臣具正

徒華，戶化反。○華臣，華元子，爲司徒。正徒，役徒也。司徒之所主也。令隧

正納郊保，奔火所隧音遂。○隧正，官名也。五縣爲隧。納，聚郊

0010_0612-2

野保守之民，使隨火所起往救之。使華閱討右官，官庀

其司閱音悅。庀，芳婢反。下同。○亦華元子，代元爲右師。討，治也。庀，具也。使具其官屬。向戌討左，亦如之向，式亮反。○向戌，左師。使

樂遄庀刑器，亦如之遄，市專反。○樂遄，司寇。刑器，刑書。

使皇鄖命校正出馬，工正出車，備甲兵，

庀武守鄖，晉云。校，户教反。守，手又反。下同。○皇鄖，皇父充石之後。校正主馬，工正主車，使各備其官。使西鉏吾庀府守鉏，牀魚反。

儀禮卷三十六　六十一

0010_0613-1

吾音魚。○鉏吾，大宰也。府，六官之典。令司宮、巷伯儆宮儆音

景。○司宮，奄臣。巷伯，寺人。皆掌宮內之事。二師令四鄉正敬

享二師，左右師也。鄉正，鄉大夫。享，祀也。祝宗用馬于四墉，

墉音容。○祝，大祝。宗，宗人。墉，城也。用祀盤庚于西門之外

馬祭于四城，以禳火。盤庚，殷王，宋之遷祖。城積陰之氣，故祀之。凡天災，有幣無

牲。用馬祀盤庚，皆非禮。○左襄九年。○魯司鐸火鐸，徒洛反。○司

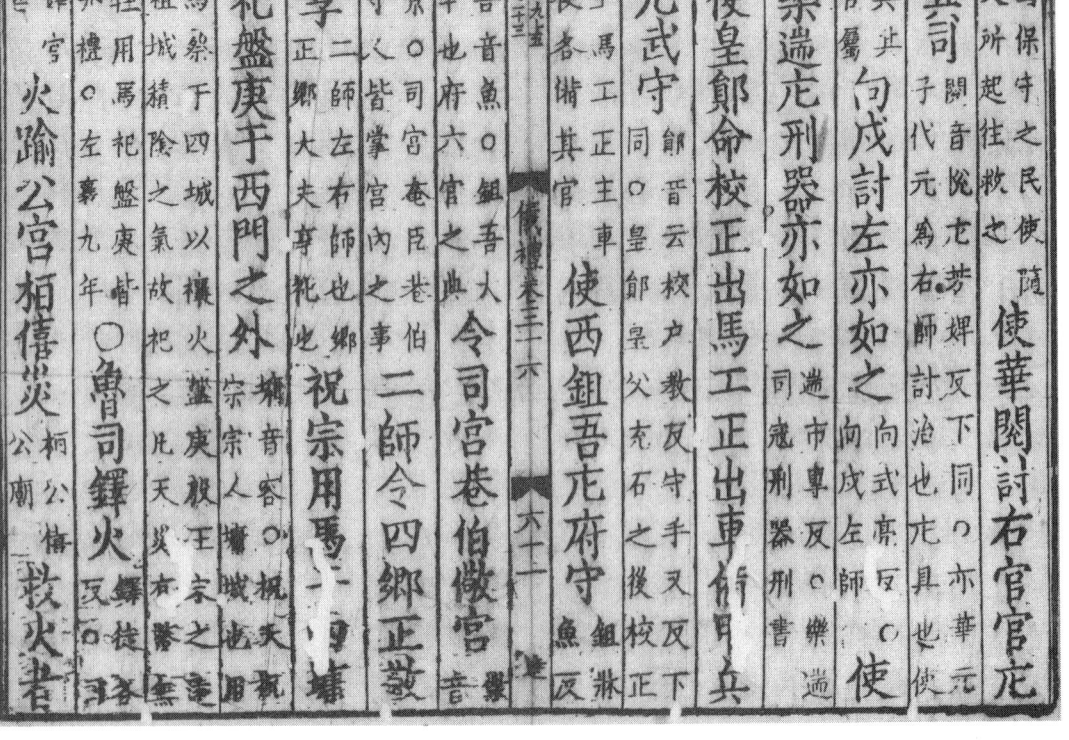

鐸，宮名。火踰公宮，桓、僖災桓公、僖公廟。救火者

0010_0613-2

皆曰顧府言常人愛財南宮敬叔至命周人

出御書俟於宮敬叔孔子弟子南宮閱周人司周書典籍之官

御書進於君者也使行命於宮曰庀女而不在[illegible]庀匹婢反

女音汝○庀具也子服景伯至命宰人出禮書

景伯子服何也宰人冢宰之屬以待命命不共有常刑

共音恭○待求之命校人乘馬巾車脂轄校戶教反乘繩

證反下同轄戶瞎反○校人掌馬巾車掌車乘馬使四四相從為駕之易百

儀禮卷三十六 六十二 建

0010_0614-1

官官備府庫慎守官人肅給國有火災恐有變難

故慎為備濟濡帷幕鬱攸從之鬱攸火氣也濡物於水出

用為濟蒙葺公屋葺七入反○以濡物冒覆公屋[illegible]大廟

始外內以悛大音泰悛七全反○始於[illegible]也先尊後卑以次救之

助所不給有不用命則有常刑無赦公

父文伯至命校人駕乘車父音甫下同○乘車公車

擧桓子至御公立于象魏之外象魏門闕命

0010_0614-2

救火者傷人則止財可為也命藏象魏

周禮正月縣教令之法于象魏使萬民觀之故謂其書為象魏曰舊章

不可亡也富父槐至曰無備而官辦者

猶拾瀋也瀋尸審反○槐富父終生之後瀋汁也言不備而責辦不可

得於是乎去表之槀去起呂反槀古老反○表表火道風

之向者去其槀積道還公宮開除道周匝公宮使火無相連○左

[illegible]○鄭火作子產辭晉公子公孫于

儀禮卅六 六十三

0010_0615-1

東門晉人新來未入故辭不使前也使司寇出新客新來

禁舊客勿出於宮為其知國情不欲令去使子

寬子上巡羣屏攝至于大宮大音泰二子大

[illegible]屏攝祭祀之位大宮鄭祖廟行宗廟不得使火及之使公孫登

徙大龜登開卜大夫使祝史徙主祏於周廟

告于先君祏音石○祏廟主石函周廟厲王廟也有火災故合群主於

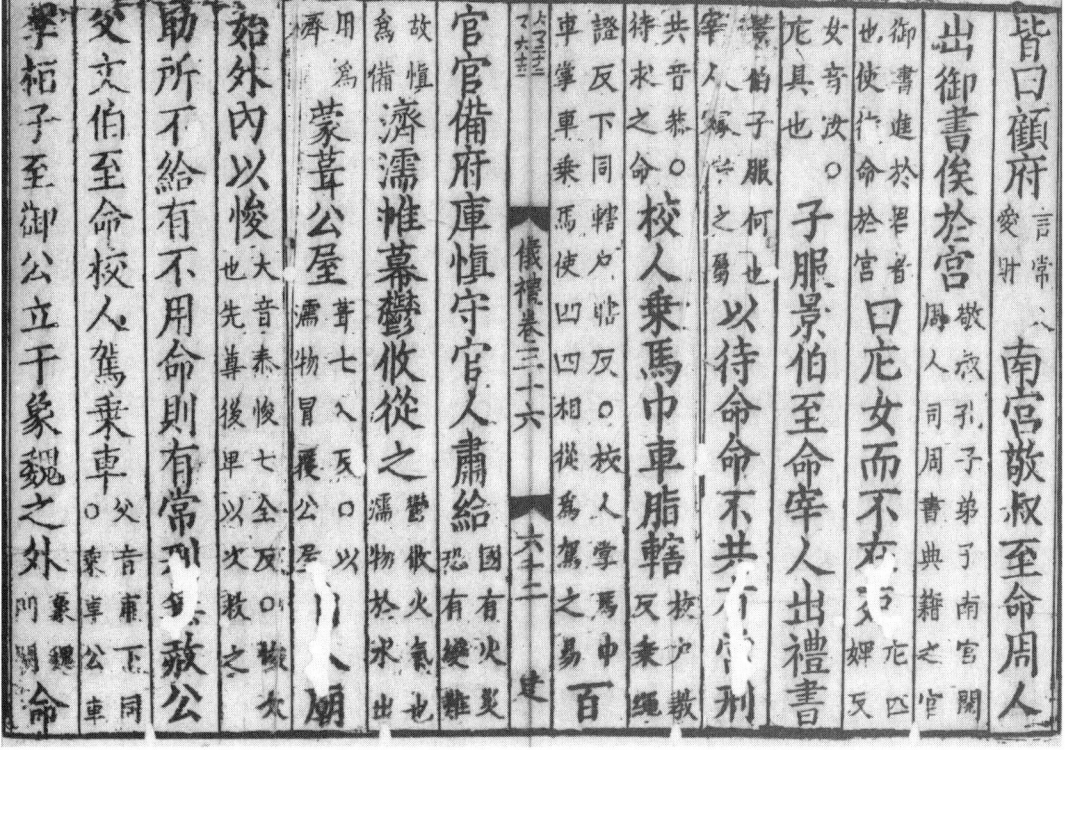

[illegible]祖廟易救護使府人庫人各儆其事儆音景下同

0010_0615-2

商成公儆司宮成公，鄭大夫。司宮，巷伯寺人之官。使舊宮人寘諸火所不及寘，之豉反。○舊宮人，先公宮人。司馬司寇列居火道備非常也。行火所焮焮，許靳反。○焮，炙也。城下之人伍列登城爲部伍登城備火也。明日使野司寇各保其徵野司寇，縣士也。明日四方乃聞災，故戒保所徵役之人。郊人助祝史除於國北爲祭禳於國北者，就大陰禳火。禳火于玄冥回祿

0010_0616-1

玄冥，水神。回祿，火神。祈于四鄘鄘音容。○鄘，城也。城積土，陰氣所聚，故祈祭之，以禳火之餘災。書焚室而寬其征，與之材三日哭，國不市示憂戚，不會市。使行人告於諸侯左昭十八年

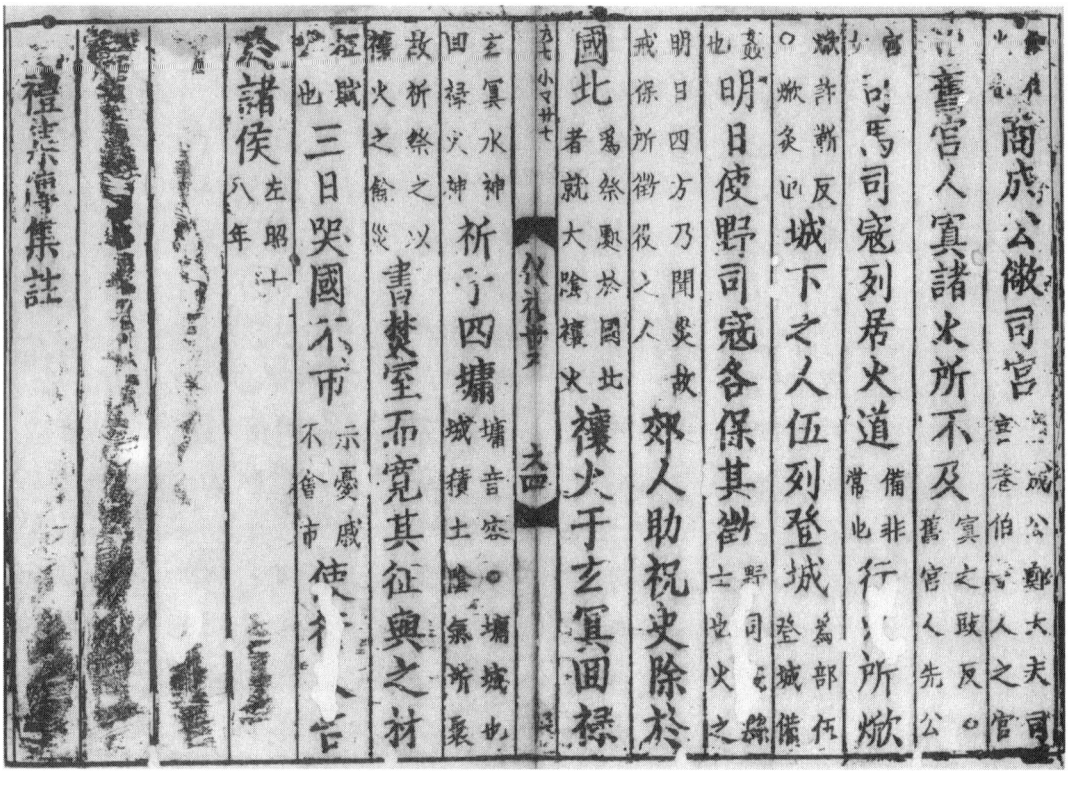

儀禮經傳集註

0011_0002-2

王朝禮十四

王制之癸 刑辟

帝曰皋陶蠻夷猾夏寇賊姦宄 猾戶八反
宄音軌○猾亂也夏華夏羣行攻劫曰寇殺人曰賊在外曰姦在內曰宄
汝作士五刑有服 士理官也五刑墨劓剕宮大辟服從也言得輕重之中正
五服三就 既從五刑謂服罪也
五流有宅五宅三居 謂不忍加刑則流放之若四凶者五刑之流各有所居五居之差有三等之居大罪四裔次九州之外次千里之外
惟明克允○象以典刑 象法也法用常刑用不越法
流宥五刑 宥音又○宥寬也以流放之法寬五刑
鞭作官刑 以鞭為治官事之刑
扑作教刑 扑普卜反○扑榎楚也不勤道業則撻之
金作贖刑 贖石欲反○金黃金誤而入刑出金以贖罪
眚災肆赦 眚所景反怙音戶○眚過災害肆緩賊殺也過而有害當緩赦之
怙終賊刑 怙姦自終當刑殺之
欽哉欽哉惟刑之

0011_0003-1

恤哉 舜陳典刑之義敕天下使敬之憂欲得中
○周禮大司徒以鄉八刑糾萬民一曰不孝之刑二曰不睦之刑三曰不婣之刑四曰不弟之刑五曰不任之刑六曰不恤之刑七曰造言之刑八曰亂民之刑 婣音因○糾猶割察也不弟不敬師長造言訛言惑眾亂民名以作左道以亂政也鄭司農云 謂朋友相任 謂相憂
○大司寇掌建邦之三典以佐王刑邦國詰四方 詰起吉反○典法也詰謹也書曰度作詳刑以詰四方
一曰刑新國用輕典 新國者新辟地立君之國用輕法者為其民未習於教
二曰刑平國用中典 平國承平守成之國也用中典者常行之法
三曰刑亂國用重典 亂國篡弒叛逆之國用重典者以其化惡伐滅之
以五刑糾萬民 刑亦法也糾猶察異之
一曰野刑上功糾力

0011_0003-2

0011_0004-1

0011_0004-2

曰國刑上愿糾暴 暴當

之也 以圜土聚教罷民 罷音皮○圜土獄城也聚罷民

其中困苦以教之爲善也民不愍作勞有似於罷 凡害人者 害人

寘之圜土而施職事焉以明刑恥之 害人者置之圜土

謂已有過失麗於法者以其〔〕以〔〕寘之圜土繫教之庶其困悔而能

0011_0005-1

寘置也施職事以所能役使之〔〕其罪惡於大方版著其背 其能

改者〔〕中國不齒三年 反于中國謂舍之還於故

鄉里也○職曰上罪三年而舍中罪二年而舍下罪一年而舍不齒者不得

以年次列平民 其不能改而出圜土者殺

以兩造禁民訟入束矢於朝然後

訟謂以財貨相告者造至也使訟者兩至既兩至

〔〕不入束矢則是自服不直也

0011_0005-2

〔〕日〔〕如矢古者一〔〕百矢束矢其百个與 以兩劑禁民獄

入鈞金三日乃致于朝然後聽之

劑〔〕直遥反○獄謂相告以罪名者劑今券書也使獄者各齎券書既兩券書使

入鈞金又三日乃治之重刑也不券書不入金則是亦自服不直者也必入金者取其堅也三十斤曰鈞 以嘉石平罷民 嘉石文石也樹之外朝門左平成也成之使善

凡萬民之有罪過而未麗於法而害於州里者桎梏而坐諸

0011_0006-1

嘉石役諸司空重罪旬有三日坐朞役 其次九日坐九月役其次七日坐七月役 其次五日坐五月役其下罪三日坐三月役使州里任之則宥而舍之 桎音質梏

古毒反朞音基宥音又舍音捨○有罪過謂邪惡之人所罪過者也麗附也未著於法也木在足曰桎在手曰梏役諸司空坐日訖使給百工之役

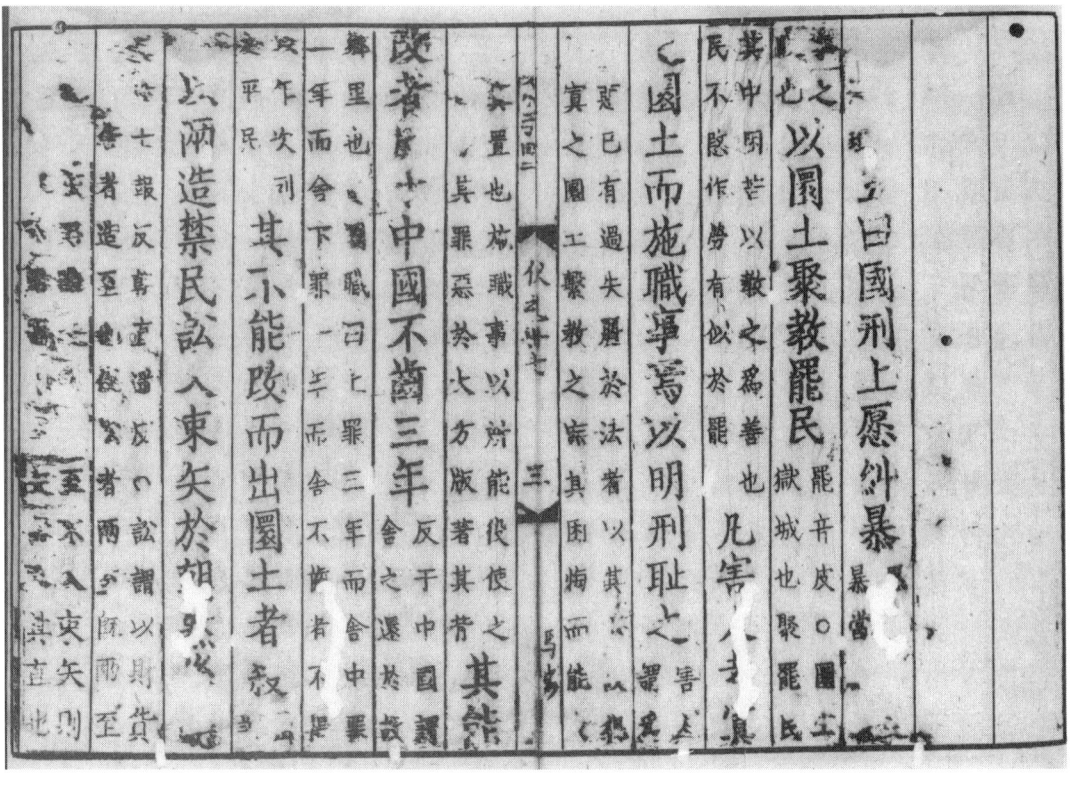

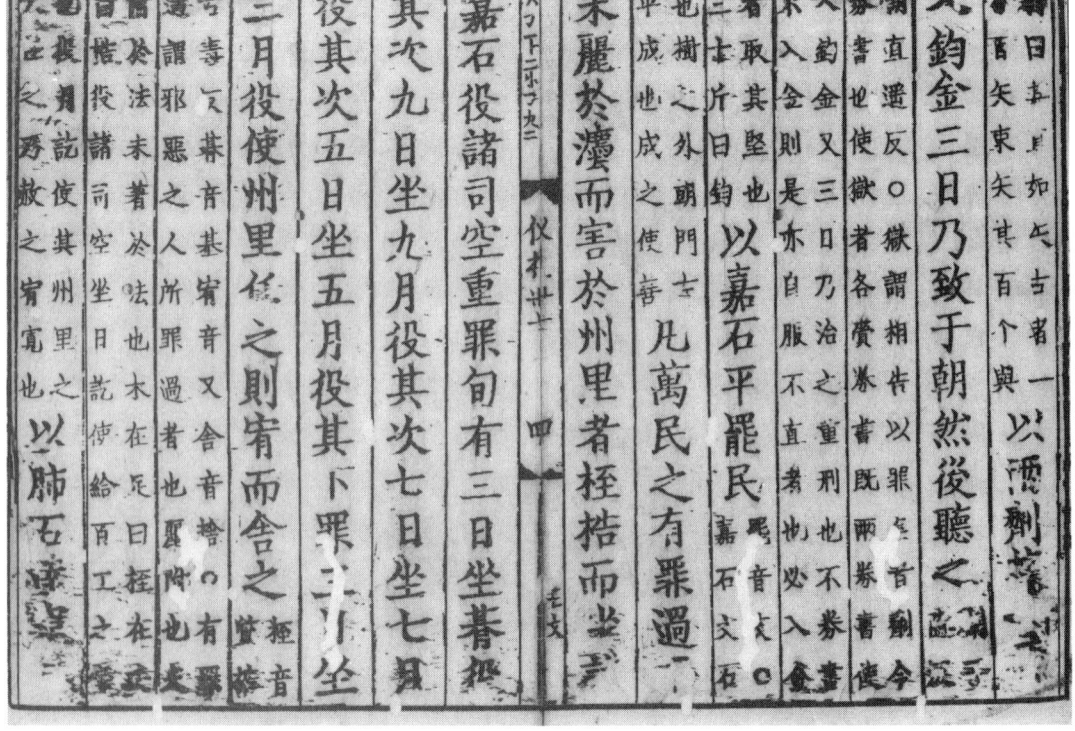

〔〕使其州里之人任之乃赦之宥寬也 以肺石達窮民

0011_0006-2

肺石赤石也窮民天民之窮而無告者凡遠近惸獨老幼之欲有復於上而其長弗達者立於肺石三日士聽其辭以告于上而罪其長惸其營反長丁丈反○無兄弟曰惸無子孫曰獨復猶報也上謂王與六卿也報之者若上書詣公府言事○矣長謂諸侯若鄉遂大夫小司寇以五聲聽獄訟求民情一曰辭聽觀其出言不直則煩二曰色聽觀其顏色不直則赧然三曰氣聽

儀禮卷三十七　五

0011_0007-1

觀其氣息不直則喘四曰耳聽觀其聽聆不直則惑五曰目聽觀其眸子視不直則眊然以八辟麗邦灋附刑罰辟法也杜子春讀麗爲羅玄謂麗附也易曰日月麗乎天故書附作付附猶著也一曰議親之辟鄭司農云若今時宗室有罪先請是也二曰議故之辟故謂舊知也三曰議賢之辟鄭司農云若今時廉吏有罪先請是也玄謂賢有德行者四曰議能之辟能謂有道藝者春秋傳曰夫謀而鮮過惠訓不倦者叔向有焉社稷

0011_0007-2

之固也猶將十世宥之以勸能者今盍不免其身以棄社稷不亦惑乎五曰議功之辟謂有大勳力立功者六曰議貴之辟鄭司農云若今時吏墨綬有罪先請是也七曰議勤之辟謂悴以事國八曰議賓之辟謂所不臣者二代之後與○士師掌五禁以左右刑罰一曰宮禁二曰官禁三曰國禁四曰野禁五曰軍禁皆以木鐸徇之于朝書而縣于門閭左音

儀禮卷三十七　六

0011_0008-1

佐右音佑鐸大各反朝直遙反縣音玄○左右助也助刑罰者助其禁民爲非也宮王宮也官官府也國城中也古之禁書亡矣今宮門有符籍官府有無故擅入城門有離載下帷野有田律軍有嘄讙夜行之禁其物可言者以五戒先後刑罰毋使罪麗于民一曰誓用之于軍旅二曰誥用之于會同三曰禁用諸田役四曰糾用諸國中五曰憲用諸都鄙先後猶左右也誓誥於書則甘誓湯誓大誥康誥之屬禁則軍

0011_0008-2

審曰無干草罪自抑辨訟異類也糾纛未有罪遣掌士之八成

一曰邦汋汋上灼反○鄭司農云汋讀如酌酒尊中之酌國汋者斟

汋盗取國之密事若今時刺探尚書事二曰邦賊爲逆亂者三

曰邦諜諜音牒○爲異國反間四曰犯邦令干冒王教

令者五曰撟邦令撟音矯○稱詐以有爲者六曰爲邦

盜竊取國之寶藏者七曰爲邦朋朋黨相阿使政不平者故

書朋作倗鄭司農云倗讀爲朋友之朋八曰爲邦誣誣罔君臣

大ヨ下小フ八十八　儀禮卷三十七　七　胡早

0011_0009-1

使事失實○鄉士掌國中各掌其鄉之民數

而糾戒之鄉士八人言各者四人而分主三鄉聽其獄訟

察其辭察審也辯其獄訟異其死刑之罪

而要之旬而職聽于朝要一遙反朝直遙反下同○辯

異謂殊其文書也要之爲其罪法之要辭如今劾矣十日乃以職事治之於外

朝容其自反覆司寇聽之斷其獄弊其訟于朝

羣士司刑皆在各麗其法以議獄訟羣士

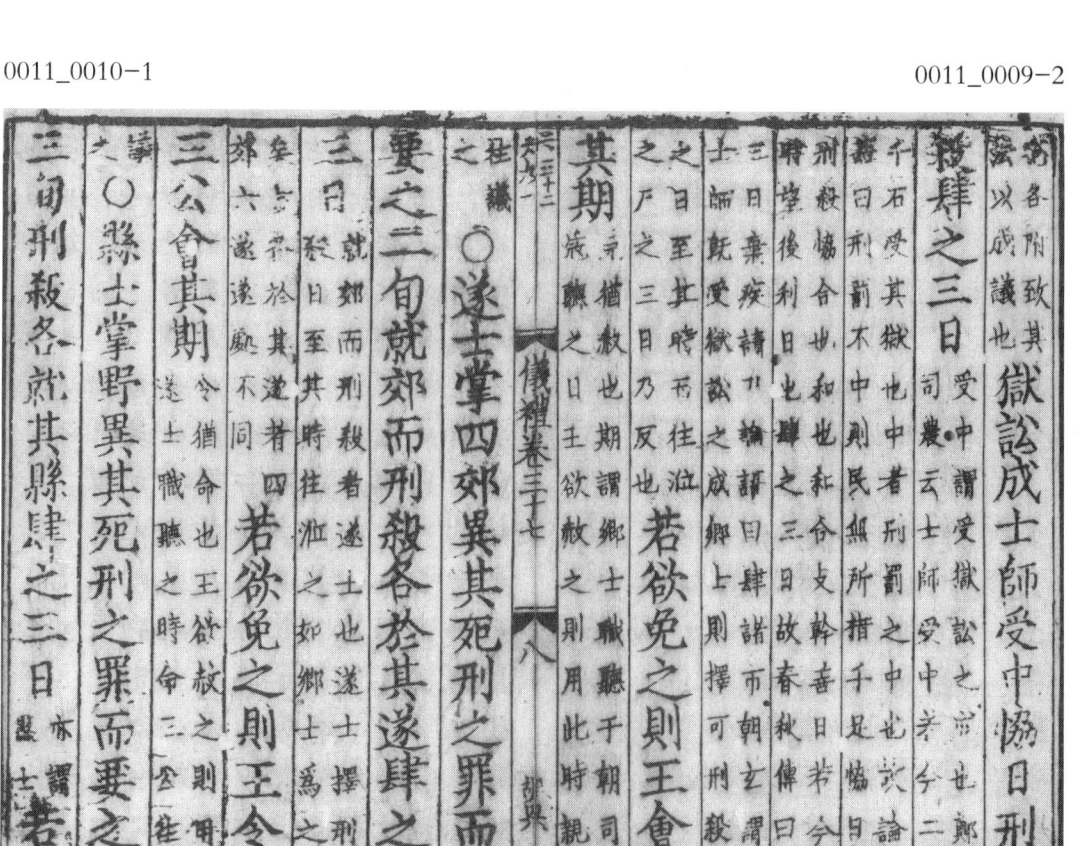

0011_0009-2

謂各附致其法以成議也獄訟成士師受中協日刑

殺肆之三日受中謂受獄訟之成也鄭司農云士師受中若今二

千石受其獄也中者刑罰之中也故論語曰刑罰不中則民無所措手足協日

刑殺協合也和也和合支幹善日若今時望後利日也肆之三日故春秋傳曰

三日棄疾請尸輪諸曰肆諸市朝玄謂士師既受獄訟之成鄉士則擇可刑殺

之日至其時而往涖之尸之三日乃反也若欲免之則王會

其期亦猶赦也期謂鄉士職聽于朝司寇聽之日王欲赦之則用此時親

大ヨ三十二小ヌ九十一　儀禮卷三十七　八　胡與

0011_0010-1

往議之○遂士掌四郊異其死刑之罪而

要之三旬就郊而刑殺各於其遂肆之

三日就郊而刑殺者遂士也遂士擇刑殺日至其時往涖之如鄉士爲之

肆之於其遂者四郊六遂遂處不同若欲免之則王令

三公會其期令猶命也王欲赦之則用遂士職聽之時命三公往

議之○縣士掌野異其死刑之罪而要之

三旬刑殺各就其縣肆之三日亦謂縣士若

0011_0010-2

殺免之則王命六卿會其期期亦謂[illegible]上職聽之[illegible]○餘並[illegible]鄉士○司刑掌五刑之灋以麗萬民之罪墨罪五百劓罪五百宮罪五百剕罪五百殺罪五百劓魚器反刖音月○墨黥也先刻其面以墨窒之劓截其鼻也今東西夷或以墨劓為俗古刑人亡逃者之世類與宮者丈夫則割其勢女子閉於宮中若今官男女也則斷足也周改臏作刖殺死刑也書傳曰決關梁踰城郭而略盜者其刑臏男女不以義交者其刑宮觸

儀禮卷三十七　九

0011_0011-1

易君命革輿服制度姦宄盜攘傷人者其刑劓非事而事之出入不以道義而誦不詳之辭者其刑墨降畔寇賊劫略奪攘撟虔者其刑死此二千五百罪之目略也其刑書則亡夏刑大辟二百臏辟三百宮劓五百劓墨各千周則變焉所謂刑罰世輕世重者也鄭司農云漢孝文帝十三年除肉刑○司刺掌三刺三宥三赦之灋以贊司寇聽獄訟刺殺也訊而有罪則殺之宥寬也赦舍也壹刺曰訊羣臣再刺曰訊羣吏三刺曰訊萬民訊言壹宥

0011_0011-2

曰不識再宥曰過失三宥曰遺忘忘音妄○鄭司農云不識謂愚民無所識則宥之過失若今律過失殺人不坐死玄謂識審也不審若今仇讎當報甲見乙誠以為甲而殺之者過失若舉刃欲斫伐而軼中人者遺忘若閒帷薄忘有在焉而以兵刃投射之壹赦曰幼弱再赦曰老旄三赦曰惷愚旄亡報反惷勑江反○惷愚生而癡騃童昏者鄭司農云幼弱老旄若今時律令年未滿八歲八十以上非手殺人他皆不坐○呂刑曰墨辟疑赦其罰

儀禮卷三十七　十

0011_0012-1

百鍰閱實其罪辟婢亦反鍰戶關反閱音悅下並同○刻其顙而涅之曰墨刑疑則赦從罰六兩曰鍰鍰黃鐵也閱實其罪使與罰各相當劓辟疑赦其罰惟倍閱實其罪劓魚器反○截鼻曰劓刑倍之為二百鍰剕辟疑赦其罰倍差閱實其罪剕扶謂反○刖足曰剕倍差謂倍之又半為五百鍰宮辟疑赦其罰六百鍰閱實其罪宮淫刑也男子割勢婦人幽閉次死之刑序五刑先輕轉至重者事之宜大辟疑赦其罰

0011_0012-2

鍰閱實其罪死刑也五刑疑各入罰不降相因古之制也墨罰之屬千劓罰之屬千剕罰之屬五百宮罰之屬三百大辟之罰其屬二百五刑之屬三千別言罰屬合言刑屬明刑罰同屬互見其義以相備○臧文仲言於僖公曰刑五而已無有隱者隱乃諱也隱謂焉也大刑用甲兵賈侍中云謂諸夏不式王命以六師移之昭一年傳甲兵謂臣有大逆則被甲聚兵而誅

儀禮卷三十七　十一

0011_0013-1

之若今軍也其次用斧鉞鉞音越○斧鉞軍戮也書曰後至者斬中刑用刀鋸鋸音據○割劓用刀斷截用鋸亦有大辟故周無甲兵在其頭其次用鑽笮鑽子端反笮疾各反○鑽臏刑也笮黥刑薄刑用鞭扑以威民也扑普卜反○鞭官刑也扑教刑也故大者陳之原野謂甲兵小者斧鉞也致之市朝朝直遥反○刀鋸以下也其死刑大夫以上尸諸朝士以下尸諸市五刑二次是無隱也五刑甲兵斧鉞刀鋸鑽鑿

0011_0013-2

鞭扑也次處也三處朝野市也婦人無刑無黥刖之刑雖有刑不在朝市朝直遥反○謂犯死刑者猶不暴尸○魯語冉有問於孔子曰古者三皇五帝不用五刑信乎孔子曰聖人之設防貴其不犯也制五刑而不用所以為至治也凡民之所以為姦邪竊盜靡法妄行者生於不足不足生於無度無度則小者偷

儀禮卷三十七　十二

0011_0014-1

惰大者侈靡各不知節是以上有制度則民知所止民知所止則不犯故雖有姦邪賊盜靡法妄行之獄而無陷刑之民不孝者生於不仁不仁者生於喪祭之禮不明喪祭之禮所以教仁愛也能致仁愛則服喪思慕祭祀不懈人子饋養之道懈戶賣反養以尚反○言孝子奉祭祀不敢懈與生時饋養之

0011_0014-2

道同之也喪祭之禮明則民孝矣故雖有不孝之獄而無陷刑之民殺上者生於不義義所以別貴賤明尊卑也別彼列反下同貴賤有別尊卑有序則民莫不尊上而敬長長丁丈反下同朝聘之禮者所以明義也朝直遙反義必明則民不犯故雖有殺上之獄而無陷刑之民鬭變者生於相陵相陵者生於長幼無序而遺敬讓遺忘也

0011_0015-1

鄉飲酒之禮者所以明長幼之序而崇敬讓也長幼必序民懷敬讓故雖有變鬭之獄而無陷刑之民淫亂者生於男女無別男女無別則夫婦失義婚禮聘享者所以別男女明夫婦之義也男女既別夫婦既明故雖有淫亂之獄而無陷刑

0011_0015-2

之民此五者刑罰之所從生各有源焉不豫塞其源而輙繩之以刑是謂爲民設穽而陷之也穽疾正反刑罰之源生於嗜慾不節失禮度者所以禦民之嗜慾而明好惡順天道夫音扶好惡並去聲禮度既陳五教畢修而民猶或未化尚必明其法典以申固之尚猶也申令固其教也

0011_0016-1

其犯姦邪靡法妄行之獄者則飭制量之度量音亮有犯不孝之獄者則飭喪祭之禮有犯殺上之獄者則飭朝覲之禮朝直遙反有犯鬭變之獄者則飭鄉飲酒之禮有犯淫亂之獄者則飭婚聘之禮三皇五帝之所以化民者如此雖有五刑之用不亦可乎孔子曰大罪有五而殺人爲下逆天地

0011_0016-2

者罪及五世，誣文武者罪及四世，逆人倫者罪及三世，誣鬼神者罪及二世，手殺人者罪止其身，故曰大罪有五，而殺人爲下矣。○冉有問於孔子曰：先王制法，使刑不上於大夫，禮不下於庶人，然則大夫犯罪不可以加刑，庶人之行事不可以治於禮乎？孔子曰：不然。凡治君

儀禮卷三十七　十五

0011_0017-1

子以禮御其心，所以厲之以廉耻之節也。故古之大夫其有坐不廉汙穢而退放之者，不謂之不廉汙穢而退放，則曰簠簋不飭（飭，整齊也）；有坐淫亂男女無別者（別，彼列反，下同），不謂之淫亂男女無別，則曰帷幕不修也；有坐罔上不忠者，不謂之罔上不忠，則曰臣節未著；有坐罷軟不勝

0011_0017-2

任者，不謂之罷軟不勝任，則曰下官不職（罷音皮，勝音升。○言其下官不稱於其職，不斥其身也）；有坐干國之紀者，不謂之干國之紀，則曰行事不請（言不請而擅行）。此五者，大夫既自定有罪名矣，而猶不忍斥然正以呼之也，既而爲之諱（爲，于僞反），所以媿耻之。是故大夫之罪其在五刑之域者，聞而譴發（譴，詰戰反。○譴，譴讓也。發，發露），則白冠氂纓，盤水加劒，造乎

五四大　儀禮卷三十七　十六

0011_0018-1

闕而自請罪，君不使有司執縛牽制挈而加之也。其有大罪者，聞命則北面再拜，跪而自裁，君不使人捽引而刑殺之也（捽……反），曰：子大夫自取之耳，吾遇子有禮矣。以刑不上大夫，而大夫亦不失其罪者，教使然也。凡所謂禮不下庶人者，以

0011_0018-2

無人遽其事而不能充禮故不責之以
備禮也冉有跪然免席曰言則美矣求
未之聞退而記之（家語五刑）○仲弓問於孔
子曰雍聞至刑無所用政至政無所用
刑至刑無所用政桀紂之世是也至政
無所用刑成康之世是也信乎孔子曰
聖人之治化也必刑政相參焉太上以

儀禮卷三十六　十七　仁

0011_0019-1

德教民而以禮齊之其次以政言導民
以刑禁之刑不刑也化之弗變導之弗
從傷義以敗俗於是乎用刑矣顓五刑
必即天倫（即就也就天倫謂合天意）行刑罰則輕無
赦（行刑罰之官雖輕猶不得作威作福）刑侀也侀成也壹
成而不可更故君子盡心焉仲弓曰古
之聽訟尤罰麗於事不以其心可得聞

0011_0019-2

乎（侀音刑更古行反○尤過也麗附也於過人罰之必以事相當二不與其心也）
孔子曰凡聽五刑之訟必原父子之
情立君臣之義以權之意論輕重之序
慎測淺深之量以別之悉其聰明致其
忠愛以盡之大司寇正刑明辟以察獄
訟必三訊焉（量音亮別彼列反辟婢亦反○一曰訊羣臣二曰訊
羣吏三曰訊萬民也）有指無簡則不聽也（簡誠也有意無

儀禮卷三十七　十八　仁

0011_0020-1

實誠者不論以為罪也）附從輕赦從重（附人之罪以輕為比
赦人之罪以重為比）疑獄則泛與衆共之疑則赦
之皆以小大之比成之是故爵人必於
朝與衆共之刑人必於市與衆棄之古
者公家不畜刑人大夫弗養也士遇之
塗弗與之言屏諸四方唯其所之弗及
與政弗欲生之也仲弓曰聽獄獄之成

0011_0020-2

辭何官孔子曰成獄成於吏吏以獄之
成告於正比𠴑忘反朝直遙反○吏獄官吏正獄官長正旣
聽之乃告大司寇聽之乃奉於王王命
三公卿士參聽棘木之下參七南反○外朝法左九
棘孤卿大夫位焉右九棘公侯伯子男位焉面三槐三公位焉然後乃
以獄之成疑于王王三宥之以聽命君王
寬宥罪雖已定猶三宥之示可得輕然後刑之者也而制刑焉

儀禮卷三十七　十九　盛

所以重之也仲弓曰其禁何禁孔子曰
巧言破律巧賣法令者也遁名改作變言與物名也執
左道以亂政者殺左道亂也作淫聲淫逸也惑亂人
造異服非所常見設奇伎奇器以蕩上心
者殺佐異之伎可以眩曜人心之器蕩動行僞而堅行下孟反
○行詐僞而中之堅也言詐而辯學非而博順非
而澤順其非而滑澤以惑衆者殺假於鬼神時

0011_0021-1

0011_0021-2

日卜筮以疑衆者殺此四誅者不以聽
不聽棘木之下仲弓曰其禁盡於此而已孔子
曰此其急者其餘禁者十有四焉命服
命車不粥於市粥音育下同○粥賣珪璋璧琮不
粥於市宗廟之器不粥於市兵車旍旍
不粥於市犧牲秬鬯不粥於市戎器兵
車不粥於市用器不中度不粥於市布

儀禮卷三十七　二十　盛

帛精麤不中數廣狹不中量不粥於市
姦色亂正色不粥於市文錦珠玉之器
雕飾靡麗不粥於市衣服飲食不粥於
市璋音章琮才宗反旍子盈反犧許宜反秬音巨鬯勑亮反中丁仲反下同
量音亮○賣成衣服非倹必爲故禁之禁賣熟食所以厲恥也菓實不
時不粥於市五木不中伐不粥於市鳥
獸魚鱉不中殺不粥於市凡執此禁以

0011_0022-1

0011_0022-2

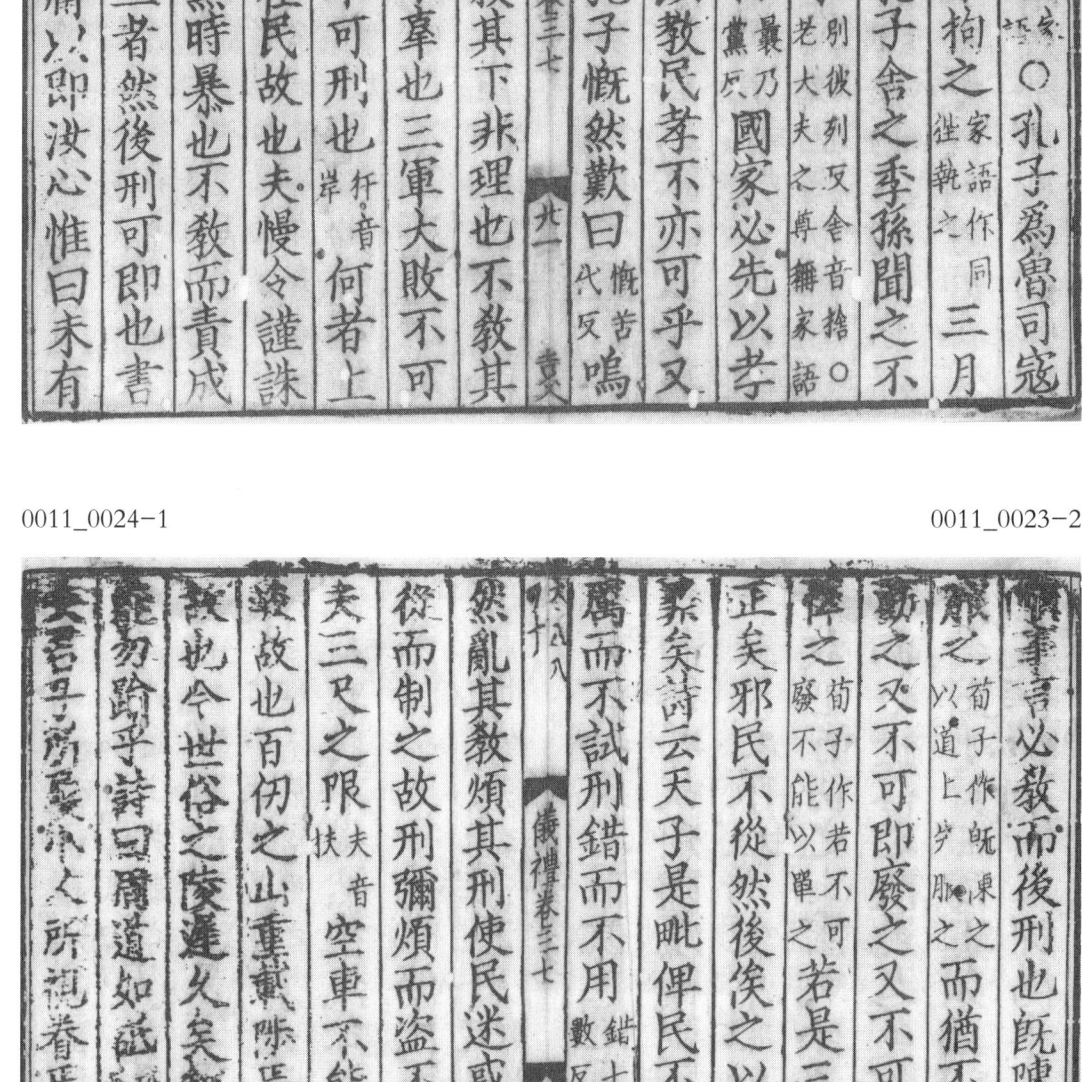

衆者不赦過也家語○孔子爲魯司寇
有父子訟者孔子拘之家語作同狴執之三月
不別其父請止孔子舍之季孫聞之不
說曰是老也欺予別彼列反舍音捨○老大夫之尊稱家語
是老作司寇曩告余曰曩乃黨反國家必先以孝
余今戮一不孝以教民孝不亦可乎又
舍之冉子以告孔子慨然歎曰慨苦代反嗚

0011_0023-1

呼上失其道而殺其下非理也不教其
民而聽其訟殺不辜也三軍大敗不可
斬也獄犴不治不可刑也犴音岸何者上
教之不行罪不在民故也夫慢令謹誅
賊也夫音扶徵斂無時暴也不教而責成
功虐也政無此三者然後刑可即也書
云義刑義殺勿庸以即汝心惟曰未有

0011_0023-2

事言必教而後刑也既陳道德以先
服之荀子作既陳之以道上先服之而猶不可尚賢以
勸之又不可即廢之又不可而後以威
憚之荀子作若不可廢不能以單之若是三年而百姓
正矣邪民不從然後俟之以刑則民知
罪矣詩云天子是毗俾民不迷是以威
厲而不試刑錯而不用錯七故反今世則不

0011_0024-1

然亂其教煩其刑使民迷惑而陷焉又
從而制之故刑彌煩而盜不勝也勝音升
夫三尺之限夫音扶空車不能登者何哉
陵故也百仞之山重載陟焉何哉陵遲
故也今世俗之陵遲久矣雖有刑法民
能勿踰乎詩曰周道如砥砥音旨其直如
矢君子所履小人所視眷焉顧之眷音卷

0011_0024-2

焉出涕潸所姦反涕音體豈不哀哉家語荀子○

溫之會晉人執衛成公歸之于周溫晉地之河

陽成公衛文公之子成公鄭也晉文公討不服衛成公恃楚而不從閒楚師敗

績于城濮衛侯懼出奔楚元咺奉弟叔武以受盟于踐土或愬元咺曰立叔武矣衛侯

殺其子角咺不廢命奉叔武以守國晉人復衛侯先期入叔武將沐聞君至喜

捉髮走出前驅射而殺之元咺出奔晉會于溫訟不服衛侯與元咺訟不勝故

晉侯執之歸之于京師在魯僖公二十八年晉侯請殺之王

儀禮卷三十七　八三　館

0011_0025-1

曰不可夫政自上下者也○大音扶下同當從王出

出上作政而下行之不逆故上下無怨

君臣今叔父作政而不行無乃不可

乎不行謂不順也言晉侯不行德怨而聽元咺之愬欲殺衛侯也夫君

臣無獄獄訟也無是非曲直之義也今元咺雖直而

不可聽也君臣皆獄父子將獄是無上

下也而叔父聽之一逆矣又為臣殺其

0011_0025-2

君其安庸刑○迴况遠反為于偽反庸用也刑法也布刑

而不庸再逆矣一合諸侯而有再逆政

余懼其無後無後無以復合諸侯也不然余何私

於衛侯晉人乃歸衛侯在魯僖三十年也晉侯使醫衍

酖衛侯不死魯僖為請於王及晉侯納玉十瑴於是歸之也○周語○

仲弓問古之刑教與今之刑教孔子曰

古之刑省今之刑繁其為教古有禮然

儀禮卷三十七　八四　館

0011_0026-1

後有刑是以刑省今無禮以教而齊之

以刑刑是以繁書曰伯夷降典折民惟

刑折之設反下同○書呂刑之文言堯命伯夷下禮典以教民而斷折以法

謂下禮以教之然後維以刑折之也夫

無禮則民無恥而正之以刑故民苟免

大音○孔子適衛衛將軍文子問曰

衛卿○吾聞魯公父氏父音甫氏魯大夫季氏

第四行擠刻衛侯懼出奔使五字張本同今按丁本此葉正奪衛侯二字刻工陳全

0011_0026-2　0011_0027-1

者能聽獄信乎孔子荅曰不知其不能
也夫公父氏之聽獄有罪者懼無罪者
耻（夫音扶）文子曰有罪者懼是聽之察刑
之當也（當丁浪反）無罪者耻何乎孔子曰齊
之以禮則民耻矣刑以止刑則民懼矣
文子曰今齊之以刑刑猶弗勝（勝音升）何
禮之齊孔子曰以禮齊民譬之於御則

大字[illegible] 小四五　儀禮卷三十七　二十五　子濤

轡也（轡音秘下同）以刑齊民譬之於御則鞭
也執轡於此而動於彼御之良也無轡
而用策則馬失道矣（捨轡而用策則馬失道去禮而任刑）
（則民忘生）文子曰以御言之左手執轡右手
運策不亦速乎若徒轡無策馬何懼哉
孔子曰吾聞古之善御者執轡如組兩
驂如舞非策之助也（組音祖驂七南反）○鄭風太叔于田

0011_0027-2　0011_0028-1

（言驂服和諧中節如組者如織組之爲）是以先王盛於禮
而薄於刑故民從命今也廢禮而尚刑
故民彌暴文子曰吳越之俗無禮而亦
治何也孔子曰夫吳越之俗男女無別
同川而浴民輕相犯故其刑重而不勝
由無禮也（夫音扶別彼列反勝音升並下同）中國之教
爲外內以別男女異器服以殊等類故

大字[illegible]二百六十　儀禮卷三十七　二十六　子信

其民篤而法其刑輕而勝由有禮也○
孔子曰民之所以生者衣食也上不教
民民匱其生飢寒切於身而不爲非者
寡矣故古之於盜惡之而不殺也（惡烏路反）
今不先其教而一殺之是以罰行而善
不反刑張而罪不省夫赤子知慕其父
母由審故也（夫音扶）況爲政與其賢者而

0011_0028-2

儀禮集傳集注卷第三十七

廢其不賢以化民乎知審此二者則上盜先息上盜猶大盜・書曰兹殷罰有倫周書康誥之文言此殷家刑罰有倫理者亦當兼用之子張問曰何謂也孔子曰不失其理之謂也今諸侯不同德每君異法折獄無倫以意為限是故知法之難也子張曰古之知法者與今之知法者異乎孔子曰古之知法者

大二十四十七 儀禮卷三十七 二十七 明

0011_0029-1

能遠遠謂能止其源以禮教先之也今之知法者不失有罪不失有罪其於怨寡矣既不先禮復不以情推法索等能遠則於獄其防深矣寡怨近乎濫濫盧瞰反防深治乎本・書曰維敬五刑以成三德言敬刑所以為德矣周書呂刑之文言教推敬其刑所以成剛柔正直之二德○書曰非從惟從廢音呂刑云察辭于差非從惟從言察辭當差錯不可從其僞辭必審從所

0011_0029-2

貴本之孔子曰君子之於人也有不語也無不聽也有不語則已語則無不聽在審其真僞焉況聽訟乎必盡其辭矣夫聽訟者或從其情或從其辭夫音扶辭不可從必斷以情斷丁亂反書曰人有小罪非眚乃惟終自作不典式爾有厥罪小乃不可不殺乃有大罪非終乃惟眚災適爾既道極厥辜時乃

大二三四 儀禮卷三十七 二十八 明

0011_0030-1

不可殺眚所景反○周書康誥之文眚過也災害也典常也式用也適從也既盡也言人有小罪過誤乃惟終自作不常用犯汝厥罪雖小乃不可不殺也乃有大罪非終乃惟過誤雖有其害從汝盡聽訟之道以極其罪是亦不可殺以以罰宥論焉○曾子問聽獄之術孔子曰其大法有三焉治必以寬寬之之術歸於察大寬則民慢慢則姦偽生焉故明之以察察之之術歸於義夫察其則或過乎煞故以義爲質是故聽而不寬

0011_0031-1　　0011_0030-2

是亂也 夫聽大亟則失於詳故事之是否亂焉 寬而不察
是慢也察而不中義是私也 中丁仲反○私謂刑
失其正者私曲然 私則民怨故善聽者雖不越
辭辭不越情情不越義 夫善聽者得辭則審之以情得
情則斷之以義 書曰上下比罰無僭亂辭 比必志反
○周書呂刑之文言上下比方其罪無聽僭亂之辭以自疑 ○書曰
哀敬折獄 周書呂刑之文言當哀人之所犯而敬斷其獄 仲弓

儀禮卷三十七　二十九

問曰何謂也孔子曰古之聽訟者察貧
窮哀孤獨及鰥寡老弱不肖而無告者
雖得其情必哀矜之死者不可生斷者
不可屬 鰥古頑反屬之欲反○屬續也 若先而刑之謂
之悖弱而刑之謂之克不赦過謂之逆
悖必內反○皋陶云宥過無大刑故無小是則過雖大可寺焉此云不赦過思
逆是逆於消矣 率過以小罪謂之枳 枳音紙一作疾○[illegible]

0011_0032-1　　0011_0031-2

傷傷也夫過則宜宥若率以罪亦傷乎義焉此爲之大罪 [illegible]
過赦小罪老弱不受刑先王之[illegible]
曰大辟疑赦 辟婢亦反○周書[illegible]大言大辟疑刑[illegible]
又曰與其殺不辜寧失不經 大禹謨之文[illegible]
不常之罪不枉不辜之人 書曰若保赤子 周書[illegible]
民若安嬰孩赤子然不使失其欲 子張問曰聽[illegible]
若此乎孔子曰可哉古之聽訟者惡

儀禮卷三十七　三十

意不惡其人 惡烏路反下同○惡其[illegible]其人但疾其意之[illegible]
求所以生之不得其所以生乃刑之[illegible]
必與衆共焉愛民而重棄之也[illegible]
市與衆棄之也 今之聽訟者不惡其意不[illegible]
人求所以殺是反古之道也 蓋以[illegible]愛所而[illegible]
之刑非反○古而何 孟氏之臣叛 武伯之家臣 武[illegible]
問孔子曰如之何荅曰臣人而叛天[illegible]

0011_0032-2

所不容也其欲自反子姑待之（姑且也）三
旬果自歸孟氏武伯將執之訪於夫子
夫子曰無也子之於臣禮意不至是以
去子（夫禮不交則意不通意不通則疑所以生疑生則去矣）今其
自反罪以反除又何報焉（此所謂過而能改善莫大
焉故李唐欲降兵世譏其非也）子脩禮以待之則臣去
子將安往武伯乃止（並孔叢子）○楚聲子曰

儀禮集三十七　三十二　達

0011_0033-1

為國者賞不僭而刑不濫賞僭則懼及
淫人刑濫則懼及善人若不幸而過寧
僭無濫與其失善寧其利淫無善人則
國從之詩曰人之云亡邦國殄瘁無善
人之謂也（濫力暫反殄徒典反瘁在醉反○詩大雅瞻卬篇也瘁病也）
故夏書曰與其殺不辜寧失不經懼失
善也（不經不法也）商頌有之曰不僭不濫不

0011_0033-2

敢怠遑命于下國封建厥福（詩商頌殷武篇不
僭差刑不濫溢不敢怠惰自寬暇故能為下國所命為天子）此湯所
以獲天福也古之治民者勸賞而畏刑
恤民不倦（樂行賞而憚用刑）賞以春夏刑以秋
冬（順天時）是以將賞為之加膳加膳則飫
賜（為于偽反下同飫於據反○飫饜也酒食賜下無不饜足所謂加膳也）
此以知其勸賞也將刑為之不舉不舉
則徹樂（不舉盛饌）此以知其畏刑也夙興夜
寐朝夕臨政此以知其恤民也三者禮
之大節也（左襄二十六年）○鄭人鑄刑書（鑄刑書於
鼎以為國之常法）叔向使詒子產書曰（詒以之反○詒
遺也）始吾有虞於子（虞度也言準度子產以己法）今則
已矣（已止也）昔先王議事以制不為刑辟

儀禮卷三十七　三十三　達

0011_0034-1

懼民之有爭心也猶不可禁禦是故閑

0011_0034-2

糾之以政（音詩下並同辟婢亦反下同○閑止也）行之以禮守之以信奉之以仁（養）制為祿位以勸其從（勸從教）嚴斷刑罰以威其淫（斷丁亂反下同○淫放也）懼其未也故誨之以忠聳之以行（下孟反○聳懼也）教之以務（時所急）使之以和臨之以敬涖之以彊（施之以事為涖）斷之以剛（義斷恩）猶求聖哲之

0011_0035-1

上明察之官（上公王也官卿大夫也）忠信之長慈惠之師民於是乎可任使也而不生禍亂民知有辟則不忌於上（長丁丈反○權移於法故民不畏上）並有爭心以徵於書而徼幸以成之（徵古堯反○因危文以生爭緣徼幸以成其巧僞）弗可為矣夏有亂政而作禹刑商有亂政而作湯刑周有亂政而作九刑三辟之興

0011_0035-2

皆叔世也今吾子相鄭國作封洫立謗政制參辟鑄刑書將以靖民不亦難乎詩曰儀式刑文王之德日靖四方又曰儀刑文王萬邦作孚如是何辟之有民知爭端矣將棄禮而徵於書（相息亮反洫況域反）錐刀之末將盡爭之（七南反○刑書為徵　錐音隹）（芋○錐刀喻小事）亂獄滋豐賄賂並行終子

0011_0036-1

之世鄭其敗乎肸聞之國將亡必多制（肸呼乙反○數改法）其此之謂乎復書曰若吾子之言僑不才不能及子孫吾以救世也既不承命敢忘大惠（左傳）子產有疾謂子大叔曰我死子必為政唯有德者能以寬服民其次莫如猛夫火烈民望而畏之故鮮死焉水懦弱民狎

狎而翫之（大音泰夫音扶鮮息淺反少也乃亂反翫許玩反○狎輕也）則多死焉故寬難疾數月而卒大叔爲政不忍猛而寬鄭國多盜取人於萑苻之澤大叔悔之曰吾早從夫子不及此興徒兵以攻萑苻之盜盡殺之盜少止仲尼曰善哉政寬則民慢慢則糾之以猛（萑音丸苻音蒲糾居黝反下同○糾猶攝也）猛則民殘殘則施之以寬寬以濟猛猛以濟寬政是以和詩曰民亦勞止汔可小康惠此中國以綏四方施之以寬也毋從詭隨以謹無良式遏寇虐憯不畏明糾之以猛也柔遠能邇以定我王平之以和也又曰不競不絿不剛不柔布政優優百祿是遒和之至也及子產卒仲尼聞之出

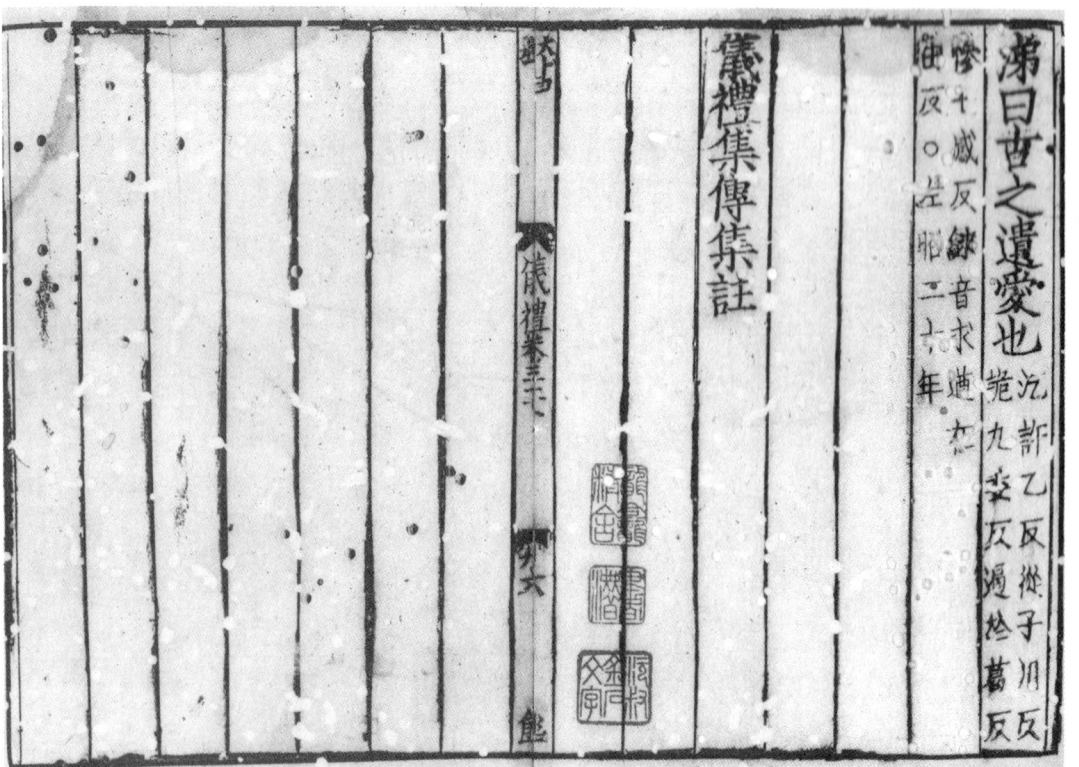

涕曰古之遺愛也（汔許乙反從子用反詭九委反遏於葛反憯七感反絿音求遒在由反○左昭二十年）

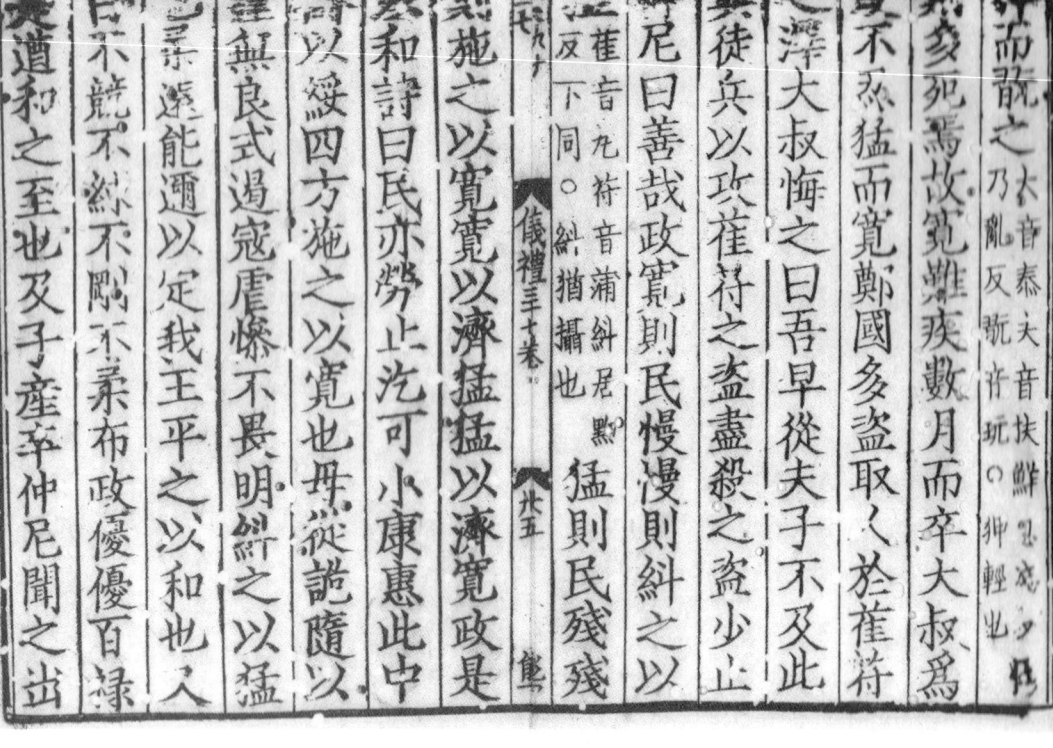

儀禮集傳集註